Schwerpunkte Pflichtfach   Erbguth/Mann/Schubert · Besonderes Verwaltungsrecht

Schwerpunkte

Eine systematische Darstellung der wichtigsten Rechtsgebiete anhand von Fällen
Begründet von Professor Dr. Harry Westermann †

Besonderes Verwaltungsrecht

Kommunalrecht, Polizei- und Ordnungsrecht, Baurecht

begründet von

Professor Dr. Peter J. Tettinger †

fortgeführt von

Dr. Wilfried Erbguth

em. Professor an der Universität Rostock

Dr. Thomas Mann

Professor an der Universität Göttingen

Dr. Mathias Schubert

Privatdozent an der Universität Rostock sowie Referent im Wissenschaftlichen
Dienst des Schleswig-Holsteinischen Landtages

13., neu bearbeitete Auflage

 C.F. Müller

Bibliografische Information der Deutschen Nationalbibliothek

Die Deutsche Nationalbibliothek verzeichnet diese Publikation in der Deutschen Nationalbibliografie; detaillierte bibliografische Daten sind im Internet über http://dnb.d-nb.de abrufbar.

ISBN 978-3-8114-4865-0

E-Mail: kundenservice@cfmueller.de
Telefon: +49 89 2183 7923
Telefax: +49 89 2183 7620

www.cfmueller.de
www.cfmueller-campus.de

Satz: preXtension, Grafrath
Druck: CPI books, Leck

Vorwort

Auch 33 Jahre nach dem Erscheinen der Erstauflage dieses Lehrbuchs, das seinerzeit noch auf das Kommunal- und das Polizeirecht beschränkt war und von *Peter J. Tettinger* allein verantwortet wurde, haben die Kerngebiete des Besonderen Verwaltungsrechts ihren Stellenwert als Pflichtfach in der juristischen Ausbildung behalten. In Abhängigkeit von der konkreten Ausgestaltung des jeweiligen landesrechtlichen Juristenausbildungsgesetzes unterliegen die Akzentuierungen innerhalb der drei Gebiete des Kommunalrechts, Polizeirechts und Baurechts allerdings kleinen Abweichungen. Gegenstand dieses Lehrbuchs ist es weiterhin, die in allen Ländern gemeinsamen Grundzüge auf knappe, aber vollständige Weise darzustellen und auf darüber hinaus bestehende landesrechtliche Unterschiede hinzuweisen.

Mit der vorliegenden Neuauflage, die in bewährter Weise aktuelle legislatorische Entwicklungen ebenso verarbeitet wie neuere Rechtsprechung und Literatur zum Besonderen Verwaltungsrecht, zieht sich *Wilfried Erbguth* aus dem aktiven Autorenkreis zurück. Er hatte seit der 8. Auflage den Abschnitt über das Baurecht bearbeitet und sich die Autorenschaft in der letzten Auflage bereits mit *Mathias Schubert* geteilt, der nun das Baurecht allein verantwortet. Die Abschnitte zum Kommunalrecht und Polizeirecht liegen weiterhin in der Verantwortung von *Thomas Mann*.

Ohne die engagierte Unterstützung bei der kritischen Durchsicht des Textes, der Recherche und Aktualisierung der Fußnoten sowie dem Lesen der Korrekturen hätte die Neuauflage nicht in dieser Weise realisiert werden können. Von Göttinger Seite gebührt dafür ein Dank der gesamten „Mann"schaft, insbesondere den wissenschaftlichen Mitarbeiterinnen *Dr. Sina Fontana, Juliane Hendorf, Katharina Hundertmark* und *Franziska Schnuch*.

September 2019   *Thomas Mann*, Göttingen
                                                     Mathias Schubert, Rostock/Kiel

Inhaltsverzeichnis

Teil III
Baurecht: Städtebaurecht und Bauordnungsrecht *(Schubert)*

Verzeichnis der Übersichten und Prüfungsschemata

Die Angaben beziehen sich auf die Randnummern.

Abkürzungsverzeichnis

aA	andere/r Auffassung
aaO	am angegebenen Ort
ABl.	Amtsblatt
Abs.	Absatz
AcP	Archiv für die civilistische Praxis (Zeitschrift)
ADVG NRW	Gesetz über die Organisation der automatisierten Datenverarbeitung in Nordrhein-Westfalen
aE	am Ende
AEG	Allgemeines Eisenbahngesetz
aF	alte/r Fassung
AfP	Archiv für Presserecht (Zeitschrift)
AG	Ausführungsgesetz; Aktiengesellschaft
AGB	Allgemeine Geschäftsbedingungen
AK	Alternativ-Kommentar
AL	Ad Legendum (Zeitschrift)
allg.	allgemein
Alt.	Alternative
AmtsO	Amtsordnung
ÄndG	Änderungsgesetz
Anm.	Anmerkung
AöR	Archiv des öffentlichen Rechts (Zeitschrift)
ArchivPT	Archiv für Post und Telekommunikation (Zeitschrift)
ARL	Akademie für Raumforschung und Landesplanung (Hannover)
Art.	Artikel
AS	Amtliche Sammlung
ASOG	Allgemeines Gesetz zum Schutz der öffentlichen Sicherheit und Ordnung (Berlin)
AtVfV	Atomrechtliche Verfahrensverordnung
AufenthG	Gesetz über den Aufenthalt, die Erwerbstätigkeit und die Integration von Ausländern im Bundesgebiet
Aufl.	Auflage/n
ausdr.	ausdrücklich
BAföG	Bundesausbildungsförderungsgesetz
BauGB	Baugesetzbuch
BauGB 07	Gesetz zur Erleichterung von Planungsvorhaben für die Innenentwicklung der Städte
BauNVO	Baunutzungsverordnung
BauO/BO	Bauordnung
BauR	Baurecht, Zeitschrift für das gesamte öffentliche und zivile Baurecht
BauROG	Bau- und Raumordnungsgesetz (1998)
Bay/bay	Bayern/bayerisch/e/s/r
BayVBl.	Bayerische Verwaltungsblätter
BayVerf	Bayerische Verfassung

BayVerfGH	Bayerischer Verfassungsgerichtshof
BB	Betriebs-Berater (Zeitschrift)
BBauBl.	Bundesbaublatt
BBauG	Bundesbaugesetz
BBodSchG	Bundes-Bodenschutzgesetz
BBodSchV	Bundes-Bodenschutzverordnung
Bd.	Band, Bände
Bd.Wtt.	Baden-Württemberg
BDSG	Bundesdatenschutzgesetz
Begr.	Begründung
Bek.	Bekanntmachung
BekanntmVO	Bekanntmachungsverordnung
ber.	berichtigt
Berl.	Berlin/berliner
BGB	Bürgerliches Gesetzbuch
BGBl.	Bundesgesetzblatt
BGH	Bundesgerichtshof
BGHZ	Bundesgerichtshof für Zivilsachen
BImSchG	Bundes-Immissionsschutzgesetz
BImSchV	Verordnung zur Durchführung des Bundes-Immissionsschutzgesetzes
BK	Bonner Kommentar
BKAG	Gesetz über die Einrichtung eines Bundeskriminalpolizeiamtes
BLJ	Bucerius Law Journal – Onlinezeitschrift der Bucerius Law School
BMU	Bundesministerium für Umwelt, Naturschutz und Reaktorsicherheit
BMVBS	Bundesministerium für Verkehr, Bau und Stadtentwicklung
BNatSchG	Bundesnaturschutzgesetz
BPolG	Bundespolizeigesetz
BR	Bundesrat
Brandenb.	Brandenburg
Brem.	Bremen
BRS	Baurechtssammlung
BS	Sammlung des bereinigten Landesrechts
BSeuchenG	Bundesseuchengesetz
BSHG	Bundessozialhilfegesetz
Bsp.	Beispiel(e)
bspw	beispielsweise
BT	Bundestag
Buchholz	Sammel- und Nachschlagewerk der Rechtsprechung des Bundesverwaltungsgerichts, hrsg. von K. Buchholz, Loseblatt
Buchst.	Buchstabe(n)
BUZwG	Gesetz über den unmittelbaren Zwang durch Vollzugsbeamte des Bundes
BVerfG	Bundesverfassungsgericht
BVerfGE	Entscheidungen des Bundesverfassungsgerichts
BVerfGG	Bundesverfassungsgerichtsgesetz
BVerfG(K)	Kammerentscheidung des Bundesverfassungsgerichts
BVerfSchG	Bundesverfassungsschutzgesetz
BVerwG	Bundesverwaltungsgericht
BVerwGE	Entscheidungen des Bundesverwaltungsgerichts
BVerwVollStrG	Bundesverwaltungsvollstreckungsgesetz
BWaStrG	Bundeswasserstraßengesetz

BWVPr.	Bd.Wtt. Verwaltungspraxis (Zeitschrift)
bzgl	bezüglich
bzw	beziehungsweise
DB	Der Betrieb (Zeitschrift)
ders.	derselbe
DGO	Deutsche Gemeindeordnung von 1935
dh	das heißt
diesbzgl	diesbezüglich (e/er/es)
DJT	Deutscher Juristentag
DÖV	Die öffentliche Verwaltung (Zeitschrift)
Drs.	Drucksache
DtZ	Deutsch-Deutsche Rechts-Zeitschrift
DV	Die Verwaltung (Zeitschrift)
DVBl.	Deutsches Verwaltungsblatt
E	Entwurf
EAG Bau	Gesetz zur Anpassung des Baugesetzbuchs an EU-Richtlinien (Europarechtsanpassungsgesetz Bau – EAG Bau)
EBO	Eisenbahn-Bau- und Betriebsordnung
EG	Europäische Gemeinschaft
EG(V)	Vertrag zur Gründung der Europäischen Gemeinschaft
EGBGB	Einführungsgesetz zum Bürgerlichen Gesetzbuch
EGGVG	Einführungsgesetz zum Gerichtsverfassungsgesetz
Eigenbetriebs-VO	Eigenbetriebsverordnung
Einl.	Einleitung
EMRK	Europäische Menschenrechtskonvention
Erl.	Erläuterung(en)
ESVGH	Entscheidungssammlung des Hessischen Verwaltungsgerichtshofs und des Verwaltungsgerichtshofs Baden-Württemberg mit Entscheidungen der Staatsgerichtshöfe beider Länder
et	Energiewirtschaftliche Tagesfragen (Zeitschrift)
etc	et cetera
EU	Europäische Union
EU(V)	Vertrag über die Europäische Union
EuGH	Gerichtshof der Europäischen Gemeinschaften
EuGRZ	Europäische Grundrechte-Zeitschrift
EuR	Europarecht (Zeitschrift)
EurUP	Zeitschrift für Europäisches Umwelt- und Planungsrecht
EV	Einigungsvertrag
EWG	Europäische Wirtschaftsgemeinschaft
f/ff	folgende
FFH-RL	Fauna-Flora-Habitat-Richtlinie
Fn	Fußnote
FS	Festschrift
FSHG	Gesetz über den Feuerschutz und die Hilfeleistung bei Unglücksfällen und öffentlichen Notständen (NRW)
FStrG	Bundesfernstraßengesetz
GastG	Gaststättengesetz

GBl.	Gesetzblatt
GbR	Gesellschaft des bürgerlichen Rechts
gem.	gemäß
GemHH	Der Gemeindehaushalt
GemHVO	Gemeindehaushaltsverordnung
GemPolG	Gemeindepolizeigesetz (Bayern)
GemS OGB	Gemeinsamer Senat der Obersten Gerichtshöfe des Bundes
GeROG	Gesetz zur Neufassung des Raumordnungsgesetzes
GeschO	Geschäftsordnung
GewArch	Gewerbearchiv (Zeitschrift)
GewO	Gewerbeordnung
GG	Grundgesetz
ggf	gegebenenfalls
GkG	Gesetz über kommunale Gemeinschaftsarbeit
GKWG	Gemeinde- und Kreiswahlgesetz
GmbH	Gesellschaft mit beschränkter Haftung
GO	Gemeindeordnung
grds	grundsätzlich
GS	Gedächtnisschrift bzw Gesetzessammlung
GSG	Gerätesicherheitsgesetz
GuG	Grundstücksmarkt und Grundstückswert (Zeitschrift)
GVBl.	Gesetz- und Verordnungsblatt
GVG	Gerichtsverfassungsgesetz
GWB	Gesetz gegen Wettbewerbsbeschränkungen
Hamb.	Hamburg
Hess.	Hessen
HGZ	Hessische Städte- und Gemeindezeitung
HKWP	Handbuch der kommunalen Wissenschaft und Praxis (vgl Schrifttum)
hM	herrschende Meinung
Hrsg.	Herausgeber
HS	Halbsatz
HStR	Isensee/Kirchhof (Hrsg.), Handbuch des Staatsrechts der Bundes-republik Deutschland
idF	in der Fassung
idR	in der Regel
idS	in diesem Sinne
iE	im Erscheinen
ieS	im enge(re)n Sinne
insbes.	Insbesondere
iS	im Sinne
iSd	im Sinne des/r
iSe	im Sinne einer/s
iSv	im Sinne von
iÜ	im Übrigen
iVm	in Verbindung mit
iwS	im weite(re)n Sinne
JA	Juristische Arbeitsblätter (Zeitschrift)
Jura	Juristische Ausbildung (Zeitschrift)

JuS	Juristische Schulung (Zeitschrift)
JZ	Juristenzeitung
KAG	Kommunalabgabengesetz
Kap.	Kapitel
KatSG	Katastrophenschutzgesetz
KHG	Krankenhausgesetz
KO	Kommunalordnung
KommJur	Kommunaljurist (Zeitschrift)
KommVerf DDR	Gesetz über die Selbstverwaltung der Gemeinden und Landkreise in der DDR (Kommunalverfassung)
KomZG	Gesetz über kommunale Zusammenarbeit
KostenO	Kostenordnung
KreisO	Kreisordnung
krit	Kritisch
KrWG	Gesetz zur Neuordnung des Kreislaufwirtschafts- und Abfallrechts (Kreislaufwirtschaftsgesetz)
KSVG	Kommunalselbstverwaltungsgesetz (Saarl.)
KUV	Kommunalunternehmensverordnung
KVerf	Kommunalverfassung
KVR	Kommunalverband Ruhrgebiet
KWahlG	Kommunalwahlgesetz
LAbfG	Landesabfallgesetz
LBauO	Bauordnung des Landes
LG	Landschaftsgesetz
Lit.	Literatur
LKrO	Landkreisordnung
LKT NRW	Landkreistag Nordrhein-Westfalen
LKV	Landes- und Kommunalverwaltung (Zeitschrift)
LOG	Landesorganisationsgesetz
LPlG	Landesplanungsgesetz
Ls.	Leitsatz
LStVG	Landesstraf- und Verordnungsgesetz (Bayern)
LT-Drucks.	Landtagsdrucksache
LuftSiG	Luftsicherheitsgesetz
LuftVG	Luftverkehrsgesetz
LUVPG	Landesgesetz über die Umweltverträglichkeitsprüfung
LVwVfG	Verwaltungsverfahrensgesetz des Landes
m.a.W.	mit anderen Worten
M.V.	Mecklenburg-Vorpommern
MBl.	Ministerialblatt
MBO	Musterbauordnung
MDR	Monatsschrift für deutsches Recht
ME	Musterentwurf eines einheitlichen Polizeigesetzes
MeldeG	Meldegesetz
mtgtlt.	Mitgeteilt
mwN	mit weiteren Nachweisen
Nachw.	Nachweis/e

Nds./N	Niedersachsen/niedersächsisch(e/er/es)
NdsVBl.	Niedersächsische Verwaltungsblätter
nF	neue/r Fassung
NJ	Neue Justiz (Zeitschrift)
NJG	Niedersächsisches Justizgesetz
NJW	Neue Juristische Wochenschrift
NKomVG	Niedersächsisches Kommunalverfassungsgesetz
NLO	Niedersächsische Landkreisordnung
NordÖR	Zeitschrift für das Öffentliche Recht in Norddeutschland
NPOG	Niedersächsisches Polizei- und Ordnungsbehördengesetz
Nr	Nummer/n
NRW	Nordrhein-Westfalen
NuL	Natur und Landschaft (Zeitschrift)
NuR	Natur und Recht (Zeitschrift)
NVwZ	Neue Zeitschrift für Verwaltungsrecht
NVwZ-RR	Neue Zeitschrift für Verwaltungsrecht – Rechtsprechungs-Report
NWVBl.	Nordrhein-Westfälische Verwaltungsblätter
NZBau	Neue Zeitschrift für Baurecht
oä	oder ähnlich/es/em
OBG	Ordnungsbehördengesetz
ÖffBetG	Gesetz über die Öffentlichkeitsbeteiligung in Umweltangelegenheiten nach der EG-Richtlinie 2003/35/EG (Öffentlichkeitsbeteiligungsgesetz)
og	oben genannt
ÖPNV	Öffentlicher Personennahverkehr
OVG	Oberverwaltungsgericht
OVGE	Entscheidungen der Oberverwaltungsgerichte für das Land NRW in Münster und für das Land Nds. (früher: Nds.u. Schl.H.) in Lüneburg
OWiG	Ordnungswidrigkeitengesetz
PAG	Polizeiaufgabengesetz
PartG	Parteiengesetz
PlanZV	Planzeichenverordnung
POG	Polizeiorganisationsgesetz
PolG	Polizeigesetz
PolR	Polizeirecht
pr.	Preußisch
pr.ALR	Preußisches Allgemeines Landrecht von 1794
Pr.OVGE	Entscheidungen des Preußischen Oberverwaltungsgerichts
PsychKG	Gesetz über Hilfen und Schutzmaßnahmen bei psychischen Krankheiten (NRW)
PVG	Polizeiverwaltungsgesetz
RdE	Recht der Energiewirtschaft (Zeitschrift)
RefE	Referenten-Entwurf
resp.	Respektive
Rh.Pf.	Rheinland-Pfalz
RL	Richtlinie
Rn	Randnummer/n
ROG	Raumordnungsgesetz des Bundes

ROP	Raumordnungsplan
Rspr	Rechtsprechung
RuR	Raumforschung und Raumordnung (Zeitschrift)
S.	Seite/Satz
s.	siehe
S.Anh.	Sachsen-Anhalt
Saarl.	Saarland
Sachs.	Sachsen
SächsVBl.	Sächsische Verwaltungsblätter
Sart.	Sartorius, Verfassungs- und Verwaltungsgesetze (Gesetzessammlung)
Schl.H.	Schleswig-Holstein
Slg.	Sammlung der Entscheidungen des EuGH
s.o.	siehe oben
sog.	so genannte/r/s/n
SOG	Gesetz über die öffentliche Sicherheit und Ordnung
SpkG	Sparkassengesetz
SRU	Sachverständigenrat für Umweltfragen
StabG	Gesetz zur Förderung der Stabilität und des Wachstums der Wirtschaft
StBauFG	Städtebauförderungsgesetz
Std.	Stand
StGB	Strafgesetzbuch
StGH	Staatsgerichtshof
StPO	Strafprozessordnung
str	strittig
StrReinG	Straßenreinigungsgesetz
StrWG	Straßen- und Wegegesetz
StuGR	Städte- und Gemeinderat (Zeitschrift)
StVO	Straßenverkehrsordnung
StVZO	Straßenverkehrszulassungsordnung
SUP	Strategische Umweltprüfung
SUP-RL	Richtlinie über die Prüfung der Umweltauswirkungen bestimmter Pläne und Programme
SWG	Sicherheitswachtgesetz
teilw	teilweise
Thür.	Thüringen
ThürVBl.	Thüringer Verwaltungsblätter
TierSG	Tierseuchengesetz
TKG	Telekommunikationsgesetz
TÖB	Träger öffentlicher Belange
ua	und andere/r/s bzw unter anderem
uä	und ähnlich/e/es/er
UAbs.	Unterabsatz
uam	und andere/r/s mehr
UmweltR	Umweltrecht
UPR	Umwelt- und Planungsrecht (Zeitschrift)
UmwRG	Umwelt-Rechtsbehelfsgesetz
Urt.	Urteil
UTR	Umwelt- und Technikrecht

UVP	Umweltverträglichkeitsprüfung
UVPG	Gesetz über die Umweltverträglichkeitsprüfung
UVP-RL	Richtlinie über die Umweltverträglichkeitsprüfung
v.	von/m
VA	Verwaltungsakt
Var.	Variante
VBlBW	Verwaltungsblätter für Baden-Württemberg
Verf.	Verfassung
VerfGH	Verfassungsgerichtshof
VersammlG	Versammlungsgesetz
VerwArch	Verwaltungsarchiv (Zeitschrift)
VerwVollstrG	Verwaltungsvollstreckungsgesetz
VG	Verwaltungsgericht
VGH	Verwaltungsgerichtshof
vgl	vergleiche
VO	Rechtsverordnung
VOP	Verwaltungsführung, Organisation, Personal (Zeitschrift)
Vor.	Vorbemerkung/en
VR	Verwaltungsrundschau (Zeitschrift)
VRL	Vogelschutz-Richtlinie
VV	Verwaltungsvorschrift
VVDStRL	Veröffentlichungen der Vereinigung der Deutschen Staatsrechtslehrer
VVO	Verwaltungsverordnung
VwGO	Verwaltungsgerichtsordnung
VwVfG	Verwaltungsverfahrensgesetz
w.	weitere/r/s
WaffG	Waffengesetz
WertV	Wertermittlungsverordnung
WHG	Wasserhaushaltsgesetz
WissR	Wissenschaftsrecht (Zeitschrift)
WiVerw	Wirtschaft und Verwaltung (Zeitschrift)
WPflG	Wehrpflichtgesetz
WRV	Weimarer Reichsverfassung
zB	zum Beispiel
ZBR	Zeitschrift für Beamtenrecht
ZfBR	Zeitschrift für deutsches und internationales Baurecht
ZG	Zeitschrift für Gesetzgebung
ZGR	Zeitschrift für Unternehmens- und Gesellschaftsrecht
ZJS	Zeitschrift für das Juristische Studium
ZLW	Zeitschrift für Luft- und Weltraumrecht
ZögU	Zeitschrift für öffentliche und gemeinwirtschaftliche Unternehmen
ZPO	Zivilprozessordnung
ZRP	Zeitschrift für Rechtspolitik
zT	zum Teil
ZUR	Zeitschrift für Umweltrecht

Verzeichnis des abgekürzt zitierten Schrifttums

I.   Kommunalrecht

B/H/M, NKomVG	*P. Blum/B. Häusler/H. Meyer* (Hrsg.), Niedersächsisches Kommunalverfassungsgesetz, 4. Aufl. 2017
Brüning, KomR	Chr. Brüning, § 64 Kommunalverfassung, in: D. Ehlers/M. Fehling/H. Pünder, Besonders Verwaltungsrecht Bd. 3, 3. Aufl. 2013
Burgi, KommR	*M. Burgi*, Kommunalrecht, 6. Aufl. 2019
Engels, Verfassungsgarantie	*A. Engels*, Die Verfassungsgarantie kommunaler Selbstverwaltung, 2014
Engels/Krausnick	*A. Engels/D. Krausnick,* Kommunalrecht, 2015
Erichsen, KommR	*H.U. Erichsen*, Kommunalrecht des Landes Nordrhein-Westfalen, 2. Aufl. 1997
FG Schlebusch	*H.-G. Henneke/H. Meyer*, Kommunale Selbstverwaltung zwischen Bewahrung, Bewährung und Entwicklung, Festgabe für Schlebusch, 2006
Geis, KommR	*M.-E. Geis*, Kommunalrecht, 4. Aufl. 2016
Hartmann, H/M/M	*B.J. Hartmann*, Kommunalrecht, in: Hartmann/Mann/Mehde, Landesrecht Niedersachsen, 2. Aufl. 2018
HKWP I-IV	*H. Peters* (Hrsg.), Handbuch der kommunalen Wissenschaft und Praxis, 1. Aufl. 1956 ff (Bd. I-IV)
HKWP2 1–6	*G. Püttner* (Hrsg.), Handbuch der kommunalen Wissenschaft und Praxis, 2. Aufl. 1981 ff (Bd. 1–6)
HKWP3	*Th. Mann/G. Püttner* (Hrsg.), Handbuch der kommunalen Wissenschaft und Praxis, 3. Aufl. 2007 ff (Bd. 1 u 2)
Held, KVerf NRW	*W. Held/E. Becker/H. Decker/R. Kirchhof/F. Krämer/R. Wansleben*, Kommunalverfassungsrecht Nordrhein-Westfalen, Loseblattkomm., Stand: Juli 2019
H/P/W, KommFin	*H.-G. Henneke/H. Pünder/Chr. Waldhoff* (Hrsg.), Recht der Kommunalfinanzen, 2006
Ipsen, KommR	*J. Ipsen*, Niedersächsisches Kommunalrecht, 4. Aufl. 2014
Kluth, W/B/S III	*W. Kluth*, Grundlagen des Rechts der kommunalen Selbstverwaltung, in: Wolff/Bachof/Stober/Kluth, Verwaltungsrecht II, 7. Aufl. 2010, §§ 96–98

Knemeyer, Bay. KommR	*F.L. Knemeyer*, Bayerisches Kommunalrecht, 12. Aufl. 2007
Lange, KommR	*K. Lange*, Kommunalrecht, 2. Aufl. 2019
Meyer, KommR	*H. Meyer*, Kommunalrecht (Landesrecht M.V.), 2. Aufl. 2002
Röhl, BesVerwR	*H.C. Röhl*, Kommunalrecht, in: Schoch (Hrsg.), Bes.VerwR, 2018, Kap. 2
Schmidt-Jortzig, KommR	*E. Schmidt-Jortzig*, Kommunalrecht, 1982
Schmidt, KomR	*T.I. Schmidt*, Kommunalrecht, 2. Aufl. 2014
Schmidt, KomZs	*T.I. Schmidt*, § 65 Kommunale Zusammenarbeit, in: D. Ehlers/M. Fehling/H. Pünder, Besonders Verwaltungsrecht Bd. 3, 3. Aufl. 2013

II. Polizeirecht

D/W/V/M	*B. Drews/G. Wacke/K. Vogel/W. Martens*, Gefahrenabwehr, 9. Aufl. 1986
FS Samper	*M. Schreiber* (Hrsg.), Polizeilicher Eingriff und Grundrechte, Festschrift zum 70. Geburtstag von Rudolf Samper, 1982
Götz/Geis, POR	*V. Götz/M.-E. Geis*, Allgemeines Polizei- und Ordnungsrecht, 16. Aufl. 2017
Gornig/Jahn, Fälle	*G. Gorning/R. Jahn*, Fälle zum Polizei- und Ordnungsrecht, 4. Aufl. 2014
Gusy, POR	*Chr. Gusy*, Polizei- und Ordnungsrecht, 10. Aufl. 2017
Heise/Riegel, ME	*G. Heise/R. Riegel*, Musterentwurf eines einheitlichen Polizeigesetzes, 2. Aufl. 1978
Ipsen, POR	*J. Ipsen*, Niedersächsisches Polizei- und Ordnungsrecht, 4. Aufl. 2010
Knemeyer, POR	*F.-L. Knemeyer*, Polizei- und Ordnungsrecht, 11. Aufl. 2007
Kugelmann, POR	*D. Kugelmann*, Polizei- und Ordnungsrecht, 2. Aufl. 2012
L/D	*H. Lisken/E. Denninger* (Hrsg.), Handbuch des Polizeirechts, 6. Aufl. 2018
Mehde, H/M/M	*V. Mehde,* Polizei- und Ordnungsrecht, in: Hartmann/Mann/Mehde, Landesrecht Niedersachsen, 2. Aufl. 2018

Pieroth/Schlink/Kniesel, POR	*B. Pieroth/B. Schlink/M. Kniesel*, Polizei- und Ordnungsrecht, 10. Aufl. 2018
Schenke, POR	*W.R. Schenke/R.P. Schenke*, Polizei- und Ordnungsrecht, in: U. Steiner (Hrsg.), Besonderes Verwaltungsrecht, 9. Aufl. 2018,
Schenke, PolR	*W.R. Schenke*, Polizei- und Ordnungsrecht, 10. Aufl. 2018
Schoch, BesVerwR	*F. Schoch*, Polizei- und Ordnungsrecht, in: F. Schoch (Hrsg.), Besonderes Verwaltungsrecht, 2018, Kap. 1
Thiel, POR	*M. Thiel*, Polizei- und Ordnungsrecht, 3. Aufl. 2016
Wehr, PolR	*M. Wehr*, Examens-Repetitorium Polizeirecht, 4. Aufl. 2019
Würtenberger, POR	*Th. Würtenberger*, Polizei- und Ordnungsrecht, in: D. Ehlers/M. Fehling/H. Pünder (Hrsg.), Besonders Verwaltungsrecht Bd. 3, 3. Aufl. 2013

III. Baurecht

Battis, ÖffBauR	*U. Battis*, Öffentliches Baurecht und Raumordnungsrecht, 7. Aufl. 2017
Battis/Krautzberger/Löhr, BauGB	*U. Battis/M. Krautzberger/R.-P. Löhr*, Baugesetzbuch – BauGB – Kommentar, 14. Aufl. 2019
Berkemann ua BauGB 2004	*J. Berkemann* (Hrsg.)*/A. Bunzel/G. Halama/G. Schmidt-Eichstaedt/W. Schrödter*, BauGB 2004 – Nachgefragt. 250 Fragen zum BauGB 2004, 2006
Bracher/Reidt/Schiller, Bauplanungsrecht	*C. Bracher/O. Reidt/G. Schiller*, Bauplanungsrecht, 8. Aufl. 2014
Brenner, ÖffBauR	*M. Brenner*, Öffentliches Baurecht, 4. Aufl. 2014
Brohm, ÖffBauR	*W. Brohm*, Öffentliches Baurecht, 3. Aufl. 2002
Erbguth/Schubert, ÖffBauR	*W. Erbguth/M. Schubert*, Öffentliches Baurecht, 6. Aufl. 2015
Ernst/Zinkahn/Bielenberg/ Krautzberger, BauGB	*W. Ernst/W. Zinkahn/W. Bielenberg/M. Krautzberger*, Baugesetzbuch, Kommentar, Loseblatt, Stand: Mai 2019
Finkelnburg/Ortloff/Kment ÖffBauR Bd.1	*K. Finkelnburg/K.-M. Ortloff/M. Kment*, Öffentliches Baurecht, Bd. I, Bauplanungsrecht, 7. Aufl. 2017
Finkelnburg/Ortloff/Otto ÖffBauR Bd.2	*K. Finkelnburg/K.-M. Ortloff/C.-W. Otto*, Öffentliches Baurecht, Bd. II, Bauordnungsrecht, 7. Aufl. 2018

FS Bartlsperger	Festschrift für Richard Bartlsperger zum 70. Geburtstag, 2006
FS Boujong	Festschrift für Karlheinz Boujong zum 65. Geburtstag, 1996
FS Bull	Festschrift für Hans Peter Bull zum 75. Geburtstag, 2011
FS Erbguth	Festschrift für Wilfried Erbguth zum 70. Geburtstag, 2019
FS Götz	Festschrift für Volkmar Götz zum 70. Geburtstag, 2005
FS Hoppe	Festschrift für Werner Hoppe zum 70. Geburtstag, 2000
FS Schenke	Festschrift für Wolf-Rüdiger Schenke zum 70. Geburtstag, 2011
FS Schlichter	Festschrift für Otto Schlichter zum 65. Geburtstag, 1995
FS Schmidt-Jortzig	Festschrift für Edzard Schmidt-Jortzig, 2011
FS Weyreuther	Festschrift für Felix Weyreuther zum 65. Geburtstag, 1993
Hoppe/Bönker/Grotefels, ÖffBauR	*W. Hoppe/C. Bönker/S. Grotefels*, Öffentliches Baurecht, 4. Aufl. 2010
Jarass, BImSchG	*H. D. Jarass*, Bundes-Immissionsschutzgesetz, 12. Aufl. 2017
Jarass/Kment, BauGB	H. D. Jarass/M. Kment, Baugesetzbuch, 2. Aufl. 2017
Jäde/Dirnberger/Weiß, BauGB	*H. Jäde/F. Dirnberger/J. Weiß*, Baugesetzbuch, Baunutzungsverordnung, Kommentar, 9. Aufl. 2018
Kaiser, Bauordnungsrecht	*A. B. Kaiser*, Bauordnungsrecht, in: D. Ehlers/M. Fehling/H. Pünder (Hrsg.), Besonderes Verwaltungsrecht, Bd. 2, 3. Aufl. 2013, § 41
Kersten, Baurecht	*J. Kersten*, Baurecht, in: F. Schoch (Hrsg.), Besonderes Verwaltungsrecht, 2018
Koch/Hendler, Baurecht	*H.-J. Koch/R. Hendler*, Baurecht, Raumordnungs- und Landesplanungsrecht, 6. Aufl. 2015
Kröninger/Aschke/Jeromin, BauGB	*Kröninger/Aschke/Jeromin*, Baugesetzbuch mit Baunutzungsverordnung, 4. Aufl. 2018
Muckel/Ogorek, ÖffBauR	*St. Muckel/M. Ogorek*, Öffentliches Baurecht, 3. Aufl. 2018

Oldiges/Brinktrine, Baurecht	*M. Oldiges/R. Brinktrine*, Baurecht, in: U. Steiner (Hrsg.), Besonderes Verwaltungsrecht, 9. Aufl. 2018, S. 361
Peine, ÖffBauR	*F.-J. Peine*, Öffentliches Baurecht, 4. Aufl. 2003
Schrödter, BauGB	*H. Schrödter* (Hrsg.), Baugesetzbuch, 9. Aufl. 2019
Spannowsky/Uechtritz, BauGB	*W. Spannowsky/M.Uechtritz* (Hrsg.), Baugesetzbuch, Kommentar, 3. Aufl. 2018
Stollmann/Beaucamp, ÖffBauR	*F. Stollmann/G. Beaucamp*, Öffentliches Baurecht, 11. Aufl. 2017
Wickel, Bauplanung	*M. Wickel*, Bauplanung, in: D. Ehlers/M. Fehling/ H. Pünder (Hrsg.), Besonderes Verwaltungsrecht, Bd. 2, 3. Aufl. 2013, § 41
Will, ÖffBauR	*M. Will*, Öffentliches Baurecht, 2019

IV. Sonstiges

Detterbeck, Allg.VerwR	*St. Detterbeck*, Allgemeines Verwaltungsrecht, 17. Aufl. 2019
Erbguth, Grundfragen d. UmweltR	*W. Erbguth*, Rechtssystematische Grundfragen des Umweltrechts, 1987
Erbguth/Guckelberger, Allgemeines Verwaltungsrecht	*W. Erbguth/A. Guckelberger*, Allgemeines Verwaltungsrecht, Verwaltungsprozess- und Staatshaftungsrecht, 9. Aufl. 2018
Geis, Fälle	*M.-E. Geis*, Fälle zum Polizei- und Ordnungsrecht, 2011
Mann/Sennekamp/Uechtritz, VwVfG	*Th. Mann/Chr. Sennekamp/M. Uechtritz* (Hrsg.),Verwaltungsverfahrensgesetz, Kommentar, 2. Aufl. 2019
Maunz/Dürig, Grundgesetz	*T. Maunz/G. Dürig/R. Herzog/R. Scholz*, Grundgesetz, Kommentar Grundgesetz, Loseblatt, Stand: März 2019
Maurer/Waldhoff, Allg.VerwR	*H. Maurer/Ch. Waldhoff*, Allgemeines Verwaltungsrecht, 19. Aufl. 2017
Muckel, BesVerwR	*St. Muckel*, Fälle zum Besonderen Verwaltungsrecht, 5. Aufl. 2013
Peine/Siegel, Allg.VerwR	*F.-J. Peine/Th. Siegel*, Allgemeines Verwaltungsrecht, 12. Aufl. 2018
Schlacke, Umweltrecht	*S. Schlacke*, Umweltrecht, 7. Aufl. 2019
Schmidt/Kahl/Gärditz, Umweltrecht	*R. Schmidt/W. Kahl/K.F. Gärditz*, Umweltrecht, 10. Aufl. 2017

Vorbemerkung

Das Besondere Verwaltungsrecht umfasst eine beachtliche Anzahl mehr oder weniger eigenständiger, sachgebietsbezogener Normenkomplexe als spezielle Vorgaben für öffentliche Verwaltungstätigkeit. Über seine Breite orientiert bereits ein Blick auf die Inhaltsübersicht im Standardwerk zu diesem Rechtsgebiet, dem von *F. Schoch* 2018 herausgegebenen Lehrbuch[1]. Die für das Studium und die Erste Juristische (Staats-) Prüfung maßgeblichen Juristenausbildungsgesetze der Länder enthalten freilich keine einheitliche Verortung des Besonderen Verwaltungsrechts und der von ihm umspannten Sachgebiete, sondern ordnen nur Teile davon jeweils dem Pflichtfächerkatalog zu. Von **allen** Studierenden jedenfalls in den Flächenstaaten nachzuweisen (vgl § 8 II Nr 9 bd.wtt.JAPrO, § 18 II Nr 5c bay.JAPO, § 3 IV Nr 3c brandenb.JAO, § 7 Nr 4f hess.JAG, § 11 II Nr 3c m.v.JAPO, § 16 III Nr 3, 4 NJAVO, § 11 II Nr 13 JAG NRW, § 1 II Nr 1c rh.pf.JAPO iVm Anl. C IV Nr 4, § 8 II Nr 5d saarl.JAG, § 14 III Nr 8c sächs.JAPO, § 14 II Nr 5c s.anh.JAPrO, § 3 V Nr 4a-c schl.h.JAVO, § 14 II Nr 4c thür.JAPO) sind üblicherweise (Grund-) Kenntnisse im Kommunalrecht (zT ohne Kommunalwahlrecht und Kommunalabgabenrecht) als einer für die Leistungsverwaltung typischen Materie sowie im Polizei- und Ordnungsrecht als Paradedisziplin der Eingriffsverwaltung. Daneben sind auch Grundzüge des Baurechts Prüfungsgegenstand in allen Ländern. Die namentlich in jüngerer Zeit noch vermehrt Beachtung gewinnenden Gebiete des Umweltrechts und des Wirtschaftsverwaltungsrechts bedürfen einer eigenständigen Darstellung, gehören zudem lediglich zum Kreis der Schwerpunktbereiche.

Da sowohl das Kommunalrecht als auch das Polizei- und Ordnungsrecht im Wesentlichen von der Landesgesetzgebung ausgeformt sind – im Bereich des Baurechts gilt das für den bauordnungsrechtlichen Teil –, konnte es vorliegend nur um eine Darstellung übereinstimmender Grundstrukturen gehen. Dies stößt freilich bei einer Zahl von 16 Ländern und einem verstärkten Trend der Landesgesetzgebung, sich von gemeinsamen Leitlinien zu lösen und eigenständigen Ansätzen zu folgen, auf nicht unbeträchtliche Schwierigkeiten. Gleichwohl sollten in einem Bundesstaat Bemühungen um die Vermittlung eines an nach wie vor erkennbaren Grundstrukturen orientierten Überblicks nicht nachlassen. Schließlich ergeben sich Harmonisierungseffekte etwa im Kommunalrecht aus dem zunehmenden Trend zur Aktivierung des Bürgers, so durch Direktwahl des Hauptverwaltungsbeamten und durch Instrumente unmittelbarer Demokratie (dazu unten Rn 107). Auch das BVerfG nahm schließlich seine Beurteilung von Eingriffen in die kommunale Organisationshoheit unter Berücksichtigung der „im deutschen Kommunalrecht bekannten Vorgaben" – so BVerfGE 91, 228 (242) – vor.

---

1 Siehe daneben insbesondere auch *D. Ehlers/M. Fehling/H. Pünder* (Hrsg.), Bes.VerwR, 3 Bde., 3. Aufl. 2012/2013.

3 Zur Wahrung der Übersichtlichkeit sind in der Regel lediglich die einschlägigen bayerischen, niedersächsischen, nordrhein-westfälischen und mecklenburg-vorpommerschen Vorschriften im Text durchgängig angegeben. Die Bestimmungen der übrigen Länder sind nur teilweise, in der Darstellung des Kommunal- sowie des Polizei- und Ordnungsrechts aber jeweils zu Beginn eines Abschnittes gesammelt aufgeführt. Dem Leser wird im Hinblick darauf geraten, die für ihn maßgebliche landesrechtliche Bestimmung anhand der gegebenen Nachweise aufzusuchen, sie genauestens zu lesen und am Rand zu notieren. Es wird erwartet, dass jedenfalls die im Text ausdrücklich in Bezug genommenen ausgewählten Entscheidungen durchgearbeitet werden.

Teil I

Kommunalrecht

§ 1 Das Kommunalrecht und die kommunalen Rechtssubjekte

I. Kommunalrecht als Rechtsgebiet

Das Kommunalrecht als gewichtiger Teilkomplex des Besonderen Verwaltungsrechts **4** umgreift alle diejenigen **Rechtssätze, die sich auf die Organisation und den Aufgabenkreis der kommunalen Körperschaften beziehen und deren Handeln im Rechtsverkehr regeln.** Nach der grundgesetzlichen Verteilung der Gesetzgebungskompetenzen (vgl Art. 70 ff GG), die deutscher Tradition entspricht, ist der Erlass der die kommunale Organisation betreffenden Normen Ländersache. Trotz der mit dieser Kompetenzverteilung einhergehenden Gesetzesvielfalt ist das Kommunalrecht von länderübergreifenden Grundsätzen geprägt und folgt im Wesentlichen einheitlichen Prinzipien, welche sich in den jeweiligen Landesregelungen wiederfinden. Aus diesem Grunde stellen sich in allen Ländern nahezu dieselben Rechtsfragen, die dann auch regelmäßig Gegenstand von Klausuren in den juristischen Staatexamina sind[1].

1. Historische Vorbilder

Von den klassischen landesrechtlichen Regelungen[2] seien hier besonders hervorgehoben: **5**
- Die preußische Städteordnung v. 19.11.1808 (GS 1822 Anh. S. 324), nach ihrem Urheber, dem Freiherrn vom Stein, auch Stein'sche Städteordnung genannt,
- die bay. Verordnung, die künftige Verfassung und Verwaltung der Gemeinden im Königreiche betreffend, aus dem Jahre 1818 (GBl. Sp. 49),
- das württ. Verwaltungsedikt für die Gemeinden, Oberämter und Stiftungen v. 1.3.1822 (Kgl. Staats- u. RegBl. S. 131),
- die revidierte preuß. Städte-Ordnung v. 17.3.1831 (GS S. 10),
- das badische Gesetz über die Verfassung und Verwaltung der Gemeinden v. 31.12.1831 (RegBl. S. 81),
- die sächs. Landgemeinde-Ordnung v. 7.11.1838 (GVBl. S. 431),
- die Landgemeinde-Ordnung für die Provinz Westfalen v. 31.10.1841 (GS S. 297) und
- die Gemeindeordnung für die Rheinprovinz v. 23.7.1845 (GS S. 523).

Im Jahre 1935 wurde mit der DGO erstmals ein für das gesamte Reichsgebiet geltendes einheitliches Gemeinderecht geschaffen, dessen organisatorischer Teil allerdings von nationalsozialistischem Gedankengut (Führerprinzip) durchdrungen war. Demgegenüber galten die wirtschaftsbezogenen Teile der DGO als in hohem Maße funktionsgerecht und haben dann auch

---

1 Zur Klausur im Kommunalrecht s. *Rennert*, JuS 2008, 29 ff, 119 ff, 211 ff.
2 Mit Erl. u. Angaben zur Lit. abgedruckt in der Sammlung *Engeli/Haus*, Quellen zum modernen Gemeindeverfassungsrecht in Deutschland, 1975. Zu den Wurzeln der Selbstverwaltungsidee allg. *Stern*, StaatsR I, 2. Aufl. 1984, § 12 I 2, 3 (S. 398 f) sowie die Beiträge von *Hendler* (§ 1) und *v. Unruh* (§ 4), in: HKWP[3], 2007.

durchgängig bei der kommunalrechtlichen Nachkriegsgesetzgebung in den einzelnen Bundesländern starke Beachtung gefunden.

Der sog. **Weinheimer Entwurf**, ein gemeinsamer Entwurf einer Gemeindeordnung auf der Grundlage von Beratungen der Innenminister der Länder und der kommunalen Spitzenverbände vom Juli 1948, hatte ua zum Ziel, den überkommenen Aufgabendualismus von Selbstverwaltungs- und Auftragsangelegenheiten durch das **monistische Aufgabenmodell** einer einheitlichen Gemeindeselbstverwaltung zu ersetzen, die sich auf alle öffentlichen Aufgaben im Gemeindegebiet beziehen sollte. Der Entwurf hatte aber den Abschnitt über die innere Gemeindeverfassung (dazu unten § 4) ausgeklammert und konnte allenfalls partiell und punktuell in die Realität umgesetzt werden. Lediglich in den 1970er-Jahren gelang eine parallele Novellierung der gemeinderechtlichen Bestimmungen über die gemeindliche Haushaltswirtschaft.

6   Den historischen Vorbildern wurde nach der Wiedervereinigung auch in den neuen Ländern umgehend Rechnung getragen.

Das am 17.5.1990 erlassene Gesetz über die Selbstverwaltung der Gemeinden und Kreise in der DDR – Kommunalverfassung – (GBl. I S. 255) galt deshalb in den durch das LändereinführungsG v. 22.7.1990 (GBl. I S. 955) gebildeten Ländern zunächst als Landesrecht fort. Diese **KommVerf DDR** blieb nach Maßgabe des Einigungsvertrags[3] – zunächst auch nach der Wiederherstellung der deutschen Einheit – in Kraft. Die durch dieses Gesetz in den neuen Ländern neu gegründeten Kommunen sind nicht identisch mit den Gebietskörperschaften, die in der DDR nach dem Gesetz über die örtlichen Organe der Staatsmacht vom 18.1.1957 bestanden hatten[4]. In der Folge sind auch in allen fünf neuen Ländern eigenständige kommunalrechtliche Gesetze erlassen worden (vgl die Übersicht in Rn 8).

2.   Gegenwärtige Rechtsquellen

7   Im Gefolge unterschiedlicher Vorstellungen der Besatzungsmächte über die kommunale Organisation kam es in der Nachkriegszeit zu einer starken **Rechtszersplitterung im bundesdeutschen Kommunalrecht**. Heutzutage ist die Gesetzgebungstätigkeit der Parlamente von einer bemerkenswerten Schnelllebigkeit geprägt. Infolge vielfältiger, in immer kürzeren Zeiträumen erfolgender Novellierungen wird es gerade im Kommunalrecht immer schwieriger, einerseits aktuelle Entwicklungslinien in den einzelnen Ländern zu verfolgen, dabei aber andererseits die gemeinsamen Grundzüge nicht aus dem Auge zu verlieren.

Eine Übersicht über die zentralen landesgesetzlichen Regelungen des Kommunalrechts in den bundesdeutschen Flächenstaaten ergibt gegenwärtig (Stand: Januar 2019) folgendes Bild:

8   **Baden-Württemberg**

a) Gemeindeordnung idF der Bekanntm. v. 24.7.2000 (GBl. S. 581), zuletzt geändert durch Gesetz v. 19.6.2018 (GBl. S. 221).

b) Landkreisordnung idF v. 19.6.1987 (GBl. S. 289), zuletzt geändert durch Gesetz v. 19.6.2018 (GBl. S. 221).

---

3   Vertrag zwischen der Bundesrepublik Deutschland und der Deutschen Demokratischen Republik über die Herstellung der Einheit Deutschlands (Einigungsvertrag v. 31.8.1990 (BGBl. II S. 889) – hier: Anl. II, Kap. II, Sachgeb. B Abschn. I.

4   Vgl OLG Dresden, SächsVBl. 2004, 42.

Lit.: *Kunze/Bronner/Katz*, Komm., (Stand: Dezember 2017); *Ade/Faiß/Stehle/Waibel*, Kommunalverfassungsrecht BW, Komm., (Stand: 2018); *Engel/Heilshorn*, Kommunalrecht BW. 11. Aufl. 2018; *Trumpp*, LKrO, Kommentar, 6. Aufl. 2014; *Ennuschat*; in: Ennuschat/Ibler/Remmert, Öff. Recht in BW, 2. Aufl. 2017.

Bayern

a) Gemeindeordnung idF d. Bekanntm. v. 22.8.1998 (GVBl. S. 796), zuletzt geändert durch Gesetz v. 15.5.2018 (GVBl. S. 260).
b) Landkreisordnung idF d. Bekanntm. v. 22.8.1998 (GVBl. S. 826), zuletzt geändert durch Gesetz v. 22.3.2018 (GVBl. S. 145).

Lit.: *Widtmann/Grasser/Glaser*, Komm., (Stand: 2018); *Bauer/Böhle/Ecker*, Bay. Kommunalgesetze, Komm. (Stand: 2018); *Becker*, in: Becker/Heckmann/Kempen/Manssen, Öff. Recht in Bay., 7. Aufl. 2017.

Brandenburg

Kommunalverfassung des Landes Brandenburg idF d. Bekanntm. v. 18.12.2007 (GVBl. I S. 286), zuletzt geändert durch Gesetz v. 18.12.2018 (GVBl. I Nr. 37).

Lit.: *Muth*, Potsdamer Kommentar (Stand: 2018); *Schumacher/Augustesen/Benedens ua*, Kommunalverfassungsrecht Brandenburg, (Stand: 2018); *Schmidt*, in: Bauer/Peine, Landesrecht Brandenburg, 3. Aufl. 2017.

Hessen

a) Gemeindeordnung idF v. 7.3.2005 (GVBl. I S. 142), zuletzt geändert durch Gesetz v. 21.6.2018 (GVBl. S. 291).
   Lit.: *Bennemann/Daneke/Meiß ua*, Kommunalverfassungsrecht Hessen, Komm. (Stand: 2018); *Schmidt/Kneip*, Komm., 2. Aufl. 2008; *Gornig*, in: Gornig/Horn/Will, Öff. Recht in Hessen, 2018; *Lange*, in: Hermes/Reimer, Landesrecht Hessen, 9. Aufl. 2018.
b) Landkreisordnung idF d. Bekanntm. v. 1.4.2005 (GVBl. I S. 183), zuletzt geändert durch Gesetz v. 20.12.2015 (GVBl. S. 618).
   Lit.: *Bennemann/Daneke/Meiß ua*, Komm. (Stand: 2018).

Mecklenburg-Vorpommern

Kommunalverfassung (KVerf) idF d. Bekanntm. v. 13.7.2011 (GVOBl. M-V S. 777).

Lit.: *Wellmann/Glaser*, Komm., 10. Aufl. 2019; *Schröder/Freund/Wellmann ua*, Kommunalverfassungsrecht MV, Komm. (Stand: 2017); Classen/Lüdemann, Landesrecht MV, 4. Aufl. 2019.

Niedersachsen

Niedersächsisches Kommunalverfassungsgesetz (NKomVG) idF d. Bekanntm. v. 17.12.2010 (Nds. GVBl. S. 576), zuletzt geändert durch Gesetz v. 20.6.2018 (Nds. GVBl. S. 113).

Lit.: *Blum/Baumgarten/Freese ua*, Kommunalverfassungsrecht Nds., Komm. (Stand: 2018); *Blum/Häusler/Meyer* (Hrsg.), NKomVG, 4. Aufl. 2017; *Hartmann*, in: Hartmann/Mann/Mehde, Landesrecht Nds., 2 Aufl. 2018; *J. Ipsen*, Nds. KommunalR, 4. Aufl. 2011; *J. Ipsen* (Hrsg.), NKomVG, 2011; *Thiele*, NKomVG, 2. Aufl. 2017.

Nordrhein-Westfalen

a) Gemeindeordnung idF d. Bekanntm. v. 14.7.1994 (GVBl. S. 666), zuletzt geändert durch Gesetz v. 18.12.2018 (GV. NRW. S. 759).
b) Kreisordnung idF d. Bekanntm. v. 14.7.1994 (GVBl. S. 646), zuletzt geändert durch Gesetz v. 18.12.2018 (GV. NRW. S. 759).

Lit.: *Held/Winkel/Wansleben* (Hrsg.), Kommunalverfassungsrecht NRW, Komm. (Stand: 2018); *Articus/Schneider*, Komm., 5. Aufl. 2016; *Görisch*, in: Schlacke/Wittreck, Landesrecht NRW, 2017; *Hellermann*, in: Dietlein/Hellermann, Öff. Recht in NRW, 6. Aufl. 2016.

Rheinland-Pfalz

a) Gemeindeordnung idF v. 31.1.1994 (GVBl. S. 153), zuletzt geändert durch Gesetz v. 19.12.2018 (GVBl. S. 448).
b) Landkreisordnung idF v. 31.1.1994 (GVBl. S. 188), zuletzt geändert durch Gesetz v. 19.12.2018 (GVBl. S. 448).

Lit.: *Gabler/Höhlein/Klöckner ua*, Kommunalverfassungsrecht RLP, Komm. (Stand: 2018); *Nauheim-Skrobek/Schmitz/Schmorleiz*, Kommunalrecht RLP, 2. Aufl. 2017; *Winkler*, in: Hufen/Jutzi/Proelß, Landesrecht RLP, 8. Aufl. 2018.

Saarland

Kommunalselbstverwaltungsgesetz idF d. Bekanntm. v. 27.6.1997 (ABl. S. 682), zuletzt geändert durch Gesetz v. 15.6.2016 (ABl. I S. 840).

Lit.: *Lehné/Weirich*, Saarl. Kommunalrecht, Komm., 4. Aufl. 2019; *Wohlfarth*, in: Gröpl/Guckelberger/Wohlfarth, Landesrecht Saarland, 3. Aufl. 2017.

Sachsen

a) Gemeindeordnung idF d. Bekanntm. v. 9.3.2018 (GVBl. S. 62).
b) Landkreisordnung idF d. Bekanntm. v. 9.3.2018 (GVBl. S. 99).

Lit.: *Sponer/Jacob/Musall/Sollondz/Ewert*, Kommunalverfassungsrecht Sachsen (Stand 2018); *Enders/Faßbender/Rozek,* Landesrecht Sachsen, 2019.

Sachsen-Anhalt

Kommunalverfassungsgesetz des Landes Sachsen-Anhalt idF d. Bekanntm. v. 17.7.2014 (GVBl. S. 288), zuletzt geändert durch Gesetz v. 22.6.2018 (GVBl. S. 166).

Lit.: *Schmid/Trommer/Schmid*, KVG-LSA, Komm. (Stand: 2018); *Wiegand* (Hrsg,), Komm. (Stand: 2018); *Kluth*, Landesrecht Sachsen-Anhalt, 2. Aufl. 2010.

Schleswig-Holstein

a) Gemeindeordnung idF d. Bekanntm. v. 28.2.2003 (GVOBl. S. 57), zuletzt geändert durch Gesetz v. 14.1.2018 (GVOBl. S. 6).
b) Kreisordnung idF d. Bekanntm. v. 28.2.2003 (GVOBl. S. 94), zuletzt geändert durch Gesetz v. 14.3.2017 (GVOBl. S. 140).
Lit.: *Dehn/Wolf*, Komm., 16. Aufl. 2019; *Bülow/Erps/Schliesky/v. Allwörden* ua, Komm. (Stand: 2018); *Schliesky*, Landesrecht Schleswig-Holstein, 2019.

Thüringen

Thüringer Kommunalordnung idF d. Bekanntm. v. 28.1.2003 (GVBl. S. 41), zuletzt geändert durch Gesetz v. 10.4.2018 (GVBl. S. 74).

Lit.: *Rücker/Dieter/Schmidt ua*, Komm. (Stand: 2018); *Uckel/Hauth/Hoffmann/Noll*, Kommunalrecht in Thüringen, Komm. (Stand: 2018); *Leisner-Egensperger*, in: Baldus/Knauff, Landesrecht Thüringen, 2019.

9   Zudem impliziert die zunehmende **Normierungsflut** in nahezu allen von den Kommunen zu bewältigenden Aufgabenkreisen – kumulativ verantwortet von EU, Bund und Ländern – mit immer neu anbrandenden Wellen erhebliche Gefährdungen der

kommunalen Selbstverwaltung[5]. Dies gilt insbesondere deshalb, weil die Garantie der kommunalen Selbstverwaltung gem. Art. 28 II GG nicht zu den integrationsfesten Prinzipien iSv Art. 23 I iVm Art. 79 III GG zählt[6]. Immerhin haben es die kommunalen Spitzenverbände erreicht, dass im Zuge der Föderalismusreform 2006 ein Verbot der Übertragung neuer Aufgaben auf Gemeinden und Gemeindeverbände durch den Bund in das Grundgesetz aufgenommen worden ist[7].

Dieses Beispiel akzentuiert die zunehmende Bedeutung einer effizienten gemeinsamen **Interessenvertretung** von Gemeinden und Gemeindeverbänden auf Landes- und Bundesebene.

Heute bestehen zur gemeinsamen Interessenvertretung der kommunalen Körperschaften auf Bundesebene Organisationen in der Rechtsform privatrechtlicher Vereine: der Deutsche Städtetag (Mitglieder: hauptsächlich kreisfreie Städte), der Deutsche Städte- und Gemeindebund (kreisangehörige Städte und Gemeinden) sowie der Deutsche Landkreistag (Landkreise), die in der „Bundesvereinigung der kommunalen Spitzenverbände" zusammengeschlossen sind. Diese Bundes- und auch entsprechende Landesorganisationen – sie finden sich etwa in Art. 71 IV bd.wtt.Verf., Art. 83 VII bay.Verf., Art. 97 IV brandenb.Verf., Art. 57 VI nds.Verf., Art. 84 II sächs.Verf. und Art. 91 IV thür.Verf. ausdrücklich erwähnt – geben auch Zeitschriften heraus, die aktuelle kommunalrechtliche Fragen behandeln; so etwa „Städtetag", „Städte- und Gemeinderat", „Der Landkreis" oder „Eildienst LKT NW"[8].

3. Kommunale Selbstverwaltung und Europarecht

Die Bedeutung der kommunalen Selbstverwaltung für eine effiziente und bürgernahe Verwaltungstätigkeit wird zunehmend auch auf **europäischer Ebene** erkannt, ohne dass dieser Einsicht im derzeit geltenden Unionsrecht breiter Rechnung getragen worden wäre[9]. Dass Entscheidungen möglichst **bürgernah**[10] getroffen werden, ist immerhin ein Postulat, das in Art. 1 II des Vertrages über die Europäische Union (EUV) an prominenter Stelle verankert wurde. Ebenso wie schon im gescheiterten Vertrag über eine Verfassung für Europa (VVE)[11] ist seit dem **Lissabonner Vertrag** in Art. 4 II 1 EUV die regionale und kommunale Selbstverwaltung als Element der grundle-

10

---

5 Vgl in grundsätzlicher Darstellung bereits *Blümel*, VVDStRL 36 (1978), S. 171 ff (188 ff); vgl zu neueren Entwicklungen und Gefährdungen der kommunalen Selbstverwaltung *Henneke*, DÖV 2013, 825 ff sowie *Meyer*, NdsVBl 2015, 37 ff.

6 So die ganz hM, vgl nur Rh.Pf.VerfGH, NVwZ 2006, 206 ff m. Anm. *Waldhoff*, JuS 2006, 766 ff; *Dreier*, in: ders. (Hrsg.), GG, Bd. 2, 3. Aufl. 2015, Art. 28 Rn 28; *Nierhaus*, in: Sachs (Hrsg.), GG, 8. Aufl. 2018, Art. 28 Rn 37; *Ruffert*, in: HKWP³, § 38 Rn 6; *Meyer*, NdsVBl. 2015, 37 (42); aA *Schmidt-Eichstaedt*, KommJur 2009, 249 (253 f).

7 Vgl die Art. 84 I 7 und Art. 85 I 2 GG idF des verfassungsändernden Gesetzes vom 28.8.2006 (BGBl. I S. 2034).

8 Zu der speziellen Konstruktion eines Kommunalen Rats in Rh.-Pf. s. *Henneke*, in: HKWP³, § 35 Rn 33 mwN. – Zur Zusammenarbeit kommunaler Spitzenverbände auf europäischer und internationaler Ebene siehe *Dieckmann*, DÖV 2000, 457 ff und *Henneke*, in: HKWP³, § 35 Rn 64 ff; *Schrader*, Die kommunalen Spitzenverbände und der Schutz der kommunalen Selbstverwaltungsgarantie durch Verfahren und Verfahrensgestaltung, 2004, S. 182 ff.

9 Vgl *Geis*, KommR, 4. Aufl. 2016, § 4 Rn 12 ff; ausführlich *Schmidt-Eichstaedt*, KommJur 2009, 249 ff.

10 Zur Europäischen Bürgerinitiative zuletzt *Heuber-Sänger*, EuR 2015, 238 ff.

11 Vgl Art. I-5(1) und die Präambel zu Teil II (Die Charta der Grundrechte der Union) des VVE; vgl dazu *Schließky*, NdsVBl. 2004, 57 ff.

genden politischen und verfassungsrechtlichen Struktur von Mitgliedstaaten anerkannt. In Art. 5 EUV, der Vorschrift über das mit Blick auf das gesamte Unionsrecht
viel diskutierte **Subsidiaritätsprinzip**, wird die lokale Ebene ausdrücklich in Abs. III
erwähnt (s. auch Rn 48). Hinzuweisen ist auch auf die Institutionalisierung eines
Ausschusses der Regionen gemäß Art. 300 AEUV[12].

Bei allen Vorhaben der Europäischen Union, was die Übertragung von Hoheitsrech-
ten auf diese einschließt, ist gemäß § 10 I des Gesetzes über die **Zusammenarbeit
von Bund und Ländern in Angelegenheiten der Europäischen Union** vom
12.3.1993 (BGBl. I S. 313) das Recht der Gemeinden und Gemeindeverbände zur Regelung der Angelegenheiten der örtlichen Gemeinschaft zu wahren und ihre Belange
zu schützen.

Nachhaltigere Impulse als bislang sollten aber auch von der auf der Ebene des Europarats erarbeiteten und 1988 in Kraft getretenen **Europäischen Charta der kommunalen Selbstverwaltung** vom 15.10.1985[13] ausgehen. Hierbei handelt es sich um
einen multilateralen völkerrechtlichen Vertrag auf der Ebene des Europarats, der die
Vertragsstaaten zur Anwendung von Grundregeln verpflichtet, welche die politische,
verwaltungsmäßige und finanzielle Selbstständigkeit der Gemeinden gewährleisten
sollen. Die in der Charta enthaltenen Grundsätze der kommunalen Selbstverwaltung
entsprechen weitgehend dem Standard, der in Deutschland verfassungsrechtlich bereits durch Art. 28 II GG garantiert wird (dazu Rn 45 ff)[14].

11   Umgekehrt erlangt auch das **EU-Recht** auf kommunaler Ebene zunehmende Bedeutung, etwa bei der wirtschaftlichen Betätigung[15], bei der Auftragsvergabe[16], bei der
Wirtschaftsförderung[17] sowie auf dem Personalsektor.[18] Dem wird immerhin durch
Mitwirkung im Rahmen des vorgenannten beratenden, aus Vertretern der regionalen
und lokalen Gebietskörperschaften bestehenden Ausschusses der Regionen ansatzweise Rechnung getragen.

Die nachfolgende Darstellung von Schwerpunkten[19] des Kommunalrechts geht im
Wesentlichen von den in Bayern, Niedersachsen, Nordrhein-Westfalen und Mecklenburg-Vorpommern geltenden Bestimmungen aus, bezieht aber bei bedeutsamen Abweichungen regelmäßig auch die Besonderheiten des Kommunalrechts der übrigen
Flächenstaaten, insbesondere Baden-Württembergs und Sachsens, mit ein.

---

12   Dazu *Schaffarzik*, in: HKWP³, § 14 Rn 39 f; *Henneke*, ebd, § 35 Rn 47 ff; *Ruffert*, ebd, § 38 Rn 11 f.
13   Das Datum benennt die Zeichnung des Vertrages in Straßburg. Für Deutschland vgl insoweit das Bun-
     desgesetz vom 22.1.1987 (BGBl. II S. 65) und die Bekanntmachung gemäß Art. 59 II GG (BGBl. II
     1988, 653).
14   Einzelheiten bei *Schaffarzik*, Handbuch der Europäischen Charta der kommunalen Selbstverwaltung,
     2002; *ders.*, in: HKWP³, § 14 Rn 10 ff; *Seele*, ebd, § 37 Rn 4 f; *Ruffert*, ebd, § 38 Rn 10.
15   Vgl *Papier*, DVBl. 2003, 686 ff; *Ruffert*, in: HKWP³, § 38 Rn 28 ff.
16   Vgl *Ruffert*, in: HKWP³, § 38 Rn 26 f unten Rn 334.
17   Siehe *Ruffert*, in: HKWP³, § 38 Rn 39 f; *Dollinger*, VBlBW 2002, 225 ff; *Faber*, Europarechtliche
     Grenzen kommunaler Wirtschaftsförderung, 1992; s. auch Rn 333.
18   Zur Haftung der Kommunen für Verstöße gegen EU-Recht vgl *Burger*, KommJur 2013, 6 ff und 41 ff.
19   Umfassende Darlegungen finden sich insbesondere in den Spezialbeiträgen des von *Mann/Püttner*
     insbes. in 3. Auflage herausgegebenen Handbuchs der kommunalen Wissenschaft und Praxis
     (HKWP).

II. Die kommunalen Rechtssubjekte

Fall 1: „Das unerwünschte Müllheizkraftwerk"

Das Entsorgungsunternehmen E beabsichtigt, in Einklang mit diesbezüglichen Vorstellungen der Landesregierung NRW, auf einem 180 ha großen Gelände am Niederrhein im Gebiet der kreisangehörigen Gemeinde G ein Müllheizkraftwerk zu errichten. Im Rahmen des notwendigen immissionsschutzrechtlichen Genehmigungsverfahrens (vgl § 35 I KrWG) machen der Kreis K und die benachbarte, in der Luftlinie 10 km vom vorgesehenen Standort entfernte kreisfreie Stadt S, nicht aber die Gemeinde G Einwendungen geltend. Dessen ungeachtet wird eine erste Teilgenehmigung erteilt. Besteht eine Klagebefugnis der kommunalen Körperschaften G, K und S? **Rn 38**

12

Unmittelbare Regelungsgegenstände des Kommunalrechts sind die lokalen Gebietskörperschaften, welche regelmäßig unter dem Oberbegriff der Kommune zusammengefasst werden.[20] Als **kommunale Rechtssubjekte** begegnen uns in den bundesdeutschen Flächenstaaten durchgängig kreisangehörige **Gemeinden, Landkreise** und **kreisfreie Städte**. Darüber hinaus gibt es in einigen Bundesländern noch **höherstufige Gemeindeverbände**, so in NRW die Landschaftsverbände und in Bayern die Bezirke (s. Rn 26). Außerdem nehmen vielfach Kommunen einzelne ihrer Aufgaben gemeinsam wahr, dies häufig in der verselbstständigten Rechtsform des kommunalen **Zweckverbandes** (Rn 29 ff).

13

Auch in Bremen existieren kommunale Körperschaften (vgl Art. 143 brem.Verf.: „Stadt Bremen" und „Stadt Bremerhaven"). In Hamburg hingegen gibt es keine Kommunen im Rechtssinne[21]. In Berlin bilden die Bezirke keine selbstständigen Gebietskörperschaften, sondern Selbstverwaltungseinheiten Berlins ohne Rechtspersönlichkeit[22].

Daneben hat die Verwaltungsinstitution der „Ämter" in den neuen Ländern eine Wiederbelebung erfahren (vgl unten Rn 27 f).

Das Kommunalrecht wird vor diesem Hintergrund zumeist in Gemeinderecht – dies steht gängigerweise im Vordergrund des Interesses – und Kommunalverbandsrecht gegliedert[23]. In modernen Kommunalgesetzen wird mitunter der Terminus „Kommune" als Sammelbezeichnung für Gemeinden und Gemeindeverbände benutzt, so etwa in dem seit 2011 geltenden **Niedersächsischen Kommunalverfassungsgesetz,**[24] das unter dem Oberbegriff „Kommunen" alle Landkreise und Gemeinden, alle Samtgemeinden sowie die Region Hannover zusammenfasst (vgl § 1 I NKomVG). Entsprechend verfährt auch das **Kommunalverfassungsgesetz Sachsen-Anhalt** (vgl § 1 I KVG-LSA).

---

20 Vgl *Schmidt*, KommR, § 1 Rn 2; *Burgi*, KommR, § 1 Rn 10; Vgl ferner § 1 I NKomVG.
21 *Bull*, in: HKWP³, § 26b Rn 8 ff.
22 Vgl Art. 3 II, 66 II berl. Verf., § 2 I Bezirksverwaltungsgesetz Berlin; näher *Hurnik*, in: HKWP³, § 26a Rn 10 ff.
23 Zu Letzterem ausführlich etwa *Brüning*, KommR, § 64 Rn 208 ff; *H. Meyer*, in: HKWP³, § 25.
24 Im Überblick dazu *Mehde*, NordÖR 2011, 49 ff.

1. Gemeinden

14 In den Eingangsbestimmungen der Gemeindeordnungen werden die Gemeinden als **Gebietskörperschaften** bezeichnet, die das Wohl ihrer Einwohner in freier Selbstverwaltung durch ihre von der Bürgerschaft gewählten Organe fördern (vgl Art. 1 bay.GO, § 1 II m.v.KVerf., §§ 1 I, 2 II NKomVG, § 1 I GO NRW). Eine solche recht abstrakte Umschreibung des „Wesens der Gemeinden" lässt freilich den entscheidenden Aspekt für die körperschaftlichen Dimensionen nur schwach erkennen, nämlich den **örtlichen** Bezugsrahmen von Organisation und Aufgabenkreis, der in der grundgesetzlichen Gewährleistung des Art. 28 II 1 GG deutlich hervortritt. Mit der Benennung als Gebietskörperschaft erfolgte eine Bezugnahme auf das allgemeine Verwaltungsrecht, das die öffentlich-rechtliche Körperschaft als mitgliedschaftlich organisiertes rechtsfähiges Subjekt des öffentlichen Rechts kennt, welches auf gesetzlicher Grundlage öffentliche Aufgaben mit hoheitlichen Mitteln unter staatlicher Aufsicht wahrnimmt.

Konstituierendes Merkmal der Gebietskörperschaft ist die Gebietshoheit mit zumindest subsidiärer Allzuständigkeit (Universalität des Wirkungskreises)[25].

Kontrastierende Körperschaftskategorie ist die Personalkörperschaft: dort knüpft die Mitgliedschaft nicht an geographische, sondern an personenbezogene Merkmale an. Bsp.: IHK, Handwerkskammer, Ärztekammer[26].

15 Während Art. 139 ff der *DDR-Verfassung* vom 7.10.1949 (GBl. DDR I S. 5) die Selbstverwaltungsgarantie für Gemeinden und Gemeindeverbände noch formell aufrechterhalten hatten, wurde die Selbstständigkeit in der Folgezeit entsprechend dem Prinzip des sog. demokratischen Zentralismus rigoros beschnitten. In der Verwaltungsstruktur der DDR bildeten kommunale Institutionen, wie Art. 41 u. 43 der *DDR-Verf.* von 1974 teils dokumentierten („im Rahmen der staatlichen Leitung und Planung"), teils vernebelten („Sie entscheiden eigenverantwortlich auf der Grundlage der Gesetze über ihre Angelegenheiten"), nur noch nachgeordnete Staatsorgane[27]. Nach § 1 I GÖV[28] hatten diese (die Stadtverordnetenversammlung von Berlin und die Bezirkstage; die Kreistage, die Stadtverordnetenversammlungen der Stadtkreise und die Stadtbezirksversammlungen in Berlin; die Stadtverordnetenversammlungen der kreisangehörigen Städte, die Stadtbezirksversammlungen in den Stadtkreisen und die Gemeindevertretungen) gemäß der Verfassung, den Gesetzen und anderen Rechtsvorschriften in eigener Verantwortung über alle Angelegenheiten zu entscheiden, die ihr Territorium und seine Bürger betreffen, aber keine originären Kompetenzen. Sie waren lediglich „Organe der sozialistischen Staatsmacht" (§ 1 I 3 GÖV). Mit gutem Grund wird daher in der Rspr betont, dass die jetzigen Gemeinden in den neuen Ländern weder mit den früheren Räten der Gemeinden identisch noch deren Rechtsnachfolger sind[29]. Erst das (o. Rn 6 zitierte) Gesetz vom 17.5.1990 („KommVerf DDR") brachte eine Revitalisierung der Organisation der kommunalen Selbstverwaltung. Diese damit bereits vor der Wiedervereinigung verabschiedete KommVerf DDR knüpfte vielfach an die gän-

---

25 Vgl BVerfGE 52, 95 (118 f) – „schl.h. Ämter".
26 Zur Realkörperschaft, Verbandskörperschaft; vgl *Kluth*, in: Wolff/Bachof/Stober, Verwaltungsrecht III, 5. Aufl. 2004, § 87 Rn 33 ff.
27 Vgl dazu Akademie für Staats- und Rechtswissenschaften der DDR (Hrsg.), Staatsrecht der DDR, Lehrbuch, 2. Aufl. 1984, S. 323 ff unter der bezeichnenden Chiffre: „örtliche Staatsorgane". – S. ferner *Roggemann*, Kommunalrecht und Regionalverwaltung in der DDR, 1987; *Groh*, in: HKWP³, § 8 Rn 29 ff, 40 ff.
28 Gesetz über die örtlichen Volksvertretungen (GÖV) idF vom 4.7.1985 (GBl. I S. 213).
29 BGH, LKV 1997, 303 f; s. auch OLG Brandenburg, LKV 1996, 464.

gigen westdeutschen Organisationsmodelle (dazu noch unten Rn 117 ff) an, griff einzelne Elemente heraus und verband sie miteinander, ging zum Teil aber auch eigene Wege. Charakteristisch war insbesondere, dass den Gemeinden zahlreiche, durch die jeweilige Hauptsatzung auszufüllende Gestaltungsspielräume eröffnet waren. Auf diese Weise konnte durchaus von einem neuen, eigenständigen Modell gesprochen werden.

a) Der Gemeindename

Die Gemeinden führen als Rechtssubjekte des öffentlichen Rechts im Rechtsverkehr ihren eigenen Namen (vgl Art. 2 I bay.GO, § 8 I m.v.KVerf., § 19 I NKomVG, § 13 I GO NRW). Hierfür genießen sie den Schutz des Art. 28 II GG und können dieses **Namensrecht** gegenüber Verletzungshandlungen Dritter nach Maßgabe der gerichtlichen Zuständigkeitsordnung[30] durchsetzen. **16**

Vgl BVerwGE 44, 351 („Bahnhofsbezeichnung"): Die Gemeinde hat gegen die Bahn in der Regel einen Anspruch auf Bezeichnung des Gemeindebahnhofs mit dem korrekten amtlichen Gemeindenamen, wenn jene an diesen Namen in ihrem Tätigkeitsbereich anknüpft. Bei Gebrauch des Namens im Rahmen öffentlich-rechtlich geregelter Aufgaben ist Schutznorm die entsprechende Vorschrift der Gemeindeordnung. Im Zivilrechtsverkehr – hier in der Werbung – ist der Gemeindename gegen unbefugten Gebrauch durch § 12 BGB und § 15 MarkenG unmittelbar geschützt[31]. Zum Schutz gegenüber dem Gesetzgeber im Rahmen von Neugliederungsmaßnahmen als gestaltenden staatlichen Organisationsakten („Namensänderung") siehe BVerfGE 59, 216 (226 ff): Auch der Gesetzgeber darf den Gemeindenamen nicht aus sachfremden Erwägungen – hier: Steuerung örtlicher Investitionsentscheidungen – ändern, da ein solcher Eingriff in das Selbstverwaltungsrecht der Gemeinde nicht von Gründen des öffentlichen Wohls gedeckt ist.

Bei der materiell-rechtlichen Beurteilung können auch in öffentlich-rechtlichen Fragen des Namensschutzes ergänzend die Erkenntnisse zu § 12 BGB herangezogen werden[32].

Die Bezeichnung **„Stadt"**, die ein an bestimmte Merkmale (zB Struktur, Gebietsumfang, Einwohnerzahl) anknüpfendes städtisches Gepräge des Gemeinwesens dokumentieren soll[33], dürfen solche Gemeinden führen, denen diese nach altem Recht zusteht oder auf Antrag von der Landesregierung verliehen wird (Art. 3 I bay.GO[34], § 8 III m.v.KVerf, § 20 I NKomVG, § 13 II GO NRW). **17**

Bei kreisangehörigen Gemeinden mit mehr als 25 000 Einwohnern spricht die GO NRW (vgl § 4 I und II) bereits generell von einer „Mittleren kreisangehörigen Stadt", bei solchen mit mehr als 60 000 Einwohnern von einer „Großen kreisangehörigen Stadt". Vgl auch Art. 5a III, IV bay.GO und § 3 II sächs.GO zur „Großen Kreisstadt" und § 14 III, V NKomVG zu „großen selbstständigen Städten" und „selbstständigen Gemeinden" (ab 30 000 Einwohnern).

---

30   Vgl insoweit BayVGH, BayVBl. 2002, 52 – „Streitberg.de".
31   Ausführlich zu Domainnamen *Johannisbauer*, MMR 2015, 145 ff; ablehnend zum Namensrecht eines Zweckverbandes LG Frankfurt, NJOZ 2011, 40 ff.
32   Vgl etwa OVG Magdeburg, LKV 2012, 181 ff; vertiefend *Kleinevoss*, Der zivilrechtliche Namensschutz der Gemeinde, 2007.
33   Vgl dazu VG Dessau, DÖV 2002, 623.
34   Die bay.GO kennt daneben noch die historische Bezeichnung „Markt" (Art. 3 II), freilich ohne kompetentielle Relevanz. München führt die Bezeichnung „Landeshauptstadt" (Art. 3 III). Zur „Landeshauptstadt Hannover" vgl § 16 NKomVG.

Daraus wird bereits ersichtlich, dass die Gemeindeordnungen auf kommunale Gebilde unterschiedlichster Struktur, Einwohnerzahl und Größe Anwendung finden, auf kreisangehörige Gemeinden wie auf kreisfreie Städte. Ihre Geltungskraft erstreckt sich damit auf eine Kleinstgemeinde in der Mark Brandenburg und auf eine Millionenstadt wie München.

Lediglich die Amtsbezeichnung für Gemeindeorgane variiert. So heißt etwa in Niedersachsen und NRW der Bürgermeister in kreisfreien (und großen selbstständigen) Städten Oberbürgermeister (§ 7 II Nr 2 NKomVG, § 40 II 3 GO NRW).

b) Das Gemeindegebiet

18 Das Gebiet einer Gemeinde besteht aus den Grundstücken, die nach geltendem Recht zu ihr gehören; gemeindefreie Grundstücke soll es nicht geben (vgl § 23 IV NKomVG, § 16 II GO NRW)[35]. Als von der Größenordnung her erstrebenswert wird ein solcher Gebietszuschnitt bezeichnet, bei dem die örtliche Verbundenheit der Einwohner gewahrt und die Leistungsfähigkeit der Gemeinde zur Erfüllung ihrer Aufgaben gesichert ist (vgl § 23 III NKomVG, § 15 GO NRW). Unter dem Motto der Steigerung der kommunalen Verwaltungskraft fand in den Ländern des alten Bundesgebietes während der 70er-Jahre eine breit angelegte **territoriale Neugliederung** statt, die – trotz vielfach erbitterter Widerstände vonseiten der betroffenen Kommunen[36] und ihrer Bürger – zu erheblichen Maßstabsvergrößerungen bei den übrig gebliebenen bzw neuformierten Gemeinden führte, mancherorts aber auch spürbare Verluste an Bürgernähe, demokratischer Substanz und örtlicher Verbundenheit mit sich brachte[37].

19 Jene Neugliederung produzierte im Übrigen eine Vielzahl rechtlicher Folgeprobleme, von denen hier nur das Ortsrecht – Weitergeltung von Satzungen?[38] – die Namensfindung (s. oben Rn 16) und das Sparkassenwesen (dazu noch unten Rn 330 ff) erwähnt sein sollen.

c) Interne Gebietsaufgliederungen

20 In einzelnen Ländern sind im Gefolge der kommunalen Neugliederung zur Korrektur der beschriebenen Fehlentwicklungen interne Gebietsaufgliederungen in Gestalt einer **Bezirksverfassung** vorgeschrieben, so in Nordrhein-Westfalen

Verpflichtung kreisfreier Städte zur Einteilung des Stadtgebiets in Stadtbezirke (mit Bezirksvertretungen[39] und Bezirksverwaltungsstellen) gemäß §§ 35 ff GO NRW; Möglichkeit einer Bezirkseinteilung in kreisangehörigen Gemeinden gemäß § 39 GO NRW.

---

35 Dies gilt „grundsätzlich" auch in Bayern (Art. 10 I bay.GO); dort gibt es aber auch noch gemeindefreie (ausmärkische) Gebiete (Art. 10a I bay.GO). Vgl auch § 7 II 2 sächs.GO u. § 8 I 2 thür.KO.

36 Vgl nur LVerfG Sachsen-Anhalt, JuS 2014, 862 ff; zu den verfassungsrechtlichen Grenzen der kommunalen Neugliederung s. unten Rn 50.

37 Vgl den Überblick bei *Thieme*, in: HKWP³, § 9 Rn 70 ff.

38 Zur Weitergeltung von Flächennutzungs- und Bebauungsplänen s. § 204 BauGB; vgl auch BVerwGE 45, 25; zur Fortgeltung von Satzungsrecht bei Gebietsreformen vgl *Druschel*, LKV 2010, 253 ff.

39 Zu ihrer Wahl BVerfGE 47, 253 ff – soweit nicht in der GO oder auf Satzungsebene spezielle Vorgaben bestehen, finden die Vorschriften über den Verfahrensgang beim Gemeinderat auf diese Gremien entsprechende Anwendung.

und in Bayern,

Für Großstädte mit mehr als 100 000 Einwohnern sind Bezirksausschüsse zwingend (vgl Art. 60 bay.GO).

ansonsten jedenfalls fakultativ vorgesehen (vgl §§ 64 ff bd.wtt.GO; §§ 81 f hess.GO; § 42 m.v.KVerf.; §§ 90 ff NKomVG; §§ 74 ff rh.pf.GO; §§ 70 ff saarl.KSVG; §§ 65 ff sächs.GO).[40]

2. Landkreise

Die Kreise, die ihr Gebiet zum Besten der kreisangehörigen Gemeinden und ihrer Einwohner nach den Grundsätzen der gemeindlichen Selbstverwaltung zu betreuen haben, sind **Gemeindeverbände**[41] **und Gebietskörperschaften** (Art. 10 I bay.Verf., Art. 1 bay.LKrO; § 88 m.v.KVerf.; § 3 I NKomVG; § 1 KrO NRW). Damit ist zum einen die Körperschaftsstruktur betont, zum anderen wird klargestellt, dass es sich um kommunale Rechtssubjekte **oberhalb** der Ortsebene handelt, denen ein umfassender, gesetzlich geformter, auf Dauer ausgerichteter, eigenverantwortlich zu erledigender Aufgabenbestand zukommt. In diesem Sinne legt § 2 I 1 KrO NRW fest, dass die Kreise, soweit nicht gesetzlich ausdrücklich etwas anderes bestimmt ist, ausschließliche und eigenverantwortliche Träger der öffentlichen Verwaltung zur Wahrnehmung der auf ihr Gebiet begrenzten **überörtlichen** Angelegenheiten sind (vgl ähnlich § 3 II NKomVG)[42].   **21**

a) Kreisaufgaben

Zu den überörtlichen Kreisaufgaben gehören zunächst die eigenen, substantiell als überörtlich zu qualifizierenden Aufgaben.   **22**

Insoweit wird vielfach noch zwischen sog. Existenzaufgaben (solche, die mit der Kreisexistenz notwendigerweise zusammenhängen, wie Organisations- und Personalaufgaben) und flächenbezogenen, damit kreisintegralen Sachaufgaben (wie die Unterhaltung von Kreisstraßen oder Organisation des öffentlichen Personennahverkehrs) unterschieden[43]. Nicht zu den originären Kreisaufgaben, sondern zu den auf örtlicher Ebene zu erfüllenden Aufgaben gehört etwa die Stromversorgung[44].

Neben gewissen das gemeindliche Aufgabenspektrum **ergänzenden** Agenden[45] wird dazu auch die Wahrnehmung der sog. „**Ausgleichsfunktion** der Landkreise" gezählt, die auf eine annähernd gleichwertige Wahrnehmung der örtlichen Verwaltungsaufgaben in allen kreisangehörigen Gemeinden abzielt[46] (s. auch unten Rn 75).

---

40 Einen Überblick über die Rechtslage in den Ländern bietet *Schwarz*, in: HKWP[3], § 27 Rn 11 ff.
41 Zum Begriff des Gemeindeverbandes s. BVerfGE 52, 95 (109); Nds.StGH, OVGE 34, 500 (503 ff); s. auch Rn 26 ff.
42 Dazu allg. die Beiträge in: *Schoch* (Hrsg.), Selbstverwaltung der Kreise in Deutschland, 1996.
43 Vgl *Erichsen*, KommR, S. 57; *Meyer*, in: HKWP[3], § 25 Rn 18 f mwN.
44 So BVerwGE 98, 273 (277) – „MEAG".
45 Vgl zu dieser in § 2 V rh.pf.LKO sog. Unterstützungsaufgabe der Landkreise OVG Rh.Pf., DÖV 1994, 79.
46 Vgl BVerfGE 23, 353 (368 ff); 58, 177 (196); BVerwGE 101, 99; *Meyer*, in: HKWP[3], § 25 Rn 21 ff; zurückhaltend VerfGH NRW, DVBl. 1983, 714 (mit krit. Anm. *Püttner*). Zur Ergänzungs- und Ausgleichsfunktion der Landkreise gehört nach BGH, DVBl. 2000, 1204 (1205) auch die Leistung von Verwaltungshilfe an leistungsschwächere Gemeinden wie die Rechtsbetreuung bei der Besorgung ihrer Rechtsangelegenheiten.

Dass bei einer solchen Aufgabenbeschreibung kompetentielle Konflikte zwischen Gemeinden und Kreisen in manchem Sachgebiet (Bsp.: Abfallentsorgung) gewissermaßen vorprogrammiert sind, dürfte einleuchten (näher unten Rn 52 ff)[47].

In einigen Ländern finden sich ausdrückliche Vorgaben im Sinne einer Kompetenz-Kompetenz des Kreises.

Vgl etwa § 2 II bd.wtt.LKreisO: „Hat der Landkreis im Rahmen seines Wirkungskreises für die Erfüllung einer Aufgabe ausreichende Einrichtungen geschaffen oder übernommen, kann der Kreistag mit einer Mehrheit von zwei Dritteln der Stimmen aller Mitglieder mit Wirkung gegenüber den Gemeinden beschließen, dass diese Aufgabe für die durch die Einrichtung versorgten Teile des Landkreises zu seiner ausschließlichen Zuständigkeit gehört."[48]

23 Strittig ist vor allem, inwieweit das Instrument der **Kreisumlage** (u. Rn 343) als einer „Fehlbetragsdeckungsabgabe, die von den Gemeinden nach Maßgabe ihrer Finanzkraft für den Kreishaushalt aufzubringen ist",[49] zur Finanzierung von Ergänzungs- oder Ausgleichsaufgaben eingesetzt werden darf.

Keine grds. verfassungsrechtlichen Bedenken hiergegen hat BVerwGE 101, 99 (102 ff), da die Gewährung von Zuschüssen an kreisangehörige Gemeinden oder an private Dritte keine im Hinblick auf Art. 28 II 1 GG unzulässige Aufgabenverlagerung darstelle, sondern eigentlich sogar den gemeindlichen Zuständigkeitsvorrang bekräftige[50].

b) Kreisgebiet

24 Das Kreisgebiet umschließt die **Gebiete der kreisangehörigen Gemeinden**. Es bildet zugleich den Bezirk der unteren staatlichen Verwaltungsbehörde (vgl § 1 III KreisO NRW, §§ 6 I 2, 23 I 2 NKomVG).

So agiert der Landrat in den Flächenstaaten regelmäßig als untere staatliche Verwaltungsbehörde (vgl etwa §§ 58, 59 KreisO NRW). Abweichend in Nds.: Zwar erfüllt der Landkreis als Träger der unteren Verwaltungsbehörde staatliche Aufgaben (vgl § 6 I 2 NKomVG); mangels einer entsprechenden Regelung ist jedoch weder der Landrat noch ein sonstiges Kreisorgan zugleich die untere Verwaltungsbehörde, eine Organleihe findet nicht statt.

c) Parallelen zu den Gemeindeordnungen

25 Zum Namensrecht, zum Gebietsbestand und -zuschnitt verhalten sich die Kreisordnungen – wie übrigens auch in anderen Teilen – in weitgehender **Parallele zu den Gemeindeordnungen,** auf die zudem mehrfach verwiesen wird, sodass die in §§ 3 ff dieser Darstellung enthaltenen Aussagen zur Rechtsstellung der Gemeinden grundsätzlich auch für die Kreise gelten. Niedersachsen hat mit seinem 2011 erlassenen

---

47 Vgl hier nur BVerfGE 79, 127 und BVerwGE 67, 321 („Rastede").
48 Ähnlich § 5 III NKomVG und – nur auf Antrag der betroffenen Gemeinden Art. 52 bay.LKrO, § 89 III m.v. KVerf. – weitere Nachw bei *Röhl,* Bes. VerwR, 14. Aufl. 2008, 1. Kap. Rn 144; verfassungsrechtliche Bedenken bei *Wohlfahrt,* Kommunalrecht für das Saarland, 3. Aufl. 2003, Rn 319 ff.
49 So OVG NRW, NWVBl. 1996, 376 (377 f).
50 Restriktiv hingegen BayVGH, BayVBl. 1993, 112 ff, wonach die Landkreise nach bay. Recht grds. nicht die Aufgabe haben, unterschiedliche Leistungskraft oder Leistungswilligkeit ihrer kreisangehörigen Gemeinden auszugleichen. Aus der Rspr zur Kreisumlage vgl nur BVerwG, NVwZ 2013, 1078 ff; Hess.VGH, KommJur 2013, 191 ff; VerfGH Sachsen-Anhalt, DVBl. 2015, 182 ff; aus der Lit. vgl *Wohltmann,* BayVBl. 2012, 33 ff.

NKomVG aus Gründen der Normvereinfachung und Deregulierung auf unterschiedliche Gesetze verzichtet, so dass es dort der Verweisungstechnik nicht mehr bedarf. Stattdessen gibt es einheitliche Regeln für alle „Kommunen" (s.o. Rn 13), und gemeinsame Oberbegriffe für die kommunalen Organe („Vertretung", „Hauptausschuss" und „Hauptverwaltungsbeamtin oder Hauptverwaltungsbeamter", vgl § 7 I NKomVG). In Sachsen-Anhalt hat das Kommunalverfassungsgesetz vom 17.7.2014 zu einer ähnlichen Normvereinfachung geführt.

3. Höherstufige Gemeindeverbände

Neben den Kreisen bestehen in einzelnen Bundesländern des Weiteren noch höherstufige, regional ausgerichtete Gemeindeverbände[51].   **26**

a) Landschaftsverbände und Bezirke

So finden sich in NRW die **Landschaftsverbände**[52] und in Bayern die **Bezirke**.

Die beiden Landschaftsverbände Rheinland und Westfalen-Lippe sind ausweislich der LVerbO NRW[53], öffentlich-rechtliche Selbstverwaltungskörperschaften mit eigenen Organen (Landschaftsversammlung, Landschaftsausschuss und Direktor des Landschaftsverbandes), die gesetzlich festgelegte Aufgaben (namentlich in den Bereichen Wohlfahrtspflege, landschaftliche Kulturpflege und Kommunalwirtschaft) erfüllen[54]. Die Finanzierung der Aufgaben der beiden Landschaftsverbände erfolgt weiten teils über eine von ihren Mitgliedskörperschaften (Kreisen und kreisfreien Städten) aufzubringende Landschaftsumlage[55].

Die Bezirke sind gemäß der bay. Bezirksordnung (BezO)[56] Gebietskörperschaften mit überörtlichem Wirkungskreis, die Aufgaben zu erfüllen haben, welche über die Zuständigkeit oder das Leistungsvermögen der Kreise und kreisfreien Städte hinausgehen. Sie handeln durch eigene Bezirksorgane (Bezirkstag, Bezirksausschüsse, Bezirkspräsident) und verfügen über einen eigenen Haushalt (mit der Möglichkeit der Abgabenerhebung und dem Instrument der Bezirksumlage).

Art. 75 m.v.Verf. sieht zur Pflege und Förderung insbes. geschichtlicher, kultureller und landschaftlicher Besonderheiten der Landesteile Mecklenburg und Vorpommern ausdrücklich die Möglichkeit zur Errichtung von Landschaftsverbänden mit dem Recht auf Selbstverwaltung vor.

b) Stadt-Umland-Verbände

In einigen Fällen haben die Landesgesetzgeber ausdrücklich angeordnet, dass bestimmte **Stadt-Umland-Verbände**, dh Organisationseinheiten zur kooperativen Erle-

---

51 Dazu umfassend *Hörster*, in: HKWP³, § 31.
52 Zu ihnen näher *Burgi/Ruhland*, Regionale Selbstverwaltung durch die Landschaftsverbände in NRW, 2003.
53 Landschaftsverbandsordnung für das Land NRW idF der Bekanntm. v. 14.7.1994 (GV. NW S. 657), zuletzt geändert durch G. v. 23.1.2018 (GV. NRW S. 90).
54 Zur Überleitung ihrer ehemaligen Aufgaben im Bereich der Straßenverwaltung in die Trägerschaft des Landes vgl VerfGH NRW, NWVBl. 2001, 340.
55 Dazu *Hörster*, in: HKWP³, § 31 Rn 29 ff.
56 IdF der Bekanntm. v. 22.8.1998 (GVBl. S. 850), zuletzt geändert durch G. v. 22.3.2018 (GVBl. S. 145).

digung von Verwaltungsaufgaben in Stadt-Umland-Verdichtungsräumen, einen Gemeindeverband iSd Art. 28 II GG darstellen[57].

4. Samtgemeinden, Verbandsgemeinden, Ämter

27 Zu den kommunalen Rechtssubjekten zählen ferner die sog. Ämter bzw Samtgemeinden resp Verbandsgemeinden, welche aus mehreren kleinen Gemeinden zur Stärkung der Verwaltungskraft gebildet werden und mit eigenen Organen ausgestattet sind. Allerdings haben sie durch kommunale Gebietsreformen in den alten Ländern vielfach an Bedeutung eingebüßt. Regelmäßig werden sie mit dem Sammelbegriff eines Gemeindeverbandes niederer Ordnung belegt. Diese Bezeichnung wirft aber Missverständnisse auf, da diese Organisationseinheiten eher Hilfsfunktionen wahrnehmen und nur in sehr beschränktem Umfang mit Selbstverwaltungsaufgaben ausgestattet sind. Es handelt sich vielmehr um einen Typus, der den im Folgenden zu behandelnden Zweckverbänden zuzurechnen ist[58]. Daher brauchen sie keine unmittelbar gewählten Volksvertretungen (dazu noch unten Rn 77) zu besitzen.

28 In den neuen Ländern haben inzwischen gleichfalls weit reichende Gebietsreformen stattgefunden[59]. Dabei hat der Organisationstypus der **Ämter**, insbesondere wegen des bislang vielfach äußerst kleinen Zuschnitts der Gemeinden, eine Revitalisierung erfahren[60].

Bei diesen Ämtern handelt es sich um aus aneinandergrenzenden Gemeinden desselben Kreises bestehende Körperschaften des öff. Rechts, die Träger der ihnen übertragenen Pflichtaufgaben zur Erfüllung nach Weisung (dazu unten Rn 206 ff) sind und die amtsangehörigen Gemeinden bei der Wahrnehmung ihrer Selbstverwaltungsaufgaben zu unterstützen haben (vgl §§ 133 ff BbKVerf). Das Amt richtet zur Durchführung seiner Aufgaben regelmäßig eine eigene Verwaltung ein (vgl § 134 I BbgKVerf); als Organe fungieren ein Amtsausschuss und ein Amtsdirektor (vgl § 138 BbgKVerf). Zur Finanzierung ist eine Amtsumlage vorgesehen (§ 139 BbgKVerf). Amtsangehörige Gemeinden werden auch im Kommunalverfassungsbeschwerdeverfahren nach den allg. kommunalrechtlichen Bestimmungen durch das Amt vertreten[61].

5. Kommunale Zweckverbände

29 In Landesgesetzen über kommunale Gemeinschaftsarbeit[62] sind als **Formen gemeinsamer öffentlich-rechtlicher Aufgabenwahrnehmung** neben der Gründung lockerer **Arbeitsgemeinschaften** (als Beratungsforum ohne Beschlusskompetenz) die **ver-**

---

57 Vgl §§ 159 ff NKomVG zur Region Hannover (dazu *Ipsen*, Kommunalrecht, 4. Aufl. 2011, Rn 968 ff); § 194 III Saarl. KSVG. Zu den Stadt-Umland-Verbänden im Überblick *Schliesky*, in: HKWP³, § 30.
58 Vgl dazu im Einzelnen §§ 97 ff NKomVG ("Samtgemeinden"), die schl.h. Amtsordnung ("Ämter"; dazu BVerfGE 52, 95 ff), §§ 64 ff rh.pf.GO ("Verbandsgemeinden"; dazu BVerwG, NVwZ 1984, 378). S. auch das s.anh. Verbandsgemeindeeinführungsgesetz v. 26.10.2001 (GVBl. S. 434); ausführlich zu diesen mehrstufigen Organisationseinheiten *Bogner*, in: HKWP³, § 13.
59 Vgl *Nierhaus* (Hrsg.), Kommunalstrukturen in den Neuen Bundesländern nach 10 Jahren Deutscher Einheit, 2002.
60 Vgl §§ 133 ff BbgKVerf und §§ 125 ff m.v.KVerf; ausführlich zur aktuellen Bedeutung der Ämter und Verwaltungsgemeinschaften *Knickmeier/Matthes*, VerwArch 2014, 73 ff.
61 Vgl Brandenb. VerfG, DVBl. 2000, 981.
62 Vgl etwa bay.KommZG idF der Bekanntm. v. 20.6.1994 (GVBl. S. 555), zul. geänd. durch G. v. 22.3.2018 (GVBl. S. 145); nds.KomZG idF der Bekanntm. v. 21.12.2011 (Nds. GVBl. S. 493), zul. geänd. durch G. v. 26.10.2018 (Nds. GVBl. S. 226); GKG NRW v. 1.10.1979 (GVBl. S. 621), zul. geänd. durch G. v. 23.1.2018 (GV NRW S. 90); s. auch §§ 149 ff m.v.KVerf.

tragliche Übernahme einzelner kommunaler Aufgaben durch einen der Beteiligten in eigener Zuständigkeit (vgl §§ 23 ff GkG NRW zu solchen öffentlich-rechtlichen [Zweck-]Vereinbarungen)[63] sowie die **Bildung eines Zweckverbandes** vorgesehen[64]. Als Zusammenschluss mehrerer Gemeinden und/oder Gemeindeverbände ist der Zweckverband eine öffentlich-rechtliche Körperschaft, aber nicht selbst Gebietskörperschaft und Gemeindeverband ieS. Aus diesem Grunde ist der Zweckverband auch nicht etwa Träger eines gemeindlichen Namensrechts[65].

Hierunter fallen nur solche kommunalen Zusammenschlüsse, die entweder zur Wahrnehmung von Selbstverwaltungsaufgaben gebildete Gebietskörperschaften sind oder diesen Körperschaften jedenfalls nach dem Gewicht ihrer Selbstverwaltungsaufgaben sehr nahe kommen[66].

a) Freiverband und Pflichtverband

Der Zweckverband verwaltet seine Angelegenheiten im Rahmen der Gesetze nach Maßgabe der Verbandssatzung unter eigener Verantwortung mit eigenen Organen (Verbandsversammlung und Verbandsvorsteher). Nach der Art des Zustandekommens lassen sich der **Freiverband** bei freiwilligem Zusammenschluss und der **Pflichtverband** bei Zwangszusammenschluss für Pflichtaufgaben (vgl § 4 I GkG NRW) unterscheiden. In jüngerer Zeit mehrfach strittig war die Frage nach der Möglichkeit des Ausscheidens aus einem einmal gegründeten Zweckverband. In einigen Ländern ist eine Kündigung der Mitgliedschaft vorgesehen (vgl § 6 II nds.KomZG), mitunter nur aus wichtigem Grund (vgl § 69 sächs.KomZG), in anderen bleibt nur der Weg über eine Änderung der Verbandsordnung mit den notwendigen Mehrheiten (so etwa § 32 II, V GKGBbg)[67] respektive über den Erlass einer dies ermöglichenden RVO (vgl § 62 bd.wtt. GO)[68]. **30**

Bei der Beurteilung von **Zwangszusammenschlüssen** zu kommunalen Zweckverbänden ist zu beachten, dass der verfassungsrechtliche Grundsatz gemeindlicher Allzuständigkeit und Eigenverantwortlichkeit (vgl unten Rn 52) besser durch ausschließliche Entscheidungsbefugnis der Gemeinde in ihrem Gebiet als durch bloße Mitwirkung kommunaler Organe im Rahmen einer Zweckverbandslösung verwirklicht wird[69].

Die Befugnis, sich auf diesem Felde auch der Gestaltungsmöglichkeiten des Privatrechts (Bildung gemeinsamer Gesellschaften in der Rechtsform der AG oder der GmbH, insbesondere für Verkehrsbetriebe oder Stadtwerke, vgl unten Rn 248, 298 u. 308) zu bedienen, bleibt unberührt (vgl § 1 III GkG NRW). **31**

---

63 Ausführlich dazu *Oebbecke*, in: HKWP[3], § 29 Rn 64 ff.
64 Zu allen Formen interkommunaler Zusammenarbeit ausführlich *Oebbecke*, ebd, § 29 Rn 8 ff, 29 ff; speziell zum Zweckverbandsrecht umfassend *T.I. Schmidt*, Kommunale Kooperation, 2005; neuere Entwicklungen bei *Gruneberg/Jänicke/Kröcher*, ZfBR 2009, 754 ff.
65 Vgl LG Frankfurt, NJOZ 2011, 40 ff.
66 So BVerfGE 52, 95 (109) – „schl.-h. Ämter"; vgl auch *Stern*, StaatsR I, S. 417 (Fn 111).
67 Zu Einzelheiten betr. der Auflösung eines Zweckverbandes s. *T.I. Schmidt*, Kommunale Kooperation, 2005, S. 392 ff; zu den Rechtsfolgen nach der Auflösung s. *Sponer*, LKV 2009, 401 ff.
68 Vgl Bd.Wtt.VGH, VBlBW 2000, 317 ff = ESVGH 50, 81.
69 Vgl VerfGH NRW, DÖV 1980, 691 – „Dürener Sparkassenstreit".

b) Verwaltungsgemeinschaft und Spezialverbände

32 Aus dem Zweckverbandsrecht hat sich in Bayern[70] – im Zuge der kommunalen Neugliederung – das zuvor bereits in Baden-Württemberg (vgl §§ 59 ff bd.wtt.GO)[71] bekannte Institut der **Verwaltungsgemeinschaft**[72] entwickelt. Hierbei handelt es sich um eine mehrstufige Organisationseinheit, auf die etwa auch in Sachsen-Anhalt zurückgegriffen wird[73].

Nach BVerfGE 107, 1 (16 ff) ist eine Zuordnung von Gemeinden zu Verwaltungsgemeinschaften mit Art. 28 II GG vereinbar. Das BVerwG hat zudem darauf hingewiesen, dass der dort verankerte Grundsatz der Allzuständigkeit der Gemeinden (Rn 52 ff) von vornherein nicht berührt werde, wenn eine Gemeinde im Rahmen einer Verwaltungsvereinbarung pflichtige Selbstverwaltungsaufgaben (zB die Straßenbaulast) *freiwillig* auf eine Verwaltungsgemeinschaft zur Erfüllung im eigenen Namen überträgt[74].

Weiterhin existieren auf Grund von Sondernormen öffentlich-rechtliche Spezialverbände wie Wasser- und Bodenverbände, Siedlungsverbände und Planungsverbände (vgl § 205 BauGB)[75]. Auch soweit unter Wahrung der Eigenständigkeit der beteiligten Gebietskörperschaften Verwaltungsaufgaben in Stadt-Umland-Verdichtungsräumen kooperativ erledigt werden, wird bisweilen auf den Zweckverbandscharakter solcher Organisationen hingewiesen, doch wird bei näherer Betrachtung der insoweit verfügbaren Modelle eine differenziertere Betrachtung angezeigt sein, zumal einigen Stadt-Umland-Verbänden durch Gesetz die Stellung als Gemeindeverband iSd Art. 28 II GG zugewiesen ist (o. Rn 26)[76].

III. Die kommunalen Körperschaften im Rechtsverkehr

33 Als juristische Personen des öffentlichen Rechts können die kommunalen Körperschaften, vertreten durch Organe (dazu unten Rn 169 ff), in ihrem Namen im Rechtsverkehr handeln, klagen und verklagt werden.

1. Rechtsschutz der Gemeinde

34 Gerichtlichen Rechtsschutz kann die Gemeinde bei Beeinträchtigungen ihrer materiellen und verfahrensmäßigen Rechte sowohl gegenüber staatlichen Instanzen als auch gegenüber Privaten in Anspruch nehmen, da die Gemeinden nicht nur Träger öffentli-

---

70 Vgl Art. 1 I bay. VerwaltungsgemeinschaftsO idF v. 26.10.1982 (GVBl. S. 965), zul. geänd. durch G. v. 15.5.2018 (GVBl. S. 260); dazu BayVerfGH, BayVBl. 1978, 426 = BayVerfGHE 31, 44.

71 Vgl Bd.Wtt.StGH, DÖV 1976, 595 (598) = ESVGH 26, 1 (9 ff); Bd.Wtt.VGH, VBlBW 2000, 317 ff = ESVGH 50, 81.

72 Dazu allg. *Bogner*, in: HKWP³, § 13 Rn 13 ff; zur Verlegung des Sitzes einer Verwaltungsgemeinschaft s. BayVerfGH, BayVBl. 2003, 463.

73 Siehe das Gesetz zur Fortentwicklung der Verwaltungsgemeinschaften und zur Stärkung der gemeindlichen Verwaltungstätigkeit v. 13.11.2003 (GVBl. S. 318) zul. geänd. durch G. v. 25.2.2016 (GVBl. LSA S. 76).

74 BVerwG, NVwZ 2007, 584 ff (zu § 77 II 2 S.AnhGO).

75 Auf lange Tradition zurückblicken kann etwa der Regionalverband Ruhr, der frühere Kommunalverband Ruhrgebiet (KVR). Zu seinen Aufgaben s. § 4 des Gesetzes über den Regionalverband Ruhr v. 3.2.2004 (GV. NRW S. 96), zul. geänd. durch G. v. 23.1.2018 (GV. NRW S. 90).

76 Näher *Schliesky*, in: HKWP³, § 13 Rn 9 ff.

cher Interessen sind. Sie können vielmehr in dieser Eigenschaft auch Träger eigener Rechte sein. Sie können darüber hinaus das Wohl der Allgemeinheit verteidigen, soweit dieses durch ihre **Selbstverwaltungsbefugnisse** qualifiziert ist[77].

Vgl zur kommunalen Verfassungsbeschwerde gegen gesetzliche Ingerenzen unten Rn 84 ff; zur Klage gegen aufsichtsbehördliche Eingriffe und auf Erteilung aufsichtsbehördlicher Genehmigungen unten Rn 363 ff; zum kommunalen Namensschutz gegenüber Privaten s.o. Rn 16.

Soweit Entscheidungen anderer Verwaltungsträger in einzelnen Verwaltungsverfahren materielle kommunale Rechtspositionen beeinträchtigen, können die Kommunen sich konsequenterweise auch hiergegen vor den **Verwaltungsgerichten** wehren[78]. So bedarf es einer gemeindenachbarlichen Abstimmung gemäß § 2 II BauGB bereits dann, wenn unmittelbare Auswirkungen gewichtiger Art auf die städtebauliche Ordnung und Entwicklung der Nachbargemeinde in Betracht kommen. Anders als für die rechtliche Betroffenheit einer Gemeinde durch eine Fachplanung ist hierfür nicht Voraussetzung, dass eine bereits hinreichend bestimmte Planung der Nachbargemeinde nachhaltig gestört wird oder dass wesentliche Teile von deren Gebiet einer durchsetzbaren Planung entzogen werden (BVerwG, DÖV 1995, 820; s. auch Rn 900). **35**

Den betroffenen Gemeinden steht in solchen Situationen zum einen – verfahrensrechtlich – ein **Recht auf Beteiligung** an dem betreffenden Verwaltungsverfahren **36**

Beispiel: Fernstraßenrechtliches Planfeststellungsverfahren (§ 17 FStrG)

durch Anhörung sowie des Weiteren – materiellrechtlich – ein Anspruch darauf zu, dass der betreffende Planungsträger bei der Betätigung seines Planungsermessens die sich berechtigterweise auf das Selbstverwaltungsrecht stützenden kommunalen Belange (zu Planungskompetenzen unten Rn 55) nicht unberücksichtigt lässt[79].

Beispiele: Den Belangen des Denkmalschutzes kommt gegenüber den Selbstverwaltungsbelangen einer Gemeinde kein genereller Vorrang zu. Die Denkmalschutzbehörde darf mithin ihre Zustimmung zu einem kommunalen Abbruchvorhaben nur versagen, wenn das Interesse an der Erhaltung des Kulturdenkmals gegenüber den durch die Selbstverwaltungsgarantie geschützten Belangen der Gemeinde im konkreten Fall überwiegt[80].

Einer Gemeinde steht die Antragsbefugnis für eine gemäß § 47 I VwGO verfügbare verwaltungsgerichtliche **Normenkontrolle** nach § 47 II 1 VwGO zu, sofern ihr Gemeindegebiet von einer RVO erfasst ist[81]. **37**

---

77 So BVerwG, NVwZ 2000, 675 – „Trinkwasserversorgungsanlage".
78 Vgl BVerwG, DVBl. 1994, 1152 f zum bergrechtlichen Betriebsplan; BVerwGE 95, 333 ff zur Abwehr- und Sperrwirkung des § 45 I b 2 StVO gegenüber Anordnungen staatlicher Straßenverkehrsbehörden; Nds. OVG, NVwZ-RR 2015, 93 ff zur kommunalen Nachbarklage gegen ein Einzelhandelsgroßprojekt; BVerwG, NVwZ 2008, 1237 zum Rechtsschutz gegen einen Planfeststellungsbeschluss.
79 BVerwGE 77, 128 ff u. 134 ff – „Postkabel".
80 So Bd.Wtt.VGH, NVwZ 1990, 586; allgemein zu kommunaler Selbstverwaltung und denkmalrechtlichen Anordnungen, *Werres*, DÖV 2005, 18.
81 Vgl BVerwG, NVwZ 2001, 1280 für eine naturschutzrechtliche Verordnung.

38   **Lösungshinweis zu Fall 1 (Rn 12):** Im **Ausgangsfall**, in dem es um die Genehmigung eines Müllheizkraftwerkes geht, können nicht nur einzelne Bürger für den Schutz ihrer Gesundheit streiten[82], sondern auch kommunale Körperschaften sind insoweit klagebefugt. Dies zwar nicht treuhänderisch zum Schutz ihrer Einwohner vor potenziellen Gefahren[83], wohl aber zur Sicherung ihrer in der Selbstverwaltungsgarantie wurzelnden und darum wehrfähigen Rechte (dazu im Einzelnen noch unten Rn 55 f), etwa mit Blick auf ihre Planungsbefugnisse oder ihre Versorgungsaufgaben (Trinkwasser u.Ä.)[84]. Soweit daher der Kreis K und die kreisfreie Stadt S unter einem solchen Gesichtspunkt jeweils eine Verletzung ihres Selbstverwaltungsrechts geltend machen können, ist ihre Klagebefugnis für eine gegen die Genehmigungsbehörde gerichtete Anfechtungsklage (begünstigender VA gegenüber E mit belastender Drittwirkung) zu bejahen.

Auch die Gemeinde G, auf deren Gebiet das Müllheizkraftwerk errichtet werden soll, ist klagebefugt. Fraglich ist, wie es sich auswirkt, dass G während des Genehmigungsverfahrens keine Einwendungen erhoben hat. Bis zur Gesetzesänderung im Jahr 2017 wäre G aus diesem Grund nach den besonderen immissionsschutzrechtlichen Verfahrensvorschriften (§ 10 Abs. 3 S. 5 BImSchG), die mit ihren umfänglichen Beteiligungs- und Anhörungsrechten für Dritte zum einen den Rechtsschutz vorverlegen und intensivieren, zum anderen aber mit Rücksicht auf die Vielzahl der Verfahrensbeteiligten und der zu berücksichtigenden Sachkriterien auf eine verstärkte Verfahrenskonzentration abzielen, wegen der nicht fristgerechten Erhebung ihrer Einwendungen im Verwaltungsverfahren mit diesen Einwendungen auch vor Gericht ausgeschlossen gewesen (Gedanke der materiellen Präklusion)[85]. Die Vorschrift wurde aufgrund der präklusionsverneinenden Rechtsprechung von EuGH und BVerwG[86] inzwischen jedoch dahingehend angepasst, dass Einwendungen nur „für das Genehmigungsverfahren" ausgeschlossen sind. Mithin wäre auch eine Klage der G nicht materiell präkludiert, sondern zulässig.

39   Die Gewährleistung kommunaler Selbstverwaltung – eine institutionelle Rechtssubjektsgarantie (unten Rn 49), kein Grundrecht – ist als „Recht" iSv § 42 II VwGO anerkannt[87]. Daher hat die Gemeinde etwa die Möglichkeit einer verwaltungsgerichtlichen Klage unter Berufung auf ihre **Planungshoheit** (dazu unten Rn 57), wenn die einem anderen Rechtsträger angehörende Widerspruchsbehörde unter Aufhebung eines ablehnenden gemeindlichen Bescheids ein Vorhaben zulässt. Die Klage hat Erfolg, wenn von den planerischen Festsetzungen der Gemeinde ohne Rechtfertigung abgewichen wurde[88].

---

82   Vgl BVerfGE 53, 30 („Mülheim-Kärlich") zum atomrechtlichen Genehmigungsverfahren.
83   Der Schutz von Leben und Gesundheit der Einwohner einer Kommune ist keine wehrfähige Rechtsposition, auf die eine Gemeinde oder ein Kreis die Rüge der Verletzung *eigener* Rechte, etwa in Ansehung der Genehmigungserteilung für eine Luftschadstoffe emittierende Anlage stützen kann; so BVerwGE 100, 388 (391); s. auch Bd.Wtt.VGH, RdE 1999, 233; OVG Berlin, DÖV 1998, 1018; Nds. OVG, NdsVBl. 2007, 80 ff.
84   So BVerwG, NVwZ 2000, 675; BayVGH, BayVBl. 1997, 625.
85   Vgl insoweit BVerfGE 61, 82 – „Sasbach"; BVerfG, NVwZ 1983, 27; BVerwGE 60, 297. Materielle Präklusion bedeutet eine endgültige Ausschlusswirkung im Interesse der Rechtssicherheit und auch des Genehmigungsempfängers. Die formelle Präklusion schließt zwar gleichfalls einen Anspruch auf sachliche Behandlung der Einwendungen aus, belässt – insofern abweichend – der Behörde aber gleichwohl die Möglichkeit einer Berücksichtigung und entfaltet auch keine zwingende Wirkung im anschließenden Prozess; vgl *Dietlein*, in: Landmann/Rohmer, Umweltrecht, Stand: 2/2019, § 10 Rn 157 ff.
86   Vgl. EuGH, NVwZ 2015,1665 ff; BVerwG, NVwZ 2017, 627 ff; zur Notwendigkeit der Rechtsänderung s. *Schüren/Kramer* ZUR 2016, 400 ff.
87   Vgl BVerwGE 40, 323 (329 f) – „Krabbenkamp"; vgl auch *Burgi*, KommR, § 9 Rn 13 ff.
88   Siehe BVerwG, DÖV 1982, 283 – „Stellplatzgenehmigung".

Bei einer Berufung auf einfachgesetzliche Bestimmungen kommt es darauf an, ob die betreffende Norm zumindest auch den Schutz von Kommunen im Auge hat. So sollten laut OVG Rh.Pf., NVwZ 1989, 983 f = AS 22, 295 (296) gesetzlich festgelegte Ziele der Landesplanung ausnahmsweise dem Schutz der Interessen einzelner Gemeinden dienen und Abwehrrechte gegenüber der Bauleitplanung benachbarter Gemeinden begründen können, etwa bei Ausweisung als sog. Mittelzentrum in einem Landesentwicklungsprogramm gegenüber einem Einkaufszentrum in einer Nachbargemeinde ohne zentralörtliche Funktion[89]. Wehrfähig kann auch eine unter dem Schutz der Selbstverwaltungsgarantie der Gemeinde stehende materielle Rechtsposition sein[90].

Die **Klagebefugnis** gemäß § 42 II VwGO kann einer Gemeinde auch zustehen, wenn sie durch einen gegen einen Privaten gerichteten Bescheid einer Widerspruchsbehörde unmittelbar in ihrer Finanzhoheit (s. unten Rn 56) betroffen ist[91]. Eine Gemeinde kann aber nicht etwa verwaltungsgerichtlich überprüfen lassen, ob Eingriffe in auf einem Bahngelände entstandene Biotopflächen im Rahmen eines eisenbahnrechtlichen Planfeststellungsverfahrens (vgl § 18 AEG) einen naturschutzrechtlichen Kompensationsbedarf auslösen. Lediglich das allgemeine Interesse, das Gemeindegebiet vor einem Vorhaben der Fachplanung zu verschonen, reicht für die Geltendmachung einer Verletzung der Planungshoheit nicht aus[92].

2.   Rechtsschutz gegen die Gemeinde

Gegenüber hoheitlichen Maßnahmen von Kommunen steht dem betroffenen **Bürger** das gewohnte verwaltungsgerichtliche Rechtsschutzinstrumentarium zur Verfügung.   **40**

–   Gegen belastende Verwaltungsakte ist die **Anfechtungsklage**, für begünstigende Verwaltungsakte (Genehmigungen) die **Verpflichtungsklage** gem. § 42 I VwGO richtige Klageart. Soweit die gemeindliche Einzelmaßnahme auf einer Satzung basiert, wird ihre Rechtmäßigkeit inzident überprüft.

–   Ein **Normenkontrollantrag** hinsichtlich der Gültigkeit kommunaler Satzungen[93]   **41**
     ist bundesweit durchgängig zulässig in Bezug auf solche Satzungen, die auf der Grundlage des BauGB ergangen sind (vgl § 47 I Nr 1 VwGO), im Übrigen nur nach Maßgabe des Landesrechts (§ 47 I Nr 2 VwGO).

Nach früherer Abstinenz hat nach Baden-Württemberg, Bayern, Brandenburg, Bremen, Hessen, Mecklenburg-Vorpommern, Niedersachsen, Sachsen, Schleswig-Holstein, Thüringen und (mit Einschränkungen) Rheinland-Pfalz hat im Jahr 2018 auch NRW von dieser Ermächtigung Gebrauch gemacht (vgl § 109a JustG NRW). Eine Verpflichtung zur flächendeckenden Einführung einer solchen Normenkontrollklage kann jedoch aus Art. 19 IV GG nicht hergeleitet werden[94].

---

89   Vgl insoweit sodann aber BVerwG, DVBl. 1993, 658.
90   Siehe BVerwG, NVwZ 2000, 675 – Beeinträchtigung der Funktionsfähigkeit einer gemeindeeigenen Trinkwasserquelle.
91   Vgl BVerwG, NVwZ-RR 2001, 326.
92   So BVerwG, NVwZ 2001, 88.
93   Mangels Normverwerfungskompetenz ist der Gemeinderat selbst nicht befugt, die Nichtigkeit etwa eines Bebauungsplanes mit Allgemeinverbindlichkeit festzustellen; OVG NRW, DVBl. 1982, 1151.
94   Vgl BVerfGE 31, 364 (369 f).

– Die Zulässigkeit einer sog. **Normenerlassklage** im Kommunalrecht wird diskutiert, wenn etwa die zur Spezifizierung eines aus höherrangigem Recht abgeleiteten Zahlungsanspruchs gegen die Gemeinde erforderliche Satzungsregelung fehlt
(behauptetes normgeberisches Unterlassen)[95].

42 – Gegenüber schlichthoheitlichem Verwaltungshandeln der Gemeinde

Beispiele: Beleuchtung der innerörtlichen Straßen; Zurverfügungstellung eines öff. Bolzplatzes.

kann ggf ein **Unterlassungsanspruch**[96] und auch ein **Folgenbeseitigungsanspruch** geltend gemacht werden[97].

Aber: Bei der Aufstellung und Veröffentlichung eines örtlichen Mietspiegels durch eine
Gemeinde handelt es sich zwar um schlicht-hoheitliche Verwaltungstätigkeit, doch hat diese keine bindende Außenwirkung, sodass sie nicht vor den Verwaltungsgerichten zur Überprüfung gestellt werden kann; vgl BVerwGE 100, 262. Die inhaltliche Richtigkeit spielt
mithin nur eine inzidente Rolle im Rahmen von vor den Zivilgerichten auszufechtenden
Mietstreitigkeiten.

43 – Bei Fehlverhalten kommunaler Amtsträger stehen uU **Amtshaftungsansprüche**
(§ 839 BGB iVm Art. 34 GG) gegen die Gemeinde zu Gebote. Für die Durchsetzbarkeit derer ist der Rechtsweg vor den ordentlichen Gerichten gem. Art. 34 S. 3 GG,
§ 40 II VwGO zu beschreiten. Zuständig dafür sind ohne Rücksicht auf den Wert des
Streitgegenstandes ausschließlich die Landgerichte gem. § 71 II Nr 2 GVG.

Beispiele: Amtshaftungsanspruch wegen fehlerhafter Auskunft des Bürgermeisters betr.
Erschließungskosten eines zur Veräußerung anstehenden Baugrundstücks; vgl BGH,
NVwZ 2002, 373. Danach besteht die Amtspflicht, eine Auskunft richtig, klar, unmissver-
ständlich und vollständig zu geben, sodass der Empfänger der Auskunft entsprechend dis-
ponieren kann, gegenüber jedem Dritten, in dessen Interesse oder auf dessen Antrag die
Auskunft erteilt wird (BGH, aaO, S. 374)[98].

Dies gilt auch für Entscheidungen des Rates[99].

44 – Des Weiteren kommen ggf auch Schadensersatzansprüche wegen Pflichtverlet-
zungen im Rahmen eines verwaltungsrechtlichen **Schuldverhältnisses** in Betracht.

---

95 Vgl OVG NRW, NWVBl. 1994, 414 zur Staffelung der Aufwandsentschädigung für Fraktionsvorsit-
zende: Feststellungsklage zulässig.
96 Zum im Wege der Leistungsklage geltend zu machenden öff.r. Abwehranspruch des Nachbarn gegen
unzumutbare, der Gemeinde zuzurechnende Lärmemissionen der Benutzer eines öff. Bolzplatzes
Bd.Wtt.VGH, BWVBl 2015, 81 ff; zur Frage der Zurechnung missbräuchlicher Nutzung eines Spiel-
platzes durch Dritte vgl Hess.VGH, NVwZ 2012, 21 ff.
97 Instruktiv Hess.VGH, NJW 1989, 1500 zur Klage eines Anwohners auf Versetzung einer von der Gemeinde unmittelbar vor seinem Haus installierten Straßenlaterne. Vgl auch OVG NRW, NWVBl.
1994, 418 = OVGE 44, 1: auf Beseitigung einer Schulturnhalle gerichtete Leistungsklage wegen
Nichteinhaltens der baurechtlichen Abstandsfläche (analog § 1004 BGB); ferner Bd.Wtt.VGH,
NVwZ 1993, 285 zur Verneinung eines öff.r. Widerrufsanspruchs gegen eine Gemeinde bei unrichti-
ger, aber nichtöffentlich aufgestellter Tatsachenbehauptung des Bürgermeisters.
98 Vgl des Weiteren BGH, NJW 2000, 2810 – „Zwangsversteigerung"; OLG Hamm, NWVBl. 1992, 448
(„Cranger Kirmes"); OLG Koblenz, NVwZ-RR 2003, 617 („Hochwasserschutz") und unten Rn 285.
99 Vgl BGH, NVwZ 1986, 504 f zum Einvernehmen nach § 36 BauGB sowie BGHZ 106, 323 = DVBl.
1989, 504 ff (m. Anm. *Papier*) u. BGHZ 109, 380 zur Bauleitplanung auf Altlastenverdachtsflächen.

Hierzu gehören in erster Linie vertragliche oder vertragsähnliche Ansprüche; dazu näher unter Rn 169 ff zur Vertretung der Gemeinde gegenüber Dritten. Hinzu kommen solche aus kommunalen Benutzungsverhältnissen.

Zur Benutzung eines kommunalen Kinderspielplatzes vgl etwa BGHZ 103, 3388; s. auch den Übungsfall von *Ossenbühl*, NWVBl. 1990, 176 ff – „Unfall im Freizeitpark"; ferner unten Rn 285.

Wiederholungs- und Verständnisfragen

1. *Welche kommunalen Rechtssubjekte gibt es?* **Rn 13**
2. *Was unterscheidet den Zweckverband von anderen kommunalen Rechtssubjekten?* **Rn 29**

§ 2 Verfassungsrechtliche Gewährleistungen der kommunalen Selbstverwaltung

Fall 2: „Die Gleichstellungsbeauftragte"　　　　　　　　　　　　　　**45**

§ 5 II GO NRW bestimmt, dass in kreisangehörigen Städten und Gemeinden mit mehr als 10 000 Einwohnern sowie in kreisfreien Städten hauptamtlich tätige Gleichstellungsbeauftragte zu bestellen sind[1]. Die kreisangehörige Gemeinde G in NRW mit 12 000 Einwohnern verweist auf ihre schlechte Haushaltslage und möchte zusätzliche Ausgaben für die von ihr nunmehr wohl neu einzurichtende Stelle einer Gleichstellungsbeauftragten vermeiden. Sie argumentiert, dass diese Norm sie unzulässig in ihrer durch die Selbstverwaltungsgarantie in Art. 28 II GG und Art. 78 II Verf. NRW verbürgten Organisations-, Personal- und Finanzhoheit beschränke.

Wie wäre über eine von der Gemeinde G fristgerecht beim Verfassungsgerichtshof für das Land NRW eingelegte Verfassungsbeschwerde zu entscheiden? **Rn 71, 88 f**

Verfassungsrechtliche Gewährleistungen der kommunalen Selbstverwaltung finden **46** sich in unserer bundesstaatlichen Ordnung sowohl innerhalb des Grundgesetzes – und hier namentlich im zweiten Abschnitt (Art. 20 ff GG: „Der Bund und die Länder") – als auch in den Landesverfassungen[2]. Die **grundgesetzlichen** Bestimmungen sind dabei als **Mindestgarantien** zu verstehen, die **durch Landesverfassungsrecht ergänzt und erweitert** werden können.[3] Nicht nur auf Bundesebene (u. Rn 84 ff.), sondern

---

1　Vgl ähnlich § 8 I NKomVG und § 41 I 2 m.v. KVerf.
2　Siehe Art. 71–76 bd.wtt.Verf.; Art. 10–12, 83 bay.Verf.; Art. 4 II, 66 II berl.Verf.; Art. 97–100 brandenb.Verf.; Art. 143–149 brem.Verf.; Art. 137 f hess.Verf.; Art. 72–75 m.v.Verf.; Art. 57–59 nds. Verf.; Art. 1 I, 78, 79 Verf. NRW; Art. 49, 50 rh.pf.Verf.; Art. 117–124 saarl.Verf.; Art. 82 II, 84–90 sächs.Verf.; Art. 2 III, 87–90 s.anh.Verf.; Art. 54–57 schl.h.Verf.; Art. 91–95 thür.Verf. – Anders als in Bremen (vgl Art. 143 I brem.Verf.: „Die Stadt Bremen und die Stadt Bremerhaven bilden jede für sich eine Gemeinde des bremischen Staates.") werden in den Stadtstaaten Berlin (Art. 1 I berl.Verf.) u. Hamburg (Art. 4 I hamb.Verf.) staatliche und gemeindliche Tätigkeit nicht getrennt. Durch Gesetz können aber in Hamburg für Teilgebiete Verwaltungseinheiten gebildet werden, denen die selbstständige Erledigung übertragener Aufgaben obliegt (Art. 4 II hamb.Verf.).
3　BVerfGE 147, 185 (214); *Mann*, BK, Art. 28 Rn 147.

vielfach auch auf Landesebene (u. Rn 87) steht den Kommunen zur Durchsetzung dieser Gewährleistungen gegenüber dem Gesetzgeber verfassungsgerichtlicher Rechtsschutz im Wege der Kommunalverfassungsbeschwerde zur Verfügung.

47 Von vorrangigem Interesse für die Kommunen ist vor diesem Hintergrund die Interpretation der jeweiligen landesverfassungsrechtlichen Garantien, die in entsprechenden Verfahren den Prüfungsmaßstab für die Landesverfassungsgerichte bilden[4]. Die Interpretation der landesverfassungsrechtlichen Normen hat sich nach Auffassung des BVerfG aber weitestgehend am materiellen Gewährleistungsgehalt des Art. 28 II GG zu orientieren[5], die deshalb im Folgenden im Vordergrund stehen sollen.

48 Vorab ist noch darauf hinzuweisen, dass durch den Ende 2009 in Kraft getretenen Lissabonner Vertrag die kommunale Selbstverwaltung erstmalig im europäischen Primärrecht festgeschrieben worden ist (s. bereits Rn 10). Art. 4 II 1 EUV enthält die bemerkenswerte Aussage, dass die Union die nationale Identität ihrer Mitgliedstaaten achtet, „die in ihren grundlegenden politischen und verfassungsmäßigen Strukturen einschließlich der regionalen und lokalen Selbstverwaltung zum Ausdruck kommt"[6]. Zudem werden die regionale und lokale Ebene ausdrücklich noch in Art. 5 III EUV – der Bestimmung über die Subsidiarität – erwähnt. Ob mit diesen ausdrücklichen Normierungen eine Positionsstärkung der Kommunen in der EU einhergeht, wird jedoch nach wie vor kontrovers diskutiert[7].

I. Garantien im Grundgesetz

1. Institutionelle Garantie der gemeindlichen Selbstverwaltung (Art. 28 II 1 GG)

49 Den Gemeinden muss gemäß Art. 28 II 1 GG das **Recht** gewährleistet sein, **alle Angelegenheiten der örtlichen Gemeinschaft im Rahmen der Gesetze in eigener Verantwortung zu regeln**[8]. Diese Garantie ist keine grundrechtliche Gewährleistung.

Gegen ein solches Verständnis des Art. 28 II GG sprechen bereits

– die vorgenannte systematische Stellung innerhalb des Staatsorganisationsrechts und damit (anders als die Vorgängervorschrift des Art. 127 WRV) außerhalb des Grundrechtskataloges,

– das (im Folgenden noch zu behandelnde) Fehlen einer individuellen Bestandsgarantie für Gemeinden,

---

4 Vgl dazu *Engels*, JA 2014, 7; *Burgi*, KommR, § 7 Rn 6 ff u. § 9 Rn 5; *Mann*, BK, Art. 28 Rn 143.

5 BVerfGE 147, 185, 212 ff.

6 Dazu *Schaffarzik*, in: HKWP³, § 14 Rn 37 f; *Landsberg*, ebd, § 34 Rn 41 ff; *Seele*, ebd, § 37 Rn 55 f; *Ruffert*, ebd, § 38 Rn 13 ff.

7 Vgl *Zimmermann*, KommJur 2008, 41 ff; *Schmidt-Eichstaedt*, KommJur 2009, 249 ff; *Stirn*, KommJur 2012, 251 ff; *Meyer*, NdsVBl. 2015, 37 (42 f).

8 Zur klassischen Definition des Begriffes der „kommunalen Selbstverwaltung" s. BVerfGE 11, 266 (275); Überblicke zur Garantie der kommunalen Selbstverwaltung: *Engels*, JA 2014, 7 ff; *Brüning*, Jura 2015, 593 ff; *Voßkuhle/Kaufhold*, JuS 2017, 728 (729). Zu Gefährdungen der kommunalen Selbstverwaltung s. *Meyer*, NdsVBl. 2015, 37 ff (insb. 42 ff) und *Henneke*, DÖV 2013, 825 ff.

- der Schutzzweck der Grundrechte (Schutz des Bürgers gegenüber dem Staat, nicht aber Schutz von Verwaltungssphären),
- dass zum Schutz der gemeindlichen Selbstverwaltung nicht die Verfassungsbeschwerde (Art. 93 I Nr 4a GG) einschlägig, sondern eine eigene sog. Kommunalverfassungsbeschwerde (Art. 93 I Nr 4b GG) geschaffen worden ist (dazu Rn 84).

Sie verkörpert vielmehr eine **institutionelle Garantie**[9], d.h. die Verbürgung einer komplexen öffentlich-rechtlichen Einrichtung mit den ihr typischerweise zugehörenden, sie essenziell prägenden, weitgehend historisch überlieferten, funktionalen und institutionellen, rechtlichen und politisch-soziologischen Gehalten in generalklauselartiger Umschreibung[10].

Neben dieser **institutionellen Rechtssubjektsgarantie**, die als staatsorganisatorisches Aufbauprinzip den Bestand, also das „Ob" der Gemeinden als Glied im gestuften Staatsaufbau innerhalb der Länder (vgl auch Art. 106 IX GG) sichert[11], umfasst Art. 28 II GG auch eine **objektive Rechtsinstitutsgarantie**, welche das „Wie" und „Was" der Selbstverwaltung betrifft, indem er einen bestimmten Aufgabenkreis („Angelegenheiten der örtlichen Gemeinschaft") und die eigenverantwortliche Wahrnehmung („in eigener Verantwortung") dieser Aufgaben garantiert.[12] Zusammengenommen ist damit ein Schutz der Rechts- und Organisationsform als solcher mit ihren als zentral verstandenen Komponenten gewährleistet, nicht jedoch der individuelle Bestand einzelner Gemeinden. Angesichts der dritten Garantieebene des Art. 28 II GG, der **subjektiven Rechtsstellungsgarantie**, haben konkret betroffene Kommunen jedoch eine rechtsschutzfähige Position bei Angriffen auf ihr Selbstverwaltungsrecht. Derartige Gefährdungen des Selbstverwaltungsrechts können unter verschiedenen Vorzeichen entstehen:

a) Existenzvernichtung einzelner Gemeinden (Bsp.: territoriale Neugliederung)

Da Art. 28 II 1 GG die Gemeinde grundsätzlich nicht individuell, sondern nur institu- **50** tionell gewährleistet, wäre die *einzelne* Gebietskörperschaft nicht gegen ihre Auflösung gesichert. Angesichts des Stellenwertes der kommunalen Selbstverwaltung innerhalb der verfassungsrechtlichen Wertordnung haben jedoch das BVerfG und die Landesverfassungsgerichte zur Effektuierung der Garantie übereinstimmend betont, die Existenz der bestehenden Gemeinden stehe nicht etwa zur freien Disposition des Gesetzgebers, wenn nur hinreichend viele kommunale Körperschaften übrig blieben. Vielmehr bedürfe eine Neugliederung gegen den Willen der betroffenen Gebietskörperschaften, die ohnehin nur durch Gesetz erfolgen könne, der sachlichen Legitimation in Ansehung des öffentlichen Wohls, wie dies auch einfachgesetzlich in den Gemeindeordnungen seinen Niederschlag gefunden hat (vgl Art. 11 II 1 Nr 1, 2 bay.GO; § 11 I 1 m.v.KVerf.; § 24 I NKomVG; § 17 I GO NRW). Im Rahmen dieses **Gemein-**

---

9 Vgl zum Begriffsinhalt BVerfGE 1, 167 (174 f); 76, 107 (119); 79, 127 (143); *C. Schmitt*, in: Hdb DStR, Bd. 2, 1932, S. 595 f; *Burgi*, KommR, § 6 Rn 4 ff.
10 So grundlegend *Stern*, BK (Zweitbearb. 1964), Art. 28 Rn 64. Zum heutigen Stand der Dogmatik s. *Mann*, BK, Art. 28 Rn 149 ff und (für die Kreise) *H. Meyer*, in: HKWP[3], § 25 Rn 8 ff.
11 *Mann*, BK, Art. 28, Rn 136, 150 f; *Voßkuhle/Kaufhold*, JuS 2017, 728 (728); s. auch BVerfGE 79, 127 (148).
12 *Henneke*, in: Schmidt/Bleibtreu/Hofmann/Henneke, GG, 13. Aufl. 2014, Art. 28 Rn 44; *Dreier*, in ders., GG, 2. Aufl. 2006, Art. 28 Rn 93.

wohlvorbehalts sind maßgebliche verfassungsrechtliche Direktiven die Anhörungspflicht, das rechtsstaatliche Übermaßverbot und das hieraus abgeleitete Abwägungsgebot[13]. Hiergegen wird jedenfalls dann verstoßen, wenn[14]

- keine rechtzeitige und hinreichende Anhörung der betroffenen Gemeinden stattgefunden hat,
- der Gesetzgeber die maßgebliche Ausgangslage mangelhaft ermittelt hat oder in wesentlichen Punkten von unzutreffenden Annahmen ausgegangen ist,
- die Entscheidung offensichtliche Mängel bei den zugrunde liegenden Erwägungen, Wertungen und Prognosen erkennen lässt,
- die Belastungen und Beeinträchtigungen für die neugegliederten Gebietskörperschaften und ihre Einwohner außer Verhältnis zu den Vorzügen der Neuordnung stehen (sog. Schaden-Nutzen-Bilanz),
- bei umfassenden Neuordnungsprogrammen, wenn ohne hinreichende Begründung das zugrunde liegende System verlassen wurde (sog. Systemtreue oder Systemgerechtigkeit).

51 Da kommunale Neugliederungen einen Eingriff in gewachsene selbstständige Gemeinwesen, die ihren Bürgern lokale politische Identifikation vermitteln, darstellen, müssen sie zudem dem Anspruch der Dauerhaftigkeit genügen[15]. Zu beachten ist jedoch, dass dem Gesetzgeber bei der strukturellen Neugliederung ein **politischer Gestaltungsspielraum** eingeräumt wird, der nach ständiger Rspr. nur eine eingeschränkte verfassungsrechtliche Kontrolle der im Wege der kommunalen Verfassungsbeschwerde angegriffenen Neugliederung zulässt[16].

b) Aufgabenentzug oder organisatorische Ingerenzen bzgl aller Gemeinden

52 Die Gewährleistungen des Art. 28 II 1 GG beziehen sich auf alle Angelegenheiten der örtlichen Gemeinschaft (Grundsatz der **Universalität** oder **Allzuständigkeit** des kommunalen Wirkungskreises). Dies wird regelmäßig einfachgesetzlich bekräftigt, indem etwa bestimmt wird, die Gemeinden seien „in ihrem Gebiet die ausschließlichen Träger der gesamten öffentlichen Aufgaben, soweit Rechtsvorschriften nicht ausdrücklich etwas anderes bestimmen" (vgl § 2 II NKomVG; s. auch § 2 GO NRW, Art. 6 I bay.GO).

aa) Entscheidender Anknüpfungspunkt ist dabei die räumliche Komponente: Der Schutz gilt solchen Bedürfnissen und Interessen, „die in der **örtlichen Gemeinschaft**

---

13 Siehe BVerfG, NVwZ 2003, 850 (854 f); einen guten Überblick über die Gebietsreformen des letzten Jahrzehnts auf Gemeinde- und Kreisebene im Spiegel der Verfassungsrechtsprechung verschafft *Meyer*, NVwZ 2013, 1177 ff; *Meyer*, NdsVBl. 2015, 37 (40 f); s. auch LVerfG LSA, NVwZ-RR 2014, 289 ff (erfolglose kommunale Verfassungsbeschwerde gegen Neugliederung der Gemeinden im Altmarkkreis Salzwedel), dazu *Waldhoff*, JuS 2014, 862 ff; zur sächsischen Kreisgebietsneugliederung 2008 s. Sächs.VerfGH, NVwZ 2009, 39 ff; zum Vorschaltgesetz zur Durchführung der Gebietsreform in Thüringen s. ThürVerfGH, NVwZ 2017, 1860 f.
14 Vgl namentlich VerfGH NRW, OVGE 31, 284 – „Glabottki"; BayVerfGH, DVBl. 1978, 806; BVerfGE 50, 50 – „Raum Hannover"; BVerfG, NVwZ 1982, 95 – „Gießen"; Brandenb.VerfG, LKV 1998, 395 – „Horno".
15 Vgl BVerfGE 82, 310 (314 f) – „Rück-Neugliederung".
16 Vgl BVerfGE 86, 90 (108); LVerfG LSA, NVwZ-RR 2014, 289 (291); VerfGH Rh.-Pf., NVwZ-RR 2015, 761 (762).

wurzeln oder auf sie einen spezifischen Bezug haben, die also den Gemeindeeinwohnern gerade als solchen gemeinsam sind, indem sie das Zusammenleben und -wohnen der Menschen in der Gemeinde betreffen; auf die Verwaltungskraft der Gemeinde kommt es hierfür nicht an"[17]. Erfasst sind damit nur die *eigenen* gemeindlichen Angelegenheiten, nicht aber übertragene, genuin staatliche Aufgaben. Nun ist aber nicht zu verkennen, dass im Zuge zunehmender Forderungen nach Gleichwertigkeit resp. Einheitlichkeit der Lebensverhältnisse (vgl Art. 72 II, 106 III 4 Nr 2 GG), gesteigerten Umweltbewusstseins, fortschreitender Motorisierung und Mobilität der Einwohner[18] Wanderungsprozesse stattgefunden haben und stattfinden, die das Verständnis dessen, was zu den kommunalen Agenden zu zählen ist, in der zeitlichen Entwicklung durchaus beeinflusst haben. Die Angelegenheiten der örtlichen Gemeinschaft bilden damit keinen ein für alle Mal feststehenden Aufgabenkreis[19]; können mithin nicht enumerativ für alle Zeit bestimmt werden.

Bei der Einschätzung der örtlichen Bezüge einer Aufgabe und ihres Gewichts kommt dem Gesetzgeber angesichts der konstatierten Vielzahl maßgeblicher Faktoren ein **Einschätzungsspielraum** zu. Er darf dabei auch typisieren, d.h. „er braucht nicht jeder einzelnen Gemeinde und grundsätzlich auch nicht jeder insgesamt gesehen unbedeutenden Gruppe von Gemeinden Rechnung zu tragen"[20].

bb)   Gleichwohl besteht Anlass zu betonen, dass der örtliche Bezug auch für gesetz-   **53** geberische Maßnahmen nach wie vor den dominanten Beurteilungsfaktor darstellt[21], der in der Gegenwart namentlich unter dem Stichwort der gemeindlichen **Verbandskompetenz** thematisiert wird. Insbesondere bei der **Hochzonung** von Verwaltungsaufgaben von der Gemeinde- auf die Kreisebene hat der Gesetzgeber „den verfassungsgewollten prinzipiellen Vorrang einer dezentralen, also gemeindlichen, vor einer zentral und damit staatlich determinierten Aufgabenwahrnehmung zu berücksichtigen"[22]. Bemerkenswert ist dabei die auf die Entstehungsgeschichte gegründete Bekräftigung seitens des BVerfG im Rastede-Beschluss, dass die gemeindlichen Aufgaben nicht über den herkömmlich gesicherten Bestand hinausgehen[23], eine Einsicht, die namentlich bei der aktuellen Diskussion um die Grenzen der Kommunalwirtschaft nicht aus dem Blickfeld geraten sollte, wenn – notwendige – Dynamisierungen Gefahren nicht nur für traditionelle privatwirtschaftliche Aktionsfelder, sondern auch für die essenzielle Rückbindung an die örtliche Dominanz der Aufgabenstellung heraufbeschwören.

---

17   So BVerfGE 79, 127 (151 f) – „Rastede" – im Anschluss an BVerfGE 8, 122 (134).

18   Namentlich in Ballungsräumen mit der Konsequenz einer Trennung von Wohn-, Arbeits- und Freizeitbereichen und damit veränderter Anforderungen an die Betreuungsfunktionen der jeweiligen Gemeinden.

19   BVerwG, NVwZ 2006, 595 (596). Hilfreich zur Bestimmung der Angelegenheit der örtlichen Gemeinschaft sind etwa die Aufzählungen in Art. 83 I bay.Verf.

20   So BVerfGE 79, 127 (154); st. Rspr., vgl BVerfGE 83, 363 (382 f); 91, 228 (241).

21   Dieser örtliche Bezug fehlt zB bei der Unterbringung von Asylbewerbern. Ihre Versorgung mit einer Unterkunft ist Aufgabe des Staates, keine Aufgabe des örtlichen Wirkungskreises einer Gemeinde; BVerwG, NVwZ 1990, 1173 f. Die Länder haben jedoch durchweg diese Aufgabe gesetzlich auf die Gemeinden übertragen.

22   So BVerfGE 83, 363 (382).

23   BVerfGE 79, 127 (145).

Zwar hat das BVerfG in einer frühen Entscheidung die Aussage getroffen, die Gemeinde sei als *hoheitlich* handelnde Gebietskörperschaft darauf beschränkt, sich mit Angelegenheiten des örtlichen Wirkungskreises zu befassen[24]. Es würde allerdings einen Fehlschluss bedeuten, daraus zu folgern, außerhalb hoheitlich zu bewältigender Agenden, namentlich auf dem Wirtschaftssektor, dürfte eine Gemeinde räumlich unlimitiert agieren[25]. Seinerzeit ging es allein um die Problematik, inwieweit es einer kommunalen Körperschaft gestattet wäre, Stellungnahmen zu verteidigungspolitischen Fragen, deren Lösung in der Kompetenz des Bundes lag und liegt, abzugeben, was unter Verweis auf die Überörtlichkeit der Aufgabe grundsätzlich verneint wurde. Die gemeindliche Verbandskompetenz ist durch Art. 28 II GG, also nicht nur bei hoheitlichen Aufgaben, sondern insgesamt **auf das örtliche Wirkungsfeld beschränkt**, soweit nicht in befugter Weise überörtliche staatliche Angelegenheiten zur Wahrnehmung vor Ort zugewiesen worden sind[26]. So hat der VerfGH Rh.-Pf. im Zusammenhang mit novellierten Vorschriften des Kommunalwirtschaftsrechts deutlich herausgestellt:

„Aus der Sicht der verfassungsrechtlichen Selbstverwaltungsgarantie ist kommunales Wirtschaftsengagement niemals privatautonomes Handeln, sondern zweckgebundene Verwaltungstätigkeit. Die öffentliche (kommunale) Verwaltung bleibt auch dann Verwaltung, wenn sie wirtschaftet."[27]

54 cc) Soweit es um Angelegenheiten der örtlichen Gemeinschaft geht, was also jeweils sorgfältiger Prüfung bedarf[28], ist den Gemeinden das Recht zuerkannt, diese **„in eigener Verantwortung"** (Art. 28 I 1 GG) zu regeln. Ihnen ist damit verbrieft, für die Aufgabenbewältigung nach ihrem eigenen Ermessen sachliche und zeitliche Prioritäten festzulegen. Zu beachten ist jedoch, dass dieser Ermessensspielraum bei pflichtigen Selbstverwaltungsaufgaben (Rn 200) auf die konkrete Art der Durchführung (das „Wie") beschränkt ist.

Die zentralen Bereiche der gemeindlichen Eigenverantwortlichkeit wurden herkömmlicherweise durch ein Bündel sog. **Gemeindehoheiten** gekennzeichnet, das sich in der Übersicht wie folgt darstellt:

---

24 BVerfGE 8, 122 (Leitsatz 3).
25 So aber etwa *Wieland/Hellermann*, Der Schutz des Selbstverwaltungsrechts der Kommunen gegenüber Einschränkungen ihrer wirtschaftlichen Betätigung im nationalen und europäischen Recht, 1995, S. 28 ff; *Wieland*, NdsVBl. 2000, 246 (248); *Hellermann*, in: BeckOK GG, Art. 28 Rn 41.6. – Mit gutem Grund wird daher auch in den novellierten Bestimmungen des Gemeindewirtschaftsrechts zur wirtschaftlichen Betätigung außerhalb des Gemeindegebietes (dazu noch unten Rn 302 ff) die Wahrung der „berechtigten Interessen der betroffenen kommunalen Gebietskörperschaften" verlangt (vgl § 136 Abs. 1 S. 5 NKomVG; § 107 III 1 GO NRW; § 101 II 1 schl.h.GO).
26 Vgl auch *Stern*, Staatsrecht I, S. 412.
27 VerfGH Rh.-Pf., NVwZ 2000, 801; ihm folgend SächsVerfGH, NVwZ 2005, 1057 (1058); zum Hintergrund dieser Instrumentalthese *Mann*, JZ 2002, 819 f, 825 mwN.
28 Negativbeispiel: Wahlkreiseinteilung für Bundestagswahlen; vgl BVerfG(K), NVwZ 2002, 72 f.

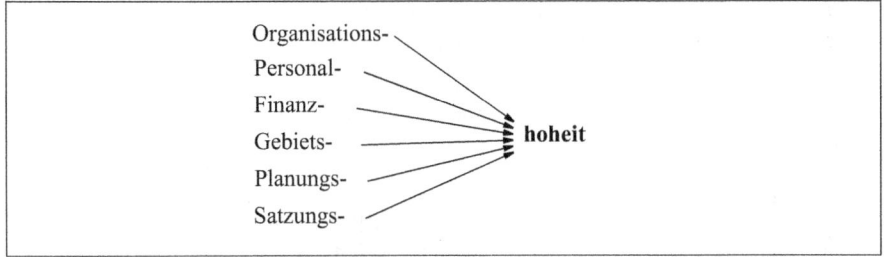

Übersicht 1: Die sog. Kommunalhoheiten

Im Einzelnen geht es dabei um folgende Gewährleistungsgehalte, die sich jedoch 55
nicht immer trennscharf voneinander abgrenzen lassen:

– **Gebietshoheit** ist die Befugnis, im Gemeindegebiet gegenüber jeder Person und jeder Sache, die sich in diesem befindet, rechtserhebliche Handlungen vorzunehmen und Hoheitsgewalt auszuüben[29],

– **Organisationshoheit** ist die Befugnis zur Ausgestaltung der internen Organisation, genauer: die Befugnis, für die Aufgabenwahrnehmung Abläufe und Entscheidungszuständigkeiten festzulegen (s. u. Rn 70)[30], aber auch die Organisation nach außen, also die Möglichkeit, gemeinsam mit anderen Kommunen Selbstverwaltungsaufgaben zu bewältigen (Unterfall der „Kooperationshoheit")[31],

– **Personalhoheit** bezeichnet die Befugnis zur Auswahl, Anstellung, Beförderung und Entlassung der Angestellten und Beamten[32] der Gemeinde[33],

– **Satzungshoheit** bezeichnet die Befugnis, die eigenen Angelegenheiten durch (orts-)rechtliche Bestimmungen mit Wirkung für die Gemeindeeinwohner verbindlich zu regeln (vgl Art. 28 II 1 GG: „… in eigener Verantwortung zu *regeln*", hierzu u. Rn 217 ff)[34].

---

29 VerfGH Rh.Pf., AS 8, 230 (232); BayVGHE 14, 92 (93); Brandenb.VerfG, LKV 2000, 397 – „Braunkohlentagebau".

30 BVerfGE 91, 228 ff („Gleichstellungsbeauftragte"); BVerfG, KommJur 2015, 54 ff („Standortplanung für Grund- und Hauptschulen"); BVerfG, NVwZ 2015, 136 ff („Optionskommunen"); BVerfG, BayVBl. 2000, 721 („Stadtwappen"); Brandenb.VerfG, DVBl. 2000, 981 ff („Zweckverbände der Wasserversorgung und Abwasserbeseitigung"); VerfGH NRW, NWVBl. 2002, 101 („Gleichstellungsbeauftragte"); BGHZ 144, 68 („Auslagerung von Rechtsangelegenheiten auf den Landkreis"); Brandenb.VerfG, KommJur 2011, 415 („Innere Verwaltungsorganisation – Mindestfraktionsstärke"); *Schliesky*, DV 38 (2005), 339 ff.

31 BVerfGE 119, 331 (362); *Schmidt*, Kommunale Kooperation, S. 55 ff; *Mehde*, in: Maunz/Dürig, GG, Art. 28 Rn 72 ff; *Mann*, BK, Art. 28 Rn 218; *Engels/Krausnick*, KommR, § 11 Rn 6; *Oebbecke*, in: HKWP³, § 29 Rn 16 ff.

32 Zur Dienstherrnfähigkeit der Kommunen s. § 2 Nr 1 BeamtStG; zur Ernennung, Beförderung und Entlassung von Gemeindebeamten s. Art. 43 bay.GO, § 107 NKomVG, § 74 GO NRW.

33 BVerfGE 1, 167 (175 ff); 8, 332 (339); 9, 268 (289); 17, 172 (182); 119, 331 (362); Nds.StGH, DÖV 1996, 657 (659).

34 Näher *Schmidt-Aßmann*, in: FS v.Unruh, 1983, S. 525 ff; *Scholler/Scholler*, in: HKWP³, § 23; *Engels*, Verfassungsgarantie, S. 401 f, 455 ff.

56   – **Finanzhoheit** meint das Recht auf eigenverantwortliche Einnahmen- und Ausgabenwirtschaft im Rahmen eines geordneten Haushaltswesens[35],

Soweit Art. 28 II 3 GG klarstellt, dass die Grundlagen der finanziellen Eigenverantwortung von der Gewährleistung der Selbstverwaltung umfasst sind, wird den Gemeinden nicht ausdrücklich ein verfassungsunmittelbarer Anspruch auf eine aufgabenangemessene kommunale Finanzausstattung zuerkannt.[36] Allerdings lässt die Wendung zumindest die Einsicht erkennen, dass das Recht auf Selbstverwaltung nur dann effektiv wahrgenommen werden kann, wenn den Gemeinden eine auf ihre Selbstverwaltungsaufgaben bezogene Finanzausstattung zur Verfügung steht.[37] Das BVerfG hat das Bestehen eines solchen Anspruchs bislang ausdrücklich offen gelassen,[38] doch haben bereits mehrere Landesverfassungsgerichte im Rahmen der ihnen zustehenden Kompetenz zur Auslegung der Gewährleistungen der kommunalen Selbstverwaltung im Landesverfassungsrecht einen solchen **Anspruch auf aufgabenangemessene Finanzausstattung** anerkannt.[39] Das BVerwG[40] und die Literatur stimmen diesem Ergebnis weitgehend zu.[41] Auch in Ansehung eines Vorbehalts der Leistungsfähigkeit des jeweiligen Landes[42] gehört als unterste Grenze zum unantastbaren Kernbereich (u. Rn 63) eine **finanzielle Mindestausstattung**, welche die einzelne Gemeinde in die Lage versetzt, alle ihr zugewiesenen (staatlichen) Pflichtaufgaben und ein Mindestmaß an freiwilligen Selbstverwaltungsaufgaben zu erfüllen.[43]

Eine „Steuerhoheit" der Gemeinden besteht in Ansehung der grundgesetzlichen Finanzverfassung (vgl Art. 104a ff GG) allenfalls noch in rudimentärer Form (s. Rn 92 ff). Auch Art. 28 II 3 GG garantiert den Gemeinden **kein originäres Steuererfindungsrecht**[44], wohl aber gehört zu den bereits erwähnten Grundlagen der finanziellen Eigenverantwortung eine den Gemeinden mit Hebesatzrecht zustehende wirtschaftskraftbezogene Steuerquelle (Art. 28 II 3, 2. HS GG, s. auch Rn 92, 96). Bei den örtlichen Verbrauch- und Aufwandsteuern – Beispiele: Vergnügungs-, Betten-, Zweitwohnungs- oder Hundesteuer – stehen den Kommunen nur von den Ländern abgeleitete Befugnisse zu (vgl Art. 105 IIa, 106 VI 1 GG).

---

35 BVerfGE 23, 353 (367 f); 26, 172 (180 ff) und 228 (244); VerfGH NRW, NWVBl. 1996, 426 (427); BVerwG, NVwZ 2011, 424; *Pünder/Waldhoff*, in: Henneke/dies., Recht der Kommunalfinanzen, 2006, § 1 Rn 7 ff. Zur kommunalen Finanzhoheit und dem korrespondierenden verfassungsgerichtlichen Rechtsschutz ausführl. *Dombert*, LKV 2009, 343 ff. Zum Konnexitätsprinzip s. Rn 72.
36 Vgl Gemeinsame Verfassungskommission, BT-Drucks. 12/6000, S. 48; *Waldhoff*, in: HStR V, § 116 Rn 24.
37 Vgl BVerwG, DVBl. 2013, 858 (860).
38 Vgl BVerfGE 86, 148 (218 f); 103, 332 (360 f); 119, 331 (361); BVerfG(K), NVwZ-RR 2007, 435 (436).
39 BWStGH, DVBl. 1999, 1351; BayVerfGH, NVwZ-RR 1998, 601 (602); Bbg. VerfGH, NVwZ-RR 2000, 129 (130); MVLVerfG, LKV 2006, 461 (462); Nds. StGH, NdsVBl. 2008, 152 (155); NRW VerfG, DÖV 2004, 662 (664); Rh-Pf. VerfGH, NVwZ 1993, 159 (160); Saarl. VerfGH, NVwZ-RR 1995, 153 (154); SächsVerf.GH, LKV 2001, 223 (224); Sachs-AnhVerf.GH, NVwZ 2007, 78 (80); ThürVerfGH, NVwZ-RR 2005, 665 (667).
40 BVerwGE 106, 280 (287); 127, 155 (157); 140, 34 (38); 145, 378 (379).
41 Vgl. nur *Henneke*, in: Schmidt-Bleibtreu/Hofmann/Henneke (Hrsg.), GG, Art. 28 Rn 123; *Hellermann*, in: BeckOK GG, Art. 28 Rn 54; *Pieroth*, in: Jarass/Pieroth, GG, Art. 28 Rn 28; *Dombert*, LKV 2009, 343, 345.
42 Bbg.VerfG, NVwZ-RR 2000, 129 (130); BeckRS 2007, 27932; Nds. StGH, NdsVBl. 2008, 152 (155).
43 Vgl Bbg.VerfGH, DVBl. 2013, 1180 ff; HessStGH, NVwZ 2013, 1151 (1152); MV VerfG, LKV 2006, 461 (462); NRW VerfGH, DVBl. 2012, 837 (838); Rh-Pf. VerfGH, DVBl. 2012, 432; ThürVerfGH, NVwZ-RR 2005, 665 (668); BVerwGE 145, 378 (383); *Henneke*, in: Schmidt-Bleibtreu/Hofmann/Henneke (Hrsg.), GG, Art. 28 Rn 128; *Geis*, KommR, Rn 29; *Dittmann*, in: HStR VI,³ § 127 Rn 30.
44 Nds.StGH, NdsVBl. 2007, 239 (244); BVerwGE 96, 272 (280); *Mann*, BK, Art. 28 Rn 239; Zur kommunalen Verpackungssteuer Kassel vgl BVerfGE 98, 106 (122 ff).

– **Planungshoheit** schließlich meint die Befugnis, über die Ordnung und Gestal-   **57**
tung der Bodenentwicklung im Gemeindegebiet, namentlich in Ansehung der
baulichen Nutzung, eigenverantwortlich entscheiden zu können[45].

Gegen eine ihr Gebiet betreffende überörtliche Planung kann sich eine Gemeinde daher unter Berufung auf die Planungshoheit wehren, wenn eine eigene hinreichend konkrete, nicht
notwendig verbindliche Planung hierdurch gestört wird und diese Störung nachhaltig ist
oder wesentliche Teile des Gemeindegebiets einer durchsetzbaren Planung der Gemeinde
entzieht[46].

Dem Schutzbereich der kommunalen Selbstverwaltung ist als Teil der kommunalen Planungshoheit nicht etwa nur die Bauleitplanung zuzuordnen, sondern auch die Landschaftsplanung. Die Vorschriften über den Braunkohlenplan im Landesplanungsgesetz NRW genügen aber den an entsprechende normative Eingriffe (vgl dazu noch unten Rn 62) zu stellenden Anforderungen[47].

dd)   In dieser Auflistung (Rn 55 ff) nicht angesprochen, für die kommunale Eigen-   **58**
verantwortlichkeit aber ebenfalls von besonderem Gewicht, ist die gemeindliche Betätigung in der **Daseinsvorsorge**[48] und auf dem wirtschaftlichen Sektor. Bei dem auf
Forsthoff[49] zurückgehenden Begriff der Daseinsvorsorge handelt es sich freilich um
eine eher deskriptive, soziologisch grundierte Formel zur Beschreibung öffentlicher
Leistungsverwaltung (s. auch Rn 195)[50], die nur geringe Konturenschärfe besitzt und
darum auch als wenig tauglich zur trennscharfen Abgrenzung des kommunalen Betä-
tigungsfeldes von privatwirtschaftlichen Aktionsbereichen erscheint.

Im Blick sind dabei zB Kommunikation, Verkehrsdienstleistungen, Gas-, Wasser- und Stromversorgung, Abfall- und Abwasserentsorgung, stationäre Krankenversorgung, Sparkassen (vgl
Rn 330), Bildungs- und Kultureinrichtungen. Im Rahmen der gesetzlichen Neuordnung des Ei-
senbahnwesens bestimmt § 1 I des Gesetzes zur Regionalisierung des öffentlichen Personennahverkehrs[51] ausdrücklich: „Die Sicherstellung einer ausreichenden Bedienung der Bevölkerung mit Verkehrsleistungen im öffentlichen Personennahverkehr ist eine Aufgabe der Da-

45 VerfGH NRW, NVwZ 2009, 1287; Rh.-Pf. VerfGH ZUR 2006, 30 (31); BVerwGE 112, 274 (291);
    Kluth, W/B/S/K, VerwR II, § 96 Rn 72; zum Verhältnis von Planungshoheit und Europarecht s.
    Rh.Pf.VerfGH, NVwZ 2006, m. Anm. *Waldhoff*, JuS 2006, 766; näher unten Rn 812 ff.
46 So BVerwG, DVBl. 1990, 427 (429) im Anschluss an BVerwGE 81, 95 (116 f); 84, 209 (215);
    VerfGH NRW, NVwZ 1992, 874 u. 875; VerfGH NRW, NVwZ 2003, 202; Nds.OVG, NdsVBl.
    2007, 80; Hamb. OVG, NVwZ 2005, 347.
47 Vgl VerfGH NRW, NVwZ-RR 1998, 473 (474); ZUR 2012, 175 ff.
48 Vgl BayVerfGHE 10, 113 (122 f); BayVGH, BayVBl. 1979, 625 (627); *Hellermann*, Örtliche Da-
    seinsvorsorge und gemeindliche Selbstverwaltung, 2000; *Doerfert*, JA 2006, 316 ff; zur europäischen
    Dimension der Daseinsvorsorge s. *Mann*, Die öffentlich-rechtliche Gesellschaft, 2002, S. 30 ff; *ders.*,
    in: Heselhaus/Nowak, Handbuch der Europäischen Grundrechte, 2006, § 34. – Die mittlerweile er-
    folgte Festschreibung des Prinzips der kommunalen Selbstverwaltung auf europäischer Ebene (Rn 10)
    hat zur Folge, dass das Recht der eigenverantwortlichen Erbringung von Leistungen der Daseinsvor-
    sorge garantiert wird. Dies wird im Protokoll Nr 26 des Vertrags von Lissabon ausdrücklich festgehal-
    ten: „Zu den gemeinsamen Werten der Union zählen insbesondere die wichtige Rolle und der weite
    Ermessensspielraum der nationalen, regionalen und lokalen Behörden in der Frage, wie Dienste von
    allgemeinem wirtschaftlichem Interesse auf eine den Bedürfnissen der Nutzer so gut wie möglich ent-
    sprechende Weise zur Verfügung zu stellen, in Auftrag zu geben und zu organisieren sind".
49 Die Verwaltung als Leistungsträger, 1938; Die Daseinsvorsorge und die Kommunen, 1958.
50 Dazu grundsätzlich *Pielow*, Grundstrukturen öffentlicher Versorgung, 2001, S. 353 ff; *Knauff*, Wi-
    Verw 2011, 80 ff.
51 G. v. 27.12.1993 (BGBl. I S. 2395), zul. geänd. durch G. v. 23.12.2016 (BGBl. I S. 3234).

seinsvorsorge." So denn auch § 1 I des Regionalisierungsgesetzes NRW[52], das in § 3 für die Planung, Organisation und Ausgestaltung des ÖPNV im Grundsatz die Kreise und kreisfreien Städte als Aufgabenträger bestimmt und dabei die Aufgabendurchführung im Wesentlichen als freiwillige Selbstverwaltungsaufgabe bezeichnet.

Schließlich hat das BVerfG die Wahrnehmung kommunaler *Versorgungs*funktionen in öffentlich-rechtlicher Form bereits einmal als „wirtschaftliche Betätigung" im weiteren Sinne bezeichnet und diesbezügliche normative Regelungen dem Kompetenztitel „Recht der Wirtschaft" (Art. 74 I Nr 11 GG) zugeordnet[53].

59 Als vorentscheidend für die hier zu diskutierende verfassungsrechtliche Absicherung kommunaler Tätigkeitsfelder dürfte sich darum die spezifische Eigenart und Qualität der jeweiligen Aufgabe erweisen, um die es geht.

Erbitterte Auseinandersetzungen wurden mancherorts um die Zuständigkeiten für die Durchführung der **Energieversorgung** über Strom- und Gasnetze auf örtlicher Ebene geführt (Stichwort: Re-Kommunalisierung)[54]. Nach BVerwGE 98, 273 (275 f) – „MEAG" – gehört die Entscheidung über die Durchführung der örtlichen Energieversorgung zu den Angelegenheiten der örtlichen Gemeinschaft. Die Durchführung dieser Versorgung selbst ist hingegen seit jeher „durch ein plurales Nebeneinander von privaten, kommunalen und gemischtwirtschaftlichen Unternehmensformen" (zu ihnen noch Rn 304 ff) gekennzeichnet (so BVerwG, aaO). Das für die Sachmaterie auf nationaler Ebene maßgebliche Energiewirtschaftsgesetz gilt schließlich unterschiedslos für alle Energieversorgungsunternehmen ohne Rücksicht auf Rechtsformen und Eigentumsverhältnisse (vgl die Legaldefinition in § 3 Nr 18 EnWG[55]). Meinungsunterschiede hatte es so naheliegenderweise nach der deutschen Einheit auch mit Blick auf die Stromversorgungsstruktur in den neuen Ländern (Streit um die Gründung von Stadtwerken)[56] gegeben.

Eine gemeindliche **Wasserversorgung**[57] ist laut Hess.VGH, RdE 1993, 143 (144) nur dann erforderlich, wenn der Bedarf der Einwohner nicht bereits auf andere Weise – nämlich durch Wasserlieferung bereits bestehender fremder, dh nicht von der Gemeinde eingerichteter Versorgungsunternehmen – befriedigt wird; s. aber auch unten Rn 239 u. Rn 242 zu einem weiten kommunalpolitischen Ermessen. Im **Krankenhauswesen** etwa umfasst für die Kommunen die Aufgabe der Versorgung ihrer Bevölkerung mit leistungsfähigen Krankenhäusern zum einen die – subsidiäre – Vorhaltung eigener Krankenhäuser und zum anderen die Mitwirkung an der Krankenhausfinanzierung[58].

60 Traditionell nicht zu den Angelegenheiten des durch Art. 28 II GG geschützten Wirkungskreises zählte die Einrichtung von Fernmeldelinien – so BVerwGE 77, 128 (132) –, die gemäß § 1 des Telegraphenwegegesetzes aus dem Jahre 1899 seit jeher Aufgabe der Post war. Nichtsdestoweniger reklamierten die Gemeinden für **Telekommunikationsleitungen** trotz nach der Postprivatisierung erfolgter Fortschreibung der kostenlosen Wegenutzung (vgl §§ 68 ff TKG)

---

52 G. v. 7.3.1995 (GVBl. S. 196), zul. geänd. durch G. v. 21.12.2010 (GV. NRW. S. 694).
53 So BVerfG, NVwZ 1982, 306.
54 Dazu näher etwa einerseits *Löwer*, andererseits *Wieland*, NWVBl. 2000, 241 ff u. 246 ff. Zur Daseinsvorsorge in der Energieversorgung s. auch *Knauff*, EnWZ 2015, 51 ff.
55 Gesetz über die Elektrizitäts- und Gasversorgung (Energiewirtschaftsgesetz) vom 7.7.2005 (BGBl. I S. 1970), zul. geänd. durch G. v. 13.5.2019 (BGBl. I S. 706).
56 Dazu statt vieler einerseits *Löwer*, RdE 1992, 85 ff, andererseits *Püttner*, ebda, S. 92 ff.
57 Zur Öffnung der Wasserversorgungsmärkte s. *Markopoulos*, KommJur 2012, 330 ff, 361 ff.
58 So BVerfGE 83, 363 (378).

eigene Gestaltungsbefugnisse[59], blieben aber vor dem BVerfG erfolglos[60]. §§ 68, 69 TKG, die allein die Wegenutzung regeln, entziehen jedenfalls den Gemeinden keine Aufgaben mit relevantem örtlichen Charakter.

Die Selbstverwaltungsgarantie schützt die Kommunen auf dem Feld der Daseinsvor- **61** sorge – soweit nicht eine Monopolisierung durch Anschluss- und Benutzungszwang zulässig ist – nicht vor **privater Konkurrenz**[61] (dazu noch unten Rn 313 ff).

ee) **Einschränkungen** des eigenverantwortlich zu führenden kommunalen Aktions- **62** feldes sind nicht völlig ausgeschlossen, bedürfen aber der gesetzlichen Grundlage (**„im Rahmen der Gesetze" in Art. 28 II GG**).

Gesetze in diesem Sinne sind alle Außenrechtsnormen, also Bundes- und Landesgesetze, aber auch Rechtsverordnungen, soweit sie auf einer mit den Anforderungen des Art. 80 I 2 GG oder entsprechenden landesverfassungsrechtlichen Regelungen in Einklang stehenden gesetzlichen Ermächtigung beruhen. Begrifflich umfasst ist auch das EU-Primärrecht sowie das Sekundärrecht, wenn es, wie bei EU-Verordnungen, selbst unmittelbare Geltung beansprucht[62].

Der Gesetzesvorbehalt umfasst dabei nicht nur die Art und Weise der Erledigung der Angelegenheiten der örtlichen Gemeinschaft, sondern ebenso die gemeindliche Zuständigkeit für diese Angelegenheiten[63]. Es wäre jedoch mit dem Gewicht der verfassungskräftigen Selbstverwaltungsgarantie unvereinbar, wollte man diese gewissermaßen zur Disposition des einfachen Gesetzgebers stellen. So hatte bereits der Staatsgerichtshof für das Deutsche Reich im Jahre 1929 (zu Art. 127 WRV) bekräftigt, die Landesgesetzgebung dürfe dieses Recht weder aufheben noch die Verwaltung der Gemeindeangelegenheiten auf Staatsbehörden übertragen, und weiter:

„Sie darf die Selbstverwaltung auch nicht derart einschränken, dass sie innerlich ausgehöhlt wird, die Gelegenheit zu kraftvoller Betätigung verliert und nur noch ein Schattendasein führen kann" (RGZ 126, Anh. S. 14 ff [22]), eine Formulierung, die sich das Bundesverfassungsgericht in seiner ersten Stellungnahme zur Reichweite des Art. 28 II GG zu Eigen gemacht hat (BVerfGE 1, 167 [174 f]).

ff) In konsequenter Fortführung dieses Grundgedankens sah die verfassungsgericht- **63** liche Rechtsprechung stets einen **„Kernbereich"** der gemeindlichen Selbstverwaltung als verfassungsfest und vor jeglicher gesetzlicher Einwirkung gesichert an[64]. Gewährleistet war den Gemeinden damit entsprechend traditioneller Sichtweise (vgl Rn 49) ein Bestand **typischer, als essenziell erkannter Aufgaben.** Maßgebliche Leitlinie für die Bewertung ist danach das charakteristische Erscheinungsbild der deutschen Gemeinde. Aufschluss darüber, welche Aufgaben hierzu gehören, kann zunächst eine historische Betrachtung (oben Rn 5) mit Blick auf den traditionellen gemeindlichen Auf-

---

59 Vgl zu der Diskussion insbes. *Averhaus*, Gemeinden in der Telekommunikation, 2001; *Wesche*, Rechtsstellung der Kommunen auf dem Telekommunikationsmarkt, 2005; zu kommunalen Münz- und Kartentelefonen und kommunaler Breitbandversorgung s. *Neumann*, KommJur 2012, 161 ff.

60 Vgl BVerfG(K), BayVBl. 1999, 243 zu § 50 I 1 TKG aF.

61 So ausdrücklich BayVerfGHE 49 (1996), 79 zur gesetzlichen Zulassung von Feuerbestattungsanlagen in privater Trägerschaft; s. auch *Schink*, NVwZ 2002, 129 (133).

62 *Löwer*, in: v.Münch/Kunig, GG, Art. 28 Rn 68; *Brüning*, Jura 2015, 593 (597).

63 BVerfGE 79, 127 (143) – „Rastede".

64 BVerfGE 11, 266 (274); 22, 180 (205); 50, 195 (202); 91, 228 (239).

gabenbestand geben. Aber auch jüngere, den Gemeinden nach der Gesetzeslage zuge-
wachsene oder von ihnen auf Grund eigenen Entschlusses übernommene Angelegenheiten können inzwischen zu diesem zentralen Aktionsfeld gehören.

Ein **Beispiel** hierfür bildet die bereits angesprochene Planungshoheit in Gestalt satzungsmäßiger Festlegungen hinsichtlich der Bodennutzung durch Bebauungspläne, die heute durchweg
zu den essenziellen gemeindlichen Agenden gezählt wird, in dieser Form aber erst 1960 durch
den Erlass des BBauG seine konkrete Ausprägung gefunden hat[65].

64   Hierauf hat das BVerfG wieder zurückgegriffen, als es den Gesetzgeber für gebunden
erachtete, „die überkommen identitätsbestimmenden Merkmale – den sog. **Wesensgehalt** – der gemeindlichen Selbstverwaltung zu beachten; was herkömmlich das
Bild der gemeindlichen Selbstverwaltung in ihren verschiedenen historischen und regionalen Erscheinungsformen durchlaufend und entscheidend prägt, darf weder faktisch noch rechtlich beseitigt werden"[66].

Zu diesem **Kernbereich oder Wesensgehalt der gemeindlichen Selbstverwaltung**
gehört nach der Rspr des BVerfG freilich „kein gegenständlich bestimmter oder nach
feststehenden Merkmalen bestimmbarer Aufgabenkatalog, wohl aber die Befugnis,
sich aller Angelegenheiten der örtlichen Gemeinschaft, die nicht durch Gesetz bereits
anderen Trägern öffentlicher Verwaltung übertragen sind, ohne besonderen Kompetenztitel anzunehmen"[67]. Damit wird nicht mehr an der traditionellen Sichtweise festgehalten werden, der zufolge unantastbare örtliche Handlungszuständigkeiten immer
schon dann anzunehmen waren, wenn entsprechende „Gemeindehoheiten" tangiert
waren. Solche Hoheiten (vgl Rn 55 ff) dürften damit nicht mehr kompetenzkonstitu-
ierend wirken, sondern lediglich indiziellen Charakter besitzen[68].

Da aber andererseits Art. 28 II 1 GG, wie gezeigt, keine status-quo-Garantie enthält,
die gegen alle **„Hochzonungen" von Aufgaben** hin zu den Kreisen oder staatlichen
Verwaltungsträgern abschirmen könnte, leuchtet ein, welche Schwierigkeiten es den
Verfassungsgerichten – vor allem mit Blick auf in der Realität zu konstatierenden
Wanderungsprozesse und Gemengelagen[69] – bereiten muss, hier zu überzeugenden
Grenzziehungen zu kommen. Nur äußerst selten wurde bislang jedenfalls gesetz-
lichen Bestimmungen wegen einer Verletzung des Kernbereichs gemeindlicher
Selbstverwaltung Verfassungswidrigkeit attestiert[70].

65   gg)   Daher ist es nicht verwunderlich, dass sich in der **Literatur** die Stimmen mehr-
ten, die der traditionellen Dogmatik vorwarfen, sie sei ungeeignet, Diskrepanzen zwischen Verfassungsrecht und Verfassungswirklichkeit zu beseitigen und kommunalen
Substanzverlusten entgegenzuwirken.

---

65   Zurückhaltender diesbezgl. allerdings BVerfGE 56, 298 – „Flugplatz Memmingen"; offenlassend
      VerfGH NRW, NWVBl. 1990, 51 (52).
66   BVerfGE 83, 363 (381) – „Krankenhausfinanzierung".
67   BVerfGE 79, 127 (146) – „Rastede".
68   Vgl aus der Lit. insbes. *Schmidt-Aßmann*, in: FS Sendler, 1991, S. 121 ff; *Schoch*, VerwArch. 81
      (1990), S. 18 ff; *Mann*, BK, Art. 28 Rn 253 ff.
69   Hierzu etwa *Röhl*, BesVerwR, Rn 16.
70   So etwa Nds.StGH, DÖV 1979, 406 zur Organisationshoheit – „Papenburg". Die geringe praktische
      Bedeutung attestierend auch *Schoch*, VerwArch 81 (1990), S. 31 f; *Nierhaus/Engels*, in: Sachs
      (Hrsg.), GG, 8. Aufl. 2018, Art. 28 Rn 66.

– Das sog. **funktionale Selbstverwaltungsverständnis**[71] wollte an die Stelle eigenverantwortlicher gemeindlicher Entscheidungen lediglich eine gesicherte Mitwirkung an höherstufigen Entscheidungsprozessen treten lassen. Dies sind Überlegungen, die bereits mit dem Wortlaut des Art. 28 II 1 GG (**eigenverantwortliche** Regelung **aller** Angelegenheiten der **örtlichen** Gemeinschaft) nicht in Einklang zu bringen sind, geschweige denn mit seiner Ratio. Ein solches Mitwirkungspostulat kann richtigerweise lediglich Ergänzungs-, nicht aber Substitutionsfunktionen erfüllen.

– *J. Burmeister*[72] sah in der kommunalen Selbstverwaltung lediglich ein staatsorganisatorisches Aufbauprinzip und die Gemeinden als unterste Vollzugsinstanz aller staatlichen Aufgaben, ohne dass ihnen eine Kompetenz- bzw Funktionsgarantie zustünde. Schon daraus wird ersichtlich, dass es sich bei seinen Überlegungen, wie auch der Titel der Schrift klarlegt, um eine **verfassungs*theoretische* Neukonzeption** handelt, bei der verfassungs*exegetische* Elemente nur eine Nebenrolle spielen[73].

– Weil sich diese primär in den siebziger Jahren entwickelten Konzeptionen gegenüber der traditionellen Dogmatik aber letztlich nicht haben durchsetzen können, will ein neuer Ansatz von *A. Engels* nunmehr mittels einer **prinzipientheoretischen Betrachtung** zu einer „dogmatischen Rekonstruktion" des kommunalen Selbstverwaltungsrechts kommen[74].

hh)   Neben diesem Kernbereichsschutz tritt das auch bei Eingriffen in die Selbstverwaltungssphäre stets zu beachtende, auf dem Rechtsstaatsprinzip gründende **Übermaßverbot** mit seinen Komponenten der Geeignetheit, Erforderlichkeit und Verhältnismäßigkeit ieS, durch dessen Heranziehung seit Ende der 70er-Jahre die Verfassungsgerichte der Länder sich bemühten, den Rechtsschutz der Kommunen gegen Aufgabenentziehung und organisatorische Einwirkungen zu dynamisieren[75].   **66**

Das Bundesverfassungsgericht hat diese Ansätze in der Sache aufgegriffen und spricht mittlerweile von einem aus Art. 28 II 1 GG zu folgernden, auch außerhalb des Kernbereichs wirkenden verfassungsrechtlichen **Aufgabenverteilungsprinzip**[76] hinsichtlich der Angelegenheiten der örtlichen Gemeinschaft zu Gunsten der Gemeinde, die der zuständigkeitsverteilende Gesetzgeber bei der Wahrnehmung seiner „Gestaltungs- und Abgrenzungsbefugnis"[77] zu berücksichtigen habe; ein Prinzip, das zu Gunsten kreisangehöriger Gemeinden auch gegenüber den Kreisen gelte[78].

Auf die gemeindliche Aufgabenwahrnehmung bezogene inhaltliche Vorgaben bedürfen damit eines rechtfertigenden Grundes, etwa um eine ordnungsgemäße Erledigung sicherzustellen, und müssen beschränkt bleiben „auf dasjenige, was der Gesetzgeber zur Wahrung des jeweiligen Gemeinwohlbelangs für erforderlich halten kann, wobei er angesichts der unterschiedlichen Ausdehnung, Einwohnerzahl und Struktur der Gemeinden typisieren darf und auch im Übrigen einen weiten Einschätzungs- und Beurteilungsspielraum hat"[79].

---

71   Vgl *Roters*, Kommunale Mitwirkung an höherstufigen Entscheidungsprozessen, 1975; *Pappermann*, JuS 1973, 691.
72   *Burmeister*, Verfassungstheoretische Neukonzeption der kommunalen Selbstverwaltung, 1977.
73   Zu diesen Ansätzen im Überblick *Stern*, StaatsR I, 2. Aufl. 1984, S. 424 ff.
74   *Engels*, Die Verfassungsgarantie kommunaler Selbstverwaltung, 2014.
75   Frühe Beispiele: VerfGH NRW, DÖV 1979, 637 m. Anm. *Wagener* – „Datenverarbeitung" und DÖV 1980, 691 m. Anm. *Blümel* – „Dürener Sparkassenstreit".
76   Vgl BVerfGE 107, 1 (22): „Aufgaben- und Verantwortungsverteilungsprinzip".
77   So BVerfGE 86, 148 (229) mit Blick auf die Relevanz der Einnahmen der Gemeindeverbände.
78   Siehe BVerfGE 79, 127 (150) – „Rastede"; kritisch hierzu *Tettinger*, in: FS VerfGH NRW, 2002, S. 461 ff; jüngst BVerwGE 145, 378 (391).
79   So BVerfGE 83, 363 (382 f).

67 Art. 28 II 1 GG gewährt den Gemeinden damit verfassungsrechtlichen **Schutz** gegenüber staatlichen Eingriffen auch, soweit **kommunalinterne** Maßnahmen, etwa Aufgabenverlagerungen auf die Kreisebene, verfügt werden. Leistungsfähige kreisangehörige Gemeinden haben einen verfassungskräftig geschützten Anspruch darauf, dass ihrer Eigenaktivität nicht durch Zugriff oder Vorgriff des Kreises der Boden entzogen wird. Der Gesetzgeber darf den Gemeinden danach eine Aufgabe mit relevantem örtlichen Charakter nur aus Gründen des Gemeininteresses, vor allem also etwa dann entziehen, wenn anders die ordnungsgemäße Aufgabenerfüllung nicht sicherzustellen wäre, und wenn die den Aufgabenentzug tragenden Gründe gegenüber dem aus Art. 28 II 1 GG abgeleiteten verfassungsrechtlichen Aufgabenverteilungsprinzip überwiegen. Die Sätze 1 und 2 des Art. 28 II GG enthalten so zugleich kommunalintern kompetenzverteilende und nach außen hin kompetenzabgrenzende Komponenten[80].

68 ii) Sie entfalten so auch Wirkung im Verhältnis zwischen **Nachbargemeinden**[81].

Wie weit die Gestaltungsmöglichkeiten des Gesetzgebers bei der „Hochzonung" bisheriger Gemeindeaufgaben reichen, ist allerdings im Einzelnen nach wie vor umstritten. BVerwGE 67, 321 ging in Sachen „Rastede" im Wesentlichen noch von einer Gleichrangigkeit von Gemeinden und Gemeindeverbänden aus. Der Gesetzgeber sei daher bei einer kommunalinternen Aufgabenverlagerung lediglich an Gemeinwohl und Übermaßverbot gebunden. Dagegen wurde überwiegend[82] der Gedanke der subsidiären Verbandszuständigkeit vertreten, dh originär sind die Gemeinden für alle örtlichen Aufgaben zuständig. Erst wenn deren Leistungsfähigkeit zur Erfüllung bestimmter Aufgaben nicht mehr ausreicht, dürfen diese Gemeindeverbänden übertragen werden. Für diese Ansicht konnte bereits der Wortlaut des Art. 28 II GG angeführt werden, der den Gemeinden originäre Aufgaben zuweist, während die Gemeindeverbände lediglich über einen abgeleiteten, „gesetzlichen Aufgabenbereich" verfügen. Das BVerfG wies in Sachen „Rastede", wo es um die auf nds. Gesetzgebung beruhende Verlagerung der Aufgabenzuständigkeit für die Beseitigung privater Abfälle von den kreisangehörigen Gemeinden auf die Landkreise ging, trotz des konstatierten Vorrangs der Gemeindeebene vor der Kreisebene die kommunale Verfassungsbeschwerde im Ergebnis zurück, da der Gesetzgeber seine Einschätzungsprärogative hinsichtlich der Bewertung der örtlichen Bezüge der betreffenden Aufgabe und ihres Gewichts in verfassungsrechtlich nicht zu beanstandender Weise genutzt habe. Gründe des Umweltschutzes, der Seuchenabwehr und der Landschaftspflege lassen sich im Spannungsverhältnis zwischen Verwaltungseffizienz und Bürgernähe durchaus für eine Hochzonung der gesamten Abfallentsorgung anführen, weshalb in Nds. die kreisangehörigen Gemeinden dem entsorgungspflichtigen Landkreis lediglich (gegen Kostenerstattung) Verwaltungshilfe leisten, vgl § 6 I NAbfG. Anders in NRW, wo das Einsammeln und Befördern der Abfälle in der Hand der Gemeinden blieb, vgl § 5 VI AbfG NRW.

---

80 BVerfGE 79, 127 (150) und VerfGH NRW, DÖV 1980, 691 („Dürener Sparkassenstreit" – dazu *Mann*, NWVBl. 2002, 85 [89 f] und unten Rn 81 f).

81 Vgl BVerwGE 40, 323 („Krabbenkamp"): Speziell zum aus § 2 II BauGB herzuleitenden, letztlich auf der kommunalen Planungshoheit basierenden sog. interkommunalen Abstimmungsgebot näher OVG NRW, NWVBl. 2000, 314 ff und unten Rn 896, 1032.

82 Siehe insbes. in der Vorinstanz OVG Lüneburg, DÖV 1980, 417 (418); aus der Lit. etwa *Blümel*, VerwArch 75 (1984), 197 ff, 297 ff mwN.

Grafisch lässt sich die Überlegung der Rastede-Entscheidung wie folgt darstellen:

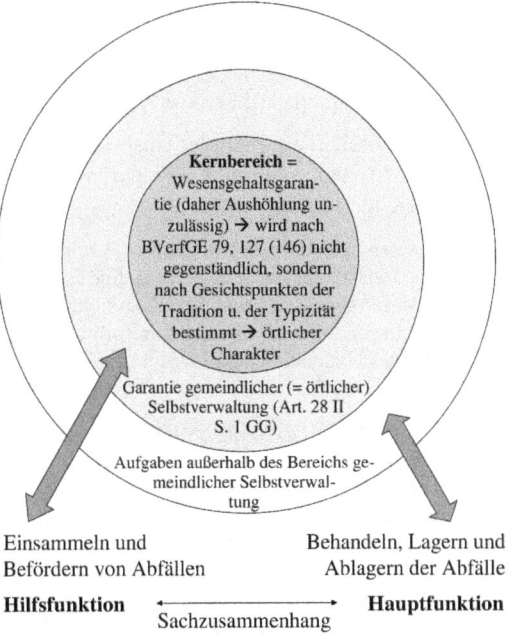

Kernbereich =
Wesensgehaltsgaran-
tie (daher Aushöhlung un-
zulässig) → wird nach
BVerfGE 79, 127 (146) nicht
gegenständlich, sondern
nach Gesichtspunkten der
Tradition u. der Typizität
bestimmt → örtlicher
Charakter

Garantie gemeindlicher (= örtlicher)
Selbstverwaltung (Art. 28 II
S. 1 GG)

Aufgaben außerhalb des Bereichs gemeindlicher Selbstverwal-
tung

Einsammeln und Befördern von Abfällen	Behandeln, Lagern und Ablagern der Abfälle
Hilfsfunktion	**Hauptfunktion**

Sachzusammenhang

Übersicht 2: Die Rastede-Entscheidung

Die verfassungsgerichtliche Kontrolldichte orientiert sich dabei stark an der verwal- **69**
tungsrechtlichen Abwägungsfehlerlehre (u. Rn 1012 ff), wie sie etwa zum Bauplanungsrecht entwickelt wurde. Auf der Grundlage dieser Judikatur des Bundesverfassungsgerichts kommt es für eine verfassungsrechtliche Bewertung jeweils auf die Besonderheiten des betreffenden Aufgabenfeldes, seine Dimensionen und seine Relevanz für staatlicherseits zu schützende Belange unter Würdigung der Einzelheiten der
Reichweite und der Intensität des gesetzgeberischen Eingriffs an[83].

jj) Zur kommunalen Organisationshoheit hat das BVerfG[84] festgestellt, die Selbst- **70**
verwaltungsgarantie umfasse traditionell auch **kommunale Organisationsbefugnis-
se**, allerdings nicht im Sinne eines Prinzips der Eigenorganisation der Gemeinde,
demgegenüber jede staatliche Vorgabe einer spezifischen Rechtfertigung bedürfe.
Dem Gesetzgeber sind freilich bei der Ausgestaltung der gemeindlichen Organisation
in doppelter Hinsicht Grenzen gesetzt:

– die Gewährleistung des Kernbereichs verbietet Regelungen, die eine eigenständige organisatorische Gestaltungsfähigkeit der Kommunen im Ergebnis ersticken
würden.

---

83 *Hoppe*, DVBl. 1995, 186 (187), plädiert ganz in diesem Sinne für eine differenzierte Betrachtung in
Orientierung an bereichsspezifischen Eigenarten, an der Eingriffsintensität und Fundamentalität des
tangierten (Teil-)Rechtsgutes sowie an den betreffenden Entscheidungsstrukturen.
84 BVerfGE 91, 228 (236 ff) – „Gleichstellungsbeauftragte"; Überblick über die Rspr des BVerfG bei
Engels, Verfassungsgarantie, S. 383 ff.

Aber: „Insbesondere die Entscheidung über die äußeren Grundstrukturen der Gemeinde wurde in allen Ländern stets als Sache des Gesetzgebers angesehen. Die Festlegung und Konturierung der Gemeindeverfassungstypen, wie etwa der Magistrats, Bürgermeister, süddeutschen oder norddeutschen Ratsverfassung ... sind ebenso wie die Entscheidung über plebiszitäre Beteiligungsmöglichkeiten der Gemeindebürger vom Kernbereich der kommunalen Selbstverwaltungsgarantie nicht erfasst"[85].

– Im Vorfeld der Kernbereichssicherung hat der Gesetzgeber den Gemeinden einen hinreichenden organisatorischen Spielraum bei der Wahrnehmung der jeweils einzelnen Aufgabenbereiche offen zu halten.

Bei der Bewertung der gesetzlichen Verpflichtung, eine Gleichstellungsbeauftragte zu bestellen, wird etwa darauf verwiesen, es handele sich um eine in sich begrenzte Organisationsmaßnahme, die sich von sonstigen im deutschen Kommunalrecht bekannten Vorgaben wie der Verpflichtung zur Einrichtung eines Rechnungsprüfungsamtes, eines Ausländerbeirats oder zur Bestellung des Hauptausschusses nicht grundlegend unterscheide[86].

71 **Lösungshinweise zu Fall 2 (Rn 45):** Im **Ausgangsfall** ist im Rahmen der Begründetheit zunächst zu prüfen, ob der Kernbereich der Selbstverwaltung der Gemeinde G durch die Regelung des § 5 II GO NRW berührt wird. Angesichts der vorstehend zitierten Rspr des BVerfG, das einen vergleichbaren Fall zur schleswig-holsteinischen Gemeindeordnung zu entscheiden hatte, wird dies zu verneinen sein. Legislativen Maßnahmen sind nichtsdestoweniger insofern zusätzlich Grenzen gesetzt, als – auch im Vorfeld der Kernbereichssicherung – den Gemeinden eine Mitverantwortung für die organisatorische Bewältigung ihrer Aufgaben einzuräumen ist. Auch diese Maßgabe dürfte jedoch durch die Verpflichtung zur Einrichtung der Stelle einer Gleichstellungsbeauftragten nicht verletzt sein. Bezüglich der Modalitäten (Zuordnung im Einzelnen, personelle und sachliche Ausstattung, Einbindung in die Arbeit der entscheidungsbefugten Stellen der Gemeindeverwaltung) verbleibt – so das BVerfG – ein hinreichender organisatorischer Spielraum.

Bei einer kleinen kreisangehörigen Gemeinde mit weniger als 20 000 Einwohnern stellt sich insbesondere die vom Nds.StGH (DÖV 1996, 657) unter dem Blickwinkel des Verhältnismäßigkeitsprinzips erörterte Frage nach der Notwendigkeit einer Ausnahmeregelung. Die in § 5 II GO NRW normierte Pflicht zur Bestellung hauptamtlicher Gleichstellungsbeauftragter beschränkt sich aber auf den Ausschluss einer ehrenamtlichen Aufgabenwahrnehmung, ohne zugleich Vorgaben in Bezug auf den Tätigkeitsumfang der hauptamtlichen Gleichstellungsbeauftragten zu machen. Insbesondere setzt das Erfordernis der Hauptamtlichkeit nicht voraus, dass das Amt der Gleichstellungsbeauftragten mit mindestens 50% der regelmäßigen Arbeitszeit ausgefüllt wird. Eine solche Regelung wahrt die Grenzen, die das Übermaßverbot einer staatlichen Reglementierung der kommunalen Organisationshoheit zieht.[87]

c) Überbürdung von Aufgaben auf alle Gemeinden

72 Spürbare Eingriffe in die kommunale Selbstverwaltung können aber nicht nur durch Aufgabenentzug oder durch Vorgaben zur Art und Weise der Aufgabenerfüllung erfolgen, sondern mittelbar auch durch **Übertragung zusätzlicher Aufgaben**, welche

---

85 BVerfGE 91, 228 (239).
86 BVerfGE 91, 228 (242).
87 So VerfGH NRW, NWVBl. 2002, 101.

die kommunalen Ressourcen in erheblichem Maße beanspruchen und dadurch die Kapazitäten zur Wahrnehmung der Selbstverwaltungsaufgaben schmälern[88].

Inzwischen sind die negativen finanziellen Folgen der Zuweisung staatlicher Aufgaben an die Kommunen durch die Aufnahme sog. **Konnexitätsklauseln** im Landesverfassungsrecht[89] abgefedert worden, die festlegen, dass bei der Zuweisung neuer Aufgaben durch Landesrecht immer auch Bestimmungen über die Deckung der Kosten zu treffen sind (sog. relatives Konnexitätsprinzip) und eine eventuelle Mehrbelastung der Kommunen auszugleichen ist (sog. striktes Konnexitätsprinzip)[90]. Darüber hinaus ist durch Art. 84 I 7 und Art. 85 I 2 GG, die bestimmen, dass Gemeinden und Gemeindeverbänden durch Bundesgesetz keine Aufgaben übertragen werden dürfen, eine zu Lasten der Kommunen bis 2006 noch offene Lücke geschlossen worden[91].

d) Belastungen einzelner Gemeinden

Soweit gesetzliche Regelungen nicht die gesamte gemeindliche Ebene umgreifen, **73** sondern belastende Wirkungen nur punktuell für einzelne Gemeinden zeigen, wird man kaum eine Verletzung des Kernbereichs der kommunalen Selbstverwaltung in Erwägung ziehen können. Hier steht die Überlegung im Vordergrund, ob der Normgeber dem **Übermaßverbot** in hinreichender Weise Rechnung getragen hat, was sich nur auf der Basis einer Güterabwägung zwischen den gemeindlichen und schutzwürdigen überörtlichen Interessen ermitteln lässt[92].

e) Aufgabe von Selbstverwaltungsspielräumen

Mit der Gewährleistung genuiner Rechte zur Regelung von Angelegenheiten der ört- **74** lichen Gemeinschaft durch Art. 28 II 1 GG geht gleichzeitig die Pflicht der Gemeinde einher, sich nicht völlig der damit verbundenen Selbstverwaltungsspielräume zu begeben. Zu weitgehend stellte das BVerwG aber in seinem Urteil zum Offenbacher Weihnachtsmarkt fest, dass es mit der verfassungsrechtlichen Garantie der kommunalen Selbstverwaltung nicht vereinbar sei, einen kulturell, sozial und traditionsmäßig bedeutsamen Weihnachtsmarkt, der bisher in alleiniger kommunaler Verantwortung betrieben wurde, materiell zu privatisieren, da der Gemeinde auch die grundsätzliche **Pflicht der Sicherung und Wahrung ihres Aufgabenkreises** obliege[93]. Der Ansicht des BVerwG[94], ist nicht zu folgen. Sie deutet das Selbstverwaltungs*recht* der Gemeinden zu einer Selbstverwaltungs*pflicht* um und vermischt die Grenze von freiwilligen und pflichtigen Selbstverwaltungsaufgaben[95].

---

88 BVerfGE 119, 331 (Rn 116); 137, 108 (178 f); VerfGH NRW, NWVBl. 1993, 7; VerfG S-Anh., NVwZ-RR 1999, 393 (396); VerfGH Rh.Pf., DÖV 2001, 601 (602); VerfG Brandenb., LKV 2002, 323 (324); sächs. VerfGH, LKV 2001, 223 (224); *Ritgen*, NdsVBl. 2008, 185 (189 f).
89 Vgl etwa Art. 71 III bd.wtt.Verf., Art. 83 III bay.Verf., Art. 72 III m.v.Verf., Art. 57 IV nds.Verf., Art. 78 III nrw.Verf.
90 Vgl im Überblick *Mückel*, in: H/P/W, KommFin, § 3 Rn 55 ff; zum strikten Konnexitätsprinzip am Beispiel der bay.Verf. *Zieglmeier*, NVwZ 2008, 270 ff; s. auch unten Rn 97.
91 Zu den noch offenen Fragen *Henneke*, DVBl. 2006, 867 ff; *Engels*, Verfassungsgarantie, S. 346 ff.
92 Siehe dazu BVerfGE 56, 298 (319, 323) – „Flughafen Memmingen".
93 BVerwG, NVwZ 2009, 1305 ff.
94 BVerwG, NVwZ 2009, 1305 ff.
95 Ausführliche Kritik bei *Mann*, BK Art. 28 Rn 190; *Kahl/Weißenberger*, LKRZ 2010, 81 ff; *Schoch*, DVBl. 2009, 1533 ff und *Engels*, Verfassungsgarantie, S. 480 ff; moderater *Winkler*, JZ 2009, 1167; vgl auch *Katz*, NVwZ 2010, 405 ff.

2. Institutionelle Garantie der gemeindeverbandlichen Selbstverwaltung (Art. 28 II 2 GG)

75 Indem das Grundgesetz in Art. 28 II 2 GG **auch** den **Gemeindeverbänden** nach Maßgabe der Gesetze das **Recht der Selbstverwaltung** zuerkennt, bringt es zum Ausdruck, dass die diesbezüglich vorstehend in Bezug auf die gemeindliche Ebene gefundenen Auslegungsergebnisse zugleich für die Gemeindeverbände gelten (BVerfGE 83, 363 [383]: „das gleiche Recht der Selbstverwaltung"), also auch insofern eine institutionelle Garantie zu bejahen ist. Allerdings ist der **Aufgabenkreis** der Gemeindeverbände („im Rahmen ihres *gesetzlichen* Aufgabenbereiches") kein universeller im Sinne einer Allzuständigkeit, sondern **ein gesetzlich geformter.** Zwar muss der Gesetzgeber den Gemeindeverbänden einen hinreichenden Bestand nicht nur staatlicher, sondern kreiskommunaler Aufgaben zuweisen und dabei auch dem Selbstverwaltungsgedanken in angemessener Weise Rechnung tragen[96]. Ihm kommt auf dieser Ebene aber hinsichtlich der Einzelheiten des Aufgabenprogramms ein Gestaltungsspielraum zu. Dieser Gestaltungsspielraum bei der Regelung des Aufgabenbereichs der Kreise findet erst dort Grenzen, wo die verfassungsrechtliche Gewährleistung des Selbstverwaltungsrechts der Kreise entwertet würde. Der Gesetzgeber darf diese Gewährleistung nicht unterlaufen, indem er den Kreisen keine Aufgaben mehr zuweist, die in der von der Verfassung selbst gewährten Eigenverantwortlichkeit wahrgenommen werden könnten. Er muss deshalb einen Mindestbestand an Aufgaben zuweisen, die die Kreise unter vollkommener Ausschöpfung der auch ihnen gewährten Eigenverantwortlichkeit erledigen können[97].

76 Ganz in diesem Sinne hat das Landesverfassungsgericht Mecklenburg-Vorpommern 2007 in seinem ersten Urteil betreffend die **Kreisgebietsreform in Mecklenburg-Vorpommern**, bei der im Wege einer regionalen Maßstabsvergrößerung zwölf Landkreise und sechs kreisfreie Städte zu fünf „Regionalkreisen" zusammengeschlossen werden sollten, herausgearbeitet, dass das auch in den Kreisen geltende Verfassungsprinzip einer „Demokratie von unten nach oben" betroffen sei, wenn der Aufgabenbestand der Regionalkreise von staatlichen Aufgaben dominiert werde, während die daneben bestehende Selbstverwaltung in einer Region von bis zu 70 000 km² kaum noch nach dem bürgerschaftlich-demokratischen Prinzip der Überschaubarkeit erfolgen könne. Kreise müssten in der Fläche so gestaltet sein, dass es ihren Bürgern typisch möglich sei, nachhaltig und zumutbar ehrenamtliche Tätigkeit im Kreistag und seinen Ausschüssen zu entfalten[98]. Die nach den Maßgaben des Verfassungsgerichts nachgebesserte Kreisgebietsreform, die sechs Kreise und nur noch zwei kreisfreie Städte (Rostock, Schwerin) vorsieht, hat das Gericht im Jahr 2011 mit 4:3 Richterstimmen dann als verfassungsgemäß angesehen.[99]

Daran anknüpfend hat das Landesverfassungsgericht in Sachsen-Anhalt sich ebenfalls näher zum **Prinzip der Überschaubarkeit** geäußert, im zu entscheidenden Fall aber andersherum der Leistungsfähigkeit der kommunalen Einheit einen Vorrang vor dem Prinzip der örtlichen Verbundenheit eingeräumt: Zwar komme dem Bestand eigenständiger örtlicher Gemeinschaft

---

96   Vgl *Brüning*, Jura 2015, 592 (601 ff); *Pielow/Groneberg*, JuS 2014, 794 ff.
97   BVerfGE 119, 331 (Rn 116) – „Hartz IV Arbeitsgemeinschaften"; BVerfG, NVwZ 2015, 136 (149) – „Optionskommunen"; s. auch u. Rn 216.
98   Vgl LVerfG M.V., DVBl. 2007, 1102 (1104, 1109): „Für gute kommunale Selbstverwaltung ist neben rationeller Aufgabenerfüllung von Verfassungs wegen die bürgerschaftlich-demokratische Entscheidungsfindung ein Wesensmerkmal."
99   LVerfG M.V., DÖV 2011, 898.

ein Wert von hohem verfassungsrechtlichen Rang zu, doch schließe es allein die Größe des neu gebildeten Gemeindegebiets (hier 632 km²) nicht aus, dass eine örtliche Verbundenheit mit den verschiedenen Ortsteilen zumindest hergestellt und damit dem Gebot der Überschaulichkeit Rechnung getragen werden könne. Entscheidend sei, „ob die verschiedenen neuen Gemeindeteile verkehrsmäßig in zumutbarer Weise an die übrigen Gemeinden angeschlossen sind oder angeschlossen werden können, die Gemeindeverwaltung mit ihrer Tätigkeit alle Teilgebiete gleichmäßig erfassen und betreuen kann und die Bewohner aller Teilgebiete sich in gleicher Weise an den gemeindlichen Aktivitäten beteiligen können".[100]

Art. 28 II 2 GG garantiert vom Wortlaut her keine bestimmte Kategorie von Gemeindeverbänden. Wenngleich die **Kreise**[101] in Art. 28 I 2 GG erwähnt sind, so verzichtet Art. 28 II 2 GG doch auf ihre ausdrückliche Benennung. Unbeschadet dessen wird man jedoch davon auszugehen haben, dass die institutionelle Rechtssubjektsgarantie des Gemeindeverbandes eine Organisationsform voraussetzt, deren tragende Elemente der herkömmlichen Kreisorganisation (dazu unten Rn 175 ff) sehr nahe kommen[102]. Das Bundesverfassungsgericht hat sich bislang nicht festgelegt, sondern nur festgestellt, dass zu den Gemeindeverbänden iSv Art. 28 II 2 GG „jedenfalls die Kreise gehören"[103]. **77**

Die Selbstverwaltungsgarantie weist den Kreisen auch die Wahrnehmung der unter Rn 55 geschilderten Gemeindehoheiten auf der Gemeindeverbandsebene zu. In Ansehung der Finanzhoheit wird so etwa in der Festsetzung des Umlagesatzes der sog. Kreisumlage (dazu oben Rn 23 u. unten Rn 343) eine Selbstverwaltungsangelegenheit gesehen[104].

Üblicherweise unterscheidet man bei den von den „lokal-örtlichen" Aufgaben der kreisangehörigen Gemeinden zu separierenden „regional-örtlichen" Kreisaufgaben zwischen drei Gruppen (s. auch Rn 22)[105]: Die substanziell **überörtlichen Aufgaben** sind solche, die von der Sache her über das Gebiet einer einzelnen Gemeinde hinausgehen und Auswirkungen für mehrere kreisangehörige Gemeinden haben (zB Standortmarketing für den gesamten Kreis). Daneben nehmen die Kreise sog. **Ergänzungsaufgaben** wahr. Hierbei handelt es sich um Aufgaben, die der Kreis zur Minderung eines Leistungsgefälles zwischen starken und schwachen kreisangehörigen Gemeinden gleichsam stellvertretend für einige kreisangehörige Gemeinden wahrnimmt, wenn sie deren Leistungskraft übersteigen (zB Betrieb von Volkshochschulen). Als sog. **Ausgleichsaufgaben** übernimmt der Kreis schließlich logistische oder beratende Unterstützungsmaßnahmen für die Aufgabenerledigung auf der Ebene der kreisangehörigen Gemeinden, zB im Bereich der Rechtsberatung[106].

---

100 LVerfG LSA, NVwZ-RR 2014, 289 ff.
101 Anders – unter Berufung auf den Wortlaut des Art. 28 I 2 GG – eine verbreitete Auffassung in der Lit.; vgl *Löwer*, in: v.Münch/Kunig, GG-Komm., Bd. 1, 6. Aufl. 2012, Art. 28 Rn 93 ff; *Henneke*, DÖV 2002, 463 (465); *Meyer*, in: HKWP³, § 25 Rn 12. Wie hier vorsichtiger bereits *Köttgen*, HKWP I (1956), S. 191 und jetzt auch *Burgi*, KommR, § 20 Rn 12; s. auch *Pielow/Groneberg*, JuS 2014, 794 (796).
102 Vgl im Einzelnen *Maurer*, in: Schoch (Hrsg.), Selbstverwaltung der Kreise in Deutschland, 1996, S. 20 ff; *Stern*, NWVBl. 1997, 361 ff.
103 So BVerfGE 83, 363 (383).
104 VerfGH NRW, NWVBl. 1996, 426 (427).
105 Vgl näher etwa *Röhl*, BesVerwR, Rn 140 ff; *Meyer*, in: HKWP³, § 25 Rn 16 ff; ferner auch BVerfGE 58, 177 (196); 79, 127 (152).
106 Zu diesem Beispiel vgl BGH, DVBl. 2000, 1204.

3. Repräsentative Demokratie auf kommunaler Ebene (Art. 28 I 2 GG)

78 Gemäß Art. 28 I 2 GG muss das Volk[107] nicht nur in den Ländern, sondern auch in den Kreisen und Gemeinden eine **Vertretung** haben, die **aus allgemeinen, unmittelbaren, freien, gleichen und geheimen Wahlen hervorgegangen** ist. Damit sind die für den Bundestag (Art. 38 I 1 GG) geltenden Wahlrechtsgrundsätze im Sinne der repräsentativen Demokratie auch für Wahlen in Gemeinden und Landkreisen maßgeblich[108].

Freie Wahl bedeutet dabei auch: Verbot eines parteiergreifenden Hineinwirkens in den Wahlkampf von Amtsträgern in amtlicher Eigenschaft (s. auch Rn 134)[109].

Im Zusammenhang mit der Ungültigkeitserklärung einer Oberbürgermeisterwahl hat das BVerwG vermerkt: „Der Grundsatz der Freiheit der Wahl, wie er in Art. 28 I 2 GG auch für Kommunalwahlen verbindlich normiert ist, setzt auch voraus, dass sich der Wähler über Ziele und Verhalten der Wahlbewerber frei von Manipulationen informieren kann. Er schützt deshalb den Wähler vor Beeinflussungen, die geeignet sind, seine Entscheidungsfreiheit trotz des bestehenden Wahlgeheimnisses ernstlich zu beeinträchtigen … Zu diesen Beeinflussungen gehören auch Täuschungen und Desinformation, weil zu diesen Formen des Vorenthaltens von Wahrheit keine hinlängliche Möglichkeit der Abwehr, zB mit Hilfe der Gerichte, oder des Ausgleichs, etwa mit Mitteln des Wahlwettbewerbs, besteht … Sie stellen eine erhebliche Verletzung der Freiheit und Gleichheit der Wahlen dar. Die Integrität der Wählerwillensbildung ist betroffen, wenn amtliche Stellen das ihnen obliegende Wahrheitsgebot nicht einhalten"[110].

79 Der **Grundsatz der gleichen Wahl** gilt gleichermaßen für das aktive wie für das passive Wahlrecht[111]. Er besagt, dass jedermann sein Wahlrecht in formal möglichst gleicher Weise ausüben können soll. Differenzierungen – wie etwa die Statuierung von Wählbarkeitshindernissen aus Gründen der Abwehr abstrakter Interessenkollisionen gemäß der Ermächtigung des Art. 137 I GG[112] – bedürfen stets eines zwingenden Grundes[113].

Der Grundsatz der Wahlrechtsgleichheit lässt die landesgesetzliche Statuierung resp. Aufrechterhaltung einer **5%-Sperrklausel** auch für kommunale Vertretungen nur bei nachvollziehbarer Begründung (zu erwartende Gefährdung der Funktionsfähigkeit; s.

---

107 Zu diesem Verfassungsbegriff näher unten Rn 101.
108 Vgl dazu BVerfGE 47, 253 (272); 52, 95 (112); BayVerfGH, DÖV 1997, 1044 – „kommunaler Bürgerentscheid"; zur direkten Demokratie auf kommunaler Ebene *Paus/Schmidt*, JA 2012, 48 ff und unten Rn 107 ff.
109 Vgl BVerwGE 104, 323 ff; 118, 101 ff; OVG NRW, NWVBl. 1989, 16; OVG Rh.Pf., DÖV 2001, 830; BayVGH, NVwZ-RR 2004, 440.
110 BVerwGE 118, 101 (106) unter Bezugnahme auf BVerfGE 103, 111 (132).
111 Das objektivrechtliche Verfassungsgebot des Art. 28 I 2 GG vermittelt aber keine rügefähige subjektive Rechtsposition, BVerfG, NVwZ 2009, 776. Die Rügefähigkeit der Wahlrechtsgrundsätze des Art. 28 I 2 GG mittels Verfassungsbeschwerde bei Verletzungen der Gleichheit der Wahl hat das BVerfG bereits 1998 aufgegeben, vgl BVerfGE 99, 1 (8 ff).
112 Vgl insoweit etwa die in § 25 m.v.KVerf., § 50 NKomVG oder § 13 KWahlG NRW enthaltenen Regelungen; s. auch Rn 100. Zu verfassungsrechtlichen Bedenken hins. der Rechtslage in Nds. s. *Mann/Bellroth*, NdsVBl 2018, 289 ff. Zur Anwendbarkeit des Art. 137 I GG auf Beamte und Angestellte in kommunalen Unternehmen s. *Mann*, Die öffentlich-rechtliche Gesellschaft, 2002, S. 69 ff.
113 Vgl BVerfGE 93, 373 und S.Anh.VerfG, NVwZ-RR 1995, 464 ff zu verwandtschaftlichen Beziehungen; BVerwG, NVwZ 2003, 90 zu Teilzeitangestellten; Bd.Wtt.VGH, DVBl. 2001, 825 zum Chefarzt eines Kreiskrankenhauses.

unten Rn 134) zu[114], wenngleich deren Wegfall in mittlerweile fast allen Ländern zeigt, dass für eine solche Klausel in der Praxis keine Notwendigkeit mehr besteht[115].

Als **Petitionsadressat** iSv Art. 17 GG wird auch der Gemeinderat angesehen, sodass   **80** jedermann und damit auch einem im Ausland lebenden, dorthin von der Ausländerbehörde abgeschobenen Ausländer das Recht zustünde, sich mit einer Petition an ihn zu wenden[116].

Unbeschadet dessen ist aber der **Gemeinderat** als unmittelbar demokratisch legitimiertes Organ einer Selbstverwaltungskörperschaft **kein Parlament** im staatsorganisationsrechtlichen Sinne (siehe insoweit deutlich Art. 3 I u. II Verf. NRW). Die Stellung der kommunalen Vertretung kennzeichnete das BVerwG prägnant wie folgt:

„Die Gemeindevertretung ist kein Parlament, sondern Organ einer Selbstverwaltungskörperschaft (vgl BVerfGE 78, 344 [348]); damit ist die Rechtsetzungstätigkeit der Gemeinden trotz eines gewissen legislatorischen Charakters im System der staatlichen Gewaltenteilung dem Bereich der Verwaltung und nicht dem der Gesetzgebung zuzuordnen (vgl BVerfGE 65, 283 [289])"[117].

Nach Art. 28 I 4 GG kann an die Stelle einer gewählten Körperschaft im Falle entsprechender gesetzlicher Regelungen die **Gemeindeversammlung** treten[118]. Soweit diese Normierung überhaupt in Anspruch genommen wurde – dies liegt im gesetzlichen Ermessen der Länder – ist sie nur in Kleinstgemeinden ausgestaltet worden[119].

Aus dem in Art. 20 II, 28 I 1 GG und den Landesverfassungen verankerten Demokra-   **81** tieprinzip wird allgemein abgeleitet, dass für jeden Amtsträger, der Staatsgewalt ausübt, eine persönliche **demokratische Legitimation** erforderlich ist, die durch eine vom Volk oder von seiner gewählten Vertretung ausgehende ununterbrochene Legitimationskette vermittelt wird[120].

Daher ist es im kommunalen Bereich gleichfalls geboten, dass die Ausübung hoheitlicher Befugnisse iSv Art. 20 II GG, auch auf dem Sektor der **Leistungsverwaltung**, nicht durch Träger ohne ausreichende demokratische Legitimation durch das Gemeindevolk (dazu noch unten Rn 101) geschieht, weshalb das Bundesverfassungsgericht angesichts des gesetzlich zugewiesenen Aufgabenbereichs der Bezirksvertretungen in NRW entsprechende Monita erhob[121].

---

114 Strenge Anforderungen bei BVerfGE 120, 82 (90 ff): Beeinträchtigung der Funktionsfähigkeit muss „mit einiger Wahrscheinlichkeit" zu erwarten sein; dazu *Theis*, KommJur 2010, 168 ff; zur Nichtigkeit der 5%-Klausel in Thüringen vgl Thür.VerfGH, KommJur 2008, 258 ff; Zur Verfassungswidrigkeit einer 2,5%-Klausel in NRW s. VerfGH NRW, KommJur 2018, 18; Übungsklausur zur 5%-Klausel bei *Greve/Schärdel*, JuS 2009, 531 ff.

115 Ausführlich zu diesem Komplex *H. Meyer*, in: HKWP³, § 20 Rn 70 ff mwN.

116 Vgl *Pagenkopf*, in: Sachs, GG, Art. 17 Rn 10 mwN. Klarstellend für Anregungen und Beschwerden an den Rat Art. 56 III bay.GO, §§ 34 f NKomVG und § 24 I 1 GO NRW.

117 BVerwGE 90, 359 (362); s. auch BVerfG, NVwZ 2008, 407 (411).

118 Keine Gemeindeversammlung in diesem Sinne sind die Bürgerversammlung nach Art. 18 IV 1 bay.GO, 22 IV 1 sächs.GO, da diesen Gremien nur ein Mitberatungsrecht zukommt und ihre Empfehlungen von der Kommunalvertretung lediglich zu behandeln sind; s. VG Würzburg, BeckRS 2014, 49437; *Ehlers*, in: HKWP³, § 21 Rn 4.

119 Vgl zB § 54 S. 1 schl.h.GO für Gemeinden mit bis zu 70 Einwohnerinnen und Einwohner.

120 Vgl BVerfGE 38, 258 ff – „schl.h. Magistratsverfassung"; 47, 253 ff – „Bezirksverfassung NRW" u. 93, 37 ff – „Mitbestimmung der Personalräte in Schl.H."; Berl.VerfGH, DVBl. 2000, 51 ff – „Berliner Wasserbetriebe".

121 BVerfGE 47, 253 (274); s. auch grundsätzlich *v.Arnim*, AöR 113 (1988), S. 1 ff.

Der VerfGH NRW zog hieraus den Schluss, es verstoße gegen Art. 78 I LVerf in Verbindung mit dem Demokratieprinzip, wenn den Verwaltungsräten kommunaler Sparkassen (zu ihnen unten Rn 330 f) auf Grund eines entsprechenden Mitbestimmungsgesetzes[122] von den Dienstkräften der Sparkasse unmittelbar gewählte Mitglieder angehörten[123], wie dies auch immer noch in den Sparkassengesetzen anderer Länder vorgesehen ist[124]. § 12 II 1 SpkG NRW schreibt nunmehr vor, dass die Dienstkräfte der Sparkasse, die als Mitglieder des Verwaltungsrates fungieren, von der Vertretung des Gewährträgers aus einem Vorschlag der Personalversammlung der Sparkasse gewählt werden.

82 Bedienstetenvertretungen oder Personalversammlungen können in der Tat selbst demokratische Legitimation nicht vermitteln, da sie weder Volk noch eine vom Volk legitimierte Vertretung sind. Bei Entscheidungen von Bedeutung für die Erfüllung des Amtsauftrages eines Hoheitsträgers muss nach der Rspr jedenfalls die Letztentscheidung eines dem Parlament verantwortlichen Verwaltungsträgers gesichert sein – „Verantwortungsgrenze" als neben der „Schutzzweckgrenze" Mitbestimmungsregelungen eingrenzende Vorgabe[125].

Die Literaturmeinung, die das Gebot persönlicher demokratischer Legitimation nur in Orientierung am jeweiligen Funktionsbereich zur Geltung bringen will[126], hat sich letztlich nicht durchsetzen können[127], wenngleich das BVerfG zumindest für den Bereich der funktionalen Selbstverwaltung eine Abweichung vom Gebot der lückenlosen personellen demokratischen Legitimation konzediert hat[128].

83 Für das Amt der Gleichstellungsbeauftragten konstatierte das BVerfG ein niedrigeres „Legitimationsniveau" als typischerweise sonst in der Verwaltung, sah darin jedoch letztlich keinen Verstoß gegen das Demokratieprinzip, da diesem Amt keine eigenen Sachentscheidungsbefugnisse zukämen, es vielmehr „allein durch die Kraft des Arguments" zur Wirksamkeit gelange[129].

4. Kommunale Verfassungsbeschwerde (Art. 93 I Nr 4b GG)

84 **Verletzungen** des Rechts auf Selbstverwaltung gemäß Art. 28 GG **durch gesetzliche Regelungen** können Gemeinden und Gemeindeverbände im Wege der kommunalen Verfassungsbeschwerde beim Bundesverfassungsgericht rügen. Dieses Rechtsschutzinstrument[130] ist in Art. 93 I Nr 4b GG und §§ 13 Nr 8a, 91 ff BVerfGG verankert.

---

122 Art. III des Mitbestimmungs-ArtikelG NRW v. 26.6.1984 (GVBl. S. 362).
123 VerfGH NRW, DVBl. 1986, 1196 ff (mit zust. Anm. *Püttner*); vgl auch allg. VerfGH Rh.Pf., DVBl. 1994, 1059 ff; ausführlich zur Mitbestimmung in öffentlich-rechtlich organisierten Unternehmen *Mann*, ZögU 22 (1999), S. 17 ff und zur Mitbestimmung in kommunalen Unternehmen mit privatrechtlicher Rechtsform *Mann*, Die öffentlich-rechtliche Gesellschaft, 2002, S. 258 ff.
124 Vgl etwa §§ 13 II, 16 bd.wtt.SpG; § 10 I Nr 4 brem.SpkG; § 11 I 2 Nr 3 nds.SpkG iVm §§ 109, 110 nds.PersVG; §§ 8 II Nr 3, 10 II saarl.SpkG; §§ 8 II Nr 3, 10 II s.anh.SpkG; §§ 9 I Nr 3, 11 II thür.SpkG.
125 So BVerfGE 93, 37 (70).
126 *Tettinger*, Mitbestimmung in der Sparkasse und verfassungsrechtliches Demokratiegebot, 1986.
127 Vgl etwa *Jestaedt*, Demokratieprinzip und Kondominialverwaltung, 1993, S. 230 ff; *R. Schmidt*, Mitbestimmungsvereinbarungen in öff. Unternehmen, in: FS Knöpfle, 1996, S. 303 ff mwN.
128 Vgl BVerfGE 107, 59 (87 ff); eingehend hierzu *Tettinger/Mann und Salzwedel*, Wasserverbände und demokratische Legitimation, 2000.
129 BVerfGE 91, 228 (244).
130 Seine Kennzeichnung als Normenkontrolle mit gegenständlich beschränktem Antragsrecht (*Stern*, BK, Art. 93 Rn 776) erscheint unbeschadet der Terminologie in Art. 93 I Nr 4b GG („Verfassungsbeschwerde") treffender; so auch *Burgi*, KommR, § 9 Rn 3.

Die Separierung von Individualverfassungsbeschwerde des Bürgers und kommunaler Verfassungsbeschwerde ist übrigens ein weiteres Indiz dafür, dass die Selbstverwaltungsgarantie für die Kommunen nicht ein Grundrecht darstellt (so noch § 184 Paulskirchenverf. 1849), sondern die Gewährleistung einer öffentlich-rechtlichen Funktionsebene, für die nur in ähnlicher Weise eine subjektive Rechtsschutzmöglichkeit eröffnet werden sollte (s. oben Rn 49).

Bei der Würdigung dieses Instrumentariums kommunalen Rechtsschutzes sind die Fragen der verfassungsgerichtlichen Kontrolleröffnung (dazu Rn 86), der verfassungsrechtlichen Kontrollmaßstäbe (dazu Rn 89) und der verfassungsgerichtlichen Kontrolldichte (dazu bereits oben Rn 50 ff) von Belang.   **85**

Die **Zulässigkeit** einer solchen **kommunalen Verfassungsbeschwerde** (Art. 93 I Nr 4b GG iVm §§ 13 Nr 8a, 91 BVerfGG)[131] setzt zunächst die Behauptung voraus, durch ein Gesetz des Bundes oder des Landes in Rechten aus Art. 28 GG verletzt zu sein.   **86**

Einbezogen sind hier nicht nur förmliche Gesetze, Rechtsverordnungen[132] und Satzungen, sondern auch Gewohnheitsrecht[133] sowie Schutzflächenausweisungen eines Gebietsentwicklungsplans[134], nicht aber gerichtliche Entscheidungen[135] sowie – vor den Verwaltungsgerichten angreifbare – Ministerialerlasse[136]. – Eine Untätigkeit des Gesetzgebers ist mit der kommunalen Verfassungsbeschwerde nicht angreifbar[137].

Für diese Beschwerdebefugnis gilt:

„Das Erfordernis, dass die Verfassungsbeschwerde wegen einer Verletzung des Art. 28 II GG erhoben sein muss, setzt voraus, dass mit der Verfassungsbeschwerde ein Sachverhalt dargetan wird, auf Grund dessen der Schutzbereich des Art. 28 II GG betroffen sein könnte"[138].

Nach Auflösung einer Gemeinde im Wege gesetzlicher Neugliederung bleibt sie für die gegen diese Maßnahme gerichtete Verfassungsbeschwerde beschwerdebefugt und parteifähig[139].

Die Einlegungsfrist beträgt gemäß § 93 III BVerfGG ein Jahr seit In-Kraft-Treten des Gesetzes.

Die Verfassungsbeschwerde zum Bundesverfassungsgericht ist bei **Landesgesetzen** ausgeschlossen, soweit eine Beschwerde wegen Verletzung des Rechts auf Selbstverwaltung gemäß Landesrecht beim Landesverfassungsgericht erhoben werden kann (Art. 93 I Nr 4b GG, § 91 S. 2 BVerfGG)[140]. Dieser Subsidiaritätsgrundsatz greift al-   **87**

---

131 Ausführlich zur Prüfung einer Kommunalverfassungsbeschwerde in der Klausur s. *Rennert*, JuS 2008, 29 ff; Grundfälle hierzu bei *Starke*, JuS 2008, 319 ff.
132 Dazu BVerfGE 26, 228 (236); 107, 1 (9).
133 VerfGH NRW, DVBl. 1982, 1043.
134 Vgl VerfGH NRW, NWVBl. 1993, 170 mwN.
135 BVerfG, NVwZ 2016, 1630 (1631).
136 VerfGH NRW, NWVBl. 1994, 265.
137 Vgl VerfGH NRW, NWVBl. 2000, 335.
138 BVerfG(K), NVwZ 1987, 123; vgl auch VerfGH NRW, NWVBl. 1992, 242 zu den Anforderungen an die Substantiierung des Sachvortrages.
139 StRspr. seit BVerfGE 3, 267 (279 f).
140 Das ist – unter teilw. abweichender Bezeichnung und unterschiedlichen Voraussetzungen – möglich in: Baden-Württemberg (Art. 76 bd.wtt.Verf. iVm § 8 I Nr 8 bd.wtt.StaatsGHG), Bayern (Art. 98 S. 4 bay.Verf. iVm Art. 2 Nr 7, 55 bay.VerfGHG), Brandenburg (Art. 100 bbg.Verf. iVm §§ 12 Nr 5, 51 bbg.VerfGG), Bremen (Art. 140 brem.Verf. iVm §§ 10 Nr 2, 24 brem.StaatsGHG), Hessen (Art. 131 I, II hess.Verf. iVm §§ 15 Nr 5, 46, 43 ff StGHG, Mecklenburg-Vorpommern (Art. 53 Nr 8

lerdings nicht, wenn die landesverfassungsrechtliche Garantie der kommunalen Selbstverwaltung hinter dem materiellen Gewährleistungsniveau des Art. 28 Abs. 2 GG zurückbleibt, was beispielsweise der Fall ist, wenn das Landesverfassungsrecht die Eigenverantwortlichkeit der gemeindlichen Aufgabenerfüllung oder die Eigenständigkeit der Gemeinden gegenüber den Landkreisen negiert.[141]

Wenn Länder Landesverfassungsgerichte mit entsprechenden Kompetenzen eingerichtet haben, ist die Wahrung des Selbstverwaltungsrechts der Gemeinden damit ihnen anvertraut. Die Gemeinden sind mithin auf das Verfahrensrecht des Landes ebenso wie auf die Auslegung des in der jeweiligen Landesverfassung garantierten Selbstverwaltungsrechts und die sich aus der Landesverfassung ergebenden Prüfungsmaßstäbe verwiesen (s. aber Rn 47 mit Fn 5). In Rh.Pf. etwa kann die Kommunalverfassungsbeschwerde im Unterschied zur bundesrechtlichen Regelung nicht nur gegen Rechtssätze, sondern auch gegen andere Akte der öffentlichen Gewalt des Landes erhoben werden[142].

88   Das BVerfG entscheidet über kommunale Verfassungsbeschwerden gegen eine landesrechtliche Rechtsverordnung, wenn das Landesverfassungsgericht seine Prüfung auf formelle Landesgesetze beschränkt[143].

Im **Ausgangsfall** war daher richtigerweise nicht das BVerfG, sondern der VerfGH NRW angerufen worden. Die Beschwerdebefugnis der Gemeinde G ergab sich aus einer möglichen Verletzung der gemeindlichen Organisationshoheit; wohingegen weder die Finanz- noch die Personalhoheit (unter Zugrundelegung des in Rn 55 f skizzierten Begriffsverständnisses) tangiert war[144].

89   **Prüfungsmaßstab** in diesem bundesrechtlichen Verfassungsbeschwerdeverfahren ist ausweislich des Wortlauts der einschlägigen Vorschriften nur Art. 28 GG. Die Rechtsprechung zieht jedoch zusätzlich den allgemeinen Gleichheitssatz[145] und solche Verfassungsvorschriften mit heran, die „ihrem Inhalt nach das verfassungsrechtliche Bild der Selbstverwaltung mitzubestimmen geeignet" sind, wie die bundesstaatliche Kompetenzverteilung[146]. Demgemäß müsste es möglich sein, im Rahmen des kommunalen Verfassungsbeschwerdeverfahrens eine Kontrolle auf potenzielle Verletzungen allgemeiner Verfassungsprinzipien (Rechtsstaatlichkeit, Demokratie) zu erreichen[147].

---

m.v.Verf. iVm §§ 11 I Nr 10, 52 ff LVerfGG), Niedersachsen (Art. 54 Nr 5 nds.Verf. iVm §§ 8 Nr 10, 36 nds.StaatsGHG), NRW (Art. 75 Nr 4 nrw.Verf. iVm §§ 12 Nr 8, 52 nrw.VerfGHG), Rheinland-Pfalz (Art. 130 I rh.pf.Verf. iVm § 2, 23 f VerfGHG), Saarland (Art. 123 saarl.Verf. iVm §§ 9 Nr 13, 55 ff saarl.VerfGHG), Sachsen (Art. 90 sächs.Verf. iVm §§ 7 Nr 8, 36 sächs.VerfGHG), Sachsen-Anhalt (Art. 75 Nr 7 s.anh.Verf. iVm §§ 2 Nr 8, 51 s.anh.VerfGG), Schleswig-Holstein (§§ 47 I, 3 Nr 4 schl.h.VerfGG) und in Thüringen (Art. 80 I Nr 2 thür.Verf. iVm §§ 11 Nr 2, 31 ff thür.VerfGHG).

141   BVerfGE 147, 185 (212). Dazu *Lindner*, DÖV 2018, 235; *Mann*, BK, Art. 28 Rn 143a, 147, 182; Ausführlich zur Subsidiaritätsklausel *Dietlein/Peters*, Kommunale Selbstverwaltung im Föderalstaat, 2017, S. 57 ff.

142   So Rh.Pf.VerfGH, DÖV 1995, 908 f.

143   So BVerfGE 107, 1 (9) – „s.anh. Verwaltungsgemeinschaften". Zu den Zulässigkeitsvoraussetzungen einer kommunalen Verfassungsbeschwerde im Einzelnen s. *Magen*, in: Umbach/Clemens/Dollinger (Hrsg.), BVerfGG, Komm., 2. Aufl. 2005, § 91 Rn 14 ff. Zur kommunalen Verfassungsbeschwerde vor dem Verfassungsgericht des Landes NRW s. *M. Dietlein*, in: FS VerfGH NRW, 2002, S. 117 ff.

144   So VerfGH NRW, NWVBl. 2002, 101 (103).

145   Vgl BVerfGE 26, 228 (244).

146   BVerfGE 56, 298 (310); 91, 228 (242).

147   In diesem Sinne etwa das m.v.VerfG, LVerfGE 10, 317 (330) zu Rechtssicherheit und Vertrauensschutz sowie das s.anh.VerfG, LKV 2002, 328 (330) zur Limitierung rückwirkender Gesetze.

Die Zulässigkeit der kommunalen Verfassungsbeschwerde zum Landesverfassungsgericht im **Ausgangsfall** ergibt sich aus Art. 75 Nr 5 Verf. NRW iVm §§ 12 Nr 8, 52 VGHG NRW. Gerügt werden kann eine Verletzung des Selbstverwaltungsrechts durch „Landesrecht"; umfasst sind damit neben Gesetzen jedenfalls auch Rechtsverordnungen. Auch in materieller Hinsicht bleibt die landesverfassungsrechtliche Garantie der kommunalen Selbstverwaltung (Art. 1 I, 78, 79 Verf. NRW) nicht hinter der grundgesetzlichen Garantie aus Art. 28 II GG zurück (s.o. Rn 87). Infolge der Subsidiarität (vgl Art. 93 I Nr 4b GG, § 91 S. 2 BVerfGG) scheidet mithin eine Verfassungsbeschwerde zum BVerfG aus.

In diesem Kontext taucht die Frage auf, ob denn die Kommunen auf das speziell ihnen zur Verfügung gestellte verfassungsgerichtliche Rechtsschutzinstrument des Art. 93 I Nr 4b GG beschränkt sind oder ob sie nicht auch, soweit Art. 19 III GG dies zulässt, auf die **Individualverfassungsbeschwerde** gemäß Art. 93 I Nr 4a GG rekurrieren und die Verletzung von Grundrechten rügen können. Diese Frage ist jedenfalls insoweit zu verneinen, als es um den Schutz des seinerseits grundrechtsgebundenen öffentlich-rechtlichen Aufgabenkreises der Kommunen geht (sog. Konfusionsargument)[148]. Zu bejahen ist sie im Hinblick auf die Geltendmachung der sog. Justizgrundrechte (Art. 101 ff GG)[149]. Strittig ist sie in Ansehung von Rechtspositionen, hinsichtlich derer die Gemeinden in vergleichbarer Weise wie der Bürger der Staatsgewalt unterworfen sind[150].

Beispiele: Berufung auf Art. 14 GG im Falle einer Enteignung gemeindlicher Grundstücke, die wirtschaftlich genutzt werden, zugunsten von Verteidigungszwecken.

Gliedert eine Gemeinde bestimmte Aufgaben organisatorisch in **Kapitalgesellschaften** aus, etwa durch Gründung einer Stadtwerke-GmbH, so wird dieses Privatrechtssubjekt hinsichtlich der Grundrechtsträgerschaft nicht anders behandelt als die dahinterstehende Gebietskörperschaft[151]. Mithin ist die Individualverfassungsbeschwerde einer kommunalen Eigengesellschaft unter Berufung auf eine Grundrechtsverletzung unzulässig. Strittig ist allerdings die Einstufung sog. gemischtwirtschaftlicher Unternehmen (zu ihnen noch Rn 310)[152].

5. Finanzverfassungsrechtliche Gewährleistungen

Neben Art. 28 II 3 GG (vgl Rn 55) finden sich in den Vorschriften über die Finanzverfassung nach Art. 104a ff GG weitere finanzverfassungsrechtliche Gewährleistungen.

Art. 106 V GG sichert den Gemeinden einen gesetzlich festzulegenden **Anteil** an dem Aufkommen der **Einkommensteuer**, und zwar in Entsprechung zu den Einkommensteuerleistungen ihrer Einwohner.

90

91

92

---

148   Vgl insoweit bereits BVerfGE 21, 362 (370, 373); BVerfG(K), NVwZ 2005, 82 (83).
149   BVerfGE 61, 82 (104) – „Sasbach"; Brandenb.VerfG, DVBl. 1999, 1722.
150   Deutlich restriktiv diesbezüglich BVerfGE 61, 82 – „Sasbach"; BVerfG(K), DVBl. 2002, 1404; BVerwG, NVwZ 1984, 378 – „Wasserversorgungsanlagen"; Nds.OVG, Urt. v. 17.8.2006, Az: 7 KS 81/03; zum bay. Verfassungsrecht weiter BayVerfGH, BayVBl. 1976, 205 (206) u. 589 ff, NVwZ 1985, 260: Möglichkeit der Geltendmachung des Eigentumsgrundrechts durch bayerische Gemeinden vor dem BayVerfGH.
151   So BVerfGE 45, 63 (79 f) – „Stadtwerke Hameln AG".
152   Vgl näher *Selmer*, JuS 2010, 187 f; *Goldhammer*, JuS 2014, 891 ff.

Vgl dazu das Gemeindefinanzreformgesetz idF der Bekanntm. v. 10.3.2009 (BGBl. I S. 1030), zul. geändert durch G. v. 21.11.2016 (BGBl. I S. 2613).

Art. 106 VI 1 GG enthält eine sog. **Realsteuergarantie** für die Gemeinden sowie für diese bzw für die Gemeindeverbände die Zuweisung des Aufkommens der **örtlichen Verbrauch- und Aufwandsteuern** (Bsp.: Vergnügungs-[153], Getränke-, Jagd-, Betten-, Zweitwohnungs-[154], Hundesteuer[155]). Des Weiteren wird den Gemeinden das Recht eingeräumt, im Rahmen der Gesetze die **Hebesätze** der Realsteuern festzusetzen (Art. 106 VI 2 GG)[156]. Allerdings sind dort auch Umlagen zulasten der Gemeinden vorgesehen (Art. 106 VI 6 GG)[157].

93   Von dem Länderanteil am Gesamtaufkommen der sog. Gemeinschaftssteuern (Einkommensteuer, Körperschaftsteuer und Umsatzsteuer; vgl Art. 106 III GG) fließt den Gemeinden und Gemeindeverbänden insgesamt schließlich ein von der Landesgesetzgebung zu bestimmender Hundertsatz zu (Art. 106 VII 1 GG).

94   Für die Kommunen bedeutsam ist innerhalb der finanzverfassungsrechtlichen Bestimmungen ferner noch der **Ausgleich für Sonderbelastungen** von Kommunen (Art. 106 VIII GG), der ihnen – anders als die übrigen Verteilungsregeln – einen unmittelbaren Anspruch gegen den Bund einräumt[158].

Beispiele: Kosten im Zusammenhang mit Kasernen; hauptstadtbedingte Sonderlasten Berlins.

Für den horizontalen Finanzausgleich zwischen den Ländern schreibt Art. 107 II GG schließlich noch vor, dass bei der Beurteilung der unterschiedlichen Finanzkraft der Länder die Finanzkraft und der Finanzbedarf der Gemeinden (Gemeindeverbände) zu berücksichtigen sind[159].

95   Ob über diese Bestimmungen hinaus unmittelbar aus Art. 28 II GG inhaltlich und umfangmäßig präzisierbare Ansprüche auf eine **angemessene kommunale Finanzausstattung** abgeleitet werden können, ist seit langem umstritten[160], nunmehr immerhin insoweit im Ansatz geklärt, als die Gewährleistung der Selbstverwaltung gemäß dem 1994 neu eingefügten 1. Halbsatz des Satzes 3 jedenfalls auch „die Grundlagen der finanziellen Eigenverantwortung" umfasst (vgl bereits oben Rn 55). Im Übrigen wird selbst im Notstandsverfassungsrecht (vgl Art. 115c III GG) die herausragende Bedeutung der finanziellen Lebensfähigkeit der Kommunen betont.

---

153   Zu Zulässigkeit und Grenzen der Vergnügungssteuer auf Geldspielgeräte vgl OVG NRW, NWVBl. 1989, 246.
154   Zur kommunalen Zweitwohnungssteuer s. BVerfGE 65, 325; 114, 316; BVerwGE 58, 230.
155   Zum kommunalen Gestaltungsspielraum bei einer erhöhten Besteuerung sog. Kampfhunde s. BVerwGE 110, 265; dazu auch unten Rn 711 ff. Zu weiteren kommunalen Besteuerungsmöglichkeiten *Ricken*, Der Gemeindehaushalt 2014, 29 f; zu den Landkreisen und Art. 28 II 3 HS 1 GG s. *Pielow/Groneberg*, JuS 2014, 794 (797 f).
156   Dazu BVerfG, NVwZ 2010, 895 ff („Mindesthebesatz von 200% für Gewerbeteuer verfassungsgemäß").
157   Zu ihnen näher BVerwG, NWVBl. 1998, 314.
158   *Schwarz*, in: v. Mangoldt/Klein/Starck, GG, Art. 106 Rn 149 mwN.
159   Dazu näher BVerfGE 86, 148 ff.
160   Vgl dazu bereits *Tettinger*, Ingerenzprobleme staatlicher Konjunktursteuerung auf kommunaler Ebene, 1973, S. 54 ff, 65 ff; s. auch *Schmidt-Jortzig*, KommR, S. 251 f; *Nierhaus*, LKV 2005, 1 ff; *Engels*, Verfassungsgarantie, S. 287 ff.

Das Bundesverfassungsgericht hat in diesem Fragenkreis bislang sehr vorsichtig formuliert. Vgl BVerfGE 83, 363 (386): „Gegen die Auferlegung einzelner Ausgabepflichten bietet Art. 28 II GG – auch wenn man in ihm eine insgesamt zureichende Finanzausstattung mitgarantiert ansieht, was das BVerfG bisher nicht entschieden hat … – jedenfalls keinen Schutz, solange … diese Finanzausstattung nicht in Frage gestellt wird"[161].

Zu den in Art. 28 II 3 HS 1 GG genannten **Grundlagen der finanziellen Eigenver-** **96** **antwortung** gehört auch eine (nur) den Gemeinden zustehende mit **Hebesatzrecht** ausgestattete und wirtschaftskraftbezogene Steuerquelle. Die Einfügung dieses zweiten Halbsatzes in Art. 28 II Satz 3 GG war 1997 für erforderlich gehalten worden, um die kommunale Finanzautonomie durch eine an die Wirtschaftskraft in der jeweiligen Gemeinde anknüpfende Steuer zu sichern. Weder HS 1 noch HS 2 garantieren den Gemeinden aber ein originäres **Steuererfindungsrecht**. Gewährleistet wird nur eine wirtschaftskraftbezogene Steuerquelle, wobei als solche im Hinblick auf Art. 106 V u. VI GG nur die Gewerbeertrag- und Einkommensteuer in Betracht kommen. Der Begriff der Wirtschaftskraft bezieht sich hierbei nicht auf die Steuerschuldner, sondern auf die Produktivität des jeweiligen kommunalen Wirtschaftsraums. Gewährt wird auch keine Ertrags-, sondern lediglich eine Hebesatz- und Bestandsgarantie für eine wirtschaftskraftbezogene Steuerquelle[162].

II. Garantien in den Landesverfassungen

In den Landesverfassungen finden sich mehrfach noch zusätzliche Gewährleistungen **97** für die Kommunen, so etwa

– hinsichtlich der Erstreckung der prinzipiellen Alleinzuständigkeit bezüglich der Verwaltungstätigkeit in dem entsprechenden Gebiet auch auf die Gemeindeverbände[163],
– hinsichtlich der Anhörungspflicht bei der normativen Regelung allgemeiner, die Kommunen unmittelbar berührender Fragen, mediatisiert durch die kommunalen Spitzenverbände[164] (zu ihnen Rn 9),
– hinsichtlich der Kostendeckung im Falle der Überbürdung zusätzlicher öffentlicher Aufgaben (Konnexitätsklauseln)[165],
– in Bezug auf die Erschließung eigener Steuerquellen[166],

---

161 In diesem Sinne auch BVerfG(K), DVBl. 1999, 840.
162 Zu den Grenzen des Hebesatzrechts einer Gemeinde bei andauernder Haushaltsnotlage s. BVerwG, NVwZ 2011, 424; zur Notwendigkeit einer Reform der kommunalen Finanzausstattung *P. Kirchhof*, NJW 2002, 1549 f; *Henneke*, in: H/P/W, KommFin, § 4 Rn 73 ff.
163 So Art. 78 II Verf. NRW; Art. 71 II 2 bd.wtt.Verf.; Art. 97 I, II brandenb.Verf.; Art. 137 II hess.Verf.; Art. 49 II rh.pf.Verf.; Art. 84 I 2 sächs.Verf.; Art. 87 I s.anh.Verf.; Art. 54 II schl.h.Verf.; Art. 91 I thür.Verf.
164 So Art. 97 IV brandenb.Verf.; Art. 57 VI nds.Verf.; Art. 84 II sächs.Verf.; Art. 91 IV thür.Verf. und – im Gesetzesrecht – § 6 m.v.KVerf.
165 So Art. 71 III bd.wtt.Verf.; Art. 97 III brandenb.Verf.; Art. 137 IV, V hess.Verf.; Art. 72 III m.v.Verf., Art. 57 IV nds.Verf.; Art. 78 III nrw.Verf.; Art. 85 II sächs.Verf., Art. 87 III s.anh.Verf.; Art. 57 II schl.h.Verf.; Art. 93 I thür.Verf. – Vgl dazu VerfGH NRW, DÖV 1985, 620 und NWVBl. 1993, 7 (11); Bd.Wtt.StGH, DÖV 1994, 297; VerfGH Rh.Pf., DÖV 2001, 601; Saarl.VerfGH, NVwZ-RR 1995, 153; Sächs.VerfGH, SächsVBl. 1994, 280; Brandenb.VerfG, LKV 2002, 323 ff – s. auch oben Rn 72.
166 So Art. 79 S. 1 nrw.Verf.; Art. 73 II bd.wtt.Verf.; Art. 99 brandenb.Verf.; Art. 73 I 2 m.v.Verf.; Art. 58 nds.Verf.; Art. 49 VI 2 rh.pf.Verf.; Art. 119 I 2 saarl.Verf.; Art. 93 II thür.Verf.

– oder in Ansehung von Leistungen im Rahmen des kommunalen Finanzausgleichs[167].

Wiederholungs- und Verständnisfragen

1. *Was ist Inhalt der gemeindlichen Selbstverwaltungsgarantie in Art. 28 II 1 GG?* **Rn 49**
2. *Was versteht man unter der Universalität des kommunalen Wirkungskreises?* **Rn 52**
3. *Welche Gemeindehoheiten lassen sich unterscheiden?* **Rn 55 f**
4. *Wie lässt sich der Kernbereich der gemeindlichen Selbstverwaltung bestimmen?* **Rn 63 f**
5. *Wie unterscheiden sich die Garantien in Art. 28 II 2 und in Art. 28 II 1 GG?* **Rn 75**
6. *Was ist der Prüfungsmaßstab einer kommunalen Verfassungsbeschwerde?* **Rn 89**

§ 3 Die Gemeindebevölkerung (Bürger und Einwohner)

98 **Fall 3:** „Kommunalwahlrecht für Ausländer?"
Nachdem Sachverständige sich in einem Memorandum dafür ausgesprochen hatten, zur Integrationsförderung auch Ausländern, die nicht Unionsbürger sind, nach einem Aufenthalt von acht bis zehn Jahren in der Bundesrepublik das kommunale Wahlrecht zu gewähren, berät die Landesregierung des Landes L, ob dem Landtag eine entsprechende Änderung des Kommunalwahlgesetzes vorgeschlagen werden soll. Dabei werden in der Ministerrunde neben politischen Gegenargumenten auch verfassungsrechtliche Bedenken geäußert. Ein Teil der Kabinettsmitglieder meint, mit einer Änderung des Kommunalwahlgesetzes allein sei es nicht getan, vielmehr müsse zuvor das Grundgesetz (Art. 28 I 2 GG) geändert werden. Der Innenminister ist der Auffassung, dass der Bundesgesetzgeber wegen Art. 79 III GG hierzu überhaupt nicht in der Lage sei, sodass eine Einführung des Kommunalwahlrechts für Ausländer nicht in Frage komme. Wie ist die Rechtslage? Angenommen, der Landtag hätte durch Änderung des Kommunalwahlgesetzes ein aktives Ausländerwahlrecht begründet. Könnte der im Land L wohnende deutsche Staatsbürger D die Rechtmäßigkeit des Kommunalwahlrechts für Ausländer gerichtlich überprüfen lassen? **Rn 103**

I. Die gesetzliche Differenzierung zwischen Bürgern und Einwohnern

99 Eine grundsätzliche Differenzierung zwischen dem klassischen Begriff des Bürgers und dem des Einwohners[1] lässt sich schon in der Leitvorstellung der Gemeindeordnungen für die gemeindliche Selbstverwaltung erkennen: **Die Förderung des Wohls**

---

167 So Art. 99 S. 2 brandenb.Verf.; Art. 137 V hess.Verf.; Art. 73 II m.v.Verf.; Art. 58 nds.Verf.; Art. 79 S. 2 nrw.Verf.; Art. 49 VI 1 rh.pf.Verf.; Art. 119 II saarl.Verf.; Art. 87 III sächs.Verf.; Art. 88 II s.anh.Verf.; Art. 57 I schl.h.Verf.; Art. 93 III thür.Verf.; vgl auch Art. 73 I bd.wtt.Verf.

1 Zum historischen Hintergrund dieser Zweiteilung vgl *Mann*, in: HKWP[3], § 17 Rn 2 ff.

der Einwohner durch von der Bürgerschaft gewählte Organe, vgl zB § 1 I GO NRW; §§ 1 I, 28 NKomVG.

Dem Bürgerrecht in einer Stadt („Stadtluft macht frei") kam traditionell große Bedeutung zu. Vgl aus der preuß. Städteordnung vom 19.11.1808 (GS 1822 Anh. S. 324):

„§ 14: Ein Bürger oder Mitglied einer Stadtgemeinde ist der, welcher in einer Stadt das Bürgerrecht besitzt.

§ 15: Das Bürgerrecht besteht in der Befugnis, städtische Gewerbe zu treiben und Grundstücke im städtischen Polizeibezirk der Stadt zu besitzen. Wenn der Bürger stimmfähig ist, erhält er zugleich das Recht, an der Wahl der Stadtverordneten teilzunehmen, zu öffentlichen Stadtämtern wahlfähig zu sein und in deren Besitze die damit verbundene Teilnahme an der öffentlichen Verwaltung nebst Ehrenrechten zu genießen.

§ 16: In jeder Stadt gibt es künftig nur ein Bürgerrecht. Der Unterschied zwischen Groß- und Kleinbürgern und jede ähnliche Abteilung der Bürger in mehrere Ordnungen wird daher hierdurch völlig aufgehoben.

§ 17: Das Bürgerrecht darf niemandem versagt werden, welcher in der Stadt, worin er solches zu erlangen wünscht, sich häuslich niedergelassen hat und von unbescholtenem Wandel ist. ..."

Einwohner ist jeder, der in der Gemeinde wohnt[2], **Bürger** nur, wer zu den Gemeindewahlen wahlberechtigt ist (vgl Art. 15 II bay.GO, § 28 II NKomVG, § 21 II GO NRW, § 13 II KV M-V). Die Wahlberechtigung richtet sich indes nach den Vorschriften des Kommunalwahlrechts[3]. Danach ist gängigerweise das aktive Wahlrecht denjenigen vorbehalten, die am Wahltag Deutsche im Sinne von Art. 116 GG oder Unionsbürger[4] sowie 18 bzw. 16 Jahre alt[5] sind und darüber hinaus eine gewisse Zeit, in der Regel mindestens drei Monate[6], ihren melderechtlichen Wohnsitz (Hauptwohnsitz) in der Gemeinde haben.

Das sog. **passive Wahlrecht**, die Wählbarkeit, richtet sich grundsätzlich nach der **100** Wahlberechtigung (vgl § 49 I NKomVG; § 12 KWG NRW), wobei es insoweit auch in denjenigen Ländern, die mit Blick auf das **aktive Wahlrecht** das Wahlalter abgesenkt haben, der Vollendung des 18. Lebensjahres bedarf[7]. Für Beamte und Angestellte des öffentlichen Dienstes bestehen nicht nur auf staatlicher, sondern auch auf kommunaler Ebene Inkompatibilitätsregelungen (vgl Art. 137 I GG)[8], aus denen sich

---

2   Insoweit kommt es nicht auf melderechtliche Besonderheiten, sondern allein auf die tatsächlichen Verhältnisse an, wie sie auch für die §§ 7–11 BGB relevant sind, vgl im Detail *Mann*, in: HKWP³, § 17 Rn 6 ff.

3   Dazu im Überblick *H. Meyer*, HKWP³, § 20.

4   Zur Frage eines Kommunalwahlrechts von „Drittstaatern" s. *Pfaff*, ZAR 2011, 102.

5   Zum aktiven Wahlrecht mit 16 Jahren vgl § 48 I 1 Nr 1 NKomVG; § 7 KWG NRW; § 4 II Nr 1 LKWG M-V; § 14 I, 12 I GO BW; §§ 14, 21 II 1 KVG LSA; § 3 I Nr 1 GKWG SH; § 8 S. 1 Nr 2 Bbg.KWahlG; § 1 I Nr 1 ThürKWG. In neuester Zeit die Vereinbarkeit der Absenkung mit dem GG bzw. der Landesverfassung bejahend BVerwG, NJW 2018, 3328; zur darin bestätigten Vorinstanz vgl *Waldhoff*, JuS 2018, 501 und ThürVerfGH, NVwZ-RR 2019, 129.

6   Vgl § 48 I 1 Nr 2 NKomVG; § 12 I 1 GO BW; § 13 II Nr 3 rh.pf.GO; § 18 II KSVG Saarl.; § 15 I sächs.GO; abweichend etwa § 4 II 1 Nr 2 LKWG M-V: 37 Tage; § 3 I Nr 2 GKWG SH: 6 Wochen; Art. 1 I Nr 3 bay. GLKrWG: 2 Monate; § 7 KWahlG NRW: 16 Tage.

7   Vgl § 49 I 1 Nr 1 NKomVG; § 12 I KWG NRW; § 6 I 1 LKWG M-V; § 28 I GO BW; § 40 I 1 KVG LSA; § 6 I 1 Nr 1 GKWG SH; § 11 I 1 Bbg.KWahlG; § 12 ThürKWG.

8   Vgl § 50 I NKomVG; § 29 I GO BW; Art. 31 III bay.GO; § 37 HGO; § 25 KV M-V; § 32 sächs.GO; § 41 KVG LSA; § 31a GO SH; § 23 IV thür.KO.

hier ausnahmsweise zur Sicherung der Integrität der Entscheidungsprozesse (Verhütung von Interessenkonflikten zwischen kommunalem Vertretungsmandat und hauptberuflicher Funktion) auch legitime Wählbarkeitsbeschränkungen ergeben[9].

So ist es nach BVerwGE 117, 11 ff von Verfassung wegen nicht zu beanstanden, wenn ein Landesgesetzgeber die Tätigkeit einer Teilzeitangestellten des die Gemeinde verwaltenden Amtes (dazu oben Rn 27 f) ohne Rücksicht auf die konkret ausgeübte Funktion generell für unvereinbar mit der gleichzeitigen Wahrnehmung eines Mandats in der Gemeindevertretung erklärt.

§ 50 I Nr 7 NKomVG; § 13 I 1 b, d KWG NRW und § 25 I 1 Nr 4 KV M-V; begründen eine Unvereinbarkeit von Amt und Ratsmandat nur für Angestellte und Beamte solcher Behörden, die Aufgaben der allgemeinen Kommunalaufsicht oder – bezogen auf Pflichtaufgaben zur Erfüllung nach Weisung (dazu unten Rn 206) – der Sonderaufsicht über die Gemeinden wahrnehmen. Nicht erfasst werden hiervon Bedienstete anderer Behörden, auch wenn diese aufsichtsbehördliche Befugnisse ausüben. Eine über den Wortlaut hinausgehende Auslegung sei weder durch die Entstehungsgeschichte noch durch den Sinn der Inkompatibilitätsbestimmung geboten, so OVG NRW, NWVBl. 2002, 464.

101 Vor allem in den 80er-Jahren war die kommunal- und ausländerpolitische Frage diskutiert worden, ob die Zubilligung eines Kommunalwahlrechts Integrationsbemühungen unterstützen könne. Die Länder Schleswig-Holstein und Hamburg räumten im Jahre 1989 durch entsprechende Wahlrechtsänderungen Ausländern, die sich seit längerer Zeit (fünf bzw acht Jahre) in Deutschland aufhielten und einen bestimmten ausländerrechtlichen Status innehatten, das kommunale Wahlrecht bei Gemeinde- und Kreiswahlen bzw auf Bezirksebene ein.

Nach § 13 II KommVerfDDR sollte sogar schon ein nur zweijähriger Aufenthalt in der Gemeinde ausreichen, um den Status eines Gemeindebürgers und damit zugleich das Wahlrecht zu erlangen.

Art. 28 I 2 GG spricht auch in Bezug auf Kreise und Gemeinden von einer **Vertretung des „Volkes"**. Gemeint sein kann bei dieser die bundesstaatliche Homogenität sichernden Norm im Einklang mit der Präambel, Art. 1 II, 38 I und 146 GG nur das **deutsche Volk**. Die Einführung eines Kommunalwahlrechts für Ausländer bedurfte daher einer Änderung des Grundgesetzes (vgl heute Art. 28 I 3 GG[10])[11]. Wegen Verstoßes gegen Art. 28 I und 20 II GG hat das BVerfG die Ausländerwahlgesetze von Schleswig-Holstein und Hamburg dann auch für nichtig erklärt[12].

102 Nicht ausdrücklich geklärt ist bislang freilich, ob nicht einer pauschal formulierten, nicht nur **Unionsbürger iSd Art. 28 I 3 GG** erfassenden Verfassungsänderung sogar

---

9   Vgl BVerwG, JuS 2018, 311 m. Anm. Waldhoff zur Notwendigkeit der Gefahr einer Interessenkollision; VG Düsseldorf, NWVBl. 1999, 64 zu einem Beamten der Kommunalaufsicht; BayVGH, BayVBl. 2004, 270 zum Ärztlichen Direktor einer landkreiseigenen Krankenhausgesellschaft; VG Braunschweig, NdsVBl. 2018, 296 zur Unvereinbarkeit von Oberbürgermeisteramt und Kreistagsmandat krit. *Mann/Bellroth*, NdsVBl. 2018, 289 ff; vgl. auch Fn 97 zu § 2.

10   Eingefügt durch das 38. GG-ÄndG v. 21.12.1992 (BGBl. I S. 2086).

11   Zur seinerzeitigen verfassungsrechtlichen Diskussion vgl nur *Erichsen*, Jura 1988, 549; zur heutigen Diskussion um das Kommunalwahlrecht für Drittstaatsangehörige s. nur *Sieveking*, ZAR 2008, 121; *Schwarz*, AöR 2013, 411.

12   Vgl BVerfGE 83, 37 ff und 60 ff; in jüngerer Zeit im Rahmen einer präventiven Normenkontrolle (Art. 140 I 1 BremVerf iVm § 10 Nr 2 BremStGHG) ebenso BremStGH, NordÖR 2014, 262.

Art. 79 III GG entgegensteht, wonach eine Änderung des Grundgesetzes generell unzulässig ist, durch die in Art. 20 GG niedergelegte „Grundsätze" berührt werden. Art. 20 GG enthält nämlich in Abs. 1 das allgemeine Demokratiegebot als Verfassungsstrukturprinzip und in Abs. 2 die Spezifizierung, dass alle Staatsgewalt vom „Volke" ausgeht und in Wahlen vom „Volke" ausgeübt wird. Das Bundesverfassungsgericht hat aber betont, dass die Gemeinden Staatsgewalt ausüben und sich diese Staatsgewalt – in Homogenität mit Bund und Ländern – von der Gesamtheit der jeweiligen Bürger als dem Volke, von dem alle Staatsgewalt ausgeht, her legitimieren muss[13].

Lösungshinweis zu Fall 3 (Rn 98): Damit sind die entscheidenden Probleme des **Ausgangsfalles** angesprochen. Die geplante Gesetzesnovellierung ohne Verfassungsänderung wäre unzulässig. Fraglich bleibt, ob eine nicht nur Unionsbürger, sondern Ausländer generell einbeziehende Verfassungsänderung mit Blick auf Art. 79 III GG, der eine Antastung der in Art. 20 GG niedergelegten „Grundsätze" blockiert, möglich wäre. Dies dürfte angesichts der Aussagen des BVerfG jedoch zu verneinen sein[14].

Die zweite Frage betreffend, könnte zunächst an eine Verfassungsbeschwerde zum BVerfG gegen das Landesgesetz gedacht werden[15], und zwar unter Berufung auf die nach überkommener Ansicht durch Art. 3 GG mitgeschützte[16] Gleichheit und Allgemeinheit der Wahl. Anders aber seit 1998 das BVerfG, das in ausdrücklicher Abkehr von seiner bisherigen Rspr Art. 28 I 2, 38 I 1 GG als speziellere Wahlgleichheitssätze betrachtet und daher bei politischen Wahlen im Verfassungsraum der Länder die Gewährung subjektiven Schutzes des Wahlrechts abschließend den Ländern zuweist[17]. Es erschiene ohnehin zweifelhaft, ob vorliegend wirklich von einer Verletzung subjektiver Rechte des D ausgegangen werden kann, welche gem. Art. 93 I Nr 4a GG, § 90 I BVerfGG unabdingbares Erfordernis für eine erfolgreiche Verfassungsbeschwerde ist.

Sofern das Landesverfassungsrecht eine (Individual-)Verfassungsbeschwerde nicht vorsieht (wie etwa in Nds. und NRW), bietet im Anschluss an die unter den neuen gesetzlichen Bedingungen durchgeführte Kommunalwahl das im Kommunalwahlrecht aller Länder anerkannte Institut der Wahlanfechtung bzw Wahlprüfung gesicherte Kontrollmöglichkeiten[18].

Mit Blick auf das **Kommunalwahlrecht für Unionsbürger** heißt es unmissverständlich in Art. 28 I 3 GG:

103

104

---

13 BVerfGE 83, 37 und 60. In diesem Sinne auch schon BVerfGE 47, 253 (272); BVerwG, DVBl. 1985, 169.
14 Siehe dazu *Mann*, in: BK, Art. 28 Rn 108; *K.-A. Schwarz*, in: v. Mangoldt/Klein/Starck, GG, Komm., 7. Aufl., Bd. 2, 2018, Art. 28 Rn 125.
15 Die Subsidiaritätsklausel des § 90 II BVerfGG griffe hier nicht, da ein Rechtsweg nicht eröffnet ist. Zwar hat D gegen die Eintragung von Ausländern in das Wählerverzeichnis ggf die Möglichkeit eines Einspruches, nicht aber die eine Klage gegen die Entscheidung über den Einspruch. Nur im Falle der Wahl eines ausländischen Mandatsbewerbers wäre eine verwaltungsgerichtliche Überprüfung der Gültigkeit der Wahl möglich (vgl §§ 49 II, 46 NKWG §§ 41, 40 Ia KWahlG NRW).
16 Vgl BVerfGE 4, 35 (39); *Stern*, StaatsR I, S. 303.
17 BVerfGE 99, 1 (7 ff); dazu *H. Meyer*, in: HKWP³, § 20 Rn 41, 122. Die in Art. 28 I 2 GG normierten Rechte wirken somit nur noch objektiv-rechtlich und können nicht mehr mit der Verfassungsbeschwerde vor dem BVerfG verteidigt werden, siehe aus der Folgerspr. BVerfG-K, NVwZ-RR 2005, 494 (495); BVerfG, NVwZ 2009, 776; BVerfG, Beschluss vom 10.11.2010 – 2 BvR 1946/10, BeckRS 2010, 56337.
18 Dazu näher *H. Meyer*, in: HKWP³, § 20 Rn 126 ff; siehe auch unten Rn 133.

„Bei Wahlen in Kreisen und Gemeinden sind auch Personen, die die Staatsangehörigkeit eines Mitgliedstaates der Europäischen Gemeinschaft besitzen, nach Maßgabe von Recht der Europäischen Gemeinschaft wahlberechtigt und wählbar."

Insoweit ist nunmehr in Art. 20 II 2 lit b) AEUV festgesetzt, dass die Unionsbürgerinnen und Unionsbürger (vgl Art. 20 I AEUV) in dem Mitgliedstaat, in dem sie ihren Wohnsitz haben, das aktive und passive Wahlrecht bei den Kommunalwahlen besitzen, wobei für sie dieselben Bedingungen gelten, wie für die Angehörigen des betreffenden Mitgliedstaats. Demgemäß sehen inzwischen auch alle Kommunalwahlgesetze der Länder ein Wahlrecht für Unionsbürger ausdrücklich vor (vgl § 48 I 1 NKomVG; § 7 KWG NRW; Art. 1 I Nr 1 bay.GLKrWG; § 4 II 1 LKWG M-V).

II. Konsequenzen

105 Rechte im Rahmen des sich aus der gemeindlichen Verpflichtung zur Vorhaltung von Einrichtungen der Daseinsvorsorge (vgl unten Rn 235 ff) ergebenden Betreuungsverhältnisses auf gemeindlicher Ebene stehen durchgängig allen Einwohnern zu.

Beispiele: Anspruch auf Benutzung öff. Einrichtungen (§ 30 I NKomVG; § 8 II GO NRW; Art. 21 I bay.GO; § 14 II KV M-V.;), Pflicht zur gemeindlichen Hilfeleistung bei der Einleitung von Verwaltungsverfahren (§ 37 NKomVG; § 22 I GO NRW – ähnlich § 14 IV KV M-V)[19], Unterrichtungspflicht des Rates (§ 23 GO NRW, § 20 I GO BW) oder des Bürgermeisters (§ 16 I KV M-V; § 28 I KVG LSA)[20], Anspruch eines jeden, sich mit Anregungen oder Beschwerden an den Rat zu wenden (§ 34 NKomVG; § 24 GO NRW; § 14 I KV M-V).

106 Lediglich das Wahlrecht bei den Gemeindewahlen kennzeichnet den Bürger und hebt ihn heute noch[21] hervor. Auch sind nur Bürger zur Übernahme von **Ehrenamt** und **ehrenamtlicher Tätigkeit** verpflichtet (vgl Art. 19 I bay.GO; § 19 II KV M-V; § 38 II NKomVG;)[22]. Differenzierter ist die Rechtslage in NRW: Dort können Einwohner zu einer nebenberuflichen vorübergehenden unentgeltlichen Tätigkeit für die Gemeinde verpflichtet werden (ehrenamtliche Tätigkeit), § 28 I GO NRW.

Beispiele für ehrenamtliche Tätigkeit: Heranziehung zur Pflichtfeuerwehr (§ 14 II BHKG NRW), oder als Schöffe bei Gericht (§ 31 GVG); Mitwirkung als sachverständiger Bürger[23].

Bürger sind in NRW hingegen verpflichtet, nebenberuflich einen auf Dauer berechneten oder besonders bedeutsamen Kreis von Verwaltungsgeschäften für die Gemeinde zu übernehmen (Ehrenamt), § 28 II GO NRW.

---

19 Hierzu gehören etwa genaue Auskünfte über Zuständigkeiten, Hilfestellung beim Ausfüllen von Anträgen und Formularen, Einsichtgewährung in öffentlich-rechtliche Vorschriften und Hinweise auf anderweitige Informationsmöglichkeiten. Vgl auch § 25 VwVfG u. § 15 SGB I. sowie für Bay, BW und Hessen jeweils auch § 94 LVwVfG.

20 Als Formen der Unterrichtung kommen neben der Einberufung von Versammlungen namentlich öffentliche Anhörungen, Flugblattaktionen und Postwurfsendungen in Betracht.

21 Zur Genese *Mann*, in: HKWP³, § 17 Rn 2 ff.

22 Gleichwohl ist eine Übertragung ehrenamtlicher Tätigkeiten an Einwohner nicht ausgeschlossen, vgl zB § 38 II 3 NKomVG (Übertragung an Einwohner mit deren Einverständnis); § 18 II GO Rh.-Pf. (Übertragung vorübergehender Tätigkeiten).

23 Inzwischen besteht in einigen Ländern auch die Möglichkeit, den „sachkundigen Einwohner" in die Rats- bzw Ausschussarbeit einzubeziehen (vgl § 33 III GO BW; § 36 V KV M-V; § 58 IV 1 GO NRW; § 44 I sächs.GO; § 43 IV Bbg.KVerf); hierzu *Mann*, NWVBl. 1990, 222 ff.

Beispiel für ein Ehrenamt: Ortsvorsteher in Gemeindebezirken (vgl § 39 VI, VII 3 GO NRW).

Ehrenamtlich Tätige sind zur Verschwiegenheit verpflichtet (Art. 20 II 1 bay.GO; §§ 19 IV, 23 VI m.v.KVerf.; § 40 NKomVG; § 30 GO NRW) und gelten amtshaftungsrechtlich als Amtsträger iSd Art. 34 GG iVm § 839 BGB[24].

III. Verstärkung plebiszitärer Elemente

Auch auf kommunaler Ebene gelten, wie bereits mit Blick auf Art. 28 I 2 GG (oben Rn 78 ff) festgestellt, die Grundsätze der repräsentativen Demokratie. Die einzelnen Länder sehen im Rahmen der verfassungsrechtlich verfügbaren Gestaltungsoptionen[25] in ihren Gemeindeordnungen aber zunehmend auch **plebiszitäre Elemente** als zusätzliche Möglichkeiten der direkten Einflussnahme von Bürgern auf die politische Willensbildung und damit eine Stärkung von Ausdrucksformen der unmittelbaren Demokratie vor.   **107**

1. Bürgerbegehren und Bürgerentscheid

Eine zentrale Rolle nehmen Bürgerbegehren und Bürgerentscheid gem. § 21 bd.wtt.GO, Art. 18a bay.GO, § 20 KV M-V; §§ 32, 33 NKomVG; § 26 GO NRW ein.   **108**

Das Bürgerbegehren stellt einen an ein bestimmtes Unterschriftenquorum geknüpften schriftlichen Antrag von Bürgern dar, der darauf zielt, dass die Bürgerschaft *selbst* über eine Angelegenheit der Gemeinde an Stelle des Rates – mit der Wirkung eines Ratsbeschlusses – entscheidet (Bürgerentscheid)[26]. Ziel eines Bürgerbegehrens kann es daher nicht sein, dem Rat lediglich Vorgaben für eine erst noch von ihm zu treffende Entscheidung zu machen.

Zu unterscheiden ist zwischen einem sog. **kassatorischen** und einem sog. **initiierenden Bürgerbegehren**. Ersteres greift in eine vom Rat getroffene Regelung ein, sei es, dass sie sich in der Aufhebung dieser Regelung erschöpft, sei es, dass es sie durch andere ersetzt; letztere „bearbeiten gleichsam ein noch unbestelltes Feld und stoßen damit ausschließlich gemeindliche Aktivitäten an"[27].

Bevor ein Bürgerbegehren zum Bürgerentscheid heranreifen kann, muss es eine Reihe von **Zulässigkeitsvoraussetzungen**[28] erfüllen: In formeller Hinsicht bedarf es eines hinreichend bestimmten Antrags mit Bezeichnung einer Frage, die mit Ja/Nein beantwortet werden kann,[29] einer Begründung und der Benennung von vertretungsberechtigten Personen. In vielen Ländern wird ferner ein Vorschlag zur Kostendeckung   **109**

---

24 *Burgi*, KommR, § 11 Rn 11.
25 Siehe etwa Art. 2 Verf. NRW: „Das Volk bekundet seinen Willen durch Wahl, Volksbegehren und Volksentscheid". – Demgegenüber restriktiv zum Gesetzesinitiativrecht des Volkes in Bayern BayVerfGH, BayVBl. 1995, 46 ff.
26 Ausführlich zu diesen Rechtsfiguren *Neumann*, in: HKWP[3], § 18.
27 So OVG NRW, NWVBl. 2003, 312 – „Verlegung des Busbahnhofes".
28 Näher *Ritgen*, KommJur 2007, 288 ff.
29 Mehrdeutige Fragestellungen führen zur Unzulässigkeit, OVG NRW, NWVBl. 2013, 491.

gefordert[30]. Das vom Bürgerbegehren zu erreichende Unterstützungsquorums liegt in Deutschland zwischen 3% der Einwohner bei großen Städten in Bayern oder NRW und 10% etwa in Sachsen[31] und ist innerhalb einer bestimmten Frist zu erreichen. Zudem sind die Möglichkeiten der Bürgerbeteiligung thematisch begrenzt, was die Gemeindeordnungen zumeist in einem Negativkatalog zum Ausdruck bringen. Zu den Themenkreisen, die einem Bürgerbegehren nach Maßgabe gesetzlicher Festlegung verschlossen bleiben, gehören in jedem Falle solche Anträge, die kommunale Abgaben betreffen (vgl § 32 II Nr 3 NKomVG; § 26 V Nr 3 GO NRW), mit denen ein gesetzwidriges Ziel verfolgt wird oder die sittenwidrig sind (vgl § 32 II Nr 8 NKomVG). Je nach Landesrecht sind dies aber etwa auch Fragen der Organisation der Gemeindeverwaltung und ihrer Mitglieder oder Belange mit besonderer Komplexität. Stets muss es jedenfalls um eine Angelegenheit der Gemeinde gehen, für die innergemeindlich grundsätzlich der Gemeinderat organzuständig ist.

Ob diese Voraussetzungen erfüllt sind und das Bürgerbegehren zulässig ist, wird in der Regel vom Gemeinderat (vgl § 26 VI 1 GO NRW; Art. 18a VIII 1 bay.GO; § 20 V 4 KV M-V), in Niedersachsen jedoch (gem. § 32 VII 1 NKomVG) vom Hauptausschuss festgestellt. Ist dies der Fall, kann das Vertretungsorgan entweder dem Bürgerbegehren entsprechen[32] oder den Bürgerentscheid durchführen lassen. Die kommunalen Verfahren sachunmittelbarer Demokratie sind also stets zweistufig ausgestaltet. Der abschließende Bürgerentscheid selbst fordert eine Ja/Nein-Entscheidung, die regelmäßig beim Erreichen der einfachen Mehrheit und eines hinreichenden Zustimmungsquorums, das wiederum zwischen den Ländern variiert[33], erfolgreich ist.

110 Der Bürgerentscheid hat die **Wirkung eines Ratsbeschlusses**. Er entfaltet bindende Wirkung hinsichtlich der Angelegenheit, über die die Bürgerschaft entschieden hat.[34] Vor Ablauf von zwei Jahren kann er nur auf Initiative des Rates durch einen neuen Bürgerentscheid abgeändert werden (so § 33 IV 2 NKomVG; § 26 VIII GO NRW; § 20 I 2 KV M-V in der Abänderbarkeit abweichend Art. 18a XIII bay.GO).

Daraus ergibt sich mittelbar, dass nach zwei Jahren ein Bürgerentscheid durch Ratsbeschluss kassiert werden kann. Diese Vorschrift ist aber nicht umgekehrt anwendbar auf die Kassation eines Ratsbeschlusses durch einen Bürgerentscheid. Für eine Analogie fehlt es an einer Regelungslücke, insbes. in NRW, wo für sog. kassatorische Bürgerbegehren in § 26 III GO NRW eine abschließende Fristenregelung getroffen ist[35].

---

30 Gerade dieser Punkt, der die Verantwortung der Bürger für die Finanzierung des Vorhabens wecken soll, ist in der Praxis oftmals schwer zu realisieren, was in Nds. Grund dafür gewesen ist, dieses Erfordernis 2016 durch Änderung des § 32 III 2 NKomVG entfallen zu lassen (vgl LT-Drs. 17/5423, 32 f); ausführliche Erläuterungen bei *Neumann*, in: HKWP³, § 18 Rn 43 ff.
31 Vgl § 25 I 1 SächsGO. In vielen Ländern ist die Höhe des Quorums innerhalb des Bundeslandes außerdem noch abhängig von der Einwohnerzahl der Gemeinde, vgl hier § 32 IV NKomVG und § 26 IV GO NRW.
32 Diese Möglichkeit eröffnen zB § 32 VI 5 NKomVG; § 26 VI 4 GO NRW; Art. 18a XIV bay.GO; § 20 V 5 KV M-V.
33 Mindestens 20% in Niedersachsen (§ 33 III 3 NKomVG), abhängig von der Einwohnerzahl zwischen 10 und 20% der Bürger in NRW (§ 26 VII GO NRW) und (bundesweit am höchsten) 30% im Saarland (§ 21a VI 1 saarl.KSVG).
34 VGH Mannheim, NVwZ-RR 2015, 149 (150).
35 Vgl OVG NRW, NWVBl. 2003, 312 (314).

Anders als bei Wahlen sind die Gemeindeorgane regelmäßig nicht zur Neutralität ge-   **111**
genüber einem Bürgerbegehren verpflichtet. Ihre Befugnis, sich zu einem kassatorischen Bürgerbegehren wertend zu äußern, erfährt jedoch Einschränkungen durch
Kompetenznormen, den Grundsatz der Freiheit der Teilnahme an Bürgerbegehren
und das **Sachlichkeitsgebot**[36]. Letzteres gilt allerdings auch für die Bürgerbegehren,
die, wenn ihre mangelhafte Begründung als Täuschung des Wählerwillens erscheint,
unzulässig sein können[37].

Der plebiszitär-demokratische Charakter des Bürgerbegehrens verleiht diesem einen
besonderen Schutz gegenüber den Handlungen der Gemeindeorgane. Der aus dem
allgemeinen Staatsrecht entwickelte **Grundsatz der Organtreue** gilt auch im Verhältnis der Gemeindeorgane zur Bürgerschaft im Rahmen eines Bürgerbegehrens.
Gleichwohl besteht allein durch Einleitung eines Verfahrens zur Herbeiführung eines
Bürgerbegehrens bzw Bürgerentscheides noch keine generelle „Entscheidungssperre"
für den Rat oder andere Gemeindeorgane[38]. Andererseits ist das Handeln der Gemeindeorgane aber dann als treuwidrig anzusehen, wenn es in der Sache oder hinsichtlich
des dafür gewählten Zeitpunkts bei objektiver Betrachtung nicht durch einen sachlichen Grund gerechtfertigt ist, sondern allein dem Zweck dient, dem Bürgerbegehren
die Grundlage zu entziehen und damit eine Willensbildung auf direkt-demokrati-
schem Wege zu verhindern[39]. So darf der Gemeinderat nicht einseitig durch Beschleunigung von Verfahrensschritten, kombiniert mit einer Verzögerung des Verfahrens des Bürgerbegehrens Fakten schaffen, welche letztlich dem Bürgerbegehren die
Grundlage entziehen[40]. Im Konfliktfall stellt sich mithin die Aufgabe, „die direkte
Bürgerbeteiligung auf kommunaler Ebene mit der Handlungsfreiheit der Gemeinden
und ihrer gewählten Organe zu verbinden"[41].

Rechtsschutzfragen können sich nun in allen diesen geschilderten Stadien des Bür-   **112**
gerbegehrens ergeben, wobei der praktische Schwerpunkt bei den Klagen gegen Entscheidungen über die Unzulässigkeit eines Bürgerbegehrens liegt. In allen denkbaren
Konstellationen geht es im Kern um drei Grundfragen, die miteinander zusammenhängen: Wem steht das geltend gemachte Recht zu? Um welche Art von Recht – In-
nen- oder Außenrechtsverhältnis – handelt es sich? Und welche Klageart steht verwaltungsprozessual zur Verfügung, um das Klageziel zu erreichen? Insoweit lassen
sich sieben verschiedene Fallkonstellationen unterscheiden, deren Thematisierung im
Detail jedoch den Umfang dieses Lehrbuchs sprengen würde, weshalb hier auf die
Rechtsprechung und Spezialliteratur zu verweisen ist[42].

---

36 Vgl OVG NRW, NWVBl. 2004, 151; NVwZ-RR 2017, 251.
37 Dazu OVG SH, NVwZ-RR 2007, 478 (479 f).
38 So OVG NRW, NWVBl. 1998, 328 – „Gesamtschule".
39 Vgl OVG NRW, NWVBl. 2008, 106 (108) – Feststellung der Unzulässigkeit eines Bürgerbegehrens
    zur Verhinderung einer Grundstücksveräußerung als – vorgebliches – Begehren zur Bauleitplanung.
    Vgl zu dieser Konstellation auch OVG NRW, NWVBl. 2008, 67 sowie, mit anderer Wertung, OVG
    Schl.H, NVwZ-RR 2007, 478.
40 Vgl BayVGH, BayVBl. 1998, 85.
41 So BayVerfGH, BayVBl. 1999, 624 (625).
42 Vgl etwa Nds. OVG, Nds.VBl. 1998, 96; OVG NRW, NWVBl. 1998, 273; BayVGH, NVwZ-RR
    2003, 448; OVG Schleswig, NVwZ 2006, 363 f; OVG NRW, NWVBl. 2008, 106 (108); Fallbearbei-
    tung bei *Muckel*, Klausurenkurs zum Besonderen Verwaltungsrecht, 4. Aufl. 2009, S. 202 ff (Fall 23);
    eingehend zum Rechtsschutz *Mann*, Neumann/Renger (Hrsg.), Sachunmittelbare Demokratie im in-
    terdisziplinären und internationalen Kontext, Baden-Baden 2010, S. 79–95.

2.   Einwohnerantrag und Bürgerversammlung

113 Ein weiteres, den Volksinitiativen in den Landesverfassungen vergleichbares Element plebiszitärer Bürgerbeteiligung stellt der **Einwohnerantrag** dar (vgl § 18 KV M-V; § 31 NKomVG; § 25 GO NRW; § 17 rh.pf.GO; § 23 sächs.GO; § 16f schl.h.GO; § 16 thür.KO; § 20b I 1 bd.wtt.GO – in Bayern und Bremen nur als „Bürgerantrag", vgl Art. 18b bay.GO; Art. 87 II bremVerf.). Hierbei handelt es sich um das Recht der Einwohner, durch die Vorlage einer Unterschriftenliste zu beantragen, dass die Gemeindevertretung über bestimmte Angelegenheiten berät, welche im Rahmen ihrer Entscheidungszuständigkeit liegen. Anders als bei Bürgerbegehren und Bürgerentscheid (o. Rn 108) geht es also nicht um die Herbeiführung einer Sachentscheidung im Wege der unmittelbaren Demokratie, sondern lediglich um eine Initiativkompetenz, um bestimmte Agenden auf die Tagesordnung der Gemeindevertretung setzen zu können (Anregungsrecht). Einen Anspruch auf eine bestimmte Sachentscheidung bietet der Einwohnerantrag allerdings nicht, weshalb seine Bedeutung für die kommunale Praxis eher gering zu veranschlagen ist[43].

114 Die **Bürgerversammlung** (Art. 18 bay.GO; § 8a hess.GO; zu Einwohnerversammlungen siehe etwa § 23 II GO NRW; § 20a bd.wtt.GO; § 16 I 2 KV M-V; § 16 rh.pf.GO, § 22 sächs.GO, § 16b schl.h.GO, § 15 I 2 thür.KO) dient der Unterrichtung über bedeutsame Gemeindeangelegenheiten und der plastischen Präsentation und bürgernahen Erörterung gemeindlicher Angelegenheiten.

115 Zutreffend hat der BayVerfGH freilich die gesetzgeberische Verpflichtung betont, „die die Kommunalverfassung nach wie vor prägenden Elemente der repräsentativen Demokratie" mit den vorgenannten Elementen unmittelbarer Demokratie in einer Weise zu verbinden, die sicherstellt, dass die Gemeinden handlungsfähig bleiben. Die **Befugnisse der gewählten Vertretungsorgane** dürfen nicht so beschnitten werden, dass dadurch das Selbstverwaltungsrecht ausgehöhlt wird.

Als verfassungswidrig wurde so der gesetzgeberische Verzicht auf ein Beteiligungs- oder Zustimmungsquorum beim Bürgerentscheid im Zusammenhang mit einer mehrjährigen Bindungswirkung angesehen[44].

Wiederholungs- und Verständnisfragen

1. *Wie unterscheiden sich Einwohner und Bürger?* **Rn 99, 106**
2. *Wie unterscheiden sich Bürgerbegehren und Bürgerentscheid?* **Rn 108, 111**

---

43   Näher zum Einwohnerantrag *Mann*, in: HKWP[3], § 17 Rn 13 f.
44   Vgl BayVerfGH, NVwZ-RR 1998, 82 (84 f).

§ 4 Die innere Gemeindeverfassung

Fall 4: „Die Mini-Fraktion"   **116**

Gertrud Akaweh (A) und Joschka Biolek (B) wurden bei den letzten Kommunalwahlen in Niedersachsen als einzige Listenvertreter der „Bundweite 90/Die Grübler" in den Gemeinderat von Hinterwalde, einer 16 000 Einwohner zählenden niedersächsischen Gemeinde im Landkreis Wesermarsch, gewählt. Sie wollen in dem Gremium, nach dessen Geschäftsordnung eine Fraktion „mindestens drei Gemeinderäte" umfassen muss, eine eigene Fraktion bilden, was ihnen aber durch den Ratsvorsitzenden unter Hinweis auf die Geschäftsordnung des Rates verwehrt wird. A und B verweisen darauf, dass in benachbarten Gemeinden und insbesondere auch in anderen Bundesländern bereits zwei politisch gleichgesinnte Mandatsträger eine Fraktion bilden können.

Hätte eine Klage von A und B beim Verwaltungsgericht Aussicht auf Erfolg? **Rn 148, 191**

I. Überblick über typische gemeindliche Organisationsstrukturen in den Ländern

Besonders mannigfaltig ist das Bild, das die **innere Gemeindeverfassung** in den einzelnen Ländern bietet. Abgesehen von der einheitlichen Differenzierung zwischen der Rechtsstellung des Bürgers und der des Einwohners (dazu vorstehend § 3) lässt sich als übereinstimmende Strukturierung lediglich die Existenz eines den Erfordernissen des Art. 28 I 2 GG entsprechenden **Repräsentativorgans** – allerdings mit divergierenden Bezeichnungen (Rat, Gemeinderat, Gemeindevertretung, Stadtverordnetenversammlung, Stadtrat oder -vertretung) – nachweisen, dem vor allem die Befugnis zukommt, Ortsrecht in Gestalt gemeindlicher Satzungen zu erlassen. Neben diesem repräsentativen Beschlussorgan ist der Gemeinde noch eine Verwaltung zu Eigen, deren Spitze als gleich- oder nachgeordnetes Organ fungiert, wobei die Zuständigkeitsverteilung im Einzelnen jeweils in der betreffenden Gemeindeordnung geregelt ist.   **117**

Die oberste Entscheidungsgewalt kann dabei entweder allein bei der Gemeindevertretung liegen (sog. **monistische Verfassung**), wobei freilich mehr oder minder umfassende Delegationsmöglichkeiten eingeräumt sind, oder sie kann auf zwei Organe aufgeteilt sein, nämlich auf die Gemeindevertretung (Rat) einerseits und auf den Gemeindevorstand (Bürgermeister, Magistrat) andererseits (sog. **dualistische Verfassung**).

1. Die traditionelle Unterscheidung nach Verfassungstypen

Ausgehend von regionalen Besonderheiten und unterschiedlichen historischen Entwicklungslinien des jeweiligen Landesrechts, hatten sich in Deutschland Modelle von Kommunalverfassungen herausgebildet, die durch deutliche Unterschiede in den Grundstrukturen der Organisation der Kommunalverwaltung gekennzeichnet gewesen waren. Im Übergang zum demokratischen Verfassungsstaat nach 1949 haben sich diese Varianten unter Einfluss der Besatzungsmächte zu **vier klassischen Grundtypen von Kommunalverfassungen** verdichtet, denen alle deutschen Flächenländer   **118** über Jahrzehnte hinweg zugeordnet werden konnten, während die Besonderheiten in den Stadtstaaten eine solche Zuordnung unmöglich machten[1]. Durch die Wiedervereinigung hat sich an diesem Zustand zunächst nichts geändert, weil die Kommunalverfassung der DDR[2] in den fünf neuen Ländern durch Kommunalgesetze abgelöst wurde, die seinerzeit weitgehend die Kommunalverfassungstypen der jeweiligen Partnerländer abbildeten. Im letzten Jahrzehnt des 20. Jahrhunderts hat sich jedoch eine deutliche Angleichung der Kommunalverfassungssysteme vollzogen (dazu Rn 123 ff), sodass die überkommene Unterteilung nach den Kommunalverfassungstypen heute nur noch kommunalhistorischen Erkenntniswert besitzt[3].

119 Die **norddeutsche Ratsverfassung**, die von der britischen Besatzungsmacht beeinflusst war und lange den Gemeindeordnungen in Niedersachsen und Nordrhein-Westfalen zu Grunde lag, war im Ansatz ein monistischer Verfassungstypus, weil die Zuständigkeit für alle Angelegenheiten der Gemeindeverwaltung hier grundsätzlich bei der Gemeindevertretung (Gemeinderat) lag. Der Gemeinderat war Dienstvorgesetzter des Hauptverwaltungsbeamten (Gemeinde-, Stadtdirektor), der als nachgeordnetes Verwaltungsorgan unter Verantwortung und Kontrolle des Rates tätig wurde. Den Vorsitz im Rat führte der ehrenamtlich tätige Bürgermeister, dem im Übrigen noch Repräsentationsfunktionen zufielen[4].

120 Kennzeichen der in ihrer organschaftlichen Kompetenzzuordnung dualistisch geprägten **süddeutschen Ratsverfassung**, die seit dem 19. Jh. in Bayern und dem heutigen Baden-Württemberg anzutreffen ist und später auch in Sachsen, Thüringen und (mit Modifikationen) in Sachsen-Anhalt übernommen wurde, sind zwei unmittelbar von den Bürgern gewählte Gemeindeorgane: der Gemeinderat und der (erste) Bürgermeister. Anders als die Bezeichnung dieses Verfassungstyps nahelegt, ist die Stellung des unmittelbar demokratisch legitimierten Bürgermeisters, der die Verwaltungsgeschäfte erledigt, die Gemeinde nach außen vertritt und zugleich als Ratsvorsitzender fungiert, bei der süddeutschen Ratsverfassung besonders stark ausgeprägt[5].

121 In der **Magistratsverfassung**, deren Wurzeln in der Stein'schen Städteordnung von 1808 liegen[6] und die in den Städten Schleswig-Holsteins und in Hessen anzutreffen war, existierten zwei Kollegialorgane mit selbstständigen Entscheidungsbereichen: Neben der aus unmittelbarer Wahl hervorgegangenen Gemeindevertretung (Stadtverordnetenversammlung), dem Beschlussorgan, trat als Vollzugsorgan der von der Gemeindevertretung gewählte Gemeindevorstand (Magistrat), der sich aus dem Bürgermeister und einer bestimmten Zahl von hauptamtlichen oder ehrenamtlichen Beigeordneten zusammensetzte. Zum Kompetenzbereich des Gemeindevorstands gehörten die Erledigung der laufenden Verwaltungsgeschäfte nach Maßgabe der Beschlüsse der Gemeindevertretung und die Vertretung der Gemeinde. Nach der „echten" Magistratsverfassung bedurften die Beschlüsse der Gemeindevertretung sogar der Zustimmung des Magistrats[7]. In Hessen findet sich auch heute noch eine „unechte" Magistratsverfassung, bei welcher der vorerwähnte Zustimmungsvorbehalt entfallen ist und der Bürgermeister vom Volk gewählt wird (vgl §§ 39, 65 ff hess.GO)[8].

---

1 Zu den „Kommunalverfassungen" Berlins, Bremens und Hamburgs vgl die Beiträge von *Hurnik, Göbel* und *Bull*, in: HKWP[3], § 26.
2 Kommunalverfassung vom 17.5.1990 (GBl. DDR I S. 255).
3 Ebenso *Ipsen*, in: HKWP[3], § 24 Rn 8; *Burgi*, KommR, § 10 Rn 5; *Kluth*, W/B/S/K III, § 95 Rn 1.
4 Details bei *Berg*, in: HKWP[2], § 32. Zur Kritik an diesem später „verwässerten" Modell vgl nur *Ehlers*, NWVBl. 1991, 397 ff.
5 Details zur süddeutschen Ratsverfassung bei *Wehling*, in: HKWP[2], § 33.
6 *Kluth*, W/B/S/K III, § 95 Rn 17.
7 Details zur Magistratsverfassung bei *G. Schneider*, in: HKWP[2], § 31.
8 Zur gegenwärtigen Kommunalverfassung in Hessen vgl *J. Ipsen*, HKWP[3], § 24 Rn 74 ff.

Die dem französischem Vorbild folgende **Bürgermeisterverfassung** kennzeichnete traditio- **122**
nell die innere Gemeindeverfassung in Rheinland-Pfalz und (mit Abweichungen) dem Saarland
sowie in den schleswig-holsteinischen Landgemeinden. Sie war ebenfalls dualistisch geprägt,
weil sie den Bürgermeister als zweites Organ konzipierte, der gleichzeitig Ratsvorsitzender und
Leiter der Verwaltung war und dabei über eine Reihe von eigenen, vom Rat unabhängigen
Kompetenzen verfügte. Im Unterschied zur süddeutschen Ratsverfassung wurde der Bürgermeister jedoch nicht unmittelbar von den Bürgern, sondern vom Gemeinderat gewählt[9].

2. Zunehmende Konvergenz der Kommunalverfassungen

Wie bereits vermerkt (Rn 118) haben sich diese vier Grundtypen von Kommunalver- **123**
fassungen spätestens seit den 90er-Jahren durch vielfältige Modifikationen und Über-
lagerungen einander angenähert. Auch wenn insoweit noch nicht von einer Einheitlichkeit der Kommunalverfassungen ausgegangen werden kann, ist doch unverkennbar, dass vor allem die Elemente der süddeutschen Ratsverfassung mit einem infolge
unmittelbarer Wahl durch die Bürger in seiner Position gestärkten Bürgermeister, der
in sich die zentralen Funktionen des stimmberechtigten Vorsitzes im Rat, der Leitung
der (monokratisch strukturierten) Verwaltung und der Repräsentation der Gemeinde
nach außen hin vereinigt, beispielgebend für die kommunale Binnenorganisation in
beinahe allen Ländern geworden ist[10].

In Kauf genommen wird damit freilich zugleich, dass bei dem Bürgermeister eine gegenüber
der Ratsmehrheit unterschiedliche parteipolitische Ausrichtung besteht, die für die kommunale
Willensbildung (bis hin zu gegenseitiger Neutralisierung) relevant werden kann. Gerade dies
aber kann auch als „Filzbremse" wirken[11].

In der Literatur wurde so bereits von einem Umbruch im deutschen Kommunalrecht
hin zu „plebiszitären Bürgermeisterverfassungen"[12] und von „Verfassungssynkretis-
mus"[13] gesprochen.

Insbesondere in Niedersachsen und Nordrhein-Westfalen, die früher der Norddeut- **124**
schen Ratsverfassung folgten, haben sich zahlreiche Veränderungen ergeben:

– Die sog. Doppelspitze wurde abgeschafft. Als kommunaler Wahlbeamter ist nunmehr ein **hauptamtlicher Bürgermeister** (Rn 162 ff) verantwortlich für die Leitung und Beaufsichtigung des Geschäftsgangs der gesamten Verwaltung (§§ 80
V, 85 NKomVG, hier mit dem Sammelbegriff „Hauptverwaltungsbeamtin" bzw.
„Hauptverwaltungsbeamter" bezeichnet; § 62 I 1, 2 GO NRW). Der Bürgermeister, der in NRW zugleich jeweils den Vorsitz in Rat und Hauptausschuss innehat
(vgl §§ 40 II 4, 57 III 1 GO NRW), wird von den Bürgern unmittelbar auf die
Dauer von fünf (NRW) bzw acht (Nds.) Jahren nach den Grundsätzen der Mehr-
heitswahl gewählt (§ 80 I 2 NKomVG; § 65 I GO NRW). Durch die Maßgabe,

---

9   Details zur Bürgermeisterverfassung bei *Dreibus*, in: HKWP[2], § 34.
10 Vgl *v. Arnim*, DÖV 2002, 585 ff; *J. Ipsen*, in: HKWP[3], § 24 Rn 291.
11 So *Wehling*, in: Landeszentrale für politische Bildung Bd.Wtt. (Hrsg.), Der Bürger im Staat, 1999,
    Heft 1/2.
12 So der Titel einer Schrift von *Bovenschulte/Buß* aus dem Jahre 1996, in der aber der Vorschlag einer
    neuen Typologie sich gleichwohl an die vorgenannten Modelle anlehnt.
13 Vgl *Schmidt-Aßmann*, Der Landkreis 1995, 231. Nach *Knemeyer*, JuS 1998, 193 ff ist die „duale Rat-
    Bürgermeister-Verfassung" zur „Leitverfassung" geworden.

dass diese Wahl zeitgleich mit der Wahl des Rates zu erfolgen hat, könnte zudem die Einheitlichkeit der politischen Führung der Gemeinde signalisiert werden. Der Bürgermeister erhält ehrenamtliche Stellvertreter, die ihn bei der Leitung der Ratssitzungen und bei der Repräsentation vertreten und vom Rat aus seiner Mitte gewählt werden (§ 81 II, III NKomVG; § 67 I GO NRW)[14]. Der Bürgermeister kann auch wieder abgewählt werden (vgl § 82 NKomVG; § 66 GO NRW).

125 – Mit dem sog. **Verwaltungsvorstand** (vgl § 70 GO NRW) wurde in NRW ein neues Gremium institutionalisiert, bestehend aus Bürgermeister, hauptamtlichen Beigeordneten und dem Kämmerer, das an die Stelle der früher (auf der Grundlage von § 52 GO NRW aF) vielfach üblichen Beigeordneten- oder Dezernentenkonferenz getreten ist. Ihm wird mangels eigenständiger Entscheidungsbefugnisse die Organqualität abgesprochen[15]. Unter dem Vorsitz des Bürgermeisters, der auch bei Meinungsverschiedenheiten entscheidet, wirkt der Verwaltungsvorstand beratend insbesondere mit bei
– den Grundsätzen der Organisation und der Verwaltungsführung,
– der Planung von Verwaltungsaufgaben mit bes. Bedeutung,
– der Aufstellung des Haushaltsplans,
– den Grundsätzen der Personalführung und Personalverwaltung.

Insofern wurden hier gewisse Elemente der Magistratsverfassung appliziert.

126 – Der in Niedersachsen bestehende **Hauptausschuss** (§§ 74 ff NKomVG) ist hingegen kein Produkt der Reformentwicklungen, sondern als „Zwischenorgan" eine niedersächsische Besonderheit mit langer Tradition. Er besteht aus dem Hauptverwaltungsbeamten und den aus der Mitte der Ratsfrauen und Ratsherren gewählten „Beigeordneten". Seine Kompetenzen liegen in der Vorbereitung der Ratsbeschlüsse und bei der Entscheidung über eine Reihe wichtiger Gemeindeangelegenheiten, zB bei der Vergabe öffentlicher Aufträge[16]. Zudem ergibt sich aus § 76 II NKomVG eine Auffangzuständigkeit des Hauptausschusses für alle Angelegenheiten, in denen andere Kommunalorgane unzuständig sind.

127 – In nahezu allen Gemeindeordnungen wurden die **Mitspracherechte der Bürger** erweitert. Dies gilt nicht nur für die Urwahl des Bürgermeisters, sondern auch für die Einfügung zusätzlicher plebiszitärer Elemente (s. oben Rn 107) wie
– den Einwohnerantrag, durch den der Rat zur Beratung und Entscheidung einer bestimmten Frage gezwungen werden kann (o. Rn 113),
– Bürgerbegehren und Bürgerentscheid, durch die in Gemeindeangelegenheiten an Stelle des Rates entschieden werden kann (o. Rn 108 ff),
– regelmäßige Erörterungsmöglichkeiten aktueller Planungen und Vorhaben im Rahmen von Einwohnerversammlungen (o. Rn 114)
und für die Ausweitung der Zuständigkeiten der Bezirksvertretungen (vgl § 37 GO NRW) und Stadtbezirksräte (§§ 90 ff NKomVG).

---

14 In der differenzierten Vertretungsregelung in einerseits politischen und andererseits administrativen Angelegenheiten wurde in der Lit. eine Fortsetzung der „Doppelspitze" auf niedrigerer Ebene gesehen; vgl *Küpper*, NWVBl. 2001, 209 ff.

15 So jedenfalls *Kirchhof/Plückhahn*, in: Held u.a., KVerf NRW, § 70 GO Anm. 2.1.; umfassend zum Verwaltungsvorstand in NRW *M. Schmitz*, VR 2005, 344 ff.

16 Zu Einzelheiten s. *Hartmann*, in: H/M/M, Landesrecht Nds., § 6 Rn 110 ff.

– Die Regelungen des **Kommunalwirtschaftsrechts** wurden novelliert (dazu unten   **128**
  Rn 288 ff) und die Vorgaben des Haushaltsrechts modifiziert.

So ist in fast allen Ländern die Möglichkeit eröffnet worden, kommunale Unternehmen in
der Rechtsform einer Anstalt des öffentlichen Rechts zu führen (vgl Art. 89 ff bay.GO;
§§ 141 ff NKomVG; § 114a GO NRW – u. Rn 308). Auch in NRW ist die Genehmigungspflicht für die Haushaltssatzung entfallen, das Instrument des Haushaltssicherungskonzepts
(vgl § 75 IV GO NRW) aber beibehalten worden. In MV und Nds. ist die Haushaltssatzung
der Aufsichtsbehörde „vorzulegen", die Teile der Haushaltssatzung, zB Kassenkredite ab
einer bestimmten Höhe, genehmigen muss (vgl §§ 48 f m.v.KVerf.; §§ 114, 119 ff
NKomVG).

– In mehreren Ländern gestattet eine **Experimentierklausel**[17] (zB Art. 117a   **129**
  bay.GO, § 129 GO NRW) die Erprobung neuer kommunaler Steuerungsmodelle,
  die im Kern eine Übernahme von Unternehmensstrukturen in die Kommunalverwaltung verfolgen[18], indem sie eine Freistellung von organisations- und haushaltsrechtlichen Vorschriften ermöglichen.

Einen etwas anderen Ansatz verfolgt das nds. Modellkommunen-Gesetz, durch das ausge-
wählte nds. Kommunen von der Bindung an eine Reihe landesrechtlicher Vorschriften befreit werden, um „bürokratische Hemmnisse" abzubauen[19].

3. Zum Gewicht politischer Parteien

Es liegt auf der Hand, dass die Kompetenzverteilung auf die einzelnen Gemeindeor-   **130**
gane nach Maßgabe der jeweiligen Landesvorschriften nicht unbeträchtliche Diver-
genzen aufweist. Besondere Betonung verdient jedoch, dass bei allen Organisationsformen für die verfassungsgeforderte demokratische Legitimation der zu treffenden
Entscheidung (vgl oben Rn 81) hinreichende Vorsorge getroffen ist. Hieraus ergibt
sich wiederum, dass die herausragende Stellung der **politischen Parteien**[20] bei der
politischen Willensbildung auch und gerade auf der kommunalen Ebene durch-
schlägt.

So kann sich aus dem in Art. 21 I, 3 I GG gewährleisteten Grundsatz der Chancengleichheit der
Parteien eine Pflicht des Gesetzgebers und ein entsprechender Anspruch zu diesem Zeitpunkt
am Verfassungsleben beteiligter politischer Parteien ergeben, eine die Chancengleichheit berührende Norm des Wahlrechts zu überprüfen und ggf zu ändern[21].

Nichtsdestoweniger bieten sich hier aber auch umfängliche Mitgestaltungschancen   **131**
für **Bürgerinitiativen**, freie Wählergruppen[22] und sonstige örtliche Vereinigungen,

---

17 Vgl näher *Lange*, DÖV 1995, 770 ff; *Brüning*, DÖV 1997, 278 ff; *Beck/Schürmeier*, LKV 2004, 488.
18 Zu ihnen näher *v. Mutius*, in: FS Stern, 1997, S. 685 ff mwN; *Pünder*, DÖV 2001, 70 ff; *Bannack-
    Bennefeld* ua, Verwaltungsmodernisierung/Neue Steuerungsmodelle, 2002.
19 Vgl das Gesetz zur modellhaften Erweiterung kommunaler Handlungsspielräume vom 8.12.2005
    (Nds. GVBl. S. 386); dazu nds. LT-Drs. 15/2011.
20 Vgl Art. 21 GG; zum Begriff siehe § 2 I ParteiG: „Vereinigung von Bürgern, die [...] an der Vertre-
    tung des Volkes im Deutschen Bundestag oder einem Landtag mitwirken wollen".
21 BVerfGE 107, 286 (294 f); – OVG NRW, HGZ 2006, 308. Als Verfahrensart kommt der Organstreit
    in Betracht.
22 Zum Recht auf Chancengleichheit kommunaler Wählervereinigungen s. BVerfG, DVBl. 2008, 910
    (912 f).

insbesondere infolge der unmittelbaren Wahl des Bürgermeisters und einer Erweiterung des Instrumentariums unmittelbarer Demokratie auf kommunaler Ebene (Rn 107 ff).

II. Der Rat als unmittelbar demokratisch legitimiertes Gemeindeorgan

132 Dem Rat kommt – wie auch immer die kommunale Organisationsstruktur im Einzelnen sein mag – schon von Verfassungs wegen nach Art. 28 I 2 GG (dazu oben Rn 75 ff) die Rolle der „zentralen Führungsinstanz der Gemeinde" zu[23].

Dies wird in einigen Ländern in der Gemeindeordnung plakativ herausgestellt[24]. Gleichwohl kann der Rat nicht allein unter Berufung hierauf einem gleichfalls unmittelbar von den Gemeindebürgern gewählten Bürgermeister, der damit ebenfalls unmittelbar demokratisch legitimiert ist, mit der Aufgabe der Verwaltungsleitung verknüpfte zentrale Personalführungskompetenzen entziehen und auf sich verlagern[25].

Zwingende Regelungen der Gemeindeordnung über die Abgrenzung der Zuständigkeiten von Gemeinderat und Bürgermeister können durch kommunale Satzung oder Geschäftsordnung des Rates nicht ausgehebelt werden[26].

1. Die Stellung der Ratsmitglieder

133 Die Ratsmitglieder werden jeweils für mehrere, in der Regel für fünf Jahre[27] (Bayern: sechs Jahre) nach Maßgabe spezieller **Kommunalwahlgesetze** gewählt.

a) Wahl

134 Übliches Wahlsystem ist das der Verhältniswahl (vgl § 4 II NKWG; § 31 KWahlG NRW)[28]. In mittlerweile zehn[29] Bundesländern hat der Wähler die Möglichkeit des Kumulierens (Stimmenhäufung auf einen Bewerber) und des Panaschierens (Verteilung von Stimmen auf Bewerber verschiedener Listen). Hierdurch wird das Element der Personenwahl viel stärker akzentuiert, als es noch vor einigen Jahren der Fall war, als mit Ausnahme der süddeutschen Länder überwiegend das System der starren Listen galt.

---

23 So BVerwG, DVBl. 1993, 890 (891) unter Hinweis auf BVerfGE 47, 253 (275); ausführlich zum Recht der Gemeindevertretung *Ehlers*, in: HKWP[3], § 21.
24 Vgl Art. 29 bay.GO; § 22 I 1 m.v.KVerf: „die Vertretung der Bürger und das oberste Willensbildungs- und Beschlussorgan der Gemeinde"; § 45 I 1 NKomVG: „das Hauptorgan der Gemeinde".
25 VG Aachen, DÖV 2002, 30 f unter Bezugnahme auf BayVGH, BayVBl. 1992, 375.
26 BayVGH, BayVBl. 1992, 375 (376).
27 Vgl etwa § 36 hess.GO; § 6 I m.v.KWG; § 47 II NKomVG; § 42 I 1 GO NRW.
28 Vgl im Einzelnen die Darstellung bei *H. Meyer*, in: HKWP[3], § 20 Rn 40, 64 ff, 76 ff. Zur Praxis und Verfassungsmäßigkeit der Sitzzuteilung *Elster*, D'Hondt, Hare/Niemeyer und Sainte-Laguë bei Kommunalwahlen in Deutschland, 2016, passim.
29 Starre Listen kennen nur noch Bremen und das Saarland. In NRW und Schl.H. wurde mit der Direktwahl der Hälfte der Kandidaten eine andere, freilich etwas schwächere Variante der Personenwahl eingeführt, vgl näher *H. Meyer*, in: HKWP[3], § 20 Rn 80 ff.

Gegen die Gültigkeit einer Wahl kann nach Maßgabe der Vorschriften des jeweiligen Kommunalwahlgesetzes innerhalb von zwei Wochen[30] nach Bekanntmachung des Wahlergebnisses Einspruch und gegen den daraufhin von der neugewählten Vertretung zu treffenden Beschluss bzw gegen die von der Rechtsaufsichtsbehörde getroffene Entscheidung Klage beim zuständigen Verwaltungsgericht erhoben werden (vgl Art. 51 bay.GLKrWG; § 45 II m.v.KWG; § 49 II NKWG; § 41 KWahlG NRW).

Einer solchen materiellen Präklusion (dazu bereits oben Rn 38) von Vorbringen gegen die Gültigkeit einer Kommunalwahl nach Ablauf der Einspruchsfrist wird von der Rspr Vereinbarkeit auch mit Art. 19 IV GG attestiert, und zwar mit Rücksicht auf die Ausgestaltung des Wahlanfechtungsverfahrens, in dessen Rahmen es überwiegend nicht um die Geltendmachung subjektiver Rechte gehe und im Hinblick auf das öffentliche Interesse an einer schnellen Klärung der Gültigkeit der Wahl[31].

Die vom BVerfG[32] gezogenen Grenzen für die **Öffentlichkeitsarbeit** der Bundesregierung in der Vorwahlzeit haben Geltung auch für die Gestaltung der Öffentlichkeitsarbeit der Gemeinden vor einer Kommunalwahl (s. auch Rn 78). Das Recht auf chancengleiche Teilnahme an der Wahl wird durch Maßnahmen gemeindlicher Öffentlichkeitsarbeit allerdings nur dann verletzt, wenn die Grenzen zu unzulässiger Wahlwerbung in einem ins Gewicht fallenden, spürbare Auswirkungen auf das Wahlergebnis nahelegenden Umfang überschritten worden sind[33].

Soweit die Funktionsfähigkeit einer kommunalen Vertretung gefährdet ist, darf der Gesetzgeber sie, wie dies für Bundestags- und Landtagswahlen vorgesehen ist (vgl § 6 III BWahlG: 5% – dazu BVerfGE 82, 322), auch hier durch eine sog. **Sperrklausel** absichern, doch unterliegt eine Sperrklausel in Höhe von 5% im Kommunalwahlrecht weitaus stärkeren Verfassungsbedenken[34]. **135**

Die Annahme einer drohenden Funktionsunfähigkeit beinhaltet eine Prognose, für die der zuständige Gesetzgeber alle Gesichtspunkte heranziehen und in eine Abwägung einstellen muss, die in rechtlicher und tatsächlicher Hinsicht für die Einschätzung der Erforderlichkeit einer solchen Sperrklausel erheblich sind. Zwar kommt auch im Kommunalwahlrecht als Rechtfertigungskriterium für Differenzierungen hinsichtlich der Grundsätze der Wahlgleichheit und der Chancengleichheit auch die Wahrung der Funktionsfähigkeit des zu wählenden Organs in Betracht. Welche Anforderungen insoweit zu stellen und ob diese tatsächlich erfüllt sind, muss für das Kommunalwahlrecht jedoch abweichend vom Parlamentsrecht gesondert beurteilt werden. Die Beurteilung hat anhand der konkreten Funktionen des zu wählenden Organs zu erfolgen, wobei insbesondere zu berücksichtigen ist, dass die kommunalen Vertretungskörperschaften keine Parlamente im staatsrechtlichen Sinne sind (siehe hierzu auch Rn 80), insbesondere keine Kreationsfunktion für eine Regierung haben[35].

---

30 § 43 I m.v.KWG, § 46 III NKWG, entspr. Art. 36 S. 1 bay.GLKrWG: binnen 14 Tagen; abweichend § 39 KWahlG NRW: binnen eines Monats.
31 Siehe etwa BVerwG, DVBl. 1989, 928 f.
32 Vgl BVerfGE 63, 230 (243 f).
33 Vgl BVerwGE 104, 323 ff; 118, 101 ff; OVG RhPf., DÖV 2001, 830; BayVGH, NVwZ-RR 2004, 440.
34 Vgl BVerfGE 107, 286 (294); 120, 82 (90 ff); VerfGH NRW, NVwZ 2009, 1096 ff; DVBl. 2009, 250 (250 f); Thür.VerfGH, KommJur 2008, 258 ff. Zusammenfassend *H. Meyer*, in: HKWP³, § 20 Rn 70 ff; *J. Ipsen*, ebd, § 24 Rn 297 ff; *Theis*, KommJur 2010, 168 ff.
35 BVerfG, DVBl. 2008, 443 (445) weist darauf hin, dass eine Sperrklausel vor allem nicht instrumentalisiert werden darf, um verfassungsfeindliche Parteien von der Beteiligung an kommunalen Vertretungskörperschaften fernzuhalten. Diesbezüglich ist auf das Verbotsmonopol des BVerfG nach Art. 21 II GG zu verweisen.

Eine politische Partei kann im Wege des Organstreits geltend machen, die vom Wahlgesetzgeber vorausgesetzte tatsächliche oder normative Grundlage habe sich geändert oder die bei Erlass der Bestimmung getroffene Prognose habe sich als irrig erwiesen[36].

136 Die **Gesamtzahl** der zu wählenden Vertreter richtet sich nach der Gemeindegröße und schwankt etwa in Niedersachsen (vgl § 46 NKomVG) zwischen sechs (für Gemeinden bis zu 500 Einwohnern) und 66 (für Gemeinden mit mehr als 600 000 Einwohnern).

b) Rechte und Pflichten

137 aa) Die gewählten Ratsmitglieder haben umfassende **Mitwirkungsrechte** bei der Beratung und der Entscheidung in allen Gemeindeangelegenheiten[37]. Dabei besteht ein Recht auf gleichberechtigte Mitwirkung, das sich nicht nur auf das Abstimmungsverfahren – gleicher Zählwert der Stimmen –, sondern auch auf die der Abstimmung vorausgehende Beratung bezieht[38]. Dieses umfasst auch ein umfassendes Informationsrecht und einen Anspruch auf angemessene Unterrichtung, wobei der Umfang der Angemessenheit vom Einzelfall abhängt[39].

Beispiel: Personalunterlagen vor der Wahl eines Beigeordneten[40] oder der Bestellung eines Amtsleiters[41].

Einschränkungen dieser Mitwirkungsrechte bestehen nur nach Maßgabe **gesetzlicher Ausschließungsgründe**, so bei konkreten Einwänden[42] in Gestalt von möglichen unmittelbaren Vor- und Nachteilen einer Entscheidung für den Betreffenden oder einen seiner Angehörigen (vgl Art. 49 bay.GO; § 24 m.v.KVerf.; § 41 NKomVG; §§ 43 II, 31 GO NRW).

Die Möglichkeiten der Geltendmachung resp. die Rechtsfolgen einer Verletzung des Mitwirkungsverbots sind unterschiedlich geregelt. Gemäß Art. 49 IV bay.GO, § 41 VI NKomVG und § 31 VI GO NRW hat die Mitwirkung eines wegen persönlicher Beteiligung ausgeschlossenen Ratsmitgliedes die Ungültigkeit eines Beschlusses nur dann zur Folge, wenn sie für das Abstimmungsergebnis entscheidend war. Dagegen ist gemäß § 22 VI rh.pf.GO und § 24 IV, V m.v.KVerf. eine entsprechende Entscheidung unwirksam. Sie gilt jedoch als von Anfang an wirksam, wenn sie nicht innerhalb von drei Monaten vom Bürgermeister oder von der Aufsichtsbehörde aufgehoben wird. Die Wirksamkeit tritt nicht gegenüber demjenigen ein, der vor Ablauf der Dreimonatsfrist einen förmlichen Rechtsbehelf eingelegt hat, wenn im Verlauf dieses Verfahrens der Mangel festgestellt wird[43].

---

36 Vgl BVerfGE 107, 286 (294).
37 Art. 48 I 2 bay.GO untersagt sogar – im Einklang mit der bay.Verf., so BayVerfGH, BayVBl. 1984, 621 – eine Stimmenthaltung. Siehe dazu auch BayVGH, BayVBl. 1985, 339; ausführlich zu den Rechten der Ratsmitglieder *Ehlers*, in: HKWP³, § 21 Rn 14 ff.
38 OVG NRW, NWVBl. 1992, 20 (21).
39 OVG Koblenz, KommJur 2011, 54.
40 Vgl OVG NRW, NWVBl. 2002, 381.
41 Vgl OVG NRW, NWVBl. 2002, 266.
42 Zu Ansätzen einer Abwehr von „abstrakten" Interessenkollisionen durch Inkompatibilitätsregelungen s. oben Rn 100.
43 Umfassend zum Mitwirkungsverbot *Röhl*, Jura 2006, 725 ff.

Der in diesen Bestimmungen niedergelegte Grundsatz der **Unbefangenheit** bei Bera-   **138**
tung und Entscheidung von kommunalen Angelegenheiten hat zum Ziel, die auf
einem Ausgleich der Individual- und Gemeinwohlinteressen beruhenden Rats- und
Ausschussentscheidungen von individuellen Sonderinteressen der Gremienmitglieder
freizuhalten, um so das Vertrauen der Bürger in eine unvoreingenommene Kommunalverwaltung zu stärken. Es soll bereits der Anschein von Korruption und Vettern-
wirtschaft vermieden werden. Diese Zielsetzung ist auch maßgeblich für die Interpretation der relevanten Tatbestandsmerkmale (wie „unmittelbarer Vorteil")[44]. Zu Recht
betont wird die Notwendigkeit einer **wertenden Betrachtung** der Verhältnisse des
Einzelfalles und die Irrelevanz *des tatsächlichen Bestehens* einer Interessenkollision,
sondern das Genügen einer entsprechenden **Befürchtung** und hierbei das Ausreichen
einer konkreten Möglichkeit im Sinne einer **hinreichenden Wahrscheinlichkeit** des
Eintritts eines Sondervorteils oder -nachteils[45].

Zu verbreiteter Unsicherheit in der kommunalen Praxis in NRW geführt hat eine OVG-Ent-
scheidung, in der ein Mitwirkungsverbot für Schulhausmeister bei der Ratsentscheidung über
die Abberufung des für den Schulbereich zuständigen städtischen Beigeordneten konstatiert
wurde. Es ist jedoch nicht angängig, Aussagen, die mit Blick auf den dort festgestellten konkreten Interessenwiderstreit getroffen wurden, zu verallgemeinern[46].

Verlässt ein Ratsmitglied eine Sitzung in der irrigen Meinung, befangen zu sein, kann
dies allein nicht zur Rechtswidrigkeit eines in seiner Abwesenheit gefassten Beschlusses führen. Rechtswidrig wäre ein solcher nur, wenn der Rat zu Unrecht eine
Ausschlussentscheidung getroffen hätte[47].

bb) Für ihre Tätigkeit stehen den Ratsmitgliedern Ansprüche auf Ersatz des Ver-   **139**
dienstausfalls und auf angemessene **Aufwandsentschädigung** zu (vgl Art. 20a
bay.GO; § 27 m.v.KVerf.; § 44 NKomVG; § 45 GO NRW).

cc) Obschon die **Ratsmitglieder** dem Status nach nicht einem Parlamentsabgeord-
neten gleichgestellt werden können – es fehlen konsequenterweise etwa Immunitäts-
und Indemnitätsbestimmungen –, sind sie ebenfalls verpflichtet, in ihrer Tätigkeit
ausschließlich nach dem Gesetz und ihrer freien, nur durch Rücksicht auf das öffentliche Wohl bestimmten Überzeugung zu handeln; sie sind **an Aufträge nicht gebunden**[48] (vgl § 23 III m.v.KVerf.; § 54 I NKomVG; § 43 I GO NRW). Ein sog. imperatives Mandat und ein förmlicher Fraktionszwang sind damit unzulässig. Spezielle
Aussagen enthalten die Gemeindeordnungen über **Verschwiegenheitspflichten**[49]
inkl. der Genehmigungspflicht für Zeugenaussagen usw (vgl § 23 VI m.v.KVerf.;

---

44 So OVG NRW, NVwZ 1984, 667 (668). Plastisch die Klausuraufgabe von *Weides*, NWVBl. 1989,
    452 ff.
45 So Bd.Wtt.VGH, NVwZ-RR 1993, 504 f.
46 Vgl OVG NRW, Eildienst LKT NRW 1987, 108 und kritisch hierzu *Ehlers*, NWVBl. 1990, 49. Zu
    Mitwirkungsverboten in kommunalen Zweckverbänden und Gesellschaften wegen möglicher Interes-
    senkollisionen s. *Grawert*, NWVBl. 1998, 209 ff.
47 So VGH Bd.Wtt., NVwZ 1987, 1103 f; s. auch *Müller-Franken*, BayVBl. 2001, 136 ff; *Ehlers*, in:
    HKWP³, § 21 Rn 39 ff.
48 Dazu BayVerfGH, BayVBl. 1984, 621 (622).
49 Dazu detailliert OVG Rh.-Pf., NVwZ-RR 1996, 685 ff und *Ehlers*, in: HKWP³, § 21 Rn 20 f. S. auch
    BVerwG, DVBl. 1990, 153 f und BayVGH, BayVBl. 1989, 81.

§ 40 NKomVG; §§ 30, 43 II GO NRW). Gegenüber ihrer Gemeinde stehen die Ratsmitglieder in einem besonderen **Treueverhältnis** (vgl § 42 NKomVG; §§ 32 I 1, 43
II GO NRW).

Daraus erwächst etwa gemäß Art. 50 bay.GO, § 26 m.v.KVerf., § 42 I NKomVG bzw § 32 I 2
GO NRW das Verbot, Ansprüche Dritter gegen die Gemeinde geltend zu machen, was namentlich für Rechtsanwälte Einschränkungen ihres Tätigkeitsfeldes mit sich bringt. Diese Bestimmungen gehören zum traditionellen Gemeindeverfassungsrecht und stellen typische kommunalrechtliche Kollisionsnormen dar. Streit besteht hinsichtlich einer Berührung des Schutzbe-
reiches von Art. 12 I GG. Angesichts des Schutzgutes – Sicherung der „Sauberkeit im öffentlichen Leben", Verhinderung eines möglichen Interessenwiderstreits infolge Doppelfunktion –
ließe sich jedenfalls ein Eingriff in die Freiheit der Berufsausübung durch hinreichende Ge-
meinwohlgründe rechtfertigen[50]. Nach bisheriger Rspr war es verfassungsrechtlich auch nicht
zu beanstanden, wenn ein Gericht in einem betreffenden Rechtsstreit einen dem Rat der Gemeinde angehörenden Rechtsanwalt wegen Verstoßes gegen das kommunalrechtliche Vertre-
tungsverbot als Prozessbevollmächtigten zurückwies[51].

140   dd)   Schließlich stellt sich die Frage nach der **Haftung der Gemeinderatsmitglieder** bspw bei Fehlern in der Aufstellung eines Bebauungsplans. Eine Haftungsbe-
gründung aus § 839 BGB ist für Ratsmitglieder mangels fehlender Eigenschaft als
Beamter im statusrechtlichen Sinne nicht einschlägig. Vielmehr ergibt sich eine
Amtshaftung aus Art. 34 GG, denn ein Ratsmitglied ist Beamter im haftungsrechtlichen Sinn und ist für Verstöße gegen seine Fürsorgepflicht verantwortlich[52].

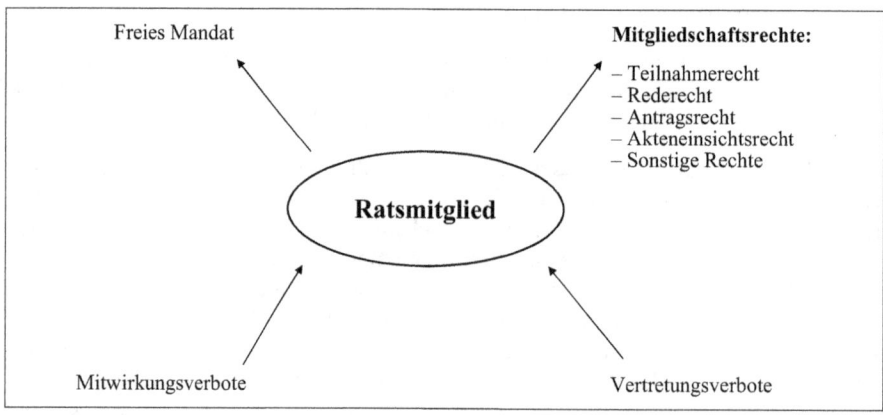

Übersicht 3: Rechtsstellung der Ratsmitglieder

---

50   So deutlich BVerfG(K), NJW 1988, 694 f mit Nachw. zum Streitstand.
51   So etwa BVerfGE 52, 42; offenlassend aber BVerfG(K), NJW 1988, 694 (695) mit der Erwägung, ob
     nicht bei einem Gesetzesverstoß lediglich kommunalrechtliche Sanktionen angebracht sind. S. auch
     OVG NRW, NWVBl. 2002, 264 zum Ratsmitglied als gesetzlichem Vertreter einer Stiftung, die An-
     sprüche gegen die Gemeinde geltend macht.
52   So auch *Mager*, Die Haftung von Gemeinderatsmitgliedern, GemHH Sonderausgabe 2014, 3 (4 f).

2. Zuständigkeiten des Gemeinderates

Der **Zuständigkeitsbereich** des Rates richtet sich nach den gesetzlichen Bestimmun- **141** gen im jeweiligen Landesrecht. Gängige gesetzgeberische Gestaltungsmittel sind dabei

- eine **Zuständigkeitsvermutung** zu Gunsten des Rates (vgl Art. 29 bay.GO, § 22 II m.v.KVerf.; § 41 I 1 GO NRW),
- eine **Auflistung** von Ratskompetenzen (vgl § 58 I, II, III NKomVG),
- die Ermächtigung zur **Delegation** von Ratskompetenzen (vgl Art. 32 II 1 bay.GO; § 22 II 1 m.v.KVerf.; § 58 V NKomVG; § 41 II GO NRW),
- die Bestimmung eines **Aufgabenkreises, den der Rat nicht übertragen darf** (vgl Art. 32 II 2 bay.GO; § 22 III m.v.KVerf.; § 58 I, II NKomVG; § 41 I 2 GO NRW).

Beispiele:
- allg. Grundsätze und Richtlinien, nach denen die Verwaltung geführt werden soll,
- Erlass, Änderung und Aufhebung von Satzungen,
- Erlass der Haushaltssatzung und des Stellenplans,
- Errichtung und Auflösung von kommunalen Unternehmen,
- Gebietsänderungen,
- Verleihung und Entziehung von Ehrenbürgerrechten oder Ehrenbezeichnungen,
- Wahl der Beigeordneten und der Mitglieder und deren Vertreter der Ausschüsse,
- Erhebung öffentlicher Abgaben.

3. Verfahren im Gemeinderat

Das vom Rat einzuhaltende **Verfahren** ist in seinen Grundzügen gesetzlich nor- **142** miert[53]. Von besonderem rechtlichem Interesse sind die Bestimmungen über

- die Einberufung des Rates (Art. 46 II bay.GO; § 29 I m.v.KVerf.; § 59 I NKomVG; § 47 GO NRW),
- die Festsetzung der Tagesordnung und Initiativrechte (vgl Art. 46 II 2 bay.GO; § 29 I m.v.KVerf.; § 59 I NKomVG; § 48 I 2 GO NRW),

Siehe dazu unten den **Ausgangsfall zu § 5**, insbes. Rn 204[54].

Eine Erweiterung der Tagesordnung in der Sitzung durch Ratsbeschluss ist teilweise nur mit qualifizierter Mehrheit möglich und/oder dann, wenn es sich um Angelegenheiten handelt, die keinen Aufschub dulden oder die von äußerster Dringlichkeit sind (so § 29 IV m.v.KVerf.; § 59 III 5 NKomVG; § 48 I 5 GO NRW). Von einer Unaufschiebbarkeit ist auszugehen, wenn die Entscheidung nicht bis zur nächsten Sitzung aufgeschoben werden kann, ohne dass objektiv Nachteile für die Gemeinde eintreten, die nicht wieder rückgängig gemacht werden können[55].

- die Sitzungsöffentlichkeit (vgl Art. 52 II-IV bay.GO; § 29 V 1 m.v.KVerf.; § 64 **143** NKomVG; § 48 II GO NRW),

Gerade auf der kommunalen Ebene fallen viele der den Bürger betreffenden Entscheidungen, an deren Zustandekommen er besonderes Interesse hat. Die Öffentlichkeit der Sitzun-

---

53 Ausführlich dazu *Ehlers*, in: HKWP³, § 21 Rn 71 ff.
54 Anschaulicher Übungsfall auch bei *Lange*, VR 2005, 204 ff.
55 So OVG NRW, OVGE 28, 235 (242).

gen wird daher als ein tragender Grundsatz des Kommunalrechts angesehen[56]. Hierzu gehört, dass jedermann die Möglichkeit hat, sich ohne besondere Schwierigkeit Kenntnis von Ort und Zeit der Sitzung zu verschaffen, und dass für jedermann im Rahmen der – angemessenen – tatsächlichen Gegebenheiten freier Zutritt zu der Sitzung als Zuhörer eröffnet ist. Durch den Beginn von Ratssitzungen an Werktagen um 16.15 Uhr wird dieser Grundsatz – auch mit Blick auf Berufstätige – nicht verletzt[57].

Die Voraussetzungen für eine nichtöffentliche Beratung im Rat liegen regelmäßig dann vor, wenn das prozesstaktische Vorgehen in einem von der Gemeinde geführten Rechtsstreit zum Gegenstand der Erörterung im Rat gemacht werden soll[58]. Vorberatende Ausschüsse des Rates brauchen freilich in Ermangelung ausdrücklicher landesgesetzlicher Vorgaben nicht öffentlich zu tagen[59]. Spezielle bundesgesetzliche Regelungen (wie in § 71 III 4 SGB VIII für den Jugendhilfeausschuss; zu ihm noch Rn 153) gehen vor[60].

Ratsmitgliedern und Ratsfraktionen steht ein eigenes wehrfähiges subjektives Organrecht auf Wahrung der Grundsätze der Sitzungsöffentlichkeit durch den Ratsvorsitzenden und den Rat zu[61]. Dieser gegen den Ratsvorsitzenden gerichtete klagbare Anspruch auf Beseitigung der Störungen ihrer Mandatsausübung steht den Ratsmitgliedern auch dann zu, wenn die Störungen im Rahmen einer Ratssitzung von Zuhörern ausgehen[62].

144 – die Geschäftsordnung des Rates (vgl Art. 45 bay.GO; § 29 II 2, III 1 m.v.KVerf.; §§ 66, 69 NKomVG; §§ 47 II, 48, 51 II GO NRW)[63],

Der Gemeinderat als kommunale Vertretung ist, auch wenn aus Wahlen im Sinne von Art. 28 I 2 GG hervorgegangen, Organ einer Selbstverwaltungskörperschaft und kein Parlament[64]. Bei der Geschäftsordnung des Rates handelt es sich daher auch nicht – wie bei den Parlamenten auf Bundes- oder Landesebene – um eine Satzung, sondern um eine auf der Organautonomie gründende interne Verfahrensvorschrift (daher auch keine Publikationspflicht), die freilich für die Ratsmitglieder unmittelbar Rechte und Pflichten begründet[65].

Ein Verstoß gegen diese GeschO führt daher auch nicht per se zur Unwirksamkeit des betreffenden Ratsbeschlusses, es sei denn, die in Rede stehende Vorschrift der GeschO gibt ihrerseits zwingende gesetzliche Vorgaben wieder[66].

145 – die Beschlussfähigkeit (vgl Art. 47 bay.GO; § 30 m.v.KVerf.; § 65 NKomVG; § 49 GO NRW) sowie

– die Abstimmungsformalitäten (namentlich, geheim oder – im Regelfall – offen)[67] und Abstimmungsmehrheiten (vgl Art. 51 bay.GO; § 31 m.v.KVerf.; § 66 NKomVG; § 50 GO NRW).

---

56 Vgl VerfGH NRW, OVGE 31, 309 (311).
57 So OVG Saarl., DÖV 1993, 964 ff. Zur grundsätzlich zulässigen Wahl eines auswärtigen Sitzungsortes, wenn jedermann die tatsächliche und rechtliche Möglichkeit zur Sitzungsteilnahme hat, vgl OVG NRW, NVwZ 1990, 186.
58 So OVG NRW, DVBl. 2001, 1281.
59 Hierzu BayVGH, BayVBl. 1990, 53; s. aber auch OVG NRW, OVGE 35, 8.
60 Sächs.OVG, SächsVBl. 2000, 162.
61 Str, vgl OVG NRW, DVBl. 2001, 1281; aA Bd.Wtt. VGH, DVBl. 1992, 981 f; NVwZ-RR 1994, 229 f. Zur Rechtsfolge einer Verletzung des Öffentlichkeitsgrundsatzes (Unwirksamkeit eines gefassten Beschlusses) s. OVG Schl.-H., NVwZ-RR 2003, 774.
62 VG Arnsberg, NWVBl. 2008, 113.
63 Dazu näher *Rothe*, DÖV 1991, 486 ff.
64 So ausdrücklich BVerfGE 78, 344 (348); s. auch oben Rn 80.
65 So OVG NRW, OVGE 31, 10 (17); vgl auch Bd.Wtt.VGH, ESVGH 22, 180.
66 So OVG NRW, NWVBl. 1997, 69.
67 Vgl OVG NRW, OVGE 35, 83 u. NWVBl. 1994, 133 sowie OVG Lüneburg, DÖV 1985, 152.

Regelmäßig genügt die sog. einfache Mehrheit. Stimmengleichheit bedeutet Ablehnung des Antrages (§ 66 I 2 NKomVG; § 50 I 2 GO NRW). Stimmenthaltungen – nach bay. Kommunalrecht unzulässig[68] – und ungültige Stimmen zählen zwar zur Feststellung der Beschlussfähigkeit mit, nicht aber zur Berechnung der Mehrheit (§ 31 I 3 m.v.KVerf.; § 50 V GO NRW).

4. Fraktionen

Ratsmitglieder können sich zu einer **Fraktion**[69] zusammenschließen, wobei teilweise gesetzlich eine Mindeststärke festgelegt ist (§ 23 V 2 m.v.KVerf.; § 57 NKomVG; § 56 I 2 GO NRW)[70]. Nähere Einzelheiten über die Bildung der Fraktionen sowie ihre Rechte und Pflichten regelt die Geschäftsordnung (vgl § 23 V 6 m.v.KVerf.; § 57 V NKomVG; § 56 IV 2 GO NRW)[71]. **146**

Aus dem Grundgesetz lässt sich kein Anspruch einer Ratsfraktion ableiten, in jedem der Ausschüsse des Rates (dazu im Folgenden Rn 151) unabhängig von der Zahl ihrer Mitglieder mit Sitz und Stimme vertreten zu sein[72], doch sehen einige Gemeindeordnungen vor, dass uU Mitglieder mit beratender Stimme in den Ausschuss entsandt werden dürfen (vgl zB § 71 IV 1 NKomVG).

Die Wahrnehmung eines kommunalen Mandats muss allerdings auch ungeachtet der Zugehörigkeit zu einer Fraktion möglich sein, sodass ein **fraktionsloses Ratsmitglied** zumindest *einen* vollwertigen, dh mit Rede-, Antrags- und Stimmrecht ausgestatteten Ausschusssitz beanspruchen kann[73]. **147**

Lösungshinweis zu Fall 4 (Rn 116): Zur Zulässigkeit einer Klage näher unten Rn 191. Für die Begründetheit gilt insoweit: Die Feststellungsklage ist begründet, wenn das behauptete Rechtsverhältnis besteht, wenn A und B also berechtigt sind, zu zweit eine Fraktion im Gemeinderat von Hinterwalde zu bilden. Die GeschO sieht vor, dass zur Fraktionsbildung mindestens drei Stadträte erforderlich sind. Fraglich ist, ob diese Rechtsvorschrift ihrerseits mit höherrangigem Recht vereinbar ist. **148**

Rechtsgrundlage für die GeschO ist § 69 NKomVG. Darin können Bestimmungen über Fraktionen aufgenommen werden, wie sich aus § 57 V NKomVG ergibt. Die Vorschrift ermächtigt zur Regelung von „Einzelheiten über die Bildung der Fraktionen". Einem Gemeinderat als unmittelbar demokratisch legitimierter Repräsentanz der Bürger kommt bei der Regelung seiner inneren Angelegenheiten kraft seiner Autonomie eine weitgehende Gestaltungsfreiheit zu. Der Rat ist bei seiner Regelung jedoch nicht völlig frei. So darf die Frage, welches Quorum für die Bildung einer Fraktion in einem Gemeinderat vorausgesetzt werden darf, nicht frei entschieden werden, sondern muss bestimmten Sachgesetzlichkeiten folgen. Hierzu zählt etwa der Zweck einer Fraktionsbildung, der darin besteht, durch kollektive

68 Vgl Art. 48 I 2 bay.GO; dazu BayVerfGH, BayVBl. 1984, 621; BayVGH, BayVBl. 1985, 339.
69 Zum Begriff der Ratsfraktion OVG NRW, DVBl. 2005, 651 f.
70 Dazu VerfG M.V., NordÖR 2005, 61 ff m. Anm. *Meyer*, NordÖR 2005, 101 f.
71 Ausführlich zum Recht der Fraktionen im Gemeinderat *Suerbaum*, in: HKWP³, § 22; *Ehlers*, ebd, § 21 Rn 54 ff.
72 Vgl BVerwG, DVBl. 1993, 890; OVG Rh.Pf. NVwZ-RR 1996, 460 (461).
73 Vgl OVG Bremen, DVBl. 1990, 829 zur Bremerhavener Stadtverordnetenversammlung im Anschluss an BVerfGE 80, 188 ff; aA BVerwG, NVwZ-RR 1994, 109; VGH BW, NVwZ 1990, 893; OVG Rh.Pf., NVwZ-RR 1996, 460 f; *Suerbaum*, in: HKWP³, § 22 Rn 30.

Vorbereitung der Willensbildung in Gruppen politisch Gleichgesinnter die Arbeit im Plenum zu straffen und zu konzentrieren[74].

Welches Quorum insoweit maßgeblich sein kann, ist von Fall zu Fall mit Blick auf die konkreten Verhältnisse, etwa hinsichtlich der Gesamtgröße des betr. Gemeinderates zu beurteilen. Hier handelt es sich um eine Gemeinde mit 16 000 Einwohnern. Der Gemeinderat umfasst also 32 Ratsfrauen und Ratsherren (vgl § 46 NKomVG) plus Bürgermeister, also 33 Ratsmitglieder. Eine Mindeststärke von 3 Mitgliedern entspräche also 1/11. Es ist nicht ersichtlich, dass durch diese Festlegung mit Blick auf den Zweck der Fraktionsbildung Ermessensgrenzen überschritten wären. Der von A und B angestellte Vergleich zur Praxis in anderen Gemeinden und in anderen Bundesländern, die geringere Anforderungen an die Fraktionsstärke stellen, ist hingegen unmaßgeblich. Der Gleichheitssatz hat seine offene Flanke im Bundesstaatsprinzip und der Garantie kommunaler Selbstverwaltung[75]. Art. 3 GG verpflichtet den jeweiligen Normgeber nur, in seinem Herrschaftsbereich Gleichheit zu wahren, unabhängig davon, ob andere Normgeber abweichende Regelungen getroffen haben[76].

Die Regelungen in der GeschO müssen darüber hinaus aber vor allem die zwingenden gesetzlichen Vorgaben beachten. Insoweit ist in Niedersachsen entscheidend, dass das NKomVG selbst in § 57 I NKomVG eine verbindliche Maßgabe enthält, welche die Mindeststärke einer Fraktion auf 2 Ratsherren/-frauen festlegt.

Diese Vorschrift schränkt die Geschäftsordnungsautonomie des Rates gesetzlich ein, weil sie eine Mindestzahl setzt, die unabhängig von der Größe des betreffenden Gemeinderates gilt. Das höherrangige Recht legt also selbst die maßgebliche Zahl fest. Eine abweichende Geschäftsordnungsregelung ist nichtig. Aber auch unabhängig vom Wortlaut „mindestens" wäre es mit dem Wesen von Fraktionen nicht vereinbar, durch die GeschO oder Hauptsatzung auch einem einzelnen Ratsmitglied Fraktions- oder Gruppenstatus zuzuweisen[77].

149 Die **Fraktionen** wirken bei der Willensbildung und Entscheidungsfindung in der kommunalen Vertretung mit und sind auch befugt, ihre Auffassung insoweit öffentlich darzustellen (vgl § 57 II 1 NKomVG; § 56 II 1 GO NRW). Ihre innere Ordnung muss demokratischen und rechtsstaatlichen Grundsätzen entsprechen (§ 23 V 3 m.v.KVerf.; § 57 II 2 NKomVG; § 56 II 2 GO NRW – vgl auch Art. 21 I 3 GG). Sie geben sich ein Statut, in dem das Abstimmungsverfahren, die Aufnahme und der Ausschluss aus der Fraktion geregelt werden.

Will eine Ratsfraktion eines ihrer Mitglieder ausschließen, so ist dies – vorbehaltlich konkreterer Bestimmungen im Fraktionsstatut – nur aus wichtigem Grund zulässig. Gegen einen solchen Beschluss kann das betreffende Mitglied verwaltungsgerichtlichen Rechtsschutz in Anspruch nehmen[78].

150 Die Gemeinden können den Fraktionen aus Haushaltsmitteln **Zuwendungen** zu den Sach- und Personalkosten für die Geschäftsführung gewähren (§ 23 V 4 m.v.KVerf.; § 57 III NKomVG; verpflichtend gem. § 56 III 1 GO NRW).

---

74 So BVerwG, NJW 1980, 304.

75 *Dürig*, in: Maunz/Dürig, GG-Komm., Art. 3 I Rn 233 ff.

76 Vgl BVerfGE 33, 224 (231). Zur vorliegenden Fallkonstellation ausführlich BVerwG, NJW 1980, 304; vgl auch OVG Rh.Pf., DVBl. 1988, 798; VGH Bd.Wtt., NVwZ-RR 1989, 425 (426); ausführliche Lösung eines ähnlichen Falles nun bei *Plackert*, VR 2005, 425 ff.

77 So im Sinne der hM schon *v. Mutius*, JuS 1978, 541 f; vgl auch BVerfGE 80, 188 (224).

78 Vgl OVG NRW, NWVBl. 1989, 130; aA BayVGH, NJW 1988, 2754. Vgl dazu auch Hess.VGH, NVwZ 1990, 391; VG Gießen, NVwZ-RR 2004, 204. Aus der Lit. vgl nur *Suerbaum*, in: HKWP[3], § 22 Rn 18 ff.

Unter Berufung auf diese als „innerorganisatorische Anspruchsnorm" qualifizierte Vorschrift kann eine Ratsfraktion im kommunalrechtlichen Organstreit (dazu Rn 182 ff) sowohl geltend machen, die ihr gewährten Zuwendungen seien zu niedrig, als auch, andere Fraktionen seien dem Grundsatz der Chancengleichheit widersprechend begünstigt worden[79].

III. Ratsausschüsse

Da die Gemeindevertretung sachlich und zeitlich überfordert wäre, wollte sie alle ge-   **151**
meindlichen Angelegenheiten vor dem Gesamtgremium umfassend behandeln, bedient sie sich – wie dies in der parlamentarischen Arbeit üblich ist – diverser **Ausschüsse**. Diese müssen im Sinne des Prinzips demokratischer Repräsentation „als verkleinerte Abbilder des Plenums dessen Zusammensetzung und das darin wirksame politische Meinungs- und Kräftespektrum grundsätzlich widerspiegeln"[80].

1. Arten, Zusammensetzung und Befugnisse

Hieran ausgerichtet sind **Zusammensetzung und Befugnisse** im Rahmen gesetzli-   **152**
cher Detailvorgaben (vgl zB Art. 32, 33 bay.GO) jeweils vom Rat zu regeln (§ 36 m.v.KVerf.; § 71 NKomVG; § 58 I 1 GO NRW).

Bei der **Wahl von Mitgliedern** der Ausschüsse des Rates sind gemeinsame Wahlvorschläge mehrerer Fraktionen oder Gruppen möglich[81].

Bei der Besetzung der Ausschüsse sind zur Erlangung eines zusätzlichen Sitzes gebildete „Zählgemeinschaften" mehrerer Fraktionen unzulässig[82].

Die Gemeindeordnungen kennen **Pflichtausschüsse**[83] und **freiwillige Ausschüsse**.   **153**

Üblicherweise vorhanden und für die kommunale Entwicklung durchgängig von besonderem Gewicht sind der Bauausschuss, der Liegenschaftsausschuss, der Verkehrsausschuss und der Wirtschaftsausschuss. Je nach kommunalem Selbstverständnis wird auch ein Kulturausschuss und ein Sportausschuss oder ein Petitions- bzw Beschwerdeausschuss gebildet.

Die Existenz bestimmter Ausschüsse wird darüber hinaus durch Fachgesetze vorausgesetzt.

So besteht ein Jugendhilfeausschuss (vgl §§ 70 I, 71 SGB VIII) als – zulässigerweise: Annexregelung zu materiellen Bestimmungen über die öffentliche Fürsorge[84] – bundesrechtlich konstituiertes Kommunalorgan (vgl auch § 33 IV m.v.KVerf.), des Weiteren auf landesrechtlicher Basis Schulausschüsse (zB gem. § 110 nds.SchulG; § 85 SchulG NRW) oder Wahlprüfungsausschüsse (zB gem. § 40 I nrw.KWahlG).

---

79 BVerwG, LKV 2012, 513 f; OVG NRW, NWVBl. 2003, 309; *Brockmann*, NWVBl. 2004, 449 ff.
80 So BVerwGE 90, 104 (113); Nds.OVG, NdsVBl. 2005, 236 (237). Vgl auch OVG NRW, DVBl. 2005, 987 (kein Anspruch auf Vergrößerung der Ausschüsse); Nds.OVG, NdsVBl. 2006, 22 (Neubesetzung wegen Änderung des Wahlverfahrens).
81 Vgl OVG NRW, NWVBl. 2003, 267; Nds.OVG, NdsVBl. 2005, 236.
82 Vgl BVerwG, DVBl. 2004, 439; m. Anm. *Krüper*, NWVBl. 2005, 97 ff; Nds.OVG, NdsVBl. 2005, 236 (237).
83 Das sind in vielen Ländern der Hauptausschuss, der Finanzausschuss und der Rechnungsprüfungsausschuss (vgl §§ 35, 36 m.v.KVerf.; § 57 II GO NRW).
84 Vgl BVerfGE 22, 180 (211).

Nicht zu den Ratsausschüssen gehört der Hauptausschuss in Niedersachsen, denn er ist nicht Teilorgan der kommunalen Vertretung, sondern besitzt eine eigene Organstellung (vgl §§ 74 ff NKomVG u. oben Rn 126).

154 **Üblicherweise** haben Ausschüsse **beratende Funktion**, ihnen können jedoch auch durch Gesetz oder Ratsbeschluss Entscheidungsbefugnisse in bestimmten Angelegenheiten übertragen werden (vgl § 35 II 3 m.v.KVerf.; § 41 II 1 GO NRW).

Gem. § 76 III NKomVG ist die Vertretung nun auch in Nds. dazu ermächtigt, durch Bestimmung in der Hauptsatzung **Beschlusszuständigkeiten** des Hauptausschusses für bestimmte Gruppen von Angelegenheiten auf einen Fachausschuss nach § 71 NKomVG zu übertragen. Somit wird der in den Ausschüssen bestehende Sachverstand ausgeschöpft und der Entscheidungsablauf beschleunigt. Zudem wird die Arbeit in den Ausschüssen attraktiver gestaltet, da ein Fachausschuss neben seiner beratenden Funktion Entscheidungskompetenzen erhalten und dadurch in seiner Bedeutung aufgewertet werden soll[85]. Der Hauptverwaltungsbeamte erhält jedoch in diesem Fall ein besonderes Einspruchsrecht nach § 88 IV NKomVG, welches zur Folge hat, dass die Kompetenz zur Entscheidung an den Hauptausschuss zurückfällt.

2. Sachkundige Bürger und Einwohner, Ältestenrat

155 Die Möglichkeit, zusätzlichen Sachverstand für die kommunale Ausschussarbeit zu aktivieren, bietet die Rechtsfigur des **sachkundigen Bürgers** (vgl § 71 VII NKomVG; § 58 III GO NRW), die allerdings in der Praxis nicht selten zu Gunsten verdienter Funktionäre oder eifriger Nachwuchskräfte parteipolitisch umfunktioniert wird, und des **sachkundigen Einwohners**[86] (vgl § 36 V m.v.KVerf.; § 58 IV GO NRW).

Auch für sachkundige Bürger in Ausschüssen gelten die kommunalrechtlichen Ausschließungsgründe, die zu einem Mitwirkungsverbot führen. Eine vom Rat beschlossene Satzung kann danach allein deshalb ungültig sein, weil im vorberatenden Ausschuss, dessen Beschluss eine maßgebliche „Weichenstellung" für die Ratsentscheidung enthielt (Bsp.: Planungsausschuss bei einem Bebauungsplan), ein sachkundiger Bürger mitgestimmt hat, der einem Mitwirkungsverbot unterlag[87].

156 Bei den vielfach existierenden **Ältestenräten** handelt es sich nicht um Ratsausschüsse, sondern um informelle Gremien zur politischen Vorklärung der Willensbildung im Rat (gesetzlich abgesichert aber in § 33a bd.wtt.GO u. § 45 sächs.GO). Keine Ratsausschüsse, sondern Verwaltungskommissionen mit lediglich beratenden Funktionen sind die auf gemeindlicher Ebene zunehmend beliebten **Beiräte** wie ein Ausländerbeirat sowie Heimbeiräte in Jugendzentren und Frauenhäusern.

In Ermangelung entsprechender gesetzlicher Grundlagen ist es einer Gemeinde verwehrt, solchen Beiräten eigene Kompetenzen zuzuweisen und damit neben den gesetzlich vorgesehenen Organen weitere Entscheidungsträger zu schaffen[88].

---

85 Zum Beschlussrecht des Jugendhilfeausschusses in Angelegenheiten der Jugendhilfe s. bereits BVerwGE 87, 223.

86 Dazu *Mann*, NWVBl. 1990, 222 ff; *Pünder*, DVBl. 2002, 381 ff.

87 Vgl insoweit OVG NRW, NVwZ 1984, 667 (668); diesbezüglich restriktiv BVerwGE 79, 200; OVG Rh.Pf., NVwZ 1989, 674 (675); NVwZ-RR 2008, 598 (599).

88 Vgl BayVGH, NVwZ-RR 2004, 599 (600) zu einem „Volksfestbeirat".

IV. Der Bürgermeister

Der **Bürgermeister**, der in kreisfreien Städten (und großen selbstständigen Städten) **157**
die Bezeichnung Oberbürgermeister führt,[89] hat in allen Grundtypen der inneren Gemeindeverfassung **Leitungsfunktionen und Repräsentationsaufgaben**. Demgemäß
leuchtet ein, dass die Gemeindeordnungen umfängliche Vorgaben hinsichtlich seiner
Wahl und Abwahl[90] sowie seiner diesbezüglichen Kompetenzen enthalten (vgl
§§ 37 ff m.v.KVerf.; §§ 80 ff NKomVG; §§ 62 ff GO NRW). Notwendig sind auch
Regelungen über die Stellvertretung[91].

1. Der Bürgermeister als Ratsvorsitzender

In den meisten Ländern ist der Bürgermeister kraft Amtes Vorsitzender der Gemein- **158**
devertretung. Als Ratsvorsitzender nimmt der Bürgermeister auch die Funktion eines
„Sprachrohrs" des Rates wahr (vgl Rn 201).

Im Kommunalwahlkampf trifft ihn freilich (in Orientierung an allgemeinen demokratischen
Grundsätzen) eine Neutralitätspflicht, mit der ein Anspruch der Wahlbewerber auf Chancengleichheit korrespondiert[92].

In Nds. behält das NKomVG den Vorsitz in der Vertretung hingegen einem ehrenamtlichen Mitglied vor. Nach § 61 I NKomVG stehen lediglich die „Abgeordneten"
zur Wahl für den Vertretungsvorsitz und nicht der Bürgermeister selbst.

Zu den Leitungsbefugnissen bei den Ratssitzungen gehören üblicherweise die Handhabung der Ordnung und die Ausübung des Hausrechts (vgl Art. 53 I bay.GO; § 29 I
5 m.v.KVerf.; § 51 I GO NRW)[93].

Nicht selten (namentlich in Ferienzeiten) fallen dringliche Entscheidungen an, die ei- **159**
gentlich der Gemeinderat zu treffen hätte. Einige Gemeindeordnungen billigen dem
Bürgermeister diesbezüglich vielfach eine spezielle **Eilentscheidungskompetenz** zu
(vgl § 43 IV bd.wtt.GO; Art. 37 III 1 bay.GO; § 70 III hess.GO), in anderen Ländern
fällt diese Eilkompetenz einem anderen Organ zu (MV, NRW und Nds.: Hauptausschuss, vgl § 35 II 4 m.v.KVerf.; § 89 NKomVG; § 60 I GO NRW), erst danach greift
eine subsidiäre Zuständigkeit des Bürgermeisters (vgl § 38 IV 2 m.v.KVerf.; § 89
S. 2 NKomVG; § 60 II GO NRW).

---

89 Vgl Art. 34 I 2 bay.GO; § 38 I 2 m.v.KVerf.; § 7 II Nr 2 NKomVG; § 40 II 3 GO NRW.
90 Vgl zur direkten Abwahl von Bürgermeistern: *Böhme*, DÖV 2012, 55.
91 Vgl dazu für NRW im Überblick *Müller*, NWVBl. 1999, 405 ff.
92 BayVGH, NVwZ-RR 2004, 440; Hess.VGH, NVwZ 2006, 610 m. Anm. *Waldhoff*, JuS 2006,
    764; zum für den Bürgermeister geltenden Sachlichkeitsgebot s. BVerwG, NVwZ 2018, 433 ff.
93 Zum Ordnungsruf gegenüber einem Ratsmitglied s. OVG Rh.Pf., DÖV 1996, 474; zum Rechtsschutz
    hiergegen unten Rn 182 u. 184. Zum Rauchverbot für Gemeinderatssitzungen als sitzungsleitenden
    Ordnungsmaßnahme s. OVG NRW, DVBl. 1983, 53 u. 1991, 498. Dagegen wurde das vom Ratsvor-
    sitzenden gegenüber einem Journalisten ausgesprochene Verbot, die öffentliche Sitzung des Rates auf
    Tonband aufzuzeichnen, in BVerwGE 85, 283 (285 f) auf dessen die Sitzungsgewalt umschließendes
    Hausrecht abgestützt. Zur Abgrenzung von primär präventivem Hausrecht und repressiv orientierter
    Ordnungsgewalt s. OVG NRW, DVBl. 1991, 495 (496); BayVGH, NVwZ-RR 2004, 185 f; Dieses
    speziell geregelte Hausrecht des Ratsvorsitzenden ist zu unterscheiden vom allgemeinen Hausrecht
    des Verwaltungsleiters hinsichtlich der kommunalen Gebäude; dazu unten Rn 163.

160 Strittig ist freilich, ob auch Satzungen im Wege der **Dringlichkeitsentscheidung** erlassen werden können[94].

Dies wird seitens des OVG NRW mit der Begründung bejaht, aus dem Gesamtzusammenhang der einschlägigen Norm ergebe sich, die hier in Rede stehenden Entscheidungsbefugnisse umfassten alle Angelegenheiten, die der Beschlussfassung des Rates unterlägen, also auch den Erlass von Satzungen. Allerdings bedürfe es sorgfältiger Prüfung, ob die Voraussetzungen des unbestimmten Gesetzesbegriffs „in Fällen äußerster Dringlichkeit" in concreto wirklich gegeben gewesen seien[95].

161 Der Bürgermeister hat in einigen Bundesländern gegenüber einem Ratsbeschluss ein **Widerspruchs- bzw Beanstandungsrecht**, wenn er der Auffassung ist, dass der Beschluss das geltende Recht verletzt (bzw in NRW auch: Das Wohl der Gemeinde gefährdet). Diesem Widerspruch kommt Suspensiveffekt zu; der Rat hat aber die Möglichkeit, durch erneuten Beschluss seine ursprüngliche Entscheidung zu bestätigen. In diesem Fall hat der Bürgermeister die Aufsichtsbehörde einzuschalten (vgl § 33 II m.v.KVerf.; § 88 NKomVG; § 54 GO NRW).

2. Der Bürgermeister als Verwaltungsspitze

162 An der überwiegend monokratisch, teilweise jedoch (so bei der Magistratsverfassung in Hessen) kollegial strukturierten gemeindlichen Verwaltungsspitze stand in NRW und Nds. früher ein vom Rat gewählter Gemeindedirektor (Stadt-, Oberstadtdirektor) inzwischen aber auch dort (vgl § 80 NKomVG; §§ 62, 65 GO NRW) wie in MV und Bayern (vgl § 37 m.v.KVerf.; Art. 34 bay.GO) ein von den Bürgern gewählter hauptamtlicher (erster) **Bürgermeister**[96].

Als verfassungsrechtlich unbedenklich angesehen, da im Rahmen gesetzgeberischer Einschätzungsprärogative liegend, hat das BVerfG Regelungen wie diejenige des § 80 V Nr 1 NKomVG, in der eine Höchstaltersgrenze von 67 Jahren für eine Kandidatur zur Bürgermeisterwahl normiert ist; Personen dürften von der Wählbarkeit ausgeschlossen werden, bei denen nach der Lebenswahrscheinlichkeit zu befürchten stehe, dass sie nicht bis zum Ende der Amtszeit dem Interesse der Allgemeinheit an einer kontinuierlichen und effektiven Amtsführung zu genügen vermögen[97]. Demgegenüber gilt die Abschaffung der ehemals amtsbeendenden Altersgrenze von 68 Jahren (gem. § 61b S. 1 NGO) als eine der wichtigsten Neuerungen des NKomVG, die insbesondere der demographischen Entwicklung Rechnung tragen soll. Nach dem NKomVG werden also Bürgermeister in Einzelfällen also nun bis zur Vollendung des 73. Lebensjahres tätig sein können.

163 Dem an der gemeindlichen Verwaltungsspitze stehenden Bürgermeister kommt jeweils „die volle und alleinige **Verantwortung für das Funktionieren und die Ein-**

---

94 Vgl *Ehlers*, NWVBl. 1990, 41 (49); *v. Mutius*, Kommunalrecht, 1996, Rn 351 f.
95 OVG NRW, NWVBl. 1988, 336; bejahend auch BayVGH, BayVBl. 1995, 215 für den Fall der Ungültigerklärung der Wahl des Gemeinderats.
96 Zum ehrenamtlichen Bürgermeister in den amtsangehörigen Gemeinden in Schl.H. und MV vgl §§ 50 ff schl.h.GO; § 39 m.v.KVerf.; für nds. Samtgemeinden vgl § 105 II 1 NKomVG.
97 So BVerfG(K), NVwZ 1997, 1207; BVerfG(K), DVBl. 1994, 43 f zu § 65 III brandenb.KWahlG (dort sogar Altersgrenze von 62 Jahren); ebenso Rh.Pf.VerfGH, NVwZ 2007, 1052 (1053) zu § 183 II 2 Rh.PfBG: Kein Verstoß gegen Allgemeinheit und Gleichheit der Wahl; zur Kritik s. *Mann*, in: FS für Christian Starck, 2007, 312 ff.

heitlichkeit der Verwaltungsdurchführung" zu[98]. Damit sind Personalführungskompetenzen zwingend verbunden (s. bereits Rn 132). Er hat dabei auch dafür Sorge
zu tragen, dass Verfassung und Gesetze strikt beachtet werden. Hierzu zählen auch
die Vorgaben des Datenschutzrechts[99].

Des Weiteren steht dem Verwaltungsleiter damit aber auch das Hausrecht an den
kommunalen Dienstgebäuden zu, soweit nicht diesbezügliche spezifische Befugnisse
des Ratsvorsitzenden (dazu oben Rn 158) bestehen.

Die sich daraus ergebenden Befugnisse gelten auch für Fraktionen überlassene Räumlichkeiten[100]. Gegen ein auf dieses Hausrecht abgestütztes Hausverbot ist nach nunmehr wohl hM
grundsätzlich der Verwaltungsrechtsweg eröffnet[101].

Der hauptamtliche Bürgermeister ist regelmäßig ein **kommunaler Wahlbeamter** auf   **164**
Zeit (vgl Art. 34 I 3 bay.GO; § 37 IV 2 m.v.KVerf.; § 80 VI 2 NKomVG; § 62 I 1 GO
NRW). Damit befindet er sich – er kann auch abgewählt werden (vgl Rn 124)[102] – in
einer merkwürdigen Zwitterstellung; einerseits genießt er die hergebrachten besonderen Rechte eines Beamten (vgl Art. 33 V GG), andererseits aber eben nur auf Zeit.

Maßgeblich beeinflusst durch die lokalpolitischen Geschehnisse nach der Love-Parade-Kata-
strophe 2010 in Duisburg ist § 84 NKomVG, der einen Ruhestand auf Antrag aus besonderen
Gründen kennt. Die Hauptverwaltungsbeamtin oder der Hauptverwaltungsbeamte kann demnach die Versetzung in den Ruhestand mit der Begründung beantragen, dass ihr oder ihm das
für die weitere Amtsführung erforderliche Vertrauen nicht mehr entgegengebracht werde.

Neben den ihm gesetzlich oder seitens des Rates und seiner Ausschüsse übertragenen
besonderen Aufgaben hat der Bürgermeister, der ja für die Leitung und Beaufsichtigung des Geschäftsgangs der gesamten Verwaltung verantwortlich ist, auch die Ratsbeschlüsse vorzubereiten[103] und solche Beschlüsse durchzuführen. Ratsbeschlüsse,
die das geltende Recht verletzen, hat er zu beanstanden (s. oben Rn 161).

In einem Aufsichtsrechtsstreit (dazu noch unten Rn 363) wird die gesetzliche Vertretung der
Gemeinde hier durch den Bürgermeister wahrgenommen, dies selbst dann, wenn dieser den
streitigen Ratsbeschluss zuvor von sich aus beanstandet hatte[104].

Zur Vertretung des Hauptverwaltungsbeamten im Amt[105] werden **Beigeordnete**[106]   **165**
(vgl §§ 49, 50 bd.wtt. GO; §§ 40 IV, V m.v.KVerf.; §§ 68, 71 GO NRW; in Bayern

---

98   OVG NRW, OVGE 17, 225 (227 f).
99   Vgl insoweit etwa *Ehlers/Heydemann*, DVBl. 1990, 1 ff.
100 So OVG NRW, DVBl. 1991, 495 ff.
101 OVG NRW, NWVBl. 1989, 91; NJW 1998, 1425; OVG Schl.H., NJW 2000, 3440; Überblick zum
     Streitstand bei *Maurer/Waldhoff*, Allg. VerwR, § 3 Rn 35; *Papier*, in: Erichsen/Ehlers (Hrsg.), Allg.
     VerwR, 15. Aufl. 2015, § 39 Rn 50 ff.
102 Die von der Rspr (vgl etwa BVerwGE 56, 163; 81, 318: Kein Verstoß gegen Art. 33 V GG) bekräf-
     tigte Zulässigkeit der Abwahl eines kommunalen Wahlbeamten ist unabhängig von der Art der Kom-
     munalverfassung; so BVerwG, NVwZ 1985, 275; DVBl. 1989, 775.
103 Anders in Nds.: Hier bereitet der Hauptausschuss die Ratsbeschlüsse vor, vgl § 76 I NKomVG.
104 So jedenfalls OVG NRW, NWVBl. 2000, 375.
105 Zur Zeichnungsbefugnis der Beigeordneten s. OVG NRW, Städtetag 1982, 47; zur außenwirksamen
     Vertretungsbefugnis vgl. VG Potsdam, LKV 1998, 409.
106 In Nds. bezeichnet der Begriff „Beigeordnete" diejenigen Ratsmitglieder, die zu Mitgliedern des
     Hauptausschusses gewählt werden (§ 74 I NKomVG). Aus diesen Beigeordneten werden aber dann
     auch in Nds. die Stellvertreter des Bürgermeisters gewählt (§ 81 II NKomVG).

„weitere Bürgermeister" genannt, vgl Art. 39 bay.GO) bestellt, deren Zahl im Rahmen der Vorgaben der jeweiligen Gemeindeordnung regelmäßig durch die Hauptsatzung festzulegen ist und deren Geschäftskreis durch den Rat festgelegt werden kann[107].

Strittig ist, ob die Anzahl der hauptamtlichen Beigeordneten einer Gemeinde eine einem Bürgerbegehren resp. Bürgerentscheid entzogene Frage (dazu oben Rn 109) darstellt[108].

Bei der naheliegenderweise stark von politischen Erwägungen getragenen Wahl von Kommunalbeamten auf Zeit unterliegt der Rat nicht den bei der Auswahl von Laufbahnbeamten maßgeblichen Bindungen. Die einschlägigen kommunalrechtlichen Vorschriften dienen – anders als Art. 33 II GG – allein öffentlichen Interessen, nicht aber dem Interesse von Mitbewerbern[109].

166 Sowohl für die Kompetenzabgrenzung zwischen Rat und Verwaltungsspitze im Innenverhältnis, als auch im Außenverhältnis, bei rechtsgeschäftlichem Handeln der Gemeindeverwaltung gegenüber Dritten, kommt der **Formel** der „**Geschäfte der laufenden Verwaltung**" (vgl Art. 37 I bay.GO; § 38 III 2 m.v.KVerf.; § 85 I Nr 7 NKomVG; § 41 III GO NRW) besondere Bedeutung zu. Hierbei handelt es sich um einen verwaltungsgerichtlich voll überprüfbaren unbestimmten Rechtsbegriff, der darauf abstellt, ob eine bestimmte Sachaufgabe in Ansehung ihrer Regelhaftigkeit und Tragweite zu den für die betreffende Gemeindeverwaltung gängigen Geschäften gehört[110]. § 38 III 3 m.v.KVerf. gibt eine Auslegungshilfe, indem er bestimmt, dass „insbesondere Entscheidungen von geringer wirtschaftlicher Bedeutung, Entscheidungen, die den laufenden Betrieb der Verwaltung aufrechterhalten, sowie gesetzlich oder tariflich gebundene Entscheidungen" hierzu zählen.

167 Für diese Einstufung spielen naturgemäß Größe, Finanzkraft und Bedeutung einer Gemeinde eine Rolle. Kann die Eingruppierung eines Geschäfts in die Rubrik der regelmäßig wiederkehrenden, denen keine weit tragende Bedeutung zukommt, bejaht werden, so kommt es auf den rechtlichen und tatsächlichen Schwierigkeitsgrad sowie die finanziellen Auswirkungen *im Einzelnen* nicht mehr an. Entscheidend ist, ob das Geschäft **typischerweise** nach feststehenden Grundsätzen auf eingefahrenen Gleisen erledigt wird[111].

168 Daher leuchtet ein, dass nicht eine einheitliche, sondern eine differenzierende, auf die jeweilige Gemeinde und den Zuschnitt ihrer Verwaltung bezogene, hier aber **objektivierende Betrachtungsweise** geboten ist.

Die hiermit verbundenen Unsicherheiten lassen sich nicht durch eine Bestimmung in der gemeindlichen Hauptsatzung ausschalten, wonach der Gemeindedirektor nach pflichtgemäßem

---

107 Ausführlich zum kommunalen Beigeordneten *Joeckel*, VerwArch 2006, 220 ff.
108 Verneinend Hess.VGH, NVwZ-RR 2004, 281: Keine Frage der inneren Organisation der Gemeindeverwaltung (vgl § 8b II 2 hess.GO), sondern der Zusammensetzung der Behördenleitung.
109 Vgl OVG Lüneburg, NVwZ 1993, 1124 f zur Anfechtung durch Konkurrenten.
110 Vgl BGH, NJW 2009, 289 (292): „Geschäfte, die in mehr oder weniger regelmäßiger Wiederkehr vorkommen und nach Größe, Umfang der Verwaltungstätigkeit und Finanzkraft der beteiligten Gemeinde nach sachlich weniger erheblicher Bedeutung sind.", ähnlich zuvor BGHZ 92, 164 (173); OVG NRW, OVGE 25, 186 (193).
111 So OVG NRW, OVGE 25, 187 (193); vgl auch BayVGH, BayVBl. 2003, 501 u. NVwZ-RR 2004, 599.

Ermessen darüber zu entscheiden habe, welche Angelegenheiten als Geschäfte der laufenden Verwaltung in seine Zuständigkeit fallen. Nicht die subjektive Sicht des Leiters der Verwaltung, sondern die objektivierende Gesetzesformel ist der rechtlich maßgebliche Maßstab. Jener mag allenfalls indizielle Bedeutung zukommen[112].

Für die Einzelentscheidung über die Zulassung von Schaustellern zu einem größeren Volksfest bei Vorliegen konkurrierender Zulassungsanträge billigte BayVGH, BayVBl. 2003, 501 eine Einstufung als „laufende Angelegenheit" und damit die Zuständigkeit des ersten Bürgermeisters gemäß Art. 37 I 1 Nr 1 bay.GO, wenn der Gemeinderat oder ein beschließender Ausschuss (s. dazu Rn 154) zumindest Vorgaben in Form von Auswahlkriterien beschlossen hat. Solche ermessensbindenden Richtlinien sind einzuhalten[113].

Übersicht 4: Zuständigkeiten des Bürgermeisters

V. Die Vertretung der Gemeinde gegenüber Dritten

Auch wenn die Gemeindeordnungen detaillierte Vorgaben hinsichtlich der Aufgabenaufteilung auf die kommunalen Organe im Einzelnen enthalten, so stellt sich doch die Frage, wer – unbeschadet dieser internen Abgrenzungen – nach außen hin, gegenüber Dritten, zu handeln befugt ist. Diese Problemstellung dürfte bereits aus dem Zivilrecht bekannt sein, wo zwischen **Geschäftsführungsbefugnis** im Innenverhältnis und **Vertretungsmacht** nach außen zu unterscheiden ist. Schließlich ist es für Außenstehende, die mit einer juristischen Person in geschäftlichen Kontakt treten, weitgehend unzumutbar, sich etwa vor Vertragsschluss zunächst den oft komplizierten Interna widmen zu müssen, um zu erkennen, ob alle Bindungen eingehalten sind. Daher

169

---

112 Vgl *Wansleben*, in: Held, KommVerf., § 41 GO Anm. 4.1, 4.2.
113 Vgl BayVGH, NVwZ-RR 2004, 599.

stellt sich auch im Kommunalrecht die Frage, wer und unter welchen Voraussetzungen im Rechtsverkehr für die Gemeinde vertretungsbefugt ist.

Gemäß Art. 38 I bay.GO, § 38 II m.v.KVerf., § 86 I 2 NKomVG, § 63 I GO NRW ist der Bürgermeister – unbeschadet der dem Rat und seinen Ausschüssen zustehenden Entscheidungsbefugnisse – der gesetzliche Vertreter der Gemeinde in Rechts- und Verwaltungsgeschäften. Erklärungen, durch welche die Gemeinde verpflichtet werden soll, bedürfen – abgesehen von den bereits erörterten Geschäften der laufenden Verwaltung – der Schriftform; sie sind, soweit gesetzlich nichts anderes bestimmt ist, vom Bürgermeister oder (in MV: „und") seinem Stellvertreter und einem vertretungsberechtigten Beamten oder Angestellten zu unterzeichnen (Art. 38 II bay.GO, § 38 VI m.v.KVerf., § 64 I, II GO NRW). Erklärungen, die nicht diesen Vorgaben entsprechen, sollen die Gemeinde nach § 64 IV GO NRW nicht binden, doch hat der BGH darauf hingewiesen, dass die organschaftliche Vertretungsmacht des Bürgermeisters im Außenverhältnis unbeschränkt ist und die Gemeinde somit auch durch Rechtshandlungen des Bürgermeisters verpflichtet wird, die die kommunalverfassungsrechtliche Mitwirkungsrechte oder Zuständigkeiten verletzen[114].

Niedersachsen hat das Prinzip der Doppelzeichnung aufgegeben; gem. § 86 II NKomVG genügt für Verpflichtungserklärungen die handschriftliche Unterzeichnung allein des Bürgermeisters (ebenso § 51 II 2 schl.h.GO).

170   Die Regelungen der Länder sind im Detail sehr unterschiedlich: Einige Gemeindeordnungen verlangen die Einhaltung bestimmter Förmlichkeiten wie handschriftliche Unterzeichnung (so § 54 I bd.wtt.GO) sowie Beifügung der Amtsbezeichnung (Art. 38 II 2 bay.GO) oder des Dienstsiegels (so § 38 VI 2 m.v.KVerf.). Auch ihre Nichtbeachtung führt jedenfalls bei privatrechtlichen Rechtsgeschäften zur schwebenden Unwirksamkeit der betreffenden Erklärung. Diese Rechtsfolge soll nicht aus § 125 BGB folgen, sondern aus der Abgabe einer Erklärung ohne Vertretungsmacht (vgl §§ 177 ff BGB) durch Nichteinhaltung der besonderen kommunalrechtlichen Vertretungsvorschriften, was freilich die Möglichkeit der nachträglichen Genehmigung eröffnet[115].

Speziell zum Normzweck dieser Formvorschriften hat der BGH ausgeführt:

„Auch der Zweck, der dahin geht, im Interesse einer klaren Verantwortung des Bürgermeisters gegenüber dem Gemeinderat und einer einwandfreien Rechnungslegung zu vermeiden, dass nachträglich Zweifel am Verpflichtungswillen des Bürgermeisters oder Streit über Inhalt und Zeitpunkt der eingegangenen Verpflichtung entstehen …, fügt sich in die Zwecke privatrechtlicher Formvorschriften ein, indem das Vertretungsorgan von der Eingehung übereilter und unüberlegter Verpflichtungen, die den Gemeindeinteressen zuwiderlaufen, abgehalten … und zugleich der Klarstellungs- und Beweisfunktion Rechnung getragen wird"[116].

171   Erklärungen, die ein innerhalb seiner gesetzlich näher umrissenen Befugnisse vertretungsberechtigtes Organ im Namen der Gemeinde abgibt, sind für diese mithin grundsätzlich nur dann bindend, wenn die vorgenannten Bestimmungen eingehalten sind, die als materielle Vorschriften zur dem Schutz der Kommunen dienenden Beschränkung der Vertretungsmacht qualifiziert werden[117]. Nach der Rechtsprechung des BGH kann eine Gemeinde aber uU selbst dann wirksam vertraglich verpflichtet sein, wenn bei der Abgabe der verpflichtenden Erklärung die gesetzlichen Vertretungserfordernisse nicht beachtet worden sind. Zumindest in den Fällen, in de-

---

114   BGH, KommJur 2017, 301 u. BGH, NJW 2017, 2412 (jeweils Verstoß gegen Organzuständigkeit).
115   Vgl BGHZ 147, 381 (383 f); ausführlich zum Streitstand *Stumpf*, BayVBl. 2006, 103 ff; zur Einübung s. die Klausur von *Pielow/Finger*, Jura 2005, 351 ff.
116   BGHZ 147, 381 (389 f).
117   Vgl BGH, NJW 1994, 1528; Bd.Wtt.VGH, NVwZ 1990, 982.

nen eine formgerechte Erklärung eines von zwei Gesamtvertretern vorliege, werde das hierin liegende Hindernis durch das materielle Einverständnis des Gemeinderats als des für die Willensbildung der Gemeinde maßgeblichen Beschlussorgans überwunden; dabei komme es nicht entscheidend darauf an, ob diese Zustimmung der betreffenden Verpflichtungserklärung vorangehe oder nachfolge[118].

Die für die Rechtsfiguren der **Duldungs- und Anscheinsvollmacht** entwickelten Grundsätze finden zwar auch gegenüber Gemeinden als juristischen Personen des öffentlichen Rechts Anwendung, wenn deren vertretungsberechtigte Organe das Vertreterhandeln eines Dritten geduldet oder nicht verhindert haben. Diese Grundsätze dürfen aber nicht dazu dienen, den vorgenannten, dem Schutz der Gemeinden dienenden Vertretungsregeln – darunter eben auch die Beachtung gewisser Förmlichkeiten – im Einzelfall jede Wirkung zu nehmen[119].   **172**

Soweit es also um die Inanspruchnahme der Gemeinde selbst geht, führen Mängel der kommunalrechtlichen Erfordernisse für die Abgabe von Verpflichtungserklärungen grundsätzlich zur Unverbindlichkeit für die Gemeinde.   **173**

Nur in Ausnahmefällen verstößt die Verweigerung einer Vertragserfüllung unter Berufung auf die Unwirksamkeit der Erklärung gegen den auch im öffentlichen Recht anwendbaren Grundsatz von Treu und Glauben, nämlich dann, wenn die Nichtigkeitsfolge für den Vertragsgegner zu schlechthin unerträglichen Konsequenzen führen würde[120].

Abgesehen von den Fällen, in denen die Gemeinde aus dem Gesichtspunkt des Verschuldens ihres Vertreters bei Vertragsschluss Ersatz für einen etwa eingetretenen Vertrauensschaden zu leisten hat[121], kommt eine Haftung auf das Erfüllungsinteresse nur ausnahmsweise in Betracht[122].

Ist eine im Privatrechtsverkehr namens der Gemeinde abgegebene Verpflichtungserklärung des Bürgermeisters für die Gemeinde nur deshalb nicht bindend, weil sie der Bürgermeister entgegen der kommunalrechtlichen Bestimmung nicht unterzeichnet hat, kann er nicht als **Vertreter ohne Vertretungsmacht** nach § 179 I BGB auf Erfüllung oder Schadenersatz in Anspruch genommen werden. Dies hat der BGH in wertender Betrachtung entschieden, und zwar mit der Begründung, dass die Verletzung des Unterschriftserfordernisses in § 54 I 2 bd.wtt.GO „die scharfe, am Erfüllungsinteresse orientierte Vertrauenshaftung des grundsätzlich allein vertretungsberechtigten Organs nach § 179 I BGB nicht rechtfertigt und dass kein Anlass besteht, den Vertragsgegner besser zu stellen, als sei dem rechtsgeschäftlich bevollmächtigten Vertreter einer natürlichen Person oder einer juristischen Person des Privatrechts ein die Wirksamkeit des Geschäfts beeinträchtigender Formfehler unterlaufen"[123].

---

118   BGH, NVwZ 1990, 403 ff; vgl auch BGH, NJW 1994, 1528.
119   So BGH, DVBl. 1996, 371 (372) zum Abschluss eines Ausstellungsvertrages seitens des Leiters einer Städtischen Galerie.
120   Vgl dazu BGH, DVBl. 1984, 335 u. 1996, 371 (372 f).
121   Vgl BGHZ 92, 164 (175 f); BGH, DVBl. 1996, 371 (373) u. 2001, 69 (70 f). Verschulden bei Vertragsabschluss (cic) kommt etwa dann in Betracht, wenn ein Vertreter der kommunalen Körperschaft nicht darauf hinweist, dass für den von ihm abgeschlossenen Vertrag eine aufsichtsbehördliche Genehmigung (dazu unten Rn 348 f) erforderlich ist (so BGH, DVBl. 2001, 69 [70]), oder sich nicht genügend um deren Erteilung bemüht; so BGHZ 142, 51 (60 ff).
122   So BGH, DVBl. 2001, 1273 (1276).
123   So BGHZ 147, 381 (391); dem folgend *Pielow/Finger*, Jura 2005, 351 (355) mwN; kritisch *Stumpf*, BayVBl. 2006, 103 (104 f).

174 Eine deliktische Haftung der Gemeinde für betrügerische Handlungen ihres gesetzlichen Vertreters im Rahmen rechtsgeschäftlicher Betätigung wird auch dann anerkannt, wenn die Täuschung darin bestand, die nach Kommunalrecht fehlende Rechtsverbindlichkeit der allein von ihm abgegebenen Erklärungen vorzuspiegeln[124].

Zu denken ist aber noch an eine persönliche Haftung des Bürgermeisters nach § 839 BGB, die nicht nach Art. 34 S. 1 GG auf die Gemeinde überzuleiten ist, weil es sich nicht um eine hoheitliche Tätigkeit gehandelt hat[125].

VI. Exkurs: Die innere Kreisverfassung

175 Stärker noch als auf der gemeindlichen Ebene variierte früher die innere Verfassung der Kreise in den einzelnen Ländern. Aber auch insoweit hat sich – wie bei den Gemeindeverfassungen – seit den neunziger Jahren ein Reformprozess vollzogen, der zu einer deutlichen Annäherung des in der Vergangenheit disparaten Kreisverfassungsrechts geführt hat[126]. Herkömmliche Typisierungsversuche[127] erweisen sich daher nicht mehr als sinnvoll. Daher sollen lediglich einige **Grundlinien der inneren Kreisverfassung** aufgezeigt werden. Üblicherweise sind zwei oder drei Kreisorgane vorhanden,

- durchweg der **Kreistag** als demokratisch legitimiertes Repräsentativorgan (vgl Art. 28 I 2 GG) mit einem ständigen Vorsitzenden und
- der **Landrat** als hauptberufliches Leitungsorgan der Kreisverwaltung (mit Ausnahme Hessens),
- dazu ggf noch der **Kreisausschuss** als kleineres kollegiales Gremium mit sich aus dem Kreistag rekrutierenden Mitgliedern (in Brandenb., Hess., Nds., NRW und im Saarl.).

1. Der Kreistag

176 Dem in allen Ländern einheitlich so bezeichneten Kreistag kommt durchgängig die Entscheidungsbefugnis in allen bedeutsamen Angelegenheiten des Kreises zu, soweit nicht ein anderes Kreisorgan (Landrat, Kreisausschuss) gesetzlich zuständig ist. Überwiegend (vgl § 30 bay.LKrO; § 104 III m.v.KVerf.; § 58 I NKomVG; § 26 I 2 KrO NRW) sehen die Kreisordnungen zudem noch einen Vorbehaltskatalog unübertragbarer Aufgaben vor.

Unterschiedlich geregelt ist der **Vorsitz** im Kreistag. Während in einigen Ländern der Landrat den Vorsitz ausübt (Baden-Württemberg, Bayern, NRW, Rheinland-Pfalz, Saarland, Sachsen), wird der Kreistagsvorsitzende in anderen Ländern (Brandenburg, Hessen, Mecklenburg-Vorpommern, Niedersachsen, Sachsen-Anhalt, Schleswig-Holstein) aus der Mitte des Kreistages gewählt. Einen Sonderweg geht Thüringen in-

---

124 Vgl BGH, NJW 1986, 2939; dazu *Schmidt-Jortzig/Petersen*, JuS 1989, 27 ff.
125 So BGHZ 147, 381 (392).
126 Zur Entwicklung der Kreisverfassungssysteme ausführlich *H. Meyer*, in: HKWP³, § 25; Überblick bei *Pielow/Groneberg*, JuS 2014, 794 ff.
127 Vgl *Schmidt-Jortzig*, KommunalR, S. 108 ff.

soweit, als hier der Landrat Vorsitzender des Kreistages ist, die Hauptsatzung aber auch die Wahl eines Kreistagsmitglieds vorsehen kann (vgl § 102 I thür.KO)[128].

2. Der Kreisausschuss

Nicht einheitlich ist die Stellung des Kreisausschusses in den einzelnen Ländern.   **177**

In Baden-Württemberg, Sachsen und Sachsen-Anhalt sind Kreisausschüsse gar nicht vorgesehen; hier können lediglich fakultativ durch die Hauptsatzung beschließende und beratende Ausschüsse gebildet werden. Dies scheint auf den ersten Blick auch für Schleswig-Holstein zu gelten, doch zeigt eine nähere Betrachtung, dass er dort lediglich als „Hauptausschuss" tituliert wird (vgl § 40b schl.h.KreisO).

In den übrigen Ländern variiert die rechtliche Ausgestaltung der Kreisausschüsse beträchtlich. Einerseits sind sie lediglich Organteil des Kreisorgans Kreistag (Bayern[129] [Art. 26 ff bay. LKrO], Mecklenburg-Vorpommern [§§ 113 ff m.v.KVerf.], Rheinland-Pfalz, Thüringen), andererseits kommt ihnen selbst Organqualität zu (Brandenburg, Hessen, Niedersachsen [§§ 74 ff NKomVG], NRW [§§ 56 ff KrO NRW], Saarland).

Dieser grundlegend unterschiedlichen Ausgangslage entsprechen auch die den Kreisausschüssen zugewiesenen Aufgaben. In Bayern, Rheinland-Pfalz und Thüringen haben sie vornehmlich die Beschlüsse des Kreistages vorzubereiten und stellen damit lediglich eine unselbstständige Hilfseinrichtung dieses Kreisorgans dar. Dagegen eröffnet sich in den übrigen Ländern den Kreisausschüssen ein breites Betätigungsfeld. Neben der auch hier teilweise (Brandenburg, Niedersachsen, NRW, Saarland) vorgesehenen Funktion, die Aufgabenerfüllung des Kreistages vorzubereiten, kommt ihnen – abgesehen von der Eilentscheidungsbefugnis in NRW, im Saarland und in Niedersachsen – zusätzlich noch eine Lückenkompetenz für die Angelegenheiten, die nicht der Entscheidung eines anderen Kreisorgans bedürfen, zu. Vereinzelt (Brandenburg, NRW) obliegt ihnen auch die Planung besonders bedeutsamer Verwaltungsaufgaben im Rahmen der vom Kreistag festgelegten allgemeinen Richtlinien. Ein weites Funktionsspektrum bietet sich den Kreisausschüssen in Hessen, wo sie die gesamte laufende Verwaltung des Kreises nach den vom Kreistag aufgestellten Grundsätzen und im Rahmen der bereitgestellten Mittel besorgen.

In Mecklenburg-Vorpommern besteht die Besonderheit, dass den Kreisausschüssen – obgleich kein Kreisorgan – ein den organschaftlich strukturierten Kreisausschüssen vergleichbarer Kompetenzrahmen zugewiesen ist (vgl § 113 II, III m.v.KVerf).

Den Vorsitz in den Kreisausschüssen führt regelmäßig der Landrat. Details zum Kreisausschuss bei *Meyer*, in: HKWP[3], § 25 Rn 64 ff.

3. Der Landrat

Ein weiteres Kreisorgan ist der Landrat, der als kommunaler Wahlbeamter hauptberuflich die Kreisverwaltung leitet. In seiner Position kommt die traditionelle Doppelfunktion der Landkreise als Selbstverwaltungskörperschaft und untere staatliche Verwaltungsbehörde besonders anschaulich zum Ausdruck.   **178**

---

128 Details zum Kreistag bei *Meyer*, in: HKWP[3], § 25 Rn 33 ff.
129 Aus der Einordnung des Kreisausschusses in das Organisationsgefüge der bay.LKrO folgerte der BayVGH die Berechtigung eines dem Kreisausschuss nicht angehörenden Mitglieds des Kreistages als des zentralen „Gesamtorgans", an nicht-öffentlichen Sitzungen des Kreisausschusses als Zuhörer teilzunehmen, BayVGH, DVBl. 1983, 47.

Mit Blick auf die **Selbstverwaltungsaufgaben** obliegt ihm regelmäßig die Repräsentation des Landkreises. Er ist (außer in Hessen, vgl § 45 I 1 hess.LKrO: „Der Kreisausschuss vertritt den Landkreis") gesetzlicher Vertreter des Kreises und ihm obliegt die Besorgung der Geschäfte der laufenden Verwaltung regelmäßig selbst (in Hessen, vgl § 44 II hess.LKrO). Abgesehen von einigen besonderen Aufgaben – so ergibt sich gemäß Art. 34 I Nr 2 bay.LKrO die Zuständigkeit für solche Angelegenheiten des Landkreises, die im Interesse der Sicherheit der Bundesrepublik Deutschland oder eines ihrer Länder geheim zu halten sind (ähnliche Regelungen etwa in Niedersachsen [§ 85 I Nr 5 NKomVG], dem Saarland und Sachsen-Anhalt) – ist er daneben insbesondere berechtigt, Eilentscheidungen zu treffen, wenn eine rechtzeitige Einberufung des zuständigen Kreisorgans nicht möglich ist[130].

Soweit er – im Rahmen der Organleihe (so zB traditionell in Baden-Württemberg und Bayern – s. auch u. Rn 212) – auch als **untere staatliche Verwaltungsbehörde** fungiert (die LKrO Sachsen und Sachsen-Anhalt vermeiden diesen Begriff), nimmt er zugleich originär staatliche Aufgaben wahr, was zu Zuordnungs- und Haftungsproblemen führen kann[131].

179 Unterschiedlich geregelt ist die **Wahl des Landrats**. Traditionell geschieht dies in Baden-Württemberg (§ 39 V bw.LKrO) noch durch den **Kreistag**, in den anderen Ländern ist eine **Direktwahl** (§ 126 I BbgKVerfG; § 80 Abs. 1 NKomVG; Art. 40 bay. GLKrWG) durch die Kreisbürger vorgesehen. Schleswig-Holstein hat die Direktwahl allerdings 2009 schon wieder abgeschafft[132]. Dabei variiert die Amtsperiode zwischen fünf (§ 80 III i.V.m. § 47 II 1 NKomVG) und sieben bis neun Jahren (§ 116 II m.v.KVerf.).

180 Im Rahmen der Ernennung ist ein staatlicher Mitwirkungsakt grundsätzlich nicht erforderlich. Teilweise ist eine Abstimmung mit der Aufsichtsbehörde in der Bewerbungsphase vorgesehen (Baden-Württemberg, Hessen), teilweise darf der Wahl durch die Rechtsaufsichtsbehörde nicht widersprochen worden sein (Brandenburg, Mecklenburg-Vorpommern).

181 Die **Novellierung** des Kommunalrechts Mitte der 90er-Jahre in NRW und Niedersachsen hatte auch im **Kreisorganisationsrecht** parallele Veränderungen zur Gemeindeebene (vgl oben Rn 124) zur Folge. So wurde in beiden Ländern die sog. Doppelspitze abgeschafft und die Aufgaben des bisherigen hauptamtlichen Oberkreisdirektors (OKD) und des ehrenamtlichen Landrats in einer Person, dem hauptamtlichen Landrat als kommunalem Wahlbeamten, zusammengefasst (vgl § 42 KrO NRW).

---

130 Dazu Thür. OVG, ThürVBl. 2002, 211 – „Kreisumlagebescheid".
131 Vgl zum Überblick *Maurer/Waldhoff*, Allg. VerwR, § 26 Rn 44 f; *Meyer*, in: HKWP[3], § 25 Rn 80, 32; *Brüning/Vogelgesang*, Die Kommunalaufsicht, 2. Aufl. 2009, Rn 334.
132 GVOBl. Schl.-H. 2009, S. 572.

VII. Der kommunale Organstreit[133]

Allgemein anerkannt ist inzwischen trotz des prinzipiellen Verbots eines verwaltungs-   **182**
internen In-Sich-Prozesses die Möglichkeit, verwaltungsgerichtlichen Rechtsschutz
auch für **Streitigkeiten innerhalb einer kommunalen Körperschaft** zu erreichen, da
die organisatorische Aufgliederung hier gerade auf eine kontrastierende, mehrpolige
Willensbildung abzielt. Dieses Ergebnis wäre am Ende des 19. Jahrhunderts wegen
der seinerzeit vertretenen sog. Impermeabilitätstheorie, nach welcher der Staat ein für
das Recht undurchdringliches (impermeables) Gebilde darstellt, dessen Organe keine
Adressaten von Rechtssätzen sein können, noch undenkbar gewesen[134]. Heutzutage ist
ein solcher Rechtsstreit wegen der Garantie effektiven Rechtsschutzes aus Art. 19 IV
GG nur logisch und stringent[135]. An Stelle der missverständlichen Benennung als
„Kommunalverfassungsstreit" sollte allerdings besser die treffendere Bezeichnung
„kommunaler Organstreit" Verwendung finden. Sie umgreift Rechtsstreitigkeiten
zwischen zwei Organen einer kommunalen Körperschaft (sog. **Inter-Organ-Streit**)

Beispiele: Widerruf der Betrauung eines Beigeordneten mit der allgemeinen Vertretung des
verantwortlichen Hauptverwaltungsbeamten.[136] Klage eines Ratsmitglieds gegen den Hauptverwaltungsbeamten auf Akteneinsicht in die Dienstpostenbewertung der Verwaltungsmitar-
beiter[137].

und solche zwischen einem oder mehreren Mitgliedern eines kommunalen Kollegial-
organs und diesem selbst (sog. **Intra-Organ-Streit**).

Beispiele: Klage eines Ratsmitgliedes gegen seinen Ausschluss durch den Rat[138] oder gegen
einen Ordnungsruf[139]; Klage eines Ratsmitgliedes gegen den Ratsvorsitzenden auf Erlass eines
Rauchverbotes[140]; Klage gegen einen Ratsbeschluss über Missbilligung der Verletzung der
Amtsverschwiegenheit eines Ratsmitgliedes[141]; Klage gegen die Nichtaufnahme eines von
einer Fraktion oder Einzelmandatsträgern beantragten Tagesordnungspunktes für die Ratssitzung[142]. Anspruch der Gemeinderatsmitglieder auf angemessene Unterrichtung über die Gegenstände anstehender Ratsentscheidungen[143].

1. Rechtsnatur

Unklarheiten bestehen beim kommunalen Organstreit bereits hinsichtlich der Rechts-   **183**
natur dieses Verfahrens. Während das OVG NRW zunächst durchgehend von einem
„Verfahren sui generis" sprach[144] und nicht auf Klagearten der VwGO zurückgegrif-

---

133 Lit.: *Bethge*, in: HKWP³, § 28; *Burgi*, KommR, § 14; *Geis*, KommR, § 25; *Mann/Wahrendorf*, Ver-
     waltungsprozessrecht, 4. Aufl. 2015, § 22; *Würtenberger/Heckmann*, Verwaltungsprozessrecht,
     4. Aufl. 2018, § 38 Rn 303 ff; *Schoch*, Jura 2008, 826 ff; *Ogorek*, JuS 2009, 511 ff.
134 Vgl nur *Georg Jellinek*, Gesetz und Verordnung, 1887, S. 240 f.
135 Vgl *Geis*, KommR, § 25, Rn 3.
136 OVG Lüneburg, OVGE 19, 338 (345 f).
137 OVG Münster, KommJur 2013, 416 ff.
138 BVerwG, KommJur 2015, 134 ff.
139 OVG Münster, DÖV 2013, 992 ff.
140 OVG Münster, OVGE 36, 154 ff.
141 OVG Lüneburg, KommJur 2012, 420 ff.
142 OVG Münster, KommJur 2013, 187 ff; VG Gera, DÖV 2003, 257 ff.
143 OVG Koblenz, KommJur 2011, 54 ff und KommJur 2012, 54 ff.
144 OVGE 17, 261; 27, 258; NVwZ 1983, 485 (486); ähnlich *Hufen*, Verwaltungsprozessrecht, § 21
     Rn 14: „besondere Gestaltungsklage".

fen hatte, gehen Rechtsprechung und Literatur heute fast einhellig davon aus, dass es für einen Organstreit keiner besonderen Klageart bedarf, sondern dass es sich um einen Rechtsstreit handelt, für den die üblichen Rechtsschutzformen der VwGO zur Verfügung stehen[145]. Weil aus dem Kanon der möglichen Rechtsschutzformen die Anfechtungs- und Verpflichtungsklage beim kommunalen Organstreit regelmäßig ausscheiden, weil Maßnahmen, die Wahrnehmungszuständigkeiten von Organen oder Organteilen betreffen, nicht „auf unmittelbare Rechtswirkung nach außen gerichtet" und somit keine Verwaltungsakte iSd § 42 II iVm § 35 VwVfG sind. Gleiches gilt im Falle der Erledigung innerorganisatorischer Maßnahmen für die Fortsetzungsfeststellungsklage. Damit verbleiben als regelmäßig zu Gebote stehende Klagearten im Organstreit die allgemeine **Leistungsklage**, die (subsidiäre) **Feststellungsklage** sowie ggf. auch die Normenkontrolle gem. § 47 I Nr 2 VwGO.[146] Auch ein vorläufiger Rechtschutz nach § 80 V VwGO scheidet wegen der fehlenden Verwaltungsaktsqualität der organschaftlichen Maßnahme aus, doch bleibt die Möglichkeit der einstweiligen Anordnung nach § 123 VwGO, wenn es gilt, den Eintritt irreparabler Tatsachen zu hindern[147].

2. Rechtsschutzinteresse/Klagebefugnis

184 Fraglich erscheint weiter, wann das spezifische **Rechtsschutzinteresse** für die Initiierung eines kommunalen Organstreits bejaht werden kann. Immerhin geht das verwaltungsprozessuale Rechtsschutzsystem, wie sich namentlich bei der Bestimmung des § 42 II VwGO über die Klagebefugnis bei Anfechtungs- und Verpflichtungsklagen zeigt, die jedenfalls bei allg. Leistungs- und Gestaltungsklagen entsprechend anzuwenden ist[148], grundsätzlich davon aus, dass ein Kläger geltend machen können muss, in seinen Rechten verletzt zu sein. Im Organstreit geht es jedoch nicht um die üblichen subjektiv-öffentlichen Rechte, sondern um organschaftliche Kompetenzen. Es besteht daher Einigkeit dahingehend, dass es im Rahmen eines Organstreits, bei dem die Vereinbarkeit innerorganisatorischer Akte mit den Kompetenzen des jeweiligen Klägers zu klären ist, ausreichend ist, wenn der Kläger geltend machen kann, in gesetzlich begründeten, spezifischen kontrastierenden **eigenen Organkompetenzen**, Wahrnehmungszuständigkeiten resp. „Mitgliedschaftsrechten" verletzt zu sein[149].

185 Entscheidend ist also, ob das geltend gemachte Recht dem klagenden „Organ oder Organteil als wehrfähiges **subjektives Organrecht zur eigenen Wahrnehmung** zugewiesen ist", was durch Auslegung der jeweils einschlägigen Norm zu ermitteln

---

145 Vgl statt vieler OVG Lüneburg, OVGE 27, 351; OVG Saarlouis, NVwZ-RR 1993, 210; *Pietzcker*, in: Schoch/Schneider/Bier, VwGO, vor § 42 Abs. 1 Rn 18; *Würtenberger/Heckmann*, Verwaltungsprozessrecht, Rn 756 ff; *Franz*, Jura 2005, 156 (157); *Burgi*, KommR, § 14 Rn 10 f; *Bethge*, in: HKWP³, § 28 Rn 44 ff mwN.

146 Zu letzterer BVerwG, NVwZ 1988, 1119 ff; VGH Kassel, NVwZ 2007, 107.

147 *Ipsen*, KommR, § 10 Rn 504; vgl OVG Lüneburg, NvwZ 1994, 506 f (betr. Fraktionsausschluss). Näher *Schoch*, in: Ehlers/Schoch (Hrsg.), Rechtsschutz im Öffentlichen Recht, 2009, § 28 Rn 93.

148 So hM: Vgl BVerwGE 36, 192 (199); *Mann/Wahrendorf*, Verwaltungsprozessrecht, 4. Aufl. 2015, Rn 285; *Bethge*: in HKWP³, § 28 Rn 59 ff.

149 OVG Münster, NWVBl. 2003, 309 (310); DÖV 2013, 992 Rn 33; *Ogorek*, JuS 2009, 511 (514); *Hufen*, Verwaltungsprozessrecht, § 21 Rn 17, 21; *Schoch*, in: Ehlers/Schoch, Rechtsschutz, § 28 Rn 104 ff; *Würtenberger/Heckmann*, Verwaltungsprozessrecht, Rn 765.

ist[150]. Dies wurde von der Rspr für das Recht, gemeinsame Wahlvorschläge mehrerer Fraktionen bei der Wahl von Ausschussmitgliedern einzureichen, ebenso bejaht wie für die Wahrung des Grundsatzes der Sitzungsöffentlichkeit seitens einzelner Ratsmitglieder oder Fraktionen[151].

Umgekehrt folgt daraus, dass Organteilen wie Ratsmitgliedern oder Fraktionen dementsprechend gerade **keine prozessstandschaftliche Wahrnehmung** der Rechte der Gemeindevertretung eröffnet ist. Reaktionsrechte aus einer Kompetenzverletzung können grundsätzlich nur von dem in seinen Organrechten verletzten Organ selbst, nicht von dessen Mitgliedern, geltend gemacht werden. Rechte des Rates sind also vom Rat als Ganzem geltend zu machen. An der Klagebefugnis wird es also fehlen, wenn die mögliche Rechtswidrigkeit einer Maßnahme nicht eigene Rechte eines Organteils, sondern nur solche des Gesamtorgans verletzt. **186**

Beispiele: Daher besteht keine Klagebefugnis eines Ratsmitgliedes gegen die Mitwirkung eines anderen, möglicherweise „befangenen" Mitgliedes[152], keine Klagebefugnis einer Ratsfraktion gegen eine Maßnahme, die Kompetenzen des Gemeinderates verletzt[153], keine Klagebefugnis des vom Rat entsandten Vertreters im Aufsichtsrat einer GmbH mit Blick auf seine Abberufung[154] oder auch keine Klagebefugnis einzelner Ratsmitglieder gegen die mangelhafte Vorbereitung einer Ratssitzung durch den Ratsvorsitzenden[155].

3. Sonstige Zulässigkeitsvoraussetzungen

Die **Beteiligtenfähigkeit** im Verwaltungsprozess ergibt sich aus § 61 Nr 2 VwGO, da dem Organ bzw Organteil insoweit eigene Rechte zustehen. Dies betrifft nicht nur Fraktionen oder Ausschüsse der Vertretung, sondern gilt etwa auch für eine Gruppe von Gemeindevertretern im Streit um die Frage, ob ihnen ein Fraktionsstatus zukommt. **187**

Dies gilt analog (da nicht „Vereinigung") auch für die Klage eines einzelnen Ratsmitgliedes, das insoweit ja nicht als Privatrechtssubjekt im Sinne des § 61 Nr 1 VwGO agiert und auch keine „Behörde" im Sinne des § 61 Nr 3 VwGO darstellt. Auch ein einzelnes Ratsmitglied oder der Hauptverwaltungsbeamte können Zuordnungssubjekte organisationsinterner Rechtssätze sein. So gehört etwa der Anspruch auf Teilnahme an den Ratssitzungen und auf Mitwirkung an den dort getroffenen Entscheidungen zu den vornehmsten Rechten eines Ratsmitgliedes. Mit Blick auf die Anerkennung intrapersonaler Rechtsbeziehungen durch die VwGO muss daher auch ein einzelnes Ratsmitglied eine Verletzung der ihm zugeordneten organschaftlichen Befugnisse gerichtlich geltend machen können[156].

Prozessfähig ist entspr. § 62 III VwGO der Organwalter des betreffenden Organs bzw Organteils (Ratsvorsitzender, Ausschussvorsitzender, ggf ein einzelnes Ratsmitglied). **188**

---

150 OVG NRW, OVGE 41, 118 (119); OVG NRW, NWVBl. 2002, 434; 2003, 267; 2004, 378.
151 Vgl OVG Rh.Pf., DÖV 1996, 474 f.
152 So OVG Rh.Pf., NVwZ 1985, 283; OVG NRW, StuGR 5/2007, 37 f.
153 OVG NRW, NWVBl. 1993, 91; insoweit deutlich auch BVerwG, DVBl. 1994, 866 (867); s. auch *v. Bargen*, VBlBW 2000, Beilage, S. 4 (5) bzgl der Beanspruchung einer Eilentscheidungskompetenz durch den Bürgermeister.
154 OVG NRW, NWVBl. 2002, 434.
155 OVG NRW, NVwZ-RR 2007, 627.
156 Vgl nur OVG Münster, NVwZ 1983, 485 (486); zum Ganzen näher *Mann/Wahrendorf*, Verwaltungsprozessrecht, 4. Aufl. 2015, Rn 141 f mwN.

189 Die **Klage** ist nicht, wie dies § 78 I Nr 1 VwGO entspräche, gegen den Rechtsträger (die Gemeinde) zu richten, sondern **gegen** das zuständige **Organ** bzw Organteil, dem die behauptete Kompetenzbeschneidung resp. Verletzung eines Mitgliedschaftsrechts anzulasten wäre[157].

4. Tenorierung

190 Die Unsicherheiten hinsichtlich der Rechtsnatur des kommunalen Organstreits schlagen auf die Diskussionen um die richtige **Tenorierung** eines der Klage stattgebenden Urteils durch. Während OVG NRW durchweg in der Form der Feststellung tenoriert[158], hält der BayVGH[159] auch ein kassatorisches Urteil für möglich[160].

191 **Lösungshinweis zu Fall 4 (Rn 116):** Im **Ausgangsfall** („Die Mini-Fraktion") sind im Rahmen der Prüfung der Zulässigkeit der Klage folgende Punkte zu erörtern:

1. Rechtsweg: Es wird um Rechte und Pflichten aus der Gemeindeordnung gestritten und handelt sich somit um eine öffentlich-rechtliche Streitigkeit nichtverfassungsrechtlicher Art – trotz verbreiteter, eher missverständlicher Benennung als Kommunalverfassungsstreit – iSd § 40 VwGO. Dass es um Organrechte geht, ist für den Rechtsweg unerheblich; § 40 VwGO setzt für die Rechtswegeröffnung eine solche Außenrechtsstreitigkeit nicht voraus.

2. Statthafte Klageart: Als Klageart kommt eine Feststellungsklage in Betracht. Denkbar wäre ein Antrag auf Feststellung der Rechtswidrigkeit der betreffenden Vorschrift der Geschäftsordnung. Darin könnte aber eine Umgehung der Normenkontrolle gem. § 47 VwGO gesehen werden[161]. Näher liegt deshalb der Antrag festzustellen, dass A und B eine Fraktion des Gemeinderates bilden. Diesbezüglich steht auch ein konkretes Rechtsverhältnis zur Diskussion; streitig ist nämlich die Reichweite von Mitgliedschaftsrechten der Ratsherren A und B gegenüber dem Gemeinderat als dem für Verfahrensabläufe maßgeblichen und auch die Geschäftsordnung beschließenden Organ.
   Das erforderliche Feststellungsinteresse ergibt sich daraus, dass den Ratsherren A und B das Recht, sich zu einer Fraktion zusammenzuschließen, verwehrt wird. Schließlich wird die Ausübung bestimmter weiterer Mitgliedschaftsrechte häufig gerade an den Fraktionsstatus geknüpft.

3. Klagebefugnis: Nach verbreiteter Auffassung ist auch bei der Feststellungsklage in analoger Anwendung von § 42 II VwGO eine Klagebefugnis erforderlich[162]. Ein Bedürfnis zur analogen Anwendung besteht, weil es nicht um subjektive Rechte, sondern um organschaftliche Rechte geht. Diese können daher grundsätzlich nur von dem Organ selbst geltend gemacht werden. Hier besteht die Möglichkeit einer Verletzung des A und B zustehenden Rechts zum Fraktionszusammenschluss.

4. Klagegegner: Die Klage ist zu richten gegen den Gemeinderat als dem für die Verabschiedung der Geschäftsordnung verantwortlichen Organ, vertreten durch seinen Vorsitzenden.

---

157 Vgl OVG NRW, NVwZ 1983, 485 (486) u. NVwZ 1990, 188; Bd.Wtt.VGH, VBlBW 1990, 457 (459).

158 S. OVGE 27, 258 (260).

159 VerwRspr 28 (1978), S. 460; BayVBl. 1988, 16.

160 Vgl auch OVG Lüneburg, OVGE 19, 338 (344 f).

161 VGH Bd.Wtt., BWVPr. 1978, 88.

162 Bei Organstreitigkeiten wird das sogar ganz überwiegend und auch von denjenigen Autoren angenommen, die ansonsten die zusätzliche Notwendigkeit einer Klagebefugnis bei Feststellungsklagen eher ablehnen, vgl *Mann/Wahrendorf*, Verwaltungsprozessrecht, Rn 309, 377 mwN.

5. Beteiligtenfähigkeit: Der Rat ist beteiligtenfähig nach § 61 Nr 2 VwGO, da es insoweit um das eigene Recht, eine Geschäftsordnung zu erlassen, geht. Auch A und B sind nach § 61 Nr 2 VwGO beteiligtenfähig, da ihnen als Organteilen eigene Mitgliedschaftsrechte zustehen.

6. Prozessfähigkeit: Die Prozessfähigkeit ergibt sich aus § 62 III VwGO. Vertreter des Rates ist der Ratsvorsitzende. Auch A und B sind entsprechend § 62 III VwGO prozessfähig, da sie hier nicht als natürliche Personen, sondern als Teile des Organs Gemeinderat klagen und sich deshalb in ihrer Rolle als Organteile selbst vertreten[163].

7. Zuständiges Gericht: Zuständiges Gericht ist hier, da der Fall im Landkreis Wesermarsch spielt, das Verwaltungsgericht Oldenburg, §§ 45, 52 Nr 5 VwGO, § 73 II Nr 5 lit. a NJG.

Übersicht 5: Prüfungsschema für den kommunalen Organstreit (Kommunalverfassungsstreit)   **192**

I.   Eröffnung des Verwaltungsrechtswegs, § 40 I 1 VwGO

     Auch Streitigkeit im Innenverhältnis ist als „öffentlich-rechtliche Streitigkeit" justitiabel

II.   Zulässigkeit

    1. Statthafte Klageart
      – Differenzierung: Interorganstreit/Intraorganstreit (Rn 182)
      – wegen fehlender Außenwirkung der organschaftlichen Maßnahmen keine Anfechtungs- oder Verpflichtungsklage (Rn 183)
      – Klageart „sui generis" abzulehnen, weil Rückgriff auf Klagearten der VwGO möglich
      – Bei Handeln/Dulden/Unterlassen idR Leistungs-/Unterlassungsklage, bei begehrter Feststellung der Rechtswidrigkeit einer Maßnahme: Feststellungsklage § 43 I VwGO, bei Überprüfung einer Satzung oder Geschäftsordnung: Normenkontrolle § 47 I Nr 2 VwGO (Rn 183)

    2. Klagebefugnis
      – Verletzung eines organschaftlichen Rechts, wehrrechtsfähigen Innenrechtsposition (Rn 184 f)

    3. Klagegegner
      – Str ob gegen Gemeinde (Rechtsträger) oder – vorzugswürdig – direkt gegen das handelnde Organ, das die angegriffene Handlung vorgenommen hat (Rn 189)

    4. Beteiligten- und Prozessfähigkeit
      – Organteile nach § 61 Nr 2 VwGO direkt; Einzelne Personen/Organe nach § 61 Nr 2 VwGO analog (Rn 187)
      – Prozessfähigkeit richtet sich nach § 62 III VwGO (Rn 188)

    5. Rechtsschutzbedürfnis (sofern Anlass besteht)

III.   Begründetheit

     Prüfung der Verletzung organschaftlicher Rechte, Begründung analog der gewählten Klageart

---

163   *Franz*, Jura 2005, 156 (160).

Wiederholungs- und Verständnisfragen

1. *Welchem Grundtyp einer Kommunalverfassung kommt heute eine Leitfunktion zu?* **Rn 118 ff, 123**
2. *Ist eine Einschränkung der Mitwirkungsrechte eines Ratsmitglieds möglich?* **Rn 137 f**
3. *Welche Bedeutung hat die Sitzungsöffentlichkeit bei Ratssitzungen?* **Rn 143**
4. *Handelt es sich bei der Geschäftsordnung des Rates um eine Satzung?* **Rn 144**
5. *Welche Arten von Ratsausschüssen gibt es?* **Rn 153**
6. *Was sind sachkundige Bürger und sachkundige Einwohner?* **Rn 155**
7. *Wie lassen sich die wesentlichen Aufgaben des Bürgermeisters zusammenfassen?* **Rn 157**
8. *Was fällt unter die „Geschäfte der laufenden Verwaltung"?* **Rn 166 ff**
9. *Welche Organe gibt es auf der Kreisebene?* **Rn 175**
10. *Was bedeutet die Doppelfunktion der Landkreise für die Stellung des Landrats?* **Rn 178**
11. *Welche zwei Formen des kommunalen Organstreits lassen sich unterscheiden?* **Rn 182**
12. *Welche Zulässigkeitsaspekte sind im Rahmen kommunaler Organstreitigkeiten besonders zu beachten?* **Rn 184 ff**

§ 5 Der Aufgabenkreis der Gemeinden

193 **Fall 5:** „Atomwaffenfreie Zone Kleinkleckersdorf"

Die Mehrheitsfraktion im Rat der Gemeinde Kleinkleckersdorf in NRW, auf deren Gebiet freilich keinerlei militärische Anlagen vorhanden oder geplant sind, möchte als Zeichen besonderen Friedenswillens und im Einklang mit gleich lautenden Forderungen einiger Organisationen die Gemeinde zur „Atomwaffenfreien Zone" deklariert wissen und beantragt eine Diskussion und Abstimmung über folgenden Beschlussvorschlag:

„Der Rat der Gemeinde K unterstützt im Rahmen seiner kommunalen Zuständigkeit keine Maßnahmen, die der Produktion, dem Transport, der Stationierung und Lagerung von atomaren, biologischen oder chemischen Massenvernichtungsmitteln dienen."

I. Bestehen rechtliche Bedenken gegen einen entsprechenden Ratsbeschluss?
II. Muss der Bürgermeister diesen Punkt auf die Tagesordnung der nächsten Ratssitzung setzen? Rn 203 f

194 Die Gemeinden sind in ihrem Gebiet, soweit gesetzlich nicht ausdrücklich etwas anderes bestimmt ist, ausschließliche und eigenverantwortliche Träger der öffentlichen Verwaltung (vgl § 4 NKomVG, § 2 GO NRW). Die damit zum Ausdruck gebrachte **lokale Allzuständigkeit** umschließt einen Aufgabenkreis, der aus unterschiedlichen Aufgabenkategorien zusammengesetzt ist. In Abhängigkeit vom jeweiligen Aufgabenmodell (dazu bereits o. Rn 5) erfolgt in den Ländern, die dem dualistischen Aufgabenmodell[1] folgen, eine Einteilung nach Selbstverwaltungs- (s.u. I.) und Auftrags-

---

1 Dies sind Bayern, Niedersachsen, Rheinland-Pfalz, Saarland, Sachsen-Anhalt und Thüringen; vgl Art. 8 bay.GO, § 4 NKomVG, § 2 rh.pf.GO, § 5 saarl.KSVG, § 4 s.anh.KVG, § 2 thür.KO.

angelegenheiten (s.u. II.), während es in den Ländern mit monistischem Aufgaben-modell[2] zudem noch die Aufgabenkategorie der Pflichtaufgaben zur Erfüllung nach Weisung gibt (s.u. III.).

Wenn man die Besonderheit der Pflichtaufgaben zur Erfüllung nach Weisung aus-blendet (dazu Rn 208 ff), lassen sich die Aufgaben der Gemeinden im Überblick mit folgendem Schema veranschaulichen:

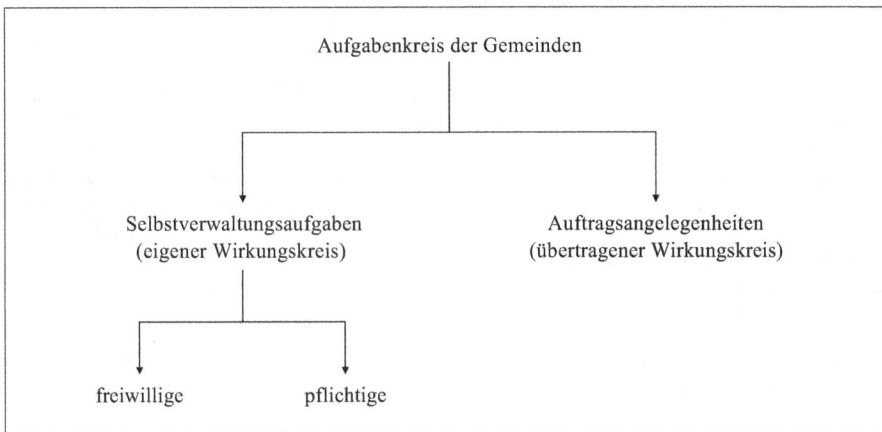

Übersicht 6: Der Aufgabenkreis der Gemeinden (im dualistischen Aufgabenmo-dell):

I. Selbstverwaltungsangelegenheiten

Die **Selbstverwaltungsangelegenheiten**, die **Aufgaben des eigenen Wirkungskrei-**
ses[3], geben der kommunalen Verwaltung ihr eigentliches Gepräge und dokumentie-ren die kommunale Individualität. Sie umfassen ein breites, gesetzlich nur unvoll-kommen erfassbares Spektrum an Aktivitäten, orientiert an den örtlichen Bedürfnis-sen und der gemeindlichen Leistungskraft, das allenfalls mit dem klassischen Begriff der **Daseinsvorsorge (im weitesten Sinne** verstanden; vgl dazu oben Rn 58) um-schrieben werden kann. Beispielhaft sind insoweit die Beschreibungen in Art. 57 I bay.GO:

195

„Im eigenen Wirkungskreis sollen die Gemeinden in den Grenzen ihrer Leistungsfähigkeit die öffentlichen Einrichtungen schaffen und erhalten, die nach den örtlichen Verhältnissen für das wirtschaftliche, soziale und kulturelle Wohl und die Förderung des Gemeinschaftslebens ihrer Einwohner erforderlich sind, insbesondere Einrichtungen zur Aufrechterhaltung der öffentli-

---

2 Dies sind: Baden-Württemberg, Brandenburg, Hessen, Mecklenburg-Vorpommern, Nordrhein-Westfa-len, Sachsen und Schleswig-Holstein; vgl § 2 III bd.wtt.GO; § 2 IV 2 BbgKVerf; § 4 I 1 hess.GO; § 3 I m.v.KVerf; § 3 GO NRW; § 2 III sächs.GO; § 3 schl.h.GO.

3 Vgl Art. 57 bay.GO; § 2 bd.wtt.GO; § 2 BbgKVerf; § 2 Verf.Bremerhaven; § 2 hess.GO; § 2 m.v.KVerf; § 4 NKomVG; § 2 GO NRW; § 2 rh.pf.GO; § 5 saarl.KSVG; § 2 I sächs.GO; § 4 s.anh.KVG; § 2 schl.h.GO; § 2 thür.KO.

chen Sicherheit und Ordnung, der Feuersicherheit, der öffentlichen Reinlichkeit, des öffentlichen Verkehrs, der Gesundheit, der öffentlichen Wohlfahrtspflege einschließlich der Jugendhilfe, des öffentlichen Unterrichts und der Erwachsenenbildung, der Jugendertüchtigung, des Breitensports und der Kultur- und Archivpflege; hierbei sind die Belange des Natur- und Umweltschutzes zu berücksichtigen. Die Verpflichtung, diese Aufgaben zu erfüllen, bestimmt sich nach den besonderen gesetzlichen Vorschriften."

196 Entscheidend für die Zuordnung ist dabei die **Dominanz des örtlichen Bezuges** (siehe auch oben Rn 52 ff zu den Angelegenheiten der örtlichen Gemeinschaft iSv Art. 28 II 1 GG).

Beispiele: Festlegung von Namen zur Kennzeichnung für öffentliche Straßen (vgl § 51 I m.v.StrWG; § 4 II 3 StrWG NRW). Auch wenn die Bestimmung eines Straßennamens sowie die Zuteilung einer Hausnummer (dazu § 126 III BauGB) primär der genauen Orientierung und damit der Gefahrenabwehr dienen, handelt es sich bei der Namensgebung selbst um einen schöpferischen Akt der Kommunalpolitik[4]. Die Dominanz des örtlichen Bezuges fehlt hingegen bei der Unterbringung von Asylbewerbern. Ihre Versorgung mit einer Unterkunft ist Aufgabe des Staates, keine Aufgabe des örtlichen Wirkungskreises einer Gemeinde[5]. Die Länder haben jedoch durchweg diese Aufgabe gesetzlich auf die Gemeinden übertragen; siehe zu verfassungsrechtlichen Grenzen oben Rn 72.

197 Rechtsfolgen der Einordnung einer Angelegenheit in die Aufgabenkategorie der Selbstverwaltungsangelegenheiten sind

– eigenverantwortliche Entscheidung über die Modalitäten der Aufgabenwahrnehmung,
– grundsätzlich eigene Finanzierung,
– Beschränkung staatlicher Kontrolle auf eine Rechtsaufsicht (Art. 109 I bay.GO; § 78 II m.v.KVerf.; § 170 I NKomVG)[6],
– funktionale Zuständigkeit auch als Widerspruchsinstanz (§ 73 I 2 Nr 3 VwGO)[7].

Innerhalb dieses eigenen Wirkungskreises sind, wie der letzte Satz des in Rn 195 zitierten Artikels der bay.GO bereits verdeutlicht, die **freiwilligen** von den **pflichtigen Selbstverwaltungsangelegenheiten** zu unterscheiden.

1. Freiwillige Selbstverwaltungsaufgaben

198 Das Spektrum der gemeindlichen Eigenverantwortlichkeit ist am größten bei den freiwilligen Selbstverwaltungsaufgaben. Hierbei handelt es sich um klassische „Aufgaben der örtlichen Gemeinschaft", bei denen die Gemeinde sowohl **über das „Ob" einer Aufgabenbefassung als auch über das „Wie" der Aufgabenwahrnehmung** entscheiden kann.

---

4   Inwieweit bei Straßenumbenennungen Interessen der Anwohner zu berücksichtigen sind, ist str; siehe dazu die Falllösungen von *Ennuschat*, NWVBl. 1992, 337 ff und *Zilkens*, NWVBl. 2001, 369 ff sowie aus der Rspr Nds.OVG NVwZ 2018, 1236; BayVGH, BayVBl. 1995, 726; VG Hannover, BeckRS 2011, 49703; VG Köln, BeckRS 2016, 49204; Zur Änderung von Hausnummern siehe BayVGHE 55, 78.
5   BVerwG, NVwZ 1990, 1173 f.
6   Siehe auch BVerfGE 22, 180 (210).
7   Vgl OVG NRW, NWVBl. 1993, 156 zur Stellplatzvergabe auf einem von der Gemeinde veranstalteten Volksfest.

Beispiele: Veranstaltung von Musikwochen oder künstlerischen Wettbewerben; psychologische Dienste; Errichtung oder Förderung kultureller Institute; Herausgabe heimatkundlicher Schriften.

Ebenso wie es im Ermessen der Kommunen steht, freiwillige Selbstverwaltungsaufgaben zu übernehmen, so ist es ihnen auch jederzeit möglich, sich dieser Aufgaben wieder zu entledigen. Insbesondere steht es einer Gemeinde frei, bisher von ihr betriebene freiwillige öffentliche Einrichtungen zu privatisieren (allg. zur Privatisierung Rn 328 f, zur Gegenansicht des BVerwG s. bereits Rn 74).

Die Gemeinden haben auf Grund ihrer verfassungsrechtlich garantierten Eigenverant- **199** wortlichkeit bei der Inangriffnahme von Aufgaben der örtlichen Gemeinschaft die **Option, neue örtliche Aufgaben** für sich zu reklamieren („Recht der Spontaneität")[8]. Dies geschah etwa in großem Stil hinsichtlich der Begründung von Städtepartnerschaften.

2.   Pflichtige Selbstverwaltungsaufgaben

Auch pflichtige Selbstverwaltungsaufgaben sind als „Angelegenheiten der örtlichen **200** Gemeinschaft" vom Gewährleistungsgehalt der kommunalen Selbstverwaltungsgarantie umfasst, doch hat der Gesetzgeber ihre Bedeutung für das Gemeinwesen so hoch veranschlagt, dass er ihre Wahrnehmung nicht allein der freien Entscheidung der Gemeinden überlassen will, sondern diese verpflichtet, sich dieser Aufgaben anzunehmen[9]. Die „eigene Verantwortung" der Gemeinden erschöpft sich also **auf das „Wie" der Aufgabenwahrnehmung**, während das „Ob" der Aufgabenbefassung bereits vorgegeben ist[10].

Beispiele:
–   Schulträgerschaft für Grund- und Hauptschulen (§ 102 nds.SchG; § 103 m.v.SchulG)
–   Straßenreinigung (§ 52 nds.StrG; § 50 IV m.v.StrWG)
–   Friedhofswesen, Sorge für Totenbestattung[11] (§ 13 I nds.BestattG; § 14 II m.v.BestattG)
–   Bauleitplanung (§§ 1 III, 2 I BauGB).

3.   Öffentliche Äußerungen der Gemeinde

Durch die Selbstverwaltungsgarantie abgesichert ist auch die Befugnis, grundlegende **201** Auffassungen der Gemeinde zu wesentlichen, ihren Aufgabenbereich betreffenden Fragen in **öffentlichen Äußerungen** darzulegen[12]. Dabei ist auf Objektivität im Sinne eines Sachlichkeitsgebots zu achten[13].

---

8   *Röhl*, BesVerwR, Rn 18.
9   Durch Gesetz oder aufgrund eines Gesetzes; vgl. Art. 57 IV Nds. Verf., Art. 78 III Verf. NRW; zur Überbürdung neuer Aufgaben siehe bereits Rn 72.
10   *Dreier*, in: Dreier, GG, Bd. 2, Art. 28 Rn 105; *Hellermann*, in: BeckOK GG, Art. 28 Rn 42.1.
11   OVG NRW, OVGE 25, 106; HessVGH, NVwZ-RR 2009, 852.
12   Der (Ober-)Bürgermeister nimmt insoweit die Funktion eines „Sprachrohrs" des Rates wahr; vgl OVG NRW, NVwZ 1991, 176 zur Warnung vor einer Religionsgemeinschaft. Vgl dazu etwa auch BayVerfGH, NVwZ 1998, 391 ff; BayVGH, NVwZ 1995, 502 ff und den Übungsfall von *Tettinger/ Ennuschat*, NWVBl. 1994, 396 ff.
13   So BayVerfGH, BayVBl. 1996, 597 („Faltblatt zu Bürgerbegehren") unter Bezugnahme auf BayVerfGHE 47, 1 (17); siehe auch OVG NRW, NWVBl. 2004, 151; BVerwG NVwZ 2018, 433 („Licht aus"), s. hierzu die Examensklausur von *Muckel*, JA 2017, 523.

202 Wie aber das Bundesverfassungsgericht deutlich gemacht hat, überschreitet eine Gemeinde die ihr gesetzten rechtlichen Schranken, wenn sie zu allgemeinen, überörtlichen, brisanten politischen Fragen, zu denen Entscheidungen auf dem Gebiet des Verteidigungswesens zu zählen sind, Resolutionen fasst bzw für oder gegen eine Politik Stellung nimmt, die sie nicht als einzelne Gemeinde besonders trifft, sondern die der Allgemeinheit eine Last aufbürdet oder sie allgemeinen Gefahren aussetzt[14].

Sie hat **kein allgemeines politisches**, sondern **nur ein kommunalpolitisches Mandat**. So darf sie auch nicht bei Ausübung hoheitlicher Funktionen eine eigene, von den Wertungen des zuständigen Gesetzgebers abweichende „Gemeindepolitik" betreiben, indem sie für ihr Gemeindegebiet bestimmte Verhaltensweisen ausschließt, die nach der Gesetzeslage allgemein zulässig sind[15].

203 **Lösungshinweis zu Fall 5 (Rn 193):** Im **Ausgangsfall** ist im Anschluss an diese Darlegungen zu **Frage I** festzustellen, dass die Zuständigkeit der Gemeinde (gebräuchliches Stichwort: „Verbandskompetenz") auf die Angelegenheiten des **örtlichen** Wirkungskreises beschränkt ist. Mit einer Grundsatzerklärung im Sinne einer Ablehnung bestimmter Waffen, wie sie in der Beschlussvorlage zum Ausdruck kommt, ist dieser Zuständigkeitsbereich überschritten, denn nach der grundgesetzlichen Ordnung ist es allein Sache des für Verteidigungsfragen zuständigen Bundes (vgl nur Art. 73 I Nr 1, 87a GG), über die Einführung und Stationierung von Waffensystemen zu befinden. Da auf dem Gebiet von K weder militärische Anlagen existieren noch solche vorgesehen sind, besteht zudem kein lokaler Anknüpfungspunkt. Dass die Beschlussvorlage sich ausdrücklich „im Rahmen kommunaler Zuständigkeit" bewegen will, führt zu keiner anderen Beurteilung, da es keine (prophylaktische) kommunale Zuständigkeit, bestimmte Waffen oder Waffensysteme abzulehnen, gibt und eine daran anknüpfende Verweigerungshaltung verboten wäre[16].

Ergebnis zu I: Ein Ratsbeschluss entsprechend der Vorlage ist rechtswidrig.

204 **Zu Frage II:** Zweifelhaft ist, ob der Vorsitzende des Gemeinderates es ablehnen kann, diesen Antrag unter Berufung auf eine fehlende kommunale Entscheidungszuständigkeit auf die Tagesordnung zu setzen. Das OVG NRW[17] lehnt eine inhaltsbezogene Verwerfungskompetenz des Bürgermeisters ab, da der Wortlaut des § 48 I 2 GO NRW zwingend sei und der Minderheitenschutz es verlange, jede von einer Minderheit für bedeutungsvoll gehaltene Angelegenheit vor den Rat zu bringen, welcher selbst zu entscheiden habe, ob eine Angelegenheit in seine Zuständigkeit falle oder nicht. Hierauf könnte auch § 54 I GO NRW hindeuten, der mit dem Widerspruchsrecht dem Bürgermeister lediglich ein *nachträgliches* Kontrollrecht hinsichtlich der Ratsbeschlüsse einräumt, wenngleich für Letzteres ein gänzlich anders geartheter Prüfungsmaßstab vorgesehen ist. Auch eine eingeschränkte Verwerfungskompetenz bei einer „offensichtlichen" Unzuständigkeit wird teilweise als unpraktika-

---

14 So schon BVerfGE 8, 122 (134) – „hess.Volksbefragung".

15 Siehe BVerfGE 98, 106 (122 ff) zu einer eigenständigen kommunalen Abfallvermeidungsstrategie – „Kasseler Verpackungssteuer-Satzung"; VGH Bd.Wtt., GewArch. 1993, 19 (20); OVG NRW, NWVBl. 1995, 170 – dazu krit. *Jacobs/Machens*, NWVBl. 1996, 1 ff.

16 So zutreffend BVerwGE 87, 228 ff, allerdings mit der Einschränkung (S. 234), dass „antizipatorische" Äußerungen im Sinne vorausschauender Vorsorge „zu einer etwaigen, noch nicht konkret zu prognostizierenden Waffenstationierung in ihrem örtlichen Umfeld" gestattet sein sollen; vgl auch BayVGH, BayVBl. 1989, 14 ff; OVG NRW, DVBl. 1984, 155 (156); *Heberlein*, NVwZ 1992, 543 ff; *Seewald*, DV 25 (1992), 175 ff.

17 OVG NRW, DVBl. 1984, 155 u. NVwZ-RR 1996, 222; vgl auch OVG Schleswig, BeckRS 2014, 45511.

bel abgelehnt[18]. Demgegenüber bejaht der VGH Bd.Wtt.[19] mit Blick auf § 34 I 5 bd.wtt.GO („Die Verhandlungsgegenstände müssen zum Aufgabengebiet des Gemeinderats gehören.") ein materielles Prüfungsrecht des Ratsvorsitzenden. Folgt man dieser Sicht, so ist zu prüfen, ob die Gemeinde durch Rüstungsmaßnahmen unmittelbar in ihrem Selbstverwaltungsrecht, etwa in ihrer Planungshoheit, betroffen ist. Da im **Ausgangsfall** entsprechende militärische Anlagen weder vorhanden noch geplant waren, wäre danach der Bürgermeister befugt, diesen Punkt von der Tagesordnung abzusetzen[20].

4. Handeln in Privatrechtsform

Die Gemeinde darf in Selbstverwaltungsangelegenheiten neben dem öffentlich-rechtlichen Instrumentarium, soweit nicht öffentlich-rechtliche Normen oder Rechtsgrundsätze entgegenstehen, auch **Mittel des Privatrechts** einsetzen, so etwa zivilrechtliche Kaufverträge. Für die Organisation der kommunalen Gemeinschaftsarbeit (dazu o. Rn 29) ist dies bisweilen normativ ausdrücklich bestätigt (vgl § 2 II hess. KGG; § 1 III GkG NRW; § 2 II sächs. KomZG). **205**

II. Auftragsangelegenheiten

Bei den gemeindlichen **Auftragsangelegenheiten**[21] handelt es sich um die Bewältigung staatlicher und damit **fremder Aufgaben**, die den Gemeinden durch Gesetz zur selbstständigen Erledigung, allerdings einer umfassenden Fachaufsicht unterliegend, **übertragen** wurden. Diese Auftragsangelegenheiten werden **nicht vom Schutzgehalt des Art. 28 Abs. 2 S. 1 erfasst**, d.h. eine staatliche Reglementierung in diesem Bereich kann eine Gemeinde unter Berufung auf ihr Selbstverwaltungsrecht nicht abwehren[22]. **206**

Solche Auftragsangelegenheiten konnten – teilweise auch als Pflichtaufgaben zur Erfüllung nach Weisung – bis zur Föderalismusreform 2006[23] den Gemeinden sogar kraft Bundesrechts übertragen werden (**Bundesauftragsangelegenheiten**). Dies ist nach Art. 84 I 7, 85 I 2 GG nunmehr ausdrücklich nicht mehr möglich. Bereits erfolgte Aufgabenübertragungen gelten gem. Art. 125a I GG aber weiter fort.

Daher sind es vor allem die Länder, welche Angelegenheiten aus ihrem Aufgabenbereich im Auftragswege auf die Gemeinden (**Landesauftragsangelegenheiten**) übertragen. Die Landesverfassungen sehen hierfür durchgängig besondere Voraussetzungen wie gesetzliche Grundlage und Kostenausgleich vor (zu den Konnexitätsklauseln bereits o. Rn 72, 97). **207**

---

18 So OVG Lüneburg, DVBl. 1984, 734.
19 VGH Bd.Wtt., DVBl. 1984, 729.
20 Vgl insoweit auch BVerfG, NVwZ 1990, 355.
21 Vgl § 130 bd.wtt.GO; Art. 8 f bay.GO; § 2 III BbgKVerf; § 6 I NKomVG; § 132 GO NRW; § 2 rh.pf.GO; § 6 saarl.KSVG.
22 BVerfGE 78, 331 (341); 83, 363 (382).
23 BGBl. I 2006, S. 2034, dazu BT-Drs. 16/816; BR-Drs. 178/06; *Ipsen*, NJW 2006, 2801 (2802); *Kesper*, NdsVBl. 2006, 145 (153 f).

Beispiele für Landesauftragsangelegenheiten:
- Gefahrenabwehr (§ 97 I NPOG)
- Meldeangelegenheiten (§ 1 nds.AG BMeldeG, Art. 1 bay.AG BMeldeG)

III. Pflichtaufgaben zur Erfüllung nach Weisung

208   In den Ländern mit sog. **monistischem Aufgabenmodell** (s. o. Rn 194), das den Dualismus von Selbstverwaltungs- und Auftragsangelegenheiten aufgibt und durch die einheitliche Vorstellung öffentlicher Aufgaben ersetzt, die, wenn sie auf dem Gemeindegebiet anfallen, „unabhängig davon, ob sie Angelegenheiten der örtlichen Gemeinschaft betreffen oder nicht, grundsätzlich gemeindliche Selbstverwaltungsaufgaben sind"[24], wird terminologisch dennoch zwischen freiwilligen Selbstverwaltungsangelegenheiten, weisungsfreien Pflichtaufgaben und **Pflichtaufgaben zur Erfüllung nach Weisung** differenziert[25].

1.   Rechtsnatur

209   Die **Rechtsnatur** dieser Pflichtaufgaben zur Erfüllung nach Weisung, deren Relevanz sich vor allem bei Maßnahmen der Aufsichtsbehörde (dazu unten § 11) zeigt, ist strittig. Während die einen von umetikettierten Auftragsangelegenheiten sprechen[26], betrachten andere sie als (unechte) Selbstverwaltungsangelegenheiten[27]. Anfangs vom OVG NRW und daran anschließend auch von einer verbreiteten Meinung in der Literatur werden sie – vermittelnd – auch als „Zwischenform" apostrophiert[28].

210   Wohl überwiegend wird heute in NRW eine Zuordnung zu den Selbstverwaltungsangelegenheiten vorgenommen[29], auch unter Hinweis auf § 111 JustG NRW, der sich angesichts der bundesgesetzlichen Vorgaben in § 73 I 2 Nrn 1 und 3 VwGO nur dann als notwendig erweist, wenn man von vorgenannter Zuordnung ausgeht; parallel erfolgt auch die Zuordnung in Brandenburg[30] und Mecklenburg-Vorpommern[31].

2.   Wesensmerkmale

211   Kennzeichnend für diese Aufgabenkategorie ist die **gesetzliche Auferlegung**, die dabei angeordnete – vom Umfang her ggf divergierende, aber in der Regel zu begrenzende (vgl § 3 II GO NRW) – **Weisungsmöglichkeit** staatlicher Instanzen, die Existenz einer staatlichen **Fach- bzw Sonderaufsicht** (vgl § 118 II bd.wtt.GO; § 119 II

---

24 *Lange*, KommR, Kap. 11 Rn 13; s. auch *Schmidt*, KommR, Rn 235 ff.
25 Vgl *Henneke*, in: Schmidt-Bleibtreu/Hofmann/Henneke, GG, Art. 28 Rn 87.
26 BVerfGE 6, 104 (116); *Schmitt-Kammler*, in: FS Stern, 1997, S. 763 ff; *Gern*, KommR, Rn 239.
27 Etwa *Nierhaus*, in: Sachs, GG, Art. 28 Rn 52 mwN; vgl auch §§ 2, 3 des Weinheimer Entwurfs.
28 OVG NRW, OVGE 13, 356 (359); *Maurer/Waldhoff*, AllgVerwR, § 23 Rn 21; *Röhl*, BesVerwR, Rn 39.
29 VerfGH NRW, DVBl. 1985, 685 (687); OVG NRW, NWVBl. 1995, 300 (301); OVG NRW, OVGE 49, 17 (19); *Erichsen*, KommR, S. 69 f; *Riotte/Waldecker*, NWVBl. 1995, 401 ff; kritisch *Mann*, BK, Art. 28 Rn 195.
30 Siehe Bbg.VerfG, NVwZ-RR 1997, 352 ff.
31 Siehe *Meyer*, KommR, Rn 100.

GO NRW) und die Befugnis der Aufsichtsbehörde, als Widerspruchsbehörde über Widersprüche gegen gemeindliche Verwaltungsakte zu entscheiden (vgl § 73 I 2 Nr 3 VwGO iVm § 111 JustG NRW).

Beispiele für Pflichtaufgaben zur Erfüllung nach Weisung:

- Aufgaben als örtliche Gefahrenabwehrbehörden (§§ 1, 3, 9 OBG NRW),
- Feuerschutz und Hilfeleistung bei Unglücksfällen (§ 2 II BHKG NRW),
- Meldeangelegenheiten (§ 1 II ba.wtt.AGBMeldeG; § 1 MeldeG NRW).

IV. Zum Rechtsinstitut der Organleihe

Wenn der Staat im Wege der **Organleihe**[32] auf Organe kommunaler Träger zurückgreift, handelt es sich nicht um eine Aufgabenübertragung auf kommunale Körperschaften, sondern um die **Erledigung staatlicher Verwaltungsaufgaben durch staatliche Aufgabenträger**.   **212**

Beispiel: Der Hauptverwaltungsbeamte als (ausgeliehenes) Organ bei der Durchführung von Aufgaben der Verteidigung und des Zivilschutzes (§ 16 II LOG NRW).

Während die Organleihe auf der Gemeindeebene einen Sonderfall bildet, findet sich häufig eine Organleihe des Landrats (o. Rn 178). Der Fall der Organleihe bedarf gegebenenfalls nach Maßgabe der Einzelheiten der Inanspruchnahme der genauen Abgrenzung gegenüber der auftragsweisen Wahrnehmung von Verwaltungsaufgaben Dritter, die in eigenem Namen erfolgt (siehe oben III.)[33]. Eine genaue Zuordnung erweist sich im Übrigen allein schon mit Blick auf Kostenlast und Amtshaftung als notwendig[34].

V. Staatlich-kommunale Gemeinschaftsaufgaben?

In vielfältiger Weise nehmen Bund, Land und Kommunen bestimmte **Aufgaben in gemeinsamer Verantwortung** wahr. Zu erwähnen sind hier insbesondere die Bereiche der Raumordnung und Landesplanung, kostspielige publikumswirksame Aktivitäten wie die Organisation und Abwicklung internationaler Sportwettkämpfe (Olympische Spiele, Fußball-Weltmeisterschaft) sowie kulturelle Gemeinschaftsprojekte, aber auch etwa Bereiche wie die Versorgung der Bevölkerung mit Krankenhäusern[35].   **213**

Es erscheint jedoch mehr als **fraglich**, ob der Begriff der Gemeinschaftsaufgabe, der für das Bund-Länder-Verhältnis in Art. 91a, b GG verankert ist, auch im Verhältnis Staat-Kommunen eine **eigenständige Aufgabenkategorie** darzustellen vermag[36]. Gerade mit Blick auf die kommunale Bauleitplanung und die Raumordnung ist dem-   **214**

---

32 Zum Rechtsinstitut näher *Maurer/Waldhoff*, AllgVerwR, § 21 Rn 54 ff.
33 Vgl Hess.VGH, ESVGH 21, 74 – „Ausweisungsverfügung".
34 Vgl insoweit etwa Schl.H. OVG, Die Gemeinde Schl.H. 1992, 300 ff; *Hinckel*, NVwZ 1989, 119 ff; *v. Mutius/Groth*, NJW 2003, 1278 (1283).
35 Dazu BVerfGE 83, 363 ff – „Krankenhausfinanzierungsumlage".
36 Vgl insoweit bereits *Eissing*, Gemeinschaftsaufgaben von Staat und Gemeinden unter der Selbstverwaltungsgarantie in NRW, 1968.

gegenüber darauf zu beharren, dass sich hier in kompetenzieller Hinsicht jeweils eigenständige lokale Angelegenheiten und solche überörtlicher und regionaler Dimension begegnen, die harmonisierende materielle und verfahrensmäßige Lösungen notwendig erscheinen lassen, ohne dass aber einer Kompetenzvermischung das Wort geredet werden soll[37].

215 Sofern bei bestimmten Verwaltungsangelegenheiten in Ansehung der normativen Vorgaben sowohl die prinzipielle Eigenverantwortlichkeit der Kommunen als auch ein **staatliches Mitwirkungsrecht** zur Wahrung legitimer eigener staatlicher Interessen (Sicherung anerkannter Belange des Landes, anderer Kommunen oder sonstiger Aufgabenträger) zu konstatieren ist, spricht man von „**res mixtae**" oder einem staatlich-kommunalen „**Kondominium**"[38]. Gängige Erscheinungsformen einer solchen Konstellation sind staatliche Genehmigungsvorbehalte

Beispiel: Einzelkreditgenehmigung (vgl Art. 71 IV, V bay.GO; § 120 IV, V NKomVG; § 86 III GO NRW; § 52 IV, V m.v.KVerf.) in Orientierung an den Erfordernissen des gesamtwirtschaftlichen Gleichgewichts (§ 19 StabG) bzw an Gefährdungen des Kreditmarktes.

und staatliche Bestätigungserfordernisse[39].

Beispiel: Bestellung des Kreisdirektors als allg. Vertreter des Landrats in NRW (vgl § 47 I 4 KrO NRW).

Aus der Sicht der Kommunen ist wichtig, dass bei solchen eigenständigen staatlichen Mitwirkungsrechten sichergestellt wird, dass auch die berechtigten kommunalen Belange bei der jeweiligen Entscheidung angemessene Berücksichtigung finden. Insofern ist der „**Grundsatz des gemeindefreundlichen Verhaltens**" als eine aus Art. 28 II GG abgeleitete allgemeine Rücksichtnahmepflicht auf gemeindliche Belange zu beachten[40].

216 Sofern es darüber hinaus gar zu **institutionellen Verschränkungen** kommt, ist besondere Vorsicht angebracht. Eine Ausprägung der kommunalen Selbstverwaltungsgarantie ist die Befugnis, selbst darüber zu befinden, ob eine bestimmte Aufgabe eigenständig oder gemeinsam mit anderen Verwaltungsträgern wahrgenommen wird und ob zu diesem Zweck gemeinsame Institutionen gegründet werden (o. Rn 55). Hinzu kommt, dass die Verwaltung des Bundes und die Verwaltung der Länder, zu denen auch die Kommunen gehören, organisatorisch und funktionell im Sinne von in sich geschlossenen Einheiten prinzipiell voneinander getrennt sind und die Verwaltungszuständigkeiten von Bund und Ländern in den Art. 83 ff GG eine erschöpfende Regelung erfahren haben.

Vor diesem Hintergrund hat das BVerfG Ende 2007 die seinerzeit in § 44b SGB II enthaltene Verpflichtung der Landkreise beanstandet, **Arbeitsgemeinschaften mit der Bundesagentur für Arbeit** zu bilden, um einzelne Leistungen der Grundsiche-

---

37 Für das Krankenhauswesen verneint BVerfGE 83, 363 (377) eine Mischverwaltung; es lasse sich nach der gesetzlichen Regelung für jeden Aufgabenteil angeben, ob der Staat oder aber die jeweilige kommunale Körperschaft – und dann: welche – jeweils zuständiger Aufgabenträger sei.
38 Vgl dazu namentlich *W. Weber*, Staats- und Selbstverwaltung in der Gegenwart, 2. Aufl. 1967, S. 130, 135 ff; zum Rechtsschutz der Gemeinden bei staatl. Mitwirkung s. u. Rn 368 f.
39 Siehe aus der Rspr etwa Bd.Wtt.VGH, ESVGH 25, 47; OVG NRW, NVwZ 1988, 1156.
40 OVG NRW, OVGE 19, 192 (197); *Röhl*, BesVerwR, Rn 25.

rung für Arbeitsuchende („Hartz IV") erbringen zu können. Diese Arbeitsgemein-schaften seien als gemeinschaftliche Verwaltungseinrichtungen der Bundesagentur und der kommunalen Träger zum Vollzug der Grundsicherung für Arbeitsuchende nach der Kompetenzordnung des Grundgesetzes nicht vorgesehen. Überschreite der Gesetzgeber aber die ihm im GG gesetzten Grenzen des zulässigen Zusammenwir-kens von Bundes- und Landesbehörden, führe dies gleichzeitig zu einer Verletzung der kommunalen Selbstverwaltungsgarantie in ihrer Ausprägung als Garantie eigen-verantwortlicher Aufgabenwahrnehmung[41].

Wiederholungs- und Verständnisfragen

1. *Welche Arten von Selbstverwaltungsangelegenheiten lassen sich unterscheiden?* **Rn 198 f**
2. *Wie unterscheiden sich Pflichtaufgaben zur Erfüllung nach Weisung und Auf-tragsangelegenheiten von Selbstverwaltungsangelegenheiten?* **Rn 194 ff, 206, 211**

§ 6 Kommunales Satzungsrecht

Fall 6: „Die gestaffelte Abfallgebühr" 217

Im Januar 2019 hat der Rat der Stadt K formell ordnungsgemäß eine neue „Gebührensat-zung für die Abfallentsorgung" beschlossen. Danach ist die Gebührenhöhe von der Größe der Abfallbehälter abhängig. So beträgt die Benutzungsgebühr je Monat und Abfallbehälter bei 50 l Fassungsvermögen 6,50 Euro, bei 240 l Fassungsvermögen 57,60 Euro und bei 1100 l Fassungsvermögen 319,00 Euro. Die C-GmbH erhält einen Gebührenbescheid, wo-nach sie für die Abfallentsorgung jetzt 319,00 Euro im Monat zu entrichten habe. Ihr Ge-schäftsführer legt sofort Widerspruch mit der Begründung ein, die konkrete Gebührenbe-messung verstoße sowohl gegen die im Kommunalabgabengesetz festgelegten Gebühren-prinzipien als auch gegen den allgemeinen Gleichheitssatz. Da die Abfuhr eines kleineren Abfallbehälters, bezogen auf 1 l Gefäßvolumen, aufwändiger sei als die größerer Behälter, sei nicht einzusehen, weshalb die Entsorgungsgebühr je Liter Gefäßvolumen bei einem 1100 l-Gefäß mit 0,29 Euro höher liege als bei einem Abfallbehälter mit 240 l Fassungsver-mögen (0,24 Euro). Zudem habe die Stadt K ausweislich ihrer Gebührenkalkulation für das Jahr 2016 ua Kosten in Höhe von 68.890,23 Euro für die Straßenpapierkorbentleerung ver-anschlagt. Die Beseitigung von Abfällen aus dem Straßenraum sei aber nicht dem Funkti-onsbereich „Abfallbeseitigung", sondern der Straßenreinigungspflicht zuzurechnen.

Die Stadt K weist den Widerspruch mit der Begründung zurück, dass die Satzung ihre Er-mächtigungsgrundlage nicht im Kommunalabgabengesetz, sondern im Landesabfallgesetz finde und daher die allgemeinen Abgabenprinzipien zu modifizieren seien.

Wie ist über die fristgerecht erhobene Klage der C-GmbH zu entscheiden? **Rn 233**

Bereits aus der verfassungsrechtlichen Gewährleistung, die Angelegenheiten der ört-lichen Gemeinschaft eigenverantwortlich zu „regeln", folgt die **kommunale Sat-** 218

---

41 BVerfG, NVwZ 2008, 183 (186) = BVerfGE 119, 331 (Rn 149 ff) – Hartz IV Arbeitsgemeinschaften.

zungsautonomie als Befugnis, im Selbstverwaltungsbereich für alle Einwohner maßgebliches Ortsrecht zu setzen[1].

I.   Kommunale Satzungen als Rechtsnormen

219   Kommunale Satzungen stellen originäre **Rechtsquellen** dar. Sie sind für das jeweilige Zuständigkeitsgebiet geltende generelle Regelungen, die nicht – wie Rechtsverordnungen – der besonderen gesetzlichen Ermächtigung bedürfen[2], sondern deren Legitimität eben unmittelbar auf der verfassungsrechtlichen Ausgestaltung der kommunalen Selbstverwaltungsgarantie gründet. Auch wenn die Rangordnung der Rechtsquellen Respektierung der jeweils vorrangigen verlangt, so verbleibt dem „Ortsgesetzgeber" im Rahmen der verfassungsrechtlichen und einfachgesetzlichen[3] Vorgaben noch ein beträchtlicher **Gestaltungsspielraum**, den er in Eigenverantwortung nutzen kann[4]. Nichtsdestoweniger lehnen sich in der Praxis kommunale Satzungen weitgehend allein schon aus Gründen der Rechtssicherheit an entsprechende Mustersatzungen an, die von den kommunalen Spitzenverbänden[5] formuliert und jeweils der neuesten Rechtsprechung angepasst werden.

220   Für kommunale Satzungen ist die **Grundrechtssphäre** in Ansehung der Formulierung mancher Grundrechtsschranke, namentlich in Art. 2 I, 12 und 14 GG, keineswegs tabu. So können etwa die Berufsfreiheit beschränkende Regelungen auf hinreichend konkreter gesetzlicher Grundlage auch im Satzungswege erfolgen. Neben der Einhaltung von Grundrechtsstandards muss der kommunale Satzungsgeber aber auch die Grenzen der Zumutbarkeit im Blick behalten[6]. *In erster Linie* hat aber der Gesetzgeber darüber zu entscheiden, welche Gemeinschaftsinteressen so gewichtig sind, dass das Freiheitsrecht des Einzelnen zurücktreten muss.

Dazu grundlegend der sog. Facharzt-Beschluss (BVerfGE 33, 125 [157 ff]) im Hinblick auf Satzungen von Ärztekammern: Die sog. statusbildenden Bestimmungen muss der Gesetzgeber erlassen, Einzelheiten können im Satzungswege geregelt werden. Das Bundesverwaltungsgericht sah so denn auch eine kommunale Entsorgungssatzung, durch die dem Einzelhandel ohne entsprechende gesetzliche Absicherung ein Verbot von Einwegerzeugnissen und eine Verpflichtung zur Rücknahme von Abfällen aufgegeben worden waren, als dem Regelungsgehalt des Art. 12 I 2 GG nicht genügenden Eingriff in die Berufsfreiheit an[7].

---

1   BVerwGE 6, 247; vgl auch oben Rn 55.
2   Vgl nur *Mann*, in: Sachs (Hrsg.), GG, 8. Aufl. 2018, Art. 80 Rn 2, 11 mwN.
3   Vgl insoweit § 4 bd.wtt.GO; Art. 23 ff bay.GO; § 3 BbgKVerf; § 3 Verf.Bremerhaven; § 5 hess.GO; § 5 m.v.KVerf; § 10 NKomVG; § 7 GO NRW; § 24 rh.pf.GO; § 4 sächs.GO; § 8 KVG LSA; § 12 saarl.KSVG; § 4 schl.h.GO; §§ 19, 20 thür.KO. – Siehe zur satzungsmäßigen Anordnung eines Anschluss- und Benutzungszwangs unten Rn 273.
4   Vgl grundlegend *Schmidt-Aßmann*, Die kommunale Rechtsetzung im Gefüge der administrativen Handlungsformen und Rechtsquellen, 1981.
5   Dazu oben Rn 9.
6   Nds.OVG, NVwZ-RR 2007, 422 (speziell zur Übertragung der Straßenreinigungspflicht auf Anlieger durch Satzung).
7   BVerwGE 90, 359 ff. Dagegen hielt BVerwGE 96, 272 ff eine kommunale Verpackungssteuer als Lenkungsinstrument für zulässig; hiergegen sodann BVerfGE 98, 106 (122 ff); dazu auch oben Rn 202.

Angesichts der grundrechtlichen Gewährleistung in Art. 13 GG kann etwa durch kommunale Satzung auch kein Recht zum Betreten von Wohnungen begründet werden[8].

Die Sozialpflichtigkeit von Grundstückseigentümern kann so angesichts deutlicher gesetzlicher Vorgaben – etwa für einen Anschluss- und Benutzungszwang (dazu näher unten Rn 272 ff) – durchaus auch durch kommunale Satzung konturiert werden. Stets gilt, dass die Selbstverwaltungskörperschaften die von den Grundrechten in materieller Hinsicht gezogenen Grenzen mit gleicher Sorgfalt einzuhalten haben wie der Gesetzgeber[9].

II. Formelle Rechtmäßigkeitsvoraussetzungen

Die Voraussetzungen für die **Gültigkeit kommunaler Satzungen** sind in den Gemeindeordnungen detailliert aufgeführt (vgl Art. 23, 24, 26 bay.GO; § 5 m.v.KVerf; § 10 NKomVG; § 7 GO NRW). Dazu gehören stets ein ordnungsgemäßer Satzungsbeschluss und eine genügende Publikation sowie ggf eine aufsichtsbehördliche Genehmigung.   **221**

1. Ordnungsgemäßer Satzungsbeschluss

Für das **Zustandekommen** einer gemeindlichen Satzung ist zunächst einmal ein ordnungsgemäßer Beschluss des Gemeinderates als dem zentralen demokratisch legitimierten Gemeindeorgan nötig. Hinsichtlich der Beschlussfähigkeit, der notwendigen Abstimmungsmehrheiten und der von Beratung und Entscheidung ausgeschlossenen Personen kann auf § 4 II dieser Darstellung verwiesen werden.   **222**

Besondere Verfahrensvorschriften bestehen im BauGB für Erlass, Änderung und Aufhebung eines Bebauungsplans, der gemäß § 10 BauGB als Satzung zu beschließen ist (s. unten Rn 898 ff).

2. Publikation

Satzungen sind öffentlich bekanntzumachen. Sie treten, wenn kein anderer Zeitpunkt bestimmt ist, mit dem Tage nach der **Bekanntmachung** (vgl § 5 IV 4 m.v.KVerf.; § 7 IV 2 GO NRW) bzw eine Woche (Art. 26 I 1 bay.GO) oder 14 Tage (§ 10 III NKomVG) nach ihrer Bekanntmachung in Kraft. Regelmäßig wird durch Rechtsverordnung des Innenministeriums festgelegt, welche Verfahrens- oder Formvorschriften bei der öffentlichen Bekanntmachung von Satzungen einzuhalten sind[10]. Üblicherweise muss die Satzung durch datierte Unterschrift des hierzu befugten Organs (Bürgermeister) ausgefertigt[11] und sodann in vollem Wortlaut in der vorgeschriebenen Form,   **223**

---

8   Siehe BayVGH, NVwZ 1998, 540.
9   BVerfGE 33, 171 (185).
10   Vgl § 5 IV 2 m.v.KVerf; § 11 NKomVG; § 7 V GO NRW; anders Art. 26 II bay.GO.
11   Dieser Ausfertigung kommt die Funktion des Authentizitätsnachweises und des Legitimitätsnachweises zu; vgl OVG Rh.-Pf., NVwZ-RR 1998, 95; *Starke*, NVwZ 1995, 1186 (dort mit Blick auch auf die Ausfertigung von Berufskammersatzungen). Speziell zur Ausfertigung von Bebauungsplänen siehe BVerwGE 88, 204 ff.

dh in einem **kommunalen Amtsblatt**[12], in einer oder mehreren Tageszeitungen[13], sonstigen ortsüblichen Bekanntmachungsblättern[14] oder durch Bekanntmachungstafeln, öffentlich bekannt gemacht werden. Mit Inkrafttreten des NKomVG ist den Kommunen in Niedersachsen zusätzlich die Möglichkeit eröffnet worden, ihre Rechtsvorschriften auch im Internet rechtswirksam zu verkünden, vgl § 11 III, V NKomVG.

3. Aufsichtsbehördliche Genehmigung

224 Kommunale Satzungen bedürfen zum Teil der aufsichtsbehördlichen Genehmigung, in der Regel jedoch nur dann, wenn dies gesetzlich ausdrücklich vorgeschrieben ist (vgl § 5 IV 5 m.v.KVerf.; § 176 I NKomVG; § 7 I 2 GO NRW). Das ist etwa bei Bebauungsplänen (§ 10 II BauGB) oder kommunalen Steuersatzungen (Art. 2 III bay.KAG; § 2 II KAG NRW) der Fall.

Eine notwendige **Genehmigung** ist **Wirksamkeitsvoraussetzung** für die Satzung[15] (so ausdr. § 176 I 1 NKomVG). Im Falle ihrer Versagung kann sie als Verwaltungsakt[16] von der betroffenen Kommune im Wege der Verpflichtungsklage erstritten werden; Dritte haben gegen Erteilung oder Versagung einer solchen Genehmigung als einer Maßnahme der vorbeugenden Kommunalaufsicht[17] hingegen keine Rechtsschutzmöglichkeit[18].

4. Fehlerfolgen

225 Kommunale Satzungen, die auch nur an einem einzigen Verfahrens- oder Formmangel leiden, sind entsprechend den allgemeinen Gültigkeitsregeln für Normen **nichtig**. Aus Rechtssicherheitsgründen enthalten Fachgesetze (vgl die Spezialregelung in §§ 214, 215 BauGB), aber auch die meisten Gemeindeordnungen jedoch die Einschränkung, dass die **Verletzung von** bestimmten **gesetzlichen Verfahrens- oder Formvorschriften** beim Satzungserlass – abgesehen von einzelnen zentralen Anforderungen – unbeachtlich ist oder nach Ablauf eines Jahres seit ihrer Verkündung nicht mehr geltend gemacht werden kann (vgl nur § 4 IV bd.wtt.GO; § 5 V m.v.KVerf.; § 10 II NKomVG[19]; § 7 VI GO NRW).

Stellt sich – etwa anlässlich eines Rechtsstreits – heraus, dass eine kommunale Satzung nichtig ist, so bleibt es der Kommune auch unter Berücksichtigung allgemeiner rechtsstaatlicher Schranken für eine echte Rückwirkung von Normen[20] (Stichwort:

---

12 Zu den rechtlichen Problemen solcher amtlicher Pressepublikationen siehe *Wahlhäuser*, NWVBl. 2013, 318 ff.
13 BVerwG, NVwZ 2007, 334 (335).
14 Nds OVG, NdsVBl. 2013, 44 f.
15 Siehe BVerfGE 10, 20 (50). Eine Genehmigung „nach Maßgabe" bestimmter Änderungen bedeutet Ablehnung der vorgelegten Fassung, verbunden mit der antizipierten Genehmigung einer entsprechend abgeänderten Fassung (OVG NRW, OVGE 23, 240).
16 Vgl BVerwGE 34, 301.
17 OVG NRW, OVGE 19, 195.
18 OVG Lüneburg, DVBl. 1971, 322.
19 Hierzu VG Göttingen, NdsVBl. 2007, 253 (254 f) – fehlende Stimmenmehrheit beim Satzungsbeschluss nach Ablauf eines Jahres seit Verkündung unbeachtlich.
20 Siehe BVerfGE 13, 261 (271); 101, 239 (263); stRspr; dazu allg. *Stern*, StaatsR I, 2. Aufl. 1984, S. 831 ff; *Maurer*, in: HStR IV, 3. Aufl. 2008, § 79.

Vertrauensschutz des Bürgers) grds. unbenommen, eine neue, rechtlich unbedenkliche Satzung **mit rückwirkender Kraft** zu erlassen[21].

III. Pflichtsatzungen und fakultative Satzungen

Im Hinblick auf den Erlass von Satzungen besteht für die Gemeinden eine unterschiedliche Verpflichtungsintensität. Zu unterscheiden sind **226**

– **Pflichtsatzungen** (obligatorische Satzungen). Hier besteht eine strikte Verpflichtung zum Satzungserlass. **227**

Beispiele: Haushaltssatzung (Art. 63 bay.GO; § 47 I m.v.KVerf.; § 112 I NKomVG; § 78 I GO NRW), oft auch die Hauptsatzung (§ 5 II m.v.KVerf.; § 12 I NKomVG; § 7 III GO NRW). Bebauungspläne (§ 10 BauGB) sind von den Gemeinden aufzustellen, sobald und soweit es für die städtebauliche Entwicklung und Ordnung erforderlich ist (§ 1 III 1 BauGB).

– **Bedingte Pflichtsatzungen** haben die Gemeinden zu erlassen, wenn sie im Rahmen ihrer Selbstverwaltungsbefugnis von bestimmten, gesetzlich vorgesehenen Gestaltungsoptionen Gebrauch machen wollen. **228**

Beispiele: Betriebssatzung im Falle der Errichtung eines Eigenbetriebs (vgl Art. 88 V 2 bay.GO; § 140 I NKomVG; § 114 GO NRW); Sparkassensatzung im Falle der Errichtung einer Stadtsparkasse (vgl Art. 21 bay.SpkG; § 4 m.v.SpkG; § 6 II nds.SpkG; § 6 SpkG NRW); die Erschließungsbeitragssatzung (§ 132 BauGB)[22].

– **Fakultative Satzungen.** Hier steht der Erlass der Satzungen hinsichtlich des „Ob" und des „Wie" weitgehend im kommunalpolitischen Ermessen der Gemeinde. **229**

Beispiele: Erlass örtlicher Bauvorschriften durch Satzung (Art. 81 bay.BauO; § 86 m.v.LBauO; § 84 nds.BauO; § 86 BauO NRW), Satzung über eine Veränderungssperre (§ 16 BauGB) oder über ein besonderes Vorkaufsrecht (§ 25 BauGB); Satzung über die Ausübung von Sondernutzungen an Straßen (Art. 22a bay.StrWG; § 24 I m.v.StrWG; § 18 nds.StrG; § 19 StrWG NRW).

IV. Belastungen kraft kommunaler Satzung

Kommunale Satzungen enthalten durchweg auch Verpflichtungen für die Einwohner und demgemäß personenbezogene, sachgüterbezogene oder finanzielle Belastungen. In letzterer Hinsicht klären die **Kommunalabgabengesetze**, dass die Gemeinden und Gemeindeverbände berechtigt sind, nach gesetzlicher Maßgabe Abgaben (Steuern, **230**

---

21 BVerwGE 67, 129; 50, 2: „Eine Beitragssatzung darf in der Regel rückwirkend geändert werden, wenn die Rückwirkung dazu dienen soll, eine ungültige oder in ihrer Gültigkeit zweifelhafte Satzung durch eine neue Satzung zu ersetzen." Vgl auch OVG NRW, NWVBl. 1991, 349. – Nach BVerwGE 64, 218 kann sogar das In-Kraft-Treten einer Satzung *ohne* Rückwirkungsanordnung bewirken, dass ein vorher erlassener – mangels Entstehens der Beitragspflicht zunächst rechtswidriger – Erschließungsbeitragsbescheid rechtmäßig wird und deshalb nicht der Aufhebung unterliegt.

22 Vgl BVerwG, NVwZ-RR 1990, 433; VG Düsseldorf BeckRS 2009, 39150.

Gebühren und Beiträge) auf Grund einer Satzung von den Einwohnern zu erheben (vgl Art 2 I bay.KAG; § 2 I m.v.KAG; § 2 I nds.KAG; § 2 I KAG NRW)[23].

Daraus folgt aber auch, dass die kommunalen Gebietskörperschaften ohne entsprechende Satzung ein Entgelt für die Benutzung ihrer öffentlichen Einrichtungen nicht analog § 812 I 1 BGB oder auf Grund eines öffentlich-rechtlichen Erstattungsanspruchs fordern können[24].

231 Der auf eine ordnungsgemäße Satzung abgestützte kommunale Abgabenbescheid muss sodann den einschlägigen materiell-rechtlichen und verfahrensrechtlichen Anforderungen genügen[25].

232 Vorsätzliche und fahrlässige Zuwiderhandlungen gegen satzungsmäßige Gebote und Verbote können als **Ordnungswidrigkeiten** sogar mit einem Bußgeld bedroht werden (vgl Art. 24 II 2 bay.GO; § 5 III 2 m.v.KVerf.; § 10 V 2 NKomVG; § 7 II 1 GO NRW).

Im Übrigen aber ist nochmals darauf zu verweisen, dass gemeindliche Satzungen den **gesetzlichen Vorgaben** genügen müssen, was insbesondere bei Benutzungsgebühren zu einer strikten Kostenorientierung führt[26].

Zudem haben Satzungen, wie die anderen generellen Regelungen, die allgemeinen verfassungsrechtlichen Postulate, namentlich die **grundrechtlichen Bindungen** und die **rechtsstaatlichen Anforderungen** (Bestimmtheit, Übermaßverbot), zu beachten[27]. Dies bedingt bei kommunalrechtlichen Übungsarbeiten einen entsprechenden Prüfungsaufbau.

233 **Lösungsskizze zu Fall 6 (Rn 217):** Für die Begründetheitsprüfung im **Ausgangsfall** ist etwa folgende Prüfungsreihenfolge angebracht:
1. Ermächtigungsgrundlage für den „Gebührenbescheid"
   a) Satzung als ausreichende Ermächtigungsgrundlage für einen Leistungsbescheid[28]?
   b) Vorhandensein einer gesetzlichen Ermächtigung[29]?
2. Rechtmäßigkeit der satzungsmäßigen „Gebühren"-Regelung
   a) Förmliche Gültigkeit der Satzung

---

23 Zur kommunalen Gebührenerhebung plastisch Bd.Wtt. VGH, MDR 1981, 610 – „Musikschule"; BayVGH, BayVBl. 1985, 17 – „Müllabfuhr". – Von diesen gesetzlichen Bindungen kann die Gemeinde sich nicht durch Einschaltung einer Eigengesellschaft (dazu noch Rn 247) lösen, vgl BGHZ 91, 84 (95 ff).
24 So ausdrücklich Bd.Wtt. VGH, VBlBW 1996, 220 f – „Obdachlosenunterkunft".
25 Vgl etwa zur gemeinschaftlichen Inanspruchnahme von Miteigentümern eines an die öffentliche Kanalisation angeschlossenen Grundstücks OVG NRW, NWVBl. 1997, 24.
26 Vgl die Kostendefinition in § 6 II KAG NRW: „die nach betriebswirtschaftlichen Grundsätzen ansatzfähigen Kosten"; dazu ausf. *Heßhaus*, Kalkulation kommunaler Benutzungsgebühren, 1997; aus der Rspr OVG NRW, NWVBl. 1994, 428 (m. Anm. *Mann*, NWVBl. 1994, 435) u. NWVBl. 1998, 484 einerseits sowie VG Gelsenkirchen, NWVBl. 1994, 181 (m. Anm. *Mann*, NWVBl. 1994, 187) u. NWVBl. 1998, 32 ff andererseits („kalkulatorische Kosten"), aber auch BVerwG, UPR 1995, 142 f.
27 Vgl BGHSt 42, 79 u. OVG NRW, NVwZ 1986, 494 sowie unten Rn 259 zum sog. Auswärtigenzuschlag.
28 Vgl insoweit – dezidiert ablehnend – OVG NRW, NWVBl. 1988, 377.
29 Dass belastende Verwaltungsakte vorliegender Art einer *gesetzlichen* Ermächtigungsgrundlage bedürfen, lässt sich bereits aus Art. 20 III GG ableiten; vgl nur BVerfGE 49, 89 (126); *Maurer/Waldhoff*, Allg.VerwR, § 6 Rn 4 ff u. § 10 Rn 26.

    aa) Landesabfallgesetz als spezielle gesetzliche Basis?

    bb) Formelle Rechtmäßigkeitsvoraussetzungen (Satzungsbeschluss, Publikation, evtl. Genehmigung)

  b) Vereinbarkeit der satzungsmäßigen Abgabenregelung mit materiellem Recht

    aa) Qualifikation der Abgabe („Gebühr" oder „Beitrag"?)

    bb) Vereinbarkeit mit den gesetzlichen Maßstäben

    cc) Vereinbarkeit mit Verfassungsrecht

      – Art. 3 GG (iVm Sozialstaatsprinzip)

      – Rechtsstaatsprinzip (Bestimmtheit, Übermaßverbot)

3. Rechtmäßigkeit der „Gebühren"-Erhebung im konkreten Einzelfall

Rechtlich interessant ist dabei insbesondere der Punkt 2b). Art. 3 GG lässt bei der Bemessung von Müllabfuhrgebühren sowohl mengen- oder gewichtsorientierte als auch personen- oder haushaltsbezogene Gebührenmaßstäbe zu[30].

Bezüglich der konkreten Ausgestaltung innerhalb eines zulässig gewählten Maßstabs hat das OVG Rh.Pf.[31] allerdings mit Blick auf eine satzungsmäßige Gebührenstaffelung wie im Beispielsfall einen Verstoß gegen das in Art. 3 GG enthaltene Willkürverbot gerügt, da eine auf den 1:1-Maßstab bezogene höhere Gebühr für große Abfallbehälter vor dem Hintergrund einer grundsätzlich zulässigen Tarifdifferenzierung nach dem Abfuhraufwand sachlich nicht gerechtfertigt sei. Daneben hat OVG NRW[32] die Einbeziehung von Kosten für die Straßenpapierkorbentleerung in die Gebührenkalkulation für die Abfallentsorgungsgebühren als Verstoß gegen das in § 6 I 3 KAG NRW verankerte Kostenüberschreitungsverbot[33] bewertet, da diese Kosten nicht den ansatzfähigen Betriebskosten der Einrichtung „Abfallentsorgung" zuzurechnen, sondern lediglich eine Folge der der Stadt als Trägerin der Straßenbaulast und der polizeilichen Straßenreinigungspflicht obliegenden Verpflichtungen seien.

Lehrreich unter diesem Blickwinkel ist auch der Verlauf der Diskussion um den sog. **Kinder-gartenbeitrag**. Der VGH Kassel[34] hatte bei einer satzungsmäßigen Gebührenstaffelung für die Benutzung von Kindergärten nach dem Elterneinkommen Verstöße gegen das im hess. Kommunalabgabenrecht verankerte Gebührenprinzip der speziellen Entgeltlichkeit sowie gegen den verfassungsrechtlichen Gleichheitssatz gerügt. Angesichts der hiermit verbundenen vielfältigen rechtlichen Fragestellungen[35] sind unterschiedliche Auffassungen, soweit sie gut begründet werden, gleichermaßen vertretbar. Das Bundesverfassungsgericht hat die grundsätzliche Zulässigkeit einer Staffelung von Kindergartengebühren nach dem Familieneinkommen bestätigt[36] und auch das Bundesverwaltungsgericht sieht aus der von Verfassungs wegen gebotenen Schonung des familiären Existenzminimums bei direkter Besteuerung (Art. 6 I GG) keine entsprechenden Folgerungen für die Erhebung von Kindergartenentgelten geboten[37].   **234**

---

30 Siehe BVerwG, UPR 1995, 142 (143).

31 NVwZ-RR 1993, 99.

32 NWVBl. 1995, 24.

33 Dazu näher *Tettinger*, NWVBl. 1986, 81 ff mwN; *Aengenvoort*, NWVBl. 1997, 449 ff; *Wild*, DVBl. 2005, 733 ff.

34 VGH Kassel, NJW 1977, 452 mit zust. Anm. *K. Vogel*; vgl auch VGH München, NJW 2013, 249.

35 Vgl zB zur Belastungsgrenze für die höchste Einkommensgruppe Nds.OVG, NdsVBl. 1998, 93 f; zu den sozialrechtlichen Vorgaben des Bundesrechts BVerwG, NVwZ 1995, 173; zu den kommunalabgabenrechtlichen Bemessungsmaßstäben des Äquivalenz- und des Kostendeckungsprinzips *Schumacher*, Rechtsfragen der sozialen Bemessung von Gebühren, 2003.

36 BVerfGE 97, 332; dazu *Sachs/Windthorst*, JuS 1999, 857 ff.

37 BVerwG, NJW 2000, 1129.

Wiederholungs- und Verständnisfragen

1. *Wie unterscheiden sich kommunale Satzung und Rechtsverordnung?* **Rn 219**
2. *Welche allgemeinen Gültigkeitsvoraussetzungen gelten für kommunale Satzungen?* **Rn 221**
3. *Inwiefern sind Gemeinden zum Satzungserlass gesetzlich verpflichtet?* **Rn 226 ff**

§ 7   Kommunale öffentliche Einrichtungen und ihre Benutzung

235   **Fall 7: „Warum ist es am Rhein so schön?"**

Der Stadt Düsseldorf gehört ein am Rheinufer gelegenes, im Flächennutzungsplan als Festplatz ausgewiesenes größeres Wiesengelände, das sie seit längerem einige Male im Jahr für Schützenfeste, Kirmesveranstaltungen und Zirkusvorführungen verpachtet. Während der übrigen Zeit dient das Gelände, das mit Wasser- und Stromanschluss, Beleuchtung und teilweise gepflasterten Wegen ausgestattet ist, der Bevölkerung zu Erholungszwecken und ist gleichzeitig an den Eigentümer einer Schafherde verpachtet. Zu Jahresbeginn beantragt der Kreisverband Düsseldorf der NPD, ihm die Benutzung der Wiesen für das im Spätsommer 2018 geplante Pressefest, zu dem etwa 25 000 Besucher aus dem gesamten Bundesgebiet erwartet werden, zu gestatten.

Diesen Antrag lehnt die Stadt mit der Begründung ab, bei dem Wiesengelände handele es sich nicht um eine öffentliche Einrichtung im Sinne der Gemeindeordnung, da es an der dafür erforderlichen Widmung fehle. Der Abschluss von Verträgen über Gegenstände ihres Privatvermögens stehe auf Grund der Vertragsfreiheit in ihrem freien Ermessen. Selbst wenn man aber das Wiesengelände als öffentliche Einrichtung ansehen wolle, stehe der NPD kein Anspruch zu, da die Rheinwiesen, wie sich aus der bisherigen Übung ergebe, jedenfalls nicht für Veranstaltungen politischer – zumal verfassungsfeindlicher – Parteien vorgesehen seien.

Hätte eine verwaltungsgerichtliche Klage der NPD mit dem Antrag, die Stadt zu verpflichten, ihr die Rheinwiesen für das Pressefest zur Verfügung zu stellen, Aussicht auf Erfolg? **Rn 240, 266**

I.   Gesetzliche Leitlinie kommunaler Daseinsvorsorge

236   Die Gemeindeordnungen[1] enthalten durchgängig eine Leitlinie für die seitens der Gemeinde vorzuhaltenden **Einrichtungen der Daseinsvorsorge** (zu diesem Begriff oben Rn 57). So bestimmt § 4 I NKomVG (ähnl. § 8 I GO NRW):

„Die Kommunen ... stellen in den Grenzen ihrer Leistungsfähigkeit die für die Einwohnerinnen und Einwohner erforderlichen sozialen, kulturellen, sportlichen und wirtschaftlichen öffentlichen Einrichtungen bereit."

---

1   Vgl § 10 II-IV bd.wtt.GO; Art. 21, 57 bay.GO; § 12 BbgKVerf; § 20 Verf.Bremerhaven; §§ 19 I, 20 hess.GO; § 14 II, III m.v.KVerf.; §§ 4 S. 2, 30 NKomVG; § 8 GO NRW; § 14 II rh.pf.GO; §§ 2 I, 10 II sächs.GO; §§ 4 S. 2, 24 LSA KVG; § 19 saarl.KSVG; § 18 schl.h.GO; §§ 1 IV, 14 thür.KO.

1. Begriff der kommunalen öffentlichen Einrichtung

Der Begriff der kommunalen öffentlichen Einrichtung ist in den Gemeinde- und Kreis-   **237**
ordnungen der Länder nicht legaldefiniert, aber **im weitesten Sinne** zu verstehen. Entscheidend für die Zuordnung ist lediglich, dass die Gemeinde einen besonderen Sachinbegriff im öffentlichen Interesse unterhält und durch **Widmung** der allgemeinen Benutzung durch die Einwohner zugänglich macht. In Orientierung an dem klassischen Anstaltsbegriff hat das OVG NRW folgende eher blasse Formel verwendet:

„Eine öffentliche Einrichtung ist eine Zusammenfassung personeller Kräfte und sachlicher Mittel in der Hand eines Trägers öffentlicher Verwaltung zur dauernden Wahrnehmung bestimmter Aufgaben der öffentlichen Verwaltung"[2].

Für den **Widmungsakt**, durch den die Einrichtung ihren öffentlichen Charakter be-   **238**
kommt und aus dem sich ergibt, welche Arten von Nutzungen in der Einrichtung stattfinden sollen, bedarf es nicht – wie im Straßenrecht (vgl § 2 FStrG) – der Einhaltung vorgeschriebener Förmlichkeiten. Die Widmung kann vielmehr auf verschiedenste Weise – durch VA, Satzung, Bebauungsplan, schlichten Ratsbeschluss, Realakt (Einweihung), amtliche Verlautbarungen – mithin auch formlos, gegebenenfalls sogar konkludent erfolgen, wobei es dann darauf ankommt, diesbezügliche Indizien zu beachten.

Im Falle konkludenter Widmung durch faktische Indienststellung ergeben sich die Maßstäbe für die Nutzung der Einrichtung und für die Grenzen der entsprechenden Nutzungsberechtigung aus der bisherigen Überlassungs- und Nutzungspraxis[3]. Durch eine ständige Verwaltungspraxis kann auch eine faktische Widmungserweiterung bewirkt werden, auf die sich ein Bewerber solange berufen kann, bis eine entsprechende Praxisänderung (Rückführung auf den ursprünglichen Widmungszweck) erfolgt ist[4].

Im Übrigen gilt der Grundsatz der (durch die Gemeinde widerlegbaren) Vermutung für die Widmung einer kommunalen Einrichtung zur öffentlichen Benutzung[5].

Vor diesem durch verfassungsrechtliche (vgl oben Rn 57), spezialgesetzliche und   **239**
kommunalrechtliche Direktiven geprägten normativen Hintergrund kann in der Realität auf ein breites Spektrum kommunaler Einrichtungen verwiesen werden.

Beispiele: Stadthallen[6], Mehrzweckhallen[7], Schwimmbäder[8] und Sportplätze[9], Sparkassen[10], Versorgungs- und Verkehrsbetriebe[11], Theater[12], Museen, Altenheime, Obdachlosenunterkünf-

---

2 So OVG NRW, NWVBl. 1997, 29 unter Bezugnahme auf OVGE 31, 252 (255); in diesem Sinne auch
   Nds. OVG, NdsVBl 2013, 204 (205) und die Lit., vgl nur *Burgi*, KommR, § 16 Rn 5; *Geis*, KommR,
   § 10 Rn 12.
3 Vgl OVG NRW, NWVBl. 2000, 300 (301); Sächs.OVG, SächsVBl. 2005, 14 (18); OVG Rh.Pf.,
   KStZ 2006, 237; OVG Saarlouis, NVwZ-RR 2009, 533; *Wellkamp*, Der Städtetag 2000, 27 (29).
4 Vgl Bd.Wtt. VGH, NVwZ 1998, 540 f; *Hellermann*, in: Dietlein/Hellermann, Öffentliches Recht in
   NRW, 7. Aufl. 2019, § 2 Rn 329; *Lange*, DVBl. 2014, 753 (754 f).
5 VG Gera, LKV 2002, 39 (40); *Geis*, KommR, § 10 Rn 17; s. auch *Schoch*, NVwZ 2016, 257 (260).
6 Nds.OVG, NdsVBl 2011, 191; Bd.Wtt. VGH, DVBl. 2015, 59 f.
7 VG Aachen, Urt. v. 10.12.2009 – 4 K 1405/06 –, BeckRS 2010, 50424.
8 OVG NRW, DVBl. 2007, 454.
9 Bd.Wtt. VGH, ESVGH 25, 203.
10 BVerwG, NVwZ 2012, 112 Rn 15; OVG Schleswig, Urt. v. 15.1.2015 – 2 LB 21/13, BeckRS 2015,
    45218.
11 Bd.Wtt. VGH, NVwZ 1991, 583.
12 OVG NRW, OVGE 24, 175 (179).

te[13], Bibliotheken, Friedhöfe oder Krankenhäuser, aber etwa auch gemeindeeigene Flächen für Volksfeste[14] sowie Weihnachtsmärkte[15] oder öffentlich-rechtlich verantwortete Internetseiten der Kommune[16]. Nicht erfasst sind allerdings öffentliche Sachen im Gemeingebrauch, zB öffentliche Straßen und Plätze, bei denen es keiner Zulassung bedarf, sondern deren Benutzung jedermann zusteht[17]. Ebenso auszuklammern sind kommunale Amtsblätter, die lediglich Informationsinstrumente für die Einwohner, nicht aber eigenständige öffentliche Einrichtungen sind[18].

Nicht erfasst sind schließlich auch lediglich „private" Einrichtungen der Gemeinde wie Mietshäuser, Ratskeller, Brauereien und dergleichen[19].

240 **Lösungshinweis zu Fall 7 (Rn 235):** Im **Ausgangsfall** ist der Verwaltungsrechtsweg (§ 40 VwGO) eröffnet, wenn es sich um eine öffentlich-rechtliche Streitigkeit nichtverfassungsrechtlicher Art handelt. Der mit dem Klageantrag geltend gemachte Anspruch wurzelt im öffentlichen Recht, wenn sich die begehrte Rechtsfolge unmittelbar aus einer öffentlich-rechtlichen Norm ableiten lässt. In Frage kommt hier ein Zulassungsanspruch gemäß § 8 II GO NRW[20], einer kommunalrechtlichen Bestimmung. Dann müsste es sich bei den Rheinwiesen aber um eine öffentliche Einrichtung im Sinne dieser Vorschrift handeln.

Im Gegensatz zur Anstalt im organisatorischen Sinne genügt für eine öffentliche *Einrichtung* zunächst, dass ein Sachinbegriff einem öffentlichen Zweck dient, sodass Parks, aber auch Freizeitgelände oder Plätze für Großveranstaltungen hierunter fallen können. Solche Plätze sind dann als *öffentliche* Einrichtung anzusehen, wenn eine entsprechende Widmung vorliegt. Die bestehende Vermutung für die Bereitstellung als öffentliche Einrichtung, die hier noch durch Sachverhaltsangaben bekräftigt wird, kann die Stadt nur durch den Nachweis widerlegen, dass sich aus der Bereitstellung der Einrichtung eindeutig ergebe, sie solle als private Einrichtung betrieben werden. Da mithin hier davon auszugehen ist, dass es sich bei den Rheinwiesen um eine öffentliche Einrichtung iSv § 8 II GO NRW handelt, ist der Verwaltungsrechtsweg für diese Streitigkeit eröffnet. Richtige Klageart ist die Verpflichtungsklage gem. § 42 I VwGO. Angesichts § 8 IV GO NRW[21] und § 5 ParteiG bestehen hinsichtlich der Klagebefugnis des Kreisverbandes keine Bedenken. Nach Durchführung eines Vorverfahrens (§§ 68 ff VwGO) wäre die Klage zulässig.

2. Betreuung der Einwohner in den Grenzen der Leistungsfähigkeit

241 Die gesetzliche Leitlinie kommunaler Daseinsvorsorge durch öffentliche Einrichtungen soll eine gewisse sachliche Konturierung durch die Hervorhebung der **wirtschaftlichen, sozialen** und **kulturellen Betreuung** gewinnen. Diese Zielsetzungen sind jedoch dermaßen ausgreifend, dass eine Eingrenzung durch sie nicht zu erwarten ist, sondern eher eine Bekräftigung der Breite des anvisierten Spektrums. Die Formu-

---

13 Nds.OVG, DÖV 2004, 963.
14 BayVGH, NVwZ-RR 2003, 771; Bd.Wtt. VGH, GewArch 2003, 486; *Donhauser*, NVwZ 2010, 931.
15 BVerwG, NVwZ 2009, 1305.
16 OVG Münster, MMR 2015, 775; speziell zu kommunalen Linklisten im Netz *Duckstein/Gramlich*, SächsVBl. 2004, 121 ff; *Frey*, DÖV 2005, 411 ff; *Mann*, NdsVBl. 2007, 26 ff.
17 *Thiele*, Niedersächsisches Kommunalverfassungsgesetz, 2. Auflage 2017, § 30 Anm. 1; *Burgi*, KommR, 2015, § 16 Rn 8.
18 Sächs.OVG, SächsVBl. 2003, 48.
19 Vgl näher *Lange*, KommR, Teil 3 Kap. 13 Rn 10 ff.
20 Entsprechend Art. 21 I bay.GO; § 14 II m.v.KVerf.; § 30 I NKomVG.
21 Entsprechend Art. 21 IV bay.GO; § 14 III m.v.KVerf.; § 30 III NKomVG.

lierung „Betreuung" deutet allerdings auf den besonders individualorientierten, Hilfe-leistung und Service betonenden Charakter des Rechtsverhältnisses hin.

Mit ihren diesbezüglichen Aktivitäten haben die Gemeinden **innerhalb der Grenzen** **242** **ihrer Leistungsfähigkeit** zu verbleiben. Dies bedeutet nicht nur eine Schrankenzie-hung hinsichtlich der Modalitäten, sondern auch eine Leitlinie für die Frage nach dem „Ob" der Schaffung einer gemeindlichen Einrichtung. Soweit die Leistungsfähigkeit zu bejahen ist, steht den Gemeinden bezüglich der Schaffung, der Veränderung (so-wohl in inhaltlicher Hinsicht[22] als auch in organisatorischer Hinsicht[23]), der Erweite-rung und auch der Abschaffung entsprechender Einrichtungen, sofern es sich um **frei-willige** Selbstverwaltungsaufgaben (siehe oben Rn 198) handelt, ein **weites kommu-nalpolitisches Ermessen** zu[24].

Die Einwohner haben auf kommunalrechtlicher Basis grundsätzlich keinen **An-** **243** **spruch auf Schaffung** bzw **Aufrechterhaltung** einer öffentlichen Einrichtung[25] oder gar auf eine Kapazitätserweiterung[26].

Etwas anderes kann sich aber aus speziellen fachgesetzlichen Vorschriften ergeben, wie für den Zugang zu gewerberechtlich festgesetzten Märkten aus § 70 GewO[27] – einer Norm, die auch dann zur Anwendung kommen kann, wenn Veranstalter des Marktes eine Gemeinde ist[28] – oder in Fällen einer allgemeinen Anschluss- und Grundversorgungspflicht für Energieversorgungsunternehmen (§§ 18, 36 EnWG) und in Gestalt einer Beförderungspflicht für Verkehrsunternehmen (§ 22 PBefG).

II. Rechtsformen öffentlicher Einrichtungen

An Rechtsformen für vorbezeichnete öffentliche Einrichtungen steht den Kommunen **244** nach gängiger Rechtsauffassung eine breite Palette zur Verfügung, auf die sie im We-ge pflichtgemäßer Ermessensausübung zugreifen können[29].

1. Rechtsfähige juristische Personen des öffentlichen Rechts

Sofern dies gesetzlich zugelassen ist[30], kann die Gemeinde eine rechtsfähige juristi- **245** sche Person des öffentlichen Rechts ins Leben rufen.

---

22 Dies gilt etwa für die konzeptionelle (Um-)Gestaltung kommunaler Volksfeste. Vgl parallel für ge-werberechtlich (vgl §§ 69, 70 GewO) festgesetzte Veranstaltungen BayVGH, GewArch. 1996, 477.
23 Vgl OVG NRW, NWVBl. 1997, 29 zur Zusammenfassung technisch getrennter Entsorgungssysteme.
24 Demgegenüber will *Pappermann* unter Hinweis auf das Tatbestandsmerkmal „erforderlich" – insbe-sondere im kulturellen Bereich – ein Herabsinken der kommunalen Ausstattung unter bestimmte Stan-dards blockiert wissen (DVBl. 1980, 705). Andererseits soll laut Hess.VGH, RdE 1993, 143 (144) eine gemeindliche Wasserversorgung nur dann erforderlich sein, wenn der Bedarf der Einwohner nicht bereits durch ein anderes Versorgungsunternehmen gedeckt ist. Zu den sich aus der Daseinsvor-sorge-Aufgabe ergebenden Sicherstellungspflichten siehe auch oben Rn 57.
25 Vgl BVerwGE 31, 125; OVG NRW, NWVBl. 2004, 387; Bay.VGH, NVwZ-RR 2013, 494 (495); *Köster*, KommJur 2007, 244 (245) mwN.
26 Vgl näher *Donhauser*, NVwZ 2010, 931 (934).
27 Dazu noch u. Rn 256.
28 Vgl *Tettinger/Wank/Ennuschat*, GewO, Komm., 8. Aufl. 2011, § 69 Rn 14.
29 Dazu *Ehlers*, Jura 2012, 692 (695 f).
30 Die Schaffung rechtsfähiger juristischer Personen des öffentlichen Rechts bedarf generell der gesetzli-chen Grundlage; vgl *Maurer/Waldhoff*, Allg.VerwR, § 23 Rn 44.

Beispiel: Sparkasse (siehe unten § 9 V) als rechtsfähige öff.-rechtliche Anstalt.

Etwa seit Mitte der neunziger Jahre ist sukzessive in fast allen Gemeindeordnungen den Kommunen die Möglichkeit eröffnet worden, auf die Rechtsform der **Anstalt des öffentlichen Rechts** zuzugreifen, in Bayern in Gestalt des „Kommunalunternehmens", das aber sowohl für wirtschaftliche wie für nichtwirtschaftliche Aktivitäten nutzbar ist (vgl Art. 89 bay.GO)[31]. Auch in den anderen Ländern (zB § 141 NKomVG, § 114a GO NRW) ist die Anstalt sowohl für Unternehmen wie auch für Einrichtungen (zur Terminologie siehe Rn 298) einsetzbar. Siehe auch u. Rn 308.

2. Nichtrechtsfähige Anstalten, Eigenbetriebe

246   Eine Gemeinde kann sich, wie dies häufig geschieht, bei der Erfüllung ihrer Aufgaben aber auch einer **nichtrechtsfähigen Anstalt** des öffentlichen Rechts (zB Volkshochschule, Bibliothek) oder auch eines **Eigenbetriebes**[32] (u. Rn 307) bedienen.

3. Eigengesellschaft

247   Entsprechend dem Trend zur Privatisierung (siehe u. Rn 328) kann eine Gemeinde sich aber auch an einer privatrechtlichen Gesellschaft, etwa in Gestalt einer AG oder GmbH, beteiligen oder eine solche gründen, sei es zusammen mit Privaten (gemischtwirtschaftliche Gesellschaft) oder mit anderen öff. Aufgabenträgern (gemischt-öffentliche Gesellschaft), sei es, dass letztlich alle Anteile vollständig in ihrer Hand verbleiben (sog. **Eigengesellschaft**, u. Rn 310).

248   Schließlich besitzen öffentliche Aufgabenträger soweit dies gesetzlich nicht blockiert ist, die Möglichkeit, privatrechtliche Rechtsformen für ihre Leistungserbringung zu nutzen[33]. Die Gründung einer solchen Gesellschaft oder die Beteiligung hieran ist aber durchweg nur dann zulässig, wenn, neben weiteren spezifischeren Voraussetzungen, ein (dringender) öffentlicher Zweck der Gemeinde an der Gründung oder Beteiligung vorliegt (vgl Art. 92 bay.GO; § 69 I m.v.KVerf.; § 137 I NKomVG; § 108 I GO NRW), eine normative Anforderung, die weithin originäre kommunale Einschätzungen erfordert. Vereinzelt finden sich jedoch noch Regelungen, die – ähnlich dem bis 1995 im bayerischen Gemeinderecht verankerten Eigenbetriebsvorrang (Art. 91 I Nr 2 bay.GO aF) – eine **Wahl privatrechtlicher Rechtsformen** nur zulassen, soweit der öffentliche Zweck nicht wirtschaftlicher durch einen Eigenbetrieb erfüllt wird oder erfüllt werden kann (vgl § 69 I Nr 1 iVm § 68 II m.v.KVerf., ähnl. § 73 I Nr 1 iVm § 71 II thür.KO).

249   Da die mit der Leistungserbringung betraute privatrechtliche Gesellschaft kommunale Aufgaben wahrnimmt, ist sie als kommunale Einrichtung zu betrachten[34]. Ganz in

---

31   Dazu näher *Mann*, NVwZ 1996, 557 f.

32   Dieser ursprünglich für den Bereich kommunaler Wirtschaftsaktivitäten vorgesehene Organisationstyp (dazu noch im Folgenden und u. Rn 307) steht nunmehr verbreitet auch für den Komplex nichtwirtschaftlicher Betätigung (dazu noch u. Rn 296 f) zur Verfügung; vgl Art. 88 bay.GO, §§ 136 III, IV, 139, 140 NKomVG.

33   Siehe nur *Maurer/Waldhoff*, Allg.VerwR, § 3 Rn 18 f; *Mann*, Die öffentlich-rechtliche Gesellschaft, 2002, S. 39 ff, jeweils mwN.

34   Vgl OVG NRW, DÖV 1992, 930 zu einer Kreisumlage für Verluste eines Verkehrsbetriebes in der Rechtsform der AG.

diesem Sinne ist dann auch konsequenterweise der Geschäftsführer einer sich im städtischen Alleinbesitz befindlichen GmbH, deren wesentliche Geschäftstätigkeit die Versorgung der Einwohner mit Fernwärme umfasst (dazu Rn 271 f), ein Amtsträger iSv § 11 I Nr 2 lit. c. StGB, wenn die Stadt die Geschäftstätigkeit im öffentlichen Interesse steuert[35].

4. Beauftragung privater Dritter

Die Kommune kann schließlich bei fortbestehender eigener Sachverantwortung Drittunternehmen als kommunale **Erfüllungsgehilfen** (Verwaltungshelfer) einschalten[36]. Dies bedingt freilich hinreichende Einwirkungsmöglichkeiten (vgl auch Rn 276 zum Anschluss- und Benutzungszwang). **250**

Beispiele: Abwasserbeseitigung (§ 56 S. 3 WHG); Abfallentsorgung (vgl §§ 20 I, 22 I KrWG); siehe auch BGH, NJW 2014, 3580 – „Winterdienst".

Zur Auffassung des BVerwG, unter bestimmten Umständen sei eine **Privatisierung** freiwillig übernommener kommunaler Einrichtungen (Weihnachtsmarkt) unzulässig, siehe bereits Rn 198.

III. Ausgestaltung des Benutzungsverhältnisses

Soweit die betreffende öffentliche Einrichtung eine öffentlich-rechtliche Organisationsform aufweist, stellt sich die Frage, wie das **Benutzungsverhältnis** ausgestaltet ist, **öffentlich-rechtlich oder privatrechtlich**. **251**

Dass – soweit keine Beleihung vorliegt – eine privatrechtlich organisierte öffentliche Einrichtung ihre Rechtsbeziehungen zu den Benutzern nur privatrechtlich regeln kann (Vertragsabschluss unter Zugrundelegung Allgemeiner Geschäftsbedingungen), versteht sich von selbst.

Beispiel: Eine als Eigengesellschaft (GmbH) betriebene Stadthalle.

Dem Betreiber einer Einrichtung mit öffentlich-rechtlicher Organisationsform stehen im Sinne eines **Wahlrechts** beide Möglichkeiten offen; maßgebliche Aussagen sind im Einzelfall der jeweiligen Benutzungsordnung zu entnehmen. Indizien sind die – nur öffentlich-rechtlich mögliche – Erhebung von Gebühren an Stelle eines privatrechtlichen Nutzungsentgelts, der Einsatz staatlicher Zwangsmittel zur Befolgung von Anordnungen u.Ä.

Bestimmte Einrichtungen weisen zudem üblicherweise eine einheitliche Benutzungsordnung auf, so Schulen (öff.r.), Theater (privatr.), Schwimmbäder (privatr.).

Die Vermutung spricht wegen der Wahrnehmung öffentlicher Aufgaben für eine öffentlich-rechtliche Organisationsform und für ein öffentlich-rechtliches Benutzungsverhältnis[37].

---

35 Vgl BGH, NJW 2004, 693.
36 BVerwG, NVwZ 2009, 1305 (1307); vgl *Geis*, KommR, § 12 Rn 105 ff.
37 Bd.Wtt.VGH, NJW 1979, 1900; OVG NRW, OVGE 24, 175 (179 f).

252 Bei öffentlich-rechtlicher Ausgestaltung ist die Gemeinde als Trägerin der Einrichtung unmittelbar aus einer Vorschrift wie § 4 S. 2 NKomVG, § 8 I GO NRW befugt, Maßnahmen zu ergreifen, die den ordnungsgemäßen Betrieb und den Widmungszweck sicherstellen. Dies kann allgemein durch Satzung[38] oder auch – ohne ausdrückliche Ermächtigung – im Einzelfall durch Verwaltungsakt geschehen.

Beispiele: Untersagung gewerblicher Benutzung eines Hallenbades[39]; Ausschluss eines Sängers aus dem Chor einer städtischen Musikschule wegen unerträglicher Spannungen[40].

IV. Benutzungsanspruch der Einwohner

1. Gemeindeeinwohner

253 **Alle Einwohner** einer Gemeinde sind gemäß entsprechender Anspruchsnormen der Gemeindeordnungen[41] im Rahmen des geltenden Rechts **berechtigt, die öffentlichen Einrichtungen** der Gemeinde **zu benutzen**, allerdings auch zugleich verpflichtet, die Gemeindelasten zu tragen.

2. Einwohner von Nachbargemeinden

254 Ungeachtet der im Rahmen der Landesplanung vielfach vorgegebenen Stufenfolge zentralörtlicher Gliederung[42], durch die bestimmte Versorgungsleistungen – auch und gerade im kulturellen Bereich – auf zentrale Orte konzentriert werden, steht den Einwohnern von Nachbargemeinden ein **Benutzungsanspruch de lege lata nicht** zu[43].

255 Den Städten ist es aber grundsätzlich versagt, bei Benutzungsgebühren (siehe dazu auch oben § 6 IV) zwischen Einwohnern und Fremden zu differenzieren (kein „**Auswärtigenzuschlag**")[44].

Dagegen blieb ein „**Einheimischenabschlag**" bei der gemeindlichen Gebührenerhebung unter Berufung auf Art. 28 II GG letztlich dann unbeanstandet, wenn auf solche Weise lediglich eine indirekte Subventionierung von Leistungen gegenüber den eigenen Einwohnern aus Mitteln des Gemeindehaushalts, nicht aber im Wege der Umverteilung zulasten der auswärtigen Benutzer erfolgte und die von Auswärtigen erhobene

---

38 Vgl BVerwG, KommJur 2014, 54.
39 So VG Gießen, Beschl. v. 14.11.2011 – 8 L 3460/11 –, BeckRS 2012, 48340 mwN unter Berufung auf ein aus § 19 I hess.GO folgendes Annexrecht der Sicherstellung eines störungsfreien Betriebs.
40 So OVG NRW, NWVBl. 1995, 313 unter Berufung auf ein aus § 8 I u. II GO NRW folgendes Annexrecht, den Betrieb der Einrichtung aufrechtzuerhalten und Störungen abzuwehren. Siehe auch OVG NRW, DÖV 2003, 418 f.
41 Vgl auch § 10 II 2 bd.wtt.GO; Art. 21 I bay.GO; § 12 I BbgKVerf.; § 20 I Verf.Bremerhaven; § 20 I hess.GO; § 14 II m.v.KVerf.; § 30 I NKomVG; § 8 II GO NRW; § 14 II rh.pf.GO; § 10 II sächs.GO; § 24 I LSA KVG; § 19 I saarl.KSVG; § 18 I schl.h.GO; § 14 thür.KO.
42 Vgl § 13 Raumordnungsgesetz vom 18.8.1997 (BGBl. I S. 2081).
43 So *J. Dietlein*, Jura 2002, 445 (449); *T.I. Schmidt*, DÖV 2002, 696.
44 So die hM; vgl OVG NRW, NJW 1979, 565 zur „Gebührenstaffelung für einen kommunalen Friedhof". Gegen die Erhebung eines Nicht- und Andersgläubigenzuschlags zu den Friedhofsgebühren bei einem kirchlichen Friedhof mit örtlicher Monopolstellung unter Berufung auf den Grundsatz der leistungsgerechten Gebührenbemessung Nds.OVG, NVwZ-RR 1994, 49.

(im Vergleich höhere) Gebühr als solche keine rechtlichen Angriffspunkte enthielt[45]. Wenn eine Gemeinde durch eine Privilegierung (Preisnachlass) Einheimischer das Ziel verfolgt, „[...] knappe Ressourcen auf den eigenen Aufgabenbereich (Art 28 II 1 GG) zu beschränken, Gemeindeangehörigen einen Ausgleich für besondere Belastungen zu gewähren oder Auswärtige für einen erhöhten Aufwand in Anspruch zu nehmen, oder sollen die kulturellen und sozialen Belange der örtlichen Gemeinschaft dadurch gefördert und der kommunale Zusammenhalt dadurch gestärkt werden, dass Einheimischen besondere Vorteile gewährt werden, kann dies mit Art. 3 I GG vereinbar sein."[46] Demgegenüber hat der EuGH in den von lokalen Einrichtungen gewährten Tarifvorteilen für den Zugang zu öffentlichen Museen, antiken Ausgrabungsstätten sowie Parkanlagen und Gärten mit Denkmalcharakter einen Verstoß gegen Art. 18 und 56 AEUV zulasten von Gebietsfremden oder ausländischen Touristen gesehen[47].

3. Auswärtige Grundbesitzer und Gewerbetreibende

Soweit es um solche **öffentlichen Einrichtungen** geht, die in der Gemeinde **für Grundbesitzer und Gewerbetreibende** bestehen, sind auswärtige Grundbesitzer und Gewerbetreibende in gleicher Weise berechtigt, diese öffentlichen Einrichtungen zu benutzen (so Art. 21 III bay.GO; § 14 III m.v.KVerf.; § 30 II NKomVG; § 8 III GO NRW). Art. 21 III bay.GO präzisiert diese Aussage dahingehend, dass ein solcher Anspruch auswärts wohnenden Personen (sog. Forensen) nur für ihren Grundbesitz oder ihre gewerblichen Niederlassungen *im Gemeindegebiet* zusteht, dh aber: im Übrigen nicht. Diese Einsicht gilt auch für das Gemeinderecht der anderen Länder[48]. Insofern wird dann relevant, ob es sich um eine gewerberechtlich (gemäß § 69 GewO) festgesetzte Veranstaltung handelt, da in diesem Falle die vom Adressatenkreis her weitergefasste Anspruchsnorm des § 70 I GewO („jedermann") greift[49]. **256**

Beispiel: Zulassung von Schaustellern zur Gemeindekirmes[50].

Die Nutzung öffentlicher Einrichtungen ist dabei nur **ein** Beispiel für die allgemeine Problemstellung der Legitimität einer Privilegierung Einheimischer durch Kommunen. Hinzu kommen Themen wie verbilligte Grundstücksabgabe (Rn 205), Vergabe öffentlicher Aufträge (vgl Rn 334), Gebührenrecht (s.o. Rn 333) u.ä.[51] **257**

Bei der Vergabe der Nutzung einer öffentlichen Einrichtung wie etwa einer Stadthalle an kommerzielle Veranstalter hat die Gemeinde im Übrigen den **Grundsatz der Wettbewerbsneutralität** zu wahren. **258**

Hiermit lässt sich eine sog. Schutzfrist, welche die Attraktivität einer Veranstaltung durch ein befristetes Verbot gleichartiger Nutzungen der Einrichtung erhöhen soll, nur dann vereinbaren,

---

45 Siehe BVerwGE 104, 60 ff – „Musikschule".
46 BVerfG, NJW 2016, 3153 Rn 40.
47 EuGH, EuZW 2003, 186 ff.
48 *J. Dietlein*, Jura 2002, 445 (449); für NRW ausdrücklich auch OVG NRW, OVGE 21, 70 (74).
49 Vgl zur Zulassung Ortsfremder BayVGH, NVwZ-RR 2004, 599.
50 Vgl aus der Rspr zum kommunalrechtlichen Benutzungsanspruch und zu § 70 GewO Nds.OVG, NVwZ 1983, 49; BayVGH, GewArch. 1982, 98; BVerwG, NVwZ 1982, 194; siehe auch *Pitschas*, BayVBl. 1982, 641.
51 Dazu näher allg. *Burgi*, JZ 1999, 873 ff.

wenn die zu schützende Veranstaltung dem öffentlichen Interesse dient und durch eine konkurrierende Nutzung der betreffenden Einrichtung in ihrem Bestand gefährdet wird[52].

Werden einzelne Bewerber von der Gemeinde rechtswidrig ausgeschlossen, können Schadensersatzansprüche nach Amtshaftungsgrundsätzen entstehen[53].

4.   Juristische Personen, Personenvereinigungen, Parteien

259   Alle vorgenannten Bestimmungen gelten entsprechend für **juristische Personen** und für **Personenvereinigungen** (vgl Art. 21 IV bay.GO, § 14 III m.v.KVerf., § 30 III NKomVG, § 8 IV GO NRW)[54]. Insofern ist entscheidend, dass die Personenvereinigung ihren Sitz in der Gemeinde hat.

260   Soweit eine ständige gemeindliche Vergabepraxis, ungeachtet vorgenannter spezieller Ansprüche, ortsfremden Nutzungsinteressenten gleiche Zugangsmöglichkeiten einräumt, können diese als Antragsteller immerhin, gestützt hierauf iVm Art. 3 GG, einen Anspruch auf fehlerfreie Ermessensausübung geltend machen[55].

261   Für **politische Parteien** normiert § 5 ParteiG ein spezielles Gleichbehandlungsgebot, das bei entsprechender Widmung auch kommunale Einrichtungen und in gleicher Weise kommunale Leistungen einbezieht und sich ggf zu einem Zulassungsanspruch verdichten kann[56]. Eine politische Partei hat aber dann keinen Anspruch auf Überlassung einer kommunalen Einrichtung, wenn die durch Tatsachen begründete dringende Gefahr besteht, dass Parteiorgane im Rahmen dieser Veranstaltung zur Begehung von Straftaten oder Ordnungswidrigkeiten aufrufen werden[57].

V.   Inhalt und Grenzen des Zulassungsanspruchs

262   Durch diese gesetzliche Gewährleistung wird den Einwohnern im Rahmen einschlägiger gesetzlicher Einschränkungen[58] und der Widmung ein **Anspruch auf Zulassung zur Benutzung** zuerkannt[59]. Im Unterschied dazu ist bei öffentlichen Sachen im Gemeingebrauch wie Straßen, welche keine öffentlichen Einrichtungen darstellen (s. o. Rn 239), der Anspruch inhaltlich bereits unmittelbar auf Benutzung gerichtet[60]. Damit

---

52   So Hess.VGH, NJW 1987, 145 – „Versteigerungshalle".
53   Vgl BayVGH, BayVBl. 2014, 632 ff.
54   Vgl Bd.Wtt.VGH, GewArch. 1996, 215; kritisch *Schröder*, NdsVBl. 2009, 197 ff.
55   Vgl Bd.Wtt.VGH, GewArch. 1996, 215.
56   Vgl BVerwGE 32, 333; 47, 280 (286); BVerwG, NVwZ 1992, 263; Bd.Wtt.VGH, DVBl. 1994, 867; OVG Saarlouis, NVwZ-RR, 2009, 533; vgl auch StGH BW, BeckRS 2014, 58150 hinsichtlich eines gleichberechtigten Zugangsanspruchs aus Art. 3 I i.V.m. Art. 21 I GG.– Instruktiv insoweit auch der Klausurfall von *Bader*, Jura 2009, 940 ff.
57   Siehe Bd.Wtt.VGH, NJW 1987, 2698 – „Volkszählungsboykott"; Hess.VGH, DVBl. 1993, 618. Zum polizeirechtlichen Aspekt „Zweckveranlasser" siehe auch u. Rn 497 f.
58   Vgl etwa § 20 I KrWG mit Blick auf Hausmüll und Abfälle zur Beseitigung aus anderen Herkunftsbereichen.
59   Dazu näher *Lange*, DVBl 2014, 753 (756 f); *Dietlein*, Jura 2002, 145 ff; vgl auch OVG NRW, OVGE 24, 175 – „Stadttheater": Grds. Anspruch auf Vergabe von Einzelkarten im freien Verkauf.
60   Insoweit ist darauf hinzuweisen, dass nach den allgemeinen Grundsätzen des öffentlichen Sachenrechts ohnehin für „jedermann", also auch für Auswärtige, im Rahmen der Widmung ein Benutzungsanspruch besteht.

wird zum Ausdruck gebracht, dass der Zulassungsanspruch, der dem Grunde nach ja allen Einwohnern zusteht, eine Grenze im Falle **beschränkter Kapazitäten** findet. Die einschlägigen Vorschriften gewähren keinen Verschaffungs- sondern nur einen **Teilhabeanspruch** im Rahmen der vorhandenen Kapazität, dem unter Berücksichtigung des Gleichheitssatzes Rechnung zu tragen ist. Der Anspruch der Bewerber reduziert sich bei beschränkter Kapazität also auf eine ermessensfehlerfreie Auswahlentscheidung.[61]

Hierauf ist etwa bei der Vergabe von Nutzungsrechten an konkurrierende Sportvereine bei kommunalen Sporteinrichtungen zu achten[62], aber auch bei der Standplatzvergabe gemeindlicher Wochen- und Jahrmärkte. Übersteigt die Anzahl der Bewerber für einen Standplatz bei einer gemeindlichen Kirmes die kapazitativen Zulassungsmöglichkeiten, so ist eine an sachgerechten Kriterien orientierte Auswahlentscheidung zu treffen, zB nach Maßgabe der Reihenfolge der Anmeldungen („Prioritätsprinzip"[63]), der Attraktivität, der Bekanntheit und Bewährtheit der Unternehmen[64] bzw auch in Gestalt einer Rotation oder der Durchführung eines Losverfahrens[65]. Bei rechtswidriger Versagung eines Standplatzes ist es der Behörde und dem Gericht aber versagt, den Zulassungsanspruch unter Hinweis auf die Erschöpfung der Platzkapazität zu verwehren; es ist Sache der Marktanbieter, „durch die Regelung entsprechender Widerrufsvorbehalte oder die Vereinbarung entsprechender Kündigungsklauseln für diese Fälle vorzusorgen"[66]. Bei kommunalen Einrichtungen im Internet ist zudem sorgfältig zu prüfen, ob überhaupt eine Kapazitätsauslastung geltend gemacht werden kann[67].

Eine Vergabepraxis, die – bei grundsätzlicher Anwendung des Prioritätsprinzips im Übrigen – den eigenen städtischen Nutzungsinteressen generell gegenüber denen Dritter den Vorrang zubilligt, indem sie noch nachträgliche Eigenreservierungen erlaubt, lässt den Grundsatz gleicher Zugangsberechtigung zu einer öffentlichen Einrichtung außer Acht[68]. Bei rechtswidriger Vergabepraxis drohen ggf Amtshaftungsansprüche.

In Fällen der Kapazitätserschöpfung ist ein nicht berücksichtigter Bewerber, der im Rahmen einer **„Konkurrentenverdrängungsklage"** den einem Mitbewerber zugesprochenen Standplatz erstreiten will nach der Rechtsprechung gehalten, neben dem Verpflichtungsantrag im einstweiligen Rechtsschutzverfahren eine (Dritt-) Anfechtungsklage gegen dessen Zulassung zu erheben und deren vorläufige Suspendierung nach § 80 Abs. 5 VwGO zu beantragen, weil sein Begehren sonst mangels verfügbarer Kapazität regelmäßig keinen Erfolg haben kann.[69]

Des Weiteren ist die **Einhaltung des Widmungszwecks** (o. Rn 238) zu gewährleisten; der Gemeinde ist es dabei aber versagt, den grundsätzlichen Zugangsanspruch durch übermäßige Einschränkungen zu behindern. **263**

---

61 VGH München DÖV 2003, 819 (820); *Beckert/Sichert*, JuS 2000, 348 (350); *Hartmann*, in H/M/M, LandesR Nds., 2. Aufl. 2018, § 6 Rn 56.
62 Vgl VG Aachen, Urt. v. 20.1.2015 – 4 K 699/14 –, BeckRS 2015, 42159 mwN.
63 Bd.Wtt.VGH, DVBl. 2015, 59 f.
64 *Donhauser*, NVwZ, 2010, 931 (934, 936). Die Anwendung dieses Kriteriums als alleiniger Maßstab ist jedoch kritisch zu sehen, weil es zu einem gleichheitswidrigen Ausschluss von Neubewerbern führt.
65 Vgl Nds.OVG, NdsVBl. 2012, 238 sowie *Tettinger/Wank/Ennuschat*, GewO, 8. Aufl. 2011, § 70 Rn 40 ff zu den in § 70 II, III GewO bundesrechtlich verankerten Vorgaben für gewerberechtlich (vgl § 69 GewO) festgesetzte Veranstaltungen, welche die Auslegung des kommunalrechtlichen Zulassungsanspruchs mit beeinflussen; dazu auch *Dietlein*, Jura 2002, 445 (449).
66 BVerfG(K), NJW 2002, 3691 f.
67 Vgl dazu die Übungsklausur „Die kommunale Linkliste" von *Mann*, NdsVBl. 2007, 26 (29 f).
68 Vgl Bd.Wtt.VGH, DVBl. 2015, 59 f.
69 Nds. OVG, BeckRS 2015, 55604; BayVGH, BeckRS 2011, 45192.

Sind bei einer Benutzung der kommunalen Einrichtung auf Grund konkreter Anhaltspunkte Schäden zu erwarten, so darf die Zulassung grundsätzlich davon abhängig gemacht werden, dass der betreffende Veranstalter die Haftung in angemessener Höhe durch Kaution absichert bzw einen Versicherungsnachweis erbringt[70].

Andererseits kann die Gemeinde angesichts ihrer Bindung an Gesetz und Recht (Art. 20 Abs. 3 GG) nicht verpflichtet werden, sehenden Auges die Begehung von oder Beihilfe zu **Straftaten** bzw die Aufforderung zu solchen während der Nutzung ihrer öffentlichen Einrichtungen zu dulden[71].

Beispiele: Einüben des sog. „Schotterns" bei einer Anti-Atomkraft-Veranstaltung; Aufforderung auf einer Parteiveranstaltung, illegale Downloads auf bestimmten Internetseiten vorzunehmen.

Die bloße Behauptung, eine **Partei** sei verfassungswidrig, genügt indessen nicht, um ihr den Zugang zu einer öffentlichen Einrichtung zu verwehren[72]. Solange das BVerfG eine Partei nicht für verfassungswidrig erklärt hat, lässt sich ihr Ausschluss vom Zulassungsanspruch auch nicht unter Verweis auf Art. 21 Abs. 3 S. 1, Abs. 4 GG rechtfertigen, weil danach nur der Ausschluss „von staatlicher Finanzierung" erfasst ist.[73]

264 Die Gemeinde ist verpflichtet, über einen geltend gemachten Zulassungsanspruch selbst zu entscheiden; sie darf diese Entscheidung schon aus rechtsstaatlichen Erwägungen und Gründen der persönlichen demokratischen Legitimation (dazu bereits oben Rn 81) nicht einem privaten Dritten überlassen[74].

Negativ Beispiel: Zulassung von Schaustellern zu einem kommunalen Volksfest durch den örtlichen Schaustellerverband[75].

VI. Öffentliche Einrichtungen in privatrechtlicher Form

265 Die Gemeinde kann sich dem Benutzungsanspruch der Einwohner nicht dadurch entziehen, dass sie die öffentliche Einrichtung in privatrechtlicher Form betreibt[76]. In solchen Fällen bleibt der kommunalrechtlich fundierte **Anspruch gegen die Gemeinde** gerichtet und ist hier dann darauf bezogen, dass diese dem Einwohner durch entsprechende Einwirkung auf die von ihr dirigierte Gesellschaft (vgl Art. 93 bay.GO, § 71 m.v.KVerf., § 138 NKomVG, § 113 GO NRW) die erstrebte Zugangsmöglichkeit verschafft („**Ingerenzpflicht**")[77]. Richtige Klageart ist dann die allgemeine Leistungsklage.

---

70 Vgl VGH Bd.Wtt., DÖV 1990, 792; *Burgi*, KommR, § 16 Rn 32 mwN.
71 VGH BW, NJW 1987, 2698 – Aufforderung zum Volkszählungsboykott.
72 OVG Saarl., NVwZ 2009, 533 (534).
73 Ebenso *Glaser*, in: Widtmann/Grasser/Glaser, Bay.GO, Art. 21 Rn 18; *Hartmann*, in: H/M/M, LandesR Nds., 2. Aufl. 2018, § 6 Rn 58; *Köster*, KommJur 2007, 244 (247).
74 Vgl BayVGH, NVwZ-RR 2003, 771 (772).
75 Vgl BayVGH, NVwZ 1999, 1122.
76 BVerwG, NVwZ 2009, 1305.
77 Vgl BVerwG, NJW 1990, 134 – „Congress Centrum Hamburg"; ausführlich zu den gesellschaftsrechtlichen Möglichkeiten der Einwirkung auf kommunale AGen und GmbHs *Mann*, Die öffentlich-rechtliche Gesellschaft, 2002, S. 189 ff.

Das gilt auch, wenn die Gemeinde die Einrichtung nicht durch eine Eigengesellschaft (o. Rn 247) betreibt, sondern damit ein Unternehmen der Privatwirtschaft konzessioniert hat. Auch dann hat sie den Anspruch auf Benutzung der Einrichtung zu angemessenen Bedingungen durch Einwirkung auf diesen Privaten mit geeigneten Mitteln sicherzustellen[78]. Einer gesetzlich angeordneten Kostenbefreiung hat sie auch in dieser Ausgestaltung nachzukommen[79].

Gerade bei einer solchen organisatorischen Gestaltung tritt die in der Separierung von (a) Zulassung zur Benutzung („Ob") und (b) Ausgestaltung des Benutzungsverhältnisses („Wie") angelegte Abstufung, für deren rechtsdogmatische Bewältigung die Zwei-Stufen-Theorie entwickelt wurde, plastisch hervor[80].

Bei Streitigkeiten, die lediglich das – zivilrechtlich ausgestaltete – Benutzungsverhältnis einer kommunalen Einrichtung zum Gegenstand haben, ist der Verwaltungsrechtsweg daher nicht eröffnet[81]. Er ist grundsätzlich auch nicht eröffnet, wenn jemand auf Zutritt gegen die mit dem Betrieb der kommunalen Einrichtung beauftragte juristische Person des Privatrechts klagt[82].

Im Übrigen aber ist auf zivilrechtlicher Grundlage, etwa über § 826 BGB (Kontrahierungszwang), ggf die Durchsetzung eines Benutzungsanspruchs unmittelbar gegen das Betreiberunternehmen erreichbar[83].

Lösungshinweis zu Fall 7 (Rn 235): Im **Ausgangsfall** wäre die – als zulässig erkannte – Klage des Kreisverbandes auch begründet. Zwar können sich, da ein Benutzungsanspruch aus § 8 II, IV GO NRW[84] nur im Rahmen der Widmung besteht, Schranken für die Art, die Zahl und die Größe von Veranstaltungen auf dem Gelände in Ermangelung satzungsmäßiger Festlegungen nur in Orientierung an der bisherigen Überlassungspraxis bestimmen lassen; angesichts der technischen Ausstattung der Wiesen ergibt sich jedoch von der Größenordnung her kein Einwand. Eine spezielle Beschränkung für Veranstaltungen politischer Parteien ist nicht ersichtlich und wäre mit Blick auf den § 5 ParteiG auch bedenklich. Eine anderweitige Belegung zum beantragten Zeitpunkt liegt nicht vor. Einem Veranstalter, der seinen Sitz in der betreffenden Stadt hat, kann in Ansehung des Wortlauts des gemeinderechtlichen Zugangsanspruchs auch nicht entgegengehalten werden, bei den Veranstaltungsbesuchern handele es sich überwiegend um Ortsfremde[85].

266

Wiederholungs- und Verständnisfragen

1. *Was versteht man unter einer öffentlichen Einrichtung?* **Rn 237**
2. *In welchen Rechtsformen können öffentliche Einrichtungen betrieben werden?* **Rn 244 ff**
3. *Kann bei der Erhebung von Benutzungsgebühren zwischen Einheimischen und Fremden unterschieden werden?* **Rn 255**
4. *In welchen zwei Fällen haben auch Auswärtige einen Anspruch auf Nutzung kommunaler öffentlicher Einrichtungen?* **Rn 256**

---

78 Vgl Hess.VGH, DÖV 1994, 438.
79 Vgl BGH, NVwZ-RR 2000, 703 – „Hallenbadbenutzung durch Schulen".
80 Siehe dazu *Maurer/Waldhoff*, Allg.VerwR, § 3 Rn 38 f mwN.
81 Vgl BayVGH, NVwZ-RR 2002, 465.
82 Vgl BVerwG, NVwZ 1991, 59; Nds.OVG, NdsVBl. 2008, 75 (76).
83 Zum Streitstand vgl *Herdegen*, DÖV 1986, 906 (908); *Kerkmann*, VR 2004, 74 ff.
84 Entsprechend Art. 21 I, IV bay.GO; § 14 II, III m.v.KVerf.; § 30 I, III NKomVG.
85 Vgl im Einzelnen OVG NRW, NJW 1976, 820.

5. *Was ist bei der Benutzung öffentlicher Einrichtungen durch politische Parteien zu beachten?* **Rn 261**
6. *Wie lässt sich der Benutzungsanspruch durchsetzen, wenn die öffentliche Einrichtung in privatrechtlicher Form betrieben wird?* **Rn 265**

§ 8   Der Anschluss- und Benutzungszwang

267   **Fall 8: „Das teure Nass"**

A) Werner Wasser (W) betreibt in der im Sauerland gelegenen Stadt S eine Pension. Auf Grund vertraglicher Vereinbarung ist sein Grundstück schon seit langem an das Wasser- und Kanalisationsnetz der Stadtwerke angeschlossen. Seit Anfang 2018 besteht für diese Einrichtung ein durch Satzung angeordneter Anschluss- und Benutzungszwang. Die Stadtwerke teilen den alten und neuen Kunden mit, dass sich die Einzelheiten des Benutzungsverhältnisses weiterhin nach ihren privatrechtlich ausgestalteten „Allgemeinen Ver- und Entsorgungsbedingungen (AVB/AEB)" richten. W ist darüber erstaunt, da seiner Ansicht nach die Einführung des Anschluss- und Benutzungszwangs denknotwendig auch die öffentlich-rechtliche Ausgestaltung des Benutzungsverhältnisses erfordert. Als W aus der ersten Rechnung für das Jahr 2018 entnimmt, dass auf Grund einer neuen Tarifstruktur Betreiber von Fremdenverkehrspensionen einen – mit der im Sommerhalbjahr nachweislich weit über dem Durchschnitt liegenden Beanspruchung von Wasserleitungen und Kanalisation begründeten – höheren Wasser- und Abwassergrundpreis als die übrigen Benutzer entrichten müssen, fordert er den von den Stadtwerken bereits abgebuchten Betrag insoweit zurück. Er meint, für die Forderung der Stadtwerke bestehe kein Rechtsgrund, da das Benutzungsverhältnis nicht in privatrechtlicher Form hätte ausgestaltet werden dürfen. Ist diese Auffassung zutreffend?

B) Die Stadtwerke haben die bereits 40 Jahre im Erdreich liegenden Wasserversorgungsleitungen und die davon abzweigenden Hausanschlussleitungen in der Mescheder Straße, an der auch W's Pension liegt, erneuert. Können die Erneuerungskosten für die Hausanschlussleitung entsprechend den alten AVB auch dann von W verlangt werden, wenn dieser nachweist, dass die Leitung weder korrodiert noch undicht oder konkret bruchgefährdet war? **Rn 269, 275, 283**

268   Die Gemeindeordnungen[1] sehen durchgängig vor, dass Gemeinden **bei öffentlichem Bedürfnis** bzw. Gründen des öff. Wohls **durch Satzung** für die Grundstücke ihres Gebietes den Anschluss an Wasserleitung, Kanalisation und ähnliche der Volksgesundheit dienenden Einrichtungen (**„Anschlusszwang"**) und die Benutzung dieser Einrichtungen und der Schlachthöfe (**„Benutzungszwang"**) vorschreiben können. In der Satzung können **Ausnahmen** vom Anschluss- und Benutzungszwang zugelassen sein. Der Zwang kann darin auch auf bestimmte Teile des Gemeindegebiets und auf bestimmte Gruppen von Grundstücken oder Personen beschränkt werden (vgl § 15 II m.v.KVerf.; § 13 S. 2 NKomVG; § 9 S. 2 GO NRW)[2].

---

1   Vgl § 11 bd.wtt.GO; Art. 24 I Nr 2 bay.GO; § 12 II BbgKVerf; § 21 I Verf.Bremerhaven; § 19 II Hess.GO; § 15 m.v.KVerf; § 13 NKomVG; § 9 GO NRW; § 26 rh.pf.GO; § 22 I saarl.KSVG; § 14 I sächs.GO; § 11 LSA KVG; § 17 II schl.h.GO; § 20 II Nr 2 thür.KO.

2   Vgl allgemein *Faber*, Der kommunale Anschluss- und Benutzungszwang, 2005.

I.   Gegenstand eines Anschluss- und Benutzungszwangs

Wenn in den Gesetzen mit Blick auf einen Anschlusszwang die Rede ist von Wasser-   **269**
leitung, Kanalisation „und ähnlichen" der Volksgesundheit dienenden Einrichtungen,
so wird daraus zum einen deutlich, dass es sich keineswegs um eine abschließende
Aufzählung handelt, und zum anderen, dass die dienende Funktion im Hinblick auf
die **Volksgesundheit** das entscheidende Merkmal bildet[3], sodass etwa ein Anschlusszwang für kulturelle Einrichtungen von vornherein als unzulässig ausschiede.

Gemeint sind im Kontext der entsprechenden Vorschriften weiterhin nur solche öffentlichen Einrichtungen, die **grundstücksbezogen** sind[4].

Im **Ausgangsfall** ist nach dem Gesetzeswortlaut bereits klar, dass Wasserleitung und Kanalisation zulässigerweise zum Gegenstand eines Anschluss- und Benutzungszwanges gemacht werden können[5].

In den einschlägigen Bestimmungen (Rn 268) weiterhin aufgeführt, aber speziell nur   **270**
in Ansehung eines Benutzungszwanges, sind die Schlachthöfe und (teilw.) Bestattungseinrichtungen[6]. Diese lapidare ergänzende Benennung belegt, dass (nur) insoweit auf die vorgenannte Begrenzung durch den Grundstücksbezug der Einrichtung
verzichtet wird. Daneben existieren vielfach noch **weitere spezialgesetzliche
Rechtsgrundlagen** für einen Anschluss- und Benutzungszwang[7].

Die generelle Möglichkeit eines Anschlusszwangs an Einrichtungen zur Versorgung   **271**
mit **Fernwärme** und eines auf diese Einrichtungen bezogenen Benutzungszwangs ist
in vielen Ländern (vgl Art. 24 I Nr 3 bay.GO; § 15 I m.v.KVerf.; § 13 S. 1 Nr 1a, S. 2
Nr 1a NKomVG; § 9 GO NRW)[8] bereits Tradition. In jüngerer Zeit gewinnt auch die
Regelung in § 16 EEWärmeG an Beachtung, nach welcher Gemeinden und Gemeindeverbände von einer landesrechtlichen Bestimmung, die sie zur Begründung eines
Anschluss- und Benutzungszwanges an ein Netz der öffentlichen Fernwärme- oder
Fernkälteversorgung ermächtigt, auch zum Zwecke des Klima- und Ressourcenschut-
zes Gebrauch machen können.[9]

Diese (Ausnahme-)Regelung hinsichtlich dieser speziellen Art der Energieversorgung würde
unterlaufen werden, wollte man unter Berufung auf Gründe der Volksgesundheit (Umwelt-

---

3   Vgl OVG NRW, NWVBl. 2003, 380, OVG NRW, KommJur 2012, 257.
4   Vgl insoweit OVG Rh.Pf., DÖV 1971, 278 – „Leicheneinsargung". In Frage käme aber eine Bestat-
    tungspflicht in Gestalt eines Friedhofszwangs, wenngleich im Hinblick auf Art. 4 GG nur mit religions-
    bezogenen Ausnahmeregelungen; vgl BVerwGE 45, 224; OVG NRW, OVGE 25, 106; siehe dazu nun
    auch beispielhaft: § 13 S. 1 Nr 2b NKomVG; Art. 24 I Nr 2 bay.GO; § 14 I sächs.GO.
5   In diesem Sinne auch Nds.OVG, NVwZ-RR 2002, 347.
6   Vgl. zu Bestattungseinrichtungen, insbes. Leichenhallen krit. BayVerfGH, GewArch. 2002, 327, weil
    weder der Schutz der Totenruhe noch die menschliche Gesundheit bei dem Betrieb von Leichenhallen
    durch private Bestatter gefährdet sind und damit insoweit ein unverhältnismäßiger Eingriff in die Be-
    rufsausübungsfreiheit vorläge.
7   So etwa in NRW für die Müllabfuhr (§ 9 Ia LAbfG NRW) und für die Straßenreinigung (§§ 3, 4
    StrReinG NRW).
8   Vgl auch § 11 I bd.wtt.GO; § 8 I brandenb. LImSchG; § 19 II Hess.GO; § 26 I rh.pf.GO; § 22 I
    saarl.KSVG; § 14 I sächs.GO; § 11 I Nr 1a, Nr 2a LSA KVG; § 17 II schl.h.GO; § 20 II Nr 2 thür.KO.
9   Zum Verhältnis des § 16 EEWärmeG und den kommunalrechtlichen Bestimmungen über den An-
    schluss- und Benutzungszwang s. BVerwG, NVwZ 2017, 61 Rn 12 f.

schutz) Heizen mit Erdgas mittels Brennwertkessel erzwingen[10]. Im Übrigen bietet § 9 I Nr 23 BauGB der Gemeinde die Möglichkeit, im Wege der Bauleitplanung bei hinreichendem städtebaulichem Anlass ein Verbot der Verwendung bestimmter Heizstoffe auszusprechen[11]. Dies soll letztlich dem Klimaschutz dienen, wirft jedoch in seiner konkreten rechtlichen Ausgestaltung eine Reihe verfassungsrechtlicher Fragen auf[12].

Zumindest eine angemessene **Befreiungsmöglichkeit** vom Benutzungszwang (dazu noch im Folgenden Rn 277) wird die kommunale Satzung im Lichte der Grundrechte vorsehen müssen[13].

II.   Voraussetzungen eines Anschluss- und Benutzungszwangs

272   Gesetzlich normierte **Voraussetzung** eines Anschluss- und Benutzungszwanges ist allein das **Vorliegen eines öffentlichen Bedürfnisses** (vgl einerseits § 9 GO NRW, § 11 I bd.wtt.GO u. § 14 I sächs.GO, andererseits § 15 I m.v.KVerf. und § 13 S. 1 aE NKomVG: dringendes öff. Bedürfnis) bzw. von Gründen des öff. Wohls (Art. 24 I Nr 2 bay.GO; § 20 II Nr 2 thür.KO). Über die rechtliche Qualifikation dieser Formeln besteht Streit. Während die Rechtsprechung der meisten Verwaltungsgerichtshöfe und die überwiegende Literaturauffassung vom Vorliegen eines unbestimmten Rechtsbegriffes ausgehen, dessen kommunalseitige Anwendung konsequenterweise vollständiger gerichtlicher Überprüfung unterliege[14], sah die ältere Rspr des OVG NRW hierin lediglich eine Direktive für „kommunalgesetzgeberisches" Ermessen[15].

273   Eine primär formale Abschichtung vermag kaum zu befriedigen. Bei dieser Argumentation des OVG NRW wird zum einen zu sehr auf angebliche Legislativkompetenzen abgestellt.

Schließlich gehören die Gemeinden als kommunale Körperschaften im Lichte der staatlichen Funktionenlehre und des Prinzips der Gewaltenteilung zum *Exekutivbereich*. Ein Gemeinderat ist nach seinem Aufgabenkreis demnach auch kein Parlament[16]. Siehe bereits o. Rn 80.

Zum anderen wird die logische Richtigkeit der gesetzlichen Schranke verdrängt. Demgegenüber lässt die normtheoretisch überzeugendere Gegenmeinung außer Acht, dass es sich hier um Voraussetzungen normativer Gestaltung seitens einer mit Satzungsautonomie ausgestatteten Selbstverwaltungskörperschaft handelt und nicht um Vorgaben für behördliche Einzelfallentscheidungen wie etwa Verwaltungsakte.

274   Dementsprechend ist zwar einerseits der schrankensetzenden Funktion der gesetzlichen Formel als eines unbestimmten Rechtsbegriffs Rechnung zu tragen; auf der an-

---

10   So Bd.Wtt.VGH, VBlBW 1994, 491 ff.
11   Vgl dazu Nds.OVG, NVwZ-RR 2003, 174.
12   Vgl BVerwGE 125, 68 ff; BVerwG, NVwZ 2006, 595 ff; OVG Schl.H., NordÖR 2003, 21; Bd.Wtt. VGH, VBlBW 2004, 337 ff; s. auch *Röhl*, BesVerwR, Rn 168 f.
13   *Wagener*, Anschluss- und Benutzungszwang für Fernwärme, 1989, S. 126 f mwN.
14   So Nds.OVG, OVGE 17, 401; 25, 375; Bd.Wtt.VGH, ESVGH 23, 21 (24); OVG Schl.H., NordÖR 2003, 21; *Wansleben*, KVerf. NRW, § 9 Anm. 6.1 mwN; dazu kritisch *Wortmann*, NWVBl. 1989, 345: „Farce".
15   Früher stRspr; vgl OVGE 11, 196; 14, 170; 18, 71.
16   So ausdrücklich BVerfGE 78, 344 (348) u. BVerwGE 90, 359 (362).

deren Seite ist aber auch zu berücksichtigen, dass die betreffende gemeindliche Entscheidung sich nicht im Normvollzug erschöpft, sondern zugleich Ausfluss kommunaler Planungshoheit und Gestaltungsfreiheiten ist und der Einpassung in ein umfängliches, weithin eigenverantwortlich zu erstellendes Leistungs- und Versorgungsprogramm bedarf.

Damit spielen lokale Einschätzungen der Dringlichkeit – unter angemessener Wahrung objektivierbarer, von der Volksgesundheit geforderter Standards – eine herausragende Rolle. So können selbst bei vergleichbarer Sachlage unterschiedliche Entscheidungen in verschiedenen Gemeinden von Rechts wegen hingenommen werden. Hinsichtlich des Vorliegens der gesetzlichen Voraussetzungen dürfte damit dem jeweiligen Gemeinderat ein **gremiengebundener Beurteilungsspielraum** zustehen, wie er inzwischen bei diversen Sachentscheidungen besonders prädestinierter Kollegialorgane anerkannt ist[17]. Hierzu tendiert augenscheinlich auch die zurückhaltender gewordene Rechtsprechung[18].

Lösungshinweis zu Fall 8 (Rn 267): Im **Ausgangsfall (A)** wird nicht etwa gerügt, dass die Voraussetzung eines Anschluss- und Benutzungszwanges, das Vorliegen eines öffentlichen Bedürfnisses, nicht gegeben wäre – dies ließe sich in Ansehung heutiger hygienischer Anforderungen auch nicht mehr mit Erfolg vertreten –, sondern es geht lediglich um organisatorische Modalitäten und Fragen des richtigen Maßstabes für die Entgeltbemessung (dazu unten Rn 282 f).   **275**

Die **zweite Frage (B)** zielt nicht auf das „Ob" eines Anschluss- und Benutzungszwanges, sondern auf im Laufe des Benutzungsverhältnisses anfallende Kosten, und zwar nicht solche der laufenden Überwachung und Instandhaltung der Leitungen, die in die allgemeine Kostenrechnung eingehen, sondern spezielle, separate Erneuerungskosten. Strittig ist hier die prognostische Einschätzung der Erneuerungsbedürftigkeit, für welche die gleichen Kriterien heranzuziehen sind wie bei der Begründung eines Anschlusszwanges. Auch insoweit steht dem entscheidenden, unmittelbar demokratisch legitimierten Kollegialorgan der betreffenden Gemeinde daher ein gremiengebundener Beurteilungsspielraum zu. Es kommt nicht darauf an, ob die Leitung korrodiert oder konkret bruchgefährdet war, sondern darauf, ob die Gemeinde sämtliche technischen Erfahrungswerte unter Berücksichtigung der örtlichen Verhältnisse ermittelt und daraus in Ansehung der im Interesse der Anschlussnehmer vorrangigen Versorgungssicherheit vertretbare Folgerungen gezogen hat.

Hinzuweisen ist noch darauf, dass die Gemeinde bei der Ausgestaltung des Benutzungsverhältnisses hinsichtlich der hier in Rede stehenden Wasserversorgung (ähnliches gilt übrigens für die Versorgung mit Elektrizität, Gas und Fernwärme) im Wege gemeindlicher Satzungsbestimmungen und Versorgungsbedingungen nicht frei ist, sondern die AVB WasserV vom 20.6.1980 (BGBl. I S. 750) zu beachten hat, eine noch auf der Grundlage von § 27 S. 1 AGBG (jetzt: Art. 243 EGBGB) ergangene bundesrechtliche Verordnung, in der sich Vorgaben zum Zwecke eines Ausgleichs zwischen den Interessen des Versorgungsträgers und den individuellen Belangen der Verbraucher finden.

Zur Anspruchsgrundlage der Stadtwerke bei privatrechtlicher Ausgestaltung des Benutzungsverhältnisses siehe Art. 243 EGBGB und § 10 AVB WasserV. Bei öffentl.-rechtl. Ausgestaltung siehe §§ 6a, 8 nds.KAG; § 10 KAG NRW; § 35 AVB WasserV.

---

17   Vgl auch die Erwägungen des OVG NRW, DÖV 1986, 339 (341).
18   Siehe OVG NRW, OVGE 39, 49 (52); Nds.OVG, DÖV 1991, 610.

276 Gewissermaßen stillschweigend als selbstverständlich vorausgesetzt wird, dass es sich um eine öffentliche Einrichtung der Gemeinde (siehe oben § 7) handelt, für die von dieser ein Anschluss- und Benutzungszwang angeordnet wird:

„Da die öffentliche Einrichtung durch die gesetzlichen Zugangsansprüche der Berechtigten und die korrespondierende Verpflichtung der Gemeinde, den Zugang zu angemessenen Bedingungen zu gewährleisten, gekennzeichnet wird, kann ein Betrieb in privater Trägerschaft nur dann eine öffentliche Einrichtung der Gemeinde darstellen, wenn diese in rechtlicher Hinsicht in der Lage ist, ihren gesetzlichen Verpflichtungen nachzukommen. Die Gemeinde muss den Berechtigten die Benutzung des privaten Betriebs zu angemessenen Bedingungen verschaffen können. Dies setzt voraus, dass ein maßgeblicher Einfluss der Gemeinde auf die wesentlichen betrieblichen Entscheidungen des privaten Unternehmens rechtlich sichergestellt ist. Sind die Rechtsbeziehungen zwischen diesem und der Gemeinde – wie regelmäßig – in einem Betreibervertrag geregelt, so muss dieser Vertrag die Verpflichtung des Betreibers enthalten, den Vertragsbeziehungen mit den Benutzungsberechtigten die rechtlichen Vorgaben von § 10 Abs. 2, 3 und 5 SächsGemO und des Satzungsrechts der Gemeinde zu Grunde zu legen. Demzufolge muss dem privaten Unternehmen in dem Betreibervertrag ein Kontrahierungszwang ebenso auferlegt werden wie die Übernahme der von der Gemeinde vorgegebenen Benutzungsbedingungen in die Vertragsbeziehungen mit den Benutzungsberechtigten. Auch muss sich das Unternehmen verpflichten, Änderungen des Betriebs, die sich auf die Benutzung auswirken, und Änderungen der Benutzungsbedingungen, insbesondere der Benutzungsentgelte, nur im Einvernehmen mit der Gemeinde vorzunehmen."[19]

III. Ausnahmemöglichkeit bei Unzumutbarkeit

277 Kommunalrechtlich besteht die – unter grundrechtlichen Aspekten aus der Sicht der betroffenen Einwohner zur Vermeidung übermäßiger Ingerenzen gebotene – Option, per Satzung **Ausnahmen vom Anschluss- und Benutzungszwang** zuzulassen (vgl § 11 II bd.wtt.GO; § 15 II 1 m.v.KVerf.; § 13 S. 2 NKomVG; § 9 S. 2 GO NRW). Üblich und zulässig ist dabei eine Anknüpfung an den Begriff der **Unzumutbarkeit**.

Unzumutbar ist ein Anschluss an die kommunale Wasserleitung aber nicht bereits deshalb, weil auf einem privaten Grundstück ein funktionsfähiger Brunnen existiert. Sonst käme es in ländlichen Gebieten kaum je zu einer flächendeckenden Versorgung[20]. Auch die berechtigten Belange des Versorgungsträgers sind bei der Zumutbarkeitsfrage einzubeziehen[21]. Unzumutbarkeit ist aber etwa zu bejahen bei einer Brauerei im Hinblick auf das zur Verwendung kommende Brauwasser[22]. Mit Blick auf den Anschlusszwang an eine öffentlich-rechtliche Abwasserbeseitigungsanlage ist eine Unzumutbarkeit anerkannt worden, wenn die Anschlusskosten in Anbetracht des Verkehrswertes des Grundstücks unverhältnismäßig sind.[23]

---

19 So Sächs.OVG, SächsVBl. 2003, 143 (147) zur Fernwärmeversorgung.
20 Vgl BVerwG, BayVBl. 1998, 602.
21 Vgl OVG Rh.Pf., DÖV 1996, 125.
22 Vgl OVG NRW, OVGE 14, 170; Nds.OVG, OVGE 25, 345 (357).
23 OVG Sachsen-Anhalt, LKV 2018, 522 (524).

IV. Verfassungsrechtliche Aspekte

Verfassungsrechtliche Einwände gegen die auf kommunalrechtlicher Ermächtigung basierende satzungsmäßige Anordnung eines Anschluss- und Benutzungszwangs[24] könnten aus der Sicht der betroffenen Grundstückseigentümer vor allem unter Berufung auf die allgemeine Handlungsfreiheit und das **Eigentumsgrundrecht** vorgebracht werden.

278

Die satzungsrechtliche Anordnung des Anschluss- und Benutzungszwangs stellt einen Eingriff in die durch Art. 2 Abs. 1 GG geschützte Handlungsfreiheit der davon betroffenen Personen dar. Diesen werden unmittelbar durch die Satzung die Gebote auferlegt, diejenigen Maßnahmen vorzunehmen oder zu dulden, die zur Herstellung des Anschlusses an die vom Satzungsgeber vorgesehene Einrichtung erforderlich sind (Anschlusszwang) und ihren Bedarf ausschließlich von dieser Einrichtung zu decken (Benutzungszwang). Damit ist zwangsläufig das Verbot der anderweitigen Bedarfsdeckung verbunden. Den Anschluss- und Benutzungspflichtigen wird somit die Möglichkeit genommen, selbst darüber zu entscheiden, auf welche Weise sie ihre Versorgung sicherstellen wollen. Kann auf Grund des Anschluss- und Benutzungszwangs eine private Versorgungsanlage nicht mehr genutzt oder ein Versorgungsrecht nicht mehr wahrgenommen werden, so liegt ein Eingriff in das von Art. 14 Abs. 1 GG geschützte Eigentumsrecht vor[25].

Wegen der Befugnis des Gesetzgebers zur Inhaltsbestimmung des Eigentums gem. Art. 14 I 2 GG (normgeprägtes Grundrecht – Ausgestaltungsbedürftigkeit) hat das Bundesverwaltungsgericht das Eigentumsrecht eines Grundstückseigentümers, der auf seinem Grundstück eine private Kläranlage betreibt, aber von vornherein dahin eingeschränkt, dass er seine Anlage nur solange benutzen darf, bis die Gemeinde von der ihr gesetzlich zustehenden Befugnis Gebrauch macht, die Abwasserbeseitigung im öffentlichen Interesse in ihre Verantwortung zu übernehmen und hierfür den Anschluss- und Benutzungszwang anzuordnen[26].

Es besteht Einvernehmen dahingehend, dass eine im Interesse der Volksgesundheit bei entsprechendem Bedürfnis erfolgte normative Festlegung als Ausfluss der Sozialbindung des Grundeigentums regelmäßig eine legitime Schrankenziehung (Art. 14 I 2 GG) darstellt, wenn sie die Anforderungen des Grundsatzes der Verhältnismäßigkeit wahrt[27].

Weil bei der normativen Ausgestaltung der Einzelheiten des Anschluss- und Benutzungszwangs durchgängig das rechtsstaatliche Übermaßverbot zu beachten ist, kann sich gegebenenfalls ein Anspruch auf Ausnahmegenehmigung (vgl o. Rn 277) aus dem Grundrecht ableiten lassen[28].

279

Belastende Wirkungen bringt die Festlegung eines Anschluss- und Benutzungszwangs aber auch namentlich für solche **Gewerbetreibende** mit sich, die entsprechende Einrichtungen bislang auf privater Basis betrieben haben. Hier steht die Judikatur der obersten Bundesgerichte auf dem Standpunkt, der private Betreiber habe von Anfang an damit rechnen müssen, dass eine öffentliche Einrichtung geschaffen

280

---

24 Zur Notwendigkeit gesetzlicher Regelungen unter dem Blickwinkel des Parlamentsvorbehalts siehe *Erichsen*, KommR, S. 256; zu grundrechtlichen Aspekten auch oben Rn 220.

25 So Sächs. OVG, SächsVBl. 2003, 143 (145) mwN aus der Rspr.

26 So BVerwG, BayVBl. 1998, 602; vgl auch OVG Brandenb., LKV 2004, 277.

27 Vgl etwa *Burgi*, KommR, § 16 Rn 66; *Röhl*, BesVerwR, Rn 168 mwN.

28 Aber auch insoweit verhält sich die Rspr sehr restriktiv; vgl BVerwG, NVwZ-RR 1992, 37 u. BayVGH, NVwZ-RR 1991, 318 – „Kachelofen".

und ein Anschluss- und Benutzungszwang begründet werde. Insofern habe er nur eine – von den Art. 12 und 14 GG nicht geschützte – risikobehaftete wirtschaftliche Chance wahrgenommen und sich in eine Position begeben, die insoweit mit der des vorgenannten Grundstückseigentümers vergleichbar sei, dessen latente situationsbedingte Pflichtigkeiten sich leicht alsbald zu aktuellen Verpflichtungen verdichten könnten[29].

281 Angesichts der besonderen Begründungsbedürftigkeit für öffentliche Monopole[30] wird aber darüber hinaus auch zu fragen sein, inwieweit durch die Schaffung und auch durch die Aufrechterhaltung eines Anschluss- und Benutzungszwangs berufliche Entfaltungschancen Privater übermäßig behindert werden[31]. Gegebenenfalls muss dem durch eine **Befreiungsregelung** (o. Rn 277) Rechnung getragen werden.

V. Rechtsfragen aus dem Benutzungsverhältnis

1. Entgelt

282 Auch wenn für eine der Volksgesundheit dienende Einrichtung ein Anschluss- und Benutzungszwang angeordnet ist, kann die Gemeinde nach ihrem Ermessen **die Einzelheiten der Benutzungsverhältnisse** privatrechtlich, nach Maßgabe entsprechender AGB, regeln. Anschluss- und Benutzungszwang einerseits und die eher verwaltungsökonomisch orientierte Ausgestaltung des Benutzungsverhältnisses einschließlich der einschlägigen Entgeltregelungen andererseits gehören nicht dergestalt zusammen, dass nur eine einheitliche (öffentl.-rechtl.) Ausgestaltung akzeptabel wäre. Dabei ist auch zu bedenken, dass die Gemeindeordnungen nur von „öffentlichen", nicht aber von „öffentlich-rechtlichen" Einrichtungen sprechen und seit langem vielfach Träger der entsprechenden Einrichtung gar nicht die Gemeinde selbst, sondern eine **privatrechtliche Organisation** (Bsp.: Stadtwerke GmbH) ist (vgl oben Rn 247). Schließlich lässt das Kommunalabgabenrecht selbst bereits erkennen, dass für die Benutzung öffentlicher Einrichtungen **ein privatrechtliches Entgelt möglich** ist (vgl Art. 8 I 2 bay.KAG; § 5 I 1 nds.KAG; § 6 I 1 KAG NRW)[32].

283 **Lösungshinweis zu Fall 8 (Rn 267):** Daher sind im **Ausgangsfall A** die organisationsbezogenen Einwände des W zurückzuweisen. Gleiches gilt für die monierte Abstufung hinsichtlich der tariflichen Entgeltfestsetzung, die in Orientierung an den strukturellen Besonderheiten des Versorgungsgebietes erfolgte und als legitime Ermessensausübung hinsichtlich des Entgeltmaßstabes keine Verletzung des Gleichheitssatzes impliziert.

2. Durchsetzung

284 Beim gemeindlichen Anschluss- und Benutzungszwang steht die Pflicht des Adressaten im Vordergrund, es zu unterlassen, andere Einrichtungen als die betreffende gemeindliche zu benutzen. Auch nach Vornahme des angeordneten Anschlusses bedarf

---

29 Vgl BGHZ 40, 355; BVerwG, GewArch. 1981, 331; aA Nds.OVG, GewArch. 1977, 218 („enteignungsgleicher Eingriff") u. *Röhl*, BesVerwR, Rn 169.
30 Vgl *Mann*, in: Sachs (Hrsg.), GG, 8. Aufl. 2018, Art. 12 Rn 61.
31 Dazu näher *Weiß*, VerwArch 90 (1999), S. 415 ff.
32 Siehe Sächs.OVG, DVBl. 1997, 507 f; *Burgi*, KommR § 16 Rn 69.

es daher ggf behördlicher Zwangsmaßnahmen zur Sicherstellung einer entsprechenden Benutzung. Zwangsgeld zur Durchsetzung des Anschluss- und Benutzungszwangs darf daher auch nach tatsächlich erfolgtem Anschluss ggf noch weiter beigetrieben werden[33].

3. Haftungsfragen

Beim Betrieb der mit Anschluss- und Benutzungszwang ausgestatteten öffentlichen Einrichtung können einem Benutzer **Schäden** erwachsen. Sind die Rechtsbeziehungen privatrechtlich geregelt, so ist auf die diesbezüglichen vertraglichen und deliktischen Haftungsnormen zu verweisen[34]. Bei öffentlich-rechtlicher Ausgestaltung ist zunächst an eine Haftung aus einem **verwaltungsrechtlichen Schuldverhältnis** nach vertragsähnlichen Grundsätzen zu denken[35], die aber für leicht fahrlässiges Handeln durch Satzung ausgeschlossen werden kann, soweit dies durch sachliche Gründe (Bsp.: Sicherung der Kostengünstigkeit der Leistungserbringung) gerechtfertigt ist und den Benutzern keine unverhältnismäßigen Opfer abverlangt werden[36].   **285**

Die bundesgesetzlich geregelte **Amtshaftung** (§ 839 BGB iVm Art. 34 GG) kann jedoch ohne ausdrückliche gesetzliche Ermächtigung durch eine kommunale Satzung nicht beschränkt werden[37].   **286**

Wiederholungs- und Verständnisfragen

1. *Welche Voraussetzungen müssen für die Schaffung eines Anschluss- und Benutzungszwangs vorliegen?* **Rn 268, 272, 276**
2. *Unter welcher Voraussetzung können wegen Unzumutbarkeit Ausnahmen vom Anschluss- und Benutzungszwang zugelassen werden?* **Rn 277**
3. *Welche Grundrechte sind durch den Anschluss- und Benutzungszwang insbesondere betroffen?* **Rn 278**

§ 9   Wirtschaftliche Betätigung der Kommunen

Fall 9: „Die kommunale Wohnungsvermittlung"   **287**

Die Stadt B in NRW betreibt in den Räumen des Rathauses eine „Städtische Wohnungsvermittlung", deren Aufgabe die Vermittlung von ihr vorgehaltener und angebotener – auch frei finanzierter – Wohnungen an Wohnungssuchende ist. Für eine erfolgreiche Vermittlung wird eine Gebühr in Höhe einer halben Netto-Monatsmiete erhoben. 2018 betrug der „Marktanteil" der kommunalen Wohnungsvermittlungsstelle (bezogen auf die Gesamtzahl aller in B vermittelten Wohnungen) 5%. Dabei wurden 20 000 Euro an Vermittlungsgebüh-

---

33 Sächs. OVG, DVBl. 2013, 867.
34 *v. Mutius*, KommR, 1996, Rn 128.
35 Vgl OVG NRW, NWVBl. 1996, 389 u. 489.
36 Dazu näher *Ossenbühl*, Staatshaftungsrecht, 6. Aufl. 2013, S. 440 ff; siehe auch *Gern/Brüning*, Dt. KommR, 4. Auflage 2019, Rn 943.
37 Vgl BGHZ 61, 7; BGH, NVwZ 2008, 238.

ren eingenommen; aus allgemeinen Haushaltsmitteln musste die Stadt ca. 75 000 Euro zum Betrieb der Wohnungsvermittlungsstelle zuschießen. Anfang 2019 erhebt der private Wohnungsmakler M Klage vor dem zuständigen Verwaltungsgericht und beantragt, der Stadt B zu untersagen, Wohnungen zu vermitteln, die nicht dem Gesetz zur Sicherung der Zweckbestimmung von Sozialwohnungen unterliegen. M hält selbst in einer Stadt, in der Wohnraum Mangelware ist, die kommunale Wohnungsvermittlung für unvereinbar mit der GO NRW und rügt zusätzlich Grundrechtsverstöße (Art. 2 I, 3 I, 12 und 14 GG).

Nach Ansicht der Stadt ist die Klage schon unzulässig, da wettbewerbsrechtliche Streitigkeiten vor den Zivilgerichten auszutragen seien.

Wie ist über die verwaltungsgerichtliche Klage M's zu entscheiden? **Rn 297, 318, 321, 323**

288 Im Rahmen der **Vorschriften über die Gemeindewirtschaft** enthalten alle **Gemeindeordnungen** einen **eigenen Abschnitt** über wirtschaftliche Betätigung und privatrechtliche Beteiligung[1] (vgl §§ 102 ff bd.wtt.GO; Art. 86 ff bay.GO[2]; §§ 91 ff BbgKVerf.; §§ 121 ff hess.GO; §§ 68 ff m.v.KVerf.; §§ 136 ff NKomVG[3]; §§ 107 ff GO NRW; §§ 85 ff rh.pf.GO; §§ 108 ff saarl.KSVG; §§ 94a ff sächs.GO[4]; §§ 116 ff s.anh.GO; §§ 101 ff schl.h.GO; §§ 71 ff thür.KO).

Insbesondere innerhalb der letzten Jahre sind dabei in der Mehrzahl der Bundesländer inhaltlich divergierende Entwicklungsschritte zu registrieren, die eine zunehmende Rechtszersplitterung auf dem traditionell homogenen Gebiet des Kommunalwirtschaftsrechts[5] begründen. Schon die Grenzziehung im Einzelnen droht jeweils zu einem „kommunalpolitischen Dauerbrenner" zu werden[6] und die zur Verwendung gekommenen Formelkompromisse eröffnen häufig genug, anstatt Rechtssicherheit zu vermitteln, ihrerseits weitere Grauzonen.

I. Errichtung und Erweiterung wirtschaftlicher Unternehmen

289 Zunächst stellt sich die Frage, **ob** die Gemeinde sich wirtschaftlich betätigen darf. Die Gemeinde wird zum Konkurrenten mit Wettbewerbsvorteil gegenüber privaten Anbietern, da ihre Insolvenzfähigkeit ausgeschlossen ist, sie dadurch Darlehen zu besseren Konditionen bekommen kann und ihre Unternehmen gewisse steuerliche Vorteile genießen. Die Landesgesetzgeber begegnen diesem Umstand, indem sie die Zulässigkeit wirtschaftlicher Betätigung von Kommunen in dreifacher Hinsicht beschränken

---

1 Lit.: *Hellermann*, Öffentliche Daseinsvorsorge und gemeindliche Selbstverwaltung, 2000; *Mann*, Die öffentlich-rechtliche Gesellschaft, 2002; *Hoppe/Uechtritz/Reck* (Hrsg.), Handbuch kommunale Unternehmen, 3. Aufl. 2012; *Cronauge/Westermann*, Kommunale Unternehmen, 6. Aufl. 2016; *Wurzel/Schraml/Becker*, Rechtspraxis der kommunalen Unternehmen, 3. Aufl. 2015, *Mann/Püttner*, HKWP[3], Band II, 2011; *Fabry/Augsten*, Unternehmen der öffentlichen Hand, 2. Aufl. 2011; *Brenner*, AöR 127 (2002), 222 ff; *Pünder/Dittmar*, Jura 2005, 760 ff; *Jarass*, DVBl. 2006, 1; *Guckelberger*, BayVBl. 2006, 293; *Wendt*, in: GS Tettinger 2007, S. 335 ff; *Ipsen* (Hrsg.), Unternehmen Kommune?, 2007; *Franzius*, Jura 2009, 677 ff.
2 Dazu *Köhler*, BayVBl. 2000, 1 ff.
3 Dazu *Freese*, NdsVBl. 2006, 233 ff.
4 Dazu *Tintelnot/Pommer*, SächsVBl. 2003, 205 ff.
5 Dazu der Klassiker *Surén/Loschelder*, Die Deutsche Gemeindeordnung, Komm., Bd. II, 1940; s. auch oben Rn 5.
6 So *Pagenkopf*, GewArch 2000, 177 (178).

(**Schrankentrias**)[7]: Die Gemeinde darf nach gängiger Anforderung **wirtschaftliche Unternehmen** errichten, übernehmen oder wesentlich erweitern[8], wenn die Voraussetzungen einer kumulativ wirkenden Schrankentrias[9] erfüllt sind, wenn also

– ein öffentlicher Zweck das Unternehmen erfordert/rechtfertigt[10],

– das Unternehmen nach Art und Umfang in einem angemessenen Verhältnis zu der Leistungsfähigkeit der Gemeinde und zum voraussichtlichen Bedarf steht[11], und

– dieser Zweck „nicht besser und wirtschaftlicher"[12] respektive „nicht ebenso gut und wirtschaftlich"[13] durch einen anderen (bzw „einen privaten Dritten") erfüllt werden kann, sog. kommunalwirtschaftliche Subsidiaritätsklausel.

Auch die Gründung eines Unternehmens in einer Rechtsform des privaten Rechts sowie die gemeindliche **Beteiligung** an einem solchen Unternehmen ist nur zulässig, wenn ein öffentlicher Zweck vorliegt[14]. Die Kommunen müssen des Weiteren ua auch sicherstellen, dass eine Rechtsform gewählt wird, welche die Haftung auf einen bestimmten Betrag begrenzt, und angemessener Einfluss auf die Geschäftsführung besteht (vgl im Einzelnen etwa Art. 92 I bay.GO; § 69 I m.v.KVerf.; § 137 I NKomVG; § 108 I GO NRW). Daher erweist es sich als erforderlich, den Begriff des wirtschaftlichen Unternehmens zu klären und die Voraussetzungen für seine Errichtung genauer zu beleuchten. **290**

Während das kommunale Wirtschaftsrecht der meisten Länder die Schrankentrias auf die Errichtung, Übernahme oder wesentliche Erweiterung von (**wirtschaftlichen**) **Unternehmen** bezieht, vermeiden das NKomVG und die GO NRW zunächst diesen Begriff und nehmen statt dessen die „**wirtschaftliche Betätigung**" zum terminologischen Ausgangspunkt. Alsdann unterscheiden sie dann aber wieder zwischen (wirtschaftlichen) Unternehmen und (nichtwirtschaftlichen) Einrichtungen (vgl. §§ 136 III, 138 NKomVG; §§ 107, 108 GO NRW). Durch diese sprachliche Abweichung sollte zum Ausdruck gebracht werden, dass die Erfordernisse der Schrankentrias nicht nur in einem einmaligen Gründungs-, Übernahme- oder Erweiterungsakt vorliegen müssen, sondern kontinuierlich während der gesamten Dauer der wirtschaftlichen Betätigung überprüft werden müssen. **291**

---

7   Vgl. *Hartmann* in: H/M/M, LandesR Nds., 2. Aufl. 2018, § 6 Rn 135 mwN.
8   Zu diesen drei Varianten *Scharpf*, BayVBl. 2005, 549 ff.
9   Vgl *R. Schmidt*, Öff. Wirtschaftsrecht, Allg. Teil, 1990, S. 532; *Pünder/Dittmar*, Jura 2005, 761 (763).
10 Siehe nur Art. 87 I Nr 1 bay.GO, § 68 I Nr 1 m.v.KVerf., § 136 I Nr 1 NKomVG, § 107 I Nr 1 GO NRW. Die in NRW früher verlangte Qualifikation „dringender öffentlicher Zweck" wurde 1999 ersatzlos gestrichen, später wieder eingeführt und 2010 erneut gestrichen.
11 So etwa § 102 I Nr 2 bd.wtt.GO; Art. 87 I Nr 2 bay.GO; § 121 I Nr 2 hess.GO; § 68 I Nr 2 m.v.KVerf.; § 136 I Nr 2 NKomVG; § 107 I Nr 2 GO NRW; § 85 I Nr 2 rh.pf.GO; § 101 I Nr 2 schl.h.GO.
12 So § 107 I Nr 3 GO NRW (nur außerhalb bestimmter Wirtschaftssektoren); § 94a I Nr. 3 sächs.GO; § 101 I Nr 3 schl.h.GO; § 136 I 2 Nr 3 NKomVG (nur außerhalb bestimmter Wirtschaftssektoren – sog. Sektorenfreigabe).
13 So § 102 I Nr 3 bd.wtt.GO (Nur für ein Tätigwerden „außerhalb der kommunalen Daseinsvorsorge"); Art. 87 I Nr 4 bay.GO (ebenso); § 121 I Nr 3 hess.GO; § 68 II Nr 3 m.v.KVerf.; § 85 I Nr 3 rh.pf.GO; § 108 I Nr 3 saarl.KSVG; § 71 I Nr 4 thür.KO.
14 So verweist Art. 92 I Nr 1 bay.GO ausdrücklich auf Art. 87 I Nr 1 bay.GO; entsprechend § 69 I Nr 1 m.v.KVerf.; weitergehend § 137 I Nr 1 NKomVG, der auf den gesamten § 136 I NKomVG verweist, und § 108 I Nr 1 GO NRW, der auf den gesamten § 107 I S. 1 GO NRW verweist.

292 Zur näheren Konturierung des in § 107 I 3 GO NRW nur unzureichend definierten Begriffs der wirtschaftlichen Betätigung (u. Rn 295) hat das OVG NRW[15] aber auf den **Unternehmensgegenstand**[16] abgestellt und damit diesen Ansatz konterkariert:

„Für den Begriff der wirtschaftlichen Betätigung iSd § 107 Abs. 1 GO NRW kommt es nicht auf den Charakter jeder einzelnen wirtschaftlichen Handlung an. Der Begriff ist nämlich betriebs-, nicht handlungsbezogen: Die Definition stellt ab auf den Betrieb eines Unternehmens, das in bestimmter Weise am Markt tätig wird, nicht auf die einzelne Tätigkeit des Herstellens, Anbietens oder Verteilens von Gütern oder Dienstleistungen."

293 Auf der Basis dieser Rechtsprechung, die auch für Nds. Geltung beanspruchen dürfte, ergeben sich mithin keine Besonderheiten, die von der Rechtslage in anderen Bundesländern abweichen. Auch diese fokussieren die kommunalwirtschaftlichen Eingangsvoraussetzungen auf den Gegenstand des Unternehmens und sehen **Nebengeschäfte bzw sog. Annexgeschäfte**, die auf Gewinnerzielung gerichtet sind, als **zulässig** an, soweit das Unternehmen selbst nicht ausschließlich auf Gewinnerzielung gerichtet ist[17].

294 Mit Blick auf die klassische, regelmäßig als drittes Element der Schrankentrias aufgeführte Anforderung des § 67 I DGO 1935 („wenn der Zweck nicht besser und wirtschaftlicher durch einen anderen erfüllt wird oder erfüllt werden kann"), welche in den heute gültigen landesrechtlichen Bestimmungen jeweils eine unveränderte Übernahme, eine Verschärfung oder auch eine Lockerung erfahren haben kann, hat sich seit einiger Zeit eine lebhafte Debatte entzündet. Sie dreht sich darum, inwieweit dort in der Tat von einer – echten oder unechten, üblichen oder verschärften – **Subsidiaritätsklausel** gesprochen werden kann, welche Wirkung den betreffenden Formeln vor allem hinsichtlich einer Beweislastverteilung zukommt und inwieweit sich aus Art. 28 II GG Bedenken gegenüber den betreffenden normativen Restriktionen für kommunale Aufgabenwahrnehmung herleiten lassen[18].

Mittlerweile nimmt die Subsidiaritätsklausel darüber hinaus in vielen Kommunalverfassungen bestimmte Wirtschaftssektoren, insbesondere die Energieversorgung, die Wasserversorgung, den ÖPNV sowie das Betreiben von Telekommunikationsnetzen aus (vgl § 136 I 3, 4 NKomVG, § 107 I Nr 3 GO NRW). Ziel dieser Einschränkungen ist es, den sich ändernden Rahmenbedingungen für die kommunale Wirtschaft Rechnung zu tragen, die Handlungsspielräume der Kommunen zu vergrößern und den interkommunalen Wettbewerb zu fördern[19]. Die landesrechtlichen Regelungen in diesem Feld verlieren dadurch allerdings an Einheitlichkeit.

---

15 OVG NRW, NWVBl. 2003, 462 (464 f); vgl auch OVG NRW, NWVBl. 2005, 85.
16 Zum Unterschied zwischen Unternehmensgegenstand und Gesellschaftszweck vgl *Mann*, Die öffentlich-rechtliche Gesellschaft, 2002, S. 184, 188.
17 Vgl statt vieler *Burgi*, KommR, § 17 Rn 43 f.
18 Siehe dazu einerseits *Wieland/Hellermann*, Der Schutz des Selbstverwaltungsrechts der Kommunen gegenüber Einschränkungen ihrer wirtschaftlichen Betätigung im nationalen und europäischen Recht, 1995; andererseits *Ehlers*, DVBl. 1998, 503 ff. Siehe auch *Jarass*, DVBl. 2006, 1 (11); grundlegend VerfGH Rh.Pf., NVwZ 2000, S. 801 ff.
19 Vgl zB die Begründung zum RegE, nrw. LT-Drs. 12/3730, S. 2 u. 105; – Zur Kritik s. *Ehlers* und *Lux*, NWVBl. 2000, 1 ff u. 7 ff.

1. Begriff der wirtschaftlichen Betätigung

Üblicherweise werden unter den Begriff der wirtschaftlichen Betätigung bzw des   **295**
wirtschaftlichen Unternehmens (s. Rn 291 f) solche Aktivitäten subsumiert, die auch
von Privaten mit der **Absicht der Gewinnerzielung** betrieben werden können[20]. In
§ 107 I 3 GO NRW heißt es ganz im Sinne dieses allgemeinen Verständnisses:

„Als wirtschaftliche Betätigung ist der Betrieb von Unternehmen zu verstehen, die als Hersteller, Anbieter oder Verteiler von Gütern oder Dienstleistungen am Markt tätig werden, sofern
die Leistung ihrer Art nach auch von einem Privaten mit der Absicht der Gewinnerzielung er-
bracht werden könnte."

Als **Beispiele** kommunaler wirtschaftlicher Betätigung wird auch heute noch auf die in der
Ausführungsanweisung zur EigenbetriebsVO 1938 – zum Eigenbetrieb siehe noch unten
Rn 307 – aufgezählten Felder verwiesen: Elektrizitätswerke, Hafenbahnen, Lagerhäuser, Mol-
kereien, Sägewerke und Brunnenbetriebe. Zudem sind die Gemeinden und Kreise heute häufig
auch in der Wasserversorgung, der Abfallbeseitigung, dem öffentlichen Nahverkehr oder der
Datenverarbeitung wirtschaftlich aktiv. Darüber hinaus reicht das Spektrum im Einzelfall aber
auch hinein in Geschäftsbereiche wie die Gartenpflege, Nachhilfeangebote, Autorecycling oder
Bestattungsunternehmen.

Um insbesondere im Bereich der kommunalen Daseinsvorsorge bestimmte Tätigkei-   **296**
ten zu privilegieren, dh: von den besonderen Zulässigkeitsvoraussetzungen einer
wirtschaftlichen Betätigung zu befreien, fingieren die meisten Länder **sog. nichtwirtschaftliche Unternehmen**. Demnach gilt kraft gesetzlicher Anordnung (vgl § 102 IV
bd.wtt.GO; § 136 III NKomVG; § 107 II GO NRW) **nicht als wirtschaftliche Betätigung** ua der Betrieb von

– Einrichtungen, zu denen die Gemeinde gesetzlich verpflichtet ist,

   Beispiele: Straßenreinigung, Friedhofswesen[21]

– Einrichtungen auf den Gebieten des Unterrichts, Erziehungs- und Bildungswe-
   sens,

   Beispiel: Volkshochschule[22]

– Einrichtungen des Gesundheits- und Sozialwesens, des Sports und der Erholung,

   Beispiel: Kommunale Saunaanlagen[23]

– Einrichtungen des Umweltschutzes,

   Beispiele: Abfallentsorgung[24] oder Abwasserbeseitigung

– Einrichtungen, die als Hilfsbetriebe ausschließlich zur Deckung des Eigenbedarfs
   von Gemeinden und Gemeindeverbänden dienen.

---

20   Vgl nur BVerwGE 39, 329 (333 f); *Geis*, KommR, § 12 Rn 63.
21   HessVGH, NVwZ-RR 2009, 852.
22   Im Ansatz verfehlt ist daher die Einordnung des entgeltlichen Nachhilfeunterrichts für Schüler als
   wirtschaftliche Betätigung durch OLG Düsseldorf, NWVBl. 1997, 353 (354 f). Es handelt sich der Sache nach um ergänzende schulische Betreuung, die lediglich aus organisationsökonomischen Gründen
   bei der örtlichen Volkshochschule zusammengefasst wurde.
23   Dazu Nds.OVG, Nds.VBl. 2009, 21; s. auch die Übungsklausur „Sauna-Konkurrenz" von *Zilkens*,
   NWVBl. 1997, 34 ff.
24   Dazu OLG Düsseldorf, NVwZ 2000, 111; OVG NRW, NZBau 2005, 167.

Beispiele: Gemeindedruckerei, Bauhof

Neben diesen regelmäßig anzutreffenden Gruppen findet sich in den meisten Gemeindeordnungen noch eine Wendung, welche die Ausnahme auf öffentliche **Einrichtungen „ähnlicher Art"** bezieht und damit Gelegenheit bietet, weitere Aktionsfelder als sog. nichtwirtschaftliche Unternehmen anzusehen (vgl zB § 102 IV Nr 2 bd.wtt.GO, § 136 III Nr 2 NKomVG). Als besonders detailreich erweist sich wiederum die Regelung in § 107 II GO NRW, die viele weitere Tätigkeitsbereiche ausdrücklich benennt, die ausgeklammert bleiben sollen, zB Einrichtungen der Fremdenverkehrsförderung, der Wohnraumversorgung oder des Messe- und Ausstellungswesens.

Doch sind auch diese Einrichtungen – trotzt ihrer Einordnung als „nichtwirtschaftlich" – nach wirtschaftlichen Gesichtspunkten zu führen, soweit es mit ihrem öffentlichen Zweck vereinbar ist (vgl § 102 IV 2 bd.wtt.GO, § 107 II 2 GO NRW).

297   **Lösungshinweis zu Fall 9 (Rn 287):** Die im **Ausgangsfall** betriebene städtische Wohnungsvermittlung beschränkt ihre Aktivitäten nicht auf solchen Wohnraum, der den gesetzlichen Bestimmungen zur Sicherung der Zweckbestimmung von Sozialwohnungen unterliegt, sondern bezieht auch frei finanzierte Wohnungen mit ein. Anders als in den meisten anderen Ländern findet sich in § 107 II 1 Nr 3 GO NRW der Hinweis, die „Wohnraumversorgung" gelte nicht als wirtschaftliche Betätigung. Angesichts dieser eher undeutlichen Formulierung wird man annehmen können, dass insoweit eher an den sozialgebundenen Wohnraum gedacht ist[25], so dass es sich der Sache nach hier wohl eher um eine wirtschaftliche Betätigung iSv § 107 I GO NRW auf einem Felde handelt, das gängigerweise beruflich von Privaten, nämlich von Maklern, abgedeckt wird (vgl § 34c GewO).

298   Vor diesem gesetzlichen Hintergrund ist die manchmal schwierige **Abgrenzung von „Betreuungs"-Einrichtungen** (vgl oben § 7) **und wirtschaftlichen Unternehmen** vorzunehmen[26].

Erstere sind gekennzeichnet durch den zugrundeliegenden gemeinnützigen Zweck, während für Letztere die bei entsprechender Betätigung Privater bestehende Gewinnerzielungsabsicht als prägend bezeichnet wird. Das hat dazu geführt, dass einige Gemeindeordnungen nunmehr auch bei der Nutzung von Organisationsformen des Privatrechts begrifflich zwischen Unternehmen (bei wirtschaftlicher Betätigung i.o.S.) und Einrichtungen (bei nichtwirtschaftlicher Betätigung) unterscheiden[27]. Allerdings ist die theoretisch prägnante Abgrenzung zwischen einem zugrundeliegenden gemeinnützigen Zweck und der auf Gewinnerzielung ausgerichteten Tätigkeit für die praktische Anwendung vergleichsweise konturenlos und stößt zudem auf verfassungsimmanente Probleme (s. Rn 299), denn auch für wirtschaftliche Unternehmen der Gemeinden wird ein sich aus der verfassungsrechtlichen Gemeinwohlbindung ergebender „(dringender) öffentlicher Zweck" gefordert, wodurch die *rein* erwerbswirt-

---

25   Vgl nrw. LT-Drs. 11/4983, S. 58.

26   Plastisch diesbezüglich die Klausuraufgabe „Kreis-Hotel-GmbH" von *Grawert*, NWVBl. 1997, 235 ff.

27   Vgl §§ 103, 106a bd.wtt.GO; §§ 69, 70 m.v.KVerf.; §§ 137 I Nr 1 u. 3, 138 NKomVG; § 108 GO NRW.

schaftliche Orientierung auch für solche Betriebe von vornherein auszuscheiden hat[28].

Durchaus verständlich erscheint es daher, wenn zunehmend die Begriffe „wirtschaftliches Unternehmen" und „öffentliche Einrichtung" nicht mehr als gegensätzlich aufgefasst werden, sondern konzediert wird, dass öff. Einrichtungen zugleich wirtschaftliche Unternehmen im vorgenannten Sinne sein können[29]. Insbesondere die Zuordnung der Entsorgungswirtschaft, einem höchst profitablen Wirtschaftszweig, zu den „Einrichtungen des Umweltschutzes" und damit zu den nichtwirtschaftlichen Unternehmen ist in der Tat nur schwer nachvollziehbar[30].

In der bay.GO wurde daraus bereits 1998 die Konsequenz gezogen, auf die Unterscheidung von wirtschaftlicher und nichtwirtschaftlicher Betätigung gänzlich zu verzichten:

„Das kommunale Wirtschaftsrecht wird in ein kommunales Unternehmensrecht umgewandelt; die fragwürdig gewordene und praktisch wie rechtlich immer weniger bedeutsame Unterscheidung zwischen wirtschaftlichen und nichtwirtschaftlichen Unternehmen wird aufgegeben."[31] Thüringen ist diesem Ansatz inzwischen gefolgt (vgl § 71 I ThürKomO).

2. Gesetzliche Schranken[32]

a) Bindung an den öffentlichen Zweck

Die Bindung an das Erfordernis eines öffentlichen Zwecks (vgl Art. 87 I Nr 1 bay.GO; § 68 II Nr 1 m.v.KVerf.; § 136 I 2 Nr 1 NKomVG; § 107 I 1 Nr 1 GO NRW) soll sicherstellen, dass eine Gemeinde bei der Entscheidung hinsichtlich ihrer wirtschaftlichen Betätigung ihre zentralen Versorgungs- und Betreuungsfunktionen im Auge behält und die **Erforderlichkeit** einer entsprechenden Betätigung im Hinblick darauf geprüft und zu Recht bejaht hat[33].

299

Die verlangte Verfolgung öffentlicher Zwecke erweist sich dabei als einfachrechtliche Bekräftigung bereits verfassungsrechtlich fundierter Maßgaben. Denn insoweit handelt es sich um eine **Folgerung aus dem Rechtsstaatsprinzip**, das angesichts des Homogenitätsgebotes in Art. 28 I 1 GG auch für die Kommunen als Teile der vollziehenden Gewalt der Länder gilt. Eine Konsequenz aus dem Rechtsstaatsprinzip ist die prinzipielle Orientierung des staatlichen Handelns an den Interessen des Gemeinwohls: Staatliches und kommunales Handeln darf nicht reiner Selbstzweck sein, sondern muss stets der Verwirklichung bestimmter gemeinwohlorientierter Ziele dienen, denn das Gemeinwohl bildet den allgemeinen Legitimationsgrund aller Staatlich-

---

28 Allg. Ansicht, vgl auch Art. 87 I 2 bay.GO: Wettbewerbsteilnahme zur Gewinnerzielung als solche kein öffentlicher Zweck.

29 So etwa HessVGH, DÖV 1993, 206 mwN.

30 Vgl dazu LG Wuppertal, DVBl. 1999, 399 einerseits und OLG Düsseldorf NVwZ 2000, 111 sowie OVG NRW, NZBau 2005, 167 andererseits. Vgl auch *Papier*, DVBl. 2003, 686 (687): „... die Dienste der Daseinsvorsorge und die damit zusammenhängenden – und oftmals kaum zu trennenden – wirtschaftlichen Betätigungen"; s. auch *Pape/Holz*, NVwZ 2007, 636 ff.

31 So die Begr. zum RegE, bay. LT-Drs. 13/10828, S. 1 u. 16.

32 Ausführlich zu den kommunalrechtlichen Schranken der wirtschaftlichen Betätigung, *Oebbecke*, in: HKWP³, § 41; *Engels*, Verfassungsgarantie, S. 412 ff.

33 Vgl dazu *Hösch*, DÖV 2000, 393 ff; siehe auch *Held*, KVerf NRW, § 107 GO Anm. 5.2: kommunaler Beurteilungsspielraum.

keit[34]. Aus diesem Gemeinwohlgebot folgt die Notwendigkeit jede staatliche Betätigung durch gemeinwohlbezogene Erwägungen zu rechtfertigen – insbesondere auch die öffentliche Wirtschaftsaktivität[35]. Die rein erwerbswirtschaftliche Tätigkeit des Staates zu Finanzierungszwecken ohne Gemeinwohlbezug konfligiert demgegenüber mit der Teleologie des Steuerstaates und ist daher unzulässig[36]. Immerhin lässt sich der Finanzverfassung entnehmen, dass der Staat seine Einnahmen im Wesentlichen über Steuern bestreiten soll.

Eine gemeindliche **wirtschaftliche Betätigung** als solche stellt damit an sich keinen eigenen legitimen Zweck dar, sondern ist **nur Mittel zur Erfüllung öffentlicher Zwecke.** Die kommunale wirtschaftliche Betätigung hat also nur eine dienende Funktion und ist lediglich eine Modalität der kommunalen Aufgabenerfüllung[37].

b) Bindung an Leistungsfähigkeit und Bedarf

300 Zudem muss die Betätigung nach Art und Umfang in angemessener Relation zur **Leistungsfähigkeit** der Gemeinde und zum **voraussichtlichen Bedarf** stehen (vgl Art. 87 I Nr 2 bay.GO; § 68 II Nr 2 m.v.KVerf.; § 136 I 2 Nr 2 NKomVG; ohne Bezug auf den Bedarf § 107 I 1 Nr 2 GO NRW), was in ersterer Hinsicht eine Orientierung am Leistungsspektrum vergleichbarer Kommunen und in letzterer Hinsicht eine überzeugende Bedarfsprognose bedingt.

c) Subsidiarität gemeindlicher Betätigung

301 Des Weiteren darf nach verbreiteter gesetzlicher Anforderung (vgl o. in Rn 289) der mit der beabsichtigten wirtschaftlichen Betätigung erstrebte Zweck durch andere, namentlich in privater Hand betriebene Unternehmen nicht besser und wirtschaftlicher resp. ebenso gut und wirtschaftlich erfüllt werden können. Damit hat nahezu überall[38] der **Subsidiaritätsgedanke** in mehr oder weniger starker Ausprägung an wichtiger Stelle Eingang ins Kommunalwirtschaftsrecht gefunden und bietet so kontinuierlich Anlass für Initiativen zur materiellen Privatisierung (u. Rn 328) und zur Diskussion um die drittschützende Wirkung der Norm (Rn 319).

d) Beschränkung auf das Gemeindegebiet

302 Ein weiterer stets aktueller Diskussionspunkt ist die Frage, ob kommunalwirtschaftliche **Aktivitäten auch außerhalb ihres eigenen Zuständigkeitsraumes,** also außerhalb des Hoheitsgebietes der Gemeinde zulässig sind.

---

34 *H. Krüger*, Allgemeine Staatslehre, 2. Aufl. 1966, S. 763 ff; *Isensee*, HStR IV, 3. Aufl. 2006, § 71 Rn 1, 132.

35 Allg. Auffassung, *Löwer*, VVDStRL 60 (2001), 416 (420); *Jarass*, DÖV 2002, 489; *Geerlings*, NWVBl. 2008, 90 (91).

36 *Löwer*, VVDStRL 60 (2001), 416 (420 f); *Becker*, ZögU 24 (2001), 1 (9); *Mann*, Die öffentlich-rechtliche Gesellschaft, 2002, S. 88 f; aA (ohne Begr.) *Gersdorf*, AfP 1998, 470 (472). Im Ergebnis auch OVG NRW, NWVBl. 2003, 462 (465).

37 *Grawert*, in: FS Blümel, 1999, S. 119 (125); *Schink*, NVwZ 2002, 129 (134); *Mann*, in: Ipsen, Unternehmen Kommune?, 2007, S. 45 (54); ähnlich auch *Hösch*, Die kommunale Wirtschaftstätigkeit, S. 90, 91.

38 Zur abweichenden Konstellation in Brandenburg vgl § 91 I u II BbgKV.

Abzulehnen ist zunächst die pauschale Negierung eines Örtlichkeitsprinzips außerhalb des Bereichs der Hoheitsverwaltung[39]. Kommunale Verbandskompetenz kann immer nur auf Art. 28 II GG („Angelegenheiten der örtlichen Gemeinschaft") gegründet sein, auch auf dem Sektor der Kommunalwirtschaft[40]. Wenn der Bezug zur eigenen Einwohnerschaft verloren geht und der Schwerpunkt der Wertschöpfung außerhalb des eigenen Gemeindegebiets liegen soll, ist dies keine örtliche Angelegenheit. Eine solche ist jedoch Wirksamkeitsbedingung kommunaler Wirtschaftsbetätigung. Andererseits lässt sich freilich auch ein rigides **Örtlichkeitsprinzip** im Sinne einer strikten Festlegung des gesamten kommunalen Handelns auf Aktivitäten ausschließlich im eigenen Gebiet nicht nachweisen.

Eine **Gebietsüberschreitung** bedeutet nicht notwendigerweise, dass damit eine örtliche Angelegenheit nicht mehr vorliegt. Kommunale Unternehmen sehen sich, ebenso wie private Unternehmen, einer zunehmenden Liberalisierung und Globalisierung der Märkte ausgesetzt. Dementsprechend haben sich auch die Betätigungsfelder und Anforderungen der jeweiligen Wirtschaftszweige verändert. Ohne das Gebot der örtlichen Radizierung kommunaler Wirtschaftstätigkeit aus den Augen zu verlieren, sollte daher weniger auf den **rein** territorialen Aspekt, als vielmehr darauf eingegangen werden, ob die Leistungserbringung durch wirtschaftliche Betätigung den Bürgern der Gemeinde zu Gute kommt[41]. Notwendig erscheint eine sachgebietsbezogene Wertung im Einzelfall, inwieweit nach diesem Maßstab noch von einer **örtlichen Radizierung** des Tätigkeitsfeldes die Rede sein kann. Wenn aber Art. 28 II 1 GG zugleich eine kommunalinterne Kompetenzverteilung enthält (siehe o. Rn 67), so bedarf es andererseits auch des Respekts vor dem jeweiligen kommunalnachbarlichen Tätigkeitsfeld. Wertungsmaßstab kann dann nur sein, ob der spezifische öffentliche Zweck, dem jedes kommunale Handeln zu dienen hat, einen territorialen Ausgriff rechtfertigt oder sogar erfordert. Bedenken sind vor allem dann angebracht, wenn wirtschaftliche Aktivitäten auf dem Boden von Nachbargemeinden gegen deren Willen („Feindliche Übernahme", „Kannibalismus") in Rede stehen[42].

In der Konsequenz dieser Argumentation ist einsichtig, dass ein grenzüberschreitender Betrieb von wirtschaftlichen Unternehmen in den Formen der **kommunalen Zusammenarbeit** ebenso wenig ausgeschlossen ist, wie punktuelle Auswirkungen des wirtschaftlichen Engagements auf das Hoheitsgebiet einer anderen Kommune[43]. Unzulässig ist jedoch eine gezielte Erweiterung des operativen Geschäfts auf die Befriedigung einer Nachfrage, die nur oder überwiegend extra muros besteht. **303**

Den Bedürfnissen der Praxis nach stärkeren Grenzüberschreitungen kann daher nur durch eine eindeutige **Entscheidung des Gesetzgebers de lege ferenda** Rechnung getragen werden, durch die das Örtlichkeitsprinzip gelockert und der Aktionsradius

---

39 So aber *Moraing*, WiVerw. 1998, 233, 245; *Wieland*, NWVBl. 2000, 246 (248); *Hellermann*, Örtliche Daseinsvorsorge und gemeindliche Selbstverwaltung, 2000, S. 157 f – dagegen bereits *Mann*, JZ 2002, 819 (825).

40 VerfGH Rh.-Pf., NVwZ 2000, 801; *Grawert*, FS Blümel, 1999, S. 119 ff; siehe auch *Dreier*, in: ders. (Hrsg.), GG, Komm., Bd. II, 3. Aufl. 2015, Art. 28 Rn 127; anders *Papier*, DVBl. 2003, 686 (688).

41 So auch *Brosius-Gersdorf*, AöR 130 (2005), 393 ff; *Heilshorn*, VerwArch 96 (2005), 88 ff.

42 *Engels*, Verfassungsgarantie, S. 417; siehe dazu besonders plakativ OLG Hamm NJW 1998, 3504 ff.

43 Vgl *Pünder/Dittmar*, Jura 2005, 760 (761); *Stüer/Schmalenbach*, NWVBl. 2006, 161 (165).

der kommunalen Unternehmen erweitert wird. Als Reaktion auf die veränderten Rahmenbedingungen in verschiedenen Märkten ist dies in den meisten Ländern, etwa in Nordrhein-Westfalen und Bayern, auch bereits geschehen[44], wobei auch hier die gesetzlich liberalisierten Tätigkeiten im Blickpunkt des Interesses gestanden haben. In Niedersachsen hat sich der Gesetzgeber auch mit Neueinführung des NKomVG noch nicht zu einer solchen Vorschrift durchringen können. Um eine Vereinbarkeit mit Art. 28 II GG zu wahren, müsste sie aus verfassungsrechtlichen Gründen als Mindestvoraussetzung allerdings klarstellen, dass die allgemeinen Zulässigkeitsvoraussetzungen für eine kommunalwirtschaftliche Betätigung – also insbesondere die Rechtfertigung des Unternehmens durch einen öffentlichen Zweck – auch bei einer Tätigkeit außerhalb des Gemeindegebietes erfüllt sein müssen und dass die Tätigkeit nicht gegen die Interessen der Gebietskörperschaft, in deren Selbstverwaltungsbereich agiert werden soll, erfolgt.[45]

II. Rechtsformen kommunaler Wirtschaftsunternehmen

304 Von der grundsätzlichen Frage der Zulässigkeit wirtschaftlicher Betätigung, also des „Ob", ist die Frage nach dem **„Wie"** zu unterscheiden. Es stellt sich hierbei die Frage, in welchen Organisationsformen sich die Gemeinde zur Verfolgung öffentlicher Zwecke wirtschaftlich betätigen darf. Damit zusammenhängend ist zu klären, wie die Gemeinde bzw deren Vertreter auf die Unternehmen einwirken können (müssen), wie sie also ihr Unternehmen steuern und kontrollieren können.

Traditionelle Rechtsformen für **kommunale Wirtschaftsunternehmen** sind der Eigenbetrieb, der Regiebetrieb, die rechtsfähige Anstalt des öffentlichen Rechts und die privatrechtliche Gesellschaft[46]. Über die Vor- und Nachteile einer privatrechtlichen Organisationsform wurden unter den Stichworten der Organisationsprivatisierung und der partiellen materiellen Privatisierung lebhafte Diskussionen mit im Laufe der Jahre unterschiedlichem Resultat geführt, da zum einen ihre Attraktivität allein schon aus steuer- und dienstrechtlichen Erwägungen unverkennbar ist, zum anderen aber Steuerungsverluste des Muttergemeinwesens zu beklagen sind[47]. Zentrale Fragestellungen waren und sind daher:

– Ist ein Vorrang öffentlich-rechtlicher Organisationsformen, namentlich des Eigenbetriebs anzuerkennen?

Entsprechende Vorrangregelungen finden sich etwa noch in § 117 I Nr 1 s.anh.GO und – nur gegenüber Aktiengesellschaften – in § 108 III GO NRW und § 103 Abs. 2 bd.wtt.GO, während andere Länder ihre dahingehenden Vorschriften aufgehoben haben, so beispiels-

---

44 Vgl Art. 87 II bay.GO; § 121 V hess.GO; § 107 III, § 107a III GO NRW; § 71 IV thür.KO; § 116 III 1 s.anh.GO; § 101 II, III schl.h.GO – kritisch hierzu *F. Becker*, DÖV 2000, 1032 ff; s. auch *Jarass*, Reform des Kommunalwirtschaftsrechts, 2005, S. 25 ff.
45 Ebenso insbesondere mit Bezug auf § 91 Abs. 4 S. 1 Nr 1 BbgKV vgl *Brüning*, NVwZ 2015, 689 (694).
46 Dazu im Einzelnen *Hellermann*, in: Hoppe/Uechtritz/Reck (Hrsg.), Handbuch Kommunale Unternehmen, 3. Aufl. 2012, § 7 Rn 21 ff; *Mann*, Die öffentlich-rechtliche Gesellschaft, 2002, S. 97 ff, 173 ff.
47 Vgl insoweit nur *Ehlers*, Verwaltung in Privatrechtsform, 1984, S. 292 ff; *Mann*, Die öffentlich-rechtliche Gesellschaft, 2002, S. 149 ff; *Uechtritz/Reck*, in: Hoppe/Uechtritz/Reck, Handbuch kommunale Unternehmen, 3. Aufl. 2012, § 16 Rn 17 ff; *Pitschas/Schoppa*, in: HKWP³, § 43 Rn 7 ff.

weise Bayern, Hessen und das Saarland. Hintergrund solcher Vorrangregeln zu Gunsten öffentlich-rechtlicher Organisationsformen ist die Annahme, dass sie der Gemeinde bessere Steuerungsmöglichkeiten bieten als Kapitalgesellschaften.

– Welches sind gesellschaftsrechtlich unbedenkliche Steuerungsinstrumente der **305** Kommunen mit Blick auf ihre Eigengesellschaften und ihre Beteiligung an gemischt-wirtschaftlichen Unternehmen?

Aus einer Gesamtschau der Verfassung, insbesondere in Ansehung der Staatsstrukturprinzipien, der wirtschaftsrelevanten Grundrechte und der Gewährleistung der kommunalen Selbstverwaltung in Art. 28 II GG, lassen sich aus dem Grundgesetz drei zentrale Anforderungen an die Organisationsgestaltung kommunaler Unternehmen ableiten[48]: Neben der Ausrichtung auf die Erfüllung öffentlicher Zwecke (o. Rn 299) sind das das Erfordernis demokratischer Legitimation (u. Rn 312) und – vor allem – die Notwendigkeit, die Tätigkeit der Unternehmen ausreichend steuern zu können. Bedient sich eine Kommune des Kapitalgesellschaftsrechts, so sind auch die Steuerungsinstrumente in den Regeln des AktG und GmbHG zu suchen[49]. Um die Pflicht zur Steuerung einfachrechtlich abzusichern, enthält das kommunale Wirtschaftsrecht zahlreiche Maßgaben, die zu erfüllen sind, wenn eine Gemeinde für ihre Unternehmen auf kapitalgesellschaftsrechtliche Organisationsformen zurückgreifen will (vgl Art. 92 bay.GO; § 69 m.v.KVerf.; § 137 NKomVG; § 108 GO NRW). So wird etwa verlangt, dass

– das Unternehmen oder die Einrichtung durch Gesellschaftsvertrag, Satzung oder sonstiges Organisationsstatut auf den öffentlichen Zweck ausgerichtet wird,
– die Gemeinde einen angemessenen Einfluss, insbesondere in einem Überwachungsorgan, erhält und dieser durch Gesellschaftsvertrag, Satzung oder in anderer Weise gesichert wird,
– eine Rechtsform gewählt wird, welche die Haftung der Gemeinde auf einen bestimmten Betrag begrenzt[50],
– die Gemeinde sich nicht zur Übernahme von Verlusten in unbestimmter oder unangemessener Höhe verpflichtet,
– bei Unternehmen in Gesellschaftsform eine angemessene Abschlussprüfung erfolgt.

Darüber hinaus finden sich Vorkehrungen für Fälle gemeindlicher Sperrminorität und umfängliche Bestimmungen über die Vertretung der Gemeinde in Unternehmen (vgl Art. 93 bay.GO; § 71 m.v.KVerf.; § 138 NKomVG; § 113 GO NRW).

1. Regiebetriebe und Eigenbetriebe[51]

Für **Regiebetriebe** ist deren Integration in den Verwaltungsaufbau ihres Trägers **306** kennzeichnend. Sie werden als Abteilungen der allgemeinen Verwaltung geführt, **ohne** rechtlich oder haushaltsmäßig **verselbstständigt** zu sein. Die zur Unternehmensführung maßgebliche Willensbildung erfolgt durch die Organe der Trägerkörperschaft (Gemeinde oder Landkreis). Die Haushaltsführung der Regiebetriebe richtet

---

48 Ausführlich hierzu *Mann*, Die öffentlich-rechtliche Gesellschaft, 2002, S. 55 ff.
49 Zum dadurch entstehenden „Normenkonglomerat" aus kommunal- und gesellschaftsrechtlichen Vorschriften s. *Mann*, in: HKWP³, § 46 und VBlBW 2010, 7 ff.
50 Zu den Voraussetzungen, um eine Kommune bei dem Konkurs einer Eigengesellschaft aus Gründen des Gesellschaftsrechts oder des Konzernrechts haftbar machen zu können, siehe OLG Celle, NVwZ 2000, 754 (757).
51 Ausführlich sowohl zu Regie- als auch Eigenbetrieben *Brüning*, in: HKWP³, § 44.

sich grundsätzlich nach dem für die Körperschaft geltenden Haushalts- und Rechnungswesen und auch für ihre Personalwirtschaft ist der allgemeine Stellenplan maßgeblich.

Das gilt auch für die „Städtische Wohnungsvermittlung" im **Ausgangsfall** (Rn 287).

307 Anders als Regiebetriebe sind **Eigenbetriebe** organisatorisch und finanzwirtschaftlich **verselbstständigt**, wenngleich mangels eigener Rechtspersönlichkeit ebenfalls nicht rechtsfähig. Damit wird durch Handlungen der Organe eines Eigenbetriebs unmittelbar die Trägergemeinde berechtigt, verpflichtet und uU auch haftbar[52]. Entsprechend ist prozessrechtlich gleichfalls nur die Gemeinde Beteiligte eines Rechtsstreits[53].

Oberstes Entscheidungsorgan des Eigenbetriebs bleibt der Gemeinderat. Dieser legt die Unternehmensziele fest, trifft die wesentlichen Grundentscheidungen des Eigenbetriebs und beschließt über dessen Satzung, der sog. **Betriebssatzung** (in einigen Bundesländern auch als „Hauptsatzung" bezeichnet). In der Betriebssatzung sind ua der Name und Zweck des Eigenbetriebs, die Höhe des Stammkapitals und die Zusammensetzung und die Zuständigkeiten von Leitungsorgan (Werkleitung oder Betriebsleitung) und Kontrollorgan (Werksausschuss oder Betriebsausschuss) geregelt.

Der Werkleitung (auch „Betriebsleitung") obliegt die Geschäftsführung des Eigenbetriebs sowie dessen Vertretung nach außen. In Anbetracht der weitreichenden Kompetenzen des Gemeinderats kennt das Eigenbetriebsrecht keinen eigentlichen Aufsichtsrat. Beaufsichtigt wird die Werkleitung von dem Werksausschuss, der – als Ausschuss der Vertretung formiert – die Beschlüsse der Gemeindevertretung vorberät, daneben aber auch – je nach Landesrecht – selbst beschließende Funktionen (insbes. das Eilbeschlussrecht) hat.

Den Vorsitz in diesem Gremium führt der Hauptverwaltungsbeamte, der zugleich Dienstvorgesetzter der Dienstkräfte des Eigenbetriebs ist. Häufig verfügt er über spezielle Unterrichtungs-, Auskunfts- und sogar – allerdings eingeschränkte – Weisungsrechte gegenüber der Werkleitung. Da der gemeindliche Haushalt mit dem Eigenbetrieb finanziell verflochten ist, wird bisweilen auch dem Kämmerer ein eigenes Unterrichtungsrecht eingeräumt[54].

Für Versorgungsbetriebe einer Gemeinde – in Frage kommen die Sparten Strom, Gas, Fernwärme, Wasser –, die in Gestalt von Eigenbetrieben agieren, sieht das Eigenbetriebsrecht mehrerer Länder vor, dass sie zu *einem* Eigenbetrieb unter der Bezeichnung „Gemeindewerke" („Stadtwerke") zusammenzufassen und damit im sog. Querverbund zu führen sind; vgl § 8 EigenbetriebsVO NRW; § 4 bay.EigenbetriebsVO[55].

---

52 *Hellermann*, in: Hoppe/Uechtritz/Reck (Hrsg.), Handbuch Kommunale Unternehmen, 3. Aufl. 2012, § 7 Rn 49.

53 Soweit die Werkleitung jedoch Verwaltungsakte erlässt, kann sie als Behörde uU Klagegegner einer verwaltungsgerichtlichen Anfechtungsklage sein, sofern im betreffenden Landesrecht von der Ermächtigung in § 78 I Nr 2 VwGO Gebrauch gemacht worden ist, vgl OVG NRW, DÖV 1989, 594 f.

54 Einzelheiten ergeben sich regelmäßig aus den Eigenbetriebsverordnungen bzw Eigenbetriebsgesetzen der Länder.

55 Dazu näher *Püttner* (Hrsg.), Der kommunale Querverbund, 1995.

2. Rechtsfähige Anstalten des öffentlichen Rechts[56]

Ausgehend von der 1994 in Berlin vollzogenen Umwandlung aller Eigenbetriebe in Anstalten des öffentlichen Rechts[57] hat sich mittlerweile in beinahe allen Gemeindeordnungen die **rechtsfähige Anstalt des öffentlichen Rechts** (in Bayern: „Kommunalunternehmen") als Rechtsformalternative des kommunalen Wirtschaftsrechts etabliert (vgl Art. 89 ff bay.GO; § 141 ff NKomVG; § 114a GO NRW)[58]. Hiermit soll den Gemeinden ein Instrument zur Verfügung gestellt werden, dass öffentlich-rechtliche Steuerungsmöglichkeiten mit der ansonsten nur den Kapitalgesellschaften zugeschriebenen unternehmerischen Flexibilität verbindet.

308

Die Organe der rechtsfähigen Anstalt werden üblicherweise nach Vorbild der Aktiengesellschaft unterteilt in ein **Geschäftsführungsorgan**, das die Bezeichnung „Vorstand" führt, und in ein **Aufsichtsorgan**, welches als „Verwaltungsrat" oder „Aufsichtsrat" bezeichnet wird. Dem Vorstand obliegt grundsätzlich die Leitung des Unternehmens in eigener Verantwortung sowie dessen Vertretung nach außen. Anders als in der Aktiengesellschaft sind die Kompetenzen der beiden Organe jedoch nicht zwingend vorgeschrieben. So steht die Kompetenzabschichtung zwischen Vorstand und Verwaltungsrat im Einzelnen regelmäßig unter Satzungsvorbehalt. Hiermit soll es den Gemeinden ermöglicht werden, im Einzelfall die kompetentiellen Gewichte zugunsten des Verwaltungsrats zu verschieben, etwa indem Entscheidungen von grundsätzlicher Bedeutung durch die Satzung von einer Zustimmung des Verwaltungsrats (oder auch der Gemeindevertretung) abhängig gemacht werden können[59].

Auch ist es denkbar in der Unternehmenssatzung Fallgestaltungen festzulegen, in denen ihre Gemeindevertretung berechtigt sein soll, den Mitgliedern des Verwaltungsrats Weisungen zu erteilen[60]. Durch die Benennung solcher Fallgruppen in der Satzung wird verhindert, dass der Gemeinderat nach tagespolitischer Opportunität in die Anstalt hineinregiert. Dem Verwaltungsrat gesetzlich zugewiesen ist die Überwachung des Vorstandes. Daneben ist er mitunter befugt, grundlegende Fragen zu entscheiden, so zB über die Feststellung des Jahresabschlusses, die Beteiligung an anderen Unternehmen oder über die Festsetzung allgemein geltender Tarife und Entgelte für die Leistungsnehmer.

309

Die Ausgestaltungsfreiheit, die den Kommunen somit verbleibt, um die Anstalt im Satzungswege ihren jeweiligen Bedürfnissen anzupassen, bietet einen erheblichen Vorteil gegenüber dem Eigenbetrieb und den bezüglich ihrer inneren Struktur weitgehend bundesrechtlich festgelegten Rechtsformen der AG und GmbH. Gemeinden, die sich bewusst für die Anstaltsform entscheiden, sollten von Einschränkungen der Lei-

---

56 Ausführlich zu rechtsfähigen Anstalten als Rechtsformen wirtschaftlicher kommunaler Betätigung *Schraml*, in: HKWP³, § 45.

57 Dazu *Mann*, ZögU 19 (1996), 53 ff.

58 Vgl dazu aus der Lit. etwa *Mann*, NVwZ 1996, 557 ff; *Ehlers*, ZHR 167 (2003), 546 ff; *Erdmann*, NdsVBl. 2003, 261 ff; *Storr*, NordÖR 2005, 94 ff; *Schraml*, in: HKWP³, § 45 Rn 5 ff; *Hogeweg*, Die kommunale Anstalt in Niedersachsen, 2007.

59 Vgl zB § 145 II 1 NKomVG; § 114a VII 6 GO NRW; § 86b II 3 rh.pf.GO.

60 Vgl zB Art. 90 II 5 bay.GO; § 145 III 5 NKomVG. Bereits gesetzlich festgelegt ist eine Weisungsbefugnis des Gemeinderats gegenüber den Mitgliedern des Aufsichtsrats bei Entscheidungen über den Erlass von Satzungen und Verordnungen an Stelle der Gemeinde (Art. 90 II 4 iVm 89 II 3 bay.GO).

tungsmacht des Vorstands allerdings nur restriktiv Gebrauch machen, da mit jeder Reduzierung der Vorstandskompetenzen eine Annäherung an die Stellung einer Werkleitung erfolgt und damit ein wesentlicher mit der Anstalt beabsichtigter Unterschied zum Eigenbetrieb nivelliert wird.

3. Gesellschaften privaten Rechts[61]

310 Die bereits angesprochenen **Gesellschaften** sind demgegenüber selbstständige juristische Personen des Privatrechts, gemeinhin in der kapitalgesellschaftlichen Rechtsform der AG oder der GmbH. Werden sie gemeinsam mit anderen öffentlichen Aufgabenträgern betrieben, dann spricht man von gemischt-öffentlichen Unternehmen, wenn gemeinsam mit Privaten, dann von **gemischt-wirtschaftlichen Unternehmen**; verbleiben alle Anteile bei der Trägerkommune, handelt es sich um eine **Eigengesellschaft**.

Will eine Gemeinde ein Unternehmen in einer Rechtsform des privaten Rechts **gründen**, oder sich an einem solchen **beteiligen**, ist dies nur zulässig, wenn ein öffentlicher Zweck vorliegt[62]. Die Kommunen müssen hierbei eine Rechtsform wählen, aufgrund derer ihre Haftung auf einen bestimmten Betrag begrenzt ist, und sie einen angemessenen Einfluss auf die Geschäftsführung nehmen kann (vgl im Einzelnen etwa Art. 92 I bay.GO; § 69 I m.v.KVerf.; § 137 I NKomVG; § 108 I GO NRW).

Durch mannigfache (mittelbare) Beteiligungen von Gesellschaften der Gemeinden an Tochter-, Enkel- und Urekelgesellschaften sind indes zT Konzernstrukturen entstanden, die sowohl die kommunale **Steuerungsfähigkeit** vor Probleme stellen als auch aus der Sicht des Bürgers Transparenzverluste verursachen.

Beispiel: Stadtwerke Köln GmbH als 100%ige Tochter der Stadt mit diversen Tochterunternehmen (Kölner Verkehrs-Betriebe AG, Häfen Köln GmbH) und eigenen Beteiligungen[63]; die Stadt Hannover mit über 30 Gesellschaftsbeteiligungen.

Mit guten Gründen wurde daher schon früh in Erinnerung gerufen, dass bei aller Bemühung um betriebswirtschaftliche Optimierung nicht das „Unternehmen Stadt" das erstrebenswerte Ziel darstellt, sondern die Verfolgung der originären öffentlichen Aufgaben vor Ort[64].

311 Für die Bestellung der **gemeindlichen Vertreter in den Organen** der betreffenden Gesellschaften enthalten die Gemeindeordnungen meist ausdrückliche Vorgaben.

Beispiele: Bestellung durch den Rat, Verpflichtung auf die Interessen der Gemeinde, Unterrichtungspflicht, imperatives Mandat (inhaltliche Bindung an Ratsbeschlüsse), Abberufung[65], Haftungsfreistellung. Siehe näher Art. 93 bay.GO; § 71 m.v.KVerf.; § 138 NKomVG; § 113 GO NRW.

---

61 Ausführlich zu den kapitalgesellschaftlichen Rechtsformen kommunaler Unternehmen *Mann*, in: HKWP³, § 46.

62 So verweist Art. 92 I Nr 1 bay.GO ausdrücklich auf Art. 87 I Nr 1 bay.GO; entsprechend § 69 I Nr 1 m.v.KVerf.; weitergehend § 137 I Nr 1 NKomVG, der auf den gesamten § 136 I NKomVG verweist, und § 108 I Nr 1 GO NRW, der auf den gesamten § 107 I S. 1 GO NRW verweist.

63 Siehe nur *Pagenkopf*, GewArch. 2000, 178.

64 Vgl *Laux*, Unternehmen Stadt?, DÖV 1993, 523 f.

65 Dazu OVG NRW, NWVBl. 2002, 434; *Mann*, JZ 2002, 819 (820 f).

Beträchtliche juristische Schwierigkeiten bereitet freilich eine Umsetzung dieser das Innenverhältnis zwischen der Gemeinde und ihren Vertretern in den Blick nehmenden kommunalrechtlichen Vorgaben vor dem Hintergrund der bundesrechtlichen Ausgestaltung des Gesellschaftsrechts[66].

Als konkrete Ausformung dieses Konflikts erweist sich beispielsweise die Problematik, ob die Aufsichtsratsmitglieder kommunaler Unternehmen einem imperativen Mandat unterliegen, dh, ob sie an die Weisungen der kommunalen Vertretung gebunden sind. Gesellschaftsrechtlich sind die Aufsichtsräte als unabhängig anzuerkennen[67]; aus kommunaler Sicht bedeutet dies jedoch einen Verlust an direkter Steuerungsfähigkeit, was den in Rn 305 genannten verfassungs- und kommunalrechtlichen Direktiven zuwiderläuft[68]. Anders als von den Vertretern des sog. „Verwaltungsgesellschaftsrechts", die einen Vorrang des öffentlichen Rechts annehmen[69], wird auch hier den gesellschaftsrechtlichen Regelungen Folge zu leisten und dem Weisungsrecht bei (fakultativen) Aufsichtsräten eine Absage zu erteilen sein[70]. Sowohl aus gesellschaftsrechtlichen als auch aus kommunalrechtlichen Gründen unzulässig ist darüber hinaus eine gesellschaftsvertraglich eingeräumte allgemeine Berechtigung von Ratsmitgliedern zur Teilnahme an den Sitzungen des Aufsichtsrates einer GmbH mit gemeindlicher Beteiligung[71] oder eine generelle Aufhebung der Verschwiegenheitspflicht von Aufsichtsratsmitgliedern einer kommunalen GmbH[72].

Besondere **Probleme in verfassungsrechtlicher Hinsicht** (Demokratieprinzip, Verantwortlichkeit der Exekutive, Art. 28 II GG) werfen auch die nach Mitbestimmungsrecht verpflichtende und die auf rechtsgeschäftlicher Basis freiwillig erfolgte Einführung einer erweiterten Mitbestimmung der Arbeitnehmer in kommunalen Eigengesellschaften auf[73]. **312**

III. Rechtsstellung privater Konkurrenten[74]

Es fragt sich, inwieweit private Konkurrenten Rechtsschutz gegen die wirtschaftliche Betätigung von Gemeinden erhalten können. Hierbei ist zunächst im Sinne der Zwei-Stufen-Lehre zwischen dem „Ob" als öffentlich-rechtlicher und dem „Wie" als zivilrechtlicher Komponente zu unterscheiden[75]. **313**

---

66 Dazu näher *Mann*, VBlBW 2010, 7 ff; *Geerlings*, in: HKWP³, § 52 Rn 12 ff.
67 So auch OVG NRW NVwZ 2007, 609 ff.
68 Vgl statt vieler *Keßler*, GmbHR 2000, 71 (77).
69 Zum Lösungsvorschlag des sog. Verwaltungsgesellschaftsrechts s. *Kraft*, Das Verwaltungsgesellschaftsrecht, 1982 u. daran anschließend *v. Danwitz*, AöR 120 (1995), 596 ff – dezidiert hiergegen wiederum *Mann*, Die Verwaltung 35 (2002), 463 ff.
70 Dazu *Pauly/Schüler*, DÖV 2012, 339 ff; *Oebbecke*, in: Hoppe/Uechtritz/Reck, Handbuch kommunale Unternehmen, § 9 Rn 41 f.
71 So OVG NRW, NWVBl. 1997, 67 f. – Vgl aber immerhin §§ 394, 395 AktG für Aktiengesellschaften, an denen Gebietskörperschaft beteiligt sind; dazu etwa *Hüffer*, Aktiengesetz, § 394f u. *Mann*, Die öffentlich-rechtliche Gesellschaft, S. 242 ff, 281 f, jeweils mwN.
72 Vgl differenzierend *Mann*, in: Gedächtnisschrift Tettinger, 2007, S. 295 ff.
73 Dazu OLG Bremen, DÖV 1977, 899; *Ossenbühl*, ZGR 1996, 504 ff; *Mann*, Die öffentlich-rechtliche Gesellschaft, 2002, S. 258 ff; *Becker*, ZögU 24 (2001), 1 ff.
74 Ausführlich zum Rechtsschutz privater Konkurrenten gegen kommunale Wirtschaftstätigkeit *Wendt*, in: HKWP³, § 42.
75 *Stober*, in: Wolff/Bachof/Stober/Kluth, Verwaltungsrecht I, 13. Aufl. 2017, § 22 Rn 51 ff insbes. Rn 57 mwN; vgl für Nds. *Hartmann*, in: H/M/M, Landesrecht Niedersachsen, 2. Aufl. 2016, § 6 Rn 145.

1. Klagen gegen das Verhalten im Wettbewerb („wie")

Soweit es nicht um Einwendungen gegen das „Ob" eines solchen Unternehmens, sondern um bestimmte, den Vorschriften des Wettbewerbsrechts möglicherweise widerstreitende Verhaltensweisen im Wettbewerb geht, ist unstreitig die **Zuständigkeit der ordentlichen Gerichte** gegeben, die hier nach Maßgabe der Vorschriften gegen den unlauteren Wettbewerb, insbes. des § 3 UWG, eine auf konkrete Handlungen bezogene und darum eher punktuelle Überprüfung, etwa im Hinblick auf die Zulässigkeit bestimmter Praktiken oder Werbemethoden, vornehmen[76].

Zu einem **wettbewerbsrechtlich begründeten Unterlassungsanspruch** kann das Wettbewerbsverhalten der öffentlichen Hand allerdings regelmäßig erst dann führen, wenn diese sich dabei sittenwidriger Mittel bedient, beispielsweise unter Missbrauch ihrer Stellung als öffentlich-rechtlicher Körperschaft durch nur ihr verfügbare Mittel private Mitbewerber verdrängt, oder wenn sie sonst aus der Verbindung hoheitlicher und privatwirtschaftlicher Interessen einen unzulässigen Vorsprung vor ihren Mitbewerbern erlangt oder erstrebt[77].

2. Klagen gegen die Teilnahme am Wettbewerb („ob")

314   Schwierigkeiten bereitet die Frage, inwieweit sich konkurrierende Private darauf berufen können, die Gemeinde verstoße in ihrer wirtschaftlichen Betätigung gegen die og öffentlich-rechtlichen Zulässigkeitsvoraussetzungen für wirtschaftliche Betätigungen (o. Rn 289, 299 ff).

a) Verwaltungsrechtsweg oder Zivilrechtsweg?

315   Für **Unterlassungsklagen,** die gegen die Zulässigkeit wirtschaftlicher Aktivitäten von Gemeinden gerichtet sind, sind prinzipiell nicht die ordentlichen Gerichte, sondern die **Verwaltungsgerichte** zuständig. Dies ergibt sich aus der grundgesetzlich vorgezeichneten (vgl Art. 95 I GG) und gesetzlich ausgeformten Kompetenzaufteilung in Fachgerichtsbarkeiten (vgl §§ 13 GVG, 40 VwGO). Gleichwohl hatte die Zivilrechtsprechung zentral auf das Bestehen eines Wettbewerbsverhältnisses zwischen dem Privaten und der wirtschaftenden Kommune abgestellt und in der Frage nach den öffentlich-rechtlichen Kompetenzgrenzen lediglich eine Vorfrage gesehen. Der BGH hat dies bei einem von der Deutschen Post AG angestrengten Rechtsstreit um das sog. Remailing wie folgt pronounciert zum Ausdruck gebracht[78]:

„Der Rechtsweg zu den ordentlichen Gerichten ist … vorliegend ebenso gegeben wie in den sonstigen Fällen, in denen die Beurteilung, ob ein iS des § 1 UWG unlauteres Verhalten im

---

76   Vgl BGH, DÖV 1974, 785; NJW 1998, 3778; BGH, GRUR 2003, 167 f „Kfz.-Kennzeichenschilder"; OLG Celle, GRUR-RR 2004, 374 u. BGH, DVBl. 2006, 116, – „Bestattungsunternehmen"; zur umgekehrten Konstellation einer Kommune, die gegen eine irreführende Bezeichnung eines Privaten als „Stadtwerk" klagt, s. OLG Hamm, Urteil vom 8.12.2009 – 4 U 129/09.

77   So BGH, NJW 1987, 60 (61) – „Bestattungswesen" – u. UPR 1998, 343 („Umweltbonus"); BGH, JuS 2002, 1233; *Hauck*, GRUR 2008, 665 (667); weitere Fallgruppen bei *Lux*, in: Hoppe/Uechtritz/Reck, Handbuch kommunale Unternehmen, 3. Aufl. 2012, § 10 Rn 39 ff und *Storr*, Der Staat als Unternehmer, 2001, S. 506 f.

78   BGHZ 130, 13 (18).

Wettbewerb anzunehmen ist, davon abhängt, ob das beanstandete Verhalten gegen Vorschriften des öffentlichen Rechts verstößt, die den Zugang zu einer Wirtschaftstätigkeit regeln (wie zB die Vorschriften der Handwerksordnung, des Steuerberatungsgesetzes oder des Personenbeförderungsgesetzes)."

Die Ende der 90er Jahre auf OLG-Ebene erfolgte Fortführung dieser Rechtsprechungslinie, die das UWG auch bei kommunalen Aktivitäten als maßgeblichen Prüfungsmaßstab ansah und einen Unterlassungsanspruch bejahte, weil die in der Schrankentrias (o. Rn 289) verankerten Kompetenzgrenzen überschritten seien[79], ist als die eigenen zivilgerichtlichen Prämissen vernachlässigende Zuständigkeitsüberschreitung zu kennzeichnen und darum als systemwidrige Expansion des Wettbewerbsrechts abzulehnen. In diesem Sinne zutreffend hat daher der **BGH** für die Wiederherstellung der verwaltungsgerichtlichen Jurisdiktionshoheit gesorgt, indem er einem Verstoß gegen Art. 87 I bay.GO (vgl entsprechend § 68 I m.v.KVerf.; § 136 I NKomVG; § 107 I GO NRW) nicht zugleich Sittenwidrigkeit iSv § 1 UWG attestierte[80]:

316

„Soweit es zu den Zielen des Art. 87 bay.GO gehört, die Privatwirtschaft vor einem Wettbewerb durch Gemeinden zu schützen, geht es nicht um die Lauterkeit des Wettbewerbs, sondern allenfalls um die Erhaltung einer Marktstruktur, die von privaten Unternehmen geprägt ist. Es ist jedoch nicht Sinn des § 1 UWG (heute: § 3 UWG), Wettbewerbern kommunaler Unternehmen Ansprüche zur Verwirklichung dieses Schutzzwecks des Art. 87 bay.GO zu gewähren, die nach öffentlichem Recht etwa gegebene Ansprüche … ergänzen könnten oder nach öffentlichem Recht bestehende Schutzlücken ausfüllen … Die Vorschrift des § 1 UWG (heute: § 3 UWG) bezweckt nicht den Erhalt bestimmter Marktstrukturen. Auch in den Fällen, in denen aus ihr Ansprüche zum Schutz des Bestandes des Wettbewerbs auf einem bestimmten Markt hergeleitet werden können …, geht es nicht darum, bestimmte Marktstrukturen zu erhalten, sondern darum, wettbewerbliche Verhaltensweisen zu unterbinden, die nach den Gesamtumständen unter Berücksichtigung ihrer Auswirkungen auf die Marktstruktur gerade auch als Wettbewerbsmaßnahmen unlauter sind."

Die Lösung der allgemein- und wirtschaftspolitischen Frage, ob sich die öffentliche Hand überhaupt erwerbswirtschaftlich betätigen darf und welche Grenzen ihr hierbei gesetzt seien oder gesetzt werden sollten, sei „Aufgabe der Gesetzgebung und Verwaltung sowie der parlamentarischen Kontrolle und für die Gemeinden und Landkreise ggf der Kommunalaufsicht, nicht aber der ordentlichen Gerichte bei der ihnen zustehenden Beurteilung von Wettbewerbshandlungen nach dem UWG." Diese Bewertung wurde vom BGH konsequenterweise auch für die Schrankentrias des § 107 GO NRW übernommen:

317

„Ein Verstoß gegen § 107 GO NRW, der erwerbswirtschaftlichen Tätigkeiten der Gemeinden Grenzen setzt, begründet keinen Anspruch privater Wettbewerber aus § 1 UWG (heute: § 3 UWG). Die Vorschrift hat insofern eine den Wettbewerb regelnde Funktion, als sie – auch zum

---

79 Vgl OLG Düsseldorf, NWVBl. 1997, 353 („Nachhilfe") m. abl. Anm. *Moraing*, ebd u. *Ennuschat*, WRP 1999, 405 ff; OLG Hamm, JZ 1998, 576 („Gelsengrün") m. Anm. *Müller*, ebd u. *Tettinger*, NJW 1998, 3473 f; LG Wuppertal, NWVBl. 1999, 275 f u. OLG Düsseldorf, NWVBl. 2000, 75 („Autorecycling") u. NVwZ 2000, 714 („Awista"); aA OLG Karlsruhe NVwZ 2001, 712 (713 f); differenzierend OLG München, NVwZ 2000, 835 ff; zum Ganzen auch *Mann*, JZ 2002, 819 (824).
80 BGHZ 150, 343 (351); später auch BGH, NWVBl. 2003, 158; ausf. Bewertung bei *Wendt*, in: HKWP[3], § 42 Rn 14 ff.

Schutz der privaten Wirtschaft – durch die Beschränkung des Marktzutritts der Gemeinden Rahmenbedingungen des Wettbewerbs festlegt. Sie dient jedoch nicht der Kontrolle der Lauterkeit des Marktverhaltens der Gemeinden."[81]

Nach der Entscheidung des BGH hat sich die Diskussion auf dem Feld des UWG weitgehend gelegt, doch ist der gleiche Konflikt unter den Vorzeichen des Vergaberechts erneut aufgebrochen, weil vor allem das OLG Düsseldorf auf das Argument unterlegener Bieter, ein konkurrierendes kommunales Unternehmen setze sich über die Eingangsbestimmungen des kommunalen Wirtschaftsrechts hinweg, für sich in Anspruch nimmt, die betreffenden Bestimmungen der Gemeindeordnung detailliert zu prüfen[82] (s. auch Rn 336 aE).

318   **Lösungshinweis zu Fall 9 (Rn 287):** Wenn ein Kläger, wie im **Ausgangsfall**, geltend macht, eine gemeindliche Betätigung verstoße gegen eine Norm des Kommunalrechts, welche sachliche Zulässigkeitsvoraussetzungen für ebenjene Betätigung aufstelle, so handelt es sich um eine öffentlich-rechtliche Streitigkeit nichtverfassungsrechtlicher Art iSv § 40 VwGO.

Richtige Klageart ist die Unterlassungsklage als besondere Form der allgemeinen Leistungsklage.

Die auch bei dieser Klageart analog § 42 II VwGO erforderliche Klagebefugnis des konkurrierenden Maklers lässt sich möglicherweise auf § 107 I GO NRW oder auf Art. 12 I GG, vielleicht sogar auf weitere Grundrechte wie Art. 2 I, 14 I und 3 I GG stützen (dazu im Folgenden).

b) Drittschützender Charakter der Marktzugangsvoraussetzungen?

319   Die Unterlassungsklage eines privaten Konkurrenten vor den Verwaltungsgerichten kann nur reüssieren, wenn ihm insoweit auch eine Klagebefugnis analog § 42 II VwGO zusteht. Einer solchen Annahme entgegen steht aber die überkommene These der Verwaltungsgerichte, die Schrankentrias in den Nachfolgebestimmungen von § 67 DGO, die sich in allen Gemeindeordnungen findet (o. Rn 289, 299 ff), diente **nur dem Selbstschutz der Gemeinde** vor finanzieller und wirtschaftlicher Überforderung und sei daher nicht drittschützend; aus der Schrankentrias erwachsende Vorteile für private Dritte seien lediglich ein Reflex der objektiv-rechtlichen Wirkung, keineswegs aber von dessen Regelungsintention erfasst[83].

320   Diese Sichtweise ist in der Rechtsprechung zuerst vom VerfGH Rh.Pf.[84] und dem OVG NRW[85] aufgegeben worden. Ersterer hat der regelmäßig als dritte Eingangsvo-

---

81   So BGH, NWVBl. 2003, 158 – „Autorecycling"; siehe auch *Heßhaus*, NWVBl. 2003, 173 ff.
82   Vgl OLG Düsseldorf, AbfallR 2008, 307 ff einerseits und OVG NRW, NVwZ 2008, 1031 ff andererseits; zum Ganzen *Mann*, NVwZ 2010, 857 ff.
83   Vgl nur BVerwGE 39, 329 (336); BVerwG, NJW 1995, 2938; DVBl. 1996, 152 (153); Bd.Wtt.VGH, NJW 1995, 274; HessVGH, DÖD 1998, 39 (40); Nds.OVG, NVwZ-RR 1996, 506; OVG LSA, NVwZ-RR 2009, 347.
84   VerfGH Rh.Pf., DVBl. 2000, 992 (995) m. Anm. *Henneke*, DVBl. 2000, 999 u. *Ruffert*, NVwZ 2000, 763 (764).
85   OVG NRW, NWVBl. 2003, 462 m. Anm. *Antweiler*, NVwZ 2003, 1466 und *Grooterhorst/Törnig*, DÖV 2005, 685; NWVBl. 2008, 418 m. Anm. *Dünchheim/Schöne*, DVBl. 2009, 146 (148); nun auch der VGH Bd.Wtt., NVwZ-RR, 2006, 714 ff.

raussetzung genannten Subsidiaritätsklausel einen **drittschützenden Charakter** zuerkannt[86], das OVG NRW hat den Drittschutz „jedenfalls" der ersten Variante, also dem Erfordernis eines öffentlichen Zwecks, entnommen[87].

Der Entscheidung des VerfGH Rh.Pf. lag eine sog. „echte" Subsidiaritätsklausel zugrunde, nach der den Kommunen die Gründung eines wirtschaftlichen Unternehmens bereits bei bestehender Leistungsparität gegenüber privaten Anbietern nicht mehr möglich ist („wenn der öffentliche Zweck nicht ebenso gut und wirtschaftlich durch einen privaten Dritten erfüllt wird oder erfüllt werden kann"), wie sie auch in anderen Gemeindeordnungen anzutreffen ist[88]. Weil eine Norm als drittschützend anzusehen ist, wenn sie ausdrücklich oder gem. ihrem Sinn und Zweck zumindest auch privaten Interessen zu dienen bestimmt ist[89], sei, so der VerfGH, durch den Bezug auf den „privaten Dritten" bereits dem Wortlaut nach eine drittschützende Wirkung anzuerkennen.

Das OVG NRW hat aus der Anbindung kommunaler Wirtschaftätigkeit an den öffentlichen Zweck gefolgert, dass die Nr 1 der Schrankentrias für die örtlichen privaten Wirtschaftsteilnehmer drittschützenden Charakter besitze. Es hat seine Auffassung argumentativ vor allem darauf gestützt, dass nach § 107 Abs. 5 GO NRW vor der Entscheidung über die Gründung von bzw. Beteiligung an Unternehmen eine Marktanalyse durchzuführen ist, die insbesondere über „die Auswirkungen auf das Handwerk und die mittelständische Wirtschaft" Auskunft geben soll. Hieraus folgert das OVG, dass der Gesetzgeber eine Kausalitätsbeziehung zwischen der wirtschaftlichen Betätigung einer Gemeinde und einer möglichen Beeinträchtigung der örtlichen Wirtschaft gesehen habe. Das Erfordernis einer Ausrichtung der Gemeindewirtschaft auf einen öffentlichen Zweck diene bei systematischer Auslegung des nordrhein-westfälischen Rechts also nicht alleine dem Schutz der Gemeinde vor wirtschaftlichen Risiken, sondern auch dem Interessenausgleich mit den örtlichen Wirtschaftsteilnehmern. Gegenüber diesem Personenkreis entfalte die Vorschrift daher drittschützende Wirkung[90].

Unabhängig von der Frage nach der Plausibilität dieser Argumentation[91] lassen sich **321** die normsystematischen Erwägungen des OVG NRW jedenfalls nicht unbesehen auf andere Gemeindeordnungen übertragen[92]. Demgegenüber erscheint die Sichtweise des VerfGH Rh.Pf. zumindest bei Vorliegen „echter" Subsidiaritätsklauseln begrüßenswert, vermeidet sie doch die in der Vergangenheit ansonsten zu konstatierende Rechtsschutzlücke. Inzwischen scheint sich ein Wandel in Richtung einer Anerkennung des drittschützenden Charakters in den meisten Ländern allmählich durchzusetzen.

Offen ist die Lage noch in **Niedersachsen**. Dort hatte das Niedersächsische OVG noch 2008 die Möglichkeit, einen Drittschutz auf der Basis der Subsidiaritätsklausel anzuerkennen, nicht

---

86 Anders – allerdings noch vor der Änderung der hess.GO – der Hess.VGH, NVwZ-RR 2005, 425 (427).
87 OVG NRW, NWVBl. 2003, 462 (463).
88 § 102 I Nr 3 bd.wtt.GO; Art. 87 I Nr 4 bay.GO; § 121 I Nr 3 hess.GO; § 68 II Nr 3 m.v.KVerf.; § 85 I Nr 3 rh.pf.GO; § 108 Abs. 1 Nr 3 saarl. KSVG; § 71 I Nr 4 thür.KO; Niedersachsen erfordert hingegen, dass „der öffentliche Zweck nicht besser und wirtschaftlicher durch einen privaten Dritten erfüllt wird oder erfüllt werden kann" (§ 136 I Nr 3 NKomVG).
89 Vgl nur BVerwGE 92, 313 (317); BVerwG, DVBl. 1999, 101 (102); ebenso die hL, vgl statt vieler *Maurer/Waldhoff*, Allg.VerwR, § 8 Rn 6 ff.
90 OVG NRW, NWVBl. 2003, 462 (463 f); NZBau 2005, 167 ff; NWVBl. 2008, 418.
91 Kritisch insoweit *Antweiler*, NVwZ 2003, 1466 (1467); *Fassbender*, DÖV 2005, 89 (94); *Pünder/Dittmar*, Jura 2005, 760 (764).
92 In diesem Sinne auch *Freese*, NdsVBl. 2006, 233 (239); *Ipsen*, ZHR 170 (2006), 422 (440); *Burgi*, KommR, § 17 Rn 65.

nur nicht wahrgenommen, weil es im konkret zu entscheidenden Fall nicht darauf ankam[93]. Der zuständige Senat hatte sogar im Gegenteil in einem obiter dictum zu erkennen gegeben, dass es mehrere Argumente gegen die Annahme eines Drittschutzes sieht[94]. Das mag den niedersächsischen Gesetzgeber 2011 bewogen haben, der Subsidiaritätsklausel in § 136 I 3 NKomVG ausdrücklich einen drittschützenden Charakter zuzusprechen („Die Beschränkung … dient auch dem Schutz privater Dritter, die sich entsprechend wirtschaftlich betätigen oder betätigen wollen"). Durch die eindeutige gesetzliche Regelung war andersgerichteten Interpretationen des Nds.OVG somit der Boden entzogen, die Subsidiaritätsklausel verlieh eindeutig Drittschutz[95]. Im Jahr 2016 hat der niedersächsische Gesetzgeber diese eindeutige Regelung wieder aufgehoben und in der Gesetzesbegründung ganz im Sinne des OVG hervorgehoben, dass die Regelung in § 136 NKomVG ausschließlich dem Schutz öffentlicher Interessen und nicht dem Drittschutz diene[96].

Lösungshinweis zu Fall 9 (Rn 287): Im **Ausgangsfall** kann daher M, folgt man der Sichtweise des OVG NRW, geltend machen, die Stadt B habe die in dieser Bestimmung aufgestellten Schranken für eine kommunale wirtschaftliche Betätigung nicht eingehalten. In Nds. könnte sich M wegen der Streichung der Klarstellung, dass die Norm drittschützend ist (s.o.), hingegen nicht (mehr) auf ein durch § 136 I 3 NKomVG begründetes subjektiv-öffentliches Recht berufen und wäre folglich nicht klagebefugt.

Nach der in Rn 319 referierten Gegenmeinung zielen § 107 I GO NRW und die Parallelbestimmungen in anderen Bundesländern auf die Wahrung des öffentlichen Wohls und beziehen in den Schutz allenfalls noch Berufsgruppen in ihrer Gesamtheit mit ein (für die freilich nicht ein einzelner, sich betroffen fühlender Unternehmer in gewillkürter Prozessstandschaft auftreten kann), sind aber nicht dazu bestimmt, einem privaten Individualinteresse zu dienen. Für M erwächst aus der kommunalrechtlichen Bestimmung dann nur ein „Rechtsreflex", aber kein subjektiv-öffentliches Recht, sodass für diese Rüge die Klagebefugnis fehlte und M insoweit allein Grundrechtsverletzungen geltend machen könnte. Im Rahmen der Begründetheit der Klage des M wäre mithin bei Zugrundelegung dieser Auffassung nur die Vereinbarkeit der kommunalen Wohnungsvermittlung mit Grundrechten zu prüfen, ansonsten in erster Linie die Vereinbarkeit mit den kommunalrechtlichen Anforderungen.

---

c) Grundrechtlicher Fiskusabwehranspruch?

322 Ein grundrechtlicher Abwehranspruch gegenüber wirtschaftlicher Betätigung der öffentlichen Hand wird von der Rechtsprechung bislang sub signo **„Fiskusabwehranspruch"** nur unter ganz engen Voraussetzungen anerkannt, nämlich dann, wenn die Wettbewerbsfreiheit der Konkurrenten „in unerträglichem Maße" eingeschränkt werde, eine Auszehrung der Konkurrenz vorliege oder eine Monopolstellung bestehe[97].

---

93 Ebenso offenlassend HessVGH, NVwZ-RR 2009, 852.
94 Nds.OVG, NdsVBl. 2009, 21 (22 f). Kritisch dazu *Roling*, NdsVBl. 2009, 10 ff mit Replik von *Freese*, NdsVBl. 2009, 192 ff; eine Drittwirkung der echten Subsidiaritätsklausel ablehnend auch OVG LSA, NVwZ-RR 2009, 347.
95 So wohl auch die inzwischen herrschende Meinung in der Literatur, vgl statt vieler nur *Pünder*, Jura 2005, 760 (764); *Rennert*, JuS 2008, 211 (216); *Ipsen*, KommR, 611 f, 666 ff; *Burgi*, KommR, § 17 Rn 63 ff; *Wendt*, in: HKWP³, § 42 Rn 36 ff; zusammenfassend *Jungkamp*, NVwZ 2010, 546 ff.
96 Gesetzesbegr., NdsLT-Drs. 17/5423, S. 50; vgl hierzu *Klaß*, in: Dietlein/Mehde, BeckOK Kommunalrecht Niedersachsen, Stand: 1.11.2018, NKomVG § 136 Rn 87; *Hartmann*, HMM, § 6 Rn 145.
97 So etwa BVerwGE 17, 306 (314); 39, 329 (337); BVerwG, NJW 1995, 2938; Hess.VGH, DÖV 1996, 476; OVG NRW, OVGE 38, 200 (206) u. NWVBl. 2003, 462 (466).

Ansonsten, so die Rechtsprechung, gewährten Art. 12 GG und Art. 14 GG keinen Schutz vor Konkurrenz durch die öffentliche Hand[98].

In der Literatur wird diese Rechtsprechung kritisiert[99] und zunehmend gefordert, den Klagen privater Konkurrenten mit Rücksicht auf die Judikatur zu mittelbaren Grundrechtseingriffen zum Erfolg zu verhelfen (dazu Rn 324 ff).

Lösungshinweis zu Fall 9 (Rn 287): Im **Ausgangsfall** verspricht die Berufung auf Art. 14, 12, 3 und 2 I GG nach bisheriger verwaltungsgerichtlicher Rspr keinen Erfolg. Art. 14 I GG sichert weder Erwerbschancen noch bietet er Konkurrenzschutz, soweit nicht behördlich geförderte Monopolstellungen entstehen. Auch Art. 12 GG soll nicht vor Konkurrenz durch die öffentliche Hand schützen. Die Förderung sozialpolitischer Belange stellt in Ansehung des Gleichheitsgrundsatzes eine hinreichende Legitimationsgrundlage für die mit öffentlichen Mitteln betriebene örtliche Tätigkeit der Stadt B auf dem Gebiet der Wohnraumvermittlung dar[100]. Soweit unter dem Blickwinkel der Wettbewerbsfreiheit Raum für eine selbstständige Prüfung des Art. 2 I GG ist, bedeutet die Bezuschussung dieser städtischen Tätigkeit keine übermäßige Belastung privater Konkurrenten[101]. **323**

In der Literatur wird seit längerem die Frage aufgeworfen, ob nicht Anlass besteht, **324** den Grundrechtsschutz Privater aus Art. 12 I GG auch darauf zu erstrecken, dass Hoheitsträger als Konkurrenten auf bestimmten Feldern wirtschaftlicher Betätigung, nicht außerhalb ihres gesetzlich fundierten und damit limitierten Kompetenzbereichs agieren und dass sie des Weiteren die ihnen durch das grundrechtlich wie rechtsstaatlich verankerte Übermaßverbot gezogenen Schranken beachten[102]. Schließlich ist allgemein anerkannt, dass die Berufsfreiheit nicht nur gegen gezielte Eingriffe, sondern auch gegen faktische hoheitliche Einwirkungen schützt[103].

Es handelt sich im Falle spürbarer Beeinträchtigungen aber in der Tat um einen „Eingriff durch Konkurrenz"[104]. Das dogmatische Postulat der „berufsregelnden Tendenz"[105] bietet insoweit gerade mit Blick auf die Legaldefinition kommunalwirt- **325**

---

98 So etwa BVerwGE 39, 329 (336); 71, 183 (193); BVerwG, DVBl. 1996, 152 (153); OVG NRW, DÖV 2005, 616 (617).

99 Vgl statt vieler *Isensee*, DB 1979, 145 (149); *Mann*, Die öffentlich-rechtliche Gesellschaft, 2002, S. 93 ff; *Scharpf*, GewArch 2005, 1 (5); *Ruthig/Storr*, Öff. Wirtschaftsrecht, 4. Aufl. 2015, Rn 695 f.

100 Zu berücksichtigen ist dabei auch, ob die Stadt zu den in § 1 ZweckentfremdungsVO NRW v. 12.6.2001 (GVBl. S. 458) genannten kommunalen Bereichen zählt, in denen die Versorgung der Bevölkerung mit ausreichendem Wohnraum zu angemessenen Bedingungen besonders gefährdet ist (vgl Art. 6 § 2 MietrechtsverbesserungsG v. 4.11.1971 [BGBl. I S. 1745]), einem Normenkomplex, dessen Verfassungsmäßigkeit in der Rspr anerkannt ist, so lange die Mangellage noch besteht; vgl BVerwG, NVwZ 2003, 1125 ff u. Nds.OVG, NdsVBl. 2003, 205 (206).

101 Vgl BVerwG, BayVBl. 1978, 375 u. BayVGH, BayVBl. 1976, 628 – „komm. Wohnungsvermittlung".

102 In diese Richtung bereits *R. Schmidt*, Öffentliches Wirtschaftsrecht AT, 1990, S. 526: „... jede staatliche Wettbewerbsteilnahme unter Heranziehung des Grundsatzes der Verhältnismäßigkeit an Art. 12 Abs. 1 GG zu messen"; *Löwer*, VVDStRL 60 (2001), 416 (445 f); *Schink*, NVwZ 2002, 129 (137 ff) mwN; *Faber*, DVBl. 2003, 761 (762 f); *Faßbender*, DÖV 2005, 89 (97 ff); *Ruthig/Storr*, Öff. Wirtschaftsrecht, 4. Aufl 2015, Rn 701 ff; ausführlich *Stamer*, Rechtsschutz gegen öffentliche Konkurrenzwirtschaft, 2007, S. 110 ff.

103 Vgl *Mann*, in: Sachs, GG, 8. Aufl. 2018, Art. 12 Rn 94 ff; *Scharpf*, GewArch. 2005, 1 (5) mwN.

104 So schon *R. Schmidt*, aaO, S. 523; vgl auch *Pielow*, NWVBl. 1999, 369 (375 f) allg. unter Hinweis auf die Abwehrfunktion der Freiheitsrechte; *Grawert*, FS Blümel, 1999, S. 136. Ablehnend VerfGH Rh.Pf., NVwZ 2000, 801 (802).

105 Vgl nur BVerfGE 13, 181 (186); 111, 191 (213); OVG NRW, NWVBl. 1995, 99 (101).

schaftlicher Betätigung in § 107 I 3 GO NRW durchaus eine tragfähige Basis für ein extensiveres Verständnis als bislang üblich.

Bei einem solchen Ansatz wäre auch eine im Interesse des Wirtschaftsstandorts Deutschland liegende, bundesweit gleichmäßige verwaltungs- und verfassungsgerichtliche Kontrolle gewährleistet, ohne dass jeweils – wie bisher – nach dem Schutzzweck der einzelnen landesrechtlichen Vorgaben gefragt werden müsste.

d) Kommunalrechtliche Koppelungsverbote

326 Neuerdings finden sich im Kommunalrecht spezielle Verbotsvorschriften zum Missbrauch wirtschaftlicher Machtstellung. Gemäß § 110 GO NRW dürfen bei Unternehmen, für die kein Wettbewerb (gleichartiger Unternehmen) besteht, der Anschluss und die Belieferung nicht davon abhängig gemacht werden, dass auch andere Leistungen oder Lieferungen abgenommen werden.

Hierbei handelt es sich um ein spezifisches kommunalrechtliches **Koppelungsverbot**, dessen Schutzzweck ersichtlich privaten Vertragspartnern gilt und dessen Einhaltung auch auf deren Anstoß hin verwaltungsgerichtlicherseits durchsetzbar ist.

IV. Veräußerung wirtschaftlicher Unternehmen

327 Die teilweise oder vollständige Veräußerung eines wirtschaftlichen Unternehmens oder einer Beteiligung an einer Gesellschaft sowie andere Rechtsgeschäfte, durch welche die Gemeinde ihren Einfluss auf das Unternehmen oder die Gesellschaft verliert oder vermindert, sind **nur zulässig, wenn** die für die Betreuung der Einwohner erforderliche **Erfüllung der Aufgaben** der Gemeinde nicht beeinträchtigt wird bzw. die Maßnahme im wichtigen Interesse der Gemeinde liegt (so § 106 bd.wtt.GO; § 148 I NKomVG; § 111 I GO NRW).

328 Damit ist für den kommunalen Sektor zugleich eine im Grundsatz bejahende, an sachlichen Schranken orientierte Aussage zu dem gesellschaftspolitisch umstrittenen Stichwort der **„Privatisierung** öffentlicher Dienstleistungen" getroffen.

Solche Privatisierungen haben ab den neunziger Jahren auf kommunaler Ebene nicht nur im Bereich von Reinigungs- und Wartungsdiensten stattgefunden, sondern auch im Verkehrswesen sowie bei Aufgaben der Versorgung, wenngleich nicht verkannt werden darf, dass es sich vielfach lediglich um formelle Privatisierungen (= Organisationsprivatisierungen, dh ein Wechsel zwischen öffentlich-rechtlicher und privatrechtlicher Organisationsform), nicht aber um materielle Privatisierungen (vollständiger Rückzug aus der Wahrnehmung von Aufgaben zugunsten einer künftigen Erledigung durch Private) gehandelt hat[106]. Im Gegenteil, in den letzten Jahren hat vielmehr ein Trend zur „Rekommunalisierung" eingesetzt, da Kommunen das Potential kommunaler Unternehmen als Einnahmequelle wiederentdeckt haben. Zur sog. Privatisierungsprüfpflicht siehe etwa Art. 61 II 2 bay. GO.

---

106 Vgl zu diesem Fragenkreis allg. *Ronellenfitsch*, in: Hoppe/Uechtritz/Reck (Hrsg.), Handbuch kommunale Unternehmen, 3. Aufl. 2012, §§ 2, 5 mwN.

Die aktuellen Diskussionen werden vor diesem Hintergrund geprägt durch schillernde Formeln wie Rationalisierung, schlanke Verwaltung, „lean management", Outsourcing[107], Fondsfinanzierung[108], „public private partnership"[109] und Leasing.

Im ersten Jahrzehnt des neuen Jahrtausends kam etwa der Frage der Zulässigkeit eines sog. **Cross-Border-Leasing** besondere Aufmerksamkeit zu, dessen Reiz in der Ausnutzung amerikanischer Steuervorschriften bestand[110]. Ob die damit verbundenen schwierigen Rechtsfragen, die ein kompliziertes Regelungsgeflecht mit umfangreichen Vertragswerken auf der Grundlage amerikanischen Rechts bedingen, vonseiten deutscher Kommunen wirklich beherrschbar sind, erscheint mehr als fraglich. Die globale Finanzkrise hat gezeigt, dass hier stärkere landesgesetzliche Vorsorge ebenso gefordert ist[111], wie eine strenge Begleitung durch die Aufsichtsbehörde[112].

Kommunale Beteiligungen an wirtschaftlichen Unternehmen, oft ergänzt durch weitere Unterbeteiligungen, bis hin zu Konzernstrukturen (vgl o. Rn 310), bedeuten aber keineswegs durchgängig Rückzug aus bisher (allein) wahrgenommenen Aktivitäten, sondern zunehmend eher Intensivierung der Beteiligung am Wirtschaftsleben. Insoweit stellen sich dann zusätzliche Fragen, so wiederum nach den einschlägigen kommunalrechtlichen Grenzziehungen unter dem Blickwinkel eines sog. öffentlich-rechtlichen Einwirkungsanspruchs[113]. Zur Auffassung des BVerwG, unter bestimmten Umständen sei eine Privatisierung freiwillig übernommener Selbstverwaltungsaufgaben (Weihnachtsmarkt) unzulässig, siehe Rn 74, 198. **329**

V. Spezialbereich: Unternehmerische Betätigung im Kreditwesen[114]

Während den Gemeinden generell die Errichtung, die Übernahme und der Betrieb von Bankunternehmen untersagt ist (vgl Art. 87 IV 1 bay.GO; § 68 V 1 m.v.KVerf.; § 136 VI NKomVG; § 107 VI GO NRW)[115], gehört das Recht, Sparkassen zu betreiben, zum anerkannten Komplex kommunaler Daseinsvorsorge[116]. Es gelten für das **330**

---

107 Restriktionen für ein EDV-Outsourcing enthält das Beihilferecht für Beamte (vgl §§ 102 ff LBG NRW), dazu OVG NRW, NWVBl. 2004, 107 ff.
108 Siehe dazu etwa *Kirchhoff/Müller-Godeffroy*, Finanzierungsmodelle für kommunale Investitionen, 6. Aufl. 1996.
109 Dazu *Reuter*, NVwZ 2005, 1246 ff; *Mann*, in: FS Püttner, 2007, 109 ff; *Schliesky*, in: HKWP³, § 47.
110 Dazu *Smeets/Schwarz/Sander*, NVwZ 2003, 1061 ff; umfassend *Rietdorf*, Kommunale Cross-Border-Leasing Transaktionen, 2014.
111 Ablehnend zur Frage, inwieweit Einnahmen aus Cross-Border-Leasinggeschäften gebührenmindernd zu berücksichtigen sind, VG Gelsenkirchen, NWVBl. 2004, 1115.
112 Zur Haftung der Kommunalaufsicht für die Genehmigung einer Leasing-Finanzierung, vgl BGHZ 153, 198 ff (Oderwitz-Urteil), dazu *Brüning*, DÖV 2010, 553 (559) sowie u. Rn 370.
113 Dazu etwa Hess.VGH, DÖV 1996, 476 (477) – „Deutsche Städte-Reklame GmbH".
114 Allg. Lit.: Oebbecke/Ehlers (Hrsg.), Perspektiven für Sparkassen und Genossenschaftsbanken, 2006; *Henneke* (Hrsg.), Sparkassen, Landes- und Förderbanken nach der Finanzkrise, 2010; *Henneke*, in: HKWP³, § 53a und *Gerlach*, in: HKWP³, § 53b.
115 S. dazu die Examensklausur „Fremdwährungs-Kreditgeschäfte einer Eigengesellschaft" von *Mann*, NWVBl. 2001, 412 ff.
116 BVerfGE 75, 192 (199); BVerfG, NVwZ 1995, 370 (371); Sächs.VerfGH, DVBl. 2001, 293 (294); allgemein *Oebbke*, LKV 2006, 145; *Henneke*, in: HKWP³, § 53a Rn 48 ff.

öffentliche **Sparkassenwesen** die dafür erlassenen besonderen Vorschriften in den Sparkassengesetzen der Länder.

Die von Gemeinden oder Gemeindeverbänden errichteten Sparkassen sind mit eigenen Organen (Verwaltungsrat[117], Kreditausschuss, Vorstand) ausgestattete rechtsfähige Anstalten des öffentlichen Rechts, die staatlicher Aufsicht unterliegen. Für ihre Verbindlichkeiten hafteten bislang die jeweilige Gemeinde oder der Gemeindeverband als Gewährträger unbeschränkt, allerdings in Ansehung des Vermögens der Sparkassen subsidiär; im Innenverhältnis stellte der Gewährträger sicher, dass die Sparkassen ihre Aufgabe erfüllen konnten – „Anstaltslast" –. Diese beiden klassischen Rechtsinstitute des deutschen Sparkassenrechts sahen sich seit längerem dem Vorwurf ausgesetzt, gemeinschaftsrechtswidrige Beihilfen zu sein[118]. Inzwischen wurde auf der Grundlage einer Verständigung mit der Europäischen Kommission Einigkeit dahingehend erzielt, dass auf die Gewährträgerhaftung zukünftig verzichtet und die Anstaltslast modifiziert wird. In der Folge dieser Verständigung wurde die Gewährträgerhaftung im Sparkassenrecht abgeschafft (vgl nun zB § 5 II nds.SpkG, § 7 II SpkG NRW)[119] und die Anstaltslast in eine „Unterstützungsfunktion" transformiert (vgl § 5 I nds.SpkG)[120].

331 Ihre umfassend formulierten Aufgaben (kreditwirtschaftliche Versorgung der Bevölkerung des Geschäftsgebietes – insbesondere des Mittelstandes und der wirtschaftlich schwächeren Bevölkerungskreise – und ihres Gewährträgers, Förderung von Sparsinn und Vermögensbildung), den sog. **öffentlichen Auftrag** (vgl § 4 nds.SpkG; § 2 SpkG NRW), nehmen sie als im Publikumsverkehr privatrechtlich agierende gemeinnützige Wirtschaftsunternehmen in Konkurrenz zu anderen Kreditinstituten (Privatbanken, Kreditgenossenschaften) wahr[121]. Da sie materiell Bankgeschäfte iSv § 1 KWG betreiben, unterliegen sie diesbezüglich wie ihre Konkurrenten der Aufsicht seitens der Bundesanstalt für Finanzdienstleistungsaufsicht (§ 6 KWG). Grundrechtsfähigkeit soll ihnen freilich als im Bereich der Daseinsvorsorge tätigen juristischen Personen des öffentlichen Rechts nicht zukommen[122].

332 Das sog. formelle, auf die Sparkassenorganisation bezogene Sparkassenrecht ist demgegenüber – wie bereits gezeigt – als spezielles Kommunalrecht in landesrechtlichen Bestimmungen niedergelegt. Notfalls muss auf Grundsätze des allgemeinen Kommunalrechts zurückgegriffen werden. Als wesentliche, namentlich das Verhältnis der Sparkassen zueinander prägende Direktiven[123] sind festzuhalten:

– Das **Regionalprinzip**[124]. Danach dürfen Sparkassen nur innerhalb des Gebietes ihres Gewährträgers Haupt- und Zweigstellen errichten (vgl § 4 II nds.SpkG; § 1 II 1 SpkG NRW).

---

117 Zur Problematik seiner Zusammensetzung mit Blick auf Mitbestimmungsregelungen näher o. Rn 81.
118 Vgl Schreiben der Europäischen Kommission v. 27.3.2002/C (2002) 1286.
119 Näher *Oebbecke*, VerwArch 93 (2002), 278 ff; *Henneke*, Der Landkreis 2004, 13 ff; *Witte/Rafigpoor*, WM 2003, 1885 f.
120 Die SpkG enthalten mit Blick auf frühere Verträge Übergangsregelungen, vgl zB § 32 nds.SpkG.
121 Vgl dazu aus der Rspr BVerfG, NVwZ 1995, 370 f; BVerwG, DVBl. 1972, 780 (781); BVerwGE 41, 195 (196 f).
122 So BVerfGE 75, 192 (195 ff); BVerfG, NJW 1995, 582 f.
123 Vgl OVG NRW, DVBl. 1966, 342; *Hoppe*, HKWP[2] Band 5, 498 f.
124 Vgl dazu OVG Rh.Pf., NVwZ-RR 1992, 240 u. 241; Brandenb.VerfG, LKV 1995, 40 (41).

– Das **Subsidiaritätsprinzip**. Kreissparkassen dürfen im Gebiet kreisangehöriger Gemeinden mit eigener Sparkasse keine Zweigstellen errichten (vgl § 1 II 2 SpkG NRW).
– Das **Verbot der Doppelverwaltung**. Sparkassen dürfen sich als gebietsbezogene Anstalten grundsätzlich nicht innerhalb eines Gebietes Konkurrenz machen[125].
– Das **Verbot der Mehrfachträgerschaft**. Eine Kommune darf nicht über mehr als eine Sparkasse die Trägerschaft innehaben.
– Das **Prioritätsprinzip**. Nur ausnahmsweise können bei Zuständigkeitsveränderungen bestehende Geschäftsstellen aus besonders gewichtigen Gründen der Besitzstandswahrung einmal bei ihrem ursprünglichen Träger verbleiben[126].

VI. Kommunale Wirtschaftsförderung

Als Beitrag zur Schaffung und Sicherung von Arbeitsplätzen und damit letztlich zur langfristigen Einnahmenstabilisierung gehört die Wirtschaftsförderung seit jeher zu den gewohnten Tätigkeitsfeldern der Kommunen (vgl auch § 107 II 1 Nr 3 GO NRW). Hier geht es nicht um eigene wirtschaftliche Betätigung, sondern um **Investitionsförderung zu Gunsten der Privatwirtschaft** im Wege einer Erleichterung der **Gewerbe- und Industrieansiedlung** sowie in Gestalt von **Maßnahmen zur Sicherung des Standortes** von bestehenden Betrieben. Das Spektrum entsprechender direkter und indirekter Maßnahmen ist reichhaltig und reicht von (verbilligter) Veräußerung gemeindeeigener Grundstücke[127] über Grundstücksvermittlung, Infrastrukturmaßnahmen (Bau von Straßen und Versorgungseinrichtungen) und Auftragsvergabe (dazu noch im Folgenden) bis hin zu Stundung und Erlass von Abgaben[128]. Die hiermit verbundenen Rechtsfragen sind vielschichtig und können hier nur angedeutet werden[129]. Soweit kommunale Aktionen nicht regionale Förderungsprogramme auf gesetzlicher Basis konterkarieren, wird man sie als freiwillige Selbstverwaltungsangelegenheit hinzunehmen haben. Die einzelne Maßnahme muss jedoch jeweils den für sie relevanten gesetzlichen Vorgaben genügen. Hierzu gehört, dass Zuwendungen von Kommunen an Private, gleich welcher Art, im Sinne des freien und unverfälschten Wettbewerbs auch immer mit dem Beihilfeverbot des Art. 108 AEUV vereinbar sein müssen[130].

333

---

125 OVG NRW, OVGE 36, 60 ff; siehe aber für Bayern BayVerfGH, DVBl. 1986, 39 ff.
126 Vgl BayVGHE 22, 98 (106).
127 Zu einer an der Ortsverbundenheit der Einwohner ausgerichteten kommunalen Grundstückspolitik s. BayVGH, BayVBl. 1999, 399; BayVerfGH, MittBayNot 2008, 412. Die Legitimität von Preisnachlässen bei der Veräußerung kommunaler Wohnungsbestände zur Förderung der Bildung privaten Eigentums unter sozialen Gesichtspunkten wird ausdrücklich in § 90 I 3 sächs.GO festgestellt.
128 Zum Verzicht auf kommunale Abgaben zur Förderung der Gewerbeansiedlung vgl bereits BayVGH, NJW 1992, 2652.
129 Vgl näher dazu *Ehlers* (Hrsg.), Kommunale Wirtschaftsförderung, 1990; *Faber*, Europarechtliche Grenzen kommunaler Wirtschaftsförderung, 1992. – Speziell zu sog. Einheimischenmodellen *Burgi*, JZ 1999, 873 ff.
130 Hierzu ausführlich: *Schröder*, in: Wurzel/Schraml/Becker, Rechtspraxis der kommunalen Unternehmen, Kap H.

VII. Kommunale Auftragsvergabe

334 Wirtschaftsfördernde Effekte hat auch das Nachfrageverhalten der Kommunen. Insoweit ist jedoch das in Deutschland zweigeteilte **Vergaberecht** zu beachten. **Unterhalb der sog.** Schwellenwerte[131] besteht nach den Bestimmungen des Gemeindehaushaltsrechts grundsätzlich die Verpflichtung, vor der Vergabe öffentlicher Aufträge eine Ausschreibung vorzunehmen[132]. Dadurch soll den Gemeinden eine kostengünstige und transparente Beschaffung ermöglicht und gleichzeitig Wettbewerbsverfälschungen durch Nachfrage der öffentlichen Hand vermieden werden[133]. Subjektive Rechte der Bieter auf Einhaltung der haushaltsrechtlichen Vergabevorschriften sind insoweit nicht vorgesehen[134].

335 Bei **Erreichen entsprechender Schwellenwerte** ergibt sich eine solche – auf Anstoß von Bewerbern dann auch überprüfbare – Verpflichtung aber bereits aus EU-rechtlichen Vorgaben, die ihre Umsetzung in den §§ 97 ff GWB (sog. Kartellvergaberecht) erfahren haben. Diese Bestimmungen gewähren jedem Bieter einen Anspruch auf Einhaltung der Vergabevorschriften (§ 97 VI GWB). Gegen die Entscheidung der Vergabestelle kann eine **Vergabekammer** (§§ 155 ff GWB) und danach das zuständige OLG angerufen werden (§§ 171 ff GWB). Die Einzelheiten des Vergabeverfahrens nach dem GWB regelt die Vergabeverordnung[135].

336 Aus kommunaler Sicht stellt sich die Frage, ob öffentliche Aufträge auch dann ausgeschrieben werden müssen, wenn sie an Unternehmen oder Gesellschaften vergeben werden, an denen die öffentliche Hand selbst beteiligt ist. Die Lösung muss differenzieren:

- § 103 I GWB definiert öffentliche Aufträge als „entgeltliche Verträge zwischen öffentlichen Auftraggebern oder Sektorenauftraggebern und Unternehmen" und macht damit eine Rechtsbeziehung zwischen zwei selbstständigen Rechtssubjekten zur Anwendungsvoraussetzung des Vergaberechts. Somit ist eine Auftragsvergabe an eigene **Regie- und Eigenbetriebe**, denen keine eigene Rechtspersönlichkeit zukommt (vgl o. Rn 306 f) vergaberechtlich irrelevant.
- Wenn eine Gemeinde einen Auftrag an eine **Eigengesellschaft** (o. Rn 304 f) vergeben will, ist gemäß § 108 I GWB ein ebenfalls vergabefreies sog. **„Inhouse-Geschäft"** anzunehmen, wenn der öffentliche Auftraggeber über den Auftragneh-

---

131 Bei Bauaufträgen: 5 548 000 Euro, bei Dienstleistungs- und Lieferaufträgen 144 000 bzw 221 000 Euro, bei Dienstleistungsaufträge bzgl. sozialer bzw. anderer besonderer Dienstleistungen 750 000 Euro; vgl Art. 4 RL 2014/24/EU des Europäischen Parlaments und des Rates vom 26. Februar 2014 über die öffentliche Auftragsvergabe und zur Aufhebung der Richtlinie 2004/18/EG (Abl. EU 2014 L 94/65), zuletzt geändert durch Art. 1 ÄndVO (EU) 2017/2365 vom 18.12.2017 (ABl. Nr. L 337 S. 19).

132 Vgl OVG Rh.-Pf., DÖV 1997, 963; OVG Nds., NVwZ 1999, 1128; VGH Bd.Wtt., DÖV 1999, 79.

133 Vgl § 97 I GWB sowie hierzu *Geis*, KommR, § 12 Rn 108.

134 Siehe BVerfG, NJW 2006, 3701, wonach nur das Willkürverbot des Art. 3 Abs. 1 GG als Kontrollmaßstab anerkannt wird.

135 Verordnung über die Vergabe öffentlicher Aufträge (Vergabeverordnung – VgV) vom 12. April 2016 (BGBl. I S. 624), zuletzt geändert durch Art. 4 G zur Verlängerung befristeter Regelungen im Arbeitsförderungsrecht und zur Umsetzung der RL (EU) 2016/2102 über den barrierefreien Zugang zu den Websites und mobilen Anwendungen öffentlicher Stellen vom 10.7.2018 (BGBl. I S. 1117).

mer eine Kontrolle wie über eine eigene Dienststelle ausübt und der Auftragnehmer im Wesentlichen nur für den Auftraggeber tätig wird[136].

– Ist der Auftragnehmer ein **gemischt-wirtschaftliches Unternehmen** (o. Rn 304) ist der Auftrag grundsätzlich vergabepflichtig, denn die Rechtsprechung des EuGH schließt jede Beteiligung eines Privaten an dem Auftragnehmer die Annahme einer Inhouse-Vergabe kategorisch aus[137]. Dem entsprechend stellt nun auch § 108 I Nr 3 GWB klar, dass eine private Kapitalbeteiligung an der kontrollierten juristischen Person zum Ausschluss der Inhouse-Vergabe führt. Aus § 108 I Nr 3 GWB ergeben sich jedoch Ausnahmen von diesem Grundsatz, und zwar wenn entweder eine indirekte Beteiligung vorliegt (zB bei einer stillen Beteiligung ohne Teilnahme an der Geschäftsführung), oder wenn zwar eine direkte Beteiligung vorliegt, diese aber durch gesetzliche Bestimmungen zwingend vorgeschrieben ist, und weder eine Beherrschung oder Sperrminorität noch einen maßgeblichen Einfluss auf die juristische Person vermittelt[138].

Nachdem sich ab Ende 2005 Möglichkeiten aufzeigten, durch Dienstleistungskonzessionen **337** (der Konzessionär trägt das Betriebsrisiko, indem er Entgelte von Dritten erhebt) dem Vergaberecht zu entgehen[139], konzentrierte sich die jüngere Diskussion vor allem auf die Frage, ob die **Formen der interkommunalen Zusammenarbeit** – Zweckverbände, Aufgabenübertragungen im Wege öffentlich-rechtlicher Vereinbarungen (o. Rn 29), Genossenschaften – dem Kartellvergaberecht zu unterwerfen sind. An die Rechtsprechung des EuGH[140] anknüpfend normiert nun § 108 VI GWB in Umsetzung des Art. 12 Abs. 4 RL 2014/24/EU die Anforderungen an eine vergaberechtsfreie Zusammenarbeit zwischen öffentlichen Auftraggebern[141].

Hinzu ist ein weiterer Aspekt getreten, bei dem sich Vergaberecht und kommunales Wirtschaftsrecht begegnen: Ähnlich wie bei der früheren Lauterkeitsrechtsprechung (Rn 316 f) nimmt vor allem das OLG Düsseldorf nun über die Brücke des Vergaberechts erneut für sich in Anspruch, über die Einhaltung des Kommunalwirtschaftsrechts zu wachen, dieses Mal als Vorfrage einer Vergaberechtsentscheidung: Unterlegene Bieter werden mit dem Argument gehört, der Zuschlag dürfe dem kommunalen Unternehmen nicht erteilt werden, weil dessen wirtschaftliche Betätigung nach den Bestimmungen der betreffenden Gemeindeordnung bereits gar nicht zulässig sei[142].

---

136 Mit der Richtlinie 2014/24/EU des Europäischen Parlaments und des Rates vom 26. Februar 2014 über die öffentliche Auftragsvergabe und zur Aufhebung der Richtlinie 2004/18/EG (Abl. EU 2014 L 94/65), zuletzt geändert durch Art. 1 ÄndVO (EU) 2017/2365 vom 18.12.2017 (ABl. Nr. L 337 S. 19) und der Umsetzung durch das Gesetz zur Modernisierung des Vergaberechts (BGBl 2016 I S. 203) wurde die bis dato richterrechtlich anerkannte Inhouse-Vergabe nun auch gesetzlich erfasst. Danach stellen Art. 12 RL 2014/24/EU und § 108 GWB bestimmte Formen der Kooperation innerhalb der öffentlichen Verwaltung von der Pflicht zur europaweiten Ausschreibung frei.

137 EuGH, Slg. I 2005, 1 ff („Stadt Halle") = NVwZ 2005, 187 ff m. Anm *Krohn*, NZBau 2005, 92 (94) und *Hausmann/Bultmann*, NZBau 2005, 377 ff; vgl hierzu *Pitschas/Schoppa*, in: HKWP[3], § 43 Rn 44 ff.

138 Vgl zB *Schulz*, Inhouse-Vergabe in der öffentlichen Familie: Von Müttern, Schwestern, Enkeln und Halbgeschwistern, ZfBR 2018, 134 (137); *Gurlit* in: Burgi/Dreher (Hrsg.) Beck'scher Vergaberechtskommentar, Band 1: GWB, 4. Teil, 3. Aufl. 2017, § 108 Rn 17-19 mwN.

139 EuGH, Slg. I 2005, 8612 ff („Parking Brixen") = NZBau 2005, 644 ff; EuGH, EuZW 2011, 353 – Tz. 24–26; OVG Bln.-BBg., NVwZ-RR 2011, 293.

140 EuGH 9.6.2009 – C-480/06 (Stadtreinigung Hamburg) = EuZW 2009, 529; EuGH 19.12.2012 – C-159/11, (Lecce) = NZBau 2013, 114; EuGH 13.6.2013 – C-386/11 (Piepenbrock) = EuZW 2013, 591.

141 Zu den einzelnen Voraussetzungen siehe *Gurlit* in: Burgi/Dreher (Hrsg.) Beck'scher Vergaberechtskommentar, Band 1: GWB, 4. Teil, 3. Aufl. 2017, § 108 Rn 36-42 mwN.

142 OLG Düsseldorf, AbfallR 2008, 307 ff; dem ist das OVG NRW dezidiert entgegengetreten, vgl OVG NRW, NVwZ 2008, 1031 f; zum Ganzen *Mann*, NVwZ 2010, 857 ff.

Wiederholungs- und Verständnisfragen

1. *Was besagt die „Schrankentrias" im kommunalen Wirtschaftsrecht?* **Rn 289**
2. *Was versteht man unter einer wirtschaftlichen Betätigung der Gemeinde?* **Rn 295**
3. *Inwiefern ist das Erfordernis eines öffentlichen Zwecks der wirtschaftlichen Betätigung verfassungsrechtlich begründet?* **Rn 299**
4. *Was besagt der Subsidiaritätsgedanke im kommunalen Wirtschaftsrecht?* **Rn 301**
5. *Welche Bedeutung hat das Örtlichkeitsprinzip im kommunalen Wirtschaftsrecht?* **Rn 302 f**
6. *In welchen Rechtsformen können kommunale Wirtschaftsunternehmen geführt werden?* **Rn 304**
7. *Was sind gemischt-öffentliche und gemischt-wirtschaftliche Unternehmen?* **Rn 309**
8. *Welchen Rechtsweg können konkurrierende Private gegen Errichtung und Betätigung von kommunalen Wirtschaftsunternehmen beschreiten?* **Rn 314 ff**
9. *Haben die Vorschriften über die kommunale Wirtschaftstätigkeit drittschützenden Charakter?* **Rn 319 ff**
10. *Gewähren Art. 12 und 14 GG Schutz vor Konkurrenz durch die öffentliche Hand?* **Rn 322 ff**
11. *Welche Bedeutung haben die „Schwellenwerte" im Vergaberecht?* **Rn 334 f**
12. *Wie ist bei einer Auftragsvergabe an Unternehmen, an denen Kommunen beteiligt sind, zu differenzieren?* **Rn 336**

§ 10 Kommunales Finanzwesen (Zusammenfassende Übersicht)

338 Punktuelle Aussagen zum kommunalen Finanzwesen finden sich im Grundgesetz (o. Rn 92 f) und in den Landesverfassungen (o. Rn 97), umfängliche Vorgaben in den Gemeinde-[1] und Kreisordnungen sowie landesrechtlichen Verordnungen (wie Gemeindehaushaltsverordnung – GemHVO – und Gemeindekassenverordnung – GemKVO –). Im Folgenden seien nur einige zentrale Aspekte angesprochen[2].

I. Das kommunale Vermögen[3]

339 Während in den alten Ländern den kommunalen Körperschaften von Anfang an umfängliche Vermögenswerte zustanden, die ihrer Verfügungsmacht unterliegen, bedurfte es für die Kommunen in den neuen Ländern angesichts ihres früheren Status im DDR-Recht (o. Rn 15) eines besonderen Kommunalisierungsauftrages, wie er denn

---

1 §§ 77 ff bd.wtt.GO; Art. 61 ff bay.GO; §§ 63 ff BbgKVerf; §§ 92 ff hess.GO; §§ 43 ff m.v.KVerf.; §§ 110 ff NKomVG; §§ 75 ff GO NRW; §§ 78 ff rh.pf.GO; §§ 82 ff saarl.KSVG; §§ 72 ff sächs.GO; §§ 98 ff KVG LSA; §§ 75 ff schl.h.GO; §§ 53 ff thür.KO.
2 Zu diesem Komplex ausführlich *H/P/W*, KommFin, 2006; *Rose*, Kommunale Finanzwirtschaft Niedersachsen, 7. Aufl. 2017.
3 Dazu näher Richter, in: H/P/W, KommFin, § 38.

auch in Art. 21 III EV für das Verwaltungsvermögen und in Art. 22 I EV für das Finanzvermögen – damit einer traditionellen verwaltungsrechtlichen Unterscheidung folgend – verankert wurde[4]. Eine zentrale Zielsetzung dieser Vorgaben war es, die Kommunen mit dem vormals volkseigenen Vermögen insoweit auszustatten, als sie es dem Zentralstaat unentgeltlich zur Verfügung gestellt hatten[5].

Vermögensgegenstände soll eine Gemeinde nur **erwerben**, soweit dies zur Erfüllung ihrer Aufgaben erforderlich ist oder wird (vgl Art. 74 I bay.GO; § 56 I m.v.KVerf.; § 124 I NKomVG; § 90 I GO NRW). Damit wird eine vorausschauende Bodenvorratspolitik durch Grundstückskäufe nicht behindert. Vorhandene Vermögensgegenstände sind pfleglich und wirtschaftlich zu verwalten (vgl Art. 74 II bay.GO; § 56 II m.v.KVerf.; § 124 II NKomVG; § 90 II GO NRW).

Eine **Veräußerung oder Nutzungsüberlassung** ist Gemeinden nur bei solchen Vermögensgegenständen gestattet, die sie zur Erfüllung ihrer Aufgaben in absehbarer Zeit nicht brauchen, und dies in der Regel nur jeweils zum vollen Wert (vgl Art. 75 I bay.GO; § 56 IV m.v.KVerf.; § 125 I NKomVG; § 90 III GO NRW)[6]. Will die Gemeinde Vermögensgegenstände unentgeltlich veräußern, Grundstücke verkaufen oder über Sachen, die einen besonderen wissenschaftlichen, geschichtlichen oder künstlerischen Wert haben, verfügen, so gelten besondere Vorschriften, die von einer Begründungs- und Dokumentationspflicht (vgl § 125 III NKomVG) über Genehmigungserfordernisse (vgl § 56 VI m.v.KVerf.) bis hin zu gesetzlichen Verboten (vgl § 75 III bay.GO für die Verschenkung von Gemeindevermögen) reichen.

Vgl dazu den **Fall**: „Historische Stadtansichten" (unten Rn 346).

Besondere Vorschriften bestehen auch für **Sondervermögen** und **Treuhandvermögen** (vgl §§ 64 f m.v.KVerf.; §§ 130 f NKomVG; §§ 97 f GO NRW), darunter spezielle Bestimmungen über örtliche Stiftungen (vgl Art. 84 f bay.GO; § 64 III m.v.KVerf.; § 135 NKomVG; § 100 GO NRW).

Ein **Insolvenzverfahren** über das Vermögen der Gemeinde ist gesetzlich ausgeschlossen (vgl Art. 77 bay.GO; § 62 III m.v.KVerf.; § 128 II GO NRW). Zur Einleitung der **Zwangsvollstreckung** gegen eine Gemeinde wegen einer Geldforderung bedarf es – außer bei der Verfolgung dinglicher Rechte – einer Zulassungsverfügung der Aufsichtsbehörde (ebd, jew. Abs. I).

340

Soweit es sich freilich um Geldforderungen handelt, die im Verwaltungszwangsverfahren beizutreiben sind, gelten die – inhaltlich im Wesentlichen gleichlautenden – Regelungen des Verwaltungsvollstreckungsrechts (§ 78 VwVG NRW).

Aktuelle Diskussionen gelten der Frage, inwieweit sich aus Grundgesetz resp. Landesverfassungen eine Finanzausstattungsgarantie ergibt, die zu einer Ausfallhaftung des Landes für zahlungsunfähige Kommunen führt[7]. Eine solche solidarische Ein-

---

4 Vgl insoweit BVerwGE 95, 295 ff – „Berufsschulgebäude"; zu den einzelnen Vermögenswerten bspw BGHZ 137, 350 ff; BVerwGE 96, 231 ff.
5 So BVerwGE 95, 301 (308) – „Sportstättengrundstück".
6 Bei Grundstücken heißt dies grds: Veräußerung zum Verkehrswert (vgl OVG NRW, NJW 1983, 2517); s. aber auch o. Rn 333. – Allg. zu diesem Fragenkreis *Grawert*, NWVBl. 1999, 285 ff.
7 Nachw. dazu bei *Faber*, in: H/P/W, KommFin, § 35 Rn 23 ff.

standspflicht der übergeordneten Länder wird ua aus dem Bundesstaatsprinzip abgeleitet[8].

II. Kommunales Haushalts-, Kassen- und Rechnungswesen

341   Die **gemeindliche Haushaltswirtschaft** unterliegt den allgemein anerkannten Haushaltsgrundsätzen nach näherer Maßgabe der Gemeindeordnungen[9] und Gemeindehaushaltsverordnungen. Besondere Bedeutung kommt insofern auch auf kommunaler Ebene den Grundsätzen der Wirtschaftlichkeit und Sparsamkeit zu[10]. Als zentrale Direktive gilt die Sicherung der stetigen Erfüllung der gemeindlichen Aufgaben. Den Erfordernissen des gesamtwirtschaftlichen Gleichgewichts ist dabei Rechnung zu tragen[11].

In vielen Ländern sind die Gemeinden gehalten, künftig ihre Geschäftsvorfälle nach dem System der doppelten Buchführung („Doppik") in ihrer Finanzbuchhaltung zu erfassen[12]. Hierdurch soll verstärkte Transparenz und eine verbesserte Steuerung erreicht werden[13].

Ansonsten stützt sich das Gemeindehaushaltsrecht noch auf die im staatlichen Haushaltsrecht gängigen Instrumente Haushaltssatzung und Haushaltsplan, Nachtragshaushalt, vorläufige Haushaltsführung sowie über- und außerplanmäßige Ausgaben. Eine mittelfristige, dh fünfjährige, Finanzplanung ist vorgeschrieben. Besondere gesetzliche Schranken gelten für Kreditaufnahme und Verpflichtungsermächtigungen. Rechnungsprüfung und Entlastung bilden notwendige Elemente am Ende des sog. Haushaltskreislaufes[14].

Die Aktivitäten der Rechnungsprüfungsämter und Gemeindeprüfungsanstalten sind wichtige Vorkehrungen im Kampf gegen die Korruption auf kommunaler Ebene[15].

Die **Gemeindekasse**, die alle Kassengeschäfte der Gemeinde zu erledigen hat (vgl Art. 100 I bay.GO; § 58 m.v.KVerf.; § 126 NKomVG), ist lediglich unselbstständiger Bestandteil der Gemeindeverwaltung und daher auch nicht Behörde iSd Verwaltungsprozessrechts[16].

342   Angesichts der seit langem beklagten kommunalen Finanznöte gelingt es heutzutage vielen Kommunen nicht mehr, den gesetzlich vorgeschriebenen Haushaltsausgleich

---

8   *Faber*, in: H/P/W, KommFin, § 35 Rn 25.
9   Vgl Art. 61 bay.GO, § 43 m.v.KVerf., § 110 NKomVG, § 75 GO NRW.
10   Ihre Verletzung wird freilich angesichts eines kommunalen Einschätzungsspielraumes nur in eklatanten Fällen festgestellt werden können, so etwa, wenn eine Gemeinde bei einer Auftragsvergabe vom bei weitem niedrigsten Angebot ohne zureichende Gründe abgewichen ist, vgl OVG NRW, NWVBl. 1991, 240; zur Wechselwirkung zwischen der wirtschaftlichen und sparsamen Haushaltsführung und einer angemessenen Finanzausstattung vgl HessStGH, NVwZ 2013, 1151.
11   Zu Möglichkeiten und Grenzen einer konjunkturpolitischen Einbindung der Gemeinden s. *Schwarz*, in: H/P/W, KommFin, § 40 Rn 10 ff.
12   So zB § 1 des Kommunalen Finanzmanagementgesetzes NRW v. 16.11.2004 (GVBl. S. 644) mit dem Stichtag 1.1.2009 für die Erstellung einer Eröffnungsbilanz oder § 44 V m.v.KVerf.
13   Vgl näher *Pünder*, in: H/P/W, KommFin, § 5.
14   S. Art. 61 ff bay.GO; §§ 42b ff m.v.KVerf.; §§ 110 ff NKomVG; §§ 75 ff GO NRW.
15   Vgl dazu etwa *Fogt*, Städtetag 2003, 32 ff; *Schwarting*, in: H/P/W, KommFin, § 36 Rn 87 ff.
16   So OVG NRW, NVwZ 1986, 761.

zu Stande zu bringen. Im Wege eines sog. Haushaltssicherungskonzeptes soll dann hier verbreitet mithilfe der Kommunalaufsicht in einem mehrjährigen abgestuften Prozess ein Ausweg gefunden werden. Abhilfe schaffen kann aber wohl nur die – verfassungsrechtlich vorgezeichnete (o. Rn 92 f) – Gewährung einer adäquaten kommunalen Finanzausstattung durch Bund und Länder.

III. Die kommunalen Einnahmen

Der kommunale Haushalt stützt sich üblicherweise auf vier mehr oder minder starke Einnahmeblöcke[17]:   **343**

– **kommunale Steuern** (vgl Art. 106 V ff GG; o. Rn 55 u. 92),
 Bei Gemeindeverbänden (s.o. § 1 II, III) sind ergänzend bzw substituierend Umlagen[18] zu nennen. Hierunter versteht man ganz allgemein Finanzierungslasten, die öffentlichen Gebietskörperschaften von einer anderen Gebietskörperschaft – regelmäßig höherer Ordnung – auferlegt werden[19].

 Beispiele: Kreisumlage, Amtsumlage.

 Kreisangehörige Gemeinden können einen Kreisumlagebescheid mit der Begründung anfechten, im Haushalt des Kreises seien Ausgaben in spürbarem Umfang zur Erfüllung kreisfremder Aufgaben vorgesehen[20].

– **Beiträge und Gebühren** nach Maßgabe der Kommunalabgabengesetze,

 Beispiele: Erschließungsbeitrag, Benutzungsgebühren.

– **Finanzzuweisungen** von Bund und Ländern nach Maßgabe jährlicher Finanzaus- **344**
 gleichsgesetze[21]; dabei handelt es sich einerseits um allgemeine Finanzzuweisungen, die an der kommunalen Steuerkraft orientiert sind (sog. Schlüssel- und Ergänzungszuweisungen), und andererseits um – oft mit den kommunalen Entscheidungsspielraum drastisch beschränkenden sog. Dotationsauflagen verbundene – sachbezogene Zweckzuweisungen, die beide dem allgemeinen Gebot der interkommunalen Gleichbehandlung unterliegen[22].

– **Kredite** (vgl Art. 71 bay.GO, §§ 52 f m.v.KVerf., § 120 NKomVG, § 86 GO **345**
 NRW).

 Die aufsichtsbehördliche Prüfung im Hinblick auf die mitunter für den Gesamtbetrag der im Finanzhaushalt vorgesehenen Kreditaufnahmen für Investitionen vorgesehene Gesamtgenehmigung umfasst alle Gesichtspunkte einer geordneten Haushaltswirtschaft. Dazu gehört insbesondere, dass die aus früheren und neu aufzunehmenden Krediten resultierenden Verpflichtungen mit der dauernden Leistungsfähigkeit der Gemeinde in Einklang stehen und für die Aufnahme von Krediten zur Finanzierung bereits in der Planung befindlicher

---

17 Vgl den Überblick (mit statistischen Übersichten) bei *Waldhoff*, in: H/P/W, KommFin, § 7.
18 Vgl *Schmidt-Jortzig*, KommR, S. 260 f; *F. Kirchhof*, Die Rechtsmaßstäbe der Kreisumlage, 1995; *Henneke*, Der Landkreis 2001, 188 ff; *ders.*, in: H/P/W, KommFin, § 14. Aus der Rspr zur Umlage s. etwa BVerwGE 101, 99; VerfGH NRW, NWVBl. 1996, 426; OVG NRW, NWVBl. 1990, 121.
19 So mit Blick auf Art. 106 VI GG: BVerfGE 83, 363 (389) mwN.
20 Siehe BayVGH, BayVBl. 1993, 112.
21 Zu den Grundstrukturen des kommunalen Finanzausgleichs s. *Henneke*, in: H/P/W, KommFin, § 25.
22 So VerfGH NRW, NWVBl. 1993, 381.

unaufschiebbarer Maßnahmen Raum bleibt[23]. Ferner stellt sich mit Einführung der „Schuldenbremse" in Art. 109 III GG die Frage, inwiefern dieses Verbot der Kreditaufnahme neben dem Bund und den Ländern auch die Gemeinden bindet[24].

Wiederholungs- und Verständnisfragen

1. *Kann über das Vermögen einer Gemeinde ein Insolvenzverfahren stattfinden?* **Rn 340**
2. *Was ist die „Doppik"?* **Rn 341**

§ 11 Die Staatsaufsicht über die Kommunen

346

Fall 10: „Historische Stadtansichten"

Der Gemeinderat der kreisangehörigen Gemeinde S in Mecklenburg-Vorpommern hat beschlossen, eine zehnteilige Serie historischer Stadtansichten aus dem 18. Jahrhundert, die sowohl unter künstlerischem als auch unter landesgeschichtlichem Aspekt Beachtung gefunden hat und einen Wert von 250 000 Euro besitzt, an den Kunstförderer und Ehrenbürger L zu verschenken, damit dieser sie als Ausstellungsstück in sein soeben in der Gemeinde S errichtetes Museum („Kunstsammlung Stiftung L") einbringt. Bürgermeister D schließt in Vollzug dieses Beschlusses einen entsprechenden Schenkungsvertrag mit L. Der zuständige Landrat erfährt von diesem Vorgang aus der Tagespresse. Er weist D darauf hin, dass die Stadt es bisher versäumt habe, die erforderliche Genehmigung einzuholen. Die daraufhin von D beantragte Veräußerungsgenehmigung versagt der Landrat mit der Begründung, die Ölgemälde verkörperten einen beachtlichen landeshistorischen Wert und dürften daher nicht in Privatbesitz übergehen. Vielmehr gehörten sie ins Landesmuseum, wo sie eine bereits vorhandene Sammlung entsprechender Kunstwerke hervorragend ergänzen würden. Diese überörtlichen Interessen seien höher zu bewerten als das Anliegen der Gemeinde, sich für die Ansiedlung der Kunstsammlung in ihrem Gemeindegebiet erkenntlich zu zeigen.

Rechtsschutz der Stadt vor dem zuständigen Verwaltungsgericht? **Rn 349, 369**

347 Entsprechend den oben (§ 5 I – III) näher beschriebenen Aufgabenkategorien weist die repressive Staatsaufsicht[1] über die Kommunen eine abgestufte Intensität auf. Zu unterscheiden ist zwischen der **allgemeinen Kommunalaufsicht** (Rechtsaufsicht) in Selbstverwaltungsangelegenheiten, der **Sonderaufsicht** bei Pflichtaufgaben zur Erfüllung nach Weisung[2] und der **Fachaufsicht** bei Auftragsangelegenheiten.

---

23 Zur Kreditaufnahme durch kommunale Eigengesellschaften vgl die Examensklausur „Fremdwährungskreditgeschäfte einer Eigengesellschaft" von *Mann*, NWVBl. 2001, 412 ff.
24 Siehe dazu *Geis*, KommR, § 12 Rn 56.

1 Vgl dazu im Einzelnen §§ 118–129 bd.wtt.GO; Art. 108–120 bay.GO; §§ 108–121 BbgKVerf.; §§ 74–79 Verf.Bremerhaven; §§ 135–146 hess.GO; §§ 78–87 m.v.KVerf.; §§ 170–176 NKomVG; §§ 119–128 GO NRW; §§ 117–128 rh.pf.GO; §§ 127–139 saarl.KSVG; §§ 111–123 sächs.GO; §§ 143-155 KVG LSA; §§ 120–131 schl.h.GO; §§ 116–123 thür.KO. Aus der Lit. insbes. *Brüning/Vogelgesang*, Die Kommunalaufsicht, 2. Aufl. 2009; *Kahl*, Die Staatsaufsicht, 2000; *Franz*, JuS 2004, 937 ff; *Schoch*, Jura 2006, 188 ff.
2 Soweit diese Aufgabenkategorie im betreffenden Land eingeführt wurde, so in Bd.Wtt., Brandbg., Hessen, M.V., NRW, Sachsen und Schl.H. (s.o. Rn 208).

Neben dieser repressiven, erst im Nachhinein erfolgenden Kontrolle bietet das Kommunalrecht der Staatsaufsicht mehrfach die Möglichkeit einer präventiven Einwirkung durch Statuierung von **Anzeigepflichten**   **348**

Beispiel: Gründung oder wesentliche Erweiterung einer Gesellschaft (§ 152 I 1 Nr 1–3 NKomVG; Art. 96 I S. 1 Nr 1 bay.GO; § 77 I Nr 1–3 m.v.KVerf.; § 115 I lit. a) GO NRW).

und **Genehmigungsvorbehalten**. Mittels dieses präventiven Aufsichtsmittels, das in den Gemeindeordnungen der Länder aber zunehmend zu Gunsten bloßer Anzeigevorbehalte abgebaut wird, soll bereits in einem frühen Stadium eine vorbeugende Prüfung und ggf eine staatliche Intervention erfolgen können[3].

Beispiel: Vermögensveräußerung (vgl § 56 IV m.v.KVerf.), Kreditaufnahme (§ 120 II NKomVG; Art. 71 II bay.GO).

Bis zur Erteilung der Genehmigung bleibt das Rechtsgeschäft schwebend unwirksam[4].

Lösungshinweis zu Fall 10 (Rn 346): Im **Ausgangsfall** bedarf bereits der von der Stadt S   **349** abgeschlossene Schenkungsvertrag gem. § 120 I iVm § 56 IV 1, VI Nr 1 m.v.KVerf. der aufsichtsbehördlichen Genehmigung. Der in dieser Gesetzesbestimmung verwendete Begriff „veräußert" bezieht sich vom Normzweck – der Sicherung des gemeindlichen Vermögens – her nicht nur auf das dingliche Geschäft (die Verfügung), sondern bereits auf die schuldrechtliche Vereinbarung. Diese ist zunächst schwebend unwirksam. Wird die Genehmigungserteilung sodann – wie hier – abgelehnt, so ist das entsprechende Rechtsgeschäft endgültig unwirksam.

I. Allgemeine Kommunalaufsicht in Selbstverwaltungsangelegenheiten

Die Staatsaufsicht über die Kommunen gilt als notwendiges Korrelat ihrer Selbstverwaltung[5]. Die Aufsicht des Landes verfolgt dabei expressis verbis die Zielsetzung, die Gemeinden in ihren Rechten zu schützen und die Erfüllung ihrer Pflichten zu sichern (so § 170 I 1 NKomVG; Art. 108 bay.GO; § 78 I 1 m.v.KVerf.; § 11 GO NRW; § 111 III sächs.GO).   **350**

Konsequenterweise erstreckt sich die allgemeine Kommunalaufsicht in Selbstverwaltungsangelegenheiten nur darauf, dass die Gemeinden im **Einklang mit den Gesetzen** verwaltet werden (vgl § 170 I NKomVG; Art. 109 I bay.GO; § 78 II m.v.KVerf.; § 119 I GO NRW).

Eine Eingriffsmöglichkeit der allgemeinen Kommunalaufsicht besteht daher nur im **Interesse des Gemeinwohls**. Diese Zielrichtung schließt ein Tätigwerden der Kommunalaufsicht zu anderen Zwecken aus, etwa um einem Einzelnen zu seinem Recht zu verhelfen, wenn dieser seine Rechte in einem Zivilprozess oder einem Verwaltungsrechtsstreit geltend machen kann[6]. Ob

---

3   Dazu ausführlich *Humpert*, Genehmigungsvorbehalte im Kommunalverfassungsrecht, 1990.
4   Vgl BGHZ 142, 51 bzgl einer Bürgschaft.
5   Vgl BVerfGE 6, 104 (118); 78, 331 (341).
6   OVG NRW, OVGE 18, 228 ff.

hieraus eine allgemeine Subsidiarität der Kommunalaufsicht abgeleitet werden kann, bleibt jedoch fraglich[7].

Ebenso widerspricht es dem Sinn und Zweck der Kommunalaufsicht, wenn sich das Land zur Durchsetzung vermeintlicher Zahlungsansprüche gegen Kommunen der Mittel des Kommunalaufsichtsrechts bedient, denn insoweit tritt das Land den Gemeinden wie ein privater Dritter gegenüber, der einen auf öffentlichem Recht beruhenden Anspruch durchsetzen möchte[8].

Soweit den Gesetzen keine zwingenden rechtlichen Vorgaben zu entnehmen sind, dürfen die Aufsichtsbehörden auch keine pauschalen Weisungen erlassen, sondern müssen ggf bestehende kommunale Beurteilungs- resp. Ermessensspielräume respektieren[9].

1. Aufsichtsbehörden

351 Die Hierarchie der Aufsichtsbehörden richtet sich nach der Verwaltungsorganisation des jeweiligen Bundeslandes. Über die kreisangehörigen Gemeinden führt unabhängig vom Bestehen einer mittleren Verwaltungsebene der Landrat/das Landratsamt die Aufsicht (untere staatliche Verwaltungsbehörde)[10]. In Ländern ohne Mittelstufe in der allgemeinen Verwaltung, wie in Niedersachsen oder Mecklenburg-Vorpommern, ist für kreisfreie Städte das Innenministerium zuständige Kommunalaufsichtsbehörde[11]. Sofern eine Verwaltungsebene der Regierungsbezirke besteht, wie in NRW oder Bayern, führt die allgemeine Aufsicht über die kreisfreien Städte und die Kreise hingegen die Bezirksregierung/die Regierung (staatliche Mittelbehörde)[12]. Oberste Aufsichtsbehörde ist jeweils das Innenministerium des Landes[13].

Erlässt eine Aufsichtsbehörde eine Anordnung auf Weisung der ihr übergeordneten Behörde, so hat die angewiesene Behörde die Ermessenserwägungen, die von der anweisenden Behörde vorzunehmen waren, zur Grundlage ihrer Anordnung zu machen und gegenüber den kommunalen Adressaten als Anordnungsempfänger offenzulegen, sog. **gestufte Ermessensausübung**[14].

2. Aufsichtsmittel

352 Als Aufsichtsmittel stehen der allgemeinen Kommunalaufsicht zur Verfügung[15]:
- das **Unterrichtungsrecht** (vgl Art. 111 bay.GO; § 80 m.v.KVerf.; § 172 NKomVG; § 121 GO NRW),

  Es umfasst im Rahmen der Verhältnismäßigkeit die Anforderung von Berichten, die Akteneinsicht und die beobachtende Teilnahme an Sitzungen (des Rates und der Ausschüsse)[16].

---

7   Einerseits *Schnapp*, DVBl. 1971, 480 ff; andererseits VG Schleswig, Die Gemeinde 1990, 68 f.
8   VG Gelsenkirchen, DVBl. 2007, 1507 (1509).
9   BayVGH, DVBl. 1989, 212 – „HIV-Test".
10 Vgl § 171 II NKomVG; § 79 I m.v.KVerf.; Art. 110 s. 1 bay.GO; § 120 I GO NRW.
11 Vgl § 171 I NKomVG; § 79 II m.v.KVerf.
12 Vgl Art. 110 s. 2 bay.GO; § 120 II GO NRW.
13 Vgl § 171 II NKomVG, § 79 III m.v.KVerf.; Art. 110 s. 3 bay.GO; § 120 IV GO NRW.
14 Siehe OVG NRW, NWVBl. 2004, 107.
15 Ausführliche Darstellung bei *Brüning/Vogelgesang*, Die Kommunalaufsicht, 2. Aufl. 2009, S. 99 ff.
16 Vgl auch *Knemeyer*, JuS 2001, 521 (523).

– das **Beanstandungs- und Aufhebungsrecht**[17] gegenüber rechtswidrigen Ratsbe- **353**
schlüssen bzw Anordnungen der Verwaltungsspitze (vgl Art. 112 bay.GO; § 81
m.v.KVerf.; § 173 NKomVG; § 122 GO NRW),

Die mögliche Anweisung der Aufsichtsbehörde an den Bürgermeister zur Beanstandung
eines Ratsbeschlusses (Sinn: Anstoßfunktion; Möglichkeit der Selbstkorrektur des gerüg-
ten Rechtsverstoßes durch den Rat)[18] kann vonseiten der Gemeinde noch nicht angefochten
werden. Der Angewiesene ist verpflichtet, der Anweisung nachzukommen. Er wird insoweit im Wege der Organleihe (s.o. Rn 212) als „verlängerter Arm" der Aufsichtsbehörde
tätig. Wenn er sich weigert, kann die Aufsichtsbehörde selbst einschreiten. Eine an Stelle
der Beanstandung gegen das Beschlussorgan gerichtete verwaltungsgerichtliche Klage des
angewiesenen Gemeindeorgans ist unzulässig[19]. Erst wenn schließlich die Beanstandung
erfolgt kann die Gemeinde gegen die Aufsichtsbehörde im Klagewege vorgehen (vgl u.
Rn 363).

– das **Anordnungsrecht** und ggf die **Ersatzvornahme**[20] (vgl Art. 113 bay.GO; **354**
§ 82 m.v.KVerf.; § 174 NKomVG; § 123 GO NRW),

So kann die Aufsichtsbehörde im Falle eines erheblichen Haushaltsdefizites einen Landkreis anweisen die Kreisumlage zu erhöhen, damit die Gemeinden sich stärker an der Deckung des Defizits beteiligen[21]. Solche Anweisungen sind aber nur dann zulässig wenn sie
nicht zu strukturell unzureichenden Finanzausstattungen der Gemeinden führen[22].

In der aufsichtsbehördlichen **Anordnung** an die Gemeinde muss die von ihr zu
erfüllende Pflicht oder Aufgabe[23] hinreichend präzise bestimmt sein, sowie eine
angemessene Frist gesetzt werden. Zugleich mit der Anordnung wird die Aufsichtsbehörde sinnvollerweise die Ersatzvornahme androhen.

Die **Ersatzvornahme** bietet im Rahmen der Verwaltungsvollstreckung eine weitere Handlungsmöglichkeit, wenn die Gemeinde einer gesetzlichen Handlungs-
pflicht trotz Beanstandung nicht nachkommt. Da die Kommunalaufsicht auch die
rechtsetzende Tätigkeit der Gemeinde umfasst, muss die Aufsichtsbehörde auch
in diesem Bereich wirksam einschreiten können. Eine gesetzliche Regelung, die
den Erlass einer Ortssatzung durch die Aufsichtsbehörde im Wege der Ersatzvornahme ermöglicht, verstößt daher nicht gegen Art. 28 II GG[24].

Ein „Selbsteintritt" der Aufsichtsbehörde unter Ausschaltung der eigentlich zuständigen
Gemeindeorgane kann auf zweierlei Weise geschehen: durch *eigene* Durchführung oder
Übertragung der Durchführung auf einen Dritten, wobei jeweils die Kosten letztlich von
der Gemeinde zu tragen sind. Es kommt auf die konkrete gesetzliche Ausgestaltung an, ob
von der Aufsichtsbehörde alle erforderlichen rechtserheblichen Erklärungen für die Ge-

---

17 Vgl dazu *Schoch*, Jura 2006, 188 (192); zur Aufhebung eines Ratsbeschlusses über die Absenkung der
    Hebesätze in einer Gemeinde mit Haushaltsnotlage durch die Kommunalaufsicht s. BVerwG, NVwZ
    2011, 424.
18 Vgl OVG NRW, DVBl. 1985, 172.
19 Vgl OVG NRW, DVBl. 1968, 392.
20 Dazu insbes. *Schnapp*, Die Ersatzvornahme in der Kommunalaufsicht, 1972.
21 VGH Kassel, Urteil vom 14.2.2013 – 8 A 816/12 –, juris.
22 BVerwGE 145, 378 ff.
23 Hierzu gehören die auf einer gültigen Rechtsnorm beruhenden oder von ihr ausgehenden öffentlich-
    rechtlichen Verpflichtungen. Nicht hierunter fallen bürgerlich-rechtliche Verpflichtungen der Ge-
    meinden, deren Durchsetzung der Zivilgerichtsbarkeit überlassen bleibt.
24 BVerwG, DÖV 1993, 77.

meinde (als Vertreter) abgegeben werden dürfen. So sah § 120 II GO NRW aF (ebenso wie heute noch Art. 113 bay.GO) ausschließlich ein Tätigwerden der Aufsichtsbehörde „an Stelle" der Gemeinde vor. Schloss diese Behörde danach im Wege der Ersatzvornahme einen Vertrag mit einem Dritten, so wurde sie im eigenen Namen und nicht als Vertreterin der Gemeinde tätig[25]. Die Aufsichtsbehörde blieb eben selbst Handelnde, auch wenn sie im Rechtskreis der Aufsichtsunterworfenen tätig wurde[26]. Inzwischen ist die Rechtslage in § 123 II GO NRW aber derjenigen in anderen Ländern (vgl § 82 II m.v.KVerf.; § 174 II NKomVG) angepasst, die zusätzlich die Möglichkeit vorsehen, dass die Durchführung „einem anderen" bzw „einem Dritten" übertragen werden kann.

355 – die **Bestellung eines Beauftragten** (vgl Art. 114 I, II bay.GO; § 83 m.v.KVerf.; § 175 NKomVG; § 124 GO NRW)

Die Bestellung eines Beauftragten, eines sog. Staatskommissars, ist als besonders einschneidende Waffe der Kommunalaufsicht mit Blick auf vorstehend genannte Maßnahmen zu allerletzt möglich[27]. Dieses Instrument erlangte durchweg Praxisrelevanz als vorübergehende Maßnahme bei kommunaler Neugliederung.

und schließlich

356 – die **Auflösung des Rates** (Art. 114 III bay.GO; § 84 m.v.KVerf.; § 125 GO NRW).

Sie stellt das schärfste Schwert dar und ist nur bei dauernder Beschlussunfähigkeit des Rates sowie vergleichbaren gravierenden Funktionsstörungen möglich. Das Demokratieprinzip bedingt in solchen Fällen schnellstens eine Neuwahl.

Alle Aufsichtsmaßnahmen[28] erfordern die Rechtswidrigkeit[29] des gemeindlichen Handeln, welche sich auch aus Unionsrecht ergeben kann.[30]

3. Opportunitätsprinzip und Verhältnismäßigkeit

357 Wie aus der Formulierung der tatbestandlichen Voraussetzungen der einzelnen Aufsichtsmittel deutlich wird, kommt der Aufsichtsbehörde Ermessen zu; sie „kann" gegebenenfalls eingreifen, muss es aber nicht. Es gilt hier, sofern gesetzlich nichts anderes bestimmt ist[31], das **Opportunitätsprinzip**[32], selbst wenn der Erlass der Anordnung auf einer Bitte eines Ministeriums beruht[33]. Dem Verhältnismäßigkeitsgrundsatz entsprechend steht den Aufsichtsbehörden diesbezüglich ein insgesamt abgestufter Maßnahmenkatalog zu.[34]

---

25 Vgl OVG NRW, DVBl. 1989, 1009.
26 So deutlich OVG NRW, DVBl. 1989, 1272 (1273).
27 VG Osnabrück, Beschluss vom 29.10.2013 – 1 B 18/13 –, juris, zu § 171 IV NKomVG.
28 Mit Ausnahme des Informationsrechts.
29 Die Rechtswidrigkeit ergibt sich dabei aus Verstößen gegen öffentlich-rechtliche Vorschriften; Normen des Privatrechts reichen zumindest dann nicht, wenn sie nur den Interessen des privaten Rechtsverkehrs dienen, so auch *Schoch*, Besonderes Verwaltungsrecht, 1. Aufl. 2018, Kap. 2 Rn 77, *Steiner/Brinktrine*, Besonderes Verwaltungsrecht, 9. Aufl. 2018, § 1 Rn 281; aA *Schmidt*, KomR, Rn 712.
30 *Schoch*, Besonderes Verwaltungsrecht, 1. Auflage 2018, Kap. 2 Rn 77; zum Unionsrecht *Lohse*, NVwZ 2016, 102.
31 Vgl zB §§ 120 f ThürKO.
32 Dazu *Wehr*, BayVBl. 2001, 705 ff; *Schoch*, Jura 2006, 188 (195); *Brüning*, DÖV 2011, 553 (556).
33 VG Gelsenkirchen, DVBl. 2007, 1507 (1509 f).
34 Vgl zB VG Magdeburg BeckRS 2015, 40850.

Im **Ausgangsfall 5** („Atomwaffenfreie Zone Kleinkleckersdorf", **Rn 193**) muss daher die 358
Aufsichtsbehörde nicht gegen einen etwaigen Ratsbeschluss einschreiten, sondern sie kann
bei legitimen Ermessenserwägungen ein Einschreiten unterlassen. Ob allerdings der Rechtsauffassung in einem diesbezüglichen Erlass des NRW-Innenministers[35] gefolgt werden
kann, wonach von kommunalaufsichtlichen Maßnahmen angesichts der fehlenden rechtlichen Wirkungen solcher Beschlüsse abgesehen werden soll, erscheint äußerst fraglich. Zu
den pflichtgemäß anzustellenden Überlegungen muss jedenfalls auch die Wahrung der Zuständigkeitsordnung und die Sicherung der „Gemeindetreue" gegenüber dem Staat bei der
Ausübung kommunaler Tätigkeit gehören. Eine Vermutung für die Unschädlichkeit rechtswidrigen Handelns ist in einem Rechtsstaat undenkbar.

Aus der funktionalen Abstufung der Aufsichtsmittel entsprechend dem **Übermaßver-** 359
bot ergibt sich, dass diese nicht etwa kumulativ zur Anwendung gebracht werden
dürfen[36].

II. Fachaufsicht bei Auftragsangelegenheiten

In den Ländern, die dem dualistischen Aufgabenmodell (Rn 208) folgen und in den 360
dem monistischen Modell folgenden Ländern NRW und Brandenburg existiert neben
der allgemeinen Kommunalaufsicht eine Fachaufsicht („Sonderaufsicht") bei Auftragsangelegenheiten[37]. Die **Fachaufsichtsbehörden** können den Gemeinden für die
Wahrnehmung von Auftragsangelegenheiten (in Niedersachsen und Bayern: Angelegenheiten des übertragenen Wirkungskreises) **Weisungen** erteilen. Zu weitergehenden Eingriffen in die Gemeindeverwaltung sind sie unbeschadet der Entscheidung
über Widersprüche nicht befugt. Die Fachaufsicht geht generell über die Beaufsichtigung der Rechtmäßigkeit hinaus und umfasst auch die **Zweckmäßigkeitsaufsicht**, dh
sie erstreckt sich auch auf die Handhabung des gemeindlichen Verwaltungsermessens
(vgl Art. 109 II bay.GO; § 170 I 2 NKomVG)[38].

III. Sonderaufsicht bei Pflichtaufgaben zur Erfüllung nach Weisung

Die Sonderaufsicht (in Schl.-H.: „Fachaufsicht") der Länder, welche Pflichtaufgaben 361
nach Weisung (Rn 208) eingeführt haben, richtet sich jeweils nach dem die spezielle
Aufgabe betreffenden Gesetz. Die Gemeindeordnungen enthalten diesbezüglich lediglich eine Verweisung (vgl § 118 II bd.wtt.GO; § 78 IV m.v.KVerf.; § 119 II GO
NRW). Wie in § 127 GO NRW ausdrücklich betont, sind **Sonderaufsichtsbehörden**
nicht zu Eingriffen in die Gemeindeverwaltung nach den oben beschriebenen
§§ 121 ff GO NRW befugt. Daraus ist ersichtlich, dass diese ihre Weisungen in jenen

---

35   Erlass v. 21.10.1982, abgedruckt in Eildienst LKT NRW 1982, 286 f; kritisch hierzu auch *Erichsen*,
     KommR, S. 354.
36   Vgl OVG NRW, NWVBl. 1992, 320, zu den Aufsichtsmitteln der Beanstandung und der Aufhe-
     bungs- oder Anordnungsverfügung; näher *Schoch*, Jura 2006, 188 (191 f).
37   *Burgi*, KommR, § 8 Rn 34; *Geis*, KommR, § 24 Rn 30.
38   Einzelheiten bei *Schoch*, Jura 2006, 358 ff.

Materien nur über die **allg. Kommunalaufsichtsbehörden** im Rahmen eines entsprechenden Ersuchens durchsetzen können, soweit nicht Sonderregelungen greifen.

Die Befugnisse der Aufsichtsbehörden über die örtlichen Ordnungsbehörden in NRW sind etwa im Einzelnen in §§ 8–10 OBG NRW niedergelegt. § 11 OBG NRW stellt sodann klar, dass die **allgemeinen** Kommunalaufsichtsbehörden auch auf diesem Felde, in Ordnungsangelegenheiten, die sich aus §§ 121 ff GO NRW ergebenden Befugnisse besitzen.

Zu den Befugnissen der zur Fachaufsicht zuständigen Landesbehörden gegenüber der Ortspolizeibehörde in Bd.Wtt. s. §§ 64, 65 I bd.wtt.PolG. Das Land kann daher etwa keinen verwaltungsgerichtlichen Rechtsschutz gegen die Beschlagnahme einer Schulturnhalle durch eine Gemeinde zur Unterbringung von Asylbewerbern begehren, wenn es auch durch fachaufsichtliche Weisung der Gemeinde die Aufhebung dieser Beschlagnahmeverfügung aufgeben könnte.

Die allgemeine Kommunalaufsichtsbehörde hat jeweils zu prüfen, ob ein Eingreifen in Ansehung der Direktive des § 11 GO NRW (vgl auch § 118 III bd.wtt.GO) zu rechtfertigen ist.

362   Es ist allerdings darauf hinzuweisen, dass dieser Aufsichtsdualismus in der Praxis weitgehend theoretischer Natur ist, da vielfach die zuständige Behörde für die allgemeine Kommunalaufsicht mit derjenigen für Aufgaben der Sonderaufsicht identisch ist (etwa in ordnungsbehördlichen Angelegenheiten)[39].

IV. Rechtsschutz der Gemeinden gegenüber aufsichtsbehördlichen Maßnahmen

363   Gegen aufsichtsbehördliche Maßnahmen **in Selbstverwaltungsangelegenheiten** kann die Gemeinde mit der Begründung, in ihrem Selbstverwaltungsrecht verletzt zu sein, verwaltungsgerichtlichen Rechtsschutz in Anspruch nehmen. Richtige Klageart bei repressiven Akten, wie sie etwa die Inanspruchnahme des Anordnungsrechts darstellt, ist die **Anfechtungsklage** gem. § 42 I VwGO. Der Zwischenschaltung eines Vorverfahrens (§§ 68 ff VwGO) bedarf es in NRW und Brandenburg nicht (vgl § 126 GO NRW u. § 119 S. 1 BbgKVerf[40]).

364   Richtiger Kläger im Rechtsstreit über eine von der Aufsichtsbehörde verfügte Aufhebung eines Ratsbeschlusses ist die Gemeinde, nicht das Vertretungsorgan[41].

365   Zu denken ist auch an vorläufigen verwaltungsgerichtlichen Rechtsschutz gem. § 80 V VwGO[42]. Gegebenenfalls kommt auch vorbeugender Rechtsschutz – etwa durch Erhebung einer negativen Feststellungsklage – in Betracht, sofern ein Abwarten und damit die Verweisung auf nachträglichen Rechtsschutz unzumutbar wäre[43].

---

39   Vgl nur *Lange*, in: FS Götz, 2005, S. 437 ff.
40   Diese Norm bedeutet nicht etwa eine spezielle Rechtswegeröffnung, sondern dokumentiert nur den diesbezüglichen Verzicht auf ein Vorverfahren.
41   So OVG NRW, DVBl. 1981, 227 unter Aufgabe früherer Rspr; *Schoch*, Jura 2006, 188 (195). – Vertreten wird sie durch ihren Bürgermeister; vgl OVG NRW, NWVBl. 2000, 375 u. oben Rn 164.
42   Siehe die Examensklausur „Fremdwährungskreditgeschäfte einer Eigengesellschaft" von *Mann*, NWVBl. 2001, 412 ff.
43   Siehe VerfGH NRW, NWVBl. 1994, 265 (266).

Im Bereich der sog. Pflichtaufgaben zur Erfüllung nach Weisung gilt, dass **sonder-**   **366** **aufsichtsbehördliche Anordnungen** (o. Rn 361 f) insofern seitens der Gemeinde an-fechtbare Verwaltungsakte darstellen, als von ihnen unmittelbare Auswirkungen auf die Selbstverwaltungssphäre ausgehen oder zumindest ausgehen können. Dies hängt wesentlich von der zu stellenden Vorfrage nach der dogmatischen Einordnung dieser Aufgabenkategorie (o. Rn 209 f) ab[44].

Die Klage hat Erfolg, wenn die tatbestandlichen Voraussetzungen für eine Weisung fehlen oder die gesetzlichen Grenzen des Weisungsrechts überschritten sind und da-durch die Gemeinde in ihrem Selbstverwaltungsrecht tangiert ist[45].

Gegenüber **Weisungen in Auftragsangelegenheiten** können die Gemeinden regel-   **367** mäßig mangels potenzieller Verletzung eigener Rechte keinen gerichtlichen Rechts-schutz in Anspruch nehmen[46].

Bei der **Versagung aufsichtsbehördlicher Genehmigungen** (präventive Aufsicht),   **368** welche die Gemeinden im Wege der Verpflichtungsklage erstreiten können, hängen die Erfolgsaussichten der Klage davon ab, ob es sich um einen bloßen Akt der Rechtskontrolle[47] im Sinne einer Unbedenklichkeitsbescheinigung zum Schutz der Gemeinde handelt[48]

Dann: Anspruch der Gemeinde auf Genehmigungserteilung bei Vorliegen der tatbestandlichen Voraussetzungen.

oder ob der Aufsichtsbehörde zugleich („auch") ein originäres staatliches Mitwir-kungsrecht zur Wahrung eigener Interessen zusteht[49], bei dem durchaus Zweckmä-ßigkeitsüberlegungen legitim erscheinen können. Diesbezüglich spricht man von „res mixtae" bzw von einem staatlich-kommunalen „Kondominium" (o. Rn 215).

Hier kann die Gemeinde keinen Anspruch auf Genehmigungserteilung geltend machen, son-dern lediglich Ermessensfehler infolge einer Verletzung der aus Art. 28 II GG abgeleiteten (s. o. Rn 215) staatlichen *Verpflichtung zu gemeindefreundlichem Verhalten* rügen[50].

Lösungshinweis zu Fall 10 (Rn 346): Im **Ausgangsfall** ist die Zulässigkeit der Klage zu   **369** bejahen. Der Rechtsweg zu den Verwaltungsgerichten ist eröffnet. Richtige Klageart ist die Verpflichtungsklage. Aus der Sicht der betroffenen Gemeinde stellt sich die Genehmi-gungsversagung in beiden Konstellationen als Verwaltungsakt dar. Die Klagebefugnis er-gibt sich entweder unmittelbar aus dem Selbstverwaltungsrecht gem. Art. 28 II GG oder aus

---

44   Siehe dezidiert OVG NRW, NWVBl. 1995, 300 – „Abfallwirtschaftskonzept"; vgl auch BVerwG, DVBl. 1970, 580; BVerwGE 52, 151 (153 f); VerfGH NRW, OVGE 30, 312.
45   Vgl OVG NRW, OVGE 25, 126 (138 f).
46   Vgl BVerwGE 19, 121 (123); BVerwG, DVBl. 1970, 580; BayVGH, DVBl. 1978, 148; aA *Knemeyer*, Bay. KommR, Rn 324, 327; *Schmidt-Jortzig*, KommR, Rn 557 f. – Weitergehend anscheinend bei fachaufsichtlichen Weisungen gegenüber einer Gemeinde im Straßenverkehrsrecht wegen der mögli-chen Beeinträchtigung der Planungshoheit BVerwG, DÖV 1995, 512; s. auch BayVGH, BayVBl. 1985, 368.
47   So etwa zum aufsichtsbehördlichen Genehmigungsvorbehalt für eine Erhöhung des Umlagesatzes der Kreisumlage VerfGH NRW, NWVBl. 1996, 426 ff.
48   Vgl BVerfGE 38, 258 (279 f) – „schl.h. Magistratsmitglieder".
49   Siehe OVG Lüneburg, OVGE 26, 350.
50   Siehe OVG NRW, OVGE 19, 192 (199); dazu auch *Stern*, StaatsR I, S. 418 f mwN.

dem – hieraus abgeleiteten – gemeindlichen Anspruch auf gemeindefreundliches Verhalten der Aufsichtsbehörde.

Im Rahmen der Begründetheitsprüfung sollte problematisiert werden, ob die Genehmigungspflicht gem. §§ 120 I, 56 IV 1, VI Nr 1 m.v.KVerf. als Unbedenklichkeitsattest oder als Mitwirkungsrecht zur Sicherung staatlicher Interessen zu verstehen ist. Hierüber besteht Streit[51]. Die Verfassungsgarantie der kommunalen Selbstverwaltung und § 78 III m.v.KVerf. („darf die Rechtsaufsichtsbehörde die Genehmigung nur versagen, wenn die Beschlüsse ... der Gemeinde rechtswidrig sind.") sprechen vorliegend dafür, dass hier der Aufsichtsbehörde gerade kein Instrument zur Sicherung staatlicher Belange zur Verfügung gestellt wurde. Die Genehmigungspflicht bei der unentgeltlichen Veräußerung von Vermögensgegenständen dient dem Schutz der Gemeinden „vor sich selbst". Insofern kann die betroffene Gemeinde zusätzlich geltend machen, die aufsichtsbehördliche Entscheidung verletze das Gebot gemeindefreundlichen Verhaltens.

Die Aufsichtsbehörde wird bei ihrer Entscheidung zu berücksichtigen haben, dass bedeutsames Kulturgut der Öffentlichkeit erhalten bleibt, weil die historischen Stadtansichten als Ausstellungsstücke in das Museum eingestellt werden, und dass die „Weggabe" der Stadtansichten vom „Zugewinn" der Museumsansiedlung begleitet wird.

370 Nach dem Urteil des BGH in Sachen „Oderwitz"[52] sollen auch bei begünstigenden aufsichtsbehördlichen Maßnahmen, die von einer Gemeinde selbst angestrebt werden, Amtspflichten der Aufsichtsbehörde (Rechtsaufsicht)[53] gegenüber der zu beaufsichtigenden Gemeinde bestehen können, deren Verletzung **Amtshaftungsansprüche** auszulösen vermag.

Es ist jedoch schon fraglich, ob die Amtshaftung über das Staat-Bürger-Verhältnis hinaus auf Beziehungen zwischen Verwaltungsträgern ausgedehnt werden kann. Auch hätte die Zwecksetzung des konkreten Genehmigungserfordernisses sorgfältig ausgeleuchtet werden müssen. Schließlich war zu berücksichtigen, dass es sich bei dem im staatlichen Interesse Aufsicht führenden Landrat um ein kommunales Organ handelte, sodass die sog. Anvertrauenstheorie (vgl insoweit BGHZ 53, 217 [218 f]) zu diskutieren war[54].

371 Eine Änderung von Aufsichtszuständigkeiten ist Sache staatlicher Binnenorganisation. Den kommunalen Gebietskörperschaften steht regelmäßig keine Klagebefugnis gegen solche Organisationsakte zu, denn rechtlich geschützte Interessen der aufsichtsunterworfenen Selbstverwaltungskörperschaften sind hiervon grundsätzlich nicht berührt.

Dies wäre erst dann der Fall, wenn die Änderung der Aufsichtszuständigkeit „mit einer gewissen Zwangsläufigkeit" bewirkte, dass die geführte Aufsicht selbst ihren Charakter änderte; insbesondere wenn zu besorgen wäre, dass die grundsätzlich nur zulässige Rechtsaufsicht sich zu

---

51 Vgl etwa *Burgi*, KommR, § 8 Rn 41; *Ipsen*, KommR, Rn 876; *Meyer*, KommR, Rn 730.

52 BGHZ 153, 198 ff; dazu *Pielow/Finger*, Jura 2005, 351 ff; *Pegatzky*, LKV 2003, 451 ff; *Meyer*, NVwZ 2003, 818 ff; *v. Mutius/Groth*, NJW 2003, 1278 ff; zu Amtspflichten der Aufsichtsbehörde gegenüber kommunalen Zweckverbänden auch BGH, NVwZ-RR 2013, 896.

53 Bei der Fachaufsicht ist ein Amtshaftungsanspruch dagegen ausgeschlossen, weil das Selbstverwaltungsrecht nicht tangiert ist, vgl Rn 367 und *Mayer*, KommJur 2016, 41 (44).

54 Mit Recht kritisch daher *v. Mutius/Groth*, NJW 2003, 1278 (1283); *Meyer*, NVwZ 2003, 818 ff; *Meyer/Luttmann*, NVwZ 2006, 144 (147).

einer „Einmischungsaufsicht" entwickelte oder zur Fachaufsicht verdichtete[55].

Im Überblick lassen sich die wesentlichen Aspekte zur Kommunalaufsicht und Fachaufsicht, wie in der nachfolgenden Übersicht 7 gezeigt, darstellen.

Bezeichnung	Allg. Kommunalaufsicht	Fachaufsicht
Aufgaben	Eigener Wirkungskreis (Selbstverwaltungsaufgaben)	Übertragener Wirkungskreis (Auftragsangelegenheiten)
Zweck	Rechtmäßigkeitskontrolle	Rechtmäßigkeits- und Zweckmäßigkeitskontrolle
Behörden	Nach Gemeindeordnung (regelm. IM/LaKr.)	Nach Spezialgesetz (regelm. FachMin./LaKr.)
Maßnahmen	Besondere Abschnitte in den GO'en: – allg. Informationsrecht – präventive Aufsicht – repressive Aufsicht • Beanstandung • Ersatzvornahme • Beauftragter	nach Spezialgesetz
Rechtscharakter der Aufsichtsmaßnahmen	VA gegenüber der Gemeinde	keine Außenwirkung, kein VA
Klageart	Anfechtungs- oder Verpflichtungsklage, § 80 VwGO	Leistungsklage, Problem: Klagebefugnis
Amtshaftung	Ja (BGH, DVBl. 2003, 400)	Nein

Übersicht 7: Aufsicht im Kommunalrecht

V. Anspruch des einzelnen Einwohners?

Ein **Anspruch** des einzelnen **Einwohners auf Einschreiten** der zuständigen **Kommunalaufsichtsbehörde** gegenüber der Gemeinde wird mangels drittschützenden Charakters der Aufsichtsbestimmungen grundsätzlich **nicht** anerkannt[56].   **372**

Gegen **belastende aufsichtsbehördliche Verfügungen** kann grundsätzlich nur die Gemeinde als Adressatin Rechtsschutz in Anspruch nehmen, nicht daneben auch ein möglicherweise mittelbar betroffener Bürger. Etwas anderes gilt ausnahmsweise dann, wenn eine Maßnahme der Aufsichtsbehörde unmittelbar in private Rechtspositionen eingreift.   **373**

Die von einer Kommunalaufsichtsbehörde im Wege der Ersatzvornahme (o. Rn 354) durchgesetzte Auflösung einer Schule ist zwar eine primär an die betreffende kommunale Körperschaft als Schulträgerin gerichtete Maßnahme. Für die betroffenen Schüler und deren Eltern bedeutet

---

55 So BVerfGE 78, 331 (341) zur Verlagerung der Kommunalaufsicht in Nds.
56 BVerwG, DÖV 1972, 723, unter Bezugnahme auf BVerfGE 31, 33 (40); *Held*, KVerf NRW, § 116 Anm. 7 mwN; *Kallerhoff*, NWVBl. 1996, 53 (57); *Schoch*, Jura 2006, 188 (196).

sie aber zugleich eine eigenständige und gesonderter Umsetzung nicht mehr bedürftige, unmittelbar verbindliche Regelung. Es handelt sich insoweit um einen Verwaltungsakt in Gestalt einer Allgemeinverfügung[57].

Wiederholungs- und Verständnisfragen

1. *Worauf erstreckt sich die Kommunalaufsicht in Selbstverwaltungsangelegenheiten?* **Rn 350**
2. *Welche Behörden sind für die Kommunalaufsicht zuständig?* **Rn 351**
3. *Über welche Aufsichtsmittel verfügen die Kommunalaufsichtsbehörden?* **Rn 352 ff**
4. *Welche zusätzlichen Befugnisse haben die Fachaufsichtsbehörden?* **Rn 362**
5. *Wie können sich Kommunen gegen Aufsichtsmaßnahmen wehren?* **Rn 363, 365**
6. *Haben Bürger einen Anspruch auf aufsichtsbehördliches Einschreiten?* **Rn 372**

---

57   So OVG NRW, DVBl. 1989, 1272.

Teil II

Polizei- und Ordnungsrecht

§ 12 Das Polizeirecht und seine Rahmenbedingungen

Vor der Erörterung von Einzelheiten des geltenden Polizei- und Ordnungsrechts ist es **374** angezeigt, sich über einige Grundpositionen zur polizeilichen Funktionswahrnehmung im modernen Verfassungsstaat zu vergewissern. Dazu gehört neben einem Blick auf historische Entwicklungslinien namentlich eine Verständigung über grundrechtliche, rechtsstaatliche und bundesstaatliche Vorgaben, deren durchgängige Beachtung verfassungsrechtlich gefordert ist[1].

I. Die polizeiliche Funktionswahrnehmung im modernen Verfassungsstaat

Das **Polizei- und Ordnungsrecht** umfasst als eine der zentralen Materien des Beson- **375** deren Verwaltungsrechts das Recht der Gefahrenabwehr. Im Wesentlichen regelt es Inhalt und Umfang hoheitlicher Aufgaben und Eingriffsbefugnisse zum präventiven Schutz von Rechtsgütern[2]. Nicht hiervon erfasst ist hingegen die repressive Tätigkeit der Polizei, insbesondere auf dem Gebiet des Straf- und Ordnungswidrigkeitenrechts.

Die nähere Ausformung des Polizeirechts ist der **Landesgesetzgebung** vorbehalten, **376** was namentlich in Ansehung der Behördenorganisation und auch des materiellen Rechts zu einer Vielgestaltigkeit des Polizeirechts in unserer föderalistischen Ordnung geführt hat, die eine länderübergreifende Darstellung nicht unbeträchtlich erschwert. Hilfreiche Orientierungsmarken hat lange Zeit immerhin der von der Innenministerkonferenz verabschiedete **Musterentwurf** eines einheitlichen Polizeigesetzes idF v. 1977 (ME) geboten, dessen Prägekraft heutzutage allenfalls noch in den materiellen Grundstrukturen des Polizeirechts zu erkennen ist. Im Zusammenhang mit Maßnahmen gegen den islamischen Terrorismus und mit dem Ziel der Erhöhung der öffentlichen Sicherheit hat die Landesinnenministerkonferenz jüngst die Einrichtung einer länderoffenen Arbeitsgruppe unter Beteiligung des BMI beschlossen und diese mit der Erarbeitung eines neuen Musterentwurfs beauftragt.[3]

Sowohl der internationale **Terrorismus** als auch die **organisierte Kriminalität** sind **377** Herausforderungen an das Polizeirecht moderner Staaten. Alle staatlichen Stellen in der Bundesrepublik Deutschland sind als Ausdruck grundrechtlicher Schutzpflichten

---

1 Zu den Grundlagen des allg. POR kompakt *Schoch*, Jura 2006, 664 ff.
2 *Gusy*, POR, Rn 2.
3 Sammlung der zur Veröffentlichung freigegebenen Beschlüsse der 206. Sitzung der Ständigen Konferenz der Innenminister und -senatoren der Länder vom 12. bis 14.6.2017 in Dresden, S. 43. Zu solchen Bestrebungen *Kaiser/Struzina*, ZG 2018, 111.

gehalten, geeignete Maßnahmen zum Schutz der Bürger vor diesen (und anderen) Bedrohungen zu treffen. Um der Sicherheit willen kommt es dabei aber zwangsläufig auch zu Eingriffen in die Freiheitssphäre der Bürger. Das Gleichgewicht im klassischen **Spannungsverhältnis von Freiheit und Sicherheit** war in der Bundesrepublik Deutschland in den Jahrzehnten vor den Ereignissen des 11. September 2001 unbekümmert in Richtung einer Erweiterung von individuellen Freiheitsspielräumen verschoben worden. Seitdem ist jedoch ein Umdenken hin zu einem veränderten Gefährdungsbewusstsein zu konstatieren.

378   Die Direktive muss mit Blick auf die dem Gesetzgeber gestellte Aufgabe der Herstellung einer zeitgerechten, gefährdungsorientierten Balance lauten: „**Freiheit in Sicherheit**"[4]. Eine Erhöhung der inneren Sicherheit wird zwangsläufig zu Lasten der Freiheit gehen. Weil sich Lösungen für konkrete Konflikte aber nicht allein aus den abstrakten Großformeln Freiheit und Sicherheit herleiten lassen, ist es Aufgabe des Gesetzgebers, dieses Spannungsverhältnis verfassungskonform auszugestalten und hierbei dem Gesichtspunkt praktischer Konkordanz Rechnung zu tragen.[5]

379   Als weitere Rahmenbedingung modernen Polizeirechts erweist sich immer mehr das im **Volkszählungsurteil** des BVerfG aus dem Jahre 1983 aus Art. 2 I iVm Art. 1 I GG destillierte Grundrecht des Bürgers auf „informationelle Selbstbestimmung"[6]. Nachdem dieses Grundrecht zunächst zur Einführung diverser bereichsspezifischer Regelungen über polizeiliche Datenerhebung, Datenspeicherung und Datenübermittlung in immer engmaschigeren Gesetzesnovellierungen geführt hatte (s. Rn 605 ff), war die Diskussion um den Datenschutz zwischenzeitlich in den Hintergrund getreten. Spätestens mit den Entscheidungen des BVerfG zur **Online-Durchsuchung**[7] – hieraus resultierte das „Grundrecht auf Vertraulichkeit und Integrität informationstechnischer Systeme" als Ausfluss von Art. 2 I iVm Art. 1 I GG (vgl u. Rn 609) – sowie zur **Vorratsdatenspeicherung**[8] und zum **BKA-Gesetz**[9] steht der Datenschutz wieder zentral auf der polizeirechtlichen Agenda.

380   Einzelne der neueren Polizeigesetze standen bereits auf dem Prüfstand der Verfassungsgerichtshöfe der Länder und des BVerfG. Dabei wurde ihnen in den wesentlichen Punkten überwiegend ein verfassungsrechtliches Unbedenklichkeitstestat erteilt[10].

---

4   Siehe *Mann*, in: Annales Universitatis Scientiarum Budapestinensis LV – Sectio Iuridica, Budapest 2014, S. 105 ff sowie u. Rn 412.
5   Die bisherige Rspr zusammenfassend BVerfGE 141, 220 (BKA-Gesetz) m. Anm. *Mann*, DStR 2016, 2012 ff.
6   BVerfGE 65, 1 (41 ff).
7   BVerfGE 120, 274 ff.
8   BVerfGE 125, 260 ff.
9   BVerfGE 141, 220 ff.
10 Vgl etwa BVerfGE 115, 320 ff (zur präventiven pol. Rasterfahndung); BVerfGE 113, 348 ff (Telekommunikationsüberwachung in Nds. als Verstoß gegen Art. 10 GG); BVerfGE 120, 378 ff (automatisierte Erfassung von KfZ-Kennzeichen als Verstoß gegen Art. 2 I iVm Art. 1 I GG); BayVerfGH, DVBl. 2003, 861 (Schleierfahndung); Brandenb. VerfGH, LKV 1999, 450 (V-Männer, Wohnraumüberwachung); VerfGH M.V., LKV 2000, 345 (Lauschangriff); VerfGH Sachsen-Anhalt, NVwZ 2002, 1370 (Identitätsfeststellung); NVwZ 2015, 438 (teilw. Verfassungswidrigkeit); Sächs.VerfGH, LVerfGE 4, 303 (Datenerhebung, Lauschangriff, Rasterfahndung).

Fall 11: „Der einsame Rufer in der Wüste"   **381**

Die politische Studentenvereinigung „Betonblocker eV" will sich gegen die ihrer Meinung nach völlig verfehlte Stadtplanung der Stadt B in NRW zur Wehr setzen. Zu diesem Zweck kündigt sie auf Plakaten und Flugblättern für Sonnabend, den 9. Juni 2012, eine angemeldete Großdemonstration auf dem Stadtplatz in B an. Trotz der massiven Werbung erscheinen nur 10 Personen. Der Vorsitzende der Vereinigung, Pieps, greift unbeirrt zu seinem Megafon und hält – sehr zum Missfallen der Anwohner – eine flammende Rede. Er ist sehr erstaunt, als ihm in der folgenden Woche ein Bußgeldbescheid der zust. Ordnungsbehörde in Höhe von 100 Euro wegen unzulässiger Benutzung eines lärmverursachenden Tongerätes unter Hinweis auf § 10 LImSchG NRW zugestellt wird. Rechtsschutz vor den ordentlichen Gerichten blieb erfolglos.

Erfolgsaussichten einer Verfassungsbeschwerde zum BVerfG? **Rn 390, 419**

II. Entwicklungslinien des Polizeirechts[11]

In der absolutistischen Staatslehre stellte die staatliche Polizeigewalt (ius politiae) ein   **382**
zentrales Element dar. Aufgabe des Staates war die umfassende Sorge für das Wohlergehen der Gesamtheit und des Einzelnen. **„Policey"** galt daher als **Inbegriff der guten Ordnung des Gemeinwesens und der allgemeinen Wohlfahrt**[12]. Dieses ursprünglich weite Verständnis verengte sich mehr und mehr. Schon in § 10 II 17 pr.ALR 1794 war nur noch bestimmt:

„Die nöthigen Anstalten zur Erhaltung der öffentlichen Ruhe, Sicherheit und Ordnung, und zur Abwendung der dem Publico, oder einzelnen Mitgliedern desselben, bevorstehenden Gefahr zu treffen, ist das Amt der Polizey."

Richtungweisend für eine restriktive Interpretation dieser Bestimmung wurde das   **383**
Kreuzberg-Urteil des Pr.OVG aus dem Jahre 1882, das der Versagung einer Baugenehmigung galt, und zwar in Ansehung folgender Berliner Polizeiverordnung des Jahres 1879:

„In dem das Siegerdenkmal auf dem Kreuzberge umgebenden Bauviertel … dürfen Gebäude fortan nur in solcher Höhe errichtet werden, dass dadurch die Aussicht von dem Fuße des Denkmals auf die Stadt und deren Umgebung nicht behindert und die Ansicht des Denkmals nicht beeinträchtigt wird."

Das Gericht stellte dazu fest, es gehe nicht an, die Baugenehmigung allein unter Berufung auf Zwecke der allgemeinen Wohlfahrtspflege wie eine „Störung der architektonischen Harmonie" zu verweigern, ohne dass konkrete polizeiliche Schutzgüter tangiert seien[13].

Als **erste Polizeirechtskodifikationen** sind die thüringische Landesverwaltungsord-   **384**
nung (1926) und das **preußische PVG** (1931)[14] zu erwähnen, dessen § 14 mit der klassischen Formulierung einer Generalklausel die weitere Rechtsentwicklung prägte:

---

11   Dazu ausführlich *Boldt/Stolleis*, in: L/D, Abschn. A; Götz, POR, § 2.
12   Vgl dazu *H. Maier*, Die ältere deutsche Staats- und Verwaltungslehre, 2. Aufl. 1980, S. 183 ff; *Vogel*, in: FS Wacke, 1972, S. 375 ff.
13   Pr.OVGE 9, 353 ff; vgl dazu *Walther*, JA 1997, 287 ff.
14   Dazu *Naas*, Die Entstehung des preußischen PVG, 2003.

„Die Polizeibehörden haben im Rahmen der geltenden Gesetze die nach pflichtgemäßem Ermessen notwendigen Maßnahmen zu treffen, um von der Allgemeinheit oder den einzelnen Gefahren abzuwehren, durch die die öffentliche Sicherheit oder Ordnung bedroht wird."

Im Dritten Reich wurde die Polizei zu einem komplexen Machtinstrument für die Durchsetzung politisch-ideologischer Zielsetzungen pervertiert. Hervorzuheben ist dabei namentlich als Spezialregelung das pr. Gesetz über die Geheime Staatspolizei (Gestapo) vom 10.2.1936 (GS S. 21), dessen § 7 zudem noch einen weitgehenden Ausschluss verwaltungsgerichtlicher Kontrolle vorschrieb[15].

385   Nach 1945 erfolgte in Westdeutschland ein Neuaufbau der Polizei im Geiste einer verstärkten „Entpolizeilichung"[16]. Kennzeichnend hierfür sind eine **Reduktion des polizeilichen Wirkungsbereiches** (Ausgrenzung ganzer Wirkungsfelder, etwa im Sozialwesen und bei der Wirtschaftsaufsicht), eine **Ausgliederung der Ordnungs-verwaltung** (Verwaltungspolizei) in den meisten Ländern und schließlich eine **Entkommunalisierung** der Polizei (deutlich: § 1 POG NRW: Angelegenheit des Landes; Art. 1 II bay.POG: Träger der Freistaat Bayern).

Gem. Art. 83 I bay.Verf. fällt allerdings die „örtliche Polizei" in Bayern in den eigenen Wirkungskreis der Gemeinden. Von daher war den Gemeinden die – zumindest theoretische – Möglichkeit offen zu halten, eine Gemeindepolizei einzurichten, die Zuwiderhandlungen gegen Ortsrecht zu verhüten hat; gem. § 1 der sächs. VO über die Wahrnehmung polizeilicher Vollzugsaufgaben durch gemeindliche Vollzugsbedienstete v. 19.9.1991 (GVBl. S. 355) können in Sachsen die Ortspolizeibehörden gemeindlichen Vollzugsbediensteten bestimmte polizeiliche Vollzugsaufgaben (wie Überwachung des ruhenden Straßenverkehrs, Vollzug der Vorschriften über Sperrzeit und Ladenschluss) übertragen. Auch Bremen kennt schließlich einen Polizeivollzugsdienst der Stadtgemeinde Bremerhaven (so § 74 I brem.PolG).

386   Geht es um das heutige Verständnis des Polizeibegriffs, so sind drei Aspekte zu unterscheiden, nämlich der **materielle** (= Aufgabe der Gefahrenabwehr), der **formelle** (= Summe der Zuständigkeiten) und der **institutionelle Polizeibegriff** (= Polizeibehörden)[17].

387   In letzterer Hinsicht ist auf die konkrete organisatorische Ausformung in den jeweiligen Landesgesetzen zu verweisen. Unter dem Einfluss der divergierenden Vorstellungen der Besatzungsmächte haben sich in den Ländern verschiedene Polizeisysteme entwickelt, die sich erst infolge der Vorbildwirkung des Musterentwurfs (Rn 376) im Kern auf zwei Modelle reduziert haben (näher u. Rn 631 ff). Soweit dabei nicht eine übergreifende Organisation der Polizei (lediglich mit polizeiinterner Ausdifferenzierung in Polizeibehörde und Polizeivollzugsdienst) besteht, wie dies beim sog. Einheitssystem etwa in Baden-Württemberg (vgl § 59 bd.wtt.PolG) oder Sachsen (vgl § 59 sächs.PolG) der Fall ist, bedarf es im sog. Trennsystem einer präzisierten Abschichtung der Aufgabenstellung der Polizeibehörden (im institutionellen Sinne)[18] von derjenigen der bereits terminologisch deutlich gesonderten Verwaltungsbehörden (Ordnungsbehörden, Sicherheitsbehörden, Verwaltungsbehörden), bei denen wiederum zwischen den all-

---

15   Vgl vertiefend *Schwegel*, Der Polizeibegriff im NS-Staat, 2005.
16   Siehe im Überblick *Schoch*, Jura 2006, 664 (665).
17   Siehe dazu und zur Bedeutung der Differenzierung näher *Schoch*, JuS 1994, 393; *Pieroth/Schlink/Kniesel*, POR, § 1 Rn 19 ff.
18   Vgl Art. 1 des bay.PAG: „Polizei im Sinne dieses Gesetzes sind die im Vollzugsdienst tätigen Dienstkräfte der Polizei des Freistaates Bayern." Gemeinhin übliche Sparten sind dabei die Schutzpolizei, die Kriminalpolizei und die Bereitschaftspolizei.

gemeinen und besonderen (Ordnungs-)Behörden zu unterscheiden ist. Nach dem Vorbild des § 1a des Musterentwurfs wird die Polizei in einem Trennsystem tätig, soweit die Abwehr der Gefahr durch eine andere Behörde nicht oder nicht rechtzeitig möglich erscheint (vgl Art. 3 bay.PAG; § 7 I Nr 3 m.v.SOG; § 1 II 1 nds.POG; § 1 I 3 PolG NRW).

Ergänzend ist im Landesrecht, soweit dieses vom Trennsystem ausgeht, dann vielfach noch bestimmt, dass die Polizei die Ordnungsbehörde unverzüglich über alle Vorgänge zu unterrichten hat, die deren Eingreifen erfordern, und dass die Polizei jenen Behörden Vollzugshilfe (dazu noch u. Rn 628 f) zu leisten hat.

Zur Organisation der Polizei- und Ordnungsverwaltung und zur Zuständigkeitsverteilung im Einzelnen noch unten § 19.

III. Polizei- und Ordnungsrecht im Bundesstaat und Europa

Konsequenz der Verteilung der Gesetzgebungszuständigkeiten im Grundgesetz ist, wie bereits in den einleitenden Bemerkungen festgestellt, die **„Polizeihoheit" der Länder** im Hinblick auf das allgemeine Gefahrenabwehrrecht. Als zentrale **landesrechtliche Bestimmungen** sind dabei hervorzuheben (Stand September 2019): **388**

Baden-Württemberg

a) PolG idF v. 13.1.1992 (GBl. S. 1), zuletzt geändert durch Gesetz v. 26.3.2019 (GBl. S. 98), *Dürig*, Gesetze des Landes Baden-Württemberg Nr 65.
   Lit.: *Belz/Mußmann/Kahlert/Sander*, PolG für Bd.Wtt., 8. Aufl. 2015; *Ruder/Pöltl*, PolR Bd.Wtt., 9. Aufl. 2019; *Wolf/Stephan/Deger*, PolG für Bd.Wtt., 7. Aufl. 2014; *König/Turnit*, EingriffsR, 4. Aufl. 2017; *Brommer*, PolG Bd.Wtt., 4. Aufl. 2018.
b) Gesetz über den freiwilligen Polizeidienst (FPolDG) idF v. 12.4.1985 (GBl. S. 129), zuletzt geändert durch Gesetz v. 23.7.2013 (GBl. S. 233), *Dürig* Nr 68.

Bayern

a) PAG v. 14.9.1990 (GVBl. S. 397), zuletzt geändert durch Verordnung v. 26.3.2019 (GVBl. S. 98), *Ziegler/Tremel*, Verwaltungsgesetze des Freistaates Bayern Nr 570.
   Lit.: *Honnacker/Beinhofer/Hauser*, PAG, Komm., 20. Aufl. 2014; *Berner/Köhler/Käß*, PAG, 20. Aufl. 2010; *Schmidbauer/Steiner*, Bay.PAG, Komm., 5. Aufl. 2019; *Heckmann*, POR, in: Becker/Heckmann/Kempen/Manssen, Öffentl. Recht in Bayern, 7. Aufl. 2017, S. 233 ff; *Weber/Köppert*, Polizei- und Sicherheitsrecht in Bayern, 3. Aufl. 2015; *Gallwas/Lindner/Wolff*, Bayerisches Polizei- und Sicherheitsrecht, 4. Aufl. 2015.
b) POG v. 10.8.1976 (GVBl. S. 303), zuletzt geändert durch Verordnung v. 26.3.2019 (GVBl. S. 98), *Ziegler/Tremel* Nr 580.
   Lit.: *Samper/Honnacker*, POG, Komm., 20. Aufl. 2010.
c) LStVG idF v. 13.12.1982 (GVBl. S. 1098), zuletzt geändert durch Verordnung v. 26.3.2019 (GVBl. S. 98), *Ziegler/Tremel* Nr 420.
   Lit.: *Körner/Mehringer*, LStVG, Losebl., *Knemeyer/Behmer*, BayVBl. 2017, 97 ff.
d) SWG idF v. 28.4.1997 (GVBl. S. 88), zuletzt geändert durch Verordnung v. 26.3.2019 (GVBl. S. 98), *Ziegler/Tremel* Nr 585.

Berlin

ASOG v. 11.10.2006 (GVBl. S. 930), zuletzt geändert durch Gesetz v. 3.7.2019 (GVBl. S. 448), *Driehaus*, Berliner Gesetze Nr 200.

Lit.: *Knape/Kiworr*, POR für Berlin, 10. Aufl. 2009; *Baller/Eiffler/Tschisch*, ASOG, 2003.

Brandenburg

a) PolG v. 19.3.1996 (GVBl. S. 74), zuletzt geändert durch Gesetz v. 19.6.2019 (GVBl. I Nr 35), *Knöll*, Gesetze des Landes Brandenburg Nr 180.
Lit.: *Hecker/Radcke*, Polizei- und Ordnungsrecht, in: Bauer/Peine (Hrsg.), Landesrecht Brandenburg, 3. Aufl. 2016.

b) OBG idF v. 21.8.1996 (GVBl. S. 266), zuletzt geändert durch Gesetz v. 19.6.2019 (GVBl. I Nr 35), *Knöll* Nr 190.
Lit.: *Hecker/Radcke*, a.a.O.

Bremen

PolG idF d. Bekanntm. v. 6.12.2001 (GBl. S. 441), zuletzt geändert durch Gesetz v. 2.4.2019 (GVBl. S. 169), Sammlung des bremischen Rechts Nr 205–A-1.

Lit.: *Schmidt*, Brem.PolG, 2006.

Hamburg

SOG v. 14.3.1966 (GVBl. S. 77), zuletzt geändert durch Gesetz v. 8.12.2016 (GVBl. S. 514), *Grapengeter/Becker/Maschek*, Hamburgisches Landesrecht Nr 41.

Lit.: *Merten/Merten*, Hamburgisches POR, Komm., 1. Aufl. 2007; *Eifert*, in: Hoffmann-Riem/Koch (Hrsg.), Hamb.Staats- u. VerwR, 3. Aufl. 2006, S. 161 ff.

Hessen

a) SOG idF v. 14.1.2005 (GVBl. I S. 14), zuletzt geändert durch Gesetz v. 23.8.2018 (GVBl. S. 374), *Fuhr/Pfeil*, Hessische Verfassungs- und Verwaltungsgesetze Nr 34.
Lit.: *Meixner/Fredrich*, Hess.SOG, 12. Aufl. 2016; *Pausch/Dölger*, POR in Hessen, 3. Aufl. 2012; *Kramer*, Hess.POR, 2. Aufl. 2010; *Mühl/Leggereit/Hausmann*, POR Hessen, 5. Aufl. 2018.

b) Hess. Freiwilligen-Polizeidienst-Gesetz (HFPG) idF v. 13.6.2000 (GVBl. I S. 294) zuletzt geändert durch Gesetz v. 5.10.2017 (GVBl. I S. 294).

Mecklenburg-Vorpommern

a) SOG idF d. Bekanntm. v. 9.5.2011 (GVBl. S. 246), zuletzt geändert durch Gesetz v. 22.3.2018 (GVOBl. M-V S. 114), *Knöll*, Gesetze des Landes Mecklenburg-Vorpommern Nr 190.

b) POG idF v. 30.11.2010 (GVBl. S. 674), *Knöll* Nr 181.

Lit.: *Lang*, Allg. Polizei- und Ordnungsrecht, in: Schütz/Classen, Landesrecht Mecklenburg-Vorpommern, 3. Aufl. 2014.

Niedersachsen

POG idF d. Bekanntm. v. 19.1.2005 (GVBl. S. 9), zuletzt geändert durch Gesetz v. 20.5.2019 (GVBl. S. 688), *März*, Niedersächsische Gesetze Nr 211 A.

Lit.: *Saipa*, Nds.SOG, Losebl., Stand August 2017; *Böhrenz/Unger/Siefken*, Nds. SOG, 9. Aufl. 2014; *J. Ipsen*, Nds. POR, 4. Aufl. 2010; *Mehde*, Polizei- und Ordnungsrecht, in: Hartmann/Mann/Mehde, Landesrecht Niedersachsen, 2. Aufl. 2018; *Ullrich/Weiner/Brüggemann*, Niedersächsisches Polizeirecht, 2012.

Nordrhein-Westfalen

a) PolG idF d. Bekanntm. v. 25.7.2003 (GVBl. S. 441), zuletzt geändert durch Gesetz v. 18.12.2018 (GV. NRW. S. 741), *v. Hippel/Rehborn*, Gesetze des Landes Nordrhein-Westfalen Nr 51.

Lit.: *Tegtmeyer/Vahle*, PolG NRW, 12. Aufl. 2018; *Wolffgang/Hendricks/Merz*, PolR u. allg. Ordnungsrecht NRW, 3. Aufl. 2011; *Dietlein/Burgi/Hellermann*, Öffentl. Recht in NRW, 7. Aufl. 2019; *Braun/Schütte/Keller*, PolG NRW, Komm., 2013; *dies.*, Eingriffsrecht Nordrhein-Westfalen, 2016; *Bätge/Schroeder*, POR NRW, 3. Auflage 2014.
b) POG idF d. Bekanntm. v. 5.7.2002 (GVBl. S. 308), zuletzt geändert durch Gesetz v. 17.5.2018 (GV. NRW. S. 270), *v. Hippel/Rehborn* Nr 50.
c) OBG idF v. 13.5.1980 (GVBl. S. 528), zuletzt geändert durch Gesetz v. 18.12.2018 (GV. NRW. S. 741), *v. Hippel/Rehborn* Nr 55.
Lit.: *Rhein*, OBG, 2004.

Rheinland-Pfalz

POG idF v. 10.11.1993 (GVBl. S. 595), zuletzt geändert durch Gesetz v. 22.9.2017 (GVBl. S. 237), *Rumetsch*, Landesrecht in Rheinland-Pfalz II Nr 50.

Lit.: *Roos/Lenz*, POG Rh.-Pf., 5. Aufl. 2018; *Rühle/Suhr*, POG Rh.-Pf., 5. Aufl. 2012; *Rühle*, POR Rh.-Pf., 6. Aufl. 2018; *Ruthig*, POR, in: Hendler/Hufen/Jutzi (Hrsg.), Landesrecht Rh.-Pf., 8. Aufl. 2018.

Saarland

Saarl. PolG idF d. Bekanntm. v. 26.3.2001 (ABl. S. 1074), zuletzt geändert durch Gesetz v. 22.8.2018 (ABl. I S. 1465), *Hümmerich/Kopp*, Saarländische Gesetze Nr 150.

Lit.: *Guckelberger*, Polizeirecht, in: Gröpl/Guckelberger/Wohlfarth (Hrsg.), Landesrecht Saarland, 3. Aufl. 2017.

Sachsen

PolG idF v. 13.8.1999 (GVBl. S. 466), zuletzt geändert durch Gesetz v. 17.12.2013 (GVBl. S. 890), *Knöll/Stober*, Gesetze des Freistaats Sachsen Nr 180.

Lit.: *Belz*, PolG, 4. Aufl. 2009; *Rommelfanger/Rimmele*, PolG, Komm., 2015; *Petersen-Thrö/Robrecht/Elzermann*, POR Sachsen, 4. Aufl. 2014.

Sachsen-Anhalt

SOG idF d. Bekanntm. v. 23.9.2003 (GVBl. S. 214), zuletzt geändert durch Gesetz v. 2.8.2019 (GVBl. S. 218, 233), *Knöll/Bachmann*, Gesetze des Landes Sachsen-Anhalt Nr 180.

Lit.: *Kluth*, Das Recht d. öffentl. Sicherheit (Polizeirecht), in: ders. (Hrsg.), Landesrecht S-Anh., 2. Aufl. 2010.

Schleswig-Holstein

a) LVwG idF v. 2.6.1992 (GVOBl. S. 243), zuletzt geändert durch Gesetz v. 13.2.2019 (GVOBl. S. 42), *Bausenhart/Guilleaume*, Landesrecht in Schleswig-Holstein Nr 2280.
Lit.: *Foerster/Friedersen/Rohde*, LVwG, Losebl Stand 2018.
b) POG idF v. 12.11.2004 (GVBl. S. 408) zuletzt geändert durch Gesetz v. 22.10.2013 (GVOBl. S. 404), *Bausenhart/Guilleaume* Nr 2436.
Lit.: *Schipper/Schneider/Büttner/Schade*, POR, 5. Aufl. 2010; *Kalkschmidt/Lütje*, Gefahrenabwehr, 2003.

Thüringen

a) PAG idF d. Bekanntm. v. 4.6.1992 (GVBl. S. 199), zuletzt geändert durch Gesetz v. 6.6.2018 (GVBl. S. 229, 254), *Knöll*, Gesetze des Freistaats Thüringen Nr 180.
Lit.: *Ebert/Seel*, PAG, 7. Aufl. 2016.
b) OBG v. 18.6.1993 (GVBl. S. 323), zuletzt geändert durch Gesetz v. 6.6.2018 (GVBl. S. 229, 254), *Knöll* Nr 190.

Lit.: *Ebert*, Öffentliche Sicherheit und Ordnung in Thüringen, Losebl., Stand August 2019; *Krumrey/Schwan*, Thür.OBG, 2. Aufl. 2009; *Rücker*, OBG Thür., Losebl., Stand Februar 2018.

389 Spezielle **Kompetenztitel für den Bund** finden sich namentlich in Art. 73 I Nr 5 (Zoll- und Grenzschutz), Nr 6 (Luftverkehr)[19], Nr 10 (Zusammenarbeit des Bundes und der Länder betr. Kriminalpolizei, Verfassungsschutz ua) und Nr 12 (Waffen- und Sprengstoffrecht) sowie in Art. 74 I Nr 3 (Vereinsrecht), Nr 4 (Ausländerrecht), Nr 11 (Gewerberecht) und Nr 24 GG (Abfallwirtschaft, Luftreinhaltung und Lärmbekämpfung)[20]. Schließlich kann der Bund noch vereinzelt auf Annexkompetenzen[21] rekurrieren, so fußt etwa die der Bundespolizei zugewiesene Aufgabe der Bahnpolizei (§ 3 BPolG)[22] auf einer Annexkompetenz zu Art. 73 I Nr 6a GG[23].

390 **Lösungshinweis zu Fall 11 (Rn 381):** Im **Ausgangsfall** ist die Zulässigkeit einer Verfassungsbeschwerde des P zum Bundesverfassungsgericht gem. Art. 93 I Nr 4a GG iVm §§ 13 Nr 8a, 90 BVerfGG zu bejahen. Der Rechtsweg ist erschöpft (vgl § 90 II 1 BVerfGG).

Die Verfassungsbeschwerde wäre begründet, wenn § 10 LImSchG NRW als Verbotsnorm, auf die der Bußgeldbescheid iVm Ordnungswidrigkeitenrecht gestützt ist, auf kompetentielle Bedenken stieße, da immerhin ein umfängliches BImSchG existiert. Das BImSchG aber regelt abschließend nur die Zulassungsvoraussetzungen für genehmigungsbedürftige Anlagen (zum Anlagenbegriff siehe § 3 V BImSchG), nicht jedoch diejenigen für nicht genehmigungsbedürftige Anlagen (siehe §§ 22 II, 23 II BImSchG) und gar nicht das Sozialverhalten von Personen als Erzeugern störender Geräusche (s. die Klammerausnahme in Art. 74 I Nr 24 GG). Insofern blieb der Weg frei für diesbezügliche landesgesetzliche Vorgaben. Dies ist im Zuge der Föderalismusreform nun auch durch Einfügung des Klammerzusatzes („ohne Schutz vor verhaltensbezogenem Lärm") in Art. 74 I Nr 24 GG klargestellt und abgesichert worden.

391 Konsequenterweise liegt so auch das Schwergewicht der **Verwaltungszuständigkeiten** im Polizei- und Ordnungsrecht **bei den Ländern** (vgl dazu noch im Einzelnen unten Rn 631 ff). Im Grundgesetz wurden polizeiliche Aspekte im Übrigen nur punktuell angesprochen, so in Art. 40 II (dazu noch unten Rn 661) und 87 I 2 GG sowie namentlich für Notstandsfälle (vgl Art. 35 II, III, 91 GG)[24].

392 Der fortschreitende europäische Einigungsprozess mit dem durch das Zusatzübereinkommen vom 19.6.1990 zur Durchführung des Übereinkommens von **Schengen**[25] be-

---

19 Zum hierauf gestützten Luftsicherheitsgesetz v. 11.1.2005 (BGBl. I S. 78), zuletzt geändert durch Gesetz v. 23.2.2017 (BGBl. I S. 298), vgl BVerfG, NJW 2006, 751 ff.
20 Im Überblick *Schoch*, JuS 1994, 394.
21 Zu dieser Kategorie allg. BVerfGE 8, 143 (150). – Zur Befugnis des Bundes zur Regelung des abwehrenden Brandschutzes für Bundeswehreinrichtungen s. Bd.Wtt.VGH, DVBl. 1995, 365: Annex seiner ausschließlichen Gesetzgebungskompetenz für die Verteidigung.
22 Gesetz über die Bundespolizei v. 19.10.1994 (BGBl. I S. 2978), zul. geänd. d. Gesetz v. 5.6.2017 (BGBl. I S. 1066).
23 Die Bundespolizei darf aber nicht zu einer mit den Landespolizeien konkurrierenden Einrichtung ausgebaut werden und damit ihr Gepräge als Polizei mit begrenzten Aufgaben verlieren; so BVerfGE 97, 198 ff (zum seinerzeitigen „Bundesgrenzschutz").
24 Zur Bundespolizei s. unten Rn 650 ff, zum BKA Rn 652, zum Bundesamt für Verfassungsschutz und zum Bundesnachrichtendienst Rn 653, zur Diskussion um Einsatzmöglichkeiten der Bundeswehr im Innern Rn 655 ff.
25 Übereinkommen zum Schengener Abkommen v. 14.6.1985, deutsches Zustimmungsgesetz v. 15.7.1993 (BGBl. II S. 1010).

wirkten **Abbau der Kontrollen an den Binnengrenzen** bedingt eine wesentlich engere Kooperation der Mitgliedstaaten auch auf polizeilichem Gebiet. Durch den am 27.5.2005 in Prüm geschlossenen Vertrag über die Vertiefung der grenzüberschreitenden Zusammenarbeit, insbesondere zur Bekämpfung des Terrorismus, der grenzüberschreitenden Kriminalität und der illegalen Migration („Schengen III")[26] haben sich die Vertragsstaaten (D, F, NL, A, E, Lux) zum gegenseitigen Austausch von Informationen (DNA-Analyse-Dateien, Fingerabdrücke) verpflichtet und Bestimmungen über den Einsatz sog. Sky-Marshals (bewaffnete Flugsicherheitsbegleiter) getroffen[27]. Dem Vertrag sind mittlerweile weitere EU-Staaten und Norwegen beigetreten.

Art. 67 ff AEUV sehen eine verstärkte Zusammenarbeit in den Bereichen Justiz und Inneres vor. Da es sich dabei um klassische Kernbereiche staatlicher Aufgabenwahrnehmung handelt, betont eingangs Art. 67 I AEUV die Achtung der Grundrechte sowie der verschiedenen Rechtsordnungen und -traditionen der Mitgliedsstaaten. Ziel ist dabei, den Bürgerinnen und Bürgern einen **Raum der Freiheit, der Sicherheit und des Rechts** zu bieten, in dem – in Verbindung mit geeigneten Maßnahmen in Bezug auf die Kontrolle der Außengrenzen, das Asyl, die Einwanderung, sowie die Verhütung und Bekämpfung der Kriminalität – der freie Personenverkehr gewährleistet ist (Art. 3 II EUV). Verwirklicht werden soll dieses Ziel durch die Verstärkung der polizeilichen Zusammenarbeit aller zuständigen Behörden der Mitgliedsstaaten iVm mit dem Ausbau eines Europäischen Polizeiamts **(Europol)** zur Unterstützung und Stärkung der Tätigkeit der mitgliedsstaatlichen Polizeibehörden und deren Zusammenarbeit (Art. 87, 88 AEUV)[28]. Die Bundesrepublik hat das Europol-Übereinkommen vom 26.7.1995 (ABl. EG Nr C 316/25) durch Bundesgesetz vom 16.12.1997 (BGBl. II S. 2150) ratifiziert. Dieses Übereinkommen ist nicht Bestandteil des Unionsrechts, sondern ein völkerrechtlicher Vertrag, der sich an den politischen Zielsetzungen des Art. 88 AEUV orientiert. **393**

Die verschiedenen Polizeirechtsstrukturen in den Mitgliedstaaten bedürfen, auch wenn dabei zentrale Souveränitätsinteressen involviert sind, zur Gewährleistung der **inneren Sicherheit in Europa**, die nicht mehr allein auf nationaler Ebene realisierbar ist, dringend einer Koordinierung und Harmonisierung. Ansätze in diese Richtung bilden für das Gebiet der Strafverfolgung die Einrichtung **„Eurojust"** mit Sitz in Den Haag und das **Europäische Amt für Betrugsbekämpfung** (OLAF), eine unabhängige Einrichtung der Kommission[29] sowie für das Gebiet der Gefahrenabwehr die Errichtung eines Visa-Informationssystems. **394**

Auch wenn in Art. 276 AEUV ausdrücklich geregelt ist, dass der EuGH für die Überprüfung der Gültigkeit oder Verhältnismäßigkeit von Maßnahmen der Polizei oder anderer Strafverfolgungsbehörden eines Mitgliedstaats oder der Wahrnehmung der Zuständigkeiten der Mitgliedstaaten für die Aufrechterhaltung der öffentlichen Ord- **395**

---

26 Beschluss des Rates 2008/615/JI, ABl. L 210 vom 6.8.2008, S. 1.

27 Vertiefende Einzelheiten bei *Kugelmann*, Polizei- und Ordnungsrecht, 14. Kap. Rn 109 ff.

28 Vgl dazu im Einzelnen das von *Baldus* hrsg. Textbuch: Polizeirecht des Bundes mit zwischen- und überstaatlichen Rechtsquellen, 3. Aufl. 2005 sowie *Kugelmann*, Polizei- und Ordnungsrecht, 2006, 3. Kap. Rn 92 ff. Speziell zu Europol s. *Mokros*, in: L/D, Abschn. O Rn 30 ff; *Lindner*, BayVBl. 2001, 193 ff.

29 Siehe dazu EuGH, NJW 2006, 279; *Kretschmer*, Jura 2007, 169 ff.

nung und den Schutz der inneren Sicherheit nicht zuständig ist, so bieten doch die im EUV und in **Art. 263 II AEUV** verankerten Kompetenzen eine hinreichende Basis für Judikatur auch zu Bereichen des Polizei- und Ordnungsrechts[30].

Aus dem Unionsrecht kann sich etwa eine **Loyalitätsverpflichtung** der Mitgliedstaaten zu polizeilichem Einschreiten ergeben, wenn auf deren Gebiet Maßnahmen zur Beachtung tragender Grundsätze des EUV zu treffen sind[31].

IV. Rechtsstaatliche Vorgaben[32]

1. Innere Sicherheit als Staatsaufgabe

396 Eine zentrale Komponente der Rechtsstaatlichkeit ist die **Rechtssicherheit**. So leuchtet ein, dass die Wahrung der durch Verfassung und Gesetz strukturierten Ordnung („**Innere Sicherheit**") eine essenzielle staatliche Grundfunktion ist[33], die sowohl im öffentlichen Interesse als auch im wohlverstandenen Interesse des einzelnen Bürgers liegt:

„Die Sicherheit des Staates als verfaßter Friedens- und Ordnungsmacht und die von ihm zu gewährleistende Sicherheit seiner Bevölkerung sind Verfassungswerte, die mit anderen im gleichen Rang stehen und unverzichtbar sind, weil die Institution Staat von ihnen die eigentliche und letzte Rechtfertigung herleitet"[34].

397 Auch und gerade in einer freiheitlichen Demokratie müssen zwischen Bürgern und zwischen gesellschaftlichen Gruppen entstandene Konflikte unter Beachtung der Regeln des Rechts ausgetragen werden. Hierauf muss jeder Einzelne vertrauen können wie auch darauf, dass der **Staat** als **Garant des inneren Friedens** in der Lage und willens ist, nötigenfalls die Respektierung einer auf dieser Grundvorstellung basierenden Ordnung durchzusetzen (s. auch o. Rn 377 f). Grundsätzlich ist diese Aufgabe mit Blick auf Art. 33 IV GG Beamten zu übertragen[35]. Von Polizeibeamten wird dabei ein erheblicher Einsatz verlangt[36].

398 Schon vor mehr als 500 Jahren, im Ewigen Landfrieden von Worms (1495), wurde es hierzulande untersagt, „den Anderen zu befehden, bekriegen, überziehen und belagern," und in der Einleitung zum Pr.ALR von 1794 heißt es im Abschnitt: „Verhältnis des Staats gegen seine Bürger" in den §§ 76, 77: „Jeder Einwohner des Staates ist den

---

30 Vgl den Bericht von *Göppl*, VBlBW 2002, 1 (4 ff) zur Textfassung der europäischen Verträge vor dem Vertrag von Lissabon.
31 Siehe EuGH, Slg. 1997, I-6959 = NJW 1998, 1931 ff zur Behinderung von Agrarimporten durch Demonstranten; EuGH, Slg. 2003, I-5659 = NJW 2003, 3185 zur Autobahnblockade durch Demonstranten (dazu *Mann/Ripke*, EuGRZ 2004, 125 ff); EuGH, Slg. 2004, I-9609 zum Laserdrome-Tötungsspiel (dazu *Jestaedt*, Jura 2006, 127 ff; *Lindner*, JuS 2005, 302 ff).
32 Dazu im Überblick *Denninger*, in: L/D, Abschn. B.
33 Ausführl. *Götz*, in: HStR IV, 3. Aufl. 2006, § 85 (= S. 671 ff); *Herzog*, ebda., § 72 Rn 38 ff; *Isensee*, in: Schwarz (Hrsg.), 10 Jahre 11. September – Die Rechtsordnung im Zeitalter des Ungewissen, 2012, S. 9 (15 f).
34 So BVerfGE 49, 24 (56 f) – „Kontaktsperregesetz" – unter Bezugnahme auf BVerwGE 49, 202 (209).
35 Zu den Möglichkeiten des Einsatzes von Hilfspersonen s. *D/W/V/M*, S. 56 ff sowie unten Rn 399 ff.
36 Vgl § 117 I hamb.BeamtenG idF v. 29.11.1977 (GVBl. S. 367): „Der Polizeivollzugsbeamte hat seine Amtspflichten unter Einsatz seiner Person, notfalls auch seines Lebens, zu erfüllen."

Schutz desselben für seine Person und sein Vermögen zu fordern berechtigt. Dagegen ist niemand sich durch eigne Gewalt Recht zu verschaffen befugt." Als gewichtiges Element des **staatlichen Gewaltmonopols** erscheint namentlich das sog. **Polizeimonopol**, das, auch wenn der Stellenwert der Ordnungswahrung innerhalb des breiten Spektrums der vom Staat zu erfüllenden Aufgaben je nach gesamtgesellschaftlicher Situation und Zeitgeist auf einer Skala zwischen „law and order" und „repressionsfreiem Diskurs" wechselt, als solches unantastbar bleiben muss.

Auf der Vermeidung von Gewalttätigkeiten „muss eine Rechtsordnung, die nach Überwindung des mittelalterlichen Faustrechts die Ausübung von Gewalt nicht zuletzt im Interesse schwächerer Minderheiten beim Staat monopolisiert hat, strikt bestehen"[37].

Dem staatlichen Gewaltmonopol erwachsen heutzutage **Gefahren von zwei Seiten**: Zum einen, wenn einzelne Gruppen für sich das Recht in Anspruch nehmen, unter Berufung auf „höhere Einsichtsfähigkeit" demokratische Mehrheitsentscheidungen in der pluralistischen Gesellschaft als unmaßgeblich zu verwerfen, und in einzelnen Sachfragen versuchen, ihrem Standpunkt gewaltsam zum Erfolg zu verhelfen; zum anderen, wenn Private – auch ob diesbezüglicher Beobachtungen – das Vertrauen in Konstanz, Stringenz und Effizienz der staatlichen Ordnungsvorgaben verlieren und ihrerseits zunehmend Zuflucht bei der Installierung eigener Schutzsysteme suchen (Stichwort: Privatisierung der öffentlichen Sicherheit). **399**

Für die letztgenannten Bestrebungen können Bürger auch auf **grundrechtliche Garantien** rekurrieren. So umgreift etwa die Freiheit der Berufsausübung (Art. 12 I GG) auch die Installierung eines Wach- und Schutzdienstes, dh die Wahl effektiver Schutzelemente gegenüber rechtswidrigen Eingriffen Dritter in den Gewerbebetrieb. Auch die Eigentumsgewährleistung (Art. 14 I GG) bietet dem Einzelnen Möglichkeiten zum Selbstschutz für seine Vermögenswerte, wie sie denn auch in der einfachgesetzlichen Rechtsordnung näher ausgeformt sind. Der Schutz von Leib, Leben und Gesundheit, thematisiert in Art. 2 II GG, und die Unverletzlichkeit der Wohnung mit Absicherung einer individuellen Herrschaftssphäre (Art. 13 GG) sind weitere Anknüpfungspunkte. Schließlich gehört es zum Schutzbereich der allgemeinen Handlungsfreiheit (im Sinne von Art. 2 I GG), befugtermaßen selbst Maßnahmen zu ergreifen, um die verfassungsrechtlich garantierte freie Entfaltung der Persönlichkeit auch in öffentlichem Gelände zu sichern. **400**

Beispiel: Privater Begleitschutz beim abendlichen Joggen im Wald.

Diese grundrechtlichen Garantien können im Wege der mittelbaren Drittwirkung wiederum ihre Grenzen in **kollidierenden Grundrechten Dritter** finden. Deshalb und aufgrund des Gewaltmonopols des Staates muss im Einzelfall danach gefragt werden, welche konkreten Schutzmaßnahmen tatsächlich zulässig sind und hierbei insbesondere, inwieweit sie etwaigen kollidierenden Grundrechtspositionen hinreichend Rechnung tragen.

Dass große Wirtschaftsbetriebe ihren eigenen **Sicherheitsdienst** unterhalten oder Banken für Geldtransporte auf Spezialfirmen zurückgreifen, liegt wegen des primä- **401**

---

37 So BVerfGE 69, 315 (360) – „Großdemo Brokdorf"; zur Bedeutung des Gewaltmonopols als Grundlage und Grenze der Grundrechte prononciert *Isensee*, in: FS Sendler, 1991, S. 39 ff.

ren Privatinteresses, das hier geschützt wird, nahe. Immerhin enthalten die ausdrücklich eingeräumten Notrechte wie Notwehr und Nothilfe (§ 32 StGB) sowie rechtfertigender und entschuldigender Notstand (§§ 34, 35 StGB) auf strafrechtlicher Ebene und die zivilrechtlichen Notrechte (§§ 227 ff, 904 BGB) gesetzliche Tolerierungen einer punktuellen Durchbrechung des staatlichen Gewaltmonopols. Auch ist die Bewachung des Lebens oder des Eigentums fremder Personen als Gegenstand gewerblicher Betätigung anerkannt (vgl § 34a GewO)[38].

Beispiel: Wach- und Schließgesellschaften.

402 Nicht unproblematisch erscheint hingegen schon mit Blick auf Art. 33 IV GG ein geballter Einsatz privater Sicherheitskräfte in öffentlichen Einrichtungen, weniger noch bei solchen mit spezieller Zweckbindung (Museen, Bibliotheken u.Ä.) als bei der allgemeinen Benutzung gewidmeten öffentlichen Verkehrsflächen[39].

403 Um sich bürgerschaftliches oder unternehmerisches Engagement auf dem Feld der öffentlichen Sicherheit nutzbar zu machen wird den **Sicherheitspartnerschaften** zwischen Polizei und Privatunternehmen (neudeutsch: police-private-partnership) zunehmend Aufmerksamkeit zuteil (s. auch Rn 647, 670). Hierunter versteht man ein Kooperationsverhältnis, für dessen zentrale Elemente (namentlich hinsichtlich Aufgabenverteilung und staatlicher Kontrolle) Teile der Literatur eine gesetzliche Regelung einfordern[40]. Die Rspr hat bislang nur Einzelfragen interessengerecht zu lösen vermocht[41].

2. Vorrang und Vorbehalt des Gesetzes

404 Da die Maßnahmen des Polizei- und Ordnungsrechts häufig in Rechtspositionen des Bürgers eingreifen, kommt es gerade dort auf die Sicherung der Leitfunktion der Gesetzgebung an. Auf die zentralen rechtsstaatlichen Anforderungen des **Vorrangs** und des **Vorbehalts des Gesetzes**, denen das BVerfG ein generelles Analogieverbot in der Eingriffsverwaltung entnommen hat[42], ist daher verstärkt zu achten. Das ist der Grund, warum in der Begründetheit der universitären Klausur stets nach der Ermächtigungsgrundlage für das polizeiliche Handeln zu fragen ist. Auch die **hinreichende Bestimmtheit** polizeirechtlicher Bestimmungen muss sichergestellt sein, was namentlich bei der Verwendung von Generalklauseln (Rn 432 ff) und von Ermessensermächtigungen (Rn 531 ff) relevant ist.

---

38 Zur Vertiefung s. *Huber*, Wahrnehmung von Aufgaben im Bereich der Gefahrenabwehr durch das Sicherheits- und Bewachungsgewerbe, 2000; *Stober/Olschok*, Handbuch des Sicherheitsgewerberechts, 2004; *Lee*, Privates Sicherheitsgewerbe in Deutschland und Südkorea, 2008.

39 Vgl dazu *Scholz*, NJW 1997, 14 ff; *Winkler*, NWVBl. 2000, 287 ff; *Rebler*, SVR 2011, 1 ff. Zur Verfassungsmäßigkeit der Privatisierung des Maßregelvollzugs s. BVerfG, NJW-Spezial 2012, 88 f.

40 Vgl *Stober* (Hrsg.), Public-Private-Partnerships, 2000; *Pitschas*, DÖV 2004, 231 ff; *Tettinger*, NWVBl. 2005, 1 ff; *Storr*, DÖV 2005, 101 ff; *Rixen*, DVBl. 2007, 221 ff; *Franz/Günther*, NWVBl. 2006, 201 (203 f); *Brüning/Boesky*, in: Mann/Sennekamp/Uechtritz, VwVfG, 2. Aufl. 2019, § 54 Rn 187; s. auch u. Rn 670.

41 Vgl zum beauftragten Abschleppunternehmer Rn 603, zum privaten Alarmdienst Rn 790.

42 BVerfG, NJW 1996, 3146 unter IV 2.; zur Kritik vgl zusammenfassend *Sachs*, in: ders. (Hrsg.), GG, Art. 20 Rn 121 mwN.

3. Grundsatz der Verhältnismäßigkeit

Schließlich erscheint gerade bei gesetzlichen Ermächtigungen zu polizeilichen und **405**
ordnungsbehördlichen Maßnahmen die strikte Einhaltung rechtsstaatlicher Gebote
wegen der besonders einschneidenden grundrechtlichen Wirkungen als unverzichtbar[43]. Dies gilt insbesondere mit Blick auf das **Übermaßverbot**, d.h. den **Grundsatz
der Verhältnismäßigkeit** (zur Gesetzesanwendung noch näher unten Rn 540 ff).

Dies wurde vom BVerfG bereits im Zusammenhang mit der Ermächtigung zur strate- **406**
gischen Überwachung des Brief- und Fernmeldeverkehrs („G 10") plastisch herausgestellt:

„Nach dem Grundsatz der Verhältnismäßigkeit muss die … Grundrechtsbegrenzung … geeignet sein, den Schutz des Rechtsguts (rechtzeitiges Erkennen und Begegnen der Gefahr eines be-
waffneten Angriffs auf die Bundesrepublik Deutschland) zu bewirken. Sie muss dazu erforderlich sein, was nicht der Fall ist, wenn ein milderes Mittel ausreicht. Schließlich muss sie im engeren Sinne verhältnismäßig sein, das heißt in angemessenem Verhältnis zu dem Gewicht und
der Bedeutung des Grundrechts stehen …

1. Das Mittel ist geeignet, wenn mit seiner Hilfe der gewünschte Erfolg gefördert **407**
   werden kann. …
2. Das Mittel ist erforderlich, wenn der Gesetzgeber nicht ein anderes, gleich wirksames, aber die Grundrechte … nicht oder doch weniger fühlbar einschränkendes
   Mittel hätte wählen können.
3. Bei einer Gesamtabwägung zwischen der Schwere des Eingriffs und dem Gewicht
   sowie der Dringlichkeit der ihn rechtfertigenden Gründe muss die Grenze der Zumutbarkeit noch gewahrt sein … Die Maßnahme darf den Betroffenen nicht übermäßig belasten …"[44]

V. Wahrung der Grundrechte

Das Bezugsfeld „Polizeirecht und Grundrechtsschutz" umgreift ganz unterschiedliche **408**
Perspektiven, stellen doch die Grundrechte einerseits essenzielle Elemente des zentralen polizeilichen Schutzgutes, der „öffentlichen Sicherheit" (dazu Rn 441), dar,
und bilden sie andererseits Schranken gegen allzu starke polizeiliche Eingriffe in die
Individualsphäre (dazu etwa Rn 540, 742).

Einen historischen Ansatzpunkt für die Diskussion um die Wahrung der Grundrechte **409**
bei polizeilichem Handeln bildete die Frage nach der „Polizeifestigkeit von Grundrechten". Das pr.OVG sah bereits im Jahre 1901 in der Beschlagnahme von Photogra-
phien einen staatlichen Eingriff in die Pressefreiheit, dessen tatbestandliche Voraussetzungen abschließend im Presserecht geregelt seien, sodass ein Rückgriff auf das
allgemeine Polizeirecht ausschied[45].

---

43 Daraus ergeben sich konsequenterweise auch Anforderungen an das Verhalten der Dienstkräfte dem
    Bürger gegenüber, vgl etwa die Ausweispflicht gem. § 13 OBG NRW u. § 55 III PolG NRW.
44 BVerfGE 67, 155 (173, 176, 178); allg. zum Grundsatz der Verhältnismäßigkeit *Voßkuhle*, JuS 2007,
    429 ff. Zur Frage eines „Untermaßverbotes" im Sinne einer Mindestanforderung verfassungsrechtlich
    vorausgesetzten Einsatzes staatlicher Hoheitsgewalt zur Durchsetzung der inneren Sicherheit s. *Götz*,
    in: HStR III, 3. Aufl. 2006, § 85 Rn 30 in Orientierung an BVerfGE 88, 203 (254 f, 257 f).
45 Pr.OVGE 40, 295. – Vgl auch BayVGH, NJW 1983, 1339 – „Buchbeschlagnahme".

410 Später ließ die Weimarer Reichsverfassung, die einen umfänglichen Grundrechtskatalog enthielt, eine Einschränkung bestimmter Freiheitsrechte wie Freizügigkeit und Berufsfreiheit (Art. 111), Briefgeheimnis (Art. 117), Pressefreiheit (Art. 118), Versammlungsfreiheit (Art. 123) oder Bekenntnisfreiheit (Art. 135 WRV) nur auf reichsgesetzlicher Grundlage zu. Damit war die vordem lediglich rechtssystematische Argumentation zur „Polizeifestigkeit von Grundrechten" zu einer verfassungsrechtlichen Thematik geworden[46].

411 Unter den heutigen verfassungsrechtlichen Gegebenheiten erscheint die Frage nach der „Polizeifestigkeit" von Grundrechten zu pauschal gestellt und eher verwirrend. Zunächst ist darauf zu verweisen, dass die Polizei im Rechtsstaat, wie bereits hervorgehoben, verfassungs- und gesetzesgebunden ist und die **Grundrechte** gem. Art. 1 III GG als unmittelbar geltendes Recht **strikte Bindungswirkung** entfalten und daher bei jedem polizeilichen Handeln zu beachten sind.

412 Dennoch bewirkt das eingriffsintensive Polizeirecht vielfältige Freiheitsbeschränkungen zulasten des Bürgers, dies aber wiederum im Interesse und zur Gewährleistung der öffentlichen Sicherheit. Da diese aber ihrerseits nichts anderes ist und bewirken will als effektiven Freiheits- und Grundrechtsschutz des Bürgers, entsteht einerseits eine Ambivalenz, andererseits eine Korrespondenz von Freiheitsschutz und Freiheitsbeschneidung, die nirgendwo so augenfällig wird wie im Polizeirecht und durch die Devise „Freiheit in Sicherheit" (o. Rn 378) ihren plakativen Ausdruck findet.

413 Des Weiteren ist in Anlehnung an allgemeine Grundrechtslehren eine Unterscheidung in Ansehung der divergierenden Grundrechtsschranken bei den einzelnen Gewährleistungen erforderlich:

 – Für einige Grundrechte enthält die Verfassung selbst Regelungs- und Schrankenvorbehalte, so in Art. 12 I 2 GG (Berufsfreiheit) und Art. 14 I 2 GG (Eigentumsgarantie), die Basis für gesetzliche Grundrechtseingriffe sind.

 Beispiele: Ladenschlussgesetz[47]; Verbot der Zweckentfremdung von Wohnraum[48].

 Auch die polizei- und ordnungsrechtliche Generalklausel (dazu näher im Folgenden Rn 432 ff) kann so durchaus eine die Berufsausübung regelnde Gesetzesnorm darstellen[49].

414 – Manche Grundrechte stehen unter dem Vorbehalt gesetzlicher Einschränkung, wie Art. 2 II 1 GG (Leben und körperliche Unversehrtheit), Art. 2 II 2 GG (Freiheit der Person), Art. 11 GG (Freizügigkeit) und Art. 13 GG (Unverletzlichkeit der Wohnung)[50]. In solchen Fällen müssen in dem betreffenden Gesetz die eingeschränkten Grundrechte genannt sein (Zitiergebot des Art. 19 I 2 GG)[51].

---

46 Vgl *Anschütz*, WRV, Komm., 14. Aufl. 1932, S. 519. – Art. 9 Nr 2 WRV hatte immerhin bei entsprechendem Bedürfnis dem Reich Gesetzgebungskompetenzen für „den Schutz der öffentlichen Ordnung und Sicherheit" zugebilligt.
47 Dazu BVerfGE 13, 230 u. 237; 59, 336.
48 Dazu BVerfGE 38, 348 (370).
49 Vgl BVerwGE 105, 189 (193 f, 196) – „Laserdrome"; OVG NRW, NJW 1986, 2900 – „Heilpraktiker".
50 Siehe zu Art. 13 GG die nach langen Diskussionen zustande gekommene Verfassungsänderung v. 26.3.1998 (BGBl. I S. 610): Einfügung der Absätze 3 bis 6. Vgl dazu etwa *Kühne*, in: Sachs (Hrsg.), GG, Komm., 6. Aufl. 2011, Art. 13 Rn 38 ff; s. auch VerfG M.-V., LKV 2000, 345 ff.
51 Vgl § 7 ME = Art. 91 bay.PAG; § 113 m.v.SOG; § 10 nds.POG; § 7 PolG NRW; § 44 OBG NRW. Siehe dazu BVerfG, NJW 2005, 2603 (2604).

– Andere Grundrechte unterliegen keinem ausdrücklichen Vorbehalt, wie Art. 4 I **415**
GG (Glaubens- und Gewissensfreiheit) und Art. 5 III GG (Kunst- und Wissen-
schaftsfreiheit). Auch die Ausübung solcher Grundrechte ist freilich nicht völlig
schrankenfrei. Aber:

> „Nur kollidierende Grundrechte Dritter und andere mit Verfassungsrang ausgestattete
> Rechtswerte sind mit Rücksicht auf die Einheit der Verfassung und die von ihr geschützte
> gesamte Wertordnung ausnahmsweise im Stande, auch uneinschränkbare Grundrechte in
> einzelnen Beziehungen zu begrenzen."[52]

Bei polizei- und ordnungsrechtlichen Maßnahmen sind die Schutzwirkungen der **416**
Grundrechte, die ja nicht nur individuelle Abwehrrechte des Bürgers verkörpern, sondern zugleich als objektiv-rechtliche Gewährleistungen, eben als zentrale Werte fungieren, stets zu respektieren. Ihre **Wahrnehmung** muss **möglichst unbeeinträchtigt**
bleiben.

So hat die Polizei etwa auch das von der Koalitionsfreiheit (Art. 9 III GG) mitumfasste Streik-
recht der Gewerkschaften zu achten. Soweit freilich im Zusammenhang mit einem Streik von
der verfassungsrechtlichen Gewährleistung nicht abgedeckte Aktionen unternommen werden
(Bsp.: Gewaltsame Blockade des Werkzugangs für Arbeitswillige), darf die Polizei einschreiten.

Zunehmend thematisiert wird auch die Verknüpfung der beschriebenen Staatsaufgabe **417**
„innere Sicherheit" mit den Grundrechten, anders gewendet, die Frage nach Inhalt,
Umfang und Grenzen der **grundrechtlichen Fundierung des individuellen Elemen-
tarbedürfnisses nach Sicherheit** im Grundgesetz (vgl Rn 396 ff). Zwar verzichtet das
Grundgesetz gänzlich auf diese Begrifflichkeiten, jedoch heißt es immerhin in Art. 5 I
1 EMRK: „Jeder Mensch hat ein Recht auf Freiheit und Sicherheit", ohne dass damit
freilich eine umfassende Abschirmung im Sinne eines dem Bürger zustehenden Anspruchs auf „Freiheit vor Furcht und Angst" verbürgt wäre[53]. Auch in Art. 6 der Europäischen Grundrechtecharta hat diese Gewährleistung Einzug gefunden[54].

Besonderes Augenmerk hat den für eine **freiheitliche Bildung der öffentlichen Mei-** **418**
nung zentralen Grundrechten der Meinungs- und Pressefreiheit (Art. 5 I 1, 2 GG), der
Vereinsfreiheit (Art. 9 I GG)[55] und der Versammlungsfreiheit (Art. 8 GG) zu gelten.

Ganz in diesem Sinne stellen § 1 PresseG NRW, § 1 II nds.PresseG und § 1 II
m.v.LPresseG deutlich heraus, dass die Freiheit der Presse nur denjenigen Beschränkungen unterliegt, die durch das Grundgesetz unmittelbar und in seinem Rahmen
durch die Pressegesetze zugelassen sind[56].

---

52 So BVerfGE 28, 243 (261) – „Kriegsdienstverweigerung".
53 Diesem Begriff der Sicherheit kommt in der Anwendungspraxis keine eigenständige Bedeutung zu;
    vgl *Frowein/Peukert*, EMRK-Komm., 3. Aufl. 2009, Art. 5 Rn 4 ff; *Meyer-Ladewig/Harrendorf/Kö-
    nig*, in: Meyer-Ladewig/Nettesheim/von Raumer, EMRK Komm., 4. Aufl. 2017, Art. 5 Rn 6.
54 Vgl dazu *Baldus*, in: Heselhaus/Nowak (Hrsg.), Handbuch des Europäischen Grundrechte, 2006, § 14;
    Tettinger, in: Stern/Tettinger (Hrsg.), Europäische Grundrechtecharta, 2006, Art. 6 Rn 12 ff; zur Be-
    deutung auf nationaler Ebene etwa *Isensee*, in: HStR V, 2. Aufl. 2000, S. 186 ff; *Robbers*, Sicherheit
    als Menschenrecht, 1987.
55 Zu dem in Art. 9 II GG verankerten und in § 3 VereinsG (Sart. I 425) verfahrensmäßig konkretisierten
    Instrument des Vereinsverbots s. BVerwG, NJW 1995, 2505 ff; *Planker*, NVwZ 1998, 113 ff; *Grund-
    mann*, Das fast vergessene öffentliche Vereinsrecht, 1999.
56 Danach verbietet sich insoweit der Rückgriff auf polizei- und ordnungsrechtliche Vorschriften; vgl
    OVG Brandenb., NJW 1997, 1387.

419 **Lösungshinweis zu Fall 11 (Rn 381):** Der Schutzbereich der Meinungsfreiheit (Art. 5 I 1 GG) ist im **Ausgangsfall** durch den ordnungsbehördlichen Bußgeldbescheid zwar tangiert, aber § 10 LImSchG NRW ist ein allgemeines Gesetz iS des Art. 5 II GG. Diese Regelung stellt sich nach ihrem Zweck, der Vermeidung von Lärmbelästigungen, als bloße Ausgestaltung der bereits durch Art. 2 I GG verfassungsrechtlich begrenzten allgemeinen Handlungsfreiheit dar; dies rechtfertigt das absolute und generelle Verbot (mit Genehmigungsvorbehalt) der Benutzung von „Tongeräten" auf öffentlichen Verkehrsflächen. Soweit sich dieses Verbot auch auf die Verwendung von Megafonen zur politischen Meinungskundgabe erstreckt, handelt es sich im Hinblick auf den Schutzzweck der Vorschrift um atypische Sachverhalte.

Diesen besonderen Ausnahmesituationen lässt sich durch eine Befreiungsvorschrift gerecht werden. Ein Anspruch, bei der Meinungsäußerung über Megafon auf öffentlichen Verkehrsflächen schlechthin von jeder Genehmigungspflicht freigestellt zu werden, lässt sich aus Art. 5 I GG nicht herleiten.

Vom Grundrecht der Versammlungsfreiheit wird die Benutzung eines Megafons nicht umfasst, wenn an der Versammlung lediglich 10 Personen teilnehmen; die Verwendung kann daher über die grundsätzlich abschließende Regelung des Versammlungsgesetzes hinaus Beschränkungen durch die allgemeinen Gesetze unterworfen werden.

Zur Versammlungsfreiheit noch näher unten § 21 (Rn 740 ff).

420 Auch die in der **EMRK** enthaltenen Gewährleistungen sind bei der polizeilichen Tätigkeit in Deutschland zu beachten, da die EMRK sowohl beim Grundrechtsschutz auf der Ebene des europäischen Unionsrechts eine tragende Rolle spielt – vgl Art. 6 II, III EUV – als auch in der Bundesrepublik als Signatarstaat – hier im Range einfachen Bundesrechts – in Geltung steht[57]. Hervorzuheben sind hier namentlich

– Art. 3: Verbot der Folter
  Dieses in der Menschenwürde verankerte generelle Verbot geriet hierzulande in die Schlagzeilen, als ein Polizeibeamter bei einer Kindesentführung eine Berufung auf Notstand in Erwägung zog[58].
– Art. 5: Recht auf Freiheit und Sicherheit (siehe oben Rn 417)
  Großes Aufsehen erregte die Entscheidung des EGMR zum Recht auf Freiheit, welche zur Freilassung mehrerer Straftäter aus der Sicherungsverwahrung führte[59].
– Art. 6 I: Recht auf ein faires Verfahren
– Art. 6 II: Unschuldsvermutung[60]
– Art. 8: Recht auf Achtung des Privat- und Familienlebens
– Art. 14: Diskriminierungsverbot.

---

57 Vgl insoweit EGMR, EuGRZ 1979, 278 (Abhör-Urteil, Fall Klass) u. NJW 1999, 775; dazu *Eiffler*, NJW 1999, 762 f sowie BVerfGE 111, 307 (Umgangsrecht eines Vaters, Görgülü-Beschluss); EGMR, EuGRZ 2010, 25 ff (Sicherungsverwahrung). Zum Verhältnis von EGMR und BVerfG sowie zu den Auswirkungen der Entscheidungen des EGMR auf das deutsche Recht s. BVerfG, JZ 2011, 845 ff, dazu *Volkmann*, JZ 2011, 835 ff.
58 Siehe dazu EGMR, EuGRZ 2010, 417 ff; *Welsch*, BayVBl. 2003, 481 ff; *Wittreck*, DÖV 2003, 873 ff; zur Verletzung des Art. 3 EMRK durch Verabreichung eines Brechmittels s. EGMR, NJW 2006, 3117 ff.
59 EGMR, EuGRZ 2010, 25 ff.
60 Siehe zu ihr BVerfG(K), DVBl. 2002, 1110 betr. Datenspeicherung trotz Freispruchs.

Wiederholungs- und Verständnisfragen

1. *Welche richtungweisende Feststellung traf das Preußische OVG im Kreuzbergurteil?* **Rn 383**
2. *Inwiefern ist Polizeirecht nicht nur Landesrecht?* **Rn 389**
3. *Welche europäischen Einrichtungen gibt es auf dem Gebiet des Polizeirechts?* **Rn 392 ff**
4. *Was ist unter dem Polizeimonopol des Staates zu verstehen?* **Rn 398**
5. *Welche zentralen rechtsstaatlichen Gebote sind im Polizeirecht stets zu beachten?* **Rn 404 f**
6. *Was meint das Schlagwort der „Polizeifestigkeit von Grundrechten"?* **Rn 409 ff**
7. *In welchem Rang sind die Gewährleistungen der EMRK zu beachten?* **Rn 420**

§ 13 Die zentralen Schutzgüter „Öffentliche Sicherheit" und „Öffentliche Ordnung"

Fall 12: „Offene Drogenszene"[1]   **421**

Der Vorplatz und das nähere Umfeld des Göttinger Hauptbahnhofs in Niedersachsen haben sich zu einem Treffpunkt für Drogensüchtige und einem Handelsplatz für Drogengeschäfte aller Art entwickelt. In den umliegenden öffentlichen Wegen, Plätzen und Grünanlagen werden von den Mitarbeitern der städtischen Abfallentsorgung im Monat durchschnittlich rund 1000 gebrauchte Einweg-Spritzen – davon 1/3 auf Kinderspielplätzen – aufgefunden und beseitigt. Der 24-jährige Torsten („Tüte") Stein (S), der selbst nicht in Göttingen wohnt, ist ein fester Bestandteil dieser Szene. Er ist täglich auf dem Bahnhofsvorplatz anzutreffen, führt ständig eine Liste mit Adressen und Mobilfunknummern von Drogenabhängigen mit sich und ist in der Vergangenheit auch schon zweimal beim Handel mit Betäubungsmitteln auffällig geworden. Als er im Rahmen eines Polizeieinsatzes der Polizeidirektion Göttingen Anfang April 2018 erneut inmitten von Drogensüchtigen angetroffen wird, erlassen die zuständigen Beamten gegen ihn ein sechsmonatiges Aufenthaltsverbot, das sich auf den Bahnhofsvorplatz und einen näher gekennzeichneten Bereich der Innenstadt von Göttingen bezieht. Hätte ein hiergegen gerichteter Antrag nach § 80 V VwGO Aussicht auf Erfolg? **Rn 449, 452**

Im Vordergrund polizei- und ordnungsbehördlichen Handelns steht traditionell die   **422** präventive **Aufgabe der Gefahrenabwehr**[2]. Sonstige Funktionskreise wie die Ermittlung und die Verfolgung von Straftaten und Ordnungswidrigkeiten (repressive Aufgaben) oder die Gewährung von Amts- und Vollzugshilfe zu Gunsten anderer Behörden (dazu noch unten Rn 627 f) treten dahinter zurück. Im Rahmen der Gefahrenabwehr aber nehmen die **Schutzgüter der öffentlichen Sicherheit und der öffentli-**

---

[1] Der Fall ist der Entscheidung des OVG NRW, DÖV 2001, 216 nachgebildet.
[2] Vgl § 1 I bd.wtt.PolG; Art. 2 I bay.PAG u. Art. 6 bay.LStVG; § 1 I 1 berl.ASOG; § 1 I bbg.OBG u. § 1 I bbg.PolG; § 1 I brem.PolG; § 3 hamb.SOG; § 1 I 1 hess.SOG; § 1 I m.v.SOG; § 1 I nds.POG; § 1 I 1 PolG NRW u. § 1 I OBG NRW; § 1 I 1 rh.pf.POG; § 1 II saarl.PolG; § 1 I sächs.PolG; § 1 I s.anh.SOG; § 162 I schl.h.LVwG; § 2 I thür.PAG u. § 2 I thür.OBG. – Dazu umfassend *Denninger*, in: L/D, D 1 ff.

chen Ordnung einen zentralen Platz ein, wie bereits die Beobachtung der Entwicklungslinien des Polizeibegriffs (Rn 382 ff) ergab, und wie dies in mannigfachen gesetzlichen Regelungen seinen Niederschlag gefunden hat.

Beispiele:
- Möglichkeit eines Versammlungsverbots gem. § 15 I VersammlG, wenn die „öffentliche Sicherheit oder Ordnung" bei Durchführung der Versammlung unmittelbar gefährdet ist (vgl auch Rn 751 ff).
- Telekommunikationslinien müssen gem. § 68 II TKG den „Anforderungen der öffentlichen Sicherheit und Ordnung" genügen.

Im Aufenthaltsrecht kann gem. § 6 I 1 FreizügG/EU [Sart. I 560] der Verlust des Rechts auf Einreise und Aufenthalt „nur aus Gründen der öffentlichen Ordnung, Sicherheit oder Gesundheit" festgestellt werden sowie gem. § 53 AufenthaltsG [Sart. I 565] ein Ausländer ausgewiesen werden, „wenn sein Aufenthalt die öffentliche Sicherheit und Ordnung, die freiheitlich-demokratische Grundordnung oder sonstige erhebliche Interessen der Bundesrepublik Deutschland beeinträchtigt."[3]

I.   Zentrale Direktiven im Polizei- und Ordnungsrecht

1.   Separierung in Aufgaben- und Befugnisnormen

423   Im Polizei- und Ordnungsrecht ist zunächst sorgfältig zwischen Aufgaben- und Befugnisnormen zu unterscheiden. Während **Befugnisnormen** der entsprechend betrauten Behörde spezifische **Eingriffsermächtigungen** vermitteln[4], liegt die Funktion der **Aufgabennormen** lediglich in der Beschreibung eines Aufgabenbereiches; durch sie werden nur äußere Zulässigkeitsgrenzen für ein breites Spektrum denkbarer behördlicher Aktivitäten markiert. Polizei- und Ordnungsbehörden ist gemeinhin die Aufgabe übertragen, Gefahren für die öffentliche Sicherheit oder Ordnung abzuwehren[5].

424   Diese Aufgabenzuweisung umfasst die Kompetenz zu mannigfachen Formen schlicht-hoheitlichen Verwaltungshandelns wie Information über Gefahrenlagen, Aufklärungsaktionen über Möglichkeiten des Bürgers, sich und sein Eigentum zu schützen, verstärktes Streifefahren („optische Präsenz"), eine vorbeugende Beobachtung der Rauschgift-Szene oder die Erhebung im Internet verfügbarer Kommunikationsinhalte, die sich an jedermann oder zumindest an einen nicht weiter abgrenzbaren Personenkreis richten[6]. Von der polizeirechtlichen Aufgabennorm auch abgedeckt ist die Herausgabe eines Faltblattes über sog. Jugendsekten, das über jugendtypische Gefahrensituationen aufklärt[7]. Aber spätestens dann, wenn Maßnahmen in die

---

3   Siehe dazu BVerwG, NVwZ 1996, 1109 (Ausweisung wegen illegalen Handels mit Heroin); OVG NRW, NWVBl. 1998, 436 (Beihilfe zum Handel mit Betäubungsmitteln).
4   Vgl näher *Schoch*, Jura 2006, 664 (666 ff). Speziell unter dem Gesichtspunkt der Falllösung *Poscher/Rusteberg*, JuS 2011, 888 ff, 984 ff, 1082 ff, JuS 2012, 26 ff.
5   Vgl § 1 I ME; zu den Ländergesetzen s. oben Fn 2. Zu den sich hieraus ergebenden Zuständigkeitsfragen s. bereits oben Rn 387.
6   BVerfGE 120, 274 (344 f); so auch *Sachs/Krings*, JuS 2008, 481 (482); kritisch *Levin/Schwarz*, DVBl. 2010, 10 (11 ff).
7   Bd.Wtt. VGH, DÖV 1989, 169 ff. – Zur Warnung vor sog. Jugendsekten durch die Bundesregierung auf der Grundlage ihrer verfassungsrechtlich zugewiesenen Aufgabe der Staatsleitung s. BVerfGE 105, 279 ff („Osho-Sekte"); ferner BVerwG, NJW 1991, 1770 ff; s. dazu die Falllösung v. *Tettinger/Ennuschat*, NWVBl. 1994, 396 ff.

Grundrechte der Adressaten eingreifen, bedarf es wegen der grundrechtlichen Geset-
zesvorbehalte einer ausdrücklich formulierten Ermächtigungsgrundlage, die den Poli-
zei- und Ordnungsbehörden diese bestimmte Form des Tätigwerdens gestattet
(Rn 429, 432 ff).

In § 7 I Nr. 4 m.v.SOG u. § 1 I 2 PolG NRW sowie inzwischen auch in § 1 I Nr. 2   **425**
sächs.PolG und § 1 IV hess.SOG wird ausdrücklich vermerkt, dass die Polizei im
Rahmen ihrer Aufgabe der Gefahrenabwehr auch Straftaten zu verhüten und für die
Verfolgung künftiger Straftaten vorzusorgen (**vorbeugende Bekämpfung von Straftaten**)[8] sowie (in NRW und Hessen) die erforderlichen Vorbereitungen für die Hilfe-
leistung und das Handeln in Gefahrenfällen zu treffen hat. Gerade in diesem Bereich
ist aber auf die Einhaltung der bundesstaatlichen Kompetenzordnung zu achten[9].

Die damit in den Blick genommenen Aktivitäten im **Vorfeld** von Gefahren bestim-   **426**
men zunehmend den polizeilichen Aktionskreis[10] mit vielfältigen Formen der Beobachtung zur Informationsgewinnung und -speicherung, der sicherheitsbezogenen
Aufklärung der Bürger sowie der Steigerung ihres Sicherheitsgefühls durch „optische
Präsenz". Hierbei handelt es sich aber keineswegs um eine neue dritte Aufgabenkategorie neben den klassischen polizeilichen Aufgabenfeldern der (präventiven) Gefahrenabwehr und der (repressiven) Strafverfolgung, sondern um eine Chiffre für eine
besondere Akzentuierung der tradierten Aufgabe des präventivpolizeilichen Schutzes
der öffentlichen Sicherheit in Gestalt einer Vorfeldaufklärung über Gefahrenpotenzi-
ale in konspirativen Milieus und ihre Verdichtung, ein hoch technisierter Aufgaben-
ausschnitt, der seinerseits Kongruenzen mit dem klassischen Feld nachrichtendienst-
licher Tätigkeiten aufweist (dazu unten Rn 653).

Dies alles führt zu Diskussionen um einschlägige Instrumente wie die sog. **Schleierfahndung** (in Gestalt verdachts- und ereignisunabhängiger Identitätskontrollen)[11]
und ihre tatbestandlichen Voraussetzungen, wie etwa die Gefährdungsgeneigtheit von
Personen, Sachen, Orten und Situationen.

Das BVerwG hält bundesrechtlich eine Abgrenzung der abstrakten Gefahr von der   **427**
Gefahrenvorsorge für geboten und hat in einem bloßen **Gefahrenverdacht** keine
Rechtfertigung für ein Einschreiten von Sicherheitsbehörden in Gestalt einer Rechtsverordnung auf der Grundlage der polizeilichen Generalklausel gesehen, es vielmehr
als Sache des zuständigen Gesetzgebers bezeichnet, „sachgebietsbezogen darüber zu
entscheiden, ob, mit welchem Schutzniveau … und auf welche Weise Schadensmög-
lichkeiten vorsorgend entgegengewirkt werden soll, die nicht durch ausreichende

---

8 Dazu *Graulich*, in: L/D, E 141 ff; *Götz*, NVwZ 1994, 655 f. Nds. hat den letztgenannten Aspekt seit
  2008 wieder aus dem SOG gestrichen.
9 Vgl BVerfGE 113, 348 ff: Nichtigkeit von § 33a I Nr 2 u 3 nds.SOG aF, weil der Bund abschließend
  von der Gesetzgebungsbefugnis Gebrauch gemacht hat, die Verfolgung von Straftaten durch Maßnahmen der Telekommunikationsüberwachung zu regeln (s. auch u. Rn 609).
10 Vgl etwa zur Nutzbarmachung des „Konzepts" als einer Handlungsform der sog. Infrastrukturverwal-
  tung auch im polizeilichen Bereich *Aulehner*, Polizeiliche Gefahren- und Informationsvorsorge, 1998,
  S. 545 ff.
11 Zu ihrer Vereinbarkeit mit der bay. Verf. BayVerfGH, DVBl. 2003, 861 ff und JZ 2006, 617 ff m.
  Anm. *Krane*, JZ 2006, 623 ff; s. auch *Krane*, Schleierfahndung, 2003; *Kingreen/Poscher*, POR, § 13
  Rn 45 ff; *Heckmann*, in: FS Steinberger, 2000, S. 467 (483 ff); *Graf*, Verdachts- und ereignisunabhän-
  gige Personenkontrollen, 2006, sowie bereits oben Rn 380.

Kenntnisse belegt, aber auch nicht auszuschließen sind. ... Allein der Gesetzgeber ist befugt, unter Abwägung der widerstreitenden Interessen die Rechtsgrundlagen für Grundrechtseingriffe zu schaffen, mit denen Risiken vermindert werden sollen, für die – sei es auf Grund neuer Verdachtsmomente, sei es auf Grund eines gesellschaftlichen Wandels oder einer veränderten Wahrnehmung in der Bevölkerung – Regelungen gefordert werden. Das geschieht üblicherweise durch eine Absenkung der Gefahrenschwelle in dem ermächtigenden Gesetz von der ‚Gefahrenabwehr" zur ‚Vorsorge" gegen drohende Schäden (vgl etwa § 7 II Nr 3 AtG; § 5 I Nr 2 BImSchG; § 6 II GenTG; § 7 BBodSchG). Demgegenüber ist in § 55 NPOG ausschließlich von „Gefahrenabwehr", nicht hingegen von „Vorsorge" oder „Vorbeugung" die Rede"[12].

428   Unbeschadet dessen gilt: Eine verfassungsstaatliche Disziplinierung der Polizeigewalt bedingt Klarheit über Eingriffsschwellen. Diese sind auch im Vorfeld von Gefahren, wo das Ziel ein risikoorientierter, vorverlagerter Schutz der öffentlichen Sicherheit ist, aus Gründen der Freiheitlichkeit und Rechtssicherheit unverzichtbar. Die Gefahr bleibt der Schlüsselbegriff des modernen Polizeirechts; ergänzende abgestufte Markierungen für die einer Reduktion von Sicherheitsrisiken dienende Vorfeldaufklärung bleiben noch immer ein rechtsstaatliches Desiderat[13].

429   Ganz in diesem Sinne sind auch die Anforderungen an die in den letzten Jahren verstärkt eingesetzten **polizeilichen Gefährderanschreiben** bzw Gefährderansprachen zu verstehen. Hierbei handelt es sich um Anschreiben, mit denen den Adressaten nahegelegt wird, sich nicht an voraussichtlich gewalttätigen Demonstrationen oder Hooligan-Schlägereien zu beteiligen, um zu vermeiden, dass sie polizeilichen Gefahrenabwehrmaßnahmen ausgesetzt werden[14]. Wegen des mit ihnen verbundenen Eingriffs in die durch Art. 5 I 1 und Art. 8 I GG geschützte Willensentschließungsfreiheit des Betroffenen, an Demonstrationen teilzunehmen, können sie nicht allein auf die allgemeinen polizeilichen Aufgabennormen (Rn 423 f) abgestützt werden, sondern bedürfen einer gesetzlichen Grundlage, die freilich in der polizeilichen Generalklausel (Rn 432 ff) gesehen werden kann,[15] soweit die Länder keine Spezialermächtigung geschaffen haben.[16]– Siehe dazu auch den **Fall 14** (Rn 486, 514).

2.   Befugnisse zur Informations- und Datenverarbeitung

430   Seit dem **Volkszählungsurteil**[17] des BVerfG ist anerkannt, dass die Datenerhebung und Datenverarbeitung staatlicher Stellen nicht mehr – wie nach früher herrschender Rechtsauffassung[18] – allein auf Aufgabenzuweisungsnormen gestützt werden können. Erforderlich ist vielmehr eine bereichsspezifische Ermächtigungsgrundlage, um

---

12   So BVerwGE 116, 347 (351) zur nds. GefahrtierVO v. 5.7.2000 (GVBl. S. 149); s. auch Nds.OVG, NdsVBl. 2001, 245 u. 280; *Kaltenborn*, NWVBl. 2001, 249 ff sowie unten Rn 478 ff.
13   Siehe insoweit VGH Bd.Wtt., VBlBW 2004, 20 ff zur Videoüberwachung öffentlicher Verkehrsräume sowie *Gusy*, NWVBl. 2004, 1 ff; *Kingreen/Poscher*, POR, § 13 Rn 96 ff. Zu den verfassungsrechtlichen Vorgaben s. *Held*, Intelligente Videoüberwachung, 2014.
14   Vgl dazu *Kießling*, DVBl. 2012, 1210 ff.
15   Nds.OVG, NdsVBl. 2006, 19 (21); *Götz/Geis*, POR, § 2 Rn 5; *Wehr*, PolR, Rn 222; *Hebeler*, NVwZ 2011, 1364 (1366).
16   Vgl seit 2019 den neuen § 12a NPOG – vgl Rn 583.
17   BVerfGE 65, 1 ff.
18   Vgl insoweit nur die Ausführungen des BGH, DÖV 1991, 849 (850).

einen Eingriff in das Grundrecht des Bürgers auf „informationelle Selbstbestimmung" (**„Informationseingriff"**) zu rechtfertigen. Auch der **faktischen Beeinträchtigung** des Grundrechts auf informationelle Selbstbestimmung kommt Eingriffsqualität zu, sodass hierfür eine Rechtsgrundlage in Form einer Befugnisnorm (Ermächtigungsgrundlage) gefordert wird[19]. Mit Blick auf die Anforderungen an diese Ermächtigungsgrundlage hat das BVerfG ausgeführt:

„Diese Beschränkungen bedürfen [...] einer (verfassungsmäßigen) gesetzlichen Grundlage, aus der sich die Voraussetzungen und der Umfang der Beschränkungen klar und für den Bürger erkennbar ergeben und die damit dem rechtsstaatlichen Gebot der Normenklarheit entspricht (BVerfGE 45, 400 (420) mwN). Bei seinen Regelungen hat der Gesetzgeber ferner den Grundsatz der Verhältnismäßigkeit zu beachten. [...] Angesichts der bereits dargelegten Gefährdungen durch die Nutzung der automatischen Datenverarbeitung hat der Gesetzgeber mehr als früher auch organisatorische und verfahrensrechtliche Vorkehrungen zu treffen, welche der Gefahr einer Verletzung des Persönlichkeitsrechts entgegenwirken [...])."[20]

Die Landesgesetzgeber[21] haben darauf reagiert, so dass sich entsprechende **Regelungen über eine personenbezogene Informationserhebung** durch die Polizei, also das gezielte Sammeln (Observieren, beobachtende Fahndung), Speichern und Auswerten von Erkenntnissen, mittlerweile in allen Polizeigesetzen finden,[22] so etwa in §§ 19 ff, 37 ff bd.wtt.PolG; Art. 30 ff bay.PAG; §§ 13 ff hess.SOG; §§ 25 ff m.v.SOG; §§ 30 ff NPOG; §§ 9 ff PolG NRW; §§ 26 ff rh.pf.POG; §§ 25 ff saarl.PolG; §§ 35 ff sächs.PolG. Diese Ermächtigungsnormen werden unter den Rn 605 ff noch näher beleuchtet.   **431**

3. Die Generalklausel

Soweit es um Eingriffe in Rechte Privater geht, sind nach alledem entsprechende Befugnisnormen als materielle **Eingriffsermächtigungen** erforderlich, in denen tatbestandliche Voraussetzungen und Eingrenzungen zum Schutz des Bürgers verankert sind. In allen Gefahrenabwehrgesetzen der Länder wird eingangs der jeweiligen Abschnitte über die Befugnisse der Polizei- und Ordnungsbehörden im Rahmen einer **Generalklausel** auf die Schutzgüter „öffentliche Sicherheit" (Rn 435 ff) und „öffentliche Ordnung" (Rn 451 ff) Bezug genommen[23]. Charakteristisch für die Generalklausel ist die flexible Ermächtigung auf der Rechtsfolgenseite („... die notwendigen Maßnahmen treffen"), die der zuständigen Behörde ein Entschließungs- und Auswahlermessen eröffnet (dazu näher in Rn 531 ff).   **432**

Solche **Generalklauseln** sind freilich, was für den Aufbau einer Klausur wichtig ist (unten Rn 676 ff), **subsidiär** gegenüber speziellen Eingriffsermächtigungen, wie sie in einer Vielzahl von Gesetzen des besonderen Gefahrenabwehrrechts und für die   **433**

---

19 *Knemeyer*, NVwZ 1988, 195; VG Hannover, NVwZ 1987, 826 f; s. auch BayVerfGH, NJW 1986, 915 f; BayVGH, NJW 1984, 2235 (2237); offen gelassen in BVerwG, NJW 1988, 1863.
20 BVerfGE 65, 1 (44).
21 Die Forderung nach bereichsspezifischen Befugnisnormen gilt darüber hinaus nicht nur für klassische Polizeibehörden, sondern etwa auch für den Bereich des Verfassungsschutzes; vgl insoweit §§ 8 ff des Bundesverfassungsschutzgesetzes v. 20.12.1990 (BGBl. I S. 2954).
22 Siehe dazu *Becker/Ambrock*, JA 2011, 561 ff; speziell für Nds. *Starck*, NdsVBl. 2008, 145 ff.
23 Vgl § 8 ME; Art. 11 bay.PAG; § 13 m.v.SOG; § 11 iVm § 2 Nr 1 nds.POG; § 14 I OBG NRW; § 8 I PolG NRW.

sog. polizeilichen Standardmaßnahmen existieren (dazu unten § 18 I und II). Die Polizeigesetze der Länder haben diesen Grundsatz ausdrücklich im Kontext der Generalklausel normiert (vgl Art. 11 I, III bay.PAG; § 12 II m.v.SOG; § 11 HS 2 NPOG; § 8 I, II PolG NRW; § 14 II 1 OBG NRW). Die Genaralklauseln bieten auf der anderen Seite den zuständigen Stellen aber jedenfalls für eine Übergangszeit die Möglichkeit, auf neuartige, unvorhergesehene Gefahren zu reagieren, bis der Gesetzgeber eine spezielle Regelung getroffen hat[24].

434   In der universitären „Klausurrealität" nimmt die gefahrenabwehrrechtliche Generalklausel einen nicht zu unterschätzenden Platz ein, erfordert der gesetzliche Tatbestand dieser Generalklauseln doch eine Prüfung mehrerer Tatbestandsmerkmale, die zu den Grundkategorien des deutschen Polizeirechts zählen. Diese werden in den nachfolgenden Abschnitten noch näher beleuchtet, doch soll ihre Relevanz für die Subsumtion unter die Generalklausel bereits mit der nachfolgenden Übersicht verdeutlicht werden:

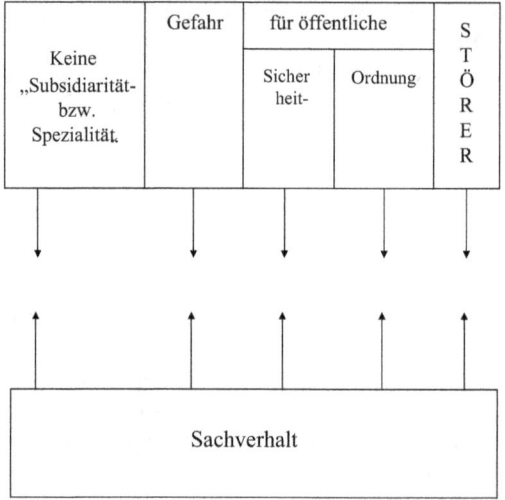

Übersicht 8:   Tatbestandsmerkmale der Generalklausel

II.   Das Spektrum des Schutzgutes „Öffentliche Sicherheit"

435   Schutz der **Öffentlichen Sicherheit** bedeutet Schutz der **objektiven Rechtsordnung**, das umfasst:

– Schutz der Unverletzlichkeit der Rechtsordnung,

– Schutz des Bestandes des Staates und seiner Einrichtungen und Veranstaltungen sowie

---

24   Dies ist in jüngerer Zeit etwa für gefährliche Straftäter relevant geworden, die infolge der Rechtsprechung des EGMR und des BVerfG aus der Haft entlassen wurden und seitdem vorerst auf der Basis der Generalklausel dauerhaft observiert werden, *Guckelberger*, VBlBW 2011, 209 ff; *Greve/von Lucius*, DÖV 2012, 97 ff.

– Schutz der subjektiven Rechte und Rechtsgüter des Einzelnen (wie Leben, Gesundheit, Freiheit, Ehre und Vermögen)[25].

1. Schutz der objektiven Rechtsordnung

Unter dem Gesichtspunkt der **Unverletzlichkeit der Rechtsordnung** führt dieses Verständnis der öffentlichen Sicherheit dazu, dass die Polizei- und Ordnungsverwaltung gegen jede Verletzung von Straf- und Verwaltungsgesetzen einschreiten kann. Das ist in der Praxis besonders wichtig, weil es eine Vielzahl von verwaltungsrechtlichen Gesetzen gibt, die zwar Gebots- und Verbotsvorschriften enthalten, deren Verletzung sie mitunter auch mit einer Geldbuße bewehren, die aber keine eigene Ermächtigungsgrundlage (Befugnisnorm) vorsehen, um die entsprechenden Verhaltenspflichten durch Verwaltungsakt für den Einzelfall konkretisieren zu können (sog. leges imperfectae). **436**

In diesen Fällen ist das Schutzgut der öffentlichen Sicherheit in der Variante „Schutz der Unverletzlichkeit der Rechtsordnung" das Verbindungsglied zwischen dem „normalen" Verwaltungsrecht und dem Polizei- und Ordnungsrecht, das den Polizei- und Ordnungsbehörden ermöglicht, die Verletzung verwaltungsrechtlicher Pflichten gestützt auf die Generalklausel unterbinden zu können (sog. **konkretisierende Verfügung**)[26]. Die verwaltungsrechtlichen Pflichten müssen aus abstrakt-generellen Rechtssätzen folgen, mangels Rechtsnormqualität genügt der (vollstreckungsfähige) Inhalt von Verwaltungsakten hierfür nicht[27]. Der Begriff der öffentlichen Sicherheit erfasst somit ein außerordentlich breites Spektrum an Gütern, darunter etwa auch normativ durch verrechtlichte Verhaltenspflichten abgesicherte Belange des Natur- und Landwirtschaftsschutzes[28] oder ausländerrechtliche Passpflichten[29]. Das ist der Grund, weshalb diese Untervariante des Begriffs der öffentlichen Sicherheit einen beliebten Schwerpunkt polizeirechtlicher Klausuren bildet. **437**

Bei einem zu erwartenden Verstoß gegen **Strafrechtstatbestände** liegt stets eine Gefahr für die öffentliche Sicherheit vor. Jede objektive Verwirklichung eines Straftatbestandes stört schon im Stadium des Versuchs die öffentliche Sicherheit, ohne dass es darauf ankäme, ob schuldhaft gehandelt wird[30]. Im Fall rechtsextremistischer Aktivitäten kann ua etwa § 130 StGB (Volksverhetzung) in Betracht kommen[31]. **438**

---

25 So bereits die amtl. Begr. zu § 14 pr.PVG und nunmehr die Legaldefinition in § 3 Nr 1 s.anh.SOG u. § 54 Nr 1 thür.OBG; vgl auch BVerfGE 69, 315 (352); *Götz/Geis*, POR, § 4 Rn 1 ff; *Erbel*, DVBl. 2001, 1714 (1720) mit einer thematischen Auflistung; *Schoch*, Jura 2013, 468 ff.
26 Vgl näher *Götz/Geis*, POR, § 4 Rn 9, § 21 Rn 7 ff; *Schoch*, BesVerwR, 1. Kap. Rn 235, 248. Die unselbstständige Verfügung ist auch zulässig, um einen erst noch (unmittelbar) bevorstehenden Bruch einer Vorschrift des öffentlichen Rechts abzuwenden, vgl VG Berlin, NJW 1999, 2988; Nicht entscheidend ist, wie häufig ein Sachverhalt auftritt, vgl BVerwGE 129, 142 (150); a.A. *Kingreen/Poscher*, POR, § 5 Rn 20; *Butzer*, VerwArch 2002, 506 (522 ff).
27 *Zimmermann*, SächsVBl. 2013, 59 ff mwN.
28 Vgl Bd.Wtt.VGH, NVwZ 1988, 166 – „Motocross-Rennen".
29 Vgl OVG NRW, DÖV 2004, 666.
30 D/W/V/M, S. 236. Besondere Vorsicht ist jedoch geboten, wenn Ehrschutzdelikte als Schutzgut der öffentlichen Sicherheit herangezogen werden, s. dazu *Krajewski/Bernhard*, JuS 2012, 241 ff.
31 OVG NRW, NWVBl. 1994, 387 – „Hissen der Reichskriegsflagge"; BVerwG, DVBl. 2008, 1248 – „Gedenken an Rudolf Hess". Zur ordnungsbehördlichen Untersagung der Aufführung eines Theaterstücks wegen Verstoßes gegen § 166 StGB (Beschimpfen eines religiösen Bekenntnisses) s. OVG Rh.-Pf., GewArch. 1997, 145 – „Maria-Syndrom".

2. Schutz staatlicher Einrichtungen und Veranstaltungen

439 Als Störung der öffentlichen Sicherheit wurde mit Blick auf die Variante **„Schutz staatlicher Einrichtungen"** in der Judikatur etwa die Durchführung eines – verfassungsrechtlich (vgl Art. 33 V GG: Berücksichtigung der hergebrachten Grundsätze des Berufsbeamtentums) unzulässigen[32] – Streiks beamteter Lehrer bewertet[33]. Für einen beim Verwaltungsgericht gestellten Antrag des Landes, einer Lehrergewerkschaft im Wege der einstweiligen Anordnung die Durchführung eines solchen Streiks zu untersagen, fehlte danach das Rechtsschutzbedürfnis, weil die zuständige Behörde den Lehrerstreik durch Ordnungsverfügung untersagen konnte.

440 Anlässlich eines konkreten Falles aus den neunziger Jahren wird immer noch diskutiert, ob derjenige, der am Straßenrand vorbeifahrende Fahrzeugführer mit einem Schild „Vorsicht Radarfalle!" vor einer unmittelbar folgenden verdeckten polizeilichen Geschwindigkeitskontrolle warnt, die öffentliche Sicherheit gefährdet (so die hM unter Hinweis auf die Behinderung der präventiv-polizeilichen Maßnahme – Schutz der Funktionsfähigkeit der staatlichen Einrichtung „Polizei")[34] oder nicht (Begründung der Gegenmeinung: kein Verstoß gegen spezielle Normen, vielmehr Ermunterung der Fahrer zur Rechtstreue!?)[35].

3. Schutz subjektiver Rechte

441 In Ansehung der Untervariante des **Schutzes subjektiver Rechte**[36] spielt der Aspekt des Gesundheitsschutzes (vgl Art. 2 II 1 GG, §§ 223, 230 StGB, § 823 I BGB) eine zentrale Rolle. Das ist etwa bei der individuellen Anordnung eines Maulkorb- und Leinenzwangs für bissige Hunde der Fall (daneben ggf auch Vorschriften wie § 28 I StVO u. § 121 I Nr 1 OWiG[37] oder spezialgesetzliche Bestimmungen[38]). Er legitimiert aber etwa auch eine auf die ordnungsbehördliche Generalklausel gestützte Verfügung gegenüber einem Heilpraktiker, mit der diesem eine Behandlungsmethode untersagt wird, die konkrete Gesundheitsgefahren für seine Patienten herbeiführt[39]. Zunehmend dienen polizeiliche Maßnahmen, die sich auf diese Untervariante stützen, auch dem Schutz des allgemeinen Persönlichkeitsrechts (Art. 2 I iVm 1 I GG).

442 Da der **Öffentlichkeitsbezug** ein essenzielles Definitionselement der öffentlichen Sicherheit darstellt, ist bei Angriffen auf **private Rechtspositionen** unabdingbar, dass zumindest *auch* ein öffentliches Interesse am polizeilichen Schutz besteht. Denn der Schutz der privatrechtlichen Ordnung obliegt prinzipiell den von den betreffenden Personen anzurufenden ordentlichen Gerichten (vgl § 13 GVG: alle bürgerlichen Rechtsstreitigkeiten) und den zur Durchsetzung der Entscheidungen dieser Gerichte berufenen Vollstreckungsorganen (zB Gerichtsvollziehern).

---

32 Siehe dazu BVerfG, NVwZ 2018, 1121; BVerwG, NVwZ 2014, 736.
33 So OVG Hamburg, NJW 1989, 605; Hess.VGH, NVwZ 1990, 386; Übungsfälle bei *Gornig/Jahn*, Fälle zum POR, 4. Aufl. 2014, S. 145 ff; *Zornow*, JuS 2018, 1079 ff.
34 Vgl OVG NRW, NJW 1997, 1596; *Bertrams*, NWVBl. 2003, 289 (292).
35 So *Schenke*, POR, Rn 60 m. Nachw. zum Streitstand; vgl auch die Übungsfälle bei *Hartmann*, JuS 2008, 984 ff und *Muckel*, Fälle zum BesVerwR, 6. Aufl. 2016, S. 43 ff.
36 Dazu ausführlich *Schoch*, Jura 2013, 468 ff.
37 Siehe dazu *Hamann*, DÖV 1989, 209 ff; zur Störereigenschaft noch unten Rn 503.
38 Vgl etwa das nds. Gesetz über das Halten von Hunden v. 26.5.2011 (GVBl. 2011 S. 130).
39 OVG NRW, NJW 1986, 2900.

Gem. § 1 II PolG NRW, Art. 2 II bay.PAG, § 1 III m.v.SOG, § 1 III NPOG obliegt **443** der Polizei der Schutz privater Rechte nach dem Polizeigesetz schließlich nur dann, wenn gerichtlicher Schutz nicht rechtzeitig zu erlangen ist und wenn ohne polizeiliche Hilfe die Verwirklichung des Rechts vereitelt oder wesentlich erschwert werden würde **(Subsidiaritätsgedanke)**[40]. Dies ist im Hinblick auf die Beeinträchtigung des allgemeinen Persönlichkeitsrechts etwa bejaht worden bei einer gezielten und anhaltenden Gehsteig„beratung" von Frauen durch Abtreibungsgegner in der Nähe einer Einrichtung von ProFamilia[41].

Dies gilt allerdings dann nicht, wenn in dem entsprechenden Verhalten zugleich eine **444** Verletzung von Strafrechtsnormen liegt. Das ist insbesondere in den sog. **Hausbesetzer**-Fällen relevant geworden. Sofern der Tatbestand des Hausfriedensbruchs gem. § 123 StGB erfüllt ist, liegt ein Verstoß gegen die objektive Rechtsordnung (o. Rn 436 f) vor, so dass es eingehender Reflexionen über die Grenzen und die Reichweite des Schutzes privater Dritter (Schutz von Art. 13 und 14 GG) nicht mehr bedarf[42].

An einem öffentlichen Interesse kann es fehlen bei ausschließlicher **Selbstgefähr-** **445** **dung einer Person**[43], etwa durch Rauchen im Freien[44] oder Bergsteigen. Mitunter wird aber bereits die mögliche Ausstrahlungswirkung auf Dritte ein polizeiliches Eingreifen legitimieren[45]. Gesetzliche Verbote einer Selbstgefährdung finden sich in § 109 StGB und dem Betäubungsmittelgesetz. Soweit deren Anwendungsbereich eröffnet ist, kann eine Störung der öffentlichen Sicherheit unter dem Aspekt „Schutz der Unverletzlichkeit der Rechtsordnung" (o. Rn 436 f) vorliegen.

Sehr kontrovers diskutiert wird die Gebotenheit eines polizeilichen Eingreifens beim **446** **Selbstmordversuch**. Überwiegend wird in diesem Zusammenhang angenommen, dass die drohende Selbsttötung eines Menschen unter dem Gesichtspunkt des Schutzes von Individualinteressen stets eine Gefahr für die öffentliche Sicherheit beinhaltet[46]. Die Vertreter dieser Ansicht stützen sich im Wesentlichen auf die staatliche Schutzpflicht aus Art. 2 II 1 GG[47] und die fehlendende Disponibilität des menschlichen Lebens durch den Grundrechtsträger[48]. Als Konsequenz dieser Sichtweise ist

---

40 Vgl aus der Rspr OVG NRW, DÖV 1968, 697 („Seebenutzung") und OLG Düsseldorf, NJW 1990, 998 f zur Befugnis der Bahnpolizei, zivilrechtliche Ansprüche Privater zu sichern. Zur Grundlegung: *von Mohl*, Die Polizei-Wissenschaft nach den Grundsätzen des Rechtsstaates, Bd. I, 1844, S. 17.

41 Bd.Wtt.VGH, NJW 2011, 2532 ff.

42 Dazu *Götz/Geis*, POR, § 4 Rn 13.

43 Zur verfassungsrechtlichen (Art. 2 I GG) und polizeirechtlichen Diskussion um ein „Recht auf Selbstgefährdung" s. Bd.Wtt.VGH, NJW 1998, 2235 (2236) – „Tauchverbot".

44 Siehe aber zum Rauchverbot auf U-Bahnsteigen BGH, NJW 1981, 569.

45 Pr.OVGE 103, 159 – „Einsame Geschwister"; OVG Lüneburg, OVGE 10, 341 – „Hausräumung wegen Bergschäden"; s. auch *Gampp/Hebeler*, BayVBl. 2004, 257 ff.

46 BayObLG, NJW 1989, 1815 (1816); *di Fabio*, in: Maunz/Dürig, GG, Art. 2 Abs. 2 Satz 1 Rn 47 f; *Starck*, in: v. Mangoldt/Klein/Starck, GG, Art. 2 Rn 207 ff; *Knemeyer*, VVDStRL 35 (1977), 221 (253 ff); *Denninger*, in: L/D, D Rn 32; *Götz/Geis*, POR, § 4 Rn 32.

47 Vgl BVerfGE 39, 1 (42); 46, 160 (164 f).

48 Vgl nur *Di Fabio*, in: M/D, Art. 2 Abs. 2 Satz 1 Rn 47 f: „Einer dem Leben zugewandten freiheitlichen Gesellschaft kann nicht gleichgültig bleiben, wenn Menschen in Verzweiflung oder Verwirrtheit das eigene Leben und die eigene Gesundheit missachten, sich selbst aufgeben und dabei für andere falsche Signale setzen. Das Grundrecht auf Leben ist auch eine Wertentscheidung für das Leben, für eine lebensbejahende Gesellschaft, die hier entschieden Position bezieht.".

die Polizei zum Einschreiten (regelmäßig durch Ingewahrsamnahme des Suiziden-
ten) berechtigt und – strafrechtlich sanktioniert durch § 323c StGB[49] – auch verpflichtet.

447 Eine im Vordringen befindliche Gegenauffassung nimmt demgegenüber an, dass die
Selbsttötung grundrechtlich gewährleistet ist, solange sie sich als Ausdruck einer frei-
en Willensbetätigung darstellt[50] und keine Gefährdung Dritter mit sich bringt[51]. Demzufolge finde die Schutzpflicht des Staates ihre Grenze im **Selbstbestimmungsrecht
des Einzelnen**, wie es einfachgesetzlich etwa in § 1901a I 2 BGB seinen Niederschlag gefunden habe. Werde die Polizei in einer solchen Suizidsituation gleichwohl
tätig, werde sie dies konstruktiv vor dem Hintergrund eines Gefahrenverdachts bzw
einer Anscheinsgefahr[52]. Nur wenn ausnahmsweise der Selbstmordversuch vor den
Augen der Öffentlichkeit (z.B. Selbstverbrennung bei einer Demonstration) oder in
einem spezifischen behördlichen Verantwortungsbereich (z.B. während der Untersu-
chungshaft) stattfindet, sind Ausnahmen denkbar.[53]

448 In der Praxis (und auch in vielen Klausuren) liegen beide Ansichten oft nicht allzu
weit auseinander. Da die eintreffenden Beamten regelmäßig begründete Zweifel an
der freien Willensbetätigung hegen dürfen[54], kommen auch die Vertreter der Gegenauffassung in diesen Fällen zur Annahme einer Gefahr für die öffentliche Sicherheit.
Dem gegenüber hat der Staat es aber beispielsweise zu respektieren, wenn sich
Schwerstkranke im Vollbesitz ihrer geistigen Kräfte dazu entscheiden, in Würde zu
sterben und ihrem Leiden ein vorzeitiges Ende zu bereiten[55].

449 **Lösungshinweis zu Fall 12 (Rn 421):** Ermächtigungsgrundlage für den Erlass des Verbots
ist die in allen Polizeigesetzen zur Abwehr einer Gefahr geregelte Standardmaßnahme der
Platzverweisung (Art. 16 I bay.PAG; § 52 I m.v.SOG; § 17 I NPOG; § 34 I PolG NRW)[56].
Einige Bundesländer haben auch den speziellen Fall eines Betretungs- und Aufenthaltsverbotes geregelt, der es möglich macht, Personen zu untersagen, einen bestimmten örtlichen
Bereich aufzusuchen oder sich dort aufzuhalten, wenn Tatsachen die Annahme rechtfertigen, dass die Person dort Straftaten begehen wird (zB § 52 III m.v.SOG; § 17 III NPOG;

---

49 Vgl BGHSt 6, 147; 32, 367; BGH, NJW 1984, 2639 (2642); BayVerfGH, NVwZ 1989, 749 u.
    BayVBl. 1990, 303 f; BayObLG, DÖV 1989, 273.
50 Eine Ausnahme wird bei psychisch Kranken gemacht; hier sei eine Schutzpflicht stets anzuerkennen,
    vgl auch § 55 I Nr 1 m.v.SOG, § 18 I Nr 1 NPOG, § 35 I Nr 1 PolG NRW.
51 EGMR, EuGRZ 2002, 244; *Kingreen/Poscher*, POR, § 7 Rn 27; *Deger*, NVwZ 2001, 1229 (1230);
    weitere Nachweise bei *Schoch*, Jura 2013, 468 (474) in Fn 63.
52 *Kingreen/Poscher*, POR, § 7 Rn 28.
53 Vgl BayVerfGH, NJW 1990, 2926 (2927).
54 Dies basiert auf der Einschätzung, dass der unverrückbar zur Selbsttötung Entschlossene dies in die
    Tat umsetzen kann, ohne der Polizei oder anderen Dritten die Möglichkeit zum Eingreifen zu bieten,
    Kingreen/Poscher, POR, § 7 Rn 28; *Schoch*, Jura 2013, 468 (474) mwN. Wenn der Suizident gleich-
    wohl Gelegenheit gibt, ihn von seinem Vorhaben abzubringen (sonst stellt sich die Frage nicht!), dür-
    fen die handelnden Beamten davon ausgehen, dass hier eben gerade nicht die absolute Entschlossen-
    heit zur Selbsttötung im Vordergrund steht, sondern eher ein „Hilferuf" vorliegt.
55 *Isensee*, in: Merten/Papier, Handbuch der Grundrechte IV, 2011, § 88 Rn 47 ff; *Dreier*, in: ders., GG,
    Art. 1 I Rn 154; *Murswiek/Rixen*, in: Sachs, GG, Art 2 Rn 211 f; *Kingreen/Poscherl*, POR, § 7 Rn 28;
    a.A. *Di Fabio*, in: Maunz/Dürig, GG, Art. 2 Rn 47 f mwN.
56 In NRW besteht insofern gem. § 34 II PolG NRW iVm § 24 Nr 13 OBG NRW eine exklusive Befug-
    nis der Polizei.

§ 34 II PolG NRW)[57]. Wenn man die Maßnahme auf die Möglichkeit der Platzverweisung stützt[58], müsste im Rahmen des Merkmals „Gefahr" geprüft werden, inwieweit das Schutzgut der öffentlichen Sicherheit gefährdet wird (vgl Rn 462).

Insoweit kommen mit Blick auf die offene Drogenszene gleich mehrere Facetten des Schutzguts „öffentliche Sicherheit" zum Tragen: Zunächst kann unter dem Gesichtspunkt der Unverletzlichkeit der Rechtsordnung (Rn 436 ff) darauf verwiesen werden, dass in der offenen Drogenszene ein nicht erlaubter Umgang mit Betäubungsmitteln stattfindet, der durch §§ 29 ff BtMG umfassend unter Strafe gestellt ist. Des Weiteren kann darauf abgestellt werden, dass auch der Aspekt des Schutzes staatlicher Einrichtungen (Rn 439 f) tangiert ist, weil im Schutz der Personenansammlungen der offenen Drogenszene interne Abschirmungspraktiken begünstigt und polizeiliche Amtshandlungen – etwa Durchsuchungen von Personen und Sachen – behindert oder vereitelt werden können. Schließlich ist eine Platzverweisung auch in Ansehung des Gesichtspunktes des Schutzes der subjektiven Rechte Privater (Rn 441 ff) möglich, da mit den zahlreichen weggeworfenen Spritzen eine Verletzungs- und Infektionsgefahr Dritter, insbesondere der Benutzer der Kinderspielplätze, verbunden ist. S ist als Verhaltensstörer (Rn 489 ff) auch der richtige Adressat der Maßnahme, da er die offene Drogenszene durch seine regelmäßigen und häufigen Kontakte über einen längeren Zeitraum personell verstärkt und damit die abzuwehrende Gefahr mitverursacht hat. Die Maßnahme ist auch nicht unverhältnismäßig, da S nicht in der Stadt D wohnt und somit auf die Nutzung der vom Aufenthaltsverbot erfassten Straßen und Plätze nicht angewiesen ist[59].

Für den Bereich des Unionsrechts hat der EuGH klargestellt, dass der Begriff der öffentlichen Sicherheit, wie er in Art. 36, 45 III, 52 I, 65 I b, 72, 346 und 347 AEUV zur Verwendung gekommen ist, sowohl die innere Sicherheit eines Mitgliedstaates als auch seine äußere Sicherheit umfasst[60].   **450**

III. Das Schutzgut „Öffentliche Ordnung"

Neben der öffentlichen Sicherheit kennen die polizeirechtlichen Generalklauseln seit   **451**
jeher das **Schutzgut „Öffentliche Ordnung"**.

1. Traditionelles Verständnis

Darin sieht man entsprechend traditionellem Verständnis[61] den Inbegriff der nicht   **452**
durch positive Rechtsnormen erfassten Verhaltensweisen, die nach den jeweils herrschenden Anschauungen zu den unerlässlichen Voraussetzungen eines gedeihlichen menschlichen Zusammenlebens gehören[62]. In diesem Sinne, aber präzisiert, jetzt auch die Legaldefinition in § 3 Nr 2 s.anh.SOG:

---

57 Die hierfür als zulässig angesehenen Zeiträume weichen durchaus voneinander ab; während in M.V. die Maßnahme auf die maximale Dauer von 10 Wochen begrenzt ist, kann sie in NRW maximal 3 Monate dauern. Niedersachsen verzichtet auf eine präzise Zeitangabe und beschränkt sie auf den „zeitlich und örtlich auf den zur Verhütung der Straftat erforderlichen Umfang", was eine gesonderte Verhältnismäßigkeitsprüfung erforderlich macht, vgl hierzu VG Osnabrück, NdsVBl. 2003, 306 f.
58 Zum diesbezüglichen Wahlrecht s. Rn 586.
59 Zu weiteren Begründungslinien im Ausgangsfall vgl OVG NRW, DÖV 2001, 216 f.
60 EuGH, Slg. 2003 I-2479 = NJW 2003, 1379.
61 Vgl D/W/V/M, S. 245 ff.
62 Dazu aus der Rspr Pr.OVGE 91, 139 – „Damenboxkämpfe".

„die Gesamtheit der im Rahmen der verfassungsmäßigen Ordnung liegenden ungeschriebenen Regeln für das Verhalten des Einzelnen in der Öffentlichkeit, deren Beachtung nach den jeweils herrschenden Anschauungen als unerlässliche Voraussetzung eines geordneten staatsbürgerlichen Zusammenlebens betrachtet wird."

Lösungshinweis zu Fall 12 (Rn 421): Eine Prüfung des Schutzgutes „Öffentliche Ordnung" im Ausgangsfall könnte darauf verweisen, dass der Konsum harter Drogen in der Öffentlichkeit nicht sozialadäquat ist, weil es das Wohlbefinden der sonstigen Besucher des Bahnhofsvorplatzes nicht unerheblich beeinträchtigt. Die verbleibende Unschärfe einer solchen Begründung zeigt bereits den Ansatzpunkt der Kritiker dieses Schutzgutes (Rn 454). Im konkreten Fall erübrigt sich aber ohnehin ein Abstellen auf die „Öffentliche Ordnung", da sich die Maßnahme in vielfältiger Weise auf den Schutz der „Öffentlichen Sicherheit" abstützen lässt (Rn 449). Insbesondere die positive Normierung des gesellschaftlichen Unwerturteils in den §§ 29 ff BtMG macht einen Rekurs auf ungeschriebene Verhaltensregeln entbehrlich.

453 Einen Eindruck von Anwendungsfeldern des Schutzgutes „Öffentliche Ordnung" in der zeitlichen Entwicklung vermitteln die folgenden Entscheidungen[63]:

– PrOVGE 23, 409 („Katholische Prozession", 1892);
– BVerwGE 1, 303 („Sünderin", 1954);
– OVG NRW, OVGE 8, 320 („Bordell gegenüber der Mädchenschule", 1954);
– BVerwGE 10, 164 gegenüber OVG NRW, OVGE 14, 69 („Präservativautomat", 1960)[64];
– BVerwG, DVBl. 1970, 504 („Staatstrauer");
– BayObLG, BayVBl. 1977, 220 („Nackedeiball");
– BayVGH, NJW 1981, 1001 („Kriegsspielgeräte");
– BayVGH, NVwZ 1984, 254 („Damenschlammcatchen");
– VG Neustadt, NVwZ 1993, 98 („Zwergenweitwurf");
– OVG NRW, NWVBl. 1994, 384 („Hissen der Reichskriegsflagge");
– OVG NRW, DÖV 1996, 1052 („Nacktauftritt in der Öffentlichkeit");
– Bd. Wtt., VGH 1999, 333 („Betteln im öffentlichen Straßenraum");
– OVG NRW, NWVBl. 2001, 94 („Laserdrome")[65];
– Bay VGH, DVBl. 2013, 525 („Paintball");[66]
– BVerfGE 111, 147 ff; BVerfG(K), NVwZ 2012, 749 u. OVG RP, DVBl 2013, 39 („NPD-Versammlung am Holocaustgedenktag").

In der neueren Rspr hat das Schutzgut der öffentlichen Ordnung deutlich an Bedeutung verloren, was auf die zunehmende Verrechtlichung einerseits und die Liberalisierung sozialer und ethischer Wertvorstellungen andererseits zurück zu führen ist.

---

63 Vgl auch die Zusammenstellung der Entwicklung bei VG Saarlouis, BeckRS 2014, 53970 („Lied der Deutschen").
64 Anders später OVG NRW, NJW 1988, 787 ff.
65 Dazu auch BVerwGE 115, 189 (198 ff); aus der reichhaltigen Lit. zu diesem Fall s. nur *Beaucamp*, DVBl. 2005, 1174 ff; *Scheidler*, Jura 2009, 575 ff. Nach EuGH, NVwZ 2004, 1471 steht das Unionsrecht einem nationalen Verbot einer in der gewerblichen Veranstaltung von Spielen mit simulierten Tötungshandlungen an Menschen bestehenden wirtschaftlichen Tätigkeit, das zum Schutz der öffentlichen Ordnung wegen einer in dieser Tätigkeit gesehenen Verletzung der Menschenwürde ergeht, nicht entgegen.
66 Zu den Unterschieden in der Bewertung von Laserdrome und Paintball s. VG Dresden, NVwZ-RR 2003, 848; *Schneider*, GewArch 2005, 317 ff; für eine einheitl. Bewertung *Scheidler*, Jura 2009, 575 (577 f).

2. Zur Legitimität des Schutzgutes „Öffentliche Ordnung"

An der Legitimität dieses Schutzgutes wurde wegen der Bezugnahme auf gesellschaftliche Anschauungen, ohne dass sie im positiven Recht ihre Verankerung hätten finden müssen, in der Lit. **Kritik** geäußert[67]. In der Tat ist darauf zu verweisen, dass in einer pluralistischen Demokratie unterschiedliche Wertvorstellungen herrschen und ein Toleranzgebot gilt, soweit nicht legitimerweise in Gesetzen Sozialschädlichkeitsgrenzen fixiert wurden. Hier aber sollen allgemeine sozialethische Anschauungen als Ermächtigungsgrundlage für polizeiliches Eingreifen in private Freiheitsausübung dienen. Das brem.PolG verzichtet daher mit guten Gründen in seinen §§ 1 I, 10 I auf dieses Schutzgut, ebenso auch § 162 I schl.h.LVwG. Beibehalten wird es demgegenüber etwa in § 1 I bd.wtt.PolG, Artt. 2 I, 11 I bay.PAG, §§ 1 I, 11 hess.SOG, §§ 1 I, 3 III Nr 1, 13 m.v.SOG, §§ 1 I, 9 I rh.pf.POG, §§ 1 I, 10 I brandenb.PolG, § 1 I brandenb.OBG, §§ 2 I, 12 I thür.PAG, §§ 2 I, 5 I, 54 Nr 2 thür.OBG, §§ 1 I, 3 I sächs.PolG, § 3 I Hm.SOG, §§ 1 I 1, 17 I Bln.ASOG, §§ 1 I, 3 Nr 3a s.anh.SOG und § 14 OBG NRW, nach zwischenzeitlicher Streichung wiedereingefügt wurde es in §§ 1 I, 8 I saarl. PolG, §§ 2 Nr 1, 11 NPOG und §§ 1 I 1, 8 I PolG NRW. **454**

Die Judikatur sieht in der Formel „Öffentliche Ordnung" einen **wertausfüllungsbedürftigen unbestimmten Rechtsbegriff** mit hinreichender rechtsstaatlicher Bestimmtheit[68]. Auch das BVerfG hält die Verwendung der polizeirechtlichen Generalklausel für „unbedenklich, weil sie in jahrzehntelanger Entwicklung durch Rechtsprechung und Lehre nach Inhalt, Zweck und Ausmaß hinreichend präzisiert, in ihrer Bedeutung geklärt und im juristischen Sprachgebrauch verfestigt ist."[69] Im Brokdorf-Urteil wird dies für § 15 VersammlG (zu dieser Vorschrift noch u. Rn 752 f) nochmals ausdrücklich bestätigt, wonach der Begriff der Öffentlichen Ordnung „durch das Polizeirecht einen hinreichend klaren Inhalt erlangt" habe[70]. **455**

Der herkömmliche Anwendungsbereich des Schutzgutes „Öffentliche Ordnung" ist infolge zunehmender **Verrechtlichung ordnungsrechtlich relevanter Lebensbereiche** inzwischen beträchtlich reduziert worden (vgl nur die Vorschriften des StGB und §§ 116 ff OWiG, die Regelungen in StVO und StVZO zur Sicherheit und Leichtigkeit des Verkehrs, die Feiertagsgesetze der Länder oder Normierungen zum Geruchs- und Lärmschutz im BImSchG und in Landesimmissionsschutzgesetzen). Faktisch führt das dazu, dass das Schutzgut der Öffentlichen Ordnung im Verhältnis zur Öffentlichen Sicherheit nur nachrangig zur Anwendung kommt[71]. Die Beibehaltung dieses Schutzgutes neben dem dominierenden Schutzgut der Öffentlichen Sicherheit rechtfertigt sich heutzutage allenfalls aus prophylaktischen Gründen: Über die „Öffentli- **456**

---

67 Vgl namentlich *Denninger*, Polizei in der freiheitlichen Demokratie, 1968, S. 31 ff; *ders.*, in: L/D, D Rn 36 ff.
68 So BVerwG, DVBl. 1970, 504 – „Staatstrauer" – und GewArch. 2000, 296 (297) – „Bauordnungsrecht". Aus der Lit. s. nur *Mussgnug*, FS Quaritsch, 2000, S. 349 ff; *Fechner*, JuS 2003, 734 ff.
69 BVerfGE 54, 143 (144 f).
70 So BVerfGE 69, 315 (352). Dort wird zugleich vermerkt, allein diese Begriffsklärung stelle noch keine verfassungskonforme Gesetzesauslegung sicher. Angesichts der Bedeutung der Versammlungsfreiheit genüge eine bloße Gefährdung der Öffentlichen Ordnung im Allgemeinen nicht für das Verbot oder die Auflösung einer Versammlung. Das seit Februar 2011 geltende nds.VersG verzichtet daher insoweit gänzlich auf das Schutzgut der öffentlichen Ordnung (vgl § 8 II nds.VersG).
71 *Gusy*, POR, Rn 98; *Götz/Geis*, POR, § 5 Rn 8; *Schenke*, POR, Rn 63.

che Ordnung" können nämlich **neuartige und atypische Gefährdungen** bereits polizeilich bekämpft werden, bevor ein unter Umständen lang dauerndes Gesetzgebungsverfahren ordnungsgemäß abgeschlossen und die Regelungslücke geschlossen worden ist[72]. Außerdem lassen sich immer gesetzlich nicht geregelte Einzelfälle denken, in denen ein Verhalten in besonders offensichtlicher Weise die schutzwürdigen Belange des Einzelnen[73] oder der Gemeinschaft[74] beeinträchtigt.

457   Hinzu kommt, dass fast alle Landesgesetzgeber das **Bauordnungsrecht** in den Dienst der Abwehr von Gefahren gestellt haben, die der Öffentlichen Ordnung drohen, wodurch sie insbesondere auf die Einhaltung gestalterischer Belange verpflichten (vgl Art. 3 1 bay.BauO; § 3 I m.v.BauO; § 3 I 1, 2 BauO NRW)[75]. In Niedersachsen (§ 3 I 1 nds.BauO) und Schleswig-Holstein (§ 3 II schl.h.BauO) hingegen fehlt der baurechtliche Bezug auf die Öffentliche Ordnung. Hier wird nur auf die Gefährdung der Öffentlichen Sicherheit abgestellt.

458   Zudem findet die Formel der „Öffentlichen Ordnung" auch ansonsten durchaus nicht selten in der Rechtsordnung Verwendung (vgl Art. 13 VII u. 35 II GG: „Öffentliche Ordnung" als Verfassungsbegriff; des Weiteren §§ 56 II, 69a I Nr 3 u. II, 71a GewO, § 19 GastG, § 53 I AufenthG, § 15 I VersammlG, § 29 I, III LuftVG), und dies nicht nur auf nationaler, sondern auch und gerade auf europarechtlicher Ebene; vgl Art. 9 II, 10 II, 11 II EMRK, Art. 36, 45 III, 52 I AEUV[76]. Der Musterentwurf eines einheitlichen Polizeigesetzes (s.o. Rn 376) hielt sie gleichfalls für unverzichtbar (vgl nur §§ 1 I, 8 I ME).

459   Es bleibt abzuwarten, ob es gelingen kann, der Diskussion um das Schutzgut „Öffentliche Ordnung" dadurch die Brisanz zu nehmen, dass man die einschlägigen Bewertungen den kommunalen Selbstverwaltungsträgern überlässt, die Ortsrecht – wie straßenrechtliche Sondernutzungssatzungen oder ordnungsbehördliche Verordnungen (zu ihnen noch u. Rn 705 ff) – setzen und auf diese Weise bewirken, dass Verstöße hiergegen in Gestalt des Schutzes der Öffentlichen Sicherheit „polizeifähig" werden[77]. Als unzulässig erscheint jedenfalls eine Anwendung des auf eine landesweite Bewertung abgestellten Begriffs der Öffentlichen Ordnung nach Art eines St. Pauli-Privilegs: „Was in süddeutschen Wallfahrtsorten unterbunden werden muss, prägt in St. Pauli den genius loci und ist dort polizeifest."[78]

---

72   Umgekehrt darf die Entscheidung des Gesetzgebers, eine bestimmte Verhaltensweise nicht länger zu sanktionieren, nicht unter Rückgriff auf die öffentliche Ordnung unterlaufen werden, *Knemeyer*, POR, Rn 104.

73   Beispielsweise beim Verspotten obdachloser oder behinderter Personen.

74   Vgl beispielsweise BVerfGE 111, 147 (157): „Die öffentliche Ordnung kann auch verletzt sein, wenn Rechtsextremisten einen Aufzug an einem speziell der Erinnerung an das Unrecht des Nationalsozialismus und den Holocaust dienenden Feiertag so durchführen, dass von seiner Art und Weise Provokationen ausgehen, die das sittliche Empfinden der Bürgerinnen und Bürger erheblich beeinträchtigen.".

75   Dazu BVerwG, GewArch. 2000, 296 (297): „Dies begegnet unter dem Blickwinkel der Berechenbarkeit des Rechts, der Rechtsklarheit und der Rechtssicherheit keinen Bedenken …".

76   Dazu EuGH, Slg. 1982, I-1665 (1707 ff), Slg. 1999 I-11 („Ausweisung auf Lebenszeit"), NJW 2000, 2185 („Schutz geistigen Eigentums") u. EuGRZ 2003, 28 („Aufenthaltsbeschränkungen").

77   Rechtsprechungsübersicht dazu bei *Finger*, KommJur 2006, 441 ff, vgl insbes. ThürOVG, ThürVBl. 2008, 34 ff („nächtlicher Anleinzwang für Hunde"); BVerfG, NVwZ 2009, 905 ff („Sperrbezirksverordnung").

78   Zitat nach *Mussgnug*, FS Quaritsch, 2000, S. 351; vgl auch *Tettinger/Wank/Ennuschat*, GewO, Komm., 8. Aufl. 2011, § 33a Rn 36 ff mwN zu der einheitlich zu beurteilenden Frage, ob Schaustellungen von Personen den guten Sitten zuwiderlaufen.

Wiederholungs- und Verständnisfragen

1. *Was ist die primäre Aufgabe der Polizeibehörden?* **Rn 422**
2. *Wie unterscheiden sich Aufgaben- und Befugnisnormen?* **Rn 423**
3. *Was umfasst das Schutzgut „Öffentliche Sicherheit"?* **Rn 435**
4. *Erläutern Sie, inwiefern das Schutzgut „Öffentliche Sicherheit" der Durchsetzung verwaltungsrechtlicher Gebots- oder Verbotsvorschriften dient?* **Rn 436 ff**
5. *Stellt ein Selbstmordversuch eine Gefährdung der „Öffentlichen Sicherheit" dar?* **Rn 447**
6. *Was umfasst das Schutzgut „Öffentliche Ordnung"?* **Rn 451**
7. *Warum wird an diesem Schutzgut Kritik geäußert?* **Rn 454**

§ 14   Der Gefahrenbegriff

> **Fall 13:** „Das Östrogenkalb"   460
> Im Stall des Viehhändlers V befanden sich sieben Kälber, die er laut eigenen unwiderlegbaren Angaben von verschiedenen Bauern erworben hatte und alsbald weiterveräußern wollte. Anlässlich einer Routinekontrolle des Veterinäramtes wurde bei einem Kalb eine beachtliche Östrogenmenge festgestellt. Daraufhin gab die zuständige Ordnungsbehörde dem V auf, die übrigen sechs Kälber seines Bestandes dürften nur mit Zustimmung des Veterinäramtes von ihrem Standort entfernt werden und müssten im Falle der Schlachtung auf Kosten des V einer Östrogenuntersuchung unterzogen werden. Mit Recht? **Rn 484**

Eingriffe in private Rechtspositionen seitens der Polizei oder der Ordnungsbehörde   461
setzen eine Bedrohung gesetzlich vorgegebener Schutzgüter voraus. Als gängige **Eingriffsschwelle** erscheint in den einschlägigen Normen dabei durchweg der Begriff der **Gefahr**[1].

I.   Der Gefahrenbegriff im Polizeirecht

Mit „Gefahr" wird im Polizei- und Ordnungsrecht eine **Sachlage** umschrieben, in der   462
bei **ungehindertem Geschehensablauf** ein Zustand oder ein Verhalten **mit hinreichender Wahrscheinlichkeit** in absehbarer Zeit zu einem **Schaden** hinsichtlich der einschlägigen Schutzgüter (zu ihnen o. § 13) führt[2].

Umfasst ist damit auch die bereits eingetretene **Störung**, soweit von ihr noch weitere (länger andauernde oder intensivere) Gefahren ausgehen[3].

---

1   Siehe nur § 3 iVm § 1 I bd.wtt.PolG; Art. 11 I bay.PAG; Art. 7 II Nr 3 bay.LStVG; § 17 I berl.ASOG; § 10 I brem.PolG; § 3 I hamb.SOG; § 1 I hess.SOG; § 11 iVm § 2 NPOG; § 8 I PolG NRW; § 14 I OBG NRW; § 9 I rh.pf.POG; § 8 I saarl.PolG; § 174 schl.h.LVwG; § 10 I brandenb.PolG; § 13 I brandenb.OBG; §§ 12, 13 m.v.SOG; §§ 1 I, 3 I sächs.PolG; § 13 s.anh.SOG; §§ 2 I, 12 I thür.PAG; § 5 I thür.OBG; § 8 I ME. Überblicksaufsatz bei *Krüger*, JuS 2013, 985 ff.
2   Vgl § 2 Nr 3a brem.PolG; § 3 III Nr 1 m.v.SOG; § 2 Nr 1 NPOG; § 3 Nr 3a s.anh.SOG; BVerfGE 115, 320 (364); 141, 220 Rn 111; BVerwGE 116,347 (351). Zur geschichtlichen Entwicklung des Polizeibegriffs s. *Pils*, DÖV 2008, 941 ff.
3   Vgl *Knemeyer*, POR, Rn 88.

463 Die Feststellung des Bestehens einer Gefahr bedeutet somit gleichsam das Konstatieren eines Schadens in statu nascendi. In diesem Zeitpunkt ist es dem zuständigen Amtsträger häufig noch nicht möglich, bereits eine abschließende Beurteilung über das tatsächliche Vorliegen eines späteren Schadenseintritts zu treffen. Andererseits ist zur effektiven Gefahrenabwehr häufig ein rasches Einschreiten erforderlich, sodass die Zeit für weitere Erkundungen fehlt. Der Beamte agiert daher idR auf Grundlage einer **Prognoseentscheidung**. Von ihm gefordert wird dabei in Ansehung der Bedrohung des als einschlägig erkannten Schutzgutes sowohl eine sorgfältige und umfassende Analyse der gegenwärtigen Situation (**Lagebeurteilung**) als auch eine **Prognose** im Hinblick auf die weitere Entwicklung für den Fall, dass von einem Einschreiten abgesehen würde. Damit beruht die Entscheidung über das Eingreifen zwar auf einer subjektiven Einschätzung des zuständigen Beamten, eine Objektivierung erfährt sie jedoch durch die – entsprechend der allgemeinen verwaltungsrechtlichen Dogmatik – vollständige gerichtliche Überprüfung, die nach Maßgabe objektiver Kriterien erfolgt[4]. Korrekt ist die Beurteilung, die ein gut ausgebildeter, erfahrener und besonnener Beamter in entsprechender Lage treffen würde. Die zuständige Behörde handelt daher rechtmäßig, „wenn bei verständiger Würdigung der Sachlage aus der Sicht des handelnden Beamten im Zeitpunkt des Einschreitens eine Gefahr anzunehmen ist, mag diese sich auch aus späterer Sicht als in Wirklichkeit nicht vorhanden erweisen"[5].

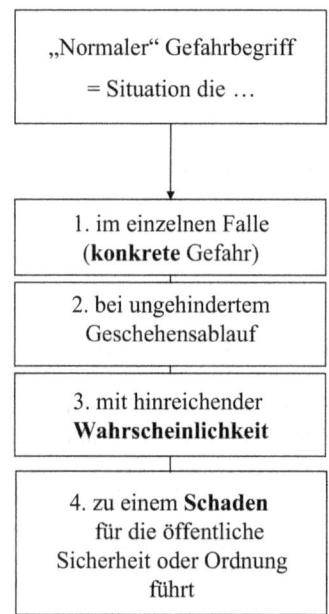

Übersicht 9: Merkmale des polizeirechtlichen Gefahrenbegriffs

---

4 Die Stärke der zu tolerierenden subjektiven Entscheidungskomponenten wird in der polizeirechtlichen Lit. freilich unterschiedlich gewichtet; vgl einerseits *Schoch*, BesVerwR, 1. Kap. Rn 288 (objektive Wahrscheinlichkeit), andererseits *Hoffmann-Riem*, FS Wacke, 1972, S. 338 f („normativ-subjektiver Wahrscheinlichkeitsbegriff"); im Überblick, auch rechtsvergleichend, *Gromitsaris*, DVBl. 2005, 535 ff sowie in historischer Perspektive *Schlink*, Jura 1999, 169 ff.
5 So BGHZ 117, 303 (306).

Nun lässt sich die Wahrscheinlichkeit eines Schadenseintritts theoretisch auf einer **464** breiten Skala zwischen Gewissheit einerseits und bloßer entfernter Möglichkeit auf der anderen Seite erfassen. Der zur Bestimmung der einschlägigen **Gefahrenschwelle** jeweils maßgebliche **Wahrscheinlichkeitsgrad** hängt von Faktoren wie der gesetzlich vorausgesetzten Gefahrenstufe (dazu unten II), der Stärke des in Aussicht genommenen Eingriffs sowie der Wertigkeit und Schutzbedürftigkeit der bei Untätigbleiben bedrohten Rechtsgüter ab[6]. An die Wahrscheinlichkeit eines Schadenseintritts sind danach umso geringere Anforderungen zu stellen, je größer und folgenschwerer der möglicherweise eintretende Schaden ist („differenzierter Wahrscheinlichkeitsmaßstab"): „Je gewichtiger das bedrohte polizeirechtliche Schutzgut und je größer das Ausmaß des möglichen Schadens ist, um so geringere Anforderungen werden an die Schadensnähe gestellt[7]. Für polizeiliche Maßnahmen zum Schutz von Leben und Gesundheit genügt bereits die entfernte Möglichkeit eines Schadenseintritts, nicht jedoch die nur rein theoretische, praktisch aber auszuschließende Möglichkeit."[8]

Daher besteht kein Anlass, abweichend von der traditionellen Polizeirechtsdogmatik, **465** die von einer prinzipiell vollständigen verwaltungsgerichtlichen Kontrolle der Auslegung und Anwendung der unbestimmten Gesetzesbegriffe ausgeht, hier unter Hinweis auf den Prognosecharakter der zu treffenden Entscheidung einen behördlichen Beurteilungsspielraum anzuerkennen. Dies gilt jedenfalls für polizeiliche bzw ordnungsbehördliche Verfügungen (als Einzelfallregelung = VA), bei denen es auf eine im einzelnen Falle bestehende **konkrete Gefahr** ankommt.

Voraussetzung für den Erlass einer ordnungsbehördlichen Verordnung (zu diesem In- **466** strument noch u. Rn 705) ist dagegen lediglich das Vorliegen einer **abstrakten Gefahr**. Dies ist eine nach der Lebenserfahrung typischerweise gefährliche Situation, ohne dass im einzelnen Anwendungsfall der VO eine konkrete Gefahr zu bejahen sein müsste[9].

Eine abstrakte Gefahr ist nach der jüngeren Rspr nur gegeben, „wenn eine generell- **467** abstrakte Betrachtung für bestimmte Arten von Verhaltensweisen oder Zuständen zu dem Ergebnis führt, dass mit hinreichender Wahrscheinlichkeit ein Schaden im Einzelfall einzutreten pflegt und daher Anlass besteht, diese Gefahr mit generell-abstrakten Mitteln, also einem Rechtssatz zu bekämpfen; das hat zur Folge, dass auf den Nachweis der Gefahr eines Schadenseintritts im Einzelfall verzichtet werden kann … Auch die Feststellung einer abstrakten Gefahr verlangt mithin eine in tatsächlicher Hinsicht genügend abgesicherte Prognose: Es müssen – bei abstrakt-genereller Betrachtung – hinreichende Anhaltspunkte vorhanden sein, die den Schluss auf den drohenden Eintritt von Schäden rechtfertigen."[10] Die abstrakte Gefahr unterscheidet sich

---

6 Vgl dazu *Schneider*, DVBl. 1980, 406 ff.
7 Vgl BVerwGE 45, 51 (61); 47, 31 (40).
8 So OVG NRW, NWVBl. 1998, 64 (65) – „Kampfmittel" – mwN; s. auch OVG NRW, NWVBl. 2003, 386 (388): „Insoweit geht in die Prognose eine wertende Abwägung ein". Zur Gefahr als Voraussetzung für präventivpolizeiliche Informationseingriffe s. *Darnstädt*, DVBl. 2011, 263 ff.
9 Vgl dazu BVerwG, NJW 1970, 1890 (1892) – „Wasserschutzgebiet".
10 So BVerwGE 116, 347 (351 f) zur Abgrenzung von abstrakter Gefahr und Gefahrenvorsorge mit Blick auf die nds. GefahrtierVO; ebenso BVerwGE 116, 347 (352) und VGH BW, VWBlBW 2010, 29 (31).

also von der konkreten Gefahr nicht durch den Wahrscheinlichkeitsgrad des Schadenseintritts, sondern nur hinsichtlich des Bezugspunkts der Gefahrenprognose.

468 An einem hinreichenden Intensitätsgrad der Rechtsgutsgefährdung im Sinne einer polizeirechtlich relevanten Gefahr fehlt es regelmäßig bei bloßen **Belästigungen** oder Unbequemlichkeiten[11]. Als Grenzfall zwischen Gefahr und Belästigung sind aktuell **Alkoholverbote** auf öffentlichen Straßen und Plätzen Gegenstand polizeirechtlicher Diskussionen[12].

In einigen Rechtsgebieten ist die maßgebliche Eingriffsschwelle freilich **spezialgesetzlich** noch unter die durch den Gefahrenbegriff markierte Linie **herabgesetzt** worden (vgl § 3 I BImSchG; § 5 I Nr 3 GastG: erhebliche Belästigungen)[13].

II. Abgestufte gesetzliche Eingriffsschwellen

469 Die Normen des Polizei- und Ordnungsrechts beziehen sich nun allerdings nicht durchweg – wie etwa die Generalklausel – auf den allgemeinen Gefahrenbegriff, sondern zu beobachten sind **abgestufte**, unterschiedlich hoch angesetzte **Eingriffsschwellen**.

Gängig sind namentlich folgende Formeln[14]:

– **unmittelbar bevorstehende Gefahr** (vgl mit Spezifizierung § 55 I Nr 2 m.v.SOG; § 18 I Nr 2 NPOG; § 35 I Nr 2 PolG NRW),

dh eine Sachlage, bei welcher ein akuter Schadenseintritt mit an Sicherheit grenzender Wahrscheinlichkeit zu erwarten steht[15];

– **dringende Gefahr** (Art. 13 IV, VII GG; § 2 Nr. 4 NPOG; § 41 III PolG NRW),

dh eine Sachlage, bei der, ohne dass dies unmittelbar bevorstehen müsste, Schäden für bedeutsame Rechtsgüter (s. auch „erhebliche Gefahr") oder solche für weniger bedeutsame, aber großen Ausmaßes zu erwarten sind[16];

– **gegenwärtige Gefahr** (§ 71 I m.v.SOG; § 24 II Nr 3 NPOG; § 43 Nr 1 PolG NRW),

dh eine Sachlage, bei der die Einwirkung des schädigenden Ereignisses bereits begonnen hat oder bei der diese Einwirkung mit an Sicherheit grenzender Wahrscheinlichkeit umge-

---

11 OLG Karlsruhe, DVBl. 1977, 968 u. BayObLG, BayVBl. 1980, 411 f – „wildes Plakatieren"; vgl auch Pr.OVGE 88, 209 – „Hundegebell"; Bd.Wtt.VGH, NVwZ-RR 1996, 577 – „Kuhglocke".
12 Dazu Bd.Wtt.VGH, VBlBW 2010, 29 ff m. Anm. *Kaufmann*, ZJS 2010, 261 ff; OVG Sachsen-Anhalt, DVP 2011, 211 ff; *Schäfer*, DVBl. 2009, 1424 ff; *Fassbender*, NVwZ 2009, 563 ff; *Hecker*, NVwZ 2009, 1016 ff; Fall mit Lösung hierzu bei *Vahle*, DVP 2008, 162 ff.
13 *Möstl*, Jura 2011, 840 (846).
14 Zu den verschiedenen Gefahrbegriffen im Überblick *Zieschang*, Goltdammer's Archiv 2006, 1 ff; *Schoch*, Jura 2003, 472 ff.
15 Dazu BVerwGE 45, 51 (58).
16 Die Interpretation dieser Formel ist nicht unumstritten; vgl namentlich BVerwGE 47, 31 (40) – „Truppenparade"; *Götz/Geis*, POR, § 6 Rn 29. Vgl. auch die Benennung konkreter Rechtsgüter in der Nds. Definition in § 2 Nr. 4 NPOG: „Gefahr für den Bestand oder die Sicherheit des Bundes oder eines Landes oder für Leib, Leben oder Freiheit einer Person oder für Sachen von bedeutendem Wert, deren Erhaltung im öffentlichen Interesse liegt."

hend bevorsteht (vgl § 2 Nr 3b brem.PolG; § 3 III Nr 2 m.v.SOG; § 2 Nr 2 NPOG; § 54 Nr 3b thür.OBG; s. auch § 35 StGB zum entschuldigenden Notstand); hier sind also an die zeitliche Nähe des zu erwartenden Schadens besondere Anforderungen zu stellen[17];

– **erhebliche Gefahr** (§ 8 I Nr 1 NPOG; § 6 I Nr 1 PolG NRW),

dh eine Gefahr für ein bedeutsames Rechtsgut wie Bestand des Staates, Leben, Gesundheit, Freiheit oder nicht unwesentliche Vermögenswerte (vgl § 2 Nr 3c brem.PolG; § 3 III Nr 3 m.v.SOG; § 2 Nr 3 NPOG[18]; § 54 Nr 3c thür.OBG);

– **Gefahr für Leib oder Leben** (§ 109 II Nr 1 m.v.SOG; § 77 I Nr 1 NPOG; § 35 I Nr 1 PolG NRW; Art. 17 I Nr 1 bay.PAG),

dh eine Sachlage, bei der eine – nicht nur leichte – Körperverletzung oder der Tod einer Person einzutreten droht (vgl § 2 Nr 3d brem.PolG; § 2 Nr 5 NPOG; § 54 Nr 3d thür.OBG; s. auch die Voraussetzungen des rechtfertigenden Notstandes in § 34 StGB).

Als Reaktion auf erhöhte Bedrohungslagen durch Terroranschläge hat der bayerische Gesetzgeber – angelehnt an das BKAG-Urteil des BVerfG[19] – 2018 die Formel der sog. „**drohenden Gefahr**" als Voraussetzung für verschiedene Befugnisse eingeführt (zB Art. 11 III, 16 I 1 Nr 2, 14 I Nr 4 BayPAG). Eine drohende Gefahr liegt nach Art. 11 III 1 BayPAG vor, wenn „im Einzelfall das individuelle Verhalten einer Person die konkrete Wahrscheinlichkeit begründet oder Vorbereitungshandlungen für sich oder zusammen mit weiteren bestimmten Tatsachen den Schluss auf ein seiner Art nach konkretisiertes Geschehen zulassen, wonach in absehbarer Zeit Angriffe von erheblicher Intensität oder Auswirkung zu erwarten sind". Im Vergleich zur konkreten Gefahr ist der Wahrscheinlichkeitsgrad des Schadenseintritts somit abgesenkt: Polizeiliche Maßnahmen können bereits dann ergriffen werden, wenn ein konkretes Geschehen zwar noch nicht erkennbar ist, ein bestimmtes Verhalten einer Person aber die konkrete Wahrscheinlichkeit begründet, dass sie in überschaubarer Zeit Straftaten begehen wird, diese bestimmte Person also gefährlich ist[20]; Eingriffe kommen somit schon im Vorfeld einer konkreten Gefahr in Betracht. Beschränkt wird der Anwendungsbereich durch das Erfordernis einer Gefahr für bedeutende Rechtsgüter sowie von Angriffen erheblicher Intensität oder Auswirkungen (Art. 11 III 2, 3 BayPAG)[21]. Eine derartige Vorverlagerung und Absenkung des Wahrscheinlichkeitsmaßstabs wird von Stimmen in der Literatur – hinsichtlich der Bestimmtheit der Norm – als verfassungsrechtlich bedenklich angesehen[22]. Bei Vorliegen einer drohenden Gefahr können, um das Umschlagen dieser in eine konkrete Gefahr zu verhindern, Gefahrerforschungsmaßnahmen getroffen werden, ggf ist sogar ein Eingreifen in den Kausalverlauf möglich[23].

470

---

17 Vgl BVerfGE 141, 220 Rn 111; BVerwGE 45, 51 (57); OVG NRW, NJW 1989, 1691 f.

18 Indem die nds. Definition den Zusatz „sowie andere strafrechtlich geschützte Rechtsgüter" enthält, erstreckt sie, insoweit inkonsequent, den Schutz auch auf ein weites Feld sonstiger Rechtsgüter, zB mit Blick auf Insolvenz- (§§ 283 ff StGB), Wettbewerbs- (§§ 298 ff StGB) oder Umweltstraftaten (§§ 324 ff StGB).

19 BVerfGE 141, 220 (272).

20 LT Drs. 17/16299 S. 9; *Holzner*, DÖV 2018, 946 (948); *Kingreen/Poscher*, POR, § 8 Rn 16.

21 LT Drs. 17/16299 S. 10; *Weinrich*, NVwZ 2018, 1680 (1682).

22 *Löffelmann*, BayVBl. 2018, 145 (149, 154 f); *Shirvani*, DVBl. 2018, 1393 (1396 f); *Waechter*, NVwZ 2018, 458 (462); *Weinrich*, NVwZ 2018, 1680 (1683).

23 LT Drs. 17/16299 S. 2; *Holzner*, DÖV 2018, 946 (948, 950).

471 Darüber hinaus dient der Topos **„Gefahr im Verzuge"** als Kompetenzbasis zur ausnahmsweisen Legitimation bestimmter polizeilicher Anordnungen (vgl Art. 13 II – V GG, § 25 I 1 NPOG; § 42 I 1 PolG NRW und zur Wohnungsdurchsuchung ohne richterliche Anordnung), wenn der reguläre Kompetenzträger nicht rechtzeitig eingeschaltet werden kann[24].

Der Begriff „Gefahr im Verzuge" in Art. 13 II GG ist eng auszulegen. Sein Vorliegen muss mit Tatsachen begründet werden, die auf den Einzelfall bezogen sind. Auslegung und Anwendung unterliegen einer uneingeschränkten gerichtlichen Kontrolle. Die Gerichte sind allerdings gehalten, „der besonderen Entscheidungssituation der nichtrichterlichen Organe mit ihren situationsbedingten Grenzen von Erkenntnismöglichkeiten Rechnung zu tragen"[25].

472 Dazu allg. § 2 Nr 8 NPOG, § 3 Nr 7 s.anh.SOG u. § 54 Nr 5 thür.OBG: eine Sachlage, bei der ein Schaden eintreten würde, wenn nicht an Stelle der zuständigen Behörde oder Person eine andere Behörde oder Person tätig wird. Dabei unterliegt es gleichfalls vollständiger verwaltungsgerichtlicher Nachprüfung, ob ein rechtzeitiges Einschreiten des sachlich zuständigen Aufgabenträgers zur Gefahrenabwehr objektiv nicht möglich war und ohne sofortiges Einschreiten der eigentlich unzuständigen Stelle der drohende Schaden einträte.

III. Die latente Gefahr

473 Eine über lange Jahre im Polizeirecht mit Engagement diskutierte **Rechtsfigur** war die **der „latenten Gefahr"** bzw des „latenten Störers", wenn nämlich eine zunächst ungefährliche Lage durch Hinzutreten weiterer externer Umstände sich zu einer aktuellen Bedrohung polizeilicher Schutzgüter auswuchs.

Beispiel: Die früher die polizei- und gewerberechtliche (vgl § 51 GewO) Diskussion beherrschenden Schweinemäster-Fälle, welche heute vom Immissionsschutzrecht erfasst werden[26]: Eine mit starker Geruchsbelästigung für Anwohner verbundene Schweinemästerei wird weit außerhalb der Stadt angesiedelt. Im Laufe der Jahre rückt die Wohnbebauung näher an den Betrieb heran, sodass jetzt erst dessen Emissionen stören[27].

474 In jüngerer Zeit gewann die Einsicht an Boden, dass in diesen Schweinemäster-Fällen eigentlich die polizeirechtliche Korrektur von Planungsfehlern versucht wird. Eine polizeirechtlich-statische Betrachtung ist aber unangebracht, wo die heraufbeschworenen Konflikte in einem früheren Entwicklungsstadium bei adäquater Bauleitplanung vermieden werden konnten[28]. Allgemein wird man davon ausgehen können, dass „latente Gefahren", so lange sich die Verhältnisse nicht gewandelt haben, noch keine Gefahr darstellen. Erst wenn das der Fall ist, entsteht eine Gefahr. Wenngleich

---

24 S. allg. BVerfGE 51, 97 (111) – „Wohnungsdurchsuchung zur Pfändung".
25 So BVerfGE 103, 142 (LS 3a) m. Anm. *Baldarelli*, Kriminalistik 2006, 69 ff.
26 Zum Verhältnis von Immissionsschutzrecht und Polizeirecht allg. *Martens*, DVBl. 1981, 597 ff.
27 Vgl OVG NRW, OVGE 11, 250; Hess.VGH, BRS 20, 284 ff; s. auch BVerwGE 38, 209 – „Fischgroßhandlung".
28 Bay.VGH, BayVBl. 2003, 526; konsequent daher auch Überlegungen zum vorbeugenden Rechtsschutz des präsumtiven „latenten Störers", vgl Bd.Wtt.VGH, NVwZ-RR 1996, 310; *Fröhler/Kormann*, WiVerw 1977, 114 ff.

die Rechtsfigur der latenten Gefahr in der Lit. immer wieder auftaucht, erscheint sie im modernen Polizeirecht daher weitgehend als verzichtbar[29].

IV. Anscheinsgefahr, Putativgefahr und Gefahrenverdacht

Dogmatisch bedeutsame Varianten des Gefahrenbegriffs sind die Anscheinsgefahr, die Putativgefahr und der Gefahrenverdacht[30]. Ein insbesondere in der „Klausurrealität" beliebtes Thema ist dabei die Abgrenzung der Anscheinsgefahr von der Putativgefahr[31].   **475**

1. Die Anscheinsgefahr

Wie oben bereits aufgezeigt, erfolgt polizeiliches Einschreiten idR auf Grundlage einer Prognoseentscheidung (vgl Rn 463). Im Nachhinein (ex post) kann sich unter Würdigung aller zwischenzeitlich bekannt gewordenen Umstände jedoch herausstellen, dass selbst bei einem Untätigbleiben des handelnden Beamten kein Schaden entstanden wäre. Nicht zuletzt weil der zuständige Amtsträger im Zweifel nicht aus Angst vor negativen Konsequenzen vor einem Eingreifen zurückschrecken soll, wird eine Gefahr im Sinne der polizeilichen Ermächtigungsnorm aus Gründen der effektiven Gefahrenabwehr auch dann angenommen, wenn im Zeitpunkt der polizeilichen Entscheidung (**Beurteilung ex ante**) bei korrekter Lagebeurteilung eine Gefahrenprognose als konsequent erscheint, selbst wenn sie sich im Nachhinein als falsch erweist[32]. Man spricht in diesem Fall von der sog. **Anscheinsgefahr**. Nach all dem kann polizeiliches Einschreiten legal sein und verwaltungsgerichtlicher Entscheidung standhalten, obwohl tatsächlich keine Gefahr vorlag, sofern der zuständige Beamte nur eine korrekte Schadensprognose getroffen hat[33]. Daher ist auch die Anscheinsgefahr eine Gefahr im Sinne der polizeilichen Ermächtigungsnorm[34].   **476**

Beispiel: Nach einer Bombendrohung wird am Flughafen ein herrenloser Koffer gefunden. Nach Räumung des Flughafens durch die Polizei stellt sich heraus, dass der Koffer leer war.

Hieran bestehen im Ergebnis weder in der Rechtsprechung[35] noch in der Literatur Zweifel, wenngleich bei der Begründung die Vertreter einer stärker subjektivierenden Sicht weniger Schwierigkeiten haben als diejenigen, welche eine strikt objektive Betrachtungsweise beim Gefahrenbegriff verfolgen und auf pragmatische Hilfskonstruktionen zurückgreifen müssen[36]. Keine Anscheinsgefahr soll hingegen vorliegen, wenn der Amtsträger nicht in tatsächlicher, sondern in rechtlicher Hinsicht irrt, indem

---

29 *Schmelz*, BayVBl. 2001, 550 (554): „dogmengeschichtlicher Wert"; *Gusy*, POR, Rn 131: „dogmatisch nicht weiterführend, wenn nicht gar irreführend".
30 Dazu *Poscher/Rusteberg*, JuS 2011, 984 (988); s. auch den Übungsfall von *Kötter*, JuS 2011, 1016 ff.
31 Vgl etwa das Klausurbeispiel bei *Kötter*, JuS 2011, 1016 ff.
32 Zum ex-ante-Maßstab bei der verwaltungsgerichtlichen Überprüfung polizei- und ordnungsbehördlichen Einschreitens BVerwGE 45, 51 (60), 49, 36 (42 f) sowie Bd.Wtt.VGH, DÖV 1990, 572 (573).
33 Dazu näher *Hoffmann-Riem*, FS Wacke, 1972, S. 327 ff; *Schoch*, JuS 1994, 668 f; *Gromitsaris*, DVBl. 2005, 535 ff.
34 BVerfGE 45, 51 (58).
35 Vgl besonders instruktiv OLG Karlsruhe, VBlBW 2000, 329 – „Geistig Behinderter mit Spielzeugpistole".
36 Zum Meinungsspektrum vgl oben Fn 4.

er zB auf Grund einer fehlerhaften Bewertung von Straftatbeständen eine Gefahr für die öffentliche Sicherheit annimmt.

Beispiel: So liegt nach dem BayVGH keine Gefahr vor, wenn die Polizei die Zurschaustellung des Papstes mit „homosexuellen" Attributen im Rahmen des Christopher Street Days untersagt, weil sie fälschlich davon ausgeht, dies verstoße gegen §§ 103, 185 StGB[37].

Im Falle einer Anscheinsgefahr darf die Polizei zwar gegen denjenigen einschreiten, der nach ihrem Kenntnisstand dem Anschein nach Störer ist (sog. **Anscheinsstörer**). Auf Erstattung der Kosten eines sodann ausgeführten Polizeieinsatzes kann sie ihn jedoch nur in Anspruch nehmen, wenn er bei rückschauender Betrachtung nach Aufklärung des Sachverhalts tatsächlich die Anscheinsgefahr veranlasst und zu verantworten hatte[38] (u. Rn 775 f).

477 **Beispiel:** Erweckt ein Wohnungsinhaber durch die Installation einer Zeitschaltuhr für die Dauer seiner Urlaubsabwesenheit absichtlich den Eindruck, er sei in der Wohnung, und schafft er dadurch eine Situation, in der Dritte wie etwa besorgte Nachbarn, denen auf ihr Klingeln hin nicht geöffnet wird, einen Unfall vermuten können, ist ein Aufbrechen der Haustür in Ansehung der Wertigkeit des als bedroht angesehenen Rechtsgutes zulässig und hat er als sog. Anscheinsstörer auch die Kosten für das Aufbrechen seiner Wohnung zu tragen[39].

Dies gilt aber nicht, wenn Nachbarn bei einer ähnlichen Fallkonstellation in Kenntnis der Urlaubsabwesenheit des Wohnungsinhabers den unzutreffenden Schluss ziehen, es hielten sich Einbrecher in der Wohnung auf, und deshalb die Polizei benachrichtigen, welche sodann in vorbeschriebener Weise gewaltsam eindringt. S. dazu den Fall 21 (Rn 770).

2. Die Putativgefahr

478 Die Anscheinsgefahr ist abzugrenzen von der sog. **Putativgefahr**. Eine solche liegt vor bei fehlerhafter Prognoseentscheidung, wenn also ein besonnener, gewissenhafter Beamte in der Situation des Handelnden bei korrekter Lagebeurteilung hätte erkennen können, dass tatsächlich keine Gefahr vorliegt. Ein polizeiliches Einschreiten bei bloßer subjektiver Gefahreneinschätzung ohne hinreichend objektivierbare Anhaltspunkte ist also stets rechtswidrig[40]. Die Putativgefahr ist somit im Gegensatz zur Anscheinsgefahr keine Gefahr iSd polizeirechtlichen Ermächtigungsgrundlagen.

Beispiel: Die Beamten nehmen den handgeschriebenen „Mafia-Ausweis" eines augenscheinlich geistig Behinderten zum Anlass für eine Festnahme[41].

3. Der Gefahrenverdacht

479 Ebenfalls eine Gefahr iSd polizeilichen Ermächtigungsnormen ist der sog. **Gefahrenverdacht**. Ein solcher liegt vor bei nicht ausräumbaren Unsicherheiten über die zukünftige Entwicklung, wenn sich also die hinreichende Wahrscheinlichkeit eines Schadenseintritts zum gegenwärtigen Zeitpunkt noch nicht absehen lässt, aber im-

---

37 BayVGH, NJW 2011, 793 (796).
38 BGHZ 126, 279 – „altlastenverdächtiger Erdaushub"; OVG Hamburg, DVBl. 1986, 734.
39 So VG Berlin, NJW 1991, 2854 – „Besorgter Nachbar".
40 *Götz/Geis*, POR, § 6 Rn 41; *Kugelmann*, POR, S. 162; *Kingreen/Poscher*, POR, § 8 Rn 63
41 Vgl OLG Karlsruhe, VBlBW 2000, 329.

merhin ein auf feststehenden Tatsachen basierender Verdacht besteht[42]. Die Polizei ist dann grundsätzlich zum Einschreiten befugt[43]. Sie ist schon in Ansehung des rechtsstaatlichen Übermaßverbotes allerdings zugleich gehalten, sich, soweit dies ein effizienter Rechtsgüterschutz zulässt, zunächst auf **vorläufige** (etwa detailorientierte Gefahrerforschungs-) **Maßnahmen** zu beschränken, von denen genauerer Aufschluss über die wirkliche Lage zu erwarten ist[44].

Reichhaltiges Anschauungsmaterial für die Anwendung des polizeirechtlichen Instru-   **480** mentariums bieten namentlich die Fälle eines konkret grundstücksbezogenen **Altlas-tenverdachts**. Spezielle Vorgaben enthält diesbezüglich das BBodSchG, sodass auf diesem Felde das *allgemeine* Polizei- und Ordnungsrecht nach allgemeinen Regeln (s. Rn 613) zurücktritt, wenngleich das BBodSchG weitgehend auf seine Begrifflichkeit und seine Dogmatik zurückgreift (vgl insoweit noch u. Rn 689 ff).

Im Kontext des Gefahrenverdachts stellen sich insbesondere folgende Fragen: **481**

– Muss der sog. Verdachtsstörer eine Gefahrerforschungsmaßnahme nur dulden oder selbst durchführen?
Bei der auf **Gefahrerforschung** abzielenden Sachverhaltsaufklärung handelt es sich gemäß § 24 VwVfG eigentlich um eine behördliche Aufgabe (s. auch § 9 I BBodSchG). Nur ergänzend treffen den Beteiligten in bestimmtem Umfang ge-mäß § 26 II 1 und 2 VwVfG Mitwirkungslasten; auf Grund der gesetzlichen Fas-sung („sollen … mitwirken") kann insofern aber nicht von einer Mitwirkungs-pflicht im eigentlichen Sinn gesprochen werden (vgl aber § 26 II 3 VwVfG)[45]. Kann sonach von einem nur potenziell „Verantwortlichen" regelmäßig kein akti-ves Mitwirken im Sinne einer eigenen Verpflichtung zur Aufklärung des Sachver-halts verlangt werden, so schließt dies nicht aus, dass der Betroffene behördliche Aufklärungsmaßnahmen gleichwohl zu dulden hat. Wie weit diese Duldungs-pflicht konkret reicht, bedarf indes der gesonderten Klärung in jedem Einzelfall[46].

Beispiel: Erweckt die Betreiberin eines holzverarbeitenden Betriebs den Verdacht, die Verunreinigung des an das Betriebsgelände angrenzenden Baches sei auf ihre achtlose Ab-fallentsorgung zurückzuführen, kann sie nicht zur Entnahme weiterer Proben, sondern nur zur Duldung einer solchen Maßnahme durch die Behörde verpflichtet werden[47].

Wenn aber das Bestehen der Gefahr und die Störereigenschaft nach nicht zu bean-standender behördlicher Einschätzung gesichert sind und nur das Ausmaß der Ge-fahr als ungewiss erscheint, kann der Störer ausnahmsweise verpflichtet werden, die weiteren Erforschungsmaßnahmen selbst durchzuführen[48].

---

42 Vgl BVerwGE 116, 347 (352); VGH BW, VWBlBW, 2010, 29 (30); Nds. OVG, NVwZ-RR 2016, 445 Rn 12. Dazu umfassend *Sturm*, BLJ 2011, 8 ff und 56 ff.
43 Vgl OVG NRW, NVwZ 1982, 46 – „Kalkar-Demonstration".
44 Vgl *Wapler*, DVBl. 2012, 86 ff; *Thiel*, POR, § 8 Rn 62.
45 Ebenso *Engel/Pfau*, in: Mann/Sennekamp/Uechtritz (Hrsg.), VwVfG, § 26 Rn 52; *Kopp/Ramsauer*, VwVfG, § 26 Rn 40.
46 Zum Ganzen bereits BayVGH, DÖV 1986, 976 (977); *Papier*, Jura 1989, 505 (506 f); anders hinsicht-lich der Duldungspflicht *Schenke*, FS Friauf, S. 481; vgl auch BayVGH, BayVBl. 1995, 309 (310); s. aber § 9 II 3 BBodSchG, wo von „Pflichten zur Mitwirkung" die Rede ist, sodann aber auf Landes-recht verwiesen wird.
47 Vgl OVG Koblenz, NVwZ 1992, 499 ff.
48 So OVG NRW, DVBl. 1989, 1009 (1011); Bd.Wtt.VGH, DÖV 1991, 167 (168); idS ermächtigt § 9 II 1 BBodSchG zu Untersuchungsanordnungen bei altlastverdächtigen Flächen.

482 – Hat der sog. Verdachtsstörer die **Kosten der Gefahrerforschungsmaßnahme** zu tragen?

Im Grundsatz ergehen die Maßnahmen der Gefahrenabwehr gebührenfrei; es obliegt dem Staat, die öffentliche Sicherheit und Ordnung durch eigene Mittel (aus Steuergeldern) sicherzustellen[49]. Solange keine spezielle Rechtsgrundlage hinsichtlich der Kosten von Gefahrerforschungsmaßnahmen existiert, kann eine Kostentragung des Bürgers lediglich aus den allgemeinen Regeln des Kostenrechts begründet werden. Stellt sich heraus, dass **tatsächlich eine Gefahr** vorlag, so sind auch die Kosten der vorausgegangenen Gefahrerforschung als Kosten der Gefahrenabwehr zu ersetzen[50].

483 Zeigt sich hingegen, dass **keine Gefahr** bestand, so sind die Kosten ausnahmsweise nur dann zu ersetzen, wenn der Inanspruchgenommene den Gefahrenverdacht zurechenbar (mit)verursacht hat[51]. In den anderen Fällen, also wenn sich der Gefahrenverdacht nicht bestätigt und der Betroffene die diesen Verdacht begründenden Umstände nicht zurechenbar hervorgerufen hatte, ist dieser Betroffene als Nichtstörer zu betrachten. Ihm obliegt dann auch keine Kostenpflicht.

Beispiel: Wird eine Straße durch auf beiden Seiten parkende Fahrzeuge blockiert, so sind Fahrer und Halter des zuerst abgestellten und damit ordnungsgemäß geparkten Kfz ordnungsrechtlich nicht verantwortlich.

Die Kosten für eine im Wege des Sofortvollzugs durchgeführte Maßnahme dürfen nicht diesem sog. Verdachtsstörer auferlegt werden, wenn der Verdacht der Gefahrenverursachung nachträglich widerlegt wird und die betreffende Person die den Verdacht begründenden Umstände nicht zu verantworten hat[52].

484 Im Falle einer von ihm zunächst unwidersprochen gebliebenen Heranziehung zu entsprechenden Ermittlungsmaßnahmen kann der Verdachtsstörer später für die erlittenen Nachteile immerhin einen Entschädigungsanspruch geltend machen (zB gem. § 39 I a OBG NRW oder § 80 I 1 NPOG)[53].

Lösungshinweis zu Fall 13 (Rn 460): Im Ausgangsfall könnte bei der gegebenen Lage eine Gefahr, hier in Gestalt einer Anscheinsgefahr, zu bejahen sein, welche für die vom Veterinäramt getroffenen Maßnahmen eine hinreichende Legitimation bot. Der Schluss, sofern bei *einem* Tier eines Viehbestandes Östrogen festgestellt worden sei, müsse befürchtet werden, dass der gesamte Bestand mit Östrogen behandelt worden sei, mag zwar bei einem landwirtschaftlichen Mastbetrieb gerechtfertigt sein[54], nicht jedoch bei einem Viehhändler, welcher die Tiere nur kurze Zeit in seinem Besitz hat und unwiderlegt geltend macht, die Tiere stammten von verschiedenen Bauern.

Bei einer solchen Situation, einem bloßen Gefahrenverdacht, ist die Ordnungsbehörde zwar nicht zur Untätigkeit verurteilt, sie hat sich jedoch lediglich auf solche vorläufigen Maßnah-

---

49 *Kingreen/Poscher*, POR, § 25 Rn 19.
50 Nds.OVG, NVwZ-RR 2016, 445 (446 f), Rn 18; *Gusy*, POR, Rn 460.
51 BGHZ 126, 279 (284); Bd.Wtt.VGH, DÖV 1991, 165 (166); *Götz*, DVBl. 1992, 1160 (1160); *Buchberger/Sailer*, in: L/D, M Rn 198a mwN – auch zur Gegenansicht. Die Überlegungen aus BGHZ 117, 303 (307 f) sind insofern übertragbar.
52 Vgl OVG NRW, NWVBl. 2001, 142.
53 So BGHZ 117, 303 u. 126, 279. Dazu noch unten Rn 775.
54 So OVG NRW, NJW 1988, 2968 f.

men zu beschränken, die es erlauben, über das Vorliegen einer Gefahr endgültige Klarheit zu gewinnen. Namentlich auch unter Berücksichtigung des rechtsstaatlichen Übermaßverbots hätte sich hier angeboten, eine sofortige Östrogenuntersuchung der übrigen Tiere auf Kosten des Veterinäramtes vorzunehmen, zumal gegebenenfalls eine Überwälzungsmöglichkeit bestünde (vgl im Einzelnen unten § 22)[55].

Abschließend zusammengefasst ergeben sich die wesentlichen Unterschiede zwischen den Varianten der Anscheinsgefahr, der Putativgefahr und des Gefahrverdachtes aus folgender Grafik (Übersicht 10).   **485**

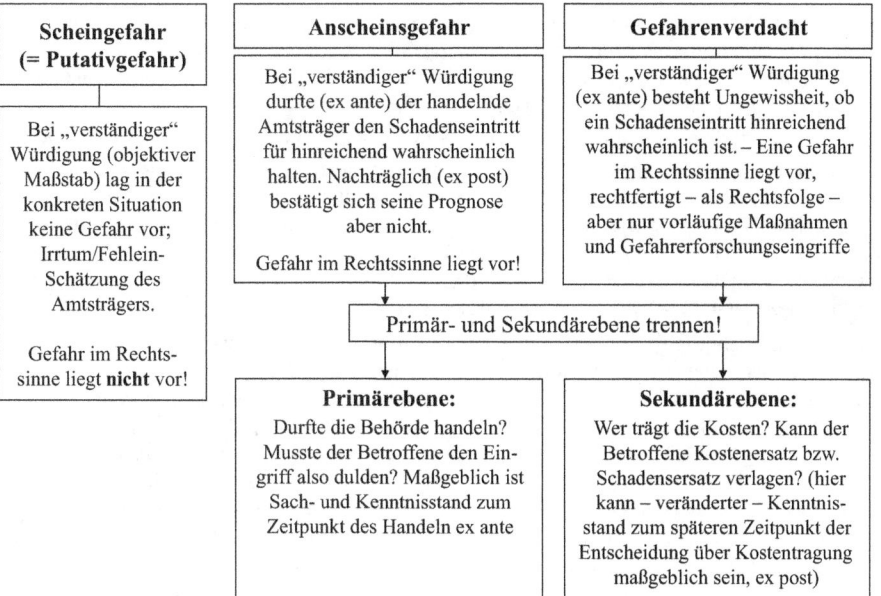

Übersicht 10: Anscheinsgefahr, Putativgefahr, Gefahrenverdacht

Wiederholungs- und Verständnisfragen

1. *Was ist im Polizei- und Ordnungsrecht unter einer Gefahr zu verstehen?* **Rn 462**
2. *Auf wessen Sicht kommt es bei der Beurteilung, ob eine Gefahr vorliegt, an?* **Rn 463**
3. *Welche Eingriffsschwellen kennt das Polizei- und Ordnungsrecht?* **Rn 469**
4. *Wozu dient die „Gefahr im Verzuge"?* **Rn 471**
5. *Was ist unter einer „latenten Gefahr" zu verstehen?* **Rn 473 f**
6. *Worin liegt der Unterschied zwischen einer Anscheinsgefahr und einer Putativgefahr?* **Rn 475 ff**
7. *Welche Befugnisse erwachsen aus einem polizeilichen Gefahrverdacht?* **Rn 479 ff**

---

55   Vgl dazu VG Münster, NVwZ 1983, 238 f; vgl auch OVG NRW, NJW 1989, 1691 zur Tötungsanordnung für hormonbehandelte Kälber, die in das Eigentum eines Tierschutzvereins übergegangen und dem Lebensmittelkreislauf entzogen sind.

§ 15 Die polizei- und ordnungsrechtliche Verantwortlichkeit

486 **Fall 14:** „Das Gefährderanschreiben"[1]

Der philantrope Student Lodovico Settembrini (S), welchem viel am Erhalt der Erde für die nachfolgenden Generationen liegt, hat sich während seines nunmehr schon zehn Jahre dauernden Jurastudiums des Öfteren an Demonstrationen gegen Atommüll-Transporte beteiligt. Hierbei kettete er sich in den Jahren 2005 und 2006 nicht nur an Bahngleise, sondern leistete auch Widerstand gegen die seinerzeit eingesetzten Polizeibeamten. Im Jahr 2012 bekam S Kontakt zu Globalisierungsgegnern, welche regelmäßig aggressiv und gewalttätig bei internationalen politischen Veranstaltungen aufgefallen waren und dort massive Sachbeschädigungen verursacht und Körperverletzungen gegenüber Polizeibeamten begangen hatten. S selbst hat an solchen Aktionen nicht teilgenommen.

Als im Jahr 2015 der G7-Gipfel auf Schloss Elmau bevorstand, kursierten im Internet Aufrufe dieser Globalisierungsgegner, den G7-Gipfel zu nutzen, um dort „eindeutige und unübersehbare Zeichen gegen den gefährlichen Klimawandel zu setzen." Die deutschen Sicherheitsbehörden rechneten mit einem Großaufgebot an Demonstranten rund um den Tagungsort der Staats- und Regierungschefs. Ebenso wie andere in den Fahndungsdateien geführte potentielle Gewalttäter und gewaltbereite Demonstranten erhielt auch A ca. sechs Wochen vor dem G7-Gipfel folgendes Anschreiben:

„Der Polizeibehörde ist bekannt, dass Sie im Zusammenhang mit versammlungsrechtlichen bzw demonstrativen Aktionen polizeilich in Erscheinung getreten sind. Daher ist es nicht auszuschließen, dass Sie auch in Zukunft an demonstrativen Ereignissen teilnehmen werden. Für den 7.–8.6.2015 sind demonstrative Aktionen gegen den G7-Gipfel in Schloss Elmau geplant. Bei gleich gelagerten Veranstaltungen kam es in der Vergangenheit zu erheblichen gewaltsamen Ausschreitungen seitens einiger Demonstrationsteilnehmer. Auch während des bevorstehenden G7-Gipfels ist damit zu rechnen. Um zu vermeiden, dass Sie sich der Gefahr präventiver polizeilicher Maßnahmen im Rahmen der Gefahrenabwehr oder strafprozessualer Maßnahmen aus Anlass der Begehung von Straftaten im Rahmen der demonstrativen Aktionen aussetzen, legen wir Ihnen hiermit nahe, sich nicht an den oben genannten Aktionen zu beteiligen."

S, der seine zukünftige Karriere in den Umweltministerien von Bund und Ländern gefährdet sieht, möchte die Rechtswidrigkeit des Anschreibens gerichtlich klären lassen. Wird er damit Erfolg haben? **Rn 514**

487 Im Rahmen der polizeilichen und ordnungsbehördlichen Gefahrenabwehr kann grundsätzlich nur der sog. **Störer** (Verantwortliche) in Anspruch genommen werden[2], lediglich in Ausnahmefällen auch eine für die Gefahr selbst nicht verantwortliche Person (dazu unten § 17: Polizeilicher Notstand).

---

1 Der Fall ist der Entscheidung des Nds.OVG, NdsVBl. 2006, 19 ff nachgebildet. Eine abweichende, aber ebenfalls auf diese Entscheidung zurückgehende Klausurbearbeitung findet sich bei *Kleinbauer*, NdsVBl. 2006, 206 ff; zum Gefährderanschreiben allg. *Hebeler*, NVwZ 2011, 1364 ff.

2 Vgl §§ 6 f bd.wtt.PolG; Art. 7 f bay.PAG; Art. 9 bay.LStVG; §§ 13 f berl.ASOG; §§ 5 f brandenb.PolG; §§ 16 f brandenb.OBG; §§ 5 f brem.PolG; §§ 8 f hamb.SOG; §§ 6 f hess.SOG; §§ 68 ff m.v.SOG; §§ 6 f NPOG; §§ 4 f PolG NRW; §§ 17 f OBG NRW; §§ 4 f rh.pf.POG; §§ 4 f saarl.PolG; §§ 4 f sächs.PolG; §§ 7 f s.anh.SOG; §§ 217 ff schl.h.LVwG; §§ 7 f thür.PAG; §§ 10 f thür.OBG.

Auf diesen allg. polizei- und ordnungsrechtlichen Grundsatz kann auch bei der Anwendung ordnungsrechtlicher Spezialgesetze (etwa des Abfallrechts) zurückgegriffen werden, soweit dort keine gesonderten Aussagen vorfindbar sind[3].

Bejaht man mit der überwiegenden Meinung eine Gefahr iSd polizeilichen Ermächtigungsgrundlagen auch in den Fällen der Anscheinsgefahr (Rn 476) und des Gefahrenverdachts (Rn 479) und führt man diesen Gedanken auf der Ebene der Störerauswahl konsequent fort, muss auch derjenige als Störer in Anspruch genommen werden können, der nach pflichtmäßiger ex ante Beurteilung als Verantwortlicher erscheint (sog. **Anscheinsstörer**). Gleiches gilt für denjenigen, der im Falle eines Gefahrenverdachts als potentieller Verantwortlicher in Betracht kommt, sog. **Verdachtsstörer**.

Als potenzielle Störer kommen dabei alle im Rechtsverkehr Handlungsfähigen in Betracht, also sowohl natürliche als auch juristische Personen (wie die AG und GmbH) – sowie die für diese handelnden Personen- und Personenhandelsgesellschaften als Gesamthandsgemeinschaften (wie die OHG u. KG). Eine KG hat daher für das Verhalten ihres persönlich haftenden Gesellschafters einzustehen[4]. Bei Gefahren durch Tiere kommt als Adressat polizeilicher Maßnahmen nur der Eigentümer oder Inhaber der tatsächlichen Gewalt in Betracht[5]. | **488**

I. Der Handlungsstörer (Verhaltensverantwortlichkeit)

Das Polizeirecht geht zunächst von dem **Grundsatz der persönlichen Verantwortlichkeit für eigenes Handeln** aus[6]. Da präventivpolizeiliches Handeln auf dem Grundsatz effektiver Gefahrenabwehr beruht, kommt es dabei lediglich auf die Verursachung an, nicht auf irgendwelches Verschulden[7]. | **489**

Typischerweise liegt der Verhaltensverantwortlichkeit ein **positives Tun** zugrunde; gegebenenfalls ist aber auch ein **Unterlassen** entgegen einer öffentlich-rechtlichen Verkehrssicherungspflicht[8] zu begutachten[9]. | **490**

1. Die Theorie der unmittelbaren Verursachung

Als entscheidend für die Bestimmung der polizeirechtlichen Verhaltensverantwortlichkeit erweist sich stets die **Kausalitätsfrage**. | **491**

Dabei führen weder die strafrechtliche Äquivalenztheorie noch die zivilrechtliche Adäquanztheorie zu sachgerechten Abschichtungen. Die Frage nach der „conditio sine qua non" erfasst zwar alle Gefahrenursachen, vermittelt bei mehreren beteiligten

---

3 Vgl Bd.Wtt.VGH, NVwZ-RR 1994, 565; Nds.OVG, NVwZ-RR 2006, 22 (24).
4 Bd.Wtt.VGH, GewArch. 1996, 36. Siehe für die GmbH & Co KG Bd.Wtt.VGH, VBlBW 1993, 298 (301); ferner auch OVG NRW, NVwZ-RR 1994, 386 (387). Zur Polizeipflichtigkeit von juristischen Personen des öffentlichen Rechts unten Rn 522 f.
5 Vgl unten Rn 503 und den Fall zu § 20 „Gassi nur mit Leine".
6 Vgl Art. 7 I bay.PAG, § 69 I m.v.SOG, § 6 I NPOG, § 4 I PolG NRW, § 17 I OBG NRW.
7 Nds.OVG, NVwZ-RR 2006, 22 (24); *Ipsen*, POR, Rn 177.
8 *Schoch*, BesVerwR, 1. Kap Rn 353 ff.
9 Zum sog. passiven Störer siehe OVG NRW, NJW 1979, 2266 und DVBl. 1971, 828; BayVGH, BayVBl. 1996, 437 f.

Personen aber keine Verantwortlichkeitsabstufung, was im Strafrecht wegen des dortigen Schuldkorrektivs auch gar nicht als Defizit erscheint. Auch die Suche nach Bedingungen, welche nach der Lebenserfahrung generell geeignet sind, einen entsprechenden Erfolg herbeizuführen, trüge nicht den polizeirechtlichen Erfordernissen Rechnung. Denn hierbei gilt es, eine Gefahr derjenigen Person zuzurechnen, welche für ihre Herbeiführung die stärkste Verantwortung trifft. Erforderlich ist hier vielmehr ein eigenständiges, an der polizeirechtlichen Funktion orientiertes, wertendes Kausalitätsverständnis[10].

492 Die überwiegend vertretene **„Theorie der unmittelbaren Verursachung"** sieht jemanden nur dann als ursächlich im Sinne des Polizeirechts an, wenn sein Verhalten selbst die konkrete Gefahr unmittelbar herbeigeführt[11], wenn er also in eigener Person die Gefahrenschwelle überschritten hat. Als ein wichtiges Indiz kann insofern gefragt werden, wer als zeitlich letztes Glied einer Kausalkette anzusehen ist[12]. In der Sache handelt es sich bei dem Streit zwischen den Kausalitätstheorien letztlich um ein Wertungsproblem[13], denn die Verursachungsproblematik verlagert sich dann auf die Frage, wann genau die besagte Gefahrenschwelle überschritten ist. Einerseits wird dabei betont, es sei auf einen engen Wirkungs- und Verantwortungszusammenhang mit der Gefahr abzustellen[14], andererseits dürfen aber auch die übrigen Wertungen der Rechtsordnung nicht unterlaufen werden: Wer daher lediglich von einer rechtlichen Befugnis Gebrauch macht, kann nicht Verantwortlicher im Sinne der Theorie der unmittelbaren Verursachung sein[15].

493 Dies hat das OVG NRW mit Blick auf ein zum Ausschlachten verkauftes Unfallfahrzeug plastisch erläutert. Danach kann ein Fahrzeugveräußerer, der seiner aus § 13 IV FZV ableitbaren Pflicht zuwiderhandelt, sich über Namen und Anschrift des Fahrzeugerwerbers zu vergewissern, ordnungsrechtlich als Verursacher in Anspruch genommen werden, wenn das Fahrzeug nachfolgend verkehrswidrig im öffentlichen Straßenraum abgestellt wird:

„Die Verhaltensverantwortlichkeit ... trifft denjenigen, dessen Verhalten die Gefahrengrenze überschritten und damit die unmittelbare Ursache für den Eintritt der Gefahr gesetzt hat ... Das setzt zunächst voraus, dass das Verhalten, an das die Verantwortlichkeit anknüpft, überhaupt eine Ursache für den Eintritt der Gefahrenlage bildet; es darf nicht hinweggedacht werden können, ohne dass die Gefahr entfiele ... Die Kausalität ist eine notwendige, aber noch keine hinreichende Voraussetzung für die ordnungsbehördliche Inanspruchnahme als Verhaltensverantwortlicher. Hinzutreten muss als zusätzliches, qualifizierendes Merkmal die Unmittelbarkeit der Verursachung. Anhand dieses Kriteriums sind aus der Vielzahl ursächlicher Verhaltensweisen eingrenzend diejenigen zu ermitteln, die bei wertender Betrachtungsweise eine polizei- bzw ordnungsrechtliche Zurechnung rechtfertigen. Entsteht eine Gefahr durch mehrere zeitlich gestaffelte Verhaltensbeiträge verschiedener Personen, so ist nicht notwendigerweise allein derjenige Verantwortlicher, der – wie der das Fahrzeug abstellende Fahrer – die zeitlich letzte Bedingung gesetzt hat. Auch ein in einem früheren Stadium Beteiligter kommt als Verantwort-

---

10 Plastisch OVG Hamburg, DÖV 1983, 1016 (1017); siehe auch OVG NRW, NVwZ 1985, 355 (356).
11 So früher ausdrücklich formuliert in § 23 rh.pf.PVG v. 26.3.1954 (GVBl. S. 31); siehe auch bereits Pr.OVGE 103, 139 ff.
12 *Thiel*, POR, Rn 234; a.A. *Denninger*, in: L/D, D Rn 77.
13 *Denninger*, in: L/D, D Rn 78; *Schenke*, POR, Rn 243.
14 *Kingreen/Poscher*, POR, § 9 Rn 15; auch OVG NRW, NVwZ-RR 2008, 12.
15 *Schenke*, POR, Rn 243; *Thiel*, POR, § 8 Rn 237.

licher in Betracht, wenn er durch sein Verhalten die Grenze zur konkreten Gefahr überschritten hat … Kennzeichnend für diese als Zweckveranlassung bezeichnete Fallgestaltung ist das Bestehen eines so engen Wirkungs- und Verantwortungszusammenhangs zwischen der zurückliegenden und der letzten Ursache, dass diese durch jene veranlasst erscheint und Veranlassung und (Gefahren-)Erfolg als Einheit gewertet werden müssen"[16].

Beispiele: Nach diesen Maßstäben ist etwa auch bei einer Betriebsstilllegung ohne Sicherheitsvorkehrungen diejenige Person als unmittelbarer Verursacher anzusehen, die dafür verantwortlich war, dass der Betrieb ohne Maßnahmen zur Sicherung der dort gelagerten umweltgefährdenden Chemikalien eingestellt wurde[17]. Entsprechend ist als Verursacher der von einer Altlast ausgehenden Gefahr anzusehen, wer Kontaminationen auf einem zur späteren Bebauung vorgesehenen Gelände großflächig verteilt hat[18].

Regelmäßig ist so aber derjenige nicht als Störer anzusehen, der lediglich eine von der Rechtsordnung vorgesehene Möglichkeit der **Rechtsausübung in sozialüblicher Weise** wahrgenommen hat[19]. Einen mit Blick auf diesen Aspekt modifizierenden Ansatz – freilich mit letztlich kaum abweichenden Ergebnissen – verfolgt die **Theorie der rechtswidrigen Verursachung**[20], welche denjenigen als Verantwortlichen ansieht, der die durch die Rechtsordnung seinem Rechtskreis gezogenen Grenzen überschreitet[21]. **494**

Dieser Prüfungsansatz bedingt gegebenenfalls subtile **Differenzierungen**. **495**

Beispiel: Gelangt bei einer Massenkarambolage von Fahrzeugen Öl und Benzin auf die Fahrbahn, so kann für deren Beseitigung[22] nur von denjenigen Verkehrsteilnehmern Kostenersatz verlangt werden, die die durch die Fahrbahnverunreinigung ausgelöste Gefahrenlage unmittelbar verursacht haben. Selbst wenn A durch sein leichtes Auffahren auf den vorausfahrenden Wagen des X eine Ursache für die folgenden Auffahrunfälle gesetzt hat, so sind für das Auslaufen von Öl und Benzin unmittelbar nur die jeweiligen Fahrzeugführer der betreffenden nachfolgenden Wagen verantwortlich, wenn es auf Grund der polizeilichen Feststellungen nachweisbar allein bei ihren Fahrzeugen zu der beschriebenen Unfallfolge gekommen ist. Eine Kostenquotierung unter Einschluss *aller* Unfallbeteiligter und damit eine Heranziehung auch des A ist dann unzulässig[23].

Entferntere Bedingungen des Erfolgseintritts haben **bei wertender Betrachtungsweise** als polizeirechtlich irrelevant auszuscheiden, ansonsten können aber durchaus mehrere Personen nebeneinander als unmittelbare Verursacher in Betracht kommen[24].

---

16 OVG NRW, NWVBl. 2003, 320 f; zum Problem der Verantwortlichkeit wegen eines Verstoßes gegen § 13 IV FZV s. auch VG Weimar, ThürVBl. 2000, 21; OVG Hamb., NJW 2000, 2600.
17 Vgl Bd.Wtt.VGH, DÖV 1993, 578 f – „Galvanik-Betrieb".
18 Dazu Nds.OVG, NVwZ-RR 2006, 22 (24) – „Spielplätze".
19 Siehe OVG NRW, NVwZ 1985, 355 (356); OVG NRW, OVGE 5, 185 (197); Nds.OVG, OVGE 17, 447 (451 f).
20 Vgl *Schnur*, DVBl. 1962, 1 ff; *Vollmuth*, VerwArch. 68 (1977), 45 ff; *Schmelz*, BayVBl. 2000, 550 ff.
21 Dazu *Pietzcker*, DVBl. 1984, 458 f (mit modifizierendem eigenem Ansatz: Kriterien der Verkehrspflichten und Risikosphären). – Vgl zum Überblick auch *Schoch*, JuS 1994, 932 f; *Thiel*, POR § 8 Rn 237.
22 Zuständig hierfür ist aber nicht nur die Polizei, sondern unter dem Aspekt „technischer Unfallhilfe" durchweg auch die Feuerwehr, für deren Handeln üblicherweise eigenständige Rechtsgrundlagen vorliegen (vgl unten Rn 633). Den betreffenden Normen sind dann auch die Voraussetzungen für einen Kostenersatz beim Einsatz der Feuerwehr zu entnehmen.
23 Vgl Hess.VGH, DÖV 1986, 441 f.
24 Vgl Bd.Wtt.VGH, NVwZ-RR 1994, 565; Nds.OVG, NVwZ-RR 2006, 22 (24).

2. Der Inhaber des Gegenmittels und der Zweckveranlasser

496 **Verhaltensstörer** ist damit **nicht** auch derjenige, welcher – ohne selbst, durch eigenes Handeln die Gefahr unmittelbar verantwortlich herbeigeführt zu haben – lediglich **Inhaber des Gegenmittels** ist und damit effizient die Gefahr abwehren könnte: er bleibt Nichtstörer[25].

497 Ein über lange Jahre und auch in jüngerer Zeit wieder diskutiertes Spezialproblem ist das des sog. **Zweckveranlassers**[26]. Im Sinne der „Theorie der unmittelbaren Verursachung" (Rn 492) sind Personen, die entferntere, nur mittelbare Ursachen für den eingetretenen Erfolg gesetzt, also nur den Anlass für die unmittelbare Verursachung durch andere gegeben haben, keine Verursacher. Nach der gebotenen wertenden Betrachtungsweise kann allerdings auch ein als „Veranlasser" auftretender Hintermann (mit) verantwortlich sein, wenn dessen Handlung zwar nicht selbst die polizeirechtliche Gefahrenschwelle überschritten hat, aber mit der durch den Verursacher unmittelbar herbeigeführten Gefahr oder Störung eine natürliche Einheit bildet, die die Einbeziehung des Hintermanns in die Polizeipflicht rechtfertigt. Eine derartige natürliche Einheit besteht typischerweise beim sog. Zweckveranlasser als demjenigen, der in eigener Person die Gefahr nicht unmittelbar realisiert hat, der aber entweder Dritte, welche die Verhaltensverantwortung trifft, gezielt dazu veranlasst hat, sich polizeirechtswidrig zu verhalten, oder durch dessen Verhalten sich eine Gefahr als Folge zwangsläufig einstellt[27].

Beispiele: Animieren zum Singen eines antisemitischen Liedtextes („Borkum-Lied")[28]; Striptease-Reklame im Schaufenster des Miedersalons (mit der Folge, dass ein Menschenauflauf nicht nur auf dem Bürgersteig, sondern auch auf der Fahrbahn entsteht)[29]; Überlassung von Räumen an Prostituierte im Geltungsbereich einer sog. Sperrgebietsverordnung[30]; Überlassung eines Schlüssels an einen Lieferanten zum Zwecke nächtlicher (ruhestörender) Warenlieferungen[31].

498 Bei Zugrundelegung des heute anerkannten wertungsorientierten polizeirechtlichen Verursachungsverständnisses dürften kaum mehr Schwierigkeiten bestehen, auch in den aufgeführten Fällen gegebenenfalls eine Verhaltensverantwortlichkeit der nach außen hin im Hintergrund bleibenden, aber gleichwohl bei objektiver Betrachtung den Ablauf durchgängig dominierenden Person zu begründen[32], wobei die – terminologisch unglückliche, weil subjektive Elemente allzu sehr in den Vordergrund stellende – Rechtsfigur des Zweckveranlassers zur Begründung einer kumulativen Verhaltensverantwortlichkeit *neben* dem Dritten austauschbedürftig erscheint[33].

---

25 Siehe NdS.OVG, OVGE 14, 396 und 17, 447 (451).
26 Dazu etwa *Wobst/Ackermann*, JA 2013, 916 ff; *Lange*, Zweckveranlassung, 2014, passim; *Muckel*, DÖV 1998, 17 ff; *Lege*, VerwArch. 89 (1998), 71 ff (81 ff). – Speziell zur Straßenprostitution (Freier als Zweckveranlasser?) *Schneider/Kensbock*, VBlBW 1999, 168 ff.
27 So Bd.Wtt.VGH, DVBl. 1996, 564 – „Vermietung an Prostituierte".
28 Pr.OVGE 80, 176.
29 Pr.OVGE 85, 270 und 87, 301 (308 f).
30 Hess.VGH, DÖV 1992, 753.
31 OVG NRW, NVwZ-RR 2008, 12.
32 Siehe bereits *v.Mutius*, Jura 1983, 305.
33 Siehe insoweit auch *Schmelz*, BayVBl. 2001, 550 (552). Verfehlt daher etwa die Kennzeichnung der Fallgestaltung oben Rn 493 als Zweckveranlassung durch OVG NRW, NWVBl. 2003, 320 (321). Skeptisch gegenüber dieser Rechtsfigur auch BVerfG(K), DVBl. 2001, 62 zum Versammlungsrecht.

So dürfte auch derjenige, welcher bei feucht-regnerischem Wetter in einer städtischen **499** Fußgängerzone an Passanten in großen Mengen **Flugblätter** verteilt, die von diesen dann in der überwiegenden Zahl – was realistischerweise als Folge einzukalkulieren war – sofort wieder zu Boden geworfen werden und damit eine erhebliche Rutschgefahr bedeuten, für die anteiligen Kosten der Straßenreinigung als Verhaltensverantwortlicher (mit) herangezogen werden können[34].

Beispiel: Der Elektrohändler E verkauft sog. Minispione. Unabhängig davon, ob die Erwerber anerkennenswerte (Babysitter, Tierbeobachtung) oder strafbare Verwendungszwecke (Belauschen von Nachbarn oder Geschäftspartnern) verfolgten, stellte früher jede *Benutzung* der Geräte einen Verstoß gegen das Fernmeldeanlagengesetz[35] dar. Handlungsstörer war vor diesem Hintergrund nicht erst der Benutzer, sondern bereits der die gesetzeswidrige Benutzung Ermöglichende[36]. Um jeglichen rechtlichen Zweifel auszuschließen, hat allerdings der Bundesgesetzgeber durch ein Gesetz zur Verminderung des Missbrauchs von Sendeanlagen bereits im Jahre 1986 in §§ 5a und 5d FAG die Zulässigkeit sowohl der Ausübung der tatsächlichen Gewalt über solche Sendeanlagen wie auch ihrer Überlassung an Dritte drastisch eingeschränkt.

Als ein bei **Versammlungen** zu beachtendes Spezifikum gilt: Der Veranstalter einer **500** Versammlung kann nicht als Zweckveranlasser derjenigen Gefahren behandelt werden, die von einer hiergegen gerichteten Gegendemonstration ausgehen[37]. Wenn sich der Veranstalter und die Teilnehmer friedlich verhalten und Störungen der öffentlichen Sicherheit lediglich von der **Gegendemonstration** ausgehen, müssen sich Maßnahmen primär gegen die störende Gegendemonstration richten. Gegen die friedliche, von Art. 8 GG geschützte Versammlung, die den Anlass für die Gegendemonstration bildet, darf nur unter den engen Voraussetzungen des polizeilichen Notstands eingegriffen werden[38].

Die Inanspruchnahme des **Veranstalters bei Großveranstaltungen** jedweder Art (Großdemonstration, Sportveranstaltung, Pop-Konzert) als Störer bei zu erwartenden Ausschreitungen von einzelnen Besuchern oder Besuchergruppen (zB **Hooligans**) unter Berufung auf eine mit der Veranstaltung typischerweise verbundene Folge[39] ließe dessen Grundrechtsschutz – sei es aus Art. 8, 12 oder auch nur 2 I GG – völlig außer Betracht. Ohne hinreichend konkretisierbaren Ansatzpunkt können sie daher nicht als Zweckveranlasser herangezogen werden[40]. Sicherheitsauflagen zum Eigenschutz von Objekten und Personen (Ordner, Absperrungen) sind dadurch freilich nicht ausgeschlossen, soweit Zumutbarkeitsgrenzen nicht überschritten werden[41].

---

34 Offenlassend BVerwGE 56, 24 (29); dort nur zur Unzulässigkeit der Anforderung der vorherigen Einholung einer Unbedenklichkeitsbescheinigung des städtischen Ordnungsamtes.

35 Gesetz über Fernmeldeanlagen (FAG) idF d. Bekanntm. v. 3.7.1989 (BGBl. I S. 1455), außer Kraft getreten zum 31.12.2001. Vgl heute § 90 TKG.

36 Vgl VG Sigmaringen, DÖV 1976, 570.

37 Vgl Bd.Wtt.VGH, DÖV 1990, 346; Hess.VGH, DVBl. 1993, 618; *Schenke*, POR, Rn 243.

38 BVerfG, NVwZ-RR 2010, 625 (626).

39 So etwa dezidiert *Broß*, DVBl. 1983, 380; *Götz*, DVBl. 1984, 17; *ders.*, NVwZ 1984, 214 f; *Lege*, VerwArch. 89 (1998), 71 (81 ff).

40 So zu Recht *Schoch*, JuS 1994, 934 mwN.

41 Vgl *Markert/Schmidbauer*, in: Schild (Hrsg.), Rechtliche Aspekte bei Sportgroßveranstaltungen, 1994, S. 35 ff (54 f, 56 f); s. auch § 43 thür.OBG: ordnungsbehördliche Verordnungen möglich. – Zur Kostenanforderung für polizeiliche Einsätze unten Rn 784 ff.

Moderne Versammlungs- und Kommunikationsformen wie **Facebookpartys**[42], **Flash- oder Smartmobs** eröffnen auch einen neuen Blickwinkel auf die Figur des Zweckveranlassers (vgl dazu auch Fall 20, Rn 740).

Beispiel: Atheist A ist schon seit langem überzeugter Gegner des Tanzverbots am Karfreitag. In einem sozialen Netzwerk ruft er Gleichgesinnte dazu auf, am Karfreitag gemeinsam in der Öffentlichkeit zu tanzen. Die Polizei sieht darin wegen des Verstoßes gegen § 9 NFeiertagsG[43] eine Gefahr für die öffentliche Sicherheit und Ordnung und möchte gegen diesen sog. Flashmob vorgehen. Fraglich ist, ob die Polizei den A als Zweckveranlasser in Anspruch nehmen kann. Hier gilt das oben Gesagte entsprechend. Allein die Eigenschaft als „Veranstalter" des Flashmobs macht A jedenfalls nicht automatisch zum Zweckveranlasser. Anders vielleicht, wenn die Teilnehmer von ihm dazu aufgerufen werden, bei der Tanzparty Konfetti auf einen öffentlichen Platz zu streuen.

3. Aufsichtspflichtige und Geschäftsherren

501   Das Polizei- und Ordnungsrecht hat für bestimmte Fallkonstellationen typisierend eine additive Verantwortlichkeit für das Verhalten Dritter expressis verbis („Maßnahmen auch gegen ...") statuiert, so beim Bestehen gesetzlicher **Aufsichtspflichten** (vgl Art. 7 II bay.PAG; § 69 II m.v.SOG; § 6 II NPOG; § 4 II PolG NRW; § 17 II OBG NRW; § 4 II ME) und im Falle einer **Bestellung von Verrichtungsgehilfen** (vgl Art. 7 III bay.PAG; § 69 III m.v.SOG; § 6 III NPOG; § 4 III PolG NRW; § 17 III OBG NRW; § 4 III ME).

Hier trifft auch denjenigen, der einen Dritten zu einer Verrichtung bestellt hat, die polizeirechtliche Verantwortung, ohne dass eine Exkulpationsmöglichkeit (wie bei § 831 BGB) bestünde[44].

4. Vorbehalt spezialgesetzlicher Sonderregelung

502   Die hier erörterten allgemeinen Regeln über die Verhaltensverantwortlichkeit stehen unter dem **Vorbehalt einer spezialgesetzlichen Sonderregelung**. Das ergibt sich bereits aus dem lex specialis Grundsatz; ist bisweilen aber ausdrücklich normiert[45].

Beispiel: Pflicht der Anlieger zur Gehwegreinigung (vgl § 4 StrReinG NRW).

Besonders deutlich wird dieser Aspekt im Bereich der Standardmaßnahmen[46]. Anders als die polizeirechtliche Generalklausel bestimmen viele Standardmaßnahmen ausdrücklich, gegenüber wem die betreffende Maßnahme ergehen kann. So ordnet bei-

---

42 Zur Störereigenschaft des Einladenden bei sog. Facebook-Partys s. *Levin/Schwarz*, DVBl. 2012, 10 (16 f); *Klas/Bauer*, K&R 2011, 533 (534 ff).

43 Niedersächsisches Gesetz über Feiertage (NFeiertagsG) idF v. 7.3.1995 (GVBl. S. 509), zuletzt geändert durch Gesetz v. 5.6.2013 (GVBl. S. 131).

44 Vgl zu diesem Problemkreis NdS.OVG, OVGE 5, 325; OVG NRW, OVGE 19, 101 (103 f) und DVBl. 1973, 924 (927 f). Ausführlich hierzu *M. Peine*, Die Zusatzverantwortlichkeit im Gefahrenabwehrrecht, Berlin, 2012.

45 Vgl Art. 7 IV bay.PAG; § 4 IV PolG NRW; § 17 IV OBG NRW; § 68 m.v.SOG. In Nds. bezieht sich der Vorbehalt ausdrücklich nur auf den Abschnitt über die Standardmaßnahmen, vgl § 9 NPOG.

46 Gute Darstellung bei *Möstl*, Jura 2011, 840 (847).

spielsweise § 12 I NPOG an, dass die Verwaltungsbehörden und die Polizei jede Person befragen dürfen, von der Angaben erwartet werden können, die für die Erfüllung einer bestimmten Aufgabe nach § 1 erforderlich sind. Auf diese Weise treffen solche Standardmaßnahmen Sonderregelungen, die den allgemeinen Regeln über die polizei- und ordnungsrechtliche Verantwortlichkeit vorgehen und diese verdrängen.

II. Der Zustandsstörer (Zustandsverantwortlichkeit)

Für die von einer **Sache** ausgehende Gefahr – wozu auch das Verhalten oder der Zustand eines Tieres gehören, was zumeist besonders hervorgehoben wird[47] – statuiert das Polizei- und Ordnungsrecht die sog. Zustandshaftung, eine **Verantwortlichkeit des Eigentümers und des Inhabers der tatsächlichen Gewalt** und zwar durchweg mit unterschiedlichen Prioritäten[48].   **503**

1. Rechtsgrund der Zustandsverantwortlichkeit

Für diese ordnungsrechtliche Zustandsstörerhaftung kommt es „nicht darauf an, ob   **504** der polizeiwidrige Zustand der Sache durch den Eigentümer selbst oder Dritte oder durch höhere Gewalt, oder ob er mit oder ohne Zutun des Eigentümers herbeigeführt worden ist oder ob der Eigentümer in der Lage war, den Eintritt des Schadens abzuwenden (zB bei Naturkatastrophen). Entscheidend ist allein die objektive Tatsache, dass eine Störung vorliegt. Denn die Zustandshaftung des § 18 OBG NRW knüpft ausschließlich an das Innehaben des Eigentums oder der tatsächlichen Gewalt an. Haftungsgrund ist nicht die Beziehung des Ordnungspflichtigen zur Entstehung der Gefahr, sondern zu ihrem Herd."[49]

Ebenso wie die sog. Verhaltenshaftung nur durch unmittelbare Verursachung einer   **505** Gefahr ausgelöst wird, setzt allerdings auch die Zustandshaftung voraus, dass die **Sache selbst unmittelbar die Gefahrenquelle** bildet; entscheidend ist eben, ob die Gefahr von der Sache „ausgeht". Die Verantwortlichkeit eines Grundstückseigentümers beruht auf seiner besonderen Verbindung mit dem „Gefahrenherd".

Beispiel: Unbebautes Grundstück als Lärmquelle, weil es als Lkw-Parkplatz dient[50].

Diese gründet in der gesetzlich gesicherten umfassenden privatnützigen Einwirkungsmöglichkeit – vgl Art. 14 I 2 GG als verfassungsrechtlichen Anknüpfungspunkt – bzw Verfügungsmacht des betreffenden Personenkreises.

---

47 Vgl § 18 I BPolG; § 14 I berl.ASOG; § 6 I brandenb.PolG; § 7 I hess.SOG; § 7 I NPOG; § 5 I PolG
    NRW; § 8 I s.anh.SOG; zu einem streunenden Hund s. Hess.VGH, DVBl. 1995, 370. – Zur Anord-
    nung eines an einen Hundehalter gerichteten individuellen Leinen- und Maulkorbzwangs s. VG Gie-
    ßen, NVwZ-RR 1993, 248; VG Münster, NWVBl. 1991, 317 und unten Rn 618.
48 Vgl § 7 I, II 1 NPOG; § 18 I, II 1 OBG NRW; § 5 I, II 1 PolG NRW; Art. 8 I, II 1 bay.PAG; § 6 I, II
    1 brandenb.PolG; § 70 II m.v.SOG; § 5 I, II 1 ME; s. aber auch § 7 bd.wtt.PolG und § 5 sächs.PolG:
    „oder" – s. hierzu OLG Dresden, SächsVBl. 2003, 173.
49 So OVG NRW, NWVBl. 1998, 64 (65).
50 Siehe OVG NRW, NWVBl. 2000, 306 (308).

Beispiel: Inanspruchnahme des Grundstückeigentümers für von seinen Mietern verursachte Verunreinigungen, wobei es für die Inanspruchnahme des Eigentümers unbeachtlich ist, dass der Mieter theoretisch in der Lage wäre, den unhygienischen Zustand zu beseitigen[51].

506 Ziel ist vor diesem rechtlichen Hintergrund eine Erleichterung des Behördenzugriffs im Rahmen der Gefahrenabwehr. Dieser Gesichtspunkt kann zB bei der Heranziehung eines Kfz-Halters zur Tragung der Abschleppkosten für ein verbotswidrig abgestelltes Fahrzeug uU problematisch sein[52].

507 **Ausnahmsweise** trifft den **Inhaber der tatsächlichen Gewalt**, wenn er diese ohne bzw gegen den Willen des Eigentümers oder des sonstigen Berechtigten ausübt, die **alleinige Verantwortung** (vgl Art. 8 II 2 bay.PAG; § 70 II 2 m.v.SOG; § 7 II 2 NPOG; § 5 II 2 PolG NRW; § 18 II 2 OBG NRW).

Beispiel: Das neue „Herrchen" eines dem Eigentümer entlaufenen reinrassigen Hundes.

2.   Maßgeblichkeit des zivilrechtlichen Eigentumsbegriffs

508 Die polizeiliche Zustandshaftung ist ausgerichtet an der nach zivilrechtlichen Grundsätzen gegebenen Eigentumssituation[53]. Mit dem Verlust der Eigentümerposition – bei rechtsgeschäftlicher **Übertragung des Eigentums** an einem Grundstück also mit der Eintragung des neuen Eigentümers im Grundbuch[54] – **endet** auch die polizeirechtliche Zustandshaftung. Eine Ausnahme gilt allerdings gem. § 4 VI BBodSchG (u. Rn 696). Der Eigentümer kann allerdings seiner Verantwortlichkeit nicht durch bloße **Dereliktion** entgehen (vgl Art. 8 III bay.PAG; § 70 III m.v.SOG; § 7 III NPOG; § 5 III PolG NRW; § 18 III OBG NRW). Dies soll auch gelten, wenn eine ausdrückliche gesetzliche Regelung fehlt[55].

Beispiel: Wenn bei einem Lkw-Unfall auslaufender Zement abbindet und auf der Weide eines Landwirts eine bizarre Betonskulptur bildet, kann der Eigentümer des Fahrzeugs sich von der Zustandsverantwortlichkeit nicht durch Dereliktion (vgl § 959 BGB) befreien.

In der Person des neuen Eigentümers bzw des neuen Inhabers der tatsächlichen Gewalt entsteht die Zustandsverantwortlichkeit neu, weil nunmehr diesem auf Grund seiner Sachherrschaft die Einwirkung auf die gefahrauslösende Sache möglich ist[56].

Eine Zusammenfassung der verschiedenen Formen ordnungsrechtlicher Verantwortlichkeit bietet die folgende Übersicht.

---

51 BVerwG, DÖV 1998, 968; VG Arnsberg, NZM 2008, 814 f – „Messi"-Mieter. Zur polizeirechtlichen Verantwortlichkeit des Grundeigentümers für Grundwasserverunreinigungen mit Blick auf die rechtliche Zuordnung des unterirdisch fließenden Grundwassers allerdings restriktiv Bd.Wtt. VGH, NVwZ 1983, 294 (295) mwN.

52 Bd.Wtt.VGH, DÖV 1991, 163 (164 f); OVG Hamb., NJW 2000, 2600; zum Begriff „Inhaber der tatsächlichen Gewalt" bei Verpachtung s. OVG NRW, DÖV 1977, 532; BayVGH, BayVBl. 1979, 634.

53 Zur Problematik der Kongruenz des Begriffs „Inhaber der tatsächlichen Gewalt" mit dem zivilrechtlichen Besitzbegriff s. BGH, NVwZ 1985, 447 f (für das Abfallrecht) und OVG NRW, DVBl. 1977, 257 (zur Position des Pächters); s. auch *Götz*, NVwZ 1998, 688 mwN.

54 So Bd.Wtt. VGH, DÖV 1996, 1057.

55 So OVG Bremen, DVBl. 1989, 1008 f.

56 OVG NRW, NWVBl. 1997, 175 (176).

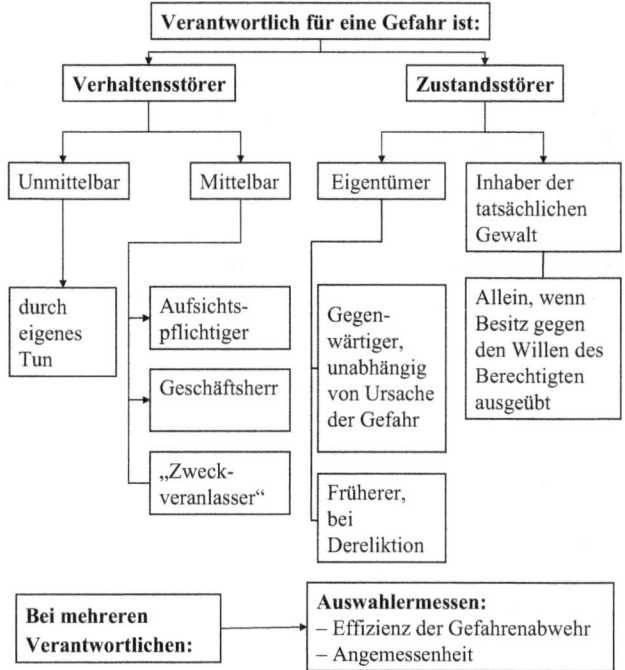

Übersicht 11: Ordnungsrechtliche Verantwortlichkeit

3. Vorbehalt spezialgesetzlicher Sonderregelung

Auch die Regelungen über die Zustandsverantwortlichkeit stehen unter dem **Vorbe-** **509** **halt des Spezialgesetzes** (vgl Art. 8 IV bay.PAG; § 70 IV m.v.SOG; § 9 NPOG; § 5 IV PolG NRW; § 18 IV OBG NRW).

Beispiel: Unterhaltung von Gewässern (§§ 28, 29 WHG; §§ 97 ff, insb. § 99 I nds.WasserG).

Einschränkungen ergeben sich etwa aus § 20 I KrWG (Sart. 298). Danach ist die Verwertung resp. Beseitigung von Abfällen insbes. aus privaten Haushaltungen grds eine Aufgabe der öff.-r. Entsorgungsträger (vgl zu diesem Begriff § 17 I 1 KrWG). Ausnahmen von diesem Grundsatz sind nur im Rahmen der im KrWG ausdrücklich vorgesehenen Regelungen zulässig. Folglich kann ein Grundstückseigentümer nicht nach Landesrecht als Zustandsstörer zur Beseitigung von auf dem Grundstück lagernden Abfällen verpflichtet werden. Der Abfallbesitzer hat jedoch diese Haushaltungsabfälle dem entsorgungspflichtigen öff.-r. Entsorgungsträger nach näherer Maßgabe entsprechender Satzungsbestimmungen zu überlassen (vgl § 17 I KrWG)[57].

Spezialgesetzlich kann aber auch eine Pflicht zur besonderen **Absicherung miss-** **510** **brauchsgefährdeter Objekte** statuiert werden, die ansonsten nicht von der allgemeinen Zustandshaftung umfasst ist[58].

---

57 Vgl BVerwGE 67, 8 (10) – noch zu § 3 II 1 AbfG und BVerwGE 106, 43.
58 Vgl BVerwG, DVBl. 1986, 360 – „Flughafenunternehmer".

Beispiele: §§ 6 II Nr 4, 7 II Nr 5 AtomG („Schutz gegen Störmaßnahmen oder sonstige Einwirkungen Dritter")[59]; § 14 II 2 StVO (Sicherung von KfZ gegen unbefugte Benutzung).

511   Im Straßenrecht ist für die Verpflichtung zur Straßenreinigung zwischen verkehrs- und polizeirechtlichen Aspekten zu unterscheiden (vgl § 3 III FStrG; § 52 nds.StraßenG; § 9 III StrWG NRW; §§ 1, 4 StrReinG NRW).

4. Umfang der Zustandshaftung

512   Der **Umfang der Zustandshaftung** ist ohne Rücksicht auf die Relation zwischen Sach- und Nutzungswert auf der einen Seite und Haftungskosten andererseits nach überkommener Auffassung[60] prinzipiell **unbeschränkt**. Die Begründung wird in der umfassenden Sozialpflichtigkeit des Eigentums (Art. 14 II GG) gesehen[61]. Nach der Gegenauffassung sind bei Ereignissen, die innerhalb der Risikosphäre der Allgemeinheit liegen (wie Kriegsfolgen, moderner Massenverkehr u.ä.), Ausnahmen geboten, sei es bereits auf der Tatbestandsseite (Verneinung der Störereigenschaft) oder im Rahmen der Störerauswahl[62]. Diese Frage wird insbesondere im Rahmen der Altlastenproblematik relevant (dazu noch unten Rn 699) und hier unter der Chiffre „Opferposition" diskutiert[63].

513   Ausnahmen von der umfassend verstandenen Zustandshaftung wurden von der Rspr früher allenfalls bei ruinöser Inanspruchnahme (bei wirtschaftlicher Leistungsunfähigkeit) in Betracht gezogen[64].

Das BVerfG ist in einem Beschluss aus dem Jahr 2000 der These von der unbeschränkten Zustandsverantwortlichkeit entgegengetreten. Es hat aus Art. 14 I GG und dem **Übermaßverbot** folgende **Grenzen der Zustandshaftung des Eigentümers** für eine Grundstückssanierung bei Altlasten näher spezifiziert: Zwar könne der Eigentümer eines Grundstücks allein wegen dieser Rechtsstellung durch sicherheitsrechtliche Vorschriften verpflichtet werden, von dem Grundstück ausgehende Gefahren zu beseitigen, auch wenn er die Gefahrenlage weder verursacht noch verschuldet habe. Zur Bestimmung der Grenze dessen, was einem Eigentümer hierdurch an Belastungen zugemutet werden dürfe, könne als Anhaltspunkt das Verhältnis des finanziellen Aufwands zu dem Verkehrswert nach Durchführung der Sanierung dienen, spiegelten sich in diesem Verkehrswert doch nicht nur die Erträge seiner eigenen Nutzung, sondern auch Vorteile, die ohne eigene Mitwirkung und Leistung entstünden[65].

---

59   Dazu Nds. OVG, DVBl. 2011, 115.
60   Vgl nur *D/W/V/M*, S. 320 f.
61   Aus der Rspr: OVG NRW, OVGE 5, 185 – „Kriegsruine" und 19, 101 – „Tankwagenunfall"; Bd.Wtt. VGH, ESVGH 7, 34 – „Besatzungsschäden".
62   Vgl Bd.Wtt. VGH, DÖV 1990, 344 (346) u. 1991, 163 (165); OVG NRW, DVBl. 1989, 1009 (1010).
63   Siehe zur „Opferposition" BVerwG, NVwZ 1991, 475 ff – hier wurde eine solche jedoch verneint, da der Grundstückserwerber den gefahrbegründenden Zustand kannte.
64   Siehe OVG NRW, NWVBl. 1998, 64 (65) – „Kampfmittel" – mwN. In diesem Sinne auch BGHZ 126, 279 – „altlastenverdächtiger Erdaushub", da die Beseitigungskosten im Verhältnis zum Grundstückswert dort keinesfalls unverhältnismäßig hoch waren.
65   Vgl BVerfGE 102, 1 (19 ff); ausführlicher hierzu *Huber/Unger*, VerwArch. 96 (2005), 139 ff mwN; *Schoch*, BesVerwR, 1. Kap. Rn 380 ff.

Lösungshinweis zu Fall 14 (Rn 486) 514

- Beim Gefährderanschreiben handelt es sich mangels Regelungsgehalts um keinen VA iSv § 35 S. 1 VwVfG.[66] Statthafte Klageart ist daher die Feststellungsklage nach § 43 VwGO.
- Wegen des mit ihm verbundenen Eingriffs in die durch Art. 5 I 1 und Art. 8 I GG geschützte Willensentschließungsfreiheit des Betroffenen, an Demonstrationen teilzunehmen, kann das Gefährderanschreiben nicht allein aufgrund der allgemeinen polizeilichen Aufgabenzuweisungsnorm (vgl Rn 423 f) erlassen werden, sondern bedarf einer gesetzlichen Grundlage. Das VersG schweigt zu Vorfeldmaßnahmen gegen einzelne Teilnehmer, so dass die allgemeinen Befugnisse des Polizei- und Ordnungsrechts zur Anwendung kommen. Sofern das Landesrecht keine Standardmaßnahme bereithält (vgl. seit 2019: § 12a NPOG), kann die Ermächtigungsgrundlage in der polizeilichen Generalklausel (Rn 435 ff) gesehen werden. Nach dieser Vorschrift kann die Polizei die notwendigen Maßnahmen treffen, um eine Gefahr abzuwehren, soweit nicht Standardmaßnahmen (Rn 566 ff) die Befugnisse der Polizei besonders regeln, was mit Blick auf das Gefährderanschreiben in Niedersachachsen nicht der Fall ist.
- Zentrales materiell-rechtliches Problem der Begründetheit ist, ob eine Gefahr vorgelegen und der S diese Gefahr verursacht hat.

Der Begriff der Gefahr bezeichnet eine Sachlage, bei der im einzelnen Falle die hinreichende Wahrscheinlichkeit besteht, dass in absehbarer Zeit ein Schaden für die öffentliche Sicherheit oder Ordnung eintreten wird (Rn 464 ff). Der damit erforderlichen Gefahrenprognose ist das Tatsachenwissen zu Grunde zu legen, das der Polizeibehörde zum Zeitpunkt ihres Einschreitens bekannt war. Anhand dieses Tatsachenwissens muss aus Sicht eines objektiven, besonnenen Amtswalters das Vorliegen einer Gefahr bejaht werden können. Daran gemessen durfte nach den polizeilichen Erkenntnissen davon ausgegangen werden, dass im Rahmen des G7-Gipfels auf Schloss Elmau die Gefahr gewalttätiger Ausschreitungen im Zuge geplanter Demonstrationen bestand. Diese Annahme konnte auf die Erfahrungswerte vergleichbarer Veranstaltungen gestützt werden. Es bestand deshalb begründeter Anlass zu der Befürchtung, dass gewaltbereite Personen in die Alpenwelt Karwendel anreisen werden und dass Gewalttätigkeiten von den eingesetzten Sicherheitskräften nicht verhindert werden können.

Fraglich ist jedoch, inwieweit diese aus der ex ante-Sicht bestehende Gefahr von S ausging, so dass das Gefährderanschreiben gegen ihn als Verhaltensstörer (Rn 489 ff) gerichtet werden durfte. Grundsätzlich ist nur derjenige, der durch sein Verhalten unmittelbar eine Gefahr oder Störung verursacht, dafür polizeirechtlich verantwortlich. Eine dahingehende Gefahrenprognose, der Adressat eines Gefährderanschreibens werde sich als Störer erweisen, ist nicht nur dann gerechtfertigt, wenn er bereits wegen der Begehung von mindestens einer auf den Anlass des Gefährderanschreibens bezogenen Gewalttat rechtskräftig verurteilt wurde und beweiskräftige Anhaltspunkte dafür vorliegen, der Verurteilte werde sich erneut an der Begehung gleichgelagerter Delikte beteiligen. Auch unterhalb dieser Schwelle kann eine Gefahr gegeben sein, wenn gegen eine Person in zeitlicher Nähe zu der polizeilichen Maßnahme und wegen einer Gewalttat, die im sachlichen Zusammenhang mit dem geplanten Gefährderanschreiben steht, staatsanwaltschaftlich ermittelt wurde, ohne dass es zu einer strafrechtlichen Sanktion gekommen ist. Auch in diesem Fall ist jedoch eine durch Tatsachen belegte Prognose zu verlangen, die Person werde mit hinreichender Wahrscheinlichkeit eine anlassbezogene Straftat verwirklichen[67]. Daran gemessen war zum Zeitpunkt

---

66 Ausführlich zur polizeilichen Gefährderansprache *Hebeler*, NVwZ 2011, 1364; *Kreuter-Kirchhof*, AöR 139 (2017), 257 ff.
67 Dazu näher Nds.OVG, NdsVBl. 2006, 19 (22).

des Gefährderanschreibens bei Zugrundelegung der Erkenntnisse, die über das „strafrechtliche Vorleben" des S bestanden, eine solche Annahme nicht berechtigt. S war zwar im Umfeld von Demonstrationen strafrechtlich auffällig geworden, doch lagen diese Vorfälle mehr als 10 Jahre zurück.

Auch handelte es sich um keine gravierenden Straftaten gegen Leib und Leben oder hochwertige Rechtsgüter. Trotz seiner Kontakte zur gewaltbereiten Szene der Globalisierungsgegner hat S selber nie an deren gewalttätigen Aktionen teilgenommen. Die Polizeibehörde hat S daher zu Unrecht als Verhaltensstörer angesehen. Das Gefährderanschreiben war rechtswidrig und es bestand kein Rechtsverhältnis, aufgrund dessen die Polizeibehörde dem S den Verzicht auf eine Teilnahme an Demonstrationen gegen den G 7-Gipfel nahelegen durfte. Die erhobene Feststellungsklage ist somit begründet und hätte folglich Aussicht auf Erfolg.

III. Rechtsnachfolge in die polizei- und ordnungsrechtliche Verantwortlichkeit

515 In der Praxis stellt sich angesichts einer Veräußerung von Sachen und des dadurch bewirkten Wechsels der Herrschaftsbefugnisse oder beim Tode eines Verantwortlichen durchaus nicht selten die im Grundsätzlichen wie in den Einzelheiten umstrittene Frage nach der Rechtsnachfolge in die polizei- und ordnungsrechtliche Verantwortlichkeit[68]. Entsprechendes gilt, wenn Unternehmen nach Umstrukturierungen (etwa Verschmelzung, Spaltung etc) eine vorher bestandene Pflicht zur Störungsbeseitigung nunmehr leugnen[69]. Zwar kann die individualisierte Verantwortlichkeit, da sie lediglich behördliche Eingriffsbefugnisse begründet, nicht selbst Gegenstand einer Rechtsnachfolge sein, die beim Übergang eines Rechts (**Einzelrechtsnachfolge**) oder eines Komplexes von Rechten (**Gesamtrechtsnachfolge**) von einem Rechtsträger auf einen anderen stattfindet. Mit der insofern missverständlichen Formel wird vielmehr meist nur die **potenzielle Bindungswirkung behördlicher Verfügungen**, die **gegenüber** dem ursprünglich Verantwortlichen ergangen sind, auch gegenüber seinem **Rechtsnachfolger** umschrieben. Ein Problem der Rechtsnachfolge liegt allerdings nicht vor, wenn bei näherem Hinsehen der Rechtsträger identisch geblieben ist[70].

516 Richtigerweise sollte zunächst deutlich zwischen zwei Fragenkreisen differenziert werden, nämlich zwischen dem abstrakten Problem der **Nachfolgefähigkeit** einer Rechtsposition und den **tatbestandlichen Voraussetzungen** für den Eintritt einer solchen Rechtsfolgenwirkung[71]. Bei der Nachfolgefähigkeit geht es um die Frage, ob die betreffenden Rechte und Pflichten überhaupt auf eine andere Person übergehen können. Verneint wird dies jedenfalls bei Rechtspositionen höchstpersönlicher Natur.

---

68   Vgl im Überblick *Schoch*, JuS 1994, 1029 ff; *Peine*, JuS 1997, 984 ff; *Muckel*, Fälle zum BesVerwR, S. 198 ff; rechtsdogmatisch umfassend *Dietlein*, Nachfolge im Öffentlichen Recht, 1999, S. 225 ff.
69   Dazu grundlegend BVerwG 125, 325 (330 ff); *Götz/Geis*, POR, § 9 Rn 84.
70   Vgl Schl.H.OVG, DVBl. 2000, 1877 (1878) zu grundwassergefährdendem Verhalten der ehem. Deutschen Bundesbahn nach formeller Privatisierung; Nds.OVG, NdsVBl. 2004, 305 zur Einstandspflicht der Bundesrepublik für Rüstungsaltlasten des Dt. Reiches (Staatsrechtliche Identitätslehre).
71   So zutreffend *Peine*, JuS 1997, 984 (984 f).

Beispiele: Androhung von Zwangsmitteln (s. Rn 520), Fahrerlaubnis. Nachfolgefähig sind hingegen die Baugenehmigung (§ 70 VI nds.BauO, § 75 II BauO NRW) oder die Abgrabungsgenehmigung (§ 7 II 2 AbgrG NRW).

Zum Übergang bedarf es des Weiteren eines Nachfolgetatbestands, dh eines Rechtsgrundes für die konkrete Rechtsnachfolge[72].

Beispiele: Erbfall (1922 BGB), Firmenfortführung (§ 25 HGB).

Vorweg ist festzuhalten, dass es keine Rechtsnachfolge in die abstrakte Polizei- und Ordnungspflicht gibt, soweit eine solche nicht spezialgesetzlich angeordnet wird, wie etwa in § 4 III 1 BBodSchG[73]. Die abstrakte Zustandsverantwortlichkeit entsteht beim Rechtsnachfolger ohnehin originär. Von solcher **„abstrakter Polizeipflicht"** spricht man dann, wenn sich eine solche Pflicht noch nicht als VA konkretisiert hat. Ist hingegen bereits ein VA ergangen, bedarf es einer weiteren Differenzierung:

1.   Rechtsnachfolge in die Handlungshaftung

Bei der polizeirechtlichen **Handlungshaftung** geht es um rechtliche Konsequenzen persönlicher Verhaltensweisen. Daher leuchtet ein, dass eine Rechtsnachfolge hier strittig ist und von der Lehrbuchliteratur überwiegend abgelehnt wird[74], es sei denn, es liegt eine ausdrückliche gesetzliche Anordnung vor, wie dies etwa bei grundstücksbezogenen Regelungen in § 4 III 1 BBodSchG[75] der Fall ist. **517**

In einer Grundsatzentscheidung aus dem Jahr 2006 hat das BVerwG allerdings einen Übergang der Handlungsstörerhaftung auf die Erben angenommen und als Grundlage für diesen Übergang die §§ 1922, 1967 BGB herangezogen[76], was auch in Teilen der Literatur Zustimmung gefunden hat[77]. Die oben erwähnte „herrschende" Lehrbuchmeinung hält dem jedoch u.a. zu Recht entgegen, dass der Schluss des BVerwG, eine vertretbare Handlung sei immer auch höchstpersönlich, fehlgehe und dass eine analoge Anwendung des Nachfolgetatbestandes der §§ 1922 ff BGB im Öffentlichen Recht mit dem Gesetzesvorbehalt nicht vereinbar sei.

2.   Rechtsnachfolge in die Zustandshaftung

Besonders strittig war lange Zeit die sog. **Rechtsnachfolge bei der Zustandsverantwortlichkeit**, doch hat die Rechtsprechung auch hier längst deutliche Markierungen gesetzt. Nach der Rechtsprechung des BVerwG wirkt eine gegen den Grundeigentümer erlassene Abbruchverfügung grundsätzlich auch gegenüber dem Rechtsnachfol- **518**

---

72 *Detterbeck*, VerwR AT, Rn 418.
73 Bd.Wtt.VGH, NVwZ-RR 2002, 16 u. NVwZ-RR 2003, 103 (106); *Kingreen/Poscher*, POR, § 9 Rn 61; *Schoch*, BesVerwR, 1. Kap. Rn 406; *Kugelmann*, POR, 8. Kap. Rn 63; a.A BVerwGE 123, 325 ff: Rechtsnachfolge in abstrakte Polizeipflicht auch im allg. Gefahrenabwehrrecht möglich.
74 Vgl *Kingreen/Poscher*, POR, § 9 Rn 50; *Schenke*, POR, Rn 296; *Dietlein*, Rechtsnachfolge im Öffentlichen Recht, 1999, S. 228 ff; *Schoch*, Bes. VerwR, 1. Kap. Rn 400; *Thiel*, POR, Rn 296; *Kugelmann*, POR, Kap. 8 Rn 68; a.A. *Götz/Geis*, POR, § 9 Rn 56.
75 Zur Rückwirkung des § 4 III 1 BBodSchG vgl BVerwGE 123, 325 = NVwZ 2006, 928 m. Anm. *Ossenbühl* JZ 2006, 1124, *Palme*, NVwZ 2006, 1130 ff und *Rixen*, JZ 2007, 171 ff.
76 BVerwGE 123, 325 ff.
77 Etwa *Durner*, JA 2006, 910 (912); *Palme*, NVwZ 2006, 1130 ff.

ger, dies „insbesondere im Falle der Gesamtrechtsnachfolge"[78]. Zur Begründung wird vor allem auf die Grundstücksbezogenheit der Zustandshaftung verwiesen, des Weiteren eine Parallele zur rechtsnachfolgefähigen Baugenehmigung gezogen sowie schließlich auf die mangelnde Praktikabilität einer gegenteiligen Rechtsauffassung aufmerksam gemacht.

Die rigorose Bejahung einer jeweils neuen, unabgeleiteten Verantwortlichkeit hätte in der Tat zur Konsequenz, dass auch stets neue polizei- oder ordnungsrechtliche Verfügungen geboten wären, gegen die jeweils wieder verwaltungsgerichtlicher Rechtsschutz über mehrere Instanzen zur Verfügung stünde, geradezu eine Aufforderung an den Eigentümer eines Schwarzbaus, drohendem Ungemach durch Kettenveräußerungen zu entgehen.

519   Diese Sichtweise dürfte bei **grundstücksbezogenen Pflichten** aber nicht nur im Falle der Gesamtrechtsnachfolge, sondern auch für rechtsgeschäftliche und gesetzliche Einzelrechtsnachfolge gelten[79]. Einige Landesgesetzgeber haben die Rechtsnachfolgefähigkeit bauordnungsrechtlicher Verfügungen inzwischen auch ausdrücklich normiert und dabei nicht zwischen Einzel- und Gesamtrechtsnachfolge differenziert (vgl § 53 V hess. BauO; § 79 I 5 nds. BauO).

Gleichfalls erscheint eine solche Bindung des Rechtsnachfolgers auch in **anlagenbezogenen Verfügungen,** die von den persönlichen Umständen des Betriebsinhabers unabhängig sind, geboten[80]. Ob darüber hinaus eine Rechtsnachfolge auch in anderen Fällen der Zustandshaftung, etwa für einen bissigen Hund, anzunehmen ist, ist noch nicht endgültig geklärt. Im Zweifel wird man hier davon auszugehen haben, dass die Zustandsverantwortlichkeit mit der Neubegründung des Eigentums oder der tatsächlichen Gewalt an einer Sache neu entsteht.[81]

520   Selbst dort, wo, wie im Bauordnungsrecht, eine Rechtsnachfolge angenommen wird, sind allerdings Besonderheiten bei der **zwangsweisen Durchsetzung** von polizeilichen oder ordnungsbehördlichen Verfügungen zu beachten, da hier durchgängig der höchstpersönliche Charakter der Verpflichtung dominiert[82].

Vgl § 233 I 1 schl.h.LVwG: Der Vollzug gegen die Rechtsnachfolgerin oder den Rechtsnachfolger darf erst beginnen, nachdem sie oder er von dem Verwaltungsakt Kenntnis erhalten hat und darauf hingewiesen worden ist, daß der Vollzug gegen sie oder ihn durchgeführt werden kann.

521   Nach alledem kann eine Antwort auf die Frage, ob ein Rechtsnachfolger automatisch in die Pflichtstellung seines Rechtsvorgängers einrückt oder ob gegen ihn eine neue Verfügung ergehen muss, nicht einheitlich ausfallen. Sie erfordert vielmehr eine Differenzierung auf mehreren Ebenen: Es muss danach unterschieden werden, ob es sich um Zustands- oder Verhaltensverantwortlichkeit handelt, ob eine Gesamtrechtsnachfolge oder eine Einzelrechtsnachfolge in Frage steht und ob sich die Pflichtigkeit schon in einer Verfügung konkretisiert hat. Die insoweit maßgeblichen Gesichtspunkte sind in der Übersicht 12 nochmals zusammengefasst.

---

78   BVerwG, NJW 1971, 1624. Für den Komplex der Altlastensanierung s. *Finger*, NVwZ 2011, 1288.
79   Vgl Bd.Wtt.VGH, NJW 1979, 1565; OVG NRW, DVBl. 1973, 226; OVG Rh.Pf., NVwZ 1985, 43; aA *D/W/V/M*, S. 300.
80   Ebenso Hess.VGH, NVwZ 1998, 1315 (abfallrechtliche Stilllegungsverfügung gegen Einzelrechtsnachfolger); OVG NRW, DVBl. 1973, 226 (bergrechtliche Ordnungsverfügung); *Götz/Geis*, POR, § 9 Rn 89.
81   *Thiel*, POR, Rn 295.
82   So zutr. OVG NRW, DÖV 1979, 834 f.

		Gesamtrechtsnachfolge (zB Erbschaft)	Einzelrechtsnachfolge (zB Kauf- und Eigentumsübertragung)
Zustandsverantwortlichkeit	Abstrakte Zustandsverantwortlichkeit (noch keine Verfügung ergangen)	(–) kein Problem, beim Erben entsteht Verantwortung neu!	(–) kein Problem, neuer Eigentümer wird neuer Zustandsverantwortlicher
	Konkretisierte Zustandsverantwortlichkeit (Verfügung ergangen; Verantwortlichkeit des Rechtsnachfolgers ohne neue Verfügung?)	**Nachfolgetatbestand:** (+) §§ 1922, 1967 BGB (analog) [hM] **Nachfolgefähigkeit:** (+) nach hM (nach aA ist konkretisierte Zustandsverantwortlichkeit höchstpersönlich)	**Nachfolgetatbestand** fehlt! Behandlung str.: a) Zustandsverantwortlichkeit „haftet" an der Sache b) Ohne Nachfolge TB neue Verfügung nötig **Nachfolgefähigkeit:** (+) nach hM (nach aA ist konkretisierte Zustandsverantwortlichkeit höchstpersönlich) auf der Basis von Ansicht b): neue Verfügung
Verhaltensverantwortlichkeit	Abstrakte Verhaltensverantwortlichkeit (noch keine Verfügung ergangen)	**Nachfolgetatbestand:** (+) §§ 1922, 1967 BGB (analog) [hM] **Nachfolgefähigkeit:** (–) Konkretisierung durch Ermessensausübung fehlt (hM)	**Nachfolgetatbestand:** (–) regelm. schon kein Nachfolge TB (s.o.) **Ausn.:** Schuldübernahme §§ 414, 415 BGB (analog) mit Zustimmung d. Behörde (Gläubiger) **Nachfolgefähigkeit:** (–) regelm. schon kein Nachfolgetatbestand (s.o.)
	Konkretisierte Verhaltensverantwortlichkeit (Verfügung ergangen; Verantwortlichkeit des Rechtsnachfolgers ohne neue Verfügung?)	**Nachfolgetatbestand:** (+) §§ 1922, 1967 (BGB) (analog) [hM] **Nachfolgefähigkeit:** a) (–) Verhaltensverantwortlichkeit sei höchstpersönlich b) (+) Es sei nicht auf die als höchstpersönlich charakterisierbare Verursachung, sondern auf die idR nicht höchstpersönliche Erfüllbarkeit der Ordnungspflicht abzustellen	**Nachfolgetatbestand:** grds. (–) **Ausn.:** Schuldübernahme nach BGB (s.o.) **Nachfolgefähigkeit:** (–) regelm. schon kein Nachfolgetatbestand

Übersicht 12: Rechtsnachfolge in die Verantwortlichkeit

IV. Zur Verantwortlichkeit von Hoheitsträgern

522 Keine Besonderheiten ergeben sich bei **fiskalischem Handeln** von Hoheitsträgern wie bei der regulären Teilnahme der Fahrzeuge von städtischen Behörden am allgemeinen Straßenverkehr. Hier bestehen die üblichen Eingriffsmöglichkeiten im Rahmen der Gefahrenabwehr[83].

523 Schwierigkeiten kann freilich die Kompetenzabgrenzung bei **hoheitlicher Tätigkeit** bereiten. Hier ist zunächst festzuhalten, dass ein Hoheitsträger auch in diesen Fällen in materiell-rechtlicher Hinsicht an die polizei- und ordnungsrechtlichen Normen gebunden ist. Dies gilt auch für Bundesbehörden im Hinblick auf einschlägiges Landesrecht[84] und folgt aus dem Grundsatz der Gesetzesbindung der Verwaltung (Art. 20 III GG).

Beispiel: Auf dem Hof des Materialprüfungsamts werden nachts laute Verladevorgänge durchgeführt, die einen Lärm verursachen, der jenseits der zulässigen Immissionswerte liegt.

Im Falle einer Kollision zu beachtender Gemeinwohlaspekte ergibt sich daher in der Sache die Notwendigkeit, in möglichst breitem Umfang Konkordanz herbeizuführen[85].

524 Es besteht aber in solchen Fallgestaltungen nach bislang noch herrschender Meinung keine Eingriffskompetenz von Polizei oder Ordnungsbehörde in den hoheitlichen Tätigkeitsbereich dritter Behörden, sodass insoweit schon die **sachliche Zuständigkeit** verneint wird; stattdessen sei die Einschaltung der entsprechenden Aufsichtsbehörde geboten[86]. Als Argument wird angeführt, dass die staatliche Kompetenzordnung einen Übergriff in den Kompetenzbereich einer anderen Verwaltungsbehörde mittels befehlenden Verwaltungsakts verbiete. So verstanden, besagt der Grundsatz der sog. Polizeipflichtigkeit von Hoheitsträgern also, dass eine Hoheitsverwaltung die Beachtung fachfremder Gesetze gegenüber einer anderen Hoheitsverwaltung nicht mit Anordnungen per Verwaltungsakt oder Zwang durchsetzen darf.

525 Dieser Grundsatz „keine Hoheitsgewalt gegen Hoheitsträger" gilt jedoch nicht voraussetzungslos. Er steht unter der Prämisse, dass die betreffende Maßnahme in die hoheitliche Tätigkeit des Adressaten des Bescheids eingreift. So hat das BVerwG ausdrücklich betont, „dass dieser Grundsatz nur Übergriffe und Eingriffe in die der anderen Hoheitsverwaltung zustehende Tätigkeit ausschließt, nicht aber Einwirkungen, welche ihre Tätigkeit unberührt lassen"[87] und an dieser Rechtsprechung bis in die jüngste Zeit festgehalten[88].

526 Demgemäß ist die zuständige Immissionsschutzbehörde etwa gem. § 24 S. 1 BImSchG befugt, gegenüber einer Gemeinde den beim Betrieb einer kommunalen

---

83 Vgl bereits Pr.OVGE 2, 399 (409 ff).
84 BVerwGE 29, 52; NdS.OVG, OVGE 12, 340.
85 Vgl BVerwGE 44, 351.
86 Vgl NdS.OVG, OVGE 12, 340; BVerwGE 29, 52 (59); Hess.VGH, NVwZ 2002, 889; aus der Lit. etwa *Denninger*, L/D, Abschn. D Rn 95 ff (98); *Knemeyer/Schmidt*, POR, § 8 S. 43.
87 BVerwGE 29, 52 (59).
88 Vgl BVerwGE 117, 1 (6); BVerwG, DVBl. 2003, 1076 (1078); ebenso Nds.OVG, NdsVBl. 2004, 301 (303); Bay.VGH, NJW 2004, 2768.

Einrichtung einzuhaltenden Immissionsrichtwert anzuordnen[89]. Insbesondere ist es nicht angängig, die Vollzugskompetenz der Immissionsschutzbehörde von der Organisationsform des Adressaten abhängig zu machen. Dies wird dem Gesetzeszweck auch deswegen nicht gerecht, weil dieselben „Daseinsvorsorge"-Aufgaben in schlichthoheitlicher und in privatrechtlicher Rechtsform wahrgenommen werden können (siehe oben Rn 244 ff) und angesichts übereinstimmender Immissionsschutzprobleme kein sachlicher Grund ersichtlich ist, weshalb dann beim Gesetzesvollzug nach der Rechts- und Organisationsform differenziert werden sollte.

Diese Vollzugskompetenz der zuständigen Behörde wird auch durch die Kommunalaufsicht nicht verdrängt, solange die Kommunalaufsichtsbehörden nach dem einschlägigen Landesrecht nicht zu den für Gemeinden zuständigen Immissionsschutzbehörden bestimmt sind. Lediglich die zwangsweise Durchsetzung immissionsschutzrechtlicher Anordnungen gegen kommunale Hoheitsträger ist Sache der Aufsichtsbehörden[90].

Die **Prämisse der Rechtsprechung**, die eingeschränkte Verantwortlichkeit von Hoheitsträgern gelte nur, wenn in den hoheitlichen Aufgabenbereich des Adressaten eingegriffen wird, findet sich spiegelbildlich in der von der herrschenden Meinung (o. Rn 524) abweichenden Literaturmeinung, die eine Ordnungsverfügung auch gegenüber Hoheitsträgern grundsätzlich zulassen will, aber eine Ausnahme konzediert, wenn sie die Erfüllung hoheitlicher Aufgaben beeinträchtigen würde[91]. **527**

Für eine Revision der überkommenen Lehre spricht, dass üblicherweise angenommen wird, dass Zahlungsverpflichtungen die hoheitliche Aufgabenerfüllung des Adressaten nicht beeinträchtigen. Nimmt die Ordnungsbehörde also aus akutem Anlass eine Störungsbeseitigung selbst (im Wege der Ersatzvornahme – u. Rn 718) vor, so kann wegen der dadurch entstandenen Kosten ein Erstattungsanspruch gegen den verantwortlichen Hoheitsträger geltend gemacht werden[92]. **528**

Geht eine Gefahr für die öffentliche Sicherheit von **Altlasten auf einem gemeindlichen Grundstück** aus, so kann die Gemeinde bei eigenem Untätigbleiben als Zustandsverantwortliche durch eine kommunalaufsichtliche Verfügung zur Gefahrenbeseitigung herangezogen werden[93]. **529**

Die Bedeutung der polizei- und ordnungsrechtlichen Generalklauseln ist danach nicht auf den Erlass ordnungsbehördlicher Verfügungen beschränkt. Die ordnungsrechtliche Verantwortlichkeit begründet vielmehr schon vor Erlass einer Ordnungsverfügung die Pflicht, Gefahren nach Möglichkeit selbst zu vermeiden und eingetretene Störungen selbst zu beheben (sog. materielle Polizeipflicht[94]). Kommt die betreffende Gemeinde dieser Verpflichtung nicht nach, so darf die Aufsichtsbehörde das kommunalaufsichtsrechtlich Erforderliche veranlassen[95].

---

89 BVerwGE 117, 1 (6) zum Außenschwimmbereich eines Hallenbades; s. auch Bd.Wtt. VGH, VBlBW 2001, 496.
90 So BVerwGE 117, 1 (6 f).
91 *Schoch*, BesVerwR, 1. Kap. Rn 338. Für eine Abkehr von der bislang herrschenden Lehre auch *Britz*, DÖV 2002, 891 ff; *Scheidler*, UPR 2004, 253 ff.
92 Vgl BGHZ 54, 21 (24 ff); BVerwGE 110, 9; BVerwG, NVwZ 1999, 421 u. DVBl. 2003, 1076 (1078); Hess.VGH, DÖV 1992, 752 u. NVwZ-RR 1992, 624; Schl.H.OVG, NVwZ 2000, 1196 f; Nds.OVG, NdsVBl. 2004, 301 (305).
93 OVG NRW, DVBl. 1989, 1009; vgl auch oben Rn 354.
94 Vgl BVerwG, NVwZ 2006, 928 (930).
95 OVG NRW, DVBl. 1989, 1009. Zur materiellen Polizeipflicht kritisch *Kingreen/Poscher*, POR, § 9 Rn 4; *Selmer*, in: FS Götz, 2005, S. 391 ff.

530 Die Verantwortlichkeit von Hoheitsträgern für Verstöße gegen ordnungsrechtliche Normen kann von hierdurch gestörten Nachbarn auch im Wege der Klage vor den Verwaltungsgerichten – gerichtet etwa auf aktiven oder passiven Lärmschutz, ggf aber auch nur auf Entschädigung, etwa durch Geldausgleich entsprechend § 906 II 2 BGB – geltend gemacht werden[96].

Wiederholungs- und Verständnisfragen

1. *Kann auch eine juristische Person Störer im polizeirechtlichen Sinne sein?* **Rn 488**
2. *Was besagt die Theorie der unmittelbaren Verursachung?* **Rn 492 ff**
3. *Was versteht man unter einem Zweckveranlasser?* **Rn 497 ff**
4. *Wen trifft ausnahmsweise eine Verantwortlichkeit für das Verhalten Dritter?* **Rn 501**
5. *Woran knüpft die Verantwortlichkeit als Zustandsstörer an?* **Rn 503 ff**
6. *Kann ein Eigentümer seiner Verantwortlichkeit durch Dereliktion entgehen?* **Rn 508**
7. *Gibt es eine Rechtsnachfolge in die abstrakte Polizeipflicht?* **Rn 516**
8. *Gibt es eine Polizeipflichtigkeit von Hoheitsträgern?* **Rn 522 ff**

§ 16 Opportunitätsprinzip; Anspruch des Bürgers auf polizeiliches Einschreiten

531   **Fall 15: „Die Hausbesetzer"**

Reinhard Reich (R) ist Eigentümer einer großen Anzahl von Mietshäusern. Zur Erzielung höherer Mieten lässt er die Häuser nach und nach von Grund auf renovieren bzw ganz abrei-ßen und durch Neubauten ersetzen. Im März 2019 will er mit der Modernisierung eines Wohnblocks in der Innenstadt beginnen. Die erforderlichen Abriss- und Baugenehmigun-gen sind ihm erteilt worden. Die Abbrucharbeiten können jedoch nicht durchgeführt wer-den, da mehrere der seit geraumer Zeit leer stehenden Häuser kurz zuvor von einer größeren Gruppe zumeist jüngerer Leute besetzt worden sind. R versucht vergeblich, die Hausbeset-zer zum Räumen der Häuser zu veranlassen. Verhandlungen mit dem wegen seines „kapita-listischen Gebarens" besonders verschrienen R werden von den Besetzern kategorisch abge-lehnt.

R wendet sich nunmehr an die zuständige Polizeibehörde mit dem Verlangen, diese möge die besetzten Häuser unverzüglich räumen lassen. Er weist darauf hin, dass aus finanziellen Gründen (möglicher Widerruf gegebener Kreditzusagen) die Realisierung des gesamten Modernisierungsprojekts in Frage stehe, wenn er nicht sofort mit den Baumaßnahmen be-ginnen könne.

---

96   Vgl im Einzelnen BVerwGE 79, 254; BayVGH, BayVBl. 1992, 496; BayVGH, BayVBl. 1991, 207; BayVGH, NVwZ 1999, 87.

Die Polizeibehörde lehnt ein Einschreiten ab. Wegen des „Symbolwerts" der besetzten Häuser für die gesamte Hausbesetzerszene fürchtet sie, dass es bei einer polizeilichen Räumung zu „explosionsartigen Ausschreitungen" kommen könne. Sie will auch die laufenden Verhandlungen zwischen der Stadtverwaltung und den Besetzern über die Zurverfügungstellung anderer leer stehender Häuser nicht durch eine „Gewaltaktion" stören. Im Übrigen verweist sie auf den Grundsatz der Subsidiarität polizeilicher Zuständigkeit. Danach sei die Polizei vorliegend ohnehin nicht zuständig, da R Rechtsschutz durch die ordentlichen Gerichte erlangen könne.

R ist entrüstet, auf welche Weise „seine Rechte als Eigentümer missachtet werden". Kann er (gegebenenfalls wie?) ein polizeiliches Einschreiten zum Zwecke der Räumung erreichen? **Rn 551, 554**

I. Polizeiliches Entschließungs- und Auswahlermessen

Im Polizei- und Ordnungsrecht kommt dem **Opportunitätsprinzip**[1] grundsätzliche Geltung zu. Die zuständige Behörde trifft ihre Maßnahmen nach pflichtgemäßem Ermessen[2]. Gem. § 40 VwVfG hat sie ihr Ermessen entsprechend dem Zweck der Ermächtigung auszuüben und die gesetzlichen Grenzen des Ermessens einzuhalten (zur spiegelbildlich ausgestalteten verwaltungsgerichtlichen Kontrolle siehe § 114 VwGO). Im Rahmen der Aufgabe der Gefahrenabwehr ist dabei nur die Verfolgung „polizeilicher Motive" zulässig.

532

Bei konstatierter Gefahr für die öffentliche Sicherheit (oder Ordnung) „kann" die Polizei bzw die Ordnungsbehörde die notwendigen Maßnahmen treffen (vgl Art. 11 I bay.PAG; § 13 m.v.SOG; § 11 NPOG; § 8 I PolG NRW; § 14 I OBG NRW; § 8 I ME). Im Sinne des Opportunitätsprinzips ist ihnen damit ein **„Entschließungsermessen"** eingeräumt. Dabei handelt es sich um die an Zweckmäßigkeitskriterien orientierte Entscheidung über das **„Ob"** eines Einschreitens.

533

Knemeyer wendet sich diesbezüglich gegen eine ganz hM und postuliert, von einer Befugnisnorm **müsse** Gebrauch gemacht werden, wenn die Anwendung des in ihr vorgesehenen Mittels zur Gefahrenabwehr erforderlich und verhältnismäßig sei[3]. Hiergegen verweist *Götz* zu Recht auf die Bedeutung gerade des Entschließungsermessens für eine sachgerechte Erfüllung der Aufgabe der Gefahrenabwehr[4]. Das Opportunitätsprinzip darf freilich nicht zur Vernachlässigung der Erfüllung der Aufgaben der Gefahrenabwehr missbraucht werden.

Unter Umständen ist freilich eine Pflicht zum Einschreiten anzuerkennen, so in den Fällen der sog. Ermessensschrumpfung (dazu Rn 550).

---

1 Dazu grundlegend *F. Mayer*, Das Opportunitätsprinzip in der Verwaltung, 1963; *Ossenbühl*, DÖV 1976, 463 ff; *Waechter*, VerwArch. 88 (1977), 298 (313 ff).
2 Vgl § 3 bd.wtt.PolG; Art. 5 I bay.PAG; § 12 I berl.ASOG; § 4 I brandenb.PolG; § 15 brandenb.OBG; § 4 I brem.PolG; § 3 I hamb.SOG; § 5 I hess.SOG; § 14 I m.v.SOG; § 5 I NPOG; § 3 I PolG NRW; § 16 OBG NRW; § 3 I rh.pf.POG; § 3 I saarl.PolG; § 3 II sächs.PolG; § 6 I s.anh.SOG; § 73 I schl.h.LVwG; § 5 I thür.PAG; § 7 I thür.OBG. Zum Ermessen allg. *Voßkuhle*, JuS 2008, 117 ff.
3 *Knemeyer*, POR, Rn 129 f.
4 *Götz/Geis*, POR, § 11 Rn 4.

534 Des Weiteren kommt der zuständigen Behörde ein **„Auswahlermessen"** zu, das sich auf eine Auswahl unter möglicherweise mehreren Störern bzw unter mehreren in Betracht kommenden Maßnahmen erstreckt. Bei der sog. **Störerauswahl** besteht keine feste Rangordnung. Die zuständige Behörde ist prinzipiell befugt, entweder alle oder einzelne Störer oder nur einen einzigen Verantwortlichen heranzuziehen[5]. Leitgedanke ist immer die **Effektivität der Gefahrenabwehr**, verstanden als möglichst wirksame und schnelle Gefahrenbeseitigung.

535 Bereits auf der sog. Primärebene, der Auswahl der Störer zum Zwecke der Gefahrenbeseitigung – zur sog. Sekundärebene, der Kostenanforderung, siehe noch unten Rn 770 ff –, ist zwischen mehreren Konstellationen zu unterscheiden. Eine polizeirechtliche Verantwortlichkeit kann zunächst **verschiedene Personen auf gleicher rechtlicher Basis** (etwa beide als Verhaltensstörer) treffen. Hier wird die Behörde eine Reihung nach Zweckmäßigkeitsgesichtspunkten (Materialausstattung, Organisations- und Finanzkraft, Befugnis zum Handeln, Erreichbarkeit oä) vornehmen, sofern sich nicht wegen der Dominanz einer Person im Handlungsablauf eine vorrangige Heranziehung aufdrängt[6] oder der Gleichheitssatz in concreto eine parallele Heranziehung im Sinne der Gleichbehandlung nahe legt[7].

536 Ergeben sich parallele **Verantwortlichkeiten einerseits aus Handlungshaftung, andererseits aus Zustandshaftung,** so ist ebenfalls allein der „Gesichtspunkt der wirksamen und schnellen Gefahrenbeseitigung" richtungsweisend[8]. Einen allgemeinen Grundsatz der „Heranziehung des Handlungsstörers vor dem Zustandsstörer" gibt es nicht. Daher kann etwa bei Gesundheitsgefahren, die von einer Messi-Wohnung ausgehen, statt des Mieters (Handlungsstörer) auch der Eigentümer als Zustandsstörer in Anspruch genommen werden, wenn sich dies im Hinblick auf die Notwendigkeit der Beseitigung einer akuten Gefahrenlage als sachgerecht erweist[9].

Unter dem Leitbild der Effektivität der Gefahrenbeseitigung hat der VGH Bd.Wtt. erwogen, den Zustandsstörer anstelle des Gesamtrechtsnachfolgers eines (wahrscheinlichen) Handlungsstörers in Anspruch zu nehmen, da wegen der Umstrittenheit einer solchen Inanspruchnahme (o. Rn 517) eine langwierige prozessuale Auseinandersetzung mit ungewissem Ausgang zu befürchten sei[10].

537 Die Frage, ob die Gefahrenabwehrbehörde bei der Störerauswahl auch die Frage des **Lastenausgleichs unter mehreren Störern** berücksichtigen muss, hat in den letzten Jahren vor allem im Umweltrecht Relevanz erlangt. Ausgehend von der Überlegung, dass die behördliche Heranziehung zugleich eine endgültige Kostenzuordnung bewir-

---

5 Vgl OVG NRW, NWVBl. 2000, 306. Zu diesem Fragenkreis allg. *Giesberts*, Die gerechte Lastenverteilung unter mehreren Störern, 1990; *Schoch*, Jura 2012, 685 ff.

6 Vgl zur Auswahl zwischen Dienstherrn und Verrichtungsgehilfen OVG NRW, OVGE 19, 101 (104) und Bd.Wtt.VGH, NVwZ 1990, 179 (180).

7 Vgl VG Karlsruhe, NVwZ 1993, 1018 (1019) zu einer Grundwasserverunreinigung mit annähernd gleichgewichtigen Verantwortlichkeitsbeiträgen.

8 So Bd.Wtt.VGH, DÖV 1993, 578 (579); BayVGH, NJW 1979, 2631 (2632); OVG Rh.Pf., AS 10, 207 (208); vgl auch OVG Lüneburg, NVwZ 1990, 786 (787).

9 Vgl BVerwG, DÖV 1998, 968; VG Arnsberg, NZM 2008, 814.

10 VGH Bd.Wtt, DÖV 2000, 782.

ke, hat der BGH[11] einen Ausgleich unter mehreren Störern in entsprechender Anwendung des Gesamtschuldnerausgleichs nach § 426 BGB abgelehnt, weil die Behörde nicht nach Belieben den einen oder anderen in Anspruch nehmen könne. Das würde allerdings bedeuten, dass der in Anspruch genommene Störer die vollen Kosten der Gefahrenbeseitigung tragen muss, soweit nicht bürgerlich-rechtliche Ansprüche zwischen den Störern bestehen. Das BVerwG[12] hat es angesichts dieser Rechtsprechung offen gelassen, ob die Berücksichtigung der internen Lastenverteilung bei der Ermessensentscheidung erforderlich ist. Die Behörde wäre angesichts der Eilbedürftigkeit der Gefahrenabwehr häufig überfordert, wollte man ihr die Berücksichtigung des Lastenausgleichs oder gar zivilrechtlicher Kostentragungsabsprachen unter mehreren Störern aufbürden[13]. Dem ist zuzustimmen. Daher stellt ein an den Störer gerichteter polizei- oder ordnungsbehördlicher Bescheid zwar inzident, auch mit zivilrechtlicher Wirkung, die Störereigenschaft fest, jedoch beinhaltet dies nicht die Feststellung, dass es sich um den alleinigen Störer handelt; etwaige **zivilrechtliche Ausgleichsansprüche** unter mehreren Störern bleiben danach von dieser Entscheidung **unberührt**. Breite Stimmen in der Literatur[14] halten die gesetzliche Anordnung des Gesamtschuldnerausgleichs in § 24 Abs. 2 BBodSchG[15] für analogiefähig, was der BGH in st. Rspr. aber bislang noch ablehnt[16].

Bei der **Auswahl unter mehreren** in Betracht kommenden **Mitteln** gilt das aus dem rechtsstaatlichen Übermaßverbot folgende, die Intensität der Belastung (siehe unten Rn 541) in den Blick nehmende „Prinzip des geringstmöglichen Eingriffs", dessen Stringenz freilich unterschiedlich beurteilt wird[17].   **538**

Zusammenfassend lässt sich die Rechtsfolgenseite der Eingriffsbefugnisse wie folgt visualisieren: **539**

---

11 BGHZ 158, 354 (360); BGH, NJW 1981, 2457; NVwZ 2010, 789 (791 f). Ebenso VGH Bd.Wtt., VBlBW 2008, 137 (138).
12 BVerwG, NVwZ 1990, 474.
13 Vgl BayVGH, BayVBl. 2000, 149 (151).
14 *Schenke*, POR, Rn 288 ff; *Götz/Geis*, POR, § 9 Rn 97; *Schoch*, BesVerwR, Rn 433 ff.
15 Dazu eingehend *Schlette*, VerwArch 2000, 41 ff; vgl auch § 85 II NPOG, § 57 II sächs.PolG u. § 74 II s.anh.SOG mit der Anordnung einer Gesamtschuldnerschaft beim Rückgriff gegen den Verantwortlichen.
16 Zusammengefasst in BGH, NVwZ 2010, 789 (791).
17 Subtil differenzierend OVG NRW, NJW 1980, 2210 zu der Alternative: Beseitigung einer Heizanlage oder bloßes Lagerungsverbot für Heizöl.

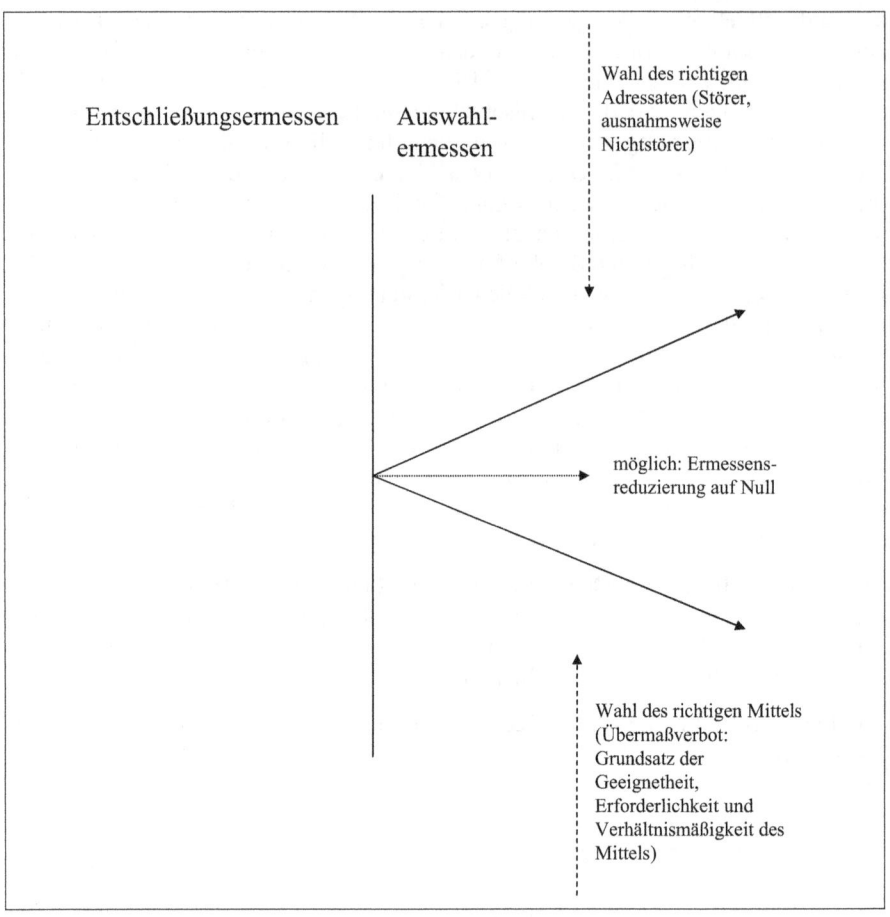

Entschließungsermessen   Auswahl-
                            ermessen

Wahl des richtigen
Adressaten (Störer,
ausnahmsweise
Nichtstörer)

möglich: Ermessens-
reduzierung auf Null

Wahl des richtigen Mittels
(Übermaßverbot:
Grundsatz der
Geeignetheit,
Erforderlichkeit und
Verhältnismäßigkeit des
Mittels)

Übersicht 13: Struktur einer Prüfung der Rechtsfolgenseite

II. Übermaßverbot und Mittelaustausch

540 Das **Übermaßverbot** (oder, in traditioneller Diktion, der Grundsatz der Verhältnismäßigkeit), das als Ausfluss des Rechtsstaatsprinzips nicht nur eine bindende tatbestandliche Restriktion für Verwaltungsmaßnahmen darstellt, sondern zugleich eine
für die Ermessensausübung bestehende **Direktive und Schranke**, hat im Polizei- und
Ordnungsrecht seit jeher seinen gesicherten Platz, nicht zuletzt auch im Dienste eines
effektiven Grundrechtsschutzes[18].

---

18 Vgl BVerfG, DVBl. 2011, 623 (623 f). Dass Grundrechte als Direktiven und Begrenzungen verwal-
tungsbehördlichen Ermessens fungieren, ist allg. anerkannt; vgl nur *Peine*, Allg. VerwR, 11. Aufl.
2014, Rn 223 mwN. Zum Problem der Ermessensreduktion auf Null s. unten Rn 550. Zum Übermaßverbot s. bereits Rn 405 ff.

Mit seinen Elementen **„Geeignetheit"**, **„Erforderlichkeit"** und **„Verhältnismäßig-** **keit"** (im engeren Sinne)[19] gilt das Übermaßverbot gerade in der Polizeirechtsklausur neben dem Bestimmtheitserfordernis als zentraler Prüfungsmaßstab. Seine Prüfung erfordert daher besondere Sorgfalt. Im geltenden Polizeirecht werden diese Anforderungen daher auch deutlich hervorgehoben: Von mehreren möglichen und geeigneten Maßnahmen sind diejenigen zu treffen, die den Einzelnen und die Allgemeinheit voraussichtlich am wenigsten beeinträchtigen; eine Maßnahme darf nicht zu einem Nachteil führen, der zu dem erstrebten Erfolg erkennbar außer Verhältnis steht; so Art. 4 I, II bay.PAG; § 15 I, II m.v.SOG; § 4 I, II NPOG; § 2 I, II PolG NRW; § 15 I, II OBG NRW. Diese drei Regelungsgehalte hat die Rspr bereits jeweils im Einzelnen näher analysiert:

541

Einmal muss die Maßnahme zur Erreichung des erstrebten Zieles geeignet sein (Prinzip der Geeignetheit des Mittels)[20], zum anderen muss sie erforderlich sein, dh das Ziel darf nicht auf eine andere, weniger belastende Weise ebenso gut zu erreichen sein (Prinzip der Erforderlichkeit)[21] und schließlich muss das Verhältnis von Mittel und Zweck angemessen sein, dh die Maßnahme darf keinen Nachteil herbeiführen, der zu dem beabsichtigten Erfolg erkennbar außer Verhältnis steht (Grundsatz der Verhältnismäßigkeit im engeren Sinne)[22].

542

Das **Übermaßverbot** mit seinen vorstehend beschriebenen Elementen **dirigiert** auch nachhaltig die polizeiliche und ordnungsbehördliche **Ermessensausübung**, was sich bei der Mittelauswahl ebenso wie bei der Bestimmung der Eingriffsdauer niederschlägt. Eine Maßnahme darf nämlich nur solange aufrechterhalten werden, bis ihr Zweck erreicht ist oder sich zeigt, dass er nicht mehr erreicht werden kann (vgl Art. 4 III bay.PAG; § 15 III m.v.SOG; § 4 III NPOG; § 2 III PolG NRW; § 15 III OBG NRW; § 2 III ME). Bei einer sich verändernden Situation müssen getroffene Maßnahmen ggf dem neuen Sachstand angepasst werden.

543

Eine klassische Polizeirechtsfigur, die gleichfalls innerhalb des rechtsstaatlichen Übermaßverbots ihren Standort finden muss, ist der **„Mittelaustausch"**[23]. Die Gefahrenabwehrgesetze[24] beschreiben ihn wie folgt:

544

„Kommen zur Abwehr einer Gefahr mehrere Mittel in Betracht, so genügt es, wenn eines davon bestimmt wird. Dem Betroffenen ist auf Antrag zu gestatten, ein anderes ebenso wirksames Mittel anzuwenden, sofern die Allgemeinheit dadurch nicht stärker beeinträchtigt wird."

Damit wird der zuständigen Behörde nicht etwa Großzügigkeit oder Laschheit bei der Mittelbestimmung zulasten des Übermaßverbots zuerkannt, sondern der Betroffene erhält die – zusätzliche – Möglichkeit, ein ihm subjektiv angenehmeres Mittel zur Ge-

---

19 Dazu ausführlich *Kingreen/Poscher*, Grundrechte – Staatsrecht II, 35. Aufl. 2019, Rn 330 ff.
20 Vgl OVG Lüneburg, OVGE 11, 360 – „Schiffsüberschlagschaukel"; Sächs.OVG, SächsVBl. 2000, 170 – „Verbot des Tragens von Springerstiefeln".
21 BVerfG, NJW 1996, 3071 (3073) – „Erforderlichkeit der Blutentnahme"; BVerwGE 49, 36 ff. Die Erforderlichkeit einer Präventivmaßnahme bemisst sich nach dem Sach- und Erkenntnisstand zu dem Zeitpunkt, an dem die Entscheidung getroffen werden muss („ex ante"; vgl oben Rn 476).
22 BVerwGE 39, 190 (196) – „argentinische Hasen".
23 Vgl OVG Lüneburg, NJW 2011, 2228 (2229) zum Mittelaustausch im Bauordnungsrecht.
24 Vgl Art. 5 II bay.PAG; § 14 II m.v.SOG; § 5 II NPOG; § 3 II PolG NRW; § 21 OBG NRW; § 3 II ME.

fahrenabwehr einzusetzen, sofern dieses in gleicher Weise wie das legitimerweise behördlicherseits angeordnete Mittel tauglich erscheint und mit ihm nicht zusätzliche Belastungen für die Allgemeinheit verbunden sind.

Beispiele: Angebot des nostalgisch gestimmten Grundeigentümers, der lieber, anstatt dem behördlichen Abrissgebot nachzukommen, eine kostspielige Instandsetzung des baufälligen Wohnhauses durchführen will[25]; Antrag eines von einer Meldeauflage[26] Betroffenen, seiner Pflicht zur täglichen Meldung bei der Polizeidienststelle nicht am Heimatort, sondern am Wohnort seiner kranken Großmutter, die er besuchen will, nachzukommen.

545   Für die klassische Polizeirechtsklausur (Anfechtung einer auf die **Generalklausel** gestützten Polizeiverfügung gegen einen Störer) ergeben sich nach alledem im Rahmen der materiell-rechtlichen Würdigung (innerhalb der Prüfung der Begründetheit einer Klage) folgende wichtige **Prüfungsschritte**[27]:

Übersicht 14: Prüfschritte bei einer „klassischen" Polizeirechtsklausur

1. Tatbestandsvoraussetzungen (vollständige gerichtliche Kontrolle)
   a) Lag eine Gefahr für die öffentliche Sicherheit (oder Ordnung) vor? [Rn 435 ff, 451 ff, 460 ff]
   b) Wurde ein Verantwortlicher (Störer) in Anspruch genommen? [Rn 486 ff]
   c) War das zur Gefahrenabwehr angeordnete Mittel hinreichend bestimmt? [Rn 404, 686]
   d) Evtl: Wurde das Angebot eines Mittelaustausches zu Recht abgelehnt? [Rn 544]
2. Ermessen (gerichtliche Kontrolle gem. § 114 VwGO)
   a) War die Behörde zum Einschreiten befugt? (Entschließungsermessen) [Rn 532 f]
   b) Wurde unter mehreren Störern eine ermessensfehlerfreie Auswahl getroffen? (Auswahlermessen – Störerauswahl) [Rn 534 f]
   c) Wurde unter mehreren in Betracht kommenden Mitteln eine ermessensfehlerfreie Auswahl getroffen? (Auswahlermessen – Mittelauswahl) [Rn 539]
3. Übermaßverbot (Verhältnismäßigkeit der Maßnahme) [Rn 405 ff, 540 ff]
   War die auf die Generalklausel gestützte Verfügung geeignet, erforderlich und verhältnismäßig im engeren Sinn? Wurde die Tragweite der Grundrechte in verfassungskonformer Weise berücksichtigt?

III. Anspruch des Bürgers auf polizeiliches Einschreiten

546   Bei Gefahren für Individualrechtsgüter liegt es nahe, dass Betroffene sich an die zuständige Behörde mit der **Bitte um Einschreiten** wenden. Darin liegt zunächst ein Hinweis auf die Sachlage, verbunden mit der Anregung, pflichtgemäß tätig zu werden.

---

25   Vgl OVG NRW, DÖV 1962, 617; s. auch OVG NRW, NWVBl. 2003, 386 (390).
26   Vgl § 15a Bbg. PolG; § 30a HSOG; § 16a NPOG; § 12a Rh.-Pf. POG.
27   Aufbauempfehlung angelehnt an *Brüning/Suerbaum*, Examensfälle zum öffentlichen Recht, 2005, S. 102 ff; *Wehr*, PolR, Rn 395, 429 ff; *Schwerdtfeger/Schwerdtfeger*, Öffentliches Recht in der Fallbearbeitung, 15. Aufl. 2018, Rn 110–124; *Peine*, Klausurenkurs im Verwaltungsrecht, 6. Aufl. 2016, Rn 873; *Muckel*, BesVerwR, S. 106 ff. Siehe umfassend zur Klausur im Polizeirecht *Poscher/Rusteberg*, JuS 2011, 888 ff, 894 ff, 1082 ff und JuS 2012, 26 ff.

Rechtlich interessanter ist jedoch die Frage, ob dem einzelnen Bürger gegebenenfalls ein – gerichtlich durchsetzbarer – **Anspruch auf polizeiliches oder ordnungsbehördliches Einschreiten** zusteht.   **547**

Obdachlose haben etwa grundsätzlich einen aus der ordnungsbehördlichen Generalklausel ableitbaren Anspruch auf eine Unterbringung, nach der ihnen eine Unterkunft ganztägig nicht nur zum Schutz gegen die Witterung, sondern auch sonst als geschützte Sphäre zur Verfügung steht[28].

Im Rahmen der Zulässigkeitsprüfung einer hier naheliegenden Verpflichtungsklage (siehe Rn 552), genauer bei der Untersuchung der Klagebefugnis gem. § 42 II VwGO, ist zu fragen, ob der Betroffene (der Kläger) sich zur Stützung seines Klagebegehrens auf eine Norm mit entsprechender Rechtsfolge berufen kann, die ihn objektiv begünstigt und auch vom Normzweck her begünstigen soll.

Der **drittschützende Charakter der polizei- und ordnungsbehördlichen Generalklausel** in Ansehung der dort mit eingeschlossenen Individualrechtsgüter ist inzwischen unbestritten (siehe auch oben Rn 435 u. 441 ff); aus der Sicht des Einzelnen handelt es sich nicht lediglich um eine reflexartige Begünstigung, sondern um eine zumindest auch individualrechtsbezogene Schutznorm[29].   **548**

Die Schutzmöglichkeit für einen einzelnen Betroffenen ist freilich nur bei **Gefahren für ein** einschlägiges **individualrechtsbezogenes Schutzgut** anzuerkennen, nicht dagegen bei Gefahren, die lediglich der Allgemeinheit drohen.   **549**

Beispiel: Kein Anspruch des Einzelnen auf Einschreiten gegen die Auslage von pornographischen Heften im Bahnhofskiosk[30] oder auf ein Einschreiten gegen die Störung eines öffentlichen Gelöbnisses.

Da die zuständige Behörde bei einer Gefahr für die öffentliche Sicherheit oder Ordnung nicht, wie dies einer an das Legalitätsprinzip gebundenen Verwaltung entspräche, zum Einschreiten verpflichtet ist, sondern ihr insoweit, wie bereits erkannt, eine Ermessensentscheidung zugebilligt wird, kann dem einzelnen Betroffenen grundsätzlich auch kein Anspruch auf polizeiliches Einschreiten gegen Dritte zustehen, sondern nur ein sog. formelles subjektiv-öffentliches **Recht auf fehlerfreie Ermessensausübung**[31]. Nur ausnahmsweise, nämlich im Falle der sog. Ermessensreduktion auf Null (= **Ermessensschrumpfung**), wenn wegen der besonderen Fallumstände nur noch eine Entscheidung als rechtmäßig anzusehen ist, wird ein Anspruch des Einzelnen auf Einschreiten anzuerkennen sein[32].   **550**

Lösungshinweis zu Fall 15 (Rn 531): Dies wird bei akuten Angriffen auf höchste Individualrechtsgüter wie Leib oder Leben gemeinhin bejaht. Dagegen wurden Zweifel geäußert, ob ein drohender Schaden für „bloßes Sacheigentum" durch die Polizei „unter allen Um-   **551**

---

28   Vgl OVG NRW, NWVBl. 1992, 258 f; Hess.VGH, NVwZ 1992, 503 f. – Durch die behördliche Einweisung in eine gemeindliche Notunterkunft wird aber kein „Besitzstand" des Obdachlosen begründet, der einer künftigen Umsetzung in eine andere zumutbare Unterkunft entgegenstünde; s. Bd.Wtt.VGH, NJW 1993, 1027.

29   Siehe *Franßen*, Festgabe BVerwG, 1978, S. 215 f; dazu ausführlich *Dietlein*, DVBl. 1991, 685 ff.

30   BGHZ 64, 178 (180).

31   Dazu näher *Peine*, Allg.VerwR, Rn 264; *Maurer*, Allg.VerwR, § 8 Rn 15.

32   Vgl BVerwGE 11, 95 (97); OVG NRW, BRS 18 Nr 155; Hess.VGH, NJW 1984, 2305.

ständen verhindert werden muss". Den Behörden sei gerade bei der Bewältigung der drängenden Probleme des Bau- und Wohnungswesens, auf welche die Hausbesetzer-Szene die Aufmerksamkeit der Öffentlichkeit gelenkt habe, die Möglichkeit einzuräumen, Eskalationen zu vermeiden und die „Chance einer gewaltlosen Lösung wahrzunehmen"[33].

Es erscheint freilich nicht unbedenklich, in einem Rechtsstaat mit Polizeimonopol, das seine Rechtfertigung nur als Garant eines inneren Friedens auf dem Fundament der verfassungsrechtlichen Gewährleistungen (vgl oben § 12) findet, verfassungsrechtlich anerkannte Individualrechtsgüter wie das Eigentum bei offen rechtswidrigen Angriffen Dritter zumindest temporär letztlich schutzlos zu stellen. Namentlich die Bezugnahme auf einen „Symbolwert" besetzter Häuser bezeugt dieses Dilemma, wenn einem Hauseigentümer trotz Strafantrag gegen die Besetzer und nachgewiesener Absicht, sofort mit Abbruch- und Instandsetzungsarbeiten zu beginnen, verwehrt wird, die ihm zustehenden Rechte auszuüben. Schließlich verlangt bereits das allseits anerkannte Postulat effektiven Grundrechtsschutzes nach umfassenden Absicherungen auch organisatorischer und verfahrensrechtlicher Art.

552 Die **prozessuale Durchsetzung** des vorstehend erörterten Anspruchs auf fehlerfreie Ermessensausübung bzw auf polizeiliches Einschreiten erfolgt üblicherweise im Wege der Verpflichtungsklage gem. § 42 I Alt. 2 VwGO (zum Tenor der verwaltungsgerichtlichen Entscheidung vgl § 113 V VwGO)[34].

553 Das **Rechtsschutzinteresse** für die Geltendmachung eines gegen Polizei- oder Ordnungsbehörden gerichteten Anspruchs des Bürgers ist dann zu verneinen, wenn ein zumutbarer Eigenschutz auf andere Weise, insbesondere im Wege der Zivilklage gegen den Dritten vor einem ordentlichen Gericht, möglich erscheint[35].

554 **Lösungshinweis zu Fall 15 (Rn 531):** Das Rechtsschutzbedürfnis des R im **Ausgangsfall** ist zu bejahen. Für die Begründetheit des geltend gemachten Anspruches gilt: Auf den Grundsatz der Subsidiarität polizeilicher Zuständigkeit (Art. 2 II bay.PAG; § 1 III m.v.SOG; § 1 III NPOG; § 1 II PolG NRW) kann nur rekurriert werden, wo eine Verweisung auf die Klage vor einem ordentlichen Gericht zumutbar ist. Im **Ausgangsfall** dürfte es jedoch schwerlich möglich sein, die Identität der Hausbesetzer ohne Polizeieinsatz (und sei es in Form der Amtshilfe für den Gerichtsvollzieher) festzustellen. Unabhängig vom Aspekt des verletzten Eigentumsrechts ist darüber hinaus zu erwägen, ob nicht auch der Gesichtspunkt einer Beeinträchtigung der Unverletzlichkeit der Rechtsordnung (o. Rn 436 ff) – hier: Verstoß gegen § 123 StGB – zu einer Gefährdung der öffentlichen Sicherheit führt (s.o. Rn 444). Ein Anspruch des Eigentümers auf polizeiliches Einschreiten lässt sich gestützt auf dieses Element der öffentlichen Sicherheit jedoch nicht begründen (s.o. Rn 549).

IV. Folgen pflichtwidrigen Untätigbleibens

555 Zu überlegen ist, ob der betroffene Bürger im Falle **pflichtwidrigen** polizeilichen oder ordnungsbehördlichen **Untätigbleibens** gegebenenfalls **Amtshaftungsansprüche** gem. § 839 BGB iVm Art. 34 GG geltend machen kann. Dies dürfte bei einer Er-

---

33 So VG Berlin, NJW 1981, 1748 (1749); dazu kritisch *Degenhart*, JuS 1982, 334 f.
34 Vgl BVerwGE 11, 95 (97).
35 Vgl OVG NRW, DVBl. 1967, 546.

messensschrumpfung, wenn die Behörde die einzig rechtmäßige Entscheidung, nämlich die, einzuschreiten, pflichtwidrig nicht getroffen hat, zu bejahen sein[36].

Parallele Erwägungen gelten auch für den umgekehrten Fall, für das **pflichtwidrige**   556
Tätigwerden einer Behörde im Bereich der Gefahrenabwehr[37].

Wiederholungs- und Verständnisfragen

1. *Erläutern Sie den Unterschied zwischen Entschließungs- und Auswahlermessen!*
   Rn 533 f
2. *Welcher Grundsatz ist bei der Störerauswahl maßgeblich?* **Rn 534, 536**
3. *Welche Folgen hat die Störerauswahl für privatrechtliche Ausgleichsansprüche
   zwischen mehreren Störern?* **Rn 537**
4. *Welcher Grundsatz ist bei der Auswahl der Mittel durch die Behörden stets zu beachten?* **Rn 540 ff**
5. *Was ist unter einem Mitteltausch zu verstehen?* **Rn 544**
6. *Kann einem Betroffenen ein Anspruch auf polizeiliches Einschreiten gegen Dritte
   zustehen?* **Rn 550**

§ 17 Die Inanspruchnahme nichtverantwortlicher Personen (Polizeilicher Notstand)

Fall 16: „Ihr Kinderlein kommet"   557

Die Eheleute Emsig (E) bewohnen mit ihren fünf Kindern eine Wohnung der Sozialbau-
AG, einer gemeinnützigen Wohnungsbaugesellschaft. Durch ein rechtskräftiges Urteil wird
ihnen aufgegeben, die Wohnung zum 31.12.2018 zu räumen. Nach einem erfolglos gebliebenen Vollstreckungsschutzantrag (§ 765a I ZPO) wenden sie sich an die Ordnungsbehörde
ihrer Heimatgemeinde, die ihnen zunächst von Januar 2019 an ein 50 qm großes Zimmer in
einer gemeindlichen Obdachlosenunterkunft anbietet. Die Eheleute E halten ein Wohnen im
Obdachlosenheim für unzumutbar. Sie legen ein Gutachten eines bekannten Soziologen vor,
das zu dem Schluss kommt, dass das Leben in Obdachlosenasylen bei der Mehrzahl der Bewohner zu Schädigungen führe, bei Kindern etwa zu verzögerter Sprachentwicklung, ab-
nehmendem Leistungsstreben, Verhaltensstörungen und erhöhter Krankheitsanfälligkeit.
Zugleich weisen sie eine ärztliche Bescheinigung über eine erneute Schwangerschaft Frau
E's vor, die voraussichtlich Mitte März entbinden wird. Antragsgemäß erlässt das Ordnungsamt daraufhin eine Einweisungsverfügung an die Sozialbau-AG, wonach Familie E
bis zum 30.9.2019 in der von ihr zu räumenden Wohnung wohnen bleiben darf.

Die Sozialbau-AG hält das Vorgehen der Ordnungsbehörde für rechtswidrig, weil auf diese
Weise dem gerichtlichen Räumungstitel jede Wirkung genommen werde. Wie ist über ihre
gegen die Einweisungsverfügung erhobene Klage zu entscheiden? **Rn 560, 562**

---

36 Vgl BGH, DVBl. 1953, 676. Ablehnend OLG Celle, DÖV 1972, 243: Bei einem Nichteinschreiten
    gegen eine Straßenblockade war das Ermessen lediglich eingeengt, aber nicht gänzlich reduziert.
37 Siehe OLG Stuttgart, NJW 1990, 2690 zur fehlerhaften Warnung vor Gesundheitsgefahren (Fall „Bir-
    kel").

558 Wie bereits betont, dürfen Polizei und Ordnungsbehörden sich zur Gefahrenabwehr grundsätzlich lediglich an die dafür Verantwortlichen wenden (siehe oben § 15). Nur **ausnahmsweise**, im Falle des polizeilichen Notstandes, ist auch die **Inanspruchnahme Dritter** gestattet.

I. Die Voraussetzungen einer Inanspruchnahme Dritter

559 Abgesehen von seuchenrechtlichen Sonderregelungen (zB gem. §§ 15 ff TierGesG) oder sonstigen Spezialvorschriften ist die Ermächtigung zu einer Inanspruchnahme Dritter generell in einer Ausnahmebestimmung des allg. Polizei- und Ordnungsrechts präzise aufgeführt[1]. Danach können Maßnahmen nur dann gegen andere als die für ein Verhalten oder einen Zustand Verantwortlichen gerichtet werden, wenn die folgenden, kumulativ zu verstehenden tatbestandlichen Voraussetzungen gegeben sind:

– Eine **gegenwärtige erhebliche Gefahr**, dh eine akute und besonders gewichtige Rechtsgüterbedrohung[2];

> An die zeitliche Nähe des Schadens und an die Wahrscheinlichkeit seines Eintritts sind dabei strenge Anforderungen zu stellen[3].

– **Maßnahmen gegen Störer** sind **nicht** oder nicht rechtzeitig **möglich** oder versprechen keinen Erfolg;

> Zur Abwehr der von einer Gegendemonstration ausgehenden Gefahr für die öffentliche Sicherheit darf in Ansehung des Übermaßverbots beispielsweise gegen den Veranstalter einer rechtmäßigen Versammlung regelmäßig nicht eingeschritten werden, bevor gegen die Gegendemonstration geeignete Auflagen, die Auflösung oder notfalls ein Verbot verfügt werden[4].

– Eine **Gefahrenabwehr durch eigene Kräfte** oder die Heranziehung von Beauftragten (vgl insoweit § 5a ME [sog. unmittelbare Ausführung]; dazu noch unten Rn 720 f) ist **nicht möglich**;

> Fiskalische Erwägungen sind bei diesem Tatbestandsmerkmal unangebracht. Gerade auch bei der Unterbringung ansonsten obdachloser Personen muss die zuständige Ordnungsbehörde darlegen, dass ihr zur Abwendung der Obdachlosigkeit zum einen keine eigenen menschenwürdigen Unterkünfte zur Verfügung stehen und ihr zum anderen auch die Beschaffung geeigneter anderer Unterkünfte bei Dritten auf freiwilliger Basis nicht möglich ist.[5]

– Eine erhebliche **eigene Gefährdung** und eine Verletzung höherwertiger Pflichten **des herangezogenen Dritten** (polizeirechtliche „Opfergrenze") sind **nicht zu besorgen**.

---

1 Vgl § 9 bd.wtt.PolG; Art. 10 bay.PAG; Art. 9 III bay.LStVG; § 16 berl.ASOG; § 7 brandenb.PolG; § 18 brandenb.OBG; § 7 brem.PolG; § 10 hamb.SOG; § 9 hess.SOG; § 71 m.v.SOG; § 8 NPOG; § 6 PolG NRW; § 19 OBG NRW; § 7 rh.pf.POG; § 6 saarl.PolG; § 7 sächs.PolG; § 10 s.anh.SOG; § 220 schl.h.LVwG; § 10 thür.PAG; § 13 thür.OBG.
2 Siehe zu Abstufungen des Gefahrenbegriffs oben Rn 469.
3 Vgl Nds. OVG, KommJur 2016, 113 (116) – „Flüchtlingsunterbringung".
4 Siehe Bd.Wtt.VGH, DÖV 1987, 254 (255) u. 1990, 346.
5 Nds. OVG, KommJur 2016, 113 (116 f).

Unter diesem Aspekt und mit Blick auf den Grundsatz der Verhältnismäßigkeit (dazu oben Rn 540 ff) wurde etwa die Möglichkeit der Einweisung von Obdachlosen in eine von dem Inanspruchgenommenen selbst – wenn auch nicht ständig – genutzte Wohnung verneint[6].

Lösungshinweis zu Fall 16 (Rn 557): Auch wenn im Fall die Sozialbau-AG durch ihre **560** Räumungsklage eine Ursache für die drohende Obdachlosigkeit der Familie E gesetzt hat, so ist sie doch nicht Störer im ordnungsrechtlichen Sinne, da sie lediglich von ihrem verfassungskräftig gesicherten und gesetzlich ausgeformten Eigentumsrecht in rechtmäßiger Weise Gebrauch gemacht hat[7]. Als Verfügungsberechtigte über eine adäquate Wohnung für die Familie E ist sie lediglich Inhaberin des Gegenmittels (vgl oben Rn 496).

Die S-AG kann jedoch als Nichtstörer in Anspruch genommen werden, soweit die aufgezeigten Voraussetzungen eines polizeilichen Notstandes vorliegen, was nach Lage der Dinge bejaht werden kann.[8] Die zunächst vorgesehene Unterbringung in einem Zimmer der gemeindlichen Obdachlosenunterkunft ist, ohne dass hier auf Details der soziologischen Überlegungen eingegangen werden müsste, für ein Ehepaar mit fünf Kindern sowie einem erwarteten Säugling in einem auf Menschenwürde und Sozialstaatsprinzip verpflichteten Gemeinwesen kein geeignetes Mittel zur Abwehr der Obdachlosigkeit[9]. Da eine andere zumutbare Unterkunft nicht ersichtlich ist, durfte das Ordnungsamt besagte Einweisungsverfügung erlassen. Ein gemeinnütziges Wohnungsbauunternehmen darf schließlich im Vergleich etwa zu einem Privatmann unter erleichterten Bedingungen als Nichtstörer in Anspruch genommen werden. Der nach Zivilrechtsstreit erstrittene gerichtliche Räumungstitel entfaltet zwar im Verhältnis zur Familie E Rechtswirkungen, wird aber durch die ordnungsbehördliche Verfügung überlagert. Die von der Sozialbau-AG erhobene Klage ist mithin abzuweisen.

II. Beschränkungen in sachlicher und zeitlicher Hinsicht

Die Inanspruchnahme Dritter im Wege des polizeilichen Notstandes ist **auf das sach- 561 lich wie zeitlich unumgängliche Maß zu beschränken.** Entsprechende Maßnahmen dürfen daher nur aufrechterhalten werden, solange die Abwehr der Gefahr nicht auf andere Weise möglich ist (vgl Art. 10 II bay.PAG; § 8 II NPOG; § 6 II PolG NRW; § 19 II OBG NRW; § 6 II ME).

Lösungshinweis zu Fall 16 (Rn 557): Unter diesem Blickwinkel wäre eine unbefristete **562** Einweisungsverfügung im **Ausgangsfall** unzulässig. Eine auf den 30.9.2019 befristete Verfügung ist jedoch in Ansehung des erwarteten Entbindungstermins und des sich daran anschließenden notwendigen Schutzes der Mutter einerseits und des erwirkten Räumungstitels andererseits auch unter Berücksichtigung des Übermaßverbots für die Sozialbau-AG zumutbar, obwohl im Allgemeinen kürzere Einweisungszeiträume[10] geboten sind[11].

---

6 Vgl OVG Schl.H., NJW 1993, 413 f.
7 Vgl OVG NRW, OVGE 14, 265 (268).
8 Dezidiert a.A. *Götz/Geis*, POR, § 10 Rn 3, die in der Wohnungseinweisung eine „Verfügung zur Durchsetzung der Hilfeleistungspflicht nach § 323c StGB" sehen und damit das Vorliegen eines polizeilichen Notstandes verneinen.
9 OVG Berlin, DVBl. 1980, 1050; s. auch Hess.VGH, NJW 1984, 2305. Zum grds. anzuerkennenden Anspruch des Obdachlosen auf Unterbringung s. bereits oben Rn 547.
10 Vgl BayVGH, BayVBl. 1991, 114: etwa zwei Monate. Siehe auch § 33 IV 2 bd.wtt.PolG allg. zur Beschlagnahme: sechs Monate.
11 Vgl BayVGH, BayVBl. 1984, 116 f.

563 Sind die Voraussetzungen für eine Inanspruchnahme des Nichtstörers entfallen, ist er aus der Verantwortung zu entlassen. Sofern die Behörde dies rechtswidrig unterlässt, sind zudem die unmittelbaren Folgen der Inanspruchnahme ebenso wie bei einem anfänglich rechtswidrigen und aufgehobenen Verwaltungsakt zu beseitigen.

Beispiel: Die Behörde muss bei neu verfügbaren Unterkunftsmöglichkeiten den bei einem Nichtstörer eingewiesenen Obdachlosen verpflichten, die Wohnung zu räumen.

Nach verbreiteter Auffassung allerdings bietet der **Folgenbeseitigungsanspruch** allein noch keine Rechtsgrundlage dafür, den durch einen Verwaltungsakt mit Drittwirkung Begünstigten – im Beispiel den Obdachlosen – zur Beseitigung der Folgen des nunmehr rechtswidrigen Vollzugs des Verwaltungsakts zu verpflichten, weil der Anspruch in erster Linie auf einseitig belastendes Verwaltungshandeln zugeschnitten sei[12]. Dem durch die Einweisung des Obdachlosen Belasteten steht allerdings auch unter Zugrundelegung dieser Auffassung immerhin ggf ein Anspruch gegen die Behörde auf Einschreiten unter Berufung auf die Generalklausel zu[13].

III. Entschädigungspflicht

564 Im Falle einer Inanspruchnahme als Nichtstörer ergibt sich eine **gesetzlich verankerte Entschädigungspflicht** (vgl Art. 87 I bay.PAG; § 72 m.v.SOG; § 80 I 1 NPOG; § 67 PolG NRW iVm § 39 I lit. a) OBG NRW). Daneben ist uU auch ein Folgenbeseitigungsanspruch (s. Rn 563) denkbar[14]. Zu Einzelheiten s. Rn 771 ff.

Dass die Entschädigungspflicht den Mietzinsausfall umfasst, ist unstrittig[15]. Eine Erstattung der Räumungskosten (Gerichtsvollzieherkosten etc) wird jedenfalls im Falle einer Neueinweisung von Obdachlosen anerkannt, ist aber bei der Einweisung des von Obdachlosigkeit bedrohten Mieters in seine bisherige Wohnung str.[16]. Die Erstattungspflicht der einweisenden Behörde kann auch die Kosten für die Wiederinstandsetzung der beschlagnahmten Wohnung umfassen, wenn der Eingewiesene diese über die übliche Abnutzung hinaus beschädigt hat[17] (zB mutwilliges Zerstören von Türen und Fensterscheiben).

Wiederholungs- und Verständnisfragen

1. *Welche Voraussetzungen gelten für die Inanspruchnahme eines Nichtstörers im Wege des polizeilichen Notstandes?* **Rn 559**

---

12 *Schenke*, POR, Rn 117; *Schoch*, BesVerwR, 1. Kap. Rn 484. – In BVerwGE 69, 366 (372) blieb in Ansehung der Anforderung der haftungsbegründenden Kausalität beim Folgenbeseitigungsanspruch offen, ob ein „haftungsrechtlich relevanter Zusammenhang" auch hinsichtlich nur mittelbar eingetretener adäquater Folgen bejaht werden könne. Dezidiert gegen einen Folgenbeseitigungsanspruch OLG Köln, NJW 1994, 1012 f – „Räumungskosten".
13 So Bd.Wtt.VGH, NVwZ 1987, 1101 u. DÖV 1990, 573; OVG NRW, DVBl. 1991, 1372; vgl oben Rn 441 f.
14 Vgl OVG NRW, OVGE 14, 265.
15 Vgl OLG Köln, NJW 1994, 1012 f; *Götz/Geis*, POR, § 15 Rn 5.
16 Bejahend OVG NRW, DVBl. 1991, 1372 wg. Folgenbeseitigungsanspruch auf Exmittierung eingewiesener Personen; ablehnend OLG Köln, NJW 1994, 1012 f wg. fehlender Kausalität, da diese Kosten den Wohnungseigentümer ohnehin träfen.
17 BGHZ 131, 163 ff; 163, 169 ff; BGH, DVBl. 2006, 1180 f.

2. *Woran ist zu denken, wenn der in Anspruch genommene Nichtstörer einen Schaden erleidet?* **Rn 564**

§ 18   Spezialermächtigungen im Polizei- und Ordnungsrecht

Fall 17: „Wer einmal stiehlt, dem glaubt man nicht"   565

In die Villa des Fabrikanten F ist eingebrochen und wertvoller Schmuck gestohlen worden. F verdächtigt seinen ehemaligen Chauffeur Karl Klemm (K), gegen den bereits in vier Fällen Ermittlungsverfahren wegen Diebstahls gelaufen sind, der aber bisher nur einmal durch einen Strafbefehl wegen Ladendiebstahls rechtskräftig verurteilt worden ist. Die Kriminalpolizei nimmt K Fingerabdrücke ab, um ihn mithilfe der am Tatort gesicherten Spuren im Strafverfahren überführen zu können. Ein eindeutiger Nachweis der Täterschaft des K ist jedoch trotzdem nicht möglich, da die Spuren am Tatort verwischt sind. Der ermittelnde Staatsanwalt stellt daher das Verfahren gegen K mangels hinreichenden Tatverdachts gem. § 170 II StPO ein. Dennoch werden die Fingerabdrücke zu erkennungsdienstlichen Zwecken in die „Kriminalpolizeiliche personenbezogene Sammlung" aufgenommen.

K meint, da das Verfahren gegen ihn eingestellt worden sei, dürften auch die Fingerabdrücke nicht länger aufbewahrt werden. Da sich die Kriminalpolizei weigert, die Unterlagen zu vernichten, möchte K gerichtlich klären lassen, ob diese zur Aufbewahrung der Fingerabdrücke berechtigt ist.

1. Welchen Rechtsweg müsste er dazu beschreiten? Erfolgsaussichten?
2. Wie müsste K vorgehen, wenn er die Zulässigkeit der Aufnahme der Fingerabdrücke gerichtlich überprüfen lassen wollte? **Rn 580**

I.   Die sog. polizeilichen Standardmaßnahmen

Das Polizeirecht der Länder enthält **Sondertatbestände** für häufiger vorkommende,   566 besonders schwerwiegende Eingriffe in die Freiheitssphäre des Bürgers, für **die sog. polizeilichen Standardmaßnahmen**[1]. Diese haben Vorrang gegenüber der polizeilichen Generalklausel. Soweit der Regelungsgehalt der Standardmaßnahmen reicht, ist daher ein Rückgriff auf die Generalklausel unzulässig.

Ausnahme: Erkennungsdienstliche und sonstige polizeitypische Maßnahmen.

In NRW gelten die meisten dieser speziellen Vorgaben des PolG NRW gem. § 24 OBG NRW entsprechend auch für die Tätigkeit der Ordnungsbehörden, soweit dies zur Erfüllung ihrer Aufgaben erforderlich ist.

---

1   Vgl §§ 26 ff bd.wtt.PolG; Art. 12 ff bay.PAG; §§ 18 ff berl.ASOG; §§ 11 ff brandenb.PolG; §§ 11 f brem.PolG; §§ 11 ff hamb.SOG; §§ 12 ff hess.SOG; §§ 50 ff m.v.SOG; §§ 12 ff NPOG; §§ 9 ff PolG NRW; §§ 9a ff rh.pf.POG; §§ 9 ff saarl.PolG; §§ 18 ff sächs.PolG; §§ 14 ff s.anh.SOG; §§ 180 ff schl.h.LVwG; §§ 13 ff thür.PAG; §§ 15 ff thür.OBG. Zu den „klassischen" Standardmaßnahmen s. *Möstl*, Jura 2011, 840 ff; zur „neuen Generation" polizeilicher Standardmaßnahmen *Glaser*, Jura 2009, 742 ff.

567 Nach wie vor schwierig zu bestimmen ist, welche Maßnahmen ihre Rechtsgrundlage allein in der jeweiligen Standardmaßnahme finden oder zudem auf die Vorschriften über die **Verwaltungsvollstreckung** gestützt werden müssen[2]. Im Ausgangspunkt ist insoweit zwischen Anordnungs- und Handlungsbefugnissen zu differenzieren: Während es zB die Vorschriften über den Platzverweis regelmäßig nur gestatten, eine Person vorübergehend von einem Ort zu verweisen (Anordnungsbefugnis), gestattet es die Vorschriften der Ingewahrsamnahme, eine Person ihrer Fortbewegungsfreiheit zu berauben (Handlungsbefugnis). Im Fall der **Anordnungsbefugnis** wird also zunächst ein Verhaltens- oder Duldungsgebot ausgesprochen, das idR als **Verwaltungsakt** zu qualifizieren sein wird und der Vollstreckung bedarf, wenn sein Regelungsgehalt nicht auf andere Weise (zB durch Befolgung des Gebotes) realisiert wird. Möglichkeiten des verwaltungsgerichtlichen Rechtsschutzes gegen solche Anordnungen bieten dann die Anfechtungsklage gemäß § 42 I VwGO bzw die Fortsetzungsfeststellungsklage gem. § 113 I 4 VwGO.

568 Andere Standardmaßnahmen gewähren hingegen unmittelbare **Handlungsbefugnisse**. Sie werden in der Lit. bisweilen als Standardermächtigungen „im engeren Sinne" bezeichnet und als Befugnisnormen für unmittelbare polizeiliche Tathandlungen ohne ausdrücklich vorausgehend angeordnete Verpflichtungsverfügung verstanden[3]. Im Grundsatz gestatten diese Handlungsbefugnisse ausweislich ihres Wortlauts also zugleich unmittelbare Eingriffe in die Rechtssphäre des Bürgers durch – isoliert betrachtet – **Realakte** (also zB eine Durchsuchung, Sicherstellung oder erkennungsdienstliche Behandlung), ohne dass zuvor ein Handlungs- oder Duldungsbefehl ausgesprochen werden müsste. Anordnung und Durchsetzung fallen sozusagen in einem Akt zusammen. Weil solche Handlungsbefugnisse somit regelmäßig intensivere Eingriffe zeitigen können als die bloßen Anordnungsbefugnisse, entsteht ein unbefriedigender Zustand, wenn gerade bei ihnen die dem Schutz des Betroffenen dienenden Regeln des Vollstreckungsrechts (numerus clausus der Zwangsmittel, Erfordernis der Androhung etc, dazu u. Rn 714 ff) nicht zur Anwendung kämen. Zur Auflösung dieses Konflikts ist der Auffassung zuzustimmen, welche die oben beschriebene „Doppelwirkung" der Handlungsbefugnisse nur auf die Vollziehung eingriffsschwacher Handlungen beschränkt wissen will. Das hat zur Folge, dass insbesondere dann, wenn zur Durchsetzung ein entgegenstehender Wille des Betroffenen gebrochen oder die Funktionsfähigkeit einer Sache beeinträchtigt wird, gegen die sich die Handlungsbefugnis richtet (zB Aufbrechen einer Tür zum Zwecke der Durchsuchung), auch bei Handlungsbefugnissen die Regeln der Verwaltungsvollstreckung zu beachten sind[4].

---

2 Dazu *Schenke*, POR, Rn 116; *Gusy*, POR, Rn 181; *Kingreen/Poscher*, POR, § 11 Rn 13 ff; *Puttler*, JA 2001, 669 (671 f); *Finger*, JuS 2005, 116 ff; umfassend *Lambiris*, Klassische Standardbefugnisse im Polizeirecht, 2002, S. 118 ff.

3 Vgl im Einzelnen *Schmitt-Kammler*, NWVBl. 1995, 166 ff; *Finger*, JuS 2005, 116 (117 f). Zur Möglichkeit einer als Realakt einzuordnenden adressatneutralen Sicherstellung siehe OVG NRW, NWVBl. 2000, 216 – „Container für Altkleider".

4 Vgl *Kingreen/Poscher*, POR, § 11 Rn 13 ff; i.E. auch *Schenke*, POR, Rn 116.

1. Identitätsfeststellung und Prüfung von Berechtigungsscheinen

Von der Standardmaßnahme der **Identitätsfeststellung** werden polizeiliche Aktionen, wie zB eine **Razzia** oder **Sistierung**, mitumfasst. Zulässigkeitsvoraussetzung ist das Vorliegen einer der katalogartig aufgezählten Gründe (vgl Art. 13 bay.PAG; § 9 I ME, punktuell[5] abweichend § 29 m.v.SOG; § 13 NPOG; § 12 I PolG NRW), namentlich[6]   **569**

– einer konkreten Gefahr für die polizeilichen Schutzgüter (Nr 1),[7]
– Aufenthalt an einem Ort, von dem auf Grund tatsächlicher Anhaltspunkte anzunehmen ist, dass dort Straftaten verabredet oder verübt werden (Nr 2),

> Hierzu zählen etwa gewisse Nachtlokale, die durch spezifische Eigenarten als potenzielle Gefahrenherde bekannt sind, an denen nach den bisherigen polizeilichen Erkenntnissen stets mit Straftaten gerechnet werden muss, ohne dass man dies im konkreten Fall weiß[8]. Dies kann aber auch eine öffentliche Straße sein, wenn dort im Zusammenhang mit Ausschreitungen Feuer entzündet wird[9].

– Aufenthalt in oder an einem besonders gefährdeten Objekt (zB Versorgungsanlagen, Amtsgebäude), wenn Tatsachen für eine Begehung bestimmter Straftaten sprechen (Nr 3) oder
– Passieren einer polizeilichen Kontrollstelle, die eingerichtet worden ist, um bestimmte Straftaten wie die Bildung terroristischer Vereinigungen (§ 129a StGB) oder das Führen von Waffen bei öff. Versammlungen (§ 27 VersammlG) zu verhindern (Nr 4)[10].

Festzuhalten ist insoweit, dass nur in Nr 1 eine konkrete, von dem angegangenen Individuum ausgehende Gefahr gefordert ist, während im Übrigen auch die Identität solcher Personen überprüft werden darf, bei denen lediglich die in Nrn 2 bis 4 genannten gefährdungsorientierten Tatbestandsmerkmale zur Anwendung gebracht werden, ohne dass es auf eine konkrete Störereigenschaft ankäme (vgl Art. 7 bay.PAG; § 9 NPOG; § 68 I m.v.SOG; § 4 IV PolG NRW).   **570**

Allerdings gebietet schon das Übermaßverbot (vgl oben Rn 540), dass in solchen Fällen offensichtlich Unbeteiligte nicht unnötigerweise in die Überprüfung miteinbezogen werden.

Dabei ist zu berücksichtigen, dass gemäß § 1 I PAuswG[11] jeder Deutsche[12], der das 16. Lebensjahr vollendet hat, verpflichtet ist, einen Personalausweis zu besitzen und ihn auf Verlangen einer zur Prüfung der Personalien ermächtigten Behörde vorzule

---

5 So fehlt etwa in Nds. und NRW die Ermächtigung zur Identitätsfeststellung an einem Ort, an dem Personen der Prostitution nachgehen (so § 9 I Nr 2b ME; Art. 13 I Nr 2b bay.PAG); weiterhin ist der Katalog der die Einrichtung einer Kontrollstelle rechtfertigenden Straftatbestände unterschiedlich – vgl insoweit Art. 13 I Nr 4 bay.PAG, umfangreich hingegen § 14 NPOG und § 29 I Nr 4 m.v.SOG.
6 Ergänzt wird der Katalog in Art. 13 I Nrn 5, 6 bay.PAG zum Schutz des Grenzgebietes und privater Rechte (dazu Bay.VerfGH, DVBl. 2003, 861 ff); vgl auch § 19 I Nr 5 sächs.PolG (Schutz des Grenzgebietes).
7 BVerfG, NVwZ 2016, 53 (54).
8 Das Vorliegen dieser Voraussetzung unterliegt dabei vollständiger verwaltungsgerichtlicher Überprüfung (kein Prognosespielraum), vgl OVG Berlin, NJW 1986, 3223.
9 So im Fall Bd. Wtt. VGH, DVBl. 2011, 245.
10 Siehe aber auch § 111 I StPO.
11 Zu dieser Vorschrift näher OLG Düsseldorf, NVwZ 1986, 247.
12 Zur Passpflicht von Ausländern vgl §§ 3, 48 AufenthG.

gen. Vorstehend sind mithin die tatbestandlichen Voraussetzungen der einschlägigen präventiv-polizeilichen Ermächtigungsnorm aufgelistet (vgl daneben für die Polizei auch § 5 PAuswG iVm § 53 OWiG; § 163b StPO).

Nicht mehr von der Identitätsfeststellung abgedeckt ist hingegen ein Datenabgleich mit polizeilichen Daten. Hierfür bedarf es einer gesonderten Ermächtigungsgrundlage[13].

571   Die **Mitnahme zur Wache** (Sistierung) ist dann legitim, wenn die sichere Identitätsfeststellung an Ort und Stelle nicht oder nur unter erheblichen Schwierigkeiten möglich ist (vgl Art. 13 II bay.PAG; § 29 III m.v.SOG; § 13 II 2 NPOG; § 12 II 3 PolG NRW; § 9 II 3 ME).

Beispiel: Der Betroffene wird ohne Ausweispapiere angetroffen; gleichwohl besteht keine allgemeine Pflicht jederzeitigen Mitsichführens eines Personalausweises[14], vgl § 1 I 1, 2 PAuswG („besitzen" bzw „vorlegen", nicht wie in § 1 I 1 PassG „mitzuführen").

Während in Nds. und NRW in jeder Sistierung eine Freiheitsentziehung iSd Art. 104 II GG gesehen wird, für die eine **richterliche Entscheidung** eingeholt werden muss (§ 19 I NPOG; § 36 I PolG NRW) und die nur maximal 6 Stunden (§ 21 S. 4 NPOG) bzw 12 Stunden (§ 38 II PolG NRW) dauern darf, gehen andere Länder (wie etwa Bd.Wtt., M.V. und Sachsen) von einer schlichten Freiheitsbeschränkung iSv Art. 104 I GG aus, für die dann auch kein Richtervorbehalt normiert ist.

572   Eine **Personalienfeststellung zur Sicherung privater Ansprüche** (vgl insoweit Art. 13 I Nr 6 iVm Art. 2 II bay.PAG; § 1 III m.v.SOG; § 1 III NPOG; § 1 II PolG NRW; § 1 II ME) ist nur als zulässig anzusehen, wenn gerichtliche Hilfe nicht zu erlangen ist und ohne die Feststellung die Rechtsdurchsetzung wesentlich erschwert wäre. Es ist nicht Aufgabe der Polizei, zweifelhafte Zivilrechtsfragen selbst zu entscheiden.

573   Eine gängige Form der Überprüfung „gefahrengeneigter" Lokalitäten ist die planmäßig vorbereitete, auf dem Überraschungseffekt basierende Sammelkontrolle, die **Razzia**. Gegen ihre Durchführung bestehen keine Einwände, wenn die eingesetzten Polizisten die Zuständigkeiten und die wesentlichen Förmlichkeiten einhalten und ihr Ermessen pflichtgemäß ausüben. Alle dabei angetroffenen Personen sind verpflichtet, Angaben zur Person zu machen und auf Verlangen ihren Ausweis zu zeigen[15].

574   Gemäß Art. 13 III bay.PAG; § 30 m.v.SOG; § 13 III NPOG; § 13 PolG NRW; § 9 III ME kann die Polizei verlangen, dass ein **Berechtigungsschein** zur Prüfung ausgehändigt wird, wenn der Betroffene auf Grund einer Rechtsvorschrift verpflichtet ist, ihn mitzuführen.

Beispiele: Jagdschein (§ 15 BJagdG), Waffenschein („Waffenbesitzkarte", § 10 WaffG), Reisegewerbekarte (§ 55 GewO), Führerschein (§ 4 II StVZO).

Eine Spezialermächtigung enthält § 36 V StVO. Danach dürfen Polizeibeamte Verkehrsteilnehmer auch zur **Verkehrskontrolle** und zur Verkehrszählung anhalten.

---

13   Bd. Wtt. VGH, NVwZ-RR 2011, 231 (233).
14   BVerfG, NdsVBl. 2016, 41 (42); *Möller*, in: Hornung/Möller, PassG – PAuswG, 2011, § 1 PAuswG Rn 5; *Beimowski/Gawron*, Passgesetz und Personalausweisgesetz, 2018, § PAuswG Rn 2.
15   Siehe KG, NJW 1975, 887 f; VG Berlin, DÖV 1972, 103 ff; *Götz/Geis*, POR, § 8 Rn 12, 14.

2. Erkennungsdienstliche Maßnahmen

Die Polizei kann erkennungsdienstliche Maßnahmen vornehmen, wenn (1.) eine (zulässige) Identitätsfeststellung auf andere Weise nicht oder nur unter erheblichen Schwierigkeiten möglich ist[16] oder wenn (2.) dies zur vorbeugenden Bekämpfung von Straftaten erforderlich ist, weil der Betroffene verdächtigt ist, eine Straftat begangen zu haben, und Wiederholungsgefahr besteht[17]. **575**

Einschlägige Anwendungsformen sind insbes. die **Abnahme von Fingerabdrücken**, die **Aufnahme von Lichtbildern**, die Feststellung äußerer körperlicher Merkmale und Messungen[18].

Die hier vorgestellte, in sämtlichen Landesgesetzen vorhandene Ermächtigungsgrundlage gilt nur für präventiv-polizeiliche Anlässe. **576**

Beispiel: Person ohne festen Wohnsitz hält sich in der Hehlerkneipe auf.

Ansonsten gilt im Rahmen der Strafverfolgung die Vorschrift des § 81b StPO. Die zweite Alternative dieser Norm („…für die Zwecke des Erkennungsdienstes notwendig…") und die zitierte Nr 2 in § 10 I ME überlagern sich, weswegen die Begr. zum ME (S. 53) für eine entsprechende Streichung in § 81b StPO plädiert. Für das geltende Recht aber gilt: Die ursprünglich zur Durchführung eines Strafverfahrens nach § 81b 1. Alt. StPO erhobenen Unterlagen dürfen nach dessen Einstellung gemäß § 81b 2. Alt. StPO für Zwecke des Erkennungsdienstes aufbewahrt und verwertet werden, wenn und soweit zugleich die Voraussetzungen für die Anfertigung und Aufbewahrung erkennungsdienstlicher Unterlagen nach § 81b 2. Alt. StPO vorliegen[19].

Ganz in diesem Sinne hat auch das BVerfG die gegen eine auf § 39 III 1 nds.GefAG abgestützte weitere Datenspeicherung trotz Freispruchs in einem Strafverfahren gerichtete Verfassungsbeschwerde nicht zur Entscheidung angenommen und ausgeführt: **577**

„Die weitere Speicherung und Verwendung in Strafermittlungsverfahren gewonnener Daten zur Verhütung oder Verfolgung künftiger Straftaten steht der Unschuldsvermutung grundsätzlich auch dann nicht entgegen, wenn der Betroffene rechtskräftig freigesprochen worden ist, sofern die Verdachtsmomente dadurch nicht ausgeräumt sind … Gleiches gilt, wenn das Strafverfahren aus anderen Gründen beendet worden ist … Eine unverzichtbare Voraussetzung der Speicherung ist nach § 39 Abs. 3 Satz 1 des NGefAG der **Straftatverdacht**. Im Falle eines Freispruchs oder der Verfahrenseinstellung bedarf es daher der Überprüfung, ob noch Verdachtsmomente gegen den Betroffenen bestehen, die eine Fortdauer der Speicherung zur präventiv-polizeilichen Verbrechensbekämpfung rechtfertigen. Weitere Voraussetzung der Datenspeicherung

---

16 Wurde etwa die Identität eines Beschuldigten schon mittels Vorlage des Personalausweises festgestellt, ist das Festhalten eines Beschuldigten zur Durchführung erkennungsdienstlicher Maßnahmen nicht mehr erforderlich und damit rechtswidrig, vgl BVerfG(K), DVBl. 2011, 623.
17 Vgl Art. 14 I bay.PAG; § 31 I m.v.SOG; § 15 I NPOG; § 14 I PolG NRW; § 10 I ME.
18 Vgl Art. 14 III bay.PAG; § 31 II m.v.SOG; § 15 III NPOG; § 14 IV PolG NRW; § 10 III ME.
19 So BVerwG, DÖV 1990, 117; vgl auch BayVGH, NVwZ-RR 1998, 496. Die Zuständigkeit für Maßnahmen nach § 81b 2. Alt StPO richtet sich nach den Polizeigesetzen der Länder, BVerwG, NJW 2006, 1225 f. Zu Rechtsnatur und Rechtswegzuweisung s. BVerfG, NVwZ 2011, 710 f und *Schenke*, JZ 2006, 707 ff.

ist eine **Wiederholungsgefahr**. Deren Feststellung ist einer schematischen Betrachtung nicht zugänglich, sondern bedarf der eingehenden Würdigung aller hierfür relevanten Umstände des Einzelfalls unter Berücksichtigung der Gründe für den Freispruch"[20].

578 Unter Berufung auf die Entstehungsgeschichte der Norm und das Gebot verfassungskonformer Auslegung wurde in der Rspr herausgestellt, dass erkennungsdienstliche Maßnahmen zur **vorbeugenden Bekämpfung von Straftaten** nur auf § 14 I Nr 2 PolG NRW[21] gestützt werden können, soweit nicht die konkurrierende Vorschrift des § 81b 2. Alt. StPO anlässlich eines Strafverfahrens gegen einen „Beschuldigten" zur Gewinnung erkennungsdienstlicher Maßnahmen für präventiv-polizeiliche Zwecke ermächtigt. In Betracht kommen danach Maßnahmen gegen Strafunmündige oder rechtskräftig Verurteilte[22].

Die Notwendigkeit einer Anfertigung und **Aufbewahrung von erkennungsdienstlichen Unterlagen** bemisst sich sodann danach, „ob der festgestellte, den Betroffenen belastende Sachverhalt nach kriminalistischer Erfahrung angesichts aller Umstände des Einzelfalls – insbesondere angesichts der Art, Schwere und Begehungsweise der dem Betroffenen zur Last gelegten Straftaten, seiner Persönlichkeit sowie unter Berücksichtigung des Zeitraums, währenddessen er strafrechtlich nicht (mehr) in Erscheinung getreten ist – Anhaltspunkte für die Annahme bietet, dass der Betroffene künftig mit guten Gründen als Verdächtiger in den Kreis potenzieller Beteiligter an einer strafbaren Handlung einbezogen werden könnte und dass die erkennungsdienstlichen Unterlagen die dann zu führenden Ermittlungen fördern könnten, indem sie den Betroffenen überführen oder entlasten ... Der Schutz des allgemeinen Persönlichkeitsrechts (Art. 2 I iVm Art. 1 I GG), der verfassungsrechtliche Verhältnismäßigkeitsgrundsatz und der präventive Charakter der erkennungsdienstlichen Maßnahmen verlangen eine Abwägung zwischen dem öffentlichen Interesse an einer effektiven Verhinderung und Aufklärung von Straftaten und dem Interesse des Betroffenen, entsprechend dem Menschenbild des GG nicht bereits deshalb als potenzieller Rechtsbrecher behandelt zu werden, weil er sich irgendwie verdächtig gemacht hat oder angezeigt worden ist ... Bei Strafunmündigen sind ferner das jugendliche Alter und die möglichen negativen Wirkungen für die weitere Entwicklung des Jugendlichen oder Kindes zu berücksichtigen"[23].

Im Bereich des Ausländerrechts gelten Spezialregelungen (§§ 49, 89 AufenthG). Darüber hinaus ist noch auf §§ 12a, 19a VersammlG bzw auf die entsprechenden Vorschriften in den Versammlungsgesetzen der Länder hinzuweisen, die unter den dort bestimmten Voraussetzungen Bild- und Tonaufnahmen durch die Polizei bei öffentlichen Versammlungen gestatten.

579 Sind die genannten tatbestandlichen Voraussetzungen für eine aus präventiv-polizeilichen Gründen angeordnete erkennungsdienstliche Maßnahme entfallen, so kann der Betroffene in einigen Ländern die **Vernichtung der erkennungsdienstlichen Unterlagen** verlangen (§ 10 II ME; § 14 III PolG NRW; § 11 II rh.pf.POG)[24], in anderen Ländern wird ausschließlich angeordnet, dass die Vernichtung der Unterlagen und

---

20 So BVerfG(K), NJW 2002, 3231 zur Verbreitung sog. Kinderpornos.
21 Dieser Norm entsprechen Art. 14 I Nr 3 bay.PAG; § 31 I m.v.SOG; § 15 I Nr 2 NPOG und § 10 I Nr 2 ME.
22 So OVG NRW, DVBl. 1999, 1228.
23 So OVG NRW, DVBl. 1999, 1228 (1229).
24 Hierüber ist er in NRW bei Vornahme der Maßnahme zu belehren (§ 14 III PolG NRW).

Löschung der personenbezogenen Daten von Amts wegen vorzunehmen sind (Art. 14 V bay.PAG; § 31 III m.v.SOG; § 15 II NPOG).

Gerichtlich durchgesetzt werden kann der Anspruch auf Vernichtung der entsprechenden Unterlagen vor dem zuständigen Verwaltungsgericht[25], und zwar im Wege der allgemeinen Leistungsklage[26].

Waren die erkennungsdienstlichen Unterlagen allerdings gemäß § 81b 2. Alt StPO zur vorbeugenden Bekämpfung von Straftaten angefertigt worden, so bildet die Anspruchsgrundlage für ihre Vernichtung der allgemeine öffentlich-rechtliche Folgenbeseitigungsanspruch, der gegeben ist, wenn die in der zweiten Alternative des § 81b 2. Alt StPO genannten Voraussetzungen für ihre seinerzeitige Herstellung („für die Zwecke des Erkennungsdienstes notwendig") zwischenzeitlich entfallen sind[27].

Lösungshinweis zu Fall 17 (Rn 565): Im **Ausgangsfall** ist nach stRspr der Verwaltungsrechtsweg eröffnet[28], da Rechtsgrundlage für die weitere Aufbewahrung der erkennungsdienstlichen Unterlagen nach Abschluss des Strafverfahrens nicht mehr das Strafprozessrecht, sondern das Polizeirecht ist. Für die Begründetheit einer von K erhobenen Klage mit Blick auf den geltend gemachten Folgenbeseitigungsanspruch ist zunächst bedeutsam, dass die Fingerabdrücke dem K zum Zwecke der Strafverfolgung im Zusammenhang mit einem konkreten Strafverfahren gemäß § 81b 1. Alt. StPO abgenommen worden waren. Mit Einstellung des Ermittlungsverfahrens ist dieser Grund weggefallen. § 81b StPO erlaubt nur die Abnahme, nicht aber die Speicherung von Fingerabdrücken. Eine Speicherung ist den Strafverfolgungsbehörden aber nach § 484 Abs. 1 Nr 1 StPO möglich. Wenn nach kriminalistischer Erfahrung angesichts aller Umstände des Einzelfalles Anhaltspunkte für die Annahme bestehen, dass der Betroffene künftig oder anderswo gegenwärtig mit guten Gründen als Verdächtiger in den Kreis potenziell Beteiligter an aufzuklärenden strafbaren Handlungen einbezogen werden könnte und dass die erkennungsdienstlichen Unterlagen die dann zu führenden Ermittlungen fördern könnten[29], ist eine weitere Aufbewahrung der erkennungsdienstlichen Unterlagen notwendig. Die Verwendung personenbezogener Daten, die für Zwecke künftiger Strafverfahren in Dateien der Polizei gespeichert sind oder werden, richtet sich, ausgenommen die Verwendung für Zwecke eines Strafverfahrens, nach den Landespolizeigesetzen (§ 484 Abs. 4 StPO)[30]. Die Erfolgsaussichten einer Klage des K hängen also von den konkreten Voraussetzungen des jeweiligen Landesrechts ab.

Zur Frage 2: Eine Überprüfung der Aufnahme von Fingerabdrücken zum Zwecke der Strafverfolgung kann nur durch die ordentlichen Gerichte gemäß § 23 I 1 EGGVG (dazu noch Rn 626) erfolgen[31]. Adäquaten Rechtsschutz bietet insoweit die Fortsetzungsfeststellungsklage analog § 28 I 4 EGGVG.

580

---

25 Rechtswegzuweisung gemäß § 40 VwGO, nicht § 23 EGGVG; vgl BVerwGE 47, 255; BayVGH, BayVBl. 1991, 657; OVG Hamburg, DVBl. 1977, 253; VG Freiburg, NJW 1980, 901.
26 Offen lassend BVerwGE 26, 169 (170); aA (Verpflichtungsklage) *Rasch*, in: Ule (Hrsg.), Verwaltungsgesetze des Bundes und der Länder III/1, 2. Aufl. 1982, § 10 ME Rn 13.
27 Siehe OVG NRW, NJW 1983, 1340; BayVGH, NJW 1984, 2235.
28 Vgl BVerwGE 26, 169; 66, 202.
29 So BVerwGE 66, 202 (205).
30 Näher *Ritscher*, in: Satzger/Schluckebier/Widmaier, StPO, 3. Aufl. 2018.
31 BVerwGE 47, 255 (262 f).

3. Vorladung, Meldeauflage, Gefährderansprache

581   Die Polizei kann eine Person schriftlich oder mündlich **vorladen**, aber nur dann, wenn Tatsachen die Annahme rechtfertigen, dass die Person **sachdienliche Angaben** machen kann, die für die Erfüllung einer bestimmten polizeilichen Aufgabe erforderlich sind, oder wenn dies zur Durchführung erkennungsdienstlicher Maßnahmen (siehe oben 2) erforderlich ist (Art. 15 I bay.PAG; § 50 I m.v.SOG; § 16 I NPOG; § 10 PolG NRW; § 11 I ME). Eine Vorladung zum Zwecke der allgemeinen Ausforschung ist nicht zulässig.

Von der Vorladung als spezifischer polizeilicher Standardmaßnahme zu unterscheiden ist das allg. Auskunftsbegehren der Polizei, das früher auf die polizeiliche Generalklausel gestützt wurde und heute seine Grundlage in speziellen Ermächtigungsnormen (**„Befragung/Auskunftspflicht"**) findet.[32]. Danach kann die Polizei jede Person befragen, wenn Tatsachen die Annahme rechtfertigen, dass sie sachdienliche Angaben machen kann, die für die Erfüllung einer bestimmten polizeilichen Aufgabe erforderlich sind. Für die Dauer dieser Befragung kann die Person dabei auch angehalten werden. Ist eine solche Befragung nicht (rechtzeitig) möglich oder würde sie die Erfüllung der polizeilichen Aufgabe erheblich erschweren oder gefährden, können die Daten gem. § 9 III 2 PolG NRW erforderlichenfalls auch ohne Kenntnis des Betroffenen erhoben werden.

582   Auch eine zwangsweise Durchsetzung der Vorladung im Wege der **Vorführung** ist unter bestimmten Voraussetzungen erlaubt (s. Art. 15 III bay.PAG; § 50 III m.v.SOG; § 16 III NPOG; § 10 III 1 PolG NRW; § 11 III ME).

Für die Durchsetzung von Verpflichtungen Wehrpflichtiger (wie Erscheinen zur Erfassung, Musterung oder Eignungsprüfung) existiert eine Spezialregelung in § 44 II WPflG.

Eine Verpflichtung des Vorgeladenen zur Äußerung zur Sache besteht nicht, sofern daraus eine Eigenbelastung hinsichtlich einer Straftat oder einer Ordnungswidrigkeit resultierte (Argument aus § 136 I 2 StPO)[33]. Für die Entschädigung vorgeladener Personen gilt das Justizvergütungs- und -entschädigungsgesetz entsprechend (§ 11 V ME; § 50 VI m.v.SOG; § 16 IV NPOG; § 10 V PolG NRW).

583   In einigen Ländern hat die **Meldeauflage**[34] als sog Standardmaßnahme in die Polizeigesetze Einzug gefunden. Demnach kann die Polizei eine Person zur Verhütung von Straftaten anweisen, sich an bestimmten Tagen zu bestimmten Zeiten bei einer bestimmten polizeilichen Dienststelle zu melden, wenn Tatsachen die Annahme rechtfertigen, dass sie eine Straftat begehen wird.[35] Diese Maßnahme ist gerade im Vorfeld von Veranstaltungen, wie etwa Fußballspielen, relevant. Der Sinn der Meldeauflage besteht dann darin, dass sich eine bestimme Person, zB ein gewaltbereiter Fußball-Hooligan, zu einer bestimmten Zeit bei einer bestimmten polizeilichen Dienststelle melden muss, so dass es ihm unmöglich gemacht wird, zu dieser Zeit einem bestimmten Fußballspiel beizuwohnen, da aufgrund von konkreten Anhaltspunkten damit zu rechnen ist, dass er dort eine Straftat begehen wird. In allen anderen Bundesländern in

---

32   So zB Art. 12 bay.PAG; § 12 NPOG; § 9 I PolG NRW. Hierzu ausführlich *R.-G. Müller*, Polizeiliche Datenerhebung durch Befragung, 1997, S. 19 ff.
33   Vgl dazu im Einzelnen *D/W/V/M*, S. 192 ff; *R.-G. Müller*, aaO, S. 109.
34   Vgl hierzu insb *Graulich*, in: L/D, E Rn 225 ff.
35   Vgl Art. 16 II 2 bay.PAG; § 30a hess.SOG; § 16a NPOG; § 35a s.anh.SOG; § 12a rh.pf.POG.

diesen diese nicht speziell gesetzlich normiert ist, wird diese Maßnahme auf die Generalklausel[36] gestützt (vgl Rn 768).[37]

Ebenfalls im Zusammenhang mit der Meldeauflage ist die **Gefährderansprache**[38] zu sehen. Dabei handelt es sich um eine polizeiliche Maßnahme, mit der in einem konkreten Fall ein potenzieller Gefahrenverursacher ermahnt wird. So kann bspw ein Fußball-Hooligan, der in der Vergangenheit bereits bei Fußballspielen an gewalttätigen Ausschreitungen teilgenommen hat und dadurch polizeilich aufgefallen ist, durch die Polizei darauf hingewiesen werden, dass falls er ein bestimmtes Fußballspiel aufsuchen sollte, er im Falle von Rechtsverstößen mit möglichen polizeilichen Maßnahmen zu rechnen habe. Es handelt sich daher lediglich um einen Hinweis auf die Rechtslage ohne eine konkrete Regelungswirkung. Wird dem Adressaten jedoch nahegelegt, das Fußballspiel zu meiden, so liegt ein Eingriff in die allg. Handlungsfreiheit (Art. 2 I GG) vor, so dass eine Ermächtigungsgrundlage erforderlich ist. Soweit im Landesrecht keine Standardmaßnahme geregelt ist (vgl § 12a NPOG), wird die Gefährderansprache auf die Generalklausel der Polizeigesetze gestützt wird (vgl Rn 429, 486, 514, 767).[39]

4. Platzverweisung, Aufenthaltsverbot und Wohnungsverweisung

a) Platzverweisung

Die Polizei kann zur Abwehr einer Gefahr eine (jede[40]) Person vorübergehend von einem Ort verweisen oder ihr vorübergehend das Betreten eines Ortes verbieten[41]. **584**

Beispiele: Verweisung des Fotoreporters eines Sensationsblattes aus dem polizeilich abgesperrten Gebiet bei einer Geiselnahme in einer Bank. Platzverweisung eines Sportwagenfahrers der „Tuningszene", um ihn von bestimmten Straßen, in denen nachts Autorennen gefahren werden, fernzuhalten[42].

Unsicherheit besteht hinsichtlich der Auslegung des unbestimmten Rechtsbegriffs „vorübergehend" (wenige Stunden bis zwei Wochen)[43] und hinsichtlich der Dimension der betreffenden Örtlichkeit[44].

Der Gesetzgeber hat die Nutzung des Instruments der **Platzverweisung** damit „nur an die Voraussetzung der Erforderlichkeit zur Abwehr einer vorübergehenden Gefahr geknüpft. Mit der flexiblen Fassung der Vorschrift trägt der Gesetzgeber der notwendigen Anwendungsbreite einer Platzverweisung Rechnung, wobei die tatbestandliche

---

36 Vgl zur Stützung der Meldeauflage auf die polizeirechtliche Generalermächtigung BVerwG, NVwZ 2007, 1439 (1441 f); VGH Mannheim, BeckRS 2017, 111995 Rn 71.

37 Vgl hierzu *Beaucamp*, JA 2017, 728 (732 f) sowie zum Zusammenspiel zur Pass- und/oder Personalausweisbeschränkung bei Fußballspielen im Ausland *Schucht*, NVwZ 2011, 709 ff.

38 Vgl zu diesem Themenkomplex ausführlich *Graulich*, in: L/D, E Rn 229 ff.

39 Vgl OVG Lüneburg, NJW 2006, 391 (392); OVG NRW, BeckRS 2016, 51094 Rn 3, 15; VGH bd.Wtt. DÖV 2018, 249 ff.

40 Vgl § 17 I NPOG; § 14 I brem.PolG: Die Maßnahme ist gegen jede Person möglich, so dass die Person nicht Störer sein muss.

41 Siehe Art. 16 bay.PAG; § 52 m.v.SOG; § 17 NPOG; § 34 PolG NRW; § 12 ME. Allg. zu den polizeilichen Verweisungsmaßnahmen *Bösch*, Jura 2009, 650 ff.

42 Dazu VG Osnabrück, NdsVBl. 2003, 306.

43 Vgl insoweit *Götz*, NVwZ 1998, 683 mwN.

44 Extensiv OVG Nds., NVwZ 2000, 454: bei Auswärtigen ein ganzes Stadtgebiet.

Weite durch die zeitliche Befristung kompensiert wird"[45]. Eine bestimmte Form für die Platzverweisung schreibt das Gesetz nicht vor. Sie kann durch Zeichen oder auch mündlich angeordnet werden.

Unzulässig ist jedoch die Verbringung eines rechtmäßig des Platzes Verwiesenen mittels eines Polizeifahrzeugs an einen Ort, der in unzumutbarer Entfernung oder abseits gelegen ist, nur um eine Rückkehr an den „Tatort" zu verhindern (sog. **Verbringungsgewahrsam**)[46]. Denn der „Ort" wird als eine eng begrenzte Örtlichkeit verstanden, so dass zB nur einzelne Plätze oder Parks erfasst sind.[47]

Die Platzverweisung kann nach Maßgabe derselben Bestimmungen (jeweils S. 2) ferner gegen eine Person angeordnet werden, die den Einsatz der Feuerwehr oder von Hilfs- oder Rettungsdiensten behindert.

585 Bei diesen Formen der Platzverweisung steht jeweils die flankierende Absicherung polizeilicher Aktionen im Vordergrund, die sich auf konkrete Örtlichkeiten beziehen. Streit bestand darüber, ob angesichts dieser eng gefassten Spezialermächtigung gleichwohl eine auf die Generalklausel gestützte Befugnis der Ordnungsbehörde anzuerkennen sei, längerfristige und großräumig konzipierte Betretungs- und Aufenthaltsverbote für bestimmte Gebiete auszusprechen, wenn dies spezifische Gründe der konkreten Gefahrenabwehr erforderten.

Beispiel: Ein sich auf ein ganzes Stadtgebiet erstreckendes Betretungsverbot gegenüber einem Asylbewerber aus Gründen der Bekämpfung des Drogenhandels[48].

Dagegen bezeichnete der Bd.Wtt.VGH eine auf die polizeiliche Generalklausel gestützte Allgemeinverfügung, nach der sich „Personen, die der Punk-Szene zuzuordnen sind", innerhalb eines bestimmten Zeitraumes auf einem bestimmten öffentlichen Platz nicht aufhalten durften, wegen ihres verallgemeinernden Inhalts und des damit verbundenen Verzichts auf eine Einzelprüfung mit Blick auf den Verhältnismäßigkeitsgrundsatz als „rechtlich bedenklich". Hier stünden schließlich befristete Betretens- und Aufenthaltsverbote zur Verfügung[49]. Auch der Hess.VGH sah für ein längeres oder dauerhaftes Aufenthaltsverbot in der Generalklausel keine Rechtsgrundlage, da die Möglichkeiten einer Aufenthaltsbeschränkung in der Standardmaßnahme des § 31 hess.SOG speziell und abschließend geregelt seien[50].

b) Aufenthaltsverbot

586 Vor dem Hintergrund der durch solche Rechtssprechungsdivergenzen erzeugten Rechtsunsicherheit haben zwischenzeitlich alle Länder ausdrücklich das Instrument des **Aufenthaltsverbotes** polizeigesetzlich verankert[51].

---

45 So BayVGH, BayVBl. 2001, 529 – „Drogenhändler im Englischen Garten".
46 Vgl OVG Bremen, NVwZ 1987, 235 (236 f); siehe aber auch BayObLG, NVwZ 1990, 194 (196 f). – Allgemein zur Zulässigkeit eines sog. Verbringungsgewahrsams *Finger*, NordÖR 2006, 423 ff; *Schucht*, DÖV 2011, 553 ff.
47 *Götz/Geis*, POR, § 8 Rn 23.
48 Vgl Bd.Wtt.VGH, NVwZ-RR 1998, 428; OVG Bremen, NVwZ 1999, 314; BayVGH, NVwZ 2000, 454.
49 Bd.Wtt.VGH, NVwZ 2003, 115.
50 Hess.VGH, NVwZ 2003, 1400 (1401); siehe auch *Cremer*, NVwZ 2001, 1218 ff zu Gesetzesvorrang und Parlamentsvorbehalt.
51 Siehe etwa Art. 16 II Nr. 2a) bay.PAG; § 29 II berl.ASOG; § 16 II brandenb.PolG; § 14 II brem.PolG; § 12b II hamb.SOG; § 52 III m.v.SOG; § 17 III NPOG; § 34 II PolG NRW.

Beispiel: Aufenthaltsverbot an einen als gewalttätig aufgefallenen Fußballfan, das sich für den Zeitraum von 11 bis 19 Uhr eines konkreten Spieltages auf das unmittelbare Stadionumfeld sowie die An- und Abfahrtswege zum Fußballstadion bezieht[52].

Die beiden Eingriffsnormen für Aufenthaltsverbot und Platzverweisung schließen sich nicht gegenseitig aus, sondern ergänzen sich. Es steht im Ermessen der Polizei, welche von beiden Maßnahmen, deren Anwendungsbereich sich überschneidet, sie ergreifen, um eine Gefahr abzuwehren[53].

Im bayerischen Polizeigesetz ist zudem ein **Aufenthaltsgebot** enthalten. Demzufolge kann die Polizei gem. Art. 16 I Nr 2 b) bay.PAG unter den gleichen Voraussetzungen wie bei einem Aufenthaltsverbot einer Person verbieten, ihren Wohn- oder Aufenthaltsort oder ein bestimmtes Gebiet zu verlassen. Wegen des mit einem Aufenthaltsgebot verbundenen starken Grundrechtseingriffs erscheint aus Gründen der Verhältnismäßigkeit der Maßnahme jedoch in aller Regel eine Meldeauflage (Rn 583) vorzugswürdig.

Ebenfalls als neues Mittel der Gefahrenabwehr ist im Abschnitt Platzverweisung/Wohnungsverweisung einiger Polizeigesetze die **elektronische Aufenthaltsüberwachung (elektronische Fußfessel)**[54] eingeführt worden.[55] Diese dient – in Bd.Wtt., Nds., NRW und nach § 56 BKAG – zur Verhütung terroristischer Straftaten, in Bayern erweiternd zur Abwehr einer Gefahr für ein bedeutendes Rechtsgut[56] und in NRW zusätzlich zur Abwehr einer Gefahr für die sexuelle Selbstbestimmung nach §§ 174-178, 182 StGB sowie § 238 StGB. Erforderlich ist in allen Varianten, dass bestimmte Tatsachen vorliegen; ein seiner Art nach konkretisiertes und zeitlich absehbares Geschehen erkennbar ist.[57]

c) Wohnungsverweisung

Die Polizeigesetze der Länder enthalten – mit Ausnahme von Bayern – zudem Vorschriften zur **Wohnungsverweisung zum Schutz gegen häusliche Gewalt**[58]. Danach kann die Polizei eine Person zur Abwehr einer von ihr ausgehenden gegenwärtigen Gefahr für Leib, Leben oder Freiheit einer anderen Person aus einer Wohnung, in der die gefährdete Person wohnt, sowie aus deren unmittelbarer Umgebung verweisen und ihr die Rückkehr in diesen Bereich untersagen. Hierdurch wird ua in den Schutzbereich des Grundrechts auf Freizügigkeit (Art. 11 I GG) eingegriffen, weshalb Wohnungsverweisungen nur zur Vorbeugung strafbarer Handlungen (Art. 11 II GG) zulässig sind[59].

587

---

52 Vgl dazu den Klausurfall bei *Isensee/Daniels/Cancik*, NdsVBl. 2014, 260 ff.
53 BayVGH, BayVBl. 2001, 529 (530); vgl auch VG Osnabrück, NdsVBl. 2003, 306.
54 Zur grds verfassungsrechtlichen Zulässigkeit der elektronischen Fußfessel vgl BVerfGE 141, 220 (164) (BKAG-Urteil); *Guckelberger*, DVBL 2017, 1121 ff.
55 So zB § 27c bd.wtt.PolG; Art. 34 bay.PAG; § 17c NPOG; § 34c PolG NRW.
56 Gemeint ist ein besonderes Rechtsgut iSd Art. 11 III 2 Nr 1-3, Nr 5 bay.PAG: der Bestand oder die Sicherheit des Bundes oder eines Landes (Nr 1), Leben, Gesundheit oder Freiheit (Nr 2), die sexuelle Selbstbestimmung (Nr 3) oder Sachen, deren Erhalt im besonderen öffentlichen Interesse liegt (Nr 5).
57 Vgl BVerfGE 141, 220 (164).
58 Vgl § 29a berl.ASOG; § 14a brem.PolG; § 12b I hamb.SOG; § 52 II m.v.SOG; § 17a NPOG; § 34a PolG NRW. Näher dazu *Lang*, VerwArch. 96 (2005), 283 ff; *Guckelberger*, JA 2011, 1 ff und, mit Fokus auf die Grundrechte, *Krugmann*, NVwZ 2006, 152 ff.
59 Vgl Bd. Wtt. VGH, NJW 2005, 88.

Wohnungsverweisung und Rückkehrverbot enden idR mit Ablauf von 14 Tagen (in NRW: 10 Tagen) nach ihrer Anordnung, es sei denn, von der gefährdeten Person wird zwischenzeitlich ein Antrag auf zivilrechtlichen Schutz nach dem Gewaltschutzgesetz (GewSchG)[60] gestellt. Dann kann die Maßnahme für einen bestimmten Zeitraum (§ 17a II NPOG: 10 Tage) verlängert werden.

Zum verwaltungsgerichtlichen Eilrechtsschutz gegen die polizeiliche Anordnung hat das BVerfG festgestellt: „§ 34a NWPolG ermöglicht der Behörde … eine erste kurzfristige Krisenintervention mit dem Ziel, akute Auseinandersetzungen mit Gefahren für Leib, Leben oder Freiheit einer Person zu entschärfen, den Beteiligten Wege aus der Krise zu eröffnen und ihnen die Möglichkeit zu verschaffen, in größerer Ruhe und ohne das Risiko von Gewalttätigkeiten Entscheidungen über ihre künftige Lebensführung sowie gegebenenfalls die Inanspruchnahme gerichtlichen Schutzes nach Maßgabe des GewSchG zu treffen. Diese Konzeption, mit der es der nordrhein-westfälische Gesetzgeber unternommen hat, in Fällen häuslicher Gewalt seinen Schutzauftrag aus Art. 2 und Art. 6 GG zu erfüllen, ginge fehl, wenn die Verwaltungsgerichte verpflichtet wären, im Verfahren des einstweiligen Rechtsschutzes gegen Maßnahmen nach § 34a NWPolG – regelmäßig unter Einbeziehung der am Konflikt unmittelbar Beteiligten – umfangreiche eigene Ermittlungen anzustellen, Besichtigungstermine durchzuführen sowie Mitbewohner und Nachbarn zu vernehmen. Die aus einer Maßnahme nach § 34a NWPolG hervorgehenden, fraglos schwerwiegenden, jedoch ihrer Natur nach überwiegend vorübergehenden Belastungen gebieten auch mit Blick auf Art. 19 IV GG nicht eine solche Anhebung verwaltungsgerichtlicher Prüfungsintensität im Eilrechtsschutzverfahren nach § 80 V VwGO"[61].

5. Ingewahrsamnahme

588   Die Polizei kann eine Person in bestimmten Fällen in Gewahrsam nehmen[62], nämlich

– wenn es zum eigenen Schutz der Person gegen eine Gefahr für Leib oder Leben erforderlich ist (**Schutzgewahrsam**);

Beispiel: hilflose Lage bei geistiger Verwirrung

– wenn es zur Verhinderung der unmittelbar bevorstehenden Begehung oder Fortsetzung einer Straftat oder einer Ordnungswidrigkeit von erheblicher Bedeutung/ Gefahr für die Allgemeinheit unerlässlich ist (sog. **Präventivgewahrsam**);

Beispiele: Ingewahrsamnahme von Krawallmachern im Vorfeld einer Großdemonstration[63]; Ingewahrsamnahme von Drogenhändlern[64]. Bei der hier zur Gewährleistung des Grundsatzes der Verhältnismäßigkeit gebotenen Abwägung ist auch zu berücksichtigen, ob die Duldung des betreffenden Verhaltens den Eindruck vermitteln würde, der Rechtsstaat könne sich nicht durchsetzen[65].

Ein Präventivgewahrsam aufgrund vager Verdachtsgründe mit dem alleinigen Ziel, eine Gefahrenprognose zu ermöglichen, ist allerdings unzulässig (**Erforschungsgewahrsam**);

---

60   G zum zivilrechtlichen Schutz vor Gewalttaten und Nachstellungen v. 11.12.2001 (BGBl. I S. 3513), zul. geänd. d. Art. 4 G zur Verbesserung des Schutzes gegen Nachstellungen v. 1.3.2017 (BGBl. I S. 386); dazu *Hermann*, NJW 2002, 3062 ff.
61   So BVerfG(K), NJW 2002, 2225 f.
62   Vgl Art. 17 bay.PAG; § 55 m.v.SOG; § 18 NPOG; § 35 PolG NRW; § 13 ME.
63   Vgl BVerfGE 83, 24 ff.
64   Vgl OLG Hamburg, DÖV 1988, 39.
65   So BayObLG, BayVBl. 1998, 604.

erforderlich ist vielmehr eine aufgrund einer Gefahrenprognose bereits feststehende Gefahr, dass die tatbestandlich geforderte Straftat unmittelbar bevorsteht[66].

In **Bayern** wurde 2017 zusätzlich in Art. 17 I Nr. 3 bay.PAG der **Gefährdergewahrsam** normiert. Dieser muss unerlässlich sein für den Schutz eines in Art. 11 III 2 Nr 1-3, Nr 5 bay.PAG genannten bedeutenden Rechtsguts.[67]

oder

– wenn es zur Durchsetzung einer Platzverweisung (o. Rn 584) unerlässlich ist[68].

Bei einer richterlichen Freiheitsentziehung in solchen Fällen kommt dem nachträglichen Rechtsschutz eine hohe Bedeutung zu[69].

Die **präventiv-polizeiliche Ingewahrsamnahme**[70] ist zu **unterscheiden von** der im Zusammenhang mit der Strafverfolgung zulässigen **Festnahme** gemäß § 127 StPO.

589

Weiterhin ist die Polizei ermächtigt, die Rückführung von Minderjährigen und von Insassen einer Justizvollzugsanstalt vorzunehmen (vgl Art. 17 II, III bay.PAG; § 55 II, III m.v.SOG; § 18 II, III NPOG; § 35 II, III PolG NRW).

Wird eine Person zum Zwecke einer Identitätsfeststellung, einer Vorführung oder einer Ingewahrsamnahme festgehalten, so hat die Polizei als Ausfluss von Art. 104 II 2 GG **unverzüglich** eine **richterliche Entscheidung** über Zulässigkeit und Fortdauer der Freiheitsentziehung herbeizuführen. Dies gilt nur dann nicht, wenn anzunehmen ist, dass die Entscheidung des Richters erst nach Wegfall des Grundes der polizeilichen Maßnahme ergehen würde[71]. „Unverzüglich" ist dahin auszulegen, dass die richterliche Entscheidung ohne jede Verzögerung, die sich nicht aus sachlichen Gründen rechtfertigen lässt, nachgeholt werden muss; auch die weitere Sachbehandlung durch den Richter muss dem Gebot der Unverzüglichkeit entsprechen[72]. Eine bloß formularmäßige richterliche Bestätigung der polizeilichen Maßnahmen genügt den Anforderungen der Art. 103 I, 104 II GG nicht[73].

590

Für die Entscheidung über Zulässigkeit und Fortdauer der Freiheitsentziehung ist das Amtsgericht zuständig[74], in dessen Bezirk die Person festgehalten wird. Dies gilt auch für das Klageziel einer nachträglichen Feststellung, dass eine inzwischen beendete Freiheitsentziehung rechtswidrig gewesen ist[75]. Diese ausschließliche Zuständigkeit der ordentlichen Gerichte gilt jedoch nicht für die nachträgliche Überprüfung im Rah-

---

66 OLG München, NVwZ-RR 2008, 247.
67 Kritisch dazu *Kuch*, DVBl 2018, 343 (346 ff); *Löffelmann*, BayVBl 2018, 145 (152 ff).
68 § 55 I Nr 4 m.v.SOG und § 35 I Nr 5 PolG NRW lassen darüber hinaus eine Ingewahrsamnahme auch zu, wenn dies unerlässlich ist, um private Rechte zu schützen, und eine Festnahme und Vorführung der Person gemäß §§ 229, 230 III BGB zulässig ist. Gemäß § 35 I Nr 4 PolG NRW ist eine Ingewahrsamnahme möglich, um eine Wohnungsverweisung oder ein Rückkehrverbot (o. Rn 587) durchzusetzen.
69 Siehe BVerfG, NJW 1999, 3773.
70 Dazu allg. *Michaelis*, JA 2014, 198 ff.
71 Vgl Art. 18 I bay.PAG; § 56 V m.v.SOG; § 19 I NPOG; § 36 I PolG NRW. Dazu lehrreich Nds. OVG, NVwZ-RR 2014, 552 (555 ff), auch im Hinblick auf die Vorgaben der EMRK.
72 So BVerfG, NVwZ 2006, 579 (580).
73 So BVerfGE 83, 24 (34 f) – „Großdemo".
74 Vgl Art. 18 II 2, 92 II bay.PAG; § 56 V 4 m.v.SOG; § 19 III 1 NPOG; § 36 II 1 PolG NRW.
75 Vgl ausdrücklich Art. 18 II 2 bay.PAG und § 19 II 2 NPOG.

men einer gegen die Heranziehung zu den Kosten gerichteten Anfechtungsklage[76]. Das BVerfG hat eine solche Auslegung für unvereinbar mit Art. 19 IV GG erklärt und die Rechtmäßigkeit der polizeilichen Ingewahrsamnahme als eine entscheidungserhebliche Vorfrage für die Kostenentscheidung bewertet, die als solche gemäß § 17 II 1 GVG der verwaltungsgerichtlichen Überprüfung unterliege[77].

591 Für die Behandlung der festgehaltenen Personen und die Dauer der Freiheitsentziehung enthalten die einschlägigen landesrechtlichen Normen umfängliche Vorgaben (vgl Art. 19, 20 bay.PAG; § 56 m.v.SOG; §§ 20, 21 NPOG; §§ 37, 38 PolG NRW; §§ 15, 16 ME)[78].

In § 21 S. 4 NPOG, § 38 II Nr 5 PolG NRW ist zusätzlich – in Orientierung an § 163c II StPO (12 Stunden) – bestimmt, dass eine Freiheitsentziehung zum Zwecke der Identitätsfeststellung die Dauer von insgesamt sechs (Nds.) bzw zwölf (NRW) Stunden nicht überschreiten darf. Der neu eingeführte Gefährdergewahrsam in Bayern (vgl Rn 588) darf gem. Art. 20 Nr 3 bay.PAG bis zur Höchstdauer von drei Monaten gelten und dann jeweils um längstens drei Monate verlängert werden (theoretisch unbegrenzt fortdauernder Gewahrsam). Bis zur Novellierung konnte die Vorbeugehaft in Bayern höchstens bis zu 14 Tage dauern.[79]

6. Durchsuchung von Personen und Sachen

592 Für die Durchsuchung von Personen und Sachen sind in den Polizeigesetzen katalogartig die tatbestandlichen Voraussetzungen normiert (vgl Art. 21, 22 bay.PAG; §§ 53, 57 m.v.SOG; §§ 22, 23 NPOG; §§ 39, 40 PolG NRW; §§ 17, 18 ME). Zur Durchsuchung von Personen gehört dabei die Suche in den am Körper befindlichen Kleidungsstücken, das Abtasten des bekleideten Körpers sowie ggf auch die Nachschau am unbekleideten Körper und in ohne weiteres zugänglichen Körperöffnungen wie dem Mund[80].

Beispiel: Waffenkontrollen bei Spielen der Fußball-Bundesliga.

7. Betreten und Durchsuchung von Wohnungen

593 Hier ist zunächst an die Gewährleistung des Art. 13 GG zu erinnern und an die dortige Abstufung zwischen Durchsuchungen, Einsatz technischer Überwachungsmittel sowie sonstigen Eingriffen und Beschränkungen. Strafprozessuale Parallelvorschriften zu den hier einschlägigen präventiv-polizeilichen Ermächtigungsgrundlagen (vgl Art. 23, 24 bay.PAG; §§ 59, 60 m.v.SOG; §§ 24, 25 NPOG; §§ 41, 42 PolG NRW; §§ 19, 20 ME) finden sich in §§ 102 ff StPO.

Wegen der Bedeutung des prinzipiellen Richtervorbehalts in Art. 13 II GG für Durchsuchungen zur vorbeugenden Kontrolle durch eine unabhängige und neutrale In-

---

76 So aber noch Nds. OVG, NVwZ 2004, 760.
77 BVerfG, NVwZ 2010, 1482 (1483 ff).
78 Siehe aus der Rspr. BVerwGE 45, 51 – „Flughafen"; OVG NRW, NJW 1980, 138 – „Polizeipräsidium"; aus der Lit. *R. Hoffmann*, DVBl. 1970, 437 ff.
79 Vgl für Niedersachsen § 21 S. 2 Nr 1, S. 3 NPOG: Höchstzulässige Dauer bei einer bevorstehenden terroristischen Straftat mit Verlängerungen höchstens 35 Tage.
80 So BayVGH, NVwZ-RR 1999, 310 zur Abgrenzung von polizeilicher Durchsuchung und Untersuchung (Suche nach Fremdkörpern im Genitalbereich).

stanz[81] ist eine enge Auslegung des Begriffs „Gefahr im Verzug" geboten[82]. Die Eilkompetenz ist gegeben, wenn ein Abwarten der richterlichen Entscheidung den Zweck der Durchsuchung gefährden würde[83].

Beispiel: In einer Wohnung soll sich ein Kindesentführer mit dem gesuchten Kind aufhalten. Hier kann die alarmierte Polizei sowohl zur Gefahrenabwehr (Schutz des Kindes) als auch zur Strafverfolgung (Ergreifung des Täters) tätig werden („Doppelfunktion"); zu den schwierigen Rechtsschutzfragen in solchen Fällen unten Rn 626.

Mit der Befassung des zuständigen Ermittlungs- oder Eilrichters durch die Stellung eines Antrags auf Erlass einer Durchsuchungsanordnung und der dadurch eröffneten Möglichkeit präventiven Grundrechtsschutzes durch den Richter endet die Eilkompetenz der Ermittlungsbehörden.[84]

Der Begriff der **Wohnung** ist weit auszulegen; hierunter fallen auch Betriebs- und **594** Geschäftsräume sowie jedes befriedete Besitztum. Die Schutzintensität ist jedoch unterschiedlich stark. Das ist eine Folge des unterschiedlichen Schutzbedürfnisses aus der Perspektive der Sicherung der persönlichen Freiheit[85], denn das Schutzniveau einer privaten Wohnung ist deutlich höher anzusiedeln als das eines Geschäftsraumes.

Die Eingriffsermächtigungen kommen nur zum Tragen, wenn es an der **Einwilligung** **595** des Wohnungsinhabers bzw der Wohnungsinhaber **fehlt**.

Beispiel: Dies ist zwar der Fall, wenn die sich von ihrem Mann bedroht fühlende Ehefrau entgegen dessen Willen die Polizei in die Wohnung lässt (Ehemann als Mitbesitzer gem. § 866 BGB und gleichberechtigter Grundrechtsträger), nicht aber, wenn – bei Einwilligung des Hauseigentümers – Hausbesetzer (vgl den **Ausgangsfall** zu § 16) dem Betreten und Durchsuchen widersprechen.

Das jederzeitige Betreten von Wohnungen zur Abwehr „dringender/erheblicher Gefahren" (zu dieser Eingriffsschwelle siehe oben Rn 470) ist ua dann erlaubt, wenn aufgrund tatsächlicher Anhaltspunkte anzunehmen ist, dass *dort* Personen Straftaten verüben oder sich Straftäter verbergen[86]. Nach dieser Formulierung muss ersichtlich der **Anlass** für einen Eingriff **in der betreffenden Wohnung** liegen. **596**

Beispiel: Es reicht nicht aus, wenn ein Entführer irgendwo in einem Hochhaus oder einem Straßenzug vermutet wird. Vgl aber § 31 III bd.wtt.PolG: „Ist eine Person entführt worden und rechtfertigen Tatsachen die Annahme, dass sie in einem Gebäude oder einer Gebäudegruppe festgehalten wird, so kann die Polizei Wohnungen in diesem Gebäude oder dieser Gebäudegruppe durchsuchen, wenn die Durchsuchungen das einzige Mittel sind, um eine Lebensgefahr oder Gesundheitsgefahr von der entführten Person oder einem Dritten abzuwehren. Durchsuchungen während der Nachtzeit sind nur zulässig, wenn sie zur Abwehr der in Satz 1 genannten Gefahren unumgänglich notwendig sind." Eine für den ME ursprünglich vorgesehene entspre-

---

81 Siehe BVerfG(K), NJW 2002, 1333.
82 BVerfGE 103, 142 (156 ff); BVerfG(K), NJW 2003, 2303 ff u. oben Rn 471.
83 BVerfGE 51, 97 (111); *Gusy*, POR, Rn 255.
84 BVerfG, NJW 2015, 2787.
85 Vgl BVerfGE 32, 54 ff; BVerwGE 47, 31 ff; Hess.VGH, DÖV 1974, 26; OVG Berlin, DÖV 1974, 28.
86 Vgl Art. 23 III bay.PAG; § 59 IV 2 Nr 2 m.v.SOG; § 24 V NPOG; § 41 III PolG NRW; § 19 III ME. Siehe dazu die Falllösung von *Thye*, JuS 2011, 618 ff.

chende Regelung wurde – auch mit Blick auf den 1978 novellierten § 103 StPO – als entbehrlich abgelehnt[87].

8.   Sicherstellung von Sachen

597   Die Standardmaßnahme der Sicherstellung von Sachen ist in der universitären Ausbildung durchaus häufig Gegenstand polizeirechtlicher Klausuren.

a)   Tatbestandliche Voraussetzungen

598   Die Polizei kann **eine Sache sicherstellen**[88],

– um eine gegenwärtige Gefahr abzuwehren,

> Die Gefahr mag dabei ausgehen
> - von der Sache selbst (Beschaffenheit oder räumliche Lage),
> - von der Person, die die Sache besitzt (körperlicher Zustand),
> - von dem Verhalten resp. der Intention der Person, die die Sache (als Werkzeug oder Gegenstand eines gefahrbegründenden Verhaltens) besitzt.

> **Beispiel:** Anordnung der separaten Unterbringung hormonbehandelter Kälber, sofern ansonsten deren Verbringung zur Schlachtung und Verarbeitung zu Lebensmitteln in allernächster Zeit mit an Sicherheit grenzender Wahrscheinlichkeit droht[89]; Beschlagnahme eines Filmes wegen der Anfertigung von Fotoaufnahmen gegen den Willen des Betroffenen[90].

> Bestehen Unklarheiten über die Person, die für die Gefahr verantwortlich ist, so kann eine adressatneutrale Sicherstellung geboten sein, die sich als Realakt darstellt.

> **Beispiel:** Sicherstellung straßenrechtswidrig aufgestellter Container für Altkleider[91].

– um den Eigentümer oder den rechtmäßigen Inhaber der tatsächlichen Gewalt vor Verlust oder Beschädigung einer Sache zu schützen[92],

> **Beispiel:** Abschleppen eines ungesichert mit geöffneten Fenstern am Straßenrand stehenden, offensichtlich gestohlenen Oldtimers[93].

– wenn sie von einer festgehaltenen Person mitgeführt wird und die Sache verwendet werden kann, um sich zu töten oder zu verletzen, Leben oder Gesundheit anderer zu schädigen, fremde Sachen zu beschädigen oder die Flucht zu ermöglichen oder zu erleichtern.

> Zur Sicherstellung im Rahmen der Strafverfolgung siehe §§ 94 ff StPO.

---

87   Vgl *Heise/Riegel*, ME, S. 80.
88   Vgl Art. 25 bay.PAG; §§ 61, 62 m.v.SOG; § 26 NPOG; § 43 PolG NRW; § 21 ME.
89   Vgl auch OVG NRW, NJW 1988, 2968 (2969).
90   SächsOVG, SächsVBl. 2008, 89 ff. Zur Anfertigung von Bildaufnahmen während eines SEK-Einsatzes s. BVerwGE 143, 74 und die darauf basierende Falllösung von *Mansour/Werkmeister*, Jura 2013, 1177 ff.
91   Vgl OVG NRW, NVwZ-RR 2014, 748.
92   Siehe dazu OVG Rh.-Pf., DÖV 1989, 173 – „Motorroller im Straßengraben"; VG Braunschweig, Beschl. v. 18.1.2007 – 5 B 332/06 –, juris (präventiv-polizeiliche Sicherstellung eines Bargeldbetrages trotz vorheriger Freigabe durch die Strafverfolgungsbehörde).
93   Vgl BayVGH, NJW 2001, 1960; restriktiv VG Frankfurt, NJW 2000, 3224.

Anders als §§ 32, 33 bd.wtt.PolG und §§ 26, 27 sächs.PolG unterscheiden die Be- **599**
stimmungen in Bayern, M.V., Nds. und NRW nicht zwischen Sicherstellung und **Beschlagnahme**. Letztere wird hier lediglich als Durchführung der Sicherstellung durch
polizeilichen Zwang betrachtet. Die Vorschriften über die Sicherstellung geben der
Polizei bei solcher Sichtweise ganz allgemein die **Befugnis**, den Gewahrsam des Betroffenen aus den im Einzelnen aufgeführten Gründen zu beenden und **neuen Gewahrsam zu begründen**.

In **Bayern** ist in Art. 35 bay.PAG seit Mai 2018 zudem die **Postsicherstellung** geregelt. Auch
hier verwendet das Gesetz wiederum den Begriff der drohenden Gefahr (s. oben Rn 470). Diese
Maßnahme steht unter einem Richtervorbehalt, wobei auch die Öffnung der Post durch das Gericht zu erfolgen hat, Art. 35 II, IV bay.PAG.

b) Insbesondere die Sicherstellung von Kraftfahrzeugen

In der polizeilichen Praxis von besonderer Bedeutung ist die **Sicherstellung von** **600**
Kraftfahrzeugen[94].

Beispiel: Abschleppen eines verkehrsbehindernd geparkten Pkw durch von der Polizei beauftragten Unternehmer[95].

Bei ernsthafter Behinderung des Straßenverkehrs durch ein verbotswidrig abgestelltes
Fahrzeug ist eine Sicherstellung durch Verbringung auf ein gesichertes Gelände erlaubt, soweit nicht mildere Mittel greifen und ohne größeren Aufwand möglich sind
(Rückfrage nach dem Fahrer im nahe liegenden Haus, geringfügiges Weiterschieben
des Fahrzeugs[96]), dies nicht zuletzt auch zum Schutz des Kfz-Halters. Die Rechtsprechung sieht in **Verbotsschildern zugleich das Gebot zur Entfernung** des verbotswidrig abgestellten Kfz, so bei absolutem Halteverbot, gekennzeichnetem Parkplatz
für Schwerbehinderte oder markiertem Fußgängerüberweg[97]. Verkehrsschilder sind
Allgemeinverfügungen, die durch öffentliche Bekanntgabe gemäß § 43 I VwVfG
wirksam werden[98], so dass der Einwand, man habe das Verkehrsschild nicht zur
Kenntnis genommen, unerheblich ist[99].

aa) Viel diskutiert wurde die Frage, ob man vom Abschleppen dann verschont blei- **601**
ben kann, wenn man als Zeichen der raschen Erreichbarkeit seine **Mobil-Telefon-
nummer** gut sichtbar im Auto hinterlässt.

Das OVG Hamburg lehnte dies 2001 ab[100]: Zwar könne „die Benachrichtigung des
verantwortlichen Fahrers geboten sein, wenn er selbst den Ermittlungsaufwand redu-

---

94 Vgl auch *Möstl*, Jura 2011, 840 (851). Zum Kostenrecht *Kugelmann/Alberts*, Jura 2013, 898 (907 ff).
95 Zur Stellung des beauftragten Abschleppunternehmers siehe noch Rn 603.
96 Bloße „Versetzung" oder „Umsetzung" (so § 22 II 1 thür.OBG; § 14 I 2 hamb.SOG) des Kfz; vgl
    BayVGH, NJW 1984, 2962. Hierbei handelt es sich dann konsequenterweise aber schon vom äuße-
    ren Erscheinungsbild her nicht um eine Sicherstellung, sondern um eine Ersatzvornahme.
97 BVerwGE 102, 316 (319); OVG Hamburg, NZV 2008, 313.
98 Nach BVerwGE 102, 316 (318) erfolgt die Bekanntgabe nach den bundesrechtlichen Vorschriften
    der StVO (vgl §§ 39 I, Ia, 45 IV StVO), welche die § 41 III, IV VwVfG zumindest modifizieren;
    zum Beginn der Widerspruchs- bzw Klagefrist s. BVerwG, NJW 2011, 246 (246 f).
99 BVerwGE 102, 316 (318 f); OVG Hamburg, NZV 2008, 313 ff und SächsOVG, NJW 2009, 2551 ff
    – „mobile Halteverbotszone".
100 OVG Hamburg, NJW 2001, 3647 (3648); anders OVG Hamburg, DVBl. 2011, 1114 ff: Unverhält-
    nismäßige Abschleppanordnung, wenn Fahrer in wenigen Minuten das Fahrzeug entfernen würde
    (Abholung vom Kindergarten); Klausurlösung bei *Schneider/Schröder*, NdsVBl. 2001, 299 ff.

ziert und gleichzeitig die Erfolgsaussichten dadurch vergrößert, dass er einen konkreten Hinweis auf seine Erreichbarkeit und seine Bereitschaft zum umgehenden Entfernen des verbotswidrig geparkten Fahrzeugs gibt." Allerdings werde dem zur Kontrolle des ruhenden Verkehrs eingesetzten Beamten kein übermäßiger Einsatz abzuverlangen sein. Der Informationsgehalt eines Zettels mit Mobiltelefonnummer sei zu unbestimmt, um daran die Verpflichtung zu knüpfen, vor den eingespielten und zuverlässigen Verfahren des Abschleppens den Versuch zu unternehmen, den Fahrer des Kfz zur Selbstvornahme zu veranlassen. Das **BVerwG** hat diese Auffassung unterstützt und unter Akzentuierung des Grundsatzes der Verhältnismäßigkeit (o. Rn 540 ff) und mit Blick auf die spezial- und generalpräventiven Zwecke des Abschleppens dargelegt, dass trotz zwischenzeitlich erfolgter Verbreitung von Mobiltelefonen unverändert gelte, dass „einem durch die hinter der Windschutzscheibe des Kraftfahrzeugs angebrachte Adresse und Telefonnummer veranlassten Nachforschungsversuch regelmäßig schon die ungewissen Erfolgsaussichten und nicht abzusehenden weiteren Verzögerungen entgegenstehen."[101] Unter Verweis auf diese Rechtsprechung hat das OVG Hamburg auch 2005 wieder das Auslegen eines Hinweiszettels im Fahrzeug mit Telefonnummer und Anschrift des Fahrers als nicht ausreichend angesehen; zwar könne der Polizeibedienstete nach den Umständen des Einzelfalles zu einem Nachforschungsversuch verpflichtet sein, doch müsse dafür erkennbar gemacht werden, dass der Fahrer aktuell an dem angegebenen Ort erreichbar sei[102] und das Fahrzeug unverzüglich selbst entfernen werde.[103]

602 bb) Meinungsverschiedenheiten herrschen jedoch nach wie vor noch hinsichtlich der genauen **Ermächtigungsgrundlage** für solche polizeilich veranlassten Aktionen[104]. In Betracht kommt die Ersatzvornahme (dazu noch Rn 719) – als zwangsweise Durchsetzung einer auf die Generalklausel gestützten Verfügung oder zur zwangsweisen Durchsetzung des in einem Verkehrszeichen enthaltenen Wegfahrgebots –[105], bzw, in Ländern, die eine entsprechende Vorschrift kennen, die unmittelbare Ausführung (s. unten Rn 720)[106], die Bewertung als unmittelbarer Zwang (dazu noch u. Rn 724 ff) in Gestalt einer Einwirkung auf eine Sache zur Durchsetzung eines Gebots[107] oder – wie hier vertreten – die Standardmaßnahme der **Sicherstellung**[108].

Letztere Auffassung verdient schon aus Gründen der Realitätsnähe[109] und der konsequenten Umsetzung in der Verwaltungspraxis, rechtssystematisch aber auch wegen

---

101 So BVerwG, NJW 2002, 2122 f unter Bestätigung von BVerwGE 90, 189 (193).
102 OVG Hamburg, NJW 2006, 2247 (2248 f).
103 BVerwG, NJW 2014, 2888.
104 Falllösungen dazu bei *Sasse*, NdsVBl. 2008, 329 ff und *Meister*, JA 2011, 359 ff.
105 So OVG NRW, NWVBl. 2000, 355; OVG Hamburg, NZV 2008, 313; VG Weimar, ThürVBl. 2001, 92; VG Gelsenkirchen, NWVBl. 2001, 72; *Perrey*, BayVBl. 2000, 609 ff.
106 So OVG Hamburg, NJW 2001, 3647; in diesem Sinne auch *Schenke*, POR, Rn 164.
107 So *Klenke*, NWVBl. 1994, 288 (289).
108 So BayVGH, NVwZ 1990, 180 f; *Götz/Geis*, POR, § 8 Rn 63, § 14 Rn 22; *Kingreen/Poscher*, POR, § 18 Rn 5; *Gusy*, POR, Rn 290; *Schoch*, BesVerwR, 1. Kap. Rn 636; offen lassend OVG NRW, NWVBl. 1993, 351 u. 1998, 411 (412); unklar *D/W/V/M*, S. 167 f; differenzierend *Kugelmann*, POR, S. 312 f.
109 Zu Recht wies bereits *Friauf*, in: Schmidt-Aßmann (Hrsg.), BesVerwR, 11. Aufl. 1999, Rn 143, darauf hin, straßenverkehrsrechtlich geboten sei für den Störer nur die Entfernung des Kfz aus dem Parkverbot bis zum nächstgelegenen verfügbaren Platz, nicht aber die Überstellung zum polizeilichen Sicherstellungsgelände; letzteres lässt sich so kaum als Ersatzvornahme begreifen, vielmehr realitätsnäher auf der Basis der polizeirechtlichen Vorschriften über die Sicherstellung legitimieren.

des Vorrangs der – textlich einschlägigen – Spezialermächtigungen für Standardmaßnahmen jedenfalls dann den Vorrang, wenn nicht nur eine schlichte „Umsetzung" in
unmittelbare räumliche Nähe (dann Ersatzvornahme)[110], sondern eine Verbringung
auf ein gesichertes Gelände erfolgt. In § 22 II thür.OBG wird dies durch Gesetz, anderswo immerhin durch die einschlägigen Verwaltungsvorschriften ausdrücklich bekräftigt[111].

c) Verwahrung und Herausgabe der Sachen

Sichergestellte Sachen sind in **Verwahrung** zu nehmen (vgl Art. 26 I 1 bay.PAG;   **603**
§ 62 V m.v.SOG; § 27 I NPOG; § 44 I PolG NRW; § 22 I ME). Es entsteht hierdurch
ein öffentlich-rechtliches Verwahrungsverhältnis, auf welches die §§ 688 ff BGB entsprechend anwendbar sind[112], ein Belassen sichergestellter Sachen im Gewahrsam
des Betroffenen scheidet grundsätzlich aus.

Der **private Abschleppunternehmer**, der einen Pkw im Auftrag der Polizei auf sein
Gelände abgeschleppt hat, übt mithin ein auf öffentlichem Recht gründendes Zurück-
behaltungsrecht aus und ist zur Herausgabe nur gegen Zahlung der dem öff. Aufgabenträger zu erstattenden Kosten (Abschleppunternehmer als Empfangsbevollmäch-
tigter) befugt[113].

Str. ist, ob ein Abschleppunternehmer, der von der Polizei durch privatrechtlichen Vertrag mit
der Bergung und/oder dem Abschleppen eines (Unfall-)Fahrzeugs beauftragt wurde, bei der
Durchführung der polizeilich angeordneten Bergungs- und Abschleppmaßnahme in Ausübung
eines ihm anvertrauten öff. Amtes handelt und mithin insoweit **Amtshaftungsansprüche** gem.
§ 839 BGB iVm Art. 34 GG greifen[114].

Für **Schäden** im Rahmen der sich anschließenden Verwahrung auf dem Gelände des behördlich beauftragten Privatunternehmers wurde hingegen vom OLG Hamm gegen die als Ordnungsbehörde tätig gewordene Gemeinde sowohl ein Amtshaftungsanspruch verneint (weil das
als selbstständiger Verwaltungshelfer eingeschaltete Unternehmen insoweit nicht mehr als
Werkzeug gehandelt habe) als auch ein Anspruch aus öff.-r. Verwahrung (in Ermangelung
einer besonderen Fürsorge- und Obhutspflicht fraglich)[115].

Sofern die Polizei eine Liste nächstgelegener privater Abschleppunternehmer führt,
auf die bei Sicherstellungsaufträgen zurückgegriffen wird, kann sie einen Unternehmer aus dieser Liste streichen, wenn er sich bei der Durchführung eines solchen Auftrags als unzuverlässig erwiesen hat[116].

Die **Pflicht zur Herausgabe** hinsichtlich der sichergestellten Sachen oder des Erlöses   **604**
besteht, sobald die Voraussetzungen für die Sicherstellung weggefallen sind (vgl

---

110 Dazu *Remmert*, NVwZ 2000, 642.
111 Siehe *Berner/Köhler*, PAG, 19. Aufl. 2008, Art. 25 Rn 4 unter Hinweis auf die bay. Vollzugsbestim-
     mungen. Für NRW vgl Nr 7 u. 8 der Liste zu § 7a I KostO NRW.
112 Zur Amtshaftung bei einem Verstoß gegen sich daraus ergebene Pflichten siehe OLG Schleswig,
     NVwZ 2000, 234 f.
113 Vgl BayObLG, NJW 1992, 1399; *Schoch*, BesVerwR, 1. Kap, Rn 655.
114 Dazu bejahend BGHZ 121, 161 ff unter Bezugnahme auf die sog. Werkzeugtheorie; s. auch den
     Übungsfall von *Detterbeck*, JuS 2000, 574 ff.
115 OLG Hamm, NJW 2001, 375 f; vgl auch OLG Schleswig, NVwZ 2000, 234 f.
116 OLG Hamm, NVwZ-RR 2003, 31.

Art. 28 I bay.PAG; § 61 II m.v.SOG; § 29 I NPOG; § 46 I PolG NRW; § 24 ME)[117]. Bei der Herausgabe handelt es sich sozusagen um eine Rückabwicklung der Sicherstellung.[118]

Der behördliche Anspruch auf Erstattung der Kosten für Sicherstellung und Verwahrung ist ausdrücklich normiert (vgl Art. 28 V bay.PAG; § 61 III m.v.SOG; § 29 III NPOG; § 46 III PolG NRW; § 24 III ME); s. dazu auch Rn 788[119]. Ein Verschulden an dem der Sicherstellung zugrundliegenden Tatbestand ist keine Voraussetzung für einen Erstattungsanspruch.[120]

Unter bestimmten Voraussetzungen ist eine Verwertung bzw eine Vernichtung zulässig (vgl Art. 27 I, IV bay.PAG; § 64 I, IV m.v.SOG; § 28 I, IV NPOG; § 45 I, IV PolG NRW; § 23 I, IV ME).

Beispiel: Das Mitführen eines betriebsbereiten Radarwarngerätes in einem Kfz begründet eine Gefahrenlage, die eine Sicherstellung sowie eine Einziehung und Vernichtung des Gerätes erlauben kann[121].

9. Befugnisse zur Datenerhebung und Datenverarbeitung

605   Ergänzt werden die vorstehend dargestellten traditionellen Standardbefugnisse heutzutage durch die seit Ende der achtziger Jahre in allen Ländern geschaffenen Befugnisnormen über die Informationserhebung und -verarbeitung[122], deren Aufgabe vor allem darin besteht, für die bis vor dem Volkszählungsurteil des BVerfG[123] noch allein auf die Aufgabenbestimmungen gestützten **Informationseingriffe bereichsspezifische**, den verfassungsrechtlichen Anforderungen genügende **Eingriffsermächtigungen** zu schaffen (o. Rn 379, 430 ff). Die Bedeutung dieser Vorschriften lässt sich kaum überschätzen, denn die Behörden können nur in dem Rahmen zur Gefahrenabwehr tätig werden, wie ihnen die Gefahr bekannt ist. Neue Maßstäbe für präventivpolizeiliche Informationseingriffe setzte auch die Entscheidung des BVerfG von Februar 2008[124], in der nicht nur das **„Grundrecht auf Gewährleistung der Vertraulichkeit und Integrität informationstechnischer Systeme"** aus Art. 2 I iVm 1 I GG (sog. PC-Grundrecht) entwickelt worden ist, sondern auch präzise Vorgaben zur Informationserhebung durch Infiltration eines informationstechnischen Systems. Demnach bedarf es hierfür einer gesetzlichen Ermächtigung, die Vorkehrungen zum Schutz des Kernbereichs privater Lebensführung enthält. Ein Eingriff soll nur im Falle tatsächlicher Anhaltspunkte einer konkreten Gefahr für ein überragend wichtiges Gemeinschaftsgut zulässig sein. Überdies müsse die Maßnahme unter dem Vorbehalt richterlicher Anordnung stehen.[125]

---

117 Zum Fortsetzungsfeststellungsinteresse nach Erledigung einer polizeilichen Sicherstellung s. OVG NRW, NJW 1999, 2202.
118 OVG Bremen, NJW 2016, 2901 (2903).
119 Soweit von einer Ersatzvornahme ausgegangen wird, ist auf die entsprechenden Kostentragungsvorschriften zu verweisen; vgl unten Rn 787.
120 VG Düsseldorf, BeckRS 2014, 46197.
121 Bd.Wtt.VGH, VBlBW 2003, 192 zu §§ 33, 34 bd.wtt.PolG.
122 Vgl den Überblick bei *Becker/Ambrock*, JA 2011, 561 ff.
123 BVerfGE 65, 1 (41 ff).
124 BVerfGE 120, 274 ff (Online-Durchsuchung); s. bereits oben Rn 379.
125 Vgl die Ausgestaltung dieser Vorgaben in dem 2019 neu eingeführten § 33d NPOG.

Anknüpfend an eine Aussage des BVerfG, dass das Recht auf informationelle Selbstbestimmung nicht schrankenlos gewährleistet ist, mithin „der Einzelne [...] nicht ein Recht i.S. einer absoluten, uneinschränkbaren Herrschaft über „seine" Daten" habe[126], scheint sich zunehmend aber auch die Einsicht durchzusetzen, dass **Datenschutz nicht Täterschutz** bedeuten darf und dass das Sicherheitsinteresse der Zivilbevölkerung (der Opferschutz) im Antiterrorkampf einen gewichtigen Belang darstellen kann, der im Rahmen der Verhältnismäßigkeit Eingriffe in dieses Grundrecht legitimieren kann.

Die betreffenden Abschnitte der Gefahrenabwehrgesetze enthalten regelmäßig einen einleitenden Teil, in dem die allgemeinen Grundsätze der Datenerhebung geregelt sind. Ein wesentlicher Grundsatz besteht darin, dass die **Datenerhebung offen** und **beim Betroffenen durchzuführen** ist; eine verdeckte Datenerhebung ist nur zulässig, wenn dies in speziellen Fällen durch Gesetz zugelassen ist (vgl zB § 26 II m.v.SOG; § 30 II Nr 1 iVm § 32 II NPOG; § 9 IV iVm § 17 II PolG NRW). Eine Datenspeicherung ist auf das erforderliche Maß zu beschränken[127].

a) Datenerhebung

Differenziert werden muss zwischen der Datenerhebung und der Datenverarbeitung. Da beide mit Eingriffen in das allgemeine Persönlichkeitsrecht verbunden sind, soweit ein Personenbezug herstellbar ist, bedarf es insofern gesonderter, spezieller Rechtsgrundlagen. Datenerhebung meint in diesem Zusammenhang lediglich das **Sammeln personenbezogener Daten**. In den Polizeigesetzen finden sich sowohl eine Vielzahl spezieller Befugnisnormen zur Datenerhebung als auch datenschutzrechtliche Generalklauseln (Art. 31 II 2 bay.PAG; § 26 I 2 m.v.SOG; § 30 I 2 Nr 5 NPOG; § 9 III 2 PolG NRW). **606**

Erfolgt der Eingriff verdeckt, erhöht dies seine Intensität, was wiederum die Anforderungen an seine Rechtfertigung steigert[128]. Zwei spezielle Möglichkeiten verdeckter Informationsbeschaffung sollen nachfolgend kurz dargestellt werden; weitere Beispiele sind etwa die polizeiliche Beobachtung, die Observation, der Einsatz verdeckter Ermittler bzw V-Leuten oder die polizeiliche Datenerhebung im Internet.[129]

Zur Datenerhebung und -speicherung der durch elektronische Aufenthaltsüberwachung (**elektronische Fußfessel**, o. Rn 586) gewonnenen Bewegungsdaten vgl. § 27c bd.wtt.PolG; Art. 34 bay.PAG; § 17c NPOG, § 34c PolG NRW.

aa) Videoüberwachung. Soweit früher durch vermehrte Polizeipräsenz im öffentlichen Raum ein Zugewinn an Sicherheit zu erreichen versucht wurde, wird eine physische Anwesenheit von Polizeibeamten in jüngerer Zeit oftmals durch eine Videoüberwachung öffentlicher Plätze ersetzt[130]. Durch diese Videoüberwachung soll zum einen Bildmaterial gewonnen werden, mit dessen Hilfe belastende hoheitliche Maß- **607**

---

126 BVerfG DVBl. 1988, 530.
127 Vgl zB § 37 III m.v.SOG; § 39a NPOG; § 22 PolG NRW.
128 BVerfGE 115, 320 (353); *Götz/Geis*, POR, § 17 Rn 61.
129 Dazu *Mann/Fontana*, JA 2013, 734 (737 f).
130 *Dolderer*, NVwZ 2001, 130 (131 f) sowie zum Pilotprojekt der Bundespolizei „Videoüberwachung Bahnhof Berlin Südkreuz" *Jandt*, ZRP 2018, 16 ff.

nahmen gegen Personen vorbereitet werden können, die in dem von der Überwachung erfassten Bereich bestimmte unerwünschte Verhaltensweisen zeigen. Zum anderen soll sie aber auch abschrecken und damit eine Verhaltenslenkung bei der Betroffenen bewirken.[131] Die entsprechenden Ermächtigungen zur sog. offenen **Videoüberwachung öffentlicher Plätze** finden sich zB in Art. 33 III bay.PAG; § 32 III NPOG[132]; § 15a PolG NRW und § 32 III m.v.SOG[133].

Danach kann die Polizei zur Verhütung von Straftaten einzelne öffentlich zugängliche Orte, an denen wiederholt Straftaten begangen wurden und deren Beschaffenheit die Begehung von Straftaten begünstigt, mittels Bildüberwachung beobachten und die übertragenen Bilder aufzeichnen, solange Tatsachen die Annahme rechtfertigen, dass an diesem Ort weitere Straftaten begangen werden.

Rechtlich relevant ist insoweit die Unterscheidung zwischen der bloßen Beobachtung öffentlicher Orte einerseits, die eine umgehend herbeigeführte Behördenpräsenz ermöglicht, und der Bildaufzeichnung andererseits, die zu einer späteren Wiedergabe der aufgezeichneten Bilder befähigt, um das polizeirechtlich relevante Geschehen nachvollziehen zu können.[134] Umstritten ist, ob bereits die bloße Beobachtung ohne Speicherung des Bildmaterials und ohne Identifizierung einzelner Personen einen Grundrechtseingriff in das aus Art. 2 I iVm Art. 1 I GG folgende Recht auf informationelle Selbstbestimmung bewirkt[135]. Dies wird zum Teil verneint, weil es sich um bloße Übersichtsaufnahmen ohne Personenbezug handele.[136] Andere wiederum messen auch der bloßen Videobeobachtung zur zeitgleichen Auswertung am Monitor Eingriffscharakter zu, halten die Maßnahme im Ergebnis aber für verfassungsgemäß, sofern sie sich auf die vorbeugende Kriminalitätsbekämpfung in einem begrenzten örtlichen Bereich beschränkt.[137] Das BVerfG hat offen gelassen, ob bereits der bloßen Beobachtung öffentlicher Plätze Eingriffsqualität zukommt, hat dieses jedoch, soweit es zu **Aufzeichnungen** kommt, bejaht. Hierin liege ein Eingriff in das Recht auf informationelle Selbstbestimmung potentieller Besucher des Platzes von hoher Eingriffsintensität, weil es sich um verdachtslose Eingriffe mit einer großen Streubreite gegenüber Personen handele, welche in keiner Beziehung zu einem konkreten Fehlverhalten stehen und den Eingriff durch ihr Verhalten nicht veranlasst haben. Deshalb sei eine präzise und verhältnismäßige Ermächtigungsgrundlage erforderlich.[138] Da sich die o.g. Ermächtigungen der Polizeigesetze tatbestandlich allesamt auf strafge-

---

131 BVerfG, NVwZ 2007, 688 (690).
132 Dazu VG Hannover, NVwZ-RR 2011, 943.
133 Siehe daneben auch § 21 III bd.wtt.PolG (dazu Bd.Wtt.VGH, NVwZ 2004, 498); § 25 berl.SOG; § 31 II 1 bbg.PolG; § 29 III brem.PolG; § 8 III PolDVG HH (dazu OVG Hamburg, NordÖR 2010, 498); § 14 III hess.SOG; § 27 I, III rh.pf.POG; § 27 I saarl. PolG; § 37 II sächs.PolG; § 16 II s.anh.SOG; § 184 II schl.h.LVwG; § 33 II thür.PAG; aus der Lit. s. *Schewe*, NWVBl. 2004, 415 ff sowie die Fallbearbeitungen von *Röger/Stephan*, NWVBl. 2001, 201 ff, 243 ff und *Ogorek*, JuS 2013, 811 ff.
134 *Wüstenberg*, KommJur 2007, 13 (15). Zu dieser Differenzierung in der Fallbearbeitung s. *Mann*, NdsVBl. 2010, 284 (286).
135 Umfassend dazu *Held*, Intelligente Videoüberwachung, 2014, S. 78 ff.
136 Vgl VG Halle, LKV 2000, 164; VG Karlsruhe, NVwZ 2002, 117; *Schmidt-Glaeser*, BayVBl. 2002, 584 (585).
137 Vgl OVG Bremen, NVwZ 1990, 1188; VGH Bd.Wtt., VBlBW 2004, 20 (m. Anm. *Stephan*); VG Hannover, NVwZ-RR 2011, 943 ff; *Anderheiden*, JuS 2003, 438 f.
138 BVerfG, NVwZ 2007, 688 (690).

neigte Orte beschränken, dürften sie damit den verfassungsrechtlichen Anforderungen genügen.

Ganz in diesem Sinne entschied das BVerwG Anfang 2012, dass die offene Videoüberwachung von Brennpunkten der Straßenkriminalität zum Zweck der Verhinderung solcher Delikte mit dem Recht auf informationelle Selbstbestimmung vereinbar sei[139]. Geklagt hatte die Mieterin eines Wohnhauses in der überwachten Straße (Reeperbahn). Die Vorinstanzen hatten der Polizei bereits untersagt, mit der Videoüberwachung auch die Wohnräume der Klägerin und den Eingangsbereich des Hauses zu erfassen[140], sodass das BVerwG über diese Frage nicht mehr zu entscheiden hatte.

In einigen Ländern wie zB **Bayern oder NRW** kann die Polizei bei Maßnahmen der Gefahrenabwehr an öffentlich zugänglichen Orten Personen offen mittels automatisierter Bild- und Tonaufzeichnung, insbesondere auch mit körpernah getragenen Aufnahmegeräten (sog. **Body-Cams**), kurzfristig technisch erfassen, wenn dies zum Schutz von Polizeibeamten oder Dritten erforderlich ist.[141]

bb) Telekommunikationsüberwachung. Des Weiteren kann die Polizei unter näher umschriebenen Voraussetzungen Telekommunikationsleitungen überwachen und aufzeichnen sowie Telekommunikationsverbindungsdaten erheben und in einigen Ländern auch Anrufe über Notrufeinrichtungen auf Tonträger aufzeichnen (vgl Art. 42 bay.PAG; § 34a m.v.SOG; §§ 33a ff NPOG; § 18 PolG NRW). Jedoch sind die Länder nicht befugt, die Polizei zur **Telekommunikationsüberwachung** zum Zwecke der Vorsorge für die Verfolgung von Straftaten (zB § 1 I 3 NPOG – o. Rn 425) zu ermächtigen, weil der Bundesgesetzgeber insoweit abschließend von seiner Gesetzgebungsbefugnis aus Art. 74 I Nr 1 GG Gebrauch gemacht hat[142]. Länder wie Bremen und Berlin nennen Art. 10 GG in ihren Polizeigesetzen nicht als einschränkbares Grundrecht, so dass in diesen Ländern eine auf die Gefahrenabwehr gestützte Telekommunikationsüberwachung wegen Art. 19 I 2 GG nicht zulässig ist[143].

608

Im Rahmen seiner Entscheidung zur strafprozessualen **Vorratsdatenspeicherung** aus dem Jahr 2010[144] nahm das BVerfG auch zur Speicherung von Telekommunikationsdaten zum Zwecke der präventivpolizeilichen Ermittlungstätigkeit Stellung: Eine anlasslose, vorsorgliche Speicherung der Telekommunikationsdaten greife zwar in Art. 10 GG ein, der für Eingriffe in das Fernmeldegeheimnis eine gegenüber Art. 2 I iVm Art. 1 I GG abschließende Spezialregelung enthalte, könne aber in den Grenzen des Verhältnismäßigkeitsgrundsatzes zum Zwecke der Gefahrenabwehr gerechtfertigt werden. Verfassungsrechtlich strikt untersagt ist dem Staat nach ständiger Rechtsprechung hingegen eine Sammlung von personenbezogenen Daten auf Vorrat zu unbestimmten oder noch nicht bestimmbaren Zwecken[145].

---

139   BVerwG, NVwZ 2012, 757 (762); dazu *Siegel*, NVwZ 2012, 738.
140   OVG Hamburg, NordÖR 2010, 498 ff; Falllösung bei *Waldhoff*, JuS 2013, 94 ff.
141   Vgl § 21 V bd.wtt.PolG (zur Verfolgung von Straftaten oder Ordnungswidrigkeiten); Art. 33 IV bay.PAG; § 15c I PolG NRW (ohne Beschränkung auf öffentlich zugängliche Orte) sowie § 27a I, II 1 BPolG; vgl zu den rechtlichen Anforderungen und technischen Maßnahmen zum Einsatz von Bodycams, *Lachemann*, NVwZ 2017 1424 ff.
142   BVerfGE 113, 348 ff (Nichtigkeit von § 33a I Nr 2 u. 3 Nds.SOG aF).
143   Vgl § 66 berl.SOG; § 9 brem.PolG.
144   BVerfGE 125, 260 ff.
145   BVerfGE 65, 1 (46); 100, 313 (360); 115, 320 (350); 118, 168 (187).

Beispiel: Eindeutig zu weit geht es daher, wenn die Polizei unter der Annahme möglichen Landfriedensbruchs anlässlich einer angemeldeten Demonstration gegen Rechtsradikale in Dresden 2011 im Wege einer Funkzellenauswertung im Bereich der Kundgebung mehr als 130 000 Datensätze aus mehreren Stunden Datenverkehr von den Providern abruft und dabei zwangsläufig auch Anwohner, Bahnreisende oder Journalisten erfasst[146].

Unter Abwägung des in der Datenspeicherung und Datenverwendung liegenden Eingriffs und der Bedeutung einer wirksamen Gefahrenabwehr sollen der Abruf und die unmittelbare Nutzung der Daten nur **verhältnismäßig** sein, wenn tatsächliche Anhaltspunkte für eine konkrete Gefahr für Leib, Leben oder Freiheit einer Person, für den Bestand oder die Sicherheit des Bundes oder eines Landes oder für eine gemeine Gefahr vorliegen. Einen Eingriff in das Recht auf informationelle Selbstbestimmung von geringerem Gewicht nahm das BVerfG hingegen in seiner Entscheidung zur Bestandsdatenspeicherung[147] an, in der es über die Speicherungspflicht personenbezogener Daten durch die Anbieter von Telekommunikationsdienstleitungen zu entscheiden hatte.[148]

609 **cc) Online-Durchsuchung.**   Einige Landesgesetze haben zwischenzeitlich die **Online-Durchsuchung**[149] als weitere Standardmaßnahme normiert.[150] Demnach kann die Polizei mit technischen Mitteln heimlich auf informationstechnische Systeme (zB Computer, Messengerdienste wie **WhatsApp** oder **Cloud-Speicher**, wobei die Daten hier gerade auf Servern Dritter gespeichert sind) zugreifen und die dort gespeicherten Daten durchsuchen und überwachen.[151] Damit einher geht ein Eingriff in das in Art. 2 I iVm Art. 1 GG gewährleistete Recht auf Vertraulichkeit und Integrität informationstechnischer Systeme,[152] so dass diese Maßnahme an strenge Voraussetzungen geknüpft ist. Auch im Rahmen der Strafverfolgung wurde mit dem „Gesetz zur effektiveren und praxistauglicheren Ausgestaltung des Strafverfahrens" vom 17.8.2017[153] die Online-Durchsuchung als weitere verdeckte Ermittlungsmaßnahme in die StPO eingeführt, vgl § 100b I StPO. [154]

b) Datenverarbeitung

610 Um die gesammelten Informationen sachgerecht nutzen zu können, müssen diese aufbereitet werden. Es bedarf der Datenverarbeitung (**Speicherung, Veränderung, Nutzung, Übermittlung**). Zu diesem Zweck enthalten die Polizeigesetze der Länder Generalklauseln zur Datennutzung (vgl Art. 53 I bay.PAG; § 36 I m.v.SOG; § 38 I 1 NPOG; § 24 I PolG NRW) sowie eine Vielzahl detailreicher Vorschriften, die Umfang und Grenzen der behördlichen Befugnisse normieren.

---

146 Vgl FAZ Nr 144 vom 24.6.2011, S. 40.
147 BVerfG, NJW 2012, 1419 ff.
148 Dazu ausführlich *Arenz*, Der Schutz der öffentlichen Sicherheit in Next Generation Networks, 2010, S. 168 ff.
149 Dazu generell das BKAG-Urteil des BVerfG, NJW 2016, 1781 ff sowie ausführlich zur Online-Durchsuchung *Graulich*, in: L/D, E Rn 780 ff, insb Rn 788 f (Messenger-Dienste wie WhatsApp oder Skype), 790 (Cloud-Systemen).
150 Vgl Art. 45 bay.PAG; § 10c PolEDVG HH; § 15c hess.SOG; § 33d NPOG; § 20c PolG NRW; § 31c rh.pf.POG.
151 *Schenke*, POR, Rn 197i ff; *Schoch*, BesVerwR, 1. Kap. Rn 746 f.
152 Vgl BVerfG, NJW 2016, 1781 (1794 ff) – BKAG-Urteil; NJW 2008, 822 – Online-Durchsuchung.
153 BGBl. I S. 3202.
154 Vgl hierzu *Soiné*, NStZ 2018, 497 ff.

In diesem Zusammenhang gilt der **Grundsatz der Zweckbindung erhobener Daten**: Er besagt, dass einmal gewonnene Informationen im Grundsatz lediglich zu dem Zweck genutzt werden dürfen, zu dem sie erhoben worden sind. Eine anderweitige Nutzung wird dadurch indes nicht von vornherein ausgeschlossen. Sie stellt sich aber gegenüber der ursprünglichen Datenerfassung als selbstständiger Grundrechtseingriff dar, der wiederum nach allgemeinen Regeln (Vorbehalt des Gesetzes) einer gesonderten, bereichsspezifischen Ermächtigung bedarf[155]. Dem kommen die Polizeigesetze der Länder durch entsprechende detaillierte Vorschriften nach.

aa) Nutzung rechtswidrig erlangter Daten. Derzeit wird darüber diskutiert, ob und inwieweit **rechtswidrig erlangte Daten** verwertbar sind. Parallel zu der im Strafprozessrecht geführten Diskussion[156] geht es dabei um die Frage, ob die Rechtswidrigkeit der Datenerhebung (zwingend) ein Verwertungsverbot nach sich zieht[157]. Im Bereich der Strafverfolgung hat das Bundesverfassungsgericht gebilligt, dass auch rechtswidrig erlangte Beweismittel im Verfahren gegen den Beschuldigten verwendet werden dürfen und es einer Abwägung bedarf, um die Verwertbarkeit im Einzelfall zu klären. Vieles spricht dafür, im Wege eines Erst-Recht-Schlusses die Erkenntnisse aus dem Strafverfahrensrecht auf das Gefahrenabwehrrecht zu übertragen. Denn wenn rechtswidrig erlangte Daten repressiv zur Ahndung von Straftaten herangezogen werden können, muss dies vor dem Hintergrund grundrechtlicher Schutzpflichten a majore ad minus auch dann gelten, wenn es um die präventive Abwehr gegenwärtiger oder künftiger Gefahren geht[158]. In den Polizeigesetzen wird mitunter ausdrücklich verlangt, dass Daten rechtmäßig erlangt wurden und nur dann eine weitere Nutzung erlaubt (zB § 38 I 1 NPOG; § 24 PolG NRW).

bb) Insbesondere Rasterfahndung. Eine prominente Form der Datenverarbeitung in Gestalt **eines besonderen Falles des Datenabgleichs** ist die sog. Rasterfahndung (vgl Art. 46 bay.PAG; § 44 m.v.SOG; § 37a NPOG; § 31 PolG NRW). Hierbei geht es um die Übermittlung von personenbezogenen Daten bestimmter Personengruppen aus Dateien seitens öffentlicher Stellen und Stellen außerhalb des öffentlichen Bereiches zum Zwecke des automatisierten Abgleichs mit anderen Datenbeständen. Diese sollten nach den ersten Gesetzesfassungen erlaubt sein, sofern dies zur Abwehr einer „gegenwärtigen Gefahr"[159] für den Bestand oder die Sicherheit des Bundes oder eines Landes oder für Leib, Leben oder Freiheit einer Person erforderlich ist. In der Judikatur wurde die damit nötige Frage nach der Aktualität einer Erwartung terroristischer Anschläge in Deutschland unterschiedlich beurteilt[160].

611

---

155 BVerfGE 100, 313 (360); 109, 279 (375 f); *Gusy*, POR, Rn 259; *Götz/Geis*, POR, § 17 Rn 76.
156 Dazu im Überblick *Meyer-Goßner/Schmitt*, StPO, 61. Aufl. 2018, Einl Rn 55 ff; *Roxin/Schünemann*, Strafverfahrensrecht, 29. Aufl. 2017, § 24 Rn 30 ff.
157 Vgl hierzu *Schuhmacher*, Verwertbarkeit rechtswidrig erhobener Daten im Polizeirecht, 2001; *Hufen/Siegel*, Fehler im Verwaltungsverfahren, 6. Aufl. 2018, Rn 237 ff.
158 *Schenke*, POR, Rn 215.
159 So zB noch § 47 I berl.SOG.
160 Bejahend: OLG Düsseldorf, NWVBl. 2002, 203 (freilich differenzierend hinsichtlich der Rechtmäßigkeit in Bezug auf die Einbeziehung nur von Ausländern oder auch deutscher Staatsangehöriger) und 204; KG, NVwZ 2002, 1537; ähnlich OVG Rh.-Pf., DÖV 2002, 743 ff; OVG Bremen, NordÖR 2002, 372; siehe auch Hess.VGH, NVwZ 2003, 755. Verneinend: OLG Frankfurt a.M., NVwZ 2002, 626 u. 627; LG Wiesbaden, DuD 2002, 240 f; LG Berlin, DuD 2002, 175 ff.

Um diesbezügliche Rechtsunsicherheiten zu beseitigen, knüpfen Gesetzesnovellierungen in einigen Ländern nicht mehr an die zeitliche Nähe eines zu erwartenden Schadens („gegenwärtige Gefahr", Rn 469), sondern nur noch an die Schwere der zu verhindernden Straftaten bzw die Erheblichkeit der abwehrenden Gefahr an. So findet sich inzwischen vielfach das Erfordernis, zur Abwehr einer **Gefahr für den Bestand oder die Sicherheit der Bundesrepublik Deutschland** oder eines Landes oder für Leib, Leben oder Freiheit einer Person" (so § 44 I thür.PAG; ähnlich § 37a I 1 NPOG; § 31 I 1 PolG NRW; § 31 I s.anh.SOG)[161]. Das BVerfG hat diese präventivpolizeiliche Rasterfahndung als verfassungsgemäß angesehen: Der Erste Senat stellte einen Eingriff in das Recht auf informationelle Selbstbestimmung fest, hielt diesen aber im Hinblick auf den hohen Rang der geschützten Rechtsgüter (Bestand und Sicherheit des Bundes und eines Landes sowie Leib, Leben und Freiheit einer Person) auch unter dem Gesichtspunkt des Übermaßverbotes für gerechtfertigt.[162] Voraussetzung für die Anordnung der Rasterfahndung soll aber das Vorliegen einer hinreichend konkreten Gefahr sein. Nicht ausreichen soll demnach eine allgemeine Bedrohungslage (wie nach dem 11.9.2001) oder eine außenpolitische Spannungslage.

612 **cc) Gegenrechte der Betroffenen.**   Betroffene, deren personenbezogene Daten erhoben und verarbeitet wurden, verfügen über ein Instrumentarium verschiedener Gegenrechte. In den Polizeigesetzen finden sich insofern Ansprüche auf **Auskunft, Löschung, Berichtigung und Sperrung** von Daten (Art. 62 bay.PAG; § 45 m.v.SOG; § 47 NPOG; § 32 PolG NRW).

II. Sondergesetzliche Eingriffsermächtigungen

613 Neben den in den Polizeigesetzen verankerten bestehen noch diverse **sondergesetzliche bundes- und landesrechtliche Eingriffsermächtigungen**, die der Gefahrenabwehr im weiteren Sinne dienen und als spezielle Eingriffsbefugnisse bereits nach der allgemeinen lex specialis-Regel[163] dem allgemeinen Polizei- und Ordnungsrecht vorgehen. Hier seien nur beispielhaft erwähnt:

– Vorschriften zur **Unterbringung** psychisch Kranker (vgl §§ 11, 17 PsychKG NRW; Art. 1 bay.UnterbringungsG),

– Maßnahmen zur Verhütung und Bekämpfung übertragbarer Krankheiten (vgl §§ 16 ff Infektionsschutzgesetz),

– Versammlungsrechtliche Ermächtigungen zum Verbot und der Auflösung von **Versammlungen** in geschlossenen Räumen bzw unter freiem Himmel (vgl §§ 5, 13, 15 VersammlG und unten § 21, insbes. Rn 765), Ermächtigungen zur **Pass- oder Personalausweisbeschränkung** (vgl § 8 iVm § 7 I Nr 1, II PassG), etwa um die Ausreise von Hooligans zu verhindern[164],

---

161 Siehe aus der Disk. um die Rasterfahndung *Lisken*, NVwZ 2002, 513 ff; *Horn*, DÖV 2003, 746 ff; *Brugger*, FS Jayme, 2003, S. 1037 ff.

162 BVerfGE 115, 320 ff mit Anm. *Volkmann*, JZ 2006, 918 ff.

163 Dazu *Mann*, Einführung in die juristische Arbeitstechnik, 5. Aufl. 2015, Rn 92, 288.

164 Vgl dazu *Breucker*, NJW 2004, 1031 ff.

– Vorkehrungen aus den Bereichen: **Waffen, Munitions- und Sprengstoffwesen,**   **614**

Zum Umgang mit Waffen und Munition bedarf es einer Erlaubnis gem. §§ 2 II, 4 I WaffG, die an Volljährigkeit, Zuverlässigkeit, persönliche Eignung, erforderliche Sachkunde und den Nachweis eines Bedürfnisses in Ansehung der Belange der öff. Sicherheit und Ordnung geknüpft ist.

Wer Schusswaffen zu privaten Zwecken verwenden möchte, begründet eine erhöhte Gefahr für die Allgemeinheit. Indem der Gesetzgeber in §§ 14 II, 15 I WaffG „für Sportschützen eine privilegierte Bedürfnisanerkennung vorsieht, nimmt er Rücksicht auf die Interessen des organisierten Schützensports. Da er zugleich das Privileg auf solche Verbände beschränkt, die für eine ordnungsgemäße Ausübung des Schießsports durch ihre Mitglieder Gewähr bieten, erfüllt er seine Schutzpflicht gegenüber der Allgemeinheit."[165]

– Überwachung des **Straßenverkehrs** (vgl §§ 36, 44, 45 StVO),   **615**
Wenn die zuständigen Straßenverkehrsbehörden gemäß § 45 I 1 StVO die Benutzung bestimmter Straßen oder Straßenstrecken aus Gründen der Sicherheit oder Ordnung des Verkehrs beschränken können, so wird hierin seit jeher die Rechtsgrundlage für Geschwindigkeitsbeschränkungen auf Autobahnen in Abschnitten mit erhöhter Verkehrsdichte und deutlich erhöhter Unfallhäufigkeit gesehen[166].
– Überwachung der Wasserstraßen – **„Strompolizei"** – (vgl §§ 24, 28 WaStrG)[167],
– Befugnisse nach **Straßen- und Wegerecht**   **616**
Nach den landesrechtlichen Vorschriften des Straßen- und Wegerechts (Art. 18b BayStrWG; § 22 NStrG; § 22 StrWG NRW; § 25 StrWG MV) kann die zuständige Behörde die erforderlichen Maßnahmen zur Beendigung der Benutzung anordnen, wenn eine Straße ohne eine erforderliche Erlaubnis benutzt wird.

Beispiele: Entfernung von Containern zur Sammlung von Altkleidern[168]; Untersagung der Benutzung sog. Party- bzw Bierbikes (rollende Partytheke mit Pedalantrieb für bis zu 16 Personen)[169].

– **Gewerbeüberwachung**   **617**
Gemäß § 139b GewO bestehen für bestimmte Aufgaben, etwa zur Wahrung der Betriebssicherheit oder des Arbeitsschutzes, besondere Gewerbeaufsichtsbehörden[170]. Soweit es um **verkammerte Berufe** geht, ist darauf zu achten, dass sich der Zuständigkeitsbereich freiberuflicher Kammern auf die Kontrolle der Einhaltung berufsrechtlicher Regelungen durch die Kammerangehörigen beschränkt. Die Befugnis, an Stelle oder neben der zuständigen staatlichen Ordnungsbehörde Eingriffsverwaltungsakte im Bereich der Gefahrenabwehr zu erlassen, kommt ihnen nicht zu[171].

---

165 So BVerfG(K), NVwZ 2003, 855 (856).
166 Vgl BVerwG, NJW 2001, 3139.
167 S. den Übungsfall „Gefahr auf dem Rhein", *Schoch*, NWVBl. 1993, 227 ff; BVerwGE 110, 9 („Bilgenölentsorgung auf Bundeswasserstraßen").
168 OVG NRW, NVwZ-RR 2000, 429 (430).
169 OVG NRW, GewArch 2012, 93.
170 Zu ihren Aufgaben und Befugnissen näher *Tettinger/Wank/Ennuschat*, GewO, Komm., 8. Aufl. 2011, § 139b Rn 1 ff.
171 Dazu OVG NRW, DÖV 1998, 345.

618 – **Bekämpfung gefährlicher Hunde**
Während die Pflicht zum staatlichen **Schutz vor gefährlichen Hunden** auf Länderebene bislang durchgängig im Wege von Polizeiverordnungen bzw ordnungsbehördlichen Verordnungen wahrgenommen wurde (vgl unten Rn 710 ff), sind seit der Jahrhundertwende erste gesetzliche Regelungen zu verzeichnen.
Das Bundesgesetz zur Bekämpfung gefährlicher Hunde v. 12.4.2001 (BGBl. I S. 330) enthält ein Einfuhr- und Verbringungsverbot für bestimmte Rassen (wie Pitbull-Terrier und Bullterrier) sowie Kreuzungen und fügte zeitweilig[172] § 143 (unerlaubter Umgang mit gefährlichen Hunden) als Strafvorschrift ins StGB ein.

619 Die **Landeshundegesetze**[173] und Hundeverordnungen der Länder[174] bezwecken, die durch Hunde und den unsachgemäßen Umgang des Menschen mit Hunden entstehenden Gefahren abzuwehren und möglichen Gefahren vorsorgend entgegenzuwirken, und normieren für das Halten (gefährlicher) Hunde einen Sachkundenachweis (zB § 6 LHundG NRW; § 3 nds. HundG) und eine Erlaubnispflicht (zB § 4 LHundG NRW; § 8 nds.HundG). Sie enthalten Ermächtigungen für die zuständige Behörde, die notwendigen Anordnungen treffen zu können, um eine im Einzelfall bestehende – von dem Hund ausgehende – Gefahr für die öffentliche Sicherheit abzuwehren[175]. Hierzu gehört neben dem Leinen- und Maulkorbzwang ggf auch die Anordnung der Einschläferung[176].

620 Für das **Verhältnis der sondergesetzlichen Regelungen und dem allgemeinen Polizei- und Ordnungsrechts** ist stets zu prüfen, ob es sich um eine abschließende Sonderregelung handelt oder ob eine ergänzende Rückgriffsmöglichkeit auf das allgemeine Recht der Gefahrenabwehr, insbesondere die Generalklausel, besteht[177].

621 Als **Grundregel** formulieren die Gefahrenabwehrgesetze der Länder, dass Bundes- oder Landesgesetze, in denen die Gefahrenabwehr besonders geregelt ist, den allgemeinen Gefahrenabwehrgesetzen vorgehen. Diese sind nur ergänzend anzuwenden, sofern die Spezialgesetze keine abschließenden Regelungen enthalten.[178] Ein zulässiger Rückgriff auf die Vorschriften des allgemeinen Ordnungsrechts betrifft etwa

- die Durchsetzung des Verbots, Heilkunde ohne Erlaubnis nach dem HeilpraktikerG auszuüben[179],
- oder die Umsetzung von Gewährleistungen des Naturschutzrechts.

Beispiel: Ordnungsverfügung zur Beseitigung der Sperrung einer Waldfläche im Interesse des freien Betretungsrechts des Waldes (§ 14 BWaldG)[180].

---

172 Durch Art. 168 des Bereinigungsgesetzes vom 19.4.2006 (BGBl. I S. 866) ist der Straftatbestand wieder aufgehoben worden.
173 Vgl etwa das nds. Gesetz über das Halten von Hunden (nds.HundG) v. 26.5.2011 (nds.GVBl. S. 130) und das Landeshundegesetz NRW (LHundG NRW) v. 18.12.2002 (nrw.GVBl. S. 656).
174 Vgl etwa die Ermächtigung in § 71a I hess.SOG sowie u. Rn 710 f.
175 Vgl § 17 IV nds. HundG; § 12 LHundG NRW.
176 Vgl § 12 III LHundG NRW sowie OVG NRW, NWVBl. 2001, 97; *Bertrams*, NWVBl. 2003, 289 (293).
177 Vgl insoweit etwa BVerwGE 28, 310 (312 f) zu in den Straßenraum hineinragenden Werbeanlagen, die von den Spezialvorschriften der StVO nicht erfasst werden; dazu auch BVerfGE 32, 319 ff.
178 Vgl § 12 I, II m.v.SOG; § 3 I 2, 3 NPOG; § 1 II 2 OBG NRW.
179 Vgl BVerwGE 94, 269 (277 f) – „Heilmagnetisieren": Für den Erlass eines Verwaltungsaktes, mit dem die Ausübung der Heilkunde ohne Erlaubnis nach dem Heilpraktikergesetz untersagt wird, fehlt es im Heilpraktikergesetz an der erforderlichen gesetzlichen Grundlage; OVG NRW, GewArch. 1999, 202 f.
180 VG Arnsberg, NWVBl. 1995, 152.

III. Bereiche außerhalb des Rechts der Gefahrenabwehr

Polizei und Ordnungsbehörden müssen auch außerhalb des klassischen Rechts der **622** Gefahrenabwehr diverse sondergesetzlich zugewiesene Aufgaben wahrnehmen (Bereich der sog. formell-polizeilichen Tätigkeiten), bei denen freilich der Aspekt der Gefahrenabwehr iwS und der Gefahrenverhütung durchweg mitschwingt[181].

Das allg. Recht der Gefahrenabwehrbehörden gilt hier nur, soweit im entsprechenden Sondergesetz darauf verwiesen wird. Siehe auch den Erinnerungsvermerk in Art. 2 IV bay.PAG; § 2 II m.v.SOG; § 1 V NPOG; § 1 IV PolG NRW; § 1 III OBG NRW; § 1 IV ME, wonach die Polizei ferner diejenigen Aufgaben zu erfüllen hat, die ihr durch andere Rechtsvorschriften übertragen sind.

Besonderes Gewicht kommt der Polizei dabei für die **Ermittlung und Verfolgung von Straftaten und Ordnungswidrigkeiten** sowie der **Amts- und Vollzugshilfe** zu.

1. Ermittlung und Verfolgung von Straftaten und Ordnungswidrigkeiten

Bei der Ermittlung und Verfolgung von Straftaten und Ordnungswidrigkeiten handelt **623** es sich um **repressives** Tätigwerden. In diesem Rahmen kommt es darauf an, eine vorausgegangene Tat angemessen zu ahnden und auf diese Weise den staatlichen Anspruch auf Strafe bzw Bußgelderhebung zu realisieren.

Die für diesen Aufgabenkomplex **zentralen Normen** sind **624**

– § 163 I StPO: Die Behörden und Beamten des Polizeidienstes haben Straftaten zu erforschen und alle keinen Aufschub gestattenden Anordnungen zu treffen, um die Verdunkelung der Sache zu verhüten.
– § 161 I 2 StPO: Pflicht, einem Ermittlungsersuchen der Staatsanwaltschaft Folge zu leisten.
– § 53 I OWiG: Die Behörden und Beamten des Polizeidienstes haben nach pflichtgemäßem Ermessen Ordnungswidrigkeiten zu erforschen und dabei alle unaufschiebbaren Anordnungen zu treffen, um die Verdunkelung der Sache zu verhüten.
– § 152 I, II 1 GVG iVm landesrechtlichen Verordnungen über die „Hilfsbeamtinnen/Hilfsbeamten" bzw „Ermittlungspersonen" der Staatsanwaltschaft, durch die die Kriminalpolizeibeamten verpflichtet werden, den Anordnungen der Staatsanwaltschaft Folge zu leisten.

Die polizeilichen Kompetenzen bei der Gefahrenabwehr und im Rahmen der Straf- **625** verfolgung kommen, wie sich etwa bei der Wohnungsdurchsuchung, der Sicherstellung und der Anfertigung erkennungsdienstlicher Unterlagen gezeigt hat, oft nebeneinander zur Anwendung, eben wegen der polizeilichen **Doppelfunktion**[182]; dennoch sind sie trotz mancher Schwierigkeiten – allein schon mit Blick auf den an der Ermächtigungsgrundlage angeseilten Rechtsschutz des Betroffenen – sorgfältig voneinander abzuschichten. **Entscheidend** ist nach überwiegender Auffassung, in wel-

---

181 Dazu näher *Denninger*, in: L/D, D Rn 241 ff – Siehe zu Anordnungen der Straßenverkehrsbehörden gemäß § 45 I 1 StVO aber auch OVG NRW, NVwZ-RR 1996, 415 f; dazu bereits oben Rn 615.
182 Ausführlich zu doppelfunktionalen polizeilichen Maßnahmen *Schoch*, Jura 2013, 1115 ff.

chem **Funktionskreis** die Behörde nach ihrer objektiven Zweckrichtung tätig werden will, ob das **Schwergewicht** demnach bei präventiven oder repressiven Zwecken liegt[183].

„Die Frage, ob die Polizei zur Gefahrenabwehr nach dem Polizeigesetz oder als Justizbehörde auf dem Gebiet der Strafrechtspflege tätig geworden ist, unterliegt einer funktionellen Betrachtungsweise. Soweit der Grund des polizeilichen Handelns dem Betroffenen nicht selbst von der Polizei genannt wurde, ist für die Abgrenzung der beiden Aufgabengebiete maßgebend, wie sich der konkrete Sachverhalt einem verständigen Bürger in der Lage des Betroffenen bei natürlicher Betrachtungsweise darstellt. Dabei muss der Sachverhalt im Allgemeinen einheitlich betrachtet werden, soweit nicht einzelne Teile objektiv abtrennbar sind."[184]

626 Im Klagefall richtet sich die Rechtswegzuweisung nach der behördlicherseits jeweils nach außen hin erkennbar in Anspruch genommenen materiell-rechtlichen Norm: Bei präventiv-polizeilichem Tätigwerden ist § 40 VwGO, bei Strafverfolgungsmaßnahmen § 23 EGGVG einschlägig[185]. **In der Klausur** ist daher bereits bei der Prüfung der Rechtswegzuweisung mit der gebotenen Sorgfalt auf die Frage einzugehen, ob das ordnungsbehördliche Handeln eher präventiv oder repressiv zu verorten ist.

Strittig ist im Übrigen auch die Rechtswegfrage für Rechtsschutzbegehren gegenüber Presseerklärungen der Polizei oder der Staatsanwaltschaft zu laufenden Ermittlungsverfahren. Insoweit wird einerseits der Verwaltungsrechtsweg präferiert, weil die Öffentlichkeitsarbeit in Erfüllung landespresserechtlicher Informationspflichten (vgl § 4 II m.v.LPresseG; § 4 I nds.LPresseG; § 4 I nrw.LPresseG) erfolge[186], andererseits wird der Zivilrechtsweg gem. §§ 23 ff EGGVG als eröffnet angesehen, weil die Öffentlichkeitsarbeit als schlichthoheitliches Handeln auf dem Gebiet der Strafrechtspflege akzentuiert wird[187].

2. Amtshilfe und Vollzugshilfe[188]

627 Auf die Vollzugshilfe werden die Vorschriften über die Amtshilfe (§§ 4 ff VwVfG) angewandt, wobei die Vollzugshilfe zum Teil als Unterfall der Amtshilfe betrachtet wird[189], und von anderen als ein aliud angesehen wird, für das gleichwohl eine entsprechende Anwendung akzeptiert wird[190].

---

183 Vgl BVerwGE 47, 255 (265); BayVGH, BayVBl. 1993, 429 f; OVG NRW, NWVBl. 2012, 364.
184 So Bd.Wtt.VGH, DÖV 1989, 171.
185 Vgl dazu BVerwGE 47, 255; vgl auch *Götz/Geis*, POR, § 19 Rn 22 u. § 18 Rn 15 ff; demgegenüber kritisch *Schenke*, NJW 1976, 1816 ff, vor allem mit Blick auf die durch eine solche Rechtswegaufspaltung erhöhte Rechtsunsicherheit und das gesteigerte Prozessrisiko des Betroffenen; von der in der Lit. zT vorgeschlagenen Alternativprüfung ist jedoch abzuraten; zutreffend *Muckel*, Fälle zum BesVerwR, S. 25 f.
186 BVerwG, NJW 1989, 412 ff u. 1992, 62 f.
187 OLG Karlsruhe, NJW 1995, 899.
188 Vgl zu diesem Komplex insbes. § 60 V bd.wtt.PolG; Art. 67 ff bay.PAG; §§ 50 ff brandenb.PolG; § 2 brandenb.OBG; §§ 52 ff berl.ASOG; §§ 1 III, 37 ff brem.PolG; §§ 30 ff. hamb.SOG; §§ 44 ff hess.SOG; §§ 7 II, 82a ff m.v.SOG; §§ 1 IV, 51 ff NPOG; §§ 47 ff PolG NRW; § 2 OBG NRW; §§ 1 IV, 96 ff rh.pf.POG; §§ 41 ff saarl.PolG; § 168 II schl.h.LVwG; §§ 61 ff sächs.PolG; §§ 50 ff s.anh.SOG; §§ 48 ff thür.PAG; §§ 1 III, 25 ff ME.
189 So die Begr. zu § 25 I des Musterentwurfs eines einheitlichen Polizeigesetzes (o. Rn 376).
190 So *Kopp/Ramsauer*, VwVfG, 19. Aufl. 2018, § 4 Rn 17 f; *Schmitz*, in: Stelkens/Bonk/Sachs, VwVfG, 9. Aufl. 2018, § 4 Rn 42; *Shirvani*, in: Mann/Sennekamp/Uechtritz (Hrsg.), VwVfG, 2. Aufl. 2019, § 4 Rn 58.

a) Amtshilfe

Die polizeiliche **Amtshilfe** ist eine ergänzende Hilfe für andere Behörden auf deren Ersuchen. **628**

Beispiel: Auskunft an eine Ordnungsbehörde über Angaben zu einer bestimmten Person in einer polizeilichen Datei („Ermittlungshilfe")[191]. Zur Problematik des sog. Informationseingriffs bereits oben Rn 430 ff. Aus dem Recht auf informationelle Selbstbestimmung folgt allerdings nicht, dass jede Datenübermittlung von einer Behörde zur anderen in allen Einzelheiten gesetzlich geregelt sein muss[192].

Maßgebliche Normen für die Amtshilfe sind Art. 35 GG; §§ 4-8 VwVfG und § 25 III ME[193]. Hinzu kommen die bereichsspezifischen Regelungen zur polizeilichen Datenübermittlung[194].

Die früher delikaten Probleme der polizeilichen Amtshilfe für die in Art. 73 I Nr 10 und Art. 87 I 2 GG vorgesehenen Verfassungsschutzbehörden wurden durch entsprechende Gesetze, insbesondere das BVerfSchG, entschärft. § 8 I, II BVerfSchG weist dem Bundesamt für Verfassungsschutz entsprechende Befugnisse zu; zugleich wird jedoch betont, dass ihm – in konsequenter Umsetzung des sog. Trennungsgebotes – polizeiliche Befugnisse nicht zustehen und es die Polizei auch nicht im Wege der Amtshilfe um Maßnahmen ersuchen darf, zu denen es selbst nicht befugt ist (§ 8 III BVerfSchG). Detaillierte Aussagen zur Übermittlung von Daten finden sich sodann in §§ 17 ff BVerfSchG.

b) Vollzugshilfe

Für den speziellen Bereich der polizeilichen **Vollzugshilfe** (Anwendung unmittelbaren Zwangs für andere Behörden, die zur Durchsetzung ihrer Maßnahmen nicht in der Lage sind, auf deren Ersuchen) gelten in Orientierung an §§ 1 III, 25 ff ME Vorschriften wie Art. 2 III, 67 ff bay.PAG; §§ 7 II, 82a ff m.v.SOG; §§ 1 IV, 51 ff NPOG; §§ 47 ff PolG NRW und § 2 OBG NRW. **629**

In Bayern besteht die Besonderheit, dass Sicherheitsbehörden den Dienststellen der Landespolizei Weisungen im polizeilichen Aufgabenbereich erteilen dürfen (vgl Art. 9 II bay.POG).

Wiederholungs- und Verständnisfragen

1. *Erläutern Sie das Verhältnis der Standardmaßnahmen zur polizeirechtlichen Generalklausel!* **Rn 566**
2. *Ist für eine Identitätsfeststellung eine konkrete Störereigenschaft erforderlich?* **Rn 570**
3. *Nennen Sie Beispiele für erkennungsdienstliche Maßnahmen!* **Rn 575**
4. *Wie unterscheiden sich Vorladung und Vorführung?* **Rn 581 f**
5. *Wie unterscheiden sich Platzverweisung und Aufenthaltsverbot?* **Rn 584 ff**
6. *Welche Verfassungsvorschrift ist bei einer Sistierung zur Identitätsfeststellung, Vorführung oder Ingewahrsamnahme zu beachten?* **Rn 571, 590**

---

191 Dazu BayVGH, NJW 1984, 2235 f.
192 Bay.VerfGH, DVBl. 1987, 675 f.
193 Dem entsprechen Art. 67 IV bay.PAG; § 82a III m.v.SOG; § 51 III NPOG; § 47 III PolG NRW.
194 Vgl Art. 56 ff bay.PAG; §§ 39 ff m.v.SOG; §§ 41 ff NPOG; §§ 26 ff PolG NRW.

7. *Welche Verfassungsvorschrift ist beim Betreten und der Durchsuchung von Wohnungen zu beachten?* **Rn 593**

8. *Was ist allgemein unter der Sicherstellung einer Sache zu verstehen?* **Rn 599**

9. *Handelt es sich beim Abschleppen eines verbotswidrig abgestellten Kfz um eine Sicherstellung oder um eine Ersatzvornahme?* **Rn 602**

10. *Was versteht man unter einer Rasterfahndung?* **Rn 611**

11. *Gibt es neben sondergesetzlichen Eingriffsermächtigungen eine subsidiäre Geltung von Vorschriften des allgemeinen Gefahrenabwehrrechts?* **Rn 620 f**

12. *Welche Vorschriften sind für die repressive Tätigkeit der Polizeibehörden zentral maßgeblich?* **Rn 624**

13. *Wonach richtet sich der Rechtsweg bei Klagen gegen doppelfunktionale Polizeitätigkeit?* **Rn 625 f**

14. *Wie unterscheiden sich Amts- und Vollzugshilfe?* **Rn 627, 629**

§ 19 Organisation der Polizei- und Ordnungsverwaltung und Zuständigkeitsverteilung

630   **Fall 18:** „Der Fehlschuss"

Auf Anforderung des Düsseldorfer Polizeipräsidiums, das vorher die Zustimmung des Innenministeriums des Landes NRW eingeholt hatte, greift bei einer Geiselnahme in der Altstadt eine Sondereinheit der Bundespolizei ein. Während eines Schusswechsels trifft ein von einem Beamten der Bundespolizei unter Missachtung von Sicherheitsbestimmungen abgefeuerter Schuss unglücklicherweise den außerhalb des abgesperrten Bereichs postierten Journalisten J, welcher leicht verletzt wird. Gegen wen könnte J Schadensersatz- oder Entschädigungsansprüche haben? **Rn 651**

I. Überblick über die Organisation der Polizei- und Ordnungsverwaltung

631   Der Gedanke der „Entpolizeilichung" (Rn 385) führte nach 1949 in den meisten Bundesländern zu einer deutlichen organisatorischen Trennung zwischen Polizei (im institutionellen Sinne; dazu oben Rn 387) und Ordnungsverwaltung (Ordnungsbehörden, Sicherheitsbehörden, Verwaltungsbehörden) – **„Trennsystem"**. Die Polizei soll nur noch in Eil- oder Sonderfällen sowie im Zuge der Amtshilfe tätig werden. Die Haupttätigkeit der Gefahrenabwehr wird durch die Ordnungsbehörden, meist auf kommunaler Ebene, wahrgenommen. Lediglich in Bayern, Nordrhein-Westfalen, Brandenburg und Thüringen sind dabei aber auch die materiellen Rechtsgrundlagen für die jeweilige Aufgabenwahrnehmung in getrennten Gesetzen (NRW: PolG und OBG; Bay.: PAG u. LStVG; Brandenb.: PolG u. OBG; Thüringen: PAG u. OBG) niedergelegt; ansonsten besteht insoweit eine übergreifende normative Basis (so im m.v.SOG und im NPOG).

Eine kleinere Anzahl von Bundesländern[1] folgt dagegen dem **„Einheitssystem".** In   **632**
Orientierung am preußischen Recht ist hierbei ein einheitlicher materieller Polizeibegriff der Ausgangspunkt. Das Einheitssystem verzichtet also auf eine institutionelle
Unterscheidung von Polizei- und Ordnungsbehörden. Die mit Gefahrenabwehraufga-
ben befassten staatlichen Stellen werden einheitlich als Polizeibehörden bezeichnet.
Aus diesem Grund sind in den Ländern, die dem Einheitssystem folgen weitaus mehr
Behörden als Polizeibehörden benannt. Dennoch erfolgt auch beim Einheitssystem
eine organisatorische und personelle Unterscheidung des Polizeivollzugsdienstes von
ordnungsbehördlichen Aufgaben; entsprechend wird organisationsintern zwischen
„Polizeibehörden" und dem „Polizeivollzugsdienst" (so etwa § 59 bd.wtt.PolG u.
§ 59 sächs.PolG) differenziert.

Unbeschadet dessen finden sich aber in den meisten Bundesländern noch **Sonderord-**   **633**
nungsbehörden (bzw Sonderpolizeibehörden), denen jeweils spezielle Aufgaben im
Bereich der Gefahrenabwehr zugewiesen sind[2].

Beispiel: Gewerbeaufsichtsämter (vgl die bundesgesetzliche Basis in § 139b GewO).

Zu den Polizei- und Ordnungsbehörden gehören von ihrer Aufgabenstellung her auch
die **Feuerwehren**[3]. Für diese bestehen bei bestimmten Einsätzen allerdings eigenständige Aufgaben- und Befugnisnormen sowie Kostenersatzpflichten[4].

Die Unterhaltung von Feuerwehren ist in den Flächenstaaten durchgängig den Kommunen auf
spezialgesetzlicher Grundlage aufgegeben, in NRW als Pflichtaufgabe zur Erfüllung nach Weisung (vgl § 2 BHKG NRW), überwiegend als pflichtige Selbstverwaltungsaufgabe (vgl Art. 83
I bay.Verf., Art. 57 I bay.GO; § 1 II nds.BrandschG).

Beim kommunalen **Rettungsdienst** ist die Rechtslage etwas komplizierter. Gemein-   **634**
den und Kreise erfüllen diese Aufgabe zum Teil im eigenen Wirkungskreis (§ 3 II
nds.RettDG), zum Teil im übertragenen Wirkungskreis (Art. 18 I 2 bay.RettDG) oder
als Pflichtaufgaben zur Erfüllung nach Weisung (§ 7 II 2 m.v.RettDG, § 6 III
nrw.RettG). Zudem darf sich der kommunale Rettungsdienst auch privater Hilfsorga-
nisationen bedienen (vgl zB § 7 IV m.v.RettDG, § 5 nds.RettDG)[5].

Auch und gerade im Polizei- und Ordnungsrecht gilt das grundsätzliche **Verbot der**   **635**
Doppelzuständigkeit, soweit nicht ausdrücklich gesetzlich Kompetenzüberschnei-
dungen oder -überlagerungen statuiert sind.[6]

So wurden in den letzten Jahren verstärkt **Behördenkooperationen** in Gestalt von Si-   **636**
cherheitspartnerschaften[7], resp. Ordnungspartnerschaften zugelassen, um Synergieef-

---

1 Baden-Württemberg, Bremen, Sachsen und das Saarland.
2 Vgl § 3 I Nr 4 m.v.SOG; § 12 I OBG NRW; § 61 II bd.wtt.PolG; § 88 II rh.pf.POG; § 11 bran-
   denb.OBG.
3 Plakativ § 1 I nds.BrandschutzG: Aufgabe der „Abwehr von Gefahren durch Brände (abwehrender und
   vorbeugender Brandschutz)".
4 Vgl etwa Art. 1 f, 28 bay.FeuerwehrG, §§ 25 f nds.BrandschutzG, § 52 BHKG NRW. Dazu auch unten
   Rn 793.
5 Zur Zulassung zum Rettungsdienst s. BVerwG, GewArch. 2000, 62; Bay.VerfGHE nF 48 I, 95 (98).
   Zum Rechtsweg für Streitigkeiten über das Entgelt s. BGH, NVwZ-RR 2010, 502 (503 f).
6 Vgl *Henkel*, in: Mann/Sennekamp/Uechtritz (Hrsg.), VwVfG, 2. Aufl. 2019, § 3 Rn 2 mwN.
7 Siehe zB die Vereinbarung zwischen dem Bundesministerium des Innern und dem Innenministerium
   NRW über die Bildung eines gemeinsamen Sicherheitskooperationssystems zwischen ihren Polizeien
   v. 26.10.2001 (GVBl. S. 796).

fekte zu nutzen. Dazu gehört auch eine gemeinsame Wahrnehmung von Aufgaben im Streifendienst.

Beispiel aus NRW: Gemeinsame Streifengänge von Polizisten und Mitarbeitern des Ordnungsamtes bei der Überwachung des ruhenden Verkehrs.

1. Bayern

637   Die allgemeinen Polizeiaufgaben nimmt die in ganz Bayern zuständige **bayerische Landespolizei** wahr, Art. 4 bay.POG. Daneben bestehen eine **Bereitschaftspolizei** (Art. 6 bay.POG) und das Landeskriminalamt (Art. 7 bay.POG).

638   Die Ordnungsbehörden werden in Bayern **Sicherheitsbehörden** genannt. Sie sind Behörden der allgemeinen inneren Verwaltung, also Gemeinden[8], Landratsämter, Regierungen und das Staatsministerium des Innern, vgl Art. 6 LStVG. Eine Weisungsbefugnis gegenüber diesen Sicherheitsbehörden besteht nur aufgrund Rechtsnorm. Verordnungen nach dem LStVG können vom Gemeinderat, Kreistag oder Bezirkstag erlassen werden, Art. 42 I 1 LStVG, je nach Maßgabe der Ermächtigungsgrundlage.

2. Mecklenburg-Vorpommern

639   Auch in Mecklenburg-Vorpommern umfasst der Polizeibegriff nur die Polizei im institutionellen Sinne (o. Rn 386 f), von der die Ordnungsbehörden begrifflich und organisatorisch zu trennen sind. Polizeibehörden sind neben dem Innenministerium, dem Landeskriminalamt und drei weiteren speziellen oberen Landesbehörden vor allem die **Polizeidirektionen**[9] (§ 2 I m.v.POG), die alle polizeilichen Aufgaben wahrnehmen, soweit sie nicht anderen Polizeibehörden zugewiesen sind (§ 5 II m.v.POG). Die Dienst- und Fachaufsicht über alle Polizeibehörden übt als oberste Polizeibehörde das Innenministerium aus (§ 2 II m.v.POG).

640   Als **Ordnungsbehörden** fungieren die Landräte für die Landkreise (Kreisordnungsbehörden), die Oberbürgermeister für die kreisfreien Städte, die Amtsvorsteher für die Ämter und die Bürgermeister für die amtsfreien Gemeinden (örtliche Ordnungsbehörden); daneben existieren die Ministerien als Landesordnungsbehörden und spezialgesetzlich errichtete Sonderordnungsbehörden (§ 3 I m.v.SOG). Die sachliche Zuständigkeit für die Gefahrenabwehr liegt grundsätzlich bei den örtlichen Ordnungsbehörden (§ 4 I m.v.SOG), die sie als Aufgabe im übertragenen Wirkungskreis wahrnehmen (§ 1 IV m.v.SOG). Die örtlichen Ordnungsbehörden können zudem ordnungsbehördliche Verordnungen erlassen. Liegt jedoch ein überörtlicher Anlass vor, können auch Landes- und Kreisordnungsbehörden Verordnungen erlassen und sogar Verordnungen der örtlichen Ordnungsbehörde, die ihrer Verordnung entgegenstehen oder inhaltsgleich sind, aufheben (§ 4 IV m.v.SOG).

---

8   Zur Stellung der Gemeinden als Sicherheitsbehörden näher *König*, Bay. Sicherheitsrecht, 1981, S. 20 f.
9   Dies sind die Polizeidirektionen Schwerin, Rostock, Neubrandenburg, Stralsund und Anklam.

3. Niedersachsen

Auch Niedersachen trennt begrifflich und organisatorisch zwischen Polizei- und Verwaltungsbehörden, behandelt diese jedoch gemeinsam im NPOG. Zuständig für die Wahrnehmung von Aufgaben der Gefahrenabwehr sind, soweit keine andere Zuständigkeitsregelung besteht, die **Gemeinden** (§ 97 I NPOG) und **Landkreise** (§ 97 III NPOG iVm §§ 2 ff der ZustVO-NPOG[10]). Ihnen obliegt diese Aufgabe im übertragenen Wirkungskreis (§ 97 VI NPOG). Sonderordnungsbehörden sind in Niedersachsen kaum anzutreffen[11].

641

Innerhalb der Polizei lassen sich als Polizeibehörden das Landeskriminalamt, die zentrale Polizeidirektion (als Polizeibehörde für zentrale Aufgaben) und sechs **Polizeidirektionen**[12] unterscheiden (§ 87 NPOG), die alle der Fach- und Dienstaufsicht des Innenministeriums unterstehen (§ 94 POG).

Zur Abwehr abstrakter Gefahren sind alle Polizei- und Verwaltungsbehörden ermächtigt, für ihren Bezirk Verordnungen zu erlassen (§ 55 NPOG).

4. Nordrhein-Westfalen

In NRW werden die Aufgaben der Gefahrenabwehr in Eilfällen von der Polizei, im Übrigen von (allgemeinen und besonderen) Ordnungsbehörden wahrgenommen. Die Organisation sowie örtliche und sachliche Zuständigkeiten der nordrhein-westfälischen Polizei sind im **POG NRW** normiert, welches in § 2 Abs. 1 die Polizeibehörden regelt. Hiernach sind Polizeibehörden sowohl die Polizeipräsidien (in Polizeibezirken mit mindestens einer kreisfreien Stadt) als auch (in den Kreisen) die Landrätinnen oder Landräte, als sog. Kreispolizeibehörden, § 2 I, II POG NRW[13]. Als Landespolizeibehörden fungieren die Bezirksregierungen (§§ 2 I, 12 POG NRW) und das Landeskriminalamt (§§ 2 I, 13 POG NRW).

642

Die Aufgaben der **allgemeinen Ordnungsbehörden** nehmen die Gemeinden (örtliche Ordnungsbehörden) und die Kreise und kreisfreien Städte (Kreisordnungsbehörden) als Pflichtaufgaben zur Erfüllung nach Weisung (dazu bereits oben Rn 206 ff) wahr (§ 3 I OBG NRW). Die Landräte führen als untere staatliche Verwaltungsbehörde zugleich die Aufsicht über die örtlichen Ordnungsbehörden (§ 7 I OBG NRW). Die Bezirksregierungen sind Landesordnungsbehörden (§ 3 II OBG NRW) und gleichzeitig Aufsichtsbehörde für die Kreisbehörden und obere Aufsichtsbehörde für die örtlichen Ordnungsbehörden (§ 7 II OBG NRW).

643

Instanziell zuständig sind grundsätzlich die örtlichen Ordnungsbehörden (vgl §§ 3, 5 I OBG NRW), Kreis- und Landesordnungsbehörden nur in den (spezial-)gesetzlich bestimmten Fällen (vgl §§ 5 II, 48 OBG NRW). Neben diesen allgemeinen Ord-

---

10 Verordnung über Zuständigkeiten auf verschiedenen Gebieten der Gefahrenabwehr (ZuStVO-SOG) v. 18.10.1994 (nds.GVBl. S. 457).

11 *Ipsen*, POR, Rn 656. Siehe auch § 97 IV, V NPOG.

12 Dies sind die Polizeidirektionen Braunschweig, Göttingen, Hannover, Lüneburg, Oldenburg und Osnabrück.

13 Eine nähere Festlegung ist in der VO über die Kreispolizeibehörden des Landes NRW v. 19.11.2002 (GVBl. S. 562), zul. geänd. d. VO v. 27.11.2012 (GV. NRW S. 614) getroffen worden.

nungsbehörden bestehen **Sonderordnungsbehörden**, deren Aufgaben in bestimmten Sachgebieten durch (Spezial-)Gesetz bestimmt sind.

Beispiele: Bauaufsicht, Gesundheitsaufsicht, Gewerbeüberwachung (oben Rn 617), Bergaufsicht, Lebensmittelüberwachung, Gewässeraufsicht.

Das Recht zum Erlass ordnungsbehördlicher **Verordnungen** (dazu noch unten Rn 707 ff) haben nicht nur das Innenministerium (§ 26 OBG NRW), sondern alle Ordnungsbehörden für ihren Bezirk (§ 27 OBG NRW).

5. Übrige Länder[14]

a) Trennsystem

644 In den meisten auch der übrigen Länder (so in Berlin, Brandenburg, Hamburg, Hessen, Rheinland-Pfalz, Schleswig-Holstein, Sachsen-Anhalt und Thüringen) sind Polizei- und Ordnungsverwaltung begrifflich und organisatorisch voneinander getrennt. Hier umfasst der Polizeibegriff nur die Polizei im institutionellen Sinne[15]. In der Regel ist die Polizei gegliedert in die Schutzpolizei, die Kriminalpolizei und das Landeskriminalamt, die Bereitschaftspolizei und die Wasserschutzpolizei.

645 Die Ordnungsverwaltung gehört zur allgemeinen inneren Verwaltung. Ihre Aufgaben sind auf der Ortsebene den Kommunen als Auftragsangelegenheit bzw Pflichtaufgabe zur Erfüllung nach Weisung (Hessen, Schleswig-Holstein) übertragen.

b) Einheitssystem

646 In Baden-Württemberg, Bremen, dem Saarland und Sachsen gilt der materielle Polizeibegriff und damit das Einheitssystem (vgl § 2 Nr 1 brem.PolG: Polizei = „Verwaltungsbehörden, soweit ihnen Aufgaben der Gefahrenabwehr übertragen worden sind"). Faktisch findet aber auch in diesen Ländern eine organisationsinterne Abgrenzung zwischen der allgemeinen (Verwaltungs-)Polizei und der Vollzugspolizei statt[16], was in der sachlichen Arbeit faktisch der formaleren Untergliederung in den Ländern mit Trennsystem gleicht.

6. Ausübung von Polizeiaufgaben durch Nicht-Polizisten

647 Das Landesrecht bietet teilweise die Möglichkeit Privatpersonen Aufgaben der Polizei zu übertragen, indem sie sie zB zu **Hilfsbeamten** der Polizei bestellt (zB zur Überwachung und Regelung des Straßenverkehrs[17] sowie zur Unterstützung der Polizei bei Notfällen)[18].

---

14 Vgl zum Überblick §§ 59 ff bd.wtt.PolG; §§ 1 ff berl.ASOG; §§ 63 ff brem.PolG; §§ 1, 3 II hamb.SOG; §§ 82 ff hess.SOG; §§ 75 ff rh.pf.POG; §§ 75 ff saarl.PolG; §§ 1 ff schl.h. POG; §§ 1 ff brandenb.POG; § 1 brandenb. OBG; §§ 59 ff sächs.PolG; §§ 76 ff s.anh.SOG; §§ 1 ff thür.POG; §§ 1, 3 thür.OBG.

15 Dazu bereits oben Rn 386 f; siehe auch *Götz/Geis*, POR, § 1 Rn 5 u. § 2 Rn 1 ff.

16 Vgl § 59 bd.wtt.PolG; §§ 2 Nr 1, 64 brem.PolG; §§ 75 ff, 82 ff saarl.PolG; § 59 sächs.PolG.

17 Zu den Grenzen siehe BayVGH, DÖV 1992, 671 f – „Straßensperrung".

18 So § 12 schl.h.POG; vgl auch § 95 nds.SOG.

Darüber hinaus gibt es unterschiedliche Modelle zur Unterstützung der (Berufs-) Schutzpolizei durch einen Freiwilligen Polizeidienst („Sicherheitswacht"), der als ein unterstützendes Instrument aktiver Bürgerbeteiligung zur Stärkung des subjektiven Sicherheitsgefühls der Bevölkerung eingesetzt werden kann. Im Vordergrund stehen hierbei sog. **ehrenamtliche Polizeihelfer**[19] oder kurzfristig ausgebildete Hilfspolizisten **(„Wachpolizei")**[20]. Solche Konstruktionen werfen verfassungsrechtliche (bzgl. des staatl. Gewaltmonopols, des Gesetzesvorbehalts, der Grundrechte und des Funktionsvorbehalts des Art. 33 Abs. 4 GG) und einfachrechtliche Fragen (etwa hinsichtlich Aufgaben, Befugnisse und Ausstattung) auf, die einer kritischen Würdigung bedürfen[21].

Des Weiteren gibt es **sondergesetzliche Zuweisungen** polizeilicher Befugnisse an private Funktionsträger, wie etwa an den bestätigten Jagdaufseher nach § 25 II BJagdG oder Schiffskapitäne nach § 121 SeeArbG[22], denen polizeiliche Befugnisse eingeräumt werden, ohne dass sie organisatorisch zur Polizei gehören. Neben solchen gesetzlichen **Beleihungen** Privater mit besonderen Befugnissen gibt es noch weitere **Formen der sog. Verwaltungshilfe** für die zuständige Polizeibehörde durch Private, wie beispielsweise Abschleppunternehmer, Fluggastkontrolleure oder Ampelwartungsdienste, die im Unterschied zum Beliehenen nicht selbstständig agieren, sondern lediglich Hilfstätigkeiten im Auftrag und nach Weisung der zuständigen Behörde wahrnehmen[23]. **648**

7. Polizei- und Ordnungsbehörden des Bundes

Im Bereich der Gefahrenabwehr verfügt der Bund nur über punktuelle Gesetzgebungskompetenzen, seine Verwaltungskompetenzen sind in diesem Bereich noch begrenzter (vgl o. Rn 389 ff). Daher können Polizei- und Ordnungsbehörden des Bundes nur für spezielle, sachlich eingeschränkte Aufgabenbereiche eingerichtet werden[24]. **649**

a) Bundespolizei – BPolG

Die Bundespolizei wird in bundeseigener Verwaltung geführt und gehört zum Geschäftsbereich des Bundesministeriums des Innern (§ 1 I BPolG). Als „Migrationspolizei" ist sie zuständig für den Grenzschutz des Bundesgebietes (§ 2 BPolG), wozu z.B. Kontrollen auf der Suche nach illegalen Einwanderern und dem Vorgehen gegen **650**

---

19 In Baden-Württemberg (Gesetz über den freiwilligen Polizeidienst [FPolDG] idF v. 12.4.1985, GVBl. S. 129, zul. geänd. d. G. v. 23.7.2013, GVBl. S. 233), Bayern (Gesetz über die Sicherheitswacht in Bayern [Sicherheitswachtgesetz, SWG] v. 28.4.1997, GVBl. S. 88, zu. geänd. d. G. v. 22.7.2014, GVBl. S. 286), Brandenburg (Erlass „Sicherheitspartner des Landes Brandenburg im Rahmen der Kommunalen Kriminalprävention v. 11.6.2017) und Sachsen (Gesetz über die Sächsische Sicherheitswacht [Sächsisches Sicherheitswachtgesetz, SächsSWG] idF v. 12.12.1997, zul. geänd. am 18.12.2013, GVBl. S. 970, 1080).
20 In Berlin, Hessen, dem Saarland, Sachsen und Sachsen-Anhalt.
21 Vgl ausführlich *Stein*, Angestellte und Freiwillige im Polizeidienst, 2019, passim.
22 S. auch die Ermächtigung in § 57 I Nrn 1b u. 2b PBefG betr. Bahn- und Buspersonal.
23 Siehe nur *Maurer/Waldhoff*, Allg. VerwR, § 23 Rn 63 ff.
24 Im Überblick *Götz/Geis*, POR § 16 Rn 17 ff; *Schenke*, PolR Rn 438 ff.

organisierte Kriminalität und Terrorismus entlang der Grenzen des Bundesgebiets gehören[25]. Als „Bahnpolizei" ist sie wiederum für die Gefahrenabwehr auf dem Gebiet der Bahnanlagen der Eisenbahnen des Bundes zuständig (§ 3 BPolG)[26].

Weiter zuständig ist die Bundespolizei z.B. als „Flughafenpolizei" für den Schutz vor Angriffen auf die Sicherheit des Luftverkehrs (§ 4 BPolG), und Sicherheitsmaßnahmen an Bord von Luftfahrzeugen (§ 4a BPolG). Als „Küstenwache" fährt sie insbesondere im Auftrag des Umweltschutzes zur See (§ 6 BPolG). Darüber hinaus kann sie zum Schutz von Bundesorganen (§ 5 BPolG) und im Notstands- und Verteidigungsfall (§ 7 BPolG) eingesetzt werden. Ihr Einsatz zur Unterstützung eines Landes richtet sich nach § 11 BPolG sowie den landesrechtlichen Vorschriften. Schließlich ist ihre Verwendung gemäß § 8 BPolG auch im Ausland möglich, überwiegend finden diese im Rahmen von Missionen der UN oder EU statt[27].

651 **Lösungshinweis zu Fall 18 (Rn 630):** Im **Ausgangsfall** kommen in erster Linie ein polizeirechtlicher Entschädigungsanspruch (dazu im Einzelnen später Rn 770 ff) sowie ein Amtshaftungsanspruch des J in Betracht. Diese könnten gerichtet sein gegen den Bund (als Dienstherrn des vorschriftswidrig handelnden Beamten) oder gegen das Land (als Träger der einsatzleitenden Polizei).

Die Bundespolizei kam rechtmäßigerweise auf Anforderung des Düsseldorfer Polizeipräsidiums zum Einsatz (§ 9 I Nr 1, III POG NRW[28]). Ihre Amtshandlungen (zu den besonderen Rechtmäßigkeitsvoraussetzungen für den Schusswaffengebrauch noch näher unten Rn 730 ff) gelten dabei als solche der anfordernden Behörde und unterliegen auch deren Weisungen (§ 9 II 2, III POG NRW[29]). Für Schäden, die im Rahmen einer solchen Organleihe[30] Dritten zugefügt werden, hat im Außenverhältnis grundsätzlich der Anfordernde einzustehen[31], sodass J hier konsequenterweise einen Entschädigungsanspruch gemäß § 67 PolG NRW iVm § 39 I b OBG NRW[32] gegen das Land geltend machen wird[33]. Fraglich erscheint allerdings, gegen wen ein – damit konkurrierender (vgl § 40 V OBG NRW[34]) – Amtshaftungsanspruch zu richten wäre. Unter Bezugnahme auf die herrschende „Anvertrauenstheorie"[35] dürfte auch insoweit die Passivlegitimation des Landes anzuerkennen sein[36].

---

25 Vgl *Götz/Geis*, POR, § 16 Rn 19.
26 Zur Verfassungsmäßigkeit der Übertragung der Aufgaben der ehemaligen Bahnpolizei auf den damaligen Bundesgrenzschutz als Vorläufer der Bundespolizei s. BVerfGE 97, 198 ff.
27 Vgl zu dieser Gesetzgebung *Schreiber*, NVwZ 1995, 521 ff; *Gröpl*, DVBl. 1995, 329 ff.
28 Für Nds. vgl § 103 I Nr 1, III NPOG.
29 Für Nds. vgl § 103 II 2 NPOG.
30 Dazu *Blümel/Drewes/Malmberg/Walter*, BPolG, 4. Aufl. 2010, § 9 Rn 1 ff, § 10 Rn 7 f. S. zu diesem Rechtsinstitut auch o. Rn 212.
31 BVerwG, DÖV 1976, 319 ff.
32 Für Nds. vgl §§ 80 I, 84 II NPOG.
33 Hier nicht zu erörtern war die Möglichkeit eines Regresses in Orientierung an dem Rechtsgedanken des § 7 II 2 VwVfG, dazu *Shirvani*, in: Mann/Sennekamp/Uechtritz (Hrsg.), VwVfG, 2. Aufl. 2019, § 7 Rn 16 ff.
34 Für Nds. vgl § 80 III NPOG.
35 Dazu *Ossenbühl/Cornils*, Staatshaftungsrecht, 6. Aufl. 2013, S. 113 f.
36 Vgl *Kreft*, Öff.-r. Ersatzleistungen, 1980, § 839 Rn 52; aA wohl BVerwG, DÖV 1976, 319 (321).

b) Bundeskriminalamt – BKAG

Das BKA ist eine Zentralstelle für die Zusammenarbeit des Bundes und der Länder in **652** kriminalpolizeilichen Angelegenheiten (vgl Art. 87 I 2 GG, § 1 BKAG)[37].

Es unterstützt als Zentralstelle für das polizeiliche Auskunfts- und Nachrichtenwesen und für die Kriminalpolizei die Polizeien des Bundes und der Länder bei der Verhütung und Verfolgung von Straftaten mit länderübergreifender, internationaler oder erheblicher Bedeutung (§ 2 I BKAG). Es ist zugleich nationales Zentralbüro für die Internationale Kriminalpolizeiliche Organisation (§ 3 I BKAG) und nimmt in bestimmten Fällen polizeiliche Aufgaben auf dem Gebiet der Strafverfolgung wahr (§ 4 I BKAG). Die Befugnisse des BKA, insbesondere mit Blick auf Datenverarbeitung, sind in §§ 9 ff BKAG aufgelistet[38].

c) Weitere Bundesbehörden/Einsatz der Bundeswehr

Nicht zu den polizeilichen Angelegenheiten im eigentlichen Sinne (vgl bereits die Separierung in Art. 73 Nr 10 u. 87 I GG) zählen die Aufgaben der **Behörden des Verfassungsschutzes**, der dem Schutz der freiheitlich demokratischen Grundordnung sowie des Bestandes und der Sicherheit des Bundes und der Länder zu dienen bestimmt ist. Aufgabe des Bundesamtes für Verfassungsschutz (vgl § 3 BVerfSchG)[39] ist die Sammlung und Auswertung von Informationen, insbesondere von sach- und personenbezogenen Auskünften, Nachrichten und Unterlagen, über entsprechende Tätigkeiten und Bestrebungen. § 8 BVerfSchG enthält eine spezifizierte Befugniszuweisung zur Erhebung, Verarbeitung und Nutzung einschlägiger Daten; s.o. Rn 628. **653**

Vergleichbare Vorgaben gelten für die Verfassungsschutzbehörden der Länder[40] und den Bundesnachrichtendienst; vgl § 1 BNDG[41].

Als Bundes-Ordnungsbehörden aufzuführen sind die Behörden der Wasser- und Schifffahrtsverwaltung (vgl §§ 24 ff, 45 BWaStrG), das Luftfahrt-Bundesamt (§ 31 LuftVG, LuftBAG[42]) und das Kraftfahrt-Bundesamt in Flensburg (§ 28 StVG)[43]. **654**

---

37 Zum BKAG näher *Riegel*, NJW 1997, 3408 ff; Zu den Aufgaben des BKA im 21. Jahrhundert s. *Ziercke*, in: Schwarz (Hrsg.), 10 Jahre 11. September – Die Rechtsordnung im Zeitalter des Ungewissen, 2012, S. 71 ff.

38 Näher zu den Aufgaben des BKA *Götz/Geis* POR § 16 Rn 26-38.

39 Gesetz über die Zusammenarbeit des Bundes und der Länder in Angelegenheiten des Verfassungsschutzes und über das Bundesamt für Verfassungsschutz (Bundesverfassungsschutzgesetz – BVerfSchG) v. 20.12.1990 (BGBl. I S. 2954) zul. geänd. d. G. v. 30.6.2017 (BGBl. I S. 2097).

40 Vgl etwa § 12 Niedersächsisches Verfassungsschutzgesetz (NVerfSchG) v. 15.9.2016, Nds. GVBl. 2016, 194.

41 Gesetz über den Bundesnachrichtendienst v. 20.11.1990 (BGBl. I S. 2954), zuletzt durch Artikel 4 des Gesetzes v. 30.6.2017 (BGBl. I S. 2097); zu diesem Aktionsfeld informationeller Vorfeldaufklärung ausführlich *Singer*, Die rechtlichen Vorgaben für die Beobachtung der Organisierten Kriminalität durch die Nachrichtendienste der Bundesrepublik Deutschland, 2002; s. auch die Beiträge von *Bull* (S. 341 ff) und *Martínez Soría* (S. 359 ff) in: FS Götz, 2005. Zum Schutzumfang des Art. 10 GG gegenüber Überwachungsmaßnahmen durch den BND näher BVerfGE 100, 313 ff.

42 Gesetz über das Luftfahrt-Bundesamt v. 30.11.1954 (BGBl. I S. 354), zul. geänd. d. G. v. 23.2.2017 (BGBl. I S. 298).

43 Zu diesen und weiteren Beispielen *Götz/Geis*, POR, § 16 Rn 32 ff u. § 20 Rn 9 ff.

655 In jüngerer Zeit wurde im Zusammenhang mit §§ 13, 14 LuftSiG[44] eine Debatte über **Einsatzmöglichkeiten der Bundeswehr im Innern** de constitutione lata eröffnet[45]. Das Grundgesetz enthält ein kompliziertes, aber in sich stimmiges Geflecht von Bestimmungen über Aktionsmöglichkeiten der Bundeswehr, die „zur Verteidigung" (Art. 87a I GG) aufgestellt worden sind. Die Grundregel des **Art. 87a II GG** besagt, dass die Streitkräfte außer zur Verteidigung nur eingesetzt werden dürfen, „soweit dieses Grundgesetz es ausdrücklich zulässt". Für außerhalb von Verteidigungszwecken liegende Einsätze besteht damit ein Verfassungsvorbehalt. Ziel des Art. 87a II GG ist es, „die Möglichkeit für einen Einsatz der Bundeswehr im Innern durch das Gebot strikter Texttreue zu begrenzen"[46].

656 Eine Befugnis, zivile Objekte zu schützen, findet sich in **Art. 87a III GG**, dort aber nur für den Verteidigungsfall und den Spannungsfall. **Art. 87a IV GG** erlaubt im sog. inneren Notstand Initiativen der Bundesregierung hinsichtlich eines Einsatzes der Streitkräfte zur Unterstützung der Polizei und des Bundesgrenzschutzes beim Schutze von zivilen Objekten und bei der Bekämpfung organisierter und militärisch bewaffneter Aufständischer, wiederum Spezialregelungen, die weder im aktuell diskutierten Falle noch im Rahmen terroristischer Bedrohungen im Inland helfen.

657 Eine weitere Regelung findet sich noch in **Art. 35 II 2 GG** (regionaler Katastrophennotstand), nach der die Bundeswehr in zwei Fällen auf Anforderung eines Landes zum Einsatz kommen kann, nämlich zur Hilfe bei einer Naturkatastrophe oder bei einem besonders schweren Unglücksfall[47]. Anders als bei Art. 35 II 1 GG, wo es allg. um die Aufrechterhaltung oder Wiederherstellung der öffentlichen Sicherheit oder Ordnung, also die klassischen Polizeiaufgaben geht, wird am Wortlaut des S. 2 („bei" einer Naturkatastrophe) deutlich, dass ein Einsatz der Bundeswehr *nicht präventiv zur Verhinderung, sondern nur bei der Bewältigung bereits eingetretener Katastrophen* legitimiert ist[48]. **Art. 35 III GG** (überregionaler Katastrophennotstand) lässt auf Eigeninitiative der Bundesregierung einen Einsatz von Einheiten der Streitkräfte zur Unterstützung von Polizeikräften zu, aber wiederum nur bei Naturkatastrophen oder einem Unglücksfall, die das Gebiet mehr als eines Landes tangieren. Ein „Air-Policing" der Bundeswehr gemäß §§ 13, 14 LuftSiG wäre, soweit es um terroristische Aktionen im Inland geht, hiervon nicht gedeckt[49].

658 Mit Urteil vom 15.2.2006 hat das BVerfG zunächst die Verfassungswidrigkeit des § 14 III LuftSiG festgestellt: Zwar umfasse der Begriff des besonders schweren Unglücksfalls auch Vorgänge, die den Eintritt einer Katastrophe mit an Sicherheit grenzender Wahrscheinlichkeit erwarten lassen, jedoch sei es dem Bund aus Art. 35 II 2

---

44 Luftsicherheitsgesetz v. 11.1.2005 (BGBl. I S. 78), zul. geänd. d. G. v. 23.2.2017 (BGBl. I S. 298).
45 Dazu *Ladiges/Glawe*, DÖV 2011, 621 ff.
46 So BVerfGE 90, 286 (356 f).
47 Dazu näher *v. Danwitz*, in: v. Mangoldt/Klein/Starck, GG, Komm., Bd. 2, 7. Aufl. 2018, Art. 35 Rn 68 ff.
48 In diesem Sinne auch *Erbguth/Schubert*, in: Sachs, GG, 8. Aufl. 2018, Art. 35 Rn 38; großzügiger BVerfGE 115, 118 (144 f); *Bauer*, in: Dreier, GG, 3. Aufl. 2015, Art. 35 Rn 29 f; *Gubelt*, in: v.Münch/Kunig, GG, 6. Aufl. 2012, Art. 35 Rn 25: auch, „wenn ein Gefahrenzustand unmittelbar droht".
49 Dazu näher *Tettinger*, ZLW 2004, 334 ff; *Linke*, AöR 129 (2004), 490 ff mwN. Großzügiger wohl *Wolff*, ThürVBl 2003, 176 ff.

und III 1 GG nicht erlaubt, die Streitkräfte in solchen Fällen mit spezifisch militärischen Waffen einzusetzen. Die Ermächtigung der Streitkräfte, gemäß § 14 III Luft-SiG durch unmittelbare Einwirkung **mit Waffengewalt ein Luftfahrzeug abzuschießen**, das gegen das Leben von Menschen eingesetzt werden soll, sei mit dem Recht auf Leben nach Art. 2 II 1 GG iVm der Menschenwürdegarantie des Art. 1 I GG nicht vereinbar, soweit davon tatunbeteiligte Menschen an Bord des Luftfahrzeugs betroffen wären[50].

Mit Beschluss vom 20.3.2013 hat das BVerfG dann auch § 13 III 2 und 3 LuftSiG, wonach bei einem überregionalen **Katastrophennotstand** im Eilfall der Bundesminister der Verteidigung die Entscheidung über einen Einsatz der Streitkräfte trifft, als **mit Art. 35 III 1 GG unvereinbar** und nichtig erklärt, der einen Einsatz der Streitkräfte auch in Eilfällen allein aufgrund eines Beschlusses der Bundesregierung als Kollegialorgan zulässt[51]. Im Übrigen hat das Gericht die §§ 13, 14 LuftSiG (unter Ausschluss des § 14 III LuftSiG, s.o.) aber als materiell verfassungsgemäß angesehen.

II. Zuständigkeiten

Beim Grundtypus der polizei- und ordnungsrechtlichen Klausur, der verwaltungsgerichtlichen Überprüfung einer präventiv-polizeilichen Maßnahme, ist im Rahmen der Begründetheitsprüfung, nachdem die einschlägige Ermächtigungsgrundlage ermittelt wurde, im Rahmen der Prüfung, ob die Polizeiverfügung formell rechtmäßig ist, zu untersuchen, ob die handelnde Behörde überhaupt **sachlich und örtlich zuständig** war. Erst danach werden im Rahmen der materiellen Rechtmäßigkeitsprüfung der Reihe nach die einzelnen Tatbestandsmerkmale der Ermächtigungsgrundlage sowie die ordnungsgemäße Ermessensausübung geprüft.

659

Übersicht 15: Aufbau der Begründetheit einer Anfechtungsklage im Polizeirecht

A. Zulässigkeit der Klage
B. Begründetheit der Klage
    I.   Benennung der einschlägigen Ermächtigungsgrundlage (vgl Rn 676 ff)
       1. Spezialgesetzliche Ermächtigung?
       2. Standardmaßnahme?
       3. Generalklausel?
    II. Formelle Rechtmäßigkeit der Polizeiverfügung
       1. Sachliche Zuständigkeit
       2. Örtliche Zuständigkeit
       3. Form und Verfahren
    III. Materielle Rechtmäßigkeit
       1. Tatbestand: Voraussetzungen der Ermächtigungsgrundlage
       2. Rechtsfolge: Ermessen
         (zu den Prüfungsschritten bei der Generalklausel s.o. Rn 545)

---

50 BVerfGE 115, 118 ff = NJW 2006, 751. S. dazu die Besprechungen von *Baldus*, NVwZ 2006, 532 ff u. *Winkler*, NVwZ 2006, 536 ff.
51 BVerfGE 133, 241.

1. Sachliche Zuständigkeit

660 Die Frage nach der **sachlichen Zuständigkeit** umfasst mehrere Aspekte: zunächst die Verteilung von Verwaltungskompetenzen auf Bund oder Land („**Verbandskompetenz**"), sodann die Aufgliederung innerhalb des jeweiligen staatlichen Kompetenzträgers auf unterschiedliche **Behörden** (Polizei, allg. Ordnungsbehörde, Sonderordnungsbehörde) und schließlich innerhalb der jeweiligen Behördenhierarchie die Aufgabenverteilung in concreto. Die sachliche Zuständigkeit der Polizei bzw der Ordnungsbehörde bemisst sich nach den entsprechenden gesetzlichen Regelungen[52].

Beispiel: Soweit wasser-, berg- oder abfallrechtliche Spezialnormen oder das BBodSchG nicht greifen, ergibt sich im Falle von Bodenkontaminationen durch Altlasten eine sachliche Zuständigkeit der allg. Ordnungsbehörden, gestützt auf die ordnungsrechtliche Generalklausel, zum Erlass von Sanierungsverfügungen (dazu noch näher Rn 689).

661 In Ansehung der Behördenhierarchie spricht eine Vermutung für die Zuständigkeit der jeweiligen örtlichen Polizei- bzw Ordnungsbehörde (vgl § 4 II m.v.SOG; § 97 I NPOG; § 5 I 1 OBG NRW)[53].

An der sachlichen Zuständigkeit kann es u.U. fehlen bei Maßnahmen gegenüber anderen Hoheitsträgern (oben Rn 522 ff). So wurde die Zuständigkeit der Gewerbeaufsichtsbehörde für eine auf § 20 II BImSchG gestützte Stilllegungsverfügung betr. Betriebsgelände der Bahn verneint, selbst wenn die relevanten Handlungen seitens Privater erfolgt sind[54].

Auch aus Parlamentsrecht können sich polizeirechtliche Besonderheiten ergeben. So steht dem Bundestagspräsidenten im Gebäude des Bundestages nicht nur das Hausrecht, sondern auch die ausschließliche Polizeigewalt zu. Ohne seine Genehmigung darf in den Räumen des Bundestages keine materiell polizeiliche Tätigkeit entfaltet werden, mithin also auch keine Durchsuchung oder Beschlagnahme stattfinden, so Art. 40 II GG[55]. Es besteht insoweit ein eigenständiger polizeilicher Dienst des Deutschen Bundestages.

a) Zuständigkeitsabgrenzung Polizei – Ordnungsbehörde

662 Da beiden (Polizei *und* Ordnungsbehörde) die Aufgabe der Gefahrenabwehr übertragen ist, stellt sich insbesondere die Frage der Zuständigkeitsabgrenzung, und zwar nicht nur in den Ländern mit Trennsystem, sondern auch dort, wo im Einheitssystem eine organisationsinterne Ausdifferenzierung erfolgt ist (vgl §§ 59, 66 f bd.wtt.PolG).

Die Polizei (bzw der Polizeivollzugsdienst) hat – abgesehen von spezialgesetzlicher Zuständigkeitsbestimmung – in eigener Zuständigkeit Maßnahmen nur zu treffen, soweit ein Handeln der Ordnungsbehörde (bzw der Sicherheitsbehörde oder Polizeibehörde) nicht oder nicht rechtzeitig möglich erscheint (vgl Art. 3 bay.PAG; § 7 I Nr 3 m.v.SOG; § 1 II 1 nds.SOG; § 1 I 3 PolG NRW).

---

52 Vgl §§ 66 f bd.wtt.PolG; Art. 3 bay.POG; §§ 2 ff berl.ASOG; §§ 79 f brem.PolG; § 89 hess.SOG; §§ 97, 102 NPOG; §§ 10 ff POG NRW u. § 5 OBG NRW; § 90 rh.pf.POG; §§ 80, 85 saarl.PolG; §§ 165, 168 schl.h.LVwG; §§ 8 ff brandenb.POG u. § 5 brandenb.OBG; §§ 4, 7 m.v.SOG; § 60 sächs.PolG; §§ 89 f s.anh.SOG; §§ 8 ff thür.POG; § 4 thür.OBG.
53 So *D/W/V/M*, S. 124 f; siehe aber auch Art. 3 I bay.POG. Ausführlich zu den Kommunen als Träger der Gefahrenabwehr *Lange*, in: FS Götz, 2005, S. 437 ff.
54 Vgl Nds.OVG, NVwZ-RR 1993, 405 f.
55 Siehe auch Art. 18 II nds.Verf.; Art. 39 II 3 Verf.NRW.

Diese sog. **Eilfallkompetenz** der Polizei (Recht des ersten Zugriffs) besitzt damit   663
heute nicht mehr, wie dies frühere polizeirechtliche Normen („unaufschiebbar notwendige" Maßnahmen; so früher § 4 I berl.ASOG aF u. § 6 I d saarl.POG aF; vgl
auch § 2 I bd.wtt.PolG) zum Ausdruck brachten, nur eine zeitliche, sondern zugleich
eine sachliche Komponente.

Im Interesse eines wirksamen Schutzes der öff. Sicherheit und Ordnung kommt es aber nicht
darauf an, ob ein Eingreifen der anderen Behörde möglich *ist*, sondern ob dies aus der Sicht der
Polizei bei verständiger Würdigung (ex ante) möglich *erscheint*. In diesem Sinne ist gem. § 7 I
Nr 3 m.v.SOG auch entscheidend, ob die Polizei die Maßnahmen, die sie selbstständig durchzuführen beabsichtigt, „nach pflichtgemäßem Ermessen für unaufschiebbar hält".

Polizeiliches Eingreifen bietet sich namentlich dann an, wenn einer Ordnungsbehörde
die notwendigen Befugnisse, Vollzugskräfte oder Sachkenntnisse fehlen.

Beispiele: Schutz von Personen oder Objekten, Räumung besetzter Häuser.

b) Kostenzuordnung

Doch wer hat letztlich die Kosten eines auf die Eilfallkompetenz gestützten Einsatzes   664
zu tragen? Diesbezüglich besteht Streit. Zum einen kann man unter Berufung auf das
sog. **Entstehungsprinzip** den Träger der Behörde mit den Kosten der von dieser ein-
geleiteten und durchgeführten Maßnahmen belasten.

Danach steht etwa dem Land als dem Träger der Polizeikosten kein Anspruch auf Erstattung
der Kosten einer von der Polizei bei Wahrnehmung ihrer Eilkompetenz getroffenen Gefahren-
abwehrmaßnahme gegen eine öffentlich-rechtliche Körperschaft zu[56].

Andererseits lässt sich jedoch auch die Auffassung vertreten, wenn die Polizei in
Wahrnehmung ihrer Eilfallkompetenz eine eigentlich in den Aufgabenbereich einer
anderen Behörde fallende Maßnahme treffe, seien die von ihr dabei verauslagten
Kosten letztlich von dem an sich – dh ohne die gebotene Eile – zuständigen und damit
begünstigten Aufgabenträger nach den Grundsätzen der **öffentlich-rechtlichen Geschäftsführung ohne Auftrag** zu erstatten.

So hatte das BVerwG früher die Beseitigung der Ölverschmutzung einer Bundeswasserstraße
den schifffahrtspolizeilichen Aufgaben des Bundes zugerechnet und dem Land einen Kostener-
stattungsanspruch zugebilligt, wenn es im Eilfall diese Aufgabe durch seine Bediensteten ausgeführt hatte[57].

Eine solche Sichtweise entspräche auch am ehesten dem Geist der grundgesetzlichen
Regelungen über die (grundsätzlich der Aufgabenverteilung folgende) Ausgabenver-
teilung im Bundesstaat (vgl Artt. 104a I, II, V, 106 VIII GG).

Jedenfalls aber – dies sei hier nochmals betont – können auch Gebietskörperschaften   665
auf der Grundlage einschlägiger landesrechtlicher Bestimmungen unter dem Gesichtspunkt der Zustandshaftung (dazu oben Rn 503 ff) zur Tragung von Gefahrenbe-

---

56 So OVG NRW, NJW 1986, 2526 zum Löschen eines brennenden städtischen Papierkorbes;
    Nds.OVG, NdsVBl. 2010, 179 f zu KfZ Abschlepp- oder Umsetzungsmaßnahmen.
57 BVerwG, DÖV 1986, 285; insoweit anders dann BVerwGE 87, 181: keine schifffahrtspolizeiliche
    Aufgabe des Bundes.

seitigungskosten herangezogen werden[58]. Dem lässt sich seinerseits nicht Art. 104a I GG entgegenhalten, denn „Art. 104a I GG betrifft die Ausgabenverantwortung für Aufgaben, die dem Bund bzw den Ländern als Hoheitsträgern obliegen. Er berührt nicht Kostentragungspflichten, die Hoheitsträgern als Eigentümern von Grundstücken oder im sonstigen fiskalischen Bereich obliegen."[59]

2. Örtliche Zuständigkeit

666 Geht man von der Zuständigkeitsverteilung in § 3 VwVfG aus, so dürfte örtlich zuständig zur Abwehr einer Gefahr regelmäßig diejenige sachlich zuständige Behörde sein, in deren räumlich abgegrenztem **Bezirk** die polizeilich bzw ordnungsbehördlich zu schützenden Rechtsgüter verletzt oder gefährdet werden (so denn auch § 5 I m.v.SOG; § 100 I 2 NPOG; § 7 I POG NRW)[60].

Dieser Regelung kommt jedoch im Polizei- und Ordnungsrecht nur eine eher **untergeordnete Bedeutung** zu, da

– einige Bundesländer für die Polizei auf eine bezirkliche Zuständigkeitsgliederung verzichten,

Vgl Art. 3 I bay.POG u. § 8 I thür.POG: „Jeder im Vollzugsdienst tätige Beamte der Polizei ist zur Wahrnehmung der Aufgaben der Polizei im gesamten Staatsgebiet [Thür.: Landesgebiet] befugt." Siehe auch § 75 bd.wtt.PolG, § 101 I hess.SOG, § 8 m.v.SOG.

– auch ansonsten keine starren Grenzziehungen bestehen, vielmehr zur Sicherung der Effizienz weitgefasste außerordentliche Zuständigkeiten eingeräumt werden, die sich mit den Stichworten „Nachbarhilfe", „Nacheile" und „Aufsichtsweisung" umschreiben lassen.

Vgl § 100 III-VI NPOG; § 7 II–IV POG NRW u. § 6 OBG NRW.

Amtshandlungen von Polizeivollzugsbeamten anderer Länder oder des Bundes in einem Land sowie korrespondierend für Amtshandlungen von Polizeivollzugsbeamten außerhalb des Zuständigkeitsbereichs ihres Bundeslandes bedürfen einer gesetzlichen Grundlage, siehe zB Art. 10, 11 bay.POG; §§ 9, 10 m.v.SOG; §§ 103, 104 NPOG; §§ 8, 9 PolG NRW. In diesen Bestimmungen wird ausdrücklich auf die verfassungsrechtlichen Regelungen des inneren Notstandes (Art. 35 II u. III, Art. 91 GG)[61] Bezug genommen.

3. Rechtsfolgen

667 Bei polizei- und ordnungsrechtlichen Verordnungen hat ein Verstoß gegen die Zuständigkeitsnormen Nichtigkeit zur Folge. Verfügungen, die entgegen der Zuständigkeitsverteilung ergehen, sind rechtswidrig. Eine Nichtigkeit kommt zwar auch für diese nach § 44 VwVfG in Betracht; Verstöße gegen die örtliche Zuständigkeit füh-

---

58 So BVerwGE 87, 181; ferner Hess.VGH, DÖV 1992, 752.
59 So BVerwG, DVBl. 1991, 392 (393).
60 Vgl OVG NRW, NVwZ 1999, 562.
61 Dazu näher *Stern*, Staatsrecht II, 1980, S. 1461 ff.

ren idR allerdings nicht zur Nichtigkeit (vgl § 44 Abs. 3 Nr 1 VwVfG) und sind unter den Voraussetzungen des § 46 VwVfG überdies unbeachtlich[62].

Wiederholungs- und Verständnisfragen

1. *Wie wird in Bundesländern, die einem einheitlichen materiellen Polizeibegriff folgen, zwischen Polizei- und Ordnungsverwaltung unterschieden?* **Rn 632, 646**
2. *Was versteht man unter Sonderordnungsbehörden?* **Rn 633**
3. *Welche Aufgaben hat die Bundespolizei?* **Rn 650**
4. *Welche Aufgaben hat das Bundeskriminalamt?* **Rn 652**
5. *Welche Möglichkeiten des Einsatzes der Bundeswehr im Inneren gibt es?* **Rn 655 ff**
6. *Wie ist allgemein die sachliche Zuständigkeitsabgrenzung zwischen Polizei- und Ordnungsbehörden ausgestaltet?* **Rn 662 f**

§ 20 Das polizei- und ordnungsbehördliche Handlungsinstrumentarium

Fall 19: „Gassi nur mit Leine" 668

In den Hauptgeschäftsstraßen der Göttinger Innenstadt sind in letzter Zeit mehrfach Passanten von frei herumlaufenden Hunden belästigt worden. Auch häufen sich die Beschwerden über die durch Hundedreck verunreinigte Fußgängerzone. In formell ordnungsgemäßer Weise erlässt der Bürgermeister der Stadt Göttingen daher eine auf § 55 NPOG gestützte Polizeiverordnung, die Folgendes bestimmt:

§ 1 Zur Vermeidung von Verunreinigungen sowie von Gefährdungen und Belästigungen sind Hunde in den im Folgenden aufgeführten Fußgängerstraßen [es folgt die Aufzählung der betroffenen Straßen] an der Leine zu führen.

§ 2 Bei vorsätzlichen Zuwiderhandlungen gegen das Gebot des § 1 können Geldbußen bis zu einer Höhe von 250 Euro, bei fahrlässigen Zuwiderhandlungen Geldbußen bis zu einer Höhe von 125 Euro festgesetzt werden.

Die Rentnerin Thea Treu (T), die in der Nähe der Fußgängerzone wohnt, hält die Verordnung für eine skandalöse Freiheitsberaubung, zumal ohne jegliche Differenzierung ein Leinenzwang für alle Hunde festgelegt wurde. Ihr Zwergschnauzer „Poldi" sei so abgerichtet, dass er, auch wenn er nicht angeleint sei, keine Passanten belästige. Sie achte zudem peinlich genau darauf, dass „Poldi" die Plattenwege der Innenstadt nicht verunreinige. T fühlt sich auch deshalb ungerecht behandelt, weil der Leinenzwang nur im Fußgängerbereich der Innenstadt gelten solle und damit die innerstädtischen Hundehalter im Vergleich zu den „Herrchen" im feinen Ostviertel der Stadt benachteiligt würden.

T möchte gerne wissen,

1. wie sie – möglichst ohne ein Bußgeld zu riskieren – die Verordnung auf ihre Rechtmäßigkeit überprüfen lassen kann;
2. ob die Verordnung rechtmäßig ist, insbesondere, ob sie auch für solche Hunde gilt, die erwiesenermaßen weder Passanten belästigen noch die Straße verunreinigen. **Rn 713**

---

62 *Pieroth/Schlink/Kniesel*, Polizei- und Ordnungsrecht, 9. Aufl. 2016, § 6 Rn 26.

669 Das Polizei- und Ordnungsrecht gehört zu den klassischen Referenzgebieten des Allgemeinen Verwaltungsrechts und beeinflusst in mannigfacher Weise dessen Dogmatik, sei es mit Blick auf unbestimmte Rechtsbegriffe (wie öff. Sicherheit, öff. Ordnung, Gefahr) und die Ermessenslehre, sei es in Ansehung der Komponenten des Amtshaftungs- und des öff.-r. Entschädigungsrechts (dazu noch unten Rn 770 ff).

670 Umgekehrt lassen auch **Trends und Neuentwicklungen im Allgemeinen Verwaltungsrecht** die Dogmatik des Polizei- und Ordnungsrechts nicht unberührt, etwa die Herausbildung neuer Formen kooperativen Verwaltungshandelns, die hier zur Diskussion um „Sicherheits- und Ordnungspartnerschaften" (o. Rn 403) geführt haben[1], oder die Betonung des Dienstleistungscharakters staatlichen Handelns, die zu verstärkten Bemühungen um konsensuale Elemente, hier: um die Stärkung der Akzeptanz polizeilicher Aktivitäten, hinleitet.

671 Der moderne Präventions-Staat tut gut daran, sich bei der Bewältigung seiner vielfältigen Aufgaben nicht allein oder vorrangig auf den Einsatz des verfügbaren ordnungsrechtlichen Instrumentariums zu konzentrieren, sondern durch Information des Bürgers und im Dialog mit ihm den Versuch zu unternehmen, einen breiten Konsens hinsichtlich der staatlicherseits verfolgten Ziele und des Einsatzes der jeweils vorzugswürdig erscheinenden Handlungsformen zu erreichen. Der **Akzeptanz** staatlicher Maßnahmen seitens der Bürger kommt in der Zivilgesellschaft des 21. Jahrhunderts hohe Bedeutung zu. Der Bereich des Umweltschutzes liefert hierfür überzeugende Belege.

672 Weitere relevante Stichworte sind Europäisierung (dazu bereits Rn 392 ff) sowie Deregulierung und Privatisierung (dazu oben Rn 399 ff). Der „schlanke Staat" wird dadurch zunehmend zum „Gewährleistungsstaat".

673 Polizeiliches Handeln ist auf der anderen Seite heutzutage, wie bereits mehrfach zu registrieren war, zunehmend schon in **Vorfeld**bereichen einer konkreten Gefahr gefordert. Es gilt, Sicherheitsrisiken für die moderne Zivilgesellschaft frühzeitig zu erkennen und Erfolg versprechende Abwehrmaßnahmen zu treffen. Hier sind Entwicklungslinien hin zu einem die informationstechnischen Möglichkeiten der Gegenwart sichtenden und nutzenden Risikoverwaltungsrecht unverkennbar[2].

674 Das **Repertoire polizeilicher und ordnungsbehördlicher Handlungsinstrumente** umfasst vor diesem Hintergrund das volle Spektrum der im Allgemeinen Verwaltungsrecht anerkannten Handlungsformen der Verwaltung, damit etwa auch den öffentlich-rechtlichen Vertrag[3] und schlichthoheitliches Verwaltungshandeln[4].

Hier sollen neben der klassischen Polizei- und Ordnungsverfügung noch die Rechtsfiguren der ordnungsbehördlichen Erlaubnis und der ordnungsbehördlichen Verordnung resp. Polizeiverordnung vorgestellt werden. Abschließend gilt das Augenmerk dann dem Einsatz von Zwangsmitteln.

---

1 Dazu etwa *Pitschas*, DÖV 2002, 221 ff mit der Forderung nach gesetzgeberischen Aktivitäten; zurückhaltender *Tettinger*, NWVBl. 2000, 281 ff; kritisch *Rixen*, DVBl. 2007, 221 ff.
2 S. *Pitschas*, DÖV 2002, 221 (224, 229 ff).
3 Vgl *Bonk/Neumann/Siegel*, in: Stelkens/Bonk/Sachs, VwVfG, 9. Aufl. 2018, § 54 Rn 102; BVerwGE 84, 236 ff; OVG NRW, OVGE 16, 12 (15); siehe aber auch Nds.OVG, OVGE 16, 471 (475).
4 Vgl oben Rn 424; siehe auch *Schoch*, JuS 1995, 218 zum Stichwort „Verwaltungsrealakt".

I. Polizei- und Ordnungsverfügung

Der Begriff der „Verfügung" hatte ursprünglich einen besonderen polizeirechtlichen   **675**
Bedeutungsgehalt, an den bestimmte Rechtmäßigkeitsvoraussetzungen – Bestimmtheit, Verhältnismäßigkeit, Rechtsschutzgewährung – anknüpften, die inzwischen aber
auch im allgemeinen Verwaltungsrecht als rechtsstaatliche Grundanforderungen an
alle Verwaltungsakte Anerkennung gefunden haben. Obwohl damit der spezifische
polizeirechtliche Sinngehalt entfallen ist, findet man die historische Formulierung
„Verfügung" aber durchaus noch in aktuellen Gesetzen als Bezeichnung für Verwaltungsakte zur Gefahrenabwehr – vgl insbes. die Überschrift vor § 176 schl.h.LVwG:
„Verwaltungsakte (Verfügungen)" sowie die Abschnittsüberschrift vor § 14 OBG
NRW und die Überschrift zu § 46 AufenthG: „Ordnungsverfügungen". Auch in der
Gerichtssprache wird im gefahrenabwehrrechtlichen Zusammenhang gerne von „Ver-
fügung" und nicht von „Verwaltungsakt" gesprochen.

Bei der in Klausuren nach wie vor häufig geforderten gutachtlichen Überprüfung solcher Verfügungen sind – wie bei der Überprüfung von Verwaltungsakten generell –
folgende **Prüfungsschritte** unabdingbar:

1. Ermittlung der Ermächtigungsgrundlage

Dass für polizeiliche oder ordnungsbehördliche Eingriffe in die bürgerliche Freiheits-   **676**
sphäre eine gesetzliche Ermächtigungsgrundlage vonnöten ist, folgt bereits aus dem
verfassungsrechtlichen Grundsatz vom Vorbehalt des Gesetzes (oben Rn 404). Bei
der Suche nach der einschlägigen Norm[5] gilt – den obigen Aufbauhinweis (Rn 659)
näher spezifizierend – folgende Abstufung:

Zunächst ist nach dem Vorliegen einer **spezialgesetzlichen Ermächtigung** zu fragen.   **677**

Beispiele:
– § 15 III VersammlG (Auflösung einer Versammlung); dazu unten Rn 752 f
– § 53 AufenthG (Ausweisung eines Ausländers)
– §§ 7, 8 PassG (Passversagung und -entziehung)[6].

Ebenso, wie es den Anfängern im Zivilrecht Schwierigkeiten bereitet zu erkennen, ob
eine Anspruchsgrundlage vorliegt, werden im Polizeirecht häufig Ermächtigungsgrundlagen und allgemeine Aufgabennormen, die keine konkrete Eingriffsbefugnis
begründen, verwechselt (o. Rn 423 ff). Diese Gefahr besteht naturgemäß im Bereich
der spezialgesetzlichen Ermächtigungen eher als im allgemeinen Gefahrenabwehrrecht, wo sich die richtige Zuordnung in aller Regel bereits durch die Abschnittsüber-
schriften ergibt (vgl zB im NPOG: „Erster Teil: Aufgaben, Begriffsbestimmungen
und Geltungsbereich", „Dritter Teil: Befugnisse der Verwaltungsbehörden und der
Polizei").

Fehlt es an einer solchen spezialgesetzlichen Ermächtigung, ist im allgemeinen Ge-   **678**
fahrenabwehrrecht nach einer Ermächtigungsgrundlage zu suchen, wobei hier zu-

---

5 Zum Einüben siehe die „Grundfälle zum Auffinden der Ermächtigungsgrundlage im POR" von *Bü-
scher*, JA 2010, 719 ff und 791 ff.
6 Dazu Bd.Wtt.VGH, VBlBW 2000, 474 u. VG Gelsenkirchen, NWVBl. 2000, 394 – „Hooligan".

nächst die gesetzlich vertypten **Standardmaßnahmen** (oben Rn 566 ff) in den Blick geraten müssen.

679 Die Ermächtigung kann aber auch in einer **ordnungsbehördlichen Verordnung resp. Polizeiverordnung** (dazu noch unten Rn 705 ff) enthalten sein, wenn diese nicht nur ein Verbot, sondern ausnahmsweise auch eine Ermächtigungs- bzw. Befugnisnorm (Rn 423) enthält (andernfalls: „konkretisierende Verfügung" iVm d. Generalklausel, Rn 437).

Beispiel: Der Rentnerin R wird unter Bezugnahme auf ein durch VO erlassenes allgemeines Taubenfütterungsverbot in der Innenstadt von K durch den Polizisten P aufgrund einer Befugnisnorm, die in der Verordnung normiert ist, untersagt, auf dem Marktplatz die mitgebrachten Brotkrumen auszustreuen[7].

Bei entsprechenden Fallkonstellationen ist es erforderlich, zunächst inzidenter die als Ermächtigungsgrundlage herangezogene VO auf ihre formelle und materielle Rechtmäßigkeit hin zu untersuchen, ehe sodann die Rechtmäßigkeit der Einzelverfügung (Subsumtion unter die in der VO enthaltenen Eingriffsvoraussetzungen; spezielle, namentlich grundrechtliche Einwände gegen das konkrete Vorgehen) überprüft wird.

680 Letztlich kann die Ermächtigung auch in der gefahrenabwehrrechtlichen **Generalklausel** (Rn 432 ff) zu finden sein.

Beispiele: Art. 11 I bay.PAG; § 13 m.v.SOG; § 11 NPOG; § 8 I PolG NRW; § 14 I OBG NRW; § 3 I sächs.PolG.

Auf diese Generalklausel darf allerdings – das sei nochmals betont (vgl auch oben Rn 433 u. 613) – nur zurückgegriffen werden, sofern es um originäre Gefahrenabwehr geht und vorrangige speziellere Eingriffsermächtigungen (Rn 677–679) nicht vorliegen.

Beispiel: Eine gemeindlicherseits unter der (fehlerhaften) Bezeichnung „Ordnungsverfügung" ausgesprochene Untersagung der Einleitung von Abwasser in eine von ihr betriebene öff. Abwasseranlage unter Berufung auf satzungsrechtliche Benutzungsregelungen ist keine Maßnahme der Gefahrenabwehr, sondern ergeht schlicht als Maßnahme im Rahmen des öffentlich-rechtlichen Benutzungsverhältnisses[8].

681 Die Klärung letzterer Frage begegnet jedoch vielfach besonderen Schwierigkeiten.

Beispiel: Eine Ordnungsbehörde wollte in den 80er-Jahren dem E als Grundstückseigentümer und Vermieter von Lagerräumen aufgeben, umweltgefährdende Chemikalien, die sein Mieter eingelagert hatte, auf eigene Kosten zu beseitigen. Eine Heranziehung von Eingriffsermächtigungen des Wasser-, des Immissionsschutz- und des allg. Polizei- und Ordnungsrechts erschien seinerzeit deshalb als zweifelhaft, weil der damalige § 3 AbfG bundesrechtliche abschließend bestimmte, dass der Besitzer Abfälle der beseitigungspflichtigen Körperschaft zu überlassen hat.[9] Hierzu entschied das BVerwG in bemerkenswerter Klarheit: „Geht es nicht vorrangig um die Beseitigung eines abfallrechtswidrigen Zustandes, sondern um die Bekämpfung konkreter Gefahren unabhängig von der Abfalleigenschaft der störenden Sache, gelten für die behördli-

---

7 Zur verfassungsrechtlichen Unbedenklichkeit siehe BVerfGE 54, 143 ff u. Bd.Wtt.VGH, DÖV 1992, 79 (80).
8 OVG NRW, NWVBl. 1995, 138.
9 Anders heute § 15 I KrWG: Beseitigungspflicht trifft den gewerblichen Abfallbesitzer selbst.

che Zuständigkeit, die zu ergreifenden Maßnahmen und die Verantwortlichkeit für die Gefahrenbeseitigung grundsätzlich die Bestimmungen des jeweils einschlägigen speziellen Ordnungsrechts (zB des Wasser- oder Immissionsschutzrechts), gegebenenfalls auch des allgemeinen Polizeirechts."[10] Zu diesem Fall s. auch noch Rn 687.

Entsprechende Überlegungen erweisen sich insbesondere im Kontext des Umwelt- **682** rechts, aber auch etwa bei gewerberechtlichen oder versammlungsrechtlichen Problemen als unabdingbar.

Beispiele: Die zust. Behörde ist berechtigt, auf Grund der polizei- bzw ordnungsrechtlichen Generalklausel die Beseitigung von Geldspielgeräten anzuordnen, die unter Verstoß gegen gewerberechtliche Bestimmungen (wie §§ 33c, 33f GewO) aufgestellt wurden, ohne dass der Subsidiaritätsgrundsatz entgegenstünde, da das Gewerberecht insoweit keine spezialgesetzliche Eingriffsermächtigung enthält und den Rückgriff auf die polizei- bzw ordnungsrechtliche Generalklausel nicht ausschließt[11]. Gegen externe Störungen einer öff. Versammlung, welche die Verhinderung ihrer ordnungsgemäßen Durchführung bezwecken, darf die Polizei auf Grund der Generalklausel einschreiten; dem steht die Spezialität des VersammlG nicht entgegen[12].

2. Allgemeine Anforderungen

Da es sich bei polizeilichen und ordnungsbehördlichen Verfügungen um **belastende** **683** **Verwaltungsakte** handelt, sind die diesbezüglichen Anforderungen des Allgemeinen Verwaltungsrechts sowie die einschlägigen prozessualen Konsequenzen[13] in Erinnerung zu rufen. Diese kommen auch hier zur Anwendung[14], soweit nicht spezialgesetzliche Vorgaben bestehen.

Beispiel: Rücknahme und Widerruf einer waffenrechtlichen Erlaubnis oder Zulassung nicht nach §§ 48, 49 VwVfG, sondern gem. § 45 WaffG.

Im Zusammenhang mit der Lehre vom Verwaltungsakt verdienen namentlich folgende zwei Stichworte aus dem allgemeinen Verwaltungsrecht im Gefahrenabwehrrecht einer besonderen Erinnerung:

– „**Sammelverfügung**" als Erscheinungsform einer Verfügung, mit der die Behörde ein Bündel gleichlautender Verwaltungsakte an jeweils individuell adressierte Personen richtet[15],

Beispiele: Auflösung einer Demonstration (§ 15 III VersammlG); eine unter Berufung auf die polizeirechtliche Generalklausel erlassene polizeiliche Anordnung, durch welche ein „wildes" Zeltlager von Nichtsesshaften in den öffentlichen Anlagen einer Gemeinde untersagt, der Abbau der Zelte aufgegeben und den Betroffenen ein Platzverweis erteilt wird[16].

---

10 BVerwGE 89, 138 (142).
11 Bd.Wtt.VGH, GewArch. 1990, 403.
12 Bd.Wtt.VGH, DÖV 1990, 527. Siehe auch unten Rn 766 f.
13 Siehe etwa zur Frage der Erledigung einer Ordnungsverfügung OVG NRW, NWVBl. 1997, 218.
14 Dabei ist zu beachten, dass bei Handlungen von Landes- und Kommunalbehörden das idR inhaltsgleiche VwVfG des jeweiligen Landes gilt. Sofern dieses auf das VwVfG verweist – so zB § 1 I nds.VwVfG –, ist es stets mitzuzitieren.
15 Vgl näher *Detterbeck*, AllgVerwR, Rn 469; *Windoffer*, in: Mann/Sennekamp/Uechtritz, VwVfG, 2. Aufl. 2019, § 35 Rn 112.
16 So Bd.Wtt.VGH, NuR 1992, 477; siehe aber auch Bd.Wtt.VGH, DÖV 1997, 255 ff; NVwZ 2003, 115.

– **„Zweitbescheid"**, in Abgrenzung von der lediglich wiederholenden Verfügung[17].

> **Beispiel:** Die Polizei verfügt gegenüber A eine Platzverweisung unter Berufung auf die polizeirechtliche Generalklausel. Nach Widerspruch des A hiergegen ergeht ein erneuter Bescheid, diesmal mit sorgfältiger Begründung und gestützt auf die betreffende Standardmaßnahme (vgl Rn 584 ff).

684 Soweit behördlicherseits eine Gefahrensituation erkannt und alsbaldige Abhilfe für geboten erachtet wird, ehe dass ein Verantwortlicher ermittelt ist, besteht die **Möglichkeit gestaffelten Handelns** im Wege sofortigen („adressatneutralen") Eingreifens und späterer Inanspruchnahme des Störers per Verfügung.

685 Die **Formerfordernisse für Ordnungsverfügungen** sind vielfach gesetzlich fixiert (vgl § 19 brandenb.OBG; § 20 OBG NRW). Im Übrigen besteht kein gesonderter Formzwang[18].

686 Die in einer polizeilichen oder ordnungsbehördlichen Verfügung enthaltenen Anordnungen müssen den rechtsstaatlichen **Bestimmtheitsanforderungen** entsprechen (vgl oben Rn 404). Dies gilt sowohl für das Ziel der Verfügung als auch für den Mitteleinsatz. Die vom Adressaten zu treffenden Maßnahmen sind konkret und hinreichend präzise zu benennen. Von dem Betroffenen kann nicht erwartet werden, erst unter Hinzuziehung eines Dritten, etwa eines Sachverständigen, zu erforschen, was eigentlich von ihm verlangt wird[19].

Negativ Beispiele: Der Ventilator in einer Gaststätte soll „geräuscharm" arbeiten[20]; ordnungsbehördliche Anordnung gegenüber einem Hersteller von Teichpumpen, „durch geeignete Maßnahmen … zB Warnungen/Hinweise bei den Händlern oder entsprechende Veröffentlichungen in den Medien … eine entsprechende Information der Endverbraucher durchzuführen"[21]; hinreichend bestimmt soll demgegenüber die Verfügung sein, nach der die von einer Kegelbahn ausgehenden Geräusche nach 22 Uhr nicht mehr als 70 db (A) betragen dürfen.[22]

687 Vom Verfügungsadressaten darf nicht etwas **rechtlich oder tatsächlich Unmögliches** verlangt werden[23]. Unzulässig wäre so etwa ein Gebot, durch dessen Befolgung zwingende Vorschriften des öffentlichen Rechts verletzt würden.

Hieraus ergaben sich etwa für den in Rn 681 skizzierten Fall gewichtige Einschränkungen: „Das bedeutet bei Sachen, die Abfälle sind oder es durch die angeordneten Maßnahmen werden (zB durch Auskoffern verseuchten Erdreichs), dass im Rahmen der Gefahrenbeseitigung nicht die Vorschriften missachtet werden dürfen, die das Abfallrecht für die Entsorgung von Abfällen aufstellt. … Das heißt: Ist der Ordnungspflichtige Besitzer der Abfälle oder wird er dies im Zuge der angeordneten Gefahrenbeseitigung, so darf ihm die Ordnungsverfügung nichts aufge-

---

17 Vgl näher *Windoffer*, in: Mann/Sennekamp/Uechtritz (Hrsg.), VwVfG, 2. Aufl. 2019, § 35 Rn 89 f; *Detterbeck*, AllgVerwR, Rn 772 f.
18 Vgl OVG Lüneburg, DVBl. 1977, 832 (833) – „Bekanntgabe einer Polizeiverfügung über Lautsprecher".
19 Deutlich OVG NRW, NWVBl. 1993, 154.
20 Vgl OVG NRW, OVGE 16, 263.
21 OVG NRW, NWVBl. 2003, 315.
22 Vgl BVerwGE 31, 15.
23 Vgl dazu *D/W/V/M*, S. 418 f; zur rechtlichen Unmöglichkeit als Vollstreckungshindernis Hess.VGH, DVBl. 1996, 573 f.

ben, was seinen aus dem Abfallbesitz folgenden Verpflichtungen aus § 3 I oder IV AbfG zuwiderliefe."[24]

Unmöglich ist ein Verlangen jedoch nicht bereits bei **wirtschaftlichem Unvermögen**[25].

Stehen der Realisierung einer Verfügung **private Rechte Dritter** (wie eines Miteigentümers oder eines Mieters) **entgegen**, so wird dadurch nicht die Rechtmäßigkeit der Verfügung, sondern allein ihre Durchsetzbarkeit (Vollstreckung) berührt[26].   **688**

Beispiele: Ordnungsverfügung gegen den Mieter, die dieser ohne Einwilligung des Hauseigentümers nicht realisieren kann; Abrissverfügung nur gegenüber einem von drei Miteigentümern.

Bestehen solche Vollstreckungshindernisse in zivilrechtlichen Rechtspositionen Dritter, so bestehen aber keine praktischen Schwierigkeiten bei der Durchsetzung des Verwaltungsakts: Die zuständige Behörde kann durch parallelen Erlass einer sog. **Duldungsverfügung** gegen den Dritten die rechtlichen Voraussetzungen für eine ungehinderte Durchsetzung der Ordnungsverfügung schaffen[27].

3.   Spezialbereich: Zur sog. Sanierungsverfügung bei Altlasten

Die ab den achtziger Jahren ins Blickfeld einer breiten Öffentlichkeit geratene Altlastenproblematik hatte seinerzeit auch zu einer **Renaissance des Polizei- und Ordnungsrechts** geführt. Vor Erlass des BBodSchG 1999 und der Bodenschutz- und Altlastengesetze der Länder waren kaum spezialgesetzliche Ermächtigungsgrundlagen für Sanierungsverfügungen vorhanden, sodass auf die Eingriffsermächtigungen des Polizei- und Ordnungsrechts rekurriert werden musste. Hierzu war es dann erforderlich, zunächst einmal die jeweils konkret Verantwortlichen für die zum Teil weit in der Vergangenheit liegende Altlastenverursachung zu ermitteln und gegen diese vorzugehen.   **689**

Heutzutage sind diesbezügliche detaillierte Vorgaben dem Gesetz zum Schutz vor schädlichen Bodenveränderungen und zur Sanierung von Altlasten – **Bundes-Bodenschutzgesetz** (BBodSchG) – und der Bundes-Bodenschutz- und Altlastenverordnung (BBodSchV) zu entnehmen, die weitgehend an die bekannte polizeirechtliche Terminologie anknüpfen. Entsprechend dem allgemeinen Ordnungsrecht enthält § 10 I BBodSchG auch eine **Generalklausel**, auf Grund derer die Behörde die „notwendigen Maßnahmen" zur Erfüllung der bodenschutzrechtlichen Pflichten zur Gefahrenabwehr treffen kann.   **690**

Das vom BBodSchG bereit gestellte Handlungsinstrumentarium steht neben der sog. **Gefährdungsabschätzung** (vgl § 9 I BBodSchG) als Gefahrerforschungsmaßnahme (o. Rn 479 ff) bei Altlastenverdachtsflächen[28] vor allem die auf § 4 iVm §§ 10, 16   **691**

---

24   So BVerwG, DÖV 1992, 353 (354 f) – „umweltgefährdende Chemikalien" – zur seinerzeitigen Rechtslage nach dem AbfG 1986; vgl aktuell § 7 II KrWG.

25   Vgl *Götz/Geis*, POR, § 11 Rn 22 mwN; siehe aber § 17 II BImSchG. – Allg. zum Verhältnis von Polizeirecht und Insolvenzrecht *Trute*, Die Verwaltung 32 (1999), 73 (83 ff).

26   BVerwGE 40, 101; *Schenke*, POR, Rn 281, 547.

27   Vgl BayVGH NVwZ-RR 2006, 389 f; BayVBl. 2002, 275 (277).

28   Vgl die Legaldefinition in § 2 VI BBodSchG.

BBodSchG zu stützende sog. **Sanierungsverfügung** vor. Im Einzelnen ergeben sich hierbei die folgenden besonderen Probleme, die vor allem auch didaktisch interessant sind, weil sie an die aus dem allgemeinen Ordnungsrecht bekannten dogmatischen Figuren anknüpfen:

692   –   **Gefahr:** In Ermangelung klarer Grenzwerte für Bodenbelastungen bestand im deutschen Recht lange Zeit erhebliche Unsicherheit darüber, ab welchem Grad der Verunreinigung des Bodens von einer Sanierungsbedürftigkeit auszugehen war und ob und inwieweit in Ansehung der Verunreinigung nutzungsbezogene Differenzierungen (Wohnnutzung, gewerbliche Nutzung, Grünfläche) zulässig sind. Die auf die Verordnungsermächtigung in § 8 BBodSchG gestützte BBodSchV hat diese praktischen Schwierigkeiten behoben, indem sich in ihren Anhängen nun Regeln zur Festlegung von Prüfwerten, Maßnahmewerten und Vorsorgewerten finden, die auch nutzungsbezogene Differenzierungen vorsehen[29].

693   –   **Verantwortlichkeit/Verfügungsadressat:** Bei alten Flächen lassen sich Kontaminationen in ihrer zeitlichen Abfolge oftmals auf Verursachungsbeiträge unterschiedlicher Rechtssubjekte zurückführen, wodurch sich bereits die individuelle Zurechnung der Verantwortlichkeit für den aktuellen Grad der Gefahr als äußerst schwierig erweist. In Ergänzung zu den allgemeinen Lehren der polizei- und ordnungsrechtlichen Verantwortlichkeit (o. Rn 486 ff) statuiert § 4 I BBodSchG nicht nur eine vorbeugende materielle Polizeipflicht, sondern legt in seinen nachfolgenden Absätzen auch spezielle Verantwortlichkeiten der Handlungsstörer und ihrer Rechtsnachfolger sowie der derzeitigen und früheren Zustandsstörer fest.

694   Der **Kreis der Verantwortlichen** ist dabei durch § 4 III u. VI BBodSchG deutlich **ausgeweitet** worden. Alternativ und ggf kumulativ nennt das BBodSchG folgende Verantwortliche: 1. den Verursacher der schädlichen Bodenveränderung oder Altlast, 2. den Gesamtrechtsnachfolger des Verursachers[30], 3. den Grundstückseigentümer, 4. den Inhaber der tatsächlichen Gewalt, 5. denjenigen, der für eine juristische Person, der ein mit einer schädlichen Bodenveränderung oder einer Altlast belastetes Grundstück gehört, aus handelsrechtlichem oder gesellschaftsrechtlichem Rechtsgrund einzustehen hat, 6. denjenigen, der ein solches Grundstück derelinquiert und 7. den früheren Eigentümer gem. § 4 VI BBodSchG[31].

695   Als Ausnahme zu der allgemeinen Regel, dass für die Bestimmung der Zustandsverantwortlichkeit die zivilrechtliche Eigentumssituation maßgeblich ist (o. Rn 508) ist gemäß § 4 VI BBodSchG also **auch der frühere Eigentümer** zur Sanierung verpflichtet, wenn er sein Eigentum nach dem 1. März 1999 übertragen hat und die schädliche Bodenverunreinigung oder Altlast hierbei kannte oder davon wusste. Dies gilt für denjenigen nicht, der beim Erwerb des Grundstücks darauf vertraut hat, dass schädliche Bodenveränderungen oder Altlasten nicht vorhanden sind, und sein Vertrauen unter Berücksichtigung der Umstände des Einzelfalles schutzwürdig ist. In gleicher Weise ist für den Altlastenbereich durch § 4 III 1 BBodSchG auch die im allgemeinen Polizeirecht diskutierte (o. Rn 517) Streitfrage eindeutig entschieden, dass auch der Gesamtrechtsnachfolger eines Verhaltensstörers verantwortlich ist.

---

29   Überblick bei *Ewer*, in: Landmann/Rohmer, Umweltrecht, Vorbem. BodSchRecht Rn 186 ff.
30   Vgl BVerwG, NVwZ 2006, 928.
31   Dazu BVerwG, NVwZ 2008, 684 f.

Außerdem sieht das BBodSchG – anders als dies im allg. Polizeirecht der Länder zu registrieren ist (o. Rn 507) – keine Entpflichtung für den Eigentümer vor, wenn die tatsächliche Gewalt ohne seinen Willen ausgeübt worden ist[32].

– **Legalisierungswirkung:** Im Altlastenbereich erweist sich sowohl bei der Hand- **696** lungs- als auch bei der Zustandshaftung die Frage nach der potenziellen Legalisierungswirkung vorhandener behördlicher Genehmigungen (gewerbe- resp. immissionsschutzrechtliche Anlagengenehmigung, bergrechtlicher Betriebsplan) als rechtlich brisant. Soweit ein bestimmtes Verhalten von einer (oft gewerberechtlichen) Erlaubnis umfasst wird, ist eine ordnungsrechtliche Inanspruchnahme daher unzulässig[33].

Zu bedenken ist jedoch, dass eine behördliche Genehmigung nur jeweils für einen genau zu **697** eruierenden, normativ nach Gegenstand, Inhalt und Umfang begrenzten Bereich Wirkkraft zu entfalten vermag. Die Reichweite der Legalisierungswirkung ist daher immer durch den konkreten Inhalt und Umfang der behördlichen Genehmigung begrenzt.[34] Ist die Genehmigung rechtswidrig und wird sie nach § 48 VwVfG zurückgenommen, entfällt damit auch die Legalisierungswirkung.

– **Behördliche Duldung:** In diesem Kontext stellt sich dann auch die Frage nach **698** der Bedeutung einer bewussten behördlichen Duldung[35]. Durch eine bloße behördliche Duldung wird keine Beschränkung der ordnungsrechtlichen Eingriffsbefugnisse ausgelöst. Das schlichte Nichteingreifen entfaltet keine Art Legalisierungswirkung, die eine Verantwortlichkeit ausschließen könnte, doch kann diesem Gesichtspunkt bei der Kostentragung analog § 254 BGB Rechnung getragen werden[36].

– **Störerauswahl:** In nicht wenigen Fällen wird der ursprüngliche Verursacher **699** einer Altlast heutzutage nicht mehr existent oder vermögenslos sein.[37] In solchen Fällen wird dann aber der heutige Grundstückseigentümer – etwa der Erwerber eines Reihenhauses auf kontaminiertem Gelände – oft geltend machen, er dürfe nicht als Zustandsstörer herangezogen werden, sondern befinde sich selbst in einer sog. Opferposition. Das BVerfG hat mit einer Entscheidung vom Februar 2000 die Notwendigkeit einer solchen „Opfergrenze" auch verfassungsrechtlich anerkannt und näher konturiert (o. Rn 512)[38]. Ergänzt wird diese Rechtsprechung durch die Restriktionen in § 4 V 2, VI 2 BBodSchG und den Umstand, dass nach der Verwaltungsrechtsprechung auch gebundene Entscheidungen den Anforderungen des Verhältnismäßigkeitsgrundsatzes standhalten müssen und daher im Einzelfall eine partielle Korrektur der zwingend angeordneten Rechtsfolge geboten sein kann[39].

---

32 Zu Recht hier gegen solche Privilegierung *Versteyl*, in: ders./Sondermann, BBodSchG, 2. Aufl. 2005, § 4 Rn 20 unter Hinweis auf die Statuierung einer „Opfergrenze" in BVerfGE 102, 1.
33 Siehe nur BVerwGE 55, 118 (120 f); *Schenke*, POR, Rn 273.
34 Vgl näher *Kloepfer*, Umweltrecht, 4. Aufl. 2016, § 13 Rn 253 ff mwN.
35 Dazu etwa BVerwG, NJW 1978, 2311 (2312).
36 Vgl auch *Schenke*, POR, Rn 273.
37 Zur Insolvenz des Störers siehe BVerwGE 108, 269; *Kügel*, NJW 2000, 113 f.
38 BVerfGE 102, 1 ff.
39 BVerwG, NJW 2009, 2905 (2906); OVG Hamburg, NVwZ-RR 2010, 263 (265); OVG NRW, NWVBl 2009, 435; *Naumann*, DÖV 2011, 96 (103); a.A. *Mehde*, DÖV 2014, 541 (548) mwN in Fn 6.

700 – **Haftungsumfang:** Aufgrund der polizei- und ordnungsrechtlichen Verantwortlichkeit kann herkömmlich nur eine Beseitigung einer Gefahr im Sinne des Polizei- und Ordnungsrechts verlangt werden, nicht aber weitergehende Optimierungsmaßnahmen. Bei Bodenbelastungen wäre also nur eine Gefahrbeseitigung, etwa durch Einkapselung des kontaminierten Bereiches, nicht aber auch eine großflächige Sanierung oder Rekultivierung möglich. Auch diese Einschränkung ist für den Geltungsbereich des BBodSchG überwunden worden, vgl § 10 BBodSchG, die Legaldefinition der Sanierung in § 2 VII BBodSchG, die Beschreibung der Sanierungspflicht in § 4 III BBodSchG, den Grundsatz der nutzungsbezogenen Sanierung (§ 4 IV BBodSchG) und die Verordnungsermächtigung zur Festlegung von Sanierungszielwerten gemäß § 8 I 2 Nr 3 BBodSchG.

701 – **Ausgleichsanspruch:** Gemäß § 24 II 1 BBodSchG haben mehrere Verpflichtete unabhängig von ihrer Heranziehung untereinander einen Ausgleichsanspruch. Dieser bemisst sich in Ermangelung anderweitiger Vereinbarung nach dem Verursachungsbeitrag (siehe § 24 II 2 BBodSchG), wobei den Restriktionen in der Rspr des BVerfG Rechnung zu tragen ist (vgl oben Rn 513)[40].

II. Die ordnungsbehördliche Erlaubnis[41]

702 Als **Mittel präventiver Ordnungskontrolle** steht – praxisrelevant vornehmlich in den Bereichen des Bauordnungs- und des Gewerberechts – die ordnungsbehördliche bzw polizeiliche Erlaubnis zur Verfügung[42]. Als Beispiele sind etwa zu nennen:

– Erlaubnispflicht für Schaustellungen von Personen (§ 33a GewO).

Darunter fallen auch Veranstaltungen wie Striptease-Shows[43]; Peepshows werden in der Rechtsprechung generell als unzulässig angesehen: Ihre Rechtswidrigkeit begründete das BVerwG mit einem Verstoß gegen die Menschenwürde der sich zur Schau stellenden Frauen, die zum bloßen Lustobjekt degradiert würden[44]. Inzwischen zieht das Gericht Art. 1 I GG nicht mehr zur Begründung heran, sondern beschränkt seine Argumentation auf einen Verstoß gegen die guten Sitten[45].

– Erlaubnispflicht für Spielhallen (§ 33i GewO)[46]
– Erlaubnispflicht für Straßen- und Haussammlungen (vgl § 1 SammlG NRW)[47]
– Erlaubnispflicht für das Führen von Schusswaffen (Waffenschein); vgl §§ 2 II, 4, 10 WaffG[48]
– Erlaubnispflicht für das Halten, die Ausbildung und das Abrichten bestimmter Hunde, vgl § 4 LHundG NRW[49]

---

40 Vgl *Jochum*, NVwZ 2003, 526 ff, aber mit übersteigerter Folgerung, dass § 24 II 1 BBodSchG obsolet geworden sei.
41 Vgl etwa § 22 brandenb.OBG; § 23 OBG NRW.
42 Im Überblick dazu *Götz/Geis*, POR, § 22 Rn 8 ff; *Schoch*, JuS 1994, 219.
43 Weitere Beispiele bei *Ennuschat*, in: Pielow (Hrsg.), BeckOK-GewO, § 33a Rn 5 f.
44 BVerwGE 64, 274 ff,
45 Vgl BVerwGE 84, 314 (317).
46 Vgl dazu Bay.VGH, NJW 1981, 1001 – „Kriegsspielgerät".
47 Dazu BVerwG, NJW 1982, 194 – „ausländische Kampforganisation".
48 Vgl dazu Nds.OVG, NordÖR 2006, 453.
49 Vgl OVG NRW, NWVBl. 1997, 431 ff.

– Erlaubnispflicht für die Ausübung der Heilkunde gemäß § 1 I, II HeilpraktikerG.

Beispiel: Piercen unter örtlicher Betäubung mittels Injektion[50].

Eine Erlaubnis, auf die der Antragsteller unter bestimmten Voraussetzungen einen Anspruch hat (eine sog. **gebundene Erlaubnis**), darf nur versagt werden, wenn diese Voraussetzungen nicht vorliegen. Eine solche Ausgestaltung erweist sich dann als verfassungsrechtlich geboten, wenn das Erlaubnisverfahren „die Ausübung grundrechtlich gesicherter Befugnisse zum Gegenstand hat. Die präventive Prüfung mit der Möglichkeit eines Verbots dient der Feststellung, ob eine rechtmäßige Grundrechtsausübung beabsichtigt ist"[51]. Eine ins pflichtgemäße Ermessen der Ordnungsbehörde gestellte Erlaubnis (sog. **freie Erlaubnis**) darf vorbehaltlich anderer gesetzlicher Vorschriften nur versagt werden, wenn dies der Erfüllung ordnungsbehördlicher Aufgaben dient (vgl § 23 S. 2 OBG NRW). **703**

Beispiel: Gemäß § 7 II LImSchG NRW kann die örtliche Ordnungsbehörde auf Antrag eine Ausnahme vom Verbot des Verbrennens von Gegenständen im Freien zulassen, wenn lediglich kurzfristig mit Luftverunreinigungen zu rechnen ist[52].

Durch die Erteilung einer ordnungsbehördlichen Erlaubnis entsteht – unbeschadet privatrechtlicher Berechtigungen – ein vertrauensschutzwürdiger öffentlich-rechtlicher Besitzstand, in den nur nach Maßgabe der §§ 48, 49 VwVfG (Rücknahme und Widerruf eines begünstigenden Verwaltungsaktes) eingegriffen werden kann. **704**

III. Die ordnungsbehördliche Verordnung resp. Polizeiverordnung[53]

Bei der **ordnungsbehördlichen Verordnung** handelt es sich um eine normative Regelung, um den Erlass von Geboten oder Verboten, die für eine unbestimmte Anzahl von Fällen an eine unbestimmte Anzahl von Personen gerichtet sind (vgl § 10 I bd.wtt.PolG, § 24 brandenb.OBG; § 25 OBG NRW). **705**

Beispiele:
– Sperrzeitverkürzung oder -verlängerung durch ordnungsbehördliche VO; vgl § 10 nds.SperrzeitVO, § 4 Abs. 2 GastV NRW; KampfmittelVO NRW, eine ordnungsbehördliche VO zur Verhütung von Schäden durch Kampfmittel, worunter alle gewahrsamslos gewordenen Gegenstände militärischer Herkunft zu verstehen sind, die Explosionsstoffe enthalten, wie Granaten, Minen etc[54]; Verordnung der Stadt Göttingen zur Begrenzung des Alkoholkonsums im öffentlichen Straßenraum[55]; Leichenverordnungen oder Bestattungsverordnungen, wie sie früher üblich waren, wurden in den meisten Ländern inzwischen durch

---

50 Vgl Hess.VGH, GewArch. 2000, 198.
51 So BVerfGE 58, 300 (346 f) – „Nassauskiesung".
52 Dazu OVG NRW, NWVBl. 2004, 387 – „Osterfeuer".
53 Dazu §§ 10 ff bd.wtt.PolG (PolizeiVO); Art. 42 ff bay.LStVG; §§ 55 ff berl.ASOG (VO z. Gefahrenabwehr); §§ 24 ff brandenb.OBG; §§ 48 ff brem.PolG (PolizeiVO); § 1 f hamb.SOG; §§ 71 ff hess.SOG (GefahrenabwehrVO); §§ 17 ff m.v.SOG (VO über die öff. Sicherheit oder Ordnung); §§ 54 ff NPOG (VO zur Abwehr abstrakter Gefahren); §§ 25 ff OBG NRW; §§ 43 ff rh.pf.POG (Gefahrenabwehr VO); §§ 59 ff saarl.PolG (PolizeiVO); §§ 9 ff sächs.PolG (PolizeiVO); §§ 93 ff s.anh.SOG (GefahrenabwehrVO); § 175 schl.h.LVwG; § 27 ff thür.OBG (Ordnungsbeh.VO).
54 Zum Kampfmittelbegriff s. auch Nds.OVG, NdsVBl. 2004, 305 (306).
55 Unbeanstandet geblieben durch Nds. OVG, NdsVBl 2013, 68.

Bestattungsgesetze abgelöst. Damit ist auch das Verbot des öffentlichen Aufstellens von Leichen[56], das im Rahmen der Diskussion um die Ausstellung „Körperwelten" Relevanz bekommen hat[57], in den Gesetzesrang aufgerückt.

706 In den Ländern mit Einheitssystem (o. Rn 646) heißt die ordnungsbehördliche Verordnung auch **Polizeiverordnung.**

Beispiele:
- Polizeiverordnung der Stadt Freiburg zur Begrenzung des Alkoholkonsums im öffentlichen Straßenraum[58].
- Bd.Wtt. Polizeiverordnung über die Erlaubnispflicht für Veranstaltungen mit Kraftfahrzeugen außerhalb öffentlicher Straßen (Verbot von Motorsportveranstaltungen)[59].
- Viel belächelter historischer Prototyp: pr.BadepolizeiVO v. 18.8.1932 (GS S. 280), ergänzt durch VO v. 28.9.1932 (GS S. 324), wonach nicht nur öffentliches Nacktbaden untersagt, sondern züchtige Badekleidung vorgeschrieben wurde (sog. Zwickel-Erlass)[60].

Zur Abgrenzung von Sammelverfügung (dazu oben Rn 683) und ordnungsbehördlicher Verordnung siehe den klassischen Endiviensalat-Fall (BVerwGE 12, 87 ff).

707 Die Zuständigkeit zum Erlass ordnungsbehördlicher Verordnungen ergibt sich aus der gesetzlichen Regelung (vgl § 55 I NPOG; §§ 26, 27 OBG NRW; § 17 I m.v.SOG). Tatbestandliche Voraussetzung ist die Zwecksetzung der **Abwehr von Gefahren** für die öffentliche Sicherheit oder Ordnung. Da es sich um ein präventives abstrakt-generelles Handlungsinstrument handelt, ist für seinen Einsatz das Bestehen einer **abstrakten** Gefahr (s. Rn 468) gefordert, dh einer Sachlage, aus der sich nach allg. Lebenserfahrung oder den Erkenntnissen fachkundiger Stellen (typischerweise) Gefahren für die polizeilichen Schutzgüter entwickeln (vgl § 2 Nr 6 NPOG u. § 54 Nr 3e thür.OBG)[61].

Zur auf eine ordnungsbehördliche Verordnung gestützten (unselbstständigen) Verfügung siehe oben Rn 437, 679; zum Gefahrenverdacht als Rechtfertigung für eine ordnungsbehördliche Verordnung Rn 427.

In Ansehung der Form, des Inhalts, der Geltungskraft und Geltungsdauer ordnungsbehördlicher Verordnungen bestehen weitere gesetzliche Vorgaben (vgl §§ 18 ff m.v.SOG; §§ 57 ff NPOG; §§ 28 ff OBG NRW).

708 Auf das Instrument der ordnungsbehördlichen Verordnung wird auch in Spezialgesetzen häufiger zurückgegriffen.

Beispiele: Beschränkung der Wasserbenutzung (vgl § 28 bd.wtt.WasserG)[62].

---

56 Vgl etwa § 7 II 1 des nds. Gesetzes über das Leichen-, Bestattungs- und Friedhofswesen (BestattG) v. 8.12.2005 (GVBl. S. 381).
57 Zum Streit um die Körperwelten-Ausstellung vgl etwa Bay.VGH, NJW 2003, 1618; Bd.Wtt.VGH, VBlBW 2006, 186; *Thiele*, NVwZ 2000, 405; *Ahrens*, GRUR 2003, 850; *Finger/Müller*, NJW 2004, 1073.
58 Vgl Bd.Wtt. VGH, NVwZ-RR 2010, 55 (VO für unwirksam erklärt); s. auch *Schoch*, Jura 2012, 858 ff; *Ogorek*, JA 2014, 278; Fallbearbeitungen dazu bei *Kremer*, JuS 2012, 431 ff; *Riegner*, Jura 2012, 646 ff.
59 Dazu Bd.Wtt.VGH, NVwZ 1988, 166.
60 Dazu *Frotscher*, NJW 1991, 1461 f – Siehe aber auch die bay.BadeVO v. 31.8.1993 (GVBl. S. 642).
61 Daher ist im einzelnen Anwendungsfall der Einwand des Fehlens einer konkreten Gefahr unzulässig; vgl OVG NRW, DVBl. 1973, 958; Bd.Wtt. VGH, VBlBW 2010, 29 (31); VBlBW 2013, 12 ff.
62 Dazu Bd.Wtt.VGH, NVwZ 1988, 168 – „Sporttauchen"; siehe auch Nds.OVG, NuR 1990, 281 – „Angelverbot".

Im Bereich der öffentlichen Sicherheit und Ordnung ist die Gestaltungsfreiheit des **709** Verordnungsgebers umso größer, je höherwertiger die Rechtsgüter sind, deren Schutz die Regelung bezweckt, und je weniger empfindlich in grundrechtlich geschützte Freiheiten eingegriffen wird[63].

Anfang der 90er-Jahre wurde auf die Verordnungsoption gleichfalls rekurriert, um **710** den nach einigen Vorfällen seinerzeit in der Öffentlichkeit stark diskutierten Gefahren durch sog. **Kampfhunde** zu begegnen[64] (s. bereits o. Rn 618). In den nachfolgenden Jahren kam es – wiederum im Anschluss an massive Vorkommnisse – zunächst zu einer drastischen Verschärfung dieser Verordnungen[65] und sodann – auch mit Blick auf ein Ansteigen der Rechtsstreitigkeiten um diverse Verordnungsregelungen[66] – zu verstärkter rechtsstaatlicher Absicherung durch förmliche Gesetze wie das nds.HundG v. 26.5.2011 (GVBl. 2011, S. 130, 184), das LHundeG NRW v. 18.12.2002 (GVBl. S. 656) oder § 71a I hess.SOG, der das Spektrum der in Gefahrenabwehrverordnungen möglichen Gebote und Verbote vorgibt.

Steuerrechtliche Reaktionen (mit achtfachem Steuersatz für Kampfhunde, Beschrei- **711** bung dieses Genres in abstrakter Weise und unwiderleglicher Vermutung der Kampfhundeeigenschaft für bestimmte Hunderassen) gehören ebenso zu dem zulässigen staatlichen Handlungsarsenal[67] wie die Anordnung einer Haftpflichtversicherung[68]. Seit einer Entscheidung des BVerwG aus dem Jahr 2002 sind jedoch weitere Maßgaben zu beachten: Vom Gesetzesbegriff des „Kampfhundes" wird aus Gründen der Bestimmtheit nunmehr abgesehen, weil es in der Fachwissenschaft umstritten ist, durch welche Einflüsse außerhalb der Zugehörigkeit zu einer Hunderasse ein Hund zu einem aggressiven Verhalten kommt[69].

In den letzten Jahren sind ordnungsbehörliche Verordnungen wieder stärker in den **712** Fokus gerückt, nachdem einige Gemeinden von diesem Instrument Gebrauch gemacht haben, um das Mitführen von **Glasflaschen** in bestimmten Stadtbezirken oder zu besonderen Zeiten (Karneval) zu untersagen, um dem Alkoholkonsum auf öffentlichen Straßen oder der Gefahr von Verletzungen durch Glasbruch vorzubeugen.[70]

Lösungshinweis zu Fall 19 (Rn 668): Im **Ausgangsfall** (zu Frage 1) kann T nicht nur auf **713** die stets gebotene Incidenter-Prüfung der Rechtmäßigkeit der Verordnung bei der gerichtlichen Überprüfung eines evtl. Bußgeldbescheides (vgl §§ 35 ff, 68 OWiG) verwiesen wer-

---

63 So Bd.Wtt.VGH, VBlBW 2002, 292; VBlBW 2013, 12 (13).
64 Zur Verfassungsmäßigkeit der bay.VO über Hunde mit gesteigerter Aggressivität von 1992 s. Bay.VerfGH, BayVBl. 1995, 76 ff; zur hess.GefahrenabwehrVO für das Halten von Hunden von 1992 s. Hess.VGH, NJW 1997, 961; zur GefHuVO NRW von 1994 s. OVG NRW, NWVBl. 1997, 431; zur bd.wtt.PolizeiVO über Hunde von 1991 s. Bd.Wtt.VGH, DÖV 1993, 354.
65 Vgl etwa die LandeshundeVO NRW v. 30.6.2000 (GVBl. S. 518b) u. die bd.wtt.PolVO über das Halten gefährlicher Hunde v. 3.8.2000 (GBl. S. 574); dazu Bd.Wtt.VGH, VBlBW 2002, 292.
66 Siehe BVerwGE 116, 347 zur nds.GefahrtierVO v. 5.7.2000 (GVBl. S. 149); OLG Hamm, NVwZ 2002, 765; *Kaltenborn*, NWVBl. 2001, 249 ff; s. zur Rechtmäßigkeit von Ordnungsverfügungen auch die Falllösung von *Schenke*, Jura 2006, 64 ff.
67 Vgl BVerwGE 110, 265.
68 Vgl § 5 nds.HundG, § 71a II hess.SOG.
69 BVerwGE 116, 347 ff; Nds.OVG, NdsVBl. 2005, 329; aus d. Lit. s. *Ehlers*, DVBl. 2003, 336.
70 Vgl Bd.Wtt.VGH, NVwZ-RR 2010, 55; VBlBW 2013, 12; Nds. OVG, NdsVBl. 2013, 68; OVG Bremen, NordÖR 2017, 194.

den. In Niedersachsen ergeben sich insoweit allerdings keine Probleme, da hier (ebenso wie in Baden-Württemberg, Bayern, Bremen, Hessen u. Schl.-Holstein) die Möglichkeit eines Antrags auf abstrakte Normenkontrolle gemäß § 47 I Nr 2 VwGO (iVm § 75 NJG) besteht, die in anderen Bundesländern (wie zB in NRW) nicht vorgesehen ist. Es bietet sich dort allenfalls die Erhebung einer vorbeugenden Feststellungsklage gemäß § 43 VwGO an, der freilich der Einwand der Umgehung des gesetzgeberischen Verzichts auf die abstrakte Normenkontrolle entgegengehalten wird[71]. Denkbar erschiene auch eine vorbeugende Unterlassungsklage[72]. Die verfassungsrechtliche Gewährleistung umfassenden und effektiven Rechtsschutzes (Art. 19 IV GG) dürfte es mE jedenfalls verbieten, einen unbescholtenen Bürger zur Begehung einer Ordnungswidrigkeit zu ermuntern, nur, damit eine Rechtsunsicherheit durch gerichtliche Incident-Kontrolle beseitigt werden kann. Die sofortige Erhebung einer Verfassungsbeschwerde gemäß Art. 93 I Nr 4a GG wird vor diesem Hintergrund (Bejahung der Zulässigkeit einer Klage vor dem Verwaltungsgericht) an der Subsidiaritätsklausel des § 90 II BVerfGG scheitern.

Der in einer städtischen ordnungsbehördlichen Verordnung für die Fußgängerzone in der Innenstadt angeordnete Leinenzwang für Hunde dient der Abwehr der von bissigen Hunden und von Hundekot ausgehenden Gesundheitsgefahren. Eine solche Regelung ist durch die polizeirechtliche Generalklausel gedeckt, wenn durch sie – wie hier – eine abstrakte Gefahr – dh eine unüberschaubare Anzahl typischer Fälle – bekämpft wird, ohne dass diese Gefahr in jedem einzelnen der einbezogenen Fälle vorliegen müsste. Ein Leinenzwang erscheint angesichts der dadurch bewirkten erhöhten Aufmerksamkeit des Hundehalters auch geeignet, den genannten Gefahren zu begegnen. Im Vergleich zu ansonsten in Frage kommenden Mitteln (wie Verbot des Mitführens von Hunden in der Fußgängerzone) ist das vorliegende milder, sodass auch das Übermaßverbot nicht verletzt ist. Das Grundrecht der freien Entfaltung der Persönlichkeit ist vor diesem Hintergrund ersichtlich nicht unzulässig beschnitten. Die Beschränkung des Leinenzwangs auf die Fußgängerzone hat in Ansehung der dortigen besonderen Gefährdungslage und mit Blick auf das der Behörde zustehende Ermessen vor dem Gleichheitssatz Bestand[73]. Kompetentielle Einwände, es handele sich der Sache nach um eine straßenverkehrsrechtliche Regelung, die in der StVO keine Basis finde, greifen nicht, da hier nicht spezifisch verkehrsbezogen-ordnungsrechtliche, sondern allgemeine Gefahrenabwehr-Gesichtspunkte maßgeblich sind[74]. T kann der Anwendung der rechtmäßigen VO schließlich nicht mit Erfolg entgegenhalten, bei „Poldi" fehle eine konkrete Gefahr, da es hierauf nach dem Gesagten gar nicht ankommt[75].

IV. Zwangsmittel

714   Wird eine Ordnungsverfügung durch den Adressaten nicht befolgt, so bedarf es der zwangsweisen Durchsetzung durch die Behörde. **Gesetzliche Grundlagen** für den Einsatz polizeilicher und ordnungsbehördlicher Zwangsmittel finden sich sowohl im Bundesrecht für Vollstreckungsbehörden und Vollzugsbeamte des Bundes (vgl

---

71 Siehe *Kopp/Schenke*, VwGO, Komm., 24. Aufl. 2018, § 43 Rn 8; vgl auch *Schmitt Glaeser/Horn*, Verwaltungsprozessrecht, 16. Aufl. 2012, Rn 365 ff mwN.

72 Dazu *Kopp/Schenke*, aaO, vor § 40 Rn 33; *Redeker/v.Oertzen*, VwGO, 16. Aufl. 2014, § 42 Rn 37 f; vgl auch BVerwGE 26, 251 (253).

73 Vgl dazu im Einzelnen Bd.Wtt.VGH, BWVPr. 1980, 167 u. NVwZ 1992, 1105.

74 Vgl BGH, NJW 1991, 1961; Nds.OVG, UPR 1990, 313.

75 Dies wäre bei einem durch individuelle Verfügung angesprochenen Leinenzwang bzw Maulkorbzwang relevant; vgl insoweit VG Münster, NWVBl. 1991, 317.

BVwVG und BUZwG), als auch – mit deutlichem Schwergewicht hinsichtlich der praktischen Bedeutung – im Landesrecht, und hier entweder im speziell polizei- und ordnungsrechtlichen Kontext (vgl Art. 70 ff bay.PAG; §§ 79 ff m.v.SOG; §§ 64 ff NPOG; §§ 50 ff PolG NRW; §§ 28 ff ME[76]) oder als global gültige normative Vorgabe (vgl das nds.VwVG oder das VwVG NRW).

1. Allgemeine Voraussetzungen

Der Einsatz polizeilicher Zwangsmittel ist im Regelfalle an abgestufte Voraussetzungen gebunden. Es muss eine durchsetzbare **Grundverfügung** vorliegen[77]; das Zwangsmittel wird sodann unter Setzung einer angemessenen Frist angedroht[78], wobei die **Androhung** dabei selbst Verwaltungsakt ist[79]. 　**715**

Wird Ersatzvornahme angedroht, so sollen in der Androhung die voraussichtlichen Kosten angegeben werden[80]. § 13 IV BVwVG sieht zwingend einen vorläufigen Kostenvoranschlag vor.

Erst danach folgen **Festsetzung** und Anwendung des Zwangsmittels. Die Rechtmäßigkeit der **Anwendung** des Zwangsmittels hängt im gestreckten Verfahren nicht von der Rechtmäßigkeit, sondern von der Unanfechtbarkeit der Grundverfügung ab[81]. Insoweit hat der Gesetzgeber der effektiven Gefahrenabwehr den Vorrang eingeräumt. Auf die Frage der Rechtmäßigkeit der Grundverfügung kommt es nach gängiger Einschätzung bei der Beurteilung der Rechtmäßigkeit einer Vollstreckungsmaßnahme daher im Normalfall nicht an[82]. Andere unterscheiden zwischen der Unanfechtbarkeit und der fehlenden aufschiebenden Wirkung des Rechtsmittels und halten die Frage der Rechtmäßigkeit nur im ersten Fall für unerheblich[83]. 　**716**

Beispiele: Wasserwerfereinsatz zur Durchsetzung einer auf das Verlassen eines Platzes gerichteten Grundverfügung[84].

Auch ohne diese Abstufung, insbesondere ohne vorausgehenden Verwaltungsakt, kann der Einsatz polizeilicher Zwangsmittel im Wege **sofortigen Vollzugs**[85] erfolgen, wenn dies zur Abwehr einer (gegenwärtigen[86]) Gefahr erforderlich ist[87]. Hier 　**717**

76　Siehe des Weiteren §§ 49 ff bd.wtt.PolG; berl.UZwG; §§ 53 ff brandenb.PolG; §§ 40 ff brem.PolG; §§ 17 ff hamb.SOG; §§ 47 ff hess.SOG; §§ 44 ff saarl.PolG; §§ 30 ff sächs.PolG; §§ 53 ff s.anh.SOG; §§ 228 ff schl.h.LVwG; §§ 51 ff thü.PAG.

77　Vgl Art. 77 I bay.PAG; § 79 I m.v.SOG; § 64 I NPOG; § 50 I PolG NRW; § 28 I ME. In diesem Zusammenhang haben einige Bundesländer von der Möglichkeit des § 80 II 1 Nr 3 und S. 2 VwGO Gebrauch gemacht.

78　Vgl Art. 76 bay.PAG; § 87 m.v.SOG; § 70 NPOG; § 56 PolG NRW; § 34 ME.

79　Vgl OVG NRW, OVGE 14, 218 (222); *Poscher/Rusteberg*, JuS 2012, 26 (29).

80　So § 34 IV ME; Art. 76 IV bay.PAG; § 87 VI m.v.SOG; § 70 IV nds.POG; § 56 IV PolG NRW.

81　Dazu nur *Muckel*, JA 2012, 272 (276 f).

82　OVG Nds., NdsVBl. 2009, 345; OVG NRW, NVwZ 2001, 231 f; *Pieroth/Schlink/Kniesel*, POR, § 24, Rn 33.

83　So *Schoch*, JuS 1995, 307 (309). Ausführlich zum Streitstand *Pieroth/Schlink/Kniesel*, POR, § 24 Rn 32.

84　BVerfG(K), NVwZ 1999, 290 (292) unter Hinweis auf BVerwG, NJW 1984, 2591 (2592): „Tragender Grundsatz des Verwaltungsvollstreckungsrechts ist …, dass die Wirksamkeit und nicht die Rechtmäßigkeit vorausgegangener Verwaltungsakte Bedingung für die Rechtmäßigkeit der folgenden Akte und letztlich der Anwendung des Zwangsmittels ist."; aA *Schoch*, JuS 1995, 309.

85　Vgl Art. 70 II bay.PAG; § 81 m.v.SOG; § 64 II NPOG; § 50 II PolG NRW; § 28 II ME.

86　So § 81 I m.v.SOG; § 64 II Nr 1 NPOG; § 50 II PolG NRW; zu dieser Einschränkung oben Rn 470.

87　Vgl OVG NRW, OVGE 19, 101 und NJW 1978, 720.

tritt an die Stelle des vollstreckbaren Verwaltungsakts eine fiktive Grundverfügung, deren rechtliche Voraussetzungen vorliegen müssen. Dieses Erfordernis kommt in der gesetzlichen Formulierung „innerhalb ihrer Befugnisse" zum Ausdruck[88].

Beispiel: Eine Platzverweisung gegenüber Schaulustigen, welche am Unfallort Rettungsarbeiten behindern, wird im Wege sofortigen Vollzugs durch Abdrängen hinter eine Absperrung durchgesetzt.

Der sofortige Vollzug ist zu unterscheiden von der „sofortigen Vollziehung" iSv § 80 II 1 Nr 4 VwGO, welche die aufschiebende Wirkung von Widerspruch und Anfechtungsklage entfallen lässt.

718 Gesetzlich vorgegebene **Zwangsmittel** sind (vgl Art. 71 ff bay.PAG; §§ 86 ff m.v.SOG; §§ 65 ff NPOG; §§ 51 ff PolG NRW)

- die Ersatzvornahme (Rn 719 ff),
- das Zwangsgeld (Rn 723) und
- der unmittelbare Zwang (Rn 724 ff).

2. Ersatzvornahme

719 Ersatzvornahme[89] bedeutet die **Erzwingung vertretbarer Handlungen**, also solcher Handlungen, deren Vornahme auch durch eine andere Person möglich ist, im Wege polizeilicher Selbstvornahme

Beispiel: Polizeibeamte befreien ein Tier aus einer lebensbedrohlichen Lage, in die es der Tierhalter gebracht hat.

oder durch Beauftragung Dritter mit der Vornahme („Fremdvornahme"),

Beispiel: Ordnungsbehördliche Beauftragung eines Unternehmens im Rahmen der Sanierung einer Altlast. – Teilweise wird ein Anwendungsfall im Abschleppen des verkehrsbehindernd parkenden Pkw durch einen von der Polizei beauftragten Unternehmer gesehen. Richtigerweise handelt es sich hierbei aber (s.o. Rn 602) um eine Sicherstellung[90].

und dies jeweils **auf Kosten des Betroffenen** (dazu noch u. Rn 786 f).

720 Sowohl das Bundesrecht (§ 19 BPolG) als auch einige landesrechtliche Regelungen (vgl § 8 bd.wtt.PolG; Art. 9 bay.PAG; § 70a m.v.SOG) kennen noch eine gesonderte Regelung über die **unmittelbare Ausführung** einer Maßnahme durch die Polizei. Danach kann die Gefahrenabwehrbehörde eine Maßnahme selbst oder durch einen Beauftragten unmittelbar ausführen, wenn der Zweck der Maßnahme durch Inanspruchnahme der Handlungs- oder Zustandsverantwortlichen nicht oder nicht rechtzeitig erreicht werden kann.

Beispiel: Erschießung eines bissig gewordenen Haustiers.

---

88 Vgl § 70 II bay.PAG; 81 I m.v.SOG; § 64 II NPOG; § 50 II PolG NRW; § 28 II ME.
89 Dazu im Überblick *Burmeister*, JuS 1989, 256 ff.
90 Vgl BGHZ 121, 161 (164); BVerwG, NJW 1982, 348; Hess.VGH, NJW 1984, 1197 (1198). Demgegenüber gehen BVerwG, DVBl. 1983, 1066 und Hess.VGH, DVBl. 1995, 370 von einer „unmittelbaren Ausführung" durch die Polizei aus, womit jedoch (s. Rn 602) eine durchaus verzichtbare Separierung erfolgt ist.

Damit sollen von vornherein Probleme ausgeschaltet werden, welche auf unterschied-lichen Vorstellungen vom Wesen des Verwaltungszwangs (einerseits eng: Handeln bei entgegenstehendem Willen des Betroffenen; andererseits weiter: auch dann, wenn der Betroffene nicht anwesend ist oder ein entgegenstehender Wille zunächst nicht feststellbar ist) gründen. Konsequenterweise sehen § 8 bd.wtt.PolG, § 7 hamb.SOG, § 70a m.v.SOG und § 6 sächs.PolG ebenso wie § 19 BPolG diese Rechtsinstitute al-lein für die Durchsetzungsphase vor und regeln die unmittelbare Ausführung dogma-tisch zutreffend **im Kontext der Verantwortlichkeit**, nicht aber im Abschnitt über den Zwang.

In NRW, Nds. und Schl.H. wurde auf ein solches Regelungsmuster nicht zurückge-griffen. Hier wird die unmittelbare Ausführung einer polizeilichen Maßnahme regel-mäßig dem **sofortigen Vollzug** (vgl § 64 II NPOG; § 50 II PolG NRW) zugerechnet[91].   **721**

In den Ländern, die wie etwa Bayern, Hessen, Mecklenburg-Vorpommern oder Rheinland-Pfalz nebeneinander beide Rechtsinstitute kennen, ergeben sich zwangs-läufig diffizile Abschichtungsfragen[92].   **722**

3. Zwangsgeld und Ersatzzwangshaft

Die Auferlegung eines Zwangsgeldes kommt **vor allem bei nicht vertretbaren**   **723**
Handlungen, Duldungen und Unterlassungen, aber auch bei vertretbaren Handlun-gen in Betracht (spezifizierend § 11 VwVG). Ist das Zwangsgeld uneinbringlich, so kann das Verwaltungsgericht auf Antrag der Polizei als Beugemittel **Ersatzzwangs-haft** anordnen (vgl Art. 74 bay.PAG; § 91 m.v.SOG; § 68 NPOG; § 54 PolG NRW; § 32 I ME)[93].

4. Unmittelbarer Zwang

Unter **unmittelbarem Zwang** versteht man die Einwirkung auf Personen oder Sa-   **724**
chen durch körperliche Gewalt, durch ihre Hilfsmittel (wie Fesseln, Wasserwerfer, Hunde, Reiz- und Betäubungsstoffe, Sprengmittel) sowie durch Waffen (vgl Art. 78 I bay.PAG; § 90 m.v.SOG; § 69 I NPOG; § 58 I PolG NRW; § 36 I ME).

Beispiele: Versiegelung einer baulichen Anlage[94]; Abschiebung eines Ausländers (gesetzl. ge-regelter Sonderfall, vgl § 58 AufenthG[95]).

Als **polizeiliche Waffen** sind durchgängig Schlagstock, Pistole, Revolver, Gewehr   **725**
und Maschinenpistole zugelassen (vgl § 102 IV m.v.SOG; § 69 IV NPOG; § 66 IV PolG NRW).

§ 36 IV ME führt zusätzlich Maschinengewehr und Handgranate auf; ebenso Art. 78 V 1 bay.PAG. Für den Einsatz dieser **„besonderen" Waffen** enthält § 44 ME (ebenso Art. 86

---

91 Dazu *Schmitt-Kammler*, NWVBl. 1989, 389 ff; s. aber auch oben Rn 602.
92 Vgl dazu pragmatisch *Kugelmann*, DÖV 1997, 153 ff und *ders.*, POR, 11. Kap. Rn 40 ff.
93 Zu den in diesem Zusammenhang notwendigen gerichtlichen Erwägungen OVG NRW, NJW 1976, 1284. Die Beitreibung eines fälligen Zwangsgeldes wird etwa unzulässig, wenn die zuständige Behör-de erklärt, an der Durchsetzung der zugrundeliegenden Anordnung gar nicht mehr interessiert zu sein; so Bay.VGH, BayVBl. 1992, 22.
94 M.v.OVG, DÖV 1996, 81.
95 *Masuch/Gordzielik*, in: Huber, AufenthG, 2. Aufl. 2016, § 58 Rn 2.

bay.PAG; §§ 69 V, 79 NPOG) inhaltliche (zB: Handgranaten nicht gegen Personen in einer Menschenmenge) und kompetentielle (nur mit Zustimmung des Innenministers) Einschränkungen. Zusätzliche Restriktionen enthalten § 69 V NPOG u. § 58 V PolG NRW, welche diese besonderen Waffen lediglich für einen verfassungsrechtlich vorgesehenen Einsatz der Bundespolizei im betreffenden Land zulassen.

Darüber, dass **Sprengmittel** nicht gegen Personen, sondern nur gegen Sachen – etwa zur Beseitigung von Hindernissen bei Katastrophen – zur Anwendung kommen dürfen, besteht Einigkeit (so Art. 86 III 2 bay.PAG; § 102 III m.v.SOG; § 69 IX NPOG; § 66 PolG NRW; § 44 IV ME).

726   Der Gesetzgeber hat auch bei der Gestattung des Einsatzes technischer Mittel gegen Personen das rechtsstaatliche Übermaßverbot (s. Rn 405 f) zu beachten. Damit geht eine „Überprüfungs- und Anpassungspflicht bei veränderten Verhältnissen" einher[96].

Für den abgestuften Einsatz der Zwangsmittel, namentlich des unmittelbaren Zwanges und hier wiederum des Schusswaffengebrauchs (s. Rn 729 ff), bestehen detaillierte gesetzliche Regeln[97].

727   Bei der Anwendung unmittelbaren Zwanges **hat sich der Polizeivollzugsbeamte** in einigen Ländern auf Verlangen des Betroffenen **auszuweisen**, sofern dadurch der Zweck der Maßnahme nicht beeinträchtigt wird (vgl § 55 III PolG NRW).

Eine grundsätzliche, mit der genannten sachlichen Einschränkung bestehende Verpflichtung des Polizisten, sich bei jedem Einschreiten – nicht nur bei der Anwendung unmittelbaren Zwanges – auf Verlangen des Betroffenen auszuweisen, normiert Art. 6 bay.PAG; in anderen Ländern bestehen diesbezüglich lediglich innerdienstliche Vorschriften. Seit 2011 müssen Polizeibeamte in Berlin **Namensschilder** tragen, Brandenburg hat eine solche Pflicht ab 2013 beschlossen, andere Länder diskutieren derzeit noch eine Einführung. Eine derartige Verpflichtung der Polizeivollzugsbeamten, durch das Tragen eines Namensschildes aus der Anonymität herauszutreten, wirft nicht nur tatsächliche Befürchtungen (Gewalt und Anfeindung auch im Privatleben), sondern auch verfassungsrechtliche Fragen auf[98].

728   Die **Fesselung** einer festgehaltenen Person kommt gemäß Art. 82 bay.PAG; § 106 m.v.SOG; § 75 NPOG; § 62 PolG NRW; § 40 ME in Betracht, wenn Tatsachen die Annahme rechtfertigen, dass sie

– Polizeivollzugsbeamte oder Dritte angreifen, Widerstand leisten oder Sachen beschädigen wird,
   § 106 Nr 1a m.v.SOG u. § 62 PolG NRW enthalten diesbezüglich eine ausdrückliche Einschränkung:

   „Sachen von nicht geringem Wert".

– fliehen wird oder befreit werden soll oder
– sich töten oder verletzen wird[99].

---

96 BVerfG(K), NVwZ 1999, 290 („Wasserwerfer").

97 Vgl Art. 75, 83 ff. bay.PAG; §§ 108, 111 m.v.SOG; §§ 69, 74, 76 f NPOG; §§ 55 I, 63 I PolG NRW.

98 Letztlich geht es um die Frage, ob ein Eingriff in das Recht auf informationelle Selbstbestimmung vorliegt und ob er gerechtfertigt ist oder die Offenbarungspflicht sogar von Verfassung wegen geboten ist, s. dazu ausführlich *Barczak*, NVwZ 2011, 852 ff; *ders.*, LKV 2014, 391.

99 Zur Fesselung eines Suizidgefährdeten s. Bay.VerfGH, NJW 1990, 2926 f. Zur Fesselung von Untersuchungsgefangenen und einstweilig Untergebrachten s. vergleichbare Regelungen in §§ 119 I, VI, 126a II StPO.

5. Sonderfall Schusswaffengebrauch

Im Zentrum polizeirechtspolitischer Diskussionen stand vielfach der polizeiliche   **729**
Schusswaffengebrauch und hier wiederum das **Problem des gezielten Todesschusses**[100], namentlich im Anschluss an Geiselnahmen.

Beispiel: Flucht eines Bankräubers mit Geiseln quer durch das Bundesgebiet.

Schusswaffen dürfen nach dem Recht des Landes NRW gegen Personen nur in be   **730**
stimmten Fällen zum Einsatz kommen (vgl die Liste in § 64 I PolG NRW, ähnlich
umfangreich § 109 II m.v.SOG)[101] und dabei – insoweit noch voll im Einklang mit
anderen landesrechtlichen Regelungen (vgl zB § 109 I m.v.SOG; § 76 II 1 NPOG) –
nur mit der Zielsetzung, angriffs- oder fluchtunfähig zu machen (vgl § 63 II 1 PolG
NRW). Eine spezifizierte Regelung über den gezielten Todesschuss fehlt in diesem
Bundesland ebenso wie in Mecklenburg-Vorpommern. Dagegen ist in Art. 83 II 2
bay.PAG und § 76 II 2 NPOG bestimmt:

„Ein Schuss, der mit an Sicherheit grenzender Wahrscheinlichkeit tödlich wirken wird, ist nur
zulässig, wenn er das einzige Mittel zur Abwehr einer gegenwärtigen Lebensgefahr oder der
gegenwärtigen Gefahr einer schwerwiegenden Verletzung der körperlichen Unversehrtheit
ist.“[102]

Aus der Nichtübernahme der Formulierung des § 41 II 2 des Musterentwurfs eines   **731**
einheitlichen Polizeigesetzes (Rn 376) könnte man nun auf den ersten Blick den
Schluss ziehen, dass in einigen Bundesländern ein gezielter Todesschuss dann eben
nicht zu den legitimen polizeirechtlichen Maßnahmen gehören solle[103].

Hierfür ließen sich insbesondere Restriktionen im Wortlaut der Vorschrift (Beschränkung der
legitimen Zielsetzungen – „angriffs- oder fluchtunfähig" – und Verwendung des Wortes „nur")
sowie die bewusste Nichtübernahme einer vorliegenden Formulierung des ME anführen. Dagegen spricht freilich, dass die Einfügung des einschlägigen, vorstehend zitierten Satzes in den
ME nach der beigefügten Begründung lediglich „zur Klarstellung und zur verfassungskonformen Ausgestaltung" dienen sollte. Außerdem gibt es aus den Beratungen im Landtag NRW andere entstehungsgeschichtliche Hinweise, dass man zur Legitimierung des sog. finalen Rettungsschusses eine ausdrückliche diesbezügliche Aussage nicht für nötig erachtete[104]. Anders
als bei § 44 OBG NRW, wo lediglich die körperliche Unversehrtheit im Kreise der eingeschränkten Grundrechte aufgeführt ist, benennt § 7 PolG NRW (ebenso wie § 113 m.v.SOG)
übrigens ausdrücklich auch das Recht auf Leben als durch dieses Gesetz eingeschränktes
Grundrecht[105].

In Hessen schließlich, wo man früher auch auf eine ausdrückliche Regelung verzichtete, doku   **732**
mentierte eine Verwaltungsvorschrift zu § 60 hess.SOG die Zulässigkeit eines gezielten Todes-

---

100   Dazu detailliert *Rachor*, in: L/D, E Rn 928 ff; *Ley/Barkart*, Polizeilicher Schusswaffengebrauch,
5. Aufl. 2001.
101   Zur Fallkonstellation in § 64 I Nr 4 PolG NRW (Fluchtvereitelung) s. BGH, MDR 1975, 675.
102   Auf dieser Linie auch § 54 II bd.wtt.PolG; § 46 II 2 brem.PolG; § 60 II 2 hess.SOG; § 63 II 2
rh.pf.POG; § 65 II 2 s.anh.SOG; dazu *Göddeke*, NVwZ 2001, 1252 (1254).
103   Vgl etwa *Kutscher*, NVwZ 2004, 801 (803).
104   Vgl *Riotte/Tegtmeyer*, NWVBl. 1990, 150 einerseits, andererseits mit Gegenbelegen *Buschmann/
Schiller*, NWVBl. 2007, 249 (252).
105   Zum ursprünglichen Streitstand einerseits *Gloria/Dischke*, NWVBl. 1989, 37 ff; andererseits *Roewer*, NWVBl. 1989, 366 ff; des Weiteren *Schoene/Klaes*, DÖV 1996, 992 ff.

schusses[106]. Inzwischen hat Hessen in Anlehnung an den ME den gezielten Todesschuss in § 60 II 2 hess.SOG einer gesetzlichen Regelung zugeführt.

733 Nichtsdestoweniger stehen Einsatzleiter und eingesetzte Beamte etwa bei einem Fluchtversuch eines Bankräubers mit Geiseln uU in einer Situation, wo im Falle eines Eingreifens der gezielte Todesschuss das Leben der Geisel am ehesten zu sichern vermag[107]. Hier bliebe in Ländern mit negativer Gesetzesexegese nur der Rekurs auf die sibyllinische Formel des § 57 II PolG NRW: „Die Vorschriften über Notwehr und Notstand bleiben unberührt."

734 Eine Problemlösung unter Zuhilfenahme strafrechtlicher **Rechtfertigungsgründe** (wie § 32 StGB) wäre jedoch mit erheblichen Rechtsunsicherheiten behaftet, da sie keineswegs allgemein akzeptiert wird. Vielmehr lassen sich zu ihrer Geltungskraft drei unterschiedliche Rechtsauffassungen vertreten[108]:

– Eine Berufung auf die strafrechtlichen Rechtfertigungsgründe scheidet bei hoheitlich handelnden Amtsträgern als Befugnisnorm generell aus, sodass diese gegenüber dem Privatmann diesbezüglich in einer schlechteren Position stünden[109].

– Die Strafrechtsbestimmungen enthalten allgemeine Rechtsgedanken, die auch für das Polizeirecht fruchtbar zu machen sind und als taugliche Legitimationsbasis die Rechtswidrigkeit polizeilichen Eingreifens beseitigen können[110].

– Die strafrechtlichen Rechtfertigungsgründe finden zwar im Hoheitsbereich insoweit keine Anwendung, als sie keine Befugnisse zu begründen vermögen[111], sind aber in einem Zivil- oder Strafverfahren gegen den handelnden Beamten im Rahmen der straf- oder haftungsrechtlichen Würdigung zu berücksichtigen[112].

So deutlich Art. 77 II bay.PAG u. § 71 II NPOG: „Die zivil- und *strafrechtlichen Wirkungen* nach den Vorschriften über Notwehr und Notstand bleiben unberührt." bzw § 101 II m.v.SOG: „Das *Recht zur Verteidigung* in den Fällen der Notwehr und des Notstandes bleibt unberührt."

735 Mit Blick auf die rechtsstaatliche Forderung nach hinreichend präzisen Eingriffsermächtigungen einerseits und die Schutzbedürftigkeit der bedrohten höchstrangigen Rechtsgüter (des Lebens der Geiseln) sowie die staatliche Fürsorgepflicht für die Beamten, die nicht einem ungewissen und unzumutbaren Entscheidungsdilemma ausgesetzt werden dürfen, andererseits, erscheint letztere Betrachtungsweise vorzugswürdig. Auch wenn der gezielte Todesschuss in einem Bundesland nicht zum anerkannten polizeilichen Aktionsarsenal zählen sollte, kann der Beamte, der sich in einer entsprechenden Situation bei gewissenhafter Abwägung aller Gesichtspunkte für ihn

---

106 Vgl *Gramlich*, NVwZ 1991, 652 f.

107 Vgl dazu die Falllösungen von *Schmitt-Kammler*, NWVBl. 1990, 30 ff und *Pielow*, Jura 1991, 482 ff.

108 Umfassende Darstellung bei *Pewestorf*, JA 2009, 43 ff.

109 Vgl *Riegel*, POR, 1981, S. 174; in dieser Richtung wohl bereits *Blei*, JZ 1955, 625 ff.

110 Vgl *Rasch*, in: Ule (Hrsg.), Verwaltungsgesetze des Bundes und der Länder III/1, 2. Aufl. 1982, § 41 Rn 5; weitere Nachw. bei *Scholler/Schloer*, Grundzüge des POR, 4. Aufl. 1993, S. 343 (Fn 29); siehe auch *Schwabe*, Die Notrechtsvorbehalte des Polizeirechts, 1979, S. 55 f.

111 Damit wäre eine auf solche Notrechtsvorbehalte gestützte Weisung des Leiters des Polizeieinsatzes, ggf einen Todesschuss abzugeben, für den einzelnen Beamten unmaßgeblich.

112 *Buschmann/Schiller*, NWVBl. 2007, 249 (250); vgl auch BayObLG, BayVBl. 1991, 475 f („Widerstand gegen Polizeibeamte") sowie die bei *Schwabe*, aaO, S. 46, zitierten Stimmen.

entscheidet, sich in straf- oder zivilrechtlichen Verfahren auf einen Rechtfertigungsgrund berufen[113].

Die Anwendbarkeit solcher Rechtfertigungsgründe stand im Übrigen auch schon bei weiteren Fallkonstellationen in Streit, so etwa bei einem sog. Lauschangriff – Fall Traube[114] – und bei der Anordnung einer sog. Kontaktsperre – vor einer entsprechenden Regelung in § 31 EGGVG[115].

Einigkeit besteht dagegen darin, dass gegen Personen, die „dem äußeren Eindruck nach" noch nicht **14 Jahre alt** sind, Schusswaffen nicht gebraucht werden dürfen, es sei denn, dies stellt das einzige Mittel zur Abwehr einer gegenwärtigen Gefahr für Leib oder Leben (dazu oben Rn 469) dar (Art. 83 III bay.PAG; § 108 III m.v.SOG; § 76 III NPOG; § 63 III PolG NRW).   **736**

Der Schusswaffengebrauch ist darüber hinaus unzulässig, wenn für den Polizeibeamten **erkennbar Unbeteiligte** mit hoher Wahrscheinlichkeit gefährdet werden. Das gilt nicht, wenn der Schusswaffengebrauch das einzige Mittel zur Abwehr einer gegenwärtigen Lebensgefahr ist (Art. 83 IV 2 bay.PAG; § 108 II 2 m.v.SOG; § 76 IV 2 NPOG; § 63 IV 2 PolG NRW).   **737**

In diesem Zusammenhang stellt sich die Frage, ob eine Geisel als Unbeteiligte in diesem Sinne anzusehen ist. Dies hängt davon ab, ob dieser Begriff von der polizeirechtlichen Verursachung her zu verstehen ist (dann ist das von der Polizei zu schützende Opfer, die Geisel, regelmäßig „Unbeteiligte"; so wohl hM; vgl auch § 34 V sächs.PolG) oder ob es lediglich auf die persönliche Einbeziehung in das polizeirechtlich relevante Tatgeschehen ankommt[116].

Gegen **Personen in einer Menschenmenge** dürfen Schusswaffen nur gebraucht werden, wenn von ihr oder aus ihr heraus schwerwiegende Gewalttaten begangen werden oder unmittelbar bevorstehen und andere Maßnahmen keinen Erfolg versprechen (so Art. 81 III bay.PAG; § 110 I m.v.SOG; § 78 I NPOG; § 65 I PolG NRW).   **738**

§ 43 I ME hatte sich – in Abweichung von obigen, mit älterem Recht übereinstimmenden Formulierungen – auf eine inhaltliche Wiederholung des § 41 IV ME beschränkt.

Das heißt aber: Generell verboten ist der Schusswaffengebrauch gegen eine Menschenmenge als solche; es darf also nicht blindlings in eine Menschenmenge hineingefeuert werden. Wer sich freilich aus einer solchen Menschenmenge nach wiederholter Androhung des Schusswaffengebrauchs nicht entfernt, obwohl ihm das möglich ist, ist nicht Unbeteiligter iSv Art. 81 III 1, 84 IV 1 bay.PAG; § 108 II 1 m.v.SOG; § 76 IV 1 NPOG; § 63 IV 1 PolG NRW; § 41 IV ME.

6. Verwaltungsprozessuale Besonderheiten

Gegenüber polizeilichem Zwang steht den Betroffenen das gewohnte Instrumentarium des verwaltungsgerichtlichen Rechtsschutzes zur Verfügung. Zu beachten ist freilich ein **beschränkter Suspensiveffekt** von Rechtsbehelfen noch über § 80 II 1 Nr 2   **739**

---

113 Dazu im verfassungsrechtlichen Kontext (ungeschriebenes Staatsnotrecht) *Stern*, StaatsR II, S. 1328 ff. – Eine Berufung auf „Nothilfe" erscheint dann jedoch als zweifelhaft, wenn die Geisel sich ein polizeiliches Eingreifen verboten hat.
114 Dazu *De Lazzer/Rohlf*, JZ 1977, 207 ff.
115 Dazu BVerfGE 49, 24; BGHSt 27, 260 f.
116 Nachw. hierzu bei *Gloria/Dischke*, NWVBl. 1989, 37 ff und *Roewer*, NWVBl. 1989, 366 ff.

VwGO hinaus; vgl § 80 II 1 Nr 3 VwGO iVm § 99 I 2 m.v.SOG; § 64 IV 1 NPOG bzw § 112 JustG NRW. Zur Bestimmung der richtigen Klageart ist jeweils sorgfältig nach der Verwaltungsaktqualität der jeweiligen Maßnahme zu fragen[117]. Ersatzvornahme und die Anwendung unmittelbaren Zwangs stellen Realakte dar, weshalb die allgemeine Leistungsklage statthaft ist, wenn von ihnen noch fortdauernde rechtliche Beeinträchtigungen ausgehen. Demgegenüber sind die Androhung und die Festsetzung des Zwangsmittels regelmäßig als Verwaltungsakte zu qualifizieren; Rechtsschutz erfolgt daher in der Hauptsache durch die Anfechtungsklage[118].

Wiederholungs- und Verständnisfragen

1. *In welchen Schritten ist die gedankliche Suche nach einer Ermächtigungsgrundlage vorzunehmen?* **Rn 659, 676 ff**
2. *Wie ist eine polizeiliche Verfügung in den Kategorien des Allgemeinen Verwaltungsrechts einzuordnen?* **Rn 683**
3. *Welchem Zweck dient die ordnungsbehördliche Erlaubnis?* **Rn 702**
4. *Was versteht man unter einer ordnungsbehördlichen Verordnung?* **Rn 705**
5. *Welche Art von Gefahr muss für den Erlass einer solchen Verordnung vorliegen?* **Rn 707**
6. *An welche abgestuften Voraussetzungen ist der Einsatz von Zwangsmitteln in der Regel gebunden und welche Ausnahme gibt es?* **Rn 715, 717**
7. *Was ist unter einer Ersatzvornahme zu verstehen?* **Rn 719**
8. *Welche Folge kann die Uneinbringlichkeit eines Zwangsgeldes haben?* **Rn 723**
9. *Was verstehen die Polizeigesetze unter unmittelbarem Zwang?* **Rn 724**
10. *Lässt sich ein gezielter Todesschuss auch bei Fehlen einer ausdrücklichen polizeirechtlichen Ermächtigung rechtfertigen?* **Rn 729 ff**
11. *Wann ist der Schusswaffeneinsatz gegen Personen in einer Menschenmenge zulässig?* **Rn 738**

§ 21 Polizeirecht und Versammlungsrecht

740 **Fall 20:** „Smart Mob"

Jurastudent Jhering (J) ruft in einem sozialen Netzwerk Gleichgesinnte auf, gemeinsam gegen den bevorstehenden Besuch des Papstes in Deutschland zu demonstrieren. Von dem öffentlichen Aufruf verspricht er sich, einen möglichst breiten Wirkungsgrad und eine rege Teilnahme zu erzielen. Von einer Anmeldung der Veranstaltung bei der zuständigen Versammlungsbehörde sieht J ab.

Tatsächlich erscheinen zum angekündigten Zeitpunkt 1500 Teilnehmer in unmittelbarer Nähe des Bundestags, in dem der Papst an diesem Tag eine Rede halten soll, weshalb sich dort auch viele Gläubige eingefunden haben. Der Protest erfolgt in Form eines sog. Die-ins, bei dem sich die Demonstranten auf ein Signal hin plötzlich wie tot zu Boden fallen lassen, um

---

117 Dazu *Windoffer*, in: Mann/Sennekamp/Uechtritz, VwVfG, 2. Aufl. 2019, § 35 Rn 96 f; *Detterbeck*, VerwR AT, Rn 1046 ff.
118 *Schenke*, POR, Rn 572.

aufzuzeigen, dass sie die ablehnende Haltung des Papstes zur Benutzung von Kondomen für lebensbedrohlich halten. Zu ihrer Enttäuschung erzielen sie dadurch nicht die erwünschte Wirkung und beschließen, der Aktion durch plötzliches Entreißen der Kleidung mehr Nachdruck zu verleihen. Endlich wird ihnen die erhoffte Aufmerksamkeit vieler entsetzter Passanten zu Teil.

Daraufhin beschließt die Polizei jedoch die Auflösung der Versammlung und begründet diese wie folgt: Die Aktion hätte als Versammlung zuvor angemeldet werden müssen. Darüber hinaus verstoße die öffentliche Präsentation der Nacktheit gegen das Anstandsgefühl der Bevölkerung. Auf Grund des religiösen Gesamtgepräges der Veranstaltung und der Anwesenheit vieler Gläubiger, verletze die Aktion insbesondere religiöse Befindlichkeiten.

J ist verunsichert, hatte er doch geplant, in Zukunft ähnliche Aktionen durchzuführen. Er erhebt schriftlich Klage vor dem örtlich zuständigen Verwaltungsgericht auf Feststellung der Rechtswidrigkeit der Versammlungsauflösung. Mit Aussicht auf Erfolg? **Rn 769**

I. Grundlinien des Versammlungsrechts

Art. 8 I GG sichert allen Deutschen das **Recht, sich** ohne Anmeldung oder Erlaubnis **741** **friedlich und ohne Waffen zu versammeln**. Während Versammlungen unter freiem Himmel keinem Gesetzesvorbehalt und somit lediglich verfassungsimmanenten Schranken unterliegen, kann dieses Recht für Versammlungen unter freiem Himmel[1] gemäß Art. 8 II GG durch Gesetz oder auf Grund eines Gesetzes beschränkt werden. Hierzu hat der Bund bereits 1953 das Versammlungsgesetz (VersammlG) erlassen. Obwohl seit der Föderalismusreform 2006 mittlerweile die **Gesetzgebungskompetenz** für das Versammlungsrecht bei den Ländern liegt, gilt das VersammlG gemäß Art. 125a I GG als Bundesrecht fort, bis es durch Landesrecht ersetzt wird[2]. Von der neuen Kompetenz haben zunächst Bayern[3], Sachsen-Anhalt[4], Schleswig-Holstein[5] und Niedersachsen[6] Gebrauch gemacht; Berlin hat eine Teilregelung erlassen[7]; Sachsen hat das VersammlG weitgehend in Landesrecht überführt[8]. Wie in den genannten Ländern sollen auch bei Gesetzgebungsvorhaben in anderen Ländern in aller Regel die Strukturen des VersammlG (Rn 746 ff) grds beibehalten werden. Für die nachfol-

---

[1] Das BVerfG hat mit Blick auf ein Versammlungsverbot im Frankfurter Flughafen auch „Versammlungen an Orten allgemeinen kommunikativen Verkehrs" den Versammlungen unter freiem Himmel gleichgestellt, s. BVerfG, NJW 2011, 1201 (1205 f), Anm. *Enders*, JZ 2011, 577 ff.

[2] Zur Entwicklung und aktuellen Themen s. *Weber*, KommunalPraxis spezial 2011, 171 ff; *Höfling/ Krohne*, JA 2012, 734 ff; *von Alemann/Scheffczyk*, JA 2013, 407 ff.

[3] Bayerisches Versammlungsgesetz v. 22.7.2008 (bay.GVBl. S. 421); dazu *Askaryar*, KommJur 2009, 126 ff. Das BVerfG hat das Gesetz im Wege einer einstweiligen Anordnung bis zur Entscheidung über eine Verfassungsbeschwerde teilweise außer Kraft gesetzt, NVwZ 2009, 441.

[4] Gesetz des Landes Sachsen-Anhalt über Versammlungen und Aufzüge v. 3.12.2009 (GVBl. LSA 2009, S. 558); das Gesetz wurde jedoch später für nichtig erklärt, s. sächs. VerfGH, NVwZ 2011, 936 ff. Fallbearbeitung hierzu bei *Märten*, JA 2011, 762 ff.

[5] Versammlungsfreiheitsgesetz für das Land Schleswig-Holstein v. 18.6.2015 (GVOBl. 2015, 135)

[6] Niedersächsisches Versammlungsgesetz v. 7.10.2010 (GVBl. S. 465, ber. 562); s. dazu *Ullrich*, NdsVBl. 2011, 183 ff; *Wefelmeier*, NdsVBl. 2013, 209 ff.

[7] Gesetz über Aufnahmen und Aufzeichnungen von Bild und Ton bei Versammlungen unter freiem Himmel und Aufzügen v. 23.4.2013 (GVBl. S. 103).

[8] Gesetz über das Sächsische Versammlungsgesetz und zur Änderung des Polizeigesetzes des Freistaates Sachsen v. 25.1.2012 (SächsGVBl. S. 54).

gende Darstellung wird in dieser Auflage daher weiterhin allein auf das VersammlG Bezug genommen.

Ausländern ist das Versammlungsrecht einfachgesetzlich durch § 1 I VersammlG eingeräumt. Dabei ist jedoch § 47 AufenthG zu beachten, wonach eine „politische Betätigung" von Ausländern eingeschränkt oder untersagt werden kann, soweit sie namentlich die politische Willensbildung in der Bundesrepublik, die öffentliche Sicherheit und Ordnung oder sonstige erhebliche Interessen der Bundesrepublik beeinträchtigt oder gefährdet.

742 Das allgemeine Polizei- und Ordnungsrecht ist gegenüber dem Versammlungsrecht subsidiär (o. Rn 613). Es findet lediglich dann uneingeschränkt Anwendung, wenn es um die Abwehr von Gefahren geht, die nicht versammlungsspezifischer Natur sind. Man spricht insofern von der **Polizeifestigkeit des Versammlungsrechts**. Daneben findet das allgemeine Polizei- und Ordnungsrecht selbstverständlich auch im Zusammenhang von Versammlungen Anwendung, soweit der Anwendungsbereich des Versammlungsrechts nicht eröffnet ist (bspw im Vorfeld oder nach Abschluss der Versammlung)[9]. In diesen Fällen ist es jedoch regelmäßig geboten, die besondere Bedeutung des Art. 8 GG im Rahmen der Ermessensausübung zu berücksichtigen und so dafür Sorge zu tragen, dass die weitgehenden Eingriffsbefugnisse des allgemeinen Polizei- und Ordnungsrechts nicht die Grundrechtsrechtsausübung unverhältnismäßig beeinträchtigen. Zu klären ist daher stets, ob und inwieweit das Versammlungsrecht eine abschließende Regelung enthält, die den Rückgriff auf das allgemeine Ordnungsrecht ausschließt oder ob eine bestimmte Rechtsfrage vom Versammlungsrecht deshalb nicht angesprochen wird, weil es diese keiner gesonderten versammlungsrechtlichen Regelung zuführen will. In diesem Fall wäre ein Rückgriff auf das allgemeine Gefahrenabwehrrecht erlaubt (näher Rn 763 ff).

1. Der Versammlungsbegriff

743 Der **Versammlungsbegriff** des Versammlungsgesetzes entspricht demjenigen des Grundgesetzes[10], doch wird er in Lit. und Rspr durchaus unterschiedlich verstanden[11]. Das Bundesverfassungsgericht begrenzt den Begriff der Versammlung iSv Art. 8 GG auf Veranstaltungen, die durch eine gemeinschaftliche, auf Teilhabe an der öffentlichen Meinungsbildung angelegte Entfaltung mehrerer Personen gekennzeichnet sind:

„Das Grundrecht der Versammlungsfreiheit erhält seine besondere verfassungsrechtliche Bedeutung in der freiheitlichen demokratischen Ordnung des Grundgesetzes wegen des Bezugs auf den Prozess der öffentlichen Meinungsbildung. Namentlich in Demokratien mit parlamentarischem Repräsentativsystem und geringen plebiszitären Mitwirkungsrechten hat die Freiheit kollektiver Meinungskundgabe die Bedeutung eines grundlegenden Funktionselements. Das Grundrecht gewährleistet insbesondere Minderheitenschutz und verschafft auch denen Mög-

---

9   BVerfG, NVwZ 2005, 80 (81); BVerwGE 80, 158 (159); *Kingreen/Poscher*, POR, § 19 Rn 14. Speziell zum niedersächsischen Versammlungsrecht *Wefelmeier*, NdsVBl. 2013, 209 ff; zur Frage, ob die Errichtung sog. Protestcamps zum geschützten Verhalten gehört: *Hartmann*, NVwZ 2018, 200; *Mehde*, DÖV 2018, 4 ff.
10 BVerfG(K), NJW 2001, 2459 (2460); BVerwGE 82, 34 (38); BVerwG, NVwZ 2007, 1431 (1432); NVwZ 2007, 1434. Einfachgesetzliche Definitionen des Versammlungsbegriffs enthalten § 2 I bay.VersG sowie § 2 nds.VersG.
11 Vgl *Wiefelspütz*, NJW 2002, 274 ff: enges, erweitertes und weites Begriffsverständnis.

lichkeiten zur Äußerung in einer größeren Öffentlichkeit, denen der direkte Zugang zu den Medien versperrt ist. [...] Dementsprechend sind Versammlungen iS des Art. 8 GG örtliche Zusammenkünfte mehrerer Personen zwecks gemeinschaftlicher Erörterung und Kundgebung mit dem Ziel der Teilhabe an der öffentlichen Meinungsbildung. [...] Für die Eröffnung des Schutzbereichs des Art. 8 GG reicht es nicht aus, dass die Teilnehmer bei ihrem gemeinschaftlichen Verhalten durch irgendeinen Zweck miteinander verbunden sind."[12]

Danach ist es verfassungsrechtlich nicht zu beanstanden, die rechtliche Beurteilung **744** danach zu richten, ob eine Veranstaltung ihrem **Gesamtgepräge** nach eine Versammlung in diesem Sinne ist oder ob Spaß, Tanz- oder Unterhaltungszwecke im Vordergrund stehen.

Beispiele:[13] „Loveparade", „Fuckparade"[14]; „Weihnachtsparade"[15]; Stadtlauf von Inline-Skatenden[16].

Aktuell bietet die rechtliche Würdigung moderner Versammlungs- und Kommunikationsformen, wie zB Facebook-Partys, Flashmobs oder Smartmobs Anlass zur Diskussion[17]. Hier ist unabhängig von der Organisationsform eine sorgfältige Prüfung nach allgemeinen Maßstäben vorzunehmen. Verbleiben Zweifel, so bewirkt der hohe Rang der Versammlungsfreiheit, dass die Veranstaltung wie eine Versammlung zu behandeln ist[18].

Schutzgut dieses für eine freiheitliche Demokratie lebenswichtigen Bürgerrechts, das **745** heute vielfach als **Demonstrationsrecht** bezeichnet wird, um deutlich zu machen, dass gerade die mit der Versammlung bezweckte Öffentlichkeitswirkung maßgebliche Bedeutung besitzt, ist die friedliche Zusammenkunft ohne Waffen: „Art. 8 GG schützt die Freiheit kollektiver Meinungskundgabe bis zur Grenze der Unfriedlichkeit"[19].

Nicht jeder Verstoß gegen Straftatbestände führt zur Unfriedlichkeit[20]; vielmehr ist ein gewalttätiger oder aufrührerischer Verlauf erforderlich[21]. Die grundrechtliche Schutzwirkung entfällt so etwa nicht per se bei unfriedlichem Verlauf einer Demonstration, wenn Gewalt gegen Personen oder Sachen ausgeübt wird[22]; steht nicht zu befürchten, dass der Veranstalter und sein Anhang einen solchen Verlauf anstreben oder zumindest billigen, bleibt für die friedlichen Teilnehmer der von der Verfassung jedem Staatsbürger garantierte Schutz der Versammlungsfreiheit auch dann erhalten, wenn mit Ausschreitungen durch Einzelne oder eine Minderheit zu rechnen ist[23]. Der Schutz des Art. 8 GG erstreckt sich freilich nicht auf Personen, die gar nicht die Absicht haben, an einer Versammlung teilzunehmen, sondern diese gerade verhindern wollen[24].

---

12 So BVerfG(K), NJW 2001, 2459 (2460) unter Bezugnahme auf BVerfGE 69, 315 (343, 346 f); siehe auch BVerwG, NVwZ 2007, 1434 (Infostand als Angebot an Außenstehende zur Teilhabe).
13 Mehr Fälle zum Versammlungsrecht bei *Turnit*, Jura 2014, 486 ff.
14 Dazu BVerfG(K), NJW 2001, 2459; BVerwGE 129, 42.
15 Dazu OVG Berlin, NJW 2001, 1740.
16 Dazu OVG NRW, NVwZ 2001, 1316.
17 Dazu *Mann/Fontana*, JA 2013, 734 (738 ff); *Neumann*, NVwZ 2011, 1171 ff; *Söllner/Wecker*, ZRP 2011, 179 ff.
18 BVerfG(K), NJW 2001, 2459 (2461); BVerwG, NVwZ 2007, 1431 (1432).
19 So BVerfGE 104, 92 (105 f) – „Strafbarkeit von Blockadeaktionen".
20 *Kingreen/Poscher*, Grundrechte – Staatsrecht II, 35. Aufl. 2019, Rn 815 ff.
21 BVerfGE 73, 206 (249).
22 So aber noch BGHSt 23, 46 – „Kölner Schienen-Sitzstreik"; heute gelten Sitzblockaden idR als Versammlungen, vgl *Götz/Geis*, POR § 23 Rn 25.
23 So BVerfGE 69, 315 (LS 4 u. 361) – „Großdemo Brokdorf".
24 Vgl BVerfGE 84, 203.

2. Das Versammlungsgesetz

746 Das **Versammlungsgesetz** des Bundes, das heute noch in einigen Ländern fortgilt (o. Rn 741), enthält neben allgemeinen Vorbemerkungen (Bekräftigung des Versammlungsrechts für „jedermann", Verpflichtung des Veranstalters zur Namensangabe in der Einladung, Störungsverbot, Waffentragungs- und Uniformverbot) und übergreifenden Ordnungsanforderungen (Erfordernis eines Versammlungsleiters, der mit diversen Leitungsbefugnissen ausgestattet wird) in Orientierung an der grundgesetzlichen Abstufung differenzierte Aussagen über öffentliche Versammlungen in geschlossenen Räumen (§§ 5 ff VersammlG) und über öff. Versammlungen unter freiem Himmel und Aufzüge (§§ 14 ff VersammlG). Hinzu kommen spezielle Straf- und Bußgeldvorschriften[25].

747 Von einer **öffentlichen** Versammlung in diesem Sinne kann jedoch nur dann gesprochen werden, wenn grds für jedermann ein Zutrittsrecht besteht.

Dies dürfte etwa bei einem Parteitag nicht durchweg der Fall sein[26].

748 **Versammlungen in geschlossenen Räumen** können nur in Einzelfällen und bei Vorliegen enumerierter Tatbestandsvoraussetzungen (wie Verstoß gegen das Waffenverbot oder Veranstaltung einer durch das BVerfG für verfassungswidrig erklärten Partei) verboten (§ 5 VersammlG) oder aufgelöst werden (§ 13 VersammlG). Im Grunde geht es hierbei um Verhaltensweisen, die bereits schon nicht vom Schutzbereich des Art. 8 I GG erfasst sind. Für Pressevertreter (§ 6 II VersammlG) und Polizeibeamte (§ 12 VersammlG) besteht ein Zutrittsrecht.

749 Wer die Absicht hegt, eine **öffentliche Versammlung unter freiem Himmel** oder einen **Aufzug** zu veranstalten, hat dies spätestens 48 Stunden vor der Bekanntgabe der zuständigen Behörde (zu ihr Rn 762) unter Angabe des Gegenstandes der Versammlung oder des Aufzuges und des für die Leitung Verantwortlichen anzumelden (§ 14 VersammlG). Darin liegt indes keine Genehmigungspflicht, weil friedliche Versammlungen gemäß Art. 8 GG nicht einem Genehmigungsvorbehalt unterworfen werden dürfen. Diese Anmeldepflicht gilt indes nicht für sog. **Spontandemonstrationen**, die sich aus einem momentanen Anlass ungeplant und ohne Veranstalter entwickeln, da die Ordnungsvorgabe ansonsten eine grundrechtliche Freiheitsgewährleistung ausschalten könnte[27].

750 Für sog. **Eilversammlungen**, die geplant sind und einen Veranstalter haben, aber ganz kurzfristig einberufen werden, soll § 14 VersammlG verfassungskonform dahin auszulegen sein, dass diese anzumelden sind, sobald die Möglichkeit dazu besteht[28]. Rechtsfolge einer unterlassenen bzw verspäteten Anmeldung ist indes nicht die

---

25 Vgl zum Versammlungsrecht allg. *Dietel/Gintzel/Kniesel*, VersammlG, 17. Aufl. 2016; *Kniesel/Poscher*, in: L/D, Abschn. K.
26 Vgl OVG Weimar, NVwZ-RR 1998, 497. Übungsfall zum Parteitag bei *Frenzel/Städele*, JuS 2013, 245 ff.
27 So BVerfGE 69, 315 (350 f) – „Großdemo Brokdorf". Die Landesgesetzgeber sind den Vorgaben des BVerfG gefolgt und sehen bei Spontanversammlungen von einer Anmeldepflicht ab, vgl Art. 13 IV bay.VersG, § 5 V nds.VersG, § 12 I VersG LSA.
28 So BVerfGE 85, 69 (74 f). Auch bzgl Eilversammlungen folgen die VersG der Länder dem BVerfG, vgl Art. 13 III bay.VersG, § 5 IV nds.VersG, § 12 I VersG LSA.

Rechtswidrigkeit der Versammlung. Da den zuständigen Behörden allerdings mitunter keine hinreichende Zeit zur Vorbereitung der Versammlungsabsicherung verbleibt, kann die Veranstaltung aber aufgelöst werden, wenn ihr ordnungsgemäßer Verlauf aus diesem Grund nicht mehr gewährleistet werden kann[29].

3. Versammlungsrechtliche Auflagen und Verbote

Eine Versammlung unter freiem Himmel kann verboten oder von bestimmten **Auflagen** abhängig gemacht werden, wenn nach den zur Zeit des Erlasses der Verfügung erkennbaren Umständen die öffentliche Sicherheit oder Ordnung bei Durchführung der Versammlung unmittelbar gefährdet ist (§ 15 I VersammlG). Das Verbot verbleibt dahinter als **„ultima ratio"**.

751

Beispiel: Gefahr der Verherrlichung der nationalsozialistischen Gewalt- und Willkürherrschaft (§ 130 IV StGB) als Verstoß gegen die öffentliche Sicherheit[30].

Bei diesen „Auflagen" nach § 15 VersammlG handelt es sich aber nicht um eine echte „Auflage" iSd § 36 II Nr. 4 VwVfG, denn angesichts der verfassungsrechtlich in Art. 8 I GG vorgesehenen Erlaubnisfreiheit einer friedlichen Versammlung fehlt es insoweit an einem „Erlaubnis-VA", welcher als Grundverwaltungsakt mit einer Auflage iSd VwVfG verbunden werden könnte[31]. Vielmehr ist die versammlungsrechtliche Auflage nach § 15 VersammlG als ein **selbständiger Verwaltungsakt** anzusehen[32].

Ein **Versammlungsverbot** ist auch in der Form einer Allgemeinverfügung möglich, die sich an eine Vielzahl von Veranstaltern, die es angeht, richtet[33]. Seitens des BVerfG wird allerdings durchgängig eine „grundrechtsgerechte Auslegung" der Tatbestandsvoraussetzungen dieser Norm angemahnt:

752

„Erstens ist das von der Norm eingeräumte Entschließungsermessen grundrechtlich gebunden. Die Versammlungsfreiheit hat nur dann zurückzutreten, wenn eine Abwägung unter Berücksichtigung der Bedeutung des Freiheitsrechts ergibt, dass dies zum Schutz anderer, mindestens gleichwertiger Rechtsgüter notwendig ist. Zweitens ist die behördliche Eingriffsbefugnis durch die Voraussetzungen einer ‚unmittelbaren Gefährdung' der öffentlichen Sicherheit oder Ordnung ‚bei Durchführung der Versammlung' begrenzt. Zwischen der Gefährdung der öffentlichen Sicherheit und der Durchführung der Versammlung muss somit ein hinreichend bestimmter Kausalzusammenhang bestehen. Die ‚unmittelbare Gefährdung' setzt eine konkrete Sachlage voraus, die bei ungehindertem Geschehensablauf mit hoher Wahrscheinlichkeit zu einem Schaden für die der Versammlungsfreiheit entgegenstehenden Rechtsgüter führte"[34].

Insbesondere die Wirkung anderer Grundrechte gewinnt in diesem Zusammenhang an Bedeutung. So kann mit Rücksicht auf den nach Art. 2 I GG gebotenen Schutz des unantastbaren Bereichs privater Lebensgestaltung eine Kundgebung von einiger Dauer unmittelbar vor einer Pri-

---

29 S. dazu *Kingreen/Poscher*, POR, § 20 Rn 4 ff; *Kniesel/Poscher*, in: L/D, K Rn 239.
30 BVerwG, DVBl. 2008, 1248 – „Gedenken an Rudolf Hess". Zur Verfassungsmäßigkeit von § 130 IV StGB s. BVerfG, NJW 2010, 47 ff; Übungsfall bei *Krüper/Kühr*, ZJS 2012, 785 ff.
31 § 8 I nds.VersG spricht daher weniger missverständlich davon, dass die Behörde eine Versammlung unter freiem Himmel „beschränken" kann.
32 *Weiß*, in: Mann/Sennekamp/Uechtritz, VwVfG, 2. Aufl. 2019, § 36 Rn 103.
33 M.V. OVG, NordÖR 2006, 451.
34 So BVerfG(K), NVwZ 1998, 834 (835); zur verfassungsgerichtlichen Überprüfung des verwaltungsgerichtlichen Eilrechtsschutzes siehe BVerfG(K), DVBl. 2000, 1121 f.

vatwohnung mit Rücksicht auf die entstehende „Belagerungssituation" verboten werden[35]. Umgekehrt muss § 15 VersammlG mit Rücksicht auf die Meinungsfreiheit nach Art. 5 I GG als Grundlage beschränkender Verfügungen ausscheiden, soweit eine Gefahr für die öffentliche Ordnung allein in dem Inhalt von Äußerungen gesehen wird[36].

753 Notwendig ist daher auch hier eine den allgemeinen polizeilichen Grundsätzen entsprechende Gefahrenprognose (dazu Rn 464 f): Die unmittelbare Gefährdung der öffentlichen Sicherheit oder Ordnung muss sich aus den zum Zeitpunkt des Erlasses der Verfügung erkennbaren Umständen ergeben, wobei als Grundlage der Gefahrenprognose nur konkrete und nachvollziehbare tatsächliche Anhaltspunkte ausreichen; bloße Vermutungen genügen nicht[37].

Beispiele: Zu erwartende Verstöße gegen das BetäubungsmittelG[38]; Gefahr gewalttätiger Auseinandersetzungen[39]; Skinhead-Geburtstagsfeier[40].

754 Im Jahre 2001 entspann sich eine lebhafte Kontroverse zwischen dem 5. Senat des OVG NRW und dem Ersten Senat des BVerfG zum Schutz des Versammlungsrechts für **rechtsextremistische Aufzüge** mit Verbreitung nationalsozialistischen Gedankenguts.

Das OVG NRW ging für Versammlungen, die durch ein Bekenntnis zum Nationalsozialismus geprägt seien, von einer verfassungsimmanenten Beschränkung der Art. 5 I, 8 I GG „auch unterhalb der Schwelle strafrechtlicher und verfassungsrechtlicher Verbots- und Verwirkungsentscheidungen" aus und ließ ein **Verbot** gemäß § 15 I VersammlG **wegen Verstoßes gegen die öffentliche Ordnung** zu[41].

Demgegenüber verstand die 1. Kammer des Ersten Senats des BVerfG die im StGB auch zur Abwehr nationalsozialistischer Bestrebungen geschaffenen Strafnormen als abschließend in dem Sinne, dass daneben ein Rückgriff auf das Schutzgut der öffentlichen Ordnung allein wegen des entsprechenden Inhalts von Meinungsäußerungen ausgeschlossen sei, und betonte:

„Bei der Anwendung des Begriffs der öffentlichen Ordnung im Bereich von Versammlungen ist zu berücksichtigen, dass Art. 8 GG auch ein Minderheitsschutzrecht enthält, sodass es besonders problematisch ist, die Versammlung und das Verhalten der Versammlungsteilnehmer vorrangig an den sozialen Anschauungen der Mehrheit zu messen. Darüber hinaus ist im Rahmen verfassungskonformer Gesetzesanwendung sicherzustellen, dass Verbote von Versammlungen im Wesentlichen nur zur Abwehr von Gefahren für elementare Rechtsgüter in Betracht kommen. Dieser Schutz wird regelmäßig in der positiven Rechtsordnung und damit im Rahmen des Schutzes der öffentlichen Sicherheit verwirklicht. Eine bloße Gefährdung der öffentlichen Ordnung rechtfertigt im Allgemeinen ein Versammlungsverbot nicht."[42] Beim Verbot

---

35 So Rh.Pf.OVG, NJW 1986, 2659 – „Demo beim Kanzler"; vgl auch Hess.VGH, NJW 1994, 1750 – „Konkurs".
36 BVerfGE 111, 147 (155 ff); BVerfG(K), NVwZ 2008, 671 (673).
37 BVerfG(K), NVwZ 1998, 834 (835); BVerfG(K), NVwZ 2008, 671.
38 Vgl Hess.VGH, DÖV 1994, 878 f – „Cannabis-Weekend, Smoke-In".
39 Vgl Bay.VGH, BayVBl. 1993, 658 – „Heß-Kundgebung"; Nds. OVG, NordÖR 2006, 310 – „NPD in Göttingen".
40 Vgl VG Lüneburg, NJW 2006, 3299.
41 Siehe OVG NRW, NJW 2001, 2111, 2113 u. 2114; *Bertrams*, in: FS C. Arndt, 2002, S. 19 ff.
42 So BVerfG(K), NJW 2001, 2072 (2074); siehe auch BVerfG(K), NJW 2001, 2076 ff; dazu *Hoffmann-Riem*, NVwZ 2002, 257 ff.

einer Versammlung am Ostermontag sei zudem noch zu berücksichtigen, dass die landesrechtlichen Gesetze über den Sonn- und Feiertagsschutz als Spezialregelungen für das betreffende Schutzgut insoweit einen Rückgriff auf § 15 VersammlG ausschlössen[43].

Zur Bestimmung des Adressaten einer Maßnahme sind im Versammlungsrecht die allgemeinen polizeirechtlichen Grundsätze über den Störer entsprechend heranzuziehen. Für die behördliche Entscheidung über ein Versammlungsverbot sind mithin zwar auch die Grundsätze des polizeilichen Notstands (dazu oben Rn 557 ff) anwendbar, aber: **755**

„Die versammlungsbehördliche Berufung auf diesen Verbotsgrund führt dazu, dass der Träger des Grundrechts auf die Verwirklichung der Versammlungsfreiheit im Interesse des Schutzes anderer zu verzichten hat. […] Ist […] zu erwarten, dass die Durchführung der Versammlung zu anderen Zeitpunkten ebenfalls zu entsprechenden Gegenaktionen und damit immer wieder zur Situation polizeilichen Notstands führen wird, besteht das Risiko, dass der davon betroffene Grundrechtsträger auf Dauer an der Verwirklichung seines Freiheitsrechts gehindert wird. […] Das Grundgesetz […] besteht aber auf der Einhaltung der Regeln des Rechtsstaats, den es zu verteidigen gilt. Gewalt von ‚links‘ ist keine verfassungsrechtlich hinnehmbare Antwort auf eine Bedrohung der rechtsstaatlichen Ordnung von ‚rechts‘. Drohen Gewalttaten als Gegenreaktion auf Versammlungen, so ist es Aufgabe der zum Schutz der rechtsstaatlichen Ordnung berufenen Polizei, in unparteiischer Weise auf die Verwirklichung des Versammlungsrechts hinzuwirken.“[44]

4. Die Auflösung einer Versammlung

Eine Versammlung unter freiem Himmel kann **aufgelöst** werden, wenn sie nicht angemeldet ist, wenn von den Angaben der Anmeldung abgewichen oder den Auflagen zuwidergehandelt wird oder wenn die Voraussetzungen zu vorgenanntem Verbot gegeben sind (§ 15 II VersammlG)[45].   **756**

Diese Ermächtigung soll nicht nur eine Auflösung, sondern auch weniger schwerwiegende Beschränkungen abdecken (argumentum a fortiori)[46]. Man spricht diesbezüglich von **Minusmaßnahmen**. In der Sache geht es darum, in den Fällen, in denen sogar die Auflösung der Versammlung möglich wäre, als Ausfluss des Verhältnismäßigkeitsprinzips weniger einschneidende Maßnahmen anzuordnen, wenn damit dem Schutz der öffentlichen Sicherheit und Ordnung hinreichend gedient werden kann. Als Maßnahmen kommen sowohl solche in Betracht, die sonst auf Basis einer Standardmaßnahme als auch auf Grundlage der Generalklausel angeordnet werden können. Umstritten ist nach wie vor, ob die Rechtsgrundlage dann im Versammlungs- oder im allgemeinen Polizei- und Ordnungsrecht zu suchen ist[47].

---

43 BVerfG(K), NJW 2001, 2075 – „Nationaler Ostermarsch“.
44 So BVerfG(K), NJW 2000, 3053 (3056) – „Enteignet Springer!“; siehe auch BVerfG(K), DVBl. 2001, 62 mit Skepsis gegenüber dem Einsatz der Rechtsfigur des Zweckveranlassers (dazu oben Rn 497) bei versammlungsrechtlicher Konfrontation von Versammlung und Gegendemonstration; zum Verhältnis von Versammlungen und Gegendemonstrationen siehe *Wagner*, DÖV 2017, 708 ff; *Götz/Geis*, POR, § 23 Rn 11.
45 Falllösungen hierzu bei *Hartmann/Zanger*, JuS 2014, 829 ff und mit Bezügen zum Europarecht *Lohse*, Jura 2009, 458 ff.
46 Vgl *Dietel/Gintzel/Kniesel*, VersammlG, 17. Aufl. 2016, Teil II, § 15 Rn 208 f. Siehe auch BVerwGE 64, 55 zur Sicherstellung von Spruchbändern – „Mörderbande“.
47 Siehe dazu *Kingreen/Poscher*, POR, § 19 Rn 15 ff; *Kniesel/Poscher*, in: L/D, K Rn 26 ff.

Wenn eine öffentliche Versammlung iSv Art. 8 I GG nicht zuvor nach Maßgabe des Ver-sammlG aufgelöst worden ist, erweist sich eine aus Gründen präventiv-polizeilicher Gefahren-abwehr erfolgende **Einkesselung** als rechtswidrig[48].

757 Die Strafbarkeit von **Blockadeaktionen** wegen Nötigung in Anwendung des Tatbe-standmerkmals der Gewalt in § 240 I StGB ist gegeben, wenn die Teilnehmer über die durch ihre körperliche Anwesenheit verursachte psychische Einwirkung hinaus eine physische Barriere errichten[49]. Das Selbstbestimmungsrecht der Träger des Grundrechts der Versammlungsfreiheit hinsichtlich Ziel und Gegenstand sowie Ort, Zeitpunkt und Art der Versammlung umfasst nicht auch die Entscheidung, welche Beeinträchtigungen die Träger kollidierender Rechtsgüter hinzunehmen haben[50].

5. Bannkreise, befriedete Bezirke, Gottesdienste

758 Innerhalb des sog. **Bannkreises der Gesetzgebungsorgane** des Bundes und der Län-der sowie des Bundesverfassungsgerichts waren traditionell öffentliche Versammlun-gen unter freiem Himmel und Aufzüge zur Sicherstellung ungestörter und unbedräng-ter Aufgabenwahrnehmung prinzipiell verboten; vgl § 16 VersammlG und das Bann-meilengesetz des Bundes v. 6.8.1955 (BGBl. I S. 504), das am 31.7.2000 außer Kraft trat[51].

759 Nunmehr gilt für die Verfassungsorgane des Bundes ein liberalisiertes **Gesetz über befriedete Bezirke** für Verfassungsorgane des Bundes (BefBezG) v. 8.12.2008 (BGBl. I S. 2366) mit prinzipiellem Zulassungsanspruch für öffentliche Versamm-lungen, wenn durch die Versammlung die „Tätigkeit" der geschützten Verfassungsor-gane nicht beeinträchtigt wird (vgl § 3 BefBezG)[52]. Für die Verfassungsorgane der Länder gelten entweder eigene **Bannmeilengesetze**, die noch unter der Geltung des § 16 II VersG erlassen worden sind, oder die Länder haben in Umsetzung der ihnen nun zustehenden Gesetzgebungszuständigkeit für das Versammlungsrecht eigene Re-gelungen getroffen[53].

Für **Gottesdienste** unter freiem Himmel, kirchliche Prozessionen, Leichenbegängnis-se und hergebrachte Volksfeste gelten die Vorschriften der §§ 14-16 VersammlG nicht (vgl § 17 VersammlG). Für die Aufrechterhaltung der Ordnung bei Aufzügen bestehen in § 19 VersammlG besondere Regelungen.

---

48 OVG NRW, NWVBl. 2001, 301.
49 Zur sog. „Zweite-Reihe-Rechtsprechung" des BGH vgl BVerfG, NJW 2011, 3020 (3021 f).
50 So BVerfGE 104, 92 (102, 111).
51 Zur Möglichkeit eines Dispenses Saarl.OVG, DÖV 1974, 277 f; OVG NRW, DVBl. 1994, 541 ff; da-zu *Tsatsos/Wietschel*, ZRP 1994, 211 ff.
52 Zum Versammlungsverbot beim Besuch des US-Präsidenten s. M.V.OVG, NordÖR 2006, 451.
53 So zB Niedersachsen in §§ 18 f nds. VersG. Länderüberblick bei *Wache*, in: Erbs/Kohlhaas, Straf-rechtliche Nebengesetze, § 16 VersammlG Rn 5 und *Dietel/Gintzel/Kniesel*, VersammlG, 17. Aufl. 2016, Teil V C.

II. Zuständigkeiten bei der Durchführung des Versammlungsgesetzes

Sowohl für öffentliche Versammlungen in geschlossenen Räumen als auch für solche **760** unter freiem Himmel und Aufzüge sieht das VersammlG jeweils bestimmte **Befugnisse der Polizei** vor, so

– ein Anwesenheitsrecht (§§ 12, 18 I),
– die Anfertigung von Bild- und Tonaufnahmen (§§ 12a, 19a),
– nach Maßgabe einer abschließenden Auflistung die polizeiliche Auflösung von Versammlungen in geschlossenen Räumen, namentlich bei gewalttätigem Verlauf (§ 13),
– den Ausschluss von Teilnehmern, welche die Ordnung gröblich verletzen (§§ 18 III, 19 IV).

Damit angesprochen sind die nach jeweiligem Landesrecht zuständigen Polizeibehörden (vgl oben Rn 630 ff).

Andere zentrale Zuständigkeiten wie die Entgegennahme der Anmeldung (§ 14 Ver- **761** sammlG) und Befugnisse wie das Verbot einer Versammlung, die Statuierung von Auflagen oder die Auflösung einer Versammlung (§ 15 VersammlG) stehen nach dem Gesetzestext der **„zuständigen Behörde"** zu. In der Rspr ist insoweit die Rede von der Versammlungsbehörde[54]. Wer nun jeweils diese zuständige Behörde ist, bestimmt sich nach Maßgabe des jeweiligen Landesrechts.

In NRW sind dies die Kreispolizeibehörden (vgl § 1 VersG-ZustVO NRW[55]), in Nds. die Landkreise, kreisfreien Städte, großen selbstständigen Städte und selbstständigen Gemeinden als zuständige unterste Versammlungsbehörden (vgl § 97 I, III NPOG; § 24 I 2 nds. VersG). Auch in den übrigen Ländern sind es verbreitet die Kreisordnungs- oder Kreisverwaltungsbehörden[56].

Dieser Versammlungsbehörde ist von Verfassungs wegen eine Pflicht zur engen **762** („versammlungsfreundlichen") **Kooperation** mit dem Veranstalter einer Versammlung auferlegt[57]. Auch vor dem Hintergrund der hiermit einhergehenden Transparenzforderungen ist die bereits in Rn 727 erwähnte Diskussion um eine Kennzeichnung der Polizeivollzugsbeamten mit Namensschildern zu verorten.

Auch den **Veranstalter** treffen in diesem Verhältnis gewisse **Obliegenheiten**. Daraus ergeben sich jedoch keine Verhaltenspflichten dahingehend, der Behörde ein „besonderes Sicherheitskonzept" vorzulegen und seinerseits besondere Anstrengungen zu belegen: „Nach den allgemeinen Regeln des Verwaltungsrechts, die auf die Konzeption der Grundrechte als Abwehrrechte abgestimmt sind, liegt die Beweislast für das Vorliegen von Verbotsgründen bei der Behörde."[58]

---

54 Siehe zuletzt BVerfG(K), NJW 2000, 3053 ff.
55 Verordnung über Zuständigkeiten nach dem Versammlungsgesetz vom 2.2.1987 (GV NW S. 62), zul. geänd. durch VO v. 9.9.2014 (GV NW S. 500).
56 Nachw. im Einzelnen bei *Dietel/Gintzel/Kniesel*, VersammlG, 17. Aufl. 2016, Teil V D. (Zuständigkeitsregelungen).
57 Vgl BVerfGE 69, 315 (357); BVerfG(K), NJW 2001, 2459 (2460).
58 So BVerfG(K), NJW 2001, 2078 zur Befürchtung der Teilnahme gewaltbereiter Skinheads an einer angemeldeten Kundgebung.

III. Gefahrenabwehrrecht im Umfeld von Versammlungen

763 Da das **Versammlungsgesetz** hinsichtlich der rechtlichen Voraussetzungen und Modalitäten der Durchführung von Versammlungen sowie ihres Verbotes und ihrer Auflösung ersichtlich als **abschließende Sonderregelung** zu verstehen ist[59], stellt sich die Frage, ob nicht der Rückgriff auf das allgemeine Recht der polizeilichen Gefahrenabwehr, insbesondere auf die polizeiliche Generalklausel, damit vollständig ausgeschlossen ist[60]. Soweit man einen solchen Rückgriff zulässt (s. bereits Rn 742), ist bei Eingriffen in Art. 8 GG das Zitiergebot des Art. 19 I 1 GG zu beachten.

1. Umfeldmaßnahmen, Bild- und Tonaufzeichnungen

764 Man wird der **Polizei** jedoch nicht die Wahrnehmung ihrer **Sicherungsfunktionen** nur deshalb beschneiden können, weil es sich um Maßnahmen **im Umfeld** einer Demonstration handelt. Schließlich ist in Rechnung zu stellen, dass heute bei spektakulären Anlässen ein bundesweiter Aufmarsch von Demonstranten zu beobachten ist[61]. Durch das Schutzwaffenverbot in § 17a I VersammlG, das sich auch auf ein Mitführen „auf dem Wege" zu einer Versammlung bezieht, und die Zuordnung der Befugnis zur Durchsetzung dieses Verbots durch § 17a IV VersammlG an die nach Versammlungsrecht „zuständige Behörde" (o. Rn 761 f), können sich allerdings Doppelzuständigkeiten ergeben[62].

765 §§ 12a, 19a VersammlG erlauben es der Polizei jedoch, **Bild- und Tonaufnahmen** von Teilnehmern bei oder im Zusammenhang mit öffentlichen Versammlungen anzufertigen, wenn tatsächliche Anhaltspunkte die Annahme rechtfertigen, dass von ihnen erhebliche Gefahren für die öffentliche Sicherheit oder Ordnung ausgehen[63].

Diese Spezialermächtigung für einen bestimmten Bereich polizeilicher Datenerhebung betrifft nur Aufnahmen konkret gefährlicher Teilnehmer, lässt aber das Recht der Polizei unberührt, unter Berufung auf andere Rechtsvorschriften (etwa § 81b oder § 163 StPO) Übersichtsaufnahmen von einem Demonstrationsgeschehen zu machen[64].

§ 12a II VersammlG sieht, sofern nicht detailliert aufgeführte Voraussetzungen vorliegen, eine unverzügliche Vernichtung der entsprechenden Unterlagen vor.

2. Maßnahmen gegen externe Störungen

766 Gegen **externe Störungen** einer öffentlichen Versammlung, die bezwecken, deren ordnungsgemäße Durchführung zu verhindern, darf die Polizei auf Grund der polizeilichen Generalklausel einschreiten[65]. Auf Schwierigkeiten stößt freilich öfter die im Einzelfall

---

59 BVerfG, NVwZ 2005, 80; BVerwGE 82, 34 (38); 129, 142 (147); OVG NRW, NVwZ 1982, 46.
60 Zum Zusammenspiel von Versammlungsgesetz und allgemeinem Polizeirecht näher *Meßmann*, JuS 2007, 524.
61 Zur polizeilichen Unterbindung der Anreise zu einer Demonstration BVerfGE 83, 24 und VG Würzburg, NJW 1980, 2451; dazu *Birk*, JuS 1982, 496.
62 Vgl *Dietzel/Gintzel/Kniesel*, VersammlG, 17. Aufl. 2016, Teil 2 Rn 41 ff.
63 Zu den rechtlichen Grenzen von Bild- und Tonaufnahmen NdsOVG, NdsVBl. 2016, 45 ff; *Koranyi/Singelnstein*, NJW 2011, 124 ff; *Kutscha*, KJ 2011, 223 ff und *Roggan*, NVwZ 2010, 1402 ff.
64 BVerfG, NdsVBl. 2016, 41 (42).
65 So Bd.Wtt.VGH, DÖV 1990, 572.

erforderliche genaue Unterscheidung von Maßnahmen im Umfeld und unmittelbaren Eingriffen in die Versammlung (vgl auch § 17a I VersammlG – dazu Rn 764).

3. Maßnahmen im weiteren Vorfeld, Gefährderanschreiben

In jüngerer Zeit werden darüber hinaus aber auch verstärkt **Maßnahmen im weiteren** **767** **Vorfeld** von Versammlungen, die verhindern sollen, dass bestimmte Personen erst gar nicht zu einer Versammlung anreisen, auf polizeirechtliche Eingriffsermächtigungsnormen gestützt.

a)   Hier ist zunächst an das sog. **Gefährderanschreiben** zu erinnern (o. Rn 583), das sich an in der Vergangenheit anlässlich von Demonstrationen auffällig gewordene Personen richtet und diesen nahe legt, sich bei einem konkret bevorstehenden Großereignis nicht an gewalttätigen Aktionen zu beteiligen, um sich nicht der Gefahr präventiver polizeilicher Maßnahmen im Rahmen der Gefahrenabwehr oder strafprozessualen Maßnahmen aus Anlass der Begehung von Straftaten auszusetzen[66]. Sofern das Landesrecht sie noch nicht als Standardmaßnahme ausgestaltet hat, finden solche Gefährderanschreiben ihre Rechtsgrundlage in der polizeirechtlichen Generalklausel. Mangels der Anordnung einer Rechtsfolge handelt es sich bei ihnen nicht um Verwaltungsakte im Sinne des § 35 VwVfG, was die Möglichkeit eines verwaltungsprozessualen Rechtsschutzes im Wege der Anfechtungsklage ausschließt. Zu weiteren Einzelheiten vgl die Falllösung Rn 486, 514.

b)   Eine zweite Variante, mit der potentielle Störer von Versammlungen ferngehal- **768** ten werden sollen, ist die ebenfalls bereits erwähnte (Rn 583) **Meldeauflage**[67]. Dieses Instrument, auf das insbesondere auch im Umfeld von auswärtigen Sportgroßereignissen bei den als Hooligans auffällig gewordenen Personen zurückgegriffen wird, lässt sich, sofern noch keine Standardmaßnahmen normiert sind (vgl § 12a NPoG), ebenfalls auf die allgemeine polizeirechtliche Generalklausel stützen. Mit einer Meldeauflage wird dem Adressaten aufgegeben, sich in regelmäßigen Abständen (etwa: täglich um 12 Uhr) unter Vorlage seines Ausweisdokuments bei seiner heimischen Polizeidienststelle zu melden. Sie basiert auf der Einsicht, dass derjenige, der sich zu einer bestimmten Zeit auf der Polizeiwache zu melden hat, nicht zur gleichen Zeit an einem anderen Ort gewalttätig in Erscheinung treten kann. Die Rechtsprechung sieht den mit der Meldeauflage verbundenen Eingriff in die Grundrechte aus Art. 8 und 11 GG als gerechtfertigt an, wenn bei den betreffenden Personen die konkrete Gefahr besteht, dass sie sich während einer bevorstehenden auswärtigen Veranstaltung gewalttätig verhalten werden; das tragende Ziel der Meldeauflage sei es nicht, dem Betroffenen die Ausreise aus dem Bundesgebiet unmöglich zu machen, sondern zu verhindern, dass er an einem Ort, der nicht sein ständiger Aufenthaltsort ist, eine Straftat begeht. Ob der mutmaßliche Tatort im Inland oder im Ausland liege, sei dabei prinzipiell gleichgültig[68].

---

66   Vgl Nds.OVG, NdsVBl. 2006, 19 (22).
67   Dazu *Schucht*, NVwZ 2011, 709 ff.
68   BVerwGE 129, 142 (146) – G8-Gipfel in Genua; Nds.OVG, NdsVBl. 2006, 241 (242) – WM 2006; Bd.Wtt. VGH, NJW 2000, 3658 (3660) – EM 2000; zustimmend *Breucker*, NJW 2004, 1631 (1632 f); *Dietel/Gintzel/Kniesel*, VersammlG, 17. Aufl. 2016, Teil III Rn 189 ff; *Mann/Fontana*, JA 2013, 734 (739).

769   **Lösungshinweis zu Fall 20 (Rn 740):** Die korrekterweise beim VG (präventiv-polizeiliches Handeln; daher Rechtswegzuweisung gem. § 40 I 1 VwGO, nicht § 23 EGGVG) im Ausgangsfall erhobene Klage des J ist als Fortsetzungsfeststellungsklage gegen die erledigte Allgemeinverfügung analog § 113 I 4 VwGO zulässig. Die nicht auszuschließende Wiederholungsgefahr sowie das Rehabilitationsinteresse des J dürften im vorliegenden Fall sein berechtigtes Interesse an der Feststellung der Rechtswidrigkeit begründen.

Fraglich ist, ob die Klage auch begründet ist. Zunächst bedarf es einer Ermächtigungsgrundlage für die Maßnahme, die sich aus dem VersG ergeben könnte. Voraussetzung dafür ist, dass es sich bei der Aktion um eine Versammlung handelt. Durch den sog. Smartmob soll auf die öffentliche Meinungsbildung Einfluss genommen werden, sodass der Anwendungsbereich des VersG eröffnet ist (s.o. Rn 743 f). Ermächtigungsgrundlage für die Auflösung einer Versammlung unter freiem Himmel ist § 15 III VersG, wonach eine Versammlung aufgelöst werden kann, wenn sie nicht angemeldet ist oder wenn eine unmittelbare Gefahr für die öffentliche Sicherheit und Ordnung iSd § 15 I vorliegt.

J ist der gem. § 14 VersG bestehenden Anmeldepflicht nicht nachgekommen. Diese entfällt zwar bei Spontanversammlungen (s.o. Rn 749), jedoch geht dem Smartmob trotz seiner durch Spontaneität geprägten Ausdrucksform eine Kontaktaufnahme von gewissem zeitlichem Vorlauf voraus. Es handelt sich also nicht um eine Spontanversammlung, sodass eine Anmeldung erforderlich war. Nach der Rspr des BVerfG darf allerdings auf Grund der besonderen demokratischen Bedeutung der Versammlungsfreiheit die fehlende Anmeldung allein nicht schematisch zur Auflösung der Versammlung führen. Darüber hinaus könnte allerdings die Zurschaustellung der Nacktheit der Demonstranten zur Auflösung berechtigen, wenn sie gegen die öffentliche Ordnung, dh gegen die nach den herrschenden Anschauungen unerlässlichen Voraussetzungen eines gedeihlichen menschlichen Zusammenlebens (s.o. Rn 453), verstößt. Dies hängt von den jeweiligen Umständen des Einzelfalles ab. Hier ist zu bedenken, dass der Schutz der Versammlungsfreiheit (Art. 8 I GG) eine enge Auslegung des Begriffs „öffentliche Ordnung" gebietet (s.o. Rn 754). Andererseits verletzt die öffentliche Zuschaustellung der nackten Körper einer Vielzahl von Personen – trotz der in den letzten Jahrzehnten gewandelten Moralvorstellungen – das Schamgefühl der Anwesenden. Darüber hinaus findet die Aktion in unmittelbarer Nähe des Bundestags statt, an dem sich zahlreiche gläubige Anhänger des Papstes eingefunden haben, um dessen Auftritt zu verfolgen. Zwar muss es den Demonstranten möglich sein, einen Ort mit besonderer Öffentlichkeitswirkung auszuwählen, allerdings erfordern die natürlichen und religiösen Befindlichkeiten der Betroffenen zugleich eine gewisse Rücksichtnahme, die durch die unerwartete, aufgedrängte Präsentation der Nacktheit nicht gewahrt wurde. Nach alldem liegt ein Verstoß gegen die öffentliche Ordnung vor. Die Auflösung der Versammlung durch die Polizei auf Grundlage des § 15 III VersG war also rechtmäßig. Die von J erhobene Klage ist somit unbegründet. (aA vertretbar)

Wiederholungs- und Verständnisfragen

1. *Was ist unter einer Versammlung iSd Art. 8 GG zu verstehen?* **Rn 743**
2. *Welchen Arten von Versammlungen unterscheidet das Versammlungsgesetz?* **Rn 746**
3. *Wie ist die Anmeldepflicht des § 14 VersammlG bei sog. Spontandemonstrationen und Eilversammlungen zu bewerten?* **Rn 749 f**
4. *Was ist bei öffentlichen Versammlungen innerhalb des sog. Bannkreises zu beachten?* **Rn 758 f**

5. *In welchem Verhältnis stehen das VersammlG und das allgemeine Gefahrenabwehrrecht?* **Rn 763 ff**

6. *Was ist die Ermächtigungsgrundlage für ein Gefährderanschreiben oder eine Meldeauflage?* **Rn 767 f**

§ 22 Polizeirechtliche Entschädigungs- und Ersatzansprüche

Fall 21: „Zeitschaltuhr"[1]   770

Manfred und Martha Pfahl (P) bewohnen die Parterrewohnung eines Vierfamilienhauses auf der Karl-May-Straße in der niedersächsischen Gemeinde B. Anfang Mai 2015 brechen sie, beneidet von ihren Nachbarn, zu einem günstigen „3 Wochen zum Preis von 4 Tagen"-Urlaub nach El Arenal (Mallorca) auf. Bereits am nächsten Tag, so gegen 22 Uhr, bemerkt der über ihnen wohnende Rentner Hans Alzheimer (A), gerade vom Bierholen am Kiosk zurückkehrend, einen Lichtschein in der Eigentumswohnung der P. Als er kurz darauf sein Wohnzimmer betritt, vernimmt er zudem Geräusche aus der unter ihm gelegenen Wohnung. A vermutet, dass ein Dieb die urlaubsbedingte Abwesenheit der Eheleute P ausnutzt, um sich deren umfangreiche und wertvolle Briefmarkensammlung zuzueignen. Sofort alarmiert er die Polizei.

Nach weniger als fünf Minuten ist bereits eine Polizeistreife zur Stelle. Die beiden Beamten, Dirk Matthies (M) und Peter Wagen (W), beobachten, dass unmittelbar nach ihrem Eintreffen das Licht in der Wohnung der Eheleute P erlischt. Auch die verdächtigen Geräusche verstummen. Sie vermuten, dass der Dieb seine Anwesenheit verdecken möchte und fordern ihn daraufhin deutlich vernehmbar auf, die Türe zu öffnen. Als dieser Forderung nicht Folge geleistet wird, brechen M und W die Wohnungstüre gewaltsam auf. In der Wohnung wird jedoch niemand angetroffen. Die Beamten stellen fest, dass Licht und Geräusche durch eine an das Fernsehgerät gekoppelte Zeitschaltuhr, von deren Existenz weder A noch andere Nachbarn wussten, verursacht worden sind.

Haben die Eheleute P gegen das Land Niedersachsen einen Anspruch auf Schadensausgleich für die beschädigte Wohnungstüre? Vor welchem Gericht ist der Anspruch einzuklagen? **Rn 784**

I. Entschädigungsansprüche eines Bürgers gegenüber der Verwaltung

Beim Themenfeld der polizeirechtlichen Entschädigungs- und Ersatzansprüche[2] handelt es sich um einen spezialgesetzlich geregelten Teilbereich des allgemeinen Rechts der öffentlich-rechtlichen Entschädigung bzw des Schadensersatzes, für den auf Bundesebene (vgl §§ 51 ff. BPolG) und in den einzelnen deutschen Ländern in der Sache nach wie vor höchst unterschiedliche Vorgaben bestehen. Die §§ 45 ff ME versuch-   771

---

1 Die Fallgestaltung ist angelehnt an OLG Köln, DÖV 1996, 86 ff.

2 Dazu ausführlich *Sydow*, Jura 2007, 7 ff; *Kugelmann/Alberts*, Jura 2013, 898 ff.

ten, gegenwartsnahen rechtspolitischen Vorstellungen mit dem Ziel einer Vereinheitlichung Rechnung zu tragen, ohne dass durch sie – anders als in den übrigen Teilen des ME – freilich besonderer Regelungsdruck für die Landesgesetzgeber erzeugt worden wäre. Das Hauptaugenmerk ist also unverändert auf die jeweiligen landesrechtlichen Vorschriften zu richten[3].

Folgende Fallgruppen verdienen dabei allgemeine Aufmerksamkeit:

1. Inanspruchnahme als Nichtstörer

772 Eine erste Fallgruppe betrifft die **Inanspruchnahme als Nichtstörer** (vgl § 45 I 1 ME; Art. 87 I bay.PAG; § 72 I m.v.SOG; § 80 I 1 NPOG; § 39 I a OBG NRW).

Erleidet jemand durch seine polizeiliche oder ordnungsbehördliche[4] Inanspruchnahme als Nichtstörer (s.o. Rn 557 ff) einen Schaden, so ist dem Geschädigten dafür grundsätzlich eine angemessene Entschädigung zu leisten, soweit durch die Maßnahme nicht die Person oder das Vermögen des Geschädigten geschützt worden ist oder er von einem anderen Ersatz zu erlangen vermag.

Beispiel: Ein Polizeiwagen rammt auf der Autobahn den Pkw des A, den zwei 17-jährige Jugendliche entwendet hatten, um diese – nach mehreren vergeblichen Aufforderungen – nunmehr zum Anhalten zu zwingen. Entschädigungsanspruch des A?

Hier hat das OLG Hamm, NJW 1988, 1096 f einen Entschädigungsanspruch ua abgelehnt, weil sich die Maßnahme gegen die Jugendlichen als Handlungsstörer, nicht aber gegen A als Notstandsstörer gerichtet hatte – ebenso BGH, NJW 2011, 3157 ff; anders unter Zugrundelegung des sächs. Polizeirechts OLG Dresden, SächsVBl. 2003, 173.

773 Fraglich erscheint, ob auch demjenigen ein solcher Anspruch zusteht, der als sog. **Nothelfer** freiwillig bei der Gefahrenabwehr mitgewirkt oder eigene Rechtsgüter eingesetzt hat[5]. Zu berücksichtigen ist nämlich, dass derjenige, der seiner Hilfeleistungspflicht gemäß § 323c StGB genügt, eigentlich keinen Entschädigungsanspruch hat, vielmehr unentgeltlich Hilfe leisten muss[6]. Dennoch rechtfertigt sich unbeschadet dieses Grundprinzips die Zubilligung eines polizeirechtlichen Anspruchs, wenn dessen spezialgesetzlich normierte Tatbestandsmerkmale vorliegen[7].

774 Des Weiteren ist problematisch, ob es einer Inanspruchnahme als Nichtstörer generell gleichgesetzt werden kann, wenn jemand als **unbeteiligter Dritter** bei der polizeilichen Aufgabenwahrnehmung einen Schaden erleidet (so ausdrücklich zB Art. 87 II

---

3 Siehe §§ 55 ff bd.wtt.PolG, Art. 87 ff bay.PAG; §§ 38 ff brandenb.OBG; § 70 brandenb.PolG; §§ 59 ff berl.ASOG; §§ 56 ff brem.PolG; § 10 III-V hamb.SOG; §§ 64 ff hess.SOG; §§ 72 ff m.v.SOG; §§ 80 ff NPOG; §§ 39 ff OBG NRW; § 67 PolG NRW; §§ 68 ff rh.pf.POG; §§ 68 ff saarl.PolG; §§ 221 ff schl.h.LVwG; §§ 52 ff sächs.PolG; §§ 69 ff s.anh.SOG; §§ 68 ff thür.PAG; § 52 thür.OBG.

4 Diese Haftungsnormen knüpfen nur an Verwaltungstätigkeiten auf dem Gebiet der Gefahrenabwehr an, greifen nicht auch bei schlicht-hoheitlichen Aktivitäten im Bereich der Leistungsverwaltung ein; OVG NRW, NWVBl. 1992, 448 (450); s. aber auch OLG Düsseldorf, NWVBl. 1991, 134. Zum hier maßgeblichen Verständnis des Begriffs der Ordnungsbehörde näher *Treffer*, LKV 1995, 360 f.

5 So ausdrücklich § 45 II ME; § 51 III Nr 1 BPolG; § 56 II brem.PolG; § 10 V hamb.SOG; § 59 III berl.ASOG; § 80 II NPOG; § 68 II rh.pf.POG; § 68 II saarl.PolG; § 69 III s.anh.SOG.

6 Vgl hierzu *Götz/Geis*, POR, § 15 Rn 30 f unter Hinweis auf die in diesem Falle bestehenden sozialversicherungsrechtlichen Ansprüche.

7 Siehe *D/W/V/M*, S. 667.

bay.PAG; § 59 I berl.ASOG; § 73 m.v.SOG; § 80 III NPOG; § 222 schl.h.LVwG; § 51 II Nr 2 BPolG). Die Interessenlage ist insofern mit der des Nichtstörers vergleichbar, da beide Geschädigte die Gefahr nicht verursacht haben. Eine breite Meinung wendet daher die Vorschriften über die Inanspruchnahme als Nichtstörer auch dort analog an, wo eine gesetzliche Regelung fehlt[8]. Lehnt man eine solche Analogie ab, weil man angesichts vorhandener Regelungsvorbilder einen bewussten Verzicht auf eine entsprechende Regelung annimmt und damit eine zur Analogie notwendige[9] Regelungslücke verneint, bleibt das Ergebnis dennoch gleich. In diesem Fall kommt dann der allgemeine Aufopferungsanspruch entspr. §§ 74, 75 Einl.Pr.ALR als allgemeines Rechtsinstitut des öffentlich-rechtlichen Entschädigungsrechts zur Anwendung[10].

Auch bei einer Inanspruchnahme als **Anscheins- oder Verdachtsstörer** (s.o. Rn 476, **775** 487) wird mit entsprechender Begründung eine analoge Anwendung dieser Vorschrift jedenfalls dann befürwortet, wenn dieser den Anschein nicht zurechenbar verursacht hat (sog. „**anscheinsbetroffener Nichtstörer**").

Beispiel: Ordnungsbehördlich angeordnete Schlachtung von Mastkälbern, bei denen sich später kein positiver Hormonbefund ergeben hat[11].

Nach der Rspr des BGH[12] ist dies „im Sinne eines gerechten Interessenausgleichs" geboten, sofern der Eigentümer einer Sache als **Zustandsstörer** in Anspruch genommen worden ist, weil der durch Tatsachen begründete Verdacht bestand, dass von dieser Sache eine Gefahr ausging, wenn sich nachträglich herausstellt, dass die Gefahr in Wirklichkeit gar nicht bestand und der in Anspruch Genommene die den Verdacht begründenden Umstände nicht zu verantworten hat. Bei der Entschädigungsfrage sei nämlich **nicht eine ex-ante-Betrachtung** angebracht wie aus Gründen einer wirkungsvollen Gefahrenabwehr bei der Beurteilung der Rechtmäßigkeit der Verfügung selbst (Primärebene, o. Rn 476), sondern hier gehe es um den gerechten Ausgleich erbrachter Opfer (Sekundärebene). Hierfür müsse auf die wirkliche Sachlage abgestellt werden, wie sie sich bei späterer rückschauender Betrachtung objektiv darstelle.

Letztlich werden so aber zwei unterschiedliche Störerbegriffe kreiert, auf der primären Handlungsebene der ex ante zu beurteilende Verdachts- oder „vorläufige" Störer (dazu oben Rn 478, 483), auf der sekundären entschädigungsrechtlichen Ebene der ex post zu würdigende reale oder „endgültige" Störer[13].

Der BGH wendet diese Grundsätze auch auf die etwas abweichende Fallkonstellation **776** an, „wenn der Betroffene als **Handlungsstörer** in Anspruch genommen wird, soweit das den Anschein der Gefahr begründende Verhalten rechtmäßig gewesen ist und kei-

---

8 Sächs.OVG, SächsVBl. 2003, 173 (174); *D/W/V/M*, S. 666 f; *Schoch*, BesVerwR, 1. Kap. Rn 1008; *Sydow*, Jura 2007, 7 (9); unklar OLG Düsseldorf, NVwZ 2002, 631: „unbeteiligte Dritte (Nichtstörer)".
9 Zum methodischen Hintergrund s. nur *Mann*, Einführung in die juristische Arbeitstechnik, 5. Aufl. 2015, Rn 273 f.
10 Vgl etwa BGHZ 20, 81 zur Körperverletzung eines Passanten durch Waffengebrauch bei der Verfolgung eines Verbrechers; BGH, NJW 2011, 3157 zur Beschädigung eines entwendeten Pkw durch die Polizei; *Schenke*, PolR, Rn 691; *Götz/Geis*, POR, § 15 Rn 29.
11 Vgl BGHZ 117, 303 ff; dazu krit. *Schoch*, JuS 1993, 724 ff; Bd.Wtt.VGH, DÖV 1991, 165 (167); OLG Hamm, VersR 1992, 445.
12 BGHZ 126, 279 (283) unter Hinweis auf BGHZ 117, 303 (307 f).
13 Vgl *Osterloh*, JuS 1993, 259 in Orientierung an *Di Fabio*, DÖV 1991, 629 ff. Zur entsprechenden Handhabung bei der Haftung des Anscheinsstörers für Vollstreckungskosten s. Rn 786.

ne in den haftungsrechtlichen Risikobereich des Handelnden fallende Verantwortlichkeit für die Anscheinsgefahr begründet hat."[14]

2. Rechtswidrige Inanspruchnahme

777 Ein Entschädigungsanspruch steht auch demjenigen zu, der durch eine **rechtswidrige Maßnahme** der Polizei- oder Ordnungsbehörde – unabhängig von deren Verschulden[15] – einen Schaden erlitten hat (vgl § 45 I 2 ME; § 80 I 2 NPOG; § 39 I b OBG NRW). Der ordnungsrechtliche Begriff „Maßnahme" wird dabei durchaus weit ausgelegt und umfasst Ge- und Verbote sowie Realakte.

Beispiele: Unrichtige Auskunft des Bauordnungsamtes über die Bebaubarkeit eines Grundstückes[16]; Verkehrsunfall durch defekte Schaltung einer Ampelanlage („feindliches Grün")[17].

In der neueren Rspr wird zunehmend betont, dass auch bei diesem Instrument des Ausgleichs staatlichen Unrechts auf den Schutzzweck der verletzten Amtspflicht als Kriterium für die inhaltliche Bestimmung und sachliche Begrenzung der Haftung abzustellen ist. Ein maßgebliches Kriterium für den Schutzzweck ordnungsbehördlicher Genehmigungen ist das Vertrauen, das die betreffende Maßnahme beim Adressaten begründen soll[18].

3. Spezialgesetzliche Entschädigungsregelungen

778 Es kann auch bei einer rechtmäßigen Inanspruchnahme als Störer eine Entschädigung erfolgen, soweit ausnahmsweise eine entsprechende **spezialgesetzliche Entschädigungsanordnung** vorliegt;

Beispiele: § 56 IfSG; §§ 15 ff TierGesG[19]; § 51 S. 2 GewO.

ansonsten wird gemäß polizeirechtlicher Diktion der Störer lediglich in die Schranken des Rechts verwiesen. Der gesetzliche Entschädigungsausschluss für rechtmäßiges ordnungsbehördliches Handeln ist vor diesem Hintergrund mit dem Grundgesetz, insbes. mit Art. 14 GG, vereinbar[20].

Beispiel: BGHZ 45, 23 ff („Schweinemästerei").

4. Art, Inhalt und Umfang der Entschädigungsleistung

779 Die jeweiligen gesetzlichen Regelungen enthalten üblicherweise weitere **Einzelheiten** zu Art, Inhalt und Umfang der Entschädigungsleistung und zu Einschränkungen des Ersatzanspruches (vgl im Einzelnen Art. 87 VII bay.PAG; § 74 m.v.SOG; § 81 NPOG; § 40 OBG NRW; § 46 ME).

---

14 BGHZ 126, 279; BGH, DVBl. 1996, 1312 (1314); ebenso OVG NRW, NVwZ 2001, 1314.
15 Insoweit mit Blick auf den spezifischen Schutzzweck ordnungsbehördlichen Handelns einschränkend BGHZ 123, 191 (198 ff).
16 BGHZ 92, 302 u. BGH, DVBl. 1994, 1134. Zu einer bloßen Bitte aber ablehnend: BGHZ 138, 15 (20 f).
17 BGHZ 99, 249 und OLG Hamm, NVwZ 1986, 509.
18 Dazu ausführlich BGH, NVwZ-RR 1997, 675.
19 Zum Verständnis dieses Normkomplexes als einer dem allg. polizeirechtlichen Entschädigungsanspruch des Nichtstörers vorgehenden, insoweit als abschließend betrachteten Spezialregelung s. BGHZ 136, 172 (179).
20 Vgl BVerfGE 20, 351 ff – „Tötung von Hunden".

- Entschädigung grds. nur für Vermögensschäden, für entgangenen Gewinn, der über den Ausfall des gewöhnlichen Verdienstes oder Nutzungsentgelts hinausgeht, und für Vermögensnachteile, die nicht in unmittelbarem Zusammenhang[21] mit der zu entschädigenden Maßnahme stehen, soweit „zur Abwendung unbilliger Härten geboten";
- Ausgleich in Geld, ggf durch Entrichtung einer Rente;
- Entschädigungsleistung nur gegen Abtretung evtl. Ansprüche gegen Dritte;
- Kein Ausgleichsanspruch, wenn die Maßnahme dem Schutz des Geschädigten diente;
- Berücksichtigung mitwirkenden Verschuldens des Geschädigten;
- Im Falle der Tötung werden auch den mittelbar Geschädigten Entschädigungsansprüche zugebilligt (vgl Art. 87 III bay.PAG; § 82 NPOG; § 47 ME).

Ebenso treffen die Gesetze Aussagen zum Entschädigungspflichtigen.   **780**

Entschädigungspflichtig ist die Anstellungskörperschaft des tätig gewordenen Polizisten (so § 49 I ME; § 75 I m.v.SOG; § 84 I NPOG). Einzelne Landesgesetze sprechen insoweit vom Träger der Polizei (so Art. 87 VI bay.PAG) oder vom Träger der ordnungsbehördlichen Kosten bzw der Polizeikosten (§§ 42 I 1, 45 I OBG NRW). Ggf bestehen zwischen beteiligten Behörden (etwa bei der Vollzugshilfe) Erstattungsansprüche (vgl Art. 88 bay.PAG; § 75 II m.v.SOG; § 84 II, III NPOG; § 42 I 3 OBG NRW; § 49 III ME).

Die Ansprüche **verjähren regelmäßig in drei Jahren**, gemessen von dem Zeitpunkt der Kenntniserlangung von Schaden und entschädigungspflichtiger Körperschaft, ohne Rücksicht darauf in 30 Jahren[22].

Über solche Entschädigungsansprüche entscheiden im Streitfalle die **ordentlichen**   **781** **Gerichte**, über mögliche Erstattungsansprüche von Hoheitsträgern die Verwaltungsgerichte (vgl § 51 ME; Art. 90 bay.PAG; § 77 m.v.SOG; § 86 NPOG; § 43 OBG NRW).

Schwierig ist vielfach die Bestimmung des **Verhältnisses zum allgemeinen Scha-**   **782** **densersatz- und Entschädigungsrecht**[23]. Soweit die zur Entschädigung verpflichtende Maßnahme zugleich eine Amtspflichtverletzung darstellt, bleiben die weitergehenden Ersatzansprüche unberührt (vgl § 45 III ME; § 74 VI m.v.SOG; § 80 IV NPOG; § 40 V OBG NRW).

Der in § 45 II ME (= § 80 II NPOG; § 68 II rh.pf.POG) vorgesehene **Entschädi-**   **783** **gungsanspruch des freiwilligen Nothelfers**

„Der Ausgleich ist auch Personen zu gewähren, die mit Zustimmung der Polizei bei der Erfüllung polizeilicher Aufgaben freiwillig mitgewirkt oder Sachen zur Verfügung gestellt haben und dadurch einen Schaden erlitten haben."

hat durch den Versorgungsanspruch gem. § 1 I 1 Var. 2 des Opferentschädigungsgesetzes (OEG)[24] seine Bedeutung eingebüßt.

---

21 Zu diesem Begriff der Unmittelbarkeit näher BGHZ 131, 163 (166 f); vgl auch BGH, DVBl. 2006, 1180.
22 Vgl § 48 ME; § 83 NPOG. Abweichend § 74 V m.v.SOG: ein Jahr. § 41 OBG NRW verweist auf die Verjährungsvorschriften des BGB.
23 Zum Verhältnis zu enteignungsgleichem Eingriff und Aufopferung s. BGHZ 72, 273 (276 ff).
24 Gesetz über die Entschädigung für Opfer von Gewalttaten idF der Bek. v. 7.1.1985 (BGBl. I S. 1), zul. geändert durch G. v. 17.7.2017 (BGBl. I S. 2541); dazu näher *Heinz*, Opferentschädigungsgesetz, Komm., 2007.

Zum Zusammentreffen dieses Versorgungsanspruchs mit einem Amtshaftungsanspruch s. § 3 III OEG; zum Rechtsweg (regelm. zu den Gerichten der Sozialgerichtsbarkeit) s. § 7 OEG.

784   **Lösungshinweis zu Fall 21 (Rn 770):** Ein Anspruch könnte sich aus § 80 I 1 NPOG ergeben. Dann müssten die Eheleute P als nicht verantwortliche Personen (Notstandsstörer gem. § 8 NPOG, o. Rn 557 ff) anzusehen sein. Welcher Zeitpunkt ist aber für die Beurteilung der Störerqualität ausschlaggebend? Muss das spätere objektive Wissen berücksichtigt werden, oder zählt die Sicht der handelnden Beamten M und W? Für die Beurteilung der Rechtmäßigkeit des Polizeihandelns gilt grds. die ex ante-Sicht der Polizisten. Handlungsstörer war in der Vorstellung der Beamten der Dieb (Verstoß gegen § 242 StGB als Gefahr für die öff. Sicherheit). Die Eheleute P waren auch nicht Zustandsstörer, weil die Gefahr – auch in der Vorstellung der Beamten – nicht von der Sache selbst (Tür, Wohnung, Briefmarkensammlung, Fernseher) ausging. Die Kläger wurden aus der ex ante-Perspektive der Beamten also als Notstandsstörer in Anspruch genommen.

Dennoch stellt der BGH in neuerer Rechtsprechung im Rahmen des § 80 I 1 NPOG für die Frage der Entschädigung teilweise auch auf die objektive ex post-Perspektive ab (o. Rn 775 f). So gesehen wäre relevant, dass es tatsächlich keinen Dieb gab, M und W also von einer Gefahr ausgingen, die keine war. Wegen der objektiven Umstände (Urlaub, Licht, Geräusche) durften die handelnden Beamten aber vom Bestehen einer Gefahr ausgehen. Es liegt mithin eine Anscheinsgefahr vor, die die Maßnahme auf der Primärebene rechtmäßig macht (o. Rn 475; aus diesem Grund greift auch die Anspruchsgrundlage des § 80 I 2 NPOG – Anspruch bei rechtswidriger Inanspruchnahme, o. Rn 777, nicht ein). Ausgangspunkt für die Rechtsprechung des BGH, die zur Loslösung der ex ante-Sicht im Entschädigungsbereich geführt hat, waren Fälle, in denen Unbeteiligte nur zufällig von der Maßnahme betroffen wurden, ohne jedoch Notstandsstörer zu sein (Bsp. Kugel des Polizisten trifft nicht den flüchtigen Dieb, sondern den Passanten ins Bein – keine „finale Inanspruchnahme zur Gefahrbeseitigung").

Der BGH hat sich hier ausnahmsweise aus Gründen der Schutzbedürftigkeit über den Wortlaut hinweggesetzt. Daraus kann aber nicht die Regel abgeleitet werden – der BGH tut dies auch nicht –, dass im ordnungsrechtlichen Entschädigungsrecht stets die objektive ex post-Perspektive geboten ist. Der BGH erweitert den Anwendungsbereich über den Wortlaut hinaus vielmehr nur *zugunsten* des Geschädigten, um eine sonst vorhandene Gerechtigkeitslücke zu schließen. Hierzu besteht aber kein Anlass, wenn an sich eine „klassische" Situation des § 80 I 1 NPOG vorliegt und der tatsächlich (aus ex ante-Sicht) als Notstandsstörer in Anspruch Genommene – wie hier – nur zusätzlich wegen des Anbringens der Zeitschaltuhr auch noch in gewisser Weise mitursächlich für die Umstände war, die auf eine Gefahr hindeuteten. Eine sich aufdrängende „Gerechtigkeitslücke", die zugunsten der geschädigten Eheleute P geschlossen werden müsste, ist nicht ersichtlich. Abzustellen ist auf die ex ante-Perspektive, danach waren die Eheleute P Notstandsstörer. Die näheren Voraussetzungen des § 8 NPOG liegen vor.

Der Anspruch könnte aber ausgeschlossen sein, weil durch die Maßnahme das Vermögen der Geschädigten geschützt worden ist (vgl § 81 V 2 NPOG). Auch hier stellt sich wieder die Frage der Beurteilungsperspektive: *Schutzzweck* aus der Sicht der Beamten war der Schutz des Vermögens der Eheleute, ein *Schutzerfolg* wurde tatsächlich aber nicht erreicht, da nur eine Scheingefährdung vorlag. Im Gegenteil, im Ergebnis wurde sogar eine Beschädigung der Tür verursacht. Abzustellen ist insoweit aber nun auf den Schutzerfolg, also auf die ex post-Perspektive. Dafür spricht neben dem Wortlaut („gedient hat") die Gerechtigkeitslösung im Sinne der Rspr des BGH. Aus der Gerechtigkeitsperspektive macht es keinen Sinn, im Rahmen des § 81 V 2 NPOG demjenigen einen Entschädigungsanspruch zu versagen, dessen Vermögen aus späterer Sicht überhaupt nicht gefährdet war, durch die behördliche Maßnahme aber geschädigt wurde, weil die Beamten irrtümlich meinten, dieses Vermögen schützen zu müssen. Denn auch hier liegt der „Fehler" auf Seiten der Polizei. Wenn bei

§ 80 I NPOG zum Vorteil des Geschädigten ausnahmsweise die ex post-Sicht im Sinne der Gerechtigkeit fruchtbar gemacht wird, wäre es inkonsequent, andererseits bei § 81 V NPOG zum Nachteil des Bürgers eine (ungerechte) ex ante-Sicht zu fordern. Weil das Vermögen der P aus der ex post-Sicht im Ergebnis nicht geschützt, sondern beschädigt worden ist, liegt der Versagungsgrund des § 81 V 2 NPOG nicht vor. Es ließe sich aber daran denken, den Anspruch der Eheleute P gem. § 81 V 3 NPOG iVm § 254 BGB wegen Mitverschuldens zu kürzen (o. Rn 779), weil sie ihre Nachbarn zwar von ihrem Urlaubsantritt, nicht aber von der Zeitschaltuhr in Kenntnis gesetzt haben (Obliegenheitsverletzung).

Zuständig zur Entscheidung über den Anspruch sind die ordentlichen Gerichte (Rn 781).

II. Spezifische Ersatzansprüche der Verwaltung

Gegebenenfalls stehen auch der Verwaltung umgekehrt gegen einen Bürger Ersatzan- **785** sprüche zu, namentlich gegen den sog. Störer.

1. Finanzielle Ansprüche gegen den Störer

Nach Maßgabe der landesrechtlichen Vorgaben[25] sind die folgenden Fallgruppen von **786** Ansprüchen der Verwaltung gegen einen Störer beachtenswert:

– **Aufwendungsersatz** gegen einen Handlungs- oder Zustandsstörer im Falle der Inanspruchnahme und Entschädigung eines Nichtstörers (dazu Rn 771 ff). Mehrere nebeneinander Verantwortliche haften als Gesamtschuldner. Dieser finanzielle Rückgriff auf der Sekundärebene gegen den oder die tatsächlichen Störer ist Ausfluss des Gedankens der materiellen Polizeipflicht, nach der jedermann sein Verhalten so einzurichten hat, dass keine Gefahr für die öffentliche Sicherheit oder Ordnung entsteht[26].

– **Kosten der** behördlichen **Ersatzvornahme**[27] **787**

  Beispiele: Beerdigungskosten[28]; Schiffshavariekosten[29].

---

25 Dazu im Einzelnen zum Aufwendungsersatz: § 57 bd.wtt.PolG; Art. 89 bay.PAG; § 64 berl.ASOG; § 61 brem.PolG; § 10 IV hamb.SOG; § 69 I hess.SOG; § 75 III m.v.SOG; § 85 I Nds.POG; § 42 II OBG NRW; § 73 rh.pf.POG; §§ 72 III, 73 saarl.PolG; § 224 II schl.h.LVwG; § 70 brandenb.PolG iVm § 41 II brandenb.OBG; § 57 I sächs.PolG; § 74 I s.anh.SOG. Zu Kosten der Ersatzvornahme (iVm den jeweiligen Gebühren- bzw Kostenvorschriften): § 49 I bd.wtt.PolG iVm § 25 bd.wtt.VwVG; Art. 72 I bay.PAG; § 8 I berl.VwVfG iVm §§ 10, 19 I VwVG; § 15 brem.VwVG; §§ 39 f hamb.VwVG; § 49 I hess.SOG; § 89 I m.v.SOG; § 66 I NPOG; § 52 II PolG NRW; § 46 saarl.PolG; § 238 schl.h.LVwG; § 55 II brandenb.PolG; § 55 II s.anh.SOG. Zu Kosten beim unmittelbaren Zwang: § 52 IV bd.wtt.PolG iVm VollstrKostO; Art. 75 III bay.PAG iVm PolKostenVO; nds.allg.GebO – Zum Überblick über die Polizeikosten im System der Verwaltungsabgaben s. ausführlich *Sailer*, in: L/D, Abschn. M; zum Aufwendungsersatz *Linke*, DVBl. 2006, 148 ff.

26 *Hornmann*, HSOG, 2. Aufl. 2008, § 69 Rn 2. Dezidiert gegen die Vorstellung einer materiellen Polizeipflicht *Selmer*, in: FS Götz, 2005, S. 391 ff.

27 In der Klausur ist auf eine vollständige Benennung der Anspruchskette zu achten; für NRW wäre dies zB § 52 II PolG NRW (bzw §§ 59 II, 77 VwVG NRW) iVm § 11 II Nr 7 KostenO NRW. Zur Abgrenzung der Ersatzvornahme von der unmittelbaren Ausführung polizeilicher Maßnahmen in den Bundesländern, die letztere Regelung kennen (dazu o. Rn 720 f), aus der Perspektive der Kostenanforderung s. Hess.VGH, DVBl. 1995, 370; zur fehlenden Verpflichtung der Behörde, Alternativlösungen des in Anspruch Genommenen abzuwarten s. Saarl.OVG, NVwZ 2009, 602.

28 BVerwG, NVwZ-RR 1995, 283; dazu die Falllösung von *Dietlein/Jochum*, NWVBl. 1998, 493 ff.

29 Schl.H.OVG, NordÖR 2006, 204.

Die Behörde hat Anspruch auf Erstattung der – im Rahmen der Festsetzung – tatsächlich entstandenen **Kosten der Ersatzvornahme**, und zwar auch im Falle einer wesentlichen Überschreitung des im Androhungsbescheid vorläufig veranschlagten Kostenbetrages[30].

Bezüglich der Frage der Verantwortlichkeit ist auf der Sekundärebene grds. nicht die ex ante-Sicht im Zeitpunkt des Eingriffs maßgeblich, sondern die tatsächliche Sachlage, wie sie sich bei späterer zurückschauender Betrachtung (ex post) objektiv darstellt; sofern ein **Anscheins-** oder ein **Verdachtsstörer** den Gefahrenanschein nicht zu vertreten hatte, trifft ihn daher keine Haftung für Vollstreckungskosten[31]. Dies trägt der Tatsache Rechnung, dass das Polizeirecht grds von einem objektiven Gefahrenbegriff ausgeht, von dem aus Gründen der Effektivität der Gefahrenabwehr auf der Primärebene eine Ausnahme gemacht wird (o. Rn 475)[32]. Da dieser Aspekt im Rahmen der Kostentragung keine Rolle mehr spielt, stehen hier Gerechtigkeitserwägungen im Vordergrund. Gleiches gilt, wenn die Vollstreckungsmaßnahme als solche rechtmäßig ist, jedoch auf einer rechtswidrigen Grundverfügung beruht; eine Inanspruchnahme des Betroffenen wäre ermessensfehlerhaft.

Bei mehreren als Zahlungspflichtige in Frage kommenden **Personen** darf die Behörde sich vorzugsweise an der wirtschaftlichen Leistungskraft orientieren[33], sie hat in Ansehung der Anforderungen des Gleichheitssatzes aber auch auf eine adäquate Lastenverteilung zu achten[34]. Wegen des insoweit abschließenden Charakters des Polizei- und Ordnungsrechts ist es der Behörde **nicht** möglich, ihre Forderung neben dem Anspruch auf Kostenersatz im Falle einer Ersatzvornahme **auch noch** auf einen Anspruch aus **Geschäftsführung ohne Auftrag** zu stützen[35].

788 Ein **Rechtsbehelf** gegen die Kostenanforderung bei bereits durchgeführter Ersatzvornahme hat trotz des scheinbar eindeutigen Wortlauts von § 80 II 1 Nr 1 VwGO **aufschiebende Wirkung,** denn bei der Heranziehung zu den Kosten der Ersatzvornahme handelt es sich nicht um die Anforderung von öffentlichen Abgaben und Kosten[36]. Des Weiteren entfällt die aufschiebende Wirkung auch nicht wg. § 80 II 1 Nr 3 VwGO, da die Heranziehung zu den Kosten einer bereits abgeschlossenen Ersatzvornahme keine Maßnahme der Verwaltungsvollstreckung iSd § 112 JustG NRW oder des § 64 IV NPOG darstellt: Das Ziel der Vollstreckung, die Herstellung eines rechtmäßigen Zustandes, wird bereits mit der Ersatzvornahme erreicht. Demgegenüber bewirkt die anschließende Heranziehung zu den Kosten nur eine endgültige finanzielle Zuordnung der Vollstreckung. Selbst wenn diese finanzielle Inanspruchnahme des Pflichtigen nicht gelingt, bleibt der Grundverwaltungsakt dennoch durch die Ersatzvornahme vollstreckt. Das typischerweise an der zügigen Durchsetzung der mit dem

---

30 BVerwG, NJW 1984, 2591.
31 OVG NRW NWVBl., 1993, 351 f u. Bd.Wtt.VGH, DÖV 1991, 163 (164 f) und DVBl. 2011, 626 (628); *Finger*, DVBl. 2007, 798 ff; vgl auch die parallelen Überlegungen o. Rn 775 f.
32 *Poscher/Rusterberg*, JuS 2012, 26 (32).
33 So Nds.OVG, NVwZ 1990, 786.
34 Zur späteren Ausgleichspflicht zwischen mehreren Störern s.o. Rn 535.
35 *Götz/Geis*, POR, § 14 Rn 9; *Schenke*, PolR, Rn 700.
36 OVG NRW, DVBl. 1984, 352.

Grundverwaltungsakt getroffenen Regelung bestehende besondere öffentliche Interesse, das die Regelung in § 80 II 1 Nr 3 VwGO rechtfertigt, kann im Heranziehungsverfahren gar nicht mehr zum Zuge kommen[37].

– **Kosten** einer **Sicherstellung** (Art. 28 V bay.PAG; § 61 III m.v.SOG; § 29 III   **789** NPOG; § 46 III PolG NRW iVm § 77 VwVG NRW)
Die Erhebung einer Verwaltungsgebühr für das Abschleppen eines Kfz ist zulässig, und zwar unabhängig davon, ob diese Maßnahme im Wege der Sicherstellung oder der Ersatzvornahme erfolgt ist[38].

– **Kosten** der Anwendung **unmittelbaren Zwanges** bzw der unmittelbaren Ausführung einer Maßnahme (vgl einerseits etwa § 77 VwVG NRW iVm § 11 II Nr 7, 8 VO VwVG NRW, andererseits § 5a II ME u. Art. 9 II bay.PAG).
In einigen Ländern, so etwa in Nds., ist eine ausreichende Rechtsgrundlage für die Heranziehung zu Kosten für die Anwendung des unmittelbaren Zwangs nicht vorhanden[39].

– Gebührenerhebung für **gebührenrechtlich spezifizierte Tatbestände** wie Be-   **790** gleitung von Schwertransporten oder Werttransporten sowie Fehlalarmierung der Polizei[40].
Die Polizei ist im Rahmen ihrer Aufgabe der Gefahrenabwehr „gefordert, über einen Einsatz im Rahmen ihres pflichtgemäßen Ermessens zu entscheiden, eine Entscheidung, die angesichts der bei Alarmsignalen von Überfall-/Einbruchmeldeanlagen auf dem Spiel stehenden hochwertigen Individualrechtsgüter wie Leib, Leben und Eigentum regelmäßig zu Gunsten der Betroffenen ausfallen dürfte".

So das OVG NRW zu einem Fall, in dem der Alarm zu einem privaten Wachunternehmen weitergeschaltet wurde, das dann seinerseits sofort – ohne eigene Vorprüfung vor Ort – telefonisch den Alarm an die Polizei meldete. Das Unternehmen wurde danach zu Recht bei Fehlalarm zu einer Verwaltungsgebühr herangezogen[41].

2. Kosten von Polizeieinsätzen zugunsten Privater

Die rechtlichen Möglichkeiten einer Heranziehung Privater zur Abdeckung von Kos-   **791** ten **bei besonders personalintensiven polizeilichen Einsätzen** im Rahmen von Großveranstaltungen wurden Anfang der 80er Jahre und seither in Intervallen mehrfach kontrovers diskutiert[42].

---

37 Vgl Thür.OVG, DÖV 2008, 881.
38 Siehe zB § 77 II 5 resp. 10 VwVG NRW. In stRspr wird diese Frage (dazu bereits o. Rn 602) daher vom OVG NRW jeweils offen gelassen; vgl nur NWVBl. 2001, 181; *Bertrams*, NWVBl. 2003, 289 (291 f). Anders VG Gelsenkirchen, NWVBl. 2001, 72 unter Bezugnahme auf Nr 7 der Liste zu § 7a I KostO NRW [HR 73a].
39 Vgl Nds.OVG DVBl. 1977, 832 u. NVwZ 1984, 323; Bd.Wtt.VGH, DÖV 1984, 517 u. DVBl. 1985, 969.
40 Vgl etwa für Nds. die in Nr 108 des Kostentarifs in der Anlage zur Allgemeinen Gebührenordnung (AllGO) v. 5.6.1997 (nds.GVBl. S. 171), zul. geänd d Art. 1 ÄndVO v. 18.1.2018 (Nds.GVBl. S. 5) aufgelisteten Amtshandlungen nach dem NPOG. Basis für die Gebührenordnung sind §§ 3, 14 des nds.VerwaltungskostenG.
41 OVG NRW, NJW 2001, 1152 (1153); s. dazu auch BVerwG, NJW 1992, 2243; OVG Bremen, NJW 1983, 1924; OVG Hamburg, DVBl. 1998, 841; Bd.Wtt.VGH, NVwZ 1988, 271.
42 Vgl *Götz*, DVBl. 1984, 16 ff; *Schenke*, NJW 1983, 1882 ff; *Würtenberger*, NVwZ 1983, 192 ff; *Lege*, VerwArch 89 (1998), 71 ff; *Schmidt*, ZRP 2007, 120 ff.

Beispiele: Begleitung von Schwertransporten[43], Spitzenspiel der Fußball-Bundesliga[44], Popfestival[45], unfriedlich endende Großdemonstration, Facebook-Party[46].

Zuletzt war es das Land Bremen, das durch eine Änderung seines Gebühren- und Beitragsgesetzes im Jahr 2014 die in Medien und Fachpresse gleichermaßen umstrittene Möglichkeit geschaffen hat, sich die Kosten von Polizeieinsätzen bei **Bundesliga**-Heimspielen von Werder Bremen „wegen erfahrungsgemäß zu erwartender Gewalthandlungen" vom Veranstalter erstatten zu lassen[47]. Berechnet wird die Gebühr dabei anhand des Mehraufwandes, der aufgrund der zusätzlichen Bereitstellung von Polizeikräften entsteht. Das OVG Bremen[48] hat die Gebührenregelung in § 4 IV BremGebBeitrG als rechtens eingestuft, mit der Folge, dass sich das Land Bremen bei Hochrisikospielen einen Teil der entstanden Kosten bei der Deutschen Fußball Liga zurückholen darf. Das BVerwG bestätigte 2019 im Wesentlichen den Rechtsstandpunkt des OVG Bremen, wies aber darauf hin, dass zu berücksichtigen sei, dass der Gebührenpflichtige zugleich auch Steuerzahler sei, weshalb es einer besonderen Rechtfertigung bedürfe. Diese könne in dem erheblichen Mehraufwand liegen, den die Polizei aus Anlass einer kommerziellen Hochrisiko-Veranstaltung betreiben müsse. Der Veranstalter werde nicht etwa als Veranlasser einer Störung der öffentlichen Sicherheit in Anspruch genommen, sondern vielmehr als Nutznießer einer besonders aufwendigen polizeilichen Sicherheitsvorsorge[49].

Ausgehend von dem Grundsatz, dass das Land als Träger der Polizei zugleich damit auch Träger der Polizeikosten ist[50], kommt eine solche Heranziehung aber nur in Betracht, wenn hierfür eine entsprechende normative Grundlage besteht, wie dies derzeit mit Blick auf die Betreuung privater Tätigkeiten und Veranstaltungen neben Bremen etwa auch in Hamburg[51] und Niedersachsen[52] der Fall ist.

792   Aber selbst wenn eine Ermächtigungsgrundlage vorhanden ist, ist stets darauf zu achten, dass die Ausübung der Grundrechte, namentlich desjenigen der Versammlungsfreiheit, mit Blick auf evtl. Kostenrisiken keine übermäßigen Einschränkungen erfährt[53]. Geboten ist insofern eine **verfassungskonforme Auslegung**, doch erscheint

---

43 Vgl OVG Lüneburg, OVGE 42, 441; geregelt in Nds. in Nr 108.1.1 des Kostentarifs zur Allg. Gebührenordnung. S. auch VG Düsseldorf, NVwZ-RR 2001, 240 f.
44 Zu polizeirechtlichen Problemen bei Sportgroßveranstaltungen allg. *Markert/Schmidbauer*, BayVBl. 1993, 517 ff.
45 Dazu Bd.Wtt.VGH, DVBl. 1981, 778.
46 Dazu *Levin/Schwarz*, DVBl. 2012, 10 (16 f).
47 Vgl § 4 IV des Bremischen Gebühren- und Beitragsgesetzes v. 16.7.1979 (brem.GBl. S. 279), zul. geänd. durch G v. 26.9.2017 (brem.GBl. S. 394).
48 Vgl OVG Bremen, NVwZ 2018, 913 ff.
49 BVerwG, SpuRt 2019, 231 (233 f).
50 *S. Gusy*, DVBl. 1996, 722: Polizeikosten als Staatsaufwand; *Lege*, aaO, 87.
51 Vgl § 2 I 2 hamb.Gebührenordnung für Maßnahmen auf dem Gebiet der öffentlichen Sicherheit und Ordnung v. 7.12.1993 (GVBl. S. 365), zuletzt geändert durch Gesetz v. 9.12.2014 (GVBl. S. 509, 530), gestützt auf §§ 2, 5, 10 u. 11 hamb.GebG; s. zB Anlage 1 Nr 22 der og Gebührenordnung: Begleitung von Schwertransporten.
52 § 1 nds.Allgemeine Gebührenordnung (AllGO) v. 25.10.1995 (GVBl. S. 335), zul. geändert am 18.3.2015 (nds.GVBl. S. 38), gestützt auf §§ 3, 14 nds.VerwKostenG iVm Nr 108 des anl. Kostentarifs: zB Begleitung von Schwertransporten u. Fehlalarm; dazu krit. *Sailer*, in: L/D, M Rn 56 ff; vgl aber auch *Götz*, NVwZ 1994, 661 mwN.
53 Siehe *Lege*, VerwArch 89 (1998), 89.

die ausnahmsweise Heranziehung privater Veranstalter zu den Kosten außerordentlicher polizeilicher Aufwendungen nach dem Veranlasserprinzip jedenfalls bei kommerziellen Veranstaltungen verfassungsrechtlich unbedenklich (mit Gemeinwohlgründen zu rechtfertigende Berufsausübungsregelung)[54].

3. Spezialgesetzliche Kostenersatzpflichten

Spezialgesetzliche Kostenersatzpflichten sind durchweg bei bestimmten Hilfeleistungen durch kommunale Feuerwehren (zu ihnen bereits o. Rn 633) vorgesehen, wenn etwa eine Gefahr oder ein Schaden vorsätzlich herbeigeführt wurde oder beim Betrieb eines Kfz entstanden ist[55]. **793**

Die Regelung der Einzelheiten geschieht dann üblicherweise im Rahmen einer kommunalen Satzung. **794**

Dort ist auch niedergelegt, inwieweit die Feuerwehr, wenn sie über den gesetzlich umrissenen Aufgabenbereich hinaus Leistungen für Private erbringt (vgl insoweit die gesetzliche Ermächtigung in Art. 4 III bay.FeuerwehrG: „Andere Aufgaben dürfen die Feuerwehren nur ausführen, wenn ihre Einsatzbereitschaft dadurch nicht beeinträchtigt wird.“), Entgelte hierfür erhebt[56].

Auf dieser rechtlichen Basis kann etwa auch eine Kostenerstattung gegenüber dem Bund als Eigentümer einer Wasserstraße geltend gemacht werden[57]. **795**

Wiederholungs- und Verständnisfragen

1. *Welches sind die beiden zentralen gesetzlichen Fallgruppen für polizeirechtliche Entschädigungs- oder Ersatzansprüche?* **Rn 772, 777**
2. *Auf welcher Grundlage kann ein unbeteiligter Dritter Ersatz für Schäden verlangen, die er bei der polizeilichen Aufgabenwahrnehmung erleidet?* **Rn 774**
3. *Können Anscheinsstörer Entschädigungsansprüche geltend machen?* **Rn 775 f**
4. *Welche Gerichte entscheiden im Streitfall über die Entschädigungsansprüche?* **Rn 781**

---

54 Vgl Bd.Wtt.VGH, DVBl. 1981, 778.
55 Vgl Art. 28 bay.FeuerwehrG; § 29 nds.BrandSchG; § 52 II FSHG NRW. – Dazu etwa Bd.Wtt.VGH, NJW 1992, 1470; OVG NRW, NWVBl. 1994, 472 u. 1995, 66.
56 Zu Haftungsfragen aus diesem Komplex BayObLG, BayVBl. 1989, 571.
57 Hess.VGH, NVwZ-RR 1992, 624 und o. Rn 664.

Teil III

Baurecht: Städtebaurecht und Bauordnungsrecht

§ 23 Öffentliches Baurecht als Rechtsgebiet

Zum Rechtsgebiet des **öffentlichen Baurechts** gehören sämtliche Rechtssätze, welche die Zulässigkeit, Grenzen, Ordnung und Förderung der Nutzung von Grund und Boden durch bauliche Anlagen zum Regelungsgegenstand haben, insbes. im Hinblick auf deren Errichtung, bestimmungsgemäße Nutzung, Veränderung und Beseitigung[1]. Das öffentliche ist vom **privaten Baurecht** abzugrenzen, das die zivilrechtlichen Rechtsbeziehungen in Bezug auf die bauliche Nutzung von Grund und Boden betrifft[2]. Öffentliches Baurecht wiederum lässt sich in die Materien des **Städtebaurechts** und des **Bauordnungsrechts** auffächern; um diese Differenzierung geht es im Folgenden.

796

I. Städtebaurecht

Das **Städtebaurecht** – traditionell auch als **Bauplanungsrecht** bezeichnet[3] – ist grds flächenbezogener Natur** und dient dazu, die rechtliche Qualität des Bodens und seine Nutzbarkeit in den Gemeinden festzulegen[4]. Im Zuge dessen kommt ihm die Aufgabe zu, einen Ausgleich zwischen widerstreitenden öffentlichen und privaten Interessen herbeizuführen. Ferner trägt das Städtebaurecht – soweit es ihm angesichts seiner (verfassungsrechtlichen) Beschränkung auf bodenrechtliche Aspekte gestattet ist[5] – der Notwendigkeit Rechnung, Fehlentwicklungen zu begegnen, die aus der wachsenden Urbanisierung und Industrialisierung resultieren[6].

797

Das Städtebaurecht ist einfachgesetzlich niedergelegt im **Baugesetzbuch (BauGB)**[7] und in den auf Grund des BauGB erlassenen **Verordnungen** (Baunutzungsverordnung, Immobilienwertermittlungsverordnung und Planzeichenverordnung).

Nach der Systematik des BauGB ist das Städtebaurecht in einen allgemeinen und einen besonderen Teil gegliedert. Beide Teile verfolgen städtebauliche Ziele mit unterschiedlichen Mitteln[8]:

798

---

1 *Battis,* in: Battis/Krautzberger/Löhr, BauGB, Einl. Rn 1; die zentrale Bedeutung der Grundstücksbezogenheit betonend BVerwG, BauR 2006, 480 (480 f).
2 *Hoppe,* in: Hoppe/Bönker/Grotefels, ÖffBauR, § 1 Rn 1; *Finkelnburg/Ortloff/Kment,* ÖffBauR Bd. 1, § 1 Rn 3 ff; *Kersten,* Baurecht, Rn 55 ff.
3 Zur geschichtlichen Entwicklung des Städtebaurechts *Appel,* in: Koch/Hendler, Baurecht, § 11 Rn 9 ff; *Peine,* ÖffBauR, Rn 62 ff; *Krautzberger,* NVwZ 2010, 729.
4 BVerfGE 3, 407 (423 f); *Brohm,* ÖffBauR, § 18 Rn 1; *Kuschnerus,* ZfBR 2005, 125 (126).
5 Vgl Rn 809.
6 *Oldiges/Brinktrine,* Baurecht, Rn 4.
7 Baugesetzbuch idF der Bek. v. 3.11.2017, BGBl. I S. 3634.
8 *Oldiges/Brinktrine,* Baurecht, Rn 5.

799   Das zentrale Instrument des **Allgemeinen Städtebaurechts** (§§ 1–135c BauGB) ist die **Bauleitplanung**, deren Aufgabe gem. § 1 I BauGB darin besteht, die bauliche und sonstige Nutzung der Grundstücke in der Gemeinde nach Maßgabe des BauGB vorzubereiten und zu leiten[9].

Die Bauleitplanung ist **zweistufig** konzipiert: Die Festlegung eines das gesamte Gemeindegebiet umfassenden Bodennutzungskonzepts[10] erfolgt im Wege der **Flächennutzungsplanung** (vorbereitende Bauleitplanung), während die daraus zu entwickelnde Feinsteuerung der **Bebauungsplanung** (verbindliche Bauleitplanung) vorbehalten bleibt[11]. Als spezifische, die Bauleitplanung prägende Methode zur Rechtsfindung ist in § 1 VII BauGB die **Abwägung** sämtlicher von der Bauleitplanung berührten (und einander regelmäßig widerstreitenden) öffentlichen wie privaten Interessen gegen- und untereinander vorgesehen; ihr Ziel ist es, einen gerechten Ausgleich jener Belange herzustellen.

Zum Allgemeinen Städtebaurecht zählen weiterhin die überaus bedeutsamen Vorschriften, welche die bauplanungsrechtliche **Zulässigkeit von Vorhaben** – innerhalb wie außerhalb des Geltungsbereichs städtebaulicher Planung – zum Gegenstand haben (§§ 29 ff BauGB), ferner die Regelungen zur Bodenordnung, zur städtebaulichen Enteignung sowie zur Erschließung der Grundstücke[12].

800   Das **Besondere Städtebaurecht** (§§ 136–191 BauGB) verdrängt nach dem **Grundsatz der Spezialität** diese allgemeinen Vorschriften im Rahmen seines Anwendungsbereichs[13]. Es dient im Wesentlichen dazu, besondere städtebauliche Problemlagen zu bewältigen und umfasst vor allem die städtebauliche Sanierung und Entwicklung, den Stadtumbau, Maßnahmen der Sozialen Stadt sowie die Städtebauförderung und -erhaltung[14].

801   Die in der Praxis wichtige „Verordnung über die bauliche Nutzung der Grundstücke" **(Baunutzungsverordnung – BauNVO)**[15] beruht auf der Ermächtigung des § 9a Nr 1–3 BauGB und ergänzt die Bestimmungen zur Bauleitplanung sowie diejenigen über die Zulässigkeit von Vorhaben im BauGB.

So enthält die BauNVO materielle Vorgaben, die für die kommunale Bauleitplanung beachtlich sind[16]. Jene – untergesetzlichen – Rechtsvorschriften betreffen die bauliche Nutzung von Grundstücken hinsichtlich der **Art** der baulichen Nutzung (allgemeine Art der baulichen Nutzung: Bauflächen/besondere Art der baulichen Nutzung: Baugebiete), des **Maßes** der baulichen Nutzung (Geschossfläche/Baumasse/Höhenbegrenzung baulicher Anlagen/Grundflächengröße/Zahl der Vollgeschosse), der **Bauweise** (offen bzw geschlossen), der **überbaubaren Grundstücksflächen** etc. Der BauNVO geht es um eine verbesserte städtebauliche Gestaltung und Ordnung von Ortslagen zugunsten gesunder Wohn- und Arbeitsbedingungen und zur Abwehr von Umweltgefährdungen, insbes. aus Gründen des Immissionsschutzes. Dementspre-

---

9   Vgl *Appel*, in: Koch/Hendler, Baurecht, § 11 Rn 1.
10   *Appel*, in: Koch/Hendler, Baurecht, § 14 Rn 3: „Programmierungsfunktion".
11   Vgl § 1 II BauGB.
12   Zu Letzterem *Erbguth/Schubert*, ÖffBauR, § 7.
13   *Peine*, ÖffBauR, Rn 300.
14   Zu alldem weiterführend *Erbguth/Schubert*, ÖffBauR, § 9.
15   Baunutzungsverordnung idF der Bek. v. 21.11.2017, BGBl. I, S. 3786.
16   *Bönker*, in: Hoppe/Bönker/Grotefels, ÖffBauR, § 6 Rn 1 ff.

chend werden differenzierte Nutzungsfestsetzungen zur Verfügung gestellt. Für ältere Pläne ist die BauNVO in der bei Erlass des jeweiligen Plans geltenden Fassung zugrunde zu legen[17].

Die **Immobilienwertermittlungsverordnung (ImmoWertV)**[18], die auf Grund der Ermächtigung in § 199 I BauGB erlassen worden ist, bestimmt im Geltungsbereich des Städtebaurechts die Ermittlung des Verkehrswerts (§ 194 BauGB) von Grundstücken.　　**802**

Die **Planzeichenverordnung (PlanZV)** schließlich beruht auf der gesetzlichen Ermächtigung des § 9a Nr 4 BauGB[19]. Grundlage der Bauleitpläne müssen hiernach Karten sein, die den Zustand des Plangebiets nach Genauigkeit und Vollständigkeit in einem für den Planinhalt ausreichenden Maße erkennen lassen (§ 1 PlanZV). Entsprechendes gilt für die Maßstäbe. Aus den kartographischen Unterlagen haben sich die Flurstücke mit ihren Grenzen und Bezeichnungen in Übereinstimmung mit dem Liegenschaftskataster, die vorhandenen baulichen Anlagen, die Straßen, Wege, Plätze sowie die Geländehöhe zu ergeben.　　**803**

II. Bauordnungsrecht

Das Bauordnungsrecht regelt die ordnungsrechtlichen Anforderungen an die konkrete bauliche Anlage und ist mithin **objektbezogen**[20]. Seinem baupolizeirechtlichen Ursprung entsprechend dient es vorrangig der **Gefahrenabwehr**; inzwischen ist es aber auch der **Verwirklichung sozialstaatlicher und umweltpolitischer Ziele** verpflichtet[21]. Hinzu kommen traditionell **baugestalterische Anforderungen** (zB das sog. Verunstaltungsverbot)[22]. Vor diesem Hintergrund stellt das Bauordnungsrecht Regeln zur Ordnung des Bauvorgangs auf, normiert Vorgaben baukonstruktiver Art und begründet Unterhaltungs-, Instandhaltungs- sowie Beseitigungspflichten bei gefährlichen und ordnungswidrigen Zuständen[23].　　**804**

Seine rechtliche Ausgestaltung hat das Bauordnungsrecht in den **Bauordnungen der Länder** erfahren, die ihrerseits auf von Bund und Ländern gemeinsam erarbeitete **Musterbauordnungen**[24] zurückgehen. Neben inhaltlichen Anforderungen (materielles Bauordnungsrecht) enthalten die Landesbauordnungen Vorschriften formell-rechtlicher Natur, etwa organisatorische Bestimmungen über den Aufbau der zuständigen Bauaufsichtsbehörden sowie verfahrensrechtliche Regelungen. Von besonderer Bedeutung sind dabei Vorschriften über die **Baugenehmigung** – diese erweist sich als das wesentliche Instrument zur präventiven Überwachung der aus dem öffentlichen Baurecht erwachsenden Pflichten[25].

17　*Finkelnburg/Ortloff/Kment*, ÖffBauR Bd. 1, § 3 Rn 6.
18　Verordnung über die Grundsätze für die Ermittlung der Verkehrswerte von Grundstücken v. 19.5.2010, BGBl. I S. 639; dazu *Stemmler*, ZfBR 2010, 637.
19　Planzeichenverordnung 1990 v. 18.12.1990, BGBl. 1991 I S. 58, zuletzt geändert durch Art. 3 des Gesetzes v. 4.5.2017, BGBl. I S. 1057.
20　*Finkelnburg/Ortloff/Kment*, ÖffBauR Bd. 1, § 3 Rn 14; *Battis*, ÖffBauR, Rn 4; *Kaiser,* Bauordnungsrecht, Rn 3; näher zu alldem Rn 1245 ff.
21　*Brenner*, ÖffBauR, Rn 15; *Kaiser*, Bauordnungsrecht, Rn 17 ff; s. auch Rn 1275 ff, 1278.
22　*Brohm*, ÖffBauR, § 3 Rn 3; *Kaiser*, Bauordnungsrecht, Rn 18; hierzu näher Rn 1266 ff.
23　*Peine*, ÖffBauR, Rn 302.
24　Zuletzt Musterbauordnung (MBO) 2002 idF des Beschlusses der Bauministerkonferenz vom 13.5.2016; vgl Rn 1241.
25　*Peine*, ÖffBauR, Rn 302; s. auch Rn 1284 ff.

III. Verbindung zwischen Städtebaurecht und Bauordnungsrecht

805 Die kompetenzrechtliche Einordnung des Städtebaurechts als Bundesrecht (Art. 74 I Nr 18 GG) einerseits und diejenige des Bauordnungsrechts als (sonder)ordnungsbehördliches Landesrecht (Art. 70 GG) andererseits schließt Verbindungslinien zwischen beiden Rechtskreisen nicht aus[26]:

806 So verklammert der bauordnungsrechtliche **Genehmigungstatbestand** die Normwerke miteinander[27]; denn zu den von der Bauaufsichtsbehörde im Baugenehmigungsverfahren zu überprüfenden Vorschriften des öffentlichen Rechts (vgl etwa § 74 I BauO NRW, § 72 I BauO M.V.) zählen auch – und neben bauordnungsrechtlichen Anforderungen zuvörderst – die bauplanungsrechtlichen Maßgaben des BauGB, nämlich jene über die Zulässigkeit von Vorhaben (§§ 29 ff BauGB). Bauordnungsrecht impliziert dergestalt Städtebaurecht und schützt es vor Nichtbeachtung.

Auf Grund der Tendenz in den Bauordnungen der Länder, kleinere Vorhaben (zunehmend auch Vorhaben mittlerer Größe) genehmigungsfrei zu stellen[28], ist hier allerdings seit einiger Zeit eine partielle Abkoppelung der Kontrolle des Städtebaurechts festzustellen[29]. Die Freistellung von der bauaufsichtlichen Prüfung ändert indes nichts an der Geltung des Städtebaurechts:[30] Nach § 29 I BauGB unterliegen alle Vorhaben, welche die Errichtung, Änderung oder Nutzungsänderung von baulichen Anlagen zum Inhalt haben, den Vorschriften der §§ 30 bis 37 BauGB. Lediglich Anlagen unterhalb der Schwelle bodenrechtlicher Relevanz sind von der Geltung des materiellen Städtebaurechts ausgenommen[31].

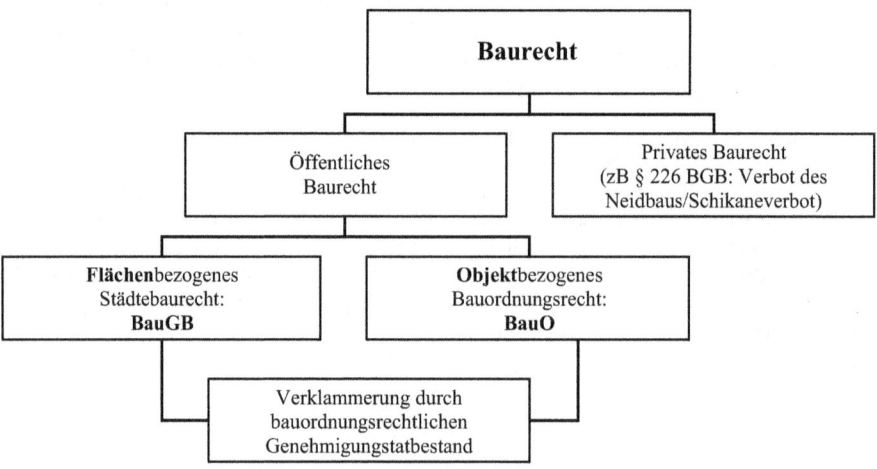

Übersicht 16: Das Baurecht als Rechtsgebiet

---

26 *Grotefels*, in: Hoppe/Bönker/Grotefels, ÖffBauR, § 15 Rn 4 f; *Kersten*, Baurecht, Rn 58 ff.
27 *Brohm*, ÖffBauR, § 18 Rn 1; *Peine*, ÖffBauR, Rn 307 ff.
28 Zum Abbau der (bauordnungsrechtlichen) Genehmigungspflicht im Zuge der Deregulierung seit den 1990er Jahren *Ekardt/Beckmann*, NJ 2007, 481.
29 Dazu näher *Mann*, FS Götz, S. 465; s. auch Rn 1287.
30 Das BVerwG hatte schon früher auf die Grenzen der landesrechtlichen Genehmigungsfreistellungen hingewiesen, BVerwGE 72, 300 (324 f); danach muss der Landesgesetzgeber bei Genehmigungsfreistellungen stets die bundesrechtlichen Konsequenzen für das materielle Bauplanungsrecht mitbedenken.
31 Dazu Rn 1116; ferner Rn 1251.

Bauordnungsrecht und §§ 29 ff BauGB **überlagern** sich zudem bei den ihre jeweilige   **807**
Geltung bedingenden Begriffen der baulichen Anlage (etwa §§ 1, 2 BauO NRW,
§§ 1, 2 BauO M.V.) und des Vorhabens (§ 29 BauGB) – allerdings nur iS zweier sich
überschneidender, nicht aber sich deckender Rechtskreise[32].

Wiederholungs- und Verständnisfragen

1. *In welche Bereiche lässt sich das öffentliche Baurecht kategorisieren und wie unterscheiden sich diese?* **Rn 796 f, 804**
2. *Was versteht man unter der Zweistufigkeit der Bauleitplanung?* **Rn 799**
3. *Inwieweit sind das Städtebaurecht und das Bauordnungsrecht normativ miteinander verknüpft?* **Rn 806**

§ 24 Verfassungsrechtliche Grundlagen

> **Fall 22:** „Vorrang für die Großindustrie?"[1]   **808**
>
> Die Ministerpräsidentin des Landes L erlässt in ihrer Funktion als Landesplanungsbehörde auf der Grundlage des Landesplanungsgesetzes (LPlG) den Raumordnungsplan (ROP), der im Amtsblatt veröffentlicht wird. Abschnitt B 5 enthält die Festsetzung von Vorrangstandorten für großindustrielle Anlagen auf einem wesentlichen Teil der Fläche der Stadt S, die der kommunalen Bauleitplanung vorgehen sollen. Zur Begründung der Festsetzung wird im ROP die in Deutschland einzigartige Nähe der fraglichen Flächen zum seeschifftiefen Fahrwasser angeführt; die Großindustrie sei auf einen solchen Tiefseehafen angewiesen. Der Oberbürgermeister von S möchte auf dem betroffenen Gelände eine andere Nutzung durchsetzen. Seiner Ansicht zufolge verletzt der ROP die kommunale Planungshoheit der Stadt S. Wäre eine gegen den Raumordnungsplan gerichtete zulässige Normenkontrolle der Stadt vor dem OVG begründet? **Rn 817**

I. Gesetzgebungskompetenzen

Die Zuständigkeit des Bundesgesetzgebers zur Regelung des Bauplanungs- bzw Städ-   **809**
tebaurechts beruht auf der **konkurrierenden Kompetenz** für das **Bodenrecht** nach
Art. 74 I Nr 18 GG[2]. Unter „Bodenrecht" iSd Vorschrift sind nach dem in Rspr und
Lit. überwiegend akzeptierten **Baurechtsgutachten** des BVerfG[3] sämtliche – nicht
privatrechtlichen – Regelungen zu verstehen, nach denen sich die rechtlichen Beziehungen des Menschen zu Grund und Boden bestimmen.

---

32 *Battis*, ÖffBauR, Rn 504; näher Rn 1115 f, 1249 ff, 1251.

1 Nach *Kerkmann*, in: Koch/Hendler, Baurecht, § 8 eingangs und nach Rn 17.
2 Die Vorschrift ist insoweit von der Föderalismusreform I (Gesetz zur Änderung des Grundgesetzes v. 28.8.2006, BGBl. I S. 2034) unberührt geblieben; näher zur Änderung der Gesetzgebungskompetenzen insoweit *Degenhart*, NVwZ 2006, 1209; *Rengeling*, DVBl. 2006, 1537.
3 Auf Grund des früheren § 97 BVerfGG, vgl BVerfGE 3, 407.

Nach dem Baurechtsgutachten erfasst das Bodenrecht aber nur solche Vorschriften, die Grund und Boden **unmittelbar** zum Gegenstand rechtlicher Ordnung haben. Diese Einengung hält indes einer näheren Überprüfung nicht stand; als bodenrechtliches Spezifikum erweist sich vielmehr **planerisches** Handeln, indem wechselseitig konfligierende resp. konkurrierende Belange örtlich und zugleich flächenhaft konzeptionell abgestimmt werden[4]. Deshalb ist das vom BVerwG schwergewichtig eingesetzte Kriterium einer flächenbezogen verfolgten Steuerung der Nutzung von Grund und Boden[5], abgesehen von allgemeinen dogmatischen Bedenken[6], zu eng und (allein) allzu formal geraten.

Im Näheren unterfallen der konkurrierenden Kompetenz des Bundes auf diesem Gebiet nach ganz überwiegender Auffassung[7] vor allem die (örtliche) **städtebauliche Planung**, die Umlegung bzw Zusammenlegung von Grundstücken, die Bodenbewertung sowie der Bodenverkehr. Nicht hingegen erfasst die Bundeskompetenz auf dem Gebiet des Bodenrechts das **Bauordnungsrecht** als solches[8].

Außerhalb der bodenrechtlichen Gesetzgebungskompetenz bewegen sich ferner das Erschließungsbeitragsrecht (Wortlaut Art. 74 I Nr 18 GG) sowie das überörtliche Raumordnungs- und Landesplanungsrecht, das von seiner allgemeinen Ausrichtung her gerade nicht bodennutzungsorientiert ist. Kompetenzrechtliche Fragen einer Wahrung der Bundeszuständigkeit stellen sich folglich nicht gegenüber dem BauGB als solchem; sie können jedoch bei Einzelregelungen des Städtebaurechts aufgeworfen sein.

810 Konkurrierende Gesetzgebungskompetenz bedeutet ferner einerseits, dass den Ländern Regelungszuständigkeiten dort verbleiben, wo der Bund keinen Gebrauch von seiner Normierungsbefugnis gemacht hat (Art. 72 I GG). Hier zeigt sich allerdings, dass das BauGB weitgehend abschließende Regelungen trifft[9]. Nach der Föderalismusreform I[10] unterliegt Art. 74 I Nr 18 GG andererseits nicht mehr den Anforderungen des bundeseinheitlichen Regelungserfordernisses nach Art. 72 II GG, so dass der Erlass städtebaurechtlicher Vorschriften des Bundes von den – insoweit verfassungsgerichtlich eng verstandenen – Maßgaben der Vorschrift[11] freigestellt ist.

811 Für das **Bauordnungsrecht** kann der Bundesgesetzgeber keinen Kompetenztitel in Anspruch nehmen; der Titel „Bodenrecht" ist nicht einschlägig, weil dem Bauordnungsrecht als primär auf Sicherheit und Gestaltung der Einzelanlage bezogener Regelungsmaterie keine bodenrechtliche Relevanz zukommt[12]. Es handelt sich vielmehr um eine spezialgesetzliche Ausprägung des Polizei- und Ordnungsrechts (mit Erweiterungen, etwa in den Bereich ästhetischer Gefährdungen[13]) und damit nach der allge-

---

4 Eingehend *Tillmanns*, AöR 132 (2007), 582 (584 ff) mwN; auch *Erbguth/Stollmann*, NuR 1994, 319 (327).
5 BVerwG, DVBl. 2008, 258 (262 f) im Verhältnis zum Bauordnungsrecht.
6 Dazu näher *Erbguth/Schubert*, ÖffBauR, § 2 Rn 1 mit Fn. 5.
7 Vgl nur *Just*, in: Hoppe/Bönker/Grotefels, ÖffBauR, § 2 Rn 5.
8 Vgl noch nachfolgend.
9 BVerfGE 77, 288 (301); BVerwGE 55, 272 (277); *Hoppe/Bönker*, DVBl. 1996, 585 (586); Öffnungsklauseln finden sich aber ua in §§ 9 IV, 46 II, 104 II, 203 II, 249 III BauGB; dazu *Just*, in: Hoppe/Bönker/Grotefels, ÖffBauR, § 2 Rn 6; zur kompetenzrechtlichen Ambivalenz im Verhältnis zum Bauordnungsrecht der Länder (Verunstaltungsschutz, Abstandsflächen) aber Rn 1266.
10 Vgl vorstehend Fn. 2 mwN.
11 Dazu statt vieler *Degenhart*, in Sachs (Hrsg.), GG, 8. Aufl. 2018, Art. 72 Rn 10 ff.
12 Vgl BVerfGE 3, 407 (432); *Brohm*, ÖffBauR, § 4 Rn 1; *Oldiges/Brinktrine*, Baurecht, Rn 14.
13 Dazu näher anhand der historischen Entwicklung BVerwG, DVBl. 2008, 258 (261 f); insoweit auch Rn 1266.

meinen Regel des Art. 70 I GG um eine Materie, die der ausschließlichen **Gesetzge-**
bungszuständigkeit der Länder[14] unterfällt.

II. Planungshoheit als Gegenstand der Selbstverwaltungsgarantie

Das Städtebaurecht ist zudem in weiten Bereichen Ausdruck der höherrangigen Vorgabe des **Art. 28 II 1 GG**. Die Aufstellung von Bauleitplänen durch die Gemeinden
(vgl § 2 BauGB), also die Bauleitplanung, aber auch qualifizierte Mitwirkungsrechte
(insbes. bei der Zulassung von Außenbereichsvorhaben) sowie Abwehrmöglichkeiten[15] gegen Eingriffe in diese Rechte, sind Ausdruck der **örtlichen Planungshoheit**;
diese wiederum wird als Gegenstand und Ausdruck des kommunalen Selbstverwaltungsrechts angesehen[16].

812

Das zentrale Gestaltungsmittel jener Planungshoheit ist die **Bauleitplanung** in ihren
Erscheinungsformen der Flächennutzungs- und der Bebauungsplanung[17]. In diesem
Zusammenhang ist als gemeindliche Planungshoheit allg. die Befugnis zu verstehen,
ohne durchgängige und strikte Bindung an staatliche Vorgaben auf Grund eigenen
politisch-administrativen Gestaltungs- und Entscheidungsspielraums über die bauliche und sonstige Verwendung und Nutzung des Bodens im Gemeindegebiet[18] zu dis-
ponieren. Umfasst ist ferner das Recht der Gemeinde, die planerischen Leitlinien, die
zur Verwirklichung ihres eigenverantwortlich wahrnehmbaren Gestaltungspotenzials
erforderlich sind, ohne imperative staatliche Beeinflussung zu entwickeln[19]. In § 2 I 1
BauGB, wonach die Bauleitpläne von der Gemeinde in eigener Verantwortung aufzustellen sind, findet sich dementsprechend die verfassungsrechtlich gewährleistete Planungshoheit in einfachgesetzlichem Gewand wieder.

813

Außerhalb der eigentlichen Bauleitplanung erlangt die Planungshoheit Relevanz, wenn
Planungen anderer Hoheitsträger die Gemeinde betreffen[20]. Insoweit erwachsen aus
Art. 28 II 1 GG **Rechte der Gemeinde auf Beteiligung** an derartigen Fremdplanungen,
etwa in Gestalt von Informations- und Anhörungsrechten[21]. Auf diese Weise wird gewährleistet, dass hinreichend bestimmte planerische Vorstellungen der Gemeinden bereits bei der überörtlichen Gesamt- bzw Fachplanung als abwägungserhebliche Belange
berücksichtigt werden. Derartige Beteiligungsrechte sind freilich weitgehend einfachgesetzlich konkretisiert, etwa in § 9 I, II ROG oder in § 38 S. 1 BauGB.[22]

814

---

14 Zu Abgrenzungsfragen mit Blick auf das Städtebaurecht BVerwG, wie vor; zur Kritik der Entscheidung Rn 809, 1266.
15 Zum Rechtsschutz der Gemeinde gegen Eingriffe in die Planungshoheit Rn 1157 ff, 926.
16 Als Bund und Länder unmittelbar bindendes Verfassungsrecht, vgl *Erbguth/Schubert*, ÖffBauR, § 2
   Rn 6 mwN; eingehend zur selbstverwaltungsrechtlich gestützten Planungshoheit *Werner-Jensen*, Planungshoheit und kommunale Selbstverwaltung, 2006.
17 BVerfGE 56, 298 (312 f); *Just*, in: Hoppe/Bönker/Grotefels, ÖffBauR, § 2 Rn 29.
18 Gemeindefreie Gebiete, etwa in Küstengewässern, sind der Bauleitplanung nicht zugänglich, BVerwGE
   99, 127 (132); näher *Erbguth/Schubert*, UPR 2005, 51 (54); *Armbrecht*, BayVBl. 2012, 102.
19 Vgl BVerwGE 84, 209 (214 f); idS auch *Oebbecke*, FS Hoppe, S. 239.
20 Dazu anhand der Raumordnung *Nonnenmacher*, VBlBW 2008, 161 (162 ff).
21 BVerfGE 56, 298 (313 f, 320); 76, 107 (119 f); VerfGH Rh.Pf., BauR 2006, 59 (62).
22 Bsp. bei *Just*, in: Hoppe/Bönker/Grotefels, ÖffBauR, § 2 Rn 38.

815 Von wesentlicher Bedeutung ist schließlich, inwieweit die gemeindliche Planungshoheit als Ausprägung der Selbstverwaltungsgarantie Einschränkungen durch den Gesetzgeber unterworfen werden kann („im Rahmen der Gesetze", Art. 28 II 1 GG). Das wäre gänzlich ausgeschlossen, wenn die **Planungshoheit** dem unantastbaren **Kernbereich der Selbstverwaltungsgarantie**[23] unterfiele. Das BVerfG hat diese Frage[24] bislang auf Grund fehlender Entscheidungserheblichkeit offen gelassen; klargestellt hat es aber, dass der nur institutionell zu wahrende Kernbereich des Selbstverwaltungsrechts jedenfalls dann nicht verletzt ist, wenn die Planungshoheit einzelner Gemeinden in räumlich abgegrenzten Gebieten eingeschränkt wird[25]. Ferner müsse auch dann, wenn die Planungshoheit aller Gemeinden durch Gesetz berührt werde, nicht unbedingt ein unzulässiger Angriff auf den Kernbereich der Selbstverwaltungsgarantie vorliegen. Denn selbst wenn dieser die Planungshoheit umfassen sollte, könne das wiederum nur für deren Wesensgehalt und nicht für die Planungshoheit in vollem Umfang und in all ihren Erscheinungsformen gelten[26].

816 Im Schrifttum wird die **Bebauungsplanung** als Instrument zur parzellenscharfen und unmittelbar verbindlichen Regelung der Bodennutzung überwiegend dem Kernbereich zugeordnet, während dies bei der **Flächennutzungsplanung** nach wie vor umstritten ist[27]. Will man Letztere aus dem Wesensgehalt ausklammern, bleiben aber die Schranken beachtlich, welche die Verfassung zum Schutz des „Randbereichs" der Selbstverwaltungsgarantie errichtet: das verfassungsrechtliche Aufgabenverteilungsprinzip und das Übermaßverbot[28].

Anerkannt ist schließlich für überörtliche, nämlich landesplanerische Einwirkungen auf die Bauleitplanung, dass unabhängig von der Zulässigkeit einzelner Planungsvorgaben das landesplanerische „Korsett" in Gänze nicht so eng geschnürt werden darf, dass der Gemeinde selbst die bauleitplanerische Entwicklung verwehrt wird, die aus den endogenen örtlichen Bedürfnissen resultiert[29]. Gleiches gilt für Einschränkungen durch fachgesetzlich hergeleitete Schutzgebietsausweisungen (zB Landschaftsschutz- oder Wasserschutzgebiete) oder eine Fachplanung durch Gesetz. In Gesamtsaldierung der kommunalen Planungsmöglichkeiten muss daher trotz der landesplanerischen oder fachplanerischen bzw gesetzlichen Festlegungen der für die gemeindliche Eigenentwicklung unabdingbare Planungsspielraum verbleiben[30]. Diese **Eigenent-**

---

23 Vgl dazu *Schmehl*, BayVBl. 2006, 325 mwN.

24 Allg. wird das Zugriffsrecht auf örtliche Angelegenheiten dem Kern- bzw Wesensgehalt zugerechnet, etwa BVerwG, NVwZ 2006, 595 (596 f) mwN.

25 BVerfGE 56, 298 (313); 76, 107 (119); 103, 332 (366); vgl allg. die konkrete Herleitung des Kernbereichs anhand der Gemeindehoheiten und mit fachaufgabenbezogenem Ansatz bei *Schmehl*, BayVBl. 2006, 325.

26 BVerfGE 103, 332 (366).

27 Zum Streitstand *Brohm*, ÖffBauR § 9 Rn 4; *Stollmann/Beaucamp*, ÖffBauR, § 2 Rn 20 f.; s. auch *Kersten*, Baurecht, Rn 20, der allein das Abwägungsprinzip dem Kernbereichsschutz unterworfen sieht.

28 Zu beidem näher *Erbguth/Schubert*, ÖffBauR, § 2 Rn 16 f.

29 Näher hierzu *Oebbecke*, FS Hoppe, S. 239 (246 ff); ähnlich bereits OVG Lüneburg, DÖV 1969, 642 (insbes. 644).

30 *Paßlick*, Die Ziele der Raumordnung und Landesplanung, 1986, S. 84 am Bsp. gebietsscharfer Ausweisungen der Landesplanung; ähnlich *Schmidt-Aßmann*, Fortentwicklung des Rechts im Grenzbereich zwischen Raumordnung und Städtebau, 1977, S. 59 ff; *Brohm*, DÖV 1989, 429 (435).

wicklung zählt demnach zum Kernbereich des Art. 28 II 1 GG. Ob jene Grundsätze auch gegenüber dem Unionsrecht gelten, ist indessen ungewiss[31].

Lösungshinweis zu Fall 22 (Rn 808):[32]   **817**

Begründet wäre der Antrag der Stadt S, wenn der ROP das Recht der Stadt auf kommunale Selbstverwaltung verletzte. Zunächst müsste ein Eingriff in den Schutzbereich des Art. 28 II 1 GG vorliegen. Die kommunale Selbstverwaltung wird verfassungsrechtlich sowohl institutionell als auch – in eingeschränktem Maß – individuell geschützt. Zu den Angelegenheiten der örtlichen Gemeinschaft zählt nach allgemeiner Ansicht die Planungshoheit. Da von der Vorrangausweisung in Abschnitt B 5 des ROP nur die Stadt S betroffen ist, kommt ein Eingriff in die institutionelle Selbstverwaltungsgarantie nicht in Betracht. Indem der Stadt die Nutzungsart der betroffenen Fläche verbindlich vorgeschrieben wird, erfolgt allerdings ein Eingriff in ihr individuelles Selbstverwaltungsrecht. Nach Art. 28 II 1 GG wird die Selbstverwaltung nur im Rahmen der Gesetze gewährleistet. Der ROP findet seine rechtmäßige gesetzliche Ermächtigungsgrundlage im LPlG des Landes L. Zu überprüfen bleibt, ob die konkrete Ausweisung im ROP rechtmäßig ist. Das wäre der Fall, wenn die Einschränkungen des kommunalen Selbstverwaltungsrechts in seiner Ausprägung als Planungshoheit durch die Ausweisungen im ROP verhältnismäßig, also geeignet, erforderlich und angemessen wären. Zur Durchsetzung der Ansiedlung von Großindustrie, die einen nahegelegenen Tiefseehafen benötigt, sind die Darstellungen des ROP geeignet. Für die Frage der Erforderlichkeit ist entscheidend, dass die überregionale Planung – und damit die Industrieansiedlung – nur durch eine entsprechende Festsetzung im ROP verbindlich durchgesetzt werden kann. Im Rahmen der Angemessenheit ist zwischen dem Planungsrecht der Stadt einerseits und dem Interesse des Landes an der Durchsetzung überregionaler Interessen andererseits abzuwägen. Für die Stadt S stellt sich die Ausweisung als erhebliche Einschränkung ihrer Planungsautonomie dar. Dem steht das staatliche Interesse an der Vorhaltung von Industriestandorten mit Tiefseezugang gegenüber. Angesichts der einmaligen Lage der Stadt und ihrer hieraus folgenden Situationsgebundenheit lässt sich vertreten, dass wirtschaftspolitische Interessen derartigen Ausmaßes im Einzelfall der kommunalen Planungshoheit vorgehen[33]. Somit ist die Angemessenheit zu bejahen, die raumordnerische Festsetzung mithin verhältnismäßig und der konkrete Eingriff in das kommunale Selbstverwaltungsrecht des Art. 28 II 1 GG gerechtfertigt. Der Antrag der Stadt S ist unbegründet.

III. Eigentumsgarantie

Die bauplanungsrechtliche Festlegung der Nutzung bzw Nutzbarkeit von Grund und   **818**
Boden erfasst unmittelbar das Grundeigentum. Ob die bauliche Ausnutzung von Grundstücken, m.a.W. die **„Baufreiheit"**, dem verfassungsrechtlichen Eigentumsschutz nach Art. 14 GG unterfällt[34] oder ob sie – lediglich – verwaltungsrechtlich zu-

---

31 Überwiegend wird Art. 28 II 1 GG nicht zum europarechtsfesten Grundbestand der nationalen Verfassungsordnung (dazu BVerfGE 73, 339 [375 f]; 89, 155 [175]) gezählt, vgl etwa VerfGH Rh.Pf., BauR 2006, 59 (62 f) anhand unionsrechtlich determinierten Landes(naturschutz)rechts; *Nierhaus/Engels*, in: Sachs, GG, 8. Aufl. 2018, Art. 28 Rn 36 ff; nach gegenteiliger Auffassung müssen europarechtliche Einwirkungen einen eigenverantwortlich wahrnehmbaren Gestaltungsspielraum der Gemeinden belassen, *Papier*, DVBl. 2003, 686 (691); zu alldem auch *Tettinger*, in: GS Burmeister, 2005, 439.

32 Vgl auch *Kerkmann*, in: Koch/Hendler, Baurecht, § 8 nach Rn 17.

33 Vgl BVerfGE 76, 107 (122).

34 So insbes. die Rspr, vgl BVerwGE 45, 309 (324); w. Nachw. bei *Battis*, in: Battis/Krautzberger/Löhr, BauGB, § 1 Rn 7.

geteilt wird[35], ist Gegenstand ausufernder Kontroversen im Schrifttum[36]. Der Streit sollte indes nicht überbewertet werden. Einigkeit besteht nämlich dahingehend, dass unter Baufreiheit angesichts des (Bauleit-)Planvorbehalts und der Planersatzvorschriften in §§ 34, 35 BauGB lediglich ein eingeschränktes Recht zur baulichen Nutzung des Bodens zu verstehen ist. Nach den vorgegebenen rechtlichen und tatsächlichen Verhältnissen ist Bauen gerade kein beliebiger Vorgang; deshalb wird die Baufreiheit übereinstimmend als potenzielle Baufreiheit verstanden. Der Unterschied der Auffassungen beschränkt sich auf die rechtsdogmatische Einordnung: Nach herkömmlicher Auffassung besteht die Baufreiheit nach Maßgabe der Planung[37]; die abweichende Ansicht sieht hingegen in der Planung die öffentlich-rechtliche Herleitung des Rechts, bauen zu dürfen[38].

1. Baufreiheit als Gegenstand der Institutsgarantie des Art. 14 I 1 GG

819 Aufgabe des Art. 14 I 1 GG ist die Sicherung eines Grundbestandes an Normen, die Eigentum ausgestalten, das „diesen Namen auch verdient"[39]. Zu den damit angesprochenen Strukturmerkmalen gehört einerseits seine **Privatnützigkeit**, nämlich die Befugnis des Eigentümers, die Sache als Grundlage privater Initiative und im eigenverantwortlichen privaten Interesse nutzen zu können; zum anderen zählt zu den elementaren Merkmalen der Institutsgarantie die **Verfügungsfähigkeit** über den Eigentumsgegenstand und die Gewährleistung der Substanz des Eigentums[40]. Dergestalt sichert die Eigentumsgarantie dem Träger des Grundrechts einen Freiheitsraum im persönlichen Bereich, der ihm eine eigenverantwortliche Gestaltung seines Lebens ermöglicht[41]. Bei der Feststellung dessen, was Teil der **Institutsgarantie** ist, kann auf die Heranziehung tradierter Vorstellungen von der Ausgestaltung der Eigentümerbefugnisse nicht verzichtet werden[42]. Die geschichtliche Betrachtungsweise zeigt, dass seit der Zeit, in der man in Deutschland von der Garantie subjektiver Freiheitsrechte sprechen kann, also dem 19. Jahrhundert, die Baufreiheit zu den Essentialia der Eigentümerbefugnisse gehört[43].

---

35 Etwa *Breuer*, Die Bodennutzung im Konflikt zwischen Städtebau und Eigentumsgarantie, 1976, S. 162; *Kaiser*, Bauordnungsrecht, Rn 27.

36 Dazu Battis, in: Battis/Krautzberger/Löhr, BauGB, § 42 Rn 3, Vor. §§ 85–122 Rn 1 ff; *Leisner*, DVBl. 1992, 1065; *Grochtmann*, Die Normgeprägtheit des Art. 14 GG, 2010, S. 267 ff; *Kersten*, Baurecht, Rn 13 ff; jüngst *Beaucamp*, JA 2018, 487 (487 ff).

37 *Hoppe*, DVBl. 1964, 167; *Badura*, AcP 1976, 142; *Peine*, ÖffBauR, Rn 327.

38 *Breuer*, Die Bodennutzung im Konflikt zwischen Städtebau und Eigentumsgarantie, 1976, S. 148 ff; *Schulte*, DVBl. 1979, 133.

39 Bereits BVerfGE 24, 367 (389); hierzu und zum Nachfolgenden *Grooterhorst*, Die Wirkung der Ziele der Raumordnung und Landesplanung gegenüber Bauvorhaben nach § 34 BBauG, 1985, S. 126 ff.

40 Vgl nur BVerfGE 31, 229 (240 f); 50, 290 (339 f); *Soell*, NuR 1984, 185 (186); *ders.*, DVBl. 1983, 241 (242).

41 *Schoch*, FS Boujong, S. 655 (658).

42 So zu Recht *Grooterhorst*, Die Wirkung der Ziele der Raumordnung und Landesplanung gegenüber Bauvorhaben nach § 34 BBauG, 1985, S. 126.

43 *Brohm*, Neue und modifizierte Rechtsformen der Bodennutzung (Münchener Gutachten), 1977, S. 43.

2. Baufreiheit als Gegenstand des Individualschutzes durch die Bestandsgarantie des Art. 14 I 1 GG

Unterliegt die Baufreiheit hiernach der Eigentumsgarantie des Art. 14 I 1 GG[44], so besagt das noch nichts Endgültiges über den Schutz individuellen Eigentums. Dieser ergibt sich nicht (unmittelbar) aus der Institutsgarantie, sondern aus dem **Individual-** bzw **Bestandsschutz** des Art. 14 I 1 GG[45]. **820**

Ob die Baufreiheit zum individuell verfassungsrechtlich geschützten Bestand des Eigentums zählt, erschließt sich nicht aus der Verfassung selbst, sondern aus den **einfachgesetzlichen Zuweisungen**[46]. Durch Art. 14 I 2 GG hat das Grundgesetz dem Gesetzgeber die Aufgabe übertragen, den Inhalt und die Schranken des Eigentums zu bestimmen. Solche Normen legen **generell** und **abstrakt** die Rechte und Pflichten des Eigentümers fest, bestimmen also den „Gehalt" des Eigentums[47]: „Welche Befugnisse einem Eigentümer in einem bestimmten Zeitpunkt konkret zustehen, ergibt sich aus der Zusammenschau aller in diesem Zeitpunkt geltenden, die Eigentümerstellung regelnden gesetzlichen Vorschriften. Ergibt sich hierbei, dass der Eigentümer eine bestimmte Befugnis nicht hat, so gehört diese nicht zu seinem Eigentumsrecht."[48] Der verfassungsrechtliche Schutzgegenstand wird daher durch rechtliche Ausformung bestimmt, er ist „rechtserzeugt"[49]. **821**

Individualgeschützte Rechtspositionen iSd Art. 14 I 1 GG sind demnach nur solche, die der Gesetzgeber nach Art. 14 I 2 GG geschaffen hat. Bei der Inhalts- und Schrankenbestimmung ist die Legislative zwar gehalten, neben sonstigen verfassungsrechtlichen Anforderungen der Institutsgarantie des Eigentums nach Art. 14 I 1 GG gebührend Rechnung zu tragen. Denn diese soll verhüten, dass es im Zusammenhang mit dem Erlass objektiv-rechtlicher Regelungen nach Art. 14 I 2 GG zu einer Substanzentleerung des Eigentums als Rechtseinrichtung kommt. Insofern kann davon gesprochen werden, die Institutsgarantie umhege und ergänze den besonderen Individualschutz der Bestandsgarantie[50]. Dem subjektiv-rechtlichen Schutz der Bestandsgarantie unterfällt aber nur das – unter Beachtung der verfassungsrechtlichen Direktiven – auf der Ebene des einfachen Rechts ausgeformte und damit dem Einzelnen zugeordnete Eigentum[51]. **822**

3. Abgrenzung der Inhalts- und Schrankenbestimmung von der Enteignung

Die eigentums- und enteignungsrechtliche Dogmatik ist ganz wesentlich durch den Nassauskiesungsbeschluss und die Pflichtexemplarentscheidung des BVerfG[52] geprägt und mit den Entscheidungen zum Denkmalschutzrecht[53] und schließlich zur **823**

---

44 Vgl hierzu *Grooterhorst*, Die Wirkung der Ziele der Raumordnung und Landesplanung gegenüber Bauvorhaben nach § 34 BBauG, 1985, S. 130 ff mwN.
45 Zum hiervon zu unterscheidenden passiven Bestandsschutz vgl nachfolgend Rn 834.
46 S. etwa BVerwG, NVwZ 2004, 982 (984).
47 BVerfGE 58, 300 (330); auch *Paetow*, VBlBW 1985, 3 (5).
48 BVerfGE 58, 300 (336); BVerfG, NVwZ 2010, 771 (772).
49 *Schoch*, FS Boujong, S. 655 (659); *Mampel*, NJW 1999, 975: leere Hülle, die der inhaltlichen Ausfüllung bedarf.
50 *Hendler*, DVBl. 1983, 873 (876).
51 BVerfGE 58, 300 (330 f); zutreffend und klärend *Hendler*, DVBl. 1983, 873 (876).
52 BVerfGE 58, 300; 58, 137; zum Paradigmenwechsel des Eigentumsgrundrechts des Art. 14 GG vgl *Lege*, JZ 2011, 1084.
53 BVerfGE 100, 226.

Baulandumlegung[54] weiter konturiert worden[55]. Die anderen Gerichte und die Lit. haben sich der Auffassung des BVerfG zwischenzeitlich angeschlossen[56]:

824 Wenngleich in früheren Entscheidungen[57] bereits angelegt, hat das BVerfG in der Nassauskiesungs- und in der Pflichtexemplarentscheidung[58] sein Verständnis von Art. 14 GG erstmals deutlich(er) zum Ausdruck gebracht. Hiernach kann der Gesetzgeber im Rahmen des Art. 14 GG in dreifacher Weise eigentumsrechtlich relevante Vorschriften erlassen, nämlich solche

- der **Inhalts- und Schrankenbestimmung** des Eigentums,
- der **Legalenteignung** und
- über die **Administrativenteignung**[59].

825 **Inhalts- und schrankenbestimmend** sind Normen, die der (**materielle**[60]) Gesetzgeber in Erfüllung des Auftrags nach Art. 14 I 2 GG erlässt, weil das Eigentum als Zuordnung eines Rechtsguts an einen Rechtsträger notwendig der rechtlichen Ausformung bedarf. Solche den Inhalt und die Schranken des Eigentums regelnden Vorschriften „legen **generell** und **abstrakt** die Rechte und Pflichten des Eigentümers fest, bestimmen also den „Inhalt des Eigentums"[61]. Eine Inhalts- und Schrankenbestimmung ist grundsätzlich ohne Entschädigung hinzunehmen; ausnahmsweise kann sie aber im Gefolge des Verhältnismäßigkeitsgrundsatzes zu Ausgleichspflichten führen, wenn sie sich ansonsten als verfassungswidrig erwiese[62].

826 Demgegenüber geht es bei der **Legalenteignung** nach Art. 14 III 2 GG um (**formal-**[63]) gesetzliche Vorschriften, die einem bestimmten oder bestimmbaren Personenkreis **konkrete** Eigentumsrechte, die auf Grund der allg. geltenden Gesetze iSd Art. 14 I 2 GG rechtmäßig erworben worden sind, entziehen[64]. Ein konstitutives Element des solchermaßen formalisierten Enteignungsbegriffs ist folglich der Charakter als finaler, gezielt gegen das Eigentum gerichteter Rechtsakt[65].

Das BVerfG hat den Enteignungsbegriff darüber hinaus eingeschränkt und zum großen Teil auf seinen **klassischen Gehalt** zurückgeführt[66]. Hiernach ist nicht jeder Entzug von Eigentumspositionen eine Enteignung; eine solche liegt vielmehr nur dann vor, wenn der Zugriff im Wege einer Änderung der Eigentumszuordnung und zwecks **Erfüllung bestimmter öffentlicher Aufgaben**[67] erfolgt[68]. In seinem Beschluss zur

---

54 BVerfGE 104, 1.
55 Näher zu alldem *Lege*, Jura 2011, 507, 826.
56 Vgl Rn 828.
57 Etwa BVerfGE 24, 367 (418); 46, 268 (287); 52, 1 (27 f); 56, 249 (266); 45, 297 (342, 346).
58 BVerfGE 58, 300; 58, 137.
59 BVerfGE 58, 300 (330 f); *Paetow*, VBlBW 1985, 3 (5).
60 BVerfGE 8, 71 (79); 58, 137 (146).
61 Rechtssätze des objektiven Rechts, BVerfGE 58, 300 (330) unter Verweis auf BVerfGE 52, 1 (27); bereits Rn 821.
62 BVerfGE 143, 246 Rn 257 ff.
63 BVerfGE 56, 249 (261).
64 BVerfGE 58, 300 (331) unter Hinweis auf frühere Entscheidungen des Gerichts; BVerfGE 104, 1 (10).
65 *Papier/Shirvani*, in: Maunz/Dürig, Grundgesetz, Art. 14 (2018) Rn 639.
66 Dazu *Papier/Shirvani*, in: Maunz/Dürig, Grundgesetz, Art. 14 (2018) Rn 633 ff.
67 Hierzu *Jarass*, FS Hoppe, S. 229 (234 f).
68 BVerfGE 100, 226 (240); 101, 239 (259); 102, 1 (15); 104, 1 (9); bestätigt durch die Entscheidung zum Atomausstieg BVerfGE 143, 246 Rn 242 ff; zu der Entscheidung s. etwa *Berkemann*, DVBl. 2017, 793; *Froese*, NJW 2017, 444.

Baulandumlegung nach §§ 45 ff BauGB, zuletzt bestätigt in der Entscheidung zum Atomausstieg, hat das BVerfG die begriffsbildende Zweckbestimmung schließlich noch weiter verengt, indem es die Enteignung ausdrücklich auf solche Fälle beschränkt hat, in denen **Güter hoheitlich beschafft** werden[69]. Der (auch vollständige) Entzug von Eigentumspositionen, der nicht der Güterbeschaffung zugunsten der öffentlichen Hand oder eines privaten Begünstigten dient, ist hiernach – ebenso wie eine bloße Einschränkung der Nutzungs- und Verfügungsbefugnis des Eigentums – niemals Enteignung, sondern immer Inhalts- und Schrankenbestimmung, ganz gleich, wie schwer die Einbuße den Betroffenen auch belasten mag[70].

Ebenfalls aus Art. 14 III 2 GG folgt schließlich die Befugnis des Gesetzgebers zur Regelung der **Administrativenteignung**, indem er der Exekutive die Ermächtigung erteilt, konkretes Eigentum Einzelner – durch behördlichen Vollzugsakt – mit dem Ziel der Güterbeschaffung zu entziehen.

Genügt eine Enteignung sämtlichen verfassungsrechtlichen Anforderungen des Art. 14 III GG, schlägt die Bestandsgarantie des Art. 14 I GG in eine **Wertgarantie** um, die sich auf Gewährung einer vom Gesetzgeber dem Grunde nach zu bestimmenden **Entschädigung** richtet[71]. Ansonsten muss der verfassungswidrige Eingriff gerichtlich abgewehrt werden. Im Anwendungsbereich des Art. 14 GG gibt es indes nicht die Fallkonstellation, dass eine Inhalts- und Schrankenbestimmung iSd Art. 14 I 2 GG wegen ihrer Verfassungswidrigkeit – bspw Unverhältnismäßigkeit – zu einem Enteignungstatbestand mit der Folge einer Entschädigungspflicht wird. Generell ist damit ein Doppelcharakter bei Maßnahmen im Spannungsfeld von Art. 14 I 2 und III GG ausgeschlossen[72]. **827**

Die Rspr von BGH und BVerwG zu Art. 14 GG entspricht heute der verfassungsgerichtlichen Sichtweise. Stellten die Gerichte ursprünglich und anders als das BVerfG, das die Inhalts- und Schrankenbestimmung nach Art. 14 I 2 GG prinzipiell anhand **formaler** Kriterien von der Enteignung abgrenzt, auf das **materielle** Kriterium der Wirkung gesetzlicher bzw administrativer Regelungen ab, haben sie mittlerweile die vom BVerfG vorgegebene Trennung akzeptiert. Eine Inhalts- und Schrankenbestimmung wird als solche behandelt und auch bei Überschreiten der Schwelle zur Unzumutbarkeit im Einzelfall nicht als Enteignung gewertet[73]. **828**

---

69 BVerfGE 104, 1 (10) unter Verweis auf BVerfGE 38, 175 (179 f); bestätigt in BVerfGE 126, 331 (359) sowie in BVerfGE 143, 246 Rn 246 ff unter Rekurs auf funktionale Gründe des Eigentumsschutzes, ua der klar(er)en Abgrenzbarkeit gegenüber der Inhalts- und Schrankenbestimmung; krit. zum Güterbeschaffungsvorgang als Wesensmerkmal des Enteignungsbegriffs anhand der 13. Atomgesetz-Novelle *Ossenbühl*, Verfassungsrechtliche Fragen eines beschleunigten Ausstiegs aus der Kernenergie, 2012, S. 36 ff; *Schwarz*, DVBl. 2013, 133 (138 ff); *Krappel*, DÖV 2012, 640 (643 ff).

70 S. auch *Erbguth/Guckelberger*, Allgemeines Verwaltungsrecht, § 39 Rn 25.

71 BVerfGE 143, 246 Rn 217.

72 Änderungen der Rechtslage bei Inhalts- und Schrankenbestimmungen führen zu keiner Enteignung, sondern stellen ein Übergangsproblem dar – das aus Gründen der Verhältnismäßigkeit entsprechende Übergangsregelungen bedingt, BVerfGE 58, 300 (351); fallbezogen *Erbguth/Guckelberger*, Allgemeines Verwaltungsrecht, § 39 Rn 22; noch Rn 829.

73 BVerwGE 84, 361 (367); 151, 89 Rn 21; BGHZ 121, 73 (77 ff); erläuternd *Schoch*, FS Boujong, S. 655 (663) und *Lege*, JZ 1994, 431 (437).

4. Konsequenzen des verfassungsrechtlichen Eigentumsschutzes für das Städtebaurecht

829 Das Städtebaurecht ordnet sich in diese verfassungsrechtlich durch Art. 14 GG vorbestimmte Struktur grds als **Inhalts- und Schrankenbestimmung** des Eigentums (Art. 14 I 2 GG) ein. Das gilt insbes. für den **Bebauungsplan**[74], wenn die Planung – erstmalig – die Nutzung des Grundeigentums festlegt[75]. Der Rspr des BVerfG zufolge ist es ausgeschlossen, dass der Bebauungsplan selbst enteignende Festsetzungen, genauer (weil das Baugenehmigungsverfahren noch nachfolgt): solche mit **enteignender Vorwirkung**[76], enthält. Das soll selbst dann gelten, wenn sie die bisherige Rechtslage zum Nachteil bestimmter Grundeigentümer abändern und wenn diese Rechtsänderung aus Gründen des Vertrauensschutzes mit einem Entschädigungsanspruch nach §§ 39 ff BauGB verbunden ist[77]. Das Planungsvorhaben sei nicht Bestandteil des Enteignungsverfahrens, sondern diesem vorgelagert; zudem besitze die Gemeinde keine Enteignungskompetenz. Sie habe daher im Rahmen der Planaufstellung auch keine Prüfung aller Enteignungsvoraussetzungen vorzunehmen, die über die planerische Abwägung des privaten Eigentümerinteresses mit dem öffentlichen Interesse an einer städtebaulichen Neuordnung des Plangebiets hinausreiche[78].

830 Des Weiteren unterfällt der Bebauungsplan als Satzung dem materiellen Gesetzesbegriff des Art. 14 I 2 GG. Inhaltlich ist die Ortsplanung als Inhalts- und Schrankenbestimmung verfassungsrechtlichen Anforderungen verpflichtet[79], nämlich

– dem Gebot, den institutionellen Schutz des Privateigentums (Art. 14 I 1 GG) und die Sozialpflichtigkeit des Eigentums (Art. 14 II GG) zu einem ordnungsgemäßen Ausgleich zu bringen,
– dem Grundsatz der Verhältnismäßigkeit[80],
– dem Gleichheitsgrundsatz (Art. 3 I GG)[81] und
– der Wesensgehaltsgarantie (Art. 19 II GG).

Dem ist durch – gerechte – Abwägung nach § 1 VII BauGB Rechnung zu tragen[82].

831 Soweit ein Bebauungsplan nicht vorliegt, darf es vor dem Hintergrund der Eigentumsgewährleistung, die der Gesetzgeber auszugestalten hat, zu keiner faktischen Bausperre kommen[83]. Im sog. **unbeplanten Innenbereich** ist daher nach § 34 BauGB grds Bebaubarkeit gewährleistet, die sich im Konkreten an der Umgebungsbebauung orientiert.

---

74 Und zwar nicht nur, wenn er in Einklang mit dem BauGB erlassen wurde, so aber BVerwG, BauR 2007, 667 (668), systematische Einordnungsfragen und solche der Rechtmäßigkeit vermischend; zu Letzteren Rn 827.
75 *Papier*, FS Hoppe, S. 213 (214).
76 Wie dies im Planfeststellungsrecht anerkannt ist, dazu etwa *Jarass*, DVBl. 2006, 1329.
77 BVerfG, NVwZ 1999, 979; allg. bereits Rn 827 aE.
78 BVerfG, NVwZ 1999, 979 (980); zum Problem der Dauerbeschränkungen der Bodennutzung durch Bebauungspläne *Papier*, FS Hoppe, S. 213 (218 ff).
79 Vgl BVerfGE 100, 226 (240 f); bereits Rn 821.
80 Dazu eingehend BayVerfGH, BayVBl. 2005, 558 (558 ff).
81 BVerwG, BauR 2007, 667 (668).
82 Dazu Rn 993 ff; BVerfG, DVBl. 1993, 33 (35).
83 *Söfker*, in: Ernst/Zinkahn/Bielenberg/Krautzberger, BauGB, § 34 (2017) Rn 7.

Im **Außenbereich** hat demgegenüber der Gesetzgeber eine Bebaubarkeit von Grund- **832**
stücken weitgehend ausgeschlossen. Liegen jedoch die Voraussetzungen des § 35
BauGB vor, scheidet nach herkömmlicher Auffassung eine zusätzliche Ermessensausübung der Genehmigungsbehörde über die Bebaubarkeit eines Grundstücks aus,
denn insoweit hat bereits der Gesetzgeber selbst den Inhalt des Eigentums bestimmt.
Der Antragsteller hat in diesem Fall unter Berücksichtigung von Art. 14 I 2 GG einen
Rechtsanspruch auf Erteilung der Genehmigung[84].

Zu einer **(Administrativ-)Enteignung** iSd Art. 14 III GG kommt es im Rahmen der **833**
§§ 85 ff BauGB, die – regelmäßig – einen Vollentzug des Grundeigentums zugunsten
der Planverwirklichung ermöglichen. Es gelten dann die Rechtmäßigkeitsanforderungen des Art. 14 III GG, vor allem die strikte Bindung an das Gemeinwohl. Letzteres
verlangt, dass die Enteignung im konkreten Fall, dh bezogen auf das jeweilige Planungsvorhaben, erforderlich ist[85].

Lange Zeit war umstritten, ob das **Planungsschadensrecht** der §§ 39 ff BauGB ebenfalls als
Regelung über eine Administrativenteignung anzusehen ist[86]. Vor dem Hintergrund der jüngeren Rspr des BVerfG und der darin vollzogenen Rückkehr zum klassischen Enteignungsbegriff
ist das Planungsschadensrecht als (ausgleichspflichtige) Inhaltsbestimmung einzuordnen[87].

Fragen eines **passiven**, ggf auch **erweiterten Bestandsschutzes**[88] richten sich darauf, **834**
inwieweit eine bestehende bauliche Anlage und deren Nutzung sich gegenüber
Rechtsänderungen oder Veränderungen der tatsächlichen Situation des bebauten
Grundstücks, die wiederum Rechtsfolgen nach sich ziehen, behaupten können[89]. Insoweit geht es im Städtebaurecht überwiegend um vorhandene Vorhaben im Außenbereich nach § 35 BauGB; Bestandsschutzfragen greifen dort bei Veränderungen,
aber auch bei Modernisierungen im Innenbereich ein, wenn diese nicht vom Bebauungsplan oder § 34 BauGB gedeckt sind[90]. Ein solcher Bestandsschutz beruht auf der
individualrechtlichen Seite des Art. 14 I 1 GG; er rechtfertigt sich durch eine schon
vorhandene, zugleich legale und damit schutzwürdige Eigentumsausübung[91]. Der Bestandsschutz erlischt, wenn das Gebäude keinen Bestand mehr hat oder die legale
Nutzung aufgegeben wird[92].

Ein hierüber hinausgehender, auf Erweiterungen bezogener Bestandsschutz wurde
früher vom BVerwG ebenso gebilligt wie ein noch nicht realisierter, aber schon „eigentumskräftig verfestigter" Bauanspruch[93]. Angesichts der verfassungsgerichtlichen

---

84 BVerwGE 18, 247 (250 f); 25, 161 (162); auch Rn 1182.
85 Dazu *Battis*, in: Battis/Krautzberger/Löhr, BauGB, Vor. §§ 85–122 Rn 10.
86 Nachw. bei *Schieferdecker*, in: Hoppe/Bönker/Grotefels, ÖffBauR, § 9 Rn 2; bereits Rn 829.
87 So *Battis*, in: Battis/Krautzberger/Löhr, BauGB, Vor. §§ 39–44 Rn 5 mwN; bereits Rn 829.
88 Dazu und zum Nachfolgenden eingehend *Wehr*, DV 38 (2005), 65; *Decker*, BayVBl. 2011, 517; ver-
    tiefend *Bahnsen*, Der Bestandsschutz im öffentlichen Baurecht, 2010; *Walker*, Bestandsschutz im
    Baurecht, 2009; s. zum passiven Bestandsschutz auch *Lindner*, DÖV 2014, 313, mit fallgruppenspezi-
    fischer Analyse; *Weidemann/Krappel*, NVwZ 2009, 1207.
89 *Michl*, ThürVBl. 2010, 280.
90 *Muckel/Ogorek*, ÖffBauR, § 7 Rn 197 ff; *Brohm*, ÖffBauR, § 22 Rn 1 ff.
91 *Brenner*, ÖffBauR, Rn 698 ff.
92 Zum Ende des Bestandsschutzes auch *Goldschmidt*, DVBl. 2011, 591; *Finkelnburg/Ortloff/Kment*,
    ÖffBauR Bd. 1, § 4 Rn 22.
93 Näher Rn 1200.

Forderung an den Gesetzgeber, den Eigentumsanspruch abschließend durch Gesetz zu regeln, und der infolgedessen zunehmenden Ausdehnung der sog. Begünstigungstatbestände in § 35 IV BauGB ist das BVerwG von dieser Rspr mittlerweile wieder abgerückt[94]. Allein maßgeblich ist daher die gesetzliche Ausprägung[95]; unmittelbar auf Art. 14 I 1 GG kann jener Bestandsschutz hingegen nicht gestützt werden[96].

Wiederholungs- und Verständnisfragen

1. *Welche Gesetzgebungskompetenzen haben Bund und Länder im Baurecht?* **Rn 809–811**
2. *Was ist das zentrale Gestaltungsmittel der Planungshoheit?* **Rn 813**
3. *Wie kann die Planungshoheit eingeschränkt werden?* **Rn 815 f**
4. *Wodurch werden der verfassungsrechtliche Schutzgegenstand des Art. 14 I 1 GG und damit auch die Baufreiheit bestimmt?* **Rn 821**
5. *Mithilfe welcher Kriterien grenzt das BVerfG die Inhalts- und Schrankenbestimmungen von der Enteignung ab?* **Rn 825–827**
6. *Wie ordnet sich das Städtebaurecht im Rahmen des Art. 14 GG ein?* **Rn 829 ff**

§ 25   Öffentliches Baurecht im Rechtssystem

I.   Städtebaurecht

1.   Städtebaurecht im System des Raumplanungsrechts

835 Das Städtebaurecht ist – ebenso wie das Recht der Raumordnung und Landesplanung – Teil des **Raumplanungsrechts**. Unter Raumplanung wird die raumbezogene Planung der öffentlichen Hand verstanden[1], die einerseits in Gestalt der räumlichen **Gesamtplanung** und andererseits im Wege der räumlichen **Fachplanung** erfolgt[2].

Während die Fachplanungen der planerischen Bewältigung **sektoraler** Aufgabenfelder (zB Verkehr, Energie, Wasserwirtschaft) dienen[3], ist Gesamtplanungen eine **Koordinierungsfunktion** eigen – sie sollen im Interesse der Gesamtentwicklung eines Raumes die dort auftretenden konfligierenden Belange in Einklang bringen[4]; dazu gehören gerade solche, die an sich Gegenstände der Fachplanungen sind[5]. Die Berüh-

---

94 BVerwGE 85, 289 (294); 106, 228 (234); ausführlich *Sarnighausen*, DÖV 1993, 758; krit *Siekmann*, NVwZ 1997, 853; s. auch *Erbguth/Schubert*, ÖffBauR, § 2 Rn 47.

95 Näher *Jarass* (Hrsg.), Bestandsschutz bei Gewerbebetrieben, 2007; *Gohrke/Brehsan*, NVwZ 1999, 932; *Bracher*, in: Bracher/Reidt/Schiller, Bauplanungsrecht, Rn 2398 f.

96 *Finkelnburg/Ortloff/Kment*, ÖffBauR Bd. 1, § 4 Rn 21.

1 Vgl *Peine*, ÖffBauR, Rn 1; eingehend zur Planung *Hoppe*, in: Isensee/Kirchhof, HStR, Bd. IV, 3. Aufl. 2006, § 77.

2 Hierzu *Battis*, FS Hoppe, S. 303; *Kersten*, Baurecht, Rn 32 ff; *Kümper*, in: Kment, ROG, 2019, Grundlagen, A. Einleitung, Rn 11 ff.

3 Eingehend *Ziekow*, Handbuch des Fachplanungsrechts, 2. Aufl., 2014, Teil II.

4 Dazu *Peine*, ÖffBauR, Rn 15 f.

5 *Hoppe*, in: Hoppe/Bönker/Grotefels, ÖffBauR, § 1 Rn 4.

rungspunkte, die das Städtebaurecht einerseits im Recht der Gesamtplanung und andererseits zum Recht der Fachplanung aufweist, sollen nachfolgend aufgezeigt werden.

a) Städtebaurecht und Gesamtplanungsrecht

Wie § 1 V-VII BauGB erweist, dienen die Bauleitpläne (Flächennutzungsplan/Bebauungspläne) als Hauptinstrumente des Städtebaurechts der Abstimmung verschiedenster und zugleich regelmäßig konkurrierender Belange im örtlichen Bereich. Neben den Bauleitplänen gehören auch die Pläne der **Raumordnung** idS zur Gesamtplanung; beide zeichnen sich durch ihren Querschnittsbezug aus.

836

Ihre aufgabenspezifische Ausrichtung ist nicht durch ein sektorales, dh fachliches Ziel bestimmt, sondern durch einen einzelne Belange übergreifenden Koordinierungsauftrag, und zwar als gesamträumliche Entwicklungsaufgabe[6]. Das gilt auch und gerade im Gefolge der beiden Planungsformen aufgegebenen Orientierung an einer nachhaltigen (städtebaulichen bzw Raum-)Entwicklung (§ 1 V 1 BauGB, § 1 II ROG)[7].

Überörtliche Gesamtplanung dieser Art vollzieht sich nach Maßgabe des (Bundes-)Raumordnungsgesetzes (ROG)[8] und der Landesplanungsgesetze auf der Kompetenzgrundlage des Art. 74 I Nr 31 GG. Ihr räumlicher Bezugsrahmen ist neben dem Gebiet des Bundes (vgl § 17 ROG) das jeweilige Landesgebiet (**hochstufige** Landesplanung) und – als weitere Stufe – der **regionale**, nach Länderrecht variierende Gebietszuschnitt. Instrumente der gesamtplanerischen Koordinierung sind – mit Ausnahme der Pläne für die (deutsche) ausschließliche Wirtschaftszone (AWZ)[9] – in der Praxis bislang hochstufige Pläne einerseits und Regionalpläne andererseits. Diese Pläne werden von den Ländern aufgestellt; § 13 I 1 ROG verpflichtet zur Aufstellung eines Plans für das Gebiet eines jeden Landes und zur Aufstellung von Regionalplänen, dh von Raumordnungsplänen „für die Teilräume der Länder" (Nr 2 der Vorschrift). Die Pläne enthalten ua Ziele der Raumordnung, dh verbindliche Vorgaben zur Entwicklung, Ordnung und Sicherung des Raums[10]. Der Koordinierung von raumbedeutsamen Planungen und Maßnahmen im Einzelfall dienen des Weiteren **Raumordnungsverfahren** nach § 15 ROG – mit Stellungnahmen der Landesplanungsbehörde zu einem beabsichtigten fachlichen oder kommunalen Vorhaben[11].

---

6 Vgl *Peine*, ÖffBauR, Rn 125 ff; *Erbguth/Schoeneberg*, Raumordnungs- und Landesplanungsrecht, 2. Aufl. 1992, Rn 40; zu den drängenden Aufgaben der Raumordnung im Bereich von Klimaschutz und (insbes.) Klimavorsorge *Ritter*, RuR 2007, 531 (532 ff, 535); *Beckmann*, NWVBl. 2011, 249; *Reidt*, DVBl. 2011, 789; *Köck*, ZUR 2013, 269.

7 Dazu Rn 1000.

8 Raumordnungsgesetz idF des Gesetzes zur Neufassung des Raumordnungsgesetzes und zur Änderung anderer Vorschriften (GeROG) v. 22.12.2008, BGBl. I S. 2986, zuletzt geändert durch das Gesetz zur Änderung raumordnungsrechtlicher Vorschriften v. 23.5.2017, BGBl. I S. 1245, sowie das Gesetz v. 20.7.2017, BGBl. I S. 2808; näher zur historischen Entwicklung des Raumordnungsrechts *Kümper*, in: Kment, ROG, 2019, Grundlagen, A. Einleitung, Rn 3 ff; zum europäischen Raumordnungsrecht eingehend *Battis/Kersten*, Europäische Politik des territorialen Zusammenhalts, 2008; *Erbguth/Schubert*, AöR 137 (2012), 72; *Erbguth*, NuR 2012, 85; *Schiedermair*, in: Kment, ROG, 2019, Grundlagen, D. Europäisches Raumordnungsrecht.

9 S. § 17 I ROG; dazu näher *Erbguth*, UPR 2011, 207; *Schubert*, Maritimes Infrastrukturrecht, 2015, S. 227 ff.; *Grigoleit*, in: Kment, ROG, 2019, § 17 Rn 10 ff.

10 Näher Rn 961 ff.

11 Zum Raumordnungsverfahren *Steinberg/Wickel/Müller*, Fachplanung, 4. Aufl. 2012, § 7 Rn 64 ff; *Dietz*, in: Kment, ROG, 2019, § 15.

Gesamtplanerische Aufgabenwahrnehmung **auf örtlicher Ebene** erfolgt im Wege der **Bauleitplanung**[12]. Die überfachliche, mithin querschnittsorientierte Ausrichtung der örtlichen Planung dokumentiert sich insbes. in der Bandbreite potenziell abwägungsrelevanter Belange[13].

837 Das angesprochene Leitbild der **„nachhaltigen Entwicklung"** für beide Planungsebenen ist bei der Aufstellung der Pläne zu berücksichtigen und zu verwirklichen. § 1 II ROG stellt insoweit auf „eine nachhaltige Raumentwicklung, die die sozialen und wirtschaftlichen Ansprüche an den Raum mit seinen ökologischen Funktionen in Einklang bringt und zu einer dauerhaften, großräumig ausgewogenen Ordnung mit gleichwertigen Lebensverhältnissen in den Teilräumen führt", ab. § 1 V 1 BauGB nennt als Ziel der Bauleitplanung eine „nachhaltige städtebauliche Entwicklung, die die sozialen, wirtschaftlichen und umweltschützenden Anforderungen auch in Verantwortung gegenüber künftigen Generationen miteinander in Einklang bringt."[14]

Dies verdeutlicht zugleich, dass Gesamtplanungen **nicht wettbewerbsneutral** sind bzw sein müssen; Wettbewerbseingriffe bedürfen aber der städtebau- bzw raumordnungsrechtlichen Absicherung, insbes. auf der Grundlage ordnungsgemäßer Abwägung und anhand der rechtlich vorgegebenen (hier: bauleitplanerischen) Festsetzungsmöglichkeiten[15].

838 Bei der Verwirklichung der Planungen besteht kein Verhältnis der Planungshierarchie dergestalt, dass die Raumordnung bauleitplanerisch zwingend zu übernehmende Vorgaben liefert. Örtliche Planung bedeutet schon nach einfachgesetzlicher Rechtslage keine bloße Rezeption überörtlicher (Plan-)Ausweisungen[16]. Dies zeigt zum einen das in § 1 III ROG angeordnete **Gegenstromprinzip** im Verhältnis großräumiger – kleinräumiger Planungsebene(n). Hiernach hat die Raumordnung Rücksicht auf die Planungserfordernisse des kleineren Raums zu nehmen[17]. In diesem Licht ist die dem

---

12 Dass es sich um eine bodennutzungsorientierte Gesamtplanung handelt, liegt in der Natur der (Kompetenz-)Sache begründet, vgl insoweit *Mitschang*, in: Battis/Krautzberger/Löhr, BauGB, § 5 Rn 4; zum Sonderfall des regionalen Flächennutzungsplans nach § 8 IV ROG (§ 9 VI ROG aF) als zugleich örtlich-überörtlichem Planungsmittel und zu dem diesbzgl variierenden Recht der Länder *Hendler*, UPR 2006, 325 (328 f); Rn 940.
13 Vgl § 1 V, VI BauGB.
14 Zur nachhaltigen städtebaulichen Entwicklung *Krautzberger*, in: Spannowsky/Mitschang (Hrsg.), Nachhaltige städtebauliche Entwicklung, 2000, S. 1; eingehend zum Konzept der Nachhaltigkeit im Gesamtplanungsrecht *Robers*, Das Gebot der nachhaltigen Entwicklung als Leitvorstellung des Raumordnungs- und Bauplanungsrechts, 2003; im Umwelt- und Planungsrecht: *Beaucamp*, Das Konzept der zukunftsfähigen Entwicklung im Recht: Untersuchungen zur völkerrechtlichen, europarechtlichen, verfassungsrechtlichen und verwaltungsrechtlichen Relevanz eines neuen politischen Leitbildes, 2002, S. 241 ff, 401 ff; weitergehender Ansatz zur städtebaulichen Nachhaltigkeit („starke Nachhaltigkeit") bei *Wieneke*, Nachhaltigkeit als Ressourcennutzungskonzept für die Bauleitplanung, 2006; vgl auch *Hoppe*, FS Krautzberger, 2008, S. 263; (rechts)grundsätzlich zu alldem *Kahl* (Hrsg.), Nachhaltigkeit als Verbundbegriff, 2008.
15 So zu Recht und mwN *Sparwasser*, NVwZ 2006, 264 (269 f, 272); *Manssen*, SächsVBl. 2008, 111 (111 f); deswegen ist der etwa von VGH Mannheim, BauR 2006, 952 (953), konstruierte Unterschied ein eher künstlicher; zu undifferenziert auch OVG Lüneburg, BauR 2007, 1840 (1841); NVwZ-RR 2017, 961 Rn 11: Städtebaurecht wettbewerbsrechtlich neutral; zur Abwägung eingehend Rn 993 ff.
16 Hierzu und zum Nachfolgenden *Nonnenmacher*, VBlBW 2008, 161 (162 ff); *Kümper*, DVBl. 2018, 70; *ders.*, ZfBR 2018, 119.
17 *Hoppe*, in: Hoppe/Bönker/Grotefels, ÖffBauR, § 4 Rn 8; umgekehrt sind die Gemeinden zur inhaltlichen Anpassung (Änderung oder Aufhebung) ihrer bestehenden Bauleitpläne verpflichtet, sofern diese den Zielen eines nachträglich in Kraft getretenen Raumordnungsplans widersprechen und Planungserfordernisse des „kleineren" Raums nicht entgegenstehen, VGH Kassel, BauR 2010, 878; näher dazu anhand § 1 IV BauGB Rn 960 ff.

Wortlaut nach strikte Pflicht zur Anpassung der Bauleitpläne an Ziele der Raumordnung gem. § 1 IV BauGB zu verstehen: Das hierin zum Ausdruck kommende Gebot materieller **planerischer Konkordanz** richtet sich lediglich auf eine Übereinstimmung höherstufiger und kleinräumiger Planungsaussagen dem Grundsatze nach[18]. Die städtebauliche Vorschrift impliziert demnach Ausgestaltungs- und Entfaltungsspielräume der örtlichen (Bauleit-)Planung im Verhältnis zur überörtlichen Planungsstufe[19]. Auch zeigt die in § 6 II ROG geregelte Möglichkeit, von den Zielen der Raumordnung abzuweichen, einen Weg auf, bei Konflikten zwischen höherstufiger und kleinräumiger Planung Letztgenannter im Einzelfall zur Durchsetzung zu verhelfen, wenn die Abweichung unter raumordnerischen Gesichtspunkten vertretbar ist und die Grundzüge der Planung nicht berührt werden[20].

Zur Steuerung von Vorhaben im Außenbereich enthält § 35 BauGB in Abs. 3 S. 2 weitere (spezielle[21]) **Raumordnungsklauseln**, weil insoweit eine Einflussnahme über die an die Ziele der Raumordnung angepasste Flächennutzungsplanung als nicht ausreichend angesehen wird[22]. Demgegenüber scheidet eine unmittelbare Beeinflussung der Zulassung von Vorhaben im unbeplanten Innenbereich nach § 34 BauGB durch Raumordnungsziele (schon) mangels dortiger Raumordnungsklausel aus[23].

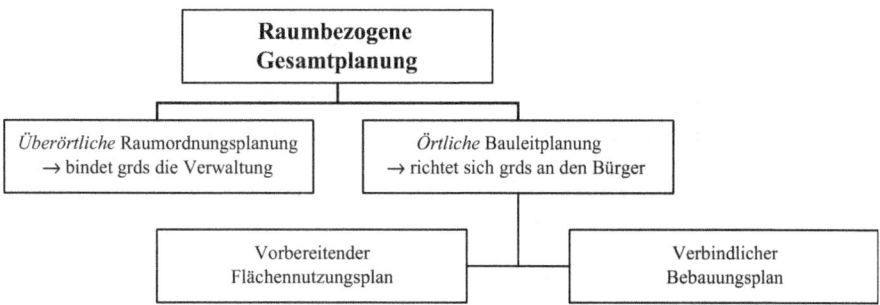

Übersicht 17: Städtebau- und Gesamtplanungsrecht

b) Städtebaurecht und Fachplanungsrecht

Städtebaurecht und (raumbezogenes) Fachplanungsrecht[24] unterscheiden sich in ihrer planerischen Zielsetzung. Die Fachplanung verfolgt **sektorale Zwecke** (zB Errichtung von Verkehrswegen, Energieleitungen)[25]. Das Leitbild der Bauleitplanung ist

839

---

18 *Schmidt-Aßmann*, Fortentwicklung des Rechts im Grenzbereich zwischen Raumordnung und Städtebau, 1977, S. 20; Rn 964 f.
19 Ebenenspezifische Gestaltungsmöglichkeiten, *Wahl*, DÖV 1981, 597 (603); zu § 1 IV BauGB vgl Rn 968.
20 Dazu *Erbguth/Schubert*, ÖffBauR, § 5 Rn 91; bei Ablehnung steht der Gemeinde die Verpflichtungsklage offen, OVG Koblenz, ZfBR 2006, 792; näher zu Rechtsschutzfragen im Zusammenhang mit § 6 Abs. 2 ROG *Kment*, in: ders., ROG, 2019, § 6 Rn 175 ff.
21 Die allgemeine Raumordnungsklausel findet sich in § 4 ROG.
22 Dazu Rn 1222 ff.
23 Vgl auch Rn 1145; Raumordnungsziele können aber nach § 1 IV BauGB eine kommunale Planungspflicht auslösen, Rn 969.
24 Zu dessen Europäisierung *Wahl*, FS Bartlsperger, S. 427.
25 Zum Fachplanungsrecht anhand der jüngeren Rspr des BVerwG vgl *Kupfer/Wurster*, DV 40 (2007), 239; fortschreibend *Kupfer*, DV 47 (2014), 77.

demgegenüber überfachlich, mithin gesamtplanerisch geprägt (s.o.). Konsequenz dieser verschiedenen Aufgabengehalte müsste es sein, dass im Kollisionsfall der querschnittsorientierten kommunalen Planung Vorrang gebührt (anders lediglich gegenüber bereits – weitgehend – vollzogenen Fachplanungen)[26]. Im Gegensatz zur – allerdings nicht unbestrittenen – Rechtslage auf überörtlicher Ebene, dh im Verhältnis der Raumordnung zu überörtlich agierenden Fachplanungen[27], wird eine solche Durchsetzungskraft der Bauleitplanung jedoch zugunsten eines Vorrangs von sog. **privilegierten Fachplanungen** durchbrochen (§§ 37, 38 BauGB)[28]. Dies zeigt, dass eine verallgemeinernde Betrachtungsweise angesichts der Vielschichtigkeit der möglichen Konflikte zwischen Bauleitplanung und Fachplanung ausscheidet[29]. Hinter der rechtstheoretischen Abgrenzung stehen in der Praxis auch handfeste „Machtfragen" dahingehend, wer die für die Bodennutzung maßgeblichen Entscheidungen treffen darf[30]. Einerseits gilt es, die kommunale Planungshoheit der Gemeinden zu wahren[31], andererseits gibt es überörtliche Planungs- und Nutzungsinteressen, die im gesamtstaatlichen Interesse liegen und deshalb nicht von einzelnen Gemeinden unter Berufung auf örtliche Interessen verhindert werden dürfen.

Zu unterscheiden sind im Bereich der Fachplanung neben den eigentlichen Planungsinstrumenten[32] die **Nutzungsregelungen** für größere Flächen und die projektbezogenen **Zulassungsverfahren** für einzelne Vorhaben. Diese Instrumente treten in Konflikt zur gemeindlichen Flächennutzungsplanung bzw zur auf Teile des Gemeindegebiets beschränkten Bebauungsplanung, ansonsten zu den gesetzlichen Zulässigkeitsvorschriften der §§ 34 und 35 BauGB[33].

Zu den **Nutzungsregelungen** zählen Gebietsfestlegungen, die dem Schutz oder der Förderung bestimmter öffentlicher Belange dienen, wie die Schaffung von Schutzgebieten nach dem Bundesnaturschutzgesetz, dem Wasserhaushaltsgesetz und dem Bundeswaldgesetz, ferner Festsetzungen von Schutzbereichen für militärische Anlagen oder von Bauschutzbereichen bei Flugplätzen[34]. Derartige Naturschutzgebiete, Wasserschutzgebiete und sonstige Schutzgebiete werden idR als Rechtsverordnung erlassen[35]. Sie haben daher Vorrang vor der kommunalen Bauleitplanung. § 6 II BauGB und § 10 II 2 iVm § 6 II BauGB stellen insoweit klar, dass ein Bauleitplan diesen Rechtsvorschriften nicht widersprechen darf.

Darstellungen in Flächennutzungsplänen und (vor allem) Festsetzungen in Bebauungsplänen bilden nicht nur Vorgaben für die Zulassung von Vorhaben im Baugenehmigungsverfahren,

---

26 Näher *Erbguth*, NuR 2004, 91 (92) anhand des Verhältnisses Raumordnung – Fachplanung.
27 Dazu etwa BVerwGE 125, 116; *Appel*, UPR 2011, 161 (165 ff); *Durner*, RuR 2010, 271; *Erbguth*, DVBl. 2013, 274; *Hendler*, LKRZ 2007, 1 (4 ff); *Kment*, NuR 2010, 392; *Rojahn*, NVwZ 2012, 654; *Steinberg*, DVBl. 2010, 137.
28 Dazu – allg. – *Battis*, in: Battis/Krautzberger/Löhr, BauGB, § 1 Rn 6; dort auch, aaO, zu § 29 BauGB; zum Begriff der Überörtlichkeit der Fachplanung(en) BVerwG, NVwZ 2001, 90; BVerwG DÖV 2005, 78 (78 f); eingehend *Dörries*, Das Verhältnis der Bauleitplanung zur raumbeanspruchenden Fachplanung, 2000; anhand der Konkurrenz um Hafenflächen *Erbguth/Schubert*, Rechtsfragen der Errichtung und Erweiterung von Binnenhäfen, 2011, S. 108 ff; *Erbguth*, ZUR 2013, 643.
29 Ebenso *Peine*, ÖffBauR, Rn 393; *Kraft*, BauR 1999, 829 (830); zu den verschiedenen Lösungsansätzen in der Lit. vgl *Jäde*, in: Jäde/Dirnberger/Weiß, BauGB, § 38 Rn 7 ff.
30 Aus diesem Grund gab es bei jeder Änderung eines Gesetzes der Fachplanung das Bestreben, zugleich in § 38 BauGB aufgenommen zu werden.
31 Vgl Rn 812 ff.
32 Zu solchen des Umweltschutzes Rn 855 ff.
33 Zur Geltung der §§ 30–37 BauGB auf Grund von § 29 BauGB vgl Rn 1114 ff.
34 Übersichten bei *Kühling/Herrmann*, Fachplanungsrecht, 2. Aufl. 2000, Rn 1; *Kauch/Roer*, Das Verhältnis von Bauleitplanung und Fachplanungen, 1997, S. 37 ff.
35 Vgl *Kauch/Roer*, aaO.

sondern auch für sonstige, dh außerbaurechtliche **Zulassungstatbestände** (etwa § 6 I Nr 2 BImSchG). Darunter sind solche Verfahren zu verstehen, in denen über die Zulässigkeit der Durchführung konkreter Projekte entschieden wird. Rechtssystematisch werden jene projektbezogenen Zulassungsverfahren vornehmlich in **Kontrollerlaubnisse** und **Planfeststellungsverfahren**[36] unterteilt[37]. Der wesentliche, freilich nicht alleinige Unterschied zwischen beiden Rechtsfiguren liegt darin, dass Kontrollerlaubnisse privaten Antragstellern erteilt werden, die sich regelmäßig auf Grundrechtspositionen berufen können; dann besteht eine grundrechtsgebotene Entscheidungsbindung. Planfeststellungen hingegen richten sich vornehmlich (noch) auf die Zulassung **öffentlich-rechtlich verantworteter** Projekte (insbes. Verkehrsinfrastruktur); die mangelnde Grundrechtsfähigkeit der staatlichen Aufgabenträger lässt eine Bindung der Entscheidung von Verfassungs wegen entfallen. Konsequenz ist die Planfeststellungsverfahren nach hM charakterisierende Ermessensentscheidung bzw planerische Gestaltungsfreiheit[38]. Ähnlich verhalten sich die Dinge im Ergebnis bei sog. **repressiven Verboten mit Bewilligungsvorbehalt** (bspw Bewilligung nach §§ 8, 12 II WHG – eingeschränkt durch § 12 I WHG): Antragsteller sind zwar regelmäßig Private, sie können sich hinsichtlich der begehrten Zulassungen indes auf keine (Grund-)Rechte berufen.

2. Städtebaurecht und Umweltschutzrecht

Das BauGB greift den Auftrag des Art. 20a GG zur Konkretisierung des **Schutzes der natürlichen Lebensgrundlagen** auch in Verantwortung für die künftigen Generationen[39] auf, indem es die Abwägung nach § 1 VII BauGB auf eine Berücksichtigung der Belange des Umweltschutzes (§§ 1 VI Nr 7 Buchst. a–j, 1a BauGB) verpflichtet. Im Gefolge des **EAG Bau 2004** hat der Gesetzgeber die unionsrechtlich gebotene Einführung einer **Strategischen Umweltprüfung für Pläne und Programme (SUP)**[40] genutzt, um die Anforderungen des Umweltrechts im Rahmen der Bauleitplanung zu harmonisieren[41]. Nach § 2 IV 1 BauGB ist für die Belange des Umweltschutzes nach § 1 VI Nr 7 und § 1a BauGB idR bei jedem Bauleitplan eine Umweltprüfung durchzuführen, in der die voraussichtlichen erheblichen Umweltauswirkungen ermittelt und in einem Umweltbericht beschrieben sowie bewertet werden; das Ergebnis der Umweltprüfung ist nach § 2 IV 4 BauGB in der Abwägung zu berücksichtigen. **840**

Die Bezugnahme in § 2 IV 1 BauGB auf die Belange des Umweltschutzes nach § 1 VI Nr 7 BauGB und auf die ergänzenden materiell-rechtlichen Anforderungen des Umweltrechts in § 1a BauGB veranschaulicht die Konzeption der Umweltprüfung als ein der Bauleitplanung (regelmäßig[42]) verinnerlichtes Programm zur Zusammenstellung des gesamten umweltbezogenen Abwägungsmaterials[43]. Diesem Programm **841**

---

36 Zur (rechtlichen) Europäisierung insoweit *Wahl*, FS Bartlsperger, S. 427.
37 Vgl nur *Wahl*, DVBl. 1982, 51; *Steinberg*, NuR 1983, 169; *Erbguth*, Grundfragen d. UmweltR, S. 158 ff; dagegen *Beckmann*, DÖV 1987, 944; vgl auch *Schlacke*, Umweltrecht, § 5 Rn 32 ff.
38 Dazu näher *Erbguth*, Grundfragen d. UmweltR, S. 349, 351 f und DVBl. 1992, 398; *Wickel*, Fachplanung, in: D. Ehlers/M. Fehling/H. Pünder (Hrsg.), Besonderes Verwaltungsrecht, Bd. 2, 3. Aufl. 2013, § 39 Rn 8, 15.
39 *Schlacke*, Umweltrecht, § 4 Rn 4 ff; *Schmidt/Kahl/Gärditz*, Umweltrecht, § 3 Rn 4 ff.
40 Im Schrifttum wird zT auch der Terminus „Plan-UP" verwendet; das BauGB spricht schlicht von „Umweltprüfung".
41 Vgl auch *Krautzberger*, UPR 2004, 401; zum Desiderat einer entsprechenden Zusammenführung im Fachplanungsrecht *Wahl*, FS Bartlsperger, S. 427 (444 ff).
42 Zu den Ausnahmen auf Grund der §§ 13, 13a, 13b BauGB vgl Rn 938 ff, 943 f.
43 Vgl BT-Drs. 15/2250, S. 29.

kommt zugleich die Funktion eines **Trägerverfahrens** für die Bewältigung der sonstigen Belange und Instrumente des Umweltrechts zu, deren Voraussetzungen und Verfahrensabläufe zwar vornehmlich in den einschlägigen Fachgesetzen (BNatSchG, BBodSchG) geregelt sind, die aber allesamt (zumindest) auf eine Berücksichtigung durch die Bauleitplanung abzielen[44]. Aufbauend auf dieser Inbezugnahme

- des Belangs des Bodenschutzes (§ 1a II BauGB),
- der Darstellungen umweltschützender Pläne (§ 1 VI Nr 7 Buchst. g BauGB),
- der naturschutzrechtlichen Eingriffsregelung (§ 1a III BauGB),
- der Verträglichkeitsprüfung nach der Fauna-Flora-Habitat-Richtlinie (§ 1a IV BauGB),
- der Erfordernisse des Klimaschutzes (§ 1a V BauGB)

werden deren Vorgaben und Inhalte dem Grunde nach unter dem formalen Dach der Umweltprüfung in den **bauleitplanerischen Abwägungsprozess** eingeführt[45]. Angesichts der städtebaurechtlichen Kompetenzgrundlage des Art. 74 I Nr 18 GG müssen die Inhalte und Rechtsfolgen der genannten Pläne und Verfahren, soweit sie integriert werden, **bodenrechtlichen Bezug**[46] haben.

842   Vor dem Hintergrund des angestrebten Umstiegs auf erneuerbare Energien („Energiewende") ist das Städtebaurecht zuletzt zunehmend in den Dienst des **Klimaschutzes** und zudem der **Klimaanpassung** gestellt worden[47]. So ist im Gefolge des Gesetzes zur Förderung des Klimaschutzes bei der Entwicklung in den Städten und Gemeinden (BauGB-Novelle 2011)[48] eine Klimaschutzklausel in §§ 1 V 2, 1a V BauGB eingefügt (s.o.) und sind die Festsetzungsmöglichkeiten zum Einsatz sowie zur Nutzung erneuerbarer Energien und aus Kraft-Wärme-Kopplung[49] erweitert, Sonderregelungen für die Windenergienutzung[50] eingebracht und die Nutzung insbesondere von Photovoltaikanlagen an oder auf Gebäuden[51] erleichtert worden[52]. Die Neuregelungen sollen dazu beitragen, die städtebaurechtlichen Voraussetzungen sowohl für Maßnahmen, die dem Klimawandel entgegenwirken (sog. Mitigation), als auch für solche, die der Anpassung an den Klimawandel (sog. Adaption) dienen[53], zu schaffen bzw zu verbessern. Hierdurch ist es zu einer Aufwertung des (kommunalen) Klimaschutzes[54]

---

44   Hierzu auch *Kersten*, Baurecht, Rn 26.
45   Zur Vernetzung und Harmonisierung der vielfältigen umweltrechtlichen Instrumente vgl *Schubert*, Harmonisierung umweltrechtlicher Instrumente in der Bauleitplanung, 2005.
46   Dazu Rn 809.
47   Hierzu etwa *Battis/Kersten/Mitschang*, ZG 2010, 246; *Antweiler/Gabler*, BauR 2012, 39; *Reidt*, BauR 2010, 2025; *Longo*, DÖV 2018, 107; *Wagner*, UPR 2017, 361; anhand der Windenergie *Kment*, DVBl. 2012, 1125; umfassend *Schneider*, Auswirkungen des Klimawandels auf das Bauplanungsrecht, 2013; anhand des BauGB aF *Ingold/Schwarz*, NuR 2010, 153; *Kahl*, ZUR 2010, 395 (395 ff); *Wickel*, UPR 2011, 416; allgemein zur Anpassung des Verwaltungsrechts an den Klimawandel *Kment*, JZ 2010, 62.
48   BGBl. I S. 1509; Einen Überblick über die Neuregelungen geben *Söfker*, ZfBR 2011, 541; *Battis/Krautzberger/Mitschang/Reidt/Stüer*, NVwZ 2011, 897; *Stüer/Stüer*, DVBl. 2011, 1117; *Ekardt/Hehn*, ZUR 2011, 413 (dort insbes zur „Postfossilität" als kommunaler Aufgabe im Bauplanungsrecht de lege lata und de lege ferenda, S. 418 ff); *Mitschang*, DVBl. 2012, 134.
49   Vgl insbes §§ 5 Abs. 2 Nr 2, 9 Abs. 1 Nr 12 und 23 BauGB.
50   § 249 BauGB.
51   § 35 Abs. 1 Nr 8 BauGB.
52   S. dazu im Einzelnen BT-Drs. 17/6076, S. 6 ff.
53   S. auch § 1a V 1 BauGB.
54   Vgl *Söfker*, ZfBR 2011, 541 (542): eigenständige Funktion, zu der die Bauleitplanung beitragen soll; s. hierzu auch *Hendler*, FS Kloepfer, 2013, S. 563.

gekommen, ohne dass diesem ein Vorrang vor anderen Belangen im Rahmen der bauleitplanerischen Abwägung eingeräumt worden ist (§ 1a V 2 BauGB)[55].

a) Die Umweltprüfung im Städtebaurecht

Die Umweltprüfung ist ein **wesentliches Element** der Bauleitplanung[56], das seinen **843** Ursprung im europäischen Recht hat. Sie dient gem. § 2 IV 1 BauGB der Ermittlung und Bewertung der umweltrelevanten Belange im Rahmen der bauleitplanerischen Abwägung[57]. Damit erfolgt die SUP – im Unterschied zur projektbezogenen UVP – auf Planungsebene, die den Zulassungs- und Genehmigungsverfahren vorgelagert ist[58].

Zentrale Vorgabe des Unionsrechts für die SUP im Recht der Bauleitplanung ist die **Richtlinie 2001/42/EG** über die Prüfung der Umweltauswirkungen bestimmter Pläne und Programme[59]. Bereits vor Erlass der SUP-RL verlangte die **Richtlinie 85/337/EWG** über die Umweltverträglichkeitsprüfung bei bestimmten öffentlichen und privaten Projekten (UVP-RL)[60] (projektbezogen, s. vorstehend) die Durchführung einer UVP für bestimmte umweltrelevante Vorhaben. Die Richtlinie ist im Jahr 2011 durch die „neue" UVP-RL 2011/92/EU[61] abgelöst worden[62], welche ihrerseits im Jahr 2014 geändert worden ist[63].

Die Anforderungen der SUP-RL an die Bauleitplanung sind mit dem EAG Bau (s.o.) **844** in das BauGB und die bauplanungsrechtlich relevanten Vorschriften des UVPG[64] implementiert worden[65]. Der Bundesgesetzgeber hat in Ansehung der unionsrechtlichen Pflicht, die SUP in das Städtebaurecht einzuführen, die Entscheidung getroffen, zugleich dem Bedürfnis der Planungspraxis nach Vereinheitlichung und Vereinfachung der gesetzlichen Anforderungen zu entsprechen[66]. Die Novellierung sah – in Abkehr vom bislang verfolgten Konzept einer „am Wortlaut der Richtlinie haftenden Übernahme" – vor, das Städtebaurecht mit den europäischen Vorgaben **strukturell zu harmonisieren**[67]. Auf diesem Wege sollten Sonderverfahren und Parallelprüfungen vermieden werden[68].

---

55 *Kment*, DÖV 2013, 17 (20); ebenso – auch im Verhältnis zu dem mit der BauGB-Novelle 2013 verfolgten Belang der Innenentwicklung – *Otto*, ZfBR 2013, 434.
56 S. dazu etwa *Schink*, UPR 2014, 408; zu neueren Entwicklungen *Mitschang*, UPR 2018, 41; *ders.*, ZfBR 2015, 432.
57 Eingehend und anschaulich dazu *Berkemann ua*, BauGB 2004, S. 37 ff.
58 *Schwarz*, Die Umweltprüfung im gestuften Planungsverfahren, 2011, S. 12 f.
59 RL v. 27.6.2001, ABl. EG Nr L 197, S. 30, v. 21.7.2001.
60 RL v. 27.6.1985, ABl. EG Nr L 175, S. 40, v. 5.7.1985.
61 RL 2011/92/EU v. 13.12.2011, ABlEU L 26/1.
62 Zum näheren Inhalt der UVP-RL *Schlacke*, Umweltrecht, § 5 Rn 63.
63 RL 2014/52/EU v. 16.4.2014, ABlEU L 124/1; dazu *Bunge*, NVwZ 2014, 1257; *Sangenstedt*, ZUR 2014, 526; *Schink*, DVBl. 2014, 877; *Wagner*, EurUP 2014, 122; zur Konzeption und Entwicklung der UVP *Erbguth*, ZUR 2014, 515.
64 Gesetz über die Umweltverträglichkeitsprüfung idF der Bek. v. 24.2.2010, BGBl. I S. 94, zuletzt geändert durch das Gesetz zur Modernisierung des Rechts der Umweltverträglichkeitsprüfung v. 20.7.2017, BGBl. I S. 2808 und das Gesetz v. 8.9.2017, BGBl. I S. 3370.
65 Dazu *Schrödter*, LKV 2008, 109; *Söfker*, FS Götz, S. 143; *Uechtritz*, BauR 2005, 1859; das EAG Bau ist am 20.7.2004 in Kraft getreten; zu den Neuregelungen *Schliepkorte*, ZfBR 2004, 124; *Schrödter*, NordÖR 2004, 317.
66 BT-Drs. 15/2250, S. 28; zu alldem auch *Sydow*, DVBl. 2006, 65.
67 BT-Drs. 15/2250, S. 27 f; krit *Erbguth*, JZ 2006, 484 (489 ff).
68 BT-Drs. 15/2250, S. 28.

845 Die verfolgte Strategie findet zunächst in der gesetzgeberischen Entscheidung Ausdruck, die SUP in die bestehenden Verfahrensschritte der Planung zu integrieren und als **Regelverfahren** für alle Bauleitpläne auszugestalten[69]. Die entsprechende Verpflichtung zur Durchführung einer SUP ist dem BauGB selbst zu entnehmen, vgl § 2 IV 1 BauGB.

846 Eine **Ausnahme** von der Pflicht zur Umweltprüfung gestattete zunächst nur **§ 13 BauGB** in den eng begrenzten Ausnahmefällen des „vereinfachten Verfahrens"[70]. Mit dem BauGB 2007 sind **„Bebauungspläne der Innenentwicklung"** (§ 13a BauGB)[71] hinzugetreten, in deren „beschleunigtem" Verfahren eine Umweltprüfung wegen der Bezugnahme auf § 13 BauGB ebenfalls entfällt, wenn die Planung bestimmten Anforderungen genügt [72]. Im Gefolge der BauGB-Novelle 2017 haben (zunächst befristet bis Ende 2019) außerdem Bebauungspläne nach § 13b BauGB an jener Erleichterung teil[73].

847 In der Umweltprüfung werden die für die Bauleitplanung einschlägigen Vorgaben der SUP-RL und der UVP-RL zu einem **einheitlichen Instrument** zusammengeführt[74]. Maßgeblich für die Prüfpflicht, die Durchführung der Umweltprüfung sowie die Überwachung („Monitoring") sind nach **§ 50 I, II UVPG** allein die einschlägigen Vorschriften des BauGB, auch wenn sich – überflüssigerweise[75] – entsprechende Pflichten zugleich aus dem UVPG ergeben.

848 Nach der Konzeption des BauGB stellt die Umweltprüfung ein Instrument zur **Strukturierung des Abwägungsvorgangs** in Bezug auf die Belange des Umweltschutzes dar; das Ergebnis der Prüfung ist dementsprechend nach § 2 IV 4 BauGB in der Abwägung zu berücksichtigen[76].

849 Der Vorgabe des Art. 4 III 1 SUP-RL entsprechend hat der Gesetzgeber dem Umstand Rechnung getragen, dass die SUP auf verschiedenen Planungsstufen durchgeführt wird und daraus die Gefahr von Mehrfachprüfungen derselben Materie erwächst. Deshalb bestimmt die **Abschichtungsregelung** in § 2 IV 5 BauGB, dass die Umweltprüfung, wenn eine solche für ein bestimmtes Plangebiet oder Teile dessen in einem Raumordnungs-, Flächennutzungs- oder Bebauungsplanverfahren durchgeführt worden ist oder wird, in einem zeitlich nachfolgend oder gleichzeitig durchgeführten Bauleitplanverfahren auf zusätzliche oder andere erhebliche Umweltauswirkungen beschränkt werden soll[77].

---

69 Vgl § 2 IV 1 BauGB; krit gegenüber diesem Konzept *Fassbender*, NVwZ 2005, 1122 (1128).
70 Näher Rn 938 ff.
71 Dazu eingehend Rn 943 f.
72 Näher zu § 13a BauGB Rn 943 f.
73 Dazu näher Rn 945.
74 Diese Möglichkeit eröffnet Art. 11 II SUP-RL zur Vermeidung von Mehrfachprüfungen.
75 Krit. dazu etwa *Schubert*, NuR 2005, 369 (371); *Uechtritz*, BauR 2005, 1859 (1861).
76 BT-Drs. 15/2250, S. 29; näher zu alldem *Erbguth/Schubert*, UTR 83 (2005), 63; *Hoppe*, FS Bartlsperger, S. 321; *Jessel*, UPR 2004, 408; der SUP kommt in der Bauleitplanung nicht nur verfahrensrechtlicher Gehalt, sondern mit Blick auf die ökologieinterne, zugleich aber medienübergreifende Ermittlung und Bewertung der Umweltbelange auch ein solcher materiell-rechtlicher Art zu, vgl *Erbguth/Schubert*, ÖffBauR, § 3 Rn 35; inzwischen zur UVP auch BVerwGE 122, 207 (211 f) in – unausgesprochener – Abkehr von seiner früheren Rspr; sowie der EuGH, NVwZ 2011, 929 (930) mit Anm. *Erbguth*; anders zuvor noch BVerwG, UPR 1996, 228 (230) und – anhand der UVP – wiederum BVerwG, BauR 2008, 784 (785); BVerwG, NVwZ 2014, 515 Rn 57: UVP-RL hat nur verfahrensrechtliche Anforderungen zum Gegenstand, wobei die Bezugnahme auf EuGH, NVwZ 2013, 565 Rn 46 nicht trägt, weil dort nur von Art. 3 UVP-RL die Rede ist.
77 Eine entsprechende Vorschrift, betreffend das Verhältnis zwischen der projektbezogenen Bebauungsplanung und einem nachfolgenden Zulassungsverfahren, enthält § 50 III UVPG.

Das **Verfahren** zur Aufstellung der Bauleitpläne wird infolge der integrierten SUP durch deren **850** umweltspezifische Anforderungen geprägt: Zu Beginn des Aufstellungsverfahrens legt die Gemeinde gem. § 2 IV 2 BauGB für jeden Bauleitplan fest, in welchem Umfang und Detaillierungsgrad die Ermittlung der Umweltbelange für die Abwägung erforderlich ist (sog. **Scoping**). Die in diesem Zusammenhang nach Art. 5 IV SUP-RL erforderliche **Beteiligung** der **Behörden**[78] stellt § 4 I 1 BauGB sicher.

Im weiteren Verlauf der Umweltprüfung hat die Gemeinde in einem **Umweltbericht**, dessen **851** notwendiger Inhalt den Vorgaben der **Anlage 1 zum BauGB** zu entnehmen ist, nach § 2 IV 1 BauGB die ermittelten Umweltauswirkungen zu beschreiben und zu bewerten. Der erforderliche Untersuchungsaufwand ist gem. § 2 IV 3 BauGB auf dasjenige beschränkt, was nach gegenwärtigem Wissensstand und allg. anerkannten Prüfmethoden sowie nach Inhalt und Detaillierungsgrad des Bauleitplans angemessenerweise verlangt werden kann. Infolge §§ 5 V, 9 VIII BauGB ist jedem Bauleitplan überdies eine **Begründung** mit den Angaben nach § 2a BauGB beizufügen. Daraus ergibt sich die Verpflichtung der Gemeinde, den Umweltbericht bis zum Beschluss über den Bauleitplan fortzuschreiben[79].

Nach §§ 6a I, 10a I BauGB ist den Plänen ferner eine **zusammenfassende Erklärung** beizufügen, und zwar über die Art und Weise, wie die Umweltbelange und die Ergebnisse der Öffentlichkeits- und Behördenbeteiligung in dem Bauleitplan berücksichtigt wurden, und aus welchen Gründen der Plan nach Abwägung mit den geprüften, in Betracht kommenden anderweitigen Planungsmöglichkeiten[80] gewählt wurde[81]. Nach Abschluss des Planungsverfahrens soll auch die zusammenfassende Erklärung (gemeinsam mit dem Bauleitplan und seiner Begründung) ergänzend in das **Internet** eingestellt und über ein zentrales Internetportal des Landes zugänglich gemacht werden (§§ 6a II, 10a II BauGB)[82]. Der Umsetzung des Art. 10 SUP-RL, welcher die Überwachung der erheblichen Umweltauswirkungen infolge der Planrealisierung (**„Monitoring"**) anordnet, dient die Vorschrift des § 4c BauGB[83].

b) Städtebaurecht und Bodenschutz

§ 1a II 1 HS 1 BauGB enthält eine **„Bodenschutzklausel"**, der zufolge mit Grund **853** und Boden sparsam und schonend umgegangen werden soll[84]. Dem diese allgemeine Vorgabe konkretisierenden Anliegen, die zusätzliche Inanspruchnahme von Flächen für bauliche Nutzungen zu verringern, dient das Gebot, Möglichkeiten der Entwicklung der Gemeinde insbes. durch Wiedernutzbarmachung von Flächen, Nachverdichtung und andere Maßnahmen zur Innenentwicklung zu nutzen; zudem sind Bodenversiegelungen auf das notwendige Maß zu begrenzen (§ 1a II 1 HS 2 BauGB). Flankierend unterstellt § 1a II 2 BauGB landwirtschaftlich, als Wald oder für Wohnzwecke

---

78 Näher Rn 897 ff.
79 BT-Drs. 15/2250, S. 43; aA *Schmidt-Eichstaedt*, ZfBR 2005, 751 (753); wie hier *Uechtritz*, BauR 2005, 1859 (1867); *Grünewald*, NVwZ 2009, 1520 (1522).
80 Dazu muss sich konsequenterweise schon der Umweltbericht verhalten, vgl Nr 2 Buchst. d der Anlage 1 zum BauGB; eingehend zur Alternativenprüfung in der SUP *Kment*, DVBl. 2008, 364; *Spannowsky*, UPR 2005, 401.
81 *Finkelnburg*, NVwZ 2004, 897 (901) mit Kritik.
82 S. Rn 931.
83 Zum Ganzen *Stüer/Sailer*, BauR 2004, 1392; *Berkemann ua*, BauGB 2004, S. 219 ff; *Rautenberg*, NVwZ 2005, 1009.
84 Zu Entwicklung, Inhalt und Effektivität der Bodenschutzklausel *Robl*, Das beschleunigte Verfahren für Bebauungspläne der Innenentwicklung, 2010, S. 57 ff; allg. zum planerischen Bodenschutz *Ludwig*, Planungsinstrumente zum Schutz des Bodens, 2011, S. 38 ff.

genutzte Flächen einem besonders hervorgehobenen Schutz; deren Umnutzung soll nur im notwendigen Umfang erfolgen.

Mit der BauGB-Novelle 2013 ist klarstellend[85] ein Begründungsgebot für Fälle der Umwandlung landwirtschaftlich oder als Wald genutzter Flächen eingefügt worden (§ 1a II 4 BauGB)[86]. Der Begründung sollen Ermittlungen zu den Möglichkeiten der Innenentwicklung zu Grunde gelegt werden, zu denen insbes Brachflächen, Leerstand in Gebäuden, Baulücken und Nachverdichtungspotenziale zählen können.

854 Die Bodenschutzklausel stellt weder ein Versiegelungsverbot noch eine Baulandsperre dar[87]; das Gebot des sparsamen und schonenden Umgangs mit Grund und Boden beinhaltet vielmehr die Forderung, dass vorrangig bereits bebaute Flächen auf die Möglichkeit einer Neubeplanung hin überprüft und bislang unbebaute Flächen nur zurückhaltend in Anspruch genommen werden sollen[88]. Der Bodenschutz ist gem. § 1a II 3 BauGB in der **Abwägung** nach § 1 VII BauGB zu berücksichtigen; damit wird klargestellt, dass dem Bodenschutz kein erhöhtes Gewicht in der Abwägung, etwa iSe Optimierungsgebotes, (mehr) zukommt, wie dies in der Vergangenheit weiterhin angenommen wurde[89].

Die Bodenschutzklausel steht im Zusammenhang mit der Konzeption des Bundes-Bodenschutzgesetzes (BBodSchG)[90], das nach § 3 I Nr 9 BBodSchG keine Anwendung findet, soweit das Städtebaurecht Einwirkungen auf den Boden regelt. Der Gesetzgeber geht mithin davon aus, dass die fachlichen Anliegen des BBodSchG unmittelbar und ausschließlich im Städtebaurecht umgesetzt werden können[91]. Bedeutung kommt dagegen den Grenzwerten der BBodSchV zu, weil sie (rechtlich unverbindlich) Entscheidungshilfen für die bauleitplanerische Abwägung liefern[92]. Weitere Regelungen im BauGB sind die um den Aspekt des Bodens erweiterten Darstellungs- und Festsetzungsmöglichkeiten in § 5 II Nr 10 BauGB bzw § 9 I Nr 20 und Nr 24 BauGB, die Bodenschutzklausel in § 35 V 1 BauGB und das Rückbau- und Entsiegelungsgebot in § 179 BauGB.

c) Städtebaurecht und das Recht der Umweltschutzplanungen

855 Für das Verhältnis des Städtebaurechts, hier vornehmlich des Rechts der Bauleitplanung, zu den Umweltschutzplanungen, lässt sich exemplarisch auf die Beziehung der **Bauleitplanung** zur **Landschaftsplanung** verweisen[93]. Von zentraler Bedeutung sind insoweit – aus bauleitplanerischer Sicht – die Bestimmungen des § 1 VI Nr 7 Buchst. g BauGB und des § 2 IV 6 BauGB (für beide Planungsebenen), des § 5 II

85 Vgl *Battis*, in: Battis/Krautzberger/Löhr, BauGB, § 1a Rn 10a.
86 Dazu *Schwarz*, UPR 2013, 408.
87 Ebenso *Götze/Müller*, ZUR 2008, 8 (9).
88 *Bönker*, in: Hoppe/Bönker/Grotefels, ÖffBauR, § 5 Rn 113; auch *Peine*, ÖffBauR, Rn 560.
89 Deutlich BVerwG, ZfBR 2008, 689 (689); auch OVG Schleswig, NordÖR 2005, 465 (467); *Brohm*, ÖffBauR, § 13 Rn 11; *Dirnberger*, in: Jäde/Dirnberger/Weiß, BauGB, § 1a Rn 5; anders hingegen *Peine*, ÖffBauR, Rn 559; *Koch*, in: Koch/Hendler, Baurecht, § 17 Rn 43; allg. Rn 997.
90 Vgl BT-Drs. 13/6701 und 13/7891; auch *Brandt*, DÖV 1996, 675 und *Rid/Petersen*, NVwZ 1994, 844; systematisierend *Schlacke*, Umweltrecht, § 13 Rn 6 f.
91 *Erbguth/Schubert*, BeckOK Umweltrecht, BBodSchG, § 3 Rn 16; *Battis*, in: Battis/Krautzberger/Löhr, BauGB, § 1a Rn 3.
92 *Kratzenberg*, UPR 1997, 177 (180); vgl hierzu auch *Louis/Wolf*, NuR 2002, 61 (69 ff).
93 Näher dazu etwa *Schrödter/Wahlhäuser*, in: Schrödter, BauGB, § 1 Rn 410 ff.

Nr 10 BauGB (für den Flächennutzungsplan) und des § 9 I Nr 20 BauGB (für den Bebauungsplan)[94].

§ 1 VI Nr 7 Buchst. g BauGB trifft auf der Grundlage des Art. 74 I Nr 18 GG eine abschließende Regelung im Verhältnis der Bauleitplanung zu den umweltschützenden Fachplanungen in Form eines Gebots zur **Berücksichtigung** ihrer Inhalte **im Rahmen der bauleitplanerischen Abwägung.** Das Verfahren zur Aufstellung und der Inhalt dieser nicht abschließend aufgezählten Planungen sind dagegen in den jeweiligen Fachgesetzen des Bundes und ggf konkretisierenden Landesgesetzen normiert.

aa) Landschaftsplanung. Landschaftsplanungsrecht ist Naturschutz- und Landschaftspflegerecht iSv Art. 74 I Nr 29 GG und damit Gegenstand der konkurrierenden Gesetzgebungskompetenz des Bundes unter Abweichungsvorbehalt zugunsten der Länder nach Art. 72 III 1 Nr 2 GG. Das BNatSchG enthält bundesweite Regelungen zum Inhalt und zum Verfahren der Aufstellung von Landschaftsplänen.   **856**

Die Landschaftsplanung als Fachplanung des Naturschutzrechts[95] ist im Gegensatz zur Bauleitplanung lediglich mittelbar (§ 2 III BNatSchG) zu einer Berücksichtigung weiterer Belange verpflichtet; auch muss sie ihre Aussagen nicht auf die Bodennutzung beschränken. Die Darstellungen der Landschaftspläne haben sich daher erst bei Integration in die Bauleitplanung und damit im Rahmen des bauleitplanerischen Abwägungsvorgangs anderen Bodennutzungsansprüchen zu stellen[96]. Die Aufgaben, die inhaltliche Ausgestaltung und das Verfahren der örtlichen Landschaftsplanung richten sich nach §§ 9 ff BNatSchG.

Das Verhältnis der Landschaftsplanung zur Bauleitplanung wird durch das in § 1 VI Nr 7 Buchst. g BauGB bzw in § 11 III BNatSchG verankerte **Berücksichtigungsgebot** bestimmt. Dieses verpflichtet die Gemeinde dazu, sich mit den Darstellungen eines vorhandenen Landschaftsplans im Rahmen des Bauleitplanverfahrens auseinanderzusetzen; gefordert ist also eine ordnungsgemäße Abwägung[97]. Ihren näheren Niederschlag wird die Berücksichtigung regelmäßig in der Begründung zum Bauleitplan finden (müssen).   **857**

bb) Sonstige Umweltschutzplanungen[98]**.** Die von § 1 VI Nr 7 Buchst. g BauGB neben den Landschaftsplänen ausdrücklich erwähnten Pläne des **Wasserrechts** sind in § 82 WHG als Maßnahmenprogramme und in § 83 WHG als Bewirtschaftungspläne geregelt[99]. **Pläne des Immissionsschutzrechts** bilden die Luftreinhaltepläne und die „Kurzfrist-Luftreinhaltepläne"[100] nach § 47 BImSchG, ferner die Lärmaktionspläne nach § 47d BImSchG[101]. Auch für diese Fachpläne des Umweltschutzrechts gilt gem. § 1 VI Nr 7 Buchst. g BauGB, dass ihre Darstellungen in der Abwägung nach   **858**

---

94 Auch *Kment*, UPR 2007, 85 (89).
95 Mit (der hier einschlägigen) Querschnittsorientiertheit, vgl zu alldem *Schlacke*, Umweltrecht, § 10 Rn 24 ff; *Schmidt/Kahl/Gärditz*, Umweltrecht, § 10 Rn 22 ff.
96 Vgl § 11 III BNatSchG.
97 Dazu näher Rn 993 ff.
98 S. hierzu den Überblick bei Scheidler, ZfBR 2014, 125.
99 Näher *Schlacke*, Umweltrecht, § 11 Rn 31 ff.
100 Bezeichnung bei *Jarass*, BImSchG, § 47 Rn 4; dazu auch *Schmidt/Kahl/Gärditz*, Umweltrecht, § 7 Rn 170 ff.
101 Dazu *Schmidt/Kahl/Gärditz*, Umweltrecht, § 7 Rn 174 f.

§ 1 VII BauGB zu berücksichtigen sind[102]. Entsprechendes folgt aus den Berücksichtigungsgeboten der §§ 47 VI 2, 47d VI BImSchG.

In besonderen Fällen kann aber aus Gründen der Unionsrechtskonformität eine gesteigerte Bindungswirkung planungsrechtlicher Festlegungen in den „Kurzfrist-Luftreinhalteplänen" bis hin zur strikten Verbindlichkeit eintreten – insbes. dann, wenn der in der planungsrechtlichen Festlegung (des Aktionsplans) behandelte Immissionskonflikt gesundheitsschützende Grenzwerte des EU-Rechts betrifft und der nachfolgende Bebauungsplan das einzige Mittel zur Sicherstellung ihrer Einhaltung bietet[103].

Das Kreislaufwirtschaftsgesetz schreibt in § 30 I 1 die Verpflichtung der Länder fest, für ihren Bereich **Abfallwirtschaftspläne** aufzustellen[104].

Die Darstellungen dieser Pläne sind im Rahmen der bauleitplanerischen Abwägung als Belange zu berücksichtigen, soweit nicht gem. § 30 IV iVm I 4, 3 Nr 2 KrWG die Flächen für Abfallbeseitigungsanlagen zur Endablagerung von Abfällen (Deponien) ua für verbindlich erklärt worden sind[105]. Im Fall einer derartigen Verbindlicherklärung hat die abfallplanerische Darstellung Vorrang gegenüber der bauleitplanerischen Abwägung[106].

d) Städtebaurecht und naturschutzrechtliche Eingriffsregelung

859 Auch die Wahrung der naturschutzrechtlichen Eingriffsregelung (§§ 14 ff BNatSchG) kann Voraussetzung für die rechtmäßige Aufstellung, Änderung, Ergänzung und Aufhebung von Bauleitplänen sein[107]. § 1a III 1 BauGB verpflichtet die Gemeinde, die Vermeidung und den Ausgleich voraussichtlich erheblicher Beeinträchtigungen des Landschaftsbildes sowie der Leistungs- und Funktionsfähigkeit des Naturhaushalts in seinen in § 1 VI Nr 7 Buchst. a BauGB bezeichneten Bestandteilen in der Abwägung nach § 1 VII BauGB zu berücksichtigen.

Durch die **Integration** der Eingriffsregelung in die Bauleitplanung und die damit einhergehende Modifizierung des naturschutzrechtlichen Instruments ist dieses zu einem auf Art. 74 I Nr 18 GG gestützten bodenrechtlichen Institut geworden[108]. Die Anwendbarkeit der Eingriffsregelung als solche, ihr „Ob", ergibt sich weiterhin aus dem BNatSchG. Nachfolgend geht es vorrangig um ihre bauplanungsrechtsspezifische Ausprägung.

860 Das BNatSchG selbst regelt in § 18 I das Verhältnis der naturschutzrechtlichen Eingriffsregelung zur Bauleitplanung: Sind auf Grund der Aufstellung, Änderung, Ergänzung oder Aufhebung von Bauleitplänen Eingriffe in Natur und Landschaft zu erwarten, ist über die Vermeidung, den Ausgleich und den Ersatz nach den Vorschriften des BauGB zu entscheiden. Die Regelung schließt die Anwendung der naturschutzrechtlichen Eingriffsregelung nach §§ 14 ff BNatSchG im abschließenden **Baugenehmigungsverfahren** (oder auch immissionsschutzrechtlichen Genehmigungsver-

---

102   Vgl Rn 857; hierzu *Scheidler*, BauR 2012, 439.
103   *Jarass*, BImSchG, § 47 Rn 57; *Cancik*, DVBl. 2008, 546 (552 f).
104   Dazu *Erbguth*, in: Jarass/Petersen (Hrsg.), Kreislaufwirtschaftsgesetz, 2014, § 30 Rn 1 ff; *Schmidt/Kahl/Gärditz*, Umweltrecht, § 11 Rn 119.
105   Näher zur Verbindlicherklärung *Erbguth*, aaO, Rn 85 ff.
106   Insoweit gilt § 6 II bzw. § 10 II iVm § 6 II BauGB, vgl § 3 Rn 8.
107   *Stich*, WiVerw 2002, 65, 78; auch (allgemein) *Schlacke*, Umweltrecht, § 10 Rn 31 ff; zum Verhältnis von naturschutzrechtlicher Eingriffsregelung und Baurecht etwa *Scheidler*, ZfBR 2011, 228; *ders.*, ZUR 2019, 145; *Mitschang*, BauR 2011, 33; *Schmidt/Kahl/Gärditz*, Umweltrecht, § 10 Rn 49 ff.
108   Hierzu *Lüers*, UPR 1996, 401 (403); auch Rn 809.

fahren) für den sog. Innenbereich aus und **verlagert** sie von dort in die **Bauleitplan-verfahren** (Flächennutzungsplan und insbes. Bebauungspläne), die auf diesem Wege deutlich **ökologischer** ausgestaltet werden[109].

Wie alle anderen im Bauleitplanverfahren zu prüfenden Belange unterliegen auch Naturhaushalt und Landschaftsbild der **Abwägung** nach § 1 VII BauGB, was durch § 1a III 1 BauGB ausdrücklich angeordnet wird. Im Näheren hat das BVerwG[110] insoweit klargestellt, dass weder die Vermeidung noch der Ausgleich und auch nicht der Ersatz von Eingriffen abstrakten Vorrang vor den in der Bauleitplanung zu berücksichtigenden anderen Belangen genießen. Die Annahme eines Optimierungsgebotes[111] wird ebenfalls vom Gericht abgelehnt.   861

Um zu einer gerechten Abwägung der Belange des Naturschutzes und der Landschaftspflege zu gelangen, bedarf es zunächst einer Bestandsaufnahme von Natur und Landschaft; Gegenstand der Abwägung ist des Weiteren das naturschutzrechtliche Vermeidungsgebot des § 15 I BNatSchG, welches verlangt, Beeinträchtigungen auf das notwendige Maß zu reduzieren; es ist also als Gebot der Eingriffsminimierung zu verstehen. Alsdann sind Art und Umfang des Ausgleichs in Abwägung mit anderen, insbes. konfligierenden Belangen zu bestimmen.   862

§ 1a III 2–6 BauGB regelt die unterschiedlichen **Möglichkeiten**, den **Ausgleich** der zu erwartenden Beeinträchtigungen von Natur und Landschaft herbeizuführen. Darüber hinaus enthält die Vorschrift eine Klarstellung der Fälle, in denen ein Ausgleich nicht erforderlich ist. Auf die Bestimmung und ihre Konkretisierung zur Ausgleichspflicht wird an anderen Stellen des BauGB jeweils Bezug genommen; sie ist damit **zentrale Norm** für die Integration der Eingriffsregelung in das BauGB. Der nach § 1a III 2–6 BauGB gebotene Umfang des Ausgleichs ergibt sich aus den zuvor umrissenen Abwägungsgrundsätzen des § 1a III 1 BauGB.   863

Daran ändert auch der Umstand nichts, dass im Gefolge der BauGB-Novelle 2013 zur Schonung land- oder forstwirtschaftlich genutzter Flächen deren Inanspruchnahme für Kompensationsmaßnahmen unter den Vorbehalt der Rücksichtnahme auf agrarstrukturelle Belange gestellt worden ist[112].

Abs. 3 des § 1a BauGB eröffnet verschiedene **Modalitäten** des Ausgleichs, etwa im Wege geeigneter Darstellungen nach § 5 BauGB als Flächen zum Ausgleich und Festsetzungen nach § 9 BauGB als Flächen oder Maßnahmen zum Ausgleich (S. 2). Derartige Darstellungen und Festsetzungen können auch an anderer Stelle als am Ort des Eingriffs erfolgen, soweit dies mit einer geordneten städtebaulichen Entwicklung und den Zielen der Raumordnung sowie des Naturschutzes und der Landschaftspflege vereinbar ist (S. 3). In Betracht kommen außerdem vertragliche Vereinbarungen gem. § 11 BauGB sowie sonstige geeignete Maßnahmen zum Ausgleich auf von der Gemeinde bereitgestellten Flächen (S. 4, zweiter Fall)[113].   864

---

109 Wohl allgemeine Auffassung, vgl *Schink*, BauR 1998, 1163 (1175); *Wolf*, ZUR 1998, 183 (190); *Brohm*, FS Hoppe, S. 511 (514); *Gassner*, NuR 1999, 79.
110 BVerwGE 104, 68 (74).
111 Dazu Rn 997.
112 § 1a IV 5 BauGB ordnet die entsprechende Anwendung des § 15 III BNatSchG an (sog. Agrarklausel), dazu *Battis*, in: Battis/Krautzberger/Löhr, BauGB, § 1a Rn 27a; *Dirnberger*, in: Spannowsky/Uechtritz, BauGB, § 1a Rn 33a.
113 Hierzu BVerwGE 117, 58.

865 § 1a III 6 BauGB stellt schließlich klar, dass ein Ausgleich **nicht erforderlich** ist, soweit die Eingriffe bereits vor der planerischen Entscheidung erfolgt sind oder zulässig waren, etwa auf Grund von § 34 BauGB[114]. Da nur die Ausgleichspflicht suspendiert ist, bleibt die Pflicht zur Vermeidung bzw Minimierung des Eingriffs hiervon unberührt[115]. Auch **Bebauungspläne der Innenentwicklung**[116] sind zT nach § 13a II Nr 4 BauGB freigestellt[117]; Entsprechendes gilt nunmehr auch für die Bebauungspläne nach § 13b BauGB, mit denen Außenbereichsflächen überplant werden, die sich an im Zusammenhang bebaute Ortsteile anschließen.

866 § 200a BauGB ergänzt § 1a III 3 BauGB, indem er einen eigenständigen **städtebaulichen Ausgleichsbegriff** einführt: Nach S. 1 werden die Begriffe des Ausgleichs und des Ersatzes (vgl § 15 II BNatSchG) unter dem Oberbegriff des städtebaulichen Ausgleichs iSd § 1a III BauGB zusammengefasst. Die in § 15 II 1–3 BNatSchG angelegte Differenzierung spielt damit im Kontext der Bauleitplanung keine Rolle. Des Weiteren entbindet § 200a S. 2 BauGB von dem Erfordernis eines unmittelbaren räumlichen Zusammenhangs zwischen Eingriff und Ausgleich, soweit dies mit einer geordneten städtebaulichen Entwicklung und den Zielen der Raumordnung sowie des Naturschutzes und der Landschaftspflege vereinbar ist.

e) Städtebaurecht und europäisches Habitatschutzrecht

867 Zu den in der bauleitplanerischen Abwägung ebenfalls zu berücksichtigenden Umweltschutzbelangen zählen gem. § 1 VI Nr 7 Buchst. b BauGB die **Erhaltungsziele und der Schutzzweck der Natura 2000-Gebiete** iSd BNatSchG[118]. Soweit ein solches Gebiet in seinen für die Erhaltungsziele oder den Schutzzweck maßgeblichen Bestandteilen erheblich beeinträchtigt werden kann, sind nach § 1a IV BauGB die Vorschriften des BNatSchG über die Zulässigkeit oder Durchführung von derartigen Eingriffen einschließlich der Einholung der Stellungnahme der EU-Kommission anzuwenden. Der Verweis zielt auf §§ 34, 36 BNatSchG, welche eine entsprechende Verträglichkeitsprüfung anordnen. Im Fall der festgestellten Unverträglichkeit kann das Projekt oder der Plan unter bestimmten Voraussetzungen trotzdem zugelassen werden[119].

Die skizzierten Regelungen gehen – wie diejenigen zur SUP und UVP – auf Vorgaben des Unionsrechts zurück, namentlich auf die **Vogelschutzrichtlinie (VRL)**[120] sowie die **Fauna-Flora-Habitat-Richtlinie (FFH-RL)**[121].

---

114 Dazu BVerwG, BauR 2007, 335 (335): reine Rechtsfrage ohne kommunalen Einschätzungsspielraum, ob hiernach Bebauung zulässig war; zu § 34 vgl Rn 1141 ff.

115 *Uechtritz*, BauR 2007, 476 (482); *Tomerius*, ZUR 2008, 1 (6).

116 Zu diesen Rn 943 f; bereits Rn 846.

117 Dazu *Rieger*, in: Schrödter, BauGB, § 13a Rn 36.

118 Hierbei handelt es sich nach der Legaldefinition in § 7 I Nr 8 BNatSchG um Gebiete von gemeinschaftlicher Bedeutung (sog FFH-Gebiete) und Europäische Vogelschutzgebiete; vgl auch *Schlacke*, Umweltrecht, § 10 Rn 52 ff; *Weidemann/Krappel*, EurUP 2011, 61 (62).

119 Näher Rn 872 f; dazu auch *Mitschang/Wagner*, DVBl. 2010, 1257; *Reidt*, NVwZ 2010, 8.

120 RL 2009/147/EG v. 30.11.2009 über die Erhaltung der wildlebenden Vogelarten, ABl. EU L 20/7; mit der RL wurde die ursprüngliche Vogelschutzrichtlinie 79/409/EWG v. 2.4.1979, ABl. EG L 103/1, aufgehoben und kodifiziert.

121 RL 92/43/EWG v. 21.5.1992 zur Erhaltung der natürlichen Lebensräume sowie der wildlebenden Tiere und Pflanzen, ABl. EG Nr L 206, S. 7, v. 22.7.1992, zuletzt geändert durch RL 2013/17/EU v. 13.5.2013, ABl. EU L 158/193.

Die von § 1 VI Nr 7 Buchst. b BauGB angeordnete Berücksichtigung ist iSv **Unter-** **868** **stützung** zu verstehen. Dies kann etwa dadurch geschehen, dass Ausgleichsmaßnahmen, die bauleitplanerisch in Anwendung der naturschutzrechtlichen Eingriffsregelung getroffen werden, einen Beitrag zur Ergänzung des europarechtlich beabsichtigten **Biotopverbundsystems** leisten[122].

Obschon die unionsrechtliche Pflicht zur Durchführung einer **FFH-Verträglichkeits-** **869** **prüfung**[123] auch Bauleitpläne erfassen kann, findet sich weder im BauGB noch im BNatSchG eine explizite Anordnung entsprechenden Gehalts[124]; sie lässt sich aber §§ 1a IV, 1 VI Nr 7 Buchst. b BauGB im Wege der Auslegung entnehmen[125]: So bedingt die dort vorgesehene Berücksichtigung der Erhaltungsziele bzw des Schutzzwecks im Rahmen der Abwägung notwendig eine ordnungsgemäße Zusammenstellung des insoweit relevanten Abwägungsmaterials. Eine fehlerfreie Abwägung setzt daher voraus, dass zunächst die Auswirkungen, die sich aus den planerischen Darstellungen bzw Festsetzungen für ein betroffenes Schutzgebiet ergeben können, ermittelt werden[126].

Das Erfordernis einer Verträglichkeitsprüfung besteht ferner nicht erst bei positiver Feststellung einer Gebietsbeeinträchtigung, sondern bereits dann, wenn erhebliche Beeinträchtigungen eines Schutzgebiets durch planerische Ausweisungen nicht ausgeschlossen werden können[127]. Derartige Einwirkungen sind auch bei einem Bauleitplan möglich, dessen Plangebiet außerhalb des Schutzgebietes liegt; eine, und sei es nur partielle, räumliche Überschneidung von Plangebiet und Schutzgebiet ist keine notwendige Voraussetzung[128].

Das BVerwG verselbstständigt diese Prüfung, obwohl hierfür nach Art. 6 III 1 FFH-RL und § 34 I BNatSchG kein zwingender Anlass besteht, gegenüber der eigentlichen Verträglichkeitsprüfung zu einer „FFH-Vorprüfung", diese löst die eigentliche (Verträglichkeits-)Prüfung – einengend – nur bei „offensichtlich" nicht ausschließbaren Beeinträchtigungen der vorstehend beschriebenen Art aus[129]. Dergestalt soll sich die Vorprüfung auf die Frage richten, ob „nach Lage der Dinge ernsthaft die Besorgnis nachteiliger Auswirkungen" besteht[130]. Einer formalisierten Durchführung der Vorprüfung soll es indes nicht bedürfen[131].

Eine vollständige Verlagerung der FFH-Verträglichkeitsprüfung auf die nachfolgende Ebene der Vorhabenzulassung (zB in ein immissionsschutzrechtliches Genehmigungsverfahren)[132] er-

---

122 *Gellermann*, in: Schrödter, BauGB, § 1a Rn 132.
123 Art. 6 III FFH-RL; zum Stand der Rspr zur FFH-Verträglichkeitsprüfung in der Bauleitplanung *Mitschang/Wagner*, DVBl. 2010, 1257; allg. insoweit *Schwarz*, Die Umweltprüfung im gestuften Planungsverfahren, 2011, S. 11 f.
124 *Gellermann*, in: Schrödter, BauGB, § 1a Rn 136; § 1a IV BauGB knüpft stattdessen an die Folgen eines negativen Prüfergebnisses an (erhebliche Beeinträchtigung), vgl dazu näher *Erbguth/Schubert*, ÖffBauR, § 3 Rn 80.
125 *Gellermann*, in: Schrödter, BauGB, § 1a Rn 136; s. auch BVerwG, NVwZ 2015, 1452 Rn 35.
126 *Erbguth*, NuR 2000, 130 (131); *Gellermann*, in: Landmann/Rohmer, Umweltrecht, BNatSchG, § 36 (2011) Rn 8 ff.
127 *Epiney*, UPR 1997, 303 (308); *Erbguth/Stollmann*, DVBl. 1997, 453; *Beckmann/Lambrecht*, ZUR 2000, 1 (2); *Cosack*, UPR 2002, 250 (251).
128 *Düppenbecker/Greiving*, UPR 1999, 173 (176).
129 BVerwG, NVwZ 2008, 210, 211, unter Hinweis auf BVerwGE 128, 1; bestätigt durch BVerwGE 140, 149.
130 Wie vor.
131 BVerwGE 140, 149 (Ls. 5).
132 BVerwG, NVwZ 2015, 1452 Rn 35.

scheint schon aus unionsrechtlichen Gründen bedenklich und dürfte auch unter Rückgriff auf die Grundsätze zulässiger Konfliktverlagerung nicht zu rechtfertigen sein[133].

870   Die Verträglichkeitsprüfung ist gem. § 1 VI Nr 7 Buchst. b BauGB am Maßstab der Erhaltungsziele oder des Schutzzwecks der Natura 2000-Gebiete vorzunehmen[134]. Als Erhaltungsziele definiert § 7 I Nr 9 BNatSchG Ziele, die im Hinblick auf die Erhaltung oder Wiederherstellung eines günstigen Erhaltungszustands eines natürlichen Lebensraumtyps von gemeinschaftlichem Interesse, einer in Anhang II der Richtlinie 92/43/EWG oder in Artikel 4 Absatz 2 oder Anhang I der Richtlinie 2009/147/EG aufgeführten Art für ein Natura 2000-Gebiet festgelegt sind. Bei Schutzgebieten iSd § 20 II BNatSchG ist der Prüfungsmaßstab gem. §§ 34 I 2, 36 S. 1Nr 2 BNatSchG dem in der Unterschutzstellung niedergelegten Schutzzweck und den dazu erlassenen Vorschriften zu entnehmen, wenn hierbei die jeweiligen Erhaltungsziele bereits berücksichtigt wurden.

871   Nach § 1a IV BauGB iVm §§ 36 S. 1, 34 II BNatSchG ist die Bauleitplanung **unzulässig**, wenn die Verträglichkeitsprüfung ergibt, dass der Plan zu erheblichen Beeinträchtigungen eines Natura 2000-Gebietes in seinen für die Erhaltungsziele oder den Schutzzweck maßgeblichen Bestandteilen führen kann. Das negative Ergebnis der Verträglichkeitsprüfung stellt somit ein der Abwägung nicht zugängliches **Planungshindernis** dar[135]. Erneut ist eine positive Feststellung erheblicher Beeinträchtigungen nicht erforderlich; in Ansehung des Normwortlauts („führen kann") genügt die Möglichkeit einer Beeinträchtigung[136].

872   Die in Art. 6 IV FFH-RL enthaltenen **Ausnahmetatbestände**, die es ermöglichen, einen Plan trotz fehlender Erhaltungszielkonformität zuzulassen, sind durch § 34 III–V BNatSchG umgesetzt worden; auf diese Vorschriften verweist § 1a IV BauGB. Die Zulassungsfähigkeit eines Plans hängt zunächst gem. § 34 III Nr 1 BNatSchG davon ab, dass seine Realisierung aus **zwingenden Gründen des überwiegenden öffentlichen Interesses**, einschließlich solcher sozialer oder wirtschaftlicher Art, notwendig ist. Der Verweis auf das öffentliche Interesse schließt eine Zulassung zugunsten ausschließlich privater Belange aus[137].

Zu den Gründen des öffentlichen Interesses zählen jedenfalls die in § 34 IV BNatSchG genannten Belange der Gesundheit des Menschen, der öffentlichen Sicherheit, der maßgeblichen günstigen Auswirkungen für die Umwelt, aber auch solche wirtschaftlicher oder sozialer Art[138].

873   Sind zwingende Gründe des öffentlichen Interesses[139] vorhanden, muss die dann vorzunehmende **Abwägung** zu dem Ergebnis führen, dass den Gemeinwohlbelangen

---

133   Überzeugend *Gellermann*, in: Schrödter, BauGB, § 1a Rn 142 f.
134   Eingehend zur Durchführung der Verträglichkeitsprüfung *Gellermann*, in: Schrödter, BauGB, § 1a Rn 144 ff.
135   Insofern kann auch von einem (externen) Planungsleitsatz gesprochen werden; Rn 995.
136   IdS auch *Schink*, UPR 1999, 417 (425); anders *Jarass*, ZUR 2000, 183 (187).
137   *Ramsauer*, NuR 2000, 601 (603); *Jarass*, ZUR 2000, 183 (187); *Gellermann*, in: Landmann/Rohmer, Umweltrecht, BNatSchG, § 34 (2014) Rn 38.
138   Vgl *Gellermann*, in: Landmann/Rohmer, Umweltrecht, BNatSchG, § 34 (2014) Rn 39.
139   Dazu *Ramsauer*, in: Erbguth (Hrsg.), Europäisierung des nationalen Umweltrechts: Stand und Perspektiven, 2001, S. 107 (119); *Beckmann/Lambrecht*, ZUR 2000, 1 (5); *Cosack*, UPR 2002, 250 (254); *Weidemann/Krappel*, EurUP 2011, 106 ff; BVerwGE 110, 302 (314).

Vorrang gegenüber den Belangen des Naturschutzes zukommt[140]. Alsdann ist gem. § 34 III Nr 2 BNatSchG zu ermitteln, ob nicht zumutbare **Alternativen**, den mit dem Plan verfolgten Zweck an anderer Stelle ohne oder mit geringeren Beeinträchtigungen zu erreichen, gegeben sind. Die Pflicht zur Ermittlung von Alternativlösungen ist dabei auf das Hoheitsgebiet des Planungsträgers beschränkt[141].

Eine Alternative idS muss zwingend gewählt werden, es sei denn, sie ist „unzumutbar". Daraus ergibt sich, dass die gebotenen Vermeidungsaktivitäten nicht außerhalb jedes vernünftigen Verhältnisses zu dem damit erzielbaren Gewinn für Natur und Umwelt stehen dürfen[142]. Scheidet nach jener Betrachtungsweise eine zumutbare Alternativlösung aus, ist der Bauleitplan gem. § 34 III BNatSchG zulässig[143].

Soll ein Bauleitplan nach den Bestimmungen der §§ 36, 34 III, auch iVm Abs. 4 BNatSchG, ausnahmsweise beschlossen werden, verlangt § 34 V 1 BNatSchG, dass die zur **Sicherung der Kohärenz** von Natura 2000 notwendigen Maßnahmen vorzusehen sind[144]. Ferner hat das BMU die **Kommission** der EU über die getroffenen Maßnahmen zu unterrichten, § 34 V 2 BNatSchG.

II. Bauordnungsrecht

1. Bauordnungsrecht und Recht der Gefahrenabwehr

Bauordnungsrecht ist in erster Linie **Gefahrenabwehrrecht**. Als **Sonderordnungs-** **874** **recht** steht es im Verhältnis der Spezialität zum allgemeinen Polizei- und Ordnungsrecht[145]. Dies erweist vornehmlich die bauordnungsrechtliche Generalklausel, wonach bauliche Anlagen die öffentliche Sicherheit und Ordnung, insbes. Leben und Gesundheit, nicht gefährden dürfen[146]. Die Begriffe der öffentlichen Sicherheit und Ordnung entsprechen jenen des (allgemeinen) Gefahrenabwehrrechts[147]. Dessen Normen gelangen indessen nur dann (subsidiär) zur Anwendung, wenn und soweit das Bauordnungsrecht keine speziellen Regelungen bereithält[148]. Das trifft teilw für die Vorschriften über die polizeirechtliche Verantwortlichkeit, etwa als Verhaltens- oder Zustandsstörer, zu[149].

---

140 *Schink*, GewArch 1998, 41 (50); *Apfelbacher/Adenauer/Iven*, NuR 1999, 63 (76); *Louis*, UVP-report 2001, 61 (65).
141 *Gellermann*, in: Schrödter, BauGB, § 1a Rn 157.
142 BVerwGE 110, 302; *Halama*, NVwZ 2001, 506 (511); *Hoppe*, UPR 1999, 426 (429); *Weihrich*, DVBl. 1999, 1697 (1703); auch BVerwG, BauR 2004, 966.
143 Besondere Zulässigkeitsvoraussetzungen gelten nach § 34 IV BNatSchG für den Fall, dass von dem Bauleitplan prioritäre Arten oder Lebensraumtypen (vgl § 7 I Nr 4 u. 5 BNatSchG) beeinträchtigt zu werden drohen; dazu *Erbguth/Schubert*, ÖffBauR, § 3 Rn 88.
144 Hierzu *Gellermann*, Natura 2000 – Europäisches Habitatschutzrecht und seine Durchführung in der Bundesrepublik Deutschland, 2. Aufl. 2001, S. 94 ff.
145 *Peine*, ÖffBauR, Rn 1007; *Oldiges/Brinktrine*, Baurecht, Rn 284; zum allgemeinen Polizei- und Ordnungsrecht Rn 373 ff; bereits Rn 804.
146 Rn 1257.
147 Polizei- und Ordnungsrecht der Länder, vgl vorstehend und *Grotefels*, in: Hoppe/Bönker/Grotefels, ÖffBauR, § 15 Rn 12; näher Rn 421 ff.
148 *Brohm*, ÖffBauR, § 4 Rn 3; *Peine*, ÖffBauR, Rn 1004.
149 *Brohm*, aaO; *Grotefels*, in: Hoppe/Bönker/Grotefels, ÖffBauR, § 16 Rn 9; dazu Rn 1345.

2. Bauordnungsrecht und Fachrecht

875 Die Bestimmung des Verhältnisses von Bauordnungsrecht und sonstigem Fachrecht wird vor allem dort relevant, wo die Frage nach der Stellung der Baugenehmigung im Gefüge parallel erforderlicher Erlaubnisse und Bewilligungen aufgeworfen ist. So bedürfen bestimmte Vorhaben neben der Baugenehmigung etwa einer gaststättenrechtlichen oder (sonstigen) gewerberechtlichen Erlaubnis[150]. Weitere Genehmigungserfordernisse können sich aus dem Denkmalschutzrecht oder dem Waldrecht ergeben.

Uneinheitlich beantwortet wird in diesem Zusammenhang die Frage, ob die Baugenehmigung den „Schlusspunkt" der – insoweit für (genehmigungsbedürftige) Bauvorhaben durchzuführenden – öffentlich-rechtlichen Zulassungsprüfungen setzt und dementsprechend die Zulässigkeit eines Vorhabens abschließend und damit umfassend feststellt (**„Schlusspunkttheorie"**)[151] – oder ob die Baugenehmigung bereits erteilt werden kann, wenn andere parallel erforderliche Genehmigungen noch ausstehen[152]. Die MBO 2002 folgt der überwiegenden Auffassung in der Rspr und hat sich von der Schlusspunkttheorie verabschiedet[153]. Die Kontroverse ist freilich nur dort von Bedeutung, wo das Landesrecht hierzu keine ausdrückliche Regelung trifft; das aber ist inzwischen überwiegend der Fall[154].

Neue – begrüßenswerte – Wege beschreiten indes die BauOen in Brandenb., Hamb. sowie (eingeschränkt) in Bay und M.V.: Die Einführung einer **Konzentrationswirkung der Baugenehmigung**[155] räumt weitgehend mit der auch rechtlich unökonomischen Verfahrensparallelität auf; denn danach schließt die Baugenehmigung weitere Entscheidungen ein, die für das Vorhaben erforderlich sind[156].

Wiederholungs- und Verständnisfragen

1. *Wie unterscheidet sich die Gesamt- von der Fachplanung?* **Rn 835 ff**
2. *Was besagt das Gegenstromprinzip und wo ist es geregelt?* **Rn 838**
3. *Wie ist das Verhältnis zwischen UVP und SUP im Baurecht ausgestaltet und welche verfahrenstechnischen Anforderungen sind an Letztere zu stellen?* **Rn 847, 850–852**
4. *Inwiefern beeinflussen die Bodenschutzklausel und die naturschutzrechtliche Eingriffsregelung die Bauleitplanung?* **Rn 854, 859 ff**

---

150 ZB § 2 I 1 GastG; §§ 30, 33a, 34 GewO.
151 So der 10. Senat des OVG Münster, BauR 2003, 1870.
152 So BVerwG, BauR 2003, 1021; VGH Mannheim, ZfBR 2003, 47 und der 7. Senat des OVG Münster, NVwZ-RR 2002, 564.
153 Dazu Rn 1292; krit. zur Schlusspunkttheorie anhand der BauO RhPf *Beckmann*, VR 2014, 40.
154 Dazu näher Rn 1315.
155 Hierzu bereits *Erbguth*, Grundfragen d. UmweltR, S. 187 ff; auch *Ortloff*, NVwZ 2003, 1218; *ders.*, NVwZ 2004, 934 (937); *Odendahl*, VerwArch 94 (2003), 222.
156 Vgl § 72 I 2 BauO Brandenb.; § 72 II 1 BauO Hamb.; Art. 60 S. 1 Nr 3 BayBO; § 64 S. 1 Nr 3 BauO M.V.: tendenziell (aufgedrängte) umfassende öffentlich-rechtliche Unbedenklichkeitsbescheinigung; *Biermann*, Die neue Bauordnung in Mecklenburg-Vorpommern, 2006, S. 19 ff; *Sauthoff*, NordÖR 2006, 323 (329); näher Rn 1285; krit. *Kaiser*, Bauordnungsrecht, Rn 40, 48, mit dem Argument fachlicher Überforderung der Bauaufsichtsbehörden; dem kann allerdings durch die Beteiligung der betreffenden Fachbehörden im Verfahren entgegengewirkt werden, vgl Rn 1295; näher zum Ganzen *Will*, ÖffBauR, Rn 636 ff.

5. *Wie findet das europäische Habitatschutzrecht Berücksichtigung im Rahmen der Bauleitplanung?* **Rn 867 ff**

§ 26 Die wesentlichen Instrumente des Städtebaurechts im Überblick

Die nähere instrumentelle Ausformung des Städtebaurechts erschließt sich anhand der Bestimmungen des BauGB und des städtebaulichen Nebenrechts dem Groben nach wie folgt:[1]

I. Bauleitplanung und Planersatzvorschriften

Eine wesentliche Unterscheidung trifft das BauGB zwischen der Bauleitplanung, dh der Aufstellung des Flächennutzungsplans und der Bebauungspläne (§§ 1 ff BauGB), und den sog. Planersatzvorschriften, nach denen sich die Zulassung baulicher Vorhaben in nicht qualifiziert beplanten Bereichen bemisst (Innenbereich: § 34 BauGB; Außenbereich: § 35 BauGB[2]). Eine rechtssystematische Verbindung wird durch die Vorschriften über die Zulässigkeit von Vorhaben (§§ 29 ff BauGB) hergestellt:

– Lage (des Vorhabens) im Geltungsbereich eines – qualifizierten – Bebauungsplans: § 30 I BauGB; Sonderfall des vorhabenbezogenen Bebauungsplans: § 30 II BauGB;
– Lage im nicht (qualifiziert) beplanten Innenbereich: § 34 BauGB;
– Lage im nicht (qualifiziert) beplanten Außenbereich: § 35 BauGB[3].

Ergänzend wirkt § 33 BauGB für den Fall, dass sich ein Bebauungsplan in der Aufstellung befindet.

Im Geltungsbereich eines Bebauungsplans kann des Weiteren ein Vorhaben auf Grund einer **Ausnahme** bzw **Befreiung** zugelassen werden (§ 31 BauGB). Entsprechendes gilt in homogen gewachsenen Innenbereichen, dh solchen, bei denen die Eigenart der näheren Umgebung einem der Baugebiete nach der BauNVO entspricht; Ausnahmen und Befreiungen sind nur für Abweichungen von der Art der baulichen Nutzung eröffnet (§ 34 II BauGB).

II. Sicherungsmittel des Städtebaurechts

Mittel der Plansicherung ieS sollen verhindern, dass im Stadium der Planerstellung, also des in der Aufstellung befindlichen, aber noch nicht verbindlichen Bebauungsplans, Vorhaben zugelassen werden (müssen), die im Widerspruch zu den künftigen

876

877

878

---

1 Überblick bei *Beaucamp*, JA 2005, 471.
2 Um eine Ersatzplanung handelt es sich nicht, BVerwGE 32, 173; 119, 25 (30).
3 Als Planersatzvorschrift findet die Regelung im Küstenmeer keine Anwendung, weil in dieser Meereszone die Bauleitplanung ohne Eingemeindung ausgeschlossen ist, vgl zur diesbzgl Kontroverse und weiteren hiermit zusammenhängenden Fragen *Erbguth/Schubert*, LKV 2005, 384 mwN.

Planaussagen stehen, mithin die spätere Planrealisierung erschweren bzw unmöglich machen. Es sind dies die **Veränderungssperre** und die **Zurückstellung von Bauge-suchen** (§§ 14 ff BauGB).

Das gemeindliche **Vorkaufsrecht** – als Sicherungsmittel iwS – richtet sich nicht nur auf den Schutz der Bauleitplanung; über die Möglichkeiten der §§ 24–28 BauGB soll zugleich die kommunale Baupolitik gesteuert werden[4].

III. Planverwirklichende Mittel des Städtebaurechts

879   Das Instrumentarium der Planverwirklichung dient dazu, die bodenrechtlichen Vo-raussetzungen für die **Umsetzung** der städtebaulichen Planung zu schaffen. Da im Bebauungsplan die Nutzungen ungeachtet des Verlaufs der Grundstücksgrenzen in-nerhalb des Plangebiets festgesetzt werden, bedarf es vielfach einer Neuordnung von Grund und Boden als Voraussetzung für die Planrealisierung.

880   Hierauf richten sich vornehmlich **bodenordnende Maßnahmen ieS**, namentlich die Umlegung und die vereinfachte Umlegung, ferner die Enteignung sowie die Erschlie-ßung.

881   Die **Umlegung** (§§ 45 ff BauGB) und die **vereinfachte Umlegung** (§§ 80 ff BauGB[5]) als bodenordnende Maßnahmen ieS dienen dazu, im Geltungsbereich eines Bebauungsplans und innerhalb der im Zusammenhang bebauten Ortsteile gelegene Grundstücke nach Lage, Form und Größe mit den Planfestsetzungen bzw der Umge-bung in Einklang zu bringen.

882   Die städtebauliche Regelung der **Enteignung** durch Verwaltungsakt (Art. 14 III 2 GG)[6] findet sich im Fünften Teil des Allgemeinen Städtebaurechts. Die Enteignung dient (kompetenzgerecht) dazu, Grundstücke einer geordneten städtebaulichen Ent-wicklung zuzuführen, sei es zur Verwirklichung der Festsetzungen eines Bebauungs-plans (§ 85 I Nr 1 BauGB: planakzessorische Enteignung), sei es aus sonstigen Grün-den städtebaulicher Ordnung (§ 85 I Nr 2–6 BauGB).

883   Hiervon zu unterscheiden ist das sog. **Planungsschadensrecht**, das die Folgen plane-rischer Eingriffe in die Bodennutzbarkeit erfasst (§§ 39–44 BauGB); insbes. geht es um Fälle, in denen die Bebaubarkeit oder die sonstige Nutzungsmöglichkeit von Grundstücken im Wege der Änderung oder Aufhebung (bebauungs)planerischer Fest-setzungen eingeschränkt wird[7].

884   **Erschließung** iSd §§ 123–135 BauGB meint die Er- bzw Herstellung der örtlichen Verkehrswege (dh der öffentlichen Straßen, Wege und Plätze), der Grünanlagen, der Kraftfahrzeugstellplätze und Kinderspielplätze, aber auch von Einrichtungen und An-lagen der örtlichen Wasser- und Energieversorgung, der Abwasserbeseitigung sowie zur Absicherung gegen schädliche Umwelteinflüsse, all dies, um die Grundstücke

---

4   Zu alldem näher *Erbguth/Schubert*, ÖffBauR, § 6.
5   Dazu *Kolenda*, ZfBR 2005, 538.
6   Zu Art. 14 GG näher Rn 818 ff.
7   Dazu etwa *Oldiges/Brinktrine*, Baurecht, Rn 140 ff; zur Einordnung im Rahmen des Art. 14 GG vgl Rn 833.

baureif zu machen. Der Erschließungsbeitrag (§§ 127 ff BauGB) stellt den Ausgleich für den Zuwachs wirtschaftlicher Vorteile dar; solche erwachsen dem Grundstückseigentümer durch die Nutzungsmöglichkeit der Erschließungsanlage(n)[8].

Die sonstigen **Planverwirklichungsgebote** sind als Positivpflichten der Bodennutzung in §§ 176–179 BauGB zusammengefasst: Baugebot, Modernisierungs- und Instandsetzungsgebot, Pflanzgebot sowie Rückbau- und Entsiegelungsgebot[9]. Rechtssystematisch sind sie dem Besonderen Städtebaurecht[10] zugeordnet.

885

Aus dem dergestalt ausgeformten Städtebaurecht werden nachfolgend die ausbildungsrelevanten Bereiche des **Rechts der Bauleitplanung** (§ 27) sowie der bauplanungsrechtlichen **Zulässigkeit von Vorhaben** (§ 28) näher behandelt.

§ 27 Das Recht der Bauleitplanung

Fall 23: „Verhinderung einer Zementfabrik"

886

Die Zementbau-GmbH kauft ein bisher landwirtschaftlich genutztes Grundstück, das im Westen und Osten jeweils an ein Landschaftsschutzgebiet grenzt und stellt einen Antrag auf Erteilung der Baugenehmigung zur Errichtung einer Zementfabrik. Der Bürgermeister der Gemeinde (B) weiß, dass die geplante Anlage auf Grund der starken Emissionen ein privilegiertes Vorhaben iSv § 35 I BauGB darstellt. Er glaubt, die Gemeinde sei in solchen Fällen zur Erklärung ihres Einvernehmens nach § 36 BauGB verpflichtet und die Baugenehmigung müsse mit hoher Wahrscheinlichkeit erteilt werden. Um das bisher im Gemeindegebiet ausgewogene Verhältnis zwischen Freiflächen und Siedlungsflächen zu erhalten, ist B fest entschlossen, die Errichtung der Zementfabrik mit allen Mitteln zu verhindern. Er veranlasst den Gemeinderat zur Aufstellung eines Bebauungsplans, der das Grundstück als landwirtschaftliche Fläche ausweist. Nach Ansicht der Zementbau-GmbH verstößt der Plan gegen den Grundsatz der Erforderlichkeit der Bauleitplanung. Hat sie Recht? **Rn 959**

Fall 24: „Aufschwung über alles"

887

Der Stadtrat der von hoher Arbeitslosigkeit betroffenen kreisfreien Stadt F tritt in Verhandlungen mit der Leichtbeton-AG, die in der Region ein neues Gasbetonwerk errichten will. Der Bürgermeister betont dabei, dass die Stadt über ein qualitativ hochwertiges Sandvorkommen im Nordwesten verfüge. Zwar werde der sandhaltige Standort in Richtung Süden und Osten durch zwei Wohngebiete begrenzt; jedoch betrage der Abstand der Bebauung zum zukünftigen Werk jeweils 300 m. Zudem sei angesichts der in Aussicht stehenden Arbeitsplätze kein Widerstand in der Bevölkerung zu erwarten. Die Leichtbeton-AG stellt daraufhin die Errichtung des Werkes in F sowie eine großzügige Unterstützung der städtischen Kulturszene als Sponsor in Aussicht, wenn die Stadt innerhalb eines Vierteljahres die planungsrechtlichen Grundlagen für das Werk schaffe. Daraufhin erlässt die Stadt einen Bebauungsplan, der auf dem Gelände ein Industriegebiet festsetzt. In der Planbegründung wird angeführt, die Chance auf wirtschaftlichen und kulturellen Aufschwung in der Stadt dürfe nicht verspielt werden. Die Anwohner bemängeln demgegenüber, dass der Stadtrat sich

---

8   Näher zum Vorstehenden *Erbguth/Schubert*, ÖffBauR, § 7 Rn 26 ff.
9   Zum Zusammenhang mit Stadtumbaumaßnahmen *Lege*, NVwZ 2005, 880.
10 Dazu *Erbguth/Schubert*, ÖffBauR, § 9.

> nicht über die Gefahr auftretender Geruchsemissionen kundig gemacht habe, obwohl in einer Expertenanhörung die Erstellung eines derartigen Gutachtens dringend empfohlen worden sei. Weist der Bebauungsplan Rechtsfehler auf? **Rn 1041**

888 **Bauleitplanung** kann angesichts der §§ 1, 5, 8, 9 BauGB als Summe der durch Zeichnung, Farben oder Schrift getroffenen rechtserheblichen Normativaussagen beschrieben werden. Diese treffen zum Zwecke städtebaulicher Entwicklung und Ordnung eines bestimmten Gebietes Bodennutzungsregelungen und stehen untereinander in einem *notwendigen* sachlichen Zusammenhang.

I. Aufgabenstellung der Bauleitplanung

889 Ihrer Aufgabe nach ist die Bauleitplanung vor diesem Hintergrund und angesichts § 1 I BauGB auf das dem Städtebaurecht zugrunde liegende **Entwicklungs- und Ordnungsprinzip** ausgerichtet[1]. An Funktionen lassen sich unterscheiden:

– Entwicklungs- und Ordnungsfunktion (iSd Vorbereitung und Leitung einer geordneten, zugleich nachhaltigen[2] städtebaulichen Entwicklung)[3],
– Koordinierungs- und Integrationsfunktion (durch Berücksichtigung sämtlicher für die städtebauliche Entwicklung bedeutsamen Gesichtspunkte, vgl § 1 V–VII BauGB),
– Inhalts- und Schrankenbestimmung des (Grund-)Eigentums,
– Planmäßigkeitsprinzip (iSe vorrangigen Lenkung der städtebaulichen Entwicklung im Wege von Bauleitplänen – freilich abgeschwächt durch Aufwertung der Planersatzvorschriften, §§ 34, 35 BauGB).

II. Zweistufigkeit der Bauleitplanung

890 Die Bauleitplanung verfügt über rechtliche Mittel, um die bauliche oder sonstige Nutzung der Grundstücke in der Gemeinde vorzubereiten und zu leiten (§ 1 I BauGB). Instrumente dieser Art sind der Flächennutzungsplan als vorbereitender und der Bebauungsplan als verbindlicher Bauleitplan (§ 1 II BauGB). Die Planformen sind durch ein **Ableitungsverhältnis** miteinander verbunden: Bebauungspläne müssen – jedenfalls grundsätzlich – aus dem Flächennutzungsplan entwickelt werden (§ 8 II 1 BauGB)[4].

891 Der **Flächennutzungsplan** ist der umfassende gemeindliche Entwicklungsplan für die Bodennutzung im Gemeindegebiet[5]. Als (herkömmlicherweise) verwaltungsinterne Grundlage für die städtebauliche Entwicklung sind in ihm die raumrelevanten Maßnahmen, Vorhaben und Absichten der Kommune dargestellt, und zwar in zeichnerischer und ggf textlicher Form. Solcherart soll der Flächennutzungsplan überge-

---

1 *Bönker*, in: Hoppe/Bönker/Grotefels, ÖffBauR, § 5 Rn 2.
2 Vgl § 1 V 1 BauGB; dazu Rn 837, 999 f.
3 Dazu *Appel*, in: Koch/Hendler, Baurecht, § 14 Rn 2.
4 Zweistufigkeit der Bauleitplanung, *Bönker*, in: Hoppe/Bönker/Grotefels, ÖffBauR, § 5 Rn 38; auch Rn 988 ff.
5 Eingehend *Rinsdorf*, Der Flächennutzungsplan als Steuerungsinstrument der Gemeinde, 2004.

ordnete Planungen (vgl § 1 IV BauGB) umsetzen und nachfolgende Planungen steuern[6]. Damit ist der Flächennutzungsplan in die absehbare und gewünschte Entwicklung der Gemeinde insgesamt eingebettet[7], was in der Planbegründung (§ 5 V BauGB) zum Ausdruck gebracht werden kann. Anders als der Bebauungsplan ist der Flächennutzungsplan auf die Darstellung der Bodennutzung in den Grundzügen beschränkt[8], nämlich im Wege der Bereichs- und Entwicklungscharakterisierung, nicht aber iS exakter Grenzziehung[9]. Er stellt daher in seinem zeichnerischen Teil ausschließlich Flächen dar. Punktuell können im Flächennutzungsplan allerdings auch parzellenscharfe Ausweisungen getroffen werden, dies vor allem zur Steuerung von Außenbereichsvorhaben iSd § 35 III 3 BauGB[10].

Nach § 5 I 1 BauGB ist der Flächennutzungsplan für das **gesamte Gemeindegebiet** aufzustellen. Eine nur teilw Beplanung ist grds unzulässig; lediglich § 5 IIb BauGB ermöglicht inzwischen für das gesamte Gemeindegebiet oder für Teile desselben[11] die Aufstellung von **sachlichen Teilflächennutzungsplänen**, und zwar bei der Darstellung von Konzentrationszonen mit den Rechtswirkungen des § 35 III 3 BauGB[12]. Der Flächennutzungsplan ist demzufolge die für die Entwicklung der Gemeinde maßgebliche, die Bodennutzung auf Jahre oder sogar Jahrzehnte steuernde Planung[13]. Umso bedenklicher erscheint es, wenn Rechtstatsachenuntersuchungen[14] belegen, dass die Gemeinden nur zögerlich von den Möglichkeiten der Flächennutzungsplanung Gebrauch machen, insbes. auf eine turnusmäßige Fortschreibung oder gar neue Aufstellung wegen erwarteter Konflikte und Kosten verzichten und sich auf eine Anpassung im Parallelverfahren (§ 8 III 1 BauGB) zur Aufstellung oder Änderung eines Bebauungsplans[15] beschränken[16]. Um einen Anreiz zur Flächennutzungsplanung zu geben, hat der Gesetzgeber daher bereits durch die BauGB-Novelle 1998 alle Bebauungspläne und städtebaulichen Satzungen, die **aus dem Flächennutzungsplan entwickelt** werden, von einer aufsichtsbehördlichen Kontrolle freigestellt[17]. Auch durch die Erweiterung des Kompensationsraums bei der Anwendung der naturschutzrechtlichen Eingriffsregelung, zudem mit der Möglichkeit der Zuordnung von Eingriffs- und Ausgleichsflächen nach § 5 IIa BauGB[18], soll der Flächennutzungsplan aufgewertet werden.

---

6 Näher *Mitschang*, in: Battis/Krautzberger/Löhr, BauGB, § 5 Rn 4 ff; *Appel*, in: Koch/Hendler, Baurecht, § 14 Rn 3 ff.

7 *Mitschang*, in: Battis/Krautzberger/Löhr, BauGB, § 5 Rn 7.

8 Grobmaschigkeit, BVerwGE 26, 287 (292).

9 *Mitschang*, in: Battis/Krautzberger/Löhr, BauGB, § 5 Rn 8.

10 Dazu mwN *Guckelberger*, DÖV 2006, 973 (979); zur Konsequenz seiner Außenwirkung und gerichtlichen Angreifbarkeit *dies.*, aaO, 980 f; Rn 1187 ff, 1090.

11 Letzteres, dh die Aufstellung auch räumlicher Teilflächennutzungspläne, gestattet nunmehr ausdrücklich HS 2 der Vorschrift, welcher mit dem BauGB 2011 eingeführt worden ist.

12 Bsp. bei *Friege*, ThürVBl. 2005, 217 (220); eingehend mit differenzierender Kritik *von Nicolai*, ZfBR 2005, 529; die gesetzliche Formulierung „für die Zwecke des § 35 Absatz 3 Satz 3" soll klarstellen, dass Teilflächennutzungspläne nicht nur aufgestellt werden können, wenn sie ausschließlich Darstellungen iSv § 35 III 3 BauGB enthalten, s. BT-Drs. 17/6076, S. 9; auch Rn 1217.

13 Umfassend dazu *Demske*, Die Steuerungswirkung des Flächennutzungsplans und seine Bedeutung nach Inkrafttreten des Europarechtsanpassungsgesetzes (EAG Bau), 2009.

14 Vgl *Löhr*, FS Schlichter, S. 229.

15 Zum Parallelverfahren Rn 989.

16 Dazu auch *Wickel*, Bauplanung, Rn 23.

17 Zum Bemühen des Gesetzgebers um eine Aufwertung des Flächennutzungsplans im Gefüge des Bauplanungsrechts *Lüers*, UPR 1997, 348; *Battis/Krautzberger/Löhr*, NVwZ 1997, 1145 (1152); *Mitschang*, LKV 2007, 102.

18 Vgl Rn 859 ff.

892 Der **Bebauungsplan** kann – das ist die gängige Praxis[19] – für Gemeindeteilgebiete aufgestellt werden[20]; er enthält die außenrechtsverbindlichen Festsetzungen für die städtebauliche Ordnung (§§ 1 II, 8 I BauGB). Seine parzellenscharfen Ausweisungen betreffen die bauliche (§ 9 I Nr 1–9 BauGB) und nichtbauliche Nutzung (§ 9 I Nr 10–26 BauGB) der erfassten Flächen. Vor diesem Hintergrund legt der Bebauungsplan zum einen bodenordnend die Grundstücksnutzung fest, bestimmt also die (städtebauliche) Zulässigkeit von Vorhaben (§ 30 BauGB), aber auch die rechtliche Zulässigkeit außerbaurechtlicher Maßnahmen, die auf die städtebauliche Ordnung des Plangebiets Einfluss nehmen. Seine Festsetzungen stellen regelmäßig Inhalts- und Schrankenbestimmungen des Eigentums gem. Art. 14 I 2 GG dar[21]. Zum anderen ist der Bebauungsplan – denknotwendige – Voraussetzung für die Durchsetzung seines planerischen Konzepts, also vornehmlich für den Einsatz des planverwirklichenden Instrumentariums[22]. Der **vorhabenbezogene Bebauungsplan** gem. § 12 I BauGB[23] schafft ebenso wie der herkömmliche Bebauungsplan Baurechte – jedoch geht hier die Initiative von einem Vorhabenträger (Investor) aus, welcher die Realisierung des Vorhabens und der Erschließungsmaßnahmen in einem Vorhaben- und Erschließungsplan vorbereitet, der Bestandteil des vorhabenbezogenen Bebauungsplans ist.

893 In zwei Fällen bedarf es keines vorherigen Flächennutzungsplans: So ist ein solcher nach § 8 II 2 BauGB nicht erforderlich, wenn der Bebauungsplan zur Ordnung der städtebaulichen Entwicklung ausreicht (sog. **selbstständiger Bebauungsplan**, etwa in – einfachen – Planungsfällen des ländlichen Raums). Zum Zweiten kann ein Bebauungsplan aus dringenden Gründen vor dem Flächennutzungsplan aufgestellt, ergänzt oder aufgehoben werden, sofern er der beabsichtigten städtebaulichen Entwicklung des Gemeindegebiets nicht entgegenstehen wird (§ 8 IV 1 BauGB, vgl auch § 8 IV 2 BauGB bei Bestands- bzw Gebietsänderungen von Gemeinden oä: **vorzeitiger Bebauungsplan**)[24]. Das in § 8 III BauGB geregelte **Parallelverfahren**, das unter gewissen Voraussetzungen eine vorzeitige Bekanntmachung des Bebauungsplans ermöglicht, geht von einem Flächennutzungsplan aus, hat mithin von vornherein keinen Ausnahmecharakter gegenüber jener Zweistufigkeit[25].

III. Rechtmäßigkeitsanforderungen an die Bauleitplanung

Wie bei sämtlichen Formen staatlichen Handelns unterfallen auch die Rechtmäßigkeitsanforderungen an Bauleitpläne in solche formeller, insbes. verfahrensrechtlicher Art, und jene materiell-rechtlichen Gehalts.

19 S. aber zum Einsatz eines „strategischen, stadtweiten" Bebauungsplans zur Steuerung des Einzelhandels *Schmidt-Eichstaedt*, BauR 2009, 41.
20 § 9 VII BauGB; in besonderen Fällen auch nur für ein – großes – Grundstück, vgl BVerwG, DVBl. 1969, 276.
21 Rn 829.
22 Vorkaufsrechte, Bau-, Pflanz-, Rückbau- und Entsiegelungsgebote/Umlegung, Enteignung, Erschließung.
23 Rn 1051 ff.
24 Etwa im Fall wichtiger Investitionen bzw der Beschaffung akut benötigter Gemeinbedarfsflächen, *Mitschang*, in: Battis/Krautzberger/Löhr, BauGB, § 8 Rn 11; Rn 990.
25 Erst recht natürlich nicht die ferner bestehende Möglichkeit, im beschleunigten Verfahren auch einen dem Flächennutzungsplan widersprechenden Bebauungsplan aufzustellen, § 13a II Nr 2 BauGB; dazu Rn 992.

1. Formelle Anforderungen an die Bauleitplanung

Formell-rechtliche Vorschriften betreffen vor allem das **Planaufstellungsverfahren**[26]. Das städtebaurechtlich formalisierte Verfahren der Planerstellung[27] gilt weitgehend gleichermaßen für den Flächennutzungsplan wie für die Bebauungspläne. Den Bestimmungen der §§ 2, 2a, 3, 4, 4a, 4b, 6 und 10 BauGB können allg.[28] **acht Stufen** entnommen werden:

894

Übersicht 18: Formelle Anforderungen an die Bauleitplanung

1. Gemeindebeschluss zur Aufstellung eines Bauleitplans sowie ortsübliche Bekanntgabe des Beschlusses (§ 2 I BauGB),
2. Erarbeitung des Planentwurfs und der Begründung einschließlich des Umweltberichts (§ 2a BauGB),
3. Verfahrensbeteiligung benachbarter Gemeinden, Behörden sowie sonstiger Träger öffentlicher Belange, und zwar in der Form der frühzeitigen Beteiligung einschließlich des sog. Scopings (§ 4 I BauGB) einerseits und der Beteiligung zum Planentwurf (§ 4 II BauGB) andererseits,
4. Verfahrensbeteiligung der Öffentlichkeit in Form der frühzeitigen Öffentlichkeitsbeteiligung (§ 3 I BauGB) einerseits sowie des Auslegungs- und Erörterungsverfahrens (§ 3 II BauGB) andererseits,
5. Gemeindebeschluss über den Plan (für Bebauungsplan: Satzungsbeschluss, § 10 I BauGB),
6. Genehmigung des Plans, soweit erforderlich, durch die höhere Verwaltungsbehörde (§§ 6 I, 10 II BauGB),
7. Erstellung der zusammenfassenden Erklärung zum Bauleitplan gem. § 6a bzw § 10a BauGB sowie
8. öffentliche Bekanntmachung der Genehmigung bzw des Satzungsbeschlusses (§§ 6 V 1, 10 III BauGB).

---

a) Aufstellungsbeschluss zur Erarbeitung des Plans

Mit dem Beschluss nach § 2 I BauGB wird das Planerarbeitungsverfahren in Gang gesetzt; in ihm ist aus Gründen rechtsstaatlicher Bestimmtheit der Planbereich zu benennen[29]. Der Aufstellungsbeschluss ist allerdings nicht Zulässigkeitsvoraussetzung für das Planverfahren[30]. Ausdrückliche (Rechts-)Folgen sieht das BauGB – beim Bebauungsplan – nur im Hinblick auf den Erlass einer Veränderungssperre nach § 14 BauGB, eine Zurückstellung von Baugesuchen nach § 15 BauGB, eine Ausübung des Vorkaufsrechts nach § 24 I 1 BauGB und eine „Vorabgenehmigung" nach § 33 BauGB vor[31]. Die **ortsübliche Bekanntmachung** des Beschlusses richtet sich nach

895

---

26 Zu den Besonderheiten der Änderung, Ergänzung oder Aufhebung von Bauleitplänen vgl Rn 932 ff.
27 Zu den Funktionen des Verfahrens(rechts) etwa *Kersten*, Baurecht, Rn 100.
28 Zu ergänzenden Verfahrensanforderungen auf Grund der SUP vgl Rn 850 ff.
29 Nicht aber sind inhaltliche Aussagen bzgl der beabsichtigten Planung erforderlich, vgl BVerwGE 51, 121 (127).
30 BVerwGE 79, 200 (204); aA *Peine*, ÖffBauR, Rn 398 mit der Begründung, anderenfalls liefe eine Norm des Baurechts (wohl § 2 I BauGB) grundlos leer – was angesichts des Normwortlauts, der lediglich die Pflicht zur Bekanntmachung, nicht aber zur Aufstellung des Beschlusses normiert, kaum überzeugt.
31 Vgl *Appel*, in: Koch/Hendler, Baurecht, § 15 Rn 5.

den kommunalrechtlichen Vorschriften der jeweiligen Gemeindeordnung/Kommunalverfassung und den ortsrechtlichen Bestimmungen der Hauptsatzung[32].

Sind Aufstellungsbeschlüsse auf Grund veränderter Tatsachen überholt, so müssen sie ihrerseits im Beschlussverfahren aufgehoben werden. Ohne Aufhebungsbeschluss bleiben sie beachtlich; eine **Verwerfungskompetenz** der Verwaltung iSd Nichtbeachtung obsolet gewordener Aufstellungsbeschlüsse besteht nicht[33].

Ein **Rechtsanspruch** auf Bauleitplanung gegen die Gemeinde kann auch aus dem Vorliegen eines Aufstellungsbeschlusses nicht abgeleitet werden[34].

b) Abstimmung mit benachbarten Gemeinden

896 Nach § 2 II 1 BauGB sind die Bauleitpläne benachbarter Gemeinden aufeinander abzustimmen. Als **interkommunales Abstimmungsgebot** hat § 2 II 1 BauGB **materiell-rechtlichen Gehalt** im Rahmen der Abwägung, und zwar aus speziell zwischengemeindlicher Sicht[35]; die Vorschrift will unverträgliche Planungen benachbarter Gemeinden vermeiden helfen.

So sollen Einrichtungen mit Bedeutung über das Gemeindegebiet hinaus, bspw Einzelhandelsgroßbetriebe oder Freizeitparks, aufeinander abgestimmt und soll damit eine überörtliche Zusammenarbeit der Gemeinden veranlasst werden[36].

Das **formelle Abstimmungsverfahren**, worum es hier zunächst geht, richtet sich allerdings nach dem sogleich zu behandelnden § 4 BauGB[37], denn die Gemeinden gehören zu den darin genannten Trägern öffentlicher Belange[38].

c) Beteiligung der Behörden und der sonstigen Träger öffentlicher Belange

897 § 4 BauGB ist seit seiner Änderung durch das EAG Bau (2004) mit „Beteiligung der Behörden" überschrieben; der Gesetzgeber verfolgt damit eine Anpassung an die europarechtliche Terminologie[39]. Allerdings unterfallen die Behörden nach dem näheren Regelungsgehalt des § 4 BauGB – wie bereits auf Grund des vorherigen Rechts – dem Oberbegriff der **Träger öffentlicher Belange** (TÖB). Das Gesetz sieht also nach wie vor keine „isolierte" Behördenbeteiligung vor[40].

898 Die **zweistufige Beteiligung** der Behörden und der sonstigen Träger öffentlicher Belange im Bauleitplanverfahren gestaltet sich nach § 4 BauGB wie folgt: Abs. 1 regelt die frühzeitige Beteiligung einschließlich der Beteiligung am sog. Scoping[41], Abs. 2

---

32 BVerwGE 19, 164 (165 f).
33 *Peine*, ÖffBauR, Rn 401; deutlich anhand des Planfeststellungsrechts OVG Münster, NuR 2006, 191; dazu *Schrader*, VBlBW 2006, 382; auch bei Unwirksamkeit des Bebauungsplans, OVG Greifswald, NordÖR 2007, 80 (81 f) und Rn 937.
34 Vgl § 1 III 2 BauGB.
35 BVerwGE 117, 25 (32); 84, 209 (216); dazu Rn 1032 ff.
36 Vgl wie vor; auch *Hendler*, UPR 2006, 325 (325).
37 § 2 II und § 4 BauGB vermischend *Schenke*, VerwArch 98 (2007), 448 (454).
38 BVerwGE 40, 323; 84, 209 (216); auch *Wagner*, ZfBR 2000, 21; *Hendler*, UPR 2006, 325 (325 f).
39 BT-Drs. 15/2250, S. 44.
40 Eine Anpassung an das unionsrechtliche Beteiligungsregime ist in der Sache nicht erfolgt; unzutreffend daher BT-Drs. 15/2250, S. 44, sowie *Finkelnburg*, NVwZ 2004, 897 (900); wie hier *Jarass/Kment*, BauGB, § 4 Rn 3.
41 Dazu Rn 850.

bestimmt Abgabe und Inhalt der Stellungnahmen zum Planentwurf durch die Träger öffentlicher Belange.

Darüber hinaus statuiert Abs. 3 eine Pflicht der Behörden zur Unterrichtung der Gemeinden nach Abschluss der Planung im Hinblick auf Umweltauswirkungen, die infolge der Planrealisierung auftreten.

Nach § 4 I 1 iVm § 3 I 1 HS 1 BauGB sind die Behörden und sonstigen Träger öffentlicher Belange, deren Aufgabenbereich durch die Planung berührt werden kann, möglichst **frühzeitig**[42] zu unterrichten, und zwar über die allgemeinen Ziele und Zwecke der Planung, sich wesentlich unterscheidende Lösungen, die für die Neugestaltung oder Entwicklung eines Gebiets in Betracht kommen, sowie die voraussichtlichen Auswirkungen der Planung. Sie sind zugleich aufzufordern, sich zum notwendigen Umfang und Detaillierungsgrad der Umweltprüfung nach § 2 IV BauGB zu äußern. Die frühzeitige Beteiligung verfolgt den **Zweck**, die Gemeinde bei der Zusammenstellung abwägungserheblicher Belange zu entlasten[43]: Je mehr Material die beteiligten Träger öffentlicher Belange beisteuern, umso geringer gestaltet sich der Aufwand der Gemeinde für eigene Ermittlungen. Zugleich wird der Gefahr vorgebeugt, auf Grund erst später eingehender behördlicher Stellungnahmen den Planentwurf ergänzen und erneut auslegen zu müssen[44]. **899**

Auf die frühzeitige Beteiligung folgt die Einholung von Stellungnahmen der Träger öffentlicher Belange zum Planentwurf und zur Begründung nach § 4 II BauGB, dies auch dann, wenn nach Abs. 1 eingehende Äußerungen zu einer Änderung der Planung führen (Abs. 1 S. 2). Zur konkreten Ausgestaltung jenes Verfahrens sagt das Gesetz nichts; sie unterliegt damit dem Ermessen der Gemeinde. **900**

Zur Strukturierung und Beschleunigung des Verfahrens kann bspw zunächst ein Anhörungstermin vorgesehen werden, in dem der Gegenstand der Beteiligung und der Kreis der berührten Träger öffentlicher Belange eingegrenzt werden.

Maßgeblich für die **Beteiligtenposition** ist zum einen, dass die von den TÖB vertretenen Belange die Art der **Bodennutzung** erfassen – und dass diese Interessen von der örtlichen Planung berührt werden können. Die Vorschrift setzt allerdings nicht voraus, dass es sich bei den Trägern öffentlicher Belange nur um die – der Klarstellung halber gesondert genannten – hoheitlich tätigen Behörden im verwaltungsorganisatorischen Sinne handelt. Entscheidend ist vielmehr, ob der sie treffende, durch den **Gesetzgeber** ausdrücklich zugewiesene **Auftrag** die Verfolgung öffentlicher Belange bedingt[45].

Zu den **sonstigen Trägern öffentlicher Belange** iSd § 4 I BauGB zählen daher auch die Träger der funktionalen Selbstverwaltung (Industrie- und Handelskammer, Ärztekammer etc), ferner Energieversorgungsunternehmen (Stadtwerke GmbH)[46]. Demgegenüber sind nach hM Umwelt- und Naturschutzverbände wegen fehlender gesetzlicher Regelung (vgl aber § 63

---

42 Zur Frühzeitigkeit *Jäde*, in: Jäde/Dirnberger/Weiß, BauGB, § 3 Rn 4.
43 So auch *Peine*, ÖffBauR, Rn 403.
44 BT-Drs. 15/2250, S. 45.
45 Funktioneller Behördenbegriff, vgl auch § 1 IV VwVfG; zum Behördenbegriff etwa *Erbguth/Guckelberger*, Allgemeines Verwaltungsrecht, § 6 Rn 4 ff.
46 Hierzu auch *Battis*, in: Battis/Krautzberger/Löhr, BauGB, § 4 Rn 3 mit w. Bsp; *Jarass/Kment*, BauGB, § 4 Rn 5.

BNatSchG) ebenso wenig wie Sportverbände oder andere private Interessenvertretungen als Träger öffentlicher Belange zu behandeln[47]. Hier kommt eine Einbeziehung im Rahmen der Öffentlichkeitsbeteiligung nach § 3 BauGB in Betracht. Allerdings ist die Gemeinde nicht gehindert, diese Verbände auf Grund der ihr zustehenden Verfahrenshoheit quasi wie Träger öffentlicher Belange anzusehen und in die Beteiligung nach § 4 BauGB mit aufzunehmen.

901   Die TÖB sind nach § 4 II 2 HS 1 BauGB zur Abgabe ihrer Stellungnahmen innerhalb von **einem Monat** verpflichtet, wobei die Frist 30 Tage nicht unterschreiten darf. Die Gemeinde soll diese Regelfrist bei Vorliegen eines wichtigen Grundes angemessen verlängern (HS 2). § 4 II 3 HS 1 BauGB will die TÖB zu einer auf ihren Aufgabenbereich und damit auf ihre **fachliche Zuständigkeit** bezogenen Stellungnahme veranlassen. Dies schließt jedoch Hinweise auf mögliche Überschneidungen mit anderen Aufgabenfeldern nicht aus. S. 3 HS 2 verpflichtet die Träger, Auskunft über von ihnen beabsichtigte oder bereits eingeleitete Planungen und sonstige Maßnahmen sowie deren zeitliche Abwicklung zu geben, sofern dies städtebaulich relevant ist. S. 4 statuiert schließlich eine Pflicht der TÖB, den Gemeinden die vorhandenen Informationen, die für die Ermittlung und Bewertung des Abwägungsmaterials zweckdienlich sind, zur Verfügung zu stellen.

902   Die Stellungnahmen sind mit ihrem Inhalt in der dem Beteiligungsverfahren nachfolgenden **Abwägung** aller von der Planung betroffenen Belange nach § 1 VII BauGB **zu berücksichtigen**; sie haben damit die Wirkung von Fachbeiträgen, die der Abwägung unterliegen. Jedoch können die Stellungnahmen auf in anderen Gesetzen geregelte materielle Abwägungsvorränge hinweisen; dann gelten zunächst diese gesetzlichen Gewichtungsvorgaben (zB Planungsleitsätze, Optimierungsgebote[48]).

d)   Öffentlichkeitsbeteiligung

903   Die Beteiligung der Öffentlichkeit im Aufstellungsverfahren der Bauleitplanung dient vor allem einer (besseren) **Information** der planaufstellenden Gemeinde[49] und nach hM einem frühzeitigen, nämlich schon im Verfahren einsetzenden **Rechtsschutz** der Bürger[50]. Wie im Fall der Behördenbeteiligung sind die Vorschriften über die Öffentlichkeitsbeteiligung durch **unionsrechtliche Anforderungen** (SUP-RL, Öffentlichkeitsbeteiligungs-RL) geprägt, die wiederum auf völkerrechtliche Vorgaben zurückgehen (Aarhus-Konvention[51]). Im Einzelnen gestaltet sich die Beteiligung der Öffentlichkeit nach § 3 BauGB wie folgt:

904   Die in § 3 I BauGB geregelte **„frühzeitige" Öffentlichkeitsbeteiligung** dient primär der Informationsbeschaffung zugunsten der Kommune; daneben treten kontrollieren-

---

47   *Battis*, wie vor; zu den Naturschutzverbänden BVerwG, DVBl. 1997, 1123; OVG Koblenz, BauR 1985, 426.
48   Vgl Rn 994 ff.
49   ISd Beschaffung und Vervollständigung des notwendigen Abwägungsmaterials, s. BVerwG, NVwZ 2009, 1103 Rn 34; zu „Vorteilen" und „Risiken" der Öffentlichkeitsbeteiligung im Planaufstellungsverfahren *Schrödter*, in: Schrödter, BauGB, § 3 Rn 3 f.
50   BVerwG, aaO; eingehend *Hendler*, Bürgerschaftliche Mitwirkung an der städtebaulichen Planung, 1977; krit *Erbguth*, Grundfragen d. UmweltR, S. 242 ff.
51   Sog. zweite Säule der Aarhus-Konvention, dazu etwa *v. Danwitz*, NVwZ 2004, 272; *Fisahn*, ZUR 2004, 136; *Schenderlein*, Rechtsschutz und Partizipation im Umweltrecht, 2013, S. 135 ff; zum Gerichtsschutz als der „dritten Säule" s. unten Rn 1070.

de Einflussnahmen der Öffentlichkeit auf die Gemeindevertretung und -organe in diesem Stadium der Planung eher zurück[52]. Zur Öffentlichkeit iSd Vorschrift gehört **jedermann**, der ein Interesse an der Bauleitplanung hat[53]. Die ausdrückliche Erwähnung von Kindern und Jugendlichen in § 3 I 2 BauGB verdankt sich dem erklärten Ziel, deren Partizipation zu stärken[54]. Weitere gesetzliche Beschränkungen des Personenkreises bestehen nicht[55]. **Frühzeitigkeit** der Öffentlichkeitsbeteiligung bedeutet, dass die Planinhalte noch nicht verfestigt sein dürfen; nur so ist die Möglichkeit einer Einflussnahme der Öffentlichkeit auf die Planung gewährleistet. Die Beteiligung der Öffentlichkeit kann deshalb bereits vor dem Planaufstellungsbeschluss nach § 2 I 1 BauGB einzusetzen haben, sofern beschreibbare und erörterungsfähige Planungsvorstellungen vorhanden sind – etwa im Zusammenhang mit einer informellen Stadtteilentwicklungsplanung[56]. Bei der frühzeitigen Beteiligung ist die Öffentlichkeit gem. § 3 I BauGB über die allgemeinen Ziele und Zwecke der Planung, deren voraussichtliche Auswirkungen sowie über die sich wesentlich unterscheidenden planerischen Lösungen (Planungsalternativen) öffentlich zu **unterrichten** und hierzu **anzuhören**. Die(se) frühzeitige bauleitplanerische Öffentlichkeitsbeteiligung dient als Vorbild für Novellierungen im allgemeinen Verwaltungsverfahrensrecht[57] – in Reaktion auf Erfahrungen mit Großvorhaben wie „Stuttgart 21"[58].

Die nähere Art und Weise der Unterrichtung ist der Gemeinde überlassen. Die Unterrichtung kann bspw durch Aushang von Texten und Zeichnungen oder Wurfsendungen an alle Haushalte[59] erfolgen, darf sich aber nicht auf den öffentlichen Aushang eines Planentwurfs beschränken. Möglich ist ferner eine mündliche Darlegung in öffentlicher Versammlung[60]. Dabei dürfen die Ziele und Zwecke der Planung nicht derart vage und unverbindlich sein, dass die frühzeitige Öffentlichkeitsbeteiligung ungeeignet ist, die planerische Abwägung nach § 1 V–VII BauGB vorzubereiten[61].

Die **zweite Stufe** der Öffentlichkeitsbeteiligung hat nach Abs. 2 im **Auslegungsverfahren** zu erfolgen, dann nämlich, wenn im Planaufstellungsverfahren das Stadium beschlussfähiger Planentwürfe erreicht ist. Zugleich muss auch der zum Planentwurf gehörende **Begründungsentwurf** einschließlich des **Umweltberichts** nach § 2a iVm der Anlage 1 zum BauGB Gegenstand des Auslegungsverfahrens sein[62]. Das gilt auch

905

---

52 Tendenziell anders BVerwG, NVwZ 2012, 1338 Rn 8, das vornehmlich auf das zu weckende Informations- und Beteiligungsinteresse der Bürger abstellt und dementsprechend verlangt, dass „der an der beabsichtigten Bauleitplanung interessierte Bürger in die Lage versetzt wird, das Vorhaben einem bestimmten Raum zuzuordnen, die allgemeine Zielrichtung der Planung deutlich wird".

53 *Appel*, in: Koch/Hendler, Baurecht, § 15 Rn 34.

54 S. BT-Drs. 17/13272, S. 19; der freilich nur deklaratorischen Bestimmung kommt allerdings bestenfalls Appellfunktion zu, *Schink*, in: Spannowsky/Uechtritz, BauGB, § 3 Rn 21a; zu Recht krit., auch aus systematischer Sicht, *Jarass/Kment*, BauGB, § 3 Rn 5.

55 ZB keine Beschränkungen auf Bürger oder Einwohner iSd Gemeindeordnungen, näher *Battis*, in: Battis/Krautzberger/Löhr, BauGB, § 3 Rn 6.

56 Dazu Rn 1001.

57 Ergänzung des § 25 VwVfG, dazu *Arndt*, DVBl. 2015, 6; *Erbguth/Guckelberger*, Allgemeines Verwaltungsrecht, § 14 Rn 16.

58 Zu Folgerungen für Demokratie und Verwaltungsverfahren s. nur *Groß*, DÖV 2011, 510; *Böhm*, NuR 2011, 614; *Gurlit*, JZ 2012, 833; *Dolde*, NVwZ 2013, 769; *Henneke*, DVBl. 2012, 1072.

59 *Jäde*, in: Jäde/Dirnberger/Weiß, BauGB, § 3 Rn 3.

60 *Krautzberger*, in: Ernst/Zinkahn/Bielenberg/Krautzberger, BauGB, § 3 (2017) Rn 18.

61 *Söfker*, in: Blümel (Hrsg.), Frühzeitige Bürgerbeteiligung bei Planungen, 1982, S. 97 (102 ff).

62 Nicht auszulegen ist hingegen ein ggf geschlossener städtebaulicher Vertrag, s. BVerwG, NVwZ 2012, 1338 Rn 10.

für die nach Einschätzung der Gemeinde wesentlichen, bereits vorliegenden **umweltbezogenen Stellungnahmen**, etwa solche der betroffenen Behörden oder anerkannter Umweltverbände. Die völker- und unionsrechtlich geprägte Bestimmung[63] richtet sich auf bessere Informationsmöglichkeiten und auf Transparenz der Planung[64].

906   Die Vorschriften über das Auslegungsverfahren (§ 3 II BauGB) zeigen, dass es sich um ein rechtsförmlich verfasstes Verfahren handelt:[65] Ua sind **Ort und Dauer** der – öffentlichen – Auslegung sowie Angaben dazu, welche **Arten umweltbezogener Informationen**[66] verfügbar sind[67], mindestens eine Woche vorher ortsüblich, dh nach Landes- und Ortsrecht[68], **bekannt zu machen**[69]. Aufzunehmen ist hierbei der Hinweis, dass Stellungnahmen innerhalb der Auslegungsfrist (von einem Monat, mindestens jedoch für 30 Tage[70], bei wichtigem Grund angemessen längere Frist[71])[72] abgegeben werden können und dass nicht fristgerechte Stellungnahmen bei der Beschlussfassung über den Bauleitplan unberücksichtigt bleiben können[73]. Mit der Bekanntmachung, die ihrerseits formell und materiell fehlerfrei sein muss, soll die Öffentlichkeit ermuntert[74] werden, einen Beitrag zur Planung zu leisten[75]. Sie muss daher geeignet sein, dem Bürger dessen Interesse an Information und Beteiligung an der fraglichen Bauleitplanung „durch Anregung bewusst zu machen und dadurch gemeindliche Öffentlichkeit herzustellen"[76].

Ob in der Auslegungsbekanntmachung aus Gründen besagter Geeignetheit auch das **Dienstzimmer**, in dem der Planentwurf ausliegt, angegeben werden muss, wird gerichtlicherseits un-

---

63   BT-Drs. 15/2250, S. 43 f.
64   BT-Drs. 15/2250, aaO.
65   Einzelheiten bei *Schrödter/Wahlhäuser*, in: Schrödter, BauGB, § 3 Rn 74 ff.
66   Diesbzgl. reicht es grds aus, die vorhandenen Unterlagen nach Themenblöcken zusammenzufassen und diese in Form einer schlagwortartigen Kurzcharakteristik öffentlich bekannt zu machen, BVerwG, NVwZ 2013, 1413 Rn 23; bereits VGH Mannheim, ZfBR 2011, 281 (282); nicht – auch nicht ausnahmsweise – ausreichend ist hingegen ein pauschaler Hinweis auf den Umweltbericht, BVerwG, NVwZ 2013, 1413 Rn 23; NVwZ 2015, 232 Rn 12 ff mit Anm. *Dusch*; zur ersteren Entscheidung *Stüer/Stüer*, DVBl. 2013, 1324; *Schink*, UPR 2014, 3; *Uechtritz*, NVwZ 2014, 1355; zur Bedeutung der Vorschrift im Fall der „erneuten Bekanntmachung der erneuten Auslegung" (§ 4a III BauGB) BVerwG, NVwZ 2014, 1170.
67   Ausführungen in einem Umweltbericht zum umweltbezogenen Zustand eines Plangebietes sind auch dann umweltbezogene Informationen iSv § 3 II 2 HS 1 BauGB, wenn der Umweltbericht zu der Einschätzung gelangt, die beabsichtigte Planung wirke sich auf diesen Zustand nicht aus, BVerwG, NVwZ 2016, 84.
68   S. BVerwG, NVwZ 2011, 441 Rn 14, zur Zulässigkeit der Bekanntmachung durch Anschlag an der Gemeindetafel.
69   Dazu eingehend *Dusch*, NVwZ 2012, 1580.
70   Dies betrifft den Monat Februar, dazu *Schrödter/Wahlhäuser*, in: Schrödter, BauGB, § 3 Rn 78.
71   § 3 II 1 BauGB, zu den Voraussetzungen *Schrödter/Wahlhäuser*, in: Schrödter, BauGB, § 3 Rn 79a ff.
72   Der erste Tag der Auslegung zählt mit, § 187 II BGB, BVerwGE 40, 363; iÜ gelten für das Ende der Frist §§ 188 I, 193 BGB.
73   Wegen § 4a VI 2 BauGB; bereits früher galt, dass Belange, die im Rahmen der Öffentlichkeitsbeteiligung nicht vorgetragen worden waren, für die Gemeinde gleichwohl beachtlich waren, sofern sie sich ihr nach den Umständen des (Planungs-)Falls aufdrängen mussten, BVerwG, BauR 1980, 40 sowie BauR 1986, 59; das folgt nunmehr aus § 4a VI 1 BauGB.
74   BVerwG, NVwZ 2009, 1103 Rn 34.
75   Anstoßfunktion, BVerwGE 55, 369 (376); BVerwG, NVwZ 2009, 1103 Rn 34; NVwZ 2013, 1413 Rn 19; eines – gesonderten – Auslegungsbeschlusses bedarf es hingegen nicht, dazu *Battis*, in: Battis/Krautzberger/Löhr, BauGB, § 3 Rn 12.
76   OVG Berlin-Brandenburg, ZfBR 2007, 810 (811).

terschiedlich beurteilt[77]. Die Behörden und sonstigen Träger öffentlicher Belange sind gesondert zu benachrichtigen (§ 3 II 3 BauGB), damit sie überprüfen können, ob ihre Belange im Entwurf berücksichtigt worden sind[78].

Alsdann sind die innerhalb der Frist abgegebenen **Stellungnahmen** von der Gemeinde zu prüfen[79]; das Ergebnis der Überprüfung ist den jeweiligen Einwendern mitzuteilen. Die Mitteilung stellt mangels Regelungsgehalts iSd § 35 S. 1 VwVfG eine schlicht-hoheitliche Maßnahme dar. Eines besonderen Beschlusses, in welchem das Prüfungsergebnis hinsichtlich der fristgemäß eingegangenen Stellungnahmen festgestellt wird, bedarf es hingegen nicht; die Prüfung der Stellungnahmen ist vielmehr Bestandteil der Abwägung nach § 1 VII BauGB[80], die abschließende Entscheidung darüber ist dem Satzungsbeschluss nach § 10 I BauGB vorbehalten[81]. Bei Massenverfahren, dh wenn mehr als 50 Personen Bedenken und Anregungen weitgehend gleichen Inhalts vorgetragen haben, kann von der individuellen Bekanntgabe zugunsten der Eröffnung von Einsichtsmöglichkeiten in das Ergebnis der Prüfung abgesehen werden (vgl näher § 3 II 5 BauGB).

Eine zusätzliche Hinweispflicht, die allein Flächennutzungspläne betrifft, folgt nunmehr aus § 3 III BauGB, der mit dem UmwRG 2017[82] in das Gesetz aufgenommen worden ist. Hiernach ist ergänzend zu dem Hinweis nach § 3 II 2 HS 2 BauGB darauf hinzuweisen, dass eine Vereinigung im Sinne des § 4 III 1 Nr 2 UmwRG in einem **Verbandsklageverfahren** (§ 7 II UmwRG)[83] mit allen Einwendungen ausgeschlossen ist, die sie im Rahmen der Auslegungsfrist nicht oder nicht rechtzeitig geltend gemacht hat, aber hätte geltend machen können. Die Vorschrift nimmt explizit Bezug auf die verbandsklagespezifische **materielle Präklusion** nach § 7 III 1 UmwRG[84]. Unterbleibt jener Hinweis, ist dies für die Rechtswirksamkeit des Flächennutzungsplans unbeachtlich[85], allerdings tritt dann die Präklusion nicht ein[86]. **907**

e) Gemeinsame Vorschriften zur Beteiligung

In § 4a BauGB finden sich Vorschriften zusammengefasst, die gleichermaßen für die Beteiligung der Öffentlichkeit, der Behörden und sonstiger Träger öffentlicher Belange Geltung beanspruchen. **908**

---

77 Das BVerwG, NVwZ 2009, 1103 Rn 34 f, hält dies unter Hinweis auf ein gewisses Maß an zumutbaren eigenständigen Bemühungen nicht für erforderlich; ebenso OVG Lüneburg, BauR 2008, 636 (637 f): bauplanungsrechtlich vorausgesetzter „mündiger" Bürger (unter Hinweis auf die dem folgende Literatur); gegenteilig OVG Bautzen, SächsVBl. 2000, 115; VGH Mannheim, VBlBW 2008, 185 (187).

78 Soweit erforderlich, können Stellungnahmen abgegeben werden, vgl *Battis*, in: Battis/Krautzberger/Löhr, BauGB, § 3 Rn 17.

79 Die Zuständigkeit innerhalb der Gemeinde beurteilt sich nicht nach Bundesrecht, sondern nach Kommunalverfassungsrecht, *Battis*, in: Battis/Krautzberger/Löhr, BauGB, § 3 Rn 19; zur Zulässigkeit einer nichtöffentlichen „Vorberatung" im Gemeinderat VGH Mannheim, DVBl. 2011, 912 (913 f).

80 Dazu BVerwG, ZfBR 2014, 371 Rn 8.

81 BVerwGE 110, 118; vgl auch BVerwG, BauR 2003, 216, wonach das Ergebnis den Einwendern nicht vor dem Satzungsbeschluss mitgeteilt werden muss.

82 Umwelt-Rechtsbehelfsgesetz idF der Bek. v. 23.8.2017, BGBl. I S. 3290; dazu *Schlacke*, EurUP 2018, 127; *dies.*, NVwZ 2017, 905.

83 Dazu Rn 1108.

84 Die Präklusion gilt nach § 7 III 2 UmwRG nicht für Bebauungspläne.

85 § 214 I 1 Nr 2 BauGB erwähnt diesen Fehler nicht.

86 *Köster*, in: Schrödter, BauGB, § 3 Rn 91.

909 § 4a I BauGB soll die wesentliche Funktion der Vorschriften über die Öffentlichkeits- und Behördenbeteiligung verdeutlichen, die in der vollständigen Ermittlung und zutreffenden Bewertung der planerisch berührten Belange und somit in der sachgerechten Zusammenstellung des **Abwägungsmaterials** liegt[87]. Hinzu tritt die Funktion, die Öffentlichkeit über die Planungsabsichten **zu informieren**.

910 § 4a II BauGB gestattet der Gemeinde, die frühzeitige Beteiligung der Öffentlichkeit und der Träger öffentlicher Belange aus verwaltungsökonomischen Gründen **gleichzeitig** durchzuführen; das gilt entsprechend für die Auslegung nach § 3 II BauGB und die Einholung der Stellungnahmen nach § 4 II BauGB.

911 § 4a III BauGB betrifft das Verfahren der **erneuten Auslegung** infolge einer nachträglichen, im Anschluss an die Beteiligung beabsichtigten Änderung oder Ergänzung des Planentwurfs.

Die Pflicht zur erneuten Auslegung wird auch durch Planänderungen ausgelöst, die auf der Grundlage zwar bereits ausgelegter, dem Plan allerdings lediglich beigefügter Unterlagen, etwa eines Lärmschutzgutachtens, vorgenommen werden[88]. Die Vorschrift greift zudem in Fällen, in denen es im ergänzenden Verfahren nach § 214 IV BauGB[89] zu abwägungsbeachtlichen (materiellen) Änderungen des Bauleitplans kommt[90]. Sie verpflichtet hingegen die Gemeinde nicht zur erneuten Auslegung, wenn nicht der Entwurf des Plans selbst, sondern lediglich der Umweltbericht als Bestandteil der Begründung des Entwurfs geändert wird[91]. Bei der nach § 4a III 1 BauGB gebotenen erneuten Auslegung bzw Einholung der Stellungnahmen kann die Gemeinde nach S. 2 der Vorschrift bestimmen, dass Stellungnahmen nur zu den geänderten oder ergänzten Teilen abgegeben werden dürfen; auf diese Beschränkung ist in der erneuten Bekanntmachung nach § 3 II 2 BauGB hinzuweisen[92]. Ermessensfehlerhaft ist eine solche Beschränkung, wenn auf Grund des Interessengeflechts Belange übergreifend betroffen werden[93]. Die Dauer der Auslegung und die Frist zur Stellungnahme können angemessen verkürzt werden (§ 4a III 3 BauGB).

Schließlich eröffnet Abs. 3 S. 4 für den Fall, dass die Änderung oder Ergänzung des Planentwurfs die Grundzüge der Planung nicht berührt, die Möglichkeit, die Einholung der Stellungnahmen auf die von der Änderung oder Ergänzung betroffene Öffentlichkeit sowie die berührten Träger öffentlicher Belange zu beschränken.

912 Der durch die BauGB-Novelle 2017 neu gefasste § 4a IV BauGB verpflichtet die Gemeinde in seinem Satz 1, den Inhalt der ortsüblichen Bekanntmachung nach § 3 II 2 und die nach § 3 II 1 BauGB auszulegenden Unterlagen zusätzlich in das **Internet** einzustellen und über ein zentrales Internetportal des Landes zugänglich zu ma-

---

87 *Jäde*, in: Jäde/Dirnberger/Weiß, BauGB, § 4a Rn 1.
88 BVerwG, NVwZ 2010, 777 Rn 12.
89 Dazu Rn 933 ff.
90 BVerwG, NVwZ 2010, 777 Rn 8; einer erneuten Auslegung bedarf es hingegen nicht, wenn eine „Abänderung" des Planentwurfs lediglich der Klarstellung dient, dh keine materielle Änderung des Planinhalts bewirkt, VGH München, BayVBl. 2009, 275.
91 BVerwG, NVwZ 2017, 1764 Rn 14 ff, dort auch zur Vereinbarkeit jener Vorschrift mit dem Unionsrecht (aaO, Rn 17 ff).
92 Damit korrespondiert ein teleologisch reduziertes Verständnis der Bekanntmachungspflicht nach § 3 II 2 HS 1 BauGB dergestalt, dass nur auf die Arten umweltbezogener Informationen hingewiesen werden muss, die zu den geänderten oder ergänzten Teilen des Planentwurfs verfügbar sind, BVerwG, NVwZ 2014, 1170 Rn 12 ff; zu der Entscheidung *Uechtritz*, NVwZ 2014, 1355.
93 *Battis*, in: Battis/Krautzberger/Löhr, BauGB, § 4a Rn 4.

chen[94]. Ferner können nach § 4a IV 2 BauGB die Stellungnahmen der Behörden und sonstigen Träger öffentlicher Belange durch Mitteilung von Ort und Dauer der öffentlichen Auslegung nach § 3 II BauGB und der Internetadresse, unter der der Inhalt der Bekanntmachung und die Unterlagen nach S. 1 im Internet eingesehen werden können, eingeholt werden; die Mitteilung kann elektronisch übermittelt werden. In diesen Fällen hat aber die Gemeinde dem TÖB auf Verlangen den Entwurf des Bauleitplans und der Begründung in Papierform zu übermitteln.

Nach § 4a VI BauGB können Stellungnahmen, die im Verfahren der Öffentlichkeits- oder Behördenbeteiligung nicht rechtzeitig abgegeben worden sind, bei der Beschlussfassung über den Bauleitplan unberücksichtigt bleiben, sofern deren Inhalt der Gemeinde weder bekannt war noch hätte bekannt sein müssen sowie für die Rechtmäßigkeit des Bauleitplans nicht von Bedeutung ist. **913**

Die Regelung entfaltet damit eine dreifach **eingeschränkte formelle Präklusionswirkung**[95]: eingeschränkt zum einen, weil sie die Nichtberücksichtigung verspätet vorgebrachter Belange im laufenden Planungsverfahren lediglich ermöglicht („können"). Zum anderen greift die Ausschlusswirkung infolge der Anordnung des Abs. 6 S. 1 aE nicht ein, wenn es sich um Belange handelt, die der Gemeinde aus anderer Quelle bekannt sind, ihr auf Grund der sie treffenden umfassenden Ermittlungspflicht hätten bekannt sein müssen oder die im Hinblick auf das Gebot einer rechtmäßigen Abwägung von Bedeutung sind[96]. Im Ergebnis behält damit das Abwägungsgebot[97] Vorrang vor der angestrebten Beschleunigung, wenn ansonsten das Grundgerüst der Planung in Frage gestellt würde[98]. Schließlich ist – drittens – jeglicher Eintritt der Präklusion in der Öffentlichkeitsbeteiligung von einem entsprechenden Hinweis nach § 3 II 2 HS 2 BauGB[99] abhängig (§ 4a VI 2 BauGB). **914**

Die frühere, im Jahr 2006 durch **§ 47 IIa VwGO aF** eingeführte **materielle** (auch: „prozessuale")[100] **Präklusion** ist mit Gesetz vom 29.5.2017[101] **aufgehoben** worden; maßgeblich hierfür waren europarechtliche Gründe[102].

f) Grenzüberschreitende Beteiligung

Angesichts der banalen Tatsache, dass Auswirkungen von Bauleitplänen nicht an Staatsgrenzen Halt machen, sieht das BauGB in § 4a V BauGB bestimmte Anforderungen zur grenzüberschreitenden Beteiligung sowohl nachbarstaatlicher Gemeinden und Behörden als auch der Öffentlichkeit vor. **915**

---

94 Die Regelungen gehen auf die UVP-Änderungsrichtlinie 2014 zurück, näher *Battis/Mitschang/Reidt*, NVwZ 2017, 817 (819); s. auch *Will/Ehlert*, NVwZ 2018, 376.
95 Zur ebenfalls rein formellen Präklusionswirkung des früheren § 3 II 2 BauGB 1998 vgl BVerwG, BauR 2007, 1209 (1211).
96 Dazu auch BVerwGE 59, 87 (104); BVerwG, DVBl. 1999, 100 (101).
97 Näher dazu Rn 993 ff.
98 Deshalb wirkungslose Regelung, *Gronemeyer*, BauR 2007, 815 (824).
99 Vgl Rn 906.
100 BVerwG, BauR 2007, 1209 (1211); *Bienek*, SächsVBl. 2007, 49 (49).
101 Gesetz zur Anpassung des Umwelt-Rechtsbehelfsgesetzes und anderer Vorschriften an europa- und völkerrechtliche Vorgaben, BGBl I 1298.
102 S. Begr. in BT-Drs. 18/9526, 51; zu den Hintergründen *Rieger*, in: Schrödter, BauGB, § 10 Rn 89; *Giesberts*, in: BeckOK VwGO (49. Edition), § 49 Rn 57a.

916   § 4a V 1 BauGB verlangt zunächst eine grenzüberschreitende Unterrichtung der Gemeinden und Behörden, wenn Bauleitpläne erhebliche Auswirkungen auf Nachbarstaaten haben können. Die damit implizierte Verpflichtung zur Abstimmung gilt allerdings nur nach Maßgabe der Grundsätze (formeller) Gegenseitigkeit und (materieller) Gleichwertigkeit, um den deutschen Gemeinden keine einseitige Abstimmungsverpflichtung ohne Recht auf Beteiligung im umgekehrten Fall aufzuerlegen[103].

Der in § 4a V 1 BauGB verwendete Begriff der **Unterrichtung** entspricht demjenigen in § 3 I BauGB; Gemeinden und Träger öffentlicher Belange des Nachbarstaates sind daher über den Inhalt des Planentwurfs in geeigneter Weise so zu informieren, dass eine Auseinandersetzung mit der beabsichtigten Planung möglich ist[104]. Adressaten der Unterrichtung sind die von den Auswirkungen der beabsichtigten Bauleitplanung möglicherweise erheblich **betroffenen Gemeinden** und **Träger öffentlicher Belange** des Nachbarstaates. Dieser weite Adressatenkreis wurde angesichts der unterschiedlichen Verwaltungsstrukturen in den Nachbarstaaten gewählt.

917   Abweichend von der Unterrichtungspflicht nach Abs. 5 S. 1 ist bei Bauleitplänen, die erhebliche Umweltauswirkungen auf einen anderen Staat haben können, dieser nach den Vorschriften des **UVPG** zu beteiligen; für die Stellungnahmen der Öffentlichkeit und der Behörden des anderen Staats, einschließlich der Rechtsfolgen nicht rechtzeitig abgegebener Stellungnahmen, gelten indes nicht die Vorschriften des UVPG, sondern jene des BauGB, wie Abs. 5 S. 2 zu entnehmen ist. Damit werden die Anforderungen dergestalt verteilt, dass sich anhand des UVPG die Frage nach dem „Ob" von bilateralen Konsultationen beantwortet, während sich das „Wie" aus dem BauGB ergibt[105]. Schließlich bestimmt S. 3 des § 4a V BauGB (in Umsetzung der Richtlinie 2003/35/EG[106]), dass auf eine nach § 4a V 2 BauGB erforderliche grenzüberschreitende Beteiligung in der **Bekanntmachung** nach § 3 II 2 BauGB hinzuweisen ist.

g)   Beschlussfassung

918   Nach Durchführung des Beteiligungsverfahrens erfolgt die Beschlussfassung der Gemeindevertretung über den Bauleitplan, beim Bebauungsplan durch Satzungsbeschluss (§ 10 I BauGB iVm Kommunalrecht), beim Flächennutzungsplan durch einfachen Beschluss (nach Kommunalrecht)[107].

Ausschüsse können insoweit vorbereitend tätig werden. Der abschließende Beschluss ist aber der Gemeindevertretung vorbehalten; denn hierin liegt zugleich die Entscheidung über die Stellungnahmen zum Planentwurf als (untrennbarer) Bestandteil des Abwägungsvorgangs[108].

919   Damit gelten die **Mitwirkungsverbote** des **Kommunalrechts**[109] im Städtebaurecht gegenüber diesen und sonstigen Beschlüssen (etwa nach § 2 I BauGB), allerdings in einer den besonderen Gegebenheiten der städtebaulichen Planung angepassten Weise. Ohne eine solche **Modifizierung** könnte die Gemeinde ihrer selbstverwaltungsrechtlich geschützten Planungshoheit nicht nachkommen, weil die strikte Anwendung der kommunalrechtlichen Befangenheitsvorschrif-

---

103   Vgl auch *Jäde*, in: Jäde/Dirnberger/Weiß, BauGB, § 4a Rn 23.
104   *Krautzberger*, in: Ernst/Zinkahn/Bielenberg/Krautzberger, BauGB, § 4a (2018) Rn 50.
105   So ausdr. BT-Drs. 15/2250, S. 46.
106   Dazu Rn 843.
107   Nach dem – maßgeblichen – Kommunalverfassungsrecht hat die Beschlussfassung in öffentlicher Sitzung zu erfolgen, dazu OVG Koblenz, NVwZ 1983, 484; eines Beschlusses über die Begründung bedarf es nicht; vgl Rn 987.
108   Vgl BVerwG, ZfBR 2014, 371 Rn 9; OVG Münster, ZfBR 2008, 802 (806); Rn 911.
109   Zum allein maßgeblichen Landesrecht betreffend die gemeindliche Kompetenzordnung bei der Beschlussfassung über Bebauungspläne allg. BVerwG, DVBl. 2008, 1461 (Ls.).

ten (bspw) eine Beschlussfassung über den Flächennutzungsplan regelmäßig ausschließen würde: Der Beschluss über die Nutzung aller im Gemeindegebiet gelegenen Grundstücke impliziert regelmäßig Vor- bzw Nachteile von Gemeinderatsmitgliedern oder deren Verwandten[110]. Auf Grund dessen wird in einengender Auslegung und Anwendung der kommunalrechtlichen Befangenheitsvorschriften zwischen massiven Interessenkollisionen, die zum Mitwirkungsverbot führen[111], und – unschädlichen – (völlig) untergeordneten bzw ganz entfernten Interessenkollisionen[112] unterschieden. Letztere sind grds bei gemeindeweiten Planungen anzunehmen (Flächennutzungsplan)[113], während Mitwirkungsverbote eher im Fall von Teilplanungen für das Gemeindegebiet auftreten (Bebauungsplan[114]/Teiländerung des Flächennutzungsplans). Der Ausschluss erfasst regelmäßig die Mitwirkung im gesamten Aufstellungsverfahren[115].

Die **Nichtigkeit** des Bauleitplans bemisst sich insoweit nach den kommunalrechtlichen Unbeachtlichkeits- und Heilungsvorschriften. Sie tritt regelmäßig unabhängig von einer Kausalität der Stimmabgabe für das Abstimmungsergebnis ein[116]. Die Ergebnisrelevanz ist freilich insofern von Bedeutung, als die Mitwirkung eines ausgeschlossenen Amtsträgers zugleich einen (materiellen) Abwägungsmangel nach sich zieht, wenn die konkrete Möglichkeit eines Einflusses des Fehlers auf die Sachentscheidung besteht[117].   **920**

h) Genehmigungsverfahren

Der selbstständige und der vorzeitige Bebauungsplan (§ 8 II 2, IV BauGB) bedürfen gem. § 10 II BauGB der Genehmigung durch die höhere Verwaltungsbehörde; ebenso ist ein Bebauungsplan, der im Parallelverfahren vor dem Flächennutzungsplan bekannt gemacht werden soll, zu genehmigen (§ 8 III 2 BauGB).   **921**

Bebauungspläne, die nach § 8 II 1 BauGB aus dem Flächennutzungsplan zu entwickeln sind, sind hingegen von der **Prüfung** durch die höhere Verwaltungsbehörde **freigestellt**. Nach Vorstellung des Bundesgesetzgebers reicht es aus, wenn der den Rahmen für die gemeindliche Entwicklung setzende Flächennutzungsplan geprüft wird[118]; ein solches Genehmigungserfordernis besteht nach § 6 I BauGB. Da diese weitreichende Genehmigungsfreiheit von Bebauungsplänen seitens einer Mehrzahl der **Länder** im damaligen Gesetzgebungsverfahren (BauROG) nicht geteilt wurde,

---

110 Zum Unmittelbarkeitskriterium der kommunalen Befangenheitsvorschriften eingehend *Hassel*, DVBl. 1988, 711; fallbezogen *Röhl*, Jura 2006, 725; ebenso *Waldhoff*, JuS 2011, 1143 (1144 f).

111 OVG Lüneburg, BRS 22 Nr 21.

112 BVerwG, DVBl. 1971, 757; *von Mutius*, DVBl. 1987, 455 mwN; weitergehend OVG Münster, DVBl. 1980, 68; dazu – zustimmend – *Krebs*, VerwArch 71 (1980), 181.

113 Näher anhand von Flächennutzungsplänen zur Steuerung der Windkraft *Frey/Stiefvater*, NVwZ 2014, 249.

114 Aber auch dann muss ein unmittelbares und nicht nur marginales Sonderinteresse vorliegen, VGH Mannheim, BauR 2005, 57 (58); großzügig bis blauäugig VGH Mannheim, BauR 2006, 952 (953): keine Befangenheit bei Gemeinderatsmitglied, dessen innerstädtisches Einzelhandelsgeschäft eben jenes Sortiment vertreibt, das für das Gewerbegebiet im Bebauungsplan ausgeschlossen ist.

115 OVG Münster, NVwZ 1984, 667; OVG Koblenz, NVwZ 1984, 670; Mitwirkungsverbote beurteilen sich nach dem Betroffensein, nicht anhand der Grenzen des Plangebiets, vgl OVG Münster, DÖV 1989, 27 (27 f).

116 Vgl § 24 IV KVerf M.V.; anders Art. 49 IV BayGO; näher *Reidt*, in: Battis/Krautzberger/Löhr, BauGB, § 10 Rn 7.

117 So für das fachliche Planfeststellungsverfahren BVerwG, NVwZ 1988, 527 (530); zum Kausalitätserfordernis vgl Rn 1099.

118 Vgl BT-Drs. 13/6392, S. 49; zur Genehmigungspflicht beim vorzeitigen Bebauungsplan OVG Bautzen, BauR 2007, 336.

besteht für sie gem. § 246 Ia 1 BauGB die Möglichkeit, das seit dem 31.12.1997 bundesrechtlich abgeschaffte **Anzeigeverfahren** landesrechtlich einzuführen.

922 Überprüft wird allein die **Rechtmäßigkeit** des Bauleitplans (vgl §§ 6 II, 10 II BauGB); es handelt sich also um **Rechtsaufsicht**[119]. Zweckmäßigkeitskontrollen stünden nicht in Einklang mit der sich in der Bauleitplanung aktualisierenden Planungshoheit der Gemeinde (Art. 28 II 1 GG: „im Rahmen der Gesetze"). Die Überprüfung erfasst insbes. die Einhaltung der Rechtsvorschriften über das (Plan-)Aufstellungsverfahren, die Anpassung an die Ziele der Raumordnung (§ 1 IV BauGB), die Wahrung der Vorgaben über Planinhalte (§§ 5, 9 BauGB), (beim „normalen" Bebauungsplan) die Wahrung des Entwicklungsgebots (§ 8 II 1 BauGB) sowie die Anforderungen des Abwägungsgebots (§ 1 V–VII BauGB). Dabei ist die höhere Verwaltungsbehörde nicht den Unbeachtlichkeits- und Heilungsvorschriften der §§ 214 f BauGB unterworfen, weil diese Vorschriften nur für die gerichtliche Kontrolle gelten (**§ 216 BauGB**)[120].

923 Über die Genehmigung muss nach §§ 6 IV, 10 II BauGB innerhalb von **drei Monaten** entschieden werden, es sei denn, die Frist wird auf Antrag der Genehmigungsbehörde von der übergeordneten Stelle verlängert. Eine **Genehmigungsfiktion** tritt ein, wenn die Genehmigung nicht innerhalb der Frist begründet abgelehnt worden ist (§§ 6 IV, 10 II BauGB). Allerdings ist die Genehmigungsbehörde nicht gehindert, schon vor Ablauf der Frist zu erklären, dass sie keine Rechtsmängel geltend machen werde.

924 Können im Rahmen der Kontrolle eines Flächennutzungsplans Versagungsgründe nicht ausgeräumt werden, bietet § 6 III BauGB die Möglichkeit, **räumliche oder sachliche Teile** des Plans von der Genehmigung auszunehmen – dies unter denselben Voraussetzungen, auf Grund deren die Gemeinde Flächen aus den Darstellungen herausnehmen kann (vgl § 5 I 2 BauGB).

925 Des Weiteren ist eine Genehmigung unter **Nebenbestimmungen** nach Maßgabe des allgemeinen Rechts (§ 36 VwVfG) möglich; es bedarf dann prinzipiell eines Beitrittsbeschlusses der Gemeinde[121]. Schließlich können sowohl beim Flächennutzungsplan als auch beim Bebauungsplan aus Gründen der Beschleunigung des Verfahrens räumliche und sachliche Teile des Plans vorweg genehmigt werden (§§ 6 IV 1 HS 2, 10 II 2 BauGB).

926 **Aus prozessualer Sicht** ist im Fall der Nichtgenehmigung zugunsten der betroffenen Gemeinde die **Verpflichtungsklage** eröffnet, weil die Entscheidung der höheren Verwaltungsbehörde über die Erteilung der Genehmigung zum Flächennutzungsplan oder Bebauungsplan einen Verwaltungsakt darstellt[122]. Gegen eine Erteilung jener Genehmigung kann sich die Nachbargemeinde im Wege der **Anfechtungsklage** wenden. Rechtsschutz des Bürgers ist hingegen in diesen Konstellationen mangels möglicher Verletzung in eigenen Rechten (§ 42 II VwGO) ausgeschlossen[123].

---

119 *Battis*, ÖffBauR, Rn 230.
120 Näher Rn 1084 ff.
121 BVerwG, ZfBR 1987, 101; BVerwG, NVwZ 2010, 1026 Rn 72, dort auch zum Erfordernis einer erneuten Auslegung nach § 4a III 1 BauGB; anders bei redaktionellen Korrekturen, etwa Berichtigung von Schreibfehlern, BVerwG, DVBl. 1989, 1105.
122 Etwa *Brenner*, ÖffBauR, Rn 170; *Stollmann/Beaucamp*, ÖffBauR, § 9 Rn 35; zum Rechtsschutz der Gemeinden gegen UVP-pflichtige Vorhaben *von Schwanenflug/Strohmayr*, NVwZ 2006, 395.
123 *Battis*, ÖffBauR, Rn 231.

§ 246 Ia 1 HS 1 BauGB verleiht besagte Befugnis vorzusehen, dass Bebauungspläne, **927** die nicht der Genehmigung bedürfen, sowie Satzungen nach § 34 IV 1 BauGB ua vor ihrem Inkrafttreten der höheren Verwaltungsbehörde **anzuzeigen** sind. Der Bundesgesetzgeber hat für diese – durch landesgesetzliche Regelung zu bestimmende – Anzeigepflicht allerdings gewisse Vorgaben getroffen: Die Anzeigepflicht kann nicht für Änderungen oder Ergänzungen von Bebauungsplänen eingeführt werden, die im **vereinfachten Verfahren** nach § 13 BauGB erfolgen (§ 246 Ia 1 HS 2 BauGB). Für das Anzeigeverfahren gilt eine strikte **Monatsfrist** (§ 246 Ia 2 BauGB). Der Bebauungsplan darf schließlich nur in Kraft gesetzt werden, wenn die höhere Verwaltungsbehörde die Verletzung von Rechtsvorschriften nicht innerhalb der Monatsfrist geltend gemacht hat (§ 246 Ia 3 BauGB).

i) Ausfertigung und öffentliche Bekanntmachung

Mit der **Bekanntmachung** der Genehmigungserteilung bzw des Beschlusses über **928** den nicht genehmigungspflichtigen Bebauungsplan werden die Bauleitpläne **wirksam** (§§ 6 V 2, 10 III 4 BauGB). Bedeutung hat das aus rechtsstaatlichen Gründen für den Bebauungsplan, der damit als Rechtsnorm nach außen hin, dh dem Bürger gegenüber, **Verbindlichkeit** erlangt[124]. Für den Flächennutzungsplan als (regelmäßiges[125]) Verwaltungsinternum wäre eine Bekanntmachung rechtlich gesehen nicht erforderlich; § 6 V 1 BauGB schreibt sie dennoch vor.

Vor der Bekanntmachung des Bebauungsplans ist seine **Ausfertigung** durch den Bür- **929** germeister oder kommunalen Hauptverwaltungsbeamten erforderlich[126]. Allg. geht deren Zweck dahin, die Identität des Beschlossenen mit dem urkundlich Ausgewiesenen darzutun (Authentizitätsfunktion)[127]. Die Modalitäten der Ausfertigung richten sich in Ermangelung einer einschlägigen bundesrechtlichen Vorschrift nach Landesrecht[128]. Regelmäßig sind die maßgeblichen Planbestandteile in der Fassung, die dem Beschluss zugrunde lag, jeweils einzeln oder in körperlicher Verbindung als authentisch zu bestätigen und handschriftlich zu unterzeichnen[129].

Die Genehmigung des Flächennutzungsplans bzw des Bebauungsplans ist **ortsüblich**, also nach Maßgabe der Gemeindeordnung/Hauptsatzung, bekanntzumachen (§§ 6 V 1, 10 III 1 BauGB).

Dem Bauleitplan muss nach § 6a I bzw § 10a Abs. 1 BauGB eine **zusammenfassen-** **930** **de Erklärung** beigefügt werden, und zwar über die Art und Weise, wie die Umweltbelange und die Ergebnisse der Öffentlichkeits- und Behördenbeteiligung im Bauleitplan berücksichtigt wurden, und aus welchen Gründen der Plan nach Abwägung mit den geprüften, in Betracht kommenden anderweitigen Planungsmöglichkeiten gewählt wurde[130]. Der Bauleitplan ist sodann mit der Begründung und der zusammen-

---

124 Vgl BVerwG, ZfBR 2010, 581; diese zwingende Regelung des § 10 III 4 BauGB kann durch Vorschriften der Gemeindeordnungen über das – zeitliche – Inkrafttreten von Satzungen nicht abgeändert werden, *Reidt*, in: Battis/Krautzberger/Löhr, BauGB, § 10 Rn 49.
125 Vgl aber Rn 1107.
126 BVerwGE 88, 204; BVerwG, NVwZ 1999, 878; OVG Lüneburg, ZfBR 2008, 493.
127 *J. Schmidt*, VBlBW 2004, 452 (453) mwN.
128 *Bönker*, in: Hoppe/Bönker/Grotefels, ÖffBauR, § 5 Rn 252.
129 *Reidt*, in: Bracher/Reidt/Schiller, Bauplanungsrecht, Rn 887 ff.
130 Dazu und zu weiteren SUP-spezifischen Verfahrensanforderungen vgl Rn 850 ff.

fassenden Erklärung zu jedermanns **Einsicht** bereitzuhalten; über den Inhalt ist auf Verlangen Auskunft zu geben (§ 6 V 3, § 10 III 2 BauGB).

Wird der Bebauungsplan pflichtwidrig nicht zu jedermanns Einsicht bereitgehalten, liegt darin zwar ein Verstoß gegen § 10 III 2 BauGB, die Wirksamkeit des Plans wird davon aber nicht berührt[131].

In der **Bekanntmachung** muss mitgeteilt werden, wo der Bebauungsplan – auf Dauer[132] – einzusehen ist (§ 10 III 3 BauGB). Diese besondere Form der Ersatzverkündung tritt an die Stelle der normalerweise für Satzungen vorgeschriebenen Veröffentlichung (§ 10 III 5 BauGB). Eine solche Abweichung von dem sonst rechtsstaatlich Gebotenen rechtfertigt sich aus dem Umstand, dass ein vollständiger Abdruck der vielfältigen zeichnerischen und zT farbigen Planinhalte praktisch kaum möglich, zumindest aber unangemessen aufwändig wäre[133].

Verweist der Bebauungsplan auf eine DIN-Norm, aus der sich ergibt, unter welchen Voraussetzungen bauliche Anlagen im Plangebiet zulässig sind, so hat die Gemeinde sicherzustellen, dass die Betroffenen von der DIN-Vorschrift verlässlich und in zumutbarer Weise Kenntnis erlangen können[134].

Bei nicht genehmigungspflichtigen Bebauungsplänen hat die Gemeinde ortsüblich bekanntzumachen, dass ein Bebauungsplan beschlossen worden ist (§ 10 III 1 BauGB).

931   Nach § 6a II und § 10a II BauGB[135] sollen der wirksame Flächennutzungsplan bzw der in Kraft getretene Bebauungsplan mit der Begründung und der zusammenfassenden Erklärung ergänzend auch in das **Internet** eingestellt und über ein zentrales Internetportal des Landes zugänglich gemacht werden[136].

j)   Ergänzung und Aufhebung von Bauleitplänen

932   Grds sind im Fall der **Änderung, Ergänzung und Aufhebung** von Bauleitplänen die – geschilderten – Vorschriften über deren erstmalige Aufstellung beachtlich (§ 1 VIII BauGB)[137]. Abweichungen ergeben sich für das **ergänzende Verfahren** iSv § 214 IV BauGB, in dem mängelbehaftete Flächennutzungspläne und Satzungen geheilt werden können, sowie für die Aufhebung, Ergänzung und (teilw) Aufstellung von Bauleitplänen.

933   **aa)   Ergänzendes Verfahren.**   Nach § 214 IV BauGB können der Flächennutzungsplan und der Bebauungsplan sowie die sonstigen städtebaulichen Satzungen durch ein

---

131   BVerwG, UPR 2011, 24.
132   *Reidt*, in: Battis/Krautzberger/Löhr, BauGB, § 10 Rn 44; aber nicht an allen Wochentagen, an zwei Tagen in der Woche kann zumutbar sein, OVG Weimar, ThürVBl. 2005, 89 (89).
133   *Battis*, ÖffBauR, Rn 232; zur rechtsstaatlichen Unbedenklichkeit der Bekanntmachung – lediglich – der Genehmigung BVerfG, NVwZ 1984, 430 gegen VGH Kassel, BauR 1981, 450; zum Problem eines Verlustes des Bebauungsplan-Dokuments *Ziegler*, DVBl. 2006, 1356 mit weitgehend normerhaltender Lösung.
134   BVerwG, NVwZ 2010, 1567 Rn 12; BVerwG, ZfBR 2014, 158; BVerwG, NVwZ 2017, 166 Rn 7.
135   Beide Vorschriften sind durch das BauGB 2017 eingefügt worden und gehen auf Vorgaben der UVP-RL zurück, näher *Otto*, in: Schrödter, BauGB, § 6a Rn 1, § 10a Rn 1.
136   Im Näheren zu den Anforderungen *Otto*, in: Schrödter, BauGB, § 6a Rn 4 ff.
137   Hierzu BVerwG, BauR 2012, 53 (53 f).

ergänzendes Verfahren zur Behebung von Fehlern auch rückwirkend in Kraft gesetzt werden[138].

Trotz zahlreicher Unbeachtlichkeitsregelungen in §§ 214 und 215 BauGB für materielle und formelle Mängel im Rahmen von Flächennutzungsplan- und Satzungsverfahren[139] wurde das Bedürfnis gesehen, ein besonderes Verfahren zur Heilung von Fehlern einzuführen[140]. So schied früher die Heilung materieller Rechtsmängel nach der Rspr des BVerwG weitgehend aus; damit mussten städtebauliche Satzungen, auch wenn sie nur einen begrenzten inhaltlichen Mangel aufwiesen, der aber nicht nach §§ 214 und 215 BauGB aF unbeachtlich war, in der Normenkontrolle für nichtig erklärt werden[141].

Das ergänzende Verfahren des § 214 IV BauGB hat angesichts dessen zugleich materielle Bedeutung: Es kann von der Gemeinde nicht nur zur Heilung formeller Mängel, sondern auch von solchen **materiellen Fehlern** städtebaulicher Satzungen eingesetzt werden, die einerseits die Unbeachtlichkeitsschwelle der §§ 214 und 215 BauGB überschreiten, andererseits aber noch nicht eine derartige Qualität erreichen, dass eine Heilung rechtsstaatlich bedenklich erscheint. Der Wortlaut der Vorschrift setzt diesbzgl voraus, dass die Mängel durch ein ergänzendes Verfahren behoben werden können. Als geeigneter Maßstab dienen insbes. die Grundzüge der Planung; würden sie durch die Ergänzung berührt, scheidet jene Mängelheilung durch die Gemeinde aus[142]. Beim ergänzenden Verfahren geht es folglich nur um „punktuelle Nachbesserungen" eines insgesamt intakten Plans[143]. **934**

Das ergänzende Verfahren wird im Regelfall im Anschluss an ein **Normenkontrollverfahren** gem. § 47 I Nr 1 VwGO durchzuführen sein, wenn das Normenkontrollgericht zu der Annahme eines Mangels der beschriebenen materiellen Art gelangt und deshalb die Satzung gem. § 47 V 2 VwGO für (schwebend) unwirksam erklärt. Ggf soll es – in einfachen Fällen – auch während der Normenkontrolle erfolgen können, dies zudem mit Rückwirkung[144]. Aber auch unabhängig von der Durchführung einer Normenkontrolle kann es zum ergänzenden Verfahren kommen. Wird etwa ein heilbarer Mangel bei der **Inzidentprüfung** der Satzung im Rahmen der Anfechtungsklage gegen eine auf Grund der Satzung erteilte Baugenehmigung entdeckt, darf die mängelbehaftete Satzung zwar in diesem Verfahren nicht für unwirksam erklärt werden; denn der Fehler wirkt nur im Verhältnis der an der Anfechtungsklage Beteiligten

---

138 Teilw wird § 214 IV BauGB als Sonderregelung gegenüber dem vereinfachten Verfahren nach § 13 BauGB (vgl Rn 941 ff) angesehen, etwa *Bönker*, in: Hoppe/Bönker/Grotefels, ÖffBauR, 3. Aufl. 2004, § 17 Rn 49; das trifft freilich allenfalls formal, nicht funktional zu, weil § 214 IV BauGB anders als § 13 BauGB zu den Heilungsvorschriften gehört (vgl Rn 1037 ff, 1100).
139 Näher Rn 1087 ff.
140 Auch schon bei Zweifeln der Gemeinde an der Rechtmäßigkeit des (Plan-)Aufstellungsverfahrens, BVerwG, ZfBR 2009, 790 (791).
141 Dazu *Gaentzsch*, FS Weyreuther, S. 249 (268).
142 BVerwGE 110, 193; hierzu *Dolde*, NVwZ 2001, 876; auch OVG Münster, BauR 2007, 69; plastisch VGH München, ZfBR 2008, 374 (376 ff) anhand der Unzulässigkeit des ergänzenden Verfahrens bei Verstoß gegen § 1 III BauGB.
143 *Hoppe/Henke*, DVBl. 1997, 1407 (1412); *Bönker*, in: Hoppe/Bönker/Grotefels, ÖffBauR, § 17 Rn 47.
144 Vgl auch BVerwG, NVwZ 2010, 782 Rn 15; OVG Münster, ZfBR 2008, 280 (282 f); zur Rückwirkung nach § 214 IV BauGB vgl Rn 936.

und führt lediglich zur Aufhebung der auf die Satzung gestützten Baugenehmigung. Es besteht jedoch die Gefahr, dass im Anschluss an das Gerichtsverfahren ein Normenkontrollverfahren eingeleitet wird, um die Satzung als für jedermann unwirksam erklären zu lassen. Durch ein ergänzendes Verfahren kann Derartiges von vornherein vermieden werden[145]. Schließlich darf die Gemeinde auch von ihr selbst erkannte oder angenommene Mängel im Wege des ergänzenden Verfahrens beheben[146].

935 Das Verfahren der Ergänzung durch die Gemeinde zwecks Behebung der vom Gericht festgestellten oder auf sonstige Weise erkannten Mängel setzt in der Phase des Aufstellungsverfahrens ein, in welcher der Fehler erfolgt ist[147]. Bei Mängeln, die erst im Anschluss an das Beteiligungsverfahren eingetreten sind, reicht die **Wiederholung** der bis zur Bekanntmachung des Bauleitplans vorgeschriebenen Verfahrensschritte[148]. Erfährt der Plan im ergänzenden Verfahren materielle Änderungen, die sich nachteilig auswirken können und mithin abwägungsbeachtlich sind, so bedarf es der erneuten Auslegung nach § 4a III 1 BauGB[149]. Im Fall von **Abwägungsfehlern** muss der materielle Entscheidungsvorgang in seiner mängelbetroffenen Phase wieder aufgenommen werden.

So soll im Fall von Ermittlungs- und Bewertungsfehlern, die darauf beruhen, dass bei der Beschlussfassung über den Bebauungsplan die zu seinem Entwurf vorgebrachten Stellungnahmen (gänzlich) unberücksichtigt geblieben sind, das ergänzende Verfahren einen erneuten Beschluss erfordern, diesmal unter Berücksichtigung jener Stellungnahmen, und zwar sämtlichst[150]. Wie ein solcher Beschluss inhaltlich aussehen bzw wie es um die (potenziell) entscheidungsbeeinflussende Kraft der Stellungnahmen[151] stehen wird, lässt sich freilich unschwer prognostizieren – was zugleich ein bezeichnendes Licht auf die „heilende" Kraft dergestalt ergänzter Abwägungen wirft[152].

Durch die erneute Bekanntmachung wird die Unwirksamkeit mit Wirkung für die **Zukunft** beseitigt. Einer ausdrücklichen Bestätigung durch das Normenkontrollgericht, dass die von ihm festgestellten Satzungsmängel beseitigt worden sind, bedarf es demgegenüber nicht. Bei Zweifeln am Erfolg des ergänzenden Verfahrens muss vom ursprünglichen Antragsteller ein neues Normenkontrollverfahren eingeleitet werden.

936 § 214 IV BauGB sieht ferner die Möglichkeit einer Heilung beachtlicher Fehler bei Flächennutzungsplänen und städtebaulichen Satzungen mit Wirkung auch für die Vergangenheit (**Rückwirkung**) vor[153]. Ist ein Verfahren nach § 47 VwGO vorangegangen, bleibt es bis zur Behebung des Mangels bei der schwebenden Unwirksamkeit des Plans im Gefolge des Normenkontrollurteils[154].

---

145 Zum Nebeneinander von Normenkontrolle und Inzidentprüfung *Dageförde*, VerwArch 79 (1988), 123.
146 BVerwG, NVwZ 2009, 1103 Rn 31; NVwZ 2010, 777 Rn 8.
147 *Kukk*, in: Schrödter, BauGB, § 214 Rn 73.
148 BVerwG, NVwZ 2010, 777 Rn 8; ggf bedarf es demnach der erneuten Genehmigung eines Flächennutzungsplans durch die höhere Verwaltungsbehörde gem. § 6 I BauGB, OVG Lüneburg, BauR 2010, 1556 (1559 f).
149 BVerwG, wie vor; bereits oben Rn 911.
150 Näher OVG Münster, ZfBR 2008, 280 (282).
151 Vgl etwa BVerwG, NVwZ 2000, 676.
152 Keine Probleme sieht OVG Münster, ZfBR 2008, 280 (282).
153 Dem ergänzenden Verfahren darf aber nicht die Rechtskraft einer Nichtigkeitserklärung nach früherer Rechtslage entgegenstehen, BVerwG, BauR 2006, 478 (479 f).
154 Vgl Rn 934.

bb) Aufhebung. Ein für nichtig erachteter oder erkannter Bebauungsplan kann **937** nach überwiegender und zutreffender Ansicht weder von der Gemeinde selbst noch von der höheren Verwaltungsbehörde als Genehmigungsbehörde verworfen werden[155]; vielmehr bedarf es einer förmlichen Aufhebung im Verfahren nach § 3 II bzw § 13, §§ 13a, b BauGB, weil anderenfalls die Öffentlichkeitsbeteiligung unterlaufen würde[156]. Möglich ist auch eine Fehlerbehebung gem. § 214 IV BauGB[157]. Eine Besonderheit ergibt sich für den **vorhabenbezogenen Bebauungsplan**; dieser kann ausnahmslos im vereinfachten, die betroffene Öffentlichkeit und Träger öffentlicher Belange angemessen beteiligenden Verfahren aufgehoben werden (§ 12 VI 3 BauGB)[158].

k) Vereinfachtes Verfahren

Das vereinfachte Verfahren des § 13 BauGB[159] gestattet es der Gemeinde, von be- **938** stimmten Verfahrenserfordernissen abzusehen und auf diese Weise die Planung zu beschleunigen. Im Gefolge des **EAG Bau** findet das Verfahren nur noch bei solchen Bauleitplänen Anwendung, die von vornherein keine erheblichen Umweltauswirkungen haben können[160], und zeichnet sich vor allem dadurch aus, dass von einer Umweltprüfung nach § 2 IV BauGB und dem Umweltbericht nach § 2a BauGB abgesehen wird[161].

Im Näheren beschränkt § 13 I BauGB die Anwendbarkeit des vereinfachten Verfah- **939** rens auf **vier Fallgruppen**: Bei der ersten handelt es sich um eine die **Grundzüge der Planung** nicht berührende Änderung oder Ergänzung eines Bauleitplans. Erforderlich ist daher, dass der wesentliche Gehalt des bisherigen Plans, dh das ihm zugrunde liegende Leitbild und damit sein Planungskonzept unverändert bleiben[162].

Derartiges kann selbst bei Änderungen des Baugebietstyps nach der BauNVO der Fall sein, wenngleich ein solcher Wechsel – etwa von einem reinen zu einem allgemeinen Wohngebiet – in den meisten Fällen die Grundzüge der Planung berühren wird[163].

Der zweite Fall betrifft die Aufstellung eines Bebauungsplans im **unbeplanten Innenbereich** gem. § 34 BauGB, der den sich aus der vorhandenen Eigenart der näheren Umgebung ergebenden Zulässigkeitsmaßstab nicht wesentlich verändert. Solche Pläne dienen überwiegend der Bestandssicherung (etwa einer vorhandenen Kleingar-

---

155 Bereits Rn 895; VGH München, BayVBl. 1982, 654; allg. zur Verwerfungskompetenz der Verwaltung etwa *Erbguth/Guckelberger*, Allgemeines Verwaltungsrecht, § 7 Rn 18 ff.
156 Bereits BVerwGE 75, 142; zu weiteren rechtssystematischen Gründen und solchen der Rechtssicherheit allg. *Reidt*, in: Battis/Krautzberger/Löhr, BauGB, § 10 Rn 10 f.
157 Anderenfalls kann die staatliche Behörde das Normenkontrollverfahren nach § 47 VwGO einleiten, dazu *Reidt*, in: Battis/Krautzberger/Löhr, BauGB, § 10 Rn 13 ff.
158 Vgl auch nachfolgend k).
159 Anwendungsfragen zu § 13 BauGB behandelt *Mitschang*, BauR 2016, 1699.
160 Als idS unerheblich anzusehen ist nach BVerwG, NVwZ 2009, 1289 Rn 16 etwa eine infolge der Planänderung zu erwartende Erhöhung der Immissionsrichtwerte nach Nr 6.1 TA Lärm um 5 dB(A).
161 Näher Rn 942; zum Nachfolgenden instruktiv auch *Berkemann ua*, BauGB 2004, S. 187.
162 Zum Begriff der Grundzüge der Planung *Krautzberger*, in: Ernst/Zinkahn/Bielenberg/Krautzberger, BauGB, § 13 (2013) Rn 18 ff; vgl auch BVerwG, BauR 2001, 207; BVerwG, NVwZ 2009, 1103 Rn 21; BVerwG, NVwZ 2009, 1289 Rn 12.
163 S. dazu BVerwG, NVwZ-RR 2000, 759; BVerwG, NVwZ 2009, 1289 Rn 12 ff; zu den Baugebieten Rn 1120 f.

tenanlage)[164] oder haben einschränkende bzw ordnende Funktionen – es handelt sich also im Grunde nicht um ein Instrument zur Schaffung von neuen Baurechten[165]. Dem gleichgestellt finden sich im Gefolge des BauGB 07 – drittens – Bebauungspläne, deren Festsetzungen sich auf die von § 9 IIa BauGB erfassten Gehalte beschränken[166]. Schließlich sind – viertens – im Zuge der BauGB-Novelle 2013 Bebauungspläne hinzugetreten, die gem. § 9 IIb BauGB im zuvor unbeplanten Innenbereich Festsetzungen zur Zulässigkeit resp. Unzulässigkeit von Vergnügungsstätten treffen[167].

940 Für die genannten Planungskategorien normiert das Gesetz in § 13 I Nr 1-3 BauGB weitere Voraussetzungen, die kumulativ vorliegen müssen, um die Gemeinde zur Anwendung des vereinfachten Verfahrens zu berechtigen: Nach Nr 1 darf die Planung nicht die Zulässigkeit eines UVP-pflichtigen Vorhabens vorbereiten oder begründen. Zudem dürfen nach Nr 2 keine Anhaltspunkte für eine Beeinträchtigung der Erhaltungsziele bzw des Schutzzwecks eines Natura 2000-Gebiets iSd BNatSchG bestehen. Schließlich dürfen nach Nr 3 keine Anhaltspunkte dafür gegeben sein, dass bei der Planung Pflichten zur Vermeidung oder Begrenzung der Auswirkungen von schweren Unfällen nach § 50 S. 1 BImSchG zu beachten sind.

941 In derartigen (Planungs-)Fällen eröffnet § 13 II BauGB folgende Vereinfachungen:

- Es kann von der frühzeitigen Öffentlichkeits- und Behördenbeteiligung nach § 3 I und § 4 I BauGB abgesehen werden (Nr 1),
- der betroffenen Öffentlichkeit kann Gelegenheit zur Stellungnahme innerhalb angemessener Frist gegeben[168] oder wahlweise die Auslegung nach § 3 II BauGB durchgeführt werden (Nr 2),
- den berührten Behörden und sonstigen Trägern öffentlicher Belange kann Gelegenheit zur Stellungnahme innerhalb angemessener Frist gegeben oder wahlweise die Beteiligung nach § 4 II BauGB durchgeführt werden (Nr 3).

942 Im vereinfachten Verfahren wird gem. § 13 III BauGB von der **Umweltprüfung** nach § 2 IV, der Pflicht zur Erarbeitung eines **Umweltberichts** nach § 2a und von der Angabe nach **§ 3 II 2 BauGB**, welche Arten umweltbezogener Informationen verfügbar sind, sowie von der **zusammenfassenden Erklärung** nach § 6a I und § 10a I BauGB **abgesehen**. Folgerichtig entfällt überdies die Pflicht zur Überwachung nach § 4c BauGB. Bei einer Beteiligung der Öffentlichkeit nach Abs. 2 Nr 2 ist gem. § 13 III 2 BauGB auf das Absehen von der Umweltprüfung hinzuweisen[169].

Mit dem **Unionsrecht** ist der Entfall einer SUP vereinbar[170]. **Rechtspolitisch** erscheint indes gegenüber den erheblichen Vereinfachungen im Verhältnis zum Regelverfahren Skepsis angebracht, denn eine Ausnahmevorschrift, die den Verzicht auf die SUP gestattet, dürfte kaum geeignet sein, das Verständnis jener Prüfung als ein der Bauleitplanung gleichsam verinnerlichtes Instrument zu fördern[171].

---

164 Dazu *Gronemeyer*, BauR 2007, 815 (816).
165 BT-Drs. 15/2250, S. 51.
166 Vgl auch *Sparwasser*, VBlBW 2007, 281 (286).
167 S. Rn 982.
168 Dann gilt die Hinweispflicht des § 3 II 2 HS 2 BauGB entsprechend, § 13 III 2 BauGB.
169 Zu alldem *Krautzberger*, UPR 2011, 62.
170 Auch BVerwG, NVwZ 2009, 1289 Rn 15.
171 Rn 841; *Schubert*, Harmonisierung umweltrechtlicher Instrumente in der Bauleitplanung, 2005, S. 260.

l) Beschleunigtes Verfahren bei Bebauungsplänen der Innenentwicklung

Die besonderen Regelungen des § 13a BauGB für „Bebauungspläne der Innenent-   **943**
wicklung"[172] führen die „Verschlankungen" des § 13 BauGB noch weiter[173]. Sie haben als „Herzstück"[174] des **BauGB 07** Eingang in das Städtebaurecht gefunden und
zielen auf eine Verminderung der Flächeninanspruchnahme und die Beschleunigung
wichtiger Planungsvorhaben[175].

§ 13a BauGB korrespondiert, indem das erstere Ziel durch Wiedernutzung von Flächen, Nachverdichtung und vergleichbare Maßnahmen der Innenentwicklung[176] erreicht werden soll, mit
der Bodenschutzklausel des § 1a II BauGB[177] – ergänzt diese aber durch instrumentelle Anrei-
ze zur vereinfachten planerischen Bewältigung, insbes. durch Verzicht auf die Durchführung
einer SUP[178].[179]

Die Pläne betreffen den Siedlungsbereich in Abgrenzung zum Außenbereich. Nach
dem BVerwG[180] dürfen nur solche Flächen nach § 13a BauGB überplant werden, die
von einem Siedlungsbereich mit dem Gewicht eines im Zusammenhang bebauten
Ortsteils umschlossen werden. Die äußeren Grenzen des Siedlungsbereichs dürften
durch den Bebauungsplan nicht in den Außenbereich hinein erweitert werden. Offen
gelassen hat das BVerwG, ob Gegenstand jener Pläne auch unbebaute Flächen im Innenbereich („Außenbereich im Innenbereich") sein können; zutreffend dürfte sein,
dass es nach der gesetzgeberischen Zielsetzung nicht um den planungsrechtlichen
Status der Flächen geht, sondern um Maßnahmen „für" die Innenentwicklung in Abgrenzung zu einer gezielten Beplanung von Flächen außerhalb der Ortslagen[181]. Angesichts dessen sind § 13a BauGB durchaus „Außenbereichsinseln im Innenbereich"
zugänglich[182], aber auch Konversionsflächen mit Bausubstanz bei fortgefallener prä-
gender Wirkung der aufgegebenen Nutzung[183].

---

172   Näher der RegierungsE, BR-Drs. 558/06, S. 12 ff; dazu *Scheidler*, ZfBR 2006, 752; *Götze/Müller*,
      ZUR 2008, 8; *Schrödter*, ZfBR 2010, 332 (422); *Spannowsky*, UPR 2011, 241; *ders.*, ZfBR 2013,
      752; anhand der jüngeren Rspr *Krautzberger*, DVBl. 2014, 270.
173   Richtungswechsel gegenüber dem europarechtlich angemessenen und zugleich vollzugsfreundlichen
      Ansatz des EAG Bau, vgl *Schubert*, DV, Beiheft 11, 89 (106 ff); *Reidt*, NVwZ 2007, 1029 (1030);
      Gronemeyer, BauR 2007, 815 (816); zu den Plänen nach § 13a näher *Schmidt-Eichstaedt*, BauR
      2007, 1148; *Krautzberger/Stüer*, DVBl. 2007, 160.
174   *Krautzberger*, UPR 2007, 53 (53); *Scheidler*, BauR 2007, 650 (650); krit mit guten Gründen *Müller-
      Grune*, BauR 2007, 985 (991 f): Einbringen von Unübersichtlichkeit in das BauGB.
175   Vgl *Finkelnburg/Ortloff/Kment*, ÖffBauR Bd. 1, § 6 Rn 98; *Hoppe/Bienek*, SächsVBl. 2007, 49 (49);
      Robl, Das beschleunigte Verfahren für Bebauungspläne der Innenentwicklung, 2010, S. 63 ff; diffe-
      renzierte Sicht bei *Reidt*, NVwZ 2007, 1029 (1030 ff).
176   Zu diesen Begriffen näher *Schrödter*, ZfBR 2010, 332 (332 f).
177   Vgl etwa *Bunzel*, LKV 2007, 444 (444 f); *Finkelnburg/Ortloff/Kment*, ÖffBauR Bd. 1, § 6 Rn 98;
      zur Bodenschutzklausel Rn 853 f.
178   Dazu Rn 843 ff.
179   Dazu *Uechtritz*, BauR 2007, 476 (477); *Reidt*, NVwZ 2007, 1029 (1030).
180   BVerwG, NVwZ 2016, 864 Rn 23.
181   Vgl *Bunzel*, LKV 2007, 444 (445).
182   Etwa OVG Münster, ZfBR 2017, 77 unter der Voraussetzung, dass die Flächen aufgrund ihrer relativ
      geringen räumlichen Ausdehnung noch eindeutig dem besiedelten Bereich zuzuordnen sind und eine
      entsprechende bauliche Vorprägung des (künftigen) Plangebiets hinlänglich vorgezeichnet ist; s.
      auch VGH Mannheim, VBlBW 2014, 183; *Müller-Grune*, BauR 2007, 985 (986).
183   *Uechtritz*, BauR 2007, 476 (478) unter Hinweis auf den letztere Variante erfassenden Wortlaut des
      § 13a I 1 BauGB („Wiedernutzbarmachung von Flächen"); zu besagten Inseln BVerwG, BauR 1973,
      99.

Die Aufstellung im beschleunigten Verfahren setzt voraus, dass die Pläne die räumlichen **Schwellenwerte** in § 13a I 2 Nr 1 BauGB bzw nach näherer Maßgabe von Nr 2 der Vorschrift einhalten. Das ist regelmäßig der Fall, wenn die Festsetzungen eine zulässige Grundfläche nach § 19 II BauNVO[184] oder eine Grundfläche von unter 20 000 qm liegender Größe[185] erfassen. Bei einer zulässigen Grundfläche oder Grundfläche von 20 000 qm bis weniger als 70 000 qm kann das beschleunigte Verfahren nur eingesetzt werden, wenn die Gemeinde auf Grund einer überschlägigen[186] (Vor-)Prüfung des Einzelfalls[187] anhand der Kriterien in Anlage 2 des BauGB zu der Einschätzung gelangt, dass der Bebauungsplan keine erheblichen Umweltauswirkungen nach sich ziehen wird, die nach § 2 IV 4 BauGB in der Abwägung zu berücksichtigen sind[188]. Die Bezugnahme auf letztere Vorschrift erscheint tautologisch, sofern man mit der hM bei § 2 IV BauGB die Erheblichkeit mit Abwägungsrelevanz gleichsetzt[189]. Ausgeschlossen ist das beschleunigte Verfahren in allen diesen Planvarianten, wenn der Plan die Zulässigkeit von UVP-pflichtigen Vorhaben begründet oder die Erhaltungsziele und den Schutzzweck von Natura 2000-Gebieten beinträchtigen kann oder wenn Anhaltspunkte dafür bestehen, dass bei der Planung Pflichten zur Vermeidung oder Begrenzung der Auswirkungen von schweren Unfällen nach § 50 S. 1 BImSchG zu beachten sind; § 13a I 4, 5 BauGB;[190] das entspricht den Gegebenheiten des vereinfachten Verfahrens[191]. Unter jenen Voraussetzungen können auch Bebauungspläne nach § 9 IIa, IIb BauGB[192] sowie vorhabenbezogene Bebauungspläne nach § 12 BauGB[193] solche der Innenentwicklung sein[194].

944   Die vor diesem Hintergrund eröffneten Freistellungen nehmen ihren Ausgangspunkt beim vereinfachten Verfahren[195] (§ 13a II, III BauGB), eröffnen aber zusätzliche „Erleichterungen", die überwiegend materieller Art sind: Abweichung vom Flächennutzungsplan, dennoch Aufstellung vor dessen Änderung oder Ergänzung (Abs. 2 Nr 2)[196], kein Ausgleich bei Eingriffen (Abs. 2 Nr 4)[197].[198] Keine besonderen Anforderungen richten sich – dies hat das BVerwG klargestellt – an die städtebauliche Erforderlichkeit nach § 1 III 1 BauGB[199]. Für das Verfahren gilt das zu § 13 BauGB zu-

---

184   Zu den nicht geringen Anforderungen an eine solche Berechnung *Schrödter,* ZfBR 2010, 332 (333 f); *Gronemeyer,* BauR 2007, 815 (816); *Boeddinghaus,* BauR 2012, 590.

185   Es geht also nicht um die vom Bebauungsplan insgesamt erfasste Fläche, *Uechtritz,* BauR 2007, 476 (479).

186   Begr. GesetzE, BT-Drs. 16/2496, S. 14: keine in Einzelheiten gehende Untersuchung.

187   An der Vorprüfung des Einzelfalls (Screening) sind die Behörden und sonstigen Träger öffentlicher Belange, deren Aufgabenbereiche durch die Planung berührt werden können, zu beteiligen, § 13a I 2 Nr 2 Hs 2 BauGB.

188   Näher *Schwarz,* LKV 2008, 12; *Finkelnburg/Ortloff/Kment,* ÖffBauR Bd. 1, § 6 Rn 102; *Battis/Ingold,* LKV 2007, 433; zu Recht krit gegenüber der Konturenlosigkeit der insoweit verwendeten Begriffe *Gronemeyer,* BauR 2007, 815 (818).

189   Vgl *Uechtritz,* BauR 2005, 1859 (1869) mwN.

190   Eine „erhebliche" Beeinträchtigung ist, anders als bei § 1a IV BauGB, § 34 II BNatSchG, nicht erforderlich; dazu *Bunzel,* LKV 2007, 444 (448).

191   Vgl Rn 940.

192   Dazu *Erbguth/Schubert,* ÖffBauR, § 5 Rn 103a; unter dem Aspekt des vereinfachten Verfahrens insoweit Rn 939.

193   VGH München, BayVBl. 2013, 278.

194   Etwa *Klinge,* BauR 2008, 770 (772).

195   Vgl auch Begr. zum GesetzE, BT-Drs. 16/2496, S. 9; näher zu den Verfahrenserleichterungen für Pläne nach § 13a BauGB *Scheidler,* SächsVBl. 2008, 289.

196   Vgl Rn 992.

197   Vgl Rn 864.

198   Zu der in § 13a II Nr 3 BauGB betonten angemessenen Berücksichtigung des Investitionsbedarfs *Krautzberger,* UPR 2005, 408; *Uechtritz,* BauR 2007, 476 (480).

199   BVerwG, NVwZ 2015, 161 Rn 6.

vor Dargestellte, auch und gerade mit Blick auf die Entbehrlichkeit der förmlichen Umweltprüfung; ein solches Absehen ist ortsüblich bekannt zu machen, § 13a III 1 Nr 1 BauGB[200]. Wie beim vereinfachten Verfahren zieht die Durchbrechung der Statuierung einer durchgängigen derartigen Prüfung für Bauleitpläne zwar rechtspolitische[201], nicht aber unionsrechtliche Bedenken[202] nach sich.

Eine bis zum 31.12.2019 befristete Erweiterung des Anwendungsbereichs von § 13a BauGB sieht der im Mai 2017 eingeführte **§ 13b BauGB**[203] vor: Hiernach gilt erstere Vorschrift entsprechend für Bebauungspläne mit einer Grundfläche im Sinne des § 13a I 2 BauGB von weniger als 10 000 qm, durch die die Zulässigkeit von Wohnnutzungen auf Flächen begründet wird, die sich an im Zusammenhang bebaute Ortsteile anschließen[204]. Das Verfahren zur Aufstellung eines solchen Bebauungsplans kann nach derzeitiger Rechtslage nur bis zum 31.12.2019 förmlich eingeleitet werden; der Satzungsbeschluss nach § 10 I BauGB muss bis zum 31.12.2021 gefasst sein. **945**

m) Besonderheiten gemeinsamer Bauleitplanung

Nicht nur von Bedeutung für die Zuständigkeit zur Aufstellung des Flächennutzungsplans, sondern auch für das Aufstellungsverfahren selbst sind die Vorschriften über die gemeinsame Flächennutzungsplanung bei benachbarten Gemeinden und jene über Planungsverbände[205]. Weitergehendes ist der Regelung durch Landesrecht überlassen (vgl § 203 I, II BauGB). **946**

§ 204 I BauGB eröffnet eine **gemeinsame Flächennutzungsplanung** benachbarter Gemeinden. Diese ermöglicht es, einem erhöhten interkommunalen Abstimmungsbedarf Rechnung zu tragen, dem im Wege des § 2 II BauGB nicht Genüge getan werden kann. Nachbarschaft beschränkt sich dabei nicht auf den Fall angrenzender Gemeindegebiete, sondern beurteilt sich anhand des interkommunalen Berührtseins von Belangen durch die Bauleitplanung. Eine gemeinsame Flächennutzungsplanung „soll" es in vier Fallkonstellationen geben (§ 204 I BauGB)[206]: **947**

– Wenn die städtebauliche Entwicklung der Gemeinden wesentlich durch gemeinsame Voraussetzungen bestimmt wird,

---

200 Zur Unionsrechtskonformität der Vorschrift BVerwG, wie vor, Rn 8 ff.
201 Vgl Rn 948; dazu auch *Tomerius*, ZUR 2008, 1 (4); der Anteil nicht umweltprüfungspflichtiger Bebauungspläne soll infolge der gesetzlich eröffneten Ausnahmen inzwischen bei 75% liegen, s. *von Nicolai*, NordÖR 2013, 397 (397).
202 BVerwG, ZfBR 2017, 355 Rn 22; *Rieger*, in: Schrödter, BauGB, § 13a Rn 49 ff; aA *Götze/Müller*, ZUR 2008, 8 (9 ff); der EuGH (NVwZ-RR 2013, 503) hat – auf Vorlage des VGH Mannheim, VBlBW 2012, 139 – zwar nicht die Regelung in § 13a BauGB als solche, wohl aber in Kombination mit der Unbeachtlichkeitsvorschrift in § 214 IIa Nr 1 BauGB aF für mit Art. 3 SUP-RL unvereinbar erklärt, dazu Rn 1097.
203 Den Anstoß für die Neuregelung dürfte die Entscheidung des BVerwG vom 4.11.2015 (s. vorangehende Fn) gegeben haben, der dadurch insoweit vorübergehend die Grundlage entzogen ist, *Rieger*, in: Schrödter, BauGB, § 13b Rn 2.
204 Näher dazu *Arndt/Mitschang*, ZfBR 2017, 738; *Grotefels*, UPR 2018, 321; *Hofmeister/Mayer*, ZfBR 2017, 551; *Krautzberger*, ZfBR 2017, 644; krit *Bunzel*, ZfBR 2017, 220 (224 f).
205 Dazu mit Blick auf die gemeindeübergreifende Steuerung von Windenergieanlagen *Heilshorn/Schober*, VBlBW 2012, 330; *Schwarz*, ZfBR 2012, Sonderausgabe, 83.
206 Zu den Vorstellungen des Gesetzgebers und der Umsetzung durch die Praxis *Schmidt-Eichstaedt*, NVwZ 1997, 896; zur diesbzgl interkommunalen Zusammenarbeit *Hendler*, UPR 2006, 325 (326 f).

- wenn (nur) ein gemeinsamer Flächennutzungsplan einen gerechten Ausgleich der verschiedenen Belange ermöglicht,
- (insbes.) wenn Ziele der Raumordnung eine gemeinsame Planung erfordern oder
- (vor allem) wenn Einrichtungen und Anlagen des öffentlichen Verkehrs, sonstige Erschließungsanlagen sowie Gemeinbedarfs- oder sonstige Folgeeinrichtungen eine gemeinsame Planung bedingen.

948 Darüber hinaus kann nach § 8 IV ROG in verdichteten Räumen ein als **„regionaler Flächennutzungsplan"**[207] bezeichneter Regionalplan zugleich die Funktion eines gemeinsamen Flächennutzungsplans nach § 204 BauGB übernehmen[208]. Eine gemeinschaftliche Bebauungsplanung ist demgegenüber im Hinblick auf diese dem selbstverwaltungsrechtlichen Schutzbereich unterfallende Aufgabe[209] vom BauGB nicht zugelassen.

949 Für das (gemeinsame) Verfahren gelten die zuvor dargestellten Anforderungen. Ist der Zweck der Planung erreicht oder sind ihre Voraussetzungen entfallen, können die betreffenden Gemeinden den Flächennutzungsplan für ihr Gemeindegebiet nach Zustimmung durch die höhere Verwaltungsbehörde ändern oder ergänzen (§ 204 I 5 BauGB). Sonderregelungen betreffen Konsequenzen für die Flächennutzungsplanung im Fall der Gebiets- bzw Bestandsänderung von Gemeinden (§ 204 II, III BauGB).

950 Gemeinsame Bauleitplanung vollzieht sich im Wege des Zusammenschlusses von Gemeinden und sonstigen öffentlichen Planungsträgern (des Bundes, Landes oder Kreises) zu einem **Planungsverband**, wobei der Zusammenschluss freiwillig (§ 205 I 1 BauGB) oder zwangsweise zustande kommen kann (§ 205 II 1 BauGB). Über die zusammengeführte Planung soll ein Ausgleich der verschiedenen Belange erreicht werden. Das Nähere zu einem zwangsweisen Zusammenschluss, der aus dringenden Gründen des Allgemeinwohls auf Antrag eines Planungsträgers oder – sofern der Zusammenschluss aus Gründen der Raumordnung geboten ist – der für Landesplanung zuständigen Stelle eröffnet ist, regelt § 205 II BauGB[210].

2. Materielle Anforderungen an die Bauleitplanung

951 Anforderungen des materiellen Rechts an die Bauleitplanung können danach unterschieden werden, ob sie das rechtliche „Ob" der Planung erfassen (§ 1 III 1 BauGB) oder ihr „Wie" (§ 1 IV–VII, §§ 5, 9, § 8 II 1 BauGB; BauNVO). Im Rahmen dieser Differenzierung steht die rechtsdogmatisch bedeutsame Zuordnung an, ob die Einhaltung jener Bestimmungen voll oder nur eingeschränkt nachprüfbar ist. Es geht also in einem materiell-rechtlichen Sinn um die Reichweite planerischen Gestaltungsspielraums, nicht aber – mit Ausnahme des § 214 IV BauGB[211] – um die Planerhaltung im Gefolge der §§ 214 f BauGB; letztere Vorschriften schließen lediglich verwaltungsprozessual die gerichtliche Aufhebung bei bestimmten Fehlern aus.

952 Nur eingeschränkt kontrollierbar aus Gründen planerischer Gestaltungsfreiheit sind § 1 III BauGB und die Abwägung nach § 1 VII BauGB; strittig ist dies mit Blick auf

---

207 Zur Zwitterstellung des Instruments *Hendler*, ZfBR 2005, 229 (328 f); *Grotefels/Lahme*, BauR 2009, 1390.
208 Dazu und zum variantenreichen Recht der Länder *Hendler*, UPR 2006, 325.
209 Vgl näher Rn 816.
210 Zu diesem Verbandsmodell auch *Hendler*, UPR 2006, 325 (327).
211 Weil der Vorschrift nicht nur Geltung im Zusammenhang mit einem gerichtlichen Rechtsstreit über einen Flächennutzungsplan oder eine städtebauliche Satzung zukommt, vgl Rn 934.

die Belangprüfung vor dem Hintergrund des § 1 V, VI BauGB. Einer vollständigen Nachprüfung unterliegt die Einhaltung der übrigen auf den Planinhalt bezogenen Vorschriften, vor allem also der §§ 1 IV, 5, 8 II 1, 9 BauGB.

Übersicht 19: Materielle Anforderungen an die Bauleitplanung

1. Erforderlichkeit der Planung/Planrechtfertigung („Ob", § 1 III 1 BauGB)
2. Pflicht zur Anpassung an die Ziele der Raumordnung („Wie", § 1 IV BauGB)
3. Vorgaben für Planinhalte („Wie", § 5 BauGB für den Flächennutzungsplan; § 9 BauGB für den Bebauungsplan)
4. Entwicklungsgebot („Wie", § 8 II 1 BauGB)
5. Ordnungsgemäße Abwägung aller Belange („Wie", § 1 VII BauGB)

---

a) Erforderlichkeit der Planung

Nach § 1 III 1 BauGB ist die Planung als solche, mithin ihr „Ob", nicht in die freie Entscheidung der Gemeinde gestellt, sondern verdichtet sich nach dem Wortlaut der Vorschrift zu einer **Rechtspflicht**, sobald (Zeitpunkt) und soweit (allgemeiner sachlicher/räumlicher Umfang) sie für die städtebauliche Entwicklung und Ordnung erforderlich ist. Im umgekehrten Fall darf nicht geplant werden[212]. Die Bestimmung gilt auch für Fälle der Umplanung[213] (vgl § 1 VIII BauGB). Vor diesem Hintergrund erweist sich die Vorschrift als grenzziehend bereits für die (Nicht-)Inanspruchnahme der kommunalen Planungshoheit.   **953**

aa) Verbotswirkung des § 1 III 1 BauGB.   Bislang stand vorrangig die **Verbotswirkung** des § 1 III BauGB aF (§ 1 III 1 BauGB) im Interesse von Rspr und Lit., also als Frage der Planrechtfertigung[214] im Normenkontrollverfahren dahingehend, ob der Bebauungsplan überhaupt aufgestellt werden durfte (planungsrechtliche Erforderlichkeit)[215]. In der Diktion des BVerwG setzt § 1 III 1 BauGB insoweit der Bauleitplanung „eine erste, wenn auch strikt bindende Schranke, die lediglich grobe und einigermaßen offensichtliche Missgriffe" ausschließt"[216]. Im Näheren hat sich folgendes Verständnis der Norm entwickelt: Bei dem Merkmal der städtebaulichen Erforderlichkeit handelt es sich entgegen dem ersten Anschein um keinen – voll überprüfbaren – unbestimmten Rechtsbegriff. Ob die städtebauliche Entwicklung und Ordnung eine Planung erfordern, ist abhängig von den Entwicklungsvorstellungen der Gemeinde, folglich von ihrer **planerischen Konzeption**[217]. Dieses Entwicklungskonzept der Kommune stellt gleichsam die Vorwirkung des planerischen Gestaltungsspielraums bei der nachfolgenden Bestimmung der Planinhalte dar, eines Spielraums also, der seinerseits auf Grund der selbstverwaltungsrechtlich geschützten Planungshoheit garantiert ist. Die Konzeption der Gemeinde über ihre – künftige – städtebauli-   **954**

---

212 Allg. insoweit zur Planrechtfertigung *de Witt*, LKV 2005, 5 (5 f).
213 BVerwG, BayVBl. 1997, 154.
214 *Brohm*, ÖffBauR, § 12 Rn 3; *Muckel/Ogorek*, ÖffBauR, § 5 Rn 89 ff.
215 Vgl BVerwGE 119, 25 (28 f).
216 BVerwG, NVwZ 2013, 1157 Rn 9; NVwZ 2016, 704 Rn 12.
217 BVerwG, DÖV 1971, 633; BVerwG, NVwZ 2016, 704 Rn 11.

che Entwicklung und Ordnung ist deshalb als Ausdruck planerischer Gestaltung nicht im Einzelnen nachprüfbar.

955 Allerdings muss es sich überhaupt um eine **ausreichende Planungsvorstellung** der Gemeinde handeln – und diese unterliegt prinzipiellen **Bindungen**[218].

An einer ausreichenden Planungsvorstellung fehlt es bspw. wenn über landwirtschaftsbezogene Ausweisungen ein Bauverbot zu anderen Zielen erreicht werden soll[219]; insoweit wirkt sich auf § 1 III 1 BauGB der allgemeine Grundsatz aus, demzufolge eine reine(!) **Verhinderungsplanung** mit dem positiven Gestaltungsauftrag der Bauleitplanung nicht in Einklang zu bringen ist[220]. Hingegen ist eine Negativplanung dann städtebaulich gerechtfertigt, wenn sie auf einem Einseitigkeiten ausschließenden städtebaulichen Gesamtkonzept[221] beruht; das ist auch für Bebauungspläne der Innenentwicklung nach § 9 IIa BauGB[222] zu fordern[223]. Entsprechendes (wie zur Verhinderungsplanung) gilt gegenüber sog. **Vorratsplanungen** ohne absehbare Realisierungschancen[224] – oder sonstwie fehlender Vollzugsfähigkeit,[225] des Weiteren im Fall einer Planung im allein privaten Interesse[226]. **Bindungen** für die Planungskonzeption, ohne deren Einhaltung die Planung unzulässig ist, folgen aus der durch § 1 III 1 BauGB angeordneten Verpflichtung auf die städtebauliche Entwicklung und Ordnung. Die Gemeinde muss sich daher auf hinreichend gewichtige derartige Belange für ihre Planung stützen[227]; das gilt in einem weitverstandenen, sämtliche Belange nach § 1 V, VI BauGB erfassenden[228] und ggf darüber hinausgehenden Sinn[229].

956 Das anhand der gemeindlichen Planungskonzeption zu messende Merkmal der **Erforderlichkeit** wird weit verstanden. Allg. kann von einer Erforderlichkeit ausgegangen werden, wenn vor dem Hintergrund der dergestalt zu respektierenden kommunalen Entwicklungsvorstellungen ein Vorgehen planerischer Art vernünftigerweise geboten ist[230], etwa wenn anderenfalls eine nachhaltige Entwicklung des Gemeindegebiets nicht sichergestellt werden kann[231]. Es reicht also aus, dass die Planungsinitiative nach dem städtebaulichen Konzept der Gemeinde angemessen erscheint; Unab-

---

218 Zu Recht *Reidt*, in: Bracher/Reidt/Schiller, Bauplanungsrecht, Rn 40 ff; *Muckel/Ogorek*, ÖffBauR, § 5 Rn 89 ff; *Kersten*, Baurecht, Rn 72 ff, jeweils mit Fallgruppen.
219 Vgl hierzu aber BVerwG UPR 1999, 191.
220 Vgl zum Fragenkreis BVerwGE 40, 258 (262 f); BVerwG, DVBl. 1999, 1293; BVerwG, BayVBl. 2004, 376 (378); allg. dürfen argumentativ die Standorte von Abs. 3 und Abs. 7 des § 1 BauGB nicht verwischt werden, vgl *Erbguth/Schubert*, ÖffBauR, § 5 Rn 73 mwN; aber auch BVerwG, NVwZ 2002, 1510.
221 Zur Parallele im Zusammenhang mit dem Planvorbehalt des § 35 III 3 BauGB (Rn 1214 ff) überzeugend *Reidt*, BauR 2007, 2001 (2008).
222 Vgl *Erbguth/Schubert*, ÖffBauR, § 5 Rn 103a.
223 *Reidt*, BauR 2007, 2001 (2007 f).
224 BVerwGE 120, 239 (241 f).
225 BVerwGE 116, 144 (147); BVerwG, NVwZ 2017, 412 Rn 10.
226 BVerwG, BauR 1970, 31; BVerwG, ZfBR 2010, 272 (273); OVG Koblenz, NVwZ 1986, 937; wenn ein Bebauungsplan aufgestellt wird, um dem Eigentümer aus wirtschaftlichen Gründen den Verkauf von Baugrundstücken zu ermöglichen, BVerwGE 34, 301 (305); vgl auch VGH München, BayVBl. 2007, 145 (146 f): reine Gefälligkeitsplanung.
227 BVerwG, DVBl. 1970, 414.
228 BVerwG, BauR 2007, 331 (332).
229 Die Planung muss iÜ schlicht geeignet sein, das Planungsziel zu erreichen, VGH München, ZfBR 2004, 696, zu einem einfachen Bebauungsplan ohne Festsetzung der Nutzungsart.
230 Vgl BVerwG, DÖV 1971, 633; BVerwGE 117, 25.
231 BVerwG, DVBl. 1989, 369; BayVerfGH, BayVBl. 2005, 558 (561).

dingbarkeit ist nicht gefordert[232]. Wohl aber soll die Erforderlichkeit ausfallen, wenn es bspw ersichtlich am Bedürfnis für die geplante Gemeinbedarfseinrichtung fehlt[233] – oder einer Umsetzung der verfolgten Festsetzungen auf unabsehbare Zeit unüberwindliche **tatsächliche oder rechtliche Hindernisse** entgegenstehen[234]; in derartigen Konstellationen mangelt es ggf bereits an ausreichenden Planvorstellungen.

In der Sache kann Letzteres angenommen werden, wenn die Verwirklichung des geplanten Vorhabens innerhalb eines Zeitraums von etwa zehn Jahren nach Inkrafttreten des Plans ausgeschlossen erscheint[235] – oder der Planvollzug mangels ausreichender Erschließung an genehmigungsrechtlichen Hindernissen scheitern muss[236].

bb) Gebotswirkung des § 1 III 1 BauGB. Die Grundsätze zum Verbotscharakter des §1 III 1 BauGB lassen sich nicht gleichermaßen als Voraussetzungen für seine **Gebotswirkung** (wenn es also um die Pflicht zu einer bislang ausstehenden Planung geht: bebauungsrechtliches Planungserfordernis) heranziehen. Ansonsten könnte eine – ggf sogar bewusst – konzeptionslose Gemeinde niemals zum Erlass eines Bebauungsplans verpflichtet sein[237]; das wäre nicht in Einklang zu bringen mit der allgemeinen Funktion des § 1 III 1 BauGB, dem gemeindlichen Planungsspielraum bereits im Vorfeld seiner näheren Betätigung inhaltliche Schranken zu setzen. Entsprechendes folgt aus dem Grundsatz der Planmäßigkeit[238] städtebaulicher Entwicklungen, der trotz verschiedener gesetzlicher Durchbrechungen nicht nach Belieben der Kommune durch eine Steuerung über die Planersatzvorschriften der §§ 34, 35 BauGB beiseite geschoben werden darf[239]. 957

In Anbetracht dessen kann sich der gemeindliche Entschließungsspielraum zu einer Planungspflicht nach § 1 III 1 BauGB verdichten, jedoch unter Berücksichtigung seiner Absicherung durch die kommunale Planungshoheit nur in Extremfällen. Anders als im Rahmen der Verbotswirkung reicht es nicht aus, dass ein planerisches Tätigwerden vernünftigerweise geboten ist, etwa weil es der städtebaulichen Entwicklung dient; vielmehr wird die Planungspflicht nur im Fall eines **qualifizierten Planungsbedarfs** ausgelöst. Ein solcher soll vorliegen, wenn städtebauliche Gründe von besonderem Gewicht ein planerisches Handeln dringend geboten erscheinen lassen[240].

---

232 Zur Wirtschaftlichkeit der Festsetzungen anhand des vorhabenbezogenen Bebauungsplans nach § 12 BauGB OVG Schleswig, NordÖR 2005, 465 (466 f).

233 Dem zuneigend VGH München, BayVBl. 2007, 145 (147).

234 BVerwG, NVwZ 2015, 161 Rn 3; BVerwGE 109, 246; 115, 77 (85); 117, 287; VGH Mannheim, VBlBW 2007, 385 (385); an der Vollzugsfähigkeit der planerischen Festsetzungen kann es auch infolge mangelnder Planverwirklichungs- und Verkaufsbereitschaft des Grundstückseigentümers fehlen, OVG Lüneburg, BauR 2009, 1552 (1553); anhand der Ausweisung von Windenergieanlagen *Kment*, DÖV 2013, 17 (18 f).

235 BVerwGE 120, 239 (241 f): planfeststellungsersetzender Bebauungsplan betreffend die Verlegung der Trasse einer Landstraße; Übertragbarkeit dieser aus dem Straßenrecht stammenden Realisierungsperspektive offen gelassen von VGH München, BayVBl. 2007, 429 (432); allg. BVerwGE 92, 8 (15 f).

236 BVerwGE 116, 144; VGH München, BayVBl. 2007, 145 (146).

237 BVerwG, BayVBl. 2004, 376 (378) unter Hinweis auf *Weyreuther*, DVBl. 1981, 369 (372).

238 Vgl Rn 889.

239 BVerwGE 119, 25 (30).

240 So, wenn auch etwas tautologisch, BVerwGE 119, 25 (32); zu alldem *Halama*, DVBl. 2004, 79; *Uechtritz*, DVBl. 2006, 799 (801 f); auch *Moench*, DVBl. 2005, 676; jeweils mwN.

Angenommen wird dies bei erheblich negativen Auswirkungen von Einkaufszentren und großflächigen Einzelhandelsbetrieben auf zentrale Versorgungsbereiche der Nachbargemeinde
(Aushöhlung der innerstädtischen Versorgungsstruktur/Unterversorgung der nicht motorisier-
ten Bevölkerung), wenn die Standortgemeinde einer zunehmenden Verschärfung der Situation
dadurch Vorschub leistet, dass sie weitere Genehmigungen dieser Art §§ 34, 35 BauGB überlässt[241]. Dann liegen zugleich **unmittelbare Auswirkungen gewichtiger Art** auf die Nachbar-
gemeinde(n) vor, so dass sich die Planungspflicht auch aus **§ 2 II BauGB** ergibt[242].

958 Unter den vorstehenden Voraussetzungen lässt sich die Planungspflicht durch die
Kommunalaufsicht nach Maßgabe des die Planungshoheit schützenden Verhältnismäßigkeitsgrundsatzes durchsetzen[243]. **Nachbargemeinden** können sich im Außenbereich auf die – (zugleich) aus § 2 II BauGB ableitbare – Planungspflicht klageweise
berufen[244].

959 **Lösungshinweis zu Fall 23 (Rn 886):** Zu prüfen ist, ob der Bebauungsplan gegen den
Grundsatz der Erforderlichkeit iSv § 1 III 1 BauGB – hier in seiner Ausprägung als Pla-
nungsverbot – verstößt. Ein Bauleitplan ist erforderlich, wenn ihm ein erkennbares städte-
bauliches Konzept der Gemeinde zugrunde liegt. Der Bebauungsplan sieht zwar auf dem
Gelände eine landwirtschaftliche Nutzung vor; der hauptsächliche Zweck des Plans besteht
jedoch darin, die Industrieansiedlung zu verhindern. Bedenken könnten hier zunächst insoweit bestehen, als diese Zielvorstellung nicht als Ergebnis einer längerfristigen städtebaulichen Konzeption entstanden ist. Die Gemeinde hatte bislang kein Konzept zur Nutzung des
Gebietes; die Ausweisung erfolgte lediglich als Reaktion auf den Bauantrag der GmbH, um
durch die Änderung der materiellen Rechtslage die Zulässigkeit des Vorhabens zu verhindern. Ob sich das Planungsbedürfnis nach einem städtebaulichen Konzept erst kurz vor Aufstellung des Planes aus aktuellem Anlass ergeben hat oder ein solches schon längerfristig
besteht, ist im Rahmen des § 1 III 1 BauGB allerdings irrelevant[245], so lange nur überhaupt
eine konkrete planerische Zielvorstellung besteht. § 1 III 1 BauGB könnte aber unter dem
Gesichtspunkt einer sog. Verhinderungsplanung verletzt sein, weil der Hauptzweck des
Plans in dem Ausschluss eines Vorhabens und der Festschreibung des Status quo besteht.
Demgegenüber geht das BauGB grds von einem positiven Planungscharakteristikum der
Bauleitpläne aus. Gleichwohl ist fraglich, ob es tatsächlich eine strikte Grenze zwischen
(Positiv-)Planung und gesetzlich nicht vorgesehener und damit unzulässiger Verhinde-
rungsplanung gibt. Aus der Festsetzung eines Baugebietes folgt stets der Ausschluss aller
übrigen Baugebietstypen. Somit beinhaltet jede positive Ausweisung zugleich eine negative
Regelung. Der Übergang zwischen unzulässiger Verhinderungsplanung und noch zulässiger
Negativplanung ist daher fließend. Als eindeutig rechtswidrig stellt sich eine Ausweisung
dar, deren Verwirklichung nicht einmal Nebenzweck des Plans ist, sondern allein der Verhinderung anderer Nutzungen dient. Die Sachlage ist aber dann anders, wenn die Gemeinde
– wie hier – mit den Festsetzungen im Bebauungsplan zwar in der Hauptsache den Ausschluss bestimmter Nutzungen bezweckt, aber als Nebenziel eine positive Zweckrichtung

241 Vgl bereits BVerwG, BauR 1984, 380; zu § 35 II BauGB insoweit BVerwG, BauR 2003, 55.
242 Bei § 2 II BauGB reicht bereits eine „mehr als geringfügige" Betroffenheit aus, vgl Rn 1033;
     BVerwGE 119, 25 (34); 117, 25 (32 f); BVerwG, BauR 2010, 740; *Erbguth/Schubert*, ÖffBauR, § 8
     Rn 92 f, § 15 Rn 21a; allg. zu § 2 II BauGB vgl Rn 1032 ff.
243 Dazu BVerwGE 119, 25.
244 BVerwGE 117, 25 (32); krit insgesamt *Jäde*, ZfBR 2007, 751 (753 ff), der vor allem die Vereinnah-
     mung der (betroffenen) Gemeinde als Hüterin des Bauleitplanverfahrens auch der Nachbargemeinde
     rügt, aaO, 756; ferner Rn 1199; bereits Rn 957.
245 BVerwG, NVwZ 1991, 875 (876).

verwirklichen will. Die positive planerische Zielvorstellung der Gemeinde geht dahin, das ausgewogene Verhältnis zwischen Siedlungs- und Freiflächen zu erhalten. Damit entspricht die Ausweisung den Anforderungen des § 1 III 1 BauGB; der Bebauungsplan der Gemeinde verstößt nicht gegen den Grundsatz der planungsrechtlichen Erforderlichkeit[246].

b) Pflicht zur Anpassung an die Ziele der Raumordnung

§ 1 IV BauGB verpflichtet die Gemeinde, ihre Bauleitpläne an die Ziele der Raumordnung anzupassen[247].

960

Es handelt sich um eine Spezialvorschrift zu § 4 I ROG[248]; mangels Beschränkung auf raumbedeutsame (Planungs-)Inhalte soll sie auch weiter gehen als Letztere[249] – was aber angesichts typischer Festsetzungsgehalte von Bauleitplänen[250] kaum praktische Bedeutung haben dürfte.

Inhaltlich bindet § 1 IV BauGB als Ausdruck materieller Konkordanz[251] die örtliche Planungsebene in das gestufte System der räumlichen **Gesamtplanungen** ein[252]. Diese bilden planerische Aufgabenfelder, die kein bestimmtes (sektorales) fachliches Ziel verfolgen, sondern der Abstimmung verschiedenster fachlicher und fachplanerischer Interessen vor dem Hintergrund eines fachübergreifenden, auf Nachhaltigkeit ausgerichteten Leitbildes dienen. In räumlich-überörtlicher Ausprägung handelt es sich um die Raumordnung, das örtliche Pendant stellt die städtebauliche Planung dar[253].

Die Anpassungspflicht nach § 1 IV BauGB setzt zunächst voraus, dass es sich **begrifflich** um Ziele der Raumordnung handelt, des Weiteren, dass diese **rechtmäßig** bzw nicht unwirksam sind[254], ferner, dass ihr die jeweilige **Planungskonstellation** unterfällt, und schließlich, dass keine **Zielabweichung**[255] möglich ist bzw in Anspruch genommen wird[256].

Ziele iSd § 1 IV BauGB sind **verbindliche Planfestsetzungen** in Programmen und Plänen der Raumordnung (§§ 7, 13, 3 I Nr 2 ROG iVm den Landesplanungsgesetzen der Länder)[257]. Planungsinstrumente dieser Art, also hochstufige (landesweite) Pläne und Regionalpläne, müssen das raumordnungs-/landesplanungsrechtlich vorgeschrie-

961

---

246 Vgl die grundsätzliche Entscheidung BVerwG, NVwZ 1991, 875.
247 Eingehend *Runkel*, in: Ernst/Zinkahn/Bielenberg/Krautzberger, BauGB, § 1 (2009) Rn 43 ff; *Spannowsky*, ZfBR 2015, 445; zu nicht abschließend geklärten Konsequenzen der Wirkung von Raumordnungszielen gegenüber privaten Vorhaben *Zentralinstitut für Raumplanung*, DVBl. 2005, 1149 (1159 ff).
248 Vgl *Durner*, in: Kment (Hrsg.), ROG, 2018, § 4 Rn 107.
249 BVerwGE 117, 351; OVG Koblenz, BauR 2007, 665 (665) mwN.
250 Vgl dazu Rn 970 ff.
251 BVerwG, ZfBR 2007, 683 (684) mwN; dazu auch *Nonnenmacher*, VBlBW 2008, 161 (170).
252 Vgl Rn 835 ff, auch zum Nachfolgenden.
253 Näher Rn 836 ff.
254 Näher hierzu zuletzt OVG Lüneburg, ZfBR 2012, 265.
255 Dazu *Erbguth/Schubert*, ÖffBauR, § 5 Rn 91; bereits Rn 838; zu Ausnahmen von Zielen der Raumordnung näher *Kment/Grüner*, UPR 2009, 93.
256 Vgl auch BVerwG, NuR 2010, 496.
257 Eingehend *Bartram*, Die Ziele der Raumordnung, 2011; *Paetow*, in: Erbguth/Kluth (Hrsg.), Planungsrecht in der gerichtlichen Kontrolle. Kolloquium zum Gedenken an Werner Hoppe, 2012, S. 179.

bene Planaufstellungsverfahren durchlaufen haben (§§ 8 ff ROG) und für rechtsverbindlich erklärt worden sein. Bloße Absichtserklärungen oder noch in der Aufstellung befindliche Planfestsetzungen genügen nicht, um die Anpassungspflicht der Bauleitplanung auszulösen[258]. Auf die Wirksamkeit des Flächennutzungsplans hat indes selbst das gänzliche Fehlen oder die Unwirksamkeit eines landesweiten Raumordnungsplans keinen Einfluss; die Anpassungspflicht nach § 1 IV BauGB kommt dann von vornherein nicht zum Tragen[259]. Die Rechtsform der Raumordnungspläne[260] spielt für die Anpassungspflicht nach § 1 IV BauGB keine Rolle[261]. Neben diesen formal-verfahrensrechtlichen Maßgaben bleibt materiell beachtlich[262], dass der Zielbegriff des § 1 IV BauGB rechtstechnisch zu verstehen ist: Während Grundsätze der Raumordnung (vgl § 2 ROG) und sonstige Erfordernisse der Raumordnung[263] auf lediglich abwägende Berücksichtigung hin angelegt sind, also Vorgaben für Abwägungsprozesse (hier § 1 VII BauGB) bilden[264] (§ 3 I Nr 3 ROG), stellen Raumordnungsziele das „konfliktbereinigte" Produkt der Abwägung und damit bindende **raumordnerische Letztentscheidungen**[265] dar (§ 3 I Nr 2 ROG). Die Bezeichnung als „Ziel" (vgl § 7 I 4 ROG) hat daher allenfalls Hinweis-, nicht aber konstitutive Funktion[266].

962 Raumordnungsziele unterliegen natürlich **Rechtmäßigkeitsanforderungen**[267], deren Nichteinhaltung vorbehaltlich der raumordnungsrechtlichen Planerhaltung im Gefolge von § 11 ROG[268] die Nichtigkeit des Raumordnungsplans nach sich zieht.

963 **Form- oder Verfahrensfehler** sind nach § 11 I ROG nur beachtlich im Fall gravierender Verletzung der Beteiligungsvorschriften (Nr 1 iVm § 9 ROG), der Bestimmungen über die Begründung des Raumordnungsplans (Nr 2 iVm §§ 7 V, 9 II ROG) oder bei Verfehlen des Hinweiszwecks der Bekanntmachung (Nr 3 iVm § 10 ROG). Beachtliche Fehler, dazu zählen auch materielle Verstöße gegen das Abwägungsgebot (§ 7 II ROG)[269] und dasjenige der Entwicklung des Regionalplans aus dem landesweiten Raumordnungsplan (§ 11 II iVm § 13 II 1 ROG), ferner Verletzungen der Vorschriften über die Umweltprüfung (§§ 8, 11 IV ROG), sind nicht nur rügepflichtig (Jahresfrist, § 11 V 1 ROG), sondern können überdies durch ergänzendes Verfahren rückwirkend geheilt werden (§ 11 VI ROG)[270]. Verfassungsrechtliche Gültigkeitser-

---

258 *Battis*, in: Battis/Krautzberger/Löhr, BauGB, § 1 Rn 39 f; BVerwGE 90, 329.

259 BVerwG, NVwZ 2010, 1430 Rn 24; kompensierend wirkt dann aber das Gebot, die Grundsätze und sonstigen Erfordernisse der Raumordnung im Rahmen der bauleitplanerischen Abwägung zu berücksichtigen, BVerwG, wie vor, Rn 25; dazu *Ingold*, NVwZ 2010, 1399 (1401 f).

260 Dazu anhand der Rechtsnatur von Regionalplänen als Rechtsvorschriften iSd § 47 I Nr 2 VwGO BVerwGE 119, 217 (219 ff); BVerwG, ZfBR 2004, 276 (276 f).

261 Vgl nur *Schiller*, in: Bracher/Reidt/Schiller, Bauplanungsrecht, Rn 86.

262 Zum maßgeblich materiell-rechtlichen Gehalt insoweit BVerwG, SächsVBl. 2003, 192 (192).

263 Vgl § 3 I Nr 4 ROG.

264 § 3 I Nr 3 ROG; vgl nur OVG Münster, BauR 2005, 1577 (1580).

265 Vgl §§ 3 I Nr 2, 4 ROG; BVerwGE 119, 217 (223); 117, 351 (356); allg. näher *Hendler*, UPR 2003, 256; *Ronellenfitsch*, FS Hoppe, S. 355; im Verhältnis zur Bauleitplanung *Spoerr*, FS Hoppe, S. 343; hierzu auch *Hendler*, FS Schmidt-Jortzig, S. 209 (210); *Bartram*, Die Ziele der Raumordnung, S. 53 f.

266 BVerwG, NVwZ 2002, 869 (870): Fehlt es am Letztentscheidungscharakter, liegt allenfalls ein Grundsatz vor.

267 BVerwG, ZfBR 2007, 683 (684); zur Öffentlichkeitsbeteiligung *Schlacke*, NWVBl. 2007, 420.

268 Eingehend dazu *Hager*, in: Kment, ROG, 2018, § 11 Rn 1 ff.

269 Dazu Rn 967.

270 Krit gegenüber derartigen Erweiterungen der Unbeachtlichkeit von Fehlern im Raumordnungsrecht *Erbguth*, NVwZ 2007, 985 (987 f, 989 f).

fordernisse entziehen sich freilich jenen Heilungs- und Unbeachtlichkeitsvorschriften[271]. Das gilt etwa für die Pflicht zur Ausfertigung der Raumordnungspläne als Grundlage für deren Verkündung; diese Pflicht zur „Identitätsfeststellung"[272] besteht unabhängig von einer einfachgesetzlichen Anordnung[273].

In **materiell-rechtlicher** Hinsicht gilt zunächst das Gebot der **Erforderlichkeit**, dem 964
nicht entsprochen wird, wenn der Zielverwirklichung auf unabsehbare Zeit rechtliche oder tatsächliche Hindernisse entgegenstehen (Funktionslosigkeit[274]).[275] Ferner muss der raumordnerische Aufgabenbereich gewahrt bleiben; es darf also keine Fachplanung bzw fachliches Handeln in raumordnerischem Gewand betrieben werden[276]. Vor allem aber ist § 1 IV BauGB zwar Ausdruck des Gebots **materieller Konkordanz**[277] zwischen überörtlicher und örtlicher Gesamtplanung, allerdings nicht iSe strikten Ableitungsverhältnisses dergestalt, dass die Bauleitplanung raumordnerische Vorgaben lediglich rezipierend umzusetzen hätte. Das folgt zum einen aus dem rahmensetzenden Gehalt überörtlicher Planfestsetzungen; zum anderen ist dies ein Gebot der selbstverwaltungsrechtlich geschützten Planungshoheit der Kommunen, mit der sich eine völlige Vorprogrammierung durch ein raumordnerisches Zielkorsett nicht vertrüge[278].

Daraus ergibt sich, dass den Kommunen im Rahmen der Anpassung ihrer Bauleitplä- 965
ne regelmäßig ein **Entfaltungs-** bzw **Konkretisierungsspielraum** iS ortsgestalterischer Umsetzung der überörtlichen Planinhalte verbleiben muss[279]. Abweichungen von diesem Grundsatz können sich aus besonderen, zB tatsächlichen Gründen ergeben oder dann, wenn den Kommunen trotz einzelner detaillierter Raumordnungsziele ein hinreichend weiter ortsplanerischer Gestaltungsspielraum iÜ verbleibt.

Im Hinblick auf die angestrebten Bindungen anderer Planungsträger (hier § 1 IV 966
BauGB) unterliegen Raumordnungsziele ferner den rechtsstaatlichen Anforderungen der **Bestimmtheit**;[280] es bedarf der Rechtsklarheit hinsichtlich ihres (Aussage-)Gehalts als landesplanerische Letztentscheidungen[281].

Schließlich ist in der Raumordnung(splanung) wie im Bauplanungs- oder Fachpla- 967
nungsrecht das Gebot ordnungsgemäßer Abwägung beachtlich – und damit die **Abwägungsfehlerlehre**[282]; das gilt freilich in einem auf den überörtlich-rahmensetzen-

---

271 OVG Bautzen, SächsVBl. 2007, 188 (189).
272 Dazu Rn 929.
273 OVG Bautzen, SächsVBl. 2007, 188 (189).
274 Zur Bauleitplanung insoweit Rn 956 aE mwN; vgl auch VGH Mannheim, ZUR 2007, 92, (93 f) anhand der Realisierbarkeit der privilegierten Nutzung bei regionalplanerischen Ausweisungen nach § 35 III 3 BauGB.
275 BVerwG, NuR 2005, 585 (586); die enge 10-Jahresfrist, wie sie bei vergleichbaren Gegebenheiten im Rahmen des § 1 III BauGB zugrunde gelegt wird (vgl Rn 956), lässt sich auf die Raumordnung nicht übertragen, BVerwG, wie vor; auch VGH Mannheim, ZUR 2006, 152 (155).
276 Instruktiv in Abgrenzung vom Denkmalschutz OVG Koblenz, BauR 2007, 665 (666).
277 Bereits Rn 838.
278 BVerwGE 90, 329; 117, 351 (355); *Hoppe*, DVBl. 1993, 681 (683, 686 f); *Erbguth/Schoeneberg*, Raumordnungs- und Landesplanungsrecht, 2. Aufl. 1992, Rn 78 f; bereits Rn 838.
279 BVerwGE 119, 217 (223) mwN; zu weitgehend die Formulierung bei OVG Münster, NWVBl. 2006, 99 (100): planerischer Spielraum; ansonsten dort, aaO, 100 mwN.
280 BVerwG, ZfBR 2007, 683 (684) mwN.
281 Näher *Kment*, DVBl. 2006, 1336; zu raumordnungsspezifischen Unschärfen aber *Goppel*, UPR 2009, 51.
282 Dazu Rn 1004 ff.

den (raumordnerischen) Auftrag zugeschnittenen, aber auch von der jeweiligen Konkretheit der raumordnerischen Festsetzungen abhängigen Sinn[283]. Maßgeblich ist insoweit die Sach- und Rechtslage im Zeitpunkt der Beschlussfassung über den Raumordnungsplan (§ 11 III 1 ROG). Mängel im Abwägungsvorgang sind zudem nach § 11 III 2 ROG nur erheblich, wenn sie offensichtlich und auf das Abwägungsergebnis von Einfluss gewesen sind[284].

968   Die **Anpassung** der Bauleitpläne an Raumordnungsziele nach § 1 IV BauGB vollzieht sich außerhalb des Abwägungsvorgangs nach § 1 VII BauGB[285]. Den Gemeinden verbleibt zwar besagter Entfaltungs- und Ausfüllungsspielraum im Konnex der sonstigen städtebaulichen Bedürfnisse[286]. Die Gemeinden können die zielförmige raumordnerische Entscheidung als solche aber nicht anders beurteilen; sie steht nicht mehr zur kommunalen Disposition[287]. Derartige Unvereinbarkeiten mit § 1 IV BauGB lassen sich nur im Wege einer Abweichung vom Raumordnungsziel überwinden[288].

969   Im Näheren meint der Begriff des „**Anpassens**" zum einen, dass **im Aufstellungsverfahren** der Bauleitplanung die Ziele der Raumordnung zu beachten sind.

Das wird missachtet, wenn im Flächennutzungsplan außerhalb der regionalplanerisch festgelegten Eignungsgebiete Konzentrationsflächen dargestellt werden[289]. Des Weiteren scheitert die Anpassungspflicht nicht daran, dass bauleitplanerisch verfolgte, zielwidrige Nutzungen ohne größeren Aufwand wieder beseitigt werden könnten[290]. Auch darf ein Bebauungsplan, der einem nach Beschlussfassung rechtswirksam gewordenen Ziel zuwider läuft, nicht bekannt gegeben, also nicht wirksam werden[291].

Zum anderen folgt daraus, dass bei **nachträglicher Zieländerung** bestehende Bauleitpläne im Wege der Umplanung angepasst werden müssen[292]; dies kann zwar in angemessener Zeit erfolgen, ändert aber nichts daran, dass ein Bebauungsplan, der aus raumordnungszielwidrigen Darstellungen eines Flächennutzungsplans entwickelt worden ist, gegen § 1 IV BauGB verstößt[293]. Ob auf Grund von Zielen der Raumordnung die Gemeinde nach § 1 IV BauGB gehalten sein kann, (erstmalig) bauleitplanerisch aktiv zu werden, hieraus also eine sog. **Erstplanungspflicht** resultiert[294], war und ist gesetzlich nicht explizit geregelt; der Gesetzgeber des BauGB ging von einer

---

283   Vgl VGH Mannheim, ZUR 2006, 152 (156); anschaulich OVG Frankfurt (O.), LKV 2005, 306; näher *Kment*, ZfBR 2003, 480.
284   Das Regelungskonzept des § 11 III ROG entspricht damit demjenigen in § 214 III 1, 2 Hs 2 BauGB.
285   Vgl auch Rn 994 f.
286   Bereits Rn 838.
287   BVerwG, BayVBl. 2007, 698 (699); BVerwGE 90, 329; 117, 351 (357); 118, 181 (184); 119, 217 (223); BVerwG, NVwZ 2018, 507 Rn 4; auch Rn 838.
288   Nach § 6 II ROG; vgl *Erbguth/Schubert*, ÖffBauR, § 5 Rn 91; *Kment*, in: ders., ROG, 2018, Art. 6 Rn 61 ff.
289   OVG Münster, BauR 2008, 643 (645); BVerwG, NVwZ 2018, 507 Rn 5 ff.
290   BVerwG, NVwZ 2005, 584 (585); anders wohl im Fall des § 9 II BauGB, weil danach die Nutzung in zeitlicher Hinsicht auch rechtlich limitiert ist, BVerwG, wie vor.
291   Das Rechtsstaatsprinzip richtet sich auf die Sicherung einer materiell rechtmäßigen Regelung, BVerwG, BayVBl. 2007, 698 (699) = NVwZ 2007, 953; Entsprechendes gilt gegenüber einem Flächennutzungsplan vor Genehmigung, BVerwG, NVwZ 2006, 932.
292   Vgl BVerwG, NVwZ 2006, 932; OVG Münster, NVwZ-RR 2007, 442 (442).
293   BVerwGE 117, 351 (356 f).
294   Hierzu *Hoppe*, in: Hoppe/Bönker/Grotefels, ÖffBauR, § 4 Rn 34; *Brohm*, ÖffBauR, § 12 Rn 9.

solchen Erstplanungspflicht im Rahmen des § 1 IV BauGB indes schon bei früheren Novellierungen des Gesetzes aus[295]. Dem folgt nunmehr mit gewissen Maßgaben die Rspr; hiernach zieht die Grundstruktur des mehrstufigen und auf Kooperation angelegten Systems der räumlichen Gesamtplanungen eine raumordnerisch über § 1 IV BauGB ausgelöste erstmalige Planungspflicht nach sich, wenn ansonsten „die Verwirklichung der Raumordnungsziele bei Fortschreiten der ‚planlosen' städtebaulichen Entwicklung auf unüberwindbare (tatsächliche oder rechtliche) Hindernisse stoßen oder wesentlich erschwert würde"[296].

c) Vorgaben für die Planinhalte

aa) Flächennutzungsplan. Seinen Inhalten nach soll der **Flächennutzungsplan**   970
die sich aus der beabsichtigten städtebaulichen Entwicklung ergebende Art der Bodennutzung nach den voraussehbaren Bedürfnissen der Gemeinde in den Grundzügen darstellen (§ 5 I 1 BauGB: Entwicklungs- und Koordinationsfunktion des Flächennutzungsplans).

Dabei meint „Grundzüge" keine Abstraktion, also notwendiges Absehen von detailscharfen Ausweisungen, sondern dass sie über die unmittelbar erfassten Flächen hinaus Bedeutung für das planerisch verfolgte Gesamtkonzept haben müssen. Allerdings darf der Flächennutzungsplan den Bebauungsplan im Wege dergestalt konkreter Inhalte nicht faktisch ersetzen; die ihm prinzipiell zugestandene Detailschärfe, die auch stärkere Maßnahmeorientiertheit aufweisen kann[297], muss daher immer eine flächenhaft-partielle bleiben[298].

Der Flächennutzungsplan enthält in Anbetracht dessen **Darstellungen** und unterscheidet sich damit vom Bebauungsplan, der – als Rechtssatz – verbindliche Festsetzungen trifft. Ausweisungen des Flächennutzungsplans betreffen nach § 5 II BauGB:

– für die **Bebauung** vorgesehene Flächen, nämlich
  – nach der allgemeinen Art ihrer baulichen Nutzung (Bauflächen),
  – nach der besonderen Art ihrer baulichen Nutzung (Baugebiete),
  – nach dem allgemeinen Maß der baulichen Nutzung für Baugebiete (Nr 1),
  – Ausstattung des Gemeindegebiets (Nr 2): Anlagen und Einrichtungen zur Versorgung mit Gütern und Dienstleistungen des öffentlichen und privaten Bereichs (Buchst. a), Maßnahmen, die dem Klimawandel entgegenwirken (Buchst. b) und die der Anpassung an den Klimawandel dienen (Buchst. c), zentrale Versorgungsbereiche (Buchst. d)
– **sonstige Nutzungen** von Flächen (Nr 3–10):
  – (bestimmte) Verkehrsflächen (Nr 3),
  – Flächen für Versorgungs- und Entsorgungsanlagen (Nr 4),
  – Grünflächen (Nr 5),

---

295 Teilw. wird diese (Erst-)Planungspflicht aus § 1 III BauGB hergeleitet, vgl *Goppel*, BayVBl. 1984, 229 (231); *Gaentzsch*, WiVerw 1985, 235 (246) – zu Unrecht, weil § 1 III 1 BauGB von einem primär örtlichen Bezugsrahmen, § 1 IV BauGB hingegen von einem solchen überörtlicher Art für die Erstplanungspflicht ausgeht; daher ist es zutreffend, dass beide Vorschriften nebeneinander eine Erstplanungspflicht begründen können, BVerwGE 119, 25 (42 f); zu den hiermit zusammenhängenden Rechtsfragen eingehend *Ingold*, Erstplanungspflichten im System des Planungsrechts, 2007.

296 BVerwGE 119, 25 (38 f) unter Berufung auf *Schmidt-Aßmann*, Fortentwicklung des Rechts im Grenzbereich zwischen Raumordnung und Städtebau, 1977, S. 20 f; vgl auch *Peine*, ÖffBauR, Rn 348.

297 Dazu anhand der Rspr *Mitschang*, LKV 2007, 102 (105).

298 Zum Vorstehenden BVerwGE 124, 132 (137 ff); auch OVG Lüneburg, NuR 2005, 799 (799 f) anhand § 35 III 1 Nr 1 BauGB; ferner Rn 895 am Bsp. von Ausweisungen nach § 35 III 3 BauGB.

- Flächen für Nutzungsbeschränkungen oder Vorkehrungen gegen schädliche Umwelteinwirkungen iSd BImSchG (Nr 6),
- Wasserflächen und aus Gründen des Hochwasserschutzes wie des Wasserabflusses freizuhaltende Flächen (Nr 7),
- Flächen für Aufschüttungen, Abgrabungen und die Gewinnung von Bodenschätzen (Nr 8),
- Flächen für Landwirtschaft und Wald (Nr 9) sowie
- Flächen für Maßnahmen zum Schutz, zur Pflege und zur Entwicklung von Boden, Natur und Landschaft (Nr 10).[299]

971 In Betracht kommen textliche und zeichnerische Darstellungen. Für Letztere gilt die PlanZV mit ihren Maßgaben. Näheres zur Darstellung der für die **Bebauung** vorgesehenen Flächen (§ 5 II Nr 1 BauGB) folgt aus der BauNVO[300].

Darstellungen zur **Versorgung** mit **Gütern** und **Dienstleistungen** (§ 5 II Nr 2 Buchst. a BauGB) richten sich auf der Allgemeinheit dienende Anlagen, auf Einrichtungen des Gemeinbedarfs, auf Schulen, Kirchen, ähnlichen Zwecken dienende Gebäude bzw Einrichtungen, ferner auf Sport- und Spielanlagen uam[301]. Die Darstellungen mit Bezug zum **Klimawandel** (§ 5 II Nr 2 Buchst. b und c BauGB)[302] umfassen Anlagen, Einrichtungen und sonstige Maßnahmen, die dem Klimawandel entgegenwirken, wobei das Gesetz beispielhaft solche zur dezentralen und zentralen Erzeugung, Verteilung, Nutzung oder Speicherung von Strom, Wärme oder Kälte aus erneuerbaren Energien oder Kraft-Wärme-Kopplung aufführt; erfasst werden ferner nicht näher spezifizierte Anpassungsmaßnahmen, zu denen etwa Kaltluftschneisen zu zählen sein sollen[303]. Die BauGB-Novelle 2013 hat in § 5 II Nr 2 Buchst. d BauGB klarstellend die Möglichkeit zur Darstellung **zentraler Versorgungsbereiche**[304] eingeführt, um die Steuerungs- und Koordinierungsfunktion des Flächennutzungsplans auch in Bezug auf informelle kommunale Einzelhandels- und Zentrenkonzepte zur Geltung zu bringen[305]. Die **übrigen** Darstellungen nach § 5 II Nr 3–10 BauGB betreffen die dort aufgeführten und vorstehend umrissenen (vielfältigen) räumlichen Nutzungsformen. Hinzu tritt die Möglichkeit, **Flächen zum Ausgleich** iSd § 1a III BauGB, also als Kompensation für bauleitplanerisch bewirkte Eingriffe in Natur und Landschaft, im Flächennutzungsplan nicht nur darzustellen, sondern nach § 5 IIa BauGB auch den Flächen ganz oder teilweise zuzuordnen, auf denen jene Eingriffe zu erwarten sind.

972 Welche Plangehalte in den jeweiligen Flächennutzungsplan Aufnahme finden, ist, wie bereits der Wortlaut des § 5 II, IIa BauGB verdeutlicht („können"), gesetzlich nicht vorgeschrieben. Art und Umfang der Darstellungen stehen in Abhängigkeit von der **aktuellen Planungssituation** in der Gemeinde, ihren städtebaulichen Entwicklungsvorstellungen und den aus § 1 BauGB erwachsenden Verpflichtungen (vor al-

---

299 Die Bedeutung des Flächennutzungsplans geht daher weit über eine einseitige Bezugnahme auf die Bebauung hinaus, *Mitschang*, LKV 2007, 102 (103).
300 Näher dazu und zum Nachfolgenden *Graf*, BauR 2004, 1552.
301 Vgl nur *Bönker*, in: Hoppe/Bönker/Grotefels, ÖffBauR, § 5 Rn 57.
302 § 5 II Nr 2 Buchst. b und c hat mit der BauGB-Klimaschutznovelle 2011 Eingang in das Gesetz gefunden, dazu *Wickel*, UPR 2011, 416; *Mitschang*, DVBl. 2012, 134; der Gebrauch von jenen Darstellungsmöglichkeiten setzt nach zutreffender Sicht ein gemeindliches Klimakonzept voraus, *Battis/Krautzberger/Mitschang/Reidt/Stüer*, NVwZ 2011, 897, 899; *Jarass/Kment*, BauGB, § 5 Rn 19.
303 BT-Drs. 17/6076, S. 9.
304 Dazu auch Rn 981, 1035, 1149 f.
305 BT-Drs. 17/11468, S. 13; erfasst sind sowohl bereits vorhandene wie erst noch zu entwickelnde Versorgungsbereiche, wie vor; s. auch *Scheidler*, KommP BY 2014, 252 (255); *Stüer*, DVBl. 2012, 1017 (1019); *Uechtritz*, BauR 2013, 1354 (1357 ff).

lem Abs. 6 und 7 der Vorschrift). Vor diesem Hintergrund muss ein Flächennutzungsplan einerseits nicht sämtliche der in § 5 II BauGB beschriebenen Ausweisungsmöglichkeiten enthalten; überdies kann nach § 5 I 2 BauGB vorübergehend auf die Darstellung bestimmter Flächen oder sonstiger Inhalte (nach Abs. 2) verzichtet werden, wenn hierdurch die nach § 5 I 1 BauGB darzustellenden Grundzüge der beabsichtigten Art der Bodennutzung nicht berührt werden. Andererseits handelt es sich bei § 5 II BauGB um eine lediglich beispielhafte Aufzählung („insbesondere"); es können daher auch anderweitige Darstellungen aufgenommen werden[306]. Freilich müssen sie wie diejenigen des § 5 II BauGB auf eine geordnete städtebauliche Entwicklung des Gemeindegebiets abzielen[307], dürfen mithin nicht über das hinausgehen, was an zulässigen Inhalten für den Bebauungsplan in § 9 BauGB vorgeschrieben ist[308].

Allgemeine Anforderungen an die Planinhalte des Flächennutzungsplans ergeben sich aus dem rechtsstaatlichen **Bestimmtheitsgebot**: Die Darstellungen müssen durchweg eindeutig sein und dürfen keine Widersprüche in sich tragen. Ansonsten kommt es zur Unwirksamkeit des Plans[309].   **973**

§ 5 IIb BauGB ermöglicht die Aufstellung **sachlicher und räumlicher**[310] **Teilflächennutzungspläne**, um unabhängig von der Aufstellung oder dem Vorhandensein[311] eines umfassend ausgerichteten „allgemeinen" Flächennutzungsplans die Steuerungswirkung des § 35 III 3 BauGB leichter erreichen zu können[312]. Abs. 3 und 4 des § 5 BauGB öffnen den Flächennutzungsplan sonstigen flächenbezogenen Aussagen mit (nur) **deklaratorischer** Bedeutung in dem Sinn, dass sie an den Rechtswirkungen des Plans (§ 8 II 1, § 7 BauGB) nicht teilhaben. So sollen nach § 5 III BauGB **gekennzeichnet** werden: Flächen, bei deren Bebauung besondere bauliche Vorkehrungen oder Sicherungsmaßnahmen erforderlich sind (gegen äußere Einwirkungen, etwa schädliche Umwelteinflüsse iSv § 3 BImSchG/gegen Naturgewalten), Nr 1, solche mit Untertagebergbau oder die für den Abbau von Mineralien bestimmt sind, Nr 2, sowie für bauliche Zwecke vorgesehene Flächen, die erheblich mit umweltgefährdenden Stoffen (etwa Altlasten) belastet sind, Nr 3.   **974**

Auf Grund ihres rein informatorischen Charakters und ihrer Warnfunktion wird angenommen, dass ein Fehlen der Kennzeichnung nicht zur Unwirksamkeit des Plans führt, sofern die Belange sachlich zutreffend gewürdigt worden sind[313]. Maßgeblich seien die materiell-rechtlichen Anforderungen des Abwägungsgebots[314]. Dem kann nur gefolgt werden, wenn die Warnfunktion allein auf die Gemeinde bezogen, ihr also keine Schutzwirkung gegenüber dem Bürger beigemessen wird.

---

306 S. *Kersten*, Baurecht, Rn 175: „Darstellungserfindungskompetenz" der Gemeinde.
307 BVerwGE 95, 123.
308 Dazu BVerwGE 124, 132 (138 f) mwN.
309 Und zwar ungeachtet §§ 214 f BauGB; auch *Finkelnburg/Ortloff/Kment*, ÖffBauR Bd. 1, § 6 Rn 73.
310 S. § 5 IIb HS 2 BauGB; die Vorschrift ist im Gefolge des BauGB 2011 entsprechend erweitert worden; auch Rn 1217.
311 Im Fall des Vorliegens eines „allgemeinen" Flächennutzungsplans bedarf es freilich der inhaltlichen Abstimmung, *Mitschang*, LKV 2007, 102 (107 f).
312 Näher Rn 1217.
313 *Finkelnburg/Ortloff/Kment*, ÖffBauR Bd. 1, § 8 Rn 18.
314 *Bönker*, in: Hoppe/Bönker/Grotefels, ÖffBauR, § 5 Rn 60.

975   Einer **nachrichtlichen Übernahme** sollen nach § 5 IV 1 BauGB zugeführt werden: Planungen und sonstige Nutzungsregelungen mit Rechtsverbindlichkeit sowie Mehrheiten von baulichen Anlagen, die nach Landesrecht denkmalgeschützt sind (Planfeststellungsbeschlüsse des Fachplanungsrechts/Schutzgebietsausweisungen des Wasser- und Naturschutzrechts, nach der FFH-RL geschützte Gebiete, Denkmalbereiche uam). Vorgaben zur nachrichtlichen Übernahme von Überschwemmungsgebieten (§ 76 II WHG), Risikogebieten (§ 78b I WHG) sowie Hochwasserentstehungsgebieten (§ 78d I WHG) enthält § 5 IVa BauGB. Das Gebot nachrichtlicher Übernahme dokumentiert fehlende (bauleit)planerische Einwirkungsmöglichkeiten auf den abgeschlossenen fachlichen Entscheidungsprozess.

976   Dem Flächennutzungsplan ist schließlich eine **Begründung** „mit den Angaben nach § 2a" BauGB beizufügen, § 5 V BauGB; aus Letzterem ergibt sich, dass sie nicht Teil des Flächennutzungsplans ist[315], wohl aber eine seiner inhaltlichen Rechtmäßigkeitsvoraussetzungen. § 2a BauGB präzisiert die Anforderungen an die Begründung (sowohl des Flächennutzungsplans als auch des Bebauungsplans), nämlich mit Blick auf den erforderlichen Zeitpunkt ihrer Erstellung und den näheren Inhalt: Sie ist bereits dem Entwurf des Bauleitplans im Aufstellungsverfahren beizufügen, dh als Begründungsentwurf spätestens vor der förmlichen Öffentlichkeitsbeteiligung nach § 3 II BauGB, und entsprechend dem Stand des Verfahrens fortzuschreiben (vgl § 2a S. 2 eingangs BauGB)[316]; ihrem Inhalt nach hat die Begründung neben den Zielen, Zwecken und wesentlichen Auswirkungen des Bauleitplans (§ 2a S. 2 Nr 1 BauGB) als gesonderten Teil den Umweltbericht nach der Anlage 1 zum BauGB zu enthalten, in dem die in der Umweltprüfung ermittelten und bewerteten Belange des Umweltschutzes aufzuführen sind (§ 2a S. 2 Nr 2, S. 3 BauGB). Anhand der Begründung muss sich zudem nach allgemeinen Grundsätzen die Abwägung in ihrem Vorgang und ihrem Ergebnis nachvollziehen lassen; solange dies nicht in Frage gestellt ist[317], kann es bei einer Beschränkung auf wesentliche Punkte bleiben[318].

977   **bb) Bebauungsplan.**   Die Inhalte des **Bebauungsplans** regelt § 9 BauGB, und zwar **abschließend**[319]. Im Gegensatz zu den nicht nach außen gerichteten Darstellungen des Flächennutzungsplans enthält der Bebauungsplan **Festsetzungen**, welche die Nutzung von Grund und Boden parzellenscharf bestimmen, dies durch Zeichnung, Farbe, Schrift oder Text. In jedem Fall müssen die Planaussagen hinreichend bestimmt, dh klar und unmissverständlich erkennbar sein – was ggf durch Auslegung zu klären ist[320]. Auf Grund der Parzellenschärfe und Außenverbindlichkeit gelten insoweit strengere Anforderungen als beim Flächennutzungsplan.

---

315 Vgl nur *Söfker*, in: Ernst/Zinkahn/Bielenberg/Krautzberger, BauGB, § 5 (2018) Rn 76; *Mitschang*, in: Battis/Krautzberger/Löhr, BauGB, § 5 Rn 9.
316 *Bönker*, in: Hoppe/Bönker/Grotefels, ÖffBauR, § 5 Rn 182.
317 Vgl allerdings OVG Münster, ZfBR 2008, 280 (281); demgegenüber mit Blick auf § 41 II BImSchG BVerwG, ZUR 2007, 205.
318 Ähnlich *Bönker*, in: Hoppe/Bönker/Grotefels, ÖffBauR, § 5 Rn 184.
319 S. BVerwG, NJW 1993, 2695 (2697); NVwZ 2002, 202 (202): kein „Festsetzungsfindungsrecht" der Gemeinde; s. auch *Stollmann/Beaucamp*, ÖffBauR, § 5 Rn 27.
320 Vgl BVerwGE 119, 45 (51); dazu *Bischopink/Arnold*, NVwZ 2007, 991 (992); VGH München, BayVBl. 2007, 145 (147).

Unbestimmtheiten des Plans infolge fehlender Festsetzungen können weder durch Aussagen in der Begründung[321] noch – beim vorhabenbezogenen Bebauungsplan – durch solche im Durchführungsvertrag[322] bereinigt werden[323].

In welchem Umfang die Gemeinde von den Festsetzungsmöglichkeiten Gebrauch macht, ist von den Umständen, auf welche die Planung trifft, und von ihrem Entwicklungskonzept abhängig. Es müssen mithin keineswegs sämtliche der in § 9 I BauGB eröffneten Plangehalte in die Planung umgesetzt werden. Bleiben die Festsetzungen hinter dem Mindestgehalt des § 30 I BauGB zurück, handelt es sich um einen sog. einfachen Bebauungsplan gem. § 30 III BauGB.

Die Festsetzungsmöglichkeiten sind durch die Novellierungen des BauGB nicht nur nach und nach weiter **verfeinert**, sondern auch um solche spezifisch **umweltschutzbezogener** Art erweitert worden: **978**

So können im Bebauungsplan von einer Bebauung freizuhaltende Flächen und ihre Nutzung ausgewiesen werden (§ 9 I Nr 10), des Weiteren entsprechend freizuhaltende Schutzflächen und ihre Nutzung, Flächen für besondere Anlagen und Vorkehrungen zum Schutz vor schädlichen Umwelteinwirkungen und sonstigen Gefahren iSd BImSchG sowie die zum Schutz vor jenen Einwirkungen oder zur Vermeidung und Minderung solcher Einwirkungen zu treffenden (baulichen und sonstigen technischen) Vorkehrungen (§ 9 I Nr 24 BauGB). Nach § 9 I Nr 20 BauGB ist die Festsetzung von Flächen bzw Maßnahmen zum Schutz, zur Pflege und Entwicklung von Boden, Natur und Landschaft[324] eröffnet. Ferner können nach § 9 I Nr 23 BauGB Gebiete ausgewiesen werden, in denen (a) zum Schutz vor schädlichen Umwelteinwirkungen nach dem BImSchG (vgl § 3 BImSchG) bestimmte luftverunreinigende Stoffe nicht oder nur eingeschränkt verwendet werden dürfen[325], oder (b) bei der Errichtung von Gebäuden oder bestimmten sonstigen baulichen Anlagen bestimmte bauliche und sonstige technische Maßnahmen für die Erzeugung, Nutzung oder Speicherung von Strom, Wärme oder Kälte aus erneuerbaren Energien oder Kraft-Wärme-Kopplung getroffen werden müssen[326], schließlich (c) Gebiete, in denen ua bei der Errichtung bestimmter baulicher Anlagen in der Nachbarschaft von Betriebsbereichen nach § 3 Va BImSchG (Störfallbetriebe) Maßnahmen zur Vermeidung oder Minderung der Folgen von Störfällen zu treffen sind.

Von grenzziehender Bedeutung für sämtliche Planinhalte ist der Einleitungssatz des § 9 I BauGB; dort wird in Konkretisierung der Kompetenzgrundlage für das BauGB[327] klargestellt, dass von den Ausweisungsmöglichkeiten nur aus **städtebaulichen Gründen** Gebrauch gemacht werden darf[328]. **979**

---

321 Lediglich Auslegungshilfe, aber kein Bestandteil des Plans, vgl Rn 987.
322 Kein Bestandteil des Bebauungsplans, vgl dazu Rn 1059; zudem keine Einsichtnahmemöglichkeit durch andere Planbetroffene, BVerwGE 119, 45 (53).
323 BVerwGE 119, 45 (52 f).
324 Hiervon wird begrifflich auch das Landschaftsbild in seiner optischen Wirkung auf den Menschen erfasst, VGH Mannheim, VBlBW 2010, 475 (476).
325 Dazu näher *Reidt*, BauR 2011, 1444; die Vorschrift deckt keine Festsetzung, wonach die Verwendung fossiler Brennstoffe in Anlagen, die dem Treibhausgas-Emissionshandelsgesetz (TEHG) unterliegen, im Bebauungsplan davon abhängig gemacht wird, dass die eingesetzten Stoffe bestimmte CO^2-Emissionsfaktoren nicht überschreiten, BVerwG, NVwZ 2018, 322 Rn 19 ff.
326 Näher insoweit *Battis/Krautzberger/Mitschang/Reidt/Stüer*, NVwZ 2011, 897 (900).
327 Dazu Rn 809 ff.
328 Bedenklich daher BayVerfGH, BayVBl. 2005, 558 (559): „ökologische Wirkungen" als „beachtliche städtebauliche Überlegung"; krit gegenüber der städtebaulichen Spezifizierung allerdings *Koch*, DV 37 (2004), 537.

IÜ lassen sich die Festlegungen des Katalogs in § 9 I BauGB in solche der baulichen und jene der nichtbaulichen Nutzung unterscheiden. Die **bauliche** Nutzung betreffen (Nr 1–9[329]): Art und Maß der baulichen Nutzung (Nr 1; konkretisiert durch §§ 1 II, 2–15, 16–21a BauNVO), Bauweise, Überbaubarkeit der Grundstücksfläche, Stellung der baulichen Anlagen (Nr 2; konkretisiert durch §§ 22 f BauNVO); auf Grund des BauGB 07: vom Bauordnungsrecht abweichende (Maße der Tiefe der) Abstandsflächen (Nr 2a), und zwar iS der Vergrößerung wie Verringerung – als städtebauliche Reaktion auf die durch § 6 II MBO ausgelöste Reduzierung der Abstandsfläche von (vorher) 1,0 H auf den rein bauordnungsrechtlichen Mindeststandard von 0,4 H[330]; Mindestgröße, -breite, -tiefe, Höchstmaße für Wohnbaugrundstücke zwecks sparsamen und schonenden Umgangs mit Grund und Boden (Nr 3); Flächen für nach anderen Vorschriften erforderliche Nebenanlagen (etwa Spielplätze, Stellplätze, Nr 4), für Gemeinbedarf (bspw Altenheime, Post) sowie für Sport- und Spielanlagen (Nr 5); höchstzulässige Zahl von Wohnungen in Wohngebäuden (Nr 6); Flächen für die Errichtung von Wohngebäuden, die aus Mitteln des sozialen Wohnungsbaus gefördert werden (Nr 7); von solchen für – genau bezeichnete[331] – Personengruppen mit besonderem Wohnbedarf (Nr 8); besonderer Nutzungszweck von Flächen (etwa Parkhaus, Nr 9).

An zulässigen Festsetzungen **nichtbaulicher** Nutzung nennt § 9 I Nr 10–26 BauGB über die bereits angesprochenen hinaus: Verkehrsflächen und solche besonderer Zweckbestimmung, wie Fußgängerbereiche, Parkplätze, Anschlussflächen an Verkehrsflächen uam (Nr 11[332]); Versorgungsflächen (einschließlich der Flächen für Anlagen und Einrichtungen zur dezentralen und zentralen Erzeugung, Verteilung, Nutzung oder Speicherung von Strom, Wärme oder Kälte aus erneuerbaren Energien oder Kraft-Wärme-Kopplung, Nr 12); Führung von oberirdischen oder unterirdischen Versorgungsanlagen und -leitungen (Nr 13); Flächen für die Abfall- und Abwasserbeseitigung (einschließlich der Rückhaltung und Versickerung von Niederschlagswasser sowie für Ablagerungen, Nr 14); öffentliche und private Grünflächen (Parkanlagen, Dauerkleingärten etc, Nr 15); Wasserflächen sowie Flächen für die Wasserwirtschaft, für Hochwasserschutzanlagen und für die Regelung des Wasserabflusses (Nr 16); Flächen für Aufschüttungen, Abgrabungen, Gewinnung von Bodenschätzen (Nr 17); Flächen für Landwirtschaft und Wald (Nr 18); für Anlagen der Kleintierhaltung (bspw Zuchtanlagen, Zwinger, Koppeln, Nr 19); mit Geh-, Fahr- und Leitungsrechten zugunsten der Allgemeinheit, eines Erschließungsträgers oder eines beschränkten Personenkreises zu belastende Flächen (Nr 21); Flächen für Gemeinschaftsanlagen für bestimmte räumliche Bereiche (Kinderspielplätze, Freizeiteinrichtungen, Stellplätze und Garagen, Nr 22); Bepflanzungen (auch für einzelne Flächen oder Teile baulicher Anlagen, Nr 25); Flächen für Aufschüttungen, Abgrabungen und Stützmauern (zur Straßenherstellung, Nr 26).

980   Im Gefolge des mit dem EAG Bau eingefügten **§ 9 II BauGB** kann im Bebauungsplan in besonderen Fällen[333] ausgewiesen werden, dass bestimmte der in ihm – in

---

329   Zu Festsetzungen nach Nr 12 („Versorgungsflächen") im Zusammenhang mit Bebauungsplänen „für das Repowering" *Söfker*, ZfBR 2008, 14 (15).

330   *Uechtritz*, BauR 2007, 476 (489 f); *Schulte*, BauR 2007, 1514 (1520 f); zu den bauordnungsrechtlichen Abstandsflächen Rn 1262 ff.

331   BVerwG, DVBl. 1993, 444.

332   Auch Festsetzung eines nächtlichen Fahrverbots, aber nur aus städtebaulichen Gründen, VGH Mannheim, BauR 2005, 1416; ferner Ausweisung einer Verkehrsfläche „verkehrsberuhigter Bereich" iSd § 42 IVa StVO, VGH Mannheim, DVBl. 2006, 854 (Ls.).

333   Dazu OVG Münster, BauR 2014, 1408; OVG Münster, BauR 2011, 1943; OVG Magdeburg, BauR 2011, 1618; OVG Lüneburg, NVwZ-RR 2009, 549: Vorliegen einer außergewöhnlichen städtebaulichen Situation, was in engem Zusammenhang mit der Frage nach der Erforderlichkeit der bedingten Festsetzungen für die städtebauliche Entwicklung und Ordnung nach § 1 III 1 BauGB zu beurteilen sein soll.

Einklang mit § 9 I BauGB[334] – festgesetzten baulichen und sonstigen Nutzungen und Anlagen nur für einen bestimmten Zeitraum zulässig (Nr 1) oder bis zum Eintritt bestimmter Umstände zulässig oder unzulässig (Nr 2) sind[335]. Ermöglicht werden damit befristete und auflösend wie aufschiebend bedingte Planinhalte[336]. Nach § 9 II 2 BauGB soll jedoch die Folgenutzung bestimmt werden[337]. Die genannten Regelungen richten sich angesichts zunehmender Dynamik im Wirtschaftsleben und damit verbunden kürzerer Nutzungszyklen auf eine praxisgerechte Flexibilisierung der planerischen Festsetzungsmöglichkeiten[338]; dergestalt kann die Vorschrift Einsatz zum Zwecke des Repowering von Windenergieanlagen finden, und zwar zur Sicherstellung einer zeitnahen Ersetzung des bisherigen Anlagenbestandes[339].

Festsetzungsmöglichkeiten in Form eines speziellen einfachen Bebauungsplans[340] eröffnet **§ 9 IIa BauGB** zum Schutz **zentraler Versorgungsbereiche**, ohne dass es allerdings einer Baugebietsfestsetzung nach der BauNVO bedürfte[341]. Die Vorschrift richtet sich unausgesprochen auf die Beschränkung von Einzelhandelsbetrieben außerhalb derartiger Bereiche[342]. Nach § 9 IIa 1 BauGB kann für im Zusammenhang bebaute Ortsteile (§ 34 BauGB) „... zur Erhaltung oder Entwicklung zentraler Versorgungsbereiche, auch im Interesse einer verbrauchernahen Versorgung der Bevölkerung und der Innenentwicklung der Gemeinden ...“[343] festgesetzt werden, dass nur bestimmte Arten der nach § 34 I und II zulässigen baulichen Nutzungen zulässig oder nicht zulässig sind bzw nur ausnahmsweise zugelassen werden können, § 9 IIa 1 HS 1 BauGB[344].

981

Aus **europarechtlicher Perspektive** wirft § 9 IIa BauGB – ebenso wie sonstige planungsrechtlich ermöglichte Einzelhandelsbeschränkungen, etwa nach § 34 III BauGB[345] – die Frage nach

---

334 S. BVerwG, BauR 2011, 803, mit dem zutreffenden Hinweis, dass § 9 II BauGB keine selbstständigen inhaltlichen Festsetzungsmöglichkeiten eröffnet, sondern Festsetzungen nach Abs. 1 der Vorschrift modifiziert.

335 Näher zu derartigen Festsetzungen *Battis/Otto*, UPR 2006, 165; *Kuschnerus*, ZfBR 2005, 125; *Schmidt-Eichstaedt*, ZfBR 2009, 738; *Heinrich*, Befristung und Bedingung baulicher und sonstiger Nutzungsrechte nach § 9 Abs. 2 BauGB, 2009.

336 Dazu eingehend *Kuschnerus*, ZfBR 2005, 125 (126); zum Nachfolgenden auch *Schieferdecker*, BauR 2005, 320.

337 Bei auflösend bedingten Festsetzungen generell unverzichtbar, *Kuschnerus*, ZfBR 2005, 125 (130); vgl auch *OVG Münster*, BauR 2011, 1943.

338 BT-Drs. 15/2250, S. 34, näher S. 49; *Heemeyer*, DVBl. 2006, 25 (25 f).

339 Letzteres stellt § 249 II 1 BauGB, der im Zuge der BauGB-Novelle 2011 eingeführt worden ist, ausdrücklich klar.

340 *Klinge*, BauR 2008, 770 (770 f).

341 RegierungsE, BR-Drs. 558/06, S. 20; zur Ergänzungsfunktion gegenüber § 34 III BauGB vgl *Erbguth/Schubert*, ÖffBauR, § 8 Rn 44; skeptisch gegenüber der Beschleunigungswirkung des Verfahrens *Gronemeyer*, BauR 2007, 815 (819).

342 *Uechtritz*, BauR 2007, 476 (487); *Schmitz*, ZfBR 2007, 532 (534); Hintergrund ist ein diesbzgl beschleunigter Strukturwandel durch Veränderungen der soziodemografischen Strukturen und Polarisierung des Verbraucherverhaltens bei gleichzeitiger Unternehmens- und Umsatzkonzentration, näher *Klinge*, BauR 2008, 770 (770).

343 Zum Begriff der zentralen Versorgungsbereiche RegierungsE, BR-Drs. 558/06, S. 20; auch Rn 1150 mwN.

344 Das kann für Teilflächen des Bebauungsplans unterschiedlich geschehen, § 9 IIa 1 HS 2 BauGB; entsprechende städtebauliche Entwicklungskonzepte iSd § 1 VI Nr 11 BauGB sind zu berücksichtigen, § 9 IIa 2 BauGB; die bauplanungsrechtliche Verwirklichung der zentralen Versorgungsbereiche soll sichergestellt sein, vgl § 9 IIa 3 BauGB.

345 Zu dessen Unionsrechtskonformität *Krumb/Stapelfeld*, BauR 2011, 64.

der Vereinbarkeit mit dem Unionsrecht, insbes. der Niederlassungsfreiheit nach Art. 49 AEUV[346] sowie der Dienstleistungsfreiheit nach Art. 56 AEUV, sekundärrechtlich mit der Dienstleistungsrichtlinie[347], auf. Die Ansiedlungssteuerung dient indes nach zutreffender Sichtweise weder unmittelbar noch mittelbar wirtschaftlichen Zwecken, sondern der effektiven Nutzung und Bündelung der öffentlichen Infrastruktur, ferner der Beschränkung des Flächen- und Ressourcenverbrauchs im Wege der Zersiedelung und Verkehrszunahme; hierbei handelt es sich um **zwingende Gründe des Allgemeininteresses**, die eine Beschränkung der betroffenen Grundfreiheiten zu rechtfertigen vermögen[348].

982 In weitgehender Anlehnung an § 9 IIa BauGB regelt § 9 IIb BauGB, dass für im Zusammenhang bebaute Ortsteile (§ 34 BauGB) in einem (einfachen) Bebauungsplan festgesetzt werden kann, dass **Vergnügungsstätten** oder bestimmte Arten derselben zulässig oder nicht zulässig sind oder nur ausnahmsweise zugelassen werden können, um damit städtebauliche Fehlentwicklungen[349] zu verhindern, namentlich die Beeinträchtigung von schutzbedürftigen Anlagen (Nr 1)[350] oder der städtebaulichen Funktion eines Gebiets (Nr 2)[351]. Mit dem derartigen „Vergnügungsstätten-Bebauungsplan"[352] soll vor allem die Ansiedlung von Spielhallen einer wirksameren Steuerung unterworfen werden können,[353] und zwar auch iSd Konzentration auf bestimmte Gemeindegebiete[354]. Festsetzungen nach § 9 IIb können mit solchen nach § 9 IIa kombiniert werden[355].

983 Neu aufgenommen wurde mit der BauGB-Novelle vom Mai 2017[356] **§ 9 IIc BauGB**; die dem **Störfallschutz** im Umfeld von Störfallbetrieben dienende Bestimmung flankiert die Umsetzung der sog Seveso-III-RL 2012/18/EU in das BImSchG[357]. Hiernach kann für im Zusammenhang bebaute Ortsteile (§ 34 BauGB) und für Gebiete nach § 30 BauGB in der Nachbarschaft von Betriebsbereichen nach § 3 Va BImSchG

---

346 Hierzu etwa *Berkemann*, FS Erbguth, S. 109 (126 ff).
347 Dazu anhand EuGH, NVwZ 2018, 307 *Kümper*, NVwZ 2018, 314; *Janning*, ZfBR 2018, 372; *Battis/ Henning*, DVBl. 2019, 197; s. ferner *Kühling/Drechsler*, NVwZ 2018, 379.
348 S. BVerwG, NVwZ 2011, 821 Rn 23, anhand raumordnungsrechtlicher Einzelhandelssteuerung; anhand der Bauleitplanung BVerwG, NVwZ 2013, 1085 Rn 4, unter Berufung auf EuGH, EuZW 2011, 557; ebenso BVerwG, ZfBR 2014, 147 Rn 6; zur Rspr etwa *Koch*, DV 2012, 233 (246 ff); *Wiggers*, NJW-Spezial 2011, 556; *Schröer/Kullick*, NZBau 2011, 349; s. ferner *Kment*, EuR 2011, 269.
349 Sog. Trading-down-Effekt, s. BT-Drs. 17/11468, S. 13; *Mitschang/Reidt*, in: Battis/Krautzberger/ Löhr, BauGB, § 9 Rn 188.
350 In § 9 IIb Nr 1 BauGB sind exemplarisch Wohnnutzungen, Kirchen, Schulen und Kindertagesstätten aufgeführt, weitere Bsp. bei *Mitschang/Reidt*, in: Battis/Krautzberger/Löhr, BauGB, § 9 Rn 196.
351 Funktionsbeeinträchtigungen ergeben sich nach Nr 2 insbesondere aus der städtebaulich nachteiligen Häufung von Vergnügungsstätten.
352 Dazu eingehend *Mitschang*, ZfBR 2012, 419; *ders.*, UPR 2013, 401 (404 ff); allgemein zur planerischen Steuerung von Vergnügungsstätten *Stühler*, BauR 2013, 685.
353 BT-Drs. 17/11468, S. 13; näher *Stühler*, wie vor; zu den Vergnügungsstätten iSd Vorschrift (vgl auch § 7 II Nr 2 BauNVO) zählen ferner etwa Diskotheken, Spielcasinos, Sportwettbüros und Nachtlokale, nicht aber Sex-Shops, Videotheken, Bordelle (hierzu BVerwG, NVwZ 2016, 151 [152]) uä, s. *Mitschang/Reidt*, in: Battis/Krautzberger/Löhr, BauGB, § 9 Rn 189 mit weiteren Bsp. und Nachw. aus der Rspr.
354 Der Vorschrift geht es offenkundig weniger um den Schutz vor Immissionen als vor nachbarschaftlicher Konfrontation und den daraus erwachsenden Folgewirkungen, s. *Battis/Mitschang/Reidt*, NVwZ 2013, 961 (963): „ideelle Immissionen".
355 Dazu *Otto*, DVBl. 2011, 1330 (1335); *Mitschang*, UPR 2013, 401 (406 f).
356 Gesetz v. 4.5.2017, BGBl. I S. 1057; zur Begr. s. BT-Drs. 18/10942, S. 45.
357 *Will*, ÖffBauR, Rn 93.

zur Vermeidung oder Verringerung der Folgen von Störfällen für bestimmte Nutzungen, Arten von Nutzungen oder für nach Art, Maß oder Nutzungsintensität zu bestimmende Gebäude oder sonstige bauliche Anlagen in einem Bebauungsplan festgesetzt werden, dass diese zulässig, nicht zulässig oder nur ausnahmsweise zulässig sind[358].

§ 9 IV BauGB ermöglicht es den Ländern, durch Rechtsvorschrift (regelmäßig: Rechtsverordnung) zu bestimmen, dass auf Landesrecht beruhende Regelungen in den Bebauungsplan aufgenommen werden können, und zwar als dessen Festsetzungen. Macht der Landesgesetzgeber hiervon Gebrauch, ist daher eine solche Aufnahme möglich, nicht aber verpflichtend. Zu den Landesregelungen zählen Gestaltungssatzungen nach Bauordnungsrecht[359] und Landschaftspläne auf Grund des Naturschutz- und Landschaftspflegerechts. **984**

Bei **§ 9 V** (Kennzeichnungspflicht) und **VI, VIa** (nachrichtliche Übernahme) BauGB handelt es sich um Parallelvorschriften zu § 5 III, IV und IVa BauGB betreffend den Flächennutzungsplan[360]. Die diesbzgl Darstellung gilt daher entsprechend[361]. **985**

Räumlicher Bezugsrahmen für jegliche Festsetzung ist das Plangebiet. Nach § 9 VII BauGB setzt der Bebauungsplan diese Grenzen seines Geltungsbereichs fest. Regelmäßig werden Bebauungspläne (im Gegensatz zum Flächennutzungsplan) nur für Gemeindeteilgebiete aufgestellt[362]; eine Mindestgröße ist gesetzlich nicht vorgesehen. In Sonderfällen, etwa bei kleineren Kommunen, kann ein gemeindeweiter Bebauungsplan ausreichen[363]. IÜ bestimmt sich der räumliche Umgriff nach den Anforderungen der Planungssituation[364]; vor deren Hintergrund und nach Maßgabe der Abwägung kann der Bebauungsplan lediglich ein einzelnes Grundstück erfassen[365] oder zwei voneinander getrennte Gebiete einbeziehen. Gemeindegebietsübergreifende Bebauungsplanung kann bzw muss nach § 205 BauGB erfolgen[366]. **986**

Keinen Bestandteil des Bebauungsplans bildet wie beim Flächennutzungsplan die **Begründung** „mit den Angaben nach § 2a" BauGB (§ 9 VIII BauGB)[367]. Wie dort ist sie allerdings Wirksamkeitsvoraussetzung des Plans; im Falle ihrer Unvollständigkeit richten sich die Fehlerfolgen im gerichtlichen Verfahren nach § 214 I 1 Nr 3 HS 2 und 3 BauGB. Es gilt mithin – auch hinsichtlich des Nachweises der Abwägung – das zum Flächennutzungsplan Ausgeführte. Nach zutreffender Auffassung muss die Gemeindevertretung die Begründung nicht (mit)beschließen[368]. **987**

---

358 Im Näheren zu der Neuregelung *Möller*, in: Schrödter, BauGB, § 9 Rn 357a ff.
359 Rn 1268; näher zu alldem BVerwG, ZfBR 2005, 562.
360 Auch *Stüer*, ZfBR 2007, 17 (20).
361 Vgl auch *Bönker*, in: Hoppe/Bönker/Grotefels, ÖffBauR, § 5 Rn 76 f.
362 Nur *Bönker*, in: Hoppe/Bönker/Grotefels, ÖffBauR, § 5 Rn 78; bereits Rn 892.
363 *Reidt*, in: Bracher/Reidt/Schiller, Bauplanungsrecht, Rn 235 f.
364 Dazu BVerwG, ZfBR 2014, 147 Rn 5, wonach die Gemeinde auch eine planerische Konzeption, die sich auf größere Teile ihres Gebiets auswirkt, in mehreren (Planungs-)Abschnitten verwirklichen darf.
365 *Mitschang/Reidt*, in: Battis/Krautzberger/Löhr, BauGB, § 9 Rn 232.
366 Rn 950.
367 BVerwGE 120, 239 (244).
368 BVerwGE 47, 50; die Begründung muss aber im Zeitpunkt des Satzungsbeschlusses vorliegen und darf danach nicht mehr verändert werden, OVG Lüneburg, NVwZ-RR 2002, 98.

d) Inhaltliche Verknüpfung der Bauleitpläne durch das Entwicklungsgebot

988   Die **Zweistufigkeit** der Bauleitplanung findet materiell-rechtlichen und zugleich allgemeinen Ausdruck im Entwicklungsgebot des § 8 II 1 BauGB: Bebauungspläne sind aus dem Flächennutzungsplan im Wege der Verfeinerung zu entwickeln[369]. Das bedeutet keine Pflicht zur schematischen Ableitung; vielmehr ist angesichts der Grobmaschigkeit des Flächennutzungsplans und seiner räumlichen Ausdehnung ein gewisser **Entfaltungsspielraum** insofern eröffnet, als im Rahmen der Ausformung durch die Bebauungspläne lediglich die **Grundkonzeption** des Flächennutzungsplans nicht in Frage gestellt werden darf[370]. Auf Grund dessen kann durch Einzelfestsetzungen oder im gesamten Bebauungsplan[371] von den im Flächennutzungsplan gezogenen Grenzen der Nutzungen abgewichen werden, weil die diesbzgl zeichnerischen Darstellungen einen überschießenden Genauigkeitsgrad aufweisen. Die Festsetzung einer anderen Nutzung ist nur in Ausnahmefällen mit § 8 II 1 BauGB vereinbar, eine kontradiktorische Nutzungsbestimmung niemals[372].

Letzteres ist zB dann der Fall, wenn der Bebauungsplan weniger als die Hälfte der Fläche für Windenergieanlagen ausweist, wie sie der Flächennutzungsplan darstellt[373].

Maßgeblicher Zeitpunkt für die Beurteilung der Einhaltung des Entwicklungsgebots ist der Zeitpunkt des Inkrafttretens des Bebauungsplans[374].

989   Der Fall des § 8 III BauGB (**Parallelverfahren**) stellt eine Modifizierung des Entwicklungsgebots dar, nicht aber bildet er eine Ausnahme von diesem Grundsatz[375]: Die parallele Aufstellung, Änderung, Ergänzung und Aufhebung von Flächennutzungsplänen und Bebauungsplänen setzt die Geltung des Entwicklungsgebots voraus. Soweit nach § 8 III 2 BauGB der Bebauungsplan vor dem Flächennutzungsplan bekannt gemacht werden kann, ist dies ausdrücklich von der – inhaltlichen – Voraussetzung abhängig, dass nach dem Stand der Planungsarbeiten eine Entwicklung aus den künftigen Darstellungen des Flächennutzungsplans anzunehmen ist (Planreife).

990   Ähnliches gilt, freilich in abgeschwächter Form, für den **vorzeitigen Bebauungsplan** gem. § 8 IV BauGB[376]. Hiernach braucht die Aufstellung des Flächennutzungsplans für die Bebauungsplanung nicht abgewartet zu werden, wenn dringende Gründe die Aufstellung, Änderung, Ergänzung oder Aufhebung eines Bebauungsplans erfordern und wenn der Bebauungsplan der beabsichtigten städtebaulichen Entwicklung des Gemeindegebiets nicht entgegenstehen wird[377]. Die bloße Modifizierung des Entwicklungsgebots folgt aus der Abhängigkeit von der beabsichtigten städtebaulichen

---

369   BVerwGE 48, 70: Programmierungsfunktion des Flächennutzungsplans.
370   Am Bsp. der Windenergie OVG Münster, ZfBR 2006, 681; s. auch *Muckel/Ogorek*, ÖffBauR, § 5 Rn 103; *Wickel*, Bauplanung, Rn 36.
371   BVerwG, BauR 1979, 206.
372   VGH München, BayVBl. 1983, 565 (566); vgl auch VGH Kassel, NVwZ 1988, 541 (542); dazu *Ziegler*, NVwZ 1988, 505.
373   OVG Münster, BauR 2004, 972 (973).
374   BVerwG, BauR 1978, 449 (450).
375   So auch *Schiller*, in: Bracher/Reidt/Schiller, Bauplanungsrecht, Rn 213; *Wickel*, Bauplanung, Rn 38; bereits Rn 889.
376   Anders *Mitschang*, in: Battis/Krautzberger/Löhr, BauGB, § 8 Rn 10; *Wickel*, Bauplanung, Rn 39: (echte) Ausnahme.
377   Dazu *OVG Magdeburg*, KommJur 2014, 32.

Entwicklung des Gemeindegebiets. Maßstab ist demnach das kommunale Entwicklungskonzept, das insbes. im Entwurf des Flächennutzungsplans seinen Niederschlag finden kann bzw wird. Ist ein wirksamer Flächennutzungsplan vorhanden, greift das „normale" Entwicklungsgebot des § 8 II 1 BauGB; von § 8 IV BauGB darf nicht Gebrauch gemacht werden.

Nach § 8 II 2 BauGB ist die Aufstellung eines **selbstständigen Bebauungsplans** als Ausnahme vom Entwicklungsgebot eröffnet, wenn er ausreicht, um die städtebauliche Entwicklung zu ordnen. Gemeint ist die städtebauliche Entwicklung im gesamten Gemeindegebiet[378]. Möglich sind zudem mehrere, durch eine (informelle) örtliche Rahmenplanung abgestimmte selbstständige Bebauungspläne[379]. **991**

Über § 8 III 2 BauGB wie Abs. 4 S. 1 der Vorschrift geht inzwischen § 13a II Nr 2 BauGB hinaus, weil eine **Abweichung** vom bestehenden Flächennutzungsplan und damit vom Entwicklungsgebot eröffnet wird[380]: Hiernach kann ein idS divergierender Bebauungsplan im **beschleunigten Verfahren**[381] vor Änderung oder Ergänzung des Flächennutzungsplans aufgestellt werden (HS 1); allerdings darf die geordnete städtebauliche Entwicklung[382] nicht beeinträchtigt werden (HS 2). Der Flächennutzungsplan ist sodann – das allgemeine Entwicklungsgebot[383] umkehrend – seinerseits „im Wege der Berichtigung" anzupassen (HS 3)[384]. Dabei soll es sich lediglich um einen redaktionellen Vorgang handeln, auf den die Vorschriften über die Aufstellung von Bauleitplänen keine Anwendung finden[385]. Dem widerstreitet bereits ein vergleichender Blick auf den Normalfall des Entwickelns[386], bei dem der Bebauungsplan im Anpassungsvorgang selbstredend die Vorschriften über seine Aufstellung[387] einzuhalten hat. Überdies wird partiell vom Grundsatz des administrativen Verwerfungsverbots abgegangen[388]. Wenn des Weiteren zur Begründung des Ausfalls der Genehmigung (des Bebauungsplans) durch die höhere Verwaltungsbehörde auf den abschließenden Katalog des § 10 II 1 BauGB verwiesen wird[389], fehlt dem die Überzeugungskraft: Indem die gesetzgeberische Wertung von einem Kontrollerfordernis im Fall von Bebauungsplänen „ohne" Flächennutzungsplan ausgeht[390], drängt sich dieses umso mehr bei Widerspruch des Bebauungsplans zu einem bestehenden Flächennutzungsplan auf, wie es § 13a II Nr 2 BauGB voraussetzt. **992**

---

378 Vgl nur *Schiller*, in Bracher/Reidt/Schiller, Bauplanungsrecht, Rn 214.
379 Vgl dazu *Mitschang*, in: Battis/Krautzberger/Löhr, BauGB, § 8 Rn 7; *Erbguth/Schubert*, ÖffBauR, § 5 Rn 113 mwN.
380 *Müller-Grune*, BauR 2007, 985 (990); Kritik auch bei *Wickel*, Bauplanung, Rn 40: Verlust der Steuerungswirkung des Flächennutzungsplans.
381 Dazu Rn 943 f.
382 Der Begriff dürfte wie derjenige der „städtebaulichen Entwicklung und Ordnung" in § 1 III 1 BauGB zu verstehen sein, vgl Rn 954 ff; allg. auch *Battis*, in: Battis/Krautzberger/Löhr, BauGB, § 1 Rn 10.
383 Rn 988.
384 Weil er (teilw) funktionslos geworden sein soll, so *Uechtritz*, BauR 2007, 476 (482).
385 RegierungsE, BR-Drs. 558/06, S. 28.
386 Vgl Rn 988.
387 Dazu Rn 894 ff.
388 Auch *Uechtritz*, BauR 2007, 476 (482); zum Verwerfungsverbot insoweit Rn 891, 932.
389 RegierungsE, BR-Drs. 558/06, S. 28 unter bloßem Hinweis auf den abschließenden Katalog des § 10 II 1 BauGB.
390 Rn 921.

e) Vorgaben für die Abwägung

993 Die Anforderungen an den planerischen Vorgang bestimmt § 1 VII BauGB in knapper Form: Bei der Aufstellung der Bauleitpläne sind die öffentlichen und privaten Belange gegeneinander und untereinander gerecht **abzuwägen**. Das impliziert einen Gestaltungsfreiraum, der allerdings aus Gründen der Rechtsstaatlichkeit nicht frei ist von rechtlichen Grenzen, und zwar solchen äußerer und innerer (dh abwägungsinterner) Art[391].

994 aa) **Äußere Grenzen der Abwägung.** Nach der Rspr des BVerwG lassen sich **Planungsleitsätze** durch planerische Abwägung nicht überwinden[392]. Deren Beachtlichkeit kann sich aus den Vorschriften über die jeweils anstehende Planung ergeben (interne Planungsleitsätze), aber auch aus anderen gesetzlichen Bestimmungen (externe Planungsleitsätze)[393]. Im rechtstheoretischen Sinn handelt es sich bei Planungsleitsätzen nicht um Prinzipien, die der Abwägung zugänglich sind, sondern um einzuhaltende Regeln. Folglich geht es bei ihrer Befolgung auch nicht um Planung, sondern um schlichte Rechtsanwendung durch Subsumtion eines Sachverhaltes unter die vorgegebenen Rechtsbegriffe[394].

995 Als **interne** Planungsleitsätze in jenem zwingenden Sinne können § 1 IV und § 8 II 1 BauGB angesehen werden;[395] dass die Vorschriften Entfaltungs- und Konkretisierungsmöglichkeiten bedingen, folgt letztlich aus kompetenziellen bzw ebenenspezifischen Gründen und ändert zumindest formal an dieser Einordnung nichts. Einer planerischen Abwägung iS potenzieller Zurückstellbarkeit sind die Vorschriften jedenfalls nicht zugänglich.

Externe Planungsleitsätze sind bspw verbindliche Fachplanungen iSd § 38 BauGB[396] (für den Bebauungsplan) oder entgegenstehende Schutzgebietsausweisungen, sofern sich der Konflikt nicht durch Ausnahmen oder Befreiungen hiervon bereinigen lässt[397]. Entsprechendes gilt für immissionsschutzrechtliche Grenzwerte nach der 16. BImSchV in Konkretisierung der Anforderung des § 41 BImSchG, freilich nur bei Plänen, die den Neubau oder die wesentliche Veränderung von Verkehrswegen zum Gegenstand haben[398]. Als externer Planungsleitsatz kann auch § 1a IV BauGB iVm §§ 34 II, 36 S. 2 BNatSchG begriffen werden, wonach Bauleitpläne unzulässig sind, wenn die Verträglichkeitsprüfung ergibt, dass sie zu erheblichen Beeinträchtigungen

---

391 Dazu anhand der Rspr *Hoppe*, DVBl. 2003, 697; *Schulze-Fielitz*, Jura 1992, 201; *Blumenberg*, DVBl. 1989, 86; *Brohm*, ÖffBauR, § 11 Rn 5 ff; *Erbguth*, UPR 2010, 281; allg. und vor dem Hintergrund des EAG Bau *ders.*, JZ 2006, 484; jeweils mwN.
392 BVerwGE 71, 163, zur fernstraßenrechtlichen Planfeststellung.
393 Anders BVerwG, NVwZ 1993, 565, das generell den Begriff „striktes Recht" verwendet.
394 *Hoppe*, in: Hoppe/Bönker/Grotefels, ÖffBauR, § 7 Rn 21 f.
395 *Brohm*, ÖffBauR, § 11 Rn 7; vgl auch *Hoppe*, DVBl. 1993, 681.
396 Vgl BVerwGE 81, 111 (116); zum Verhältnis Bauleitplanung – Fachplanung etwa *Erbguth*, NVwZ 1989, 608; anhand von Häfen *ders.*, ZUR 2013, 643.
397 BVerwG, DVBl. 2004, 663 f (Ls.).
398 BVerwG, ZfBR 2007, 580 (580); geht es hingegen um Lärmentwicklung durch Zu- und Abfahrtsverkehr im Gefolge der Nutzung geplanter Gebäude, kommt jenen Werten (und der TA Lärm) lediglich die Qualität von Orientierungshilfen zu, BVerwG, BauR 2008, 632 (632 f); vgl *Erbguth/Schubert*, ÖffBauR, § 5 Rn 148, 158.

eines Natura 2000-Gebiets führen können[399]. Grundrechte werden der Planung in ihrer Abwehrfunktion nur in seltenen Extremfällen äußere Grenzen setzen[400].

Insgesamt ist die Bedeutung von Planungsleitsätzen als Spezifikum öffentlich verant- **996**
worteter Planung – und damit auch der Bauleitplanung – stark rückläufig; sie besagen
eben nicht mehr als schon der Vorrang des Gesetzes (oder ggf Art. 1 III GG) selbst,
nämlich, dass rechtsverbindliche Vorgaben zu beachten sind und nicht durch Abwägung überwunden werden dürfen[401]. Was solcherart rechtsverbindlich wirkt, ist den
gesetzlichen Anordnungen – ggf im Wege der Auslegung – zu entnehmen, entspringt
aber keinen planungsspezifischen Besonderheiten.

Von Planungsleitsätzen sind die bereits erwähnten **Optimierungsgebote** zu unter- **997**
scheiden. Bei ihnen handelt es sich um der Abwägung zugängliche Rechtsprinzipien,
allerdings mit verändertem, im Vergleich zu anderen Belangen auf möglichste Verwirklichung abzielendem Gewicht – ohne freilich ein Zurücksetzen gegenüber sonstigen, im Einzelfall gleich- oder höhergewichtigen Erfordernissen auszuschließen[402].
Letzteres erfordert zwar einen gesteigerten Begründungsaufwand, ändert aber nichts
daran, dass Optimierungsgebote der Abwägung zugänglich sind, mithin den inneren
Grenzen der Abwägung, dh den „normalen" Anforderungen des Abwägungsvorgangs
und -ergebnisses unterfallen. IÜ nimmt die Relevanz von Optimierungsgeboten gleichermaßen ab[403] wie die von Planungsleitsätzen. Das liegt zum einen an ihrer Entwertung durch die Rspr und auch durch den Gesetzgeber (§ 1a II 3 BauGB[404]). Als Anwendungsfall lässt sich im Wesentlichen nur noch § 50 BImSchG ausmachen[405]; vereinzelt werden Optimierungsgebote aus dem Landes(verfassungs)recht abgeleitet[406].

bb) Innere Grenzen der Abwägung: Generelle Planungsziele und Planungsleitlinien. Die Planungsziele und -leitlinien der **Abs. 5** und **6** des **§ 1 BauGB** beschreiben **998**
Belange, die im Rahmen des konkreten Planungsvorgangs beachtlich sind bzw sein
können. Es handelt sich gleichsam um die Brille, durch die der Planer auf die aktuelle
Planungssituation schauen muss (Planungsdirektiven[407]). Zu unterscheiden sind **generelle Planungsziele** als allgemeine Vorgaben und die sie konkretisierenden **Planungsleitlinien**[408].

---

399   S. Rn 867 ff.
400   Dazu mwN *Erbguth/Schubert*, ÖffBauR, § 5 Rn 116.
401   *Brohm*, ÖffBauR, § 11 Rn 7; deutlich *Hoppe*, in: Hoppe/Bönker/Grotefels, ÖffBauR, § 7 Rn 22.
402   Vgl mwN BVerwG, ZfBR 2005, 71; bereits BVerwGE 71, 163 (165); s. auch Rn 854, 861.
403   Anders *Koch*, in: Koch/Hendler, Baurecht, § 17 Rn 45 f, anhand der Rspr zur naturschutzrechtlichen
      Eingriffsregelung und Art. 20a GG.
404   Dazu auch die Rspr, BVerwG, ZfBR 2008, 689 (689): kein gesetzlich eingeräumter Vorrang.
405   *Hoppe*, in: Hoppe/Bönker/Grotefels, ÖffBauR, § 7 Rn 31; *Oldiges/Brinktrine*, Baurecht, Rn 45a; seit
      BVerwGE 108, 248 (256): Abwägungsdirektive; s. auch BVerwG, NVwZ 2010, 1486 Rn 41; NVwZ
      2012, 1338 Rn 29; zur Rspr des BVerwG *Grüner*, UPR 2011, 50.
406   So der Sache nach BayVerfGH, NVwZ 2008, 1234 (1236) anhand Art. 118, 141 II Verf. Bay (Denkmalschutz).
407   BVerwGE 90, 329 (332); Checkliste, vgl dazu BVerwGE 92, 231; anders, aber kaum überzeugend,
      Waechter, DVBl. 2006, 465 (469 ff): verbindliche Mindeststandards der Bauleitplanung.
408   Mitunter wird eine andere Terminologie verwandt, s. etwa *Jarass/Kment*, BauGB, § 1 Rn 22 ff, welche die Planungsziele des § 1 V BauGB als „Planungsgrundsätze" bezeichnen; ferner *Kersten*, Baurecht, Rn 85 ff, der die Planungsleitlinien in §§ 1 VI, 1a BauGB als „Planungsleitsätze" bezeichnet;
      die hier verwandten Begrifflichkeiten folgen der Terminologie von *Hoppe*, in: Hoppe/Bönker/Grotefels, ÖffBauR, § 7 Rn 23 ff.

999 Die in § 1 V BauGB aufgezählten sechs Planungsziele **genereller** Art sind:

– Gewährleistung einer **nachhaltigen städtebaulichen Entwicklung**, die die sozialen, wirtschaftlichen und umweltschützenden Anforderungen auch in Verantwortung gegenüber künftigen Generationen miteinander in Einklang bringt,

– Gewährleistung einer dem Wohl der Allgemeinheit dienenden **sozial gerechten Bodennutzung** unter Berücksichtigung der Wohnbedürfnisse der Bvölkerung,

– Sicherung einer **menschenwürdigen Umwelt**,

– Schutz und Entwicklung der **natürlichen Lebensgrundlagen**,

– Förderung des **Klimaschutzes** und der **Klimaanpassung**, insbes. auch in der Stadtentwicklung[409], sowie

– **baukulturelle** Erhaltung und Entwicklung der städtebaulichen Gestalt und des Orts- und Landschaftsbilds.

Nach § 1 V 3 BauGB soll „hierzu", dh zur Verfolgung der in S. 1 und 2 genannten Ziele[410], die städtebauliche Entwicklung **vorrangig durch Maßnahmen der Innenentwicklung** erfolgen, also insbes. im Wege der Wiedernutzbarmachung von Flächen sowie der Nachverdichtung[411]. Dieses zusätzliche Planungsziel, eingefügt durch die BauGB-Novelle 2013, führt freilich – trotz missverständlicher Formulierung – nicht zu einer fallunabhängigen Gewichtserhöhung des Belangs der Innenentwicklung im Rahmen der Abwägung nach § 1 VII BauGB[412].

1000 Nach wie vor bildet das Gebot einer **nachhaltigen städtebaulichen Entwicklung** den Grundsatz bauleitplanerischer Aufgabenwahrnehmung, in dessen Licht die nachfolgenden Planungsziele und -leitlinien zu verstehen sind. Hieraus folgt allgemein, dass Bauleitplanung keine zentrale Gesellschaftsplanung im örtlichen Bereich sein darf[413]; vielmehr ist sie auf städtebauliche Entwicklung beschränkt[414]. Entwicklung in jenem Sinne impliziert zunächst die Pflicht, die Bauleitplanung zur positiven Gestaltung einzusetzen – was die Unzulässigkeit im Fall (reiner) Verhinderungsplanungen[415] nach sich zieht. Bereits durch die BauGB-Novelle 1998 ist die vormals in § 1 V 1 BauGB aF enthaltene Verpflichtung auf eine „geordnete" Entwicklung zugunsten der „nachhaltigen Entwicklung" aufgegeben worden. Nunmehr wird dieser Begriff in ähnlicher Weise wie in § 1 II ROG anhand der Charakteristika des Nachhaltigkeitsgebots definiert. Dies verpflichtet die Planung auf einen integrativen, die Belangtrias (sozial, wirtschaftlich, umweltschützend) erfassenden Gestaltungsauftrag und auf intergenerationelle Verantwortung. Daraus folgt allerdings, wie bereits der Zusatz „nachhaltige **städtebauliche** Entwicklung" zeigt, keine Vernachlässigung der auf eine städtebauliche Ordnung abzielenden Planung; vielmehr kommt hier wie an anderen Stellen des Gesetzes zum Ausdruck, dass weiterhin zugleich auf eine geordnete

---

409 Das durch das BauGB 2011 eingeführte Planungsziel ersetzt die Bezugnahme auf den „allgemeinen Klimaschutz", der mit dem EAG Bau Eingang in § 1 V 2 BauGB gefunden hatte; zur Neufassung *Söfker*, ZfBR 2011, 541 (542); *Kment*, DÖV 2013, 17 (20).

410 Vgl *Otto*, ZfBR 2013, 434 (437).

411 Hierzu näher Rn 943 f, 981, 1150.

412 *Battis/Mitschang/Reidt*, NVwZ 2013, 961 (962); *von Nicolai*, NordÖR 2013, 397 (398); mit Recht kritisch zum gesetzgeberischen Trend, das Anliegen einer jeden BauGB-Novelle „zugleich zum Planungsgrundsatz zu erheben und dadurch die herausgehobene Stellung dieser Grundsätze zu verwässern", *Jarass/Kment*, BauGB, § 1 Rn 30.

413 *Peine*, ÖffBauR, Rn 352.

414 Dazu *Durner*, Konflikte räumlicher Planung, 2005, S. 339 f; nachfolgend im Text.

415 VGH Kassel, NVwZ 1993, 906 (907 f); aber auch BVerwG, DÖV 1991, 744; bereits Rn 955.

„städtebauliche" Entwicklung abgestellt wird[416]. Es geht (eben) um Nachhaltigkeit in bodenordnender Hinsicht[417].

Die in § 1 VI BauGB nicht abschließend normierten **Planungsleitlinien** sind im Ge- **1001** folge des EAG Bau zu einem einheitlichen Katalog der wesentlichen, unter städtebaulichen Nachhaltigkeitsaspekten zu berücksichtigenden Belange ausgestaltet worden[418].

Dem Planungsziel der **sozial** gerechten Bodennutzung lassen sich folgende Belange zuordnen: Nr 1 (gesunde Wohn- und Arbeitsverhältnisse[419] und Sicherheit der Wohn- und Arbeitsbevölkerung), Nr 2 (Wohnbedürfnisse, sozial stabile Bewohnerstrukturen, Eigentumsbildung, Anforderungen kostensparenden Bauens, Bevölkerungsentwicklung), Nr 3 (soziale und kulturelle Bedürfnisse der Bevölkerung etc), Nr 4 (Erhaltung, Erneuerung, Fortentwicklung, Anpassung und Umbau vorhandener Ortsteile/Erhaltung und Entwicklung zentraler Versorgungsbereiche), im Weiteren auch Nr 5 (Belange der Baukultur[420], Denkmalschutz[421], Orts- und Landschaftsbild), Nr 6 (Erfordernisse für Gottesdienst und Seelsorge), Nr 13 (die Belange von Flüchtlingen oder Asylbegehrenden[422] und ihrer Unterbringung[423]); auf **wirtschaftliche** Erfordernisse richten sich Nr 8 (Wirtschaft, Arbeitsplätze, Infrastruktur, Rohstoffvorkommen) und Nr 9 (Verkehrsbedürfnisse, zugleich auf Vermeidung und Verringerung von Verkehr ausgerichtete städtebauliche Entwicklung). Die Planungsleitlinien der Nr 7 Buchst. a bis j beziehen sich auf die menschenwürdige **Umwelt** sowie den Schutz der natürlichen Lebensgrundlagen[424] (mit Wechselwirkungen) und enthalten zugleich die Schutzgüter der SUP; hiermit hängt Nr 12 eng zusammen („Belange des Küsten- oder Hochwasserschutzes, Hochwasservorsorge). **Ergänzend** wirkt Nr 10 (Verteidigung und Zivilschutz, zivile Anschlussnutzung von Militärliegenschaften). Nr 11 verdeutlicht, dass auch sog. **„informelle"** städtebauliche **Planungen**, und zwar neben den ausdrücklich genannten, von der Gemeinde beschlossenen städtebaulichen Entwicklungskonzepten[425] etwa Stadtteilentwicklungs-, Gemeindeverkehrs- oder auch Kindergartenplanungen, im Rahmen der förmlichen Bauleitplanung Berücksichtigung finden sollen[426].

Die generellen Planungsziele des § 1 V BauGB und die Planungsleitlinien des § 1 VI **1002** BauGB stehen mit Ausnahme des Gebots nachhaltiger städtebaulicher Entwicklung von Gesetzes wegen **gleichberechtigt** und **gleichgewichtig** nebeneinander[427]; daran hat auch Art. 20a GG nichts geändert[428]. Ob sämtliche der genannten Gesichtspunkte oder nur bestimmte bzw einzelne von ihnen in der Bauleitplanung berücksichtigt werden müssen, hängt von den konkreten Gegebenheiten des jeweiligen Planungsfalls ab.

---

416 Vgl etwa § 34 V Nr 1 und § 200a S. 2 BauGB.
417 Ausgleichsfunktion der Bauleitplanung, BT-Drs. 15/2250, S. 37; auch *Krautzberger*, UPR 1996, 321; bereits Rn 835; zu Ansätzen für eine Nachhaltigkeitsprüfung im Städtebaurecht *Krautzberger*, UPR 2009, 361.
418 BT-Drs. 15/2250, S. 37.
419 Nicht direkt (weil dem Immissionsschutzrecht angehörend), aber als Orientierungshilfe können insoweit die Werte der DIN 18 005 herangezogen werden, OVG Münster, NWVBl. 2006, 226 (226).
420 Dazu *Battis*, DÖV 2015, 508; *Trapp*, JZ 2013, 540.
421 Dazu näher *Hönes*, BauR 2006, 465.
422 Zu den Begrifflichkeiten *Bienek/Reidt*, BauR 2015, 422 (423 f).
423 Neu eingefügt durch die BauGB-Novelle 2014 II; zur klarstellenden Einfügung des Belangs in § 1 VI BauGB s. etwa *Krautzberger/Stüer*, DVBl. 2015, 73 (75); krit *Kment/Berger*, BauR 2015, 211 (219 f).
424 Zum mit dem EAG Bau neu aufgenommenen Klimaschutz A. *Schmidt*, NVwZ 2006, 1354.
425 Integrierte Stadtentwicklungskonzepte, näher *Kaluza*, BauR 2006, 937 (944 f).
426 Dazu *Uechtritz*, ZfBR 2010, 646.
427 BVerwGE 34, 301; BVerwG, UPR 1993, 271.
428 BVerwG, ZfBR 2004, 287.

Nach dessen Maßgabe beurteilt sich auch das Gewicht, das den – § 1 V, VI BauGB jeweils ausfüllenden – Belangen in der Abwägung nach § 1 VII BauGB beizumessen ist.

1003 Nach ständiger Rspr handelt es sich bei den Planungszielen und -leitlinien des § 1 V, VI BauGB um **unbestimmte Rechtsbegriffe**, die in Auslegung und Anwendung unbeschränkter verwaltungsgerichtlicher Überprüfung unterliegen[429]. Danach besteht kein – kommunaler – Beurteilungsspielraum etwa hinsichtlich der Frage, was zu den Belangen der Wirtschaft gehört, oder dahingehend, ob eine bestimmte Planung diesen Bedürfnissen dient[430]. Dem widerstreitet indes, dass bereits die Sichtung des Abwägungsmaterials anhand des Katalogs in § 1 V, VI BauGB, dies mit dem Ziel einer Auswahl der im aktuellen Planungsfall relevanten Gesichtspunkte, in enger Verbindung mit der Ermittlung resp. Feststellung von Belangen, mithin dem nach herkömmlicher Sicht ersten Schritt im planerischen Abwägungsvorgang steht. Dann aber muss sich der die Abwägung charakterisierende Entscheidungsfreiraum auch dem Vorgehen anhand des Ziel- und Leitlinienkatalogs in § 1 V, VI BauGB mitteilen. Das spricht für die am BVerwG geübte Kritik, die auf eine mangelnde Subsumierbarkeit der Belange des § 1 V BauGB aF (§ 1 V, VI BauGB) hinweist[431] bzw darauf, dem Zielkatalog komme im Rahmen der planerischen Abwägung lediglich die Funktion eines der Orientierung dienenden Angebots von Zielentscheidungen zu, ihm eigne nicht die rechtsverbindliche Kraft unbestimmter Rechtsbegriffe[432].

1004 **cc) Innere Grenzen der Abwägung: Abwägungsgebot allgemein.** Den planerischen Vorgang dirigiert § 1 VII BauGB dahingehend, dass bei der Aufstellung der Bauleitpläne die öffentlichen und privaten Belange gegeneinander und untereinander **gerecht abzuwägen** sind[433].

1005 Die damit angeordnete Abwägung wird als Ausdruck **planerischen Gestaltungsspielraums** verstanden, ohne den aus der Sicht des BVerwG Planung nicht denkbar ist[434]. Planerischer Gestaltungsfreiraum idS ist indes nicht mit Planungsfreiheit gleichzusetzen; vielmehr steuern einfachgesetzliche und allgemeine rechtsstaatliche Anforderungen den Planungsvorgang und dessen Ergebnis; deren Missachtung führt zur Fehlerhaftigkeit des Plans[435]. Die von Rspr und Lit. differenziert herausgearbeitete sog. **Abwägungsfehlerlehre**[436] ist das Spiegelbild dieser Handlungsdirektiven, und zwar aus der (gerichtlichen) Kontrollperspektive[437].

---

429 Etwa BVerwGE 45, 309 (324); ihre Gewichtung unterfällt hingegen der nur eingeschränkt kontrollierbaren Abwägung nach § 1 VI BauGB aF (§ 1 VII BauGB), BVerwGE 34, 301 (308 f).
430 BVerwGE 34, 301 (308).
431 Bereits *Hoppe*, DVBl. 1974, 641; *Peine*, ÖffBauR, Rn 358.
432 *Hoppe*, in: Hoppe/Bönker/Grotefels, ÖffBauR, § 7 Rn 26 mwN.
433 Allg. *Schütz*, NVwZ 1999, 929; anhand des EAG Bau *Krautzberger/Stüer*, DVBl. 2004, 914.
434 Grundlegend BVerwGE 34, 301 (309); hierauf verweisend BVerwG, NuR 2005, 773 (775).
435 Abwägungsgebot einerseits als Ausdruck der Planungsfreiheit, andererseits als rechtliche Schranke der Bauleitplanung, BayVerfGH, BayVBl. 2005, 558 (561); auch *Durner*, Konflikte räumlicher Planung, 2005, S. 314; eingehend *J. Dreier*, Die normative Steuerung der planerischen Abwägung, 1995; *Pache*, Tatbestandliche Abwägung und Beurteilungsspielraum, 2001; dazu und zu den sich hieraus ableitenden Folgerungen *Erbguth*, JZ 2006, 484; zur Bedeutung des Abwägungsgebots als Ausprägung des Rechtsstaatsprinzips BVerwG, JZ 2007, 939 (940); zustimmend *Peine/Starke*, JZ 2007, 942 (942 f); auch *Erbguth*, UPR 2010, 281.
436 Umfassend *Hoppe*, in: Hoppe/Bönker/Grotefels, ÖffBauR, § 7 Rn 90 ff; *Martini/Finkenzeller*, JuS 2012, 126; krit. *Lege*, DÖV 2015, 361; dazu näher Rn 1012 ff.
437 Näher Rn 1085 f; zum Nachfolgenden *Erbguth*, JZ 2006, 484; *ders.*, UPR 2010, 281.

Der abwägungsbedingte Spielraum wird vorwiegend als **„planerische Gestaltungs-** **1006** **freiheit"**[438] bezeichnet; z.T. wird auch der Terminus „Planungsermessen"[439] verwandt. Ersteres bringt prägnanter zum Ausdruck, dass der Gestaltungsvorgang der Planung nicht mit der herkömmlichen Ermessensbetätigung gleichzusetzen ist; Gründe für diese Abgrenzung werden vor allem in der unterschiedlichen Normstruktur[440] – final programmierte, autonome Zwecksetzungen im Planungsrecht gegenüber gesetzlich konditionalen Zweckbestimmungen des sonstigen, insbes. herkömmlichen Verwaltungshandelns[441] – sowie in der qualifizierenden Bedeutung des Zeitfaktors für die Planung gesehen.

Derart verstanden, vollzieht sich die planerische Gestaltung nach bislang ganz über- **1007** wiegender Auffassung[442] im Rahmen eines geordneten Vorgangs der **Feststellung**, **Bewertung** und **Entscheidung** und richtet sich auf besagte gerechte Abwägung nach § 1 VII BauGB.

Das wiederum verlangt neben der Selbstverständlichkeit, dass eine Abwägung über- **1008** haupt stattfindet[443], **kumulativ** danach,

– dass in die Abwägung alle Belange eingestellt werden, die nach Lage der Dinge in sie eingestellt werden müssen[444],
– dass weder die Bedeutung der betroffenen öffentlichen und privaten Belange verkannt
– noch dass der Ausgleich zwischen ihnen in einer Weise vorgenommen wird, der zur objektiven Gewichtigkeit einzelner Belange außer Verhältnis steht[445].

Daneben werden **weitere**, dem Rechtsstaatsprinzip entlehnte und als Planungsgrundsätze bezeichnete Handlungsmaßstäbe (Gebot der Rücksichtnahme, der Konfliktbewältigung uam) genannt[446].

Bedeutsam, weil den eigentlichen Gestaltungsfreiraum umreißend, ist seit jeher, dass **1009** innerhalb der so gezogenen rechtlichen Grenzen das Abwägungsgebot nicht a priori missachtet wird, wenn sich die zur Planung ermächtigte Stelle – hier also die Gemeinde – in der Kollision zwischen verschiedenen Belangen für die Bevorzugung des einen und damit notwendig für die Zurückstellung eines anderen entscheidet[447].

---

438 Vgl etwa *Peine*, ÖffBauR, Rn 366; eingehend und differenzierend *Kühling/Herrmann*, Fachplanungsrecht, 2. Aufl. 2000, Rn 24 ff.
439 Vgl etwa BVerwGE 119, 25 (28).
440 Bereits *Hoppe*, DVBl. 1974, 641.
441 *Brohm*, ÖffBauR, § 11 Rn 3; *Kersten*, Baurecht, Rn 29 f; BVerwG, BauR 2005, 832 (832) im Verhältnis § 35 BauGB – Planungsbedürfnis; *Erbguth*, JZ 2006, 484 (487); bereits *ders.*, DVBl. 1986, 1230 (1231).
442 BVerwGE 34, 301 (309); BVerwGE 45, 309.
443 Dazu *Hoppe*, in: Hoppe/Bönker/Grotefels, ÖffBauR, § 7 Rn 94; *Koch*, in: Koch/Hendler, Baurecht, § 17 Rn 20 ff mit Zuspitzung auf sachgerechte Abwägung; *Söfker*, in: Ernst/Zinkahn/Bielenberg/Krautzberger, BauGB, § 1 (2005) Rn 185: Verpflichtungsfunktion der Abwägung.
444 BVerwG, NVwZ-RR 1994, 490; BVerwG, NVwZ 1989, 245; ständige Rspr; dazu *Erbguth*, JZ 2006, 484 mwN.
445 BVerwGE 34, 301 (309); BVerwGE 45, 309 (314 f); OVG Bautzen, SächsVBl. 2008, 115 (120 f); zu alldem *Hoppe*, DVBl. 2003, 697; ferner *Weyreuther*, BauR 1977, 293 (299 f); *Erbguth*, UPR 2010, 281.
446 Etwa *Hoppe*, in: Hoppe/Bönker/Grotefels, ÖffBauR, § 7 Rn 27 f; dazu Rn 1022 ff.
447 Ständige Rspr, vgl nur BVerwGE 34, 301 (309); BVerwGE 45, 309 (315); BVerwG, NJW 1994, 288 (290 f).

1010 Das Verhältnis der Handlungs- bzw Kontrollmaßstäbe und der entsprechenden Stufen der Planung zueinander wird des Weiteren dadurch bestimmt, dass in Rspr und Lit. zwischen **Abwägungsvorgang** und **Abwägungsergebnis** unterschieden wird; hiernach verpflichtet das Abwägungsgebot sowohl zur Abwägung als Realvorgang als auch zum Abgewogensein des Ergebnisses. Es hat also eine dynamische und eine statische Komponente[448]. Daraus wird gefolgert, dass die beschriebenen Einzelanforderungen des Abwägungsgebotes sowohl mit Blick auf den Vorgang als auch hinsichtlich des Ergebnisses der Abwägung beachtlich, dh einzuhalten sind. Eine Ausnahme soll lediglich die Frage nach dem Abwägungsausfall bilden, weil er denknotwendig allein eine Rolle für die Überprüfung des Abwägungsvorgangs spielen könne[449].

1011 **dd) Innere Grenzen der Abwägung: Abwägungsvorgang als Verfahren?** Gegenüber dem Vorstehenden könnte im Wege der Neufassung des BauGB durch das **EAG Bau** eine grundlegende Änderung insoweit eingetreten sein, als der vorab beschriebene Abwägungsvorgang des materiell-rechtlichen Charakteristikums entkleidet worden ist und seine Anforderungen nunmehr rein verfahrensrechtliche Wirkung zeitigen[450]. Dafür spricht § 214 I 1 Nr 1 BauGB, der unter dem Aspekt der Beachtlichkeit einer „Verletzung von Verfahrens- und Formvorschriften dieses Gesetzbuchs" auf **§ 2 III BauGB** Bezug nimmt, welcher seinerseits die Ermittlung und Bewertung des Abwägungsmaterials, also die Schritte des Abwägungsvorgangs, prozedural einordnet[451]. § 214 III BauGB, der Abwägungsfehler betrifft, zieht hierunter quasi den Schlussstrich, indem in § 214 III 2 HS 1 BauGB vorgeschrieben wird, dass Mängel, die Gegenstand der Regelung in Abs. 1 S. 1 Nr 1 des § 214 BauGB sind, nicht als Mängel der Abwägung geltend gemacht werden können[452]. Vorzuhalten ist dem Gesetzgeber, dass er unzulässigerweise die Sachgesetzlichkeiten seines Regelungsgegenstandes ignoriert hat, nämlich den unverrückbar inhaltlichen Charakter der Ermittlung und Bewertung als Gegenstand des Abwägungsvorgangs[453]. Das gilt für die Gewichtung/Bewertung in Gänze und für die Ermittlung neben ihrer (auch) Verfahrensorientiertheit[454].

---

448 Vgl BVerwGE 45, 309.
449 BVerwGE 45, 309 (315); BVerwGE 47, 144 (146 ff); BVerwG, NVwZ 2011, 438 Rn 22; näher und krit dazu *Erbguth/Schubert*, ÖffBauR, § 5 Rn 139 ff.
450 Näher zum Nachfolgenden *Erbguth*, JZ 2006, 484 (489 ff); *Wickel/Bieback*, DV 39 (2006), 571; *Merkel*, Die Gerichtskontrolle der Abwägung im Bauplanungsrecht, insbesondere nach der Neuregelung der §§ 2 III und 214 BauGB durch das EAG Bau, 2012, S. 174 ff; *Bach*, Die Abwägung gemäß § 1 Abs. 7 BauGB nach Erlass des EAG Bau, 2011; *Özdemir*, Die Behandlung von Mängeln der Abwägung bei der Aufstellung von Bauleitplänen im Planerhaltungssystem des EAG Bau, 2009, S. 81 ff.
451 Zum Regelungsgehalt der Vorschrift *Labrenz*, DV 43 (2010), 63.
452 So eindeutig auch BVerwG, NVwZ 2008, 899; dazu *Mager*, JA 2009, 398 (399 f).
453 *Koch*, in: Koch/Hendler, Baurecht, § 17 Rn 65; *Kraft*, UPR 2004, 331 (332, 335) für die Gewichtung/Bewertung; zur Problematik auch *Pieper*, JA 2006, 817; *Quaas/Kuck*, BauR 2004, 1541; *Özdemir*, Die Behandlung von Mängeln der Abwägung bei der Aufstellung von Bauleitplänen im Planerhaltungssystem des EAG Bau, 2009, S. 77, 81 ff.
454 Näher *Erbguth*, DVBl. 2004, 802 (807 f); der Problematik kann man sich aus der Kontrollperspektive auch nicht unter Hinweis darauf entziehen, die Maßgaben der Prüfung seien nach § 214 I 1 Nr 1 BauGB einerseits und nach § 214 III 2 HS 2 BauGB andererseits identisch (so aber BVerwGE 128, 238 [245]; bereits *Uechtritz*, ZfBR 2005, 11 [16 mit Fn 52]), vgl *Erbguth*, JZ 2006, 484 (492 mit Fn 167); zu alldem auch *ders.*, UPR 2010, 281(285 f).

Entsprechendes folgt daraus, dass man den Vorgang der Abwägung nicht seiner Verbindung mit deren Ergebnis durch Transfer in die Prozeduralität entziehen kann, weil dann ein sachgerechter Ausgleich als Abwägungsergebnis nicht möglich ist. Denn die dem Ausgleich eigene relative Gewichtung[455] im Verhältnis der Belange setzt denknotwendig ihre vorherige (jeweils) isolierte Bewertung als genuinen Bestandteil des Abwägungsvorgangs voraus;[456] diese muss daher gleichermaßen inhaltlichen Charakter wie die hierauf aufbauende Entscheidung zwischen den (gewichteten) Belangen tragen.

Die gesetzgeberische Konzeption unterliegt ferner **unionsrechtlichen Bedenken**, insoweit nämlich, als §§ 2 III, 214 I 1 Nr 1 BauGB in Teilen der Umsetzung des Gebotes dienen, im Rahmen der UVP resp. SUP eine Bewertung der zuvor ermittelten und beschriebenen Umweltauswirkungen vorzunehmen[457]. Jenes Gebot hat aber, wie der EuGH dies klargestellt hat, materiell-rechtlichen Gehalt; eine lediglich verfahrensbezogene Umsetzung genügt den unionsrechtlichen Anforderungen nicht[458].

Nichts Abweichendes folgt aus Gründen effektiven Rechtsschutzes (Art. 19 IV GG), solchen der eigentumsrelevanten und der Verhältnismäßigkeit staatlichen Handelns entlehnten Abwägung[459] und damit aus der verfassungsbedingt fehlenden Dispositionsbefugnis des Gesetzgebers hinsichtlich des Gebots gerechter Abwägung[460]. Dass die Stringenz des Gebots nach Sachgebiet oder organschaftlicher (etwa legislativer) Kompetenz variieren kann[461], ändert an der hiervon unberührten Grundanforderung nichts. In dieser materiell-rechtlichen Ausrichtung hat der Abwägungsvorgang daher weiterhin Bestand. Lediglich in der gerichtlichen Kontrollperspektive und nur von seinem Standort her stellt er sich nunmehr als (Vor-)Ermittlung und (Vor-)Gewichtung im Rahmen des auch gesetzgeberisch weiterhin inhaltlich verstandenen Ausgleichs der Belange dar – um die Grundlage für dessen Ordnungsmäßigkeit sicherzustellen[462]. In Anbetracht dessen bleibt es bei den Maßstäben der herkömmlichen Abwägungsfehlerlehre – aber auch bei der Notwendigkeit einer Bereinigung der missglückten Neuregelung[463].

ee) Innere Grenzen der Abwägung: Abwägungsfehlerlehre. Zu den Handlungs- und Kontrollmaßstäben selbst hat sich – ausgehend vom Abwägungsgebot nach § 1 VI BauGB aF (§ 1 VII BauGB) – eine variantenreiche **Abwägungsfehlerlehre** entwickelt, die an dieser Stelle nur systematisierend skizziert werden kann. **1012**

---

455 Dazu *Wickel/Bieback*, DV 39 (2006), 571 (575).
456 Vgl anhand der allgemeinen Frage einer legislativen Abwägungspflicht *Erbguth*, JZ 2008, 1038 (1042).
457 Art. 3 UVP-RL, Art. 5 I SUP-RL; zu alldem bereits Rn 843 ff.
458 Anhand von Art. 3 UVP-RL EuGH, NuR 2011, 275 (278); dazu Anm. *Erbguth*, NVwZ 2011, 929; für das Bewertungserfordernis nach Art. 5 I SUP-RL kann nichts anderes gelten, selbst wenn es sich dort im Zusammenhang mit dem Umweltbericht angeordnet findet; nicht überzeugend daher *Grünewald*, NVwZ 2009, 1520 (1522).
459 *Kraft*, UPR 2004, 331 (334); zu alldem *Erbguth*, JZ 2006, 484 (489 ff).
460 BVerwGE 34, 301; 45, 309; 64, 33.
461 Vgl dazu *Erbguth*, JZ 2008, 1038 (1042).
462 Vgl vorstehend im Text; anhand der (Vor-)Gewichtung *Erbguth*, DVBl. 2004, 802, 808; näher *Erbguth/Schubert*, ÖffBauR, § 15 Rn 94 f; offener hinsichtlich der Ermittlung (widerlegliche Vermutung für deren Ordnungsmäßigkeit bei Einhaltung des Verfahrensrechts möglich) *Kraft*, UPR 2004, 331 (334 f); wiederum modifizierend *U. Stelkens*, UPR 2005, 81; *Kupfer*, DV 2006, 493 (501 ff); zur Gewichtung als denknotwendige Voraussetzung für die eigentliche Abwägung BVerwGE 34, 301 (308 f); kritisch *Oldiges/Brinktrine*, Baurecht, Rn 61.
463 Näher *Erbguth*, JZ 2006, 484 (490 ff); *Erbguth/Schubert*, ÖffBauR, § 5 Rn 144; jeweils mwN.

Insoweit lassen sich Abwägungsmaßstäbe im **engeren** von solchen im **weiteren Sinn** unterscheiden; eine rechtlich unterschiedliche Bedeutung ist mit dieser Differenzierung indes nicht verbunden[464]. In beiderlei Hinsicht kann das Maß der Anforderungen variieren; so sind diese gegenüber der regelmäßig auf Grundzüge beschränkten Flächennutzungsplanung weniger strikt als beim parzellenscharfen Bebauungsplan[465].

1013   (1)   Die **Abwägungsmaßstäbe ieS** orientieren sich an den Hauptphasen des Planungsvorgangs:[466]

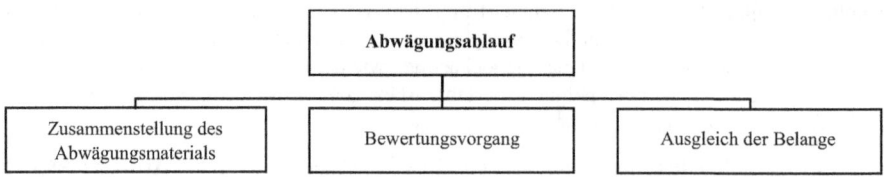

Übersicht 20: Phasen der Abwägung

   – Zusammenstellung des Abwägungsmaterials = Ermittlung der abwägungsrelevanten Belange anhand § 1 V, VI BauGB und deren Einstellung in die Abwägung.
   – Bewertungsvorgang = Bestimmung des objektiven Inhalts und Gewichtung der (einzelnen) Belange.
   – Ausgleich der Belange = Abwägung im eigentlichen Sinne, dh im Verhältnis der (gewichteten) Belange: Entscheidung darüber, welchem Belang der Vorrang eingeräumt und welcher (ganz oder teilw) zurückgestellt wird.

1014   Dem vorausgesetzt ist, dass eine Abwägung überhaupt stattfindet; ansonsten liegt ein **Abwägungsausfall**[467] vor, und sei es auch nur partiell, also bezogen auf einzelne Belange oder (deren) Bereiche[468]. Letzteres kann freilich Abgrenzungsunschärfen zur sogleich anzusprechenden Kategorie des Ermittlungsausfalls oder -defizits nach sich ziehen,[469] ferner zu Begründungsmängeln[470]. Für die Abwägung ieS gilt:

1015   (a) Auf **erster Stufe** besteht im ersten Schritt eine Pflicht zur vollständigen **Ermittlung** aller gegenwärtigen und zukünftigen privaten wie öffentlichen Belange. Die **öffentlichen** Belange lassen sich vornehmlich aus § 1 V, VI BauGB ableiten.

Den öffentlichen Belangen gehören neben solchen der kommunalen Daseinsvorsorge, etwa der Bereitstellung bedarfsgerechter Alten- und Pflegeheimplätze[471], auch die Grenzziehungen des

---

464   *Peine*, ÖffBauR, Rn 373; auch Rn 1008.
465   BVerwGE, 124, 132 (143).
466   Bereits Rn 1008.
467   Vgl auch Rn 1008, 1018.
468   Ausführlicher hierzu und mit Bsp. *Erbguth/Schubert*, ÖffBauR, § 5 Rn 147a.
469   Etwa: Nichtberücksichtigung von im Aufstellungsverfahren eingebrachten Stellungnahmen als Ermittlungs- und ggf Gewichtungsfehler, nicht aber als (partieller) Abwägungsausfall bei OVG Münster, ZfBR 2008, 280 (282).
470   Annahme eines Begründungs- und nicht Abwägungsmangels, wenn weder aus der Begründung des Bebauungsplans noch aus der Behandlung von Einwendungen eine Beschäftigung mit bestimmten Belangen hervorgeht, bei BVerwGE 119, 45 (48) im Gegensatz zur Vorinstanz; zu den Anforderungen an die Begründung zum Bebauungsplan Rn 987; zu den diesbzgl Unbeachtlichkeitsvorschriften Rn 1092.
471   BVerwG, BauR 2007, 331 (332).

Plangebiets an[472], die bspw bei Bebauungsplänen der Innenentwicklung[473] anhand prognostizierbarer[474] (schädigender) Auswirkungen auf zentrale Versorgungsbereiche zu bemessen sind[475]. Hierzu zählen ferner die sonstigen Belange des Umweltschutzes[476], insbes. diejenigen nach § 1a II–IV BauGB, aber bei Betroffenheit auch dann, wenn bspw von einer förmlichen SUP abgesehen werden kann – und wegen § 2 II BauGB solche betroffener (Nachbar-)Gemeinden. Nach der Rspr können zudem Belange vorbeugenden Gesundheits- und Umweltschutzes einbezogen werden, selbst wenn diese über die Anforderungen der 26. BImSchV hinausgehen[477]. Ansonsten ist mit § 13a II Nr 3 BauGB im Wege des BauGB 07 der Investitionsbedarf zur Erhaltung, Sicherung und Schaffung von Arbeitsplätzen, zur Versorgung der Bevölkerung mit Wohnraum und zur Verwirklichung von Infrastrukturvorhaben abwägungsrelevant im Rahmen der Aufstellung von Bebauungsplänen der Innenentwicklung[478] geworden; solche Belange spielen freilich auch bei sonstigen Bebauungsplänen vielfach eine Rolle[479]. In fachlich schwierigen Fällen bedarf es bei alldem sachverständiger Konkretisierung (Abstandslisten, Sachverständigengutachten uam)[480].

Zu den **privaten** Belangen zählen die grundrechtlich geschützten Interessen der durch die Planung Betroffenen, wie – hervorgehoben[481] – das Eigentumsrecht und sonstige Rechtspositionen, aber auch rechtlich nicht geschützte Interessen unterschiedlichster Art, soweit sie bodenrechtliche Bedeutung haben[482]. Letzterem unterfallen etwa Nutzungsinteressen von Mietern und Pächtern[483], auch in künftiger Hinsicht bei (grundstücksbezogener) vertraglicher Absicherung[484], Belange im Zusammenhang mit dem eingerichteten und ausgeübten Gewerbebetrieb außerhalb dessen rechtlicher Substanz, solche der Abstandswahrung neu hinzutretender Windenergieanlagen[485] und jene mit Blick auf Veränderungen des Anliegergebrauchs[486].

Abwägungsrelevant kann auch das Interesse eines außerhalb des Plangebiets ansässigen Grundstückseigentümers sein, von einer Lärmzunahme durch den Zu- und Abfahrtsverkehr des

---

472 Rn 986; dazu BVerwG, NVwZ 2004, 1120 (1121); BVerwG, NordÖR 2004, 284 (285); BVerwG, ZfBR 2014, 147.
473 Dazu Rn 943 f, 981.
474 Zur Prognose im Zusammenhang mit der bauleitplanerischen Abwägung *Erbguth/Schubert*, ÖffBauR, § 5 Rn 150.
475 Damit verträgt sich keine undifferenzierte Überplanung des gesamten Innenbereichs im Wege der §§ 9 IIa, 13a BauGB, *Reidt*, BauR 2007, 2001 (2009).
476 Etwa Lärmschutzinteresse, und zwar auch unterhalb der Schwelle des § 41 I BImSchG iVm 16. BImSchV, BVerwG, ZfBR 2007, 580 (580), sofern sie die Bagatellgrenze überschreiten.
477 BVerwG, NVwZ 2013, 304 Rn 16 ff zur Zulässigkeit einer Standort- resp. Vorsorgeplanung für Mobilfunkanlagen; krit dazu *A. Koch*, NVwZ 2013, 251; s. außerdem VGH München, DVBl. 2011, 299; *ders.*, BayVBl. 2008, 470, 471; *Uechtritz*, VerwArch 2009, 505; *Budzinski*, NuR 2008, 535.
478 Dazu Rn 943 f.
479 Krit deshalb zu Recht gegenüber der gesonderten Hervorhebung für Bebauungspläne der Innenentwicklung *Gronemeyer*, BauR 2007, 815 (817).
480 Näher *Reidt*, in: Bracher/Reidt/Schiller, Bauplanungsrecht, Rn 657 ff; *Erbguth/Schubert*, ÖffBauR, § 5 Rn 148.
481 BVerwG, NuR 2005, 773 (775); BVerwG, NVwZ 2017, 412 Rn 12; dazu auch OVG Lüneburg, BauR 2009, 1552 (1553 ff).
482 BVerwG, BauR 2007, 331 (332); näher *Reidt*, in: Bracher/Reidt/Schiller, Bauplanungsrecht, Rn 636 ff.
483 BVerwG, UPR 2000, 189; VGH München, BayVBl. 2007, 564 (565, Ls.).
484 Windenergienutzung im Plangebiet, OVG Greifswald, BauR 2008, 1562 (1563 f).
485 OVG Lüneburg, BauR 2007, 329 (331).
486 Einwirkung der Planung auf Zugangs- und Zufahrtmöglichkeiten, BVerwG, BauR 2001, 747; BVerwGE 59, 87.

Plangebiets verschont zu bleiben[487]. Anderes gilt nach dem BVerwG grundsätzlich in Fällen, in denen sich Betroffenheiten unmittelbar erst auf Grund späterer Planungen mit anderem Geltungsbereich realisieren, etwa durch die Inanspruchnahme von Grundeigentum für den Um- und Ausbau von Verkehrsflächen, welche der Erschließung der durch den früheren Bebauungsplan ausgewiesenen Baugebiete dienen[488]. Eine Pflicht zur Berücksichtigung sei in derartigen Fällen aus Gründen hinreichender Konfliktbewältigung aber geboten, wenn die spätere Betroffenheit sich als zwangsläufige Folge der vorausgehenden Planung darstelle oder Folge des planerischen Konzepts der Gemeinde sei, welches der Baugebietsausweisung zugrunde liege und deshalb als Ausdruck ihrer planerischen Selbstbindung auch in die Abwägung einbezogen werden müsse[489].

Beeinträchtigungen der Nachbarschaft spielen nach der Rspr wegen der das Bauplanungsrecht allg. kennzeichnenden Grundstücksbezogenheit[490] nur bei typisierender und generalisierender Relevanz eine Rolle (Empfinden eines Durchschnittsmenschen, nicht individuelle Empfindlichkeit)[491]. Ferner sind privatrechtliche Belange, die auf einer zivilrechtlichen Verpflichtung beruhen, nach „Lage der Dinge" abwägungserheblich[492]. Durch Verzicht werden (private) Belange nicht irrelevant für die Abwägung[493].

1016 Wohl aber kann solches eintreten, und zwar bei öffentlichen wie privaten Interessen, wenn diese der Gemeinde **nicht bekannt** waren oder **nicht bekannt sein** mussten und deren Inhalt für die **Rechtmäßigkeit** des Bauleitplans **nicht von Bedeutung** ist, § 4a VI 1 BauGB. Der Gesetzgeber hat damit den bislang für öffentliche, von Behörden uam einzubringende Belange vorgehaltenen Berücksichtigungsausschluss (§ 4 III 2 BauGB aF) auf private Belange erstreckt; zugleich ist dies unter der Maßgabe einer Hinweispflicht bei der Öffentlichkeitsbeteiligung (§ 4a VI 2 BauGB) insgesamt nicht nur als fakultative Präklusionsregelung[494] ausgestaltet, sondern auch verfahrensrechtlich eingebunden worden, und zwar unter dem Aspekt nicht rechtzeitiger Stellungnahmen „im Verfahren der Öffentlichkeits- und Behördenbeteiligung", § 4a VI 1 HS 1 BauGB. Nunmehr im verfahrensrechtlichen Gewand gilt daher zum einen die zurückhaltende Rspr des BVerwG zur (fehlenden) gemeindlichen Aufklärungspflicht bei nicht bekannten bzw sich nicht aufdrängenden Belangen[495] fort; zum anderen wird die weiter von § 4a VI 1 BauGB vorausgesetzte Irrelevanz der Belange für die Rechtmäßigkeit des Bauleitplans regelmäßig von der bislang schon anerkannten Bagatellgrenze für die Berücksichtigungsbedürftigkeit von (privaten) Belangen abhängen. Hiernach fehlt es an der Abwägungserheblichkeit von Interessen, wenn sie nur geringfügig betroffen sind, wenn ihre Betroffenheit mehr als unwahrscheinlich ist oder wenn es sich um objektiv geringwertige resp. nicht schutzwürdige Belange handelt[496].

---

487 BVerwG, NVwZ 1999, 523; BVerwG, NVwZ 2008, 426; BVerwG, ZfBR 2008, 689 (690).
488 BVerwG, NVwZ 2012, 185 Rn 20, mit der überzeugenden Erwägung, eine Pflicht zur Berücksichtigung der künftigen Betroffenheit schon in der Abwägungsentscheidung über den vorausgehenden Bebauungsplan führte zur Verfehlung des Zweckes einer gebietsweisen Planung.
489 BVerwG, wie vor, Rn 21 f.
490 Bereits Rn 796.
491 BVerwG, BauR 2006, 480 (480 f).
492 BVerwG, NVwZ-RR 1994, 490.
493 BVerwG, BauR 1978, 385; *Stüer*, DVBl. 966 (970) mwN.
494 Zur prozessualen Erstreckung Rn 914.
495 BVerwG, DVBl. 1980, 233.
496 Dazu BVerwG, NVwZ 2012, 185 Rn 15; BVerwG, BauR 2000, 1834; VGH Mannheim, BauR 1990, 577; BVerwG, NVwZ 1997, 683; OVG Münster, BauR 1984, 489.

Besagte Geringfügigkeit hängt von einer wertenden Betrachtung der konkreten Verhältnisse ab, bei Lärmimmissionen (planbedingte Verkehrszunahme) ohne Überschreitung strikter Grenzwerte unter Berücksichtigung der jeweiligen Vorbelastung und der Schutzwürdigkeit des fraglichen Gebiets[497]. Auch sind technische Regelwerke heranzuziehen, zwar nicht als zwingende Vorgaben, wohl aber als Orientierungshilfen[498].

Allg. gilt, dass es zur Ermittlung künftiger Entwicklungen, gerade im Zusammenhang mit den soeben skizzierten Belangen, der **Prognose** bedarf. Diese muss auf den Tatsachen aufbauen, sachgerecht sein und zu vertretbaren Ergebnissen kommen[499].

Spiegelbildlich liegt ein **Ermittlungsausfall** oder ein **Ermittlungsdefizit** (bzw Feststellungsausfall, Feststellungsdefizit) vor, wenn die solcherart im Planungsfall beachtlichen Belange nicht oder nur eingeschränkt ermittelt und festgestellt worden sind[500].   **1017**

Gemeindliche (Vor-)Verhandlungen (etwa mit ansiedlungswilligen Unternehmen, Projektträgern etc) widersprechen diesen Anforderungen nach Einschätzung des BVerwG nicht, jedenfalls nicht von vornherein. Vielmehr ist den Grundsätzen ordnungsgemäßer Abwägung dann bereits im Verhandlungsstadium Rechnung zu tragen[501]. Weitreichende Vorabstimmungen planerischer Belange können aber zu einem den stufenspezifischen (Abwägungs-)Fehlern vorgelagerten Abwägungsausfall[502] führen[503]. Vergleichbare Konsequenzen vermag die Nichtigkeit eines die Abwägung tragenden städtebaulichen Vertrages[504] nach sich zu ziehen[505].   **1018**

Im **zweiten** Schritt auf erster Stufe des Planungsvorgangs sind von den ermittelten Belangen diejenigen in die Abwägung **einzustellen**, die nach vorstehenden Maßgaben abwägungs- und konkret planungsrelevant sind. Ansonsten liegt der Fehler des **Einstellungsausfalls** bzw **Einstellungsdefizits** vor[506]. Das ist etwa der Fall, wenn der Gemeindevertretung eingegangene Stellungnahmen vom vorbereitenden Ausschuss vorenthalten werden[507], oder bei Nichtberücksichtigung bzw nicht hinreichender Berücksichtigung der ökologischen Bedeutung eines Freiraums im Plangebiet. Entspre-   **1019**

---

497 Instruktiv OVG Münster, NWVBl. 2008, 467 (468 ff).
498 BVerwGE 128, 238 (241 f); BVerwG, ZfBR 2010, 690, anhand der DIN 18005-1 „Schallschutz im Städtebau".
499 VGH Mannheim, NJW 1977, 1465 (1468); VGH Mannheim, BRS 32 Nr 11, 25 (26 f).
500 *Hoppe*, in: Hoppe/Bönker/Grotefels, ÖffBauR, § 7 Rn 94 ff.
501 Entsprechendes gilt gegenüber Bauleitplänen als Gegenstand landesrechtlich ermöglichter Bürgerbegehren und Bürgerentscheide, dazu VGH München, NVwZ-RR 2006, 208, 209: auch kein Verstoß gegen § 1 III 2 BauGB; *Kautz*, BayVBl. 2005, 193; zu diesem Problemkreis ferner *Brüning*, NVwZ 2018, 299; *ders.*, NordÖR 2014, 509; *Durinke/Fiedler*, ZfBR 2012, 531; *Koch*, FS Bull, S. 203 (206 ff); *Kühling/Wintermeier*, DVBl. 2012, 317; *West*, VBlBW 2010, 389; *Wickel/Zengerling*, NordÖR 2010, 91.
502 BVerwGE 124, 385; VGH Mannheim, VBlBW 1994, 198 (199); näher *Koch*, in: Koch/Hendler, Baurecht, § 17 Rn 20 ff; *Erbguth/Schubert*, ÖffBauR, § 5 Rn 152 ff; allg. Rn 1008, 1014.
503 Beim vorhabenbezogenen Bebauungsplan (Rn 1054 ff) kommt es insoweit regelmäßig zu einer Gratwanderung, *Köster*, ZfBR 2005, 147 (151) mwN; zu vertraglichen Bindungen gegenüber anderen Gemeinden BVerwG, BauR 2006, 802 (803): Verstoß gegen § 1 III 2 BauGB.
504 Zu diesen Verträgen Rn 1044 ff.
505 VGH München, NVwZ-RR 2005, 781 (783); Rn 1045 mwN.
506 *Hoppe*, in: Hoppe/Bönker/Grotefels, ÖffBauR, § 7 Rn 110 ff.
507 Weil diese dann von der Vertretung nicht in die Abwägung eingestellt werden können, BVerwG, ZfBR 2014, 371 Rn 9; OVG Münster, ZfBR 2008, 280 (282).

chendes gilt mit Blick auf **Alternativen,** wobei allerdings keine allzu hohen Anforderungen gestellt werden[508]; ein Abwägungsfehler tritt insoweit erst dann ein, wenn sich eine bestimmte Lösung anbietet oder dem Planungsträger aufdrängen muss[509]. Abweichend stellen sich die Dinge wiederum hinsichtlich der erforderlichen **umweltprüfungsspezifischen** Alternativenprüfung iSv Nr 2 Buchst. d) der Anlage 1 zum BauGB[510] dar; sie erfordert eine diesbzgl Ermittlung und Bewertung aller in Betracht kommenden Alternativen, sofern sich diese innerhalb der Ziele und des räumlichen Geltungsbereichs des Plans bewegen[511].

1020   Dem Einstellungsdefizit entspricht in der Abwägungsfehlerlehre als Kehrseite die **Fehleinstellung von Belangen** (Abwägungsüberschuss)[512]. Als Handlungsmaßstab verbietet sie, dass an Belangen in die Abwägung eingestellt wird, was weder nach Lage der Dinge in sie eingestellt werden darf, noch überhaupt zur sachgerechten Ordnung der städtebaulichen Entwicklung führen kann. Dazu gehören insbes. die Einstellung objektiv nicht realisierbarer Belange und die Verfolgung objektiv ungeeigneter Maßnahmen.

Letzteres kann angenommen werden, wenn die Bauleitplanung freiraumschützende Flächenfreihaltung intendiert, obgleich das fragliche Gebiet nach den tatsächlichen Umständen die zu sichernde ökologische Funktion nicht erfüllen und damit keine wirkliche Alternative im soeben beschriebenen Sinne darstellen kann[513].

1021   (b) Auf **zweiter Stufe** erfolgt die Gewichtung der in die Abwägung eingegebenen Belange. Jedem von ihnen ist das nach den rechtlichen und tatsächlichen Gegebenheiten ihm zukommende – objektive – Gewicht beizumessen (andernfalls: **Abwägungsfehleinschätzung** bzw -gewichtung). Dabei spielt neben einer rechtlichen Gewichtsverstärkung auf Grund der städtebaurechtlichen Systematik[514] und durch Optimierungsgebote (oder mehr[515]) vornehmlich das Maß der tatsächlichen, eben aktuellen Betroffenheit[516] des jeweiligen Belangs eine Rolle[517].

So reduziert sich das Gewicht planbetroffener landwirtschaftlicher Flächen, deren Pacht[518] nicht langfristig rechtlich gesichert worden ist[519]. Ferner wird das Interesse an einer Beibehaltung der bisherigen planerischen Lage[520] höher zu gewichten sein, sofern durch Baumaßnah-

---

508   Insbes. nicht auf Bebauungsplanebene wegen der Eigentums- und Nachfragesituation, *Spannowsky*, UPR 2005, 401 (408).
509   Bereits BVerwG, NVwZ-RR 1991, 118 (124); ferner BVerwG, NVwZ 1988, 351 (352); eindeutig bessere Lösung, BVerwGE 121, 72; BVerwG, NuR 2005, 773 (776); OVG Schleswig, NordÖR 2005, 465 (467); näher zu alledem *Spannowsky*, UPR 2005, 401.
510   Vgl auch Rn 851.
511   Dazu *Spannowsky*, UPR 2005, 401 (403 ff).
512   *Hoppe*, in: Hoppe/Bönker/Grotefels, ÖffBauR, § 7 Rn 113; auch *J. Dreier*, Die normative Steuerung der planerischen Abwägung, 1995, S. 57.
513   Vgl dazu *Erbguth*, Jura 1988, 561, 563 f.
514   Gewicht der Eigentumsbelange ist bei Lage des Grundstücks im Innenbereich oder Baugebiet (also bei Überplanung) höher als im Außenbereich, VGH München, BayVBl. 2007, 371 (372).
515   BayVerfGH, DÖV 2006, 824 (824): bindendes objektives Verfassungsrecht (Art. 141 I 4 Verf. Bay).
516   Instruktiv insoweit BayVerfGH, DÖV 2006, 824 (825): keine Dringlichkeit von Wohnbedarf oder Tourismusaktivitäten im Verhältnis zur gebotenen Schonung und Erhaltung kennzeichnender Landschaftsbilder.
517   Etwa *Erbguth*, Immissionsschutz und Landesplanung, 1982, S. 79 mwN.
518   Zur Abwägungsrelevanz solcher privaten Belange Rn 1015.
519   VGH München, BayVBl. 2007, 564 (565, insoweit Ls.).
520   Dazu Rn 1015.

men hiervon bereits Gebrauch gemacht worden ist, als wenn dies unterblieben ist[521]. Umgekehrt führt die fehlende Notwendigkeit der Ausweisung eines öffentlichen Fuß-, Fahrrad- und Wanderwegs über ein privates Grundstück zur Marginalisierung des Gewichts jenes verkehrlichen Belangs[522].

(c) Der auf **dritter Ebene** einsetzende Planungsschritt der Abwägung im eigentlichen Sinne verlangt nach einer Entscheidung im Verhältnis der regelmäßig miteinander konfligierenden Belange; der hier zu treffende Ausgleich, der nicht nur im Verhältnis der öffentlichen zu den privaten Belangen[523], sondern auch innerhalb der jeweiligen Kategorie[524] vorzunehmen ist, bildet den besonders typisch durch Gestaltungsfreiheit gekennzeichneten Planungsakt. Angesichts dessen gilt als – zurückhaltender – Handlungsmaßstab, dass der Ausgleich nicht außer Verhältnis zur objektiven Gewichtigkeit einzelner Belange erfolgen darf (ansonsten: **Abwägungsdisproportionalität**). Gemeint ist ein Verbot eindeutiger Fehlgewichtung im Verhältnis der Belange zueinander[525].

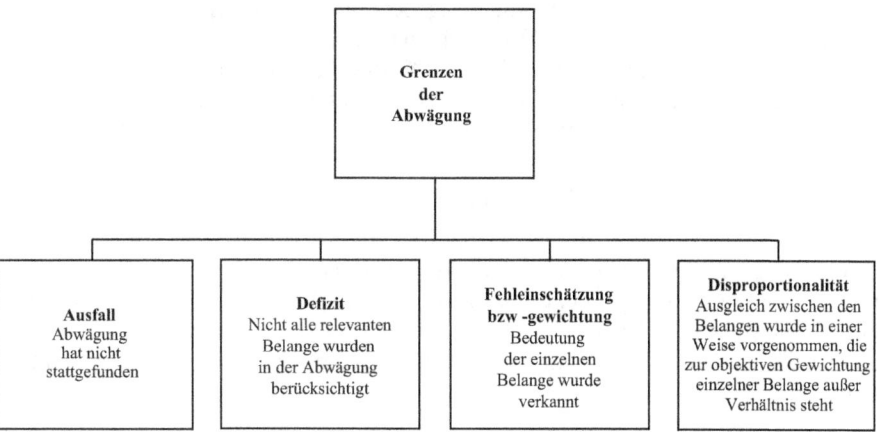

Übersicht 21: Abwägungsfehlerlehre

(2)   In Konkretisierung dieser allgemeinen Grundanforderungen haben Rspr und Lit.   **1022** weitere Maßgaben (= **Abwägungsmaßstäbe iwS** bzw „zentrale Planungsgrundsätze") für eine ordnungsgemäße Abwägung auf letzter Stufe des Planungsvorgangs entwickelt, die wie folgt umrissen werden können:

---

521   So tendenziell OVG Lüneburg, BauR 2008, 636 (639).
522   Vgl OVG Bautzen, SächsVBl. 2008, 115 (121 f).
523   Anhand des Eigentumsrechts insoweit BVerwG, NuR 2005, 773 (775).
524   Anhand des Ausgleichs zwischen verschiedenen Grundstückseigentümern VGH Mannheim, UPR 1998, 120.
525   BVerwGE 56, 283 (289 ff); VGH München, BayVBl. 2003, 432 (433): Unproportionales Zurücksetzen des Belangs Landschaftsbild/Natur und Landschaft gegenüber geplanter Wohnbebauung; OVG Münster, NWVBl. 2006, 185 (186): Ausschluss der Bebauung durch unnötige Ausweisung eines gesamten Flurstücks als öffentliche Grünfläche; auch OVG Münster, NWVBl. 2006, 329 (330 ff); zum Ausverkauf naturschutzfachlicher Belange mit der Gefahr von Gefälligkeitsplanungen insoweit OVG Schleswig, NordÖR 2006, 247 (248 f); zur grundsätzlichen Frage Handlungsmaßstab – Kontrollmaßstab näher Rn 1085 f.

1023 Eng verwandt mit dem Gebot eines dem objektiven Gewicht der Belange verpflichteten Ausgleichs – in jener allgemeinen rechtsstaatlichen Ausprägung – ist das sog. **Differenzierungsgebot**. Der bei der Abwägung geforderten Differenzierung ist zuwider gehandelt, wenn ein Belang in unverhältnismäßiger und unvertretbarer Weise zurückgesetzt wird[526]. Konkretere Anforderungen als das Differenzierungsgebot, das allg. zu beachtende **Übermaßverbot** sowie das Gebot der **Bestimmtheit**[527] stellen vor allem die Gebote der planerischen **Konfliktbewältigung** und der **Rücksichtnahme**.

1024 (a) Der Maßstab **planerischer Konfliktbewältigung**[528] verlangt von jeder Planung, dass sie die ihr zuzurechnenden Konflikte, dh die vorgefundenen wie auch die durch die Planung neu aufgeworfenen, bewältigt[529]. Die Planung dürfe nicht dazu führen, dass Konflikte, die durch sie hervorgerufen würden, zu Lasten Betroffener letztlich ungelöst blieben[530]. Allerdings darf der Grundsatz nach der Rspr des BVerwG nicht überdehnt werden. Die Gemeinde könne mit dem Instrument Bebauungsplan Probleme nur so weit lösen, wie das Gesetz es ihr gestatte. Die Anforderungen dürften auch unter dem Gesichtspunkt des Abwägungsgebots und des als Unterfall desselben zu betrachtenden Gebots der Konfliktbewältigung nicht bis zum rechtlich oder faktisch Unmöglichen überspannt werden[531]. Eine Verlagerung von Problemlösungen aus dem Bauleitplanverfahren auf nachfolgendes Verwaltungshandeln ist damit also nicht ausgeschlossen; hierfür können nach dem BVerwG auch die nach dem Konkretisierungsgrad der Planung verfügbaren Detailkenntnisse sowie die Leistungsgrenzen des jeweiligen planerischen Instruments sprechen[532].

1025 Die Überzeugungskraft dieser Rspr folgt aus dem System vertikal gestufter Planungs- und Entscheidungsaufgaben[533]; die städtebauliche Planung ist zwar bodennutzungsorientierte Gesamtplanung, nicht aber stellt sie eine örtliche Totalplanung dar. Die Ortsplanung ist vielmehr eingebunden in die gestuften Prozesse staatlicher Entscheidungsfindung. Als Planungsstufe ist sie dem Gebot prinzipiell typisierender Betrachtungsweise verpflichtet. Einzelheiten der späteren Verwirklichungsfälle gehören nicht zu ihrem Aufgabenbereich.

1026 Vor diesem Hintergrund sind die näheren **Ausprägungen** des Gebots planerischer Konfliktbewältigung[534], nämlich

– das Gebot der möglichsten Ausschöpfung des im Planungsrecht vorgegebenen Konfliktlösungspotenzials und

---

526 VGH Mannheim, BRS 23 Nr 8; VGH Mannheim, NVwZ 1990, 84.
527 *Battis*, in: Battis/Krautzberger/Löhr, BauGB, § 1 Rn 128.
528 Dazu *Steidle*, VBlBW 2012, 81.
529 *Weyreuther*, BauR 1975, 1; *Hoppe*, in: Hoppe/Bönker/Grotefels, ÖffBauR, § 7 Rn 133 ff; BVerwG, NVwZ 2014, 69 Rn 17.
530 BVerwG, NVwZ 2014, 69 Rn 17; NVwZ 2015, 1452 Rn 34.
531 BVerwG, NuR 1988, 37 (38) unter Hinweis auf *Sendler*, WiVerw 1985, 211; auch BVerwG, NVwZ 2006, 821: Ausgleich für Eingriffe in Natur und Landschaft (dazu Rn 860 ff) durch Konzentrationszonen für Windenergieanlagen auch im Zulassungs-, ggf Bebauungsplanverfahren.
532 Zu instrumentellen Leistungsgrenzen bei der Konfliktbewältigung allgemein BVerwG, NVwZ 2013, 719 Rn 35; zu den Leistungsgrenzen planerischer Instrumente vgl etwa BVerwGE 80, 184 (187).
533 Vgl § 9 I Nr 24 BauGB; dazu BVerwG, UPR 1994, 233; auch Rn 1000.
534 *Hoppe*, in: Hoppe/Bönker/Grotefels, ÖffBauR, § 7 Rn 133 ff.

– das Gebot der möglichsten Vermeidung eines Verschiebens der planerischen Konfliktlösung (Verbot des Konflikttransfers),

gleichermaßen einengend in dem Sinne zu verstehen, dass darunter nur Konflikte fallen, die städtebaulich relevant sind und sich für eine bauleitplanerische Lösung unmittelbar anbieten. Was sich insoweit „anbietet", steht in Abhängigkeit vom Maß **planerischer Zurückhaltung** der Gemeinde – was wiederum Inhalt und Gegenstand der kommunalen Gestaltungsfreiheit ist[535]. Eine Rolle spielt dabei die Vorschrift des § 15 BauNVO, die gerade eine solche Zurückhaltung der Gemeinde erlaubt und eine „Nachbesserung" in Genehmigungsverfahren ermöglicht[536]. Die rechtlichen Grenzen einer Entscheidung zugunsten der planerischen Zurückhaltung[537] sind im Rahmen des Gestaltungsspielraums nur dann überschritten, wenn der Konflikt auf nachfolgenden Entscheidungsstufen zweifelsfrei nicht mehr bewältigt werden kann[538] oder wenn hierdurch Rechte Dritter beeinträchtigt werden[539]. Auch dann muss es aber um Gegenstände bauleitplanerischer Konfliktlösung gehen.

(b) In engem Zusammenhang damit steht das **Gebot der Rücksichtnahme**[540]. Richtigerweise dürfte es sich nicht um einen unmittelbaren Verfassungsgrundsatz, sondern um eine **richterrechtliche verfassungsorientierte Auslegung**[541] einfachen Rechts handeln – mit entsprechendem Rang[542]. Dementsprechend hat das BVerwG die Annahme eines „generellen Rechtsprinzips des öffentlichen Baurechts" oder einer „allgemeinen Härteregelung, die über den speziellen Vorschriften des Städtebaurechts oder gar des gesamten öffentlichen Baurechts steht" abgelehnt[543]. In seinem spezifisch planungsrechtlichen, nämlich auf die Bauleitplanung bezogenen Sinn ist das Rücksichtnahmegebot auf die Schutzwürdigkeit von Individualinteressen ausgerichtet. Obwohl das BVerwG das Rücksichtnahmegebot nicht mehr als eigene Kategorie neben dem Abwägungsgebot versteht[544], behalten doch seine näheren Ausprägungen weiterhin eine jedenfalls praktische Bedeutung. Zu derartigen Untergeboten zählen ua[545]:

– Grundsatz der Trennung unverträglicher Nutzungen,
– Grundsatz der planerischen Vorbeugung,
– Grundsatz des Vorrangs der Konfliktvermeidung,
– Grundsatz der Berücksichtigung von Bestandsschutz- und Verbraucherinteressen.

1027

---

535 *Hoppe/Beckmann*, NuR 1988, 6 (11), unter Hinweis auf die Rspr des BVerwG.
536 BVerwGE 119, 45 (49), unter Hinweis auf § 15 I BauNVO; auch BVerwG, NVwZ 2014, 69 Rn 17.
537 BVerwG, DVBl. 1984, 143 (144).
538 *Hoppe/Beckmann*, NuR 1988, 6 (11); BVerwG, NVwZ 2015, 1452 Rn 34; OVG Münster, DÖV 2006, 305 (305): ungelöste Stellplatzfrage bei geplantem Fußballstadion mit 15 000 Zuschauerplätzen.
539 BVerwG, NuR 1988, 37 (38); BVerwG, NVwZ 2014, 69 Rn 17.
540 Instruktiv *Uechtritz*, DVBl 2016, 90; *ders.*, VBlBW 2016, 265.
541 Vgl im Zusammenhang mit den Rechtsschutzfragen Rn 1363; *Erbguth/Schubert*, ÖffBauR, § 15 Rn 64; zum Topos *Seibel*, BauR 2007, 1831; zu Historie, Inhalt und Reichweite dieser Rechtsfigur *Voßkuhle/Kaufhold*, JuS 2010, 497.
542 S. etwa BVerwG, NVwZ 2018, 509 Rn 10, anhand von Außenbereichsvorhaben; zu der Entscheidung *Muckel*, JA 2018, 79.
543 BVerwG, NVwZ 2018, 509 Rn 10.
544 BVerwG, DVBl. 1999, 100.
545 *Hoppe*, in: Hoppe/Bönker/Grotefels, ÖffBauR, § 7 Rn 147; grundlegend *Weyreuther*, BauR 1975, 1 ff.

1028 Das **Trennungsgebot**[546] beruht auf einem allgemeinen, in § 50 BImSchG[547] zum Ausdruck kommenden Grundgedanken und fordert, dass unverträgliche Nutzungen grds nicht nebeneinander geplant werden sollen[548]. Es handelt sich um eine ausnahmefähige Anforderung[549].

1029 Der Grundsatz **planerischer Vorbeugung** zielt primär auf planerisch vorsorgenden Umweltschutz, insbes. auf die – frühzeitige – Berücksichtigung der (späteren) städtebaulichen Planverwirklichung, und verpflichtet bspw die Gemeinde, bereits mögliche Ergebnisse einer Bodenordnung in die Abwägung aufzunehmen[550].

1030 Der Grundsatz der **Konfliktvermeidung**[551] ist dem der Konfliktbewältigung vorausliegend. Es versteht sich von selbst, dass die Bauleitplanung – gleichsam als milderes Mittel vor der Konfliktbewältigung – ihr Instrumentarium einzusetzen hat, um mögliche Konflikte im Vorfeld zu vermeiden, bspw durch Lärmschutzmaßnahmen.

1031 Nach der Rspr hat die Planung in besonderem Maße auf **Bestandsschutz- und Verbraucherschutzinteressen** Rücksicht zu nehmen[552]. Indessen dürfte sich in jenen Fällen die „Rücksichtnahme" schon unmittelbar aus den insoweit intensiveren und als private Belange zu berücksichtigenden Grundrechtspositionen ergeben. Nicht schützenswert sind unter diesem Aspekt allgemeine Chancen und ästhetische Rahmenbedingungen[553].

1032 **ff) Innere Grenzen der Abwägung: Interkommunales Abstimmungsgebot.** Die interkommunale Abstimmungspflicht des § 2 II 1 BauGB stellt einen Unterfall des **allgemeinen Abwägungsgebots** dar[554]. Es handelt sich mithin um eine materiell-rechtliche Anforderung[555]. Verfahrensrechtliches Pendant ist die Beteiligung von Behörden und sonstigen Trägern öffentlicher Belange, zu denen die Nachbargemeinde zählt (§ 4 BauGB). Allg. bezweckt § 2 II BauGB den Schutz der kommunalen Planungshoheit im zwischengemeindlichen Beziehungsfeld (Grundsatz kompetenzieller Rück-

---

546 Dazu etwa *Spiegels*, BauR 2007, 315 (316 f) mwN; zur engen Verbindung mit dem Gebot sachgerechter Konfliktbewältigung BVerwG, ZfBR 2005, 71 (72).

547 Dazu Rn 997.

548 Etwa Wohngebiete und die Umgebung belastende Industriegebiete, BVerwGE 45, 309 (327); 50, 49; auch VGH Kassel, UPR 1985, 219 (222); OVG Lüneburg, ZfBR 1981, 196; *Schink*, NVwZ 2003, 1041 (1043); es handelt sich nach hM um ein Optimierungsgebot; auch Rn 997.

549 BVerwG, NVwZ 2012, 1338 Rn 29; BVerwG, ZfBR 2005, 71 (71); BVerwGE 45, 309.

550 *Reidt*, in: Battis/Krautzberger/Löhr, BauGB, § 45 Rn 2; ferner BGHZ 67, 320 (327 f) – Wendehammer zu Lasten nur eines Grundstücks; siehe auch *Kröner*, ZfBR 1979, 1 (5).

551 *Hoppe*, in: Hoppe/Bönker/Grotefels, ÖffBauR, § 7 Rn 154.

552 BVerwG, DVBl. 1992, 1141; BVerwG, NVwZ 1993, 468; BVerwG, DÖV 1994, 263 (265); BVerwG, NVwZ 1995, 692 (693); darauf richtet sich iÜ spezifisch das BauGB 07 mit seinen Bauleitplänen der Innenentwicklung, vgl Rn 943 f, 981, 1150.

553 BVerwG, MDR 1995, 691: nicht als Belang zu berücksichtigendes Interesse an unverbauter Aussicht; weiter *VGH Mannheim*, UPR 1994, 396: nur geringes Gewicht.

554 Abwägungsrelevanz, vgl BVerwGE 117, 25 (32 f); OVG Münster, BauR 2005, 1587 (1588); *Bönker*, in: Hoppe/Bönker/Grotefels, ÖffBauR, § 5 Rn 141; unüberwindbar nur bei unzumutbaren Auswirkungen, OVG Koblenz, NVwZ-RR 2001, 638; vgl zum Nachfolgenden auch *Berkemann* ua, BauGB 2004, S. 176 ff. Eingehend zu § 2 II BauGB anhand der Rspr *Schoen*, Interkommunale Abstimmung in der Bauleitplanung, 2010, S. 101 ff.

555 Bereits Rn 896; § 44a VwGO kann deshalb als verfahrensbezogene Regelung hierauf nicht, auch nicht analog angewandt werden; so aber *Schenke*, VerwArch 98 (2007), 448 (454).

sichtnahme[556])[557]. Diese Rechtsposition der Nachbargemeinde hat die planende Kommune zu berücksichtigen, und zwar anhand der Maßstäbe ordnungsgemäßer Abwägung bzw spiegelbildlich derjenigen der Abwägungsfehlerlehre, wie es vorstehend beschrieben worden ist[558]. Hiervon entbindet sie auch nicht a priori eine Vereinbarkeit der geplanten Ausweisungen mit den Zielen der Raumordnung[559].

Nachbargemeinden sind nicht nur die angrenzenden, sondern sämtliche Gemeinden, **1033** die von den zu erwartenden Auswirkungen der Planung betroffen sind[560]. Anders als im Verhältnis zu Fachplanungen nach § 38 BauGB muss sich ihre Planungshoheit noch nicht zu bereits aufgestellten Bauleitplänen oder zumindest konkretisierten Planungsabsichten verfestigt haben,[561] um die Berücksichtigungspflicht auszulösen. Ausreichend ist vielmehr, dass nachbargemeindliche Belange **mehr als geringfügig** betroffen werden[562]; der Wortlaut des § 2 II 1 BauGB („Bauleitpläne") ist entsprechend weiter zu interpretieren[563]. Damit rechtfertigt sich zugleich die eingangs betonte Einordnung des § 2 II BauGB in das allgemeine Abwägungsgebot[564].

Angesichts dessen hat die planende Gemeinde die Belange der Nachbargemeinde(n) **1034** in entsprechender Weise zu **eruieren** wie für ihr eigenes Plangebiet, also insbes. „durch die Brille" des § 1 V, VI BauGB[565]. Derartige Interessen können sich vor allem daraus ergeben, dass der benachbarten Gemeinde durch die Planung städtebaulich relevante Nachfragepotenziale entzogen zu werden drohen, oder Entsprechendes mit Blick auf Folgelasten, wie Überlastung von Einrichtungen der Daseinsvorsorge bzw Infrastruktur, zu erwarten steht. Ersteres ist von praktischer Bedeutung in Fällen der Ausweisung von Flächen für den **großflächigen Einzelhandel** (§ 11 III BauNVO[566]) mit der Folge von Kaufkraftabfluss aus den umliegenden Gemeinden und entsprechender städtebaulicher Betroffenheit (drohende Unterversorgung resp. Verödung der innerstädtischen Bereiche)[567]. Die sodann vorzunehmende **Gewichtung**

---

556 *Brohm*, ÖffBauR, § 12 Rn 20.
557 BVerwGE 40, 323.
558 BVerwGE 84, 209; VGH München, BayVBl. 2011, 696; darüber hinaus soll § 2 II 1 BauGB auch bei Abgabe des gemeindlichen Einvernehmens (§ 36 BauGB) Einsatz finden, BVerwG, NuR 2005, 523 (526).
559 OVG Weimar, ThürVBl. 2005, 163.
560 Vgl etwa BVerwG, BauR 1995, 354; BVerwG, BauR 2010, 740; *Peine*, ÖffBauR, Rn 389.
561 BVerwG, BauR 2010, 1169; Gegenteiliges soll wiederum (und kaum überzeugend) im Verhältnis zur Flächennutzungsplanung der (eigenen) Verbandsgemeinde gelten, OVG Koblenz, ZfBR 2008, 67 (70) unter prozessualen Gesichtspunkten (§ 47 II 1 VwGO); Rn 814.
562 So BVerwGE 117, 25 (33); das entspricht allgemeinen Abwägungsgrundsätzen, vgl Rn 1016; weitergehend aber wohl BVerwG, NuR 2005, 523 (526): unmittelbare Auswirkungen gewichtiger Art; auch *Uechtritz*, DVBl. 2006, 799 (805 und 806 mit Fn 47) unter prozessualen Aspekten; OVG Münster, BauR 2005, 1587 (1588); VGH Kassel, ZfBR 2005, 189; zu Recht krit gegenüber derartigen Einengungen *Hendler*, UPR 2006, 325 (325), was sich aber eher gegen den Wortlaut des § 2 II 1 BauGB richten sollte.
563 BVerwGE 40, 323.
564 Rn 1032; vgl die Diskussion bei *Uechtritz*, DVBl. 2006, 799 (800 f) mwN; es handelt sich iÜ um keine überflüssige Doppelung gegenüber § 1 VII BauGB, weil sich letztere Vorschrift räumlich auf das Gebiet der planenden Gemeinde beschränkt; anders insoweit *Jäde*, ZfBR 2007, 751 (756).
565 *Reidt*, in: Bracher/Reidt/Schiller, Bauplanungsrecht, Rn 692; allg Rn 987; zum unwiderleglich vermuteten interkommunalen Abstimmungsbedarf gem. § 2 II BauGB BVerwG, BauR 2010, 740.
566 Zur Großflächigkeit von Einzelhandelsbetrieben vgl BVerwGE 124, 364 (365); näher *Erbguth/Schubert*, ÖffBauR, § 8 Rn 12 aE.
567 Dazu auch *Hoffmann*, NVwZ 2010, 738; VGH Mannheim, VBlBW 2008, 218 (222).

der Belange (auf Seiten der benachbarten wie der planenden Gemeinde) beurteilt sich – wie sonst auch – maßgeblich anhand ihrer Betroffenheit in concreto[568]. Für den **Ausgleich** der Belange als letztem Schritt der Abwägung findet sich iSe allgemeinen Richtschnur treffend herausgestellt, dass je stärker die Bauleitplanung darauf ausgerichtet ist, über das Gemeindegebiet hinausgehende Auswirkungen zu erzielen, und je weniger die Planung gleichzeitig dazu dient, dem eigenen örtlichen Bedarf gerecht zu werden, desto eher von einem unzumutbaren, eben unverhältnismäßigen Zurückdrängen der städtebaulichen Interessen der Nachbargemeinde auszugehen ist[569].

1035   Ergänzend schreibt § 2 II 2 BauGB vor, dass sich die Gemeinden auch auf die ihnen durch **Ziele der Raumordnung** zugewiesenen Funktionen sowie auf Auswirkungen betreffend ihre **zentralen Versorgungsbereiche**[570] berufen können[571]. Letzteres richtet sich nunmehr ausdrücklich gegen den bereits nach § 2 II BauGB aF dem interkommunalen Abstimmungsgebot unterfallenden Kaufkraftabzug durch Ansiedlung großflächiger Einzelhandelsbetriebe[572] – und vermag bei qualifiziertem Abstimmungsbedarf[573] ein Planungsbedürfnis nach sich zu ziehen[574].

1036   Die Berücksichtigung raumordnerisch durch Ziele zugewiesener **Funktionen** (der Nachbargemeinde) betrifft vornehmlich[575] das zentralörtliche Gliederungssystem und hier vor allem das sog. Kongruenzgebot, dem zufolge der Einzugsbereich großflächiger Einzelhandelsbetriebe den zentralörtlichen Verflechtungsbereich der Ansiedlungsgemeinde nicht wesentlich überschreiten soll[576]. In der interkommunalen Abstimmung ist dies von der planenden Gemeinde, weil es nicht um die Zielbeachtlichkeit (§ 1 IV BauGB) selbst, sondern um die durch sie vermittelten Funktionen geht, abwägend[577] zu berücksichtigen.

---

568   Gegen Pauschalierungen zu Recht etwa OVG Münster, BauR 2005, 1587 (1589 ff).
569   *Reidt*, in: Bracher/Reidt/Schiller, Bauplanungsrecht, Rn 703.
570   Zum Begriff Rn 1107 mwN anhand § 34 III BauGB, der von „schädlichen" Auswirkungen spricht; dazu und zu Bebauungsplänen der Innenentwicklung *Söfker*, in: Erbguth (Hrsg.), Neues Städtebau- und Raumordnungsrecht, 2007, S. 91 (97 ff).
571   Dazu und zum Nachfolgenden etwa *Bunzel*, in: Erbguth (Hrsg.), Neues Städtebau- und Raumordnungsrecht, 2007, S. 51 ff; *Scheidler*, KommP BY 2014, 252 (253 f).
572   *Vietmeier*, BauR 2005, 480 (481); *Uechtritz*, DVBl. 2006, 799 (802).
573   BVerwG, BayVBl. 2004, 376 (379).
574   Dazu Rn 957, 1199; *Uechtritz*, in: Erbguth/Kluth (Hrsg.), Planungsrecht in der gerichtlichen Kontrolle. Kolloquium zum Gedenken an Werner Hoppe, 2012, S. 57.
575   Zu weiteren vorstellbaren Fallgestaltungen *Uechtritz*, DVBl. 2006, 799 (805); *Kment*, NVwZ 2007, 996 (998).
576   Näher *Friege*, ThürVBl. 2005, 217; *Spannowsky*, UPR 2003, 248 (250); *Uechtritz*, DVBl. 2006, 799 (804); *ders.*, ZfBR 2011, 648; krit zu alldem *Hoppe*, NVwZ 2004, 282; *ders.*, NVwZ 2006, 1345; zu verfassungsrechtlichen Anforderungen an die raumplanerische Einzelhandelssteuerung *Schmitz*, ZfBR 2015, 124.
577   So auch *Hoppe/Otting*, DVBl. 2004, 1125: „dabei"; allg. bereits Rn 896 mwN; anders *Vietmeier*, BauR 2005, 480 (482 f): Recht auf Zielanpassung (unter Hinweis auf den gesetzgeberischen Willen); für Verbindlichkeit auch *Uechtritz*, DVBl. 2006, 799 (805); *Zentralinstitut für Raumplanung*, DVBl. 2005, 1149 (1155 f).

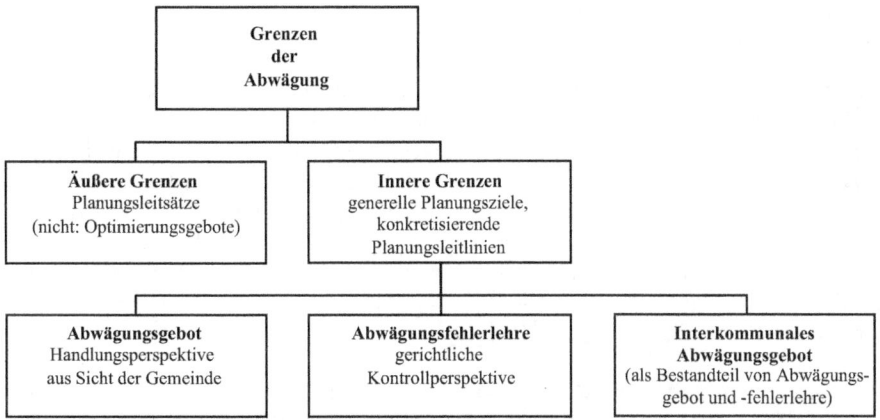

Übersicht 22: Vorgaben für die Abwägung

gg) Zu den rechtlichen Folgen von Abwägungsfehlern allgemein. Verstöße gegen **1037** die soeben dargestellten Anforderungen des Abwägungsgebots nach § 1 VII BauGB führen zur Rechtswidrigkeit des Plans und damit, sofern er der Genehmigung bedarf, zu seiner Genehmigungsunfähigkeit (§ 216 BauGB). Im Gegensatz zum Grundsatz, dass rechtswidrige Normen stets nichtig sind, führt die Mängelbelastetheit von Bauleitplänen im Allgemeinen und deren Abwägungsfehlerhaftigkeit im Besonderen indes nur sehr eingeschränkt zu ihrer gerichtlichen Aufhebung. Maßgeblich sind insoweit §§ 214 III 2, 215 I Nr 3, II BauGB.

Unter Rückgriff auf diese und andere Vorschriften wird ein allgemeiner **Grundsatz** **1038** **der Planerhaltung** abgeleitet und – von der Kontrollperspektive her – in die Abwägungslehre integriert[578]. Danach soll ein Fehler unbeachtlich sein oder die Fehlerfolge in der Weise eingeschränkt werden, dass an die Stelle der Nichtigkeitsfolge für den Plan insgesamt eine Fehlerbeseitigungsfolge tritt, wenn die Bestandsinteressen an der Erhaltung des Plans überwiegen und die Rechtmäßigkeitsrestitution nicht durch gewichtigere Verfassungsprinzipien gefordert wird. Unter diesen Voraussetzungen wird das Nichtigkeitsdogma im Fall rechtsfehlerhafter normativer Pläne ganz oder teilw außer Kraft gesetzt[579].

Der Gesetzgeber des BauGB hat es unterlassen, einen derart postulierten Grundsatz **1039** der Planerhaltung gesetzlich zu formulieren. Allerdings wurden der Sache nach die vorstehenden Anregungen insoweit aufgegriffen, als durch die Einführung des Begriffs „Planerhaltung" in die Überschriften vor §§ 200 ff und 214 ff BauGB der Grundsatz der Planerhaltung als „offenes Rechtsprinzip"[580] anerkannt sein soll. Ferner bietet § 214 IV BauGB den Gemeinden die Möglichkeit, Fehler in der Bauleitplanung, die nicht ohnehin nach §§ 214, 215 BauGB unbeachtlich sind, durch ein ergänzendes Verfahren zu beheben. § 47 V 2 VwGO sorgt dafür, dass in den Fällen des

---

578 *Hoppe*, FS Schlichter, S. 87; *ders.*, DVBl. 1996, 12; *Hoppe/Henke*, DVBl. 1997, 1407.
579 *Hoppe*, FS Schlichter, S. 87 (111).
580 Vgl *Dolde*, NVwZ 1996, 205 (211).

§ 214 IV BauGB die Satzung nicht für nichtig, sondern für (schwebend) unwirksam erklärt wird[581].

1040   Aus Sicht betroffener Gemeinden sind diese Regelungen hilfreich, werden sie doch vielfach zum Erhalt einer Satzung führen und damit ein zeit- und kostenaufwendiges Neuaufstellungsverfahren vermeiden. Die gesetzgeberische Entscheidung, im Konflikt der Verfassungsprinzipien Rechtssicherheit und Rechtmäßigkeit dem Ersten zunehmend Vorrang einzuräumen, ist jedoch nicht frei von grundsätzlichen Bedenken. So droht nicht nur der Verlust von wesentlichen Elementen des in richterlicher Rechtsfortbildung erarbeiteten Konzepts von Rechtmäßigkeit und Rechtskontrolle der Bauleitplanung[582], das sich alles in allem bewährt hat. Damit einher geht auch eine schleichende Erodierung des Individualrechtsschutzes[583].

1041   **Lösungshinweis zu Fall 24 (Rn 887):** Der Bebauungsplan könnte an einem Abwägungsfehler leiden. Es gibt keine Anhaltspunkte dafür, dass der Bebauungsplan gänzlich ohne Abwägung nach § 1 VII BauGB beschlossen wurde; daher liegt jedenfalls kein Abwägungsausfall vor. Möglicherweise wurden aber einerseits nicht alle in der konkreten Situation abwägungsrelevanten öffentlichen und privaten Belange in die Abwägung eingestellt. Der Stadtrat hat sich trotz entsprechender Empfehlungen nicht über die Gefahr von Geruchsbelästigungen informiert und folglich derartige Erwägungen von vornherein nicht in die Abwägung einbezogen, worin ein Ermittlungsdefizit zu sehen ist. Auf der anderen Seite sahen die Ratsmitglieder die Aussicht auf finanzielle Unterstützung der Kulturszene als abwägungsrelevanten Belang an. Gem. § 1 VI Nr 3 BauGB sind auch kulturelle Bedürfnisse in die Planungsentscheidung einzubeziehen; allerdings muss jeglicher Belang eine städtebauliche – und damit bodenrechtliche – Relevanz aufweisen, an der es hier fehlt. Folglich liegt quasi spiegelbildlich zum Ermittlungsdefizit eine Fehleinstellung in dem Sinne vor, dass ein Belang in die Abwägung eingestellt wurde, der nach Lage der Dinge nicht hätte berücksichtigt werden dürfen. Die Beachtlichkeit der festgestellten Fehler beurteilt sich nach Maßgabe des § 214 I 1 Nr 1 BauGB. Zumindest die Nichtermittlung der möglichen Geruchsbelästigung dürfte auf Grund der Offensichtlichkeit und der konkreten Möglichkeit der Ergebnisbeeinflussung einen idS beachtlichen Mangel darstellen, der allerdings nach § 214 III 2 HS 1 BauGB nicht als materieller Abwägungsmangel, sondern nur als Verfahrensfehler gem. § 214 I 1 Nr 1 BauGB geltend gemacht werden kann (zur Kritik insoweit Rn 1011, 1090).

IV. Städtebaurecht und Privatisierung

1042   Angesichts knapper Mittel der Kommunen hat die Privatisierung auch Einzug in das Städtebaurecht gehalten. Der Anstoß kam durch die Wiedervereinigung der beiden deutschen Staaten[584]. Gerade das Sonderbaurecht im Osten Deutschlands setzte auf die Kooperation zwischen Gemeinden und Investoren zum schnellen Aufbau der Infrastruktur[585]. Die Regelungen zu den städtebaulichen Verträgen und zum Vorhaben-

---

581   Bereits Rn 934.
582   Vgl *Bartlsperger*, DVBl. 1996, 1.
583   Deutliche Kritik bei *Koch*, in: Koch/Hendler, Baurecht, § 18 Rn 4, 36 ff.
584   Dazu *Köster*, ZfBR 2005, 147 (147) auch zum Nachfolgenden.
585   Vgl *Bielenberg*, DVBl. 1990, 841.

und Erschließungsplan fanden sich dann bald auf den Westen Deutschlands übertragen.

Städtebauliche Verträge nach § 11 BauGB, der vorhabenbezogene Bebauungsplan **1043** gem. § 12 BauGB und die Einschaltung eines Dritten nach § 4b BauGB haben eines gemeinsam: Verantwortlich für die Bauleitplanung bleibt die Gemeinde[586]. Die Aufgabenübertragung auf die Privaten ist daher nicht materieller Natur, sondern funktional (oder: formell)[587]. Bei dieser Form der **funktionalen Privatisierung** bleibt die zu erfüllende Aufgabe staatlich. Im Außenverhältnis zum Bürger und zu den Trägern öffentlicher Belange steht die Gemeinde in der Verantwortung. Die Privatisierung im Städtebaurecht unterscheidet sich daher von der des Bauordnungsrechts, wo ein Privater auch die Gewähr für die Rechtmäßigkeit von Vorhaben übernimmt[588].

1. Städtebauliche Verträge als Ergänzung der Bauleitplanung

Der Gesetzgeber hat in § 11 BauGB die bestehende Praxis der vertraglichen Zusam- **1044** menarbeit von Privaten, Bauherren oder Investoren mit der Gemeinde aufgegriffen und dem Gedanken der „public-private-partnership"[589] im Städtebaurecht durch eine positive Regelung Rechnung getragen[590]. Städtebauliche Verträge[591] sind regelmäßig **öffentlich-rechtliche Verträge**[592]; nur ausnahmsweise und in Kombination mit weiteren Absprachen können sie privatrechtlicher Natur sein. Unterschiedliche Konsequenzen für den Fall eines öffentlich-rechtlichen oder eines privatrechtlichen Vertrags ergeben sich nur hinsichtlich des **Rechtswegs** (Verwaltungsgerichtsbarkeit/Zivilgerichtsbarkeit). Die Gemeinde, die mit einem Vertrag städtebauliche und nicht nur ausschließlich fiskalische Ziele verfolgt, ist unabhängig von der Rechtsform des Vertrags an bestimmte, nachfolgend behandelte Rechtsgrundsätze gebunden. In der Praxis werden städtebauliche Verträge in vielen Variationen zwischen Gemeinden und privaten Investoren oder Bauherren geschlossen[593]. Während sich die Investoren von den städtebaulichen Verträgen vornehmlich eine schnelle Realisierung ihrer Bauvorhaben versprechen, wollen die Gemeinden infolge der von den Investoren übernommenen Leistungen ihre Haushalte entlasten[594]. Im Gefolge der BauGB-Novelle 2013 findet sich in § 11 I 3 BauGB nunmehr ausdrücklich geregelt, dass Vertragspartner der Gemeinde auch eine juristische Person sein kann, an der sie selbst beteiligt ist, also auch eine kommunale Eigengesellschaft[595].

---

586 Zu § 11 I Nr 1 BauGB etwa *Köster*, ZfBR 2005, 147 (151); zum Nachfolgenden auch *Berkemann ua*, BauGB 2004, S. 199 ff.

587 Vgl *Appel*, in: Koch/Hendler, Baurecht, § 15 Rn 60; zum Begriff der funktionalen (Verfahrens-)Privatisierung *Hoffmann-Riem*, DVBl. 1996, 225 (226); *Tettinger*, DÖV 1996, 764 (766); *Erbguth*, UPR 1995, 369 (370).

588 Vgl Rn 1287; zu public-private-partnership in der Städtebauförderung *Battis/Kersten*, LKV 2006, 442.

589 Diesbzgl zu Möglichkeiten und Grenzen *Tettinger*, NWVBl. 2005, 1.

590 Dazu auch *Kersten*, Baurecht, Rn 204 ff.

591 Instruktiv *Drechsler*, Jura 2017, 413.

592 Zum allgemeinen (Verwaltungs-)Vertragsrecht, das subsidiär gilt, etwa *Erbguth/Guckelberger*, Allgemeines Verwaltungsrecht, § 24.

593 Vgl dazu etwa *Oerder*, NVwZ 1997, 1190.

594 Eindrucksvoll zur verdrängenden Bedeutung der „Vertragsplanung" in der Praxis *Sparwasser*, NVwZ 2006, 264 (269); *Reidt*, BauR 2008, 1541 (1541).

595 *Reidt*, in: Battis/Krautzberger/Löhr, BauGB, § 11 Rn 34.

1045 § 11 BauGB soll die Gemeinden zu einem stärkeren Gebrauch städtebaulicher Verträge zwecks Steuerung der Bebaubarkeit ermutigen und einzelne Streitfragen klären. Zu diesem Zweck greift die Regelung aus der Praxis bekannte Vertragstypen auf[596]. § 11 I BauGB regelt in S. 1 zunächst die Zulässigkeit des Abschlusses städtebaulicher Verträge sowie beispielhaft in S. 2 einen Ausschnitt möglicher Vertragstypen, Abs. 2 die von der Gerichtsbarkeit herausgearbeiteten allgemeinen Grundsätze der **Angemessenheit** und des **Koppelungsverbots,** Abs. 3 die erforderliche Schriftform und Abs. 4 die Möglichkeit, auch städtebauliche Verträge mit einem anderen Regelungsgehalt abzuschließen. § 1 III 2 HS 2 BauGB stellt in Ergänzung zu § 11 BauGB klar, dass ein **Anspruch** auf die Aufstellung von Bauleitplänen und städtebaulichen Satzungen auch durch einen Vertrag **nicht** begründet werden kann.

Daran scheitert eine auf die Aufstellung eines Bebauungsplans gerichtete verwaltungsgerichtliche Klage; das muss selbst dann gelten, wenn auf Grund der Einzelfallgegebenheiten jede andere als eine bestimmte Planung fehlerhaft wäre – was ohnehin kaum vorstellbar erscheint.

1046 § 11 I 2 **Nr 1** BauGB sieht die Möglichkeit vor, die Vorbereitung und Durchführung städtebaulicher Maßnahmen nach dem BauGB vertraglich von der Gemeinde auf einen Dritten zu übertragen. **Vertragsgegenstände** können insbes. sein:

– die (privatrechtliche) Neuordnung der Grundstücksverhältnisse (anstelle einer Umlegung),
– die Bodensanierung,
– sonstige Handlungen, die notwendig sind, damit Baumaßnahmen durchgeführt werden können (zB die Freilegung von Grundstücken),
– die Erschließung durch nach Bundes- oder nach Landesrecht beitragsfähige sowie nicht beitragsfähige Erschließungsanlagen sowie
– die Ausarbeitung der städtebaulichen Planungen und erforderlichenfalls des Umweltberichts.[597]

Durch einen derartigen **Maßnahmen-Vertrag**[598] kann der Vertragspartner also in Vorbereitung eines Bebauungsplanverfahrens von der Gemeinde mit der Ausräumung aller rechtlichen (zB ungünstige Eigentumsverhältnisse) und tatsächlichen Hindernisse (zB Altlasten, Abriss alter Gebäude), aber auch mit der Erarbeitung der Entwürfe für den Bebauungsplan beauftragt werden[599].

1047 Hierher gehört im Gefolge der BauGB-Novelle 2013 nunmehr auch der vordem in § 124 BauGB aF eigens geregelte **Erschließungsvertrag**. Die gesetzliche Neukonzeption[600] soll die zuvor bestehenden Unsicherheiten bezgl. des Verhältnisses von § 124 BauGB zu § 11 BauGB beseitigen, die insbes. die Judikatur des BVerwG[601] aufgeworfen hat. Durch die weitgehende Aufhebung des § 124 BauGB aF und die ausdrückliche Hervorhebung der Erschließung als städtebauliche Maßnahme iS des § 11 I 2 Nr 1 BauGB stellt sich der Erschließungsvertrag nunmehr als Unterfall des Maßnahmen-Vertrags dar. Infolgedessen unterliegen jene Verträge nunmehr den allgemeinen Grenzziehungen des § 11 II BauGB. Gegenständlich nimmt der Erschließungsvertrag Bezug auf die gemeindliche Erschließungsaufgabe nach § 123 I BauGB; er

---

596 Vgl *Krautzberger*, UPR 2006, 1; *ders.*, UPR 2007, 407.
597 Zu aktuellen Einsatzmöglichkeiten zwecks Umsetzung klimaschützender und energiesparender Zielsetzungen *Krautzberger*, DVBl. 2008, 737.
598 Begriffe bei *Stüer*, DVBl. 1995, 649 und *Runkel*, GuG 1994, 137.
599 Es bleibt aber bei der Verantwortung der Gemeinde für das gesetzlich vorgesehene Planaufstellungsverfahren, § 11 I 2 Nr 1 HS 3; Rn 1043.
600 Dazu etwa *Reif*, BWGZ 2014, 99; *Bunzel*, Gemeinde 2013, 182.
601 BVerwG, NVwZ 2011, 690; dazu *Bier*, DVBl. 2013, 541.

gestattet es der Gemeinde, deren Durchführung auf einen Dritten zu übertragen. Der Erschließungslast als solcher kann sich die Gemeinde hingegen nicht entäußern[602]. Vertragsgegenstand kann die Errichtung der in § 11 I 2 Nr 1 BauGB genannten Erschließungsanlagen sein; räumlich hat sich der Vertrag auf ein bestimmtes (Bau-)Gebiet, in sachlicher Hinsicht auf bestimmte Anlagenarten zu beziehen[603].

§ 11 I 2 **Nr 2** BauGB fasst städtebauliche Verträge zusammen, durch die besondere **1048** Ziele und Zwecke, die im Katalog des § 1 BauGB sowie des § 1a BauGB beschrieben sind, gefördert oder gesichert werden sollen. Diese städtebaulichen Verträge ergänzen oder begleiten die von der Gemeinde durchgeführten Bauleitplan- oder sonstigen städtebaulichen Satzungsverfahren und können daher als **„planbegleitende" Verträge** bezeichnet werden. Nr 2 führt exemplarisch derartige städtebauliche Ziele auf. So können Vereinbarungen getroffen werden,

– um die Grundstücke (binnen angemessener Frist) einer Nutzung (entsprechend den Festsetzungen des Bebauungsplans) zuzuführen, auch hinsichtlich einer Befristung oder Bedingung iSd § 9 II 1 BauGB,
– um Maßnahmen zum Ausgleich (für durch den Bauleitplan ermöglichte Eingriffe in Natur und Landschaft) durchzuführen,
– um die Berücksichtigung baukultureller Belange sicherzustellen,
– um den Wohnbedarf von Bevölkerungsgruppen mit besonderen Wohnraumversorgungsproblemen zu decken[604],
– um den Erwerb angemessenen Wohnraums durch einkommensschwächere und weniger begüterte Personen der örtlichen Bevölkerung zu fördern[605].

§ 11 I 2 **Nr 3** BauGB regelt den **„Folgekostenvertrag"**, der sich auf das Tragen sol- **1049** cher Kosten und Aufwendungen der Gemeinde durch den Vertragspartner erstreckt, die sich aus dem von ihm geplanten Vorhaben ergeben[606].

Ein derartiger Vertrag zwischen einem oder mehreren Bauwilligen[607] und der Gemeinde kann sich auf die Übernahme von Kosten erstrecken, die der Gemeinde für städtebauliche Planungen, andere städtebauliche Maßnahmen – einschließlich der Erschließung[608] – sowie Anlagen und Einrichtungen, die der Allgemeinheit dienen, entstehen[609]. Dabei können die Maßnahmen, Anlagen und Einrichtungen auch außerhalb des geplanten Bebauungsplan- oder Satzungsgebiets liegen[610]. Ferner darf die Bereitstellung der für die Maßnahme(n) erforderlichen Grundstücke vom Investor an die Gemeinde vereinbart werden, § 11 I 2 Nr 2 HS 2 BauGB. Ein sol-

---

602 *Jarass/Kment*, BauGB, § 11 Rn 25; *Reidt*, in: Battis/Krautzberger/Löhr, § 11 Rn 19.
603 *Reidt*, wie vor, Rn 22.
604 Hierzu *Bunzel*, ZfBR 2015, 11.
605 Zum Hintergrund und Gehalt dieser im Zuge der BauGB-Novelle 2017 neu gefassten Regelung, mit der eine erhebliche Einschränkung der bisherigen „Einheimischenmodelle" einhergeht, die unionsrechtlichen Bedenken gegen derartige Modelle Rechnung tragen soll, *Kukk*, in: Schrödter, BauGB, § 11 Rn 45.
606 Bauwilligkeit reicht aus, Stellung des Bauantrags oä ist nicht erforderlich, BVerwG, ZfBR 2005, 682 (682 f); BVerwG, NJW 1973, 1895; ferner *Erbguth*, JZ 1993, 150; *Bunzel*, DVBl. 2011, 796 (797).
607 Investor, aber auch mehrere Grundstückseigentümer eines Plangebiets im Rahmen einer Angebotsplanung (dazu Rn 1063), VGH Mannheim, BauR 2005, 1595; *Reidt*, BauR 2008, 1541 (1542).
608 Dies ist durch die Ergänzung der Nr 1 des § 11 I 2 BauGB ausdrücklich klargestellt worden, s. BT-Drs. 17/11468, S. 13; zum Erschließungsvertrag vorstehend Rn 1047.
609 Auch hiermit zusammenhängende verwaltungsinterne Kosten, soweit sie nicht unübertragbare Aufgaben der Gemeinde(verwaltung) betreffen, BVerwGE 124, 385; dazu (positiv) *Uechtritz*, BauR 2006, 1201; eher skeptisch *Reidt*, BauR 2008, 1541 (1542): letztlich kostenfreie Planung für die Gemeinde.
610 BVerwG, NVwZ 2009, 1109 Rn 28.

cher Folgekostenvertrag, durch den ein anderer mit Kosten belastet wird, die herkömmlicherweise und ohne diese vertragliche Regelung von der Gemeinde zu tragen wären, setzt nach der Regelung der Nr 3 eine strenge Verknüpfung zwischen der Planung, die den Investor begünstigt, und den Kosten, die den Investor belasten, voraus („Aufwendungsersatz"[611]). Hiernach müssen die Kosten und Aufwendungen sowie die Planungen, städtebaulichen Maßnahmen, Anlagen und Einrichtungen Voraussetzung oder Folge des vom Bauwilligen geplanten Vorhabens und folglich **„kausal"** sein (vgl § 11 I 2 Nr 3 BauGB)[612].[613]

1050 Im Gefolge der BauGB-Klimaschutz-Novelle 2011 sind die bereits zuvor mit dem EAG Bau eingeführten **klimabezogenen Vertragsgegenstände**[614] weiter gefasst worden. So können nunmehr nach § 11 I **Nr 4** Vereinbarungen über die Errichtung und Nutzung von Anlagen und Einrichtungen zur dezentralen und zentralen Erzeugung, Verteilung, Nutzung oder Speicherung von Strom, Wärme oder Kälte aus erneuerbaren Energien oder Kraft-Wärme-Kopplung getroffen werden[615]. Hinzugetreten ist die Möglichkeit, Anforderungen an die energetische Qualität von Gebäuden zum Gegenstand städtebaulicher Verträge zu machen (§ 11 I **Nr 5**). In beiden Fällen haben die vertraglichen Regelungen den mit den städtebaulichen Planungen und Maßnahmen verfolgten Zielen und Zwecken zu entsprechen und sich – wie bei sämtlichen Erscheinungsformen der Verträge nach § 11 BauGB – auf spezifisch städtebauliche Zusammenhänge zu richten[616].

2. Der vorhabenbezogene Bebauungsplan

1051 In ähnlicher Weise wie der städtebauliche Vertrag wurde der sog. Vorhaben- und Erschließungsplan schrittweise in das Städtebaurecht integriert. Er findet sich nunmehr als besonderer Bebauungsplan mit konkretem Vorhabenbezug in § 12 BauGB geregelt[617].

a) Elemente des vorhabenbezogenen Bebauungsplans

1052 Vorhabenbezogene Bebauungspläne setzen sich aus drei in § 12 I 1 BauGB genannten Elementen zusammen:

– Der Vorhabenträger oder Investor, eine natürliche oder juristische Person des Privatrechts[618], ist für den „Plan zur Durchführung der Vorhaben und der Erschließungsmaßnahmen (**Vorhaben- und Erschließungsplan**)" verantwortlich. Zudem muss der Investor in der Lage sein, das Vorhaben, welches er plant, durchzuführen.

---

611 BVerwG, ZfBR 2005, 682; allerdings in einem spezifisch öffentlich-rechtlichen, nicht rein privatrechtlichen Sinne, so überzeugend OVG Lüneburg, ZfBR 2007, 804 (807 f).

612 Näher BVerwG, ZfBR 2005, 682 (682); BVerwG, NVwZ 2011, 1132 Rn 10; *Otto*, ZfBR 2006, 320 (321 f).

613 Zu damit zusammenhängenden Fragen s. BVerwG, NVwZ 2009, 1109; NVwZ 2011, 1132; OVG Lüneburg, BauR 2012, 70.

614 Dazu umfassend *Spannowsky*, UPR 2009, 201.

615 Anders als bei Festsetzungen nach § 9 I Nr 23 Buchst. b BauGB sollen solche Vereinbarungen nicht an die sich aus den Grundsätzen der Bauleitplanung ergebenden Anforderungen gebunden sein, *Söfker*, ZfBR 2011, 541 (545).

616 *Krautzberger*, DVBl. 2008, 737 (742); Rn 971.

617 Zum Nachfolgenden anhand der Rspr *Kuschnerus*, BauR 2004, 946; *Wellens*, BauR 2014, 1883.

618 Str; wie hier VGH München, DÖV 2006, 479 (480) mwN auf Auffassungen in der Literatur, denen zufolge auch Körperschaften des öffentlichen Rechts Vorhabenträger nach § 12 BauGB sein können.

Aus dem Merkmal „in der Lage sein" wird gefolgert, dass der Vorhabenträger – im Zeitpunkt des Satzungsbeschlusses[619] – regelmäßig Eigentümer der von ihm beplanten Flächen zu sein hat[620]; ggf kann eine andere privatrechtliche Befugnis ausreichen, zB ein Erbbaurecht oder ein langfristiger Pachtvertrag[621]. Hinzu treten müssen seine ausreichende finanzielle Leistungsfähigkeit und Qualifizierung[622].

– Der vom Investor erarbeitete Plan „wird Bestandteil"[623] des **vorhabenbezogenen Bebauungsplans**, durch den die Gemeinde „die Zulässigkeit von Vorhaben" im Satzungswege bestimmen kann.

– Verknüpft und ergänzt werden die gemeindliche Satzung und der Investorenplan durch einen städtebaulichen Vertrag, in dem sich der Vorhabenträger „zur Durchführung der Vorhaben und der Erschließungsmaßnahmen" innerhalb einer bestimmten Frist und zur Tragung der Planungs- und Erschließungskosten ganz oder teilw vor dem Beschluss nach § 10 I BauGB verpflichtet (**Durchführungsvertrag**), § 12 I 1 HS 2 BauGB.

aa) Der Vorhaben- und Erschließungsplan des Investors. Der Investor oder – so der Wortlaut des Gesetzes – der Vorhabenträger[624] erstellt den Vorhaben- und Erschließungsplan in eigener Verantwortung. Regelmäßig beauftragt er hierzu ein Planungs- oder Architekturbüro, das in Abstimmung mit der Gemeinde den Plan erarbeitet. Die **Kosten** der Planung obliegen dem Investor. Der Vorhaben- und Erschließungsplan bildet durchweg[625] die Grundlage für den Antrag des Investors auf Einleitung des Bebauungsplanverfahrens, über den die Gemeinde nach pflichtgemäßem Ermessen zu entscheiden hat, § 12 II 1 BauGB. Dem korrespondiert ein Anspruch des Vorhabenträgers. Ihrer Rechtsnatur nach stellt die Entscheidung der Gemeinde (über die Einleitung des Verfahrens) nach umstrittener Auffassung einen **Verwaltungsakt** dar[626]. Der fertiggestellte Plan wird durch Beschluss der Gemeinde Gegenstand des vorhabenbezogenen Bebauungsplans. **1053**

Da der Vorhaben- und Erschließungsplan auf diese Weise iVm dem vorhabenbezogenen, ihn aufnehmenden Bebauungsplan hoheitliche Wirkungen wie ein herkömmlicher Bebauungsplan entfalten soll, muss er auch einen vergleichbaren **Inhalt** haben[627]. Es ist daher zweckmäßig, wenn der Plan analog § 30 I BauGB Art und Maß der baulichen Nutzung, die überbaubaren Grundstücksflächen und die örtlichen Verkehrsflächen des künftigen Vorhabens detailliert bestimmt. Der Plan kann insoweit auf die Maßgaben der BauNVO und der PlanZV Bezug nehmen. Rechtlich gefordert ist dies allerdings **1054**

---

619 Vgl OVG Greifswald, NuR 2005, 795 (795).
620 *Krautzberger*, in: Ernst/Zinkahn/Bielenberg/Krautzberger, BauGB, § 12 (2016) Rn 63.
621 Oder eine Vormerkung, *Krautzberger*, aaO; die Rechtsmacht muss aber im Zeitpunkt des Beschlusses über den Vorhaben- und Erschließungsplan vorhanden sein, OVG Greifswald, NuR 2005, 795 (795).
622 Vgl *Köster*, ZfBR 2005, 147 (148); Leistungsfähigkeit für das Vorhaben, nicht nur für die Erschließungskosten, vgl OVG Greifswald, BauR 2006, 1432 (1433 f); s. auch VGH München, BauR 2010, 826.
623 § 12 III 1 BauGB.
624 Zu diesem *Oerder*, BauR 2019, 597.
625 Aber auch Rn 1057 mwN.
626 Der Regelungscharakter dürfte in der Eröffnung des rechtlichen Wegs zum vorhabenbezogenen Bebauungsplan liegen, vgl näher *Dolderer*, UPR 2001, 41 (43); *Reidt*, BauR 1998, 909 (913); anders VGH Mannheim, BauR 2000, 1705; zu den Rechtsschutzmöglichkeiten im ersteren Sinne *Antweiler*, BauR 2002, 398 (404 f).
627 Einzelheiten bei *Kuschnerus*, BauR 2004, 946 (948 ff).

nicht[628].[629] § 30 II BauGB trifft eine eigenständige Regelung zur Zulässigkeit von Vorhaben im Geltungsbereich eines vorhabenbezogenen Bebauungsplans nach § 12 BauGB, die ausschließlich auf dessen Inhalt und die gesicherte Erschließung abstellt. Wenn es im Einzelfall sinnvoll ist, kann der Vorhaben- und Erschließungsplan daher das auf seiner Grundlage durch den Bebauungsplan zuzulassende Vorhaben auch in anderer Form planerisch beschreiben. Schließlich darf der Plan zusätzliche Aussagen zum Vorhaben treffen, die im für den herkömmlichen Bebauungsplan bindenden Festsetzungskatalog des § 9 I BauGB nicht enthalten sind. Hierbei vermag es sich bspw um umweltschützende Maßgaben für das Vorhaben zu handeln, bei denen eine Anwendung von § 9 I BauGB unzulässig wäre, weil es am bodenrechtlichen Bezug fehlt[630]. Derartige Aussagen des Plans, die keinen Bezug zur Nutzung und Gestaltung des Grundstücks durch das Vorhaben aufweisen, sind daher nicht verboten, können allerdings nicht Gegenstand des vorhabenbezogenen Bebauungsplans werden. Sie sollten durch zusätzliche Vereinbarungen im Durchführungsvertrag abgesichert werden[631].

1055 Die Begründung des Planentwurfs hat gem. § 12 I 2 BauGB die nach § 2a BauGB erforderlichen Angaben zu enthalten, wodurch die Pflicht zur Erstellung eines Umweltberichts dem Vorhabenträger überantwortet ist.

1056 **bb) Der vorhabenbezogene Bebauungsplan der Gemeinde.** Die Gemeinde – als Inhaberin der Planungshoheit – erlässt den vorhabenbezogenen Bebauungsplan durch Satzung iSv § 10 I BauGB über den Vorhaben- und Erschließungsplan.

Ohne Vorhaben- und Erschließungsplan kann ein vorhabenbezogener Bebauungsplan nicht zustande kommen[632]. Sind Letzterer und der Vorhaben- und Erschließungsplan sachlich und räumlich identisch, können beide Pläne ausnahmsweise „körperlich" in einer Planurkunde vereinigt werden[633].

Der Satzungsbeschluss verleiht dem Investor die Baurechte für sein Vorhaben. Vorhabenbezogener und herkömmlicher Bebauungsplan sind daher in ihren Wirkungen gleichwertige Pläne. Dies kommt zunächst in der Parallelität ihrer Zulassungswirkung für Vorhaben in § 30 II bzw § 30 I BauGB zum Ausdruck. Für den vorhabenbezogenen Bebauungsplan gelten des Weiteren die verfahrensmäßigen und materiellen Vorgaben der §§ 1–4c und 8–10 BauGB, soweit nicht in § 12 II–VI BauGB Abweichendes geregelt ist (§ 12 I 4 BauGB[634]).

1057 Zum **Gegenstand** des vorhabenbezogenen Bebauungsplans wird zunächst der vom Investor erarbeitete Vorhaben- und Erschließungsplan (§ 12 III 1 BauGB)[635]. In dessen Bereich ist die Gemeinde bei der Bestimmung der Zulässigkeit der Vorhaben nicht an die vorgegebenen Festsetzungen nach § 9 BauGB und der BauNVO gebun-

---

628 Vgl § 12 III 2 BauGB.
629 Anders bei Flächen außerhalb des Plans, § 12 IV BauGB; Rn 1057.
630 Vgl allg. Rn 978 f.
631 *Krautzberger*, in: Ernst/Zinkahn/Bielenberg/Krautzberger, BauGB, § 12 (2016) Rn 82.
632 VGH Mannheim, DVBl. 2012, 379.
633 VGH München, BayVBl. 2012, 110.
634 Vgl insbes. § 12 III 2, 3 BauGB.
635 Der regelmäßig detaillierter und weitergehend ist als der vorhabenbezogene Bebauungsplan, vgl *Köster*, ZfBR 2005, 147 (148); Letzterer soll nach nicht unproblematischer Sicht zugleich die Funktion des Vorhaben- und Erschließungsplans übernehmen können, *Kuschnerus*, BauR 2004, 946 (950).

den; damit wird der zulässige Inhalt des vorhabenbezogenen Bebauungsplans erweitert (§ 12 III 2 HS 1 BauGB)[636]. Dies gilt indes nicht für zusätzlich einbezogene benachbarte Flächen[637]. Soweit eine öffentlichen Zwecken dienende Enteignung beabsichtigt ist, muss der vorhabenbezogene Bebauungsplan jedoch auch im Bereich des Vorhaben- und Erschließungsplans Festsetzungen nach § 9 BauGB für öffentliche Zwecke treffen (§ 12 III 3 BauGB).

In Korrektur der Rspr, die eine Baugebietsfestsetzung im vorhabenbezogenen Bebauungsplan als nicht hinreichend konkret angesehen hatte[638], ermöglicht § 12 IIIa 1 BauGB eine derartige Ausweisung. Die Vorschrift bindet hieran aber eine notwendige Konkretisierung des Vorhabens im Durchführungsvertrag[639]; erreicht wird damit eine Flexibilisierung hinsichtlich des Vorhabens, weil dessen Änderung oder Modifizierung nur eine Neufassung des Durchführungsvertrags (vgl § 12 IIIa 2 BauGB), nicht aber des Bebauungsplans bedingt – immer vorausgesetzt natürlich, die Abweichung vom ursprünglich verfolgten Vorhaben sprengt nicht die Grenzen des festgesetzten Baugebiets[640]. § 12 IIIa 1 BauGB ermöglicht dem BVerwG zufolge nicht die (textliche) Festsetzung, dass nur Vorhaben zulässig sind, die innerhalb der im Durchführungsvertrag vereinbarten Frist fertiggestellt werden[641].

Rechtsstaatlich bedenklich ist an der Konzeption des § 12 IIIa BauGB, dass ein wesentlicher Teil der Festsetzungen des Bebauungsplans auf den Durchführungsvertrag verlagert wird, obwohl der Vertrag nicht Bestandteil der Satzung ist; besagte Änderung geht daher ohne die Verfahrenssicherungen der Behörden- und Öffentlichkeitsbeteiligung vonstatten[642].

Die **materiellen Vorgaben** für die Aufstellung entsprechen gleichfalls denen eines herkömmlichen Bebauungsplans. **1058**

Die Satzung muss den Zielen der Raumordnung angepasst werden[643], den Abwägungsbelangen des § 1 V, VI BauGB Rechnung tragen[644] und den Grundsätzen einer ordnungsgemäßen bauleitplanerischen Abwägung iSv § 1 VII BauGB genügen[645]. Auch ist die Satzung aus dem **Flä-**

---

636 Der BauNVO kommt indes eine „Leitlinien- und Orientierungsfunktion" bei der Konkretisierung der Anforderungen an eine geordnete städtebauliche Entwicklung zu, denen auch Vorhaben- und Erschließungspläne unterliegen, vgl BVerwGE 116, 296.

637 Letzteres ist gem. § 12 IV BauGB eröffnet, freilich nur aus städtebaulichen Entwicklungserfordernissen und ohne substanzielle Veränderung des Planbereichs – nicht hingegen zwecks gemeindlich verfolgter Verwirklichung eines weiteren, vom Vorhaben- und Entwicklungsplan nicht erfassten selbstständigen Vorhabens, OVG Bautzen, SächsVBl. 2012, 114; *dass.*, SächsVBl. 2008, 115, 119 f; OVG Münster, BauR 2012, 1357, anhand der Ausweisung zusätzlicher öffentlicher Straßen, deren Funktion über die bloße Erschließung des betreffenden Vorhabens (Outlet-Center) qualitativ und quantitativ deutlich hinaus geht.

638 BVerwGE 119, 45; ferner OVG Münster, ZfBR 2004, 473.

639 S. dazu etwa *Weitz*, NVwZ 2016, 114.

640 Dazu *Uechtritz*, BauR 2007, 476 (485 f); näher auch *Bernhardt*, NVwZ 2008, 972; BVerwG, NVwZ 2017, 1291 Rn 18.

641 BVerwG, NVwZ 2017, 1291 Rn 19 ff.

642 Näher *Gronemeyer*, BauR 2007, 815 (821); krit auch *Fleckenstein*, DVBl. 2008, 216 (218 f); *Götze/ Müller*, ZUR 2008, 8 (14 f); *Bernhardt*, NVwZ 2008, 972 (973 ff).

643 Rn 960 ff.

644 Rn 993 ff.

645 Vgl Rn 1012 ff; zu großzügig wohl die Rspr zur Verlagerung von Konfliktmaterial in den Durchführungsvertrag, vgl VGH Mannheim, ZfBR 2003, 268 (271), zumal vertraglich nur die Parteien gebunden sind; warnend auch *Köster*, ZfBR 2003, 147 (148 f); zu Fragen „abwägungsdirigierender" Verträge *Spannowsky*, ZfBR 2010, 429.

chennutzungsplan zu entwickeln (§ 8 II 1 BauGB). Schließlich sind die besonderen Maßgaben der **naturschutzrechtlichen Eingriffsregelung** nach dem BNatSchG iVm § 1a III BauGB sowie der **Umweltprüfung** gem. § 2 IV BauGB in die Abwägung zu integrieren; ggf ist eine FFH-Verträglichkeitsprüfung durchzuführen.

1059 **cc) Durchführungsvertrag.** Der als Durchführungsvertrag bezeichnete städtebauliche Vertrag ist zwischen Vorhabenträger und Gemeinde vor Satzungsbeschluss[646] zwingend[647] abzuschließen und stellt das **Bindeglied** zwischen dem Vorhaben- und Erschließungsplan und dem vorhabenbezogenen Bebauungsplan dar[648]. Der Durchführungsvertrag ist damit (anders als der Vorhaben- und Erschließungsplan) kein Bestandteil des vorhabenbezogenen Bebauungsplans[649]. Im Vertrag verpflichtet sich der Investor gegenüber der Gemeinde, das von ihm geplante Vorhaben innerhalb einer bestimmten Frist durchzuführen und die Planungs- und Erschließungskosten ganz oder teilw zu tragen, § 12 I 1 BauGB[650]. Darüber hinaus können im Durchführungsvertrag Details zur **Realisierung des Vorhabens**[651] festgelegt werden, sofern es sich um Vereinbarungen handelt, die nur die Ausführung des Vorhabens konkretisieren und den Festsetzungen des Bebauungsplans nicht widersprechen[652]. Als Gegenleistung verpflichtet sich die Gemeinde zur Durchführung des Satzungsverfahrens. Wegen der ihr allein obliegenden Planungshoheit ergibt sich aus dieser Verpflichtung zwar **kein Anspruch** auf unbedingte Übernahme des vom Vorhabenträger vorgelegten Plans[653]; eine Abweichung hiervon oder gar ein Verzicht auf Erlass des Bebauungsplans muss angesichts des gemeinsamen Ziels jedoch aus städtebaulichen Gründen zwingend geboten sein und kann ggf **Schadensersatzansprüche** des Investors zur Folge haben[654].

In der Praxis wird daher der Vertrag erst **unmittelbar vor Erlass des Bebauungsplans** geschlossen, um auf Änderungen im Verfahren reagieren zu können. Ein Vertragsschluss erst nach Beschluss des Bebauungsplans als Satzung scheidet hingegen aus, weil der Gesetzgeber den Vertrag in § 12 I 1 BauGB als zwingend für den Satzungsbeschluss vorgegeben hat; der Vertrag muss zum Zeitpunkt des Satzungsbeschlusses vorliegen, damit die Gemeinde bei ihrer Abwägungsentscheidung Klarheit über sämtliche mit dem Vorhaben zusammenhängende Fragen hat und gewährleistet ist, dass der Vorhabenträger auf der Grundlage des von ihm vorgelegten Plans bereit und in der Lage ist, die Maßnahme innerhalb einer bestimmten Frist durchzuführen[655]. Da es allerdings lebensfremd wäre, wenn sich der Rat der Gemeinde in mehreren

---

646 § 12 I 1 BauGB.
647 Ansonsten: Unwirksamkeit des vorhabenbezogenen Bebauungsplans, VGH Mannheim, ZfBR 2003, 268; zur Frage, ob eine Ergänzung oder Neufassung des Durchführungsvertrages, durch welche die Grundzüge der Planung infrage gestellt werden, die Unwirksamkeit des Bebauungsplans nach sich zieht, s. BVerwG, ZfBR 2012, 38 (39 f).
648 Näher zum Verhältnis zwischen vorhabenbezogenem Bebauungsplan und Durchführungsvertrag *Reicherzer*, NVwZ 2017, 1233.
649 Bereits Rn 1057; deshalb keine öffentliche Auslegung im Beteiligungsverfahren erforderlich, *Köster*, ZfBR 2005, 147 (148).
650 Vertraglich muss vereinbart sein, wann der Vorhabenträger den Bauantrag stellt, OVG Greifswald, NuR 2005, 795 (796).
651 Nicht aber Konkretisierungen zum Ausgleich mangelnder Bestimmtheit des vorhabenbezogenen Bebauungsplans, BVerwGE 119, 45.
652 BVerwG, Buchholz 406.11 § 12 BauGB Nr 25; BVerwGE 119, 45.
653 Vgl § 1 III 2 BauGB.
654 Hierzu ausführlich *Birk*, NVwZ 1995, 625 (629); *Pietzcker*, DVBl. 1992, 658 (660).
655 BVerwG, ZfBR 2012, 38 (39).

Sitzungen zunächst mit dem Abwägungsmaterial beschäftigte, er dann den Vertrag mit dem Investor absegnete und erst anschließend den Bebauungsplan beschlösse, liegt es nahe, Abwägung, Vertragsschluss und Satzungsbeschluss zeitlich nacheinander in einer Ratssitzung zusammenzufassen. Nach der Rspr soll den Anforderungen des § 12 I 1 BauGB aber auch dann Rechnung getragen sein, wenn zum Zeitpunkt des Satzungsbeschlusses ein schriftlicher, vom Vorhabenträger unterschriebener Vertrag vorliegt, und das förmliche Zustandekommen des Durchführungsvertrags nur noch von der Zustimmungsentscheidung der Gemeindevertretung abhängt[656].

b) Unterschiede zum herkömmlichen Bebauungsplan

Der vorhabenbezogene und der herkömmliche Bebauungsplan sind beide auf das **1060** städtebauliche Ziel gerichtet, Baurechte neu zu schaffen (vgl § 30 I und II BauGB). Dennoch bestehen Unterschiede zwischen den Instrumenten, die einen differenzierten Einsatz der Pläne nahelegen: Der vorhabenbezogene Bebauungsplan wird auf ein von einem Vorhabenträger (Investor) **konkret beabsichtigtes Projekt** zugeschnitten. Demgegenüber bildet der herkömmliche **Bebauungsplan** typischerweise ein „**Angebot**" der Gemeinde für die Bebaubarkeit von Flächen und ist daher in seinen Festsetzungen offener als der vorhabenbezogene Bebauungsplan[657]. Beim Letzteren hat der Investor ein gesetzlich verankertes Antragsrecht, mit dem er die Gemeinde zur Entscheidung über die Einleitung des Bebauungsplanverfahrens veranlassen kann. Dafür trägt der Investor hier regelmäßig allein die Kosten der Planung, während die Gemeinde – zumindest ohne besondere vertragliche Regelung – beim herkömmlichen Bebauungsplan für Initiative, Planung und Kosten die Verantwortung trifft.

Beim vorhabenbezogenen Bebauungsplan sind vertragliche Fristen zwischen Gemeinde und Investor zu fixieren, um die baldige Realisierung des Vorhabens sicherzustellen. Demgegenüber ist im Fall eines herkömmlichen Bebauungsplans dessen Verwirklichung offen und hängt davon ab, ob Bauherren von dem Angebot des Plans Gebrauch machen. Hingegen muss der Investor beim vorhabenbezogenen Bebauungsplan von Anfang an über die für das Vorhaben vorgesehenen Flächen verfügen; im Gegensatz zum herkömmlichen Bebauungsplan scheiden die Möglichkeiten einer Umlegung oder gar Enteignung (Ausnahme: § 12 III 3 BauGB) aus. Die vollständige Verfügungsbefugnis ermöglicht es aber wiederum, auf die strengen Vorgaben des § 9 I BauGB und der BauNVO für den Inhalt des vom Investor erarbeiteten Plans prinzipiell zu verzichten. **1061**

3. Einschaltung eines Dritten in das Bauleitplanverfahren

§ 4b BauGB sieht – vor allem zur Beschleunigung des Bauleitplanverfahrens – vor, **1062** die Vorbereitung und Durchführung von Verfahrensschritten nach §§ 2a–4a BauGB (**Erstellung der Planbegründung** einschließlich des **Umweltberichts, Beteiligung der Öffentlichkeit** sowie der **Träger öffentlicher Belange**) einem Dritten zu übertragen. Die Regelung zielt nicht nur auf die Beauftragung eines Dritten ab, der im Interesse der Gemeinde für diese tätig wird; die Bestimmung ermöglicht überdies ein Aufgreifen des Ansatzes der Verfahrensbeschleunigung durch „Mediation" im Wege

---

656 BVerwG, wie vor; OVG Münster, BauR 2012, 210.
657 *Kuschnerus*, BauR 2004, 946.

des Einsetzens eines neutralen privaten Projektmittlers; dies findet sich nunmehr in S. 2 ausdrücklich klargestellt[658], wonach auch die Durchführung einer Mediation oder eines anderen Verfahrens der außergerichtlichen Konfliktbeilegung einem Dritten übertragen werden kann.

1063 Zuständig für die Übertragung ist die Gemeinde, die damit einen ihr gesetzlich zugewiesenen Aufgabenbereich delegiert. Da sie jedoch weiterhin die Zuständigkeit für das Bauleitplanverfahren insgesamt behält, handelt es sich bei dieser Übertragung um eine **funktionale Privatisierung**[659]. Im Außenverhältnis zur Öffentlichkeit und zu den Trägern öffentlicher Belange bleibt die Verantwortung bei der Gemeinde; der von ihr beauftragte Dritte wird als **Verwaltungshelfer** tätig[660]. Zwischen der Gemeinde und dem Verwaltungshelfer kommt durch die Übertragung der Aufgabe ein privatrechtliches Auftrags- oder Werkvertragsverhältnis zustande[661].

Dritter kann ein hierauf spezialisierter Rechtsanwalt[662], Planer oder Architekt[663], des Weiteren eine eigens zum Zweck der Verfahrensunterstützung gegründete Gesellschaft der Gemeinde[664] sein. Der Dritte wird in einem derartigen Fall **auf Seiten der Gemeinde** in deren Interesse an einer zügigen Planung tätig[665]. Dritter kann auch, wie angesprochen, ein **Projektmittler** („Mediator") sein, der unabhängig von Weisungen der Gemeinde und damit von neutraler Warte aus die genannten Verfahrensschritte durchführt und hierbei vermittelnd zwischen Gemeinde und betroffener Öffentlichkeit sowie Trägern öffentlicher Belange tätig wird[666].

1064 Bei den übertragungsfähigen Aufgaben unterscheidet § 4b BauGB, wie erwähnt, zwischen der **Vorbereitung** und der **Durchführung** des Beteiligungsverfahrens.

Die **Vorbereitung** der Öffentlichkeitsbeteiligung kann bspw die Zusammenstellung der zu erörternden Unterlagen, die Bereitstellung eines Anhörungsraums und die Einladung zu einem ersten Öffentlichkeitstermin, ferner die organisatorische Unterstützung betreffend die Auslegung der Planentwürfe durch die Gemeinde einschließen. Bei der Beteiligung der Träger öffentlicher Belange lässt sich dergestalt die Zusammenstellung und Versendung der Unterlagen, zu denen Stellung genommen werden soll, übertragen. Die eigenständige **Durchführung** der Öffentlichkeitsbeteiligung seitens des Dritten erfolgt durch Übernahme der Moderation des Erörterungstermins; hieran kann sich die Zusammenstellung der mündlichen oder auch schriftlichen Anregungen anschließen. Bei der Beteiligung von Trägern öffentlicher Belange betrifft dies das Anfordern und Zusammenführen ihrer Stellungnahmen. Auch kann der Dritte einen Anhörungstermin für die Träger öffentlicher Belange anstelle der Gemeinde übernehmen.

1065 Demgegenüber erweist sich eine darüber hinausgehende eigenständige Bewertung der Ergebnisse des Beteiligungsverfahrens durch den Dritten schon auf der Grundlage des Wortlauts von § 4b BauGB als unzulässig. Entsprechendes folgt aus **rechtsstaat-**

---

658 *Reidt*, in: Bracher/Reidt/Schiller, Bauplanungsrecht, Rn 601; anders *von Nicolai*, NordÖR 2013, 397 (399 f), der von einer inhaltlichen Weiterung ausgeht.
659 Rn 1043.
660 *Peine*, DÖV 1997, 353 (354).
661 *Peine*, aaO.
662 Zur Streitschlichtung durch einen Anwalt vgl *Mähler/Mähler*, NJW 1997, 1262.
663 Vgl BayVerfGH, NVwZ-RR 2009, 825 (826).
664 Zur Gründung einer solchen Gesellschaft *Bullinger*, JZ 1993, 492 (499); *Krumsiek/Frenzen*, DÖV 1995, 1013 (1023).
665 Eine vergleichbare Aufgabe nehmen im besonderen Städtebaurecht die Sanierungsträger nach §§ 157 ff BauGB und der Entwicklungsträger gem. § 167 BauGB wahr.
666 Zur Mediation in der Bauleitplanung *Battis*, UPR 2011, 340; *Grooterhorst*, KommJur 2018, 324; *Wagner*, DVBl. 2014, 150.

lichen Grenzen der Privatisierung im Beteiligungsverfahren[667]. Allerdings ist nicht ausgeschlossen, dass der Dritte die aus der Beteiligung erhaltenen Informationen zur Arbeitserleichterung für die Gemeinde zusammenstellt und etwa in Form eines Protokolls bündelt, er also die gemeindliche Abwägung weitgehend vorbereitet[668].

V. Gerichtlicher Rechtsschutz gegen Bauleitpläne

Mit Blick auf den gerichtlichen Rechtsschutz gegen Bauleitpläne ist danach zu differenzieren, ob er sich gegen kommunale Satzungen, insbes. Bebauungspläne, richtet (dazu 1.) – oder gegen Flächennutzungspläne (dazu 2.). Gesondert behandelt werden Möglichkeiten des einstweiligen Rechtsschutzes (dazu 3.)[669].   **1066**

1. Rechtsschutz gegen kommunale Satzungen, insbes. Bebauungspläne

Bebauungspläne stellen die wichtigsten städtebaulichen Satzungen dar; Veränderungssperren, Vorkaufssatzungen, Innenbereichs- und Außenbereichssatzungen, Fremdenverkehrssatzungen, Satzungen über Sanierungs- und Entwicklungsmaßnahmen, Erhaltungssatzungen[670] uam spielen jedenfalls in der Praxis eine nur untergeordnete Rolle. Der Bebauungsplan kann gem. § 47 I Nr 1 VwGO mit dem Antrag auf Normenkontrolle angegriffen werden (dazu a)). Des Weiteren besteht für die Nachbargemeinde die Möglichkeit, gegen den Bebauungsplan im Wege der Feststellungsklage vorzugehen (dazu b)).   **1067**

a) Normenkontrolle

Im Rahmen der Normenkontrolle nach § 47 VwGO ist der Bebauungsplan unmittelbar Gegenstand des gerichtlichen Verfahrens. Für die Erfolgsaussichten jenes Antragsverfahrens ist zu unterscheiden zwischen der Frage, ob die Sachentscheidungsvoraussetzungen vorliegen und damit die gerichtliche Kontrolle in der Sache überhaupt eröffnet ist (aa)), und der Frage nach der Begründetheit des Normenkontrollantrages (bb)).   **1068**

aa) Sachentscheidungsvoraussetzungen.

(1) Gegenstand der Normenkontrolle. Das Charakteristikum der Normenkontrolle liegt darin, dass die (hier interessierenden) **Bebauungspläne** und sonstigen Satzungen nach dem BauGB nicht nur inzident im Rahmen von Anfechtungs- bzw Verpflichtungsklagen[671], wie dies etwa im Fall der Nachbarklage der Fall ist[672], über-   **1069**

---

667 Dazu *Erbguth/Schubert*, ÖffBauR, § 5 Rn 236 ff.
668 S. BVerwG, ZfBR 2014, 371 Rn 9.
669 Eingehend zum Nachfolgenden anhand der Rspr des BVerwG *Berkemann*, in: Erbguth/Kluth (Hrsg.), Planungsrecht in der gerichtlichen Kontrolle. Kolloquium zum Gedenken an Werner Hoppe, 2012, S. 11.
670 Vgl §§ 14 I, 25 II, 34 IV, 35 VI, 22 I, 142, 165 VI BauGB.
671 Vgl nur *Bönker*, in: Hoppe/Bönker/Grotefels, ÖffBauR, § 17 Rn 9; in deren Rahmen gilt die Frist des § 47 II 1 VwGO nicht, BVerwG, BauR 2001, 350.
672 Nämlich mit Blick auf die Vereinbarkeit der Baugenehmigung mit dem zugrunde liegenden Bebauungsplan; vgl zur Nachbarklage § 32, dort insbes. Rn 1363, 1367 ff.

prüft, sondern unabhängig von einem Rechtsanwendungsfall unmittelbar gerichtlich kontrolliert werden (§ 47 I Nr 1 VwGO): **prinzipale Normenkontrolle**[673]. Gegenüber einer ansonsten zu erwartenden Vielzahl von Einzelklagen mit möglicherweise divergierenden Ergebnissen kommt der Normenkontrolle eine **Bündelungsfunktion** zu; sie dient damit der Rechtssicherheit[674].

Gegenstand des gerichtlichen Verfahrens können auch **funktionslos** gewordene Bebauungspläne sein, wenn die sachlichen Voraussetzungen für das Außerkrafttreten dargelegt werden[675]. Anderes soll hingegen für den Fall **planreifer Bebauungspläne** isd § 33 I BauGB gelten, weil es ihnen mangels Bekanntgabe an der Normqualität fehle[676]. Dem kann indes die § 30 I BauGB entsprechende, also normgleiche Wirkung gegenüber Dritten entgegen gehalten werden[677].

Die Normenkontrolle kann sich angesichts des eindeutigen Wortlauts von § 47 V 2 HS 1 VwGO allein auf die Feststellung der **Unwirksamkeit** der angegriffenen Satzung richten, nicht hingegen auf deren Ergänzungsbedürftigkeit. Letzterenfalls ist der Antrag unstatthaft; eröffnet ist aber die Feststellungsklage nach § 43 VwGO[678].

1070 SUP-pflichtige Bebauungspläne unterfallen überdies (ebenso wie Flächennutzungspläne[679]) dem Anwendungsbereich des Umwelt-Rechtsbehelfsgesetzes (UmwRG) und können damit Gegenstand einer **Umweltverbandsklage** sein[680]: § 2 I 1 UmwRG eröffnet für nach § 3 des Gesetzes anerkannte inländische wie ausländische Vereinigungen die Befugnis, gegen Entscheidungen nach § 1 I 1 UmwRG – und damit auch gegen Bebauungspläne – Rechtsbehelfe einzulegen. Aus § 7 II 1 UmwRG ergibt sich, dass insoweit ebenfalls die Normenkontrolle nach § 47 I Nr 1 VwGO statthaft ist[681].[682]

---

673 Näher zu deren Konzept und „Weiterentwicklungen" durch den Gesetzgeber *Ziekow*, BauR 2007, 1169; allg. *Frenz*, Jura 2008, 811.
674 Vgl etwa *Ziekow*, BauR 2007, 1169 (1170).
675 B VerwG, BauR 1999, 601; zur Funktionslosigkeit Rn 956 mwN.
676 B VerwG, ZfBR 2002, 172 mit Vorbehalt für Sonderfälle, nämlich bei unzureichender Rechtsschutzgewährleistung; treffende rechtsdogmatische Kritik gegenüber diesem Sonderfallkriterium bei *Jäde*, BayVBl. 2003, 449 (451); wie die hM VGH München, BayVBl. 1986, 497; OVG Bautzen, SächsVBl. 1998, 187; OVG Greifswald, NordÖR 2000, 37; *Stüer*, BauR 2007, 1495 (1495 f); dagegen bereits *Jäde*, BayVBl. 1985, 225; *Karpen*, NJW 1986, 881 (885).
677 Näher *Erbguth/Schubert*, ÖffBauR, § 15 Rn 14a.
678 B VerwG, NVwZ 2015, 984 anhand der Überprüfung eines Regionalplans.
679 S. unten Rn 1108.
680 § 1 I 1 Nr 4 Hs. 1 UmwRG iVm § 2 VII, Anl. 5 Nr 1.8 UVPG, § 10 BauGB; s. BT-Drs. 18/9526, 34; *Franzius*, in: Schink/Reidt/Mitschang, UVPG/UmwRG, 2018, UmwRG, § 1 Rn 22; der Anwendungsbereich des UmwRG erfasst überdies Bebauungspläne, durch die die Zulässigkeit bestimmter Vorhaben isd Anl. 1 zum UVPG begründet werden soll oder die eine Planfeststellung ersetzen (und die deshalb unionsrechtlich der UVP-Pflicht unterliegen), § 1 I 1 Nr 1 UmwRG iVm § 2 VI Nr 3 UVPG, s. *Schieferdecker*, in: Hoppe/Beckmann/Kment, UVPG/UmwRG, 5. Aufl. 2018, UmwRG, § 1 Rn 35; OVG Lüneburg, BauR 2019, 63.
681 *Winkler*, in: Hoppe/Beckmann/Kment, UVPG/UmwRG, 5. Aufl. 2018, UmwRG, § 7 Rn 9.
682 Jene sonderprozessrechtlichen Regelungen gehen zurück auf die Aarhus-Konvention, deren Art. 9 II, III die Vertragsstaaten sowie die EU verpflichtet, effektiven gerichtlichen Rechtsschutz insbes. von Verbänden in Umweltangelegenheiten zu eröffnen; überblicksartig zu alldem, insbes. zur „leidvollen" Genese des UmwRG und der diesbezgl. Judikatur des EuGH und des B VerwG, *Franzius*, in: Schink/Reidt/Mitschang, UVPG/UmwRG, 2018, UmwRG, vor § 1; eingehend *Gärditz*, Funktionswandel der Verwaltungsgerichtsbarkeit unter dem Einfluss des Unionsrechts, Gutachten D. zum 71. DJT, 2016; *Guckelberger*, Deutsches Verwaltungsprozessrecht unter unionsrechtlichem Anpassungsdruck, 2017; anhand des Verbandsrechtsschutzes gegen Raumordnungspläne *Schubert*, in: Kment, ROG, 2018, Grundlagen, C. Rechtsschutz, Rn 46 ff.

Gegenstand einer solchen Klage können allerdings nur Verstöße gegen umweltbezogene Vorschriften sein[683].

(2) Antragsbefugnis. Die **Antragsbefugnis natürlicher und juristischer Perso-** **1071** **nen** (auch des öffentlichen Rechts, insbes. von Kommunen) hängt nach § 47 II 1 Alt. 1 VwGO in vergleichbarer Weise wie bei § 42 II VwGO von der Möglichkeit einer Verletzung eigener Rechte ab. Konsequenterweise gilt dann zugleich die großzügige Negativabgrenzung der Klagebefugnis[684].

Die Antragsbefugnis geht aber insofern weiter, als auch eine (mögliche) Verletzung in absehbarer Zeit ausreicht[685]. Mit dieser Besonderheit gelten daher die von § 42 II VwGO bekannten, rechtssystematisch auf eine prinzipale Kontrolle von Normen freilich nicht passenden[686] Voraussetzungen für die Annahme subjektiv-öffentlicher Rechtspositionen entsprechend[687] – worauf verwiesen werden kann: einfachgesetzliche Schutzrechte[688] – auch obligatorisch-zivilrechtlicher Art[689] –, solche mit norminterner Verfassungswirkung[690], ferner Grundrechte[691], Art. 28 II 1 GG[692].

Allerdings fehlt dem Eigentümer die Antragsbefugnis, sofern der Eigentumserwerb erkennbar lediglich dem Führen des Rechtsstreits diente („Sperrgrundstück")[693] oder er sich mit der Überplanung seines Grundstücks einverstanden erklärt hat(te)[694]. Entsprechendes wird für den Fall der Verwirkung angenommen, etwa wenn der Eigentümer die Festsetzungen des Bebauungsplans ausnutzt und anschließend ihre Beseitigung im Wege der Normenkontrolle verfolgt[695].

Auch kann die planende Gemeinde grds solche Betroffenheiten unberücksichtigt lassen, die sich unmittelbar erst in anderen, regelmäßig späteren Entscheidungsebenen realisieren. Das gilt allerdings nicht, wenn ein enger konzeptioneller Zusammenhang zwischen der Bebauungsplanung und den nachfolgenden Ebenen besteht, auf den die Gemeinde erkennbar abstellt und der Grundlage ihrer bauleitplanerischen Abwägung ist[696].

Von Bedeutung ist ferner, dass sich die Antragsbefugnis auch auf **§ 1 VII BauGB** **1072** gründen lässt, indem der Betroffene rügt, seine privaten Belange seien nicht ord-

---

683 Näher Rn 1073.
684 S. Rn 1360.
685 BVerwG, NVwZ 2012, 185 (187).
686 Weil die Norm ua keine konkretisierende Einzelfallorientiertheit aufweist, vgl *Ziekow*, BauR 2007, 1169 (1171).
687 Vgl nur BVerwGE 119, 217 (220 ff); zusammenfassend BVerwG, BauR 2006, 352 (352).
688 Zu denen aber der rein objektiv-rechtliche § 50 BImSchG grds nicht zählt, auch nicht zugunsten der gemeindlichen Planungshoheit, BVerwG, NuR 2005, 523 (536) mwN.
689 Dh von Mietern und Pächtern, soweit auf Grundlage der Festsetzungen des Bebauungsplans eine Beeinträchtigung ihrer Nutzungsrechte zu erwarten steht, BVerwG, DVBl. 2000, 793; BVerwG, NVwZ 2000, 806; ferner VGH Mannheim, VBlBW 1998, 307; anders die hM im Nachbarrechtsstreit, vgl Rn 1366; auch Käufer und Auflassungsvormerkungsberechtigter, der Bauantrag gestellt hat, OVG Koblenz, BauR 2005, 531.
690 Etwa (auch) im Fall von § 78 II Nr 2, 3, 7 WHG; so allg. *Stüer*, ZfBR 2007, 17 (21).
691 Dazu allg. *Erbguth/Guckelberger*, Allgemeines Verwaltungsrecht, § 9 Rn 6.
692 Vgl auch *Brohm*, ÖffBauR, § 47 Rn 2.
693 BVerwGE 112, 135; OVG Greifswald, DVBl. 2004, 1124 (Ls.); unzulässige Rechtsausübung, vgl Rn 1382; auch OVG Hamburg, NordÖR 2004, 354 (362 f); krit *Masing*, NVwZ 2002, 810.
694 BVerwG, BauR 2006, 352 (353).
695 OVG Münster, NVwZ-RR 2006, 848 mwN.
696 BVerwG, DVBl. 2011, 1414.

nungsgemäß abgewogen worden[697]. Das gilt selbst für außerhalb des Plangebiets ansässige Antragsteller[698], ferner auf Grund des interkommunalen Abstimmungsgebots zugunsten städtebaulicher Belange von **Nachbargemeinden**[699]. Der Gebietserhaltungsanspruch[700] wird sich ebenfalls regelmäßig als derart abwägungserhebliches Interesse erweisen[701]. Eröffnet man die Normenkontrolle gegen planreife Bebauungspläne (§ 33 I BauGB)[702], gelten die Grundsätze des subjektiven Abwägungsgebots auch hier[703]. Nach § 2 II 2 BauGB[704] können sich die Gemeinden überdies auf die ihnen durch **Ziele** der Raumordnung zugewiesenen **Funktionen** gegenüber Bauleitplänen benachbarter Gemeinden berufen. Erforderlich ist die Rüge einer konkret störenden raumordnungswidrigen Planung; der bloße Hinweis auf die Unvereinbarkeit mit der durch Raumordnung zugewiesenen Zentralörtlichkeit reicht nicht aus[705]. Des Weiteren kann sich die Gemeinde nach § 2 II 2 BauGB auf (mehr als nur geringfügige[706]) Auswirkungen betreffend ihre **„zentralen Versorgungsbereiche"**[707] durch die Bauleitplanung der Nachbargemeinde berufen; das unterfällt der Planungshoheit[708].

Dabei kommt es für die Antragsbefugnis nicht darauf an, ob eine vom Antragsteller dergestalt geltend gemachte Verletzung des Abwägungsgebots nach den Planerhaltungsvorschriften (§§ 214, 215 BauGB[709]) beachtlich wäre[710].

Der Anspruch auf ordnungsgemäße Abwägung[711] findet allerdings **Grenzen**. Zunächst muss die Belastung der Belange durch die Einwirkungen des Plans mehr als

---

697   So nach einigem Hin und Her in der oberverwaltungsgerichtlichen Rspr BVerwG, NJW 1999, 592: Recht auf ordnungsgemäße Abwägung der eigenen Belange; BVerwG, BauR 2006, 352 (352 f); dazu auch *Muckel*, NVwZ 1999, 963; zuletzt bestätigt in BVerwG, NVwZ 2017, 563 Rn 7; das gilt gleichermaßen gegenüber dem vorhabenbezogenen Bebauungsplan nach § 12 BauGB, BVerwG, NVwZ 1999, 987 (987 f) zur vergleichbaren früheren Rechtslage.

698   BVerwGE 116, 144; BVerwG, ZfBR 2008, 681 (681); BVerwG, NVwZ 2012, 185 Rn 15; VGH München, BayVBl. 2007, 145 (145); Rn 1015; zu den Grenzziehungen sogleich.

699   *Stüer*, DVBl. 2004, 83 (89 f) unter Hinweis auf BVerwG, DVBl. 2001, 1845; die Frage einer nicht nur geringfügigen Betroffenheit der Nachbargemeinde soll allerdings regelmäßig eine solche der Begründetheit, nicht der Zulässigkeit des Normenkontrollantrags sein, *Stüer*, wie vor, und BVerwG, NVwZ 2003, 207 – was aber (hier) der allein auf Zulässigkeitsebene angesiedelten Versubjektivierung des Normenkontrollverfahrens widerspricht.

700   Bzw Gebietswahrungsanspruch, der in unbeplanten Gebieten in gleicher Weise Anwendung findet (BVerwG, DVBl. 1994, 285; OVG Schleswig, NordÖR 2009, 401), spielt vornehmlich beim Nachbarschutz eine Rolle, dazu Rn 1367.

701   VGH München, BauR 2008, 1560 (1560 f) anhand eines faktischen Mischgebiets nach § 34 II BauGB, § 6 BauNVO; dazu *Jung*, BauR 2008, 1548.

702   Dazu Rn 1069.

703   *Jäde*, BayVBl. 2003, 449 (452 ff).

704   Insgesamt zu § 2 II BauGB vgl Rn 1032 ff.

705   Zu Recht *Uechtritz*, NVwZ 2004, 1025 (1028); Rn 1035 f; konkrete Kaufkraftabflüsse stellen eine Frage der Begründetheit dar, OVG Lüneburg, BauR 2007, 342 (344).

706   Vgl Rn 1033 und sogleich; deshalb reichen – trotz des Zusatzes „schädliche" Auswirkungen in der Parallelregelung des § 34 III BauGB (dazu Rn 1107) – nicht jedwede Einflüsse auch unerheblichen Umfangs aus; in diese Richtung aber *Hoppe/Otting*, DVBl. 2004, 1125 (1131).

707   Dazu anhand § 34 III BauGB Rn 1107; BT-Drs. 15/2250, S. 41 f.

708   Vgl *Uechtritz*, NVwZ 2004, 1025 (1026); insgesamt krit *Hoppe/Otting*, DVBl. 2004, 1125 (1131); darüber hinaus eröffnet sich bei qualifiziertem Abstimmungsbedarf die Berufung auf ein Planungsbedürfnis, in Fällen also, in denen eine Steuerung über die Planersatzvorschrift des § 35 BauGB unzureichend ist, vgl anhand der Rspr *Uechtritz*, DVBl. 2006, 799 (801) mwN; bereits Rn 957.

709   Allg. dazu Rn 1038 ff.

710   BVerwG, BauR 2010, 1034.

711   Hinsichtlich der nachbargemeindlichen Belange vgl Rn 1032 ff.

geringfügig sein[712]. Ferner beschränkt die Rspr den Anspruch zum einen auf den Ausgleich der eigenen Belange mit entgegenstehenden anderen Belangen; iÜ bzw als solche lässt sich die Rechtswidrigkeit der Abwägung mithin nicht rügen[713]. Zum anderen können nur abwägungsrelevante Belange Grundlage des Anspruchs auf gerechte Abwägung sein. Unbeachtlich sind daher für die planende Stelle nicht erkennbare Positionen uam[714], wie dies im Zusammenhang mit der Abwägungsfehlerlehre behandelt worden ist[715].

Verbandsklagen nach dem UmwRG sind ihrer Konzeption nach altruistische Rechtsbehelfe, dh das Gesetz eröffnet anerkannten Umweltverbänden den Gerichtszugang, ohne dass diese die Verletzung eigener Rechte geltend machen müssen. Es handelt sich hierbei um die Verleihung einer **selbständigen prozessualen Befugnis** zur Durchsetzung rein objektiven Rechts, dh jener Befugnis liegen keine eigenständig zugewiesenen, außerhalb des Prozesses bestehenden subjektiven Rechte voraus[716]. Insoweit findet sich das deutsche System des Individualrechtsschutzes (Art. 19 IV GG) bereichsspezifisch um ein sinnvolles Element objektiver Rechtskontrolle ergänzt, nicht aber als solches in Frage gestellt[717]. **1073**

In concreto kommt die „Entindividualisierung" des Verbandsrechtsschutzes in § 2 I 1 UmwRG zum Ausdruck, welcher die rügebefugten Vereinigungen von der prozessualen Hürde freistellt, die Verletzung eigener Rechte geltend machen zu müssen. Die Vorschrift unterstellt allerdings die Rügebefugnis einer Reihe einschränkender Voraussetzungen; so muss die Vereinigung geltend machen, dass der Bebauungsplan Rechtsvorschriften, die für seinen Erlass von Bedeutung sein können, widerspricht (Nr 1), ferner, dass sie durch den Plan in ihrem satzungsgemäßen Aufgabenbereich der Förderung der Ziele des Umweltschutzes berührt ist (Nr 2). Hinzu tritt die in Nr 3 lit. b) normierte Voraussetzung, dass die Vereinigung zur Beteiligung im Planaufstellungsverfahren berechtigt war und sich hierbei in der Sache gemäß den geltenden Rechtsvorschriften geäußert hat oder ihr entgegen den geltenden Rechtsvorschriften keine Gelegenheit zur Äußerung gegeben worden ist. Eine weitere Einschränkung der Rügebefugnis rührt aus § 2 I 2 UmwRG: Danach kann die Vereinigung ausschließlich die **Verletzung umweltbezogener Rechtsvorschriften** geltend machen[718]. Unproblematisch erfasst werden damit die einschlägi-

---

712 Vgl BVerwG, ZfBR 2008, 681 (681) mwN; in Fällen des Gebietserhaltungsanspruchs kann hiervon wegen seiner von tatsächlichen Beeinträchtigungen unabhängigen Gewährleistung ausgegangen werden, VGH München, BauR 2008, 1560 (1561); vgl Rn 1367.

713 BVerwG, NJW 1999, 592 (593); BVerwGE 48, 56 (66); dazu *Schmidt-Preuß*, FS Hoppe, S. 1071; anders verfährt die Rspr hingegen beim Planfeststellungsbeschluss für den von einer enteignungsrechtlichen Vorwirkung Betroffenen, wobei dann aber der sonstige Rechtsverstoß kausal für den Eigentumseingriff sein muss, BVerwGE 67, 74 (77); BVerwG, NVwZ 2005, 330; insgesamt krit zur Kausalitätsrechtsprechung *Erbguth*, NuR 1997, 261; unter europarechtlichen Vorzeichen insoweit auch OVG Münster, ZUR 2006, 374 (378); *Schlacke*, ZUR 2006, 360 (363); *Otto*, ZfBR 2005, 21 (23 ff, 26).

714 BVerwGE 59, 87 (102 f); etwa bei bloßem Wunsch auf Aufnahme des Grundstücks in das Plangebiet, BVerwG, NVwZ 2004, 1120 (1121); Rn 1015 f.

715 Vgl Rn 1016.

716 *Nettesheim*, AöR 132 (2007), 333 (340); *Schubert*, in: Kment, ROG, 2018, Grundlagen, C. Rechtsschutz, Rn 49.

717 *Schubert*, wie vor, Rn 53.

718 S. § 1 IV UmwRG: Bestimmungen, die sich zum Schutz von Mensch und Umwelt auf den Zustand von Umweltbestandteilen iSv § 2 III Nr 1 UIG oder Faktoren iSv § 2 III Nr 2 UIG beziehen; der Einschränkung liegt Art. 9 III AK zugrunde, der die Befugnis zur Rüge und die gerichtliche Prüfpflicht auf umweltbezogene Rechtsvorschriften begrenzt, s. *Schlacke*, NVwZ 2017, 905 (909).

gen Bestimmungen über die Durchführung der Umweltprüfung[719], ferner die sonstigen umwelt-, etwa naturschutzrechtlichen Vorschriften, die im Rahmen des Planaufstellungsverfahrens Geltung beanspruchen, aber auch das Abwägungsgebot (§ 1 VII BauGB), sofern dessen Verletzung aufgrund unzureichender Berücksichtigung von Belangen des Umweltschutzes geltend gemacht wird[720]. Eine Beschränkung auf Vorschriften, die im Umweltrecht der EU wurzeln, nimmt das UmwRG jedoch – völkerrechtskonform – nicht vor. Indes ist ein Normenkontrollantrag, den die Vereinigung ausschließlich auf Verstöße gegen nicht im vorstehenden Sinne umweltbezogene Vorschriften stützt, unzulässig.

Verbandsklagen gegen Bebauungspläne unterliegen – anders als solche gegen Flächennutzungspläne[721] – nicht der materiellen Präklusion (s. § 7 III 2 UmwRG), wohl aber der **Missbrauchsklausel** des § 5 UmwRG, wonach Einwendungen, die erstmals im Rechtsbehelfsverfahren erhoben werden, unberücksichtigt bleiben, wenn die(se) erstmalige Geltendmachung missbräuchlich oder unredlich ist[722].

1074 Die **Antragsbefugnis von Behörden** setzt nach § 47 II 1, 2. Alt. VwGO nicht die Möglichkeit einer Rechtsverletzung voraus, wohl aber aus allgemeinen Gründen (Rechtsschutzinteresse) ein berechtigtes Feststellungsinteresse: Die Anwendung der im Streit stehenden Norm muss in den Geschäftsbereich der antragstellenden Behörde fallen[723]; zugleich darf sie keine Verfügungsbefugnis über die Norm innehaben[724].

1075 **(3) Frist.** Die Normenkontrolle ist nach § 47 II 1 VwGO nur **innerhalb eines Jahres** nach Bekanntmachung der Norm[725] eröffnet; diese Frist ist zugleich durch § 215 I BauGB[726] einheitlich für die Rüge von (beachtlichen) Mängeln formeller und materieller Art eingeführt worden. Sie gilt für jeglichen Verfahrensgegenstand nach § 47 I VwGO.

---

719 Einschließlich der Beteiligungsvorschriften, etwa § 3 II 2 BauGB, ferner § 1a BauGB, s. OVG Lüneburg, BauR 2019, 63.

720 Vgl BVerwG, NVwZ 2013, 642 Rn 11 f; *Ziekow*, NVwZ 2007, 259 (262).

721 S. Rn 1108.

722 Dazu näher *Franzius*, in: Schink/Reidt/Mitschang, UVPG/UmwRG, 2018, UmwRG, § 5 Rn 1 ff, *Siegel*, ZUR 2017, 451 (454 f).

723 BVerwG, ZfBR 1989, 272; VGH Mannheim, NVwZ 1987, 1088; Wirkungsbereich, OVG Münster, BauR 2005, 1577 (1578); etwa höhere Verwaltungsbehörde als Genehmigungsbehörde des angegriffenen Bebauungsplans, nicht aber die Bauaufsichtsbehörde der planenden Gemeinde, BVerwGE 81, 307; vgl auch OVG Münster, wie vor: höhere Verwaltungsbehörde als Widerspruchsbehörde und als Fachaufsichtsbehörde, ohne dass wegen des kommunalaufsichtlichen Beanstandungs- und Aufhebungsrechts das Rechtsschutzinteresse entfiele; wenn die Vorschrift behördlicherseits zu beachten ist, VGH Mannheim, VBlBW 2005, 434 (434), im Verhältnis Gemeinde – Regionalplan; BVerwG, NVwZ 2011, 1468 Rn 17: oberste Landesplanungsbehörde, die zur Beachtung des Bebauungsplans bei der Anwendung und Fortschreibung des Landesraumentwicklungsprogramms verpflichtet ist.

724 BVerwGE 81, 307 (310); BVerwG, NVwZ 2011, 1468 Rn 18.

725 Die Frist läuft selbstständig (auch) bei einer Planänderung, BVerwG, ZfBR 2006, 677; kein Fristlauf, wenn die Bek. nicht nachweisbar ist, BVerwG, NVwZ 2004, 1122; wird ein Bebauungsplan wegen eines Bekanntmachungsmangels erneut bekannt gemacht, so bleibt die Frist auch gewahrt, wenn die Rüge nur nach der ersten, mangelhaften, Bekanntmachung fristgerecht erhoben worden ist, BVerwG, ZfBR 2012, 36; die Frist wird nicht erneut in Lauf gesetzt, wenn eine spätere, nur Informationszwecken dienende Veröffentlichung der amtlichen Bekanntmachung in einem regelmäßig erscheinenden Druckerzeugnis (zB in einem Anzeigenblatt) wie eine amtliche Bekanntmachung erscheint, VGH München, BayVBl. 2010, 439 (439 f); iÜ: Ausschlussfrist, Wiedereinsetzung in den vorigen Stand (§ 60 I VwGO) ausgeschlossen, OVG Münster, BauR 2004, 1594 (1595); vor Bek. keine Normenkontrolle möglich: OVG Lüneburg, ZfBR 2008, 682 (682 f).

726 Siehe Rn 1101.

Rechtsdogmatisch lässt sich demgegenüber mit Blick auf die Rechtsschutzgarantie des Art. 19 IV GG einwenden, dass einem erst nach Fristablauf Betroffenen[727] jeglicher prinzipaler Rechtsschutz gegen den Bebauungsplan genommen ist – verschärft noch dadurch, dass dies wegen der Fristangleichung weitgehend auch für die Inzidentkontrolle im Anwendungsbereich des § 215 I BauGB gilt, sofern ordnungsgemäß auf die drohende Verfristung nach § 215 II BauGB hingewiesen worden ist.   **1076**

(4) Rechtsschutzbedürfnis. Das Rechtsschutzbedürfnis fehlt, wenn auch ein Erfolg im Normenkontrollverfahren den Antragsteller nicht besser stellen würde, m.a.W. wenn der Antragsteller unabhängig vom Ausgang des Normenkontrollverfahrens keine reale Chance hat, den von ihm geltend gemachten Nachteil abzuwenden[728].[729] Das ist etwa der Fall, wenn er sich letztlich gegen ein im Bebauungsplan vorgesehenes Vorhaben wendet, das auch bei Unwirksamkeit des Plans nach den Planersatzvorschriften (§ 34 oder § 35 BauGB) ohne weiteres zu genehmigen wäre[730].   **1077**

Ein Rechtsschutzbedürfnis liegt jedoch vor, wenn sich der Normenkontrollantrag gegen aufschiebend bedingte oder erst in der Zukunft Geltung beanspruchende Festsetzungen des Bebauungsplans nach § 9 II BauGB richtet. Anderenfalls wäre der Antragsteller bei Eintritt der Bedingung oder bei Fristbeginn erst nach Ablauf der (Normenkontroll-)Antragsfrist rechtlos gestellt[731].

Das Rechtsschutzbedürfnis fehlt auch dann nicht für den Normenkontrollantrag einer Behörde, wenn diese die Rechtsmacht hat, durch eine landesplanerische Untersagungsverfügung im Normaufstellungsverfahren den Erlass des Bebauungsplans zu verhindern[732].

(5) Beiladung. Schließlich erklärt § 47 II 4 VwGO die Vorschriften über die **Beiladung** nach §§ 65 I, IV, 66 VwGO für entsprechend anwendbar. Die vom Bebauungsplan Begünstigten sind daher im Verfahren (notwendig[733]) beizuladen.   **1078**

bb) Begründetheit der Normenkontrolle.

(1) Allgemeine Maßgaben für die Begründetheit der Normenkontrolle. Gegenstand der Überprüfung im Verfahren nach § 47 VwGO ist die angegriffene Satzung. Es handelt sich um eine objektive Überprüfung ohne individualrechtliche Einengungen[734]. Eine Beschränkung auf die die Antragsbefugnis begründende Schutzvorschrift findet nicht statt[735]; in der Begründetheitsstation handelt es sich bei § 47 VwGO mithin um ein Verfahren **objektiver Rechtskontrolle**[736]. Maßstäbe der Kontrolle sind sämtliche höherrangigen Rechtsvorschriften, soweit einschlägig, und zwar auch sol-   **1079**

---

727   Etwa bei Grundstückserwerb im fraglichen Bebauungsplangebiet nach Ablauf der Jahresfrist.
728   BVerwG, ZfBR 2004, 272 (276); BVerwGE 82, 225.
729   Auch bei Teilbarkeit des Bebauungsplans hinsichtlich des nicht beeinträchtigenden Teils, BVerwG, NVwZ 2008, 899.
730   BVerwG, ZfBR 2008, 681 (681) mwN; instruktiv auch OVG Berlin-Brandenburg, ZfBR 2007, 810 (810); Weiteres bei *Bracher*, in: Bracher/Reidt/Schiller, Bauplanungsrecht, Rn 1147.
731   *Schieferdecker*, BauR 2005, 320 (333).
732   OVG Greifswald, NordÖR 2010, 353; bestätigt durch BVerwG, NVwZ 2011, 1468 Rn 18 f.
733   Zum diesbzgl Streit *Ewer*, in: Koch/Hendler, Baurecht, § 21 Rn 37.
734   BVerwG, JA 2009, 398; allg. Rn 1069; anders bei Gemeinden als Antragstellern: OVG Koblenz, ZfBR 2008, 67 (70) anhand der Antragsbefugnis; vgl dazu Rn 1107.
735   BVerwG, NVwZ 2002, 83; BVerwG, DÖV 1990, 432 (432 f).
736   BVerwGE 82, 225; BVerwG, BauR 2007, 335 (336) mwN; allg. Rn 1069.

che des Landesrechts (vorbehaltlich § 47 III VwGO), ferner des Europarechts[737]. Der Amtsermittlungsgrundsatz nach § 86 I VwGO verpflichtet das OVG nicht zu aktiver Fehlersuche; Mängel müssen daher vom Antragsteller substantiiert werden[738]. Die Überprüfung richtet sich ihrem Schwerpunkt nach regelmäßig auf die Vereinbarkeit von Bebauungsplänen mit den Vorschriften des öffentlichen Baurechts[739].

1080 Ein über § 1 I 1 Nr 4 lit. a) UmwRG eröffneter **Verbandsrechtsbehelf** gegen einen Bebauungsplan ist nach § 2 IV 1 Nr 2 UmwRG begründet, soweit der Plan gegen umweltbezogene Rechtsvorschriften verstößt, die für seinen Erlass von Bedeutung sind, und der Verstoß Belange berührt, die zu den Zielen gehören, welche die Vereinigung nach ihrer Satzung fördert. Zudem muss nach S. 2 der Vorschrift für den Bebauungsplan eine Pflicht zur Durchführung einer Umweltprüfung bestehen. Diese Maßstäbe spiegeln gleichsam die entsprechenden Zulässigkeitsvoraussetzungen des § 2 Abs. 1 S. 1 Nr 1, 2, S. 2 UmwRG[740].[741] Soweit es Verstöße gegen Verfahrensnormen angeht, gelten ergänzend die Vorgaben des § 4 I, II UmwRG, die nach Abs. 4 S. 1 der Vorschrift entsprechend anzuwenden sind[742].

1081 Das OVG entscheidet nach § 47 V 1 VwGO durch Beschluss oder auf Grund mündlicher Verhandlung durch Urteil. Die Durchführung einer mündlichen Verhandlung steht wegen Art. 6 I 1 EMRK dann nicht im Ermessen des Gerichts, wenn der Eigentümer eine unmittelbar sein im Plangebiet gelegenes Grundstück betreffende Festsetzung des Bebauungsplans angreift[743]. Kommt das Gericht zur Überzeugung, dass die Rechtsvorschrift ungültig ist, erklärt es diese – allgemeinverbindlich[744] – für **unwirksam** (§ 47 V 2 HS 1 VwGO)[745], im Fall des § 214 IV BauGB (§ 215a BauGB aF) für schwebend unwirksam[746].

In Sonderfällen kann es zu Abweichungen kommen. So führt ein Verstoß gegen **unionsrechtliche** Vorschriften nicht zur Unwirksamkeit der Norm, sondern zu ihrer Unanwendbarkeit (Anwendungsvorrang zugunsten des Europarechts)[747]. Entsprechen-

---

737 Näher *Pielow*, DV 1999, 445 (474 f).

738 Näher *Bracher*, in: Bracher/Reidt/Schiller, Bauplanungsrecht, Rn 1155.

739 Ähnlich *Bönker*, in: Hoppe/Bönker/Grotefels, ÖffBauR, § 17 Rn 28.

740 Vgl. *Schubert*, in: Kment, ROG, 2018, Grundlagen, C. Rechtsschutz, Rn 65.

741 Ist dagegen die Verbandsklage über § 1 I 1 Nr 1 UmwRG eröffnet, richtet sich die Begründetheit nach § 2 IV 1 Nr 1 UmwRG, dazu OVG Lüneburg, BauR 2019, 63 (juris, Rn 43 ff).

742 Anderes gilt wiederum im Fall von Bebauungsplänen, welche die Zulässigkeit UVP-pflichtiger Vorhaben begründen oder die Planfeststellung ersetzen (§ 2 VI Nr 3 UVPG); hier finden nach § 4 II UmwRG nicht die Vorgaben des § 4 I-Ib UmwRG, sondern die Planerhaltungsvorschriften in §§ 214, 215 BauGB und die diesbzgl Überleitungsvorschriften sowie die einschlägigen landesrechtlichen Vorschriften Anwendung, OVG Lüneburg, BauR 2019, 63 (juris, Rn 44).

743 BVerwGE 110, 203; Einzelprüfung bei außerhalb des Plangebiets gelegenen Grundstücken, vgl BVerwG, NVwZ 2002, 87.

744 Zu den Folgen der Erklärung BVerwG, NVwZ 2002, 83. Im umgekehrten Fall, wenn also der Normenkontrollantrag als unbegründet zurückgewiesen worden ist, gilt dies freilich nicht: nur Wirkung inter partes (und für den Rechtsnachfolger), vgl BVerwGE 68, 306 (307); VGH Mannheim, VBlBW 1980, 23; BVerwGE 65, 131 (137); VGH München, NuR 2001, 402 (404); *Ziekow*, BauR 2007, 1169 (1174).

745 Auch bei Bebauungsplänen auf der Grundlage früherer Fassungen des BauGB, vgl VGH München, BayVBl. 2005, 465 (470): Grundsätze des intertemporalen Rechts und § 233 II 1 BauGB.

746 BT-Drs. 15/2250, S. 65.

747 Vgl nur *Erbguth/Guckelberger*, Allgemeines Verwaltungsrecht, § 3 Rn 2.

des gilt, wenn die Ungültigkeit der Norm zu einer noch gravierenderen Beeinträchtigung höherrangigen Rechts führen würde (bspw im Fall eines gleichheitswidrigen Ausschlusses von einer Begünstigung, weil sonst die Besserstellung insgesamt entfiele). Dann kommt es zu einer **Nichtanwendungserklärung** oder Rechtswidrigkeitsfeststellung (analog § 47 V 2 VwGO) hinsichtlich der Norm[748].

Eine **Teilunwirksamkeit** der Satzung führt nicht zu deren Gesamtunwirksamkeit, wenn zum einen der restliche Teil ohne den unwirksamen Sinn ergibt und die Norm zum anderen auch ohne den unwirksamen Teil von der Gemeinde erlassen worden wäre[749]. Ersteres ist nicht der Fall, wenn zwischen beiden Teilen ein untrennbarer Zusammenhang dergestalt besteht, dass der nicht zu beanstandende Teil allein keine geordnete städtebauliche Entwicklung zu gewährleisten vermag[750]. Liegen die Dinge so, erklärt das OVG die gesamte Satzung für unwirksam, auch wenn der Antrag nur gegen den die Unwirksamkeit auslösenden Teil gerichtet war[751].   **1082**

Aus der allgemeinverbindlichen („Für-Unwirksam"-)Erklärung folgt, dass die gerichtliche Entscheidungsformel vom Antragsgegner nach § 47 V 2 HS 2 VwGO in gleicher Weise zu **veröffentlichen** ist, wie die Rechtsvorschrift bekannt zu machen wäre. Für die Wirkung der Entscheidung verweist § 47 V 3 VwGO iÜ auf eine entsprechende Anwendung des § 183 VwGO; **bestandskräftige** Verwaltungsakte, die auf der für unwirksam erklärten Norm beruhen, bleiben daher von der Entscheidung unberührt.   **1083**

(2) Kontrolldichte und Planerhaltung. Die gerichtliche Kontrolle von Bauleitplänen auf ihre Rechtmäßigkeit – unabhängig davon, ob im Wege der hier zunächst behandelten prinzipalen Kontrolle nach § 47 VwGO oder durch Inzidentprüfung[752] – unterliegt **Einengungen,** die allg. ggf aus einer zurückgenommenen Kontrolldichte bei planerischen Entscheidungen rühren, ferner auf Grund spezieller Anordnungen zur Planerhaltung in §§ 214 f BauGB festgeschrieben sind.   **1084**

Die Maßgaben ordnungsgemäßer bauleitplanerischer Abwägung, wie sie aus § 1 VII BauGB (§ 1 VI BauGB aF) auf der Grundlage verfassungsrechtlicher Anforderungen abgeleitet worden sind, verstehen sich zunächst als **Handlungsmaßstäbe** für die Kommune. In ihrer praktischen, nämlich streitbefangenen Bedeutung sind sie indes **Kontrollmaßstäbe** der gerichtlichen Überprüfung[753].   **1085**

Die im Zusammenhang mit der materiellen Rechtmäßigkeit von Bauleitplänen beschriebene Abwägungsfehlerlehre[754] gilt grds auch für die gerichtliche Entscheidung: Ermittlungs-/Einstellungsfehler, Gewichtungsfehler, Ausgleichsfehler. Abweichen-   **1086**

---

748 Weitergehend *Schenke*, Gedenkschrift Kopp, 2007, S. 114 (125, 136 ff); *ders.*, VerwArch 98 (2007), 448 (454) mwN; dazu krit *Erbguth/Schubert*, ÖffBauR, § 15 Rn 74.
749 *Bönker*, in: Hoppe/Bönker/Grotefels, ÖffBauR, § 17 Rn 31 mwN.
750 BVerwG, DVBl. 1985, 112 (114); im Näheren BVerwG, NVwZ 2008, 899.
751 *Bönker*, in: Hoppe/Bönker/Grotefels, ÖffBauR, § 17 Rn 31.
752 Vgl Rn 934, 1069.
753 Zu den rechtsstaatlichen Anforderungen an die gerichtliche Kontrolle der Abwägung *Erbguth*, in: Erbguth/Kluth (Hrsg.), Planungsrecht in der gerichtlichen Kontrolle. Kolloquium zum Gedenken an Werner Hoppe, 2012, S. 103.
754 Rn 993 ff.

des kann – unter Wahrung verfassungsrechtlicher Grenzen (Art. 19 IV GG, Rechtsstaatsprinzip) – gesetzlich bestimmt werden. Ein solcher Vorgang dürfte aber in den
nachfolgend zu behandelnden Regelungen der „Planerhaltung"[755] nicht zu sehen sein.
Zwar hat der Gesetzgeber für eine Reihe von Rechtsverstößen bei der Aufstellung
von Flächennutzungsplänen, Bebauungsplänen und sonstigen städtebaulichen Satzungen, zu denen auch Abwägungsmängel zählen, explizit ausgeschlossen, dass sie
Grund für eine Unwirksamkeitserklärung durch Richterspruch sein können (§§ 214 f
BauGB). Hierin liegt indes keine Zurücknahme der Kontrolldichte[756] – weil die
Rechtswidrigkeit des jeweiligen Plans oder der Satzung auch für das Gerichtsverfahren gilt; lediglich die normalen Folgen für die gerichtliche Entscheidung sind beschnitten (Rechtswirksamkeit trotz Rechtswidrigkeit[757]): Reduziert ist die Entscheidungskompetenz, nicht aber die Kontrolldichte.

1087 Abweichend von dem allgemeinen Grundsatz, dass die Rechtswidrigkeit einer
Rechtsnorm zu deren Nichtigkeit führt[758], hat der Gesetzgeber in §§ 214 f BauGB
Rechtsverstöße bei Flächennutzungsplänen und städtebaulichen Satzungen für unbeachtlich erklärt, unter Rügefrist gestellt und iÜ die Möglichkeit der Fehlerbehebung
in einem ergänzenden Verfahren geschaffen (**Planerhaltungsvorschriften**). Die
Überschrift „Planerhaltung" der §§ 214–216 BauGB soll das in diesen Regelungen
enthaltene Prinzip verdeutlichen[759].

1088 Was zunächst § 214 BauGB anbelangt, so regelt Abs. 1 der Vorschrift **abschließend**
die Beachtlichkeit der Verletzung von Verfahrens- und Formvorschriften „dieses Gesetzbuchs" für die Rechtswirksamkeit des Flächennutzungsplans und der Satzungen
nach dem BauGB[760]. Landesrechtliche Verfahrens- oder Formvorschriften werden
folglich nicht erfasst[761]; aus ihnen, etwa den kommunalrechtlichen Befangenheitsre-
gelungen, können sich gesonderte Gründe für die Unwirksamkeit eines Flächennutzungsplans oder von Satzungen ergeben[762]. Satzungen nach Landesrecht unterfallen
ebenfalls nicht dem Regelungsgehalt des § 214 I BauGB[763]. Im Weiteren schreibt
§ 214 II BauGB für die Rechtswirksamkeit von Bauleitplänen unbeachtliche Mängel
im Zusammenhang mit der **Entwicklung** des Bebauungsplans **aus dem Flächennutzungsplan** fest, Abs. 2a solche bei Bebauungsplänen **im beschleunigten Verfahren**
(§§ 13a, 13b BauGB), Abs. 3 betrifft **Abwägungsmängel** und Abs. 4 das **ergänzende Verfahren.**

---

755 Dazu allg. bereits Rn 1038 ff.
756 Anders *Hoppe*, in: Hoppe/Bönker/Grotefels, ÖffBauR, § 7 Rn 161.
757 *Ipsen*, DV 1987, 477 (485 f).
758 Nichtigkeitsdogma, vgl etwa *Bönker*, in: Hoppe/Bönker/Grotefels, ÖffBauR, § 17 Rn 39; vorstehend
     im Text; bereits Rn 1037; krit gegenüber diesem Grundsatz *Sendler*, DVBl. 2005, 659 (659 f).
759 Zu diesem Prinzip *Hoppe*, DVBl. 1996, 13 und DVBl. 1997, 1407; *Sendler*, FS Hoppe, S. 1011;
     ders., DVBl. 2005, 659; Rn 1029 ff; eingehend *Steinwede*, Planerhaltung im Städtebaurecht durch
     Gesetz und richterliche Rechtsfortbildung, 2003; bereits Rn 1037 ff.
760 Vgl allg. näher *Lorenz*, Verfahrensvorschriften und Fehlerfolgen. Ein Vergleich der Regelungen des
     Baugesetzbuchs und des Verwaltungsverfahrensgesetzes, 2002.
761 Zu Ersteren unter Geltung der insoweit gleichen früheren Rechtslage BVerwG, SächsVBl. 2002, 4
     (4 f).
762 Sofern die kommunalrechtlichen Vorschriften nicht selbst Unbeachtlichkeitsregelungen enthalten,
     etwa für den Fall mangelnder Kausalität für das Abstimmungsergebnis (dazu Rn 920), bleibt die
     Möglichkeit des ergänzenden Verfahrens nach § 214 IV BauGB, vgl Rn 1100.
763 § 214 I 1 BauGB: „des Flächennutzungsplans und der Satzungen nach diesem Gesetzbuch".

§ 214 I BauGB folgt – mit Ausnahme von Abs. 1 S. 1 Nr 1[764] – konzeptionell der **1089**
Vorgängerregelung, indem grds die Beachtlichkeit bestimmter Verfahrensverstöße
vorangestellt wird und sodann hiervon Ausnahmen geregelt werden (**interne Unbeachtlichkeitsklauseln**[765]). Ist Letzteres nicht der Fall, liegt **absolute Beachtlichkeit**
vor (Bsp.: § 214 I 1 Nr 4 BauGB)[766]; umgekehrt ist die Verletzung in § 214 BauGB
nicht genannter Vorschriften (etwa § 3 I BauGB) immer unbeachtlich (sog. **externe
Unbeachtlichkeit**). Im Näheren ergibt sich das Nachfolgende.

Abwägungsvorgang: § 214 I 1 Nr 1 BauGB birgt auf Grund der gesetzgeberisch ver- **1090**
folgten Einordnung des (bauleit)planerischen Abwägungsvorgangs als Verfahren
Sprengstoff – und steht zugleich paradigmatisch für das Umsteuern des Gesetzgebers
(EAG Bau) zugunsten prozessualer Verfahrensrichtigkeit. Hiernach ist für die
Rechtswirksamkeit des Flächennutzungsplans und der städtebaulichen Satzung(en)
nur beachtlich, wenn „entgegen § 2 Abs. 3 die von der Planung berührten Belange,
die der Gemeinde bekannt waren oder hätten bekannt sein müssen, in wesentlichen
Punkten nicht zutreffend ermittelt oder bewertet worden sind". Der in Bezug genommene § 2 III BauGB schreibt vor, dass bei der Aufstellung des Flächennutzungsplans
oder der Satzung die Belange, welche für die Abwägung von Bedeutung sind (Abwägungsmaterial), zu ermitteln und zu bewerten sind. Erfasst werden solcherart die
Schritte des Abwägungsvorgangs, freilich in einem prozeduralen Verständnis, wie
auch die Gesetzesbegründung unter Hinweis auf die „gemeinschaftsrechtlichen Verfahrensvorgaben" betont[767].

Ob damit die inhaltliche Seite des Abwägungsvorgangs, die hierauf gerichtete gerichtliche
Überprüfung[768] und die diesbzgl materiellen Fehlerfolgen gänzlich verfahrensrechtlich usur-
piert worden sind, erscheint indes mehr als fraglich[769]. Immerhin steht es mit der legislatorischen Intention in Einklang, dass die bisherige Regelung des § 214 III 2 BauGB aF, wonach es
sich bei Fehlern im Abwägungsvorgang um materielle Mängel handelt(e), im Gesetzgebungsverfahren zunächst ganz entfallen war[770], sich in ihrer (dann doch) Wiederaufnahme als § 214
III 2 HS 2 BauGB auf „übrige" Mängel im Abwägungsvorgang, also solche jenseits von Er-
mittlungs- und Bewertungsfehlern iSd §§ 2 III, 214 I 1 Nr 1, III 2 HS 1 BauGB, beschränkt.

Dass nur **wesentliche** Ermittlungs- resp. Bewertungsfehler[771] und dies auch lediglich
bei Belangen, die der Gemeinde bekannt waren oder hätten bekannt sein müssen, be-

---

764 Zur Neustrukturierung der Planerhaltungsvorschriften überwiegend krit *Quaas/Kukk*, BauR 2004,
    1541; *Erbguth*, JZ 2006, 484 (490 ff); jeweils mwN; auch *Uechtritz*, ZfBR 2005, 11; *U. Stelkens*,
    UPR 2005, 81.
765 Zum Begriff *Battis*, in: Battis/Krautzberger/Löhr, BauGB, § 214 Rn 6.
766 Es bleibt dann nur eine Heilung durch ergänzendes Verfahren nach § 214 IV BauGB, vgl *Bönker*, in:
    Hoppe/Bönker/Grotefels, ÖffBauR, § 17 Rn 47 ff.
767 BT-Drs. 15/2250, S. 63; *Bracher*, in: Bracher/Reidt/Schiller, Bauplanungsrecht, Rn 1186.
768 Umfassend zur gerichtlichen Kontrolle *Merkel*, Die Gerichtskontrolle der Abwägung im Bauplan-
    nungsrecht, insbesondere nach der Neuregelung der §§ 2 III und 214 BauGB durch das EAG Bau,
    2012.
769 Vgl näher Rn 1011.
770 Vgl dazu BT-Drs. 15/2250, S. 63.
771 Als „wesentlich" haben Mängel nicht erst dann zu gelten, wenn es sich um „gravierende Fehlein-
    schätzungen in für die Planung wesentlichen Fragen handelt" (so aber OVG Münster, DVBl. 2007,
    317); vielmehr betreffen von der Planung berührte, durch die Gemeinde nicht zutreffend ermittelte
    oder bewertete Belange bereits dann „wesentliche Punkte" iSd § 214 I 1 Nr 1 BauGB, wenn diese
    Punkte in der konkreten Planungssituation abwägungsbeachtlich waren, BVerwG, NVwZ 2008, 899
    (900 ff); ferner BVerwG, BRS 70 Nr 46.

achtlich sind, ein hierunter etwa leidender Bebauungsplan mithin im Normenkontroll-verfahren für unwirksam erklärt wird, entspricht der bisherigen Rspr[772].

Nach dem letzten Halbsatz des § 214 I 1 Nr 1 BauGB ist die Beachtlichkeit davon ab-hängig, dass der Mangel offensichtlich und auf das Ergebnis des Verfahrens von Ein-fluss gewesen ist. Mit Verfahrensergebnis soll der Planinhalt, also das – materielle – Abwägungsergebnis gemeint sein[773]. Zur Vermeidung von Wiederholungen wird auf die Begriffe der Offensichtlichkeit und der Ergebniskausalität im Zusammenhang mit § 214 III 2 HS 2 BauGB eingegangen[774].

1091   **Öffentlichkeits- und Behördenbeteiligung:** § 214 I 1 Nr 2 BauGB betrifft die Einhaltung der Vorschriften über die Öffentlichkeits- und Behördenbeteiligung.

HS 1 der Regelung erklärt Verstöße gegen folgende Bestimmungen für beachtlich: § 3 II (Aus-legungsverfahren), § 4 II (behördliche Stellungnahmen), §§ 4a III, IV 1, V 2 sowie 13 II 1 Nr 2 und 3 BauGB (gemeinsame Vorschriften zur Beteiligung von Öffentlichkeit und Behörden/ Stellungnahmen der betroffenen Öffentlichkeit im vereinfachten Verfahren – auch in Verbin-dung mit § 13a II Nr 1 und § 13b BauGB), § 22 IX 2 BauGB (Stellungnahmen der betroffenen Öffentlichkeit, der berührten Behörden und der sonstigen Träger öffentlicher Belange bei ge-sonderten Satzungen zur Sicherung von Gebieten mit Fremdenverkehrsfunktionen), § 34 VI 1 BauGB (Öffentlichkeits- und Behördenbeteiligung nach § 13 II 1 Nr 2 und 3 BauGB bei Innen-bereichssatzungen) sowie § 35 VI 5 BauGB (Öffentlichkeits- und Behördenbeteiligung nach § 13 II 1 Nr 2 und 3 BauGB bei Außenbereichssatzungen).

HS 2 (des § 214 I 1 Nr 2 BauGB) hat durch das BauGB 2017 eine neue – übersichtlichere – Untergliederung der internen Unbeachtlichkeitsklauseln (Buchst. a)-g)) erhalten. Unbeachtlich ist nach **Buchst. a)**, wenn bei Anwendung der Vorschriften einzelne Personen, Behörden oder sonstige Träger öffentlicher Belange nicht beteiligt worden sind, die entsprechenden Belange jedoch unerheblich waren oder in der Entscheidung berücksichtigt worden sind[775]. Unbeacht-lich ist nach **Buchst. b)** ferner, wenn bei der öffentlichen Bekanntmachung nach § 3 II BauGB „einzelne Angaben dazu, welche Arten umweltbezogener Informationen verfügbar sind", ge-fehlt haben[776]. **Buchst. d)** nimmt Bezug auf die mit dem BauGB 2017 eingeführte Pflicht, bei Vorliegen eines wichtigen Grundes die öffentliche Auslegung der Entwürfe der Bauleitpläne für die Dauer einer angemessenen längeren Frist als 30 Tage durchzuführen (§ 3 II 1 BauGB). Unbeachtlich ist ein Verstoß hiergegen allerdings nur, wenn die Begründung für die Annahme des Nichtvorliegens eines wichtigen Grundes nachvollziehbar ist[777]. Die interne Unbeachtlich-keitsklausel erfasst des Weiteren – ebenfalls im Gefolge des BauGB 2017 – nach **Buchst. e)** Fälle, in denen bei Anwendung des § 4a IV 1 BauGB der Inhalt der Bekanntmachung und die auszulegenden Unterlagen zwar in das Internet eingestellt, aber nicht über das zentrale Internet-portal des Landes zugänglich sind. Daraus folgt zugleich, dass das Nichteinstellen in das Inter-net ein beachtlicher Fehler ist[778]. Weiter erfasst die interne Unbeachtlichkeitsklausel nach **Buchst. f)** die fehlende Angabe im vereinfachten Verfahren (§ 13 BauGB), dass von einer Um-

---

772   BVerwGE 59, 87 (103).

773   Wegen der Parallelität zu § 214 III 2 BauGB aF, vgl dazu BT-Drs. 15/2250, S. 65; anders ohne Be-gründung *Friege*, ThürVBl. 2005, 217 (217); zu alldem *Erbguth*, JZ 2006, 484 (489 ff) mwN; *ders.*, NVwZ 2007, 985 (988).

774   Vgl Rn 1098 f.

775   Unbeachtlichkeit tritt nach dieser Vorschrift auch dann ein, wenn es sich bei den nicht beteiligten Personen zugleich um die einzigen Betroffenen handelt, also eine Beteiligung gänzlich unterblieben ist, OVG Münster, NWVBl. 2010, 396 (397).

776   Beachtlichkeit bei Fehlen sämtlicher diesbzgl Angaben, BT-Drs. 15/2250, wie vor.

777   Näher dazu *Kukk*, in: Schrödter, BauGB, § 214 Rn 21d.

778   *Kukk*, in: Schrödter, BauGB, § 214 Rn 21e.

weltprüfung abgesehen wird (§ 13 III 2 BauGB). Die letzte Ausnahme (**Buchst. g**) betrifft die erneute Beteiligung nach § 4a III 4 BauGB (unwesentliche Änderung des Bauleitplanentwurfs) bzw diejenige im vereinfachten Verfahren nach § 13 BauGB: Werden die diesbzgl Voraussetzungen verkannt, hat das keine Auswirkungen auf die Rechtswirksamkeit von Flächennutzungsplänen und städtebaulichen Satzungen. Das gilt „auch in Verbindung mit § 13a II Nr 1 und § 13b", in allen Fällen aber nur, wenn eine Umweltprüfung nicht unionsrechtlich geboten war[779]. Insoweit bleibt es dabei, dass eine derartige Verkennung insbes. dann anzunehmen ist, wenn die Gemeinde die Frage, ob die Grundzüge der Planung berührt werden, falsch beurteilt – freilich immer vorausgesetzt, dass sie sich nicht bewusst über die Voraussetzungen des vereinfachten Verfahrens hinwegsetzen, sondern nach § 13/§ 13a/§ 13b BauGB bzw § 4a III 4 BauGB handeln wollte[780]; Letzteres verlangt nach überwiegender Meinung indes keine detaillierte Auseinandersetzung mit den Maßgaben der genannten Vorschriften[781].

Begründungsfehler: Nach § 214 I 1 Nr 3 HS 1 BauGB ist hinsichtlich der Vorschriften über
die Begründung der Bauleitpläne sowie ihrer Entwürfe mit Blick auf die Erklärung zum Umweltbericht eine Verletzung von §§ 2a, 3 II, § 5 I 2 HS 2 und V, § 9 VIII und § 22 X BauGB beachtlich.   **1092**

Die interne Unbeachtlichkeitsklausel in § 214 I 1 Nr 3 HS 2 BauGB folgt zunächst dem früheren Recht, indem eine **Unvollständigkeit der Begründung** des Flächennutzungsplans, der Satzung oder ihres Entwurfs unbeachtlich ist. Unvollständigkeit liegt allerdings nicht (mehr) vor, wenn wesentliche Gründe gänzlich fehlen oder sich lediglich formelartige Beschreibungen des Planinhalts bzw nichtssagende Wiederholungen des Gesetzeswortlauts finden[782]. Begrifflich vorausgesetzt ist vielmehr, dass die tragenden städtebaulichen Erwägungen der Gemeinde für die konkrete Planung erkennbar werden, um nachvollziehen zu können, ob es überhaupt zu einer Abwägung nach Maßgabe des § 1 VII BauGB gekommen ist[783]. Negativ beschrieben liegt Unvollständigkeit idS insbes. vor, wenn entweder zu den für die Planung insgesamt bedeutenden Festsetzungen nicht alle wesentlichen Gesichtspunkte angesprochen werden oder wenn zu einzelnen dieser wichtigen Festsetzungen die Begründung fehlt[784]. Von jener auf die Unvollständigkeit der Begründung abstellenden Unbeachtlichkeitsklausel findet sich in HS 3 der Vorschrift wiederum eine Ausnahme, dergestalt nämlich, dass solches hinsichtlich der Vorschriften betreffend den Umweltbericht nur bei Unvollständigkeit (der Begründung hierzu) in unwesentlichen Punkten gilt[785].[786] Im Verhältnis zur allgemeinen Begründung ist daher erhöhte Sorgfalt geboten[787]. § 214 I 2 BauGB bezieht sich auf den Fall einer Unvollständigkeit der Begründung nach S. 1 Nr 3 der Vorschrift und ordnet als quasi verfahrensrechtliche Kompensati-

---

779 BVerwG, NVwZ 2009, 1289 Rn 25.
780 BVerwG, ZfBR 1985, 87 (88); BVerwG, NVwZ 2009, 1289 Rn 24.
781 BVerwG, NVwZ-RR 2000, 759 (759); *Kment*, DVBl. 2007, 1275 (1277).
782 BVerwG, DVBl. 1986, 686 (687); ferner BVerwG, BauR 1989, 687 (689 ff); dazu *Dolde*, BauR 1990, 1 (3).
783 VGH Mannheim, NVwZ 1984, 529.
784 *Dolde*, BauR 1990, 1 (3); auch BVerwG, DVBl. 1986, 686 (687).
785 Ausschussbericht, BT-Drs. 15/2969, S. 60: „… unbeachtlich, wenn die Begründung des Flächennutzungsplans oder der Satzung oder ihr Entwurf unvollständig ist; abweichend von Halbsatz 2 ist eine Verletzung von Vorschriften in Bezug auf den Umweltbericht unbeachtlich, wenn die Begründung hierzu nur in unwesentlichen Punkten unvollständig ist."; krit *Gaentzsch*, in: Spannowsky/Krämer, BauGB-Novelle 2004, 2004, S. 131 (139): missverständlich.
786 Anhaltspunkte für derartige unbeachtliche Fehler des Umweltberichts sollen insbes. vorliegen, wenn der Umweltprüfung nicht ausdr. die in Nr 1 und 3 Buchst. a und c der Anlage zum BauGB genannten Anforderungen zugrunde gelegt wurden, die Begründung des Flächennutzungsplans oder der Satzungen oder ihre Entwürfe aber an anderer Stelle diesbzgl vorliegt, Ausschussbericht, BT-Drs. 15/2969, S. 104; bereits BT-Drs. 15/2250, S. 64.
787 *Uechtritz*, ZfBR 2005, 11 (13): erheblicher Zeit- und Kostenaufwand.

on eine Auskunftspflicht der Gemeinde an, wenn ein berechtigtes Interesse dargelegt wird. Anders als die Vorgängerregelung zum EAG Bau ist § 214 I 2 BauGB nicht auf den Abwägungsbezug der Begründung beschränkt[788].

Hat die Gemeinde das vereinfachte Verfahren nach § 13 BauGB angewandt, weil sie verkannt hat, dass die Änderung oder Ergänzung eines Bauleitplans die Grundzüge der Planung berührt (§ 13 I BauGB), so findet sich – anders als in § 214 I 1 Nr 2 Hs. 2 BauGB – in § 214 I 1 Nr 3 BauGB keine hierauf bezogene interne Unbeachtlichkeitsklausel; Begründungsmängel, auch das Absehen von der Erstellung eines Umweltberichts, blieben folglich in derartigen Fällen beachtlich. Das BVerwG will hier durch **analoge Anwendung des § 214 I 1 Nr 2 HS 2 BauGB** Abhilfe schaffen – mit der Konsequenz, dass Begründungsfehler im Gefolge einer irrtümlichen Anwendung des vereinfachten Verfahrens ebenso unbeachtlich sein sollen wie hierauf beruhende Beteiligungsmängel[789]. Dies gilt indes aus unionsrechtlichen Gründen nur dann, wenn die Durchführung einer SUP und damit die Erstellung eines Umweltberichts unionsrechtlich nicht geboten war[790].

1093 **Fehlender Aufstellungsbeschluss, mangelnde Genehmigung, verfehlter Hinweiszweck der Bekanntmachung:** In § 214 I 1 Nr 4 BauGB finden sich Fälle absoluter Beachtlichkeit aufgeführt; allerdings zieht die Rechtsverletzung nur dann eine Unwirksamkeit des Plans oder der Satzung nach sich, wenn die von § 214 I 1 Nr 4 BauGB erfassten Verfahrensschritte insgesamt unterblieben sind bzw der Hinweiszweck der Bekanntmachung gänzlich verfehlt worden ist[791]. Mit Beschluss ist iÜ der verfahrensabschließende Beschluss gemeint, beim Bebauungsplan also der Satzungsbeschluss nach § 10 I BauGB[792]. Ist der Beschluss „gefasst" worden, greift die Beachtlichkeit auch dann nicht, wenn es dabei zu einem Verstoß gegen landesrechtliche Vorschriften, etwa kommunalrechtliche Mitwirkungsverbote[793], gekommen ist[794].

1094 **Entwicklungsgebot:** § 214 II BauGB betrifft die Aufstellung eines selbstständigen und vorzeitigen Bebauungsplans, das Entwickeln des Bebauungsplans aus dem Flächennutzungsplan und die nachträgliche Erkenntnis der Unwirksamkeit des Flächennutzungsplans sowie das Parallelverfahren nach § 8 III BauGB. Im Gegensatz zur Systematik des § 214 I BauGB ist nach Abs. 2 der Bestimmung ein Verstoß gegen die Vorschriften über das Verhältnis zum Flächennutzungsplan (§ 8 II–IV BauGB) zwar grds beachtlich[795]; Nr 1–4 des § 214 II BauGB normieren aber weitreichende Durchbrechungen. Unbeachtlich ist zunächst, wenn die Gemeinde die Voraussetzungen für die Aufstellung eines selbstständigen Bebauungsplans nach § 8 II 2 BauGB oder die von § 8 IV BauGB vorausgesetzten dringenden Gründe für die Aufstellung eines vorzeitigen Bebauungsplans nicht richtig beurteilt hat, § 214 II **Nr 1** BauGB. Es muss ihr insoweit ein Fehler, ein Versehen unterlaufen sein; setzt sich die Kommune bewusst über die Anforderungen hinweg, findet § 214 II Nr 1 BauGB keine Anwendung[796], es bleibt also bei der Beachtlichkeit.

---

788 Vgl *Battis*, in: Battis/Krautzberger/Löhr, BauGB, § 214 Rn 7.
789 BVerwG, NVwZ 2009, 1289 Rn 22 f.
790 BVerwG, wie vor, Rn 25 ff; zu alldem bereits *Lohse*, DÖV 2009, 794.
791 Vgl dazu *Dolde*, BauR 1990, 1 (4).
792 Die Vorschrift gilt auch für den Beitrittsbeschluss der Gemeinde im Falle einer vom Aufstellungsbeschluss abweichenden Genehmigung des Bebauungsplans, BVerwG, NVwZ 1997, 896.
793 Dazu näher *Menke*, Das kommunale Mitwirkungsverbot bei der Bauleitplanung, 1990.
794 Vgl dazu *Gaentzsch*, FS Weyreuther, S. 261; dann kommt es zu einer Unwirksamkeit bspw des Bebauungsplans kraft Landesrechts, die – für den Fall, dass keine landesgesetzlichen Unbeachtlichkeitsvorschriften bestehen oder einschlägig sind – im ergänzenden Verfahren (§ 214 IV BauGB) ggf bereinigt werden kann; Rn 1088 mwN, 1083.
795 *Bönker*, in: Hoppe/Bönker/Grotefels, ÖffBauR, § 17 Rn 44.
796 Vgl BVerwG, BauR 1985, 282, freilich zu großzügig, wenn lediglich gefordert wird, es dürften keine Anhaltspunkte für ein bewusstes Darüberhinwegsetzen vorliegen; dass sich die Gemeinde nicht mit den jeweiligen Voraussetzungen befasst habe, reiche dafür nicht aus.

Schon vor diesem Hintergrund erscheint die Ansicht des BVerwG, wonach die Regelung selbst **1095** dann greift, wenn die Gemeinde sich mit jenen Anforderungen überhaupt nicht befasst hat[797], kaum haltbar[798]. Auch die Annahme, der Unbeachtlichkeit seien ferner Fälle zugänglich, in denen ein Flächennutzungsplan unerkannt unwirksam ist[799], übersieht zum einen, dass die Gemeinde § 8 II 2 bzw IV BauGB nicht verkannt haben kann, weil sie den Bebauungsplan aus dem Flächennutzungsplan nach § 8 II 1 BauGB entwickeln wollte[800]; zum anderen steht die Sichtweise rechtssystematisch nicht in Einklang mit § 214 II Nr 3 BauGB, der eine gesonderte Regelung für Konstellationen unbemerkter Unwirksamkeit des Flächennutzungsplans trifft. Nach § 214 II **Nr 2** BauGB sind Verstöße gegen das Entwicklungsgebot des § 8 II 1 BauGB unbeachtlich, wenn dabei die sich aus dem Flächennutzungsplan ergebende geordnete städtebauliche Entwicklung nicht beeinträchtigt worden ist. Hinsichtlich der geordneten städtebaulichen Entwicklung ist nicht auf die Darstellungen des Flächennutzungsplans für den Geltungsbereich des Bebauungsplans abzustellen[801], sondern auf die sachlich und räumlich übergreifende Gesamtkonzeption des Flächennutzungsplans. Ob eine Beeinträchtigung vorliegt, beurteilt sich anhand des Gewichts der bebauungsplanerischen Abweichung von besagtem Gesamtkonzept sowie danach, ob gleichwohl die städtebauliche Entwicklungsfunktion des Flächennutzungsplans im Wesentlichen gewahrt ist[802]. Letzteres ist bspw nicht der Fall, wenn im Bebauungsplan festgesetzte Flächen für die Windenergienutzung in ihrem Umfang deutlich hinter der Darstellung einer Konzentrationsfläche für Windenergie im Flächennutzungsplan zurückbleiben[803].

Unbeachtlich für die Wirksamkeit eines Bebauungsplans ist gem. **Nr 3** des § 214 II BauGB ferner, **1096** wenn er aus einem Flächennutzungsplan entwickelt worden ist, dessen Unwirksamkeit wegen Verletzung von Verfahrens- und Formvorschriften (einschließlich § 6 BauGB) sich erst nach Bekanntmachung des Bebauungsplans herausstellt. Die Vorschrift betrifft nur Verfahrens- und Formvorschriften; Verstöße gegen § 5 I 2 BauGB[804] oder gegen die Zuständigkeit zur Aufstellung des Flächennutzungsplans[805] lösen ihre Rechtswirkung nicht aus. Herausgestellt hat sich die Unwirksamkeit, wenn die Gemeinde gesicherte Kenntnis von der Unwirksamkeit des Flächennutzungsplans hat; aus welchen Quellen sich dies speist, ist unerheblich[806].

§ 214 II **Nr 4** BauGB erfasst eine Verletzung des § 8 III BauGB im Parallelverfahren; der Fehler ist hiernach unbeachtlich, wenn dadurch die geordnete städtebauliche Entwicklung nicht gefährdet worden ist. Vorausgesetzt ist zunächst, dass ein Parallelverfahren wirklich betrieben wird, und zwar iSd Wechselbezüglichkeit, die eine inhaltliche Abstimmung ermöglicht[807]. Der Verstoß gegen § 8 III BauGB liegt sodann darin, dass der Bebauungsplan bekannt gemacht wird, bevor der Flächennutzungsplan das Stadium der Planreife erreicht hat. Für die Beeinträchtigung der geordneten städtebaulichen Entwicklung gelten die zu § 214 II Nr 2 BauGB umrissenen Grundsätze entsprechend[808].

---

797 BVerwG, BauR 1985, 282.
798 Krit auch *Dolde*, NJW 1986, 815 (821).
799 BVerwG, NVwZ 1992, 882.
800 Krit insoweit *Bracher*, in: Bracher/Reidt/Schiller, Bauplanungsrecht, Rn 1196.
801 Weil dieser Bezugsrahmen maßgeblich für die Beurteilung anhand des Entwicklungsgebots ist und nach der Vorschrift eine Verletzung des Gebots vorausgesetzt ist.
802 Zum Vorstehenden BVerwG, BauR 1999, 1128; instruktives Bsp. bei *Bracher*, in: Bracher/Reidt/Schiller, Bauplanungsrecht, Rn 1198.
803 OVG Koblenz, DVBl. 2004, 975 (Ls.); ferner BVerwG, UPR 2005, 111.
804 *Bracher*, in: Bracher/Reidt/Schiller, Bauplanungsrecht, Rn 1202.
805 BVerwG, DVBl. 1992, 574 (575 f).
806 Regelmäßig auch im Gefolge einer entsprechenden inzidenten Feststellung in einem verwaltungsgerichtlichen Verfahren; vgl näher *Bracher*, in: Bracher/Reidt/Schiller, Bauplanungsrecht, Rn 1203.
807 *Bracher*, in: Bracher/Reidt/Schiller, Bauplanungsrecht, Rn 1205, unter Hinweis auf BVerwG, DVBl. 1985, 385; BVerwG, ZfBR 1985, 140.
808 Rn 1095.

1097 **Bebauungspläne im beschleunigten Verfahren:** Der mit dem BauGB 07 eingeführte § 214
IIa BauGB enthält eine speziell auf § 13a BauGB zugeschnittene Unbeachtlichkeitsregelung,
die – in Ergänzung zu Abs. 1, 2 – Verstöße gegen diese Bestimmung weitgehend gegen gerichtliche Zugriffe immunisiert[809]. Im Gefolge des BauGB 2017 erfasst die Regelung nunmehr
auch das beschleunigte Verfahren nach § 13b BauGB (Wohnnutzung von Außenbereichsflächen). Unbeachtlich ist es nach § 214 IIa **Nr 2** BauGB[810], wenn die Hinweise auf das beschleunigte Verfahren und die Unterrichtungs- sowie Äußerungsmöglichkeiten der Öffentlichkeit
nach § 13a III BauGB (Nr 2) unterblieben sind. Letzteres ist mit Blick auf den Entfall der Umweltprüfung (§ 13a III Nr 1 BauGB) unionsrechtlich nicht unbedenklich, weil dadurch das
Transparenzgebot des Art. 3 VII SUP-RL allenfalls faktisch, nicht aber rechtlich sichergestellt
wird[811]. Die Unbeachtlichkeit eines unterbliebenen Hinweises nach § 13a III Nr 2 BauGB
(Ausfall von § 3 I BauGB) findet sich teilw damit gerechtfertigt, jener Hinweis stelle lediglich
das Surrogat für die frühzeitige Öffentlichkeitsbeteiligung dar, deren fehlende Durchführung
schon als solche unbeachtlich sei[812]; dies lässt unberücksichtigt, dass es vorliegend nicht um
Unbeachtlichkeiten im Normal-, sondern im beschleunigten Verfahren geht, dessen ohnehin re-
duzierten Verfahrensanforderungen zusätzliche prozedurale Unbeachtlichkeiten besonders be-
gründungsbedürftig machen. Bei dem Absehen von einer Umweltprüfung auf Grund einer Vorprüfung des Einzelfalls nach § 13a I 2 Nr 2 BauGB und bei der Einschätzung, dass durch den
Plan nicht die Zulässigkeit eines UVP-pflichtigen Vorhabens begründet wird, reicht Nachvoll-
ziehbarkeit des Ergebnisses aus (Nr 3, 4)[813].

1098 **Planerische Abwägung:** Nach § 214 III 1 BauGB ist maßgeblicher Zeitpunkt für die
Abwägung derjenige der Beschlussfassung über die Bauleitpläne und (sonstigen)
städtebaulichen Satzungen; damit gilt die Ausnahme (Zeitpunkt des Inkrafttretens)
bei nachträglich wesentlichen Änderungen der Sach- und Rechtslage[814] ebenfalls weiter. S. 2 HS 1 der Vorschrift zieht die Konsequenz aus der verfolgten Zuordnung des
Abwägungsvorgangs in den Bereich der Verfahrensvorschriften: Mängel, die Gegenstand der Regelung in § 214 I 1 Nr 1 sind, können nicht als Mängel der Abwägung
geltend gemacht werden. Ergänzt wird die Vorschrift durch § 214 III 2 HS 2 BauGB,
demzufolge „im Übrigen" Mängel im Abwägungsvorgang nur erheblich sind, wenn
sie offensichtlich und auf das Abwägungsergebnis von Einfluss gewesen sind[815]. **Of-**

---

809 Deshalb zu Recht für Streichung der Vorschrift: Stellungnahme des BR zum GesetzE, BT-Drs. 16/
2932, S. 4; im Wesentlichen ablehnend Gegenäußerung der Bundesregierung, wie vor, S. 5: Transparenz hinsichtlich des Ausfalls der SUP im Wege von öffentlicher Auslegung bzw im Rahmen der
Betroffenenbeteiligung sichergestellt; krit wiederum *Reidt*, NVwZ 2007, 1029 (1030); *Gronemeyer*,
BauR 2007, 815 (823); auch *Schwarz*, LKV 2008, 12 (17 f).
810 Mit dem BauGB 2013 ist die frühere Nr 1 der Vorschrift wieder gestrichen worden; danach waren
formelle Fehler und eine fehlende Einhaltung der Vorschriften über das Verhältnis des Bebauungsplans zum Flächennutzungsplan auch dann unbeachtlich, wenn der zulässige Gegenstand von Bebauungsplänen der Innenentwicklung nach § 13a I 1 BauGB verkannt worden war. Mit der Aufhebung
hat der Gesetzgeber der BauGB-Novelle 2013 dem Verdikt des EuGH Rechnung getragen, wonach
die Klausel mit der SUP-RL unvereinbar war (EuGH, NVwZ-RR 2013, 503).
811 Großzügiger *Kment*, DVBl. 2007, 1275 (1279): Eindeutige Erkennbarkeit aus den Planungsunterlagen reicht aus; dazu auch *Bunge*, NuR 2014, 1 (8).
812 *Uechtritz*, BauR 2007, 476 (483) unter Hinweis auf das Gesetzgebungsverfahren, BT-Drs. 16/2932,
S. 5; dem folgend *Kment*, DVBl. 2007, 1275 (1278).
813 Anders im letzteren Fall nur, wenn die Zulässigkeit von Vorhaben begründet wird, die einer Regel-
UVP nach Spalte 1 der Anlage 1 zum UVPG unterliegen: dann Beachtlichkeit des Mangels, § 214 IIa
Nr 4 BauGB.
814 BVerwGE 56, 283 (288).
815 Krit zu alldem *Erbguth/Schubert*, ÖffBauR, § 5 Rn 144; *Erbguth*, JZ 2006, 484 (490 f, 492).

fensichtliche Mängel betreffen die äußere Seite des Abwägungsvorgangs: objektiv erfassbare Sachumstände im Rahmen der Aufstellungsvorgänge, etwa ersichtlich unzureichende Ermittlung des Abwägungsmaterials[816]; der Fehler muss sich mithin eindeutig aus Akten, Protokollen, der Entwurfs- oder Planbegründung oder aus sonstigen Unterlagen ergeben. Die sog. innere Seite begründet hingegen niemals offensichtliche Mängel[817]: Vorstellungen, Motive uä der Ratsmitglieder sind irrelevant[818].

Das weitere Erfordernis der **Ergebniskausalität** setzt nicht, wie der Wortlaut es nahe legt („auf das Abwägungsergebnis von Einfluss gewesen"), voraus, dass bei Vermeidung des Mangels im Abwägungsvorgang andere Planinhalte festgelegt worden wären. Letzteres ließe sich praktisch nie feststellen[819], so dass hieran die Erheblichkeit von Abwägungsfehlern durchgängig scheitern müsste. Dies hat das BVerwG in verfassungskonformer Auslegung (Art. 14 I, 19 IV, 20 III GG)[820] entschärft, indem es die Möglichkeit der Entscheidungsbeeinflussung genügen lässt, dem aber wiederum eine Verschärfung dergestalt beifügt, dass eine **konkret mögliche Kausalität** gefordert wird. Nicht die nur abstrakte, sondern eine „konkrete Möglichkeit" muss bestehen, „dass ohne den Mangel ... die Planung anders ausgefallen wäre"[821]. Das soll der Fall sein, „wenn sich anhand der Planungsunterlagen oder sonst erkennbarer oder nahe liegender Umstände die Möglichkeit abzeichnet, dass der Mangel im Abwägungsvorgang von Einfluss auf das Abwägungsergebnis gewesen sein kann"[822]. Konkrete Umstände müssen also positiv und klar auf einen solchen Mangel hindeuten[823]; die bloße Vermutung, einzelne Ratsmitglieder wären bei Vermeidung des Mangels für eine andere Lösung aufgeschlossen gewesen, reicht nicht aus[824].

1099

Methodische Unzulänglichkeiten im Rahmen der Umweltprüfung, insbes. die Nichtbeachtung des integrativen Ansatzes[825], werden aber jedenfalls dann, wenn den Umweltbelangen großes Gewicht beizumessen ist, eine derartige Kausalität nach sich ziehen[826]. Ob damit, ferner mit den vorstehend umrissenen Unbeachtlichkeits- und den (nachfolgenden) Heilungsvorschriften

---

816 BVerwGE 128, 238 (245).

817 Vgl nur *Bönker*, in: Hoppe/Bönker/Grotefels, ÖffBauR, § 17 Rn 43; *Brenner*, ÖffBauR, Rn 431.

818 BVerwG, DVBl. 1982, 590 (591); BVerwG, BauR 1998, 284; BVerwGE 64, 33 (38).

819 Weil Eventualerwägungen praktisch nicht angestellt werden, *Bracher*, in: Bracher/Reidt/Schiller, Bauplanungsrecht, Rn 1210.

820 Krit gegenüber dieser verfassungskonformen Interpretation *Koch*, DVBl. 1983, 1125 (1132); *Breuer*, NVwZ 1982, 273 (279).

821 BVerwG, DVBl. 1992, 577; dazu etwa *Schenke*, VerwArch 98 (2007), 448 (453), anhand des kommunalen Abstimmungsgebots.

822 BVerwG, wie vor; zur Offensichtlichkeit und Ergebniskausalität, wenn der in der Begründung des Bebauungsplans zum Ausdruck kommende Wille der Gemeinde von den Planinhalten abweicht, BVerwG, DVBl. 2004, 957 (959); auch BVerwG, NVwZ 2004, 229.

823 Etwa bei hoher Schutzbedürftigkeit eines Belangs, BVerwGE 128, 238 (239 ff); vgl BVerwG, NVwZ 1992, 662 (663); BVerwG, ZfBR 1995, 145 (147); aber auch OVG Lüneburg, BauR 2008, 636 (639).

824 BVerwG, NVwZ 1992, 662 (663); zur Kritik an der Kausalitätsrechtsprechung *Erbguth*, DVBl. 2004, 802 (803, 809); zum Vorstehenden zusammenfassend BVerwGE 119, 45 (49).

825 Dazu etwa *Schubert*, Harmonisierung umweltrechtlicher Instrumente in der Bauleitplanung, 2005, S. 52 f.

826 So anhand der UVP BVerwGE 122, 207 (211 f), während das Gericht zuvor unverdrossen von einem bloßen Verfahrenscharakter des Instruments ausging; dazu krit *Erbguth*, DVBl. 2004, 802 (803, 809); bereits Rn 844.

dem Anforderungsprofil des **Unionsrechts**[827] prozessual entsprochen wird, steht freilich auf einem anderen Blatt[828].

1100 **Ergänzendes Verfahren:** Das ergänzende Verfahren nach § 214 IV BauGB erfasst die nachträgliche Behebung beachtlicher Fehler bei den städtebaulichen Satzungen (und beim Flächennutzungsplan)[829]; die Vorschrift gilt auch für landesrechtliche Verfahrens- und Formfehler[830]. Bedenklich erscheint, dass nach der Rspr[831] an materiellen Fehlern trotz der gesetzlichen Beschränkung auf Abwägungsfehler (§ 214 III BauGB) auch Verstöße gegen zwingendes Recht durch ergänzendes Verfahren geheilt werden können[832]. Sieht das Gericht im Normenkontrollverfahren die Voraussetzungen für ein ergänzendes Verfahren als gegeben an, erklärt es den Plan oder die Satzung bis zur Behebung des Mangels für (schwebend) unwirksam, § 47 V 2 VwGO. Da die Durchführung des ergänzenden Verfahrens ihren Standort außerhalb des Verwaltungsprozesses hat und hiervon auch keineswegs abhängig ist, ist das Verfahren bereits in früherem Zusammenhang näher behandelt worden[833].

1101 Es gilt nach § 215 I 1 BauGB eine einheitliche, § 47 II 1 VwGO entsprechende **Rügefrist** von einem Jahr bei Nichteinhaltung beachtlicher Form- und Verfahrensvorschriften nach § 214 I 1 Nr 1–3 BauGB (Nr 1), in Fällen nach § 214 II BauGB beachtlicher Verletzungen der Vorschriften über das Verhältnis von Bebauungsplan und Flächennutzungsplan (Nr 2) und bei gem. § 214 III 2 BauGB beachtlichen Mängeln des Abwägungsvorgangs (Nr 3). Zu Ersteren, nicht zu Letzteren zählen, wie dargestellt, auch Verstöße im (prozeduralen) Abwägungsvorgang nach § 214 I 1 Nr 1 BauGB. § 215 I 1 BauGB kommt in den Fällen des § 214 IIa BauGB entsprechend zur Anwendung, § 215 I 2 BauGB.

1102 Daraus folgt, dass der verbleibende materielle Mangel der Abwägungsdisproportionalität nicht unter eine Rügefrist gestellt ist. Dann aber beschränkt sich der Anwendungsbereich des § 215 I 1 Nr 3 BauGB, also die zeitlich limitierte Rügebedürftigkeit von (beachtlichen) Mängeln des Abwägungsvorgangs, auf die Auffangklausel des § 214 III 2 HS 2 BauGB, deren praktische Bedeutung klärungsbedürftig ist[834]. Jenseits dessen verschärft die gerade mit Blick auf Abwägungsmängel äußerst knappe Jahresfrist Bedenken, die bereits gegenüber der vorhergehenden Fristenregelung anhand Art. 14 I 2 GG berechtigt waren, und zwar unter Hinweis auf die Pflicht des Gesetzgebers, einen angemessenen und vertretbaren Ausgleich der widerstreitenden Interessen herbeizuführen[835]. Ebenso wenig dürfte unter europarechtlichem Blickwinkel von

---

827 Zu den insoweit maßgeblichen unionsrechtlichen Grundsätzen der Gleichwertigkeit und der Effektivität etwa EuGH, EuGRZ 2006, 144 (145).

828 Näher *Erbguth/Schubert*, ÖffBauR, § 15 Rn 103 ff; ansatzweise Rn 1376 mwN; eingehend zu den damit zusammenhängenden Fragen *Kment*, Nationale Unbeachtlichkeits-, Heilungs- und Präklusionsvorschriften und Europäisches Recht, 2005.

829 Auch bei nachträglichen Änderungen der Sach- oder Rechtslage – wegen § 214 III 1 BauGB, BVerwG, BauR 2008, 1417.

830 *Gärtner*, NVwZ 2006, 107 (108); zu § 215a I BauGB aF vgl BVerwGE 110, 118.

831 Zum insoweit gleichlautenden § 215a I BauGB aF.

832 Aufhebung einer Naturschutzverordnung, BVerwGE 119, 54; zutreffend *Palme*, NVwZ 2006, 909 (911 f): Verstoß gegen Gesetzesbindung der Judikative.

833 Vgl Rn 933 ff.

834 Vgl Rn 1090, 1011 mwN; zum Kontext *Erbguth*, JZ 2006, 484 (489 ff).

835 *Uechtritz*, ZfBR 2005, 11 (17 ff); *ders.*, BauR 2007, 476 (485); *Battis*, in: Battis/Krautzberger/Löhr, BauGB, Vor. §§ 214–216 Rn 8 ff, 12 mwN.

einer verhältnismäßig langen Frist die Rede sein, so dass auch die Vereinbarkeit mit dem Unionsrecht nicht zweifelsfrei erscheint[836].

In formeller Hinsicht wird einerseits die Rügepflicht und -frist nur ausgelöst, wenn die Gemeinde ihrer Hinweispflicht nach § 215 II BauGB nachgekommen ist (Hinweis auf die Geltendmachung der Verletzung von Vorschriften, bzgl § 215 I 1 Nr 3 auf diejenigen betreffend die Abwägung als Vorgang[837], sowie auf die Rechtsfolgen[838], dies „bei" Inkraftsetzen, also zusammen mit der Bekanntmachung des Flächennutzungsplans oder der Satzung). Unterbleibt der Hinweis, hat das keine Auswirkungen auf die Wirksamkeit des Plans oä; ist der Hinweis in dem Sinne fehlerhaft, dass auf eine falsche Frist, etwa von zwei Jahren anstelle von einem Jahr, Bezug genommen wird, gilt die zu Unrecht angegebene Frist[839]. Auf der anderen Seite läuft die Frist ab Bekanntmachung des Plans oder der Satzung, also ungeachtet der individuellen Kenntnisnahme vom Mangel[840], und setzt eine ordnungsgemäße Rüge in dem Sinne voraus, dass die Mängel schriftlich gegenüber der Gemeinde unter Darlegung des die Verletzung begründenden Sachverhalts geltend gemacht worden sind, § 215 I HS 2 BauGB. Ferner bleibt es dabei, dass die Rügebefugnis unabhängig von einer tatsächlichen oder rechtlichen Betroffenheit besteht[841]. Nichts Abweichendes gilt für die Folgen einer ordnungsgemäßen Rüge. Sie verhindert den Eintritt der Unbeachtlichkeit des nach § 215 I 1 Nr 1–3 BauGB jeweils beanstandeten Mangels[842], und zwar inter omnes: Der Fehler bleibt gegenüber jedermann beachtlich. Bei fehlender, nicht ordnungsgemäßer oder zurückgenommener Rüge wird der bis zum Ablauf der Frist an einem beachtlichen Fehler nach § 215 I Nr 1–3 BauGB leidende Plan (oder die Satzung) rückwirkend rechtswirksam[843].

§ 214 IV BauGB ermöglicht das **rückwirkende In-Kraft-Setzen** von Bauleitplänen uä im Gefolge eines ergänzenden Verfahrens zur Fehlerbehebung. Das eröffnete auch schon § 215a II BauGB aF, allerdings beschränkt auf die nachträgliche Bereinigung von Verfahrens- und Formfehlern. Die Neuregelung enthält keine derartige Beschränkung seines Anwendungs- und Einsatzbereichs; ein bloßer Verfahrens- und Formbezug lässt sich auch nicht aus den vorangestellten Absätzen des § 214 BauGB ableiten. § 214 IV BauGB ermöglicht es demnach auch bei materiellen (etwa Abwägungs-) Mängeln, den Plan oder die Satzung rückwirkend in Kraft zu setzen[844] – was angesichts des durch die Planung uä gesetzten Rechtsscheins[845] nicht mit allgemeinen Gründen des rückwirkenden Erlasses von Rechtsnormen gerechtfertigt werden kann[846].

Im **Überblick** stellen sich die Fehlerfolgen im System der Planerhaltung am Bsp. des Bebauungsplans, wie folgt dar:

1103

1104

1105

---

836   Anders *Kment*, DVBl. 2007, 1275 (1281 f).

837   Hinweis auf generelle Rüge von Abwägungsfehlern ist irreführend und löst die (Rüge-)Frist nicht aus, VGH Mannheim, ZfBR 2008, 810 (815) zu § 215 I 1 Nr 3 BauGB idF des EAG Bau.

838   Vgl BVerwG, NVwZ 2012, 1404 Rn 18, zur unzulässigen Anknüpfung an das Inkrafttreten des Bebauungsplans.

839   *Kuchler*, BauR 2007, 140 (151).

840   Eingehend VGH Mannheim, VBlBW 2008, 145 (146 f); Vorbehalt einer etwaigen Abweichung bei besonders schweren Abwägungsmängeln, BVerwG, BauR 2001, 1888.

841   BVerwG, DVBl. 1982, 1095.

842   So zu Recht *Bönker*, in: Hoppe/Bönker/Grotefels, ÖffBauR, § 17 Rn 45.

843   *Bracher*, in: Bracher/Reidt/Schiller, Bauplanungsrecht, Rn 1212.

844   Bereits Rn 936.

845   Eindrucksvoll dazu BVerwGE 75, 142.

846   Näher *Erbguth*, NVwZ 2007, 985 (988) mwN.

Anforderungen an den Bebauungsplan	Beachtlichkeit der Fehlerfolgen nach §§ 214 f BauGB
I. Ermächtigung: §§ 1 III, 2 I BauGB **II. Formelle Anforderungen:** 1. **Zuständigkeit:** Gemeinde §§ 1 III, 2 I BauGB	– **Unwirksamkeit** des Bebauungsplans (nicht geregelt in §§ 214 f BauGB)

2. **Planaufstellungsverfahren**
 	
   – Beschluss der Gemeinde über Aufstellung des Bebauungsplans und öff. Bekanntmachung (§ 2 I 2 BauGB)
   – Erarbeitung des Planentwurfs sowie der Begründung einschl. Umweltbericht (§§ 2 IV, 2a BauGB)
	– Fehlen **unbeachtlich**, da keine Rechtmäßigkeitsvoraussetzung (nicht geregelt in §§ 214 f BauGB)
	– **Verfahrensfehler** gem. §§ 214 I 1 Nr 1, 215 I Nr 1 BauGB

= Ermittlung, Beschreibung und Bewertung der **Umweltbelange** (§§ 1 VI Nr 7, 1a BauGB)	= Ermittlungsdefizit resp. Bewertungsausfall/-fehleinschätzung (früher: Abwägungsdefizit resp. Abwägungsausfall/-fehleinschätzung) **Formfehler** gem. § 214 I 1 Nr 3, 3. Alt. BauGB
– zweistufige Beteiligung der **Behörden** und sonstigen TÖB (§§ 4, 4a BauGB) sowie der Nachbargemeinden (§ 2 II iVm § 4 BauGB) und Zweistufige Beteiligung der **Öffentlichkeit** **1. Stufe:** frühzeitig resp. vorgezogen (§ 3 I BauGB) **2. Stufe:** formell im Auslegungs- und Erörterungsverfahren (§ 3 II BauGB)	– **auf 1. Stufe: unbeachtlicher** Verfahrensfehler (Gegenschluss aus § 214 I 1 Nr 2 BauGB) **auf 2. Stufe:** grds beachtlicher **Verfahrensfehler** iSv § 214 I 1 Nr 2 BauGB
– Ermittlung und Bewertung der **sonstigen Belange** §§ 2 III, 4a I BauGB	– **Verfahrensfehler** gem. §§ 214 I 1 Nr 1, 215 I 1 Nr 1 BauGB Ermittlungsdefizit, Bewertungsausfall, Bewertungsfehleinschätzung
– Beschluss der Gemeinde über den Plan (Satzung) § 10 I BauGB Beachte: kommunalrechtliche Spezialnormen zu Satzungsbeschlüssen	– beachtlicher **Formfehler** §§ 214 I 1 Nr 4 Alt. 1, 215 I 1 Nr 1 BauGB
– Ggf Genehmigung durch höhere Verwaltungsbehörde § 10 II BauGB	– Beachtlicher **Formfehler** gem. § 214 I 1 Nr 4 Alt. 2 BauGB
– Ordnungsgemäße Begründung § 9 VIII BauGB	– grds beachtlicher Formfehler § 214 I 1 Nr 3, § 215 I 1 Nr 1 BauGB

Anforderungen an den Bebauungsplan	Beachtlichkeit der Fehlerfolgen nach §§ 214 f BauGB
– Zusammenfassende Erklärung § 10 IV BauGB	– Verstoß **unbeachtlich**
– Öffentliche Bekanntgabe des Satzungsbeschlusses § 10 III BauGB	– Beachtlicher **Formfehler** gem. § 214 I 1 Nr 4 Alt. 3 BauGB
III. Materielle Anforderungen:	
1. Erforderlichkeit der Planung (Planrechtfertigung) § 1 III 1 BauGB	– **Unwirksamkeit** des Bebauungsplans
2. Anpassungspflicht an Raumordnungsziele (§ 1 IV BauGB)	– **Unwirksamkeit** des Bebauungsplans
3. Gebot der Entwicklung aus dem Flächennutzungsplan § 8 II 1 BauGB	– Grds **Unwirksamkeit** des Bebauungsplans (s. aber: §§ 214 II Nr 1–4, 215 I 1 Nr 2 BauGB)
4. Beachtung der zulässigen Festsetzungen § 9 BauGB, BauNVO	– **Unwirksamkeit** des Bebauungsplans
5. Ordnungsgemäße Abwägung aller Belange nach § 1 VII BauGB	– Fehler im **Abwägungsvorgang beachtlich** nach § 214 III 2 HS 2 BauGB, wenn offensichtlich und ergebniskausal (s. aber § 214 III 2 HS 1 BauGB) **Ggf ergänzendes Verfahren**, § 214 IV BauGB – Fehler im **Abwägungsergebnis** (Abwägungsdisproportionalität) **immer beachtlich**

Übersicht 23: Anforderungen an den Bebauungsplan und Fehlerfolgen

b) Feststellungsklage

Jenseits der Normenkontrolle ist lückenfüllend ggf die allgemeine Feststellungsklage eröffnet[847]. Dabei darf allerdings nicht das Normenkontrollverfahren umgangen werden[848]. In Anbetracht dessen ist hinsichtlich eines Bebauungsplans die Feststellungsklage nur zugelassen, wenn sie auf die Feststellung von Rechten und Pflichten aus dem Bebauungsplan bzw auf Grund dessen Ungültigkeit gerichtet ist[849], nicht aber, wenn im Wege der Klage die Gültigkeit des Plans als solche geklärt werden soll[850]. Die Feststellungsklage richtet sich (eben) auf eine Inzidentkontrolle[851].

1106

---

847 Vgl Rn 1310; allg. zur Feststellungsklage *Erbguth/Schubert*, ÖffBauR, § 15 Rn 31; *Erbguth/Guckelberger*, Allgemeines Verwaltungsrecht, § 10 Rn 9 ff.
848 Vgl nur *Erbguth/Guckelberger*, Allgemeines Verwaltungsrecht, § 25 Rn 10, § 28 Rn 8 f.
849 Hierunter fällt auch der Anspruch auf Erlass oder Ergänzung einer Norm, BVerwG, NVwZ 2015, 984 Rn 10 ff; dazu bereits oben Rn 1069.
850 Nur Rechtsschutz im Normanwendungsverhältnis, nicht in jenem der Normgebung (dann nur § 47 VwGO), so zu Recht anhand neuerer Rspr (BVerfG, NVwZ 2006, 922; VGH Kassel, NVwZ 2006, 1195 ua) und gegenüber andersartigen Auffassungen in der Lit. *Weidemann*, NVwZ 2006, 1259 (1260 f); siehe auch BVerwG, NVwZ 2007, 1311 (1312 f).
851 Näher dazu *Erbguth/Guckelberger*, Allgemeines Verwaltungsrecht, § 28 Rn 8 f, aber auch § 25 Rn 10.

Nachbargemeinden können gegen den Bebauungsplan der Standortgemeinde nach der Rspr auch Feststellungsklage, dies zudem vorbeugend[852], erheben (Gemeindenachbarklage)[853]. Das hierfür erforderliche (konkrete) Rechtsverhältnis[854] folgt aus den Wirkungen interkommunal abstimmungsbedürftiger Darstellungen des Plans und deren zu erwartender Umsetzung auf die Nachbargemeinde; die außengerichtete Wirkung des Rechtsverhältnisses[855] wird durch § 2 II BauGB hergestellt[856].

2. Rechtsschutz gegen Flächennutzungspläne

1107   Gegen den **Flächennutzungsplan** ist das **Normenkontrollverfahren** grds nicht eröffnet, weil es sich um keine städtebauliche Satzung handelt[857]. Als Gemeindenachbarklage (auf der materiellen Grundlage von § 2 II BauGB) gegen den Flächennutzungsplan der angrenzenden Gemeinde kommt daher (nur) die **Feststellungsklage** in Betracht, dies auch in Form der vorbeugenden Feststellungsklage[858]. Entsprechendes gilt für einen Träger öffentlicher Belange iSd § 4 BauGB, der im Aufstellungsverfahren nicht beteiligt worden ist. Nicht aber soll der Bürger nach bislang hM Feststellungsklage gegen den Flächennutzungsplan erheben können, weil dieser ihm gegenüber kein Rechtsverhältnis begründe[859].

All das stellt sich bei Flächennutzungsplänen mit den Wirkungen des **§ 35 III 3 BauGB** anders dar; wegen deren Außenwirkung eröffnet sich das Normenkontrollverfahren über § 47 I Nr 2 VwGO[860] oder – nach Auffassung des BVerwG – analog Nr 1 der Vorschrift[861].[862]

---

852 Bedenken gegenüber vorbeugendem Rechtsschutz auf Grund des Gewaltenteilungsprinzips mit Blick auf die Rspr zum Rechtsschutz gegen drohende Bebauungspläne bei *Schenke*, VerwArch 98 (2007), 448 (455 mit Fn 26); allg. anhand der Leistungsklage *Erbguth/Guckelberger*, Allgemeines Verwaltungsrecht § 23 Rn 13.

853 BVerwGE 40, 323.

854 Dazu *Erbguth/Schubert*, ÖffBauR, § 15 Rn 31; allg. etwa *Erbguth/Guckelberger*, Allgemeines Verwaltungsrecht, § 10 Rn 1, 6 f.

855 Vgl wie vor.

856 Unnötig krit daher *Schenke*, VerwArch 98 (2007), 448 (463 mit Fn 54) gegenüber der Lit., der er eine ungenaue Beschreibung des Gegenstands einer derartigen Feststellungsklage vorhält.

857 Auch BVerwG, NVwZ 1991, 262; näher zu der Entscheidung *Erbguth/Schubert*, in: Steinbach (Hrsg.), Verwaltungsrechtsprechung, 2017, S. 558 ff.

858 BVerwGE 40, 323 (326); VGH München, NVwZ 1985, 837; *Peine*, ÖffBauR, Rn 636 f; *ders.*, Jura 1983, 285 (294 ff); Rn 926; zum Bebauungsplan insoweit Rn 1106, dort auch zur Einordnung als Inzidentkontrolle.

859 *Brohm*, ÖffBauR, § 6 Rn 15 mwN; zum mangelnden rechtlichen Betroffensein des Bürgers BVerwGE 68, 311 (313 f); zum Rechtsschutz insoweit auch *Loibl*, UPR 2004, 419.

860 So etwa *Redeker*, FS Hoppe, S. 329 (339 f); *Guckelberger*, DÖV 2006, 973 (980 f); OVG Koblenz, NVwZ 2006, 1442; krit dazu *Dazert*, BauR 2007, 657; vgl auch OVG Bautzen, LKV 2003, 333 (334 f).

861 BVerwGE 128, 382; BVerwG, NVwZ 2013, 1011 Rn 10 ff; BVerwG, NVwZ 2019, 491 Rn 13; zu alldem *Kment*, NVwZ 2004, 314 (314 f); *Hoppe*, DVBl. 2003, 1345 (1355); *Guckelberger*, DÖV 2006, 973 (980 f); dort auch, 981, Hinweis auf zumindest rechtspolitischen Fortschreibungsbedarf mit Blick auf eine rechtsstaatliche Verkündung derartiger Flächennutzungspläne; *Schenke*, NVwZ 2007, 134; ablehnend *von Nicolai*, ZfBR 2005, 529 (534 f); *Herrmann*, NVwZ 2009, 1185.

862 Dazu insgesamt *Scheidler*, DÖV 2008, 766; *Wollenteit*, NVwZ 2008, 1281; *Schenke*, in: Erbguth/ Kluth (Hrsg.), Planungsrecht in der gerichtlichen Kontrolle. Kolloquium zum Gedenken an Werner Hoppe, 2012, S. 73 (83 ff); aktuelle Zulässigkeitsfragen der Normenkontrolle gegen „Windkraft-Flächennutzungspläne" behandelt *Frey*, NVwZ 2013, 1184.

Der Rückgriff auf letztere Bestimmung sichert zwar die gesetzgeberisch verfolgte bundeseinheitliche Eröffnung prinzipalen Rechtsschutzes gegen städtebauliche Normen[863]. Dem Analogieschluss widerstreitet indes, dass eine planwidrige Regelungslücke in § 47 I VwGO nicht erkennbar ist[864], zumal „Rechtsvorschriften" iSd § 47 I Nr 2 VwGO ohnehin weit begriffen werden[865]. Auch ist der Kreis „normenkontrollfeindlicher" Bundesländer überschaubar[866].

Dergestalt erweist sich ein gemeindliches Normenkontrollverfahren (etwa gegen den Flächennutzungsplan der Standortgemeinde oder der Verbandsgemeinde) nach § 47 II Nr 2 VwGO ebenfalls als statthaft; die gegenteilige Sicht[867] verkennt bereits, dass es ebenso wie bei Verwaltungsakten keine „relativ wirkenden" Rechtsnormen geben kann[868]. Fraglich kann allenfalls die Antragsbefugnis bzw deren Reichweite werden[869]; im Anwendungsbereich des § 2 II BauGB birgt (selbst) dies kaum Probleme[870].

Die Statthaftigkeit der Normenkontrolle gegen den Flächennutzungsplan ist, ungeachtet ihrer dogmatischen Herleitung, auf die darin zum Ausdruck kommende planerische Entscheidung der Gemeinde begrenzt, die Rechtswirkungen des § 35 III 3 BauGB für Vorhaben außerhalb der ausgewiesenen Konzentrationsflächen herbeizuführen[871]. Jene Rechtswirkungen sind nach zutreffender Sicht des BVerwG nicht nur Grund, sondern auch Grenze für die Geltungserstreckung[872]. Kein Gegenstand der Normenkontrolle kann damit die Darstellung von Konzentrationszonen als solche sein – und zwar weder hinsichtlich ihrer positiven, denjenigen eines Bebauungsplans vergleichbaren, noch ihrer negativen, zulässigkeitsbeschränkenden Rechtswirkungen[873]. Erst recht gilt dies für Darstellungen zur Höhenbegrenzung von Windenergieanlagen[874].

Anerkannten **Umweltverbänden** steht über die Fälle des § 35 III 3 BauGB hinaus die **1108** Normenkontrolle gegen Flächennutzungspläne analog § 47 VwGO nach §§ 1 I 1 Nr 4, 2 I, 7 II 2 UmwRG offen; diese unterliegt – nicht anders als die gegen Bebauungspläne gerichtete Verbandsklage – den Beschränkungen des § 2 I UmwRG[875]. Im Rahmen der Verbandsklage gegen Flächennutzungspläne findet überdies die materielle **Präklusionsregelung** nach § 7 III 1 UmwRG[876] Anwendung, auf deren Folgen im Rahmen der Öffentlichkeitsbeteiligung hinzuweisen ist (§ 3 III BauGB)[877].

---

863 Deutlich zu dieser Intention BVerwGE 128, 382 Rn 11 ff; näher *Schenke*, VerwArch 98 (2007), 448 (468 ff); eingehend zu allem *ders.*, in: Erbguth/Kluth (Hrsg.), Planungsrecht in der gerichtlichen Kontrolle. Kolloquium zum Gedenken an Werner Hoppe, 2012, 73.
864 Vgl auch *Battis*, JZ 2007, 1153 (1154) sowie die Kritik bei *Herrmann*, NVwZ 2009, 1185 (1187 f); auch *Erbguth/Schubert*, in: Steinbach (Hrsg.), Verwaltungsrechtsprechung, 2017, S. 564 f.
865 So auch *Kment*, NVwZ 2003, 1047 (1055); *Hendler*, NuR 2004, 485 (490).
866 Vgl *Schenke*, VerwArch 98 (2007), 448 (468); auch *ders.*, NVwZ 2007, 134.
867 OVG Koblenz, ZfBR 2008, 67 (68).
868 Zur Ablehnung relativer Verwaltungsakte nur *Erbguth/Guckelberger*, Allgemeines Verwaltungsrecht, § 12 Rn 29.
869 Vgl Rn 1072.
870 Dazu *Schenke*, VerwArch 98 (2007), 448 (468 ff); vgl Rn 1032 ff.
871 BVerwG, NVwZ 2013, 1011 Rn 15; zu der Entscheidung *Bringewat*, NVwZ 2013, 984; zuletzt BVerwG, NVwZ 2019, 491 Rn 29.
872 BVerwG, NVwZ 2013, 1011 Rn 17, anhand der Reichweite der gerichtlicherseits angenommenen planwidrigen Regelungslücke.
873 BVerwG, NVwZ 2013, 1011 Rn 19 ff, unter ausdrücklicher Klarstellung seiner bisherigen Judikatur.
874 BVerwG, NVwZ 2013, 1011 Rn 23 f.
875 Hinsichtlich der Zulässigkeits- und Begründetheitsvoraussetzungen gilt das zur Verbandsklage gegen Bebauungspläne Ausgeführte, s. oben Rn 1070, 1073.
876 Diese unterliegt allerdings unionsrechtlichen Bedenken, *Franzius*, NVwZ 2018, 219 (220 f); näher anhand der raumordnungsrechtlichen Präklusionsregelung in § 9 II 4 HS 1 ROG *Schubert*, in: Kment, ROG, 2018, Grundlagen, C. Rechtsschutz, Rn 29.
877 Dazu bereits Rn 907.

1109 Nicht eröffnet ist eine allgemeine **Leistungsklage** auf Beseitigung von Darstellungen im Flächennutzungsplan[878], etwa weil diese mit der Nachbargemeinde nicht abgestimmt worden sind[879]; dem widerstreitet der nur beim (nichtigen) Verwaltungsakt durch § 43 II 2 VwGO anerkannte Rechtsschein mit der Konsequenz einer Doppelspurigkeit des Rechtsschutzes (Nichtigkeitsfeststellung/Beseitigung), während solches schon beim Bebauungsplan der gesetzlichen Wertung zufolge nicht der Fall ist[880].

3. Einstweiliger Rechtsschutz gegen Bauleitpläne

1110 Einstweiliger Rechtsschutz im Verfahren der **Feststellungsklage** richtet sich nach § 123 VwGO[881]. Im **Normenkontrollverfahren** erfolgt dieser durch einstweilige Anordnung, wenn es zur Abwehr schwerer Nachteile oder aus anderen wichtigen Gründen dringend geboten ist (§ 47 VI VwGO)[882]. Letzteres richtet sich auf die Begründetheit des Antrags. Dessen Zulässigkeit beurteilt sich zum einen nach § 47 II 1 VwGO (mögliche Rechtsverletzung). Zum anderen scheitert das Rechtsschutzinteresse nicht daran, dass der Antragsteller sich gegen konkret drohende Vorhaben im Verfahren nach §§ 80, 80a VwGO wehren kann: Der Bebauungsplan weist nicht nur unmittelbaren Grundrechtsbezug auf[883], der Anspruch auf ordnungsgemäße Abwägung eröffnet auch weitergehende Rechtsschutzmöglichkeiten als nach §§ 80, 80a VwGO[884]; schließlich folgt dies aus der gesetzgeberisch verfolgten Konzentration der Normenkontrolle beim Normenkontrollgericht[885].

Jenseits dessen gelten allg. Grundsätze, insbes. mit Blick auf fehlende Verbesserungsmöglichkeiten der Rechtsstellung[886]. Hinsichtlich des Rechtsschutzinteresses kann auf bereits behandelte Konstellationen verwiesen werden[887]. Ansonsten lässt es sich bei bereits erteilten Baugenehmigungen nach der Rspr nicht allein damit rechtfertigen, dass eine vorläufige Suspendierung des Bebauungsplans im Verfahren nach § 47 VI VwGO den Maßstab der Prüfung im einstweiligen Nachbarrechtsschutz änderte oder auch nur berührte[888]. Wohl aber findet sich das Rechtsschutzinteresse daraus abgeleitet, dass im Rahmen der Interessenabwägung nach § 80a I 2 VwGO eine Außervollzugsetzung des Bebauungsplans (nach § 47 VI VwGO) aus Gründen unzureichender Abwägung der Belange des Nachbarn eine Rolle spielen wird[889].

Richtiger **Antragsgegner** ist die Gemeinde und nicht die Bauaufsichtbehörde; denn das Antragsbegehren richtet sich auf die vorläufige Unwirksamkeitserklärung des Plans (oder der Satzung) inter omnes.

---

878 So aber *Schenke*, VerwArch 98 (2007), 448 (460 ff).
879 Zu § 2 II BauGB insoweit *Erbguth/Schubert*, ÖffBauR, § 15 Rn 21 f.
880 Lediglich gerichtliche Erklärung der Unwirksamkeit nach § 47 VwGO, vgl dazu Rn 1081.
881 Allg. *Erbguth/Guckelberger*, Allgemeines Verwaltungsrecht, § 21 Rn 1, 30 f.
882 Näher *Finkelnburg/Dombert/Külpmann*, Vorläufiger Rechtsschutz im Verwaltungsstreitverfahren, 6. Aufl. 2011, Rn 549 ff; *Jäde*, UPR 2009, 41 (44 ff); *ders.*, ZfBR 2011, 115 (119) zur Veränderungssperre im einstweiligen Rechtsschutz; vgl auch OVG Lüneburg, ZfBR 2008, 682 (683 f).
883 BVerfGE 70, 35 (52 f); *Ewer*, in: Koch/Hendler, Baurecht, § 21 Rn 47.
884 Allg. zum Prüfungsumfang im Verfahren nach § 47 VI VwGO OVG Koblenz, BauR 2010, 1195.
885 VGH München, NVwZ-RR 2000, 416 (417); gegenteilig *J. Schmidt*, VBlBW 2004, 452 (461): nur in besonders gelagerten Ausnahmefällen.
886 Rn 1077; BVerwG, ZfBR 2004, 272 (276).
887 Rn 1077.
888 VGH München, BayVBl. 2007, 145 (146).
889 VGH München, BayVBl. 2007, 145 (146).

Die Anforderungen der **Begründetheit** unterwerfen die einstweilige Anordnung strengeren Maßgaben als bei § 123 VwGO[890] – eben weil sie sich auf die Aussetzung des Vollzugs einer Rechtsnorm richtet. Es wird auf Grundsätze zu § 32 BVerfGG zurückgegriffen[891]. So reicht die anstehende Verwirklichung des Bebauungsplans als **„schwerer Nachteil"** allein nicht aus; vielmehr muss diese nach oberverwaltungsgerichtlicher Sichtweise eine schwerwiegende Beeinträchtigung rechtlich geschützter Positionen des Antragstellers konkret erwarten lassen, und zwar in tatsächlicher wie rechtlicher Hinsicht[892]. Andere **wichtige Gründe** als Begründetheitsvoraussetzungen nach § 47 VI VwGO hängen maßgeblich von einer Folgenbetrachtung ab, dh einem Vergleich der Lage bei Rechtswidrigkeit der Norm ohne Erlass der einstweiligen Anordnung mit derjenigen bei Erlass der Anordnung und Rechtmäßigkeit der Norm[893]. Jenseits dessen kommt es auf die Erfolgsaussichten in der Hauptsache an; auch insoweit führt nur eine schon bei summarischer Prüfung offensichtliche Fehlerhaftigkeit der Satzung und die große Wahrscheinlichkeit eines Erfolgs des Normenkontrollantrags im Hauptsacheverfahren zum Erlass der begehrten einstweiligen Außervollzugsetzung[894]. Andere wichtige Gründe können solche der Schaffung vollendeter Tatsachen sein (Irreversibilität)[895]. Die einstweilige Anordnung muss zudem **„dringend geboten"** sein. Das ist der Fall, wenn dem Antragsteller weit reichende Folgen drohen, sollte der Bebauungsplan oder die sonstige städtebauliche Satzung nicht vorläufig außer Kraft gesetzt werden[896]. Maßgeblich sind Benachteiligungen durch den Vollzug des Plans iSv konkreten Auswirkungen bestimmter, zur Verwirklichung anstehender Vorhaben (real drohende Nachteile)[897]. Allein wirtschaftliche Nachteile reichen nicht aus[898]. Auch soll die Möglichkeit, einen Abwägungsmangel im ergänzenden Verfahren „ohne Weiteres" und „kurzfristig" beheben zu können, die Dringlichkeit ausschließen[899].

Wiederholungs- und Verständnisfragen

1. *Welche Ausnahmen vom Prinzip der Zweistufigkeit der Bauleitplanung kennt das BauGB?* **Rn 893, 988–992**
2. *Was bewirkt die Präklusion und welche Arten gibt es?* **Rn 913 f**
3. *Welche Rechtsfolgen zeitigt ein fehlerhafter Bauleitplan?* **Rn 932–937, 1037–1040** *und später* **Rn 1087 ff**
4. *Worin unterscheiden sich Ziele und Grundsätze der Raumordnung?* **Rn 961**
5. *Welche Abwägungsmaßstäbe lassen sich systematisieren?* **Rn 1012–1031**

---

890 BVerwG, NVwZ 1998, 1065.
891 Vgl nur *Bracher*, in: Bracher/Reidt/Schiller, Bauplanungsrecht, Rn 1208; *Bönker*, in: Hoppe/Bönker/Grotefels, ÖffBauR, § 17 Rn 36.
892 OVG Münster, ZfBR 2007, 574 (574); OVG Münster, ZfBR 2008, 280 (281).
893 OVG Münster, NWVBl. 1993, 29 (30 f); VGH Mannheim, NVwZ 2001, 827; OVG Hamburg, BauR 2010, 1040; offen gelassen von VGH München, BayVBl. 2007, 145 (146) mwN.
894 Näher OVG Berlin-Brandenburg, ZfBR 2007, 810 (810 f); OVG Münster, ZfBR 2008, 280 (281); OVG Lüneburg, ZfBR 2007, 367 (369); OVG Weimar, NuR 2005, 804 (804 f).
895 Einzelheiten sind umstritten, vgl näher *Ewer*, in: Koch/Hendler, Baurecht, § 21 Rn 53.
896 Etwa VGH Kassel, NVwZ-RR 2000, 655; ähnlich OVG Münster, ZfBR 2007, 574 (574).
897 *Ewer*, in: Koch/Hendler, Baurecht, § 21 Rn 51.
898 OVG Weimar, NuR 2005, 804 (806); OVG Berlin-Brandenburg, ZfBR 2007, 810 (813).
899 OVG Münster, ZfBR 2008, 280 (281); zum ergänzenden Verfahren Rn 933 ff.

6. *Aus welchen Elementen setzt sich der vorhabenbezogene Bebauungsplan zusammen?* **Rn 1052–1059**
7. *Welchen Beschränkungen unterliegt die Rechtskontrolle von Bauleitplänen?* **Rn 1084 ff**
8. *Inwiefern können Flächennutzungspläne gerichtlich überprüft werden?* **Rn 1107 ff**

§ 28 Die bauplanungsrechtliche Zulässigkeit von Vorhaben

1111   *Die bauplanungsrechtliche Zulässigkeit von Bauvorhaben ist häufig Gegenstand von Prüfungsarbeiten, etwa in der Konstellation, dass der Bauherr eine Baugenehmigung begehrt, die ihm die Behörde verweigert. Die dann statthafte Verpflichtungsklage auf Erteilung der Baugenehmigung ist begründet, wenn die Ablehnung (dann: Versagungsgegenklage) oder Unterlassung (dann: Untätigkeitsklage) der Baugenehmigung rechtswidrig ist, den Kläger in seinen subjektiven Rechten verletzt und die Sache spruchreif ist (§ 113 V VwGO). Der hierfür erforderliche Anspruch des Bauherrn folgt aus dem Bauordnungsrecht und setzt voraus, dass dem Vorhaben öffentlich-rechtliche Vorschriften nicht entgegenstehen. Hierbei handelt es sich um solche des Bauplanungsrechts, des Bauordnungsrechts sowie sonstige öffentlich-rechtliche Vorschriften. Im Folgenden wird zunächst die bauplanungsrechtliche Zulässigkeit von Bauvorhaben dargestellt. Die für die soeben angesprochene Klausurkonstellation ebenfalls notwendige Prüfung der bauordnungsrechtlichen Zulässigkeit von Bauvorhaben findet sich aus systematischen Gründen geschlossen in §§ 30 und 31 behandelt. Für die Ausbildung ist aber beachtlich, dass beide Bereiche in einer Klausur oder Hausarbeit regelmäßig zusammen geprüft werden müssen, und zwar im Rahmen der Begründetheit der Verpflichtungsklage (vgl Übersicht 23).*

1112   **Fall 25: „Das neue Hotel"**

K ist Eigentümer eines 2000 qm großen Grundstücks in der an einem See gelegenen, touristisch attraktiven und stark expandierenden Stadt M. Die Parzelle befindet sich in einer Siedlung mit zweistöckigen Einfamilienhäusern, in der vereinzelt noch Baulücken vorhanden sind. Ein Bebauungsplan besteht bisher nicht. K beabsichtigt, auf seinem Grundstück ein zweistöckiges Hotel mit 35 Zimmern und mehreren Tagungsräumen zu errichten. Wäre das Vorhaben des K bauplanungsrechtlich zulässig? **Rn 1163**

1113   **Fall 26: „Der ausgediente Truppenübungsplatz"**

Mitten im innerstädtischen Bereich der ostdeutschen Großstadt P befindet sich eine 20 ha große, unbebaute und überwiegend mit Gras bewachsene Fläche, die zu „DDR-Zeiten" der sowjetischen Armee als Truppenübungsplatz diente. Der Flächennutzungsplan sieht auf dem Gelände eine Parkanlage vor; ein Bebauungsplan besteht nicht. Nun erwirbt Unternehmer D das gesamte Gelände und beabsichtigt, in der Mitte der Fläche ein Bürogebäude zu errichten. Ist dieses Vorhaben mit dem BauGB zu vereinbaren? **Rn 1234**

Die Errichtung baulicher Anlagen bedarf nach dem Bauordnungsrecht der Länder[1] **1114**
grundsätzlich der **Baugenehmigung**[2]. Hierüber wird durch die nach Landesrecht zuständige Genehmigungsbehörde entschieden; dabei ist regelmäßig die Gemeinde zu beteiligen. Das Verfahren zur Erteilung der Baugenehmigung und die bauordnungsrechtlichen Vorgaben finden sich in den **Bauordnungen** der Länder geregelt. Bundesrechtlich wird ergänzend angeordnet, dass Vorhaben den rechtlichen Anforderungen des Städtebaurechts und sonstigen öffentlich-rechtlichen Vorschriften entsprechen müssen (vgl § 29 I, II BauGB); andernfalls sind sie nicht genehmigungsfähig. Zu den sonstigen Vorschriften zählen insbes. solche des Denkmalschutzrechts, des Naturschutzrechts und zwischenzeitlich betont des Hochwasserschutzrechts[3]. Die hier interessierenden städtebaulichen Bestimmungen über die Zulässigkeit von Vorhaben sind diejenigen in §§ 30 f, 34 und 35 BauGB sowie ergänzend § 33 BauGB[4].

In den letzten Jahrzehnten haben die Länder zunehmend Bauvorhaben zum Zweck der Beschleunigung bis zu einer bestimmten Größe von der **Genehmigungspflicht freigestellt**. Dies wirft rein rechtlich zunächst keine Probleme auf, weil auch bei derartigen Freistellungen die Geltung des materiellen Städtebaurechts bestehen bleibt[5]. Im Bereich eines qualifizierten Bebauungsplans gem. § 30 I BauGB oder im Bereich eines vorhabenbezogenen Bebauungsplans nach § 30 II BauGB folgt das bereits aus der **unmittelbaren Geltung** des Plans als Satzung iSv § 10 I BauGB[6]. Aber auch bei Vorhaben nach §§ 34 und 35 BauGB gelten im Gefolge von § 29 I BauGB, der nicht auf das Erfordernis eines bauordnungsrechtlichen Verfahrens abstellt, die materiellen Anforderungen dieser Bestimmungen unmittelbar. Kleinere Vorhaben im Geltungsbereich der §§ 34 und 35 BauGB überschreiten zumeist nicht die Schwelle der städtebaulichen oder bodenrechtlichen Relevanz[7]; ansonsten fügen sie sich – tatsächlich – regelmäßig ein bzw beeinträchtigen die öffentlichen Belange nicht; sie sind daher **materiell zulässig**. Eine bauplanungsrechtliche Prüfung erscheint hier entbehrlich. Bei größeren Vorhaben in diesem Bereich und auch in demjenigen eines Bebauungsplans könnte es ohne Kontrolle aber – faktisch – zu bauplanungsrechtswidrigen Zuständen kommen. Anstelle der Baugenehmigungsbehörde sind die bauplanungsrechtlichen Zulässigkeitsvoraussetzungen deshalb von hierzu bestellten Architekten und Sachverständigen verantwortlich zu prüfen. Ferner sieht das Landesrecht vielfach Anzeigeverfahren oä vor, zuweilen auch mit der Möglichkeit, dass die Genehmigungsbehörde bei Bedenken gegen die Zulässigkeit des Vorhabens das Verfahren wieder an sich ziehen kann[8].

I. Vorhabenbegriff

Die Anwendbarkeit der §§ 30, 31, 33, 34 und 35 BauGB setzt lediglich voraus, dass **1115**
es sich bei der geplanten Baulichkeit um ein **Vorhaben** iSd § 29 BauGB handelt. Nach Abs. 1 der Vorschrift bedingt das zum einen die Errichtung, Änderung oder Nutzungsänderung von **baulichen Anlagen**. Damit verhalten sich der bauordnungs-

---

1 Dazu Rn 804, 874 f; näher Rn 1241 ff.
2 Rn 1284 ff; *Stüer*, ZfBR 2007, 17 (20).
3 Hierzu etwa *Schink*, FS Erbguth, S. 381.
4 Bereits Rn 876 f.
5 Vgl BVerwG, NVwZ 2001, 1046; auch Rn 806.
6 BVerwG, UPR 1997, 326 (327) mit Hinweis auf BVerwGE 25, 243 (248); auch mit Blick auf § 31 BauGB, vgl anhand einer Befreiung nach § 31 II BauGB VGH München, BayVBl. 2008, 307 (307).
7 Vgl dazu Rn 1116.
8 Näher Rn 1287 ff.

rechtliche (vgl etwa § 2 BauO NRW) und der bauplanungsrechtliche Anlagen- bzw Vorhabenbegriff zueinander wie zwei sich überschneidende Kreise[9]. Im Regelfall werden beiderlei Voraussetzungen gegeben sein, weil die Landesbauordnungen ganz überwiegend unter „baulicher Anlage" eine Einrichtung verstehen, die mit dem Boden verbunden und aus Baustoffen bzw Bauteilen hergestellt ist. Auch planungsrechtlich wird unter den Begriff des Bauens das Schaffen von Anlagen gefasst, die in einer auf Dauer gedachten Weise künstlich mit dem Erdboden verbunden sind. Dabei meint „auf Dauer" nicht die tatsächliche Dauer der Nutzung, sondern die vom Eigentümer beabsichtigte Lebensdauer der Anlage[10]. Für die Maßgabe der künstlichen Verbindung reicht es aus, dass die Anlage durch ihr Gewicht mit dem Boden verbunden ist[11].

1116 Beachtlich ist jedoch, dass einerseits die Landesbauordnungen dem bauordnungsrechtlichen Anlagenbegriff andere Einrichtungen aus Gründen präventiver Kontrolle gleichstellen können[12]. Insofern geht daher der Anlagenbegriff des Bauordnungsrechts weiter. Auf der anderen Seite hat bauplanungsrechtlich das – zusätzliche – Merkmal möglicher **bodenrechtlicher** bzw **planungsrechtlicher Relevanz**[13] des Vorhabens eine qualifizierende Bedeutung für die Anwendung der §§ 29 ff BauGB: Maßgeblich ist, dass eine bauleitplanerische Befassung mit dem Vorhaben möglich erscheint, wobei auf die Funktion der jeweiligen Einrichtung abzustellen ist[14]. Das lässt sich etwa auch bei auffallenden Mobilfunkanlagen von gewisser Höhe bejahen[15].

1117 Aus der Abkoppelung des materiellen Städtebaurechts vom Verfahrensrecht und dem Abstellen auf das Vorliegen eines Vorhabens (mit bodenrechtlicher Bedeutung) folgt zugleich, dass §§ 30–37 BauGB ebenfalls dann gelten, wenn in einem anderen als dem bauaufsichtlichen Verfahren über die baurechtliche Zulässigkeit eines Vorhabens mitentschieden wird (insbes. nach §§ 4 ff, 13 BImSchG)[16]. Überdies erfassen die bauplanungsrechtlichen Zulässigkeitsvorschriften auf Grund ausdrücklicher Anordnung in § 29 I BauGB Aufschüttungen und Abgrabungen größeren Umfangs sowie Ausschachtungen, Ablagerungen einschließlich Lagerstätten (auch einfache, unbefestigte Lagerplätze)[17], auf die der Vorhabenbegriff nicht zutrifft.

Der – vollständige oder teilweise – bloße **Abbruch** von baulichen Anlagen unterfällt § 29 BauGB entsprechend seinem Wortlaut nicht[18]. Zu einer Änderung iSd § 29 I BauGB kommt es bei Eingriffen in die vorhandene Bausubstanz, welche die bisherige Identität des Bauwerks be-

---

9 BVerwGE 44, 59 (61); 39, 154 (156 f); bereits Rn 807.
10 *Peine*, ÖffBauR, Rn 310, unter Verweis auf VGH Kassel NVwZ 1987, 425.
11 Auch fest verankertes Fahrgastschiff, VGH Mannheim, BauR 1990, 703; für den Begriff der baulichen Anlage allgemein *Grotefels*, in: Hoppe/Bönker/Grotefels, ÖffBauR, § 15 Rn 3.
12 Näher Rn 1249 ff.
13 Bereits Rn 807; BVerwGE 44, 59 (61); BVerwG, UPR 1997, 326 (327).
14 Zum Begriff der einzelnen Anlage und der Mehrheit von Anlagen iSe subjektiver Bestimmungsbefugnis des Antragstellers unter Beachtung objektiver Grenzen BVerwG, NJW 1981, 776.
15 BVerwG, NVwZ 2013, 304 Rn 26; VGH Kassel, BauR 2004, 1665 (Ls.); OVG Münster, BauR 2005, 1284; zu (bau)planungsrechtlichen Fragen derartiger Anlagen *Bromm*, UPR 2003, 57 (58); *Kukk*, BauR 2003, 1505; *Spannowsky*, ZfBR 2008, 446 (448 ff).
16 BVerwG, NVwZ 2001, 1046; vgl aber § 38 BauGB.
17 § 29 I BauGB; BVerwG, DÖV 1980, 175; abschließende bundesrechtliche Regelung der bodenrechtlichen Anforderungen an Abgrabungen, BVerwGE 55, 220; BVerwG, NuR 1988, 286; BVerwG, UPR 1999, 357.
18 *Reidt*, in: Battis/Krautzberger/Löhr, BauGB, § 29 Rn 17; *Bracher*, in: Bracher/Reidt/Schiller, Bauplanungsrecht, Rn 1313; vgl. auch OVG Münster, NJW 1983, 2598.

seitigen; das ist der Fall, wenn die Bausubstanz in erheblichem Umfang ausgetauscht oder derart auf die Standfestigkeit des gesamten Gebäudes eingewirkt wird, dass eine statische Nachberechnung durchgeführt werden muss[19]. Eine **Nutzungsänderung** liegt schließlich vor, sobald die jeder Nutzung eigene tatsächliche Variationsbreite[20] überschritten wird und der neuen Nutzung unter städtebaulichen Gesichtspunkten eine andere Qualität zukommt[21]. Eine bloße „Nutzungsintensivierung" reicht nicht aus[22].

II. Zulässigkeit von Vorhaben im Geltungsbereich eines qualifizierten oder vorhabenbezogenen Bebauungsplans

Die Zulässigkeit von Vorhaben im qualifiziert beplanten Bereich kann – in Zusammenschau der §§ 30 I und II, 31 BauGB – wie folgt umrissen werden: **1118**

- Das Vorhaben darf den Festsetzungen des Bebauungsplans nicht widersprechen und die Erschließung muss gesichert sein (§ 30 I BauGB). Entsprechendes gilt für Vorhaben auf der Grundlage eines vorhabenbezogenen Bebauungsplans nach § 12 BauGB (§ 30 II BauGB).
- Darüber hinaus kann ein Vorhaben, wenn es den Planfestsetzungen widerstreitet, zugelassen werden, sofern es einer im Bebauungsplan nach Art und Umfang ausdrücklich zugelassenen Ausnahme entspricht (§ 31 I BauGB) oder wenn eine Befreiung von den Festsetzungen des Bebauungsplans möglich ist (§ 31 II BauGB).

1. Grundtatbestände des § 30 I und II BauGB; Vorgaben der BauNVO

Qualifiziert ist ein Bebauungsplan nach § 30 I BauGB, wenn er – allein oder zusammen mit ergänzenden Bebauungsplänen – Festsetzungen über die Art und das Maß der baulichen Nutzung (§ 9 I Nr 1 BauGB), über die überbaubaren Grundstücksflächen (§ 9 I Nr 2 BauGB) und über die örtlichen Verkehrsflächen (§ 9 I Nr 11 BauGB) enthält (Mindestfestsetzungen). Insoweit bemisst sich die Vereinbarkeit des Vorhabens nach diesen Inhalten des Plans – ergänzt durch die Vorschriften der **BauNVO**, die jene Festsetzungen konkretisieren.   **1119**

Für Festsetzungen über die **Art der baulichen Nutzung** findet sich in § 1 II BauNVO ein Katalog von 11 Baugebieten[23], die gem. § 1 III 1 BauNVO im Bebauungsplan festgesetzt werden können[24]. §§ 2–11 BauNVO beschreiben die Gebiete insoweit näher, und zwar jeweils in Abs. 2, 3 auf vorhabenbezogene Weise.   **1120**

---

19 Vgl BVerwG, DVBl. 1986, 677; bei einer Sanierung kommt es auf den Einzelfall an, vgl zu alldem *Stüer*, DVBl. 2006, 403 (404) mwN.

20 Dazu *Bracher*, in: Bracher/Reidt/Schiller, Bauplanungsrecht, Rn 1318.

21 So für die beabsichtigte Nutzung eines ehemaligen Lagerplatzes auch als Sammel- und Umschlagplatz sowie Verkaufsstätte für gebrauchte Maschinen u. ä. BVerwG, ZfBR 2001, 355; für die beabsichtigte Nutzung eines bisherigen Abstellraums in einem Kirchengebäude als Krypta BVerwG, NVwZ 2011, 748 Rn 12.

22 BVerwG, DVBl. 1999, 244.

23 Der Katalog ist abschließend, BVerwG 1992, 879 (881); *Kersten*, Baurecht, Rn 186: „kein Baugebietserfindungsrecht" der Gemeinde; neu hinzugekommen ist im Jahr 2017 der Gebietstyp „Urbanes Gebiet" (§ 6a BauNVO), mit dem den Kommunen zur Erleichterung des Bauens – auch im Hinblick auf Immissionsschutzanforderungen – in stark verdichteten städtischen Gebieten mehr Flexibilität eingeräumt werden soll, näher BT-Drs. 18/10942, S. 32, 56; s. auch *Schink*, NVwZ 2017, 1641.

24 Die Art der baulichen Nutzung kann aber ebenfalls anhand der weiteren Ausweisungsmöglichkeiten nach § 9 I BauGB (etwa nach Nr 5) festgesetzt werden – und diesbzgl dann auch das Maß der baulichen Nutzung gem. §§ 16 ff BauNVO, BVerwG, NVwZ 2006, 84 (85) mwN.

IÜ werden die jeweiligen Gebietsfestsetzungen nach § 1 III 2 BauNVO zum Bestandteil des Bebauungsplans[25], soweit nicht auf Grund von § 1 IV–X BauNVO im Plan etwas anderes bestimmt worden ist. Letztgenannte Regelungen gestatten angesichts der gewissen „Starrheit" der Gebietstypologie eine **„planerische Feinsteuerung"**[26]. So können etwa nach § 1 IV 1 BauNVO bei Gebieten iSd §§ 4–9 BauNVO im Bebauungsplan Festsetzungen für das jeweilige Baugebiet getroffen werden, die es nach der Art der zulässigen Nutzung, nach der Art der Betriebe und Anlagen sowie deren besonderen Bedürfnissen und Eigenschaften gliedern (**horizontale Gliederung**).

Die nachfolgenden Abs. 5 und 6 des § 1 BauNVO ermöglichen es unter gewissen Voraussetzungen und Grenzziehungen, das Verhältnis von Regelbebauung und Ausnahmebebauung[27] umzukehren[28]; der Ausschluss von Ausnahmen nach § 1 VI Nr 1 soll auch jene nach § 14 II 2 BauNVO[29] erfassen[30], obwohl lediglich die in §§ 2–9 BauNVO vorgesehenen Ausnahmen benannt werden. § 1 IX BauNVO bildet die Rechtsgrundlage (ua) für Sortimentsbeschränkungen, etwa bei der planerischen Festsetzung von Einzelhandelsmärkten[31]. Erweiterten Bestandsschutz eröffnet § 1 X 1 BauNVO, der dem Plangeber aber kein eigenständiges Anlagenfindungsrecht einräumt[32].

Neben den Möglichkeiten horizontaler Gliederung gibt es solche **vertikaler Art** (§ 9 III BauGB, §§ 1 VII, 4a IV, 7 IV BauNVO).

1121 Die Baugebietsbeschreibungen der §§ 2 ff BauNVO als solche weisen eine gemeinsame Struktur auf: So ist in Abs. 1 durchgängig die spezifische Eigenart bzw die allgemeine Zweckbestimmung des Gebietstyps normiert, während sich in Abs. 2 eine Aufzählung der regelmäßig zulässigen Nutzungsarten findet (**Regelbebauung**); Abs. 3 enthält schließlich die insoweit ausnahmsweise zulässigen Nutzungen (**Ausnahmebebauung**).

So dienen zB „reine Wohngebiete" nach § 3 I BauNVO ausschließlich dem Wohnen, verstanden als auf Dauer angelegte Häuslichkeit bei Eigengestaltung des häuslichen Wirkungskreises und Freiwilligkeit des Aufenthalts[33].[34] Dementsprechend sind hier gem. § 3 II BauNVO grds

---

25 Zu den Konsequenzen noch Rn 1131.

26 Dazu *Spannowsky*, ZfBR 2018, 447.

27 Dazu Rn 1131.

28 S. etwa BVerwG, NVwZ 2009, 1228 Rn 12 f, anhand des Ausschlusses von Einzelhandelsbetrieben im Mischgebiet; auch ein völliger Ausschluss derartiger Betriebe ist grundsätzlich, dh vorbehaltlich des § 1 III BauGB, zulässig, BVerwG, NVwZ 2013, 1085 Rn 3.

29 Sogleich Rn 1124.

30 *Schidlowski/Duikers*, BauR 2007, 1503 (1511).

31 Ausschluss sog. zentrenrelevanter Einzelhandelssortimente, wobei ein schlüssiges, widerspruchsfreies Planungskonzept zugrunde liegen muss, dessen Verwirklichung auch nicht erkennbar in Frage stehen darf, dazu BVerwGE 146, 137 (= NVwZ 2013, 1157); OVG Münster, ZfBR 2014, 488; zu alldem *Janning*, ZfBR 2014, 427.

32 VGH Mannheim, BauR 2008, 1566; ausgeschlossen ist ferner eine „Kombination" der Vorschrift mit Festsetzungsmöglichkeiten nach § 9 I BauGB, etwa dergestalt, dass in einem nach § 9 I Nr 18 Buchst. b BauGB als Waldgebiet festgesetzten Areal Wohn- und Wochenendhäuser zulässig sein sollen, BVerwG, NVwZ 2012, 318 Rn 14.

33 BVerwG, NVwZ 2018, 824 Rn 17; nicht bei Ferienwohnungen, ebd.: Dauerhaftigkeit fehlt; ebenso OVG Greifswald, BauR 2015, 81; dass., NordÖR 2008, 169; s. auch *Pernice-Warnke*, NVwZ 2015, 112; *Reidt/von Landwüst*, UPR 2015, 12, jeweils mwN., zur Neuregelung in § 13a BauNVO s. Nachw. in Rn 1124 mit Fn 53.

34 Zur Zweckbestimmung des allgemeinen Wohngebietes s. BVerwG, NVwZ 2017, 1761.

nur Wohngebäude, zudem Anlagen zur Kinderbetreuung, die den Bedürfnissen der Bewohner des Gebiets dienen[35], zulässig. § 3 III BauNVO gestattet aber ausnahmsweise die Errichtung von Läden und nicht störenden Handwerksbetrieben zur Deckung des täglichen Bedarfs für die Bewohner des Gebiets. ferner kleine Betriebe des Beherbergungsgewerbes[36] sowie sonstige Anlagen für soziale Zwecke sowie den Bedürfnissen der Bewohner des Gebiets dienende Anlagen für kirchliche, kulturelle, gesundheitliche und sportliche Zwecke. Demgegenüber sind etwa Tankstellen (oder Mobilfunkanlagen[37]) in reinen Wohngebieten nicht, auch nicht ausnahmsweise, zulässig[38]. Etwas anderes gilt zB für „allgemeine Wohngebiete" nach § 4 BauNVO, in denen Tankstellen wegen Abs. 3 Nr 5 als Ausnahme zugelassen werden können, oder für Dorfgebiete, in denen sie § 5 II Nr 9 BauNVO zufolge regelmäßig zulässig sind[39]. Entsprechendes ist für Mobilfunkanlagen eröffnet, § 4 III Nr 2, § 5 II Nr 6 BauNVO. Mittels der solcherart zum Ausdruck kommenden Normstruktur sollen in Konkretisierung des § 1 V BauGB **Nutzungskonflikte** von vornherein **vermieden** werden. Dazu zählt auch, dass nach der praktisch bedeutsamen Vorschrift des § 11 III BauNVO Einkaufszentren, großflächige Einzelhandelsbetriebe und sonstige großflächige Handelsbetriebe wegen ihrer besonderen Auswirkungen nur in Kerngebieten (§ 7 BauNVO) oder in eigens dafür ausgewiesenen Sondergebieten (§ 11 BauNVO) zulässig sind[40].

Angesichts der begrifflichen Offenheit der für die Gebiete aufgelisteten Regel- und Ausnahmebebauung kann nicht jeder formal unter den jeweiligen Tatbestand noch fallende Vorhabenstyp allg. oder ausnahmsweise zulässig sein. So leuchtet bspw ein, dass Krematorien für menschliche Leichen samt Raum für Einäscherungszeremonien in einem Gewerbegebiet nicht zulässig sein können, auch wenn es sich dabei um Gewerbebetriebe handelt. Rspr und Lit. haben hierfür verallgemeinernd den Maßstab der **Gebiets(un)verträglichkeit** entwickelt, die vom fraglichen Gebietscharakter abhängt, welcher sich wiederum wesentlich anhand der Zweckbestimmung des jeweiligen Abs. 1 der Gebietsarten bestimmt; das Erfordernis gilt für die Regel- wie die Ausnahmebebauung[41]. Störungen bemessen sich dabei nicht nur anhand von Immissionen (Immissionsträchtigkeit/Immissionsverträglichkeit)[42], sondern auch nach sonstigen Maßstäben der städtebaulichen Ordnung. So „passen" auf Stille und Beschaulichkeit gerichtete Friedhöfe und Krematorien mit Pietätshalle nicht zur werktäglichen Geschäftigkeit von Gewerbegebieten[43]. Ferner „passt" ein islamisches Gebetshaus nicht

1122

---

35 Einzelheiten bei *Berkemann*, DVBl. 2013, 815 (817 ff); s. dazu auch den Übungsfall bei *Erbguth/Wegener*, AL 2014, 203.
36 Hierzu können unter den Voraussetzungen des § 13a S. 2 BauNVO 2017 auch Ferienwohnungen gehören.
37 *Schidlowski/Duikers*, BauR 2007, 1503 (1508): als Hauptanlagen.
38 Anders wiederum bei Kinderspielplätzen und der hiermit verbundenen ortsüblichen und sozial adäquaten Geräuschentwicklung, BVerwG, NJW 1992, 1779; VGH Mannheim, VBlBW 2008, 345 (346).
39 Vgl auch *Stühler*, GewArch 2006, 26 anhand Terminwohnungen und Wohnungsprostitution in Mischgebieten; *ders.*, GewArch 2006, 20 anhand Swinger-Clubs; auch BVerwG, NVwZ 2012, 825 Rn 7 ff: Krematorium als Ausnahme nach § 8 III Nr 2 BauNVO im Gewerbegebiet.
40 Aufschlussreich BVerwGE 124, 364 (365 ff): Großflächigkeit bei Einzelhandelsbetrieben ab 800 qm Verkaufsfläche (hierzu zählen sämtliche Räumlichkeiten mit Kundenzugang).
41 BVerwG, BayVBl. 2008, 542 (542).
42 Wobei es nicht auf die Überschreitung von immissionsschutzrechtlichen Lärmwerten ankommt, BVerwG, BayVBl. 2008, 542 (543); OVG Münster, DVBl. 2010, 444.
43 BVerwG, NVwZ 2006, 457; dazu *Stühler*, BauR 2007, 1350 (1353); auch BVerwG, NVwZ 2012, 825 Rn 18; weitere Bsp.: Unzulässigkeit eines Seniorenpflegeheims in einem Gewerbegebiet, weil hiermit wohnähnliche Einrichtungen nicht vereinbar sind, BVerwG, NVwZ 2002, 1043/einer Diskothek (als kerngebietstypischer Vergnügungsstätte) in einem störenden und andernorts unzulässigen Betrieben

in ein allgemeines Wohngebiet, wenn seine – typischerweise nächtlichen – Auswirkungen dem Gebietscharakter widersprechen; das gilt auch in Ansehung der grundrechtlich verbürgten Religionsfreiheit, sofern das Vorhaben in einem nicht mehr als unerheblich anzusehenden Zeitraum für die beiden in die Nachtzeit fallenden Gebete aufgesucht werden soll[44]. Weitere Bsp. sind Schrottplätze und Bauschuttrecyclinganlagen, welche den Gebietscharakter eines Gewerbegebiets stören können[45].

1123   Von diesem richterrechtlichen (Rechts-)Prinzip, das typisierend[46] auf Vorhaben und Baugebietscharaktere abhebt, unterscheidet sich **§ 15 I BauNVO als einzelfallbezogenes Korrektiv**[47] zu den Gebietsfestlegungen[48]. Hiernach können an sich zulässige Anlagen im Einzelfall unzulässig sein, wenn sie ua der Eigenart des Baugebiets widersprechen oder in ihrer Umgebung unzumutbare Belästigungen bzw Störungen hervorrufen[49] oder solchen Belästigungen oder Störungen ausgesetzt werden[50]. Die Vorschrift greift also erst dann, wenn ein Vorhaben generell (typischerweise) den Gebietscharakter nicht gefährdet, jedoch angesichts der konkreten Verhältnisse an Ort und Stelle der Eigenart des Baugebiets widerspricht[51]. Ein Bordellbetrieb kann bspw im Einzelfall unzulässig sein, weil er angesichts bereits vorhandener oder genehmigter Betriebe des Prostitutionsgewerbes der Eigenart des Baugebietes „nach Anzahl" widerspricht[52].

1124   Weitere die Art der baulichen Nutzung betreffende Vorgaben enthalten §§ 12–14 BauNVO hinsichtlich der Zulässigkeit von Stellplätzen und Garagen (§ 12), von Gebäuden und Räumen für freie Berufe (§ 13), von Ferienwohnungen (§ 13a)[53] und von Nebenanlagen sowie Anlagen zur Nutzung solarer Strahlungsenergie und Kraft-Wärme-Kopplungsanlagen (§ 14).

1125   Was das **Maß der baulichen Nutzung** angeht, finden sich hierzu in §§ 16–21a BauNVO Bestimmungen, wonach im Bebauungsplan bestimmte Maßeinheiten festgesetzt werden können.

Nach § 16 II BauNVO handelt es sich dabei ua um die Grundflächenzahl (GRZ), die bestimmt, wie viel qm Grundfläche einer baulichen Anlage je qm Grundstücksfläche des Baugrundstücks

---

vorbehaltenen Industriegebiet, BVerwG, NVwZ 2002, 1054/von Sportanlagen in einem allgemeinen Wohngebiet, wenn sie nicht gebietstypisch sind, BVerwG, NVwZ 1991, 982/eines Dialysezentrums in einem allgemeinen Wohngebiet, BVerwG, BauR 2008, 954/einer Krypta in einem Industriegebiet, BVerwG, NVwZ 2011, 748 Rn 21.

44   OVG Lüneburg, BauR 2010, 433.
45   OVG Münster, DVBl. 2010, 444.
46   Deutlich BVerwG, BayVBl. 2008, 542 (543): Maßgeblich ist nicht die konkrete Störung, auch nicht die konkrete Bebauung in der Nachbarschaft des Vorhabens.
47   *Stühler*, BauR 2007, 1350 (1355).
48   Vgl auch BVerwGE 119, 45 (49).
49   Zu Recht abgelehnt bei einem Fachpflegeheim in einem allgemeinen Wohngebiet, VGH Mannheim, VBlBW 2006, 193 (193 f); keine Belästigungen bzw Störungen iSd Vorschrift sind freilich Auswirkungen eines Vorhabens auf die Versorgung der Bevölkerung mit Gütern des täglichen Bedarfs durch den Abzug von Kaufkraft, VGH Mannheim, DÖV 2008, 781 (783), unter Verweis auf BVerwGE 68, 369.
50   Näher *Schiller*, in: Bracher/Reidt/Schiller, Bauplanungsrecht, Rn 1405 ff; *Finkelnburg/Ortloff/Kment*, ÖffBauR Bd. 1, § 23 Rn 15 ff.
51   BVerwG, NVwZ 2008, 786 ff.
52   OVG Koblenz, ZfBR 2010, 158 f.
53   Näher zu der mit der BauNVO-Novelle 2017 neu eingefügten Vorschrift *Hahn*, DÖV 2018, 396; *Otto*, ZfBR 2018, 221; *Schink*, UPR 2017, 292.

zulässig sind (vgl § 19 I BauNVO), die Geschossflächenzahl (GFZ), die regelt, wie viel qm Geschossfläche eine bauliche Anlage je qm Grundstücksfläche haben darf (vgl § 20 II BauNVO), weiterhin die zulässige Zahl der Vollgeschosse (§ 20 I BauNVO) sowie die Baumassenzahl (BMZ), die angibt, wie viel m³ Baumasse je qm Grundstücksfläche des Baugrundstücks zulässig sind (vgl § 21 I BauNVO)[54].

Die Zulässigkeit eines Vorhabens im Geltungsbereich eines qualifizierten Bebauungsplans iSd § 30 I BauGB bedingt des Weiteren, dass die **Erschließung gesichert** ist. Diese Anforderung betrifft nicht das gesamte Baugebiet, sondern das Grundstück, das bebaut werden soll[55]. „Sicherung" der Erschließung verlangt zudem nicht, dass die Infrastrukturanlagen im Zeitpunkt der Entscheidung über den Bauantrag bereits vorhanden sein müssen; vielmehr ist ausreichend, dass sie spätestens im Zeitpunkt der Fertigstellung des Vorhabens benutzbar sein werden[56]. **1126**

Der **vorhabenbezogene Bebauungsplan** ermöglicht die Zulassung eines Vorhabens in gleicher Weise, wenn es ihm nicht widerspricht und die Erschließung gesichert ist. Regelmäßig wird ein solcher Bebauungsplan aber das Vorhaben detailliert regeln, so dass bereits unmittelbar durch den Plan die Ausgestaltung des Vorhabens feststeht. § 30 II BauGB verzichtet deshalb auf die für den qualifizierten Bebauungsplan geforderten Mindestfestsetzungen; eine ergänzende Anwendung der §§ 34, 35 BauGB scheidet jedoch – anders als beim einfachen Bebauungsplan (§ 30 III BauGB[57]) – aus[58]. Auch können die Vorschriften der BauNVO – es sei denn, sie werden im Plan (zweckmäßigerweise) ausdrücklich in Bezug genommen[59] – nicht zur Konkretisierung herangezogen werden[60]. **1127**

Die Hervorhebung des **einfachen Bebauungsplans**, also desjenigen Plans, der hinter den Mindestfestsetzungen zurückbleibt, in § 30 III BauGB modifiziert diese Zulässigkeitsvoraussetzungen nicht; es wird lediglich darauf verwiesen, dass im Rahmen der Prüfung nach §§ 34–35 BauGB einfache Bebauungspläne beachtlich sind bzw sein können. **1128**

Die **Beteiligung der Gemeinde** bei Vorhaben, die im Bereich eines dieser Pläne zugelassen werden sollen, ist nach § 36 I BauGB unterschiedlich ausgestaltet:[61] Während beim einfachen Bebauungsplan nach § 30 III BauGB angesichts der Geltung der § 34 bzw § 35 BauGB ein **Einvernehmen** erforderlich ist, reicht es beim qualifizierten Bebauungsplan nach § 30 I BauGB aus, die Gemeinde über das beabsichtigte Vorhaben zu **informieren**. Gem. § 36 I 3 BauGB haben die Länder daher sicherzustellen, dass die Gemeinde rechtzeitig vor Ausführung des Vorhabens über Maßnahmen zur Sicherung der Bauleitplanung nach §§ 14, 15 BauGB entscheiden kann. **1129**

---

54 Einzelheiten bei *Schiller*, in: Bracher/Reidt/Schiller, Bauplanungsrecht, Rn 1459 ff.
55 *Brohm*, ÖffBauR, § 19 Rn 4.
56 Zu Einzelfragen BVerwG, ZfBR 1986, 183 (184); *Weyreuther*, DVBl. 1970, 3 (6).
57 Dazu sogleich Rn 1128.
58 Vgl auch *Winkler*, NVwZ 1997, 1193; *Brohm*, ÖffBauR, § 18 Rn 3; Rn 1147, 1169.
59 Vgl Rn 1054.
60 Der BauNVO wird aber in diesem Zusammenhang eine „Leitlinien- und Orientierungsfunktion" zugesprochen, was auch bei der Anwendung entsprechender Festsetzungen im Einzelfall zu beachten sein soll, vgl BVerwGE 116, 296.
61 Zu den hiermit zusammenhängenden allgemeinen Rechtsfragen näher Rn 1153 ff.

2. Ausnahmen und Befreiungen nach § 31 BauGB

1130 § 31 BauGB ist Ausdruck der **Einzelfallgerechtigkeit**. Auch wenn Bebauungspläne vielfach einen konkret-individuellen Regelungsgehalt aufweisen[62], bleibt wegen ihres Flächenbezugs immer ein gewisses Maß typisierender Planinhalte, die den spezifischen Besonderheiten bestimmter Grundstücke und ihrer baulichen (Aus-)Nutzbarkeit nicht ohne weiteres gerecht werden (können). Angesichts dessen eröffnet das Gesetz in § 31 BauGB die Zulassung von Vorhaben im Wege der Ausnahme (Abs. 1) oder der Befreiung (Abs. 2) von Festsetzungen des Bebauungsplans. Die diesbzgl Entscheidung ist nach dem Wortlaut der Vorschrift und ganz überwiegender, zutreffender Auffassung in das **Ermessen** der Baugenehmigungsbehörde gestellt[63]. Anderenfalls, dh bei Annahme einer apriorischen Entscheidungsbindung, würde sich das Regel-Ausnahmeverhältnis der §§ 30, 31 BauGB in das Gegenteil verkehren lassen. Das erschiene umso bedenklicher, als der als Rechtsnorm ergangene Bebauungsplan in besonderem Maß Vertrauen schaffende Wirkungen nach sich zieht. Die Zuweisung von Ermessen impliziert freilich die Möglichkeit einer Ermessensreduzierung im Einzelfall[64].

1131 **Ausnahmen** von den planerischen Festsetzungen müssen nach § 31 I BauGB ausdrücklich im Plan[65] – nach Art und Umfang hinreichend bestimmt[66] – zugelassen sein; sie sind damit vom Willen der planenden Gemeinde umfasst. Daraus folgt, dass die Ausnahmeerteilung keine Durchbrechung des planerischen Konzepts darstellt; vielmehr handelt die Baugenehmigungsbehörde auf Grund einer Ermächtigung durch den kommunalen Plangeber[67]. Die Gemeinde kann von sämtlichen nach §§ 9 und 172 BauGB möglichen Planfestsetzungen Ausnahmen zulassen – in den Grenzen der BauNVO, insbes. des § 1 V und VI BauNVO: Ausnahmen müssen den Gebietscharakter wahren[68]. Verweist die Gemeinde im Bebauungsplan pauschal auf die Gebietsfestsetzungen der BauNVO (allgemeines Wohngebiet, Gewerbegebiet etc), so sind die im jeweils dritten Absatz der Vorschriften aufgeführten Fälle der Ausnahmebebauung Gegenstand des Bebauungsplans und damit ausdrücklich zugelassene Ausnahmen iSd § 31 I BauGB[69]. Gegenteiliges gilt mit Blick auf § 23 II 2 und III 2 BauNVO (Baulinien/Baugrenzen), weil es sich hierbei quasi um gesetzliche Ausnahmen handelt[70].

1132 Das den Bauaufsichtsbehörden zugewiesene **Ermessen** muss nach allgemeinen Grundsätzen (§ 40 VwVfG, § 114 VwGO) dem Zweck des Gesetzes entsprechend

---

62 Dazu BVerwGE 50, 114.
63 Vgl etwa *Reidt*, in: Battis/Krautzberger/Löhr, BauGB, § 31 Rn 4, 19.
64 Dazu noch Rn 1132 (Ausnahme), 1140 (Dispens).
65 Dass Ausnahmen in der (Plan-)Begründung vorgesehen sind, reicht nicht aus, vgl *Söfker*, in: Ernst/Zinkahn/Bielenberg/Krautzberger, BauGB, § 31 (2019) Rn 22 f.
66 *Jäde*, in: Jäde/Dirnberger/Weiß, BauGB, § 31 Rn 9; vgl auch *Finkelnburg/Ortloff/Kment*, ÖffBauR Bd. 1, § 24.
67 *Brohm*, ÖffBauR, § 19 Rn 6; *Schiller*, in: Bracher/Reidt/Schiller, Bauplanungsrecht, Rn 1903: „planimmanentes Institut".
68 Vgl BVerwGE 116, 155; zur Unzulässigkeit eines Seniorenpflegeheims in einem Gewerbegebiet iSd § 8 BauNVO BVerwG, NVwZ 2002, 1499; zur Unzulässigkeit einer Krypta in einem Industriegebiet iSd § 9 BauNVO BVerwG, NVwZ 2011, 748 Rn 18 ff.
69 Dazu nur *Hübner*, BauR 2008, 608 (610); bereits Rn 1120.
70 BVerwG, DVBl. 1975, 895.

ausgeübt werden; die Entscheidung hat folglich auf Grund städtebaulicher Gründe und Erwägungen[71] zu ergehen, um ermessensfehlerfrei zu sein[72].

Die weitergehende Annahme eines Planungscharakters der Entscheidung wegen ihrer standortbezogenen „Feinjustierung" der gemeindlichen Grundentscheidung[73] erscheint vorschnell, und zwar deshalb, weil die Dezision nach § 31 I BauGB in Bandbreite und Gestaltungsauftrag mit dem Abwägungsprogramm des § 1 VII BauGB[74] nicht vergleichbar ist. Auch die in der obergerichtlichen Rspr verbreitete Annahme, das Ermessen reduziere sich zugunsten des Bauherrn „auf Null", sofern keine besonderen städtebaulichen Gründe dem Vorhaben entgegenstehen,[75] findet im Wortlaut des § 31 I BauGB keinen Halt.

Infolge der beschriebenen Planadäquanz greift die Ausnahmeerteilung zwar nicht in die Planungshoheit der Kommune ein[76], berührt sie aber; das bildet den verfassungsrechtlichen Hintergrund für die Bindung der Entscheidung an das gemeindliche **Einvernehmen** (§ 36 I 1 BauGB)[77]. **1133**

Anders als die Ausnahme durchbricht die **Befreiung** nach § 31 II BauGB das bauleitplanerische Konzept der Gemeinde[78]. Das Instrument ist deshalb restriktiv zu handhaben: Die Vorschrift eröffnet wegen der Rechtsnormqualität des Bebauungsplans lediglich ein Mindestmaß an Flexibilität[79].[80] Dem entspricht es, dass eine **Dispenserteilung** zunächst voraussetzt, dass die Abweichung vom Bebauungsplan nicht die **Grundzüge der Planung** berührt[81]; eine solche Konzeption kann in einem „kompromisslos rein" geplanten Wohngebiet zum Ausdruck kommen[82]. Maßgeblich ist insoweit der Zeitpunkt der Abwägungsentscheidung[83], nicht die spätere (Nicht-)Realisierung der Festsetzungen[84]. Je stärker der Dispens in das planerisch erfasste Interessengeflecht eingreift, desto eher liegt es nahe, eine hierdurch bewirkte Änderung der Planungskonzeption anzunehmen[85]. **1134**

Derart weitgehende Abweichungen – wie zB die Errichtung eines Krematoriums in einem Gewerbegebiet – bedürfen ausnahmslos der Planänderung[86], und zwar zur Si-

---

71 Etwa: Verhinderung eines Antennenwaldes, allerdings nicht, wenn ein solcher (illegal) bereits existiert, VGH München, BayVBl. 2008, 473 (476 f).
72 VGH München, BayVBl. 2008, 473 (476).
73 VGH München, BayVBl. 2008, 473 (476).
74 Dazu näher Rn 993 ff.
75 VGH München, BayVBl. 2008, 470 (473) mwN.
76 Vgl Rn 1131.
77 Zum Einvernehmen Rn 1153 ff, 1204.
78 *Brohm*, ÖffBauR, § 19 Rn 6; *Schiller*, in: Bracher/Reidt/Schiller, Bauplanungsrecht, Rn 1922: „planexternes Institut".
79 VGH Mannheim, VBlBW 2007, 385 (386); BVerwG, NVwZ 2012, 825 Rn 22.
80 Sie gilt aber auch für vorhabenbezogene Bebauungspläne nach § 12 BauGB, VGH Mannheim, VBlBW 2008, 348 (348 f).
81 Dazu jüngst BVerwG, NVwZ 2018, 1808 Rn 8 ff.
82 Anhand der textlichen Festsetzungen eines Bebauungsplans VGH München, BayVBl. 2008, 307 (308); exemplarisch hierzu und zum Nachfolgenden auch VGH Kassel, BauR 2007, 1006.
83 Im Zweifel sollen die Vorstellungen des Plangebers zu diesem Zeitpunkt maßgeblich sein, VGH Mannheim, VBlBW 2008, 147 (148); VGH Mannheim, VBlBW 2007, 385; auch VGH München, BayVBl. 2008, 307 (308).
84 BVerwG, BRS 67 Nr 83.
85 BVerwG, ZfBR 1999, 283 (283 f); BVerwG, NVwZ 2018, 1808 Rn 8.
86 BVerwG, NVwZ 2012, 825 Rn 23 mit zustimmender Anm. *Schmidt am Busch*.

cherung nicht nur der kommunalen Planungshoheit, sondern auch der Beteiligungsrechte von Trägern öffentlicher Belange wie der Öffentlichkeit[87]. Dispense können folglich nur erteilt werden von Festsetzungen, die das Planungskonzept nicht tragen – oder von tragenden Planinhalten, wenn die Abweichung marginal ist[88]. In Abgrenzung gegenüber dem vereinfachten Verfahren zur Änderung eines Bebauungsplans nach § 13 BauGB erfordert eine Befreiung nach § 31 II BauGB ferner, dass

– Gründe des Wohls der Allgemeinheit, einschließlich des Bedarfs zur Unterbringung von Flüchtlingen oder Asylbegehrenden, die Befreiung erfordern (Nr 1) oder
– die Abweichung städtebaulich vertretbar ist (Nr 2) oder
– die Durchführung des Bebauungsplans zu einer offenbar nicht beabsichtigten Härte führen würde (Nr 3).

1135 Gründe des **Allgemeinwohls** iSd Befreiungstatbestandes (Nr 1) erfordern nach der Rspr des BVerwG bereits dann den Dispens, wenn es in Verfolgung des jeweiligen öffentlichen Interesses vernünftigerweise geboten ist, mit Hilfe der Befreiung das Vorhaben an der vorgesehenen Stelle zu verwirklichen[89]. Die Befreiung muss mithin nicht das einzig denkbare Mittel für die Realisierung des öffentlichen Ziels sein. Auch schließen andere Möglichkeiten zur Erfüllung jenes Interesses ihre Erteilung nicht per se aus[90]. Überdies zählen zum Allgemeinwohl nicht nur spezifisch bodenrechtliche Belange, sondern öffentliche Interessen als solche (zB Arbeitsplätze, wirtschaftliche Belange)[91]. Aus Kompetenzgründen müssen sie aber städtebauliche Relevanz im weitesten Sinne aufweisen (bspw bei kommunalen Folgeeinrichtungen als Ausdruck städtebaulicher Gemeinzwecke).

Seit der BauGB-Novelle 2014 II findet sich der **Bedarf zur Unterbringung von Flüchtlingen oder Asylbegehrenden** als (einziger) Gemeinwohlbelang in § 31 II Nr 1 BauGB ausdrücklich benannt. Die freilich nur deklaratorische[92] Neuregelung soll das besondere öffentliche Interesse an der Schaffung baulicher Anlagen zur Unterbringung hervorheben, was sich insbesondere in der Bewertung der Zumutbarkeit der Befreiung im Verhältnis zu nachbarlichen Interessen und anderen öffentlichen Belangen niederschlagen soll[93]. Zu beachten ist ferner die zugleich eingeführte, jedoch bis Ende 2019 befristete spezielle[94] Befreiungsmöglichkeit in **§ 246 X BauGB**[95]: Hiernach kann in **Gewerbegebieten** (§ 8 BauNVO, auch in Verbindung mit § 34 II BauGB) für Unterkünfte für Flüchtlinge oder Asylbegehrende von den Festsetzungen des Bebauungsplans befreit werden, wenn an dem Standort Anlagen für soziale Zwecke als Ausnahme zugelassen werden können oder allgemein zulässig sind und die Abweichung auch unter Würdigung nach-

---

87 *Brohm*, ÖffBauR, § 19 Rn 10; *Finkelnburg/Ortloff/Kment*, ÖffBauR Bd. 1, § 24 Rn 6 ff.
88 *Söfker*, in: Ernst/Zinkahn/Bielenberg/Krautzberger, BauGB, § 31 (2011) Rn 36.
89 BVerwGE 56, 71; bloße Nützlichkeit reicht indes nicht, vgl *Hübner*, BauR 2008, 608 (612).
90 Maßgeblich ist der Einzelfall, wobei es auf Fragen der Zumutbarkeit und Wirtschaftlichkeit ankommen kann, BVerwG, BauR 2004, 1124.
91 Bspw die in § 1 VI BauGB genannten, BVerwG, DÖV 1978, 921; *Hübner*, BauR 2008, 608 (612); auch BVerwG, NVwZ 2011, 748 Rn 25 ff: In den Glaubensvorstellungen wurzelnde Belange privatrechtlich organisierter Religionsgesellschaften können als Gründe des Allgemeinwohls eine Befreiung für die Krypta einer Kirche im Industriegebiet erfordern; dazu auch VGH Mannheim, DVBl. 2017, 317, im Anschluss an BVerfG, NVwZ 2016, 1804.
92 Vgl *Battis/Mitschang/Reidt*, NVwZ 2014, 1609 (1611).
93 BT-Drs. 18/2752, S. 7; *Krautzberger/Stüer*, DVBl. 2015, 73 (75).
94 S. VGH München, NVwZ 2015, 912 Rn 6: kein Rückgriff auf § 31 II Nr 1 BauGB, wenn die tatbestandlichen Voraussetzungen von § 246 X BauGB nicht vorliegen.
95 Näher etwa *Will*, ÖffBauR, Rn 400 ff.

barlicher Interessen mit öffentlichen Belangen vereinbar ist (S. 1)[96].[97] Die Vorschrift gilt für alle Vorhaben iSd § 29 I BauGB und damit auch für Nutzungsänderungen[98]. Nach § 246 X 2 BauGB findet das Einvernehmenserfordernis des § 36 BauGB entsprechende Anwendung.

Mit der zweiten BauGB-Flüchtlingsnovelle 2015 ist der gleichfalls bis zum 31.12.2019 befristete **§ 246 XII BauGB** hinzugetreten, welcher die erleichterte Befreiung für die auf längstens drei Jahre zu befristende Errichtung mobiler Unterkünfte für Flüchtlinge oder Asylbegehrende (S. 1 Nr 1) und Nutzungsänderung zulässigerweise errichteter baulicher Anlagen in Gewerbe- und Industriegebieten sowie in Sondergebieten nach §§ 8-11 BauNVO (auch in Verbindung mit § 34 II BauGB) in Aufnahmeeinrichtungen, Gemeinschaftsunterkünfte oder sonstige Unterkünfte für Flüchtlinge oder Asylbegehrende (S. 1 Nr 2) ermöglicht[99].

Der zweite Befreiungstatbestand (§ 31 II Nr 2) BauGB ist in seiner Reichweite gegenüber der früheren Rechtslage ausgedehnt worden. Während vordem städtebauliche Gründe die Abweichung rechtfertigen mussten, reicht es seit der Novelle des Jahres 1987 aus, dass die Abweichung **städtebaulich vertretbar** ist[100]. Vertretbar ist sie schon dann, wenn sie sich als ein nach §§ 1 VI, VII, 1a BauGB zulässiger Inhalt eines Bebauungsplans darstellt[101]. **1136**

Über den dritten Befreiungstatbestand können besondere Gegebenheiten privater Art eine Abweichung bewirken[102]. Das Merkmal der **offenbar nicht beabsichtigten Härte** ist eng auszulegen; es setzt zum einen voraus, dass eine dem Plan verpflichtete Bebauung zu Ergebnissen führte, die bei der Planaufstellung nicht gewollt waren[103]. Zum anderen meint die Vorschrift keine unbillige Härte in persönlicher Hinsicht; auf wirtschaftliche Nachteile oä beim Antragsteller kommt es nicht an. Erfasst werden lediglich Härten bodenbezogener Art, dh bodenrechtliche Besonderheiten[104] – etwa der außergewöhnliche Zuschnitt eines Grundstücks[105]. Nicht beabsichtigt ist demnach die Härte, wenn eine Anwendung der Festsetzung besagte ungewollte Ergebnisse nach sich zöge, die eine angemessene Bebauung erheblich erschweren würden[106]. **1137**

Bei jedem der drei Befreiungstatbestände sind die **nachbarlichen Interessen** gebührend zu berücksichtigen; das gilt unabhängig davon, ob die Festsetzung, von der be- **1138**

---

96 Näher *Battis/Mitschang/Reidt*, NVwZ 2014, 1609 (1611 f); *Bienek/Reidt*, BauR 2015, 422 (427 f); *Kment/Berger*, BauR 2015, 211 (212 ff); *Scheidler*, UPR 2015, 41 (45 f).

97 Die Regelung versteht sich als Reaktion auf die Rspr, der zufolge wohnähnliche Aufnahmeeinrichtungen und Gemeinschaftsunterkünfte für Flüchtlinge oder Asylbewerber nicht in Gewerbegebieten nach § 8 III Nr 2 BauNVO (als Anlagen für soziale Zwecke) ausnahmsweise zugelassen werden können (OVG Hamburg, NVwZ-RR 2013, 990; VGH Mannheim, DVBl. 2013, 795), s. BT-Drs. 18/2752, S. 12.

98 BVerwG, NVwZ 2018, 836 Rn 7.

99 Überblicksartig zu bauplanungsrechtlichen Fragen der Flüchtlingsunterbringung *Bienek*, DÖV 2017, 584; *Brenner*, Jura 2018, 43; *Hornmann*, NVwZ 2016, 436; *Krautzberger*, ZfIR 2016, 89.

100 Krit. angesichts der Weite des Tatbestandes *Kersten*, Baurecht, Rn 284, der zugleich für eine äußerst restriktive Auslegung eintritt: Beschränkung auf absolut atypische Fallgestaltungen; zu jenem Kriterium noch unten Rn 1139.

101 *Finkelnburg/Ortloff/Kment*, ÖffBauR Bd. 1, § 24 Rn 15; BVerwG, DVBl. 1999, 782; dazu *Brohm*, ÖffBauR, § 19 Rn 13.

102 Privatnützige Befreiung, *Jarass/Kment*, BauGB, § 31 Rn 21.

103 Vgl *Peine*, ÖffBauR, Rn 770; auch *Finkelnburg/Ortloff/Kment*, ÖffBauR Bd. 1, § 24 Rn 14 ff.

104 BVerwGE 40, 268.

105 *Brohm*, ÖffBauR, § 19 Rn 12.

106 Etwa *Hübner*, BauR 2008, 608 (612 f).

freit werden soll, nachbarschützende Wirkung[107] aufweist[108]. Des Weiteren muss die Befreiung mit den **öffentlichen Belangen** vereinbar sein. Hierunter fallen die in § 1 V, VI BauGB genannten sowie alle im Zusammenhang mit den städtebaulichen Anforderungen an die Bauleitplanung heranzuziehenden Gesichtspunkte[109]; Ziele der Raumordnung sollen hierzu nicht gehören[110]. Da die Befreiung eine Abweichung vom Bebauungsplan darstellt und die kommunale Planungshoheit tangiert, bedarf die Bauaufsichtsbehörde nach § 36 I 1 BauGB des **Einvernehmens der Gemeinde**. Eine Zustimmung der höheren Verwaltungsbehörde ist demgegenüber nicht erforderlich.

1139 Durch die BauGB-Novelle 1998 ist das bis dahin für die Befreiung maßgebliche Erfordernis einer **Atypik** des Einzelfalls entfallen[111]. In der Rspr des BVerwG fehlt es bislang an einer klärenden Aussage zur etwaigen Beibehaltung der Atypik als (ggf) ungeschriebenes Tatbestandsmerkmal; das Gericht hat lediglich ausgeführt, dass auch in mehreren vergleichbaren Fällen befreit werden könne, sofern hierdurch die Grundzüge der Planung nicht berührt würden[112].

Die obergerichtliche Judikatur tendiert zu einer Erweiterung der Befreiungsmöglichkeiten, indem sie das Merkmal der Atypik nicht mehr als Voraussetzung für einen Dispens fordert[113]. Die dagegen erhobenen Bedenken, wonach die gemeindlichen Planungsentscheidungen nicht zum beliebigen Abwägungsgegenstand der Bauaufsichtsbehörden herabgestuft werden dürften[114], erscheinen rechtspolitisch zutreffend. In der Rechtsanwendung muss allerdings der eindeutig zum Ausdruck gebrachte Wille des Gesetzgebers, das Merkmal der Atypik aufzugeben, respektiert werden, so dass sich ein „Hineinlesen" des Atypik-Erfordernisses in § 31 II BauGB verbietet[115].

1140 Auf Rechtsfolgenseite ist umstritten, ob sich das in § 31 II BauGB zugewiesene **Ermessen** bei Vorliegen der Befreiungsvoraussetzungen regelmäßig auf Null reduziert; im Gegensatz zur hier favorisierten Sicht[116] geht die hM von einer solchen Verdichtung aus, weil die anstehenden Interessen sämtlich bereits auf Tatbestandsebene berücksichtigt würden[117].

---

107 Zum Nachbarschutz Rn 1354 ff.
108 Vgl nur *Hübner*, BauR 2008, 608 (611) mwN.
109 *Reidt*, in: Battis/Krautzberger/Löhr, BauGB, § 31 Rn 30 f; die Rspr zieht insoweit faustformelartig eine Parallele zu § 34 BauGB: Wenn das Vorhaben unter Geltung des § 34 BauGB nicht genehmigt werden dürfte, ist es auch nicht im Wege der Befreiung zulassungsfähig, BVerwGE 56, 71 (78).
110 Weil es Aufgabe der Gemeinde ist, den zielwidrig gewordenen Bebauungsplan anzupassen, *Kaltenborn/Gerhard*, BauR 2008, 1996 (2004) gegen *Reidt*, ZfBR 2004, 430 (431).
111 Vgl BT-Drs. 13/6392, S. 56; zur alten Rechtslage BVerwGE 40, 268; 56, 71 (74 ff).
112 BVerwG, NVwZ 1999, 1100, wonach der Geltungsanspruch des Tatbestandsmerkmals „Grundzüge der Planung nicht berührt" je nach Fallgestaltung die Frage erübrigen kann, ob das Erfordernis der Atypik nach wie vor gilt; krit *Claus*, DVBl. 2000, 241.
113 VGH Mannheim, NVwZ 2004, 357; hierzu *Herrmann*, NVwZ 2004, 309.
114 IdS auch *Brohm*, ÖffBauR, § 19 Rn 7.
115 Ebenso *Hoffmann*, BauR 1999, 445 (450); vgl auch *Oldiges/Brinktrine*, Baurecht, Rn 206; anders *Wickel*, Bauplanung, Rn 215: Atypik als Wesensmerkmal der Befreiung.
116 Rn 1130.
117 BVerwGE 117, 50 (55); auch VGH München, BayVBl. 2008, 307 (309).

III. Zulässigkeit von Vorhaben im nicht qualifiziert beplanten Innenbereich

Bereits die Vorgängervorschrift des im Folgenden zu behandelnden **§ 34 BauGB**[118]   **1141**
im BBauG war in der Praxis städtebaurechtlicher Zulassungen von großer Bedeutung;
diese Relevanz hat zugenommen angesichts der Aufwertung der Vorschrift durch den
Gesetzgeber, vor allem mit Blick auf erweiterte Möglichkeiten des bauleitplanerset-
zenden Satzungserlasses[119]. Die gesetzgeberische Vorstellung geht dahin, dass der
nicht (qualifiziert) beplante Innenbereich, ebenso wie der beplante Innenbereich (§ 30
I und II BauGB), grds **der Bebauung offensteht**[120]. Die Zulassung nach § 34 BauGB
setzt voraus, dass das Vorhaben

– im **räumlichen Geltungsbereich** der Vorschrift liegt (im Zusammenhang bebauter Ortsteil) und
– die – weiteren – **Zulässigkeitsanforderungen** nach § 34 BauGB erfüllt.

1. Räumlicher Geltungsbereich

§ 34 BauGB gilt für den nicht qualifiziert bzw nicht vorhabenbezogen beplanten In-   **1142**
nenbereich. Das bedingt

– Lage des zu bebauenden Grundstücks in einem im Zusammenhang bebauten Ortsteil und/
  oder im Geltungsbereich einer Satzung nach § 34 IV BauGB,
– aber außerhalb des Geltungsbereichs eines qualifizierten oder vorhabenbezogenen Bebauungsplans.

Was unter der Negativvoraussetzung des qualifizierten Bebauungsplans zu verstehen   **1143**
ist, ergibt sich aus § 30 I BauGB[121]. Der vorhabenbezogene Bebauungsplan bestimmt
sich nach § 12 iVm § 30 II BauGB[122]. Die Maßgabe **Ortsteil** setzt eine komplexartige
Bebauung in der jeweiligen Gemeinde[123] von gewissem – zahlenmäßigem – Gewicht
iSe organischen Siedlungsstruktur voraus[124]; hierin liegt die Abgrenzung zur sog.
Splittersiedlung bzw zur bloßen Streubebauung. Unter **Bebauungszusammenhang**
ist eine tatsächlich aufeinander folgende Bebauung zu verstehen, die „trotz vorhandener Baulücken den Eindruck der Geschlossenheit (Zusammengehörigkeit) vermittelt"[125].

---

118 Zu den Grundlagen und Grenzen der Innenbereichsentwicklung nach § 34 I BauGB jüngst *Rubel*,
     DVBl. 2018, 403.
119 Zur praktischen Bedeutung s. etwa *Wickel*, Bauplanung, Rn 220.
120 BVerwG, ZfBR 1980, 294 (295).
121 Dazu oben Rn 1119.
122 Bereits Rn 1052 ff, 1127.
123 BVerwG, NVwZ 2015, 1767 Rn 11; BVerwGE 27, 137; BVerwG, NVwZ 1999, 527;
124 BVerwG, NVwZ 2015, 1767 Rn 11; BVerwGE 31, 20 (22, 26); Homogenität ist nicht erforderlich,
     lediglich eine völlig regellose und insofern funktionslose Bebauung unterfällt nicht – mehr – der von
     § 34 BauGB beabsichtigten angemessenen Fortentwicklung einer vorhandenen Bebauung,
     BVerwGE, aaO; hierzu *Decker*, JA 2000, 60.
125 BVerwGE 31, 20; BVerwG, NVwZ 2018, 1651 Rn 7; optische Unterbrechungen durch Gebäudehin-
     dernisse stehen der Annahme eines Bebauungszusammenhangs nicht von vornherein entgegen,
     BVerwG, DÖV 1988, 840; auch BVerwG, NVwZ-RR 1989, 6; BVerwG, NVwZ 2011, 436 Rn 11;
     „bebauungsakzessorisch" genutzte Freiflächen (Hof, Garten) können einzubeziehen sein, OVG
     Greifswald, NordÖR 2002, 18; eingehend zum Ganzen[125] *Spannowsky*, ZfBR 2014, 738.

Abzustellen sei allein auf städtebaulich „prägende" Baulichkeiten[126]. Darunter werden Bauwerke verstanden, die dem ständigen Aufenthalt von Menschen dienen[127]. Letztere Anforderung erscheint aber, gerade in Fällen ländlicher Bebauung, überzogen. Die Rspr korrigiert dann auch: Landwirtschaftlichen oder erwerbsgärtnerischen Zwecken dienende Betriebsgebäude gehören ebenfalls dazu[128].

Entscheidende Kriterien sind iÜ nicht solche geografisch-mathematischer Art, sondern die konkreten Gegebenheiten und deren Bewertung[129]. Entsprechendes gilt mit Blick auf die Bedeutung von Straßen und Wegen für die Abgrenzung zwischen Innen- und Außenbereich[130]. Gleichermaßen stellt es eine Frage des Einzelfalls und der Verkehrsauffassung[131] dar, ob größere Freiflächen, etwa auch Wasserflächen, das Bild der Zusammengehörigkeit störend unterbrechen[132].

2. Zulässigkeitskriterien nach § 34 I BauGB

1144 Zulässigkeitsvoraussetzungen grundsätzlicher Art für ein Vorhaben im Innenbereich der Standortgemeinde[133] sind nach § 34 I BauGB, dass

- es sich in die Eigenart der näheren Umgebung einfügt,
- die Erschließung gesichert ist,
- die Anforderungen an gesunde Wohn- und Arbeitsverhältnisse gewahrt sind und
- das Ortsbild nicht beeinträchtigt wird.

1145 Das Gebot des **Sich-Einfügens** ist nach der Rspr immer erfüllt, wenn sich das Vorhaben (nach Art und Maß der baulichen Nutzung, der Bauweise[134] und der Grundstücksfläche, die überbaut werden soll) in jeglicher Hinsicht innerhalb des durch die Bebauung seiner Umgebung geprägten Rahmens hält und die erforderliche Rücksicht auf die unmittelbare Umgebung nimmt[135]. Baulichkeiten können nach dem BVerwG auch dann die Eigenart der näheren Umgebung prägen, wenn sie nicht imstande sind, einen im Zusammenhang bebauten Ortsteil zu bilden[136]. Aber auch dann, wenn das

---

126 BVerwG, NVwZ 2018, 1651 Rn 6; an der prägenden Kraft fehlt es bei den Baulichkeiten eines Kasernengeländes, dessen militärische Nutzung aufgegeben wurde, BVerwG, NVwZ 2017, 412 Rn 15 ff.

127 BVerwG, BauR 2000, 1310; BVerwG, BauR 2007, 1383; nicht aber befestigte Stellplätze, BVerwG, NVwZ 2012, 1631 Rn 13.

128 BVerwG, BauR 2007, 1383.

129 BVerwG, BauR 2006, 348; BVerwG, BauR 2007, 1383; BVerwG, NVwZ 2011, 436 Rn 11; jeweils mwN.

130 BVerwG, BauR 2007, 1383 mwN.

131 BVerwGE 31, 20; 28, 268; 75, 34 (37).

132 Vgl auch BVerwG, DÖV 1976, 381.

133 Keine „Anreicherung durch nachbargemeindliche Belange", VGH Kassel, NVwZ-RR 2006, 230 (231); allerdings noch § 34 III BauGB, Rn 1149 f.

134 Zur Bestimmung der die Umgebung prägenden Bauweise darf § 22 BauNVO als Auslegungshilfe herangezogen werden, s. BVerwG, NVwZ 2014, 370 Rn 12 ff, zum Begriff des Doppelhauses.

135 Vgl BVerwG, ZfBR 2002, 69; BVerwG, BauR 2002, 1827; OVG Münster, NVwZ-RR 2006, 592 (596 f).

136 BVerwG, NVwZ 2017, 717 Rn 13; nach BVerwG, NVwZ 2018, 1651 Rn 6, ist für die Beurteilung der Eigenart der näheren Umgebung alles an Bebauung in den Blick zu nehmen, was tatsächlich vorhanden ist und nach außen wahrnehmbar in Erscheinung tritt; außer Acht gelassen werden dürfe lediglich, was die Bebauung nicht präge, weil es nicht die Kraft habe, die Eigenart der näheren Umgebung zu beeinflussen, oder in ihr gar als Fremdkörper erscheine.

Vorhaben diesen Rahmen nicht einhält, fügt es sich ein, es sei denn, es ist selbst oder infolge einer nicht auszuschließenden Vorbildwirkung (konkret) geeignet, **bodenrechtlich beachtliche Spannungen** zu begründen oder vorhandene Spannungen zu erhöhen[137]. Derartige bodenrechtliche Spannungen können nur durch Bauleitplanung bewältigt werden.

Das überdies herangezogene **Rücksichtnahmegebot** soll dem BVerwG zufolge in dem Begriff des Sich-Einfügens enthalten sein[138]. Angesichts dessen muss es Geltung auch im Zusammenhang mit der Frage nach einer etwaigen Begründung bodenrechtlich relevanter Spannungen beanspruchen, zumal dem Einfügungsgebot die Rücksichtnahme auf das Vorhandene wesensimmanent ist[139]. Die Beurteilung, ob sich ein Vorhaben idS einfügt oder nicht, erfolgt unter Abwägung der öffentlichen Belange und der Eigentümerbelange, wobei Letzteren besonderes Gewicht zukommt[140]. Mit **Umgebung** als Maßstab für die Beurteilung des „Rahmens" bzw der „Spannungen" ist nur die nähere Umgebung gemeint; das ist der Bereich, auf den die Ausführung des Vorhabens sich auswirken kann oder der seinerseits den bodenrechtlichen Charakter des Baugrundstücks prägt oder beeinflusst[141]. Dabei ist die nähere Umgebung für die in § 34 I 1 BauGB bezeichneten Kriterien jeweils gesondert abzugrenzen[142].

Künstliche oder natürliche Trennlinien (Straße, Schienenstrang, Gewässerlauf, Geländekante uä) ziehen insoweit keine zwingenden Grenzen[143]. Geht es um ein Einfügen nach dem Maß der baulichen Nutzung, sind die prägenden (Maß-)Kriterien des Gebäudes im Verhältnis zu seiner Umgebung ausschlaggebend, etwa die flächenmäßige Ausdehnung, Geschossflächenzahl und die Höhe der den Rahmen bildenden Gebäude[144]. Zur maßstabsetzenden Bebauung gehört auch ein auf dem Baugrundstück selbst vorhandenes Gebäude[145]. Ferner wird der Gebietscharakter durch vernichteten Altbestand oder aufgegebene Nutzungen solange geprägt, wie mit einer Wiederbebauung oder einer Wiederaufnahme der Nutzung zu rechnen ist[146].

In Anbetracht des Vorstehenden und weil der Begriff des Einfügens auf tatsächlich vorhandene Baustrukturen abstellt, spielen unter dem Gesichtspunkt des Sich-Einfügens weder die Ausweisungen eines **Flächennutzungsplans** eine Rolle[147], noch kann dem Vorhaben deshalb ein **Planungsbedürfnis** iSd § 1 III 1 BauGB (zur Aufstellung

---

137 BVerwGE 55, 369 (370 f, 381 f, 384 f); BVerwG, NVwZ 2011, 436 Rn 22; BVerwG, NVwZ 2014, 370 Rn 17; das tritt bspw wegen des Maßes der Nutzung auf, wenn das Vorhaben unabhängig von seiner Nutzungsart den vorhandenen Rahmen in unangemessener Weise überschreitet, vgl BVerwG, ZfBR 2007, 687 (688) mwN.
138 BVerwGE 67, 334 (337); 68, 58 (60); zur Abgrenzung beider Maßstäbe BVerwG, NVwZ 2011, 436 Rn 22 f.
139 Die Rspr ist insoweit wenig eindeutig, vgl BVerwGE 67, 23 (31); ausführlich *Bönker*, in: Hoppe/Bönker/Grotefels, ÖffBauR, § 8 Rn 150 ff.
140 Nachvollziehende Abwägung, die eine Kompensation ausschließt, vgl nachfolgend zu § 35 BauGB sowie BVerwGE 55, 272.
141 BVerwGE 68, 352 (358); 55, 369 (380); BVerwG, NVwZ 2013, 719 Rn 30; NVwZ 2017, 717 Rn 9.
142 BVerwG, NVwZ 2014, 1246 Rn 7 mwN der Kommentarliteratur; NVwZ 2017, 717 Rn 9.
143 BVerwG, Beschluss v. 28.8.2003 – 4 B 74.03 –; dazu *Stüer*, DVBl. 2006, 403 (409).
144 BVerwG, ZfBR 2007, 687 (688); zum Verhältnis des Gebäudes zur umliegenden Freifläche BVerwG, ZfBR 2014, 493.
145 BVerwG, ZfBR 2007, 687 (687).
146 BVerwG, ZfBR 2008, 52 unter Hinweis auf BVerwG, BRS 60 Nr 83.
147 BVerwGE 62, 151; *Brohm*, ÖffBauR, § 20 Rn 17.

eines Bebauungsplans) entgegengehalten werden[148]. Entsprechendes gilt für **Ziele der Raumordnung**, also für zielförmige, wegen ihrer überörtlichen Sichtweise nicht auf die nähere Umgebung bezogene Inhalte von Raumordnungsplänen. Ihnen kommt weder über das Merkmal des Sich-Einfügens noch als öffentlicher Belang rechtliche Verbindlichkeit iSe zulässigkeitsverhindernden Wirkung nach § 34 I BauGB zu[149].

Für die Frage, ob ein Vorhaben das **Ortsbild beeinträchtigt**, ist ein größerer Bereich als die „nähere Umgebung" maßgeblich; dabei setzt eine Beeinträchtigung nach der Rspr des BVerwG auch dessen Schutzwürdigkeit voraus: Es muss sich um ein Ortsbild handeln, das einen besonderen Charakter, eine gewisse Eigenheit aufweist und deshalb nicht überall anzutreffen ist[150]. Dem lässt sich allerdings entgegenhalten, dass auch ein gewöhnliches Ortsbild durch ein als eminent „unschön" empfundenes Vorhaben beeinträchtigt werden kann[151].

Ferner ist die **naturschutzrechtliche Eingriffsregelung** auf Grund ausdrücklichen Ausschlusses in § 18 II BNatSchG **nicht anwendbar**[152]. Anforderungen des Umweltschutzes sind hingegen – beschränkt auf den räumlichen Maßstab der näheren Umgebung – weiterhin über das Sich-Einfügen und den Belang der gesunden Wohn- und Arbeitsverhältnisse[153] für die Zulassungsentscheidung prüfungsrelevant[154].

1146   Keine Anwendung im Kontext des § 34 BauGB findet der **Trennungsgrundsatz des § 50 BImSchG**; die Innenbereichsvorschrift bietet nach zutreffender Sichtweise des BVerwG keinen Raum für eine „planersetzende" Entscheidung dergestalt, dass die Genehmigungsbehörde eine planerische Abwägung unter Berücksichtigung jenes Planungsgrundsatzes[155] zu treffen hätte[156]. Abweichendes ist auch nicht im Gefolge des Unionsrechts, namentlich der Seveso-III-RL, geboten[157].

Zwar beanspruchen nach der Judikatur des EuGH die EU-rechtlich niedergelegten Anforderungen an die Abstandswahrung gegenüber **Störfall-Betrieben** auch auf Zulassungsebene, und dort auch im Rahmen gebundener Entscheidungen, Geltung; ihre Nichteinhaltung zieht indes nicht zwingend ein Ansiedlungsverbot für öffentlich genutzte Gebäude iSd Richtlinie nach sich, sofern sichergestellt ist, dass die Risiken der Ansiedlung innerhalb der maßgeblichen Abstandsgrenzen „gebührend gewürdigt" werden[158]. Letzterem Erfordernis kann das Entschei-

---

148   BVerwGE 119, 25 (36); *Paul*, NVwZ 2004, 1033 (1034); Abweichendes kann unter einengenden Voraussetzungen über § 1 III 1 BauGB kommunalaufsichtlich durchgesetzt werden, Rn 957 f (zur parallelen Planungspflicht aus § 1 IV BauGB vgl Rn 969); auch bereits BVerwG, BRS 62 Nr 101; hierauf Bezug nehmend BVerwG, ZfBR 2007, 687 (688).
149   *Brohm*, ÖffBauR, § 20 Rn 17; bereits Rn 838; anhand von § 34 III BauGB BVerwG, NVwZ 2010, 587 Rn 22 ff.
150   BVerwG, NVwZ 2000, 1169 (1170).
151   So auch *Bracher*, in: Bracher/Reidt/Schiller, Bauplanungsrecht, Rn 2235.
152   Dazu *Spannowsky*, in: Spannowsky/Uechtritz, BauGB, § 34 Rn 13 ff.
153   Diesem Belang ist regelmäßig Rechnung getragen, wenn das Vorhaben sich einfügt; näher *Finkelnburg/Ortloff/Kment*, ÖffBauR Bd. 1, § 36 Rn 37 f.
154   Vgl BVerwGE 112, 321; *Louis*, NuR 2001, 388.
155   Dazu bereits Rn 997, 1028.
156   BVerwG, NVwZ 1990, 962; BVerwG, ZfBR 2010, 262 (264).
157   S. EuGH, ZfBR 2011, 763, auf Vorlage des BVerwG, ZfBR 2010, 262; dazu *Uechtritz*, BauR 2012, 1039; *Lau* DVBl. 2012, 678; *Reidt*, BauR 2012, 1182; *Schmitt/Kreutz*, NVwZ 2012, 483.
158   EuGH, wie vor; BVerwG, NVwZ 2013, 719 Rn 13 ff mit Anm. *Uechtritz*; dazu *Muckel/Ogorek*, ÖffBauR, § 7 Rn 122; *Hellriegel/Farsbotter*, NVwZ 2013, 1117; s. ferner *Kraus*, ZfBR 2012, 324; *Berkemann*, ZfBR 2010, 18.

dungsprogramm des § 34 I BauGB hinreichend Rechnung tragen, indem das darin enthaltene Rücksichtnahmegebot[159] richtlinienkonform ausgelegt und zur Geltung gebracht wird[160].

Besteht ein **einfacher Bebauungsplan** für den im Zusammenhang bebauten Ortsteil und steht das Vorhaben in Einklang mit seinen gebietlichen Festsetzungen, so ist es der Art nach zulässig, ohne dass es insofern auf eine Prüfung anhand der weiteren Voraussetzungen des § 34 I BauGB ankommt; für das zulässige Maß ist hingegen § 34 I BauGB einschlägig[161]. Soweit der Bebauungsplan keine abschließenden Aussagen enthält, bedarf es ebenfalls einer Vereinbarkeit mit den Anforderungen dieser Vorschrift[162]. **1147**

3. Zulässigkeitskriterien nach § 34 II BauGB

Entspricht die Eigenart der näheren Umgebung einem der in der BauNVO bezeichneten Baugebiete, beurteilt sich gem. § 34 II BauGB die Zulässigkeit des Vorhabens hinsichtlich seiner **Art** allein danach, „ob es nach der Verordnung in dem Baugebiet allgemein zulässig wäre"[163]. Hiervon erfasst, weil iSd Vorschrift „bezeichnet", sind indes nach dem BVerwG nicht sämtliche in der BauNVO namentlich erwähnten Baugebiete, sondern nur diejenigen, für welche die Verordnung die zulässige Art der baulichen Nutzung selbst regelt[164]. Letzteres sei etwa bei Sondergebieten nach § 11 BauNVO nicht der Fall; Abs. 2 S. 1 der Vorschrift überantworte jene Entscheidung vielmehr der planenden Gemeinde[165]. Die Anerkennung „faktischer Sondergebiete" für Einkaufszentren und den großflächigen Einzelhandel (§ 11 III BauNVO) hat das BVerwG allerdings bislang ausdrücklich offen gelassen[166]. **1148**

Eine mit § 30 I BauGB vergleichbare Prüfung erfolgt demnach nur hinsichtlich der Nutzungsart. Insbes. mit Blick auf das Maß der baulichen Nutzung verbleibt es bei den Anforderungen des § 34 I BauGB[167]. Die Ausnahme- und Befreiungstatbestände des § 31 I und II BauGB sind entsprechend anwendbar. Damit wird zum einen (hinsichtlich der Nutzungsart) die Rspr des BVerwG korrigiert, die das Vorhaben in den Fällen des früheren § 34 III BauG über dessen Voraussetzungen hinaus immer noch

159 S. vorstehend Rn 36.
160 Dazu näher BVerwG, NVwZ 2013, 719 Rn 28 ff; zu der Entscheidung und deren Prüfungsrelevanz *Fehling/Ramadori*, ZJS 2014, 98; zum Störfallschutz im Rahmen der Baugenehmigungserteilung s. auch *Hendler*, DVBl. 2012, 532 (538 f); *Jarass Cohen*, NVwZ 2014, 902; *König*, ZfBR 2014, 336; *Lau*, DVBl. 2012, 678 (679 ff).
161 *Ewer*, in: Koch/Hendler, Baurecht, § 25 Rn 68.
162 Wie hier *Bönker*, in: Hoppe/Bönker/Grotefels, ÖffBauR, § 8 Rn 167; *Finkelnburg/Ortloff/Kment*, ÖffBauR Bd. 1, § 23 Rn 11 f.
163 Zur Zulässigkeit von Einzelhandelsvorhaben im Anwendungsbereich des § 34 II BauGB *Schoen*, BauR 2010, 2034 (2036).
164 BVerwG, NVwZ 2011, 436 Rn 16.
165 BVerwG, wie vor, anhand eines Hafengebiets nach § 11 II 2 BauNVO; Gleiches gilt für Sondergebiete nach § 10 BauNVO, *Bracher*, in: Bracher/Reidt/Schiller, Bauplanungsrecht, Rn 2210.
166 BVerwG, NVwZ 2011, 436 Rn 16; bejahend OVG Berlin-Brandenburg, NVwZ-RR 2008, 770; auch *Spannowsky*, in: Spannowsky/Uechtritz, BauGB, § 34 Rn 49.1 f; ablehnend *Bracher*, in: Bracher/Reidt/Schiller, Bauplanungsrecht, Rn 2210; *Jäde*, in: Jäde/Dirnberger/Weiß, BauGB, § 34 Rn 122; s. dazu auch *Schoen*, BauR 2010, 2034 (2036).
167 Damit soll eine höhere Flexibilität der Zulassungsentscheidung erreicht werden, *Erbguth/Schubert*, ÖffBauR, § 8 Rn 40 mwN; *Finkelnburg/Ortloff/Kment*, ÖffBauR Bd. 1, § 26 Rn 43; *Brohm*, ÖffBauR, § 20 Rn 14.

an den Anforderungen des § 34 I BauG maß[168]. Zum anderen bedeutet dieser Regelungsgehalt des § 34 II BauGB, vor allem mit Blick auf die Möglichkeiten der Erteilung von Ausnahmen und Befreiungen, einen weiteren Schritt zu einem echten „Ersatzplan".

4. Auswirkungen auf zentrale Versorgungsbereiche als Genehmigungshindernis

1149   Die Zulässigkeitsvoraussetzungen des § 34 I BauGB weisen insofern eine Schwachstelle auf, als sie nicht in der Lage sind, die über die „nähere Umgebung" des zu genehmigenden Vorhabens hinausreichenden **Fernwirkungen** eines Vorhabens zu erfassen[169]. Das wirft zB Probleme auf, wenn die Genehmigung für einen großflächigen Einzelhandelsbetrieb („Gewerbepark") begehrt wird, der geeignet ist, die Verwirklichung der Einzelhandelskonzeptionen von Nachbargemeinden erheblich zu beeinträchtigen – etwa im Wege des Kaufkraftabflusses aus deren Innenstädten[170].

1150   Der Gesetzgeber des EAG Bau (2004)[171] hat vor diesem Hintergrund eine weitere Zulässigkeitsvoraussetzung für Vorhaben im nicht qualifiziert beplanten Innenbereich in das Gesetz aufgenommen: Auf Grund des **§ 34 III BauGB** dürfen von Vorhaben nach § 34 I oder II[172] BauGB keine schädlichen Auswirkungen auf **zentrale Versorgungsbereiche** in der Gemeinde oder in anderen Gemeinden zu erwarten sein[173].

Der Begriff „zentrale Versorgungsbereiche" findet sich auch an anderer Stelle im BauGB und wird dem Grunde nach homogen verstanden[174]. Er umschreibt – nach dem Verständnis des BVerwG – räumlich abgrenzbare Bereiche einer Gemeinde, denen auf Grund vorhandener Einzelhandelsnutzungen, häufig ergänzt durch Dienstleistungen und Gastronomie, eine Versorgungsfunktion über den unmittelbaren Nahbereich hinaus zukommt[175].

Der Begr. zum Gesetzentwurf ist zu entnehmen, dass sich die Festlegung zentraler Versorgungsbereiche regelmäßig aus städtebaulichen oder raumordnungsrechtlichen Ausweisungen ergeben soll[176]. Ferner sollen sich derartige Bereiche im Gefolge unverbindlicher raumordnerischer und städtebaulicher Konzeptionen[177] konstituieren und nicht zuletzt aus nachvollziehbar

---

168   Vgl BVerwGE 62, 250.
169   Vgl nur *Uechtritz*, NVwZ 2007, 660 (660): „Steuerungsschwäche" des § 34 I BauGB.
170   Zu den Rechtsfragen des großflächigen Einzelhandels im unbeplanten Innenbereich s etwa *Dombert*, KommJur 2015, 81; *Reidt*, DVBl. 2016, 1364; *Grooterhorst*, ZfBR 2017, 21.
171   S. auch BT-Drs. 15/2250, S. 54; näher *Söfker*, in: Spannowsky/Krämer (Hrsg.), BauGB-Novelle 2004, 2004, S. 87 (88 f); krit *Hoppe*, NVwZ 2004, 282.
172   Insoweit mit Recht krit angesichts der vorgenannten Intention *Uechtritz*, DVBl. 2006, 799 (807).
173   Dazu etwa *Janning*, BauR 2005, 1723; *Battis*, DVBl. 2011, 196; instruktiver Überblick bei *Scheidler*, VerwArch 2014, 388; krit *Bönker*, in: Hoppe/Bönker/Grotefels, ÖffBauR, § 8 Rn 165; zur korrespondierenden Aufnahme der zentralen Versorgungsbereiche als subjektive Rechtsposition der Gemeinde im Rahmen des materiellen interkommunalen Abstimmungsgebots in § 2 II 2 BauGB s. Rn 1035.
174   S. BVerwG, NVwZ 2010, 580 Rn 8: gleicher Sinngehalt in § 34 III und § 9 IIa BauGB.
175   BVerwG, NvwZ 2008, 308 Rn 11; BVerwG, NVwZ 2010, 590 Rn 7, 9; zum Begriff auch *Koch*, DV 2012, 233 (235 f).
176   BT-Drs. 15/2250, S. 54.
177   Dazu *Bunzel*, Interkommunales Abstimmungsgebot, S. 51, 56 f; *Koch*, DV 2012, 233 (238 ff); *Kassow/Lee*, NVwZ 2013, 969.

eindeutigen tatsächlichen Verhältnissen ableiten[178]. Das BVerwG hat sich indes nachdrücklich zu der Auffassung bekannt, für die räumliche Abgrenzung zentraler Versorgungsbereiche iSd § 34 III BauGB seien ausschließlich die **tatsächlichen Verhältnisse** maßgeblich[179]. Planerische Festlegungen sollen allenfalls zur „Unterstützung und einleuchtenden Fortschreibung bestimmter tatsächlicher Gegebenheiten" von Relevanz sein[180]. Erst recht können rein informale städtebauliche Konzepte keine konstitutive Kraft zur Bestimmung resp. Abgrenzung von zentralen Versorgungsbereichen im Kontext des § 34 III BauGB entfalten[181]. **Zentral** sind Versorgungsbereiche, wenn sie nach den infrastrukturellen Gegebenheiten funktional ein Zentrum der Versorgung für ihren Einzugsbereich bilden[182].

Der Begriff des **Vorhabens** in § 34 III BauGB ist derjenige des § 29 BauGB; geht es etwa um die Änderung oder Nutzungsänderung einer baulichen Anlage, die der Erweiterung eines Lebensmittelmarktes dient, so richten sich die Anforderungen des § 34 III BauGB nicht lediglich auf die beabsichtigte Erweiterung, sondern auf das Gesamtvorhaben in seiner geänderten Gestalt[183].

Zu **schädlichen Auswirkungen** kommt es nach überwiegender Auffassung – unter Rückgriff auf die sog. Krabbenkamp-Formel des BVerwG[184] –, wenn unmittelbare Auswirkungen gewichtiger Art auf die städtebauliche Entwicklung und Ordnung der (Nachbar-)Gemeinde zu erwarten sind[185]. Das BVerwG stellt auf eine Störung (nicht notwendigerweise den Verlust) der Funktionsfähigkeit des Versorgungsbereichs ab und versteht hierunter eine Beeinträchtigung „in beachtlichem Ausmaß", dh eine Situation, in der der Versorgungsbereich seinen Versorgungsauftrag „generell oder hinsichtlich einzelner Branchen nicht mehr in substanzieller Weise wahrnehmen kann"[186]. Im Vergleich zur zwischengemeindlichen Abwägung kann diese verschärfte Maßgabe indes nur unter Hinweis darauf gerechtfertigt werden, dass es bei § 34 III BauGB anders als bei § 2 II BauGB nicht um Berücksichtigung, sondern um ein striktes Verbot geht. Derartige gewichtige Auswirkungen können insbes. durch zu erwartenden nicht unerheblichen **Kaufkraftabfluss** eintreten[187]. Sie müssen intensiver als die von § 11 III BauNVO erfassten Auswirkungen und diejenigen des § 2 II 2 BauGB sein[188].

Als Maßstab für die Beurteilung der Schädlichkeit der Auswirkungen bietet sich insbes. ein **Verkaufsflächenvergleich** zwischen dem Vorhaben und dem Versorgungsbereich bzw be-

---

178 Begr. EAG BauE, S. 54; 380 f; krit.zur gesamten Konzeption *Hoppe*, NVwZ 2004, 282.
179 BVerwG, NVwZ 2012, 1565 Rn 4 ff; ansatzweise bereits BVerwG, NVwZ 2009, 781 Rn 6 f.
180 BVerwG, NVwZ 2012, 1565 Rn 7 f, im Anschluss an *Uechtritz*, NVwZ 2007, 660 (662).
181 BVerwG, NVwZ 2009, 781 Rn 6 f.
182 Das können je nach Größe der Gemeinde und sozioökonomischer Situation auch einmal Nebenzentren, ausnahmsweise ferner bedeutende(!) Nahversorgungszentren sein, Einzugsbereich darf aber nicht zu klein sein, OVG Lüneburg, BauR 2008, 1418; großzügig(er) BVerwG, NVwZ 2010, 580 Rn 6 sowie OVG Münster, ZfBR 2009, 67, wonach auch der Schutz der verbrauchernahen Grund- und Nahversorgung unter § 34 III BauGB fällt; krit. dazu *Claus*, NVwZ 2010, 753.
183 BVerwG, NVwZ 2009, 779 Rn 5.
184 Vgl BVerwGE 40, 323; hierzu *Halama*, DVBl. 2004, 79; vgl aber auch Rn 1033.
185 Funktionsstörung, nicht erst bei Funktionsverlust, vgl BVerwGE 129, 307 (311); BVerwG, NVwZ 2010, 587 (588); dazu auch *Manssen*, SächsVBl. 2008, 111 (113); *Kraus*, UPR 2010, 331; dabei können auch von nicht großflächigen Einzelhandelsbetrieben schädliche Auswirkungen auf einen zentralen Versorgungsbereich ausgehen, BVerwG, ZfBR 2010, 267 (268); zu den Schwierigkeiten der Konkretisierung des Begriffes der „schädlichen Auswirkungen" nach § 34 III BauGB mangels gesetzgeberisch vorgegebener materieller Maßstäbe *Finkelnburg/Ortloff/Kment*, ÖffBauR Bd. 1, § 26 Rn 46 f.
186 BVerwG, NVwZ 2008, 308 Rn 15; BVerwG, NVwZ 2010, 580 Rn 13; BVerwG, NVwZ 2010, 587, Rn 11.
187 Dazu anhand der Rspr des BVerwG *Koch*, DV 2012, 233 (244 ff).
188 Vgl *Schoen*, Interkommunale Abstimmung in der Bauleitplanung, 2010, S. 102, anhand des OVG Lüneburg, ZfBR 2008, 482 (485); anders *Vietmeier*, BauR 2005, 480 (487); von BVerwGE 129, 307 (312) und OVG Koblenz, NVwZ-RR 2010, 336, letztlich offen gelassen.

stimmten Verkaufseinrichtungen desselben an. Das BVerwG hält diesen Maßstab zwar für geeignet, als alleiniges Kriterium indes nicht für ausreichend[189], begnügt sich aber iÜ mit einer bloßen Prognosekontrolle[190].

Abzusehen war angesichts des Vorstehenden, dass die Praxistauglichkeit der Vorschrift unter den schwierigen Einschätzungs- und Abgrenzungsfragen, die das Zulassungsverfahren befrachten,[191] leiden würde. Das gilt nicht zuletzt mit Blick auf den erheblichen Ermittlungs- und Begründungsaufwand zum Nachweis schädlicher Auswirkungen auf zentrale Versorgungsbereiche, verschärft in zeitlicher Hinsicht durch den drohenden Eintritt der Fiktion nach § 36 II 2 BauGB[192]. Der Gesetzgeber hat darauf mit der Möglichkeit planerisch verbindlicher Vorgaben für das Baugenehmigungsverfahren, nämlich im Wege eines einfachen **Bebauungsplans für die Innenentwicklung** mit den Festsetzungsmöglichkeiten nach § 9 IIa BauGB[193] reagiert[194].

Aus **prozessualer** Sicht ist § 34 III BauGB ausweislich seines Wortlauts drittschützend und begründet im gerichtliche Verfahren eine Klagebefugnis sowohl für die Standortgemeinde als auch für benachbarte Gemeinden[195].

5. Ausnahmebestimmungen nach § 34 IIIa BauGB

1151 Gem. § 34 IIIa BauGB kann im Einzelfall vom Erfordernis des Einfügens in die Eigenart der näheren Umgebung (Abs. 1 S. 1) abgewichen werden[196]. Diese Möglichkeit bestand zunächst nur zugunsten zulässigerweise errichteter Gewerbe- oder Handwerksbetriebe, deren Erweiterung, Änderung, Nutzungsänderung oder Erneuerung nach § 34 I BauGB zugelassen werden soll (nunmehr Abs. 3a S. 1 Nr 1 lit. a). Nach mehrfachen Weiterungen der Vorschrift werden nunmehr auch die Erweiterung, Änderung oder Erneuerung eines zulässigerweise errichteten, Wohnzwecken dienenden Gebäudes (lit. b) sowie der Nutzungsänderung einer zulässigerweise errichteten baulichen Anlage zu Wohnzwecken, einschließlich einer erforderlichen Änderung oder Erneuerung (lit. c)[197], erfasst. Die Bestimmung erleichtert die Realisierung der genannten Maßnahmen, indem die in diesen Fällen sonst notwendige Aufstellung eines (vorhabenbezogenen) Bebauungsplans entbehrlich wird.

Befristet (bis Ende 2019) gilt § 34 IIIa 1 BauGB entsprechend für die Nutzungsänderung zulässigerweise errichteter baulicher Anlagen in bauliche Anlagen, die der **Unterbringung von**

---

189 BVerwG, NVwZ 2009, 779 Rn 9; BVerwG, NVwZ 2010, 590 Rn 15 f; BVerwGE 129, 307 (316); OVG Münster, BauR 2008, 320: Erfordernis einer Gesamtbetrachtung unter Würdigung aller Umstände des Einzelfalls, insbes. der prognostizierten Umsatzumverteilung, Entfernung zwischen dem Vorhaben und dem betroffenen zentralen Versorgungsbereich, etwaiger „Vorschädigung" des Versorgungsbereichs, kumulative Wirkungen aufgrund bereits in räumlicher Nähe vorhandener Einzelhandelbetriebe etc.; zu Letzteren Aspekten s. auch BVerwG, NVwZ 2017, 1067 Rn 4.
190 BVerwGE 129, 307 (315), also lediglich mit Blick darauf, dass insoweit kein Rechtsirrtum, kein Verstoß gegen Denkgesetze und allgemeine Erfahrungssätze vorliegt und keine schlechthin ungeeignete Ermittlungsmethode herangezogen worden ist.
191 Dazu zusammenfassend *Uechtritz*, BauR 2007, 476 (487).
192 *Schmitz*, ZfBR 2007, 532 (538); *Klinge*, BauR 2008, 770 (770 f).
193 Dazu Rn 981.
194 BR-Drs. 558/06, S. 15.
195 *Kraus*, UPR 2010, 331 (333); näher *Johlen*, BauR 2014, 1225.
196 Zum Nachfolgenden anschaulich *Berkemann ua*, BauGB 2004, S. 269 ff.
197 Lit. c) wurde im Jahr 2017 eingefügt, um der zunehmenden Wohnungsknappheit v.a. in Ballungsräumen entgegenzuwirken, s. BT-Drs. 18/10942, S. 49 f.

Flüchtlingen oder Asylbegehrenden dienen[198], ferner für die Erweiterung, Änderung oder Erneuerung derartiger Anlagen (§ 248 VIII BauGB)[199]. Bedeutung kommt der Neuregelung vor allem in Arealen zu, die sich trotz deutlich gewerblicher Prägung nicht als (faktische) Gewerbegebiete iSd § 8 BauNVO darstellen; in solchen greift die spezielle Befreiungsregelung des § 246 X BauGB[200].

§ 34 IIIa 1 Nr 2 und 3 BauGB setzt voraus, dass die Abweichung vom Erfordernis des Einfügens in die Eigenart der näheren Umgebung städtebaulich vertretbar und auch unter Würdigung nachbarlicher Interessen mit den öffentlichen Belangen vereinbar ist. Schließlich versagt Abs. 3a S. 2 solchen Einzelhandelsbetrieben die Möglichkeit der Abweichung, welche die verbrauchernahe Versorgung der Bevölkerung beeinträchtigen oder schädliche Auswirkungen auf zentrale Versorgungsbereiche in der Gemeinde oder in anderen Gemeinden haben können[201]. Mit Blick auf die Nahversorgung gehen die Versagungsmöglichkeiten des Abs. 3a über diejenigen nach § 34 III BauGB hinaus[202].

6.   Möglichkeiten des Satzungserlasses nach § 34 IV und V BauGB

Nach § 34 IV–VI BauGB können Satzungen zur – in der Praxis mitunter schwierigen – Abgrenzung des Innen- und Außenbereichs von der Gemeinde erlassen werden[203]. Die Möglichkeit, hierdurch Baurechte zusätzlich zu schaffen, ist gerade im Hinblick auf das (teilw) Entfallen der Verpflichtung zu deren Entwicklung aus dem Flächennutzungsplan (im Fall der Ergänzung) und damit ein „Unterlaufen" des Planmäßigkeitsprinzips nicht unproblematisch[204]. Eine gewisse Rechtfertigung besteht aber wegen der regelmäßig nur wenigen neu geschaffenen Baurechte, die ein förmliches Änderungsverfahren des Flächennutzungsplans unverhältnismäßig erscheinen lassen. **1152**

7.   Einvernehmen der Gemeinde

Verfahrensrechtlich ist die Zulassung von Vorhaben im Anwendungsbereich des § 34 BauGB vom **Einvernehmen der Gemeinde**[205] – dh ihrer Zustimmung – abhängig (§ 36 I 1 BauGB)[206]. Das Einvernehmen darf nur aus Gründen der von § 36 I BauGB **1153**

---

198   Als derartige Anlagen kommen Wohngebäude, Gemeinschaftsunterkünfte und Aufnahmeeinrichtungen in Betracht, s. BT-Drs. 18/2752, S. 11.
199   Näher dazu *Kment/Berger*, BauR 2015, 211 (215 ff), die allerdings mit Blick auf die zunehmende Ausdehnung des Anwendungsbereichs von § 34 IIIa BauGB eine „schleichende Korrosion der inneren Systematik des § 34 BauGB" anmahnen.
200   Dazu Rn 1135; vgl *Bienek/Reidt*, BauR 2015, 423 (429); *Battis/Mitschang/Reidt*, NVwZ 2014, 1609 (1612).
201   *Finkelnburg/Ortloff/Kment*, ÖffBauR Bd. 1, § 26 Rn 36; eingehend zu alldem *Schidlowski/Baluch*, BauR 2006, 784; im Ergebnis skeptisch, aaO, 794: eingeschränkter Anwendungsbereich/praktische Bedeutungslosigkeit.
202   Dazu *Vietmeier*, BauR 2005, 480 (488).
203   Näher *Erbguth/Schubert*, ÖffBauR, § 8 Rn 47 ff.
204   Vgl *Koch/Hendler*, Baurecht, 4. Aufl. 2004, § 26 Rn 52.
205   Instruktiver Überblick, insbes. zur Rspr bei *Dippel*, NVwZ 2011, 769; *Scheidler*, ZfBR 2019, 543.
206   Zur diesbzgl Mitwirkungslast der Gemeinde und Konsequenz des § 36 II 2 HS 2 BauGB noch nachfolgend.

erfassten Vorschriften, hier also des § 34 BauGB, verweigert werden (§ 36 II 1 BauGB)[207].

Das gilt wiederum nicht für den Fall, dass die Gemeinde ihr Einvernehmen gleichsam vermittelt aus Gründen des § 34 BauGB verweigert, nämlich weil sie den von ihr aufgestellten Bebauungsplan für nichtig hält; denn dem widerstreitet ihre mangelnde Verwerfungskompetenz (gegenüber dem Plan)[208]. Weitere Einschränkungen der gemeindlichen Überprüfungskompetenz, wie sie teilw verfolgt werden[209], sind mit dem eindeutigen Wortlaut nicht zu vereinbaren und lassen sich auch nicht anhand von Entscheidungen des BVerwG belegen[210].

Eine Gemeinde kann ihr Einvernehmen auch mit „Einschränkungen" iS von Bedingungen erteilen, wenn sich hierdurch ihre Bedenken gegen die bauplanungsrechtliche Zulässigkeit des zu beurteilenden Bauvorhabens ausräumen lassen[211].

Rechtsdogmatisch handelt es sich insoweit um einen **mehrstufigen Verwaltungsakt**, bei dem die Mitwirkungshandlung (der Gemeinde) rein internen Charakter hat und daher weder isoliert eingeklagt noch prozessual abgewehrt werden kann[212].

Wird das Einvernehmen **rechtmäßig verweigert**, kann die Baugenehmigungsbehörde – schon deshalb – die Baugenehmigung nicht erteilen[213]. Das soll allerdings nicht gelten, wenn die Gemeinde – etwa eine kreisfreie Stadt oder große Kreisstadt – selbst Baugenehmigungsbehörde[214] ist: Dann ist das Einvernehmen nach der Rspr nicht nur entbehrlich; der Gemeinde ist es auch verwehrt, von sich aus den Anwendungsbereich des § 36 I 1 BauGB zu eröffnen und das Einvernehmen zu versagen[215].

1154 Gem. § 36 II 2 BauGB gilt das Einvernehmen als erteilt, wenn es nicht binnen zwei Monaten von der Gemeinde verweigert wird. Die **Fiktion** bezieht sich auf die gesamte bauplanungsrechtliche Spannbreite des Vorhabens, wie es unterbreitet worden ist[216].

Das setzt grds die Vorlage vollständiger Unterlagen voraus; die Gemeinde trifft aber eine Mitwirkungspflicht bei Unvollständigkeit, deren Nichtbeachtung zum Fiktionseintritt führt[217].

---

207 Dazu *Brohm*, ÖffBauR, § 18 Rn 11; *Finkelnburg/Ortloff/Kment*, ÖffBauR Bd. 1, § 28 Rn 11 ff; *Dippel*, NVwZ 1999, 921 (922 f); *ders.*, NVwZ 2011, 769; aber auch *Werner*, LKV 2006, 492.

208 OVG Greifswald, BauR 2007, 515 (516 f) mwN; bereits Rn 937.

209 Dazu näher *Kremer*, ZUR 2006, 190 (190).

210 IdS auch OVG Berlin-Brandenburg, ZUR 2006, 210; *Kremer*, ZUR 2006, 190 (192 f) mwN.

211 OVG Saarlouis, BauR 2012, 612.

212 Allg. etwa *Erbguth/Guckelberger*, Allgemeines Verwaltungsrecht, § 12 Rn 30.

213 Vgl zu diesen Gegebenheiten mehrstufigen Verwaltungshandelns BVerwGE 22, 342 (345); BVerwG, NVwZ 1986, 556 (556 f); BVerwG, DÖV 1970, 349 (350).

214 Zur Problematik bei intern verschiedenen Organen einer Behörde *Schöndorf-Haubold*, Jura 2007, 707 (711 f).

215 So unter Aufgabe der früheren Rspr BVerwGE 121, 339 (342 ff), was angesichts der Gefahr einer Vermengung der jeweils unterschiedlichen Funktionen (Selbstverwaltungsrecht einerseits, Gefahrenabwehr andererseits) nicht bedenkenlos erscheint; vgl zweifelnd *Schmidt*, VBlBW 2004, 452 (459) mit Hinweis auf die innergemeindliche Zuständigkeitsordnung; näher und krit *Erbguth/Schubert*, ÖffBauR, § 8 Rn 55; für eine volle Prüfungskompetenz der Gemeinden mit bauaufsichtlicher Zuständigkeit hinsichtlich der planungsrechtlichen Zulässigkeit *Schaber*, VBlBW 2010, 464 ff; krit dazu *Schlarmann/Uechtritz/Krappel*, VBlBW 2011, 136 (137 ff); ebenfalls die Rspr befürwortend *Fehling*, Jura 2006, 369; *Budroweit*, NVwZ 2005, 1013.

216 Ausfluss (ebenfalls) einer Obliegenheit der Gemeinde, Konkretisierungen nachzufordern, OVG Münster, BauR 2008, 799 (801).

217 Obliegenheit der Gemeinde, ggf auf ein Nachreichen hinzuwirken, OVG Münster, BauR 2008, 799 (800); BVerwGE 122, 13 (18).

Die **Zweimonatsfrist** ist von der Gemeinde selbst dann **nicht verlängerbar**, wenn der betroffene Antragsteller zustimmt; die Frist ist nicht disponibel[218]. Ferner kann ein einmal erteiltes Einvernehmen nicht widerrufen werden[219].[220]

Wird das Einvernehmen **zu Unrecht erteilt**, sei es ausdrücklich oder durch den Ablauf der Zweimonatsfrist, muss die Genehmigungsbehörde, wenn das Vorhaben bauplanungsrechtlich unzulässig ist, den Antrag auf Erteilung der Baugenehmigung ablehnen; sie ist an das Einvernehmen nicht gebunden[221]. **1155**

Schließlich besteht die Möglichkeit, ein **rechtswidrig versagtes Einvernehmen** im Genehmigungsverfahren zu ersetzen (§ 36 II 3 BauGB). Zuständig für die **Ersetzung** ist eine durch **Landesrecht** zu bestimmende Behörde[222]; überwiegend handelt es sich um die untere Bauaufsichtsbehörde, ansonsten die Kommunalaufsicht[223]. Letzterer stand vordem lediglich das zeitraubende und deshalb regelmäßig nicht praktizierte rechtsaufsichtliche Einschreiten zu[224]. Es handelt sich bei § 36 II 3 BauGB nach nicht unbestrittener Auffassung um eine Ermessensentscheidung[225]. **1156**

Prozessual ist im Zusammenhang mit dem gemeindlichen Einvernehmen Folgendes beachtlich: **1157**

Ersetzt die Genehmigungsbehörde das Einvernehmen nach § 36 II 3 BauGB iVm der Landesbauordnung, kann die **Gemeinde** im Fall der Erteilung der Baugenehmigung **Drittanfechtungsklage** erheben[226]. Unzulässig ist demgegenüber nach vorherrschender Auffassung eine unmittelbar gegen die Ersetzungsentscheidung gerichtete Anfechtungsklage[227], auch wenn es sich bei jener Entscheidung um einen Verwaltungsakt handelt[228]. Anderenfalls käme es zu einer unnötigen Verfahrenshäufung, da die Gemeinde gleichwohl Anfechtungsklage gegen die erteilte Baugenehmigung erheben müsste, um deren Bestandskraft zu verhindern[229].

Erteilt die Baugenehmigungsbehörde die Genehmigung, **ohne** das verweigerte Einvernehmen zu **ersetzen**, kann die Gemeinde gleichfalls Anfechtungsklage erheben. Streitgegenstand ist dann allein die von der klagenden Gemeinde verteidigte Pla- **1158**

---

218 BVerwG, BauR 1997, 444.
219 BVerwG, aaO, 446; OVG Lüneburg, NVwZ 1999, 1003.
220 Zum Fristbeginn allg. VGH Mannheim, VBlBW 1999, 178; VGH München, BauR 1999, 1015.
221 *Finkelnburg/Ortloff/Kment*, ÖffBauR Bd. 1, § 28 Rn 14 mwN.
222 Dazu OVG Lüneburg, NordÖR 2005, 29.
223 Insoweit bedarf es daher nicht mehr zwingend der Einschaltung des Verwaltungsgerichts, vgl etwa *Erbguth/Schubert*, ÖffBauR, § 8 Rn 57; zum Umfang der Ersetzung des gemeindlichen Einvernehmens durch Bescheidungsurteil BVerwG, NVwZ-RR 2003, 719; Näheres bei *Desens*, DÖV 2009, 197 (200 ff) anhand amtshaftungsrechtlicher Folgen; zu Letzterem näher *Brinktrine*, DV 43 (2010), 273.
224 Dazu *J. Schmidt*, VBlBW 2004, 452 (459); auch *Kremer*, ZUR 2006, 190 (191).
225 So OVG Lüneburg, BauR 2005, 679 (681) mwN in Fn 5, 6; VGH Kassel, ZfBR 2010, 290 (291); anders im Wege einer verfassungskonformen Auslegung anhand Art. 14 I 1 GG: gebundene Entscheidung, *Möstl*, BayVBl. 2007, 129 (131); offengelassen vom VGH Mannheim, VBlBW 2012, 30 (31 f).
226 BVerwGE 31, 263 (266); *Finkelnburg/Ortloff/Otto*, ÖffBauR Bd. 2, S. 296; s. auch *Beutling/Pauli*, BauR 2010, 418.
227 *Muckel/Ogorek*, ÖffBauR, § 7 Rn 225; *Will*, ÖffBauR, § 4 Rn 541; aA VGH Kassel, NVwZ 2001, 823 (824).
228 VGH Kassel, NVwZ 2001, 823 (824).
229 *Muckel/Ogorek*, ÖffBauR, § 7 Rn 225.

nungshoheit nach Art. 28 II 1 GG, die der Gemeinde zugleich die für die Drittanfechtungsklage erforderliche Klagebefugnis vermittelt.

1159   Im Rahmen der **Begründetheit** der Klage ist die materiell-rechtliche Genehmigungsfähigkeit nicht zu prüfen. Mit Blick auf § 36 BauGB führt nach der Rspr nämlich schon die Verletzung des Mitwirkungsrechts durch Nichteinbeziehung zum Klageerfolg – unabhängig von einer materiell planungsrechtlichen Unzulässigkeit des Vorhabens (absolutes Verfahrensrecht)[230]. IÜ sind im Fall der Ersetzung des gemeindlichen Einvernehmens die Voraussetzungen der jeweils einschlägigen Planersatzvorschrift vollen Umfangs zu überprüfen[231].

1160   Zu beachten ist, dass Rechtsbehelfen gegen die aufsichtsrechtliche Ersetzung des Einvernehmens grds **aufschiebende Wirkung** zukommt. In einigen Bundesländern ist dies aber gesetzlich **ausgeschlossen** (Art. 67 Abs. 3 BayBO; § 71 Abs. 3 BauO M.-V.). Ferner haben Rechtsbehelfe der Gemeinde gegen die Genehmigung keine aufschiebende Wirkung, weil Gemeinden auch „Dritte" iSd § 212a BauGB sind[232]. Der Gemeinde bleibt also ebenfalls nur der Weg über §§ 80a III, 80 V VwGO, wenn sie das Gebrauchmachen von der Genehmigung durch den Bauherrn vor einer Entscheidung in der Hauptsache verhindern will.

1161   Die Anfechtungssituation liegt im Weiteren gegenüber der Anweisung durch die Kommunalaufsicht vor, das Einvernehmen nach § 36 BauGB zu erteilen[233].

1162   Für den **Antragsteller** kommt, sofern die Baugenehmigungsbehörde das Einvernehmen nicht ersetzt, nur die **Verpflichtungsklage** auf Erteilung der Baugenehmigung in Betracht – nicht hingegen auf Ersetzung des Einvernehmens[234]. Gem. § 65 II VwGO ist die Gemeinde im Prozess dann notwendig beizuladen[235].

1163   **Lösungshinweis zu Fall 25 (Rn 1112):** Das Grundstück befindet sich in einem unbeplanten Gebiet; somit kommt es für die Beurteilung der planungsrechtlichen Zulässigkeit darauf an, ob das Gelände in einem im Zusammenhang bebauten Ortsteil – Innenbereich – (dann § 34 BauGB) oder im Außenbereich (dann § 35 BauGB) liegt.

Einen im Zusammenhang bebauten Ortsteil bildet jeder Bebauungskomplex von einigem Gewicht, der eine organische Siedlungsstruktur aufweist. Das ist bei der Einfamilienhaussiedlung zu bejahen. Baulücken sind unbeachtlich, solange der Eindruck der Geschlossenheit und Zusammengehörigkeit gewahrt bleibt. Hiervon kann wegen der Vereinzelung der Lücken ausgegangen werden. Das Grundstück des K ist folglich dem unbeplanten Innenbe-

---

230   BVerwG, BauR 1999, 1281 (1282); BVerwG, BauR 2008, 1844; OVG Münster, BauR 2008, 799 (803) mwN.

231   BVerwG, NVwZ 1991, 1076; BVerwG, NVwZ 2000, 1048 (1049); BVerwG, NVwZ 2010, 1561 Rn 34; BVerwG, NVwZ 2011, 61 Rn 32, jeweils anhand § 35 BauGB.

232   OVG Münster, BauR 1998, 93; OVG Saarland, BauR 2011, 983.

233   BVerwG, UPR 1992, 234.

234   Zudem können Bauherren gegen Gemeinden Amtshaftungsansprüche geltend machen, wenn die Gemeinde ihr Einvernehmen nach § 36 I 1 BauGB rechtswidrig versagt und die Baugenehmigungsbehörde den Bauantrag daraufhin ablehnt, *Schlarmann/Krappel*, NVwZ 2011, 215 (216); dies gilt jedoch nicht, wenn die für die Erteilung der Baugenehmigung zuständige Baurechtsbehörde die Möglichkeit hat, das rechtswidrig versagte Einvernehmen zu ersetzen; bei Letzterem handelt es sich um eine Amtspflicht der zur Ersetzung berufenen Behörde, was auch kraft Landesrechts nicht verhindert werden kann, BGH, NVwZ 2011, 249; dazu krit *Jäde*, UPR 2011, 125 (126 ff); zustimmend hingegen *Dippel*, NVwZ 2011, 769 (775 f); insgesamt *Brinktrine*, DV 43 (2010), 273.

235   BVerwG, NVwZ 1986, 556.

reich zuzuordnen; die planungsrechtliche Zulässigkeit beurteilt sich anhand der Voraussetzungen des § 34 I und II BauGB.

Hinsichtlich der Art der baulichen Nutzung kommt es nach dem insoweit spezielleren
Abs. 2 der Vorschrift darauf an, ob die Umgebung des Grundstücks einem der in der Bau-
NVO beschriebenen Baugebiete entspricht. Auf Grund der durchgängigen Wohnbebauung
stellt der Bereich faktisch ein reines Wohngebiet iSd § 3 BauNVO dar, so dass grds nur
Wohngebäude zulässig sind. Ein Hotel fällt nicht unter diesen Begriff, was sich zum einen
aus der für das „Wohnen" zu fordernden gewissen Dauerhaftigkeit und zum anderen aus der
Abgrenzung gegenüber dem Begriff des Beherbergungsgewerbes in § 3 III Nr 1 BauNVO
ergibt.

Jedoch erklärt § 34 II BauGB den Ausnahmetatbestand des § 31 I BauGB für entsprechend
anwendbar, so dass ein Anspruch auf ermessensfehlerfreie Entscheidung über die Zulassung
eines kleinen Beherbergungsbetriebes nach § 3 III Nr 1 BauNVO im Wege der Ausnahme
besteht. Ein kleiner Beherbergungsbetrieb setzt jedoch eine geringe Anzahl von Räumen
voraus[236], die bei dem angestrebten Vorhaben deutlich überschritten wird. Die Erteilung
einer Ausnahme scheidet daher aus. Folglich kann sich die Zulässigkeit der Art der beabsichtigten baulichen Nutzung allenfalls im Wege einer Befreiung gem. § 34 II iVm § 31 II
BauGB ergeben.

Dem braucht nicht weiter nachgegangen zu werden, wenn das Vorhaben schon wegen des
Maßes der geplanten Bebauung unzulässig wäre: Das Maß der baulichen Nutzung richtet
sich nach § 34 I BauGB, weil § 34 II BauGB nur hinsichtlich der Nutzungsart auf die Bau-
NVO verweist. Das geplante Vorhaben müsste sich also insoweit in die Eigenart der näheren Umgebung einfügen. Das Hotel würde angesichts der angestrebten 35 Zimmer nebst Tagungsräumen in nur zwei Etagen eine deutlich größere überbaute Grundfläche aufweisen als
die umliegenden Einfamilienhäuser. Daher fehlt es an der Einhaltung des die Umgebung
prägenden Rahmens. Zudem ist angesichts der stark expandierenden Tourismusbranche
eine Vorbildwirkung für weitere größere Hotel- und Freizeitanlagen auf den Baulücken der
Siedlung zu befürchten, was in der Folge zu erheblichen bodenrechtlichen Spannungen führen würde. Das Vorhaben des K fügt sich somit nicht die Eigenart der näheren Umgebung
ein und ist planungsrechtlich unzulässig – ohne dass es noch auf die Befreiung hinsichtlich
der Nutzungsart ankäme.

IV. Zulässigkeit von Vorhaben im Außenbereich

Die Zulässigkeit von Vorhaben im Außenbereich beurteilt sich nach **§ 35 BauGB**[237].   **1164**
Anders als der Innenbereich (§§ 30, 34 BauGB) soll der Außenbereich **möglichst vor
Bebauung geschützt** werden, und zwar wegen seiner besonderen Bedeutung für die
naturgegebene Bodennutzung und als **Erholungslandschaft** für die **Allgemeinheit**[238]. Zum Außenbereich gehören – im Wege der Negativabgrenzung – diejenigen
Gebiete, die weder innerhalb der im Zusammenhang bebauten Ortsteile noch im Geltungsbereich eines qualifizierten oder vorhabenbezogenen Bebauungsplans liegen.

---

236 *Finkelnburg/Ortloff/Kment*, ÖffBauR Bd. 1, § 9 Rn 25.
237 Zu Entwicklungen im Zusammenhang mit §§ 34, 35 BauGB *Bienek/Krautzberger*, UPR 2008, 81.
238 *Stollmann*, JuS 2003, 855; *Bracher*, in: Bracher/Reidt/Schiller, Bauplanungsrecht, Rn 2276; *Kümper*, ZfBR 2015, 224 (224).

Die Assoziation des Außenbereichs mit „freier Natur" oder „Stadtferne" hat daher nur bedingt Berechtigung[239].

1165 Vom Aufbau her unterscheidet § 35 BauGB zwischen **privilegierten** Vorhaben (§ 35 I BauGB) und **sonstigen** Vorhaben (§ 35 II BauGB). Die erleichterte Zulassungsfähigkeit privilegierter Vorhaben folgt daraus, dass ihnen öffentliche Belange nicht „entgegenstehen" dürfen, während sonstige Vorhaben schon dann nicht genehmigungsfähig sind, wenn sie öffentliche Belange „beeinträchtigen". Begründet wird die Besserstellung baulicher Anlagen nach § 35 I BauGB mit ihrer hierdurch bewirkten **planähnlichen Zuweisung**[240] zum Außenbereich und dem daraus rührenden hohen Gewicht gegenüber den öffentlichen Belangen[241]. Bei privilegierten Vorhaben muss eine „ausreichende", bei den sonstigen Vorhaben die (übliche) Erschließung gesichert sein[242]; im Gegensatz zu §§ 123 ff BauGB handelt es sich dabei um Mindestanforderungen zur Befriedigung der durch das konkrete Vorhaben ausgelösten Erschließungserfordernisse[243].

1166 Die nach § 35 BauGB vorzunehmende Prüfung wird als **„nachvollziehende Abwägung"** bezeichnet: Im Rahmen der Zulassungsentscheidung ist – in Abwägung zwischen dem beabsichtigten Vorhaben und den öffentlichen Belangen – die vom Gesetzgeber vorgegebene Entscheidung für oder gegen die Realisierung des Vorhabens anhand der konkreten Gegebenheiten nachzuvollziehen[244]. Einen Katalog wesentlicher Belange sowie sog. Raumordnungsklauseln und einen Planungsvorbehalt enthält Abs. 3 der Vorschrift.

1167 Darüber hinaus sieht **Abs. 4** der Bestimmung vor, dass sonstigen Vorhaben iSd Abs. 2 unter gewissen Voraussetzungen bestimmte öffentliche Belange nicht entgegengehalten werden können. Diese vom Gesetzgeber normierten Begünstigungen greifen die frühere Rspr zum Bestandsschutz auf und entwickeln sie fort, so dass jenes Richterrecht weitgehend gegenstandslos geworden ist[245].

1168 Insgesamt und auf Grund der zuletzt genannten Vorschriften im Besonderen wird deutlich, dass die Zulassung von Außenbereichsvorhaben gegenüber dem Rechtszustand des BBauG stetig erleichtert worden ist. Daran ändert auch die **Bodenschutzklausel** des § 35 V 1 BauGB nichts: Die Verpflichtung zu einer den Außenbereich schonenden und flächensparenden Bauweise beinhaltet schon dem Wortlaut nach keine zusätzliche Zulässigkeitsvoraussetzung; geboten ist lediglich eine außenbereichsadäquate Bauweise bei ansonsten zulässigen Vorhaben im Außenbereich[246].

---

239 *Brohm*, ÖffBauR, § 21 Rn 2; auch inmitten einer Großstadt kann es einen Außenbereich geben: „Außenbereich im Innenbereich", OVG Münster, BauR 2010, 1543; zum Streit um die Geltung des § 35 BauGB in den Küstengewässern und zu weiteren Fragen *Erbguth/Schubert*, LKV 2005, 384.

240 Quasi generelle Planung des Gesetzgebers, BVerwGE 28, 148 (150).

241 BVerwGE 48, 109 (114).

242 Dazu OVG Magdeburg, ZfBR 2010, 381.

243 BVerwG, BauR 1976, 185; zur gesicherten wegemäßigen Erschließung eines landwirtschaftlichen Betriebs im Außenbereich BVerwG, ZfBR 2010, 584.

244 BVerwGE 68, 311 (313) und ständige Rspr; *Weyreuther*, DÖV 1977, 419; systematisierend *Bönker*, in: Hoppe/Bönker/Grotefels, ÖffBauR, § 8 Rn 186.

245 Vgl auch Rn 834.

246 *Bielenberg ua*, DVBl. 1985, 1097 (1103).

Verfahrensrechtlicher Ausdruck der Missbrauchsabwehr bzw des Schutzes der kommunalen Planungshoheit ist § 36 BauGB[247] (Zustimmung der höheren Verwaltungsbehörde bei Anordnung durch Rechtsverordnung und Einvernehmen der Gemeinde)[248].

1169

Sofern Außenbereichsgrundstücke im Geltungsbereich eines **einfachen Bebauungsplans** (§ 30 III BauGB) liegen, bemisst sich die Zulässigkeit von Vorhaben zuvörderst nach dessen planerischen Festsetzungen; es gelten die Ausführungen zu § 34 BauGB entsprechend[249].

1170

1. Privilegierungstatbestände

§ 35 I BauGB erfasst acht Privilegierungstatbestände[250]:

1171

– Vorhaben, die einem land- oder forstwirtschaftlichen Betrieb dienen und nur einen untergeordneten Teil der Betriebsfläche einnehmen (Nr 1),
– Vorhaben, die einem Betrieb der gartenbaulichen Erzeugung dienen (Nr 2),
– Vorhaben, die der öffentlichen Versorgung mit Elektrizität, Gas, Telekommunikationsdienstleistungen, Wärme, Wasser, der Abwasserwirtschaft oder einem ortsgebundenen gewerblichen Betrieb dienen (Nr 3),
– Vorhaben, die wegen ihrer besonderen Anforderungen an die Umgebung, wegen ihrer nachteiligen Wirkung auf die Umgebung oder wegen ihrer besonderen Zweckbestimmung nur im Außenbereich ausgeführt werden sollen, mit Ausnahme bestimmter Tierhaltungsanlagen (Nr 4),
– Vorhaben, die der Erforschung, Entwicklung oder Nutzung der Wind- oder Wasserenergie dienen (Nr 5),
– Vorhaben, die der energetischen Nutzung von im Rahmen eines Betriebs nach Nr 1 oder 2 oder eines Betriebes nach Nr 4, der Tierhaltung betreibt, sowie dem Anschluss solcher Anlagen an das öffentliche Versorgungsnetz dienen, unter bestimmten Voraussetzungen (Nr 6),
– Vorhaben, die der Erforschung, Entwicklung oder Nutzung der Kernenergie zu friedlichen Zwecken oder der Entsorgung radioaktiver Abfälle dienen (Nr 7),
– Vorhaben, die der Nutzung solarer Strahlungsenergie in, an und auf Dach- und Außenwandflächen von zulässigerweise genutzten Gebäuden dienen, wenn die betreffende Anlage dem Gebäude baulich untergeordnet ist (Nr 8).

Die Zulässigkeit sämtlicher in Nr 1–8 genannten Vorhaben ist davon abhängig, dass ihnen öffentliche Belange iSd (nicht abschließenden) Katalogs in § 35 III BauGB nicht entgegenstehen, dass die – ausreichende – Erschließung gesichert ist und dass sie ggf nicht den Festsetzungen eines einfachen Bebauungsplans widersprechen.

1172

Der für Vorhaben nach § 35 I **Nr 1** BauGB zentrale Begriff der **Landwirtschaft** hat in § 201 BauGB seine – offene – Legaldefinition gefunden[251].

1173

---

247 Zu den diesbzgl allgemeinen Rechtsfragen Rn 1153 ff.
248 Vgl noch Rn 1204.
249 Rn 1147; *Finkelnburg/Ortloff/Kment*, ÖffBauR Bd. 1, § 23 Rn 11 f.
250 Systematisierend *Brohm*, ÖffBauR, § 21 Rn 5: lehrreich zu den Privilegierungstatbeständen anhand jüngerer Rspr *Decker*, JA 2014, 481; zum Funktionswandel des Privilegierungskonzepts infolge der zunehmenden Einbeziehung erneuerbarer Energien *Kümper*, ZfBR 2015, 224.
251 Zur zeitlichen Dimension des landwirtschaftlichen Betriebs im Außenbereich nach § 35 I Nr 1 BauGB *Ziegler*, NVwZ 2010, 749.

Hiernach zählen zur Landwirtschaft insbes. der Ackerbau, die Wiesen- und Weidewirtschaft einschließlich der Pensionstierhaltung auf überwiegend eigener Futtergrundlage[252], die gartenbauliche Erzeugung, der Erwerbsobstbau, der Weinbau, die berufsmäßige Imkerei, die Binnenfischerei, aber auch die Erzeugung von Biogas durch Vergärung von Biomasse[253]. Mit Ausnahme der Imkerei und Binnenfischerei muss es sich immer um einen Fall **unmittelbarer Bodenertragsnutzung** in dem Sinne handeln, dass der Boden zum Zweck der Nutzung eines Ertrages planmäßig und eigenverantwortlich bewirtschaftet wird[254]. Gewinnerzielung ist allerdings ebenso wenig gefordert wie Berufsmäßigkeit[255]. Über die Bodenertragsnutzung hinaus erfasst Landwirtschaft auch Produkte der Verarbeitungs- und Veredelungsstufe, solange eine Prägung durch Nähe zur eigentlichen bodenbezogenen Urproduktion gewahrt bleibt[256].

Forstwirtschaft bedeutet in ähnlicher Weise die planmäßige Bewirtschaftung des Waldes. Neben dem eigentlichen Einschlag von Holz als Urproduktion zählt hierzu die Aufarbeitung zur Herstellung des verkaufsfähigen Produktes Stammholz; nicht hingegen unterfallen dem typische Arbeitsvorgänge des holzverarbeitenden Gewerbes (Anfertigung von Pfählen, Herstellung von Brennholz uam)[257].

„**Betrieb**" iSd § 35 I Nr 1 BauGB stellt auf die Ernsthaftigkeit der Bewirtschaftung ab[258] und verlangt eine bestimmte, auf Dauer gedachte[259] und lebensfähige Organisation[260], ausgerichtet auf die Erzeugung landwirtschaftlicher Produkte nicht unerheblichen Ausmaßes.

Die Absicht resp. Möglichkeit[261] der Ertragserzielung[262] hat insoweit Indizfunktion, wenngleich in stärkerem Maße bei der beabsichtigten Gründung einer landwirtschaftlichen Nebenerwerbsstelle als im Fall der Erweiterung eines solchen Betriebs oder gar einer Vollerwerbsstelle[263].

Ein Vorhaben und damit ein Wohngebäude oder ein Wirtschaftsgebäude **dient** dem landwirtschaftlichen Betrieb nach Maßgabe des Privilegierungstatbestands, wenn es angesichts der individuellen Betriebsweise dem Betrieb tatsächlich, vor allem äußer-

---

252 Näher dazu VGH München, BayVBl. 2006, 49 f: Das nach früherem Recht „selbst erzeugte", nach dem EAG Bau: „erzeugbare" (betriebliche Verwendung also nicht vorausgesetzt) Futter muss gegenüber dem zugekauften mehr als 50% betragen; ob die Grundflächen im Eigentum des Vorhabenträgers stehen oder lediglich gepachtet sind, hat nichts hiermit, sondern nur mit der erforderlichen Dauerhaftigkeit des Betriebs zu tun; iÜ reicht die Haltung von nur zwei Reitpferden nicht aus, BVerwG, BauR 2005, 1136 (1137): auch nicht für Privilegierung nach § 35 I Nr 4 BauGB.
253 OVG Schleswig, NordÖR 2007, 41 (42) mwN.
254 BVerwG, DVBl. 1975, 504 (505).
255 BVerwG, NVwZ 1986, 916; ausreichend ist die Absicht, Gewinn zu erzielen, vgl VGH Mannheim, UPR 1989, 37.
256 BVerwG, BauR 2007, 338 (339).
257 BVerwG, wie vor.
258 BVerwG, DVBl. 1967, 287.
259 Erfordernis der nachhaltigen Bewirtschaftung, BVerwG, NVwZ 2013, 155 Rn 7; Ausrichtung eines landwirtschaftlichen Betriebs auf Generationen, BVerwGE 41, 138; 122, 308; grundsätzlich muss die bewirtschaftete Fläche im Eigentum des Landwirts stehen, oder es muss ihre Nutzung durch langfristige Pachtverträge dauerhaft gesichert sein, BVerwG, NVwZ 2013, 155 Rn 10; VGH Mannheim, DVBl. 2011, 294 (295); s. auch *Ziegler*, NVwZ 2010, 748.
260 BVerwGE 26, 121; 122, 308 (310); BVerwG, NVwZ 2013, 155 Rn 7.
261 Dazu, insbes. zur entsprechenden Nachweispflicht des Bauherrn, die allerdings nur in Zweifelsfällen besteht, BVerwG, NVwZ 2013, 155 Rn 8.
262 BVerwGE 41, 138 (143); bloße Freizeitbeschäftigung oder Liebhaberei reicht nicht aus, BVerwGE 18, 242; BVerwG, UPR 2007, 66; OVG Schleswig, NordÖR 2007, 41 (42) mwN.
263 Zum Vorstehenden BVerwGE 122, 308; BVerwG, NVwZ 2013, 155 Rn 8.

lich[264] zugeordnet und durch diese Widmung auch gekennzeichnet ist[265]. Die landwirtschaftlich genutzte Fläche muss im Verhältnis zu dem für das Vorhaben benötigten Grund und Boden eindeutig den Schwerpunkt bilden; ansonsten fehlt es an der dienenden Funktion des Gebäudes.

Eine Besserstellung, die über diejenige der landwirtschaftlichen Betriebe deutlich hinausgeht, ist zugunsten der gartenbaulichen Erzeugung erfolgt. § 35 I Nr 2 BauGB privilegiert Vorhaben, die einem **Betrieb der gartenbaulichen Erzeugung** dienen – unabhängig von der Größe des Vorhabens und seinem Verhältnis zur sonstigen Betriebsfläche. **1174**

Anlagen der **öffentlichen Versorgung** nach § 35 I **Nr 3** BauGB stellen nur solche dar, die zur Versorgung der Allgemeinheit dienen (etwa – auch – Mobilfunkanlagen[266]), nicht aber Vorhaben zur Versorgung eines Einzelnen für den Eigenbedarf[267]. **1175**

Das Merkmal der **Ortsgebundenheit** ist – über den Wortlaut der Vorschrift hinaus – nicht nur auf gewerbliche Betriebe, sondern auf den gesamten Tatbestand des § 35 I Nr 3 BauGB zu beziehen[268]. Dabei reicht es für die Ortsgebundenheit nicht schon aus, dass ein bestimmter Standort im Außenbereich für das Vorhaben günstig ist. Ortsgebundenheit ist nur dann anzunehmen, wenn die bauliche Anlage auf eine bestimmte Stelle im Außenbereich geographisch oder geologisch geradezu **angewiesen** ist[269]. Die Strenge der Anforderung soll die Ausnutzung des Privilegierungstatbestandes durch Vorhaben verhindern, die nur vordergründig der Versorgung(ssicherheit) dienen[270].

Bei Mobilfunkanlagen wird die Angewiesenheit auf den Standort wegen des Zuschnitts der zu versorgenden Flächenzelle und deren topografischen Gegebenheiten regelmäßig gegeben sein, sofern man mit der Rspr die „Ortsgebundenheit" auf Grund der spezifischen technischen Gegebenheiten hier weniger restriktiv als „Raum- bzw Gebietsgebundenheit" versteht[271]. Als Korrektiv zum Zweck möglichster Schonung des Außenbereichs verlangt das BVerwG allerdings eine Verhältnismäßigkeitsprüfung dahingehend, ob ein Ausweichen auf einen ebenfalls geeigneten Standort im Innenbereich tatsächlich und rechtlich möglich sowie zumutbar ist[272].

Nach § 35 I **Nr 4** BauGB sind solche Vorhaben prinzipiell dem Außenbereich zugeordnet, die wegen ihrer spezifischen Beziehungen zur Umgebung nicht sinnvoll innerhalb der im Zusammenhang bebauten Ortsteile errichtet werden können[273]. Kann **1176**

---

264 BVerwG, DVBl. 1973, 643.
265 Es ist also nicht erforderlich, dass die Aufrechterhaltung des Betriebs mit dem Vorhaben steht oder fällt, vgl BVerwG, DVBl. 1967, 287 (288); einer besonderen Prüfung bedarf es allerdings bei Nebenerwerbsbetrieben, VGH Mannheim, DVBl. 2011, 294 (295).
266 BVerwG, NVwZ 2013, 1288 Rn 10; s. auch *Schidlowski/Duikers*, BauR 2007, 1503 (1509 f) mwN.
267 Etwa: Gas, Wärme, Wasserleitungen, Talsperren, Rundfunk- und Fernsehtürme, Verstärkeranlagen etc; auch Mobilfunkanlagen, näher *Gehrken/Kahle/Mechel*, ZUR 2006, 72 (74).
268 BVerwG, DVBl. 1977, 526; bestätigt durch BVerwGE 96, 95 (97); BVerwG, NVwZ 2013, 1288 Rn 11; vgl auch *Bracher*, in: Bracher/Reidt/Schiller, Bauplanungsrecht, Rn 2304.
269 BVerwG, DVBl. 1994, 1141; BVerwG, NVwZ 2012, 1631 Rn 16; BVerwG, NVwZ 2013, 1288 Rn 11.
270 VGH München, BauR 2006, 2022 (2022 f).
271 BVerwG, NVwZ 2013, 1288 Rn 12 f mit Nachw. der obergerichtlichen Rspr in Rn 13.
272 BVerwG, wie vor, Rn 14.
273 Geboten ist eine konkrete, dh auf den Einzelfall abstellende Betrachtungsweise, BVerwG, NJW 1977, 119.

also ein Vorhaben auf einen Standort im Innenbereich verwiesen werden, ist es nicht auf die Inanspruchnahme des Außenbereichs angewiesen[274].

Die Vorschrift unterscheidet **drei Fallvarianten**: Vorhaben, die **besondere Anforderungen** an ihre Umgebung stellen (bspw Aussichtsturm, Freilichttheater); Vorhaben, die eine **nachteilige Wirkung** auf ihre Umgebung ausüben (stark emittierende bzw gefährliche Anlagen, etwa Steinbrüche, Sprengstofflager, Tierhaltungsanlagen); Vorhaben, die einer **besonderen Zweckbestimmung** vorbehalten sind (zB Jagd-[275] und Fischereihütten[276], Schutzhütten für Wanderer)[277].

1177 Auf der Grundlage von Nr 4 sind früher – gebilligt von der Rspr[278] – auch gewerblich bzw industriell betriebene **Tiermastanlagen** im Außenbereich zugelassen worden, obgleich derartige Anlagen auf Grund moderner Filteranlagen ohne weiteres in Gewerbe- und Industriegebieten angesiedelt werden können[279]. Der starken Zunahme solcher Betriebe und daraus resultierenden Fehlentwicklungen ist mit der Entprivilegierung besonders unverträglicher Anlagen entgegengesteuert worden: Im Gefolge der BauGB-Novelle 2013 kann deren Zulassung nicht mehr auf § 35 I Nr 4 BauGB gestützt werden, sofern es sich um Vorhaben zur Errichtung, Änderung oder Erweiterung[280] einer baulichen Anlage zur Tierhaltung handelt, die dem Anwendungsbereich von Nr 1 nicht unterfällt und die nach dem UVPG **UVP- oder** auch nur **vorprüfungspflichtig** ist[281]. Jenseits dieser Maßgaben steht indes angesichts der differenzierenden Konzeption des § 35 I Nr 4 BauGB der bloße Umstand, dass es sich bei gewerblichen Tierhaltungsanlagen – jedenfalls in Teilen des Bundesgebiets – um Massenphänomene handeln dürfte, der Privilegierung nicht entgegen[282].

Eine wichtige Einschränkung für die Zulassungsfähigkeit solcher Anlagen bildet der „**Soll**"-Begriff der Vorschrift. Nicht jedes Vorhaben, das – wie ein Wochenendhaus, Camping- oder Golfplatz – sinnvoll nur im Außenbereich errichtet werden kann, soll auch dort errichtet werden; ansonsten wäre der von § 35 BauGB bezweckte Schutz des Außenbereichs vor Bebauung nicht gewährleistet[283]. Maßgeblich für die Beantwortung der Frage des „Sollens" muss die Funktion des Außenbereichs sein, nämlich die Wahrung seiner naturgegebenen Bodennutzung und seiner Erholungsfunktionen

---

274 In Zweifelsfällen hat dies der Antragsteller konzeptionell zu belegen, auch dahin gehend, dass Allgemeininteressen und nicht nur private Belange verfolgt werden, vgl anhand einer Sternwarte BVerwG, ZfBR 2011, 481; maßgeblich ist die Beschaffenheit des Innenbereichs „hier und so", also desjenigen der jeweiligen Gemeinde und nach den konkreten örtlichen Gegebenheiten, BVerwG, NVwZ 2019, 243 Rn 14.

275 Näher BVerwG, NVwZ 1983, 472; auch BVerwG, ZfBR 1986, 48.

276 BVerwG, BRS 25 Nr 64.

277 Wenn sie nach Größe und Ausstattung auf diese Zwecke beschränkt sind, vgl insoweit für Jagdhütten OVG Weimar, ThürVBl. 2004, 233; weitere Bsp. bei *Bracher*, in: Bracher/Reidt/Schiller, Bauplanungsrecht, Rn 2309.

278 BVerwG, NVwZ 1984, 169; BVerwG, DVBl. 1987, 903; OVG Münster, AUR 2013, 192; OVG Münster, DVBl. 2009, 1040.

279 Krit. auch *Söfker*, NVwZ 2008, 1273 (1275 ff), der mit überzeugenden Gründen eine Bewältigung durch Bauleitplanung anmahnt.

280 Nicht erfasst wird demgegenüber die Nutzungsänderung, s. BT-Drs. 17/11468, S. 14.

281 Näher zur Privilegierung sowie zur bauleitplanerischen Steuerung gewerblicher Tierhaltungsanlagen *Kümper*, NVwZ 2019, 206; *Bickenbach*, EurUP 2018, 511.

282 BVerwG, NVwZ 2019, 243 Rn 12.

283 BVerwGE 48, 109 (112); VGH München, BayVBl. 2010, 565.

für die Allgemeinheit[284]. M.a.W.: Die diesbzgl Bewertung eines Vorhabens hat negativ auszufallen, wenn es unter Ausschluss der Allgemeinheit Ruhe und Erholung nur wenigen Personen gewährt und dem Außenbereich damit nicht mehr wesensgemäß ist[285] – und wenn nicht an der Ausführung des Vorhabens zugleich ein überwiegendes allgemeines Interesse besteht[286].

Durch die Aufnahme der **Wind-** wie **Wasserkraftanlagen** in (nunmehr) § 35 I **Nr 5** BauGB[287] wurde der einschränkenden Rspr entgegengewirkt, die eine durchgängige Privilegierung von Windkraftanlagen im Außenbereich abgelehnt hatte[288]. In diesem Zusammenhang ist zugleich die planerische Steuerungsmöglichkeit durch die Regional- und Flächennutzungsplanung in § 35 III 3 BauGB eingeführt worden[289]. „Erforschung" iSd Vorschrift kann sich auch auf allenfalls künftige Bedarfe richten[290]. **1178**

Als weiterer Privilegierungstatbestand hat im Gefolge des EAG Bau die **energetische** **1179** **Nutzung von Biomasse** Eingang in den Katalog des § 35 I BauGB (**Nr 6**) gefunden. Der Tatbestand erfasst nur solche Vorhaben, die der energetischen Biomassenutzung im Rahmen eines land- oder forstwirtschaftlichen oder eines gartenbaulichen Betriebes iSd § 35 I Nr 1 bzw Nr 2 BauGB dienen[291]. Überdies werden Betriebe nach Nr 4 erfasst, die Tierhaltung betreiben. Schließlich ist gefordert, dass das Vorhaben dem Anschluss der Anlagen zur Biomassenutzung an das öffentliche Versorgungsnetz dient.

Jene Vorhaben müssen weiteren Voraussetzungen entsprechen, um in den Genuss der Privilegierung kommen zu können: Nr 6 fordert einen räumlich-funktionalen Zusammenhang zwischen Vorhaben und Betrieb (Buchst. a)[292], eine überwiegende Herkunft der Biomasse aus dem Betrieb selbst oder aus diesem und aus nahe gelegenen Betrieben der nach Nr 6 erfassten Art (Buchst. b)[293]. Ferner kann je Hofstelle oder Betriebsstandort nur eine Anlage betrieben werden (Buchst. c). Schließlich statuiert Buchst. d Leistungsgrenzwerte dergestalt, dass die Kapazität einer Anlage, die ausschließlich der Biogaserzeugung dient, 2,3 Mio. Normkubikmeter Gas pro Jahr nicht überschreiten, während die Kapazität anderer Anlagen höchstens 2,0 Megawatt betragen darf.

---

284 Vgl Rn 1164.
285 BVerwG, BauR 1975, 261 (263).
286 BVerwG, DVBl. 1994, 1141; zur Unzulässigkeit einer Bauschutt-Recyclinganlage nach § 35 I Nr 4 BauGB OVG Schleswig, NVwZ-RR 2005, 620; zur Unzulässigkeit eines Wildparks mit Gastronomieeinrichtung VGH München, BayVBl. 2010, 565.
287 Zum Begriff des „Dienens" in Anlehnung an denjenigen in § 35 I Nr 1, 2 BauGB (auch Rn 1173) vgl OVG Koblenz, NuR 2006, 721 (721 f): kein „Dienen", wenn zusätzliche (Teil-)Anlage weggedacht werden kann, ohne die Windenergienutzung nennenswert in Frage zu stellen.
288 BVerwG, DVBl. 1994, 1141.
289 Gesetz zur Änderung des Baugesetzbuchs v. 30.7.1996, BGBl. I S. 1189, zum 1.1.1997 in Kraft getreten; auch Rn 1213.
290 Etwa bzgl Solaranlagen zu Deckung des Eigenenergiebedarfs von Windkraftanlagen, BVerwG, NVwZ 2009, 918; BVerwG, ZUR 2009, 206.
291 Das Merkmal ist auch dann erfüllt, wenn der landwirtschaftliche Betrieb ausschließlich Biomasse erzeugt, BVerwG, NVwZ 2009, 585 (586); *Otto*, ZfBR 2011, 735 (735 f).
292 Entscheidend ist die (räumliche) Zuordnung von Biogasanlage und Betriebsflächen, OVG Schleswig, NordÖR 2007, 41 (42) unter Hinweis auf *Lampe*, NuR 2006, 152 (154); *Otto*, ZfBR 2011, 735 (736).
293 Die Rspr lässt es ausreichen, dass die Summe der „eigenen" Biomasse und derjenigen aus nahe liegenden Betrieben mehr als die Hälfte der verwerteten Biomasse ausmacht, OVG Schleswig, NordÖR 2007, 41 (42).

1180   Die Aufnahme **kerntechnischer Anlagen** in den Kreis der Privilegierungstatbestände durch § 35 I **Nr 7** BauGB folgt der Rspr des BVerwG[294]. Im Zuge des Ausstiegs aus der Kernenergie ist die Norm durch die BauGB-Klimaschutz-Novelle 2011 entsprechend angepasst worden[295]: Der Privilegierung unterfallen zwar im Grundsatz nach wie vor Vorhaben, die der Erforschung, Entwicklung oder Nutzung der Kernenergie zu friedlichen Zwecken oder der Entsorgung radioaktiver Abfälle dienen; die Neuerrichtung von Anlagen zur Spaltung von Kernbrennstoffen zur gewerblichen Erzeugung von Elektrizität ist hiervon allerdings ausdrücklich ausgenommen.

1181   Gleichfalls auf der Energiewende beruht die Aufnahme des zusätzlichen Privilegierungstatbestandes in § 35 I **Nr 8** BauGB; hiervon werden Vorhaben erfasst, die der Nutzung **solarer Strahlungsenergie** in, an und auf Dach- und Außenwandflächen von zulässigerweise genutzten[296] Gebäuden dienen, wenn die Anlage dem Gebäude baulich untergeordnet[297] ist[298]. Nach der Begr. zum Gesetzentwurf ist das letztgenannte Kriterium räumlich-gegenständlich, nicht aber funktional zu verstehen[299]. Für die Privilegierung spielt es daher keine Rolle, ob die erzeugte Energie innerhalb der baulichen Anlage selbst verbraucht oder in das öffentliche Netz eingespeist wird[300].

2.   Sonstige Vorhaben

1182   Alle übrigen Vorhaben, dh jene, die nicht unter § 35 I BauGB fallen, sind als sonstige Vorhaben nach § 35 II BauGB bereits dann nicht zulassungsfähig, wenn sie öffentliche Belange beeinträchtigen. Es fehlt diesen Anlagen mithin an der besonderen Durchsetzungskraft privilegierter Vorhaben[301]. Wenn indes der Wortlaut davon spricht, dass sonstige Vorhaben im Einzelfall zugelassen werden **„können"**, so handelt es sich dabei entgegen dem ersten Anschein nicht um ein der Genehmigungsbehörde eingeräumtes Ermessen; vor dem Hintergrund der dem Gesetzgeber von Verfassungs wegen vorbehaltenen Befugnis, Inhalt und Schranken des Eigentums zu bestimmen (Art. 14 I 2 GG), hat der Antragsteller einen **Rechtsanspruch** auf Zulassung seines Vorhabens, wenn die tatbestandlichen Voraussetzungen erfüllt sind[302]. Sonstige Vorhaben sind auch die in § 35 IV BauGB genannten; sie sind lediglich partiell von der Belangprüfung ausgenommen[303]. Durchweg bedürfen die Vorhaben nach § 35 II BauGB der gesicherten Erschließung[304].

---

294   BVerwGE 72, 300.
295   S. § 7 I 2 AtG.
296   Es genügt die formell-rechtlich zulässige Nutzung, *Battis/Krautzberger/Mitschang/Reidt/Stüer*, NVwZ 2011, 897 (903).
297   Dem ist Rechnung getragen, wenn die Errichtung keine mehr als geringfügigen Änderungen der Außenhülle des Gebäudes nach sich zieht, *Söfker*, ZfBR 2011, 541 (545).
298   Näher zu jenen Voraussetzungen *Dietl*, UPR 2012, 259.
299   BT-Drs. 17/6076, S. 10.
300   Dazu und zu weiteren Fragen im Zusammenhang mit der Neuregelung *Battis/Krautzberger/Mitschang/Reidt/Stüer*, NVwZ 2011, 897 (902 f); *Söfker*, ZfBR 2011, 541 (545 f).
301   *Muckel/Ogorek*, ÖffBauR, § 7 Rn 178 f; zu den unterschiedlichen Anforderungen an privilegierte und sonstige Vorhaben bei der Prüfung der Zulässigkeit eines Vorhabens anschaulich VGH München, BauR 2010, 2071.
302   BVerwGE 18, 247; *Bracher*, in: Bracher/Reidt/Schiller, Bauplanungsrecht, Rn 2332; *Erbguth/Guckelberger*, Allgemeines Verwaltungsrecht, § 14 Rn 50 f; Rn 832.
303   *Mitschang/Reidt*, in: Battis/Krautzberger/Löhr, BauGB, § 35 Rn 125; s. Rn 1200 ff.
304   Bereits Rn 1165.

3. Öffentliche Belange

Öffentliche Belange, die Vorhaben nach § 35 I BauGB nicht entgegenstehen und die von sonstigen Vorhaben gem. § 35 II BauGB nicht beeinträchtigt werden dürfen, sind in § 35 III 1 BauGB in Form unbestimmter Rechtsbegriffe[305] aufgeführt – allerdings nicht abschließend („insbesondere")[306]: 1183

- Darstellungen eines Flächennutzungsplans (Nr 1),
- Darstellungen eines Landschaftsplans oder sonstigen umweltschützenden Plans (Nr 2),
- schädliche Umwelteinwirkungen (Nr 3),
- das Erfordernis unwirtschaftlicher Aufwendungen für Infrastruktureinrichtungen, die Sicherheit, Gesundheit oder sonstige Aufgaben (Nr 4),
- Naturschutz, Bodenschutz, Denkmalschutz, Schutz der Landschaft, des Orts- und Landschaftsbildes (Nr 5),
- Maßnahmen zur Verbesserung der Agrarstruktur, Wasserwirtschaft oder Hochwasserschutz (Nr 6),
- Entstehung, Verfestigung oder Erweiterung einer Splittersiedlung (Nr 7),
- Funktionsfähigkeit von Funkstellen und Radaranlagen (Nr 8).

Ferner enthält § 35 III BauGB zwei sog. Raumordnungsklauseln (S. 2) und die im Zusammenhang mit der Windkraftprivilegierung eingeführte planerische Steuerungsmöglichkeit (S. 3)[307]. Soweit es zunächst die in § 35 III 1 BauGB aufgeführten Gesichtspunkte angeht, ist Folgendes beachtlich: 1184

Nach § 35 III 1 **Nr 1** BauGB ist eine Beeinträchtigung öffentlicher Belange insbes. dann anzunehmen, wenn das beabsichtigte Vorhaben den Darstellungen des **Flächennutzungsplans** widerspricht[308]. Die dort niedergelegte Konzeption wirkt als Konkretisierung öffentlicher Belange; sie muss daher der vorgegebenen Situation Rechnung tragen[309]. Ferner gilt das nur bei hinreichend präzisierten Darstellungen[310] und vorbehaltlich der beschriebenen „nachvollziehenden Abwägung"[311] im Einzelfall. Hierauf wird noch näher eingegangen[312]. 1185

Nr 2 des § 35 III 1 BauGB verdeutlicht, dass die bereits in § 1 VI Nr 7 Buchst. g BauGB als Abwägungsbelang normierten **umweltschützenden Pläne** auch bei der Zulassung von Vorhaben im Außenbereich Bedeutung erlangen. 1186

Die Pläne enthalten regelmäßig eine **Bestandsaufnahme** und gutachterliche **Bewertung** der für das Vorhaben beanspruchten Fläche aus ihrer jeweiligen umweltfachlichen Sicht; dieses Wissen soll in die nachvollziehende Abwägung als öffentlicher Belang eingeführt werden. Wenn allerdings in einem abgewogenen Flächennutzungsplan eine Auseinandersetzung mit jenen öffentlichen Belangen bereits stattgefunden hat, entfaltet der Flächennutzungsplan vorran-

---

305 Vgl nur *Mitschang/Reidt*, in: Battis/Krautzberger/Löhr, BauGB, § 35 Rn 72.
306 Etwa BVerwGE 97, 203 (209 f); BVerwG, ZfBR 2007, 54 (55); allg. *Erbguth/Guckelberger*, Allgemeines Verwaltungsrecht, § 14 Rn 26.
307 Dazu Rn 1206 ff; bereits Rn 1178.
308 Hierzu instruktiv *Decker*, JA 2015, 1.
309 Dazu BVerwGE 77, 300; OVG Lüneburg, NuR 2005, 799 f; vgl noch Rn 1210.
310 Vgl BVerwG, NVwZ 1991, 161; BVerwG, NVwZ 2010, 1561 Rn 12; *Brohm*, ÖffBauR, § 21 Rn 19; *Bracher*, in: Bracher/Reidt/Schiller, Bauplanungsrecht, Rn 2340.
311 Näher Rn 1165.
312 Vgl Rn 1210 ff.

gige Wirkung; ein abweichender Landschaftsplan tritt insoweit mit seinen Wertungen hinter den Flächennutzungsplan zurück[313].

1187 Zur Bestimmung des Belangs **schädliche Umwelteinwirkungen** iSd Abs. 3 S. 1 **Nr 3** kommt es maßgeblich auf den diesbzgl Aussagegehalt des § 3 **BImSchG** an[314].

Gehen von dem Vorhaben Immissionen der dort erfassten Art aus, so sind sie für die hiervon Betroffenen unzumutbar (etwa Geruchsimmissionen eines landwirtschaftlichen Betriebs in der Nähe von – bebauten – Wohngebieten[315]; Errichtung von Lagerhallen für geräuschvolle Nutzungen gegenüber einer Wohnbebauung)[316]. Konkretisierend wirken die auf Grund von § 48 BImSchG ergangenen Vorschriften, etwa die **TA Lärm** als normkonkretisierende Verwaltungsvorschrift[317].

1188 **Unwirtschaftliche Aufwendungen** nach Abs. 3 S. 1 **Nr 4** sind vor allem solche infrastruktureller, durch das Vorhaben ausgelöster Art, sofern der **Neubau von Erschließungsanlagen** in öffentlicher Trägerschaft erforderlich wird, ohne dass dies in einem angemessenen Verhältnis zum erzielbaren Nutzen steht.

1189 Die Belange des **Naturschutzes** und der **Landschaftspflege** (§ 35 III 1 Nr 5 BauGB) sind zunächst durch Vorschriften des BNatSchG und der Landesnaturschutzgesetze geschützt, die jedenfalls dann eine bauplanungsrechtliche Zulassungsfähigkeit ausschließen, wenn es sich um rechtssatzförmige Nutzungsregelungen in Form von Schutzgebietsausweisungen handelt[318]. Deren Geltung wird durch § 29 II BauGB („andere öffentlich-rechtliche Vorschriften bleiben unberührt") ausdrücklich klargestellt.

Soll also ein Vorhaben in einem **Naturschutzgebiet** bzw einem **Natura 2000-Gebiet** errichtet werden, steht der Zulässigkeit unmittelbar die Schutzgebietsausweisung entgegen. Etwas anderes gilt nur, wenn ein Vorhaben dem Schutzgebiet dient oder zumindest nicht störend ist (bspw eine Schutzhütte oder ein Aussichtsturm für Besucher). Parallel wird – wenn ausnahmsweise eine baurechtliche Zulässigkeit anzunehmen ist – eine Befreiung oder Erlaubnis der zuständigen Naturschutzbehörde einzuholen sein. Liegt die geplante Anlage hingegen innerhalb eines weniger schutzintensiven Landschaftsschutzgebietes und ist dem Baubewerber von der zuständigen Naturschutzbehörde eine Befreiung bzw Erlaubnis erteilt worden, werden idR Belange des Naturschutzes und der Landschaftspflege dem Vorhaben nicht widerstreiten. Außerhalb eines Landschaftsschutzgebietes gelegene Anlagen beurteilen sich insoweit am Maßstab der „Verunstaltung des Landschaftsbildes"[319].

1190 Anforderungen des Naturschutzes und der Landschaftspflege sind allerdings auch **außerhalb** spezifischer **Schutzgebietsausweisungen** beachtlich[320]; der Bundesgesetz-

---

313 Dazu auch *Erbguth/Schubert*, ÖffBauR, § 8 Rn 77.
314 BVerwGE 52, 122 (126 f); BVerwG, NVwZ 2018, 509 Rn 12; *Brohm*, ÖffBauR, § 21 Rn 21.
315 Vgl dazu etwa BVerwG, NVwZ 2018, 509.
316 Vgl BVerwG, 122 (127); BVerwG, ZfBR 1983, 95.
317 Vgl BVerwGE 129, 209; OVG Münster, BauR 2008, 957 (958 f); bereits BVerwGE 114, 342 und 110, 216 zur TA Luft. Dies gilt allerdings nicht ausnahmslos; so ist die TA Lärm (und ebenso die TA Luft) als Beurteilungsgrundlage nicht geeignet, wenn die besonderen Umstände des Einzelfalls dem entgegenstehen, BVerwG, BauR 2010, 2070.
318 Gleiches gilt für die zwingenden artenschutzrechtlichen Verbote iSd § 44 BNatSchG, sofern sie durch eine naturschutzrechtliche Ausnahme oder Befreiung nicht überwunden werden können, BVerwG, NVwZ 2013, 1411 Rn 6.
319 Vgl Rn 1194; BVerwG, BauR 2008, 1420.
320 BVerwG, DVBl. 1969, 261; *Brohm*, ÖffBauR, § 21 Rn 22; zum Belang des Artenschutzes OVG Lüneburg, ZfBR 2008, 366 (370 ff).

geber konnte unter Einhaltung der ihm vorgegebenen kompetenziellen (dh städtebaulichen) Grenzen im Rahmen des § 35 III BauGB eigenständige Regelungen zur Berücksichtigung des Naturschutzes und der Landschaftspflege treffen[321].

Belange jener Art sind diesem originär bundesrechtlichen Begriff zufolge auch dann ggf beeinträchtigt, wenn Gebiete nicht oder noch nicht förmlich unter Natur- oder Landschaftsschutz gestellt sind[322]. Damit wird keineswegs der gesamte Außenbereich über § 35 III BauGB verallgemeinernd einem städtebaulichen Landschaftsschutz unterworfen; vielmehr ist diese Form des Landschaftsschutzes grds besonders eigenartigen und reizvollen sowie ökologisch bedeutsamen Landschaftsteilen vorbehalten.

Die **naturschutzrechtliche Eingriffsregelung** der §§ 14 ff BNatSchG, die im Außenbereich **1191** uneingeschränkt zum Einsatz kommt, dient dazu, im Baugenehmigungsverfahren die **Belange des Naturschutzes und der Landschaftspflege** in die bauaufsichtliche Prüfung einzuführen[323]. Die Eingriffsregelung wird dabei im sog. „Huckepackverfahren" und unter Beteiligung der Naturschutzbehörde in das Baugenehmigungsverfahren integriert. Lässt die Baugenehmigungsbehörde ein Vorhaben mit Eingriffswirkung zu, muss sie zumindest Ausgleichs- oder Ersatzmaßnahmen zugunsten des Natur- und Landschaftsschutzes für durch das Bauvorhaben hervorgerufene erhebliche oder nachhaltige Beeinträchtigungen der Leistungsfähigkeit des Naturhaushalts oder des Landschaftsbildes anordnen[324].

Bodenschutz als möglicherweise einem Vorhaben im Außenbereich entgegenstehender **1192** Belang ist – ebenso wie die weiteren Bodenschutzklauseln in § 1a II BauGB und § 35 V 1 BauGB – Bestandteil der städtebaulichen Bodenschutzkonzeption. Die besondere Beschaffenheit bzw Empfindlichkeit des Bodens oder seine (Filter-)Funktion für den Natur- und Wasserschutz bilden Gesichtspunkte, die der Verwirklichung eines Vorhabens an dieser Stelle entgegenstehen oder hiervon beeinträchtigt werden können.

Entsprechendes wie zum Naturschutz gilt mit Blick auf den Belang **Denkmalschutz**. Auch hier **1193** gibt es förmliche Unterschutzstellungen nach Landesrecht (beachtlich über § 29 II BauGB) einerseits und den baurechtlichen Denkmalschutz unabhängig von einer Eintragung in die Denkmalliste (oä) andererseits[325]. Letzterenfalls wird der Denkmalschutz aus kompetenzrechtlichen Gründen lediglich in seinem bodenrechtlichen Bezug erfasst[326].

Die **Verunstaltung des Orts- und Landschaftsbildes**[327] bezieht sich vornehmlich **1194** auf Lage und Stellung der baulichen Anlagen[328]. Insoweit ist zu berücksichtigen, dass Baulichkeiten unter größtmöglicher Schonung des Außenbereichs zu errichten sind; deshalb verbietet sich zB eine Positionierung an hervorgehobener Stelle.

Eine Verunstaltung des Orts- und Landschaftsbildes ist ferner anzunehmen, wenn die Anlage den städtebaulichen und landschaftlichen Gesamteindruck erheblich stören wird[329]. Dabei kommt es darauf an, ob der Gegensatz zwischen der baulichen Anlage und dem Orts- und

---

321 *Mitschang/Reidt*, in: Battis/Krautzberger/Löhr, BauGB, § 35 Rn 83; vgl auch BVerwG, BauR 1973, 35.

322 *Bracher*, in: Bracher/Reidt/Schiller, Bauplanungsrecht, Rn 2356.

323 Vgl § 18 II 2 BNatSchG; zur „bauleitplanerischen" Eingriffsregelung" Rn 859 ff.

324 *Gassner*, Das Recht der Landschaft, 1995, S. 125 ff.

325 § 35 V BauGB; *Moench*, NVwZ 1988, 304 (314).

326 Zutreffend *Moench*, aaO; s. auch BVerwG, NVwZ 2009, 1231 Rn 21.

327 Dazu am Bsp. von Windkraftanlagen *Scheidler*, NuR 2010, 525 (526 ff).

328 *Söfker*, in: Ernst/Zinkahn/Bielenberg/Krautzberger, BauGB, § 35 (2015) Rn 100 mwN.

329 *Mitschang/Reidt*, in: Battis/Krautzberger/Löhr, BauGB, § 35 Rn 88; hierzu auch *Bracher*, in: Bracher/Reidt/Schiller, Bauplanungsrecht, Rn 2366.

Landschaftsbild von einem für ästhetische Eindrücke offenen Betrachter als belastend oder Unlust erregend empfunden wird – wobei das Vorhaben dem Landschaftsbild in grob unangemessener Weise widersprechen muss[330].

1195 Mit der Funktion des Außenbereichs ist es nicht in Einklang zu bringen, dass verstreut einzelne Bauvorhaben errichtet werden, welche die **natürliche Eigenart der Landschaft** beeinträchtigen, weil sie ihr **wesensfremd** sind[331].

Ob Derartiges vorliegt, hängt maßgeblich von der betreffenden Landschaft und der Lage, Gestaltung und Benutzung der jeweiligen baulichen Anlagen ab[332]. IÜ bemisst sich die Schutzwürdigkeit der Landschaft an der Vorbelastung: Sind ihr bislang technische Einrichtungen erspart geblieben, kann bereits eine erste resp. geringe Beeinträchtigung durch ein Vorhaben zur Verunstaltung führen, etwa im Fall der Errichtung einer Mobilfunkanlage (Sendemast)[333] oder einer Kapelle von gut 16 qm[334]. Der **Erholungswert der Landschaft**, der auch regionalplanerisch bestimmt sein kann[335], wird insbes. in Fällen relevant, in denen nicht bereits unter Hinweis auf die Beeinträchtigung der natürlichen Eigenart der Landschaft (als Oberbegriff) die Zulassung eines Vorhabens ausgeschlossen werden muss.

1196 Maßnahmen zur **Verbesserung der Agrarstruktur** im Außenbereich iSd § 35 III 1 **Nr 6** BauGB, bspw im Wege der Flurbereinigung, dürfen durch neue Vorhaben nicht beeinträchtigt werden. Ebenso ist dem **Hochwasserschutz** Rechnung zu tragen und eine Gefährdung der **Wasserwirtschaft** zu vermeiden. Letztere tritt ein, wenn im Zusammenhang mit dem Vorhaben Stoffe freigesetzt werden, die das Grundwasser oder einen Wasserlauf verseuchen können[336].

Dabei ist zu beachten, dass die Vorschrift des § 35 III 1 Nr 6 BauGB lediglich den Zweck hat, unabhängig von wasserrechtlichen Normierungen und Planungen ein Mindestmaß an Gewässerschutz zu gewährleisten; sie greift daher als Zulassungshindernis ein, wenn die örtlichen Gegebenheiten außerhalb des Anwendungsbereichs wasserrechtlicher Schutzvorschriften die Annahme rechtfertigen, dass die Wasserwirtschaft gefährdet wird[337].

1197 Der in Abs. 3 S. 1 **Nr 7** angesprochene Belang der Entstehung, Verfestigung oder Erweiterung einer **Splittersiedlung** soll die Zersiedlung des Außenbereichs verhindern[338].

Unter **Entstehung** kann bereits die erste Errichtung eines Wohngebäudes fallen[339]. Unerwünscht ist eine Splittersiedlung, wenn mit ihr ein Vorgang der Zersiedlung eingeleitet wird[340].

---

330 BVerwG, DVBl. 1969, 261.
331 BVerwG, DVBl. 1972, 865; BVerwG, NVwZ 1985, 747.
332 *Mitschang/Reidt*, in: Battis/Krautzberger/Löhr, BauGB, § 35 Rn 86.
333 Wobei natürlich deren Privilegierung (vgl Rn 1175) gebührend Rechnung zu tragen ist, *Schidlowski/Duikers*, BauR 2007, 1503 (1510).
334 OVG Koblenz, NVwZ-RR 2007, 304 (305 f).
335 OVG Münster, NWVBl. 2007, 225 (226).
336 Dazu BVerwG, DÖV 1972, 827.
337 BVerwG, DVBl. 2001, 1446.
338 VGH München, BauR 2008, 654 (656); *Bracher*, in: Bracher/Reidt/Schiller, Bauplanungsrecht, Rn 2374; zur Durchschlagskraft des Belangs bei der Zulassung von Biogasanlagen *Peine*, LKV 2014, 97.
339 BVerwG, NJW 1984, 1576; den Begriff der Splittersiedlung können iÜ alle Anlagen erfüllen, die zum – wenn auch ggf. nur gelegentlichen – Aufenthalt von Menschen bestimmt sind, BVerwG, BauR 1976, 344; das gilt auch für privilegiert zulässige Gebäude, BVerwG, NVwZ 2012, 1631 Rn 20.
340 BVerwG, NVwZ 2012, 1631 Rn 21; BVerwG, ZfBR 2016, 799 (801).

Die **Verfestigung** einer Splittersiedlung tritt ein, sofern der in Anspruch genommene Bereich durch neue Vorhaben aufgefüllt wird[341], vor allem wenn diese Ansprüche entstehen lassen, die innerhalb der vorhandenen Splittersiedlung nicht befriedigt werden können[342]. Zur Verfestigung einer Splittersiedlung kann nach der Rspr nicht nur die Errichtung, sondern auch die dem Vorhabenbegriff unterfallende Änderung der baulichen Nutzung einer Anlage beitragen, und zwar selbst dann, wenn ein für privilegierte Zwecke genehmigtes und genutztes Gebäude in Zukunft zeitweilig und periodisch wiederkehrend auch für einen nicht privilegierten Zweck genutzt werden soll[343]. Zur **Erweiterung** einer Splittersiedlung kommt es, wenn sie räumlich ausgedehnt wird.

Der Belang einer Störung der Funktionsfähigkeit von **Funkstellen** und **Radaranlagen** ist durch das EAG Bau in Abs. 3 S. 1 als **Nr 8** eingefügt worden[344]. Die Funktionsfähigkeit einer Radaranlage[345] wird dem BVerwG zufolge dann in rechtserheblicher Weise gestört, wenn die Erzielung der mit dem Anlagenbetrieb erwünschten Ergebnisse verhindert, verschlechtert, verzögert oder spürbar erschwert wird[346]. Eine solche Störung kann namentlich von **Windenergieanlagen** ausgehen[347]. Demgegenüber werden Beeinträchtigungen des Rundfunkempfangs vom Schutzbereich des § 35 III 1 Nr 8 BauGB nicht erfasst[348].   **1198**

Nach dem BVerwG gelten für Vorhaben, die im Außenbereich zugelassen werden sollen, weitere (ungeschriebene) öffentliche Belange, bspw in Form des Gebots der Rücksichtnahme auf private Belange, die nicht schon durch § 35 III 1 Nr 3 BauGB abgedeckt werden[349]. Des Weiteren kann ein sog. **Planungserfordernis** bestehen. Hiernach scheitert die Zulassung eines Außenbereichsvorhabens – etwa eines großflächigen Gewerbebetriebs in Gestalt eines sog. Factory Outlet Centers –, wenn das Vorhaben einen Koordinierungsbedarf auslöst, dem nicht das Konditionalprogramm des § 35 BauGB, sondern nur eine Abwägung im Rahmen förmlicher Planung Rechnung zu tragen vermag[350].   **1199**

---

341 BVerwG, BauR 1973, 36; BVerwGE 54, 73; darunter fällt auch die (Nutzungs-)Änderung einer baulichen Anlage, zB ihre bauliche Erweiterung, BVerwG, ZfBR 2016, 799 (801); keine Verfestigung, wenn sich das geplante Gebäude dem vorhandenen (Gebäude-)Bestand deutlich unterordnet und das Vorhaben auch sonst nicht einer geordneten Siedlungsstruktur zuwiderläuft, dazu BVerwGE 54, 73; BVerwG, BauR 2005, 702; VGH München, BauR 2008, 654 (656).
342 BVerwGE 54, 73; vgl auch BVerwG, NVwZ 1986, 1014.
343 So BVerwG, NVwZ 2012, 1631 Rn 24, anhand der Nutzung einer Bootslagerhalle als Parkhaus in den Sommermonaten.
344 Die Vorschrift entfaltet Drittschutz zugunsten der Betreiber von Radaranlagen, BVerwG, NVwZ 2017, 160 Rn 12.
345 Hierunter fallen auch Wetterradaranlagen, BVerwG, NVwZ 2017, 160 Rn 15, mit Anm. *Kümper*.
346 BVerwG, NVwZ 2017, 160 Rn 17; VGH München, BauR 2016, 243, Ls. 2; das Vorliegen einer Störung unterliegt der vollen gerichtlichen Überprüfung, BVerwG, NVwZ 2017, 160 Rn 21 ff.
347 BT-Drs. 15/2250, S. 55; s. auch *Kümper*, NVwZ 2017, 163 (163 ff), anhand der Entscheidung des BVerwG, NVwZ 2017, 160.
348 OVG Münster, BauR 2010, 199.
349 BVerwGE 28, 268; etwa gegenüber einem im Außenbereich betriebenen Flugplatz ohne beschränkten Bauschutzbereich, BVerwG, ZfBR 2005, 275 (275 f).
350 BVerwGE 117, 25; anders bei einer Windkraftanlage, OVG Lüneburg, BauR 2005, 69; zur hoheitlichen Einflussnahme auf die Standortwahl Privater insgesamt, dargestellt am Bsp. der Factory Outlet Center, *Ernst*, Standortsteuerung durch Landesplanung und kommunale Bauleitplanung, 2006; s. auch *Münkler*, VerwArch 2015, 475; weitere ungeschriebene öffentliche Belange bei *Finkelnburg/ Ortloff/Kment*, ÖffBauR Bd. 1, § 27 Rn 58.

Ein Planungserfordernis kann ferner dann erwachsen, wenn es um ein Vorhaben geht, das sich im Fall einer Bebauungsplanung nur nach Abstimmung mit der Nachbargemeinde gem. § 2 II BauGB als zulässig festsetzen lässt; jenes Abstimmungsgebot darf nicht dadurch umgangen werden, dass eine förmliche Planung unterbleibt[351]. Ein solcherart **qualifizierter Abstimmungsbedarf** besteht nach Ansicht des BVerwG in Fällen unmittelbarer Auswirkungen gewichtiger Art auf die Nachbargemeinde(n); hiervon wiederum soll auszugehen sein, wenn das Vorhaben § 11 III BauNVO entspricht[352]. All das gilt entgegen der früheren Rspr auch für die Privilegierungstatbestände des § 35 I BauGB[353].

4. Begünstigte Vorhaben

1200 § 35 IV BauGB beschreibt „begünstigte" Vorhaben, die zwar nicht wie Vorhaben nach Abs. 1 privilegiert sind und damit eine Untergruppe der sonstigen Vorhaben nach Abs. 2 bilden, bei denen aber bestimmte öffentliche Belange, die in Abs. 3 erwähnt sind, keine Unzulässigkeit nach sich ziehen können. Die Vorschrift greift die Rspr zu dem aus Art. 14 GG abgeleiteten (passiven) **Bestandsschutz**, zum „überwirkenden" Bestandsschutz und auch zu den eigentumskräftig verfestigten Anspruchspositionen auf und entwickelt sie unter spezialgesetzlicher Verdrängung jener allgemeinen Rechtsgrundsätze fort[354].

1201 Den näher beschriebenen Vorhaben[355] kann nicht entgegengehalten werden, dass sie

- Darstellungen des Flächennutzungsplans widersprechen,
- Darstellungen eines Landschaftsplans widersprechen,
- die natürliche Eigenart der Landschaft beeinträchtigen oder
- die Entstehung, Verfestigung oder Erweiterung einer Splittersiedlung befürchten lassen.

Jene Belange sind unabhängig von ihrem konkreten Gewicht schlechthin unbeachtlich, dh die Vorschrift blendet sowohl den Fall ihrer Beeinträchtigung als auch denjenigen eines Entgegenstehens aus[356].

---

351 BVerwGE 117, 25 (32); zu § 2 II vgl Rn 1032 ff.
352 Hierzu BVerwGE 117, 25 (34 ff); auch (zum qualifizierten Planungsbedarf nach § 1 III BauGB) Rn 957 f, 1035.
353 Vgl BVerwG, BauR 2005, 832 (832 f: Abwägungsbedürfnis bedingt Planungsbedürfnis); *Erbguth/Schubert*, ÖffBauR, § 8 Rn 93 mwN.
354 Rn 834.
355 Nach der Sonderregelung in § 246 IX BauGB gilt – befristet bis Ende 2019 – die Rechtsfolge des § 35 IV 1 BauGB für Vorhaben entsprechend, die der Unterbringung von Flüchtlingen oder Asylbegehrenden dienen, wenn das Vorhaben im unmittelbaren räumlichen Zusammenhang mit nach § 30 I oder § 34 BauGB zu beurteilenden bebauten Flächen innerhalb des Siedlungsbereichs erfolgen soll; näher zu der Vorschrift, die im Zuge der BauGB-Novelle 2014 II eingeführt worden ist, *Bienek/Reidt*, BauR 2015, 422 (430); *Kment/Berger*, BauR 2015, 211 (217 f); *Krautzberger/Stüer*, DVBl. 2015, 73 (76 f); die Vorschrift ist nur auf Vorhaben anwendbar, mit denen die öffentliche Hand ihre Unterbringungsverantwortung wahrnimmt; Vorhaben privater Bauherrn sind nur begünstigt, wenn sie in Abstimmung mit der öffentlichen Hand errichtet werden oder in zumindest vergleichbarer Weise gesichert ist, dass sie der Wahrnehmung der öffentlichen Aufgabe dienen werden, BVerwG, NVwZ 2019, 802 Rn 9.
356 Mit überzeugenden rechtssystematischen Erwägungen BVerwG, NVwZ 2011, 884 Rn 9 ff; anders noch in der Vorinstanz VGH München, BauR 2010, 2071 (2072 f), wonach zwar nicht die Beeinträchtigung, wohl aber das Entgegenstehen eines der aufgeführten Belange zur Unzulässigkeit begünstigter Vorhaben führen soll.

Demgegenüber können die nicht genannten Belange des Abs. 3 und sonstige (unbe-   **1202**
nannte) öffentliche Belange weiterhin zu einer Versagung führen. Darüber hinaus ist
Abs. 4 S. 1 zu entnehmen, dass auch für die „begünstigten" Vorhaben der Grundsatz
der „Außenbereichsverträglichkeit"[357] gilt. Schließlich kann eine nicht gesicherte Erschließung die Versagung der Genehmigung begründen.

5. Ausführung der Vorhaben und Einvernehmen der Gemeinde

§ 35 V BauGB gibt den Baugenehmigungsbehörden Hinweise zur schonenden, **au-**   **1203**
ßenbereichsverträglichen Ausgestaltung der nach Abs. 1–4 zuzulassenden Vorhaben. Abs. 5 S. 1 fordert zunächst eine Bauweise, die Flächen spart, die Bodenversie-
gelung auf das notwendige Maß begrenzt und den Außenbereich schont. Die nach
Abs. 1 Nr 2–6 privilegierten Vorhaben dürfen nach Abs. 5 S. 2 nur realisiert werden,
wenn der Bauherr eine **Verpflichtungserklärung** abgibt, das Vorhaben nach dauer-
hafter Aufgabe der zulässigen Nutzung **zurückzubauen** und **Bodenversiegelungen**
zu beseitigen[358].

Die Rückbauverpflichtung ist im Fall einer nach Abs. 1 Nr 2–6 zulässigen Nutzungsänderung
zu übernehmen; sie entfällt bei einer nach Abs. 1 Nr 1 oder Abs. 2 zulässigen Nutzungsänderung. Bedenken gegen die Verfassungsmäßigkeit, insbes. Kompetenzgerechtigkeit jener Vorschriften hat das BVerwG zutreffend eine Absage erteilt[359].

§ 36 I BauGB knüpft die Zulassung der Vorhaben schließlich an das **Einvernehmen**   **1204**
der Gemeinde[360] sowie – auf der Grundlage einer Rechtsverordnung des Landes –
bei den sonstigen und den begünstigten Vorhaben nach § 35 II und IV BauGB an die
Zustimmung der höheren Verwaltungsbehörde[361].

6. Außenbereichssatzung

Die Außenbereichssatzung nach § 35 VI BauGB gestattet es den Gemeinden, in nicht   **1205**
überwiegend landwirtschaftlich geprägten Räumen mit Wohnbebauung von einigem
Gewicht[362] Wohnbauvorhaben nach § 35 II BauGB zu erleichtern[363]; sie hat daher

---

357 Vgl Rn 1203.
358 Der Erklärung kommt für die Genehmigungserteilung konstitutive Wirkung zu, BVerwG, NVwZ
     2013, 805 Rn 10; aA *Jäde*, in: Jäde/Dirnberger/Weiß, BauGB, § 35 Rn 179; § 35 V 2 iVm S. 3
     BauGB hat überdies nicht nur klarstellende Bedeutung, sondern stellt – neben bauordnungsrechtli-
     chen Verpflichtungsermächtigungen zur Absicherung des Rückbaus im Fall der Nutzungsaufgabe –
     eine eigenständige bundesrechtliche Ermächtigungsgrundlage dar, BVerwG, wie vor, Rn 12 f.
359 BVerwG, NVwZ 2013, 805 Rn 16 ff, das überzeugend auf die bauplanungsrechtliche, weil den
     Schutz des Außenbereichs bezweckende Natur der Vorschrift verweist; aA *Jäde*, in: Jäde/Dirnber-
     ger/Weiß, BauGB, § 35 Rn 181: „kompetenzwidrig bundesrechtlich geregeltes Bauordnungsrecht".
360 Zum Einvernehmen Rn 1153 ff.
361 Dazu *Bracher*, in: Bracher/Reidt/Schiller, Bauplanungsrecht, Rn 2456; positiv zur Prüfkompetenz
     der Gemeinde anhand § 35 III Nr 5 BauGB OVG Berlin-Brandenburg, LKV 2006, 513; zur ge-
     meindlichen Mitwirkungslast BVerwGE 122, 13: Hinwirkung auf Vervollständigung des Bauan-
     trags; zu allgemeinen Rechtsfragen des § 36 BauGB vgl Rn 1153 ff.
362 Erforderlich ist eine die Funktion des Außenbereichs ganz oder weitgehend ausschließende Wirkung
     der Bebauung, BVerwGE 126, 233.
363 Näher *Erbguth/Schubert*, ÖffBauR, § 8 Rn 108 ff; *Stollmann*, NVwZ 1994, 43 (43 f); zu § 35 VI 1
     BauGB vgl VGH München, ZfBR 2004, 67 (67 f): Wohnbebauung von einigem Gewicht; dazu auch
     BVerwGE 126, 233 (236 f).

ausschließlich positive, die Zulässigkeit jener Vorhaben unterstützende, nicht aber negative Wirkungen[364]. Die Satzung ähnelt in ihrer Wirkung der Begünstigungsregelung des § 35 IV BauGB, lässt in begrenztem Umfang aber auch **Neubauvorhaben** zu.

7. Steuerung von Außenbereichsvorhaben durch den Flächennutzungsplan und die Ziele der Raumordnung

1206 Die Zulassung von Vorhaben im Außenbereich kann sowohl durch Darstellungen im Flächennutzungsplan als auch durch Ziele der Raumordnung **positiv** wie **negativ** beeinflusst werden. Wegen relativ konkreter Zieldarstellungen bietet sich von den Ebenen der Raumordnung die Regionalplanung zur Steuerung raumbedeutsamer Anlagen an[365]. Anders als die gemeindegebietsbezogene, mithin detailliertere Flächennutzungsplanung ist die Regionalplanung jedoch auf die Koordination raumbedeutsamer Vorhaben[366] beschränkt.

1207 Wegen der gesetzlichen Systematik, die gegenüber den **nicht privilegierten Vorhaben** den Schutz des Außenbereichs deutlich höher gewichtet[367], ist ferner davon auszugehen, dass die „sonstigen" Vorhaben ohne unterstützende Planung im Hinblick auf die vielfach anzunehmenden Beeinträchtigungen öffentlicher Belange dort nicht ohne weiteres genehmigungsfähig sind. Praktische Relevanz kommt der Planung damit in ihrer **unterstützenden** Wirkung zu: Bedenken wegen der Beeinträchtigung öffentlicher Belange können durch positive Standortzuweisungen in Regional- und Flächennutzungsplänen ausgeräumt oder derart abgeschwächt werden, dass sie der Genehmigungsfähigkeit eines sonstigen Vorhabens nicht mehr entscheidend im Wege stehen.

1208 Positiv wie negativ verteilende Wirkung – und Bedeutung – kommt der steuernden Planung durch Ziele der Raumordnung und Darstellungen im Flächennutzungsplan demnach im Wesentlichen bei **privilegierten Vorhaben** nach Abs. 1 zu. Indem der Gesetzgeber diese Vorhaben im Rahmen einer generellen Planung vorab dem Außenbereich zugewiesen hat, geht es im Gefolge dessen darum, durch konkretisierende Pläne geeignete und ungeeignete Standorte für diese Vorhaben zu bestimmen. Praktische Relevanz kommt dabei vor allem **Windkraftanlagen** (Abs. 1 Nr 5) zu.

a) Darstellungen im Flächennutzungsplan

1209 An Steuerungsmöglichkeiten des Flächennutzungsplans für **privilegierte Vorhaben** ist zwischen deren Ausschluss (aa)), ihrer Unterstützung (bb)) und der mittelbar ausschließenden Wirkung einer „Konzentrationszone" (cc)) zu unterscheiden:

1210 **aa) Unmittelbar widersprechende Darstellungen im Flächennutzungsplan.** Nach § 35 III 1 Nr 1 BauGB liegt eine Beeinträchtigung öffentlicher Belange insbes. vor, wenn das Vorhaben den Darstellungen des Flächennutzungsplans widerspricht. Das

---

364 *Stüer*, DVBl. 2006, 403 (411) mwN.
365 Zur Aufgabe der Raumordnung vgl Rn 836 ff.
366 Dazu § 3 I Nr 6 ROG; näher Rn 1221.
367 Vgl *Mitschang/Reidt*, in: Battis/Krautzberger/Löhr, BauGB, § 35 Rn 63; bereits Rn 1165.

BVerwG beschreibt die Wirkung des Flächennutzungsplans in diesem Zusammenhang als „**Unterstützung und einleuchtende Fortschreibung bestimmter tatsächlicher Gegebenheiten**"[368].

IdS können sich Aussagen im Flächennutzungsplan im Rahmen der nach § 35 BauGB 1211 gebotenen „nachvollziehenden Abwägung"[369] als öffentliche Belange gegen die Zulässigkeit auch eines privilegierten Vorhabens auswirken. Angesichts der durch den Gesetzgeber verfolgten Zuweisung privilegierter Vorhaben zum Außenbereich setzt das jedoch Planinhalte voraus, die sachlich und räumlich **eindeutig** der privilegierten Nutzung an dieser Stelle **widersprechen**[370].

Um einen Widerspruch der beabsichtigten privilegierten Anlage (zB einer Mobilfunkanlage oder einer Windkraftanlage) zu einer Darstellung im Flächennutzungsplan iSv § 35 III 1 Nr 1 BauGB zu begründen, bedarf es einer ganz konkreten anderen Nutzungszuweisung mit entsprechendem Niederschlag in der Planbegründung. Aber auch dann bleibt – im Rahmen der weiterhin gebotenen nachvollziehenden Abwägung – zu prüfen, ob die beabsichtigte privilegierte Anlage die vom Flächennutzungsplan vorgesehene abweichende Nutzung ausschließen würde und ihr damit „widerspricht" – oder ob ein verträgliches Nebeneinander beider Nutzungen möglich ist[371].

bb) Unterstützende Darstellungen im Flächennutzungsplan. Von Planungssyste- 1212 matik wie Rspr angelegt ist umgekehrt die **unterstützende Wirkung** einer positiven Darstellung im Flächennutzungsplan; denn hierin liegt ohne weiteres besagte „Unterstützung und einleuchtende Fortschreibung"[372]. Legt daher der Flächennutzungsplan für ein bestimmtes Gebiet eine Nutzung zugunsten eines privilegierten Vorhabens fest, werden einem solchen Vorhaben regelmäßig keine öffentlichen Belange entgegenstehen[373].

cc) Mittelbar ausschließende Wirkung unterstützender Darstellungen im Flächen- nutzungsplan. § 35 III 3 BauGB zufolge stehen öffentliche Belange einem Vorha- 1213 ben nach § 35 I Nr 2–6 BauGB idR auch dann entgegen, soweit hierfür durch Darstellungen im Flächennutzungsplan eine **Ausweisung an anderer Stelle** erfolgt ist. Die Gemeinde verfügt damit über ein die Privilegierung der erfassten Vorhaben flankierendes Instrument, mit dem sie die bauliche Entwicklung im Außenbereich planerisch zu steuern vermag[374]. Die Vorschrift trägt dem Umstand Rechnung, dass die gesetzliche Privilegierung bestimmter Nutzungen im Außenbereich zu Missständen führen kann, die nur im Wege der Planung zu bewältigen sind. So ließe sich etwa im Fall der Windenergienutzung allein anhand der Kriterien des § 35 I BauGB die vielfach gefürchtete „Verspargelung" der Landschaft nicht verhindern; Entsprechendes gilt für

---

368   Vgl ua BVerwGE 48, 81; 68, 311.
369   Rn 1165, 1185; auch bei in das Einzelne gehenden Darstellungen des Flächennutzungsplans, BVerwGE 124, 132 (142).
370   BVerwG, DVBl. 1988, 960; BVerwG, NVwZ 1991, 161; BVerwG, NVwZ 2010, 1561 Rn 12.
371   Vgl hierzu auch *Berkemann*, DVBl. 1989, 625 (632): Gemeinden sollen ihren planerischen Willen möglichst eindeutig darlegen.
372   Vgl Rn 1210.
373   Einzelheiten bei *Wagner*, UPR 1996, 370 (373).
374   BVerwGE 117, 287 (292); dazu mwN *Hornmann*, NVwZ 2006, 969 (974 f); *Guckelberger*, DÖV 2006, 973 (76 ff); anhand von Anlagen des Mobilfunks *Herkner*, BauR 2006, 1399.

die Gefahr einer „Verkraterung" infolge ungesteuerten Abbaus von Bodenschätzen[375].

1214 Um dem wirksam zu begegnen, stehen die privilegierten Vorhaben nach § 35 I Nr 2–6 BauGB – also etwa Windenergieanlagen (Nr 5), aber auch Mobilfunkanlagen (Nr 3)[376] – unter einem **„Planungsvorbehalt"**. Dieser ermöglicht es der Gemeinde, im Wege der Flächennutzungsplanung Standorte auszuweisen („**Konzentrationszonen**"), dies mit der Maßgabe, dass solche Vorhaben im übrigen Gemeindegebiet ausgeschlossen sind[377]. Im Zuge dessen kommt die gesetzgeberische Privilegierungsentscheidung zwar weiterhin zum Tragen – aber nur mehr nach Maßgabe der gemeindlichen Planungsvorstellungen[378]. Insoweit hat der Flächennutzungsplan – entgegen seinem überkommenen Charakter als eine lediglich die Gemeinden (gem. § 8 II BauGB)[379] und ggf andere öffentliche Planungsträger (nach § 7 BauGB)[380] bindende Planstufe – **Außenwirkung** gegenüber dem Bürger[381]. Dies zieht notwendigerweise Folgen für den Rechtsschutz gegen solche Flächennutzungspläne nach sich[382].

1215 § 35 III 3 BauGB errichtet kein absolutes Zulassungshindernis – die Ausschlusswirkung tritt nach dem Wortlaut der Bestimmung „in der Regel" ein. Daraus folgt in Ausnahmefällen eine Zulassungsfähigkeit im sonstigen Außenbereich (**„Ausschlusszone"**). Der Regelvorbehalt geht ebenfalls auf die Rspr des BVerwG zurück, der zufolge die negative Seite der Ausweisung wegen ihres typischerweise globalen Charakters im Allgemeinen geringere Durchsetzungskraft besitzt als die positive Standortdarstellung. Die Regel-Formulierung ermögliche – so das BVerwG – eine Feindifferenzierung, für die das Abwägungsmodell auf der Stufe der Flächennutzungsplanung naturgemäß keinen Raum lasse[383]. Rechtlich geboten ist nach der Rspr eine § 35 I BauGB vergleichbare **nachvollziehende Abwägung**[384], welche die gesetzgeberische Wertung zu wahren hat, wonach außerhalb der Konzentrationsflächen dem Freihalteinteresse grundsätzlich Vorrang gebührt. Für die Abweichung bedarf es daher einer Sonderkonstellation bzw Atypik[385].

1216 Der Gemeinde ist es nach jener Rspr verwehrt, die ihr eingeräumte Möglichkeit der Konzentration privilegierter Vorhaben auf bestimmte Standorte zu missbrauchen, indem sie etwa das gesamte Gemeindegebiet für solche Vorhaben sperrt oder Standorte ausweist, die für die vorgesehene Nutzung objektiv ungeeignet sind[386] bzw sich in

---

375 BVerwGE 117, 287 (293).
376 Näher insoweit *Schidlowski/Duikers*, BauR 2007, 1503 (1510); zu § 35 I Nr 3 BauGB Rn 1175.
377 Der Ausschluss tritt aber nicht etwa „automatisch" mit der bloßen Ausweisung von Positivflächen ein, sondern setzt eine entsprechende planerische Willensbetätigung der Gemeinde voraus, BVerwG, NVwZ 2013, 1011 Rn 16.
378 BVerwGE 117, 287 (293).
379 Dazu Rn 988.
380 Dazu *Erbguth/Schubert*, ÖffBauR, § 3 Rn 13 ff.
381 Vgl nur *Scheidler*, DÖV 2008, 766 (768).
382 Dazu Rn 1107.
383 BVerwGE 77, 330; näher BVerwGE 117, 287, 302; zu berücksichtigen sind Besonderheiten am geplanten Standort, OVG Lüneburg, ZfBR 2006, 794 (796 f).
384 Dazu Rn 1166.
385 BVerwG, NVwZ 2007, 1081 Rn 17; BVerwG, NVwZ 2013, 1011 Rn 14; BVerwGE 117, 287 (302).
386 In diesem Fall fehlt es an der Vollzugsfähigkeit und somit Erforderlichkeit der Planung iSv § 1 III 1 BauGB, BVerwG, NVwZ 2010, 1561 Rn 15 mwN.

einer Alibifunktion erschöpfen, um unter dem Deckmantel der Steuerung die Vorhaben in Wirklichkeit zu unterbinden (**„Feigenblatt- oder Verhinderungsplanung"**)[387]. Vielmehr müsse sie der Privilegierungsentscheidung des Gesetzgebers Rechnung tragen und für das entsprechende Vorhaben **„in substanzieller Weise Raum schaffen"**[388]. Das BVerwG spricht der Darstellung einer Konzentrationszone die ihr zugedachte Ausschlusswirkung ferner dann ab, wenn ihr kein **schlüssiges planerisches Gesamtkonzept** zugrunde liegt, das sich auf den gesamten Außenbereich der Gemeinde erstreckt[389]. So müsse die gemeindliche Entscheidung nicht nur Auskunft darüber geben, von welchen Erwägungen die positive Standortzuweisung getragen werde[390], sondern auch deutlich machen, welche Gründe es rechtfertigten, den übrigen Planungsraum von privilegierten Vorhaben freizuhalten[391]. Das folge schon daraus, dass es die Aufgabe des Flächennutzungsplans sei, ein gesamträumliches Entwicklungskonzept für das gesamte Gemeindegebiet zu erarbeiten[392].

Das BVerwG hat die Anforderungen an die Erarbeitung besagten Planungskonzepts, welche es zutreffend auf der Ebene des Abwägungsvorgangs verortet sieht,[393] im Anschluss an die obergerichtliche Rspr[394] zunehmend geschärft[395] und dergestalt eine Methodik[396] entwickelt, die für sich in Anspruch nehmen soll, die Maßgaben des Abwägungsgebots nach § 1 VII BauGB für die Planung von Konzentrationsflächen strukturiert aufzubereiten. In der Praxis hat diese sog. **Tabuzonen-Rechtsprechung** des BVerwG allerdings nicht unerhebliche Probleme aufgeworfen[397].

Die höchstrichterlich begründete Anforderung eines dergestalt ausgewogenen Gesamtkonzepts stellt – gerade für größere Gemeinden – eine anspruchsvolle und damit fehleranfällige Aufgabe dar[398]. Der Gesetzgeber hat den Gemeinden wegen der Risi-   **1217**

---

387 Zusammenfassend BVerwG, BayVBl. 2008, 478 (478) mwN; dort auch, aaO, 479, zu planerischen Nachsteuerungsnotwendigkeiten; zur Verhinderungsplanung bereits Rn 955.

388 BVerwGE 117, 287 (295); BVerwG, BauR 2008, 951 (952); BVerwG, NVwZ 2010, 1561 Rn 28; zu möglichen Beurteilungskriterien, etwa dem Flächenvergleich, BVerwG, NVwZ 2013, 519 Rn 18 f; s. ferner *Lau*, LKV 2012, 163; *Frey*, DÖV 2013, 547 (549 f).

389 BVerwGE 77, 330; 117, 287 (298); BVerwG, ZfBR 2010, 65 (66); BVerwG, NVwZ 2013, 519 Rn 9, 18.

390 Dazu zählt insbes. die Eignung der Konzentrationszone für die vorgesehene privilegierte Nutzung, OVG Koblenz, BauR 2008, 1101 (1105 f), am Bsp. des Kiesabbaus.

391 BVerwGE 117, 287, 298; BVerwG, ZfBR 2010, 65 (66); BVerwG, NVwZ 2013, 519 Rn 9; anhand der Regionalplanung BVerwG, NVwZ 2013, 1017 Rn 5; NVwZ 2016, 396 Rn 8.

392 BVerwGE 117, 287 (298).

393 BVerwG, ZfBR 2010, 65 (66).

394 S. etwa OVG Münster, NVwZ 2002, 1135; OVG Münster, NuR 2004, 690; OVG Koblenz, ZNER 2004, 82 (83).

395 BVerwG, ZfBR 2010, 65 (66); BVerwG, NVwZ 2013, 519 Rn 10; BVerwG, NVwZ 2013, 1017 Rn 5; zu jener Rspr *Söfker*, ZfBR 2013, 13; *Scheidler*, NuR 2013, 869.

396 Aufschlüsselung in sog. harte und weiche Tabuzonen sowie Potenzialflächen, dazu näher *Erbguth/ Schubert*, ÖffBauR, § 8 Rn 122a mwN; *Decker*, JA 2015, 1 (4 ff); *Tyczewski*, BauR 2014, 934.

397 Deutliche Kritik an der Rspr des BVerwG bei *Hendler/Kerkmann*, DVBl. 2014, 1369 (1369 ff), mit dem Vorwurf erheblicher Rechtsunsicherheit und mangelnder Praktikabilität; rechtsdogmatische Kritik bei *Erbguth*, DVBl. 2015, 1346; näher zu dem Problemkreis *Külpmann*, DVBl. 2019, 608; *Schink*, UPR 2016, 366; *Albrecht/Zschiegner*, NVwZ 2019, 444; *Söfker*, FS Erbguth, S. 365 (370 ff); *Schmitt/Eichstaedt*, ZfBR 2019, 434.

398 Hierzu *B. Stüer/E. Stüer*, NuR 2004, 341 (344); das sieht auch das BVerwG, das aber einwendet, vom Plangeber werde nicht mehr gefordert, als er „angemessenerweise" leisten könne, BVerwG, NVwZ 2013, 519 Rn 14; zu Möglichkeiten und Grenzen der Plansicherung in diesem Kontext *Frey/ Bruckert*, BauR 2015, 201; speziell zur Zurückstellung von Baugesuchen nach § 15 III BauGB *Gronemeyer*, BauR 2014, 1729; *Raschke*, ZfBR 2015, 119.

ken eines nicht in allen Teilräumen des (Flächennutzungs-)Plangebiets sorgfältig abgewogenen Konzepts und des drohenden Entfalls der Ausschlusswirkung von Konzentrationszonen in § 5 IIb BauGB die Möglichkeit eingeräumt, für die Zwecke des § 35 III 3 BauGB sog. sachliche **Teilflächennutzungspläne** aufzustellen[399] – bzw (vorhandene) Flächennutzungspläne entsprechend zu ändern[400]. Das eröffnet zB Darstellungen lediglich für Windenergieanlagen mit Konzentrationszone(n) und hierauf gerichteter Ausschlusswirkung iSd § 35 III 3 BauGB. Die Wirksamkeit des sachlichen Teilflächennutzungsplans hängt nicht von derjenigen des „Gesamt"-Flächennutzungsplans ab; Ersterer darf aber nicht den Darstellungen des Letzteren widersprechen[401].

Im Zuge der BauGB-Novelle 2011 ist § 5 IIb BauGB um einen zweiten Halbsatz erweitert worden, wonach sachliche Teilflächennutzungspläne im vorstehenden Sinne auch für Teile des Gemeindegebiets aufgestellt werden können (**räumliche Teilflächennutzungspläne**). Damit wird von dem in § 5 I 1 BauGB statuierten Grundsatz abgewichen, wonach der Flächennutzungsplan das gesamte Gemeindegebiet zu erfassen hat.

1218 Ebenfalls im Gefolge der BauGB-Novelle 2011 hat mit **§ 249 I** BauGB eine Regelung in das Gesetz Eingang gefunden, welche dazu bestimmt ist, den Gemeinden die planerische Steuerung von Windenergieanlagen im Außenbereich weiter zu erleichtern[402]. Im Näheren geht es um die Ersetzung älterer, oft vereinzelt stehender Windkraftanlagen durch moderne und leistungsstärkere Anlagen, die nunmehr vorzugsweise gebündelt (also in Windparks) errichtet werden sollen[403] (sog. **Repowering**). Die Neuregelung ist – mit Blick auf die strengen Anforderungen des BVerwG[404] – darauf gerichtet, Befürchtungen der Gemeinde entgegenwirken, die nachträgliche Ausweisung weiterer Flächen für Windkraftanlagen könnte als Eingeständnis missverstanden werden, dass die bisherige Konzeption unzulänglich gewesen sei[405]. Derlei Unsicherheiten soll § 249 I 1 BauGB entgegenwirken: Hiernach hat die Darstellung zusätzlicher Flächen für die Nutzung von Windenergie nicht zur Folge, dass die vorhandenen Darstellungen zur Erzielung der Rechtswirkungen des § 35 III 3 nicht ausreichen. Entsprechendes gilt nach § 249 I 2 BauGB bei der Änderung oder Aufhebung von Darstellungen zum Maß der baulichen Nutzung (etwa bzgl der Höhe von Windenergieanlagen[406]).[407]

1219 Mit **§ 249 II 3** BauGB ist den Gemeinden zur Förderung des Repowering schließlich die Möglichkeit eröffnet worden, Darstellungen im Flächennutzungsplan iSv § 35 III 3 BauGB mit einer Bestimmung zu verbinden, wonach Windenergieanlagen auf den betreffenden Flächen erst dann zulässig sind, wenn der **Rückbau bereits vorhandener Windenergieanlagen** sichergestellt ist[408]. Die Regelung zieht, weil sie unmittelbar auf die Zulässigkeit jener Vorhaben einwirkt, weitere Durchbrechungen des Wesens des Flächennutzungsplans als lediglich vorbereitender Bauleitplan nach sich[409].

---

399 Vgl auch Rn 891.
400 Vgl *Mitschang*, in: Battis/Krautzberger/Löhr, BauGB, § 5 Rn 35g.
401 *Söfker*, ZfBR 2013, 13 (17).
402 S. dazu *Antweiler/Gabler*, BauR 2012, 39 (44); insgesamt zu § 249 BauGB *Scheidler*, UPR 2012, 411.
403 *Battis/Krautzberger/Mitschang/Reidt/Stüer*, NVwZ 2011, 897 (903): „Aufräumen der Landschaft".
404 Dazu Rn 1216 f.
405 BMVBS (Hrsg.), Berliner Gespräche zum Städtebaurecht, Bd. I: Bericht (2010), S. 70.
406 BT-Drs. 17/6076, S. 13; *Söfker*, ZfBR 2011, 541 (548).
407 Ferner gelten nach § 248 I 3 BauGB die Sätze 1 und 2 für Bebauungspläne, die aus den Darstellungen des Flächennutzungsplans entwickelt werden, entsprechend.
408 Zur entsprechenden Regelung in § 249 II 1 und 2 BauGB für Festsetzungen in Bebauungsplänen nach § 9 II 1 Nr 2 BauGB bereits Rn 980.
409 Dieser Einwand findet sich schon bei *BMVBS* (Hrsg.), Berliner Gespräche zum Städtebaurecht, Bd. I: Bericht (2010), S. 71.

b) Ziele im Regionalplan

Ziele der Raumordnung in einem Regionalplan können wie Darstellungen im Flä- **1220**
chennutzungsplan die Zulassung von Außenbereichsvorhaben steuern. Im Gegensatz
zu Letzteren beschränkt sich ihre Steuerungsfähigkeit allerdings – wie bedeutet – auf
raumbedeutsame Vorhaben (aa)). Dafür sind sowohl die ausschließende (bb)) als
auch die unterstützende Wirkung (cc)) der Raumordnungsziele nach den beiden maß-
gebenden Raumordnungsklauseln in § 35 III 2 HS 1 und 2 BauGB strikter ausgeprägt
als beim Flächennutzungsplan. Die Ziele können schließlich als Planvorbehalt nach
§ 35 III 3 BauGB Einsatz finden (dd)).

aa) Raumbedeutsame Vorhaben.   Aussagen in Regionalplänen – und damit Ziele **1221**
der Raumordnung – können aus Kompetenzgründen (Art. 74 I Nr 31 GG) unterstützende oder Ausschlusswirkung nur für raumbedeutsame Vorhaben entfalten[410]. Nach
der Legaldefinition in § 3 I Nr 6 ROG sind ua solche Planungen und Maßnahmen
raumbedeutsam, durch die Raum in Anspruch genommen oder die räumliche Entwicklung bzw Funktion eines Gebietes beeinflusst wird[411].

Das wird regelmäßig der Fall sein bei einer Bündelung von Windenergieanlagen in einem
Windenergiepark oder der Massierung von Einzelanlagen in unmittelbarer Nähe zueinander
(zB Mobilfunktürme auf einem Hügel). Ausnahmsweise kommt selbst einzelnen Anlagen bei
Vorliegen umfangreicher Auswirkungen, die über das Gemeindegebiet hinausreichen, Raum-
bedeutsamkeit zu[412].

bb) Ausschließende Ziele der Raumordnung.   § 35 III 2 HS 1 BauGB schreibt vor, **1222**
dass raumbedeutsame Vorhaben den Zielen der Raumordnung nicht widersprechen
dürfen. Insofern kommt den Raumordnungszielen eine „negative", dh die Zulassung
von Vorhaben hindernde Wirkung zu[413]. Nach der hM im Schrifttum handelt es sich
bei dieser Vorschrift um eine **„echte" Raumordnungsklausel**, welche den raumordnungsrechtlichen Zielfestlegungen strikte Verbindlichkeit verleiht[414]. Dieser Sichtweise hat sich das BVerwG inzwischen angeschlossen[415]: Mit der Festsetzung eines
Ziels der Raumordnung werde bewirkt, dass der Bau eines raumbedeutsamen Vorhabens, das im Widerspruch zu diesem Ziel stehe, unzulässig sei. Bereits der Wortlaut
des § 35 III 2 HS 1 BauGB streite dafür, dass kein Raum für eine nachvollziehende
Abwägung mit den Zielen der Raumordnung bestehe, soweit Ziele der Raumordnung
festgesetzt worden seien[416]. Mit der seit dem ROG 1998 getroffenen Anordnung,
auch private Belange bei der Zielfestlegung abzuwägen (nunmehr § 7 II 1 ROG) und
die Öffentlichkeit zu beteiligen (nunmehr § 9 ROG), sieht das BVerwG seine frühe-

---

410 So insbes. das Baurechtsgutachten des BVerfG aus dem Jahr 1954, BVerfGE 3, 407 (425); ebenso
     BVerwGE 118, 33 (35).
411 Näher *Kümper*, in: Kment, ROG, 2018, § 3 Rn 109 ff.
412 BVerwGE 118, 33 (35 f); auch OVG Münster, BauR 2007, 74; VGH Mannheim, ZUR 2007, 92
     (93): jedenfalls Anlagenpaar raumbedeutsam.
413 *Heitsch*, NuR 2004, 20 (22); *Reidt*, ZfBR 2004, 430 (432).
414 S. etwa *Hendler*, NuR 2004, 485 (488); *Durner*, in: Kment, ROG, 2018, § 4 Rn 126.
415 BVerwG, NVwZ 2015, 1540 Rn 11 ff; zustimmend *Feinäugle*, VBlBW 2016, 186 (190); krit *Erb-*
     guth, DVBl. 2017, 817; *ders.*, NVwZ 2017, 683 (685).
416 BVerwG, NVwZ 2015, 1540 Rn 11.

ren rechtlichen Bedenken[417] gegenüber einem solchen Verständnis des § 35 III 2 HS 1 BauGB ausgeräumt[418].

1223 Die Festlegung eines Ziels der Raumordnung beschränkt damit nach Auffassung des BVerwG für ein Grundstück im Außenbereich die generell mit ihm verbundenen Nutzungsbefugnisse und wirkt als **Inhalts- und Schrankenbestimmung des Eigentums** iSv Art. 14 I 2 GG[419]. Es liegt in der Konsequenz dieser Sichtweise, dass sich ein Grundeigentümer, dessen Grundstück im räumlichen Geltungsbereich einer Zielfestlegung mit der Wirkung des § 35 III 2 HS 1 BauGB liegt, und der an der Realisierung zielwidriger Vorhaben gehindert wird, unter Berufung auf Art. 14 I GG gegen eine derartige Zielfestlegung im Wege der **Normenkontrolle** nach § 47 VwGO gerichtlich zur Wehr setzen kann[420].[421] Das gilt zB in Fällen, in denen ein Regionalplan als Ziel der Raumordnung einen „Regionalen Grünzug" ausweist mit der Folge, dass der Bau von raumbedeutsamen Windkraftanlagen im Geltungsbereich dieses Ziels nach § 35 III 2 HS 1 BauGB unzulässig ist[422].

1224 Grundsätzlich anders soll es sich nach dem BVerwG demgegenüber in Konstellationen verhalten, in denen sich Grundeigentümer gegen Ziele der Raumordnung als lediglich **„mittelbar Betroffene"**[423] zur Wehr setzen. Das ist etwa der Fall, wenn Vorrang- oder Eignungsgebiete für Windenergieanlagen ausgewiesen werden, und Eigentümer, deren Grundstücke außerhalb, aber in der Nähe jener Gebiete liegen, geltend machen, sie würden im Fall der zielkonformen Errichtung raumbedeutsamer Vorhaben unzumutbaren Immissionen oder optischen Belastungen ausgesetzt[424]. Dergestalt Betroffenen versagt das BVerwG die Berufung auf Art. 14 I GG; sie können die Antragsbefugnis nur auf das (subjektivierte) planungsrechtliche Abwägungsgebot des § 7 II 1 ROG stützen[425].

1225 Eine **dogmatisch tragfähige Rechtfertigung** für die deutlich unterschiedlichen Anforderungen an die Antragsbefugnis in Fällen unmittelbarer und mittelbarer Zielbetroffenheit ist nicht ersichtlich[426]. So bleibt vor allem unklar, weshalb das Grundeigentum iSd Art. 14 I GG durch Zielfestlegungen nicht soll betroffen sein können, wenn es außerhalb des räumlichen Geltungsbereiches des Raumordnungsziels liegt. Maßgeblich für die Grundrechtsbetroffenheit ist indes vielmehr, dass das Grundstückseigentum in beiden Fallgruppen gleichermaßen im rechtlichen Wirkungsbereich des Ziels liegt[427].

---

417 BVerwGE 115, 17 (29 f).
418 BVerwG, NVwZ 2015, 1540 Rn 11.
419 BVerwG, NVwZ 2015, 1540 Rn 12; so bereits zuvor *Kment*, NVwZ 2003, 1047 (1049).
420 BVerwG, NVwZ 2015, 1540 Rn 8 ff.
421 Hierzu und zum Folgenden näher *Schubert*, in: Kment, ROG, 2018, Grundlagen, C. Rechtsschutz, Rn 17 ff.
422 Diese Konstellation lag der Entscheidung BVerwG, NVwZ 2015, 1540 zugrunde.
423 Ausdrücklich BVerwG ZfBR 2016, 376 Rn 7; krit gegenüber dieser Begrifflichkeit *Erbguth*, NVwZ 2017, 683 (684).
424 Dazu etwa BVerwG, NVwZ 2007, 229; dass., ZfBR 2016, 376.
425 BVerwG, NVwZ 2007, 229 Rn 7; zu jener Rspr. etwa *Uechtritz*, ZUR 2017, 479 (483 f).
426 *Erbguth*, NVwZ 2017, 683 (684 f).
427 IdS *Erbguth*, NVwZ 2017, 683 (684 f), nach dessen Auffassung allerdings eine Antragsbefugnis für Normenkontrollverfahren gegen derartige Raumordnungspläne weder den „mittelbar", noch den „unmittelbar" betroffenen Grundeigentümern zustehen kann, weil § 35 III 2 HS 1 BauGB aus kompetenzrechtlichen Gründen nur die Zulassungsbehörde binde, nicht aber unmittelbar grundstücksgerichtet sei; näher dazu *ders.*, DVBl. 2017, 817; nach anderer Auffassung ist eine prozessuale Gleichbehandlung der Zielbetroffenheit in dem Sinne geboten, dass in beiden Fällen die Antragsbefugnis gleichermaßen auf eine Verletzung von Art. 14 I GG gestützt werden kann, *Kment*, Rechtsschutz im Hinblick auf Raumordnungspläne, 2002, S. 314 ff.

cc) Unterstützende Ziele der Raumordnung. Ferner wird durch § 35 III 2 HS 2 **1226**
BauGB ausdrücklich geregelt, dass öffentliche Belange einem raumbedeutsamen privilegierten Vorhaben nicht (mehr) entgegenstehen, soweit die Belange bereits bei der Darstellung dieser Vorhaben als Ziele der Raumordnung abgewogen worden sind. Die zB einem privilegierten raumbedeutsamen Windpark entgegenstehenden öffentlichen Interessen (etwa solche des Naturschutzes) werden daher durch eine positive regionalplanerische Ausweisung des Standortes für eine Windkraftnutzung mit Blick auf § 35 I BauGB **vorab** abschließend **ausgeräumt**, so dass sie nicht erneut im Rahmen der Zulassungsentscheidung zu prüfen sind[428]. Dies setzt freilich voraus, dass es sich um Belange handelt, die aus Sicht der Raumordnung überhaupt abzuwägen sind – und dass nachprüfbar ist, ob und inwieweit die in Rede stehenden Belange tatsächlich Eingang in die Abwägungsentscheidung im Rahmen der Zielfestlegung gefunden haben[429].

dd) Mittelbar ausschließende Wirkung unterstützender Ziele der Raumordnung.
Da die Regelung des Planvorbehalts in § 35 III 3 BauGB in gleicher Weise für Dar- **1227**
stellungen im Flächennutzungsplan[430] wie für Ziele der Raumordnung gilt, kann durch Raumordnungsziele (vor allem eines Regionalplans) ebenfalls die mittelbar ausschließende Wirkung durch Ausweisungen zugunsten privilegierter Vorhaben iSd Abs. 1 Nr 2–6 an anderer Stelle erreicht werden[431].[432] Vom ROG werden hierfür vornehmlich die **Gebietskategorien** des Vorranggebietes (§ 7 III 2 Nr 1 ROG), des Eignungsgebietes (§ 7 III 2 Nr 3 ROG) und des Vorranggebietes mit Ausschlusswirkung (§ 7 III 3 ROG)[433] angeboten.

Im Unterschied zur Flächennutzungsplanung kann der Träger der Regionalplanung so- **1228**
gar den gesamten Außenbereich einzelner Gemeinden zur Ausschlussfläche erklären, ohne allein aus diesem Grund die Grenze zur unzulässigen Verhinderungsplanung zu überschreiten[434]. Ein solches Vorgehen kann aus Sicht der Regionalplanung, die den großräumigen und übergreifenden Leitvorstellungen der Raumentwicklung verpflichtet ist, gerechtfertigt sein, um bspw die Errichtung von Windkraftanlagen im Planungsraum so zu steuern, dass ein übergemeindliches Konzept zum Tragen kommt[435].

Allg. gilt unter Rechtmäßigkeitsgesichtspunkten, dass Raumordnungsziele mit der Wirkung **1229**
des § 35 III 3 BauGB dem Maßstab der Erforderlichkeit genügen[436] und sich als vollzugsfähig erweisen müssen[437]. Das Nähere bleibt der Abwägung vorbehalten[438].

---

428   *Reidt*, ZfBR 2004, 430 (433).
429   *Reidt*, ZfBR 2004, 430 (433).
430   Dazu Rn 1213 ff.
431   Vgl Rn 1213.
432   Dazu *Hornmann*, NVwZ 2006, 969 (973 f); dabei ist es unerheblich, ob Zielen der Raumordnung iÜ bereits unmittelbare Wirkungen gegen jedermann zukommen sollen oder ob diese Wirkung nur gegenüber Gemeinden und anderen Planungsträgern eintritt, BVerwG, NVwZ 2011, 240.
433   Zu alldem näher *Erbguth*, FS Bartlsperger, S. 279; anhand von Vorranggebieten für die Windenergienutzung *Schink*, ZfBR 2015, 232.
434   BVerwGE 118, 33 (47); vgl *Erbguth/Schubert*, ÖffBauR, § 8 Rn 112; zum Flächennutzungsplan insoweit Rn 1216.
435   BVerwGE 118, 33 (39 f).
436   BVerwG, NVwZ 2005, 584 (586); bereits Rn 964.
437   Vgl allg. bereits Rn 964.
438   BVerwGE 116, 144 (147); 120, 239 (241); ferner BVerwG, ZfBR 2006, 468.

1230 Ferner beansprucht das Erfordernis einer **schlüssigen gesamträumlichen Planungs-konzeption** nach der Rspr des BVerwG auch bei der regionalplanerischen Zielfestle-gung uneingeschränkte Geltung[439] – erst bei deren Verwirklichung können etwa meh-rere Teilfortschreibungen eines Regionalplans, die jeweils Vorranggebiete für privile-gierte Vorhaben festlegen, die Ausschlusswirkung des § 35 III 3 BauGB entfalten[440].

1231 Der Judikatur ist ferner zu entnehmen, dass die Grenze zur unzulässigen Verhinde-rungsplanung[441] dann überschritten wird, wenn die Durchsetzbarkeit der auf den Po-sitivflächen ausgewiesenen privilegierten Vorhaben nicht gewährleistet, also ein „Wegwägen" nicht ausgeschlossen ist[442] – was für die Ausweisung von Vorbehalts-gebieten (nunmehr § 7 III 2 Nr 2 ROG) gelte[443]. Diese seien als Grundsätze der Raumordnung nicht abwägungsresistent; der innergebietlichen Ausweisung müsse Zielcharakter zukommen[444].

1232 Für die Anerkennung einer die Ausschlusswirkung im übrigen Raum auslösenden Positivaus-weisung kann es indes nicht auf den eher formalen Aspekt ankommen, ob dieser die Qualität eines Ziels der Raumordnung (§§ 3 I Nr 2, 4 I ROG) beizumessen ist[445]. Maßgeblich muss viel-mehr allein sein, dass es über jene Ausweisung nicht zu Verhinderungs- bzw Negativplanungen zulasten von privilegierten Außenbereichsvorhaben kommt.

1233 **ee) In Aufstellung befindliche Ziele der Raumordnung.** Nach zutreffender Auffas-sung sind in Aufstellung befindliche Ziele der Raumordnung (s. § 3 I Nr 4 ROG) we-der im Rahmen des § 35 III 2 BauGB noch des § 35 III 3 BauGB beachtlich[446]. Derar-tige Planentwürfe sind allerdings als entgegenstehende (unbenannte) öffentliche Be-lange bei § 35 I BauGB zu berücksichtigen – unter der Voraussetzung, dass eine aus-reichende Verfestigung iSd zu erwartenden Außenwirksamkeit vorliegt[447].

Davon wird auch dann ausgegangen, wenn der das Ziel enthaltende Raumordnungsplan ge-richtlicherseits nur wegen eines Ausfertigungs- und Bekanntmachungsmangels für unwirksam erklärt worden ist[448]; dem kann angesichts solcher für den Planungsinhalt irrelevanten formel-len Mängel nicht mit der Richtigkeitsgewähr von Verfahrensvorgaben[449] begegnet werden.

---

439 Zuletzt BVerwG, NVwZ 2016, 396 Rn 8.
440 BVerwGE 118, 33 (39 f).
441 Dazu im vorliegenden Zusammenhang Rn 1216 anhand der Flächennutzungsplanung; zur Regional-planung insoweit VGH Mannheim, ZUR 2007, 92 (93); allg. Rn 955.
442 BVerwG, ZfBR 2006, 468: auch bei tatsächlichen Hindernissen, welche die Vollzugsfähigkeit aus-schließen; ausreichend ist iÜ eine angemessene, nicht erforderlich die bestmögliche Ausnutzung, VGH Mannheim, ZUR 2007, 92 (93 f).
443 BVerwGE 118, 33 (47 f); BVerwG, ZfBR 2004, 276 (278).
444 BVerwG, ZfBR 2004, 276 (278); VGH Mannheim, ZUR 2006, 153 (155).
445 Dazu *Erbguth*, FS Bartlsperger, S. 279; zur Qualifizierung anhand der bayerischen Planungspraxis *H.A. Wolff*, BayVBl. 2001, 737 mwN.
446 BVerwG, NuR 2003, 615 (617); dazu *Reidt*, ZfBR 2004, 430 (436 f).
447 BVerwGE 122, 364 (366); BVerwG, NVwZ 2011, 61 Rn 10 ff; ähnlich bereits OVG Koblenz, NuR 2004, 465 (466 f); allg. insoweit *Reidt*, ZfBR 2004, 430.
448 BVerwG, ZfBR 2008, 806 (807); Gleiches gilt, wenn der Plan erst in einem ergänzenden Verfahren im Anschluss an die Nachholung der Ausfertigung mit Wirkung für die Zukunft in Kraft gesetzt wer-den kann, BVerwG, NVwZ 2011, 61 Rn 18 ff.
449 Dazu etwa *Erbguth*, JZ 2006, 484 (490).

Lösungshinweis zu Fall 26 (Rn 1113): Da für das Grundstück des D kein Bebauungsplan **1234** existiert, liegt ein unbeplanter Bereich vor. Die bauplanungsrechtliche Zulässigkeit des Bürogebäudes richtet sich folglich entweder nach § 34 BauGB oder nach § 35 BauGB. § 34 BauGB stellt darauf ab, ob das beabsichtigte Vorhaben innerhalb eines zusammenhängend bebauten Ortsteiles liegt. Unerheblich ist, dass der großflächige Bereich, in dem das Vorhaben errichtet werden soll, seinerseits von zusammenhängend bebauten Ortsteilen umgeben ist, er sich also innerhalb einer Ortschaft befindet. Entscheidend ist vielmehr, dass das Bürogebäude inmitten eines großflächigen, unbebauten Geländes errichtet werden soll, mithin nicht innerhalb eines zusammenhängend bebauten Siedlungskomplexes. Daher liegen die Voraussetzungen des § 34 BauGB nicht vor. Die Zulässigkeit des Vorhabens kann sich demnach nur aus § 35 BauGB ergeben. Das Bürogebäude stellt kein privilegiertes Vorhaben nach § 35 I BauGB dar; es handelt sich somit um ein sonstiges Vorhaben iSd § 35 II BauGB, dessen Ausführung öffentliche Belange nicht beeinträchtigen darf. Belange des Naturschutzes (§ 35 III 1 Nr 5 BauGB) sind mangels entsprechender Angaben nicht betroffen. Allerdings steht die beabsichtigte Bebauung im Widerspruch zu der Darstellung im Flächennutzungsplan, die von den tatsächlichen Gegebenheiten nicht in Frage gestellt wird; also greift § 35 III 1 Nr 1 BauGB ein. Die Errichtung des Bürogebäudes wäre planungsrechtlich unzulässig.

V. Zulassung von Vorhaben auf Grund eines in der Aufstellung befindlichen Bebauungsplans

§ 33 BauGB ermöglicht zugunsten des Bauherrn einen Vorgriff auf den künftigen Be- **1235** bauungsplan. Die Vorschrift tritt neben die Zulässigkeitstatbestände der §§ 30, 34 und 35 BauGB, nicht aber an deren Stelle[450]. Ist das Vorhaben nach gegenwärtiger Rechtslage, dh gem. §§ 30, 34 oder 35 BauGB, unzulässig, muss bzw kann es gleichwohl nach näherer Maßgabe des § 33 BauGB zugelassen werden, wenn es den Festsetzungen eines in der Aufstellung befindlichen Bebauungsplans entspricht (sog. Vorabgenehmigung). Mit § 33 BauGB soll dem Umstand Rechnung getragen werden, dass das Planaufstellungsverfahren „als notwendige Durchgangsstation zu einem wirksamen Bebauungsplan" zwangsläufig von gewisser Dauer ist und mit unvermeidlichen Verzögerungen verbunden sein kann, was nicht zulasten des Bauinteressenten gehen solle, welcher bereit sei, sich Festsetzungen, die sich für die Zukunft bereits verlässlich abzeichneten, zu unterwerfen[451].

Die Vorschrift eröffnet Zulassungen nur in einem **begrenzten zeitlichen Rahmen**. Das Inkraftsetzen des Bebauungsplans muss ersichtlich verfolgt werden. Vermeidbare Verzögerungen oder gar die bloße Einleitung der Planung zwecks Ermöglichung des/der Vorhaben mit anschließendem Abbruch bzw „Ruhenlassen" des Verfahrens machen den Einsatz des § 33 BauGB unzulässig[452]. Die Planung muss ferner nach ihrem Stand formell und materiell rechtmäßig sein; die Unbeachtlichkeits- und Heilungsvorschriften der §§ 214, 215 BauGB[453] gelten

---

450 *Scheidler*, UPR 2006, 337 (337); BVerwGE 20, 127 (130).

451 BVerwG, NVwZ 2019, 727 Rn 14.

452 Vgl BVerwGE 117, 25; VGH München, BayVBl. 2007, 497 (498): § 33 BauGB ist wegen Missbrauchsanfälligkeit eng auszulegen; *Uechtritz/Buchner*, BauR 2003, 813 (814); *Scheidler*, UPR 2006, 337 (338).

453 Dazu Rn 1087 ff.

nicht; wohl aber können Ausnahmen in entsprechender Anwendung des § 31 I BauGB[454] und nach zutreffender, wenngleich nicht unbestrittener Auffassung Befreiungen analog § 31 II BauGB[455] erteilt werden. Letzterenfalls steht dem Vorhabenträger nur ein Anspruch auf ermessensfehlerfreie Entscheidung, ansonsten ein strikter Rechtsanspruch zu – immer vorausgesetzt natürlich, die nachfolgend beschriebenen Voraussetzungen der Norm sind erfüllt.

1236   Der **Grundtatbestand** einer Zulässigkeit wegen – künftiger – Plankonformität findet sich in § 33 I BauGB. Die Vorschrift setzt voraus, dass

- ein Planaufstellungsbeschluss gem. § 2 I 2 BauGB für das fragliche Gebiet gefasst worden ist, § 33 I HS 1 BauGB[456],
- die Öffentlichkeits- und Behördenbeteiligung durchgeführt worden ist (§§ 3 II, 4 II, 4a IIV BauGB), § 33 I Nr 1 BauGB **(formelle Planreife)**,
- die sog. **(materielle) Planreife** gegeben ist, dh es muss anzunehmen sein, dass das Vorhaben den künftigen Festsetzungen des Bebauungsplans nicht entgegensteht, § 33 I Nr 2 BauGB,
- der Baubewerber die – künftigen – Festsetzungen für sich und seinen Rechtsnachfolger schriftlich[457] anerkennt[458], vgl § 33 I Nr 3 BauGB, und
- die Erschließung gesichert ist, § 33 I Nr 4 BauGB.

1237   **§ 33 II BauGB**[459] ermöglicht die vorzeitige Zulassung von Vorhaben in Fällen, in denen der Entwurf des Bauleitplans infolge einer Änderung oder Ergänzung nach der Öffentlichkeits- und Behördenbeteiligung erneut auszulegen ist und die Stellungnahmen erneut einzuholen sind (vgl § 4a III 1 BauGB). Das Vorhaben kann bereits vor der erneuten Auslegung zugelassen werden, wenn sich die Änderung oder Ergänzung nicht auf das Vorhaben auswirkt und die soeben dargestellten Voraussetzungen nach § 33 I Nr 2–4 BauGB erfüllt sind. Erforderlich ist auch hier die materielle Planreife (s.o.)[460]; damit hat ein Planungsstand vorzuliegen, der eine klare Beurteilung der zukünftigen Plankonformität des zur Genehmigung anstehenden Vorhabens zulässt. Es muss also mit hinreichender Sicherheit erwartet werden können, dass der Plan mit den künftigen Festsetzungen in dieser Form in Kraft treten wird[461].

1238   Nach **§ 33 III BauGB** kann im vereinfachten (§ 13 BauGB) oder beschleunigten Verfahren (§ 13a BauGB) ein Vorhaben ausnahmsweise vor Durchführung der Öffentlichkeits- und Behördenbeteiligung zugelassen werden, wenn die Voraussetzungen des § 33 I Nr 2–4 BauGB vorliegen. Vor Erteilung der Genehmigung ist der betroffenen Öffentlichkeit und den berührten Trägern öffentlicher Belange Gelegenheit zur Stellungnahme innerhalb angemessener Frist zu geben, soweit sie nicht bereits zuvor diese Gelegenheit hatten (§ 33 III 2 BauGB).

---

454   Näher *Jäde*, in: Jäde/Dirnberger/Weiß, BauGB, § 31 Rn 4; allg. zur Ausnahmeerteilung Rn 1131 ff.
455   *Bartholomäi*, BauR 2001, 725 (733 f); *Scheidler*, UPR 2006, 337 (340), unter zutreffendem Hinweis auf die antizipierende Funktion des § 33 BauGB und mwN in Fn 35.
456   Gilt gleichermaßen für einen Planänderungsbeschluss bzw für den Beschluss, einen einfachen Bebauungsplan zu einem qualifizierten zu ergänzen, BVerwGE 20, 127.
457   § 126 BGB; zu Einzelheiten *Finkelnburg/Ortloff/Kment*, ÖffBauR Bd. 1, § 25 Rn 9 f.
458   Dazu jüngst BVerwG, NVwZ 2019, 727 Rn 16 ff; die Wirkung des Anerkenntnisses endet mit der Bekanntmachung des die anerkannten Festsetzungen enthaltenden Bebauungsplans, dies gilt auch im Fall seiner Unwirksamkeit, BVerwG, a.a.O., Rn 21 ff.
459   Dazu *Weitz*, NVwZ 2014, 1351.
460   Zur Planreife *Fleckenstein*, Grundeigentum 2014, 1386.
461   OVG Münster, BauR 2001, 1394; OVG Koblenz, BauR 2002, 577 (579).

Von Bedeutung ist für § 33 BauGB insgesamt, dass sich hierüber zwar die Zulässig- **1239**
keit eines Vorhabens ergeben kann, **niemals** aber seine **Unzulässigkeit**[462]. Ist ein
Vorhaben nach §§ 30, 34 oder 35 BauGB zulässig, so kann es nur im Wege des Si-
cherungsinstrumentariums verhindert, dh seine Zulassung (zunächst) versagt werden;
das bedingt die Einhaltung der qualifizierenden Maßgaben der §§ 14 ff BauGB (zB
Satzungserlass im Fall der Veränderungssperre)[463].

Eine in Anbetracht dessen nach § 33 BauGB allein mögliche stattgebende Entscheidung ist wegen des noch nicht „fertigen" Produkts der Planungshoheit[464] **verfahrensrechtlich** an das Einvernehmen der Gemeinde gebunden (§ 36 I 1 BauGB).

VI. Sonderregelung zur sparsamen und effizienten Nutzung von Energie

Wird an Gebäuden nachträglich eine Wärmedämmung oder eine Solaranlage ange- **1240**
bracht, können dadurch die Festsetzungen des Bebauungsplans oder einer anderen
städtebaulichen Satzung überschritten werden. Im unbeplanten Innenbereich nach § 34
BauGB fügen sich solche Maßnahmen mitunter nicht in die Eigenart der näheren Umgebung ein. In beiden Fällen hätte das die bauplanungsrechtliche Unzulässigkeit entsprechender Vorhaben zur Folge[465]. Mit der Klimaschutz-Novelle 2011 hat der Gesetzgeber in **§ 248 BauGB** eine spezielle Zulässigkeitsregelung in das BauGB aufgenommen, die derartigen Maßnahmen der sparsamen und effizienten Nutzung von
Energie zur Durchsetzung verhelfen soll. Die Vorschrift betrifft in concreto Maßnahmen an bestehenden Gebäuden zum Zwecke der **Energieeinsparung** (Satz 1) sowie
Anlagen zur Nutzung **solarer Strahlungsenergie** in, an und auf Dach- und Außenwandflächen (Satz 2). Diesbzgl erklärt sie geringfügige Abweichungen von dem fest-
gesetzen Maß der baulichen Nutzung, der Bauweise und der überbaubaren Grundstücksfläche für zulässig, soweit es mit nachbarlichen Interessen und baukulturellen
Belangen vereinbar ist. Die Regelung gilt für Gebiete mit Bebauungsplänen, Entwick-
lungs- und Ergänzungssatzungen (§ 34 IV 1 Nr 2 und 3 BauGB), zudem nach Satz 3
entsprechend in im Zusammenhang bebauten Ortsteilen iSv § 34 I 1 BauGB für Abweichungen vom Erfordernis des Einfügens in die Eigenart der näheren Umgebung.

Die Regelung fällt, das zeigt bereits die Verortung im Zweiten Teil des Vierten Kapi-
tels (Schlussvorschriften), aus der Systematik des herkömmlichen Zulassungsrechts
des BauGB heraus. Weder handelt es sich um einen neuen Typus im Kanon der Zulassungstatbestände, noch passt § 248 BauGB zu den Abweichungsregelungen in
§ 31 BauGB, weil es der Vorschrift, anders als bei Ausnahmen und Befreiungen,
nicht um Einzelfallgerechtigkeit geht[466]. Es handelt sich vielmehr um einen neuarti-

---

462 Ganz hM, vgl BVerwGE 20, 127; es handelt sich mithin – lediglich – um einen die (zunächst) negati-
    ve Beurteilung nach §§ 30, 34 oder 35 BauGB aufhebenden positiven Zulässigkeitstatbestand, *Reidt*,
    in: Battis/Krautzberger/Löhr, BauGB, § 33 Rn 1.
463 Zum Vorstehenden BVerwGE 20, 127 (134); 117, 25; *Scheidler*, UPR 2006, 337 (337) mwN in Fn 7.
464 *Scheidler*, UPR 2006, 227 (338); allg. zum kommunalen Selbstverwaltungsrecht insoweit Rn 812 ff.
465 Zum Hintergrund der Regelung auch *Reidt*, in: Battis/Krautzberger/Löhr, BauGB, § 248 Rn 2.
466 S. Rn 1130.

gen **gebundenen Zulassungstatbestand**[467], der – gegenständlich begrenzt – bestimmte Abweichungen von städtebaulichen Satzungen generell für zulässig erklärt.

Der unbestimmte Rechtsbegriff der „geringfügigen" Abweichung(en) soll unter Heranziehung einschlägiger Rspr und des Entwurfs der MBO (2011) auszulegen sein[468]. Nach Letzterem bleiben Maßnahmen zum Zwecke der Energieeinsparung und Solaranlagen bei der Bemessung der Abstandsflächen außer Betracht, wenn sie eine Stärke von nicht mehr als 25 cm aufweisen und nicht weniger als 2,50 m von der Nachbargrenze zurückbleiben[469].

Ein gemeindliches Einvernehmen (§ 36 BauGB) ist bei Entscheidungen nach § 248 BauGB nicht vorgesehen; das dürfte mit Blick auf das Geringfügigkeits-Kriterium keinen Verstoß gegen die kommunale Planungshoheit nach sich ziehen[470].

Übersicht 24 (mit Problemhinweisen): Zulässigkeitskriterien der §§ 30 ff BauGB

I.   Vorhaben im Geltungsbereich eines Bebauungsplans

    1. Vorhaben im Geltungsbereich eines qualifizierten Bebauungsplans (§ 30 I BauGB)

      a) Kein Widerspruch zu den Bebauungsplanfestsetzungen

        aa) Festsetzungen über die Art der baulichen Nutzung
            – *durch die Ausweisung eines der Baugebiete des § 1 II BauNVO oder durch die Festsetzungen bestimmter in § 9 I BauGB vorgesehener baulicher Nutzungen*

        bb) Festsetzungen über das Maß der baulichen Nutzung
            – *gemeint sind ua Festsetzungen über die zulässige Grund- oder Geschossfläche, die Zahl der Vollgeschosse oder die Höhe der baulichen Anlagen (§ 16 BauNVO)*

        cc) Festsetzungen über die überbaubaren Grundstücksflächen
            – *mit Hilfe von Baulinien, Baugrenzen oder Bebauungstiefen (§ 23 BauNVO)*

        dd) Festsetzungen über die örtlichen Verkehrsflächen
            – *durch Festsetzung von Straßenverkehrsflächen oder Straßenbegrenzungslinien (§ 9 I Nr 11 BauGB)*

      b) Erschließung gesichert

    2. Vorhaben im Geltungsbereich eines vorhabenbezogenen Bebauungsplans (§ 30 II BauGB)

      a) Kein Widerspruch zum Bebauungsplan
        – Maßstab der planungsrechtlichen Beurteilung ist der gesamte vorhabenbezogene Bebauungsplan/relevant sind nicht nur seine Festsetzungen

      b) Erschließung gesichert

II.   Vorhaben im unbeplanten Innenbereich (§ 34 BauGB)

    1. Innenbereich
      – „im Zusammenhang bebauter Ortsteil"
      – Definition: „Ortsteil"
      Problem:
      – *Abgrenzung zur Splittersiedlung*

---

467 *Battis/Krautzberger/Mitschang/Reidt/Stüer*, NVwZ 2011, 897 (900).
468 BR-Drs. 344/1/11, S. 13 unter Verweis auf OVG Münster, BauR 1997, 82 und VGH Mannheim, BauR 2000, 1094.
469 *Battis/Krautzberger/Mitschang/Reidt/Stüer*, NVwZ 2011, 897 (900).
470 Hingegen *Battis/Krautzberger/Mitschang/Reidt/Stüer*, NVwZ 2011, 897 (901): Regelung insoweit „zumindest nicht ganz unproblematisch".

– Definition: „Im Zusammenhang bebaut"
Probleme:
– *Baulücke*
– *Äußere Grenze des Innenbereichs*
2. Kein Widerspruch zu eventuellen Festsetzungen eines (nicht qualifizierten) Bebauungsplans
3. Einfügen in die Eigenart der näheren Umgebung hinsichtlich Art und Maß der baulichen Nutzung
– hinsichtlich der Art
– Entsprechung einem der Gebiete der BauNVO: § 34 II BauGB insoweit (!) maßgeblich
– iÜ und ansonsten § 34 I BauGB
– hinsichtlich des Maßes ist § 34 I BauGB maßgeblich
4. Erschließung gesichert
5. Anforderungen an gesunde Wohn- und Arbeitsverhältnisse gewahrt
6. Ortsbild nicht beeinträchtigt
7. Keine schädlichen Auswirkungen auf zentrale Versorgungsbereiche
III. Vorhaben im Außenbereich (§ 35 BauGB)
1. Außenbereich
– Definition: Außenbereich
2. Kein Widerspruch zu eventuellen Festsetzungen eines (nicht qualifizierten) Bebauungsplans
3. Privilegiertes Vorhaben (§ 35 I BauGB)
– klausurrelevante Vorhaben gem. § 35 I BauGB
– § 35 I 1 Nr 1 BauGB: Land- und forstwirtschaftlicher Betrieb
Problem:
– *„dienende Funktion"*
– § 35 I 1 Nr 4 BauGB: Sonstige privilegierte Vorhaben
Problem:
– *Einschränkende Auslegung durch „nur" und „sollen"*
– Keine entgegenstehenden öffentlichen Belange
– klausurrelevante entgegenstehende öffentliche Belange
– *Widerspruch zu Flächennutzungsplan, § 35 III 1 Nr 1 BauGB*
– *schädliche Umwelteinwirkungen, § 35 III 1 Nr 3 BauGB*
– *Splittersiedlung, § 35 III 1 Nr 7 BauGB*
oder
4. nicht privilegiertes Vorhaben (§ 35 II BauGB)
– keine Beeinträchtigung öffentlicher Belange
5. ausreichende Erschließung (Abs. 1)/Erschließung (Abs. 2) gesichert

Wiederholungs- und Verständnisfragen

1. *Wie unterscheidet sich der bauordnungsrechtliche Anlagenbegriff vom bauplanungsrechtlichen?* **Rn 1115 f, 1249 ff**
2. *Wann liegt ein qualifizierter, wann ein einfacher Bebauungsplan vor?* **Rn 1119, 1128**
3. *Wie kann abweichend vom Bebauungsplan eine Baugenehmigung erteilt werden und welche Anforderungen sind an ein solches Vorgehen geknüpft?* **Rn 1130–1140**

4. *Welche klausurrelevanten Konstellationen sind im Zusammenhang mit der Erteilung des gemeindlichen Einvernehmens denkbar?* **Rn 1157 ff**
5. *Welche Zulässigkeitskriterien statuieren §§ 34, 35 BauGB für Vorhaben im Innen- und im Außenbereich?* **Rn 1171 f, 1182, 1200 f**
6. *Was versteht man unter formeller und materieller Planreife?* **Rn 1236**

§ 29 Grundlagen des Bauordnungsrechts

I. Rechtsquellen

1241 Das Bauordnungsrecht fällt als Teil des materiellen Polizeirechts in die **Gesetzgebungskompetenz** der Länder[1]. Die **Landesbauordnungen**[2] stellen die wesentlichen Rechtsquellen des Bauordnungsrechts dar.

Sie gehen zurück auf die MBO 1960[3]; dabei handelte es sich um einen unverbindlichen Gesetzentwurf, welcher von der Bauministerkonferenz (der Länder unter Hinzuziehung des zuständigen Bundesministeriums – ARGEBAU) im Interesse der Rechtsvereinheitlichung erarbeitet worden war. Trotz Fortschreibungen der MBO zur Einarbeitung europarechtlicher Vorgaben und Anpassung an neuere Erfordernisse (Verfahrensbeschleunigung/Berücksichtigung ökologischer Aspekte uam) haben sich die Landesbauordnungen immer weiter davon entfernt. So wurden sie zum Zweck der Entbürokratisierung, Privatisierung und Beschleunigung bauaufsichtsrechtlicher Verfahren vielfach novelliert – mit dem Ergebnis, dass auf Grund unterschiedlicher ordnungsrechtlicher Konzepte die Gemeinsamkeiten der Landesbauordnungen deutlich abgenommen haben[4]. Im Jahr 2002 verabschiedete die 106. ARGEBAU eine weitgehend überarbeitete **MBO 2002**[5], die zu einer (Wieder-)Annäherung des Landesrechts beitragen sollte, und zwar vornehmlich im Verfahren, daneben aber auch hinsichtlich inhaltlicher Vorgaben für

---

1 Vgl Rn 804, 811.
2 Die Bauordnungen der Länder befanden sich im Zeitpunkt Juli 2019 auf folgendem Stand: Landesbauordnung für Baden-Württemberg v. 5.3.2010, GBl. S. 357, 416, zuletzt geändert durch Gesetz v. 21.11.2017, GBl. S. 612, 613; Bayerische Bauordnung v. 14.8.2007, GVBl. S. 588, zuletzt geändert durch § 1 Abs. 156 V v. 26.3.2019, 98; Bauordnung für Berlin v. 15.9.2005, GVBl. S. 495, zuletzt geändert durch Gesetz vom 9.4.2018, GVBl. S. 205, 381; Brandenburgische Bauordnung v. 15.11.2018, GVBl. Nr 39; Bremische Landesbauordnung v. 4.9.2018, GBl. S. 320, zuletzt geändert durch Gesetz vom 14.5.2019, Brem.GBl. S. 360; Hamburgische Bauordnung v. 14.12.2005, GVBl. S. 525, zuletzt geändert durch Gesetz vom 26.11.2018, HmbGVBl. S. 371; Hessische Bauordnung v. 28.5.2018, GVBl. S. 198; Landesbauordnung Mecklenburg-Vorpommern v. 15.10.2015, GVOBl. 2015, S. 344, 2016, S. 28, zuletzt geändert durch Gesetz v. 5.7.2018, GVOBl. S. 221, 228; Niedersächsische Bauordnung v. 3.4.2012, GVBl. S. 46, zuletzt geändert durch Gesetz v. 20.5.2019, GVBl. S. 88; Bauordnung für das Land Nordrhein-Westfalen v. 21.7.2018, GV. NRW. S. 421, zuletzt geändert durch Gesetz 26.3.2019, GV. NRW. S. 193; Landesbauordnung Rheinland-Pfalz v. 24.11.1998, GVBl. 365, zuletzt geändert durch Gesetz v. 18.6.2019, GVBl. S. 112; Bauordnung für das Saarland v. 18.2.2004, ABl. S. 822, zuletzt geändert durch Gesetz v. 13.2.2019, Amtsbl. S. 324; Sächsische Bauordnung v. 11.5.2016, GVBl. S. 186, 187, zuletzt geändert durch Gesetz v. 11.12.2018, GVBl. S. 706, 711; Bauordnung Sachsen-Anhalt v. 10.9.2013, GVBl. S. 440, 441, zuletzt geändert durch Gesetz v. 26.7.2018, GVBl. S. 187; Landesbauordnung für das Land Schleswig-Holstein v. 22.1.2009, GVOBl. S. 6, zuletzt geändert durch Gesetz v. 29.1.2018, GVOBl. S. 770, VO v. 16.1.2019, GVOBl. S. 30; Thüringer Bauordnung v. 13.3.2014, GVBl. S. 49, zuletzt geändert durch Gesetz v. 18.12.2018, GVBl. S. 731, 760.
3 Dazu näher *Schulte*, in: Reichel/Schulte, Handbuch Bauordnungsrecht, 2004, Kap. 1 Rn 373 ff.
4 Anschaulich die Aufstellung bei *Jäde*, ZfBR 2000, 519 (521 ff).
5 Beschluss v. 8.11.2002.

das bauliche Geschehen[6]. Die MBO 2002 wurde im Jahr 2012 weiteren Änderungen unterzogen (sog. **MBO 2012**)[7], die zwar zahlreich waren, die Grundstrukturen der MBO 2002 aber unberührt ließen[8]. Aktuell befindet sich die MBO auf dem Stand des Beschlusses der Bauministerkonferenz vom 13.5.2016[9].

Bauordnungsrechtliche Vorgaben rühren ferner aus **Rechtsverordnungen**. Entsprechende Ermächtigungsgrundlagen finden sich in den Landesbauordnungen[10]. Im Wege derartigen Verordnungserlasses und dessen Fortschreibung können die bauordnungsrechtlichen Vorgaben flexibel der technischen und sonstigen Entwicklung angepasst werden[11]. Hierzu zählen die in nahezu allen Bundesländern vorgehaltene Bauvorlagenverordnung und die Garagenverordnung.   **1242**

Gemeinden werden durch die Landesbauordnungen zum Erlass **örtlicher Bauvorschriften** in Form von **Satzungen** ermächtigt[12]. Ihrem Gegenstand nach richten sie sich etwa auf die Gestaltung von Gemeinschaftsanlagen oder Stellplätzen.   **1243**

Daneben sind auf Grund der Landesbauordnungen die allg. anerkannten **Regeln der Baukunst** bzw **Technik** zu beachten[13], wozu vor allem bautechnische DIN-Normen gehören. Diesen kommt, wenn sie zum Gegenstand von Verwaltungsvorschriften gemacht oder als „Technische Baubestimmungen" im Ministerialblatt resp. gemeinsamen Amtsblatt veröffentlicht werden[14], die Rechtswirkung normkonkretisierender Verwaltungsvorschriften[15] zu[16]. Von ihnen kann dann – auch in der gerichtlichen Kontrolle – nur in atypischen Fällen oder bei gesichertem neuem Erkenntnisstand abgewichen werden[17]. Technische Baubestimmungen brauchen überdies nicht eingehalten zu werden, sofern sich im Einzelfall eine gleichwertige Lösung nachweisen lässt[18] (Ersetzungsbefugnis des Bauherrn: **„fakultas alternativa"**[19]).   **1244**

---

6   Dazu *Jäde*, ZfBR 2003, 221; *ders.*, NVwZ 2003, 668.
7   S. die Synopse bei *Jäde/Hornfeck*, Musterbauordnung 2012, 2013.
8   Vgl *Jäde*, ZfBR 2015, 19 (19 f.).
9   Die aktuelle MBO einschließlich ihrer Begr. kann abgerufen werden unter https://www.is-argebau.de/Dokumente/42318979.pdf.
10   Etwa Art. 80 BayBO, § 85 BauO M.V., § 82 NBauO, § 87 BauO NRW.
11   *Finkelnburg/Ortloff/Otto*, ÖffBauR Bd. 2, § 1 Rn 7.
12   Vgl Art. 81 BayBO, § 86 BauO M.V., § 84 NBauO, § 89 BauO NRW; *Finkelnburg/Ortloff/Otto*, ÖffBauR Bd. 2, § 1 Rn 8.
13   Art. 3 S. 1, 81a I 3 BayBO, § 3 III 1 BauO M.V., § 83 NBauO, §§ 3 II, 88 BauO NRW; jeweils in Konkretisierung der bauordnungsrechtlichen Generalklausel (bspw § 3 I BauO M.V.), wonach Schutzgegenstand die öffentliche Sicherheit und Ordnung ist; zum Ganzen *Brohm*, ÖffBauR, § 5 Rn 9 ff; *Peine*, ÖffBauR, Rn 1017 ff.
14   Art. 3 II 1 BayBO, § 83 V NBauO, § 3 III 1 BauO M.V., § 3 II 3 BauO NRW; dazu *Brohm*, ÖffBauR, § 5 Rn 15; *Kaiser*, Bauordnungsrecht, Rn 13 ff.
15   Grundlegend BVerwGE 72, 300 (320); allg. etwa *Erbguth/Guckelberger*, Allgemeines Verwaltungsrecht, § 27 Rn 8.
16   Vgl auch *Seibel*, ZfBR 2008, 635.
17   Zur Umsetzung von sekundärem Europarecht sind normkonkretisierende Verwaltungsvorschriften mangels öffentlicher Bekanntmachung und wegen jener eingeschränkten Verbindlichkeit indes nicht geeignet, EuGH, NVwZ 1991, 866 (867); *Erbguth/Guckelberger*, Allgemeines Verwaltungsrecht, § 27 Rn 9.
18   Art. 81a I 2 BayBO, § 3 III 3 BauO M.V., § 83 I 3 NBauO, § 88 I 3 BauO NRW.
19   *Brohm*, ÖffBauR, § 5 Rn 15; dazu anhand verschärfter Brandschutzvorschriften OVG Bremen, NordÖR 2004, 285 (286).

II. Regelungsgegenstände

1245   Im Bauordnungsrecht lassen sich **materielle und formelle Regelungen** unterscheiden. Während Letztere dem Vollzug bauplanungs- und bauordnungsrechtlicher Vorgaben dienen, dabei vor allem die Verfahrensbeteiligten, die zuständigen Behörden und die Verfahrensarten bestimmen, verfolgt das materielle Bauordnungsrecht differenzierte, aber immer inhaltliche Ziele. Ursprünglich als Baupolizeirecht zur Gefahrenabwehr entwickelt, dient es inzwischen weiteren Schutzzwecken, nämlich der baulichen Gestaltung, der Verwirklichung sozialer Standards und dem Umweltschutz[20].

1246   Die **Gefahrenabwehr** bleibt indes wesentlicher Regelungsgegenstand des materiellen Bauordnungsrechts[21]. Als lex specialis zum allgemeinen Polizeirecht richtet es sich auf die Aufrechterhaltung der öffentlichen Sicherheit und Ordnung, soweit diese durch bauliche Anlagen beeinträchtigt werden können. Bei Lücken des Bauordnungsrechts findet das allgemeine Polizeirecht Anwendung.

1247   Ziel des **Baugestaltungsrechts** ist es, eine verunstaltende Wirkung baulicher Anlagen zur Wahrung ästhetischer Belange zu verhindern[22]. Diesbzgl ermächtigen die Landesbauordnungen zum Erlass kommunaler Gestaltungssatzungen[23]. Die bauordnungsrechtlich geforderte Anlage von Kinderspielplätzen oder Gemeinschaftseinrichtungen[24] geht auf die **soziale** Komponente des Bauordnungsrechts zurück; sie dient der Sicherung derartiger Anforderungen an gesundes Wohnen und Arbeiten. Vereinzelt ist über allgemeine **umweltschutzbezogene** Belange hinaus die Umweltverträglichkeit baulicher Anlagen Regelungsgegenstand bauordnungsrechtlicher Vorschriften[25].

Die umrissenen Schutzrichtungen weisen nicht nur untereinander **Überlappungen** auf, die drei zuletzt genannten auch solche mit speziell geregelten Rechtsbereichen und mit dem BauGB[26]. Das gilt insbes. für umweltschutzbezogene Regelungen des Bauordnungsrechts und hat bereits zu deren Reduzierung geführt. Insgesamt dürfte es sich nicht nur um eine bloße Ausdehnung polizeirechtlicher Zwecke im Bauordnungsrecht handeln[27], sondern um deren Überdehnung zulasten verfassungsrechtlich sensibler Bereiche der Kompetenz- und Ressortordnung[28]. Die **MBO 2002** räumt hiermit auf, indem sie formelles wie materielles Bauordnungsrecht auf das Kernanliegen der Bausicherheit beschränkt[29].

---

20 S. dazu etwa *Kersten*, Baurecht, Rn 381 ff.
21 Vgl die Generalklauseln der bauordnungsrechtlichen Anforderungen, etwa Art. 3 S. 1 BayBO, § 3 I BauO M.V., § 3 I 1 NBauO, § 3 I 1 BauO NRW.
22 Art. 8 BayBO, § 9 BauO M.V., §§ 3 III, 10 NBauO, § 9 BauO NRW; erstmals wurde dies im Kreuzberg-Urteil des Preußischen Oberverwaltungsgerichts hervorgehoben, Pr.OVGE 9, 353; *Rott*, NVwZ 1982, 363.
23 Etwa Art. 81 I Nr 1 BayBO, § 86 I Nr 1 BauO M.V., § 84 III NBauO, § 89 I Nr 1 BauO NRW; näher dazu *Schneider*, BauR 2009, 1680; vgl Rn 1243; zu deren Einbindung in die Bauleitpläne Rn 984.
24 Vgl bspw Art. 7 II BayBO, § 8 II BauO M.V., § 9 III NBauO, §§ 8 II BauO NRW.
25 Vgl Art. 3 S. 1 BayBO, § 3 I BauO M.V., § 3 I 1 NBauO, § 3 I 1 BauO NRW: Schutz der natürlichen Lebensgrundlagen; vereinzelt wird auch der Klimaschutz ausdrücklich erfasst, s. § 3 II 3 NBauO.
26 *Brohm*, ÖffBauR, § 5 Rn 1 f.
27 So *Brohm*, ÖffBauR, § 5 Rn 2.
28 IdS krit gegenüber der gerichtlichen Erstreckung des Verunstaltungsgebots unterhalb der Grenze der Sicherheitsgefahr *Muckel/Ogorek*, ÖffBauR, § 9 Rn 91 ff; *Jäde*, JuS 1998, 503 (504); jeweils mwN; näher zur Problematik anhand des Baugestaltungsrechts Rn 1266 f.
29 Näher *Jäde*, ZfBR 2003, 221 (222 f); krit *Schulte*, DVBl. 2004, 295; *ders.*, BauR 2007, 1514 (1523), anhand des Abstandsflächenrechts; anhand desjenigen der MBO 2012 *Otto*, ZfBR 2014, 24.

§ 30 Materielles Bauordnungsrecht

Fall 27: „Windkraft für den Öko-Hof"   **1248**
Bauer L betreibt im Außenbereich der kreisangehörigen mecklenburgischen Gemeinde G
einen landwirtschaftlichen Betrieb. Diesen möchte er in einen sog. „Öko-Hof" umwandeln.
Zur Umstrukturierung gehört seines Erachtens auch die eigene Herstellung von Strom, mit
dem L seine landwirtschaftlichen Geräte, seine Wohnung und einige Abnehmer in G versor-
gen möchte. L plant daher die Errichtung einer Windkraftanlage auf seinem Grundstück.
Die Anlage soll auf einem 18 m hohen, sich nach oben verjüngenden Stahlgittermast fußen.
Diesen Mast möchte L 12 m vom angrenzenden Grundstück seines Nachbarn N entfernt
aufstellen. N entgegnet jedoch, dass er durch Lärmbelästigungen in seiner Ruhe gestört werden könne und dass sein Grundstück täglich mindestens 2 Stunden lang von wechselnden
Licht- und Schattenspielen durch die rotierenden Blätter überzogen werde. Auch könnten
bisweilen Lichtreflexe auf den Rotorflügeln wie Blitzlichter wirken. Eine gesundheitliche
Gefährdung durch diese Lichtreflexe belegt N durch ein Gutachten. Dazu komme im Winter
die unkalkulierbare Gefahr durch Eisbrocken, die von den rotierenden Blättern der Anlage
auch auf sein Grundstück geschleudert werden könnten. Wäre die Windkraftanlage bauordnungsrechtlich genehmigungsfähig? **Rn 1279**

I. Grundbegriffe

1. Bauliche Anlage

Der Anwendungsbereich der Landesbauordnungen (vornehmlich) für **bauliche Anla-**   **1249**
gen wird in der jeweiligen Eingangsvorschrift[1] festgelegt und kurz darauf im Gesetz
definiert. Als bauliche Anlagen gelten danach mit dem Erdboden verbundene, aus
Bauprodukten[2] hergestellte Anlagen[3], wobei es auf eine feste Verbindung mit dem
Erdboden nicht ankommt. Vielmehr genügt es, wenn die Anlage durch ihre eigene
Schwere auf dem Erdboden ruht (zB Containerbaracke)[4].

Zu den baulichen Anlagen zählen ferner Gegenstände wie Wohnwagen[5], die nach ihrem Verwen-   **1250**
dungszweck dazu bestimmt sind, „überwiegend ortsfest" genutzt zu werden[6]. Das weite Begriffsverständnis lässt sich auch daran erkennen, dass Werbeanlagen[7] sowie Parabolantennen[8] als bauliche Anlagen gelten. Gleichermaßen stellen Anlagen auf einer ortsfesten Bahn mit einem be-

---

1   Art. 1 I 1 BayBO, § 1 I 1 BauO M.V., § 1 I 1 NBauO, § 1 I 1 BauO NRW.
2   Begriff gesetzlich definiert, etwa Art. 2 XI BayBO, § 2 X BauO M.V., § 2 XIV NBauO, § 2 XI BauO
    NRW; Bauproduktengesetz des Bundes v. 5.12.2012, BGBl. I, S. 2449, im Gefolge europarechtlicher
    Vorgaben; zu Letzteren *Abend*, EuZW 2013, 611; *Kaiser*, Bauordnungsrecht, Rn 105.
3   Art. 2 I 1 BayBO, § 2 I 1 BauO M.V., § 2 I 1 NBauO, § 2 I 1 BauO NRW.
4   VGH Kassel, NVwZ 1987, 427; bei unveränderlichen Anlagen kommt es auf den verfolgten (ortsfes-
    ten) Nutzungszweck an, BVerwG, BRS 28 Nr 89; *Muckel/Ogorek*, ÖffBauR, § 9 Rn 2.
5   OVG Saarlouis, NVwZ 1985, 770; OVG Bremen, BauR 1984, 491; steigende Relevanz für „schwim-
    mende Häuser", s. deren ausdrückliche Einbeziehung in § 1 II Nr 5 BauO M.V.; vgl auch *Erbguth/Schu-*
    bert, BauR 2006, 454 (455 ff); *dies.*, Rechtsfragen der Zulassung und planerischen Steuerung schwim-
    mender und pfahlgestützter Häuser in Küsten- und Binnengewässern, 2006, S. 31 ff.
6   Vgl etwa Art. 2 I 3 BayBO, § 2 I 1 BauO M.V., § 2 I 2 Nr 5 NBauO, § 2 I 2 BauO NRW.
7   Ausdrücklich etwa Art. 2 I 2 BayBO, § 2 I 2 Nr 10 BauO M.V., § 2 I 2 Nr 2 NBauO, § 10 II BauO NRW
    kennt sowohl Werbeanlagen, die bauliche Anlagen sind, als auch solche, die es nicht sind, und begründet
    entsprechend differenzierende Anforderungen.
8   VGH Kassel, NVwZ-RR 1999, 297.

grenzten Bewegungsspielraum sowie gesetzlich aufgeführte Vorhaben (§ 2 I 2 Nr 1–10 BauO M.V., § 2 I 3 Nr 1–7 BauO NRW: ua Aufschüttungen, Lager- und Abstellplätze, Campingplätze, Spiel- und Sportflächen[9], Fahrzeugstellplätze, Gerüste) – sog. fiktive – bauliche Anlagen dar[10].

Zudem werden Nicht-Anlagen bauordnungsrechtlichen Anforderungen unterworfen – bspw Bauprodukte als solche[11].

1251 Beachtlich bleibt, wie vorstehend angeklungen, dass der bauordnungsrechtliche Anlagenbegriff und derjenige bauplanungsrechtlicher Art (§ 29 I BauGB) nicht vollends deckungsgleich sind. Während das Bauordnungsrecht den Kontrollgesichtspunkt in den Vordergrund stellt (**bauordnungsrechtliche Relevanz**), muss ein Vorhaben nach § 29 BauGB boden- bzw **planungsrechtlich** von Bedeutung sein[12]. Als synonymer Ausdruck für bauliche Anlagen uä wird sowohl im Bauordnungs- als auch im Bauplanungsrecht der Begriff des „Vorhabens" verwendet[13].

2. Grundstück

1252 Das Grundstück bzw Baugrundstück wird mangels bauordnungsrechtlicher Legaldefinition[14] bürgerlich-rechtlich nach den Merkmalen des Buchgrundstücks beurteilt[15]. Danach ist unter einem Grundstück ein abgrenzbarer Teil der Erdoberfläche zu verstehen, der im Bestandsverzeichnis eines Grundbuchblattes unter einer besonderen Nummer aufgeführt ist[16].

3. Baulast

1253 Die Baulast, ein in nahezu allen Landesbauordnungen enthaltenes Rechtsinstitut[17], richtet sich darauf, öffentliche Belange im Einzelfall durch Belastung eines Grundstücks in stärkerer Weise abzusichern, als es über das Zivilrecht erreichbar ist[18]. Regelmäßig dient sie dem Zweck, einem Bauvorhaben entgegenstehende öffentlich-rechtliche Hindernisse zu beseitigen[19]. Mit der Baulast verpflichtet sich der Grundstückseigentümer im Wege einer **öffentlich-rechtlichen Willenserklärung** gegen-

---

9 BVerwG, NVwZ 1995, 897; VGH Mannheim, VBlBW 1990, 228; vgl auch *Battis*, ÖffBauR, Rn 504.
10 *Brohm*, ÖffBauR, § 5 Rn 7; w. Bsp. aus der Rspr: mobiler Verkaufsstand, OVG Lüneburg, BauR 1993, 454; Tanzschiff, VGH Mannheim, UPR 1996, 192; Werbetafel an Hauswand, OVG Bautzen, SächsVBl. 1994, 62.
11 Art. 1 I 1, 16 ff BayBO, §§ 1 I 1, 17 BauO M.V., §§ 1 I 1, 16b ff NBauO, §§ 18 ff BauO NRW.
12 Zum bauplanungsrechtlichen Vorhabenbegriff Rn 1115 ff; *Grotefels*, in: Hoppe/Bönker/Grotefels, ÖffBauR, § 15 Rn 4; *Brohm*, ÖffBauR, § 5 Rn 4; *Wilke*, in: Reichel/Schulte, Handbuch Bauordnungsrecht, 2004, Kap. 2 Rn 58 f.
13 Vgl Überschriften zu Art. 57 BayBO, § 61 BauO M.V., § 62 BauO NRW sowie §§ 29 ff BauGB; dagegen spricht die NBauO von „Baumaßnahmen", etwa in § 60.
14 S. aber § 2 XII 1 NBauO: „Baugrundstück ist das Grundstück im Sinne des Bürgerlichen Rechts, auf dem eine Baumaßnahme durchgeführt wird oder auf dem sich eine bauliche Anlage befindet."
15 Vgl nur *Grotefels*, in: Hoppe/Bönker/Grotefels, ÖffBauR, § 15 Rn 7; so auch im Bauplanungsrecht, BVerwG, BRS 23 Nr 45; *Boeddinghaus*, BauR 1992, 181.
16 BGHZ 49, 145, der sog. wirtschaftliche Grundstücksbegriff (mehrere Buchgrundstücke als Wirtschaftseinheit) gilt insofern im Baurecht nicht; zum Vorliegen eines Buchgrundstücks als Voraussetzung für die Erteilung einer Baugenehmigung VGH Kassel, UPR 2011, 37.
17 Etwa § 83 BauO M.V., § 81 NBauO, § 85 BauO NRW.
18 Vgl *Brohm*, ÖffBauR, § 4 Rn 16; eingehend zu den hiermit zusammenhängenden Fragen *Schwarz*, Baulasten im öffentlichen Recht und im Privatrecht, 1995; aus Praxissicht *Johlen*, BauR 2018, 1359.
19 Näher *Grotefels*, in: Hoppe/Bönker/Grotefels, ÖffBauR, § 16 Rn 105.

über der Behörde zu einem bestimmten Tun, Dulden oder Unterlassen, das sich nicht bereits aus öffentlich-rechtlichen Vorschriften ergibt[20].

Der Sache nach ähnelt die Baulast einer bürgerlich-rechtlichen Dienstbarkeit[21], ist aber wegen der baurechtlichen Ausgestaltung ein öffentlich-rechtliches Institut – mit der Konsequenz, dass die Bauaufsichtbehörde die Einhaltung vom Eigentümer verlangen und ggf mit hoheitlichen Mitteln durchsetzen kann. Bay. kennt das Institut nicht; dort kann nur eine privatrechtliche Grunddienstbarkeit bestellt werden[22], für welche die zuvor beschriebenen Folgen nicht gelten.

Anwendungsbereiche der Baulast ergeben sich vielfältig, insbes. im Rahmen der Abweichung von Regelanforderungen des Bauordnungsrechts[23]. So kann die Sicherung der Zufahrt mittels Baulast übernommen[24], die Errichtung von Stellplätzen für benachbarte Grundstücke[25] gewährleistet oder die Errichtung eines Gebäudes auf mehreren Grundstücken gesichert werden[26]. Hauptanwendungsfall für die Bestellung einer Baulast ist die Übernahme von **Abstandsflächen**[27]. | **1254**

Baulastfähig ist schließlich auch das Grundstück des Bauherrn selbst, etwa als Verpflichtung, nach Fertigstellung des neuen Wohnhauses das auf dem gleichen Grundstück gelegene, bislang als Wohnhaus dienende Gebäude ausschließlich als betriebsbezogenes Büro zu nutzen[28].

Die Baulast **entsteht** durch formgebundene[29] Erklärung des Grundstückeigentümers, eine Verpflichtung mit baulastfähigem Inhalt zu übernehmen, und deren Eintragung in das Baulastenverzeichnis[30]. | **1255**

Erlöschen kann die Baulast nur durch Verzicht der Bauaufsichtsbehörde, nicht dagegen durch Anfechtung der Erklärung wegen Willensmängeln[31]. Der Verzicht ist schriftlich zu erklären und wird – mit konstitutiver Wirkung – in das Baulastenverzeichnis eingetragen (Löschung); es handelt sich wie bei der Bestellung der Baulast um einen **Verwaltungsakt**. Die Behörde ist zur Erklärung des Verzichts verpflichtet, wenn mangels sicherungsfähiger oder sicherungsbedürftiger öffentlicher Belange das öffentliche Interesse am Fortbestand der Baulast entfällt[32].

4. Weitere Legaldefinitionen

Die Landesbauordnungen enthalten noch eine Reihe legaldefinierter Begriffe, deren Bedeutung sich leicht erschließt. Dazu gehören **„Gebäude"** als selbstständig nutzbare, überdeckte bauliche Anlagen, die von Menschen betreten werden können[33] und | **1256**

---

20 § 83 I 1 BauO M.V., § 81 I 1 NBauO, § 85 I 1 BauO NRW.
21 *Broß*, VerwArch 86 (1995), 483.
22 VGH München, NVwZ 1995, 291.
23 Für Baulastfähigkeit (auch) bezogen auf bauplanungsrechtliche Anforderungen *Finkelnburg/Ortloff/Otto*, Baurecht, Bd. 2, § 6 Rn 23 f.
24 S. etwa § 4 II NBauO, dazu OVG Lüneburg, BauR 2010, 1066 (1068).
25 Dazu etwa *Effer-Uhe*, ZfBR 2007, 646; zur Ermessensausübung bei der Durchsetzung einer Stellplatzbaulast vgl OVG Lüneburg, BauR 2010, 1217.
26 § 4 II BauO M.V., § 2 XII 2 NBauO, § 4 II BauO NRW.
27 Zu den Abstandsvorschriften Rn 1262 ff.
28 OVG Hamburg, NJW 1987, 915.
29 § 83 II BauO M.V., § 81 II NBauO, § 85 II BauO NRW.
30 § 83 I 2 BauO M.V., § 81 I 2 NBauO, § 85 I 3 BauO NRW.
31 OVG Lüneburg, NVwZ 1999, 1013; OVG Lüneburg, NVwZ 1999, 1364.
32 § 83 III 2 BauO M.V., § 81 III 1 und 2 NBauO, § 85 III 2 BauO NRW.
33 So die bündige Definition in Art. 2 II BayBO.

geeignet oder dazu bestimmt sind, dem Schutz von Menschen, Tieren oder Sachen zu dienen[34]. Anwendung findet der Gebäudebegriff vor allem in den Regelungen über die Abstandsflächen[35]. **„Bauprodukte"** als notwendige Mittel für die Herstellung baulicher Anlagen sind zB in Art. 2 XI BayBO, § 2 X BauO M.V., § 2 XIV NBauO bzw § 2 XI BauO NRW beschrieben.

II. Die bauordnungsrechtliche Generalklausel

1257 Alle Landesbauordnungen enthalten eine allgemeine bauordnungsrechtliche General-klausel[36], die als Grundsatzvorschrift klarstellt, dass bauliche Anlagen die öffentliche Sicherheit und Ordnung, insbes. Leben und Gesundheit, nicht gefährden dürfen[37]. Das erweist die Zugehörigkeit des Bauordnungsrechts zum Recht der **Gefahrenab-wehr** (Sonderpolizeirecht[38]). Die Definitionen von öffentlicher Sicherheit und Ord-nung entsprechen demzufolge jenen des Polizeirechts[39].

1258 Die Vorschriften der Länder lassen dem Schutz der öffentlichen Sicherheit und Ord-nung ausdrücklich auch den Schutz der natürlichen Lebensgrundlagen unterfallen[40]. Einige Landesbauordnungen verlangen, dass die baulichen Anlagen den Anforderun-gen an gesunde Wohn- und Arbeitsverhältnisse[41] gerecht werden bzw nicht verunstal-tend wirken[42].

1259 Als Generalklausel treten besagte Vorschriften hinter eine Vielzahl **spezieller bau-ordnungsrechtlicher Regelungen** zurück (etwa betreffend Zugänge und Zufahrten, Abstandsflächen, Treppen, Rettungswege, Aufzüge und Öffnungen)[43]. Auch insoweit handelt es sich weder um Aufgabenzuweisungs- noch um Befugnisnormen[44]. Viel-mehr stellen jene der Gefahrenabwehr und anderen Zielen dienenden Vorschriften Voraussetzungen für die Aufgabenzuweisungs- und Befugnisnormen dar, und zwar in dem Sinne, dass die Behörde bei einer Zuwiderhandlung auf Grund Letzterer ein-schreiten kann.

III. Anforderungen an die Bauausführung

Die durch die Generalklausel und spezielle Einzelvorschriften konkretisierten Schutz-zwecke[45] wirken sich wie folgt auf die Bauausführung aus:

---

34 § 2 II 1 BauO M.V., § 2 II NBauO, § 2 II BauO NRW.
35 Näher Rn 1262 ff.
36 Art. 3 S. 1 BayBO, § 3 I BauO M.V., § 3 I 1 NBauO, § 3 I 1 BauO NRW.
37 Näher zu den Begriffen *Grotefels*, in: Hoppe/Bönker/Grotefels, ÖffBauR, § 15 Rn 12.
38 Vgl nur *Brohm*, ÖffBauR, § 4 Rn 3; Rn 1241, 1246.
39 Hierzu Rn 435 ff, 451 ff.
40 Vgl etwa Art. 3 I 1 BayBO, § 3 I BauO M.V., § 3 I 2 NBauO, § 3 I 1 BauO NRW; *Muckel/Ogorek*, ÖffBauR, § 9 Rn 14.
41 Vgl § 3 II 1 NBauO.
42 § 3 III NBauO; im Rahmen der Baugestaltung geregelt in: Art. 8 S. 1, 2 BayBO, § 9 BauO M.V., § 9 BauO NRW, auch § 10 NBauO.
43 S. etwa §§ 5 f, 33 ff BauO M.V.
44 *Will*, ÖffBauR, Rn 747.
45 Vgl vorstehend.

1. Bausicherheit

a) Überblick

Die Formulierung der Generalklausel(n) lässt als Schwerpunkt des Bauordnungs-   **1260**
rechts die **Gefahrenabwehr** erkennen[46]. Auch nachfolgende Vorschriften, die besondere Anforderungen an bauliche Anlagen stellen, dienen Sicherheitsbelangen.

Die für die Sicherheit des Baugrundstücks und seiner baulichen Nutzung aufgestell-   **1261**
ten Regelungen, bspw hinsichtlich der Abstandsflächen, der Bauausführung sowie
der Beschaffenheit von Fundamenten, Wänden, Böden, Decken, Dächern, Vorbauten,
Treppen, Fenstern und Türen, Elektroanlagen, Antennen, Schornsteinen und anderen
wichtigen Teilen der baulichen Anlage, dienen im Näheren unterschiedlichen Zwecken der Gefahrenabwehr. Dazu gehören Feuerschutz und Standsicherheit, der Schutz
vor Erschütterungen und Schall, Wärmeschutz und der Schutz vor anderen schädlichen Einflüssen auf Bewohner und Bauwerk.

b) Abstandsvorschriften

Die praktisch bedeutsamen Abstandsvorschriften richten sich auf eine ausreichende   **1262**
Belichtung und **Belüftung** des Gebäudes[47], auf **Brandschutz** sowie auf den Schutz
des Nachbarn vor „**Beengung und Einsicht**"[48]. Ihre konkrete Ausgestaltung variiert
länderweise; die grundlegenden Fragen sind jedoch übereinstimmend geregelt[49].

Als Abstandsfläche gilt die grds von jeder Bebauung freizuhaltende Fläche vor den   **1263**
Außenwänden von Gebäuden[50]. Sie orientiert sich an der Wandhöhe und wird senk-
recht zur jeweiligen Wand gemessen[51].

Der einzuhaltende Abstand beträgt zwischen 1 H (Art. 6 V 1 BayBO) und 0,4 H (§ 6 V 1 BauO
M.V.; H = Wandhöhe zuzüglich der Höhe von Dächern und Giebelflächen im Bereich des Da-
ches in Abhängigkeit von dessen Neigung), dh bei einem Wert H = 10 m berechnet sich eine
Abstandsfläche von 10 m bzw 4 m – regelmäßig gilt jedoch ein Mindestabstand von 3 m[52]. In
Kern-, Gewerbe- und Industriegebieten sowie urbanen Gebieten brauchen nur – gestaffelt – geringere Abstände eingehalten zu werden[53]. Abstandsflächen müssen regelmäßig auf dem Baugrundstück liegen, ausnahmsweise können öffentliche Verkehrs-, Grün- oder Wasserflächen
mit einbezogen werden[54]. Ein Nachweis der Abstandsfläche ist auch durch Baulast des Nachbarn, die fehlende Fläche auf seinem Grundstück von der Bebauung freizuhalten, möglich[55].[56]

---

46 S. bereits Rn 1257.
47 Bereits Rn 1256.
48 Sog. Wohnfrieden oder „Sozialabstand", VGH München, BayVBl 2015, 347; *Kaiser*, Bauordnungs-
    recht, Rn 91; eingehend *Grotefels*, in: Hoppe/Bönker/Grotefels, ÖffBauR, § 15 Rn 18 ff; Rn 1256; aA
    für die Rechtslage in Baden-Württemberg VGH Mannheim, NVwZ-RR 2014, 545.
49 Eine Ausnahme bildet das Land Niedersachsen, dessen BauO anstelle von Abstandsflächen Grenzab-
    stände (§ 5 NBauO) und Abstände auf demselben Grundstück (§ 7 NBauO) vorsieht.
50 Art. 6 I 1 BayBO, § 6 I 1 BauO M.V., § 6 I 1 BauO NRW; zum Begriff der Außenwand OVG Müns-
    ter, ZfBR 2010, 283.
51 Art. 6 IV BayBO, § 6 IV BauO M.V., § 6 IV BauO NRW.
52 Art. 6 V 1 BayBO, § 6 V 1 BauO M.V., § 6 V 1 BauO NRW.
53 S. etwa Art. 6 V 2 BayBO, § 6 V 2 BauO M.V., § 6 V 2, 3 BauO NRW.
54 Art. 6 II 1, III BayBO, § 6 II 1, III BauO M.V., § 6 II 1, III BauO NRW.
55 § 6 II 3 BauO M.V.; § 6 I 3 BauO NRW; nach der BayBO, die eine Baulast nicht vorsieht, kann selbi-
    ges gem. Art. 6 II 3 durch schriftliche (nicht aber elektronische!) Erklärung des Nachbarn gegenüber
    der Bauaufsichtsbehörde erreicht werden.
56 Näher *Finkelnburg/Ortloff/Otto*, ÖffBauR Bd. 2, S. 28 ff; *Boeddinghaus*, BauR 2005, 1734; Rn 1226.

Grds gilt das Verbot einander überdeckender Abstandsflächen[57], so dass der regelmäßige Mindestabstand zwischen zwei Gebäuden 6 m beträgt[58].

1264 **Ausnahmen** von den Regelabstandsflächen gelten (auch) im Rahmen sog. „Grenzbebauung" für Nebengebäude ohne Aufenthaltsräume[59], zB Garagen, ferner Solaranlagen und Mauern[60]; deren Nutzungserweiterung, etwa als Terrasse oder Wintergarten, wird allerdings vom Anwendungsbereich der Privilegierungsvorschrift nicht erfasst[61]. Abstandsflächenrechtliche Privilegierungen finden sich ferner für untergeordnete Bauteile (Gesimse, Dachvorsprünge, Hauseingangsüberdachungen) und Vorbauten (Balkone, Wintergärten, Erker)[62].

Die Vorschriften des Abstandsflächenrechts sind darüber hinaus auf Anlagen mit **gebäudeähnlicher oder gleicher Wirkung**, wie Lärmschutzwände[63], Windkraftanlagen[64], Werbeanlagen[65], Antennenträger[66], Funkmasten[67] (nicht aber bei Funk-Basisstationen geringer Höhe[68]), entsprechend anwendbar, und zwar samt ihren Privilegierungen und Ausnahmen[69].[70] Probleme können auftreten, wenn die **bauordnungsrechtlichen** Abstandsvorschriften mit den **planungsrechtlichen** Vorgaben konkurrieren[71]. Grds gehen in diesem Fall die Festsetzungen des Bebauungsplans bauordnungsrechtlichen Abstandsvorschriften vor[72].[73]

1265 Unter bestimmten Voraussetzungen kann die Gemeinde durch **örtliche Bauvorschriften** von den Regelungen der LBauO abweichende Abstandsregelungen vorsehen[74].

---

57 Art. 6 III HS 1 BayBO, § 6 III HS 1 BauO NRW, § 6 III HS 1 BauO M.V.

58 Hiervon sind Ausnahmen vorgesehen – etwa für Außenwände, die in einem Winkel von mehr als 75 Grad zueinander stehen, oder für bauliche Anlagen, die in den Abstandsflächen zulässig sind (Art. 6 III HS 2 BayBO, § 6 III HS 2 BauO NRW, § 6 III HS 2 BauO M.V.). Zu den Abstandsflächen bei Teilung des Grundstücks *Boeddinghaus*, BauR 2005, 1734 (1735 f).

59 Zum bauordnungsrechtlichen Begriff des Aufenthaltsraumes vgl OVG Schleswig, NordÖR 2000, 433 f; ferner zu privilegierten Nebengebäuden OVG Lüneburg, NVwZ-RR 2003, 484.

60 Art. 6 IX 1 BayBO, § 6 VIII 1 BauO M.V., § 6 VIII 1 BauO NRW.

61 Vgl zu Werbeanlagen VGH Mannheim, BauR 2008, 1585.

62 Vgl Art. 6 VIII BayBO, § 6 VI BauO M.V., § 6 VI, VII BauO NRW.

63 VG Meiningen, NVwZ 1997, 97.

64 OVG Greifswald, NVwZ 2001, 454; OVG Münster, NVwZ 1998, 978 (980).

65 OVG Weimar, ThürVBl. 2006, 36; VGH München, BayVBl. 2007, 467.

66 Zur Ermittlung der Abstandsfläche beim zylinderförmigen Antennenmast vgl VGH Mannheim, BauR 2003, 367.

67 Zur gebäudeähnlichen Wirkung eines 30,30 m hohen Mobilfunkmastes OVG Münster, BauR 2008, 342; auch *Schenk*, in: Reichel/Schulte, Handbuch Bauordnungsrecht, 2004, Kap. 3 Rn 130.

68 10 m hoher Antennenmast mit Technikschränken, OVG Lüneburg, ZfBR 2005, 281 (282); Anderes kann bei einem Mobilfunkmast mit über 30 m Höhe gelten, OVG Münster, wie vor.

69 Art. 6 I 2 BayBO, § 6 I 2 BauO M.V., § 6 I 2 BauO NRW.

70 Zur Bemessung der Abstandsflächen bei Windenergieanlagen *Erbguth/Schubert*, ÖffBauR, § 12 Rn 19 mwN.

71 Eingehend dazu *Schmelzle*, Abstände und Abstandsflächen im Spannungsfeld von Bauordnungsrecht und Bauplanungsrecht, 2009; vgl auch BVerwG, NVwZ 1990, 361; BVerwG, ZfBR 1994, 192; im Außenbereich gelegene Grundstücke dürfen nicht bis an die Grundstücksgrenze bebaut werden, OVG Bautzen, BauR 2003, 1867; VGH Mannheim, BauR 2003, 1549.

72 Art. 6 I 3 BayBO, § 6 I 3 Nr 1 BauO M.V., § 6 I 3 BauO NRW; über eine bloße „Vorrangregelung" zugunsten des Bauplanungsrechts geht aber § 6 I 3 Nr 2 BauO M.V. hinaus, wonach eine Abstandsfläche nicht erforderlich ist, soweit nach der umgebenden Bebauung iSd § 34 I 1 BauGB abweichende Gebäudeabstände zulässig sind; hierbei handelt es sich in der Sache um eine bauplanungsrechtliche und damit kompetenzwidrige Vorschrift, näher *Erbguth*, NordÖR 2016, 351; aA *Sauthoff*, NordÖR 2016, 177.

73 OVG Münster, NVwZ-RR 2003, 721; *Schulte*, BauR 2007, 1514 (1525 f); iÜ gilt § 9 I Nr 2a BauGB, vgl Rn 979.

74 So gestatten etwa § 86 I Nr 6 BauO M.V. und § 89 I Nr 6 BauO NRW abweichende Maße der Abstandsflächentiefe, soweit dies zur Gestaltung des Ortsbildes oder zur Verwirklichung der Festsetzungen einer städtebaulichen Satzung erforderlich ist und eine ausreichende Belichtung sowie der Brandschutz gewährleistet sind; ähnlich Art. 81 I Nr 6 BayBO.

2. Baugestaltung

a) Verunstaltungsschutz

Das in den Landesbauordnungen enthaltene Verunstaltungsverbot[75] bezieht sich zum **1266** einen auf die einzelne bauliche Anlage selbst und zum anderen auf ihre Eingliederung in die Umgebung[76]. Jedes Bauwerk muss in Bezug auf Form, Maßstab, Werkstoff, Farbe und Verhältnis der Baumassen und Bauteile zueinander einem Gestaltungsmaßstab gerecht werden, der Verunstaltungen des Straßen-, Orts- oder Landschaftsbilds resp. Störungen ihrer beabsichtigten Gestaltung[77] verhindert. Der Flächenbezug des Verunstaltungsschutzes und seine ästhetisch-stadtgestalterische Ausrichtung bringen ihn in die Nähe bzw in Überschneidung mit der Bauleitplanung (vgl § 1 VI Nr 5 BauGB)[78], so dass sich seine bauordnungsrechtliche Regelbarkeit im **Grenzbereich** der **Gesetzgebungskompetenz** der Länder[79] bewegt.

Die Rspr des BVerwG erweist insoweit Wankelmut. Nach einer zunächst großzügigen Phase zugunsten der Länderzuständigkeit[80] hat es sodann nicht nur betont, den Gemeinden stünden zur bodenrechtlichen Ortsbildgestaltung lediglich die bauplanungsrechtlichen Festsetzungen des § 9 I BauGB zur Verfügung; bauordnungsrechtlich dürfen danach nur nicht unmittelbar[81] Grund und Boden erfassende Gestaltungsregelungen getroffen werden[82]. In Konsequenz dessen hat das BVerwG des Weiteren festgestellt, dass solcherart bodenrechtlich, also bauplanungsrechtlich verfolgbare Festlegungen selbst dann dem Bauordnungsrecht entzogen sind, wenn die Gemeinde hiermit baugestalterische Zielsetzungen intendiert[83]. Inzwischen vertritt das Gericht eine dem Bauordnungsrecht der Länder gegenüber wieder freundlichere Haltung; hiernach sind den Ländern lediglich Regelungen mit **allg. flächenbezogener** Zielsetzung (bundes)kompetenzrechtlich verwehrt. Beschränkt sich der Verunstaltungsschutz auf die Umgebungswirkung, seien die Länder mithin zuständig[84].

Nach ständiger Rspr ist der äußerst unpräzise Begriff der Verunstaltung verfassungs- **1267** konform eng und objektiviert auszulegen. Sie ist nur dann anzunehmen, wenn ein gebildeter **Durchschnittsbetrachter**[85] das Bauwerk als belastend oder Unlust erregend empfände und dadurch sein ästhetisches Empfinden nicht nur beeinträchtigt, sondern verletzt wäre[86]. Damit ein solcher Durchschnittsbetrachter die Verunstaltung durch das Bauwerk überhaupt erkennen kann, muss dieses im Rahmen des üblichen Verkehrs auf der Straße sichtbar sein[87].

---

75 Art. 8 BayBO, § 9 BauO M.V., §§ 3 III, 10 NBauO, § 9 BauO NRW; eingehend *Müller*, Das bauordnungsrechtliche Verunstaltungsverbot, 2012.
76 Objekt- und umgebungsbezogenes Verunstaltungsverbot, s. *Will*, ÖffBauR, Rn 769 ff.
77 Was sich auch aus einem (naturschutzrechtlichen) Landschafts- oder Grünordnungsplan oder einem städtebaulichen Gestaltungskonzept für bestimmte Gemeindegebiete ergeben kann, *Brohm*, ÖffBauR, § 5 Rn 19.
78 So auch *Brohm*, ÖffBauR, § 5 Rn 18.
79 Vgl zu diesen Problemlagen *Haß*, NVwZ 2008, 252; auch Rn 1247.
80 Dazu *Jäde*, ZfBR 2005, 135 (136) mit Fn 16.
81 Zur kompetenzrechtlichen Herkunft des Unmittelbarkeitskriteriums und der Kritik hieran Rn 809; vertiefend *Tillmanns*, AöR 132 (2007), 582.
82 BVerwG, NVwZ 1998, 486 (487); näher dazu *Schulte*, BauR 2007, 1514 (1522).
83 BVerwG, ZfBR 2005, 559; zu alldem eingehend und überzeugend *Tillmanns*, AöR 132 (2007), 582; *Schulte*, BauR 2007, 1514 (1522 ff); *Jäde*, ZfBR 2006, 9.
84 BVerwGE 129, 318 (322 ff).
85 OVG Hamburg, BauR 1984, 624.
86 BVerwGE 2, 172 (176 f); 17, 322 (326); 27, 129; *Battis*, ÖffBauR, Rn 523; *Peine*, ÖffBauR, Rn 1143.
87 *Brohm*, ÖffBauR, § 5 Rn 17.

1268 Das Verbot dient nicht nur der Abwehr von Verunstaltungen. Den Gemeinden ist auch positive Gestaltungspflege eröffnet, und zwar im Rahmen örtlicher Bauvorschriften durch Satzungserlass[88]. Dergestalt kann die äußere Gestaltung baulicher Anlagen und von Werbeanlagen geregelt und können besondere Anforderungen (ua) an Bauwerke, Straßen, Plätze oder Ortsteile von geschichtlicher, künstlerischer oder städtebaulicher Bedeutung sowie an Bau- und Naturdenkmale gestellt werden[89]. Bodenrechtliche Regelungen sind jedoch im Rahmen örtlicher Gestaltungsvorschriften unzulässig; insofern muss auf das bestehende städtebauliche Instrumentarium (Festsetzungen in Bebauungsplänen) zurückgegriffen werden[90].

Überwiegend unterliegen ferner **Werbeanlagen**[91] dem Verunstaltungsverbot, entweder indem sie als bauliche Anlagen eingestuft und damit den für diese geltenden Anforderungen unterworfen werden, oder indem solches in Spezialvorschriften angeordnet wird[92].[93] Der Konflikt zwischen dem Zweck der Werbung, Aufmerksamkeit zu erregen, einerseits und dem Verunstaltungsverbot andererseits wird durch eine in der Regel großzügige(re) Definition des Verunstaltungsbegriffs entschärft[94]. Teilw erfolgt eine Differenzierung nach der Funktion der Werbung. „Eigenwerbung" an der Stätte der Leistung[95] oder zur Information der Einwohner des Baugebietes über Veranstaltungen jedweder Art[96] stellt wegen des Funktionszusammenhanges zwischen Werbung und Nutzung in der Regel keine Verunstaltung dar, soweit sie als maßvoll und sachgerecht empfunden werden kann[97].

1269 Im vorliegenden, aber auch im sonstigen bauordnungsrechtlichen Zusammenhang kann es zur Einwirkung auf die **Baukunst** kommen[98]; dann bedarf es einer Abwägung zwischen der Kunstfreiheit (Art. 5 III GG) und den hinter den jeweiligen bauordnungsrechtlichen Vorschriften stehenden öffentlichen Belangen, wenn diesen Verfassungsrang zukommt[99].

b) Stellplatzpflicht

1270 Soweit bei Gebäuden ein Zu- und Abgangsverkehr von Kraftfahrzeugen nach den örtlichen Verkehrsverhältnissen zu erwarten steht, müssen nach den meisten Bauordnungen **Stellplätze** oder **Garagen** in ausreichender Zahl, Größe sowie in geeigneter Beschaffenheit bereitgestellt werden[100]. Eine Zweckentfremdung notwendiger Stell-

---

88 OVG Lüneburg, NVwZ 1993, 1216; VGH Mannheim, NVwZ-RR 1999, 165; *Grotefels*, in: Hoppe/Bönker/Grotefels, ÖffBauR, § 15 Rn 26; allg. Rn 1243.
89 Vgl Art. 81 I Nr 1 BayBO, § 86 I Nr 1 BauO M.V., § 84 III Nr 1, 3, 5 NBauO, § 10 III 2 Nr 1, IV BauO NRW.
90 BVerwG, BauR 2005, 1768; ausführlich und krit zur Rspr *Jäde*, ZfBR 2006, 9.
91 Hierzu etwa *Kersten*, Baurecht, Rn 395 ff.
92 S. bereits Rn 1250.
93 Dazu *Dahlke-Piel*, SächsVBl. 2010, 81; anhand von „Videowalls" *Guckelberger*, ZfBR 2013, 425 (429).
94 *Brohm*, ÖffBauR, § 5 Rn 20.
95 § 10 III 2 Nr 1, IV BauO M.V., § 50 III 2 Nr 1, IV Nr 1 NBauO, § 10 III Nr 1, IV BauO NRW.
96 § 10 IV 1 BauO M.V., § 50 IV Nr 2 NBauO, § 10 IV 1 BauO NRW.
97 BVerwG, DVBl. 1965, 203 (204); BVerwGE 91, 234 (238).
98 Dazu ausführlich *Voßkuhle*, BayVBl. 1995, 613; *Koenig/Zeiss*, Jura 1997, 225; *Sauthoff*, FS Erbguth, S. 177 ff.
99 BVerwG, NVwZ 1991, 983; BVerwG, NJW 1995, 2648; VG Berlin, NJW 1995, 2650 zur Reichstagsverhüllung; OVG Koblenz, NJW 1998, 1422; s. ferner *Kaiser*, Bauordnungsrecht, Rn 97 ff.
100 Art. 47 I 1 BayBO, § 49 I iVm § 86 I Nr 4 BauO M.V., § 47 I 1 NBauO, § 48 I BauO NRW.

plätze, bspw durch Gebrauchsüberlassung an Dritte, ist nicht zulässig[101]. Die Stellplätze sind auf dem Baugrundstück oder in zumutbarer Entfernung davon zu errichten. Die konkreten Anforderungen variieren von Bundesland zu Bundesland[102]. Allgemeines Ziel der Regelungen ist es, die Belastung des fließenden Verkehrs durch den ruhenden Verkehr so weit wie möglich zu verhindern[103]; neben baugestalterischen Zwecken ist also auch die Gefahrenabwehr Regelungsintention der Stellplatzpflicht.

Vermag die Pflicht, ausreichend Stellplätze zu errichten, nicht oder nur unter unzumutbaren Schwierigkeiten erfüllt zu werden, so kann sie unter bestimmten Voraussetzungen durch Zahlung einer **Ablösesumme** an die Gemeinde entfallen[104]. Notwendig sind hierfür das Einverständnis der Gemeinde sowie ein entsprechendes Verlangen der Bauaufsichtsbehörde[105]. Beides beruht auf einer Ermessensentscheidung, allerdings beschränkt auf die Alternativen Herstellung der Stellplätze oder Ablösung; auf beides kann nicht verzichtet werden[106], es sei denn, Abweichendes findet sich ausdrücklich angeordnet. In einigen Bundesländern ist die Ablösung indes – abgesehen von der Zustimmung der Gemeinde – voraussetzungslos möglich; sie stellt damit eine neben der Herstellung gleichrangige Alternative zur Erfüllung der Stellplatzpflicht dar[107]. **1271**

Über die Ablösung der Stellplatzpflicht können der Bauherr und die Gemeinde einen öffentlich-rechtlichen Vertrag schließen („**Stellplatzdispensvertrag**" bzw „**Ablösungsvertrag**"[108]). Als dessen Geschäftsgrundlagen haben die Erteilung der Baugenehmigung und der Umfang des von dem Vorhaben verursachten Stellplatzbedarfs zu gelten[109]. Die Abwicklung des Vertrags unterliegt den für öffentlich-rechtliche Verträge geltenden allgemeinen Grundsätzen, so dass die Gemeinde ihren Zahlungsanspruch nicht durch Erlass eines Leistungsbescheides verfolgen kann, sondern im Wege der allgemeinen Leistungsklage durchsetzen muss[110]. Jenseits vertraglicher Vereinbarung kann die Ablösepflicht durch **Nebenbestimmung**[111] zur Baugenehmigung oder durch selbstständigen **Verwaltungsakt** der Baugenehmigungsbehörde begründet werden[112]. **1272**

---

101 OVG Münster, NVwZ 1994, 703 f.
102 S. etwa *Finkelnburg/Ortloff/Otto*, ÖffBauR Bd. 2, § 5 Rn 27 ff.
103 So bereits die Verordnung über Garagen und Einstellplätze (Reichsgaragenverordnung) v. 17.2.1939, RGBl. I S. 219.
104 Art. 47 III Nr 3 BayBO, §§ 49 II, 86 I Nr 4 BauO M.V., § 47 V 1 NBauO, §§ 48 III 2 Nr 8, 89 I Nr 4 BauO NRW.
105 Letztere ist Berechtigte hinsichtlich der Zahlung der Ablösesumme; die Gemeinde soll aber Anspruchsberechtigte im Wege des Abschlusses eines öffentlich-rechtlichen Vertrages mit dem Bauherrn werden können, vgl BVerwG, BauR 1979, 495 (496); OVG Lüneburg, BauR 1987, 672.
106 OVG Münster, NJW 1983, 2834 f; OVG Münster, NVwZ 1992, 988 (989).
107 Etwa Art. 47 III Nr 3 BayBO (hierzu *Jäde/Famers*, BayVBl. 2008, 33 [47 f]).
108 Begriff etwa in Art. 47 III Nr 3 BayBO.
109 OVG Koblenz, BauR 2004, 477.
110 OVG Münster, DVBl. 1977, 903; *Erbguth/Guckelberger*, Allgemeines Verwaltungsrecht, § 24 Rn 28.
111 Die Nebenbestimmung, wonach der Ausgleichsbetrag bei Nutzungsaufnahme entrichtet werden muss, wirkt auch gegenüber dem Rechtsnachfolger, OVG Greifswald, NordÖR 2005, 66.
112 Der Ablösebetrag ist keine Abgabe iSd § 80 II Nr 1 VwGO, weshalb ein entsprechender Bescheid nicht kraft Gesetzes sofort vollziehbar ist, OVG Greifswald, UPR 2005, 117.

1273 Die Ablösezahlung stellt ein „Erfüllungssurrogat" iSd § 364 I BGB dar und wird insbes. zur Herstellung von Parkeinrichtungen im Gemeindegebiet verwendet[113]. Nach einigen BauOen genügen hingegen auch Vorkehrungen zur Verbesserung des öffentlichen Personennahverkehrs oder des Fahrradverkehrs sowie Vorkehrungen, welche den Bedarf an Parkeinrichtungen verringern[114].

Der Pflicht zum zweckentsprechenden Einsatz der Ablösungsbeträge korrespondiert kein entsprechendes subjektives Recht des Bauherrn; sie ist allein im Wege aufsichtsbehördlicher Maßnahmen durchsetzbar[115]. Ebenso wenig steht dem Bauherrn ein Rückforderungsanspruch zu, wenn die Gemeinde die Mittel nicht bzw nicht innerhalb des vorgegebenen Zeitraums verwendet.

1274 Im Gefolge der MBO 2002 haben die Länder zunehmend Regelungen zur Stellplatzpflicht für **Fahrräder** in ihre Bauordnungen aufgenommen – mit der Maßgabe, entsprechende Abstellmöglichkeiten im erforderlichen Umfang herzustellen, wenn infolge der Anlagennutzung mit einem erheblichen Zu- oder Abgangsverkehr durch Fahrräder zu rechnen ist[116].

3. Verwirklichung sozialer Standards

1275 Zu den Normen, denen es um die Einhaltung gewisser sozialer Grundanforderungen geht, gehören Vorschriften über die Errichtung von **Kinderspielplätzen** bei Gebäuden mit mehreren Wohnungen[117], Bestimmungen über **barrierefreies Bauen**[118] sowie bestimmte **Wohnungsmindeststandards**. Letztere richten sich bspw auf das Verbot der reinen Nordlage aller Wohn- und Schlafräume[119] sowie auf ein eingeschränktes Verbot von Aufenthaltsräumen in Kellergeschossen[120]. Als Inhaltsbestimmungen des Eigentums verwirklichen jene Regelungen dessen Sozialpflichtigkeit gem. Art. 14 II GG: Wegen der besonderen Bedeutung der Wohnung für ihre Inhaber unterliegt das zu Wohnzwecken genutzte Eigentum einer gesteigerten Belastung[121].

1276 Ähnlich wie Stellplatzregelungen, zu denen sie in enger Beziehung stehen[122], lassen sich die sozialen Standards nur schwer der bauordnerischen Regelungskompetenz zuordnen. In der Sache handelt es sich um stadtgestalterische Maßnahmen, die dem Recht der Bauleitplanung unterfallen[123].

---

113 BVerwG, BauR 1985, 668; allg. BVerfGE 67, 256 (257, 274 ff); OVG Hamburg, NordÖR 2004, 498; ähnliche Fragen stellen sich bei diesbzgl Dispensverträgen unter dem Gesichtspunkt des Koppelungsverbots, vgl BVerwGE 23, 213; dazu *Peine*, ÖffBauR, Rn 1161.
114 Art. 47 IV Nr 2, 3 BayBO, § 49 II Nr 2 BauO M.V., § 47 VII Nr 2, 3 NBauO, § 48 IV Nr 2, 3 BauO NRW, letztere Vorschrift eröffnet die Verwendung zudem für „andere Maßnahmen, die Bestandteil eines kommunalen oder interkommunalen Mobilitätskonzepts einer oder mehrerer Gemeinden sind".
115 *Ziegler*, DÖV 1984, 831.
116 Etwa §§ 49 I, 86 I Nr 4 BauO M.V., § 48 NBauO, § 48 I BauO NRW.
117 Art. 7 II BayBO, § 8 II BauO M.V., § 9 III NBauO, § 8 II BauO NRW.
118 Art. 48 BayBO, § 50 BauO M.V., § 49 NBauO, § 49 BauO NRW; dazu *Will*, ÖffBauR, Rn 776 ff.
119 § 47 II BauO NRW.
120 § 43 IV, V NBauO; entfallen etwa in Bay und M.V.
121 Anhand von Kinderspielplätzen *Finkelnburg/Ortloff/Otto*, ÖffBauR Bd. 2, § 4 Rn 31.
122 Vgl allg. *Brohm*, ÖffBauR, § 5 Rn 23.
123 Vgl Rn 1247.

Die Gemeinden sind durch die Landesbauordnungen ermächtigt, soziale Standards **1277** mittels **Satzung** näher auszugestalten. Deren Regelungsgegenstand richtet sich ua auf die Lage, Größe, Beschaffenheit, Ausstattung und Unterhaltung von Kinderspielplätzen[124].

4. Umweltschutz

Der **Schutz natürlicher Lebensgrundlagen** ist meist bereits in der jeweiligen Gene- **1278** ralklausel verankert[125]; darüber hinaus finden sich spezielle Regelungen. So sind etwa nach § 3 II 3 NBauO zum Schutz des Klimas „Möglichkeiten zum sparsamen Umgang mit Boden, Wasser und Energie sowie zur Gewinnung erneuerbarer Energien zu berücksichtigen". Nicht abschließend geklärt ist, ob solchen Vorschriften eine reine Appellfunktion zukommt oder ob sie – vom Wortlaut ausgehend – zwingendes Recht darstellen[126].

Zu den konkreten Regelungen betreffend den Schutz der natürlichen Lebensgrundlagen zählen ferner Versiegelungsverbote[127], Vorschriften über Wiederverwendung und Entsorgung, Schutz des Landschaftsbilds[128] sowie Bestimmungen zur Wasserversorgung und Abwasserbeseitigung[129]. Sämtliche Landesbauordnungen enthalten Normen über die Begrünung nicht überbauter Flächen sowie die Möglichkeit der Bauaufsichtsbehörde, die Bepflanzung bestimmter Flächen mit Bäumen und Sträuchern und deren Unterhaltung zu verlangen[130].

In besonderer Weise dem Umweltschutz verpflichtet, aber dem formellen Bauordnungsrecht zugehörig, ist die Pflicht zur Durchführung einer **UVP**[131].

Lösungshinweis zu Fall 27 (Rn 1248): Die geplante Windenergieanlage könnte die von **1279** § 6 BauO M.V. vorgegebenen Abstandsflächen[132] unterschreiten. Die Abstandsflächen in § 6 I–VIII BauO M.V. beziehen sich jedoch auf Gebäude. Für sonstige bauliche Anlagen gelten die Regelungen über Abstandsflächen der Abs. 1–7 entsprechend, wenn von diesen Wirkungen wie von Gebäuden ausgehen (§ 6 I 2 BauO M.V.). § 6 I 2 BauO M.V. ist jedoch nach Satz 4 der Vorschrift für Windenergieanlagen, die im Außenbereich errichtet werden, nicht anzuwenden. Die Abstandsflächenregelungen nach § 6 BauO M.V. beanspruchen daher vorliegend keine Geltung.

Zu prüfen ist des Weiteren, ob die Anlage mit anderen Vorschriften des Bauordnungsrechts unvereinbar ist:

Die geplante Windenergieanlage des L muss in Bezug auf Form, Maßstab, Werkstoff, Farbe und Verhältnis der Baumassen und Bauteile zueinander einem Gestaltungsmaßstab gerecht werden, der jede Verunstaltung verbietet und eine Störung des Straßen-, Orts- oder Landschaftsbildes verhindert, § 9 BauO M.V. Eine bauliche Anlage verunstaltet ihre Umgebung dann, wenn sie mit ihr nicht in Einklang steht, weil sie sich in einem belastenden oder Un-

---

124 Art. 81 I Nr 3 BayBO, § 86 I Nr 3 BauO M.V., § 89 I Nr 3 BauO NRW; vgl *Finkelnburg/Ortloff/ Otto*, ÖffBauR Bd. 2, § 4 Rn 30.
125 Vgl Rn 1258; *Battis*, ÖffBauR, Rn 533.
126 Dazu *Gubelt*, NVwZ 2000, 1013 (1014 f).
127 § 8 I 1 Nr 1 BauO Berl., § 8 I Nr 1 BauO M.V.
128 § 8 II BauO Brandenb.
129 § 38 f BauO Hess.
130 Bspw § 7 I 1 Nr 2, § 8 I Nr 2 BauO M.V., § 8 I Nr 2 BauO NRW.
131 § 59 II BauO M.V.; vgl Rn 1300.
132 Zu den Vorschriften über Abstandsflächen anderer Bundesländer vgl Rn 1262 ff.

lust erregenden Gegensatz zu ihr befindet, und dadurch das ästhetische Empfinden nicht nur beeinträchtigt, sondern verletzt wird. Bei der Beurteilung der Verunstaltung muss das Empfinden jedes für ästhetische Eindrücke offenen Betrachters maßgebend sein, also des sog. gebildeten Durchschnittsbetrachters. Eine Verunstaltung dürfte hiernach angesichts der inzwischen weiten Verbreitung von Windkraftanlagen und ihrer äußeren Gestaltung nicht vorliegen. Die Anlage des L verstößt somit nicht gegen § 9 BauO M.V.

Ferner sind nach § 3 I BauO M.V. bauliche Anlagen so zu errichten, dass die öffentliche Sicherheit oder Ordnung, insbes. Leben, Gesundheit und die natürlichen Lebensgrundlagen nicht gefährdet werden. Auf Grund der nicht auszuschließenden Möglichkeit eines Eisabwurfs von den Rotorblättern auf das Nachbargrundstück und die mögliche gesundheitliche Beeinträchtigung durch Lichtreflexe kann von einer Gefährdung von Leben und Gesundheit des N und somit von einer Gefahr für die öffentliche Sicherheit ausgegangen werden.

Die Anlage des L ist damit bauordnungsrechtlich nicht genehmigungsfähig.

Wiederholungs- und Verständnisfragen

1. *Wie stellt sich das Verhältnis zwischen der bauordnungsrechtlichen Generalklausel und den speziellen bauordnungsrechtlichen Regelungen dar?* **Rn 1259**
2. *Was besagt das Verunstaltungsgebot und wie ist der Begriff der Verunstaltung auszulegen?* **Rn 1266–1268**

§ 31 Formelles Bauordnungsrecht

1280   **Fall 28:** „Das neue Heim"

V, Familienvater in spe, hat ein Grundstück erworben, das innerhalb eines – durch qualifizierten Bebauungsplan ausgewiesenen – allgemeinen Wohngebiets liegt. V beabsichtigt, das Grundstück mit einem Einfamilienhaus zu bebauen, das dem gesteigerten Platzbedarf seiner Familie entspricht. Das Haus, dessen Erschließung bereits gesichert ist, soll im Bungalowstil, also eingeschossig, mit einer Grundfläche von 150 qm errichtet werden. Da die Zeit drängt, möchte V schnellstmöglich mit dem Bau beginnen und fragt daher seinen Freund und überzeugten Junggesellen, den Juristen J, ob er zunächst eine Baugenehmigung einholen muss. Was wird ihm J antworten? **Rn 1293**

1281   **Fall 29:** „Der Sportfreund von nebenan"

Sportfreund F hat auf seinem Grundstück in der kreisfreien mecklenburgischen Stadt R einen Hartgummiplatz angelegt. Der Platz, der direkt an das Grundstück des Nachbarn N grenzt, lässt sich für diverse sportliche Betätigungen nutzen. Unter anderem hat F Pfosten für ein Tennisnetz und für Basketballkörbe installiert. Während der „sportfreien" Zeit nutzt F den Platz als PKW-Stellplatz. Eine Baugenehmigung für diesen Platz liegt nicht vor. Nachbar N fühlt sich durch den lautstarken, zT spätabendlichen Spielbetrieb gestört und meldet die Errichtung des Platzes der unteren Bauaufsichtsbehörde. Das Grundstück befindet sich inmitten einer Siedlung von Wohnhäusern; ein Bebauungsplan existiert nicht. Der Referendar der Bauaufsichtsbehörde wird gebeten, die Möglichkeit des Einschreitens gegen die Anlage des F im Wege der Nutzungsuntersagung zu prüfen. **Rn 1349**

Das formelle Bauordnungsrecht regelt den **Vollzug** der materiellen Erfordernisse **des Bauplanungs- und Bauordnungsrechts**[1]; es bestimmt die zuständigen Behörden, die bauordnungsrechtlichen Verfahren und die Eingriffsbefugnisse der Bauaufsichtsbehörden.

I. Die Bauaufsichtsbehörden

Der Aufbau der Bauaufsichtsbehörden, auch Baurechts-, Baugenehmigungs- oder Bauordnungsbehörden genannt, folgt dem allgemeinen Organisationsrecht der Länder. Die Bauaufsichtsbehörden sind demzufolge **dreistufig**, in den Stadtstaaten sowie in Brandenb., M.V., Nds., dem Saarl. und Schl.H. **zweistufig** gegliedert[2]. Instanziell untere Bauaufsichtsbehörde ist der Kreis oder die kreisfreie Stadt[3], Mittelinstanz (obere Bauaufsichtsbehörden), soweit vorhanden, die Bezirksregierung oder der Regierungspräsident, während das zuständige Fachministerium als oberste Bauaufsichtsbehörde fungiert[4].

1282

Die **Aufgabe** der Bauaufsichtsbehörden besteht darin, die Einhaltung der öffentlich-rechtlichen Vorschriften bei Errichtung, Änderung, Nutzungsänderung, Beseitigung, Nutzung und Instandhaltung baulicher Anlagen zu überwachen[5]. **Sachlich** zuständig ist grds, dh soweit nichts anderes bestimmt ist, die untere Bauaufsichtsbehörde[6]. Die **örtliche** Zuständigkeit bestimmt sich mangels abweichender Vorschriften gem. § 3 I Nr 1 LVwVfG nach dem Ort, an dem das Bauvorhaben durchgeführt wird.

1283

II. Die Baugenehmigung

1. Erforderlichkeit einer Baugenehmigung

Der länderweise Variantenreichtum erstreckt sich vom Genehmigungserfordernis für Vorhaben über vereinfachte Verfahren und solche der Genehmigungsfreistellung bis hin zur Genehmigungsfreiheit[7]. Im Gefolge von Deregulierungs- und Privatisierungsstrategien entfernen sich die Landesbauordnungen immer mehr vom Grundsatz der Genehmigungsbedürftigkeit[8]; damit einhergehend nimmt die repressive Kontrolle an Bedeutung zu[9].

1284

---

1 Bereits Rn 1245.
2 *Grotefels*, in: Hoppe/Bönker/Grotefels, ÖffBauR, § 16 Rn 3.
3 Bzw Landrat oder Oberbürgermeister; auf Antrag können etwa nach Art. 53 II BayBO oder § 57 II NBauO auch kleinere Gemeinden zu unteren Baurechtsbehörden erklärt werden; allg. dazu *Peine*, ÖffBauR, Rn 1041a.
4 Für den zweistufigen Aufbau: § 57 I BauO M.V., § 57 I NBauO; dreistufiger Aufbau: Art. 53 I 1 BayBO, § 57 I BauO NRW.
5 Art. 54 II BayBO, § 58 I BauO M.V., § 58 I 1 NBauO, § 58 II BauO NRW; es handelt sich hierbei um Aufgabenzuweisungsnormen allgemeiner Art, die keine Eingriffsbefugnisse verleihen; solche ergeben sich vielmehr jeweils aus speziellen Befugnisnormen der BauO oder – in Ermangelung einer einschlägigen Spezialregelung – aus der bauordnungsrechtlichen Befugnisgeneralklausel, s. etwa Art. 54 II 2 BayBO.
6 Art. 53 I 2 BayBO, § 57 II BauO M.V., § 58 II NBauO, § 57 I 2 BauO NRW.
7 Vgl *Finkelnburg/Ortloff/Otto*, ÖffBauR Bd. 2, § 7 Rn 1 ff.
8 Dazu *Ortloff*, NVwZ 1995, 112; *Preschel*, DÖV 1998, 45; *Bunzel/Handke*, ZfBR 1995, 173; *Mann*, FS Götz, S. 465; *Erbguth/Stollmann*, BayVBl. 1996, 65; bereits Rn 1114.
9 Ausführlich *Jäde*, ZfBR 2000, 519; näher auch *Seidel*, NVwZ 2004, 139; Rn 1334 ff.

a) Grundsatz der Genehmigungsbedürftigkeit

1285   Aus dem traditionellen Verständnis des Bauordnungsrechts als Gefahrenabwehrrecht und der in ihrer Reichweite freilich nicht unbestrittenen grundrechtlich fundierten Schutzpflicht des Staates[10] folgt die grundsätzliche **Genehmigungsbedürftigkeit** der Errichtung, Beseitigung, Änderung oder Nutzungsänderung[11] baulicher Anlagen[12]. Danach bedarf jedes Vorhaben, für das keine abweichenden Regelungen gelten, der formellen Legalisierung in einem bauaufsichtsrechtlichen Genehmigungsverfahren. Bei parallel zu durchlaufenden Verfahren mit Konzentrationswirkung (Planfeststellungsverfahren, § 75 I VwVfG; immissionsschutzrechtliches Verfahren, § 13 BImSchG) entfällt das bauordnungsrechtliche zugunsten des „konzentrierenden" Verfahrens[13].

Dazu bedarf es keiner ausdrücklichen Regelung in der Bauordnung; es genügt die Anordnung im spezielleren Fachgesetz[14]. Dennoch findet sich solches ausdrücklich bestimmt in Art. 56 S. 2 BayBO sowie § 59 II NBauO; § 60 BauO M.V. und § 61 BauO NRW begrenzen allerdings auf bestimmte Verfahrensarten – für die nicht aufgeführten Verfahrenstypen ergibt sich das jedoch aus den Vorschriften über die Aufgaben und Zuständigkeiten der Bauaufsichtsbehörden[15].

Der Baugenehmigung ihrerseits kommt nach dem Recht der meisten Bundesländer hingegen keine Konzentrationswirkung zu; anders verhält es sich in Brandenb., Hamb. und – abgeschwächt – in Bay sowie M.V.[16]

1286   Materiell-rechtlich ist die Genehmigung immer dann zu erteilen, wenn weder bauordnungsrechtliche, bauplanungsrechtliche noch andere – von den Bauaufsichtsbehörden zu prüfende – Normen des öffentlichen Rechts entgegenstehen[17]. Daraus ergibt sich zum einen ein überfachlicher Prüfauftrag[18] bei gleichzeitiger Beschränkung der Entscheidungskompetenz auf das öffentliche Baurecht; das soll Kompetenzlücken insbes. bei Ausfall fachgesetzlicher Zulassungstatbestände (bspw § 22 BImSchG) verhindern[19]. Zum anderen ist dem der Charakter der Baugenehmigung als präventi-

---

10   Dazu BVerfGE 39, 1 (41 ff); 49, 89 (141); 79, 174 (202).

11   Eine Nutzungsänderung liegt vor, wenn sich die neue Nutzung von der bisherigen dergestalt unterscheidet, dass sie anderen oder weitergehenden Anforderungen bauordnungs- oder bauplanungsrechtlicher Art unterworfen ist oder zumindest sein kann, OVG Münster, ZUR 2011, 23, das sich mit der Genehmigungsbedürftigkeit von Solaranlagen befasst; zur Bedeutung dieses Beschlusses für andere Bundesländer *Jäde*, LKV 2011, 306.

12   Art. 55 I BayBO, § 59 I BauO M.V., § 59 I NBauO, § 60 I BauO NRW.

13   Dazu *Kaiser*, Bauordnungsrecht, Rn 34.

14   Dazu *Sauthoff*, NordÖR 2006, 323 (329).

15   § 58 I 1 BauO M.V. bzw § 58 II 1 BauO NRW iVm der jeweiligen, die Konzentrationswirkung anordnenden gesetzlichen Regelung. Das Erfordernis des gemeindlichen Einvernehmens bleibt davon unberührt, § 36 I 2 BauGB; dazu im vorliegenden Zusammenhang Rn 1295.

16   Während die BauOen Brandenb. (§ 72 I 2) und Hamb. (§ 72 II 1) die Konzentrationswirkung selbst anordnen, steht sie in Bay (Art. 60 S. 1 Nr 3) und M.V. (§ 64 S. 1 Nr 3) unter dem Vorbehalt einer fachgesetzlichen Regelung („soweit"). Zum (gegenüber der MBO 2002) „Kontrastprogramm" der Bauordnung in Brandenb. *Ortloff*, NVwZ 2003, 1218; *Knuth*, LKV 2004, 193; *Hecker*, BauR 2006, 629; allg. auch *Buchmann*, VBlBW 2007, 201; bereits Rn 875.

17   Zur Rückkehr zum „Baurechts"-Verfahren durch die MBO 2002 vgl Rn 1292; zum Prüfungsumfang instruktiv *Kaiser*, Bauordnungsrecht, Rn 35 ff.

18   Länderweise allerdings ausdrücklich auf das Baurecht beschränkt, etwa § 58 I 1 BauO Bd.Wtt., § 72 I 1 BauO M.V.; zur MBO 2002 Rn 1292.

19   *Nicolai*, in: Koch/Hendler, Baurecht, § 23 Rn 24 f; zu Schwierigkeiten mit der Bestimmung einer derartigen „Auffangzuständigkeit" der Bauaufsichtsbehörde BVerwGE 74, 315 (324); 84, 11; 82, 61.

ves Verbot mit Erlaubnisvorbehalt zu entnehmen[20]. Diese Ausgestaltung als gebundene **Kontrollerlaubnis**[21] – und nicht als repressives Verbot mit Befreiungsvorbehalt[22] – rührt nach hM aus Art. 14 I GG (Baufreiheit[23]). Errichtung, Beseitigung oder (Nutzungs-)Änderung baulicher Anlagen sind rechtlich keine unerwünschten Vorgänge, sondern unterliegen lediglich der präventiven, auf Gefahrenabwehr im Einzelfall gerichteten Kontrolle durch die Baubehörden. Bei Vorliegen der gesetzlichen Voraussetzungen ist die Genehmigung zu erteilen.

b) Genehmigungsfreiheit und vereinfachte Verfahren

Vom Grundsatz der Genehmigungsbedürftigkeit gibt es für bauordnungsrechtlich weniger gefahrenträchtige Anlagen **Ausnahmen**, die je nach Art des Vorhabens und der landesrechtlichen Regelungen zur Verfahrensfreistellung, zum Anzeige- und Kenntnisgabeverfahren, zur Genehmigungsfreistellung oder zum vereinfachten Genehmigungsverfahren führen. **1287**

Seit jeher kennen die Landesbauordnungen den Verzicht auf jegliche Verfahrensanforderungen bei Vorhaben von untergeordneter Bedeutung, von denen üblicherweise keine Gefahren ausgehen[24] – **genehmigungsfreie (verfahrensfreie) Vorhaben**[25]. Auch diese Vorhaben unterliegen aber den materiellen Bauvorschriften; der Bauherr trägt angesichts des Ausfalls einer vorbeugenden Kontrolle durch die Bauaufsichtsbehörden das Risiko der Rechtswidrigkeit selbst[26]. Ein Bestandsschutz kann mangels Baugenehmigung nicht eintreten.

Entsprechendes gilt bei **Nutzungsänderungen** bereits genehmigter Anlagen, wenn für die neue Nutzung keine anderen öffentlich-rechtlichen Anforderungen bestehen als für die vorherige Nutzung[27]; in diesen und ähnlichen Fällen bedarf es keiner Baugenehmigung.

Ebenso wenig ist für **bauliche Anlagen des Bundes und der Länder** eine Baugenehmigung erforderlich, soweit die Leitung der Entwurfsarbeiten und die Bauüberwachung einer Baudienststelle übertragen wurden[28]. Ausreichend ist die bauaufsichtliche Zustimmung[29] zum jeweiligen Vorhaben.

Als **Kompromiss** zwischen Kontrollerlaubnis und Genehmigungsfreiheit existieren in allen Landesbauordnungen **vereinfachte Verfahren**. Unterschiede bestehen in der konkreten Ausgestaltung[30]:

---

20 Etwa *Brohm*, ÖffBauR, § 28 Rn 8.
21 *Battis*, ÖffBauR, Rn 535; anhand des Fachplanungsrechts bereits Rn 839.
22 Vgl etwa *Brohm*, ÖffBauR, § 28 Rn 8.
23 Dazu BVerfGE 35, 263; 42, 115; Rn 818; aber auch Rn 1232.
24 *Peine*, ÖffBauR, S. 310; zum Nachfolgenden aus *Mann*, FS Götz, S. 465.
25 Katalog etwa in Art. 57 BayBO, § 61 BauO M.V., §§ 60 I iVm Anhang, 61 f NBauO sowie § 62 BauO NRW; vgl die Länderübersichten bei *Finkelnburg/Ortloff/Otto*, ÖffBauR Bd. 2, S. 92 ff.
26 S. *Kaiser*, Bauordnungsrecht, Rn 22.
27 Art. 57 IV Nr 1 BayBO, § 61 II Nr 1 BauO M.V., § 60 II Nr 1 Alt. 1 NBauO, § 62 II Nr 1 BauO NRW.
28 Art. 73 I BayBO, § 77 I BauO M.V., § 74 I NBauO, § 79 I BauO NRW.
29 S. Art. 73 II 1 BayBO, § 77 I 2 BauO M.V., § 74 I 1 NBauO, § 79 I 2 BauO NRW.
30 Näher *Grotefels*, in: Hoppe/Bönker/Grotefels, ÖffBauR, § 16 Rn 20 ff; *Martini*, DVBl. 2001, 1488 (1489 ff); *Muckel/Ogorek*, ÖffBauR, § 9 Rn 70 ff; krit dazu mit überzeugenden Gründen *Preschel*, NJ 2006, 396 (396 f); auch *Bock*, DVBl. 2006, 12 (12 f); *Ekardt/Beckmann/Schenderlein*, NJ 2007, 481.

1288   Das **Anzeige- bzw Kenntnisgabeverfahren** (§ 62 BauO Bbg., § 51 BauO Bd.Wtt.) ist
vor allem bei der Errichtung von Wohngebäuden (ausgenommen Hochhäuser), landwirtschaftlichen Betriebsgebäuden und Garagen innerhalb des Geltungsbereiches eines
qualifizierten Bebauungsplanes vorgesehen. Es verlangt zwar die Einreichung der erforderlichen Unterlagen; die Bauaufsichtsbehörde entscheidet aber nicht über das Vorhaben[31]. Sie ist zur Prüfung der Unterlagen berechtigt, nicht aber verpflichtet[32]. Reagiert die Bauaufsichtsbehörde nicht innerhalb der dafür vorgesehenen Frist, entfällt für
den Antragsteller das formelle Bauverbot; er kann sein Vorhaben realisieren. Ist der
Bau rechtswidrig, kann die Behörde aber nachträglich einschreiten[33]. Umgekehrt können sich Haftungsansprüche des Bauherrn ergeben, zumal ein (Verwaltungs-)Verfah-
rensverhältnis zwischen der Bauaufsichtsbehörde und dem Bauherrn besteht[34].

1289   In anderen Bundesländern ist das **Genehmigungsfreistellungsverfahren** als Unterart
des vereinfachten Verfahrens eingeführt worden[35], und zwar regelmäßig für Wohngebäude geringer oder mittlerer Höhe (teilw bis zur Hochhausgrenze) in qualifiziert beplanten Bereichen. Der grundlegende Unterschied zum Anzeige- resp. Kenntnisgabeverfahren besteht darin, dass nach Vorlage der Bauunterlagen je nach Landesregelung
die Bauaufsichtsbehörde oder Gemeinde prüft, ob ein Genehmigungsverfahren
durchgeführt wird oder es bei der gesetzlich als Grundsatz geregelten Genehmigungsfreiheit bleibt[36]. Ein Recht zum präventiven Einschreiten soll der Behörde indes verwehrt, das Risiko der Rechtswidrigkeit des Bauens mithin gänzlich dem Bauherrn
aufgebürdet sein[37]. Liegt dem Bauherrn nicht innerhalb eines Monats nach Einreichen
der Bauvorlagen eine Erklärung der Behörde über die Durchführung eines Genehmigungsverfahrens vor, kann er mit dem Bauvorhaben beginnen; das Vorhaben ist damit genehmigungsfrei. Angesichts des Fehlens einer das Vorhaben formell absichern-
den Baugenehmigung und des damit ggf verbundenen wirtschaftlichen Risikos[38] eröffnen einige Länder dem Bauherrn die Möglichkeit, ein (vereinfachtes) Baugenehmigungsverfahren in Gang zu bringen[39].

1290   Jene „vereinfachten Verfahren" haben im Gefolge von Beschleunigung und teilw Privatisierung[40] bauaufsichtlicher Verfahren an Bedeutung gewonnen und drängen damit das ursprüngliche Regelverfahren der vollumfänglichen Prüfung in den Hintergrund. Die mehr oder minder weit reichende Verlagerung der baurechtlichen Prüfun-
gen einschließlich des Haftungsrisikos von der Bauaufsichtsbehörde auf private Sachverständige[41] (zB § 63 IV, V BauO NRW) soll den Aufwand der Behörden verringern[42]. **Kritik** an jener Verfahrensprivatisierung bezieht sich auf die Verschlechte-

---

31   Allenfalls auf Antrag über Abweichungen, Ausnahmen oder Befreiungen, § 52 IV BauO Bd.Wtt.
32   *Brohm*, ÖffBauR, § 4 Rn 14; anders *Pfaff*, VBlBW 1996, 281 (284): keine präventive Prüfung.
33   Str; wie hier *Brohm*, ÖffBauR, § 4 Rn 14; vgl zu den repressiven Maßnahmen Rn 1330 ff.
34   Zu Recht *Brohm*, ÖffBauR, § 4 Rn 14.
35   Bspw Art. 58 BayBO, § 62 BauO M.V., § 63 BauO NRW; näher *Kaiser*, Bauordnungsrecht, Rn 82 ff.
36   *Erbguth/Stollmann*, BayVBl. 1996, 65 (70); zu alldem auch *Mann*, FS Götz, S 465.
37   *Jäde*, ZfBR 1996, 241 (246); nicht unberechtigte Zweifel bei *Brohm*, ÖffBauR, § 4 Rn 14.
38   Vgl Rn 1337.
39   Etwa § 62 X NBauO; dazu auch *Kaiser*, Bauordnungsrecht, Rn 85: Verfahrenswahlrecht „nach oben".
40   Dazu *Preschel*, DÖV 1998, 45; *Jäde*, ZfBR 2000, 519.
41   *Schulte*, BauR 1998, 249; krit *Ortloff/Rapp*, NJW 1996, 2346.
42   Zum Abstandsflächenrecht und zum Nachbarschutz insoweit anhand des bayerischen Rechts *Number-
      ger*, BayVBl. 2008, 741.

rung des Verhältnisses zwischen Bürger und Staat[43] sowie die Verkürzung der Nachbarrechte[44] und der Rechte zu beteiligender Gemeinden[45].[46]

Gegen das Genehmigungsfreistellungsverfahren wird ferner eingewandt, das verfolgte Ziel der Entlastung der Verwaltung werde verfehlt, weil rechtliche Unsicherheiten der am Bau Beteiligten einen erhöhten Beratungsbedarf nach sich zögen; zudem habe die Zahl der Verstöße gegen baurechtliche Vorschriften infolge der Freistellung eklatant zugenommen[47]. Somit dürften die Entlastungen bei den präventiven Aufgaben durch gesteigerte Erfordernisse repressiven Einschreitens (bestenfalls) kompensiert werden[48].

Von diesen vereinfachten Verfahren zu unterscheiden ist das **vereinfachte Genehmi-** **1291** **gungsverfahren**[49] im eigentlichen Sinne: Während Erstere bei Vorliegen der entsprechenden Voraussetzungen zur Genehmigungsfreiheit führen, es also keiner Genehmigung bedarf, ist Letzteres ein Verfahren zur Erteilung einer Baugenehmigung mit beschränktem (vereinfachtem) Prüfungsumfang. Es wird lediglich die planungsrechtliche Zulässigkeit sowie, sofern es fachgesetzlich angeordnet ist, die Vereinbarkeit mit dem Fachrecht („aufgedrängtes Fachrecht") kontrolliert, nicht aber die bauordnungsrechtliche Zulässigkeit[50]. Lediglich teilw wird die Prüfung einzelner bauordnungsrechtlicher Anforderungen („Kernmaterien"[51]) angeordnet[52]. Dem zurückgenommenen Prüfungsumfang korrespondiert eine entsprechend **beschränkte Feststellungswirkung** der Baugenehmigung[53]; Bestandsschutz kann folglich im Hinblick auf ungeprüfte Anforderungen des materiellen Baurechts nicht eintreten.

Zwar ist die Genehmigungsbehörde nicht zu einer Erweiterung des gesetzlich eingeschränkten Prüfprogramms und damit der Anspruchsvoraussetzungen befugt[54]; sie soll aber – umgekehrt – gleichwohl nicht gehindert sein, die bauordnungsrechtliche Zulässigkeit des Vorhabens positiv festzustellen und dergestalt die gesetzlich begrenzte Feststellungswirkung zu erweitern[55]. Das findet sich kaum überzeugend damit begründet, die Behörde müsse sich mit einem bereits im

---

43 *Goerlich*, SächsVBl. 1996, 1.
44 Zum Nachbarschutz insoweit Rn 1375.
45 *Oeter*, DVBl. 1999, 189; *Erbguth/Stollmann*, JZ 1995, 1141; *Degenhart*, NJW 1996, 1433; *Mampel*, NVwZ 1996, 1160; *Broß*, VerwArch 89 (1998), 489; *Uechtritz*, NVwZ 1996, 640; *Martini*, DVBl. 2001, 1488; hinsichtlich der Gemeinden anhand des Entwurfs der MBO 2002 *Dahlke-Piel*, UPR 2002, 81; aA *Jäde*, NVwZ 1995, 672; *Ritter*, DVBl. 1996, 542.
46 Insgesamt krit mit ersatzweiser Favorisierung von Fiktionsregelungen auch *Ekardt/Beckmann/Schenderlein*, NJ 2007, 481.
47 Dazu *Mann*, FS Götz, S. 465 (472) mwN; zu nachteiligen Folgen für den Bauherrn im Falle materieller Rechtswidrigkeit des Bauwerks *ders.*, aaO, S. 480; Rn 1337.
48 Siehe dazu *Ramsauer*, NordÖR 2006, 282 (283); allg. zu den rechtsdogmatischen Folgen des „Abschieds von der Eröffnungskontrolle" *Cancik*, DÖV 2011, 1.
49 Etwa Art. 59 BayBO, § 63 BauO M.V., § 63 NBauO, § 64 BauO NRW (dort: „einfaches Baugenehmigungsverfahren").
50 Zum vereinfachten Genehmigungsverfahren nach Art. 59 S. 1 BayBO *Jäde/Famers*, BayVBl. 2008, 33 (34) – „im Kern planungsrechtliches Genehmigungsverfahren".
51 Dazu *Bock*, DVBl. 2006, 12; *Ekardt/Beckmann/Schenderlein*, NJ 2007, 481 (485).
52 § 61 II Nr 2 BauO Hamb.: Einhaltung der Abstandsflächen; krit dazu *Koch*, NordÖR 2006, 56 (59); vgl auch Art. 59 S. 1 Nr 1 b) BayBO, § 63 I Nr 2 BauO M.V., § 64 I Nr 3 BauO NRW, § 63 I 2 Nr 2 NBauO.
53 *Finkelnburg/Ortloff/Otto*, ÖffBauR Bd. 2, § 7 Rn 25; *Ekardt/Beckmann/Schenderlein*, NJ 2007, 481 (485) mwN; Rn 1309.
54 S. nur *Hornmann*, NVwZ 2012, 1294 (1294); *Jäde*, ZfBR 2015, 19 (23); VGH München, BauR 2012, 542.
55 OVG Koblenz, NVwZ-RR 2012, 304 (305); dass., NVwZ-RR 2014, 30.

vereinfachten Genehmigungsverfahren vorliegenden nachbarlichen Begehren auf bauaufsicht-
liches Einschreiten ohnehin befassen und sei insoweit zu einer isolierten Feststellung der bauordnungsrechtlichen Zulässigkeit befugt; diese könne sie dann aber sogleich mit der „schlan-
ken" Baugenehmigung des vereinfachten Verfahrens verbinden[56]. Jene Sichtweise lässt sich
mit der normativ vorgegebenen Konzeption des vereinfachten Verfahrens nicht in Einklang
bringen. Das Gesetz trifft mit der Eingrenzung des Prüfprogramms zugleich eine eindeutige
Aussage zur zulässigen Reichweite der Feststellungswirkung der Baugenehmigung, was sich
nicht unter – systematisch verfehltem – Rückgriff auf eine Rechtsgrundlage beiseite schieben
lässt, die allein zum repressiven Einschreiten gegen baurechtswidrige Zustände ermächtigt.
Eine solche Sicht verträgt sich zudem nicht mit der intendierten Verantwortungsverteilung zwischen Behörde und Bauherrn hinsichtlich der Legalität des Vorhabens[57].

Stellt hingegen die Genehmigungsbehörde – etwa auf Grund von Einwendungen Dritter – offensichtliche Rechtsverstöße außerhalb des ihr gesetzlich zugewiesenen Prüfungsprogramms
fest, die sie zum nachträglichen Einschreiten berechtigten, kann sie aus Gründen der Verwal-
tungsökonomie und **mangels Sachbescheidungsinteresses** bereits die Erteilung der Baugenehmigung versagen[58].

1292 Über den Genehmigungsantrag ist regelmäßig innerhalb einer gesetzlich bestimmten
Frist[59] zu entscheiden, bei deren Überschreitung eine **Genehmigungsfiktion**[60] eintritt[61]. Die Bestimmungen über den Fristbeginn variieren länderweise; überwiegend
ist er an den Eingang des „vollständigen" Bauantrags bei der zuständigen Behörde geknüpft[62], wobei auf die materielle Vollständigkeit abzuheben ist[63]. Die fiktive Baugenehmigung entfaltet die gleichen Rechtswirkungen wie eine tatsächlich erteilte, erzeugt mithin die lediglich formelle Rechtmäßigkeit des Vorhabens[64]. Bei Verletzung
materieller Rechtmäßigkeitsanforderungen kann die fiktive Baugenehmigung nach
§ 48 LVwVfG zurückgenommen werden[65].

1293 **Lösungshinweis zu Fall 28 (Rn 1280):** Nach § 59 I 1 BauO M.V. bedarf die Errichtung
einer Anlage grds der Erteilung einer Baugenehmigung[66]. Fraglich ist zunächst, ob es sich
bei dem zu errichtenden Haus um eine derartige (bauliche) Anlage handelt. Nach § 2 I
BauO M.V. sind dies mit dem Erdboden verbundene, aus Bauprodukten hergestellte Anlagen. Ein Haus ist sowohl mit dem Erdboden verbunden (meist über ein Fundament) als auch
aus Bauprodukten (vgl § 2 X BauO M.V.) hergestellt und demnach eine bauliche Anlage,
also grds genehmigungsbedürftig. Das Vorhaben bedürfte jedoch keiner Genehmigung,

---

56 OVG Koblenz, wie vor.
57 S. die Kritik bei *Hornmann*, NVwZ 2012, 1294 (1295 ff); *Sauthoff*, BauR 2013, 415.
58 OVG Münster, BauR 2010, 208 (anhand eines Vorbescheids); VGH Kassel, NVwZ-RR 2012, 676;
    VGH München, BayVBl. 2006, 537; OVG Bautzen, SächsVBl. 1997, 221; dazu anhand des insoweit
    einschlägigen Art. 68 I 1 BayBO *Manssen/Greim*, BayVBl. 2010, 421; *Ingold/Schröder*, BayVBl.
    2010, 426; *Jäde*, BayVBl. 2010, 741 mwN; *Kaiser*, Bauordnungsrecht, Rn 79 f.
59 Die Frist beträgt zwischen einem und drei Monaten und kann bei Vorliegen eines wichtigen Grundes
    verlängert werden, vgl § 61 III 3 BauO Hamb., § 57 II 2 BauO Hess., § 63 II 1 BauO M.V.
60 Dazu krit. *Beckmann*, VR 2012, 114; *Hullmann/Zorn*, NVwZ 2009, 756.
61 Etwa § 63 II 2 BauO M.V., § 61 III 4 BauO Hamb.
62 § 61 III 1 BauO Hamb., § 57 II 2 BauO Hess., § 63 II 1 BauO M.V.
63 Vgl OVG Greifswald, NuR 2004, 739 (741): Vollständigkeit in vollem Umfang gerichtlich überprüf-
    bar; OVG Berlin-Brandenburg, BauR 2011, 1375.
64 *Saurer*, DVBl. 2006, 605 (606); zur Unzulässigkeit eines „Fiktionszeugnisses" *Sauthoff*, NordÖR
    2006, 323 (331).
65 Dazu OVG Schleswig, NordÖR 2005, 65.
66 Zu den diesbzgl Vorschriften anderer Bundesländer vgl Rn 1285 ff.

wenn die Anlage im Katalog der verfahrensfreien Bauvorhaben des § 61 BauO M.V.[67] aufgeführt wäre. Nach Abs. 1 Nr 1a dieser Vorschrift entfällt die Genehmigungspflicht bei eingeschossigen Gebäuden bis zu einer Brutto-Grundfläche von 10 qm. Da das von V zu errichtende Haus zwar ein Gebäude (vgl § 2 II BauO M.V.) und auch eingeschossig ist, aber mit 150 qm die zulässige Grundfläche deutlich überschreitet, ist der Bau nicht verfahrensfrei. Die Errichtung des Hauses könnte jedoch von der Genehmigung freigestellt sein, § 62 BauO M.V.[68] Nach § 62 II BauO M.V. ist das der Fall, wenn das Vorhaben im Geltungsbereich eines qualifizierten Bebauungsplans liegt, es den Festsetzungen des Bebauungsplanes nicht widerspricht, die Erschließung iSd BauGB gesichert ist und die Gemeinde nicht innerhalb der Monatsfrist des Abs. 3 S. 2 erklärt, dass das vereinfachte Baugenehmigungsverfahren durchgeführt werden soll oder eine vorläufige Untersagung nach § 15 I S. 2 BauGB beantragt. Hier liegt das Bauvorhaben im Bereich eines qualifizierten Bebauungsplans, dessen Vorgaben es entspricht. Auch ist die Erschließung gesichert, so dass V einen Monat nach Einreichung der Bauunterlagen bei der Gemeinde mit dem Bau beginnen kann, sofern die Gemeinde nicht von den angesprochenen Möglichkeiten Gebrauch macht, § 62 III BauO M.V. Sollte die Gemeinde bereits vor Ablauf der Monatsfrist den Verzicht auf diese Maßnahmen erklären, kann sofort gebaut werden.

2. Das Verfahren

a) Bauantrag

Soweit nach dem Vorstehenden eine Baugenehmigung erforderlich ist, bedarf es zunächst eines Bauantrages durch den Bauherrn[69] (**mitwirkungsbedürftiger Verwaltungsakt**)[70]. Der Antrag ist in schriftlicher Form bei der unteren Bauaufsichtsbehörde einzureichen; als **vollständig** ist der Antrag anzusehen, wenn sämtliche für die Beurteilung des Vorhabens und die Bearbeitung des Antrags erforderlichen Unterlagen (Bauvorlagen[71]) vorliegen. Ist die Gemeinde nicht selbst Bauaufsichtsbehörde, wird vom Bauordnungsrecht teilw verlangt, dass der Bauantrag direkt an die Gemeinde zu richten ist, den diese dann unverzüglich mit einer eigenen Stellungnahme an die Bauaufsichtsbehörde weiterleiten muss[72]. Der Bauantrag ist vom Bauherrn und dem Entwurfsverfasser (idR ein Architekt[73]), die Bauvorlagen sind nur von Letzterem zu unterschreiben[74]. Ist der Bauherr nicht Grundstückseigentümer, kann dessen Zustimmung gefordert werden[75].

1294

---

67 Zu den Regelungen anderer Bundesländer Rn 1287.
68 Diesbzgl Regelungen anderer Bundesländer bei Rn 1289.
69 Art. 64 BayBO, § 68 BauO M.V., § 67 NBauO, § 70 BauO NRW.
70 *Stollmann/Beaucamp*, ÖffBauR, § 18 Rn 20; allg. *Erbguth/Guckelberger*, Allgemeines Verwaltungsrecht, § 12 Rn 43.
71 Insbes. Lageplan, Bauzeichnungen mit Grundrissen, Schnitten und Ansichten der baulichen Anlagen im Maßstab 1:100, Baubeschreibung, Standsicherheitsnachweis und weitere bautechnische Nachweise, Darstellung der Grundstücksentwässerung, vgl *Brohm*, ÖffBauR, § 28 Rn 35.
72 Art. 64 I 2 BayBO, §§ 67 I, 69 I NBauO.
73 Vgl Art. 51, 64 IV BayBO, §§ 54, 68 IV BauO M.V., §§ 53, 67 III NBauO, §§ 54, 70 III BauO NRW; zur verfassungsrechtlichen Vereinbarkeit dieses Planvorlagemonopols BVerfGE 68, 272; *Finkelnburg/Ortloff/Otto*, ÖffBauR Bd. 2, S. 112 f.
74 *Peine*, ÖffBauR, Rn 1081.
75 Art. 64 IV 2 BayBO, § 68 IV 3 BauO M.V., § 70 III 3 BauO NRW.

b) Mitwirkung öffentlicher Stellen

1295   Neben den Bauordnungsbehörden sind regelmäßig andere öffentliche Stellen an dem Verfahren zur Erteilung einer Baugenehmigung beteiligt. So muss die (Standort-)Gemeinde in den Fällen des § 36 I 1, 2 BauGB ihr **Einvernehmen** erklären[76]. Versagt sie es rechtswidrig, so kann das Einvernehmen von der Bauaufsichtsbehörde[77] oder, bei Fehlen einer (bauordnungs)rechtlichen Regelung, im Rahmen der Kommunalaufsicht ersetzt werden[78]. Andere Behörden, deren Aufgabenbereich durch das Bauvorhaben berührt wird, wie die Straßenbaubehörde bei baulichen Anlagen an Bundesstraßen nach § 9 II 1 FStrG, sollen **angehört** werden[79]; verfristete Stellungnahmen können unberücksichtigt bleiben[80]. Bedarf es der Zustimmung (oder des Einvernehmens) bestimmter Behörden, findet sich diese(s) gesetzlich fingiert, wenn sie (es) nicht innerhalb von einem Monat[81] bzw zwei Monaten[82] verweigert wird.

c) Beteiligung Dritter und der Öffentlichkeit

1296   Die Regelungen über die Beteiligung Dritter am Baugenehmigungsverfahren variieren von Bundesland zu Bundesland erheblich[83]. So wird zwischen Nachbarn[84] und Angrenzern[85] als Dritten unterschieden. Während **Nachbarn** Eigentümer von Grundstücken oder sonst dinglich Berechtigte[86] in räumlicher Nähe zum Bauvorhaben sind, ist der Begriff des **Angrenzers** enger auszulegen. Erfasst werden nur Eigentümer und dinglich Berechtigte, die mit dem Baugrundstück eine gemeinsame Grenze haben. Fehlt es an derartigen (Sonder-)Regelungen, folgt aus § 13 II 2 LVwVfG eine Pflicht zur Beteiligung des/der Nachbarn auf Antrag, wenn eine Ausnahme oder Befreiung von einer nachbarschützenden Vorschrift des öffentlichen Baurechts[87] erteilt werden soll (rechtsgestaltende Wirkung)[88].

1297   Unterschiedlich geregelt ist ferner, ob Angrenzer oder Nachbarn von der Antragstellung des Bauherrn zu unterrichten sind. Verallgemeinernd gilt, dass eine **Anhörung** erfolgen oder dem Nachbarn die Möglichkeit zur Stellungnahme gegeben werden muss, wenn zu erwarten steht, dass öffentlich-rechtlich geschützte Belange des Nachbarn berührt werden, etwa auf Grund der Erteilung von Ausnahmen und Befreiungen[89]. Entfallen kann dagegen eine Beteiligung des Nachbarn, wenn dieser die Lage-

---

76   Vgl Rn 1153 ff.
77   Vgl Art. 67 I BayBO; hierzu *Jäde/Famers*, BayVBl. 2008, 33 (37 f); § 71 I BauO M.V., § 73 BauO NRW.
78   Bereits Rn 1156.
79   Art. 65 I BayBO, § 69 I BauO M.V., § 69 III NBauO, § 71 II 2 BauO NRW.
80   Art. 65 I 3 BayBO, § 69 I 3 BauO M.V. – kein Ermessen, § 69 III 3 NBauO, § 71 II 3 BauO NRW
81   Art. 65 I 2 BayBO, § 69 I 2 BauO M.V., § 69 IV NBauO.
82   § 71 II 2 BauO NRW.
83   Dazu *Will*, ÖffBauR, § 5 Rn 605 ff; zur (Nicht-)Anwendbarkeit des § 25 III VwVfG im Rahmen des Baugenehmigungsverfahrens *Jäde*, ZfBR 2014, 217.
84   Vgl Art. 66 BayBO, § 70 BauO M.V., § 68 NBauO.
85   § 72 I BauO NRW.
86   BVerwG, NJW 1993, 626; OVG Lüneburg, BRS 49 Nr 216; zur Stellung von Wohnungsmietern Rn 1366 mwN; *Mampel*, UPR 1994, 8; krit *Jäde*, UPR 1993, 330.
87   Dazu Rn 1301, 1367.
88   *Nicolai*, in: Koch/Hendler, Baurecht, § 23 Rn 8; allg. zu rechtsgestaltenden Verwaltungsakten etwa *Erbguth/Guckelberger*, Allgemeines Verwaltungsrecht, § 12 Rn 36 ff.
89   Art. 66 BayBO, § 70 BauO M.V., § 68 NBauO, § 72 BauO NRW.

pläne und Bauzeichnungen unterschrieben oder dem Bauvorhaben schriftlich zugestimmt hat[90]. Das Gleiche gilt bei offensichtlich fehlender Betroffenheit des Nachbarn. Eine unterbliebene Benachrichtigung des Nachbarn kann nach § 45 I Nr 3
LVwVfG geheilt werden. Verfristete Einwendungen sind lediglich für das weitere
(Baugenehmigungs-)Verfahren ausgeschlossen, nicht aber für die gerichtliche Geltendmachung (formelle Präklusion); Weitergehendes muss gesetzlich ausdrücklich
angeordnet werden (§ 55 II 2 BauO Bd.Wtt.: materielle Präklusion)[91].

Inzwischen sehen zahlreiche Bauordnungen zudem eine **Öffentlichkeitsbeteiligung**   1298
bei Vorhaben vor, die auf Grund ihrer Beschaffenheit oder ihres Betriebs geeignet
sind, die Allgemeinheit oder die Nachbarschaft zu gefährden, zu benachteiligen oder
zu belästigen[92]. Die Durchführung dieser Öffentlichkeitsbeteiligung liegt indes im Ermessen der Bauaufsichtsbehörde und setzt einen Antrag des Bauherrn voraus[93]. Besondere Vorschriften für die Beteiligung der Öffentlichkeit gelten aufgrund von Vorgaben der Seveso-III-RL bei der Zulassung von Störfallbetrieben[94].

d) Entscheidung

Nach Abschluss des Beteiligungsverfahrens entscheidet die Bauaufsichtsbehörde   1299
über den Bauantrag, und zwar schriftlich unter Bekanntgabe an den Bauherrn. Die
Baugenehmigung muss den Anforderungen des **Bestimmtheitsgebots** (§ 37 I
LVwVfG) genügen und insbes. Inhalt, Reichweite und Umfang der genehmigten Nutzung eindeutig erkennen lassen, damit der Bauherr die Bandbreite der für ihn legalen
Nutzungen und Drittbetroffene das Maß der für sie aus der Baugenehmigung erwach-
senen Betroffenheit zweifelsfrei feststellen können[95]. Einer **Begründung** bedarf es
bei Erteilung der Baugenehmigung nur, wenn von nachbarschützenden Vorschriften
abgewichen wird und der Nachbar nicht zugestimmt hat[96]. Im Falle der Ablehnung
des Bauantrags ist der Verwaltungsakt immer zu begründen[97]. Teilw sind Entschei-
dungsfristen vorgegeben[98]. Der Baubeginn selbst hängt ggf noch von der Erteilung
des sog. Baufreigabescheins ab („roter Punkt")[99].

---

90 § 70 II BauO M.V., § 74 III BauO NRW; vgl OVG Berlin, NJW 1994, 2717; ein Widerruf der Zustimmung ist nur bis zum Zugang bei der Behörde möglich, VGH München, UPR 2006, 239.
91 Näher *Brohm*, ÖffBauR, § 28 Rn 37.
92 Art. 66a I BayBO, § 70 IV BauO M.V., § 72 III BauO NRW.
93 *Finkelnburg/Ortloff/Otto*, ÖffBauR Bd. 2, § 7 Rn 111.
94 S. etwa Art. 66a II BayBO, § 70 V BauO M.V., § 68 V NBauO, § 72 III 2 BauO NRW, näher *Finkeln-
burg/Ortloff/Otto*, ÖffBauR Bd. 2, § 7 Rn 113.
95 OVG Münster, NWVBl. 2008, 181; OVG Koblenz, BauR 2013, 1425; OVG Münster, DVBl. 2013,
1327; besagte Angaben müssen der Genehmigung selbst – ggf durch Auslegung – oder den mit Zuge-
hörigkeitsvermerk versehenen Bauvorlagen entnommen werden können, OVG Münster, NWVBl.
2005, 470; eine Baugenehmigung ist unbestimmt und daher rechtswidrig, wenn sie nicht erkennen
lässt, welchem Nutzungtyp iSd BauNVO das genehmigte Vorhaben zuzuordnen ist, und deshalb eine
Verletzung nachbarschützender Rechte nicht auszuschließen ist, OVG Hamburg, NordÖR 2011, 556.
96 Art. 68 II 2 BayBO, § 72 III BauO M.V., § 74 II 2 BauO NRW.
97 Vgl *Stollmann/Beaucamp*, ÖffBauR, § 18 Rn 28.
98 § 54 IV BauO Bd.Wtt.
99 Etwa wenn vorher noch bestimmte Anforderungen erfüllt werden müssen, *Brohm*, ÖffBauR, § 29
Rn 40; zu Nebenbestimmungen Rn 1305 ff.

e) Durchführung einer Umweltverträglichkeitsprüfung

1300 Soweit die Länder ein Gesetz über die **Umweltverträglichkeitsprüfung** bestimmter öffentlicher und privater Vorhaben, die ihrem Zuständigkeitsbereich unterfallen (LUVPG), erlassen haben, ergibt sich hieraus regelmäßig zugleich die Pflicht zur Durchführung einer UVP im Baugenehmigungsverfahren[100].

3. Abweichungen

1301 Sofern ein Bauvorhaben nicht den Anforderungen des Bauordnungsrechts entspricht, kann die Bauaufsichtsbehörde hiervon Abweichungen zulassen[101]. Die meisten Bauordnungen haben mittlerweile die frühere, am Städtebaurecht orientierte Differenzierung zwischen Ausnahme und Befreiung aufgegeben und verwenden stattdessen nur mehr den einheitlichen Begriff der Abweichung.

1302 Abweichungen können – vorbehaltlich speziell geregelter Abweichungsmöglichkeiten – im Fall der Vereinbarkeit mit den öffentlichen Belangen unter Berücksichtigung des Zwecks der jeweiligen Anforderung und unter Würdigung der öffentlich-rechtlich geschützten nachbarlichen Belange zugelassen werden[102].

1303 Ob über die ausdrücklich genannten Tatbestandsvoraussetzungen hinaus einschränkend das ungeschriebene Merkmal der **Atypik** herangezogen werden darf, ist fraglich[103]. Teilw wird eine rechtsstaatlich begründete Notwendigkeit gesehen, auf diese Weise der lediglich durch unbestimmte Rechtsbegriffe ausgeformten Ermächtigungsnorm schärfere Konturen zu verleihen[104]. Dem ist iE zuzustimmen; das Einschränkungserfordernis dürfte allerdings mit dem OVG Münster vor allem damit zu begründen sein, dass der Gesetzgeber durch die bauordnungsrechtlichen Vorschriften die schutzwürdigen und schutzbedürftigen Belange und Interessen regelmäßig selbst schon einem gerechten Ausgleich zugeführt hat, so dass die Abweichung nicht als „Instrument zur Legalisierung gewöhnlicher Rechtsverletzungen" dienen kann[105]. Daher muss im konkreten Einzelfall eine besondere Situation gegeben sein, die sich vom gesetzlichen Regelfall derart unterscheidet, dass die Nichtberücksichtigung oder Unterschreitung des gesetzlich festgelegten Standards gerechtfertigt ist; dies bedingt den Nachweis einer atypischen Grundstückssituation[106].

---

100 Etwa § 59 II BauO M.V., § 61 I BauO NRW.
101 Etwa Art. 63 BayBO, § 67 BauO M.V., § 69 BauO NRW, § 66 NBauO; zur letztgenannten Vorschrift *Fricke*, NdsVBl. 2014, 96.
102 Art. 63 I 1 BayBO, § 67 I 1 BauO M.V., § 66 I 1 NBauO, § 69 I 1 BauO NRW.
103 Dafür *Stollmann/Beaucamp*, ÖffBauR, § 18 Rn 33; *Stiel*, in: Große-Suchsdorf, Nds. Bauordnung, 9. Aufl. 2013, § 66 Rn 14; VG Gelsenkirchen, BauR 2013, 131 (Ls.); im Hinblick auf Abstandsvorschriften OVG Berlin-Brandenburg, NVwZ-RR 2013, 400.
104 *Stiel*, wie vor.
105 OVG Münster, Beschl. v. 5.11.2007, Az. 7 E 737/07, juris, Rn 7.
106 OVG Münster, wie vor; OVG Münster, NVwZ-RR 2008, 757 (759); OVG Berlin-Brandenburg, NVwZ-RR 2013, 400; OVG Bremen, NVwZ 2013, 1026; exemplarisch lässt sich die besondere Gefährdungslage eines Konsulats für die Errichtung eines außergewöhnlich hohen Zauns anführen, s. VGH Kassel, ZfBR 2009, 371.

Die Zulassung einer Abweichung liegt im **Ermessen** der Bauaufsichtsbehörde (§ 40 LVwVfG)[107]. Ein Anspruch des Bauherrn besteht daher nur bei einer Ermessensreduzierung auf Null[108]. **1304**

Abweichungen sind gesondert **schriftlich** zu beantragen und zu **begründen**[109]; Gleiches gilt im Fall von begehrten Ausnahmen und Befreiungen nach Bauplanungsrecht (§ 67 II MBO) sowie bei Vorhaben, die keiner Genehmigung bedürfen, bzw für Abweichungen von Vorschriften, deren Einhaltung nicht geprüft wird[110].

4. Nebenbestimmungen

Für die Baugenehmigung als **gebundenen Verwaltungsakt** gilt § 36 I LVwVfG[111]. Danach ist eine Nebenbestimmung nur zulässig, wenn sie durch Rechtsvorschrift vorgesehen ist oder wenn allein so die gesetzlichen Voraussetzungen für die Genehmigungserteilung erfüllt werden können[112]. **1305**

Allg. ist bei nicht vollständigem Vorliegen der Erteilungsvoraussetzungen einer Baugenehmigung die Aufnahme einer Nebenbestimmung als milderes Mittel gegenüber der Ablehnung der Baugenehmigung nicht nur zulässig, sondern aus Gründen der Verhältnismäßigkeit auch geboten[113].

Auflagen unterscheiden sich nach herkömmlichem Verständnis von den übrigen Nebenbestimmungen (Bedingung, Befristung, Widerrufsvorbehalt uä) dadurch, dass sie selbstständig angreifbar und – umgekehrt – vollstreckbar sind[114]. Diese Unterscheidung wird indes nicht mehr strikt durchgehalten. So kann eine Bedingung als Bestandteil des (Haupt-)Verwaltungsaktes gesondert angefochten werden, wenn der Verwaltungsakt dergestalt teilbar ist, dass der verbleibende Teil noch einen Sinn behält und nicht in seinem Regelungsgehalt verändert wird[115]. Eine Abweichung vom obigen Grundsatz liegt auch in der rechtsprechungsbedingten Anerkennung einer sog. „modifizierenden Auflage"[116] bzw „modifizierenden Genehmigung"[117]. Beiden ist gemeinsam, dass die behördliche Entscheidung zu einer qualitativen Änderung des Antragsgegenstandes führt – und dass diese Modifizierung (anders als im Normalfall der Auflage) nicht isoliert angefochten werden kann (lediglich Verpflichtungsklage auf „unmodifizierte" Entscheidung)[118]. IÜ dürfte zu unterscheiden sein: Wird der An- **1306**

---

107 OVG Münster, BauR 2008, 1588 (1589); dort auch, aaO, 589 f.
108 Dazu allgemein etwa *Erbguth/Guckelberger*, Allgemeines Verwaltungsrecht, § 14 Rn 48.
109 Vgl § 66 II 1 NBauO.
110 Art. 63 II 2 BayBO, § 67 II 2 BauO M.V., § 66 II 2 NBauO.
111 Dazu etwa *Erbguth/Guckelberger*, Allgemeines Verwaltungsrecht, § 18 Rn 13.
112 Die Erteilung von Ausnahmen und Befreiungen bzw Abweichungen stellt dagegen eine Ermessensentscheidung dar (Rn 1304), die auch ohne das Bestehen spezieller bauordnungsrechtlicher Regelungen gem. § 36 II LVwVfG mit Nebenbestimmungen versehen werden kann.
113 VGH Mannheim, VBlBW 1983, 110; eingehend dazu und zum Nachfolgenden *Grotefels*, in: Hoppe/Bönker/Grotefels, ÖffBauR, § 16 Rn 56 ff.
114 Vgl nur *Brohm*, ÖffBauR, § 28 Rn 20.
115 BVerwGE 55, 136; 81, 185; maßgeblich soll der Empfängerhorizont sein, OVG Bautzen, UPR 2006, 452 (452 f).
116 BVerwG, DÖV 1974, 380.
117 BVerwGE 69, 37 (39).
118 BVerwGE 36, 145 (153 f); BVerwG, BRS 28 Nr 111, 112; ähnlich hierzu und zum Nachfolgenden *Brohm*, ÖffBauR, § 28 Rn 21 ff mwN; *Erbguth/Guckelberger*, Allgemeines Verwaltungsrecht, § 18 Rn 17.

trag ganz oder teilw abgelehnt und eine andersartige Genehmigung erteilt (anstelle des beantragten Gebäudes mit Satteldach wird ein solches mit Flachdach genehmigt: „modifizierende Genehmigung"), so handelt es sich lediglich um eine Genehmigungsofferte, die nicht vollstreckbar ist. Anders stellen sich die Dinge dar, wenn kein derartiges Aliud genehmigt wird, sondern der Antrag in seiner Reichweite beschnitten wird (Genehmigung eines Betonwerks unter der Maßgabe, einen bestimmten Lärmpegel nicht zu überschreiten: „modifizierende Auflage"); dann ist die Auflage zwar unselbstständiger Bestandteil des Verwaltungsakts, kann aber gesondert vollstreckt werden.

1307   Im Ergebnis folgt daraus, dass es für die (Teil-)Anfechtbarkeit einer Nebenbestimmung nicht darauf ankommt, ob es sich um eine Auflage oder Bedingung/Befristung handelt, sondern nur darauf, ob sie vom Hauptverwaltungsakt abtrennbar ist[119]. Selbstständig vollstreckbar sind hingegen nur Auflagen[120].

5. Nachträgliche Anordnungen

1308   Nachträgliche Anordnungen iS zusätzlicher Anforderungen zur Baugenehmigung sind bauordnungsrechtlich auf **außergewöhnliche Fallkonstellationen** beschränkt, nämlich bei im Zeitpunkt der Genehmigung nicht vorhersehbaren Gefahren oder unzumutbaren Belästigungen der Allgemeinheit resp. der Benutzer baulicher Anlagen (§ 58 VI BauO Bd.Wtt.; ansonsten gilt die ordnungsbehördliche Generalklausel[121]). Es handelt sich um eine Ermessensentscheidung der Bauaufsichtsbehörde, die damit der Verhältnismäßigkeit staatlichen Handelns verpflichtet ist. Jenseits dessen kommt nur ein Widerruf der Baugenehmigung in Betracht – mit Entschädigungsfolge (§ 49 II Nr 3 bzw 5, VI LVwVfG)[122].

6. Die Wirkungen der Baugenehmigung

a) Sicherungswirkung

1309   Allg. besteht die Sicherungswirkung der Baugenehmigung[123] in zweierlei Hinsicht. Vor ihrer Ausnutzung, also vor Baubeginn, gewährleistet sie das Recht zu bauen. Nach Gebrauch sichert sie den Bestand des errichteten Bauwerks[124]. Im Näheren folgt dies aus der **Feststellungswirkung** und der **gestaltenden** bzw **verfügenden** (str) **Wirkung** der Baugenehmigung[125]. In ersterer Funktion stellt sie verbindlich fest, dass dem Vorhaben keine öffentlich-rechtlichen Vorschriften entgegenstehen. Der gestaltende/ver-

---

119   Das soll nach BVerwG, NVwZ 2001, 429, allerdings eine Frage der Begründetheit sein; vgl bereits BVerwGE 81, 185 (186); zu alldem *J. Schmidt*, VBlBW 2004, 81; mit Kritik *Labrenz*, NVwZ 2007, 160; allg. *Erbguth/Guckelberger*, Allgemeines Verwaltungsrecht, § 18 Rn 16 f.
120   Zu Recht *Brohm*, ÖffBauR, § 28 Rn 23 aE.
121   *Battis*, ÖffBauR, Rn 586 f.
122   Zum Vorstehenden *Brohm*, ÖffBauR, § 28 Rn 24.
123   Eingehend *Grotefels*, in: Hoppe/Bönker/Grotefels, ÖffBauR, § 16 Rn 59 f; *Peine*, ÖffBauR, Rn 1101.
124   Zur Frage der Bestandskraft der Baugenehmigung bei längeren Nutzungsunterbrechungen s. OVG Lüneburg, BauR 2011, 1154; *Uschkereit*, BauR 2010, 718.
125   Vgl dazu *Peine*, ÖffBauR, Rn 1071; insbes. zum Streit um die verfügende Wirkung *Ehlers*, FS Bartlsperger, S. 463 (465 f).

fügende Teil erlaubt dem Bauherrn die Herstellung. Nach Gebrauch der Baugenehmigung ist zwar die verfügende Wirkung „verbraucht", die Feststellungswirkung sichert aber das Gebäude und seine Nutzung weiterhin: D(ies)er **Bestandsschutz**[126] besteht für das fertiggestellte Bauwerk unabhängig von nachträglichen Änderungen des materiellen Baurechts; auch ein im Nachhinein – etwa auf Grund einer Änderung bauordnungsrechtlicher Vorschriften oder des Bebauungsplans – rechtswidrig gewordenes Bauwerk kann daher weiter genutzt werden. Das ist Konsequenz der individuellen Eigentumsgarantie (Art. 14 I 2 GG)[127] und gilt nur für das fertiggestellte oder im Wesentlichen errichtete Gebäude[128]; der Bestandsschutz erstreckt sich zudem auf spätere Änderungen, die Funktion, Umfang und Nutzung nicht wesentlich modifizieren[129].

Eine Rechtsänderung vor Ausnutzung der Baugenehmigung soll ebenso wenig Wirkung auf die bereits erteilte Baugenehmigung haben; das Vorhaben bleibe rechtmäßig, auch wenn die neue Gesetzeslage dagegen spricht[130].

b) Geltungsdauer

Die Geltungsdauer der Baugenehmigung[131] wird von den Landesbauordnungen beschränkt. Sie beträgt im Regelfall drei oder vier Jahre[132]. Eine Verlängerung der Geltungsdauer kann auf schriftlichen Antrag gewährt werden[133]. Wenn innerhalb der Frist nicht mit dem Bauvorhaben begonnen[134] oder aber die Bauausführung länger als ein Jahr unterbrochen wird[135], erlischt die Baugenehmigung. **1310**

Eine unbeschränkte Geltungsdauer würde das Vorhaben der behördlichen Kontrolle entziehen und eine Umgehung neu eingefügter, erhöhter Anforderungen durch verfrühte Antragstellung geradezu herausfordern. Auch ein Verzicht des Rechtsinhabers führt zum Erlöschen der Baugenehmigung[136]. Gleiches gilt in Fällen der Erledigung[137], Gegenteiliges hingegen, wenn der Bauherr durch hoheitlichen Eingriff gehindert war, von ihr innerhalb der Frist Gebrauch zu machen[138].

Die Baugenehmigung bezieht sich auf das Vorhaben und das Grundstück, auf dem das Bauwerk errichtet werden soll; auf die Person des Antragstellers ist sie hingegen **1311**

---

126 Dazu *Erbguth/Schubert*, ÖffBauR, § 2 Rn 45 ff, 56.
127 So die hM; zu alldem *Grotefels*, in: Hoppe/Bönker/Grotefels, ÖffBauR, § 16 Rn 59 f; Rn 820 ff.
128 BVerwG, NJW 1971, 1624.
129 BVerwG, NVwZ 1991, 264; BVerwG, DVBl. 1996, 40; zum Bauplanungsrecht Rn 834.
130 Vgl *Finkelnburg/Ortloff/Otto*, ÖffBauR Bd. 2, § 8 Rn 34.
131 Dazu anhand der Rspr *Fischer*, BauR 2014, 2022; aus Praxissicht *Henning/Linke*, NordÖR 2015, 105.
132 3 Jahre: § 73 I BauO M.V., § 71 S. 1 NBauO, § 75 I BauO NRW; 4 Jahre: Art. 69 I BayBO; in Bbg. beträgt die Geltungsdauer (ohne Verlängerungsmöglichkeit) gar 6 Jahre, § 73 I 1 BauO Bbg.
133 Art. 69 II BayBO, § 73 II BauO M.V., § 71 S. 3, 4 NBauO, § 75 II BauO NRW.
134 Näher VGH Kassel, BauR 2003, 1875; OVG Berlin, LKV 2006, 282.
135 Die aufschiebende Wirkung von Widerspruch und Anfechtungsklage eines Nachbarn, die wegen § 212a BauGB allerdings gerichtlicherseits nach § 80 V VwGO angeordnet werden muss, unterbricht den Fristablauf, VGH Mannheim, BRS 36 Nr 172.
136 Näher VGH Mannheim, NVwZ 1995, 280; VGH Mannheim, BauR 2010, 597; w. Bsp. bei *Ortloff*, NVwZ 2004, 934 (937).
137 Dazu eingehend *Wehr*, DV 38 (2005), 65 (71 ff) mwN; zur Erledigung infolge einer Grundstücksteilung *Mampel*, BauR 2008, 1080 (1087 ff); zur Erledigung bei Nutzungsaufgabe *Johlen*, BauR 2010, 1680 (1681 ff).
138 OVG Bautzen, SächsVBl. 2012, 13 (14).

nicht fixiert. Aus diesem Grund gilt die Baugenehmigung auch für und gegen den **Rechtsnachfolger**[139]; sie besitzt dingliche Wirkung[140].

c) Bindungswirkung

1312 Die Bindungswirkung der Baugenehmigung bezieht sich auf die formelle Bestandskraft. Sie besteht grds unabhängig von der materiellen Rechtmäßigkeit; der Schutzumfang der Baugenehmigung geht mithin weiter als beim Bestandsschutz. Das Vorhaben muss zu keinem Zeitpunkt dem materiellen Baurecht entsprochen haben, um die Legalisierungswirkung auszulösen[141]. Allein eine nichtige Baugenehmigung ist gem. §§ 43 III, 44 LVwVfG von Anfang an unwirksam.

Zum einen ist von der Bindungswirkung die Bauaufsichtsbehörde selbst betroffen, welche die Baugenehmigung erlassen hat. Sie unterliegt der einmal erklärten Genehmigung; ihr bleibt ggf nur die Rücknahme einer rechtswidrigen Baugenehmigung nach § 48 LVwVfG[142] oder der Widerruf einer rechtmäßig erteilten Genehmigung nach § 49 LVwVfG[143].

Andererseits gilt die Bindungswirkung für andere Behörden, die mit dem genehmigten Vorhaben im Rahmen ihrer Aufgaben befasst sind[144]. Auch ein Gericht, das nicht die Rechtmäßigkeit der Baugenehmigung selbst prüft, muss wegen der Bindungswirkung der Baugenehmigung von deren Rechtmäßigkeit ausgehen[145].

Dabei besteht die Bindungswirkung einer Baugenehmigung im Umfang der zu prüfenden und nicht nur im Umfang der tatsächlich geprüften Vorschriften[146].

d) Privatrechtsunabhängige Wirkung

1313 Der Anspruch auf Erteilung einer Baugenehmigung besteht **unabhängig vom Grundstückseigentum** des Antragstellers[147]. Denn der prinzipielle Genehmigungsanspruch ergibt sich nach der Rspr nicht erst aus Art. 14 GG, sondern ist bereits durch Art. 2 I GG abgesichert[148]. Die solcherart grundrechtlich fundierte Rechtsposition lässt sich allerdings durch landesrechtliche Regelungen insoweit modifizieren, als bei Anträgen von Nichteigentümern die Zustimmung des Eigentümers eingefordert wer-

---

139 Art. 54 II 3 BayBO, § 58 II BauO M.V., § 70 VI NBauO, § 58 III BauO NRW). Nach OVG Greifswald, BauR 2010, 603 (604), bedarf es hierfür allerdings eines Nachfolgetatbestands, etwa einer willentlichen Übertragung der Baugenehmigung.

140 BVerwG, BRS 24 Nr 193; VGH Mannheim, NVwZ-RR 1995, 562; VG Freiburg, NJW 1991, 59.

141 *Finkelnburg/Ortloff/Kment*, ÖffBauR Bd. 1, § 4 Rn 20.

142 Die Rücknahme darf allerdings nicht auf einen Verstoß des Bauvorhabens gegen materielles Recht gestützt werden, das nicht Gegenstand des bauaufsichtlichen Prüfprogramms und folglich der Feststellungswirkung der Baugenehmigung gewesen ist, OVG Hamburg, ZfBR 2011, 494.

143 Allg. zu §§ 48, 49 VwVfG etwa *Erbguth/Guckelberger*, Allgemeines Verwaltungsrecht, § 16.

144 So darf zB eine Gaststättenerlaubnis nicht aus baurechtlichen Gründen versagt werden, wenn die Baugenehmigungsbehörde für das Objekt eine bestandskräftige Baugenehmigung erteilt hat, BVerwGE 80, 259; auch *Finkelnburg/Ortloff/Otto*, ÖffBauR Bd. 2, § 8 Rn 40 f.

145 *Finkelnburg/Ortloff/Otto*, ÖffBauR Bd. 2, § 8 Rn 42 ff; abweichend BGH, NVwZ 1992, 404; allg. zum Vorstehenden *Erbguth/Guckelberger*, Allgemeines Verwaltungsrecht, § 13 Rn 3.

146 OVG Bautzen, LKV 2010, 182.

147 Dazu nur *Will*, ÖffBauR, Rn 656.

148 BVerwGE 42, 115; zur grundrechtlichen Ableitung aber auch Rn 821 ff.

den kann[149]. Grds gilt, dass die Baubehörde berechtigt, aber nicht verpflichtet ist, privatrechtliche Gegebenheiten in ihre Erwägungen einfließen zu lassen. Ist ein Vorhaben aus Gründen des Zivilrechts offensichtlich aussichtslos, kann die Behörde auf eine Prüfung verzichten und die Baugenehmigung ablehnen. Das **fehlende Sachbescheidungsinteresse** als verwaltungsverfahrensrechtliches Pendant des prozessualen Rechtsschutzinteresses rechtfertigt dieses Vorgehen[150].

Allerdings kann gerade bei umfangreichen Bauvorhaben nicht davon ausgegangen werden, dass alle privatrechtlichen Hindernisse schon im Zeitpunkt der Antragstellung ausgeräumt sind. Ein schutzwürdiges Sachbescheidungsinteresse des Bauwilligen liegt in diesen Fällen vor[151].

IÜ folgt aus der baurechtlichen Grundentscheidung, wonach die Baugenehmigung unbeschadet der privaten Rechte Dritter erteilt wird[152], dass sie **keine privatrechtsgestaltenden Wirkungen** gegen Außenstehende entfaltet[153]. Grunddienstbarkeiten am Baugrundstück bleiben unberührt. Duldungspflichten, wie die Gewährung eines Notwegerechts für die Nachbarn, ergeben sich aus der Erlaubnis nicht[154].   1314

e) Reichweite der Wirkung

Die inhaltliche Reichweite der feststellenden und gestaltenden Wirkung der Baugenehmigung wird von den einzelnen Landesbauordnungen sehr unterschiedlich ausgeformt[155]. Sie ist von entscheidender Bedeutung dafür, ob mit Erteilung der Baugenehmigung tatsächlich gebaut werden kann oder ob ggf noch andere behördliche Entscheidungen abzuwarten sind. Früher war – auf der Grundlage der sog. **strengen Schlusspunkttheorie**[156] – die Baugenehmigung in allen Bundesländern als umfassende öffentlich-rechtliche Unbedenklichkeitsbescheinigung verfasst; dementsprechend musste von der Baugenehmigungsbehörde die Vereinbarkeit mit dem gesamten öffentlichen Recht geprüft werden[157]. In jüngerer Zeit haben sich die entsprechenden Regelungen der Bundesländer im Gefolge von Rspr[158] und MBO 2002 in unterschiedliche Richtungen weiterentwickelt. So folgen einige Landesbauordnungen der MBO und begrenzen den Prüfungsumfang und damit die Reichweite der Baugenehmigung auf öffentlich-rechtliche Vorschriften, die nicht in einem anderen behördlichen Verfahren zu prüfen sind (sog. **Separationsmodell**). Die Baugenehmigung wird dann zwar unabhängig vom Vorliegen der parallel erforderlichen Gestattungen erteilt, sie enthält aber bei dieser Ausgestaltung keine Baufreigabe – es müssen zunächst jene anderen Genehmigungen eingeholt werden[159]. Ein zweites Modell reduziert zwar ebenfalls den Prüfungsumfang auf nicht anderweitig zu prüfende öffentlich-rechtliche   1315

---

149 § 68 IV 3 BauO M.V., § 70 III 3 BauO NRW.
150 BVerwGE 20, 124; BVerwG, NJW 1973, 1518.
151 *Battis*, ÖffBauR, Rn 584.
152 Art. 68 IV BayBO, § 72 V BauO M.V., § 74 IV BauO NRW.
153 Weiterführend *Finkelnburg/Ortloff/Otto*, ÖffBauR Bd. 2, § 8 Rn 15.
154 Zum Ganzen *Battis*, ÖffBauR, Rn 583.
155 Ausführlich dazu *Finkelnburg/Ortloff/Otto*, ÖffBauR Bd. 2, § 7 Rn 65 ff; *Will*, ÖffBauR, Rn 636 ff.
156 Bereits Rn 875; auch Rn 1286.
157 *Hecker*, BauR 2006, 629 ff.
158 BVerwGE 99, 351; VGH München, NVwZ 1994, 304.
159 Dazu krit *Kaiser*, Bauordnungsrecht, Rn 44 ff.

Vorschriften, setzt aber für die Erteilung der Baugenehmigung das Vorliegen etwaig notwendiger sonstiger Genehmigungen voraus (**„Koordinationsmodell"**). Umstritten ist, ob bei dieser Regelung die Baugenehmigung unter der aufschiebenden Bedingung gewährt werden darf, dass auch die anderen Genehmigungen erteilt werden[160].

Im Ergebnis besteht insofern kein Unterschied zwischen dem Separationsmodell und dem Koordinationsmodell, als nach beiden erst gebaut werden kann, wenn auch die anderen Fachbehörden „grünes Licht" gegeben haben. In Brandenb. und Hamb. finden sich demgegenüber deutlich abweichende Anordnungen: Nach § 72 I 2 BauO Brandenb. bzw § 72 II 1 BauO Hamb.[161] schließt die Baugenehmigung die für das Vorhaben weiteren notwendigen behördlichen Genehmigungen ein; sie entfaltet **Konzentrationswirkung**. Danach prüft also die Bauaufsichtsbehörde selbst die Einhaltung der für das Vorhaben relevanten öffentlich-rechtlichen Vorschriften; andere Genehmigungen müssen vor Baubeginn folglich nicht eingeholt werden[162].

In einigen Ländern, etwa in NRW, wird die Konzentrationswirkung ausdrücklich ausgeschlossen: Die Baugenehmigung lässt aufgrund anderer Vorschriften bestehende Verpflichtungen zum Einholen von Genehmigungen, Bewilligungen, Erlaubnissen und Zustimmungen oder zum Erstatten von Anzeigen unberührt[163].

Übersicht 25 (mit Problemhinweisen): Prüfungsschema Baugenehmigung

Bei dieser, den vorherigen Abschnitt zum Bauordnungsrecht zusammenfassenden Übersicht handelt es sich um den *zweiten* Teil der im Rahmen der materiellen Genehmigungsvoraussetzungen grundsätzlich erforderlichen Prüfung. Der Vollständigkeit halber ist noch einmal die bauplanungsrechtliche Zulässigkeit von Bauvorhaben in kursiver Schrift aufgeführt.

I.   **Rechtsgrundlage:** Art. 68 I 1 BayBO, § 72 I BauO M.V., § 70 I 1 NBauO, § 74 I BauO NRW

II. **Genehmigungsbedürftigkeit** (Art. 55 I BayBO, § 59 I 1 BauO M.V., § 59 I NBauO, § 60 I BauO NRW)
     1. Bauliche Anlage (iSd Art. 2 I BayBO, § 2 I BauO M.V., § 2 I NBauO, § 2 I BauO NRW)
     Probleme:
     – Definition: Bauliche Anlage
     – Unterschiede zwischen Vorhaben im Bauplanungsrecht und baulicher Anlage im Bauordnungsrecht – Auswirkungen?
     – bauplanungsrechtliche Relevanz von Werbe- oder Fernmeldeanlagen uam

---

160 OVG Bautzen, LKV 1995, 405; *Jäde*, SächsVBl. 1996, 105.
161 Dort mit der Beschränkung auf andere die Anlage betreffende behördliche Entscheidungen, sofern solche nach den im Baugenehmigungsverfahren zu prüfenden öffentlich-rechtlichen Vorschriften erforderlich sind.
162 Bereits Rn 875, 1285; dort auch zu den insoweit abgeschwächten Regelungen in Bay und M.V.
163 § 74 III 2 BauO NRW; hieraus sowie aus dem nach § 74 I BauO NRW unbeschränkten Prüfprogramm der Bauaufsichtsbehörde ziehen der 7. und der 10. Senat des OVG Münster unterschiedliche Konsequenzen: Entgegen der Entscheidung des 7. Senats aus dem Jahr 2001 (OVG Münster, NVwZ-RR 2002, 564) koordiniert nach Auffassung des 10. Senats die Bauaufsichtsbehörde iSe „Sternverfahrens" die verschiedenen außerbaurechtlichen Genehmigungsverfahren und darf die Baugenehmigung – als Schlusspunkt – erst erteilen, wenn alle anderen erforderlichen Genehmigungen vorliegen, OVG Münster, ZfBR 2004, 384; zu diesem Koordinationsmodell etwa *Will*, ÖffBauR, Rn 639; *Finkelnburg/Ortloff/Otto*, ÖffBauR Bd. 2, § 7 Rn 77 ff; *Muckel/Ogorek*, ÖffBauR, § 9 Rn 67.

2. Errichtung, Änderung, Beseitigung oder Nutzungsänderung
   Problem:
   – Genehmigungsbedürftigkeit bei Nutzungsänderung
3. Keine Genehmigungsfreiheit/-freistellung (Art. 57 f BayBO, §§ 61 f BauO M.V., §§ 60 ff NBauO, §§ 62 f BauO NRW)
4. Ggf weitere Ausnahmen von der Genehmigungspflicht (zB wegen Konzentrationswirkung bei § 13 BImSchG und Planfeststellungsbeschlüssen)

III. **Genehmigungsfähigkeit: formelle Voraussetzungen**
1. Zuständige Behörde: idR untere Bauaufsichtsbehörde (Art. 53 I 2 BayBO, § 57 II BauO M.V., § 58 II NBauO, § 57 I 2 BauO NRW)
2. Ordnungsgemäßes Verfahren
   a) schriftlicher Bauantrag (Art. 64 I BayBO, § 68 I BauO M.V., § 67 I NBauO, § 70 I BauO NRW)
   b) ggf Mitwirkung öffentlicher Stellen (insbes. gemeindliches Einvernehmen nach § 36 I 1, 2 BauGB)
   c) ggf Beteiligung Dritter (Art. 66 BayBO, § 70 I-III BauO M.V., § 68 I-IV NBauO, § 72 I, II BauO NRW)
   d) ggf Beteiligung der Öffentlichkeit (Art. 66a BayBO, § 70 IV, V BauO M.V., § 70 V-VIII NBauO, § 72 III-IV BauO NRW)
   e) ggf Durchführung einer UVP (§ 59 II BauO M.V., § 61 I 2 BauO NRW)
3. Schriftform der Genehmigung (Art. 68 II 1 HS 1 BayBO, § 72 III HS 1 BauO M.V., § 70 I 3 NBauO, § 74 II 1 BauO NRW)

IV. **Genehmigungsfähigkeit: materielle Voraussetzungen**
Genehmigung, wenn öffentlich-rechtliche Vorschriften nicht entgegenstehen (Art. 68 I 1 BayBO, § 72 I BauO M.V., § 70 I 1 NBauO, § 74 I BauO NRW)
1. Festlegung des Prüfungsumfangs
   – vereinfachtes resp einfaches (Art. 59 BayBO, § 63 BauO M.V., § 63 NBauO, § 64 BauO NRW) oder reguläres (Art. 60 BayBO, § 64 BauO M.V., § 64 NBauO, § 65 BauO NRW) Genehmigungsverfahren
2. *Vereinbarkeit mit Bauplanungsrecht (s. Übersicht 22)*
   a) *Vorhaben im Geltungsbereich eines Bebauungsplans*
      aa) *Vorhaben im Geltungsbereich eines qualifizierten Bebauungsplans (§ 30 I BauGB)*
         (1) *Kein Widerspruch zu den Bebauungsplanfestsetzungen*
            (a) *Festsetzungen über die Art der baulichen Nutzung*
               – *durch die Ausweisung eines der Baugebiete des § 1 II BauNVO oder durch die Festsetzungen bestimmter in § 9 I BauGB vorgesehener baulicher Nutzungen*
            (b) *Festsetzungen über das Maß der baulichen Nutzung*
               – *gemeint sind Festsetzungen über die zulässige Grund- oder Geschossfläche, die Zahl der Vollgeschosse oder die Höhe der baulichen Anlagen (§ 16 BauNVO)*
            (c) *Festsetzungen über die überbaubaren Grundstücksflächen*
               – *mit Hilfe von Baulinien, Baugrenzen oder Bebauungstiefen (§ 23 BauNVO)*
            (d) *Festsetzungen über die örtlichen Verkehrsflächen*
               – *durch Festsetzung von Straßenverkehrsflächen oder Straßenbegrenzungslinien (§ 9 I Nr 11 BauGB)*
         (2) *Gesicherte Erschließung*

bb)   *Vorhaben im Geltungsbereich eines vorhabenbezogenen Bebauungs-*
       plans (§ 30 II BauGB)
       (1)   Kein Widerspruch zum Bebauungsplan
             –   *Maßstab der planungsrechtlichen Beurteilung ist der gesamte*
                 vorhabenbezogene Bebauungsplan/relevant sind nicht nur
                 seine Festsetzungen
       (2)   Erschließung gesichert
b)   *Vorhaben im unbeplanten Innenbereich (§ 34 BauGB)*
       aa)   *Innenbereich*
             –   *„im Zusammenhang bebauter Ortsteil"*
             –   *Definition: „Ortsteil"*
             Problem:
             –   *Abgrenzung zur Splittersiedlung*
             –   *Definition: „Im Zusammenhang bebaut"*
             Probleme:
             –   *Baulücke*
             –   *äußere Grenze des Innenbereichs*
       bb)   *Kein Widerspruch zu eventuellen Festsetzungen eines (nicht qualifi-*
             zierten) Bebauungsplans
       cc)   *Einfügen hinsichtlich Art und Maß der baulichen Nutzung in die Ei-*
             genart der näheren Umgebung
             –   *hinsichtlich der Art*
             –   *wenn Gebietscharakter wie nach der BauNVO: § 34 II BauGB in-*
                 soweit(!) maßgeblich
             –   *iÜ und ansonsten: § 34 I BauGB*
             –   *hinsichtlich des Maßes ist § 34 I BauGB maßgeblich*
       dd)   *Erschließung gesichert*
       ee)   *Anforderungen an gesunde Wohn- und Arbeitsverhältnisse gewahrt*
       ff)   *Ortsbild nicht beeinträchtigt*
       gg)   *Keine schädlichen Auswirkungen auf zentrale Versorgungsbereiche*
c)   *Vorhaben im Außenbereich (§ 35 BauGB)*
       aa)   *Außenbereich*
             –   *Definition: Außenbereich*
       bb)   *Kein Widerspruch zu eventuellen Festsetzungen eines (nicht qualifi-*
             zierten) Bebauungsplans
       cc)   *Privilegiertes Vorhaben (§ 35 I BauGB)*
             –   *klausurrelevante Vorhaben gem. § 35 I BauGB*
             –   *§ 35 I 1 Nr 1 BauGB: land- und forstwirtschaftlicher Betrieb*
             Problem:
             –   *„dienende Funktion"*
             –   *§ 35 I 1 Nr 4 BauGB: Sonstige privilegierte Vorhaben*
             Problem:
             –   *Einschränkende Auslegung durch „nur" und „sollen"*
             –   *Keine entgegenstehenden öffentlichen Belange*
                 –   *klausurrelevante entgegenstehende öffentliche Belange*
                     –   *Widerspruch zu Flächennutzungsplan, § 35 III 1 Nr 1*
                         BauGB
                         –   *schädliche Umwelteinwirkungen, § 35 III 1 Nr 3*
                             BauGB
                         –   *Splittersiedlung, § 35 III 1 Nr 7 BauGB*
             oder

> dd) *nicht privilegiertes Vorhaben (§ 35 II BauGB)*
> – *keine Beeinträchtigung öffentlicher Belange*
> ee) *ausreichende Erschließung (Abs. 1)/Erschließung (Abs. 2) gesichert*
> 3. Vereinbarkeit mit Bauordnungsrecht (soweit jeweils vom Prüfumfang erfasst):
> – spezielle bauordnungsrechtliche Regelungen (Art. 4 ff BayBO, §§ 4 ff BauO M.V., §§ 4 ff NBauO, §§ 4 I ff BauO NRW),
> – allg. Anforderungen der Generalklausel (Art. 3 I BayBO, § 3 I BauO M.V., § 3 I NBauO, § 3 I 1 BauO NRW)
> 4. (ggf) kein Verstoß gegen sonstiges öffentliches Recht (zB Straßen-, Naturschutz-, Immissionsschutz-, und Wasserrecht; teilw begrenzt auf nicht anderweitig zu prüfendes öffentliches Recht)
> **Problem:**
> – Umfang der bauaufsichtlich zu prüfenden Maßgaben („Schlusspunkttheorie")
> 5. **Rechtsfolge**
> gebundene Entscheidung: Erteilung/Ablehnung

III. Weitere baurechtliche Genehmigungen

Neben dem Regelverfahren, das auf die Erteilung einer Baugenehmigung gerichtet ist, enthalten die Landesbauordnungen Vorschriften für besondere Verfahrensgestaltungen.

1. Der Bauvorbescheid

Der Bauvorbescheid[164] trifft über einzelne, selbstständig zu beurteilende Fragen des Bauvorhabens eine verbindliche Entscheidung[165]. So kann der Bauherr klären lassen, ob das Grundstück, auf dem das Bauvorhaben errichtet werden soll, überhaupt oder in dem von ihm beabsichtigten Umfang bebaubar ist; meist betrifft dies die planungsrechtliche Zulässigkeit[166] (**Bebauungsgenehmigung**[167]).[168] Das erspart dem Bauherrn im Falle einer Ablehnung durch die Baubehörde die kostenintensive Ausarbeitung umfassender Bauvorlagen. Eine positive Entscheidung führt dagegen dazu, dass die Behörde innerhalb der Geltungsfrist des Vorbescheides an ihre Entscheidung gebunden ist[169]. Eine Baugenehmigung darf nach Erlass eines Bauvorbescheides nicht

1316

---

164 Ausführlich *Drescher*, Rechtsprobleme des baurechtlichen Vorbescheids, 1993; ferner *Peine*, Öff-BauR, Rn 1105 ff; *Weber*, DVBl. 2010, 958; *Ermisch*, NordÖR 2013, 49.

165 Art. 71 BayBO, § 75 BauO M.V., § 73 NBauO, § 77 BauO NRW.

166 Auch unter Ausklammerung einzelner Zulässigkeitshindernisse (zB nach § 35 I 1 Nr 3 BauGB), OVG Lüneburg, NVwZ-RR 2013, 915.

167 BVerwGE 48, 242; 70, 227; zur prozessualen Lage VGH Mannheim, UPR 1994, 351; krit gegenüber der Maßgabe eines positiven Gesamturteils (wie bei der Teilbaugenehmigung, vgl nachfolgend) *Dietlein/Thiel*, DV 2005, 211 anhand des Immissionsschutzrechts.

168 Erforderlich ist angesichts der Bindungswirkung des Vorbescheids ein konkreter Vorhabenbezug, *Schmaltz*, BauR 2007, 975 (976); die (abstrakte) Frage, ob sich die Zulässigkeit von Vorhaben auf einem Baugrundstück nach § 34 BauGB beurteilt, kann daher nicht Gegenstand eines Vorbescheids sein, VGH München, BauR 2008, 975; anders hinsichtlich der Frage der Nicht-Raumbedeutsamkeit einer Windkraftanlage, OVG Lüneburg, DVBl. 2011, 1556.

169 Die Geltungsfrist des Vorbescheides beträgt idR 3 Jahre, Art. 71 S. 2 BayBO, § 75 S. 2 BauO M.V., § 73 II 1 NBauO, § 77 I 2 BauO NRW (jeweils mit Verlängerungsmöglichkeit).

mehr aus Gründen abgelehnt werden, über die im Vorbescheid entschieden worden ist. Eine verfügende Funktion kommt dem Vorbescheid wegen seiner Begrenzung auf einzelne Rechtsfragen indes nicht zu; er berechtigt also nicht zum Beginn der Bauarbeiten.

Der Bauvorbescheid als vorweggenommener Ausschnitt des feststellenden Teils der Baugenehmigung[170] – und damit Verwaltungsakt – ist von der **Zusicherung** gem. § 38 LVwVfG[171] abzugrenzen. Letztere schützt den Empfänger nicht vor nachteiligen Veränderungen der Rechtslage (§ 38 III LVwVfG). Der Schutz des Bauvorbescheides geht somit weiter[172]. Seine Bindungswirkung überwindet eine nachträgliche Veränderungssperre[173] oder Änderungen des Bebauungsplans[174]; allein durch Widerruf oder Rücknahme des Vorbescheids kann die Bindung entfallen[175].

1317 Auf Grund der Einordnung des Vorbescheides als vorweggenommener Teil der Baugenehmigung ist trotz „Kann-Formulierung" im Gesetz nicht von einer Ermessenszuweisung an die Baubehörde auszugehen. Es handelt sich vielmehr wie bei der Baugenehmigung um eine **gebundene Entscheidung**[176]. Die Gleichstellung wirkt sich ferner auf die Bindungswirkung des Vorbescheides aus. So ist ein Vorgehen des Nachbarn gegen die Baugenehmigung verspätet, wenn der Gegenstand seiner Einwendung schon mittels Bauvorbescheids geregelt wurde[177].

2. Die Teilbaugenehmigung

1318 Durch Teilbaugenehmigung kann ein abgrenzbarer baulicher Teil einer Gesamtanlage (bspw Baugrube[178], Lagerhaus) bereits vor Erteilung der Baugenehmigung gestattet werden[179]. Sie stellt in ihrem Regelungsgehalt eine vollständige Baugenehmigung dar, die – anders als der Vorbescheid – zum **Baubeginn** berechtigt; dergestalt wird eine abschnittsweise Verwirklichung der baulichen Anlage eröffnet. Voraussetzung für die Erteilung einer Teilbaugenehmigung ist neben der Einhaltung aller entscheidungserheblichen Vorschriften eine positive Prognose der Zulässigkeit des Gesamtvorhabens („**vorläufige Gesamtprognose**")[180] – was die Stellung des Bauantrages für das gesamte Vorhaben voraussetzt[181]. Zweck der Regelung ist die Beschleunigung

---

170 BVerwGE 69, 1; 70, 227 (230); VGH Mannheim, BauR 1995, 70 (72).
171 Dazu etwa *Erbguth/Guckelberger*, Allgemeines Verwaltungsrecht, § 12 Rn 48 f.
172 OVG Berlin, NVwZ 1986, 579; näher *Will*, ÖffBauR, Rn 666.
173 Gleiches gilt für die Zurückstellung eines Baugesuchs nach § 15 BauGB, VGH Kassel, BauR 2012, 230, dem zufolge dies aber nur gelten soll, wenn der Bauvorbescheid im Zeitpunkt der Zurückstellung noch wirksam ist; ablehnend *Hauth*, BauR 2012, 887 (888 ff), mit dem überzeugenden Argument, die Bindungswirkung des Vorbescheides dürfe nicht mit seiner Geltungsdauer gleichgesetzt werden.
174 BVerwGE 69, 1; BGH, NJW 1986, 1605.
175 BVerwGE 48, 242 (245).
176 Nunmehr ausdr. geregelt in Art. 71 S. 1 BayBO.
177 Vgl *Battis*, ÖffBauR, Rn 567.
178 *Peine*, ÖffBauR, Rn 1114.
179 Vgl Art. 70 BayBO, § 74 I BauO M.V., § 70 III NBauO, § 76 I BauO NRW; näher *Grotefels*, in: Hoppe/Bönker/Grotefels, ÖffBauR, § 16 Rn 72 ff.
180 VGH Kassel, BRS 22 Nr 159; OVG Münster, NWVBl. 1996, 392; *Brohm*, ÖffBauR, § 28 Rn 32; *Kaiser*, Bauordnungsrecht, Rn 63.
181 *Battis*, ÖffBauR, Rn 566.

der Baudurchführung. Anders als der Erlass eines Vorbescheids steht die Erteilung der Teilbaugenehmigung im Ermessen der Baubehörde[182].

Gem. § 70 IV NBauO bzw § 76 II BauO NRW können im Rahmen der später zu erteilenden Baugenehmigung zusätzliche Anforderungen für die bereits begonnenen Teile des Bauvorhabens zum Schutz der öffentlichen Sicherheit und Ordnung gestellt werden. Sofern es an einer solchen Regelung fehlt (wie in der BayBO und der BauO M.V.), lässt sich selbiges auf der Ermächtigungsgrundlage für die Erteilung der Baugenehmigung erreichen, weil Letztere mit Nebenbestimmungen versehen werden kann[183]. **Verbindlichkeit** entfaltet die Teilbaugenehmigung allerdings insoweit, als aus Gründen der bereits entschiedenen Fragen eine Versagung der späteren Baugenehmigung nicht möglich ist[184]. Hinsichtlich der positiven Gesamtprognose entfällt deren Bindungswirkung wegen ihres vorläufigen Charakters, wenn Änderungen der Sach- oder Rechtslage bzw Einzelprüfungen im Rahmen nachfolgender Teilgenehmigungen zu abweichenden Beurteilungen führen[185].

1319

3. Typengenehmigung und Fliegende Bauten

Typengenehmigungen werden für bauliche Anlagen beantragt, die in derselben Ausführung an mehreren Stellen und zu verschiedenen Zeiten errichtet werden sollen. Das betrifft Leitungsmasten, Bohrtürme, Fertighäuser, Windkraftanlagen, Carports uam. Die oberste Bauaufsichtsbehörde erteilt die Genehmigung, soweit die gesetzlichen Anforderungen erfüllt sind[186]. Die Typengenehmigung als vorweggenommener Ausschnitt einer Baugenehmigung ähnelt hinsichtlich der überprüften Fragen dem Bauvorbescheid. Im Verfahren zur Erteilung der Baugenehmigung für das konkrete Vorhaben werden allein die Anforderungen geprüft, die nicht Gegenstand der Typengenehmigung waren. Die Typengenehmigung kann lediglich befristet und unter Widerrufsvorbehalt ausgestellt werden; sie gilt nicht nur in dem Bundesland, in dem sie erteilt wurde, sondern aus Gründen der Verwaltungsvereinfachung auch in anderen Bundesländern[187].

1320

Eine ähnliche Regelung existiert für „**Fliegende Bauten**", etwa Marktstände, Zirkuszelte oder Bauten für Wanderausstellungen[188]. In der Absicht der Ortsveränderung wiederholt aufgestellte und abgebaute bauliche Anlagen bedürfen vor der erstmaligen Aufstellung einer Ausführungsgenehmigung[189]. Die Ausführungsgenehmigung ist der für den jeweiligen Standort zuständigen Baubehörde unter Vorlage eines Prüfbuches anzuzeigen. Die Behörde hat im Rahmen einer Gebrauchsabnahme zu entscheiden, ob die Anlage an der betreffenden Stelle in Betrieb genommen werden darf[190]. Die Regelung ermöglicht einen schnellen Ortswechsel Fliegender Bauten.

---

182 *Will*, ÖffBauR, Rn 672.
183 Rn 1305 ff.
184 *Finkelnburg/Ortloff/Otto*, ÖffBauR Bd. 2, § 8 Rn 74; zur Bindungswirkung einer rechtswidrigen Teilbaugenehmigung BGH, BRS 40 Nr 178.
185 *Brohm*, ÖffBauR, § 28 Rn 32.
186 § 66 I-IV BauO NRW.
187 Vgl § 66 IV BauO M.V., § 65 IX NBauO, § 78 III BauO NRW.
188 Dazu *Wichmann*, GewArch 1995, 149; *Finkelnburg/Ortloff/Otto*, ÖffBauR Bd. 2, § 8 Rn 80 ff.
189 Vgl Art. 72 II 1 BayBO; § 76 II 1 BauO M.V.; § 75 II 2 NBauO, § 78 II 1 BauO NRW.
190 Zur diesbzgl Nachbarklage OVG Lüneburg, NVwZ-RR 1997, 13.

IV. Rechtsschutz des Bauherrn

1321 Nachfolgend geht es um das gerichtliche Vorgehen des Bauherrn mit Blick auf behördliche Einzelmaßnahmen (vornehmlich: **Baugenehmigung**). Insoweit stellt sich wiederum die Frage nach der Klageeröffnung (statthafte Klageart und Sachentscheidungsvoraussetzungen, unter 1.), sodann nach der Begründetheit entsprechender Rechtsbehelfe (unter 2.).

1. Klagearten und Sachentscheidungsvoraussetzungen

1322 Hat der Eigentümer eine **Baugenehmigung beantragt** und ist dieser Antrag von der Baugenehmigungsbehörde abgelehnt oder nicht beschieden worden, steht dem Betroffenen wegen des Verfügungscharakters der Baugenehmigung die **Verpflichtungsklage** nach § 42 I VwGO offen, im Fall der Ablehnung des Bauantrags als Vornahmeklage, im Fall der Nichtbescheidung als Untätigkeitsklage[191] (§ 75 VwGO).

1323 Entsprechendes gilt hinsichtlich einer beantragten, nach Landesrecht möglichen Bebauungsgenehmigung[192] bzw Abbruchgenehmigung und für andere begünstigende baurechtliche Einzelakte. Verpflichtungsklage ist auch im Fall des Vorgehens gegen Nebenbestimmungen zur Baugenehmigung zu erheben, wenn sie von Letzterer nicht abtrennbar sind[193]; andernfalls ist die Anfechtungsklage (§ 42 I VwGO) richtige Klageart. Richtet sich das Klagebegehren des Bauherrn gegen die Zurückstellung seines Baugesuchs nach § 15 BauGB, stellt sich die **Anfechtungsklage** als statthafte Rechtsschutzform dar,[194] nicht aber die Verpflichtungsklage (auf Erteilung der Baugenehmigung); denn die (selbstständige) Beschwer der Zurückstellung liegt in der verzögerten Bescheidung des Bauantrags, die mit der materiellen Genehmigungsfähigkeit des Vorhabens nichts zu tun hat[195].

Anfechtungsklage ist auch dann zu erheben, wenn der Widerspruch eines Dritten (Nachbar, Gemeinde) gegen die Baugenehmigung durch Widerspruchsbescheid positiv beschieden wird[196] – und gleichermaßen beim Vorgehen des Bauherrn gegen bauordnungsrechtliche Eingriffsmaßnahmen (Stilllegungsverfügung uam[197]).

1324 Die **Klagebefugnis**, § 42 II VwGO, ist in sämtlichen Varianten des klageweisen Vorgehens durch den Bauherrn regelmäßig unproblematisch: Sie folgt entweder aus der Adressatentheorie[198] oder – sofern in der Nichterteilung eines begünstigenden Verwaltungsakts kein Zugriff auf die (primär) abwehrrechtliche Seite des Art. 2 I GG ge-

---

191 Unzulässig allerdings, wenn zum Genehmigungsverfahren unvollständige Bauvorlagen seitens des Bauherrn vorgelegt worden sind, VGH Mannheim, BauR 2003, 1345; ferner VGH München, BRS 65 Nr 172; bei rechtswidriger Versagung der Genehmigung ist zudem an mögliche Amtshaftungsansprüche zu denken, BGH, NVwZ 2011, 251.

192 Dazu Rn 1316.

193 Dazu Rn 1307.

194 Zur Verwaltungsaktsqualität der Zurückstellung BVerwG, DÖV 1972, 496; wegen § 43 II VwGO nicht unbedenklich OVG Lüneburg, ZfBR 2003, 788: Feststellungsklage (auf Feststellung der Rechtswidrigkeit der Zurückstellung).

195 Zu Recht OVG Münster, BauR 2007, 684 (685) anhand des allgemeinen Rechtsschutzbedürfnisses gegen VGH Mannheim, VBlBW 1999, 216; VGH Mannheim, NVwZ-RR 2003, 333 mwN; wie hier auch *Hinsch*, NVwZ 2007, 770 (775).

196 *Bönker*, in: Hoppe/Bönker/Grotefels, ÖffBauR, § 18 Rn 25.

197 Vgl Rn 1330 ff.

198 Allg. dazu *Erbguth/Guckelberger*, Allgemeines Verwaltungsrecht, § 9 Rn 10.

sehen wird[199] – aus der internen Grundrechtsausformung (Art. 14 I 2 GG) des bauordnungsrechtlichen Genehmigungstatbestandes (etwa § 72 I BauO M.V.).

Das allgemeine **Rechtsschutzinteresse**[200] fehlt (vor allem) dann, wenn die Ausführung des beantragten Vorhabens von vornherein offensichtlich unmöglich ist[201], sei es tatsächlich[202] oder rechtlich. **1325**

Eine **Beiladung** des in seinen Rechten möglicherweise berührten Nachbarn ist möglich (§ 65 I VwGO); sie ist notwendig (§ 65 II VwGO), wenn die gerichtliche Entscheidung auch diesem gegenüber nur einheitlich ergehen kann[203]. Notwendig ist ferner die Beiladung der Gemeinde und/oder der höheren Verwaltungsbehörde in den Fällen des § 36 BauGB[204]. **1326**

2. Begründetheit

Nach allgemeinen Grundsätzen ist die Klage ist als **Verpflichtungsklage** begründet, wenn ein Anspruch auf die (versagte oder nicht erteilte) Baugenehmigung uam besteht, der Kläger durch die Versagung oder Unterlassung in seinen Rechten verletzt und die Sache spruchreif ist, § 113 IV VwGO. Die Begründetheit als **Anfechtungsklage** setzt voraus, dass der Verwaltungsakt rechtswidrig ist (etwa die Zurückstellung des Baugesuchs) und der Kläger dadurch in seinen Rechten verletzt ist, § 113 I 1 VwGO[205]. **1327**

In Fällen der **Anfechtungsklage** (etwa gegen die Zurückstellung des Baugesuchs) ist nach herkömmlicher Sicht für die gerichtliche Entscheidung auf den Zeitpunkt der **letzten Behördenentscheidung** abzustellen (regelmäßig: Widerspruchsbescheid)[206], mit einer im Vordringen befindlichen Meinung[207] hingegen auf die Rechtslage im Zeitpunkt der **letzten mündlichen Verhandlung**[208]. Gleichwohl kommen die Auffassungen zu weitgehend übereinstimmenden Ergebnissen, weil aus beiderlei Sicht das materielle Recht dafür ausschlaggebend ist, ob eine nach Abschluss des Verwaltungsverfahrens eingetretene Änderung der Sach- oder Rechtslage das Urteil über die Rechtswidrigkeit des Verwaltungsakts noch beeinflusst[209]. **1328**

Maßgebliche Rechtslage für die gerichtliche Entscheidung ist in den Regelfällen der **Verpflichtungsklage** auf Erteilung der Baugenehmigung (oä) die im Zeitpunkt der **letzten mündlichen Verhandlung**[210] geltende[211]. Im Fall ihrer Änderung zum Nach- **1329**

---

199 *Kopp/Schenke*, VwGO, § 42 Rn 69; allg. *Erbguth/Guckelberger*, Allgemeines Verwaltungsrecht, § 14 Rn 20, § 12 Rn 38.
200 Allg. und eingehend dazu *Christonakis*, Das verwaltungsprozessuale Rechtsschutzinteresse, 2004.
201 BVerwGE 42, 115 (118).
202 Etwa: Unbebaubarkeit des Grundstücks wegen nicht tragfähigen Untergrunds.
203 Vgl *Bönker*, in: Hoppe/Bönker/Grotefels, ÖffBauR, § 18 Rn 11 mwN in Fn 7.
204 BVerwGE 42, 8 (11); zu § 36 BauGB vgl Rn 1153 ff, 1159.
205 Allg. dazu etwa *ErbguthGuckelberger*, Allgemeines Verwaltungsrecht, § 20 Rn 34 ff.
206 Vgl allg. nur BVerwGE 120, 246; BVerwG, Beschluss v. 27.12.1994 – 11 B 152.94 –, juris; BVerwG, Beschluss v. 4.7.2006 – 5 B 90.05 –, juris; anders aber OVG Münster, NWVBl. 2008, 228: Zeitpunkt der Genehmigungserteilung.
207 *Kopp/Schenke*, VwGO, § 113 Rn 33 ff.
208 Bzw der gerichtlichen Entscheidung.
209 *Kopp/Schenke*, VwGO, § 113 Rn 33.
210 Oder, sofern eine solche nicht stattgefunden hat, der gerichtlichen Entscheidung.
211 *Bönker*, in: Hoppe/Bönker/Grotefels, ÖffBauR, § 18 Rn 12.

teil des Bauherrn während des gerichtlichen Verfahrens kann dieser seinen Antrag hilfsweise um einen solchen auf Feststellung der Zulässigkeit seines Vorhabens nach alter Rechtslage ergänzen[212]. Wandelt sich die Rechtslage in dem Sinne, dass unter Rechtshängigkeit der Anspruch auf Erteilung der Baugenehmigung zu einem solchen auf ermessensfehlerfreie Entscheidung wird (Bsp.: Im Gefolge einer Änderung des Bebauungsplans wird die vom Kläger verfolgte Regelbebauung zur Ausnahmebebauung), so reduziert sich das Ermessen zugunsten des Bauherrn auf Null, wenn die Ablehnung seines Bauantrags rechtswidrig war und keine Ermessensgründe gegen dessen Bewilligung sprechen[213].

V. Die bauaufsichtsrechtlichen Eingriffsbefugnisse

1330 Die Befugnis der Bauaufsichtsbehörden, die Einhaltung baurechtlicher Vorschriften zu überwachen und dies ggf mittels belastender Verwaltungsakte durchzusetzen, ist in bauordnungsrechtlichen Generalklauseln statuiert[214]. Sie geben den Bauaufsichtsbehörden das Recht, zur Wahrnehmung dieser Aufgaben nach pflichtgemäßem Ermessen die erforderlichen Maßnahmen zu treffen[215]. **Präventiv** erfüllen die Bauaufsichtsbehörden die ihnen übertragenen Aufgaben vor allem im Wege der Durchführung des Baugenehmigungsverfahrens. Im Rahmen ihrer **repressiven** Kontrollbefugnisse enthalten inzwischen alle Landesbauordnungen differenzierte Eingriffsmöglichkeiten, die den allgemeinen Ermächtigungsnormen vorgehen.

In NRW galten bis zum Inkrafttreten der BauO 2018 am 1.1.2019 stattdessen die generellen Eingriffsbefugnisse gem. § 61 I 2 BauO a.F. iVm § 14 OBG NRW, nunmehr finden sich auch dort einschlägige Spezialtatbestände[216].

1331 Die repressiven Mittel werden teilw flankiert von denjenigen der **Bauüberwachung**. IÜ haben letztere Instrumente selbstständige Bedeutung: Während der gesamten Bauphase räumen die Landesbauordnungen der Bauaufsichtsbehörde Überwachungsbefugnisse[217] ein: Rechte zum Betreten von Baustellen und Betriebsstätten[218], zur Einsichtnahme in die wesentlichen Unterlagen der Bauausführung[219] sowie Wohnungsbetretungsrechte[220].[221] Ferner sind spezifische und allgemeine Bauabnahmen vorgese-

---

212 BVerwGE 61, 128.
213 BVerwG, BRS 54 Nr 137.
214 Vgl Art. 54 II 2 BayBO, § 58 I 2 BauO M.V., § 79 I 1 NBauO, § 58 II 2 BauO NRW.
215 Ansatzweise Rn 1259; Rn 1348 sowie *Sarnighausen*, BauR 2006, 46.
216 S. *Will*, ÖffBauR, Rn 737.
217 Vgl *Grotefels*, in: Hoppe/Bönker/Grotefels, ÖffBauR, § 16 Rn 80 f; *Peine*, ÖffBauR, Rn 1117 ff; Bauzustandsbesichtigung unterfällt nicht Art. 13 II GG, sondern fällt in den Anwendungsbereich von Art. 13 VII GG, BVerwG, NJW 2006, 2504.
218 Etwa Art. 54 II 4 BayBO, § 58 VII 1 BauO NRW. Nach BVerwG, BauR 2006, 1460, handelt es sich bei der Betretung nicht um eine Durchsuchung iSv Art. 13 II GG, vgl auch vorstehende Fn; dazu krit *Suttmann*, BauR 2006, 1986.
219 Bspw Art. 77 V BayBO, § 81 IV BauO M.V.
220 Etwa Art. 54 II 4 BayBO, § 58 VII 1 BauO NRW.
221 Die Durchsetzung erfolgt notfalls im Wege des Verwaltungszwangs nach den Verwaltungsvollstreckungsgesetzen der Länder (*Brohm*, ÖffBauR, § 29 Rn 4) bzw nach dem Sicherheits- und Ordnungsrecht (M.V.); zu Letzterem *Erbguth/Guckelberger*, Allgemeines Verwaltungsrecht, § 19 Rn 4 mit Fn 7.

hen: Rohbauabnahme[222], bei genehmigungsbedürftigen Vorhaben die Schlussabnahme[223] oder die Abnahme bestimmter Bauteile oder Bauarbeiten[224]. Die Nutzung der baulichen Anlage ist teils erst nach Durchführung dieser Abnahmen[225] zugelassen – oder nach Anzeige des Bauherrn gegenüber der Bauaufsichtsbehörde kurz vor Fertigstellung und Ablauf einer bestimmten Frist ohne behördliche Bauzustandsbesichtigung[226].

1. Ermächtigungsgrundlagen

Als repressive Reaktion der Bauaufsichtsbehörde bei Missachtung des präventiven Baugenehmigungsverfahrens oder materiell-rechtlicher Anforderungen[227] kommen folgende Maßnahmen im Rahmen pflichtgemäßen Ermessens in Betracht: **1332**

- – Stilllegungsverfügung (Baueinstellung),
- – Abbruch- bzw Beseitigungsverfügung,
- – Nutzungsuntersagung[228].

Welche dieser Maßnahmen ergriffen werden kann, hängt von der Art des Rechtsverstoßes ab. Insoweit bestehen Unterschiede zwischen allein formell baurechtswidrigen Maßnahmen und Vorhaben, die (auch) materiell illegal sind.

Die **formelle Illegalität** eines genehmigungspflichtigen Bauvorhabens beruht insbes. auf dem Fehlen einer Baugenehmigung[229], dem wesentlichen Abweichen der Bauausführung von einer erteilten Genehmigung bzw der Errichtung des Vorhabens vor deren Erteilung[230]. **Materiell baurechtswidrig** ist ein Vorhaben dagegen immer dann, wenn es nicht den Anforderungen des öffentlichen (Bau-)Rechts[231] entspricht. Eine bauliche Anlage kann somit nur formell illegal, nur materiell illegal, aber auch formell und materiell baurechtswidrig sein. **1333**

Einem sich hierauf gründenden Einschreiten kann aber eine **behördliche Zusicherung**[232] gem. § 38 VwVfG[233] entgegen stehen; sie ist zwar, wenn die nachfolgend näher behandelten Voraussetzungen erfüllt sind, rechtswidrig, nicht aber unwirksam; bis zu ihrer Rücknahme bzw gerichtlichen Aufhebung hindert die Zusicherung mithin ein Vorgehen wegen formeller und/oder materieller Illegalität[234].

---

222 § 82 I BauO M.V., § 84 I BauO NRW.
223 Wie vor.
224 § 77 I Nr 1 NBauO.
225 § 77 VI 2 NBauO.
226 Zwei Wochen, § 82 II BauO M.V.
227 Vgl Rn 1285 f.
228 Eingehend zum Nachfolgenden *Grotefels*, in: Hoppe/Bönker/Grotefels, ÖffBauR, § 16 Rn 78 ff.
229 OVG Berlin, BRS 57 Nr 257.
230 OVG Berlin, NuR 1989, 269; vgl auch OVG Münster, BRS 47 Nr 193.
231 Zu den diesbzgl Anforderungen im Bauplanungsrecht vgl Rn 1118 ff; im Bauordnungsrecht vgl Rn 1257 ff.
232 Etwa des Oberbürgermeisters, OVG Weimar, NJ 2008, 185 (185 f).
233 Vgl Rn 1316.
234 Vgl *Preschel*, NJ 2008, 186.

2. Folgen rechtswidrigen Bauens/rechtswidriger Nutzung

a) Formelle Illegalität

1334 Wird, obwohl eine Baugenehmigung erforderlich ist, ohne eine solche gebaut oder von der Baugenehmigung (oder den Vorgaben des Freistellungs- bzw Anzeigeverfahrens) abgewichen uä[235], liegt ein Verstoß gegen das Bauordnungsrecht und somit gegen die öffentliche Sicherheit vor[236]. Die formelle Illegalität des Bauvorhabens rechtfertigt die Einstellung der Bauarbeiten[237], angeordnet durch eine **Stilllegungsverfügung**[238]. Auf die materielle Illegalität des Bauvorhabens kommt es nicht an[239]. Die Anordnung liegt im Ermessen[240] der Bauaufsichtsbehörde[241].

Werden die Bauarbeiten trotz formeller Illegalität und Stilllegungsverfügung fortgeführt, kann als bauordnungsrechtliches Zwangsmittel die **Versiegelung** angeordnet werden[242]. Wahlweise können auch die auf der Baustelle vorhandenen Bauprodukte, Geräte, Maschinen oder Bauhilfsmittel in amtlichen **Gewahrsam** gebracht werden[243]. Bei der Anordnung der Baueinstellung handelt es sich um einen Verwaltungsakt mit Dauerwirkung[244]; deshalb hat die Bauaufsichtsbehörde jene Verfügung nach Erlass unter Kontrolle zu halten und bei Hinweisen auf eine Veränderung der Sach- oder Rechtslage ihre Aufrechterhaltung zu prüfen[245].

b) Formelle und materielle Illegalität

1335 Für den Erlass einer **Abbruch-/Beseitigungsverfügung**[246] ist die formelle Illegalität allein nicht ausreichend[247]. Das Bauwerk muss auch materiell rechtswidrig errichtet werden oder errichtet worden sein[248]. Das ist vor Erlass einer Beseitigungsanordnung seitens der Baubehörde von Amts wegen zu prüfen.

Ggf wird sie vom Bauherrn die nachträgliche Einreichung der Bauunterlagen und, soweit dies in der jeweiligen Landesbauordnung zugelassen ist (vgl Art. 76 S. 3 BayBO), die Stellung eines förmlichen Bauantrages verlangen (Nachtragsbaugenehmigung).

1336 Ist ein nachträgliches Baugenehmigungsverfahren wegen materieller Rechtswidrigkeit der baulichen Anlage nicht erfolgversprechend, die Anlage somit formell und

---

235 Auch Abbruch; zudem Rn 1285 ff.
236 OVG Münster, BRS 22 Nr 208; zur öffentlichen Sicherheit OVG Münster, NVwZ 1988, 369.
237 Zur vorherigen Anhörung OVG Weimar, LKV 1995, 296.
238 Bspw Art. 75 I BayBO, § 79 I BauO M.V., § 79 I 2 Nr 1 NBauO, § 81 I BauO NRW.
239 VGH München, NuR 1991, 283; ders., Beschl. v. 10.4.2017 – 15 ZB 16.672, juris, Rn 8.
240 VGH Kassel, BauR 1991, 447.
241 Im Zusammenhang mit Freistellungs- oder Anzeigeverfahren VGH Mannheim, BauR 1995, 219; *Borges*, DÖV 1997, 900.
242 Vgl Art. 75 II BayBO, § 79 II BauO M.V., § 79 II NBauO; § 81 II BauO NRW, dazu OVG Münster, BRS 16 Nr 132; OVG Lüneburg, BRS 40 Nr 227.
243 Vgl BayBO, BauO M.V., NBauO, BauO NRW, jeweils aaO; VGH Mannheim, VBlBW 1982, 140; zur vollstreckungsrechtlichen Einordnung Rn 1347.
244 Dazu etwa Rn 1329.
245 VGH München, Beschluss v. 19.1.2007 – 2 CS 06.3083 –, juris; VGH München, Beschluss v. 10.5.2005 – 14 ZB 04.3407 –, juris.
246 Dazu ausführlich *Ramsauer*, NordÖR 2006, 282.
247 Teilw abweichend – formelle Illegalität genügt –, wenn Abbruch ohne Eingriff in die Bausubstanz erfolgen kann (zB Abschrauben von ungenehmigten Werbetafeln), OVG Greifswald, NordÖR 2000, 126; auch VGH Kassel, BauR 1992, 66; anders mit Recht *Mampel*, BauR 2000, 996 (1004).
248 Vgl vorstehend und *Battis*, ÖffBauR, Rn 597; mwN aus der Rspr *Ortloff*, NVwZ 2004, 934 (942).

materiell illegal, kann die Baubehörde die Beseitigung der Anlage verlangen[249], soweit sich nicht – aus Gründen der Verhältnismäßigkeit – auf anderem Wege rechtmäßige Zustände herstellen lassen[250]. Derartige Möglichkeiten sind der Erlass von Nebenbestimmungen, wie Bedingungen/Auflagen oder die Erteilung nachträglicher Ausnahmen und Befreiungen[251]. Die Behörde trifft (auch[252]) insoweit eine Prüfpflicht von Amts wegen – selbst dann, wenn sie einen entsprechenden Bauantrag bestandskräftig abgelehnt hatte[253].

Wenn für die Errichtung einer baulichen Anlage weder eine Baugenehmigung noch eine Anzeige erforderlich ist, kann sie nicht formell illegal sein; die materielle Rechtswidrigkeit genügt in diesen Fällen für den Erlass einer Abbruchverfügung[254].   **1337**

Beruht die Errichtung dagegen auf einer materiell rechtswidrigen Baugenehmigung, ist das Bauwerk zwar materiell rechtswidrig, aber formell rechtmäßig. Die Baugenehmigung entfaltet dann eine **Legalisierungswirkung** zugunsten des materiell rechtswidrigen Bauwerks. Zwar sperrt eine rechtswidrige Baugenehmigung den Erlass einer Abbruchverfügung lediglich bedingt, da die Genehmigung (auch nach Eintritt ihrer Bestandskraft) zurückgenommen werden kann[255] – dies freilich nur unter den Einschränkungen des § 48 III VwVfG (Entschädigungspflicht), soweit das Vertrauen des Bauherrn in den Bestand der Baugenehmigung schutzwürdig ist[256]. Eine derartige (eingeschränkte) Investitionssicherung entfällt indes bei allein materieller Illegalität, etwa in Fällen der Genehmigungsfreistellung[257].

Wird **ohne Baugenehmigung** ein Vorhaben errichtet, das im Zeitpunkt des Erlasses   **1338** der Abbruchverfügung materiell rechtswidrig ist, entsprach das Bauwerk aber zum Zeitpunkt der Errichtung dem materiellen Recht, genießt es **Bestandsschutz**[258]. Die Abbruchverfügung ist rechtswidrig. Im Ergebnis führt dies zu einer Bevorzugung von Schwarzbauten gegenüber Bauvorhaben von Bauherren, die eine Genehmigung beantragt haben, aber wegen der während der Bearbeitung geänderten Rechtslage ihr Vorhaben nicht wie beabsichtigt durchführen können[259]. Darüber hinaus begegnet die Anerkennung von Bestandsschutz in diesen Fällen Bedenken, weil bei der Errichtung

---

249 Zur Kostenerstattung bei Durchsetzung der Beseitigungsverfügung im Wege der Ersatzvornahme OVG Bautzen, SächsVBl. 2008, 298: auch Kosten für ordnungsgemäße Entsorgung des Abbruchmaterials; allg. zur Verwaltungsvollstreckung *Erbguth/Guckelberger*, Allgemeines Verwaltungsrecht, § 19.

250 Vgl Art. 76 S. 1 BayBO, § 80 I BauO M.V.; § 82 S. 1 BauO NRW; subsidiär gilt das allgemeine Sicherheits- und Ordnungsrecht; BVerfG, BauR 2006, 97; *Brohm*, ÖffBauR, § 29 Rn 6; auch Rn 374 ff.

251 VGH Kassel, BRS 40 Nr 184; *Ramsauer*, NordÖR 2006, 282 (284); Rn 1305 ff, 1301 ff.

252 Rn 1335.

253 BVerwGE 48, 271; *Krebs*, VerwArch 67 (1976), 411.

254 OVG Münster, BRS 18 Nr 34; *Dürr*, DÖV 1976, 111 (112); *Muckel/Ogorek*, ÖffBauR, § 9 Rn 36.

255 *Battis*, ÖffBauR, Rn 600; *Ekardt/Beckmann/Schenderlein*, NJ 2007, 481 (485); *Wehr*, DV 38 (2005), 65 (86 f); das widerstreitet der Auffassung, wonach es für die Abbruchverfügung allein auf die materielle Illegalität ankommt, so *Mampel*, BauR 1996, 13 (14, 19); überzeugend insoweit *Muckel/Ogorek*, ÖffBauR, § 9 Rn 37.

256 Näher dazu *Ramsauer*, NordÖR 2006, 282 (287); allg. *Erbguth/Guckelberger*, Allgemeines Verwaltungsrecht, § 16 Rn 18 f.

257 Ebenso *Mann*, FS Götz, S. 465 (480); vgl auch Rn 1289 ff.

258 BVerwGE 3, 351 (353); *Mampel*, NJW 1999, 975; *Wehr*, DV 38 (2005), 65 (66 ff); Rn 1279.

259 BVerwG, DÖV 1998, 78 (79).

eines Schwarzbaus die Beteiligung der Gemeinde nach § 36 I BauGB ausfällt und dieser dadurch die Möglichkeit genommen wird, im Wege der §§ 14, 15 BauGB auf die Zulässigkeit des Vorhabens Einfluss zu nehmen[260]. Der Bestandsschutz soll iÜ selbst für Bauvorhaben gelten, die bei Errichtung und Erlass der Abbruchverfügung formell und materiell rechtswidrig waren; es genüge, wenn ein solches Bauwerk zwischenzeitlich irgendwann einmal rechtmäßig war[261]. Für den Nachweis der Rechtmäßigkeit ist aber in diesen Fällen der Eigentümer verantwortlich[262]. Hinzukommen muss, dass die materielle Baurechtmäßigkeit in etwa solange bestand, wie an Zeit zur Bearbeitung eines Bauantrags nötig gewesen wäre[263].

Keinen Bestandsschutz genießt der Inhaber einer auf der Grundlage eines **„Baurechts auf Zeit"** (§ 9 II BauGB[264]) befristet bzw auflösend bedingt erteilten Baugenehmigung nach Eintritt materieller und formeller Illegalität des Bauwerks. Dessen Rechtmäßigkeit im Zeitpunkt der Errichtung kann einer Abbruchverfügung nicht entgegen gehalten werden, weil dies denselben Einschränkungen unterliegt wie das ihn gewährende (befristete bzw auflösend bedingte) materielle Baurecht: Bestandsschutz auf Zeit[265].

1339 Umstritten ist der Erlass einer Beseitigungsverfügung in Fällen, in denen die (bestandskräftige) **Ablehnung** der Baugenehmigung **rechtswidrig** ist und der Bauherr einen **materiell rechtmäßigen** Schwarzbau errichtet. Angesichts der materiellen Legalität wird teilw vertreten, der Bauherr könne sich auf diese berufen[266]. Andere berücksichtigen die materielle Rechtslage im Rahmen der Verhältnismäßigkeitsprüfung vor Erlass der Abbruchverfügung[267], während die Gegenposition bei bestandskräftiger Ablehnung des Bauantrags auf die Ordnungsfunktion des baurechtlichen Verfahrens abstellt[268]. Wegen des behandelten Grundsatzes, wonach ein Schwarzbau dann nicht mit einer Abrissverfügung belegt werden kann, wenn er für einen ausreichenden Zeitraum der materiellen Rechtslage entsprochen hat, erscheint es indes konsequent, die verfassungsrechtliche Eigentumsgarantie der Ordnungsfunktion des Baugenehmigungsverfahrens vorgehen zu lassen[269].

c) Nutzungsuntersagung

1340 Ist nicht die Anlage als solche, sondern lediglich ihre Nutzung rechtswidrig[270], genügt eine Nutzungsuntersagung bzw ein Nutzungsverbot[271]. Nach überwiegender Meinung

---

260 Ebenso *Schmaltz*, FS Götz, S. 455 (458 f).
261 OVG Lüneburg, BRS 17 Nr 150; dazu *Muckel/Ogorek*, ÖffBauR, § 7 Rn 193 ff.
262 BVerwG, DVBl. 1981, 397.
263 *Finkelnburg/Ortloff/Otto*, ÖffBauR Bd. 2, S. 178 f: 3 Monate (gem. § 75 VwGO regelmäßig anzunehmende Bearbeitungsdauer eines Genehmigungsantrages); BVerwG, BRS 24 Nr 193.
264 Vgl dazu Rn 980.
265 Zutreffend *Schieferdecker*, BauR 2005, 320 (330 f), mit berechtigter Kritik an der Rspr des BVerwG (NVwZ 1983, 472), das zu demselben Ergebnis kommt, die Einschränkung des Bestandsschutzes aber aus der Befristung der Baugenehmigung ableitet.
266 OVG Hamburg, DÖV 1960, 429; OVG Berlin, BRS 24 Nr 135.
267 VGH München, BayVBl. 1969, 215.
268 BVerwGE 19, 163.
269 *Battis*, ÖffBauR, Rn 603.
270 Zur Abgrenzung von Nutzungsänderung und Neubau OVG Schleswig, NordÖR 2010, 244; zur Nutzungsuntersagung gegen den Eigentümer einer vermieteten Wohnung wegen baurechtswidriger Prostitution OVG Koblenz, BauR 2010, 2099.
271 Art. 76 S. 2 BayBO, § 80 II 1 BauO M.V., § 79 I 2 Nr 5 NBauO, § 82 S. 2 BauO NRW.

reicht hierfür die **formelle Illegalität** aus[272], also dass die fragliche Nutzung nicht durch eine Bauerlaubnis gedeckt ist; die materielle (Il-)Legalität soll indes im Rahmen der Verhältnismäßigkeit resp. des Ermessens mitberücksichtigt werden: Kein Nutzungsverbot trotz formeller Illegalität im Fall offensichtlich materieller Rechtmäßigkeit der Nutzung[273]. Bei Aufklärungsbedarf hinsichtlich der materiellen Illegalität ermöglicht diese Sichtweise allerdings eine Nutzungsuntersagung und schützt dergestalt das Erfordernis einer Baugenehmigung, ohne irreparable Zustände zu schaffen. In Anbetracht dessen erscheint sie gegenüber der Auffassung vorzugswürdig, die neben der formellen auch materielle Illegalität fordert[274], dabei aber die gegenüber einer Beseitigungsverfügung deutlich geringere Eingriffsintensität des Nutzungsverbots vernachlässigt und zugleich weiteren Verstößen gegen die Baugenehmigung Vorschub leistet[275].

Wenn ferner in der Rspr hinsichtlich der materiellen Illegalität kein spezifischer Verstoß gegen baurechtliche Vorschriften verlangt wird, sondern auch ein Widerspruch zu strafrechtlichen Vorschriften oder solchen des Naturschutzrechts für ausreichend gehalten wird, erscheint dies jedenfalls mit Blick auf die von der **MBO 2002** verfolgte Konzentration auf das Bau(sicherheits)recht[276] korrekturbedürftig.

d) Ermessen der Behörde

Der Erlass einer Stilllegungs- oder Beseitigungsverfügung bzw eines Nutzungsverbotes steht im Ermessen der Bauaufsichtsbehörde[277]. Es gelten allgemeine Grundsätze (§ 40 LVwVfG). So sind vor allem die Verhältnismäßigkeit staatlichen Handelns, deren Anforderungen in Relation zur Eingriffsintensität stehen,[278] der sich aus Art. 3 I GG ergebende Gleichheitssatz[279] und Rechte Dritter zu beachten. Keine Rolle spielen im Rahmen der Verhältnismäßigkeitsprüfung die hohen Kosten für den Abbruch eines Bauwerkes; wer die Art. 14 GG ausgestaltenden Regelungen verletzt, muss für die Folgen seines rechtswidrigen Bauens selbst einstehen[280]. Anders sieht es ggf bei einem nur geringfügigen Rechtsverstoß aus, insbes. wenn durch den Abriss erheblicher wirtschaftlicher Schaden entstünde[281]. Im Rahmen der Erforderlichkeit der Maßnahme ist zu beachten, dass Nutzungsuntersagung oder Teilabbruch mildere Mittel zur Zweckerreichung darstellen werden als die Anordnung eines Totalabrisses[282]. Des

1341

---

272 Näher VG Dresden, NVwZ-RR 2003, 848; darüber hinaus rechtfertigt die formelle Illegalität des Vorhabens ein sofort vollziehbares Nutzungsverbot, vgl VGH Kassel, NVwZ-RR 2003, 720; OVG Lüneburg, NVwZ-RR 2005, 607; VGH München, BayVBl. 2005, 117; instruktiv auch OVG Koblenz, BauR 2006, 1735. Stützt die Bauaufsichtsbehörde eine Nutzungsuntersagung – jeweils tragend – sowohl auf die formelle als auch auf die materielle Illegalität, unterstellt sie diese zweifache Begründung zugleich dem gerichtlichen Prüfungsprogramm, OVG Lüneburg, BauR 2007, 356.
273 Vgl etwa VGH München, BayVBl. 1988, 436; OVG Koblenz, BauR 1997, 103.
274 VGH Mannheim, VBlBW 1985, 457; VGH Mannheim, NVwZ 1997, 601.
275 *Brohm*, ÖffBauR, § 29 Rn 16.
276 Vgl Rn 1292; aus der Rspr etwa VGH Kassel, NVwZ-RR 2000, 494.
277 Dazu *Mehde/Hansen*, NVwZ 2010, 14 (15 f).
278 Etwa strenger im Falle einer auf Funktionslosstellung von Einrichtungsgegenständen gerichteten Nutzungsuntersagung VGH München, ZfBR 2008, 595 (596 f).
279 Dazu *Will*, ÖffBauR, Rn 725 ff.
280 Etwa VGH München, BRS 36 Nr 215; *Finkelnburg/Ortloff/Otto*, ÖffBauR Bd. 2, § 13 Rn 55 f.
281 OVG Lüneburg, BRS 40 Nr 226; *Bock*, DVBl. 2006, 12 (13).
282 OVG Münster, BRS 35 Nr 107; OVG Saarlouis, BRS 40 Nr 230; OVG Münster, NJW 1980, 2210.

Weiteren kann die (materielle) Rechtswidrigkeit einer Baugenehmigung unter Umständen durch nachträgliche Nebenbestimmungen oder Gewährung von Ausnahmen und Befreiungen beseitigt werden[283].

1342   Der Einfluss des verfassungsrechtlichen **Gleichheitssatzes** wird vor allem relevant, wenn sich Betroffene auf das Handeln der Bauaufsichtsbehörde in anderen, gleich gerichteten Fällen berufen. Dann bleibt festzuhalten, dass kein Anspruch auf Gleichbehandlung im Unrecht besteht[284]. Die Bauaufsichtsbehörde muss ihre Fehler also nicht wiederholen. Weder eine rechtswidrige Praxis noch das Nichteinschreiten gegen einen Schwarzbau im Einzelfall führt zum Recht eines Dritten auf Duldung seines rechtswidrig errichteten Bauwerks[285]. Unter Gesichtspunkten der Verhältnismäßigkeit lässt sich Gegenteiliges auch nicht aus einer „qualifizierten" behördlichen Duldung[286] ableiten, sondern allenfalls aus sachlichen Gründen[287], etwa dem hohen Alter des Eigentümers[288] oder der baldigen Betriebsaufgabe. Die Duldung als Zusicherung (§ 38 VwVfG[289]), gegen einen illegalen Zustand nichts zu unternehmen, darf nur widerruflich, bedingt oder befristet ergehen[290]. Deren unbeschränkte Erteilung stellte sich als Fall der Verwirkung dar, die es bei im öffentlichen Interesse wahrzunehmenden Kompetenzen nicht geben kann[291], zumal die Voraussetzungen des Baugenehmigungsverfahrens umgangen würden[292]. Unbefristet zulässig ist hingegen die Duldung auf Grund eines öffentlich-rechtlichen Vergleichsvertrages[293].

1343   Will die Behörde ein ganzes Gebiet überprüfen und gegen rechtswidrig errichtete Bauwerke vorgehen, werden die Auswirkungen des Gleichheitssatzes insoweit beachtlich, als ein planmäßiges Vorgehen in engem zeitlichem Rahmen oder aber ein anderes, der Eigenart der Sache angemessenes System (Beseitigungskonzept[294]) zu fordern ist[295]. In diesem Zusammenhang kann das Urteil eines Musterprozesses abgewartet werden[296].

1344   Verletzt ein Schwarzbau nachbarschützende Normen, hat der **Betroffene** ein (subjektiv-öffentliches) Recht auf ermessensfehlerfreie Entscheidung der Bauaufsichtsbehörde über ein repressives Einschreiten[297]. Ermessensbestimmender Faktor ist dabei das

---

283   Rn 1336; allg. dazu Rn 1301 ff, 1305 ff; *Bock*, DVBl. 2006, 12 (15).
284   *Finkelnburg/Ortloff/Otto*, ÖffBauR Bd. 2, § 13 Rn 61.
285   BVerwG, Buchholz, § 35 BBauG Nr 50.
286   So aber BGH, DVBl. 2003, 1053 für den Fall einer aufsichtsbehördlich „begleiteten" (ggf illegalen) Instandsetzung eines Gebäudes für Wohnzwecke.
287   BVerwG, BauR 1999, 734.
288   VGH Mannheim, NJW 1984, 319.
289   Dazu allg. etwa *Erbguth/Guckelberger*, Allgemeines Verwaltungsrecht, § 12 Rn 48 f.
290   Zum Verstoß einer unbefristeten „aktiven" Duldung gegen das Eigentumsrecht des Nachbarn s. OVG Münster, BauR 2010, 1213.
291   Näher *Brohm*, ÖffBauR, § 29 Rn 14 mwN; zur zeitlich begrenzten Duldung eines Schwarzbaus vgl VGH Mannheim, BauR 2003, 376.
292   OVG Münster, NWVBl. 1992, 205; OVG Saarlouis, BauR 2006, 826.
293   OVG Münster, NVwZ 1988, 370.
294   Dessen Wirksamkeit setzt nicht voraus, dass es den Bauherrn der Schwarzbauten und den Grundstückseigentümern mitgeteilt wird, VGH München, Beschl. v. 6.3.2013 – 2 ZB 12.936, juris, Rn 14.
295   BVerwG, NVwZ-RR 1992, 360; OVG Saarlouis, NVwZ 1986, 61; ein entsprechendes behördliches Konzept muss regelmäßig vor Erlass der (ersten) Beseitigungsanordnung vorliegen, OVG Weimar, ThürVBl. 2010, 270 (271).
296   VGH Kassel, NJW 1984, 318.
297   Eingehend *Gaentzsch*, FS Krautzberger, 2008, S. 19 (20 ff); *Mehde/Hansen*, NVwZ 2010, 14 (15 f).

Ausmaß der konkreten Beeinträchtigung des Nachbarn. Von einem **Anspruch** des Nachbarn wegen Reduzierung des Ermessens auf Null kann ausgegangen werden, wenn durch die Verletzung der nachbarschützenden Vorschriften eine gegenwärtige, erheblich ins Gewicht fallende Beeinträchtigung besteht[298]; es findet sich aber auch die Annahme eines auf Beseitigung der Störung gerichteten intendierten Ermessens[299]. Für das behördliche Einschreiten im Falle der Genehmigungsfreistellung werden zunehmend mehr als nur geringfügige Beeinträchtigungen der geschützten Belange des Nachbarn als auslösend angesehen[300]. Abweichendes kann dann gelten, wenn zugunsten des Bauherrn eine nachträgliche Legalisierung durch Dispens nach § 31 II BauGB oder bauordnungsrechtliche Abweichung in Betracht kommt[301].

e) Richtiger Adressat

Adressat einer Ordnungsverfügung ist derjenige, der für den baurechtswidrigen Zu- **1345** stand verantwortlich ist. Die Bauordnungen enthalten insoweit Spezialregelungen hinsichtlich der „am Bau Beteiligten":[302] Bauherr, Plan- bzw Entwurfsverfasser, Bauunternehmer, Bauleiter. Lückenfüllend gelten die einschlägigen Bestimmungen des allgemeinen Sicherheits- und Ordnungsrechts, insbes. für die Festlegung des Adressaten der Stilllegungs-, Beseitigungsverfügung oder der Nutzungsuntersagung[303]. Grds kommt eine Haftung sowohl des Handlungs- als auch des Zustandsstörers in Betracht. Handlungsstörer ist danach der Bauherr, der nicht mit dem Eigentümer des Baugrundstücks als Zustandsstörer übereinstimmen muss. Die Bauaufsichtsbehörde kann bei mehreren Störern den Adressaten ihrer Verfügung nach Ermessen auswählen[304]; Leitlinie muss dabei die **effektive Gefahrenabwehr** und insoweit der Vorrang der Handlungsverantwortung vor der Zustandsverantwortung sein[305]. Ferner hat gegenüber demjenigen, der nicht Adressat der belastenden Abrissverfügung ist, aber über eine gegenläufige – zivilrechtliche – Position verfügt (etwa Mieter eines Schwarzbaus)[306], ggf eine Duldungsverfügung zu ergehen, spätestens im Zeitpunkt der zwangsweisen Durchsetzung[307].[308]

---

298 OVG Berlin, UPR 2003, 154; OVG Lüneburg, NordÖR 2003, 202; VGH Mannheim, BauR 2003, 1716; OVG Bautzen, SächsVBl. 2005, 148

299 OVG Bautzen, NJ 2008, 470; OVG Greifswald, NordÖR 2009, 123, (123); allg. krit gegenüber der Rechtsfigur etwa *Erbguth/Guckelberger*, Allgemeines Verwaltungsrecht, § 14 Rn 40.

300 Etwa VGH Mannheim, BauR 1995, 219; VGH München, NVwZ 1997, 923; OVG Bautzen, NVwZ 1997, 922; *Bock*, DVBl. 2006, 12 (14 f); anders *Mampel*, NVwZ 1999, 385 (387), der auf die nachbarschützenden Normen als Ermächtigungsgrundlage(n) abstellt; zu Recht krit *Muckel*, JuS 2000, 132 (136).

301 OVG Münster, BauR 1999, 628 (630 f); OVG Saarlouis, BauR 2006, 2015 (2017 f): im konkreten Fall aus Gründen der Rechtssicherheit (Unklarheit hinsichtlich der Befreiungserteilung) abgelehnt.

302 Etwa Art. 49 ff BayBO, §§ 52 ff BauO M.V., §§ 52 ff NBauO, §§ 52 ff BauO NRW; näher *Grotefels*, in: Hoppe/Bönker/Grotefels, ÖffBauR, § 16 Rn 4 ff; *Peine*, ÖffBauR, S. 304 ff.

303 Bspw §§ 68 ff SOG M.V.; zur Pflichtigkeit etwa *Poscher*, Jura 2007, 801; *Hartmann*, JuS 2008, 593; allg. Rn 486 ff.

304 OVG Koblenz, BRS 50 Nr 213; VGH München, UPR 1987, 275; VGH München, NJW 1993, 81; OVG Münster, NWVBl. 1996, 66.

305 Vgl etwa *Brohm*, ÖffBauR, § 29 Rn 19; Rn 536.

306 Näher dazu *Peine*, ÖffBauR, Rn 1037.

307 VGH Mannheim, VBlBW 1991, 27; nicht erforderlich – und daher rechtswidrig –, wenn der Dritte dem Vollzug der Beseitigungsverfügung zugestimmt hat oder ihm offensichtlich kein den Vollzug hinderndes Recht zusteht, OVG Koblenz, DÖV 2004, 305 (306).

308 Allg. dazu *Erbguth/Guckelberger*, Allgemeines Verwaltungsrecht, § 14 Rn 55.

f) Rechtsnachfolge

1346   Eine insoweit ausdrückliche Anordnung findet sich inzwischen in den Bauordnungen der meisten Bundesländer; danach gelten bauaufsichtliche Maßnahmen uneingeschränkt für und gegen die Rechtsnachfolger[309]. In Bay. erstreckt sich die Wirkung auch auf Personen, die nach Erlass einer bauaufsichtlichen Maßnahme ein Besitzrecht erlangt haben[310]. Fehlt eine ausdrückliche Normierung, kommt es auf die **Übergangsfähigkeit** der mittels Ordnungsverfügung konkretisierten Pflicht an.

g) Durchsetzung

1347   Befolgt der Adressat die bauaufsichtsbehördlichen Verfügungen nicht, können diese nach Maßgabe des **allgemeinen Verwaltungsvollstreckungsrechts** der Länder durchgesetzt werden[311]. Das setzt zunächst deren Bestandskraft oder sofortige Vollziehbarkeit (§ 80 II, insbes. S. 1 Nr 4 VwGO) voraus.

Zwangsmittel sind die Ersatzvornahme, das Zwangsgeld und der unmittelbare Zwang[312]. Sie müssen vor ihrer Anwendung idR zunächst angedroht und festgesetzt werden, es sei denn, die qualifizierten Voraussetzungen für den Sofortvollzug sind gegeben[313]. Regelmäßig besteht das besondere öffentliche Interesse an einer sofortigen Vollziehung, so dass diese nach **§ 80 II 1 Nr 4 VwGO** angeordnet werden kann; die Unanfechtbarkeit der Grundverfügung braucht dann nicht abgewartet zu werden[314]. Für die Beseitigungsverfügung gilt das nur ausnahmsweise, und zwar wegen der ansonsten nicht wieder rückgängig zu machenden Tatsachen[315].

3.   Allgemeine bauordnungsrechtliche Befugnisnorm

1348   Nach der allgemeinen bauordnungsrechtlichen Generalklausel haben die Bauaufsichtsbehörden in Wahrnehmung der ihnen gesetzlich zugewiesenen Aufgaben nach pflichtgemäßem Ermessen die erforderlichen Maßnahmen zu treffen[316]. Neben der hierin zum Ausdruck kommenden strikten Bindung an den Aufgabenbereich und die allgemeine Verhältnismäßigkeit gilt Entsprechendes für das Gleichheitsgebot und die im Rahmen der Erforderlichkeit beachtliche **Ersetzungsbefugnis** des Betroffenen: Anstelle der angeordneten Maßnahme kann dieser ein anderes, gleichermaßen zwecktaugliches Mittel anbieten[317].

Auf Grund der Vielzahl spezieller Ermächtigungsgrundlagen des Bauordnungsrechts kommt der Generalklausel eine praktisch wenig bedeutsame Auffangfunktion zu. Einsatz findet sie etwa bei nachträglich rechtswidrigen Bauvorhaben (Baufälligkeit)[318], zur Beseitigung noch nicht

---

309   Art. 54 II 3 Hs. 1 BayBO; § 58 II BauO M.V., § 79 I 5 NBauO, § 58 III BauO NRW.
310   Art. 54 II 3 Hs. 2 BayBO; das betrifft etwa Mieter, Pächter, Pfandrechtsinhaber etc, vgl *Köhler-Rott*, in: Reichel/Schulte, Handbuch Bauordnungsrecht, 2004, Kap. 15 Rn 86.
311   *Ortloff*, NVwZ 2000, 750 (757); allg. *Erbguth/Guckelberger*, Allgemeines Verwaltungsrecht, § 19.
312   Etwa § 86 SOG M.V.
313   Vgl § 81 SOG M.V.
314   *Grotefels*, in: Hoppe/Bönker/Grotefels, ÖffBauR, § 16 Rn 103 f.
315   *Muckel/Ogorek*, ÖffBauR, § 9 Rn 52; OVG Münster, NWVBl. 1996, 134.
316   Etwa Art. 54 II 2 BayBO, § 58 I 2 BauO M.V., § 79 I 1 NBauO, § 58 II 2 BauO NRW; bereits Rn 1257 ff.
317   Vgl bereits Rn 1244; zum Vorstehenden *Brohm*, ÖffBauR, § 29 Rn 17.
318   Weil die Ermächtigungsgrundlagen für eine Abbruchverfügung die ursprünglich rechtswidrige Errichtung der baulichen Anlage voraussetzen, *Brohm*, ÖffBauR, § 29 Rn 18, unter Hinweis auf VGH Mannheim, VBlBW 1988, 111.

vollendeter baulicher Anlagen oder zum Zweck einer Aufräumverfügung bei Bauteilen, die nach einem Abbruch auf dem Grundstück herumliegen[319], sowie zur Verkleinerung und zum damit verbundenen Umbau eines Bauwerks[320].

Lösungshinweis zu Fall 29 (Rn 1281): Die untere Bauaufsichtsbehörde könnte dem F gem. § 80 II 1 BauO M.V. die Nutzung des Platzes untersagen, wenn es sich um eine bauliche Anlage handelte, die im Widerspruch zu öffentlich-rechtlichen Vorschriften genutzt wird. Zunächst kommt wegen fehlender Baugenehmigung ein Verstoß gegen § 59 I 1 BauO M.V. in Betracht. Da der Platz eine ortsfeste Anlage darstellt, die mit dem Erdboden verbunden und aus Bauprodukten hergestellt ist (§ 2 I 1 BauO M.V.), war eine Baugenehmigung erforderlich, § 59 I 1 BauO M.V. Genehmigungsfreiheit nach § 61 bzw § 62 BauO M.V. liegt nicht vor. Somit ist die Errichtung des Platzes formell illegal.

1349

Ob die Nutzung allein auf Grund der formellen Illegalität untersagt werden darf, ist umstritten. Die hM lässt die formelle Illegalität als Voraussetzung für die Verfügung ausreichen, es sei denn, die Nutzung ist in materieller Hinsicht offensichtlich legal. Nach aA ist stets auch die materielle Illegalität erforderlich. Der Meinungsstreit kann dahinstehen, wenn die Anlage des F materiell illegal ist. Hier kommt ein Verstoß gegen Vorschriften des Bauplanungsrechts in Betracht. Das Grundstück befindet sich in einem unbeplanten Gebiet. Es handelt sich um eine größere Wohnhaussiedlung, mithin um einen Innenbereich. Die bauplanungsrechtliche Zulässigkeit des Vorhabens ist somit nach § 34 BauGB zu beurteilen. Entspricht der zu beurteilende Bereich nach der Eigenart der näheren Umgebung einem der in der BauNVO beschriebenen Baugebiete, so ist bezüglich der Art der baulichen Nutzung allein die BauNVO maßgebend, § 34 II BauGB. Die Eigenart der näheren Umgebung entspricht hier der eines reinen Wohngebietes, § 3 BauNVO. Gem. § 3 III Nr 2 BauNVO sind in reinen Wohngebieten ausnahmsweise Anlagen für sportliche Zwecke zulässig, sofern sie den Bewohnern des Gebiets dienlich sind. Die bauliche Anlage des F dient hier jedoch nur seinem persönlichen Nutzen. Eine materielle Zulässigkeit der Anlage des F kann sich somit nicht aus § 34 II BauGB iVm § 3 BauNVO ergeben. Der Hartplatz des F ist auch materiell baurechtswidrig. Die untere Bauaufsichtsbehörde kann daher eine Nutzungsuntersagung erlassen.

Übersicht 26 (mit Problemhinweisen): Bauordnungsrechtliche Verfügung

I. **Ermächtigungsgrundlage nach LBauO**

II. **Formelle Rechtmäßigkeit**
  1. Zuständigkeit (Art. 54 II 2 BayBO, § 58 I 2 BauO M.V., § 79 I 1 NBauO, § 58 II 2 BauO NRW).
  2. Verfahren
  3. Form

III. **Materielle Rechtmäßigkeit**
  1. Eingriffsvoraussetzungen der Verfügung
    a) Vorliegen einer baulichen Anlage
    b) Besondere Voraussetzungen nach Art der Verfügung
      aa) Beseitigungsverfügung (Art. 76 S. 1 BayBO, § 80 I BauO M.V., § 79 I 2 Nr 4 NBauO, § 82 S. 1 BauO NRW)
        – formelle und materielle Illegalität notwendig

---

319 VGH Mannheim, BWVPr 1984, 257.
320 Näher *Brohm*, ÖffBauR, § 29 Rn 18 aE.

bb) *Nutzungsuntersagung (Art. 76 S. 2 BayBO, § 80 II 1 BauO M.V., § 79 I 2 Nr 5 NBauO, § 82 S. 2 BauO NRW)*
  Problem:
  – *formelle Illegalität ausreichend?*
cc) *Stilllegungsverfügung (Art. 75 I 1, 2 BayBO, § 79 I BauO M.V., § 79 I 2 Nr 1, 2 NBauO, § 81 I BauO NRW)*
  – *formelle Illegalität ausreichend*
2. *Ermessen*
  a) *Entschließungsermessen*
   Probleme:
   – *Art. 3 I GG*
   – *Verwirkung*
  b) *Auswahlermessen*
   Probleme:
   – *Richtiger Adressat*
   – *Rechtsnachfolger*
   – *Gleichbehandlung verschiedener Störer*
  c) *Verhältnismäßigkeit*
   Problem:
   – *Bestandsschutz*

4. Rechtsschutz des Adressaten einer Eingriffsverfügung

1350 Der Adressat einer bauaufsichtsbehördlichen Eingriffsverfügung kann sich im Wege der **Anfechtungsklage** zur Wehr setzen. Maßgeblicher Zeitpunkt für die Beurteilung der Sach- und Rechtslage ist die letzte behördliche Entscheidung[321]. Etwas anderes gilt nach der Rspr nur bei einer Änderung der Rechtslage zugunsten des Klägers. Dann ist auf den Zeitpunkt der letzten mündlichen Verhandlung des Gerichts abzustellen[322].

1351 Der vorläufige Rechtsschutz richtet sich nach § 80 VwGO, weil im Hauptsacheverfahren die Anfechtungsklage die statthafte Klageart ist. Zu beachten ist, dass im Falle der Eingriffsverfügung aus bauordnungsrechtlichen Gründen (Gefahrenabwehr!) regelmäßig ein hinreichendes öffentliches Interesse für die Anordnung der sofortigen Vollziehung gem. § 80 II Nr 4 VwGO besteht[323].

Wiederholungs- und Verständnisfragen

1. *Welchen Rechtscharakter hat die Baugenehmigung?* **Rn 1286, 1305**
2. *Erfasst eine Befreiung von der Genehmigungspflicht auch die materiellen Anforderungen des Bauordnungs- oder Bauplanungsrechts?* **Rn 1287**
3. *Welche Rechtsnatur hat der Vorbescheid und wovon ist er abzugrenzen?* **Rn 1316 f**

---

321 BVerwG, NVwZ 1993, 476; BVerwG, NVwZ 2014, 454 Rn 8 m. krit. Anm. *Jäde*.
322 BVerwG, NJW 1986, 1186; dazu *Erbguth/Schubert*, ÖffBauR, § 15 Rn 67 f.
323 Allg. zum einstweiligen Rechtsschutz nach § 80 VwGO *Erbguth/Guckelberger*, Allgemeines Veraltungsrecht, § 21.

4. *Welcher Zeitpunkt der Rechtslage ist für die gerichtliche Entscheidung in der Verpflichtungs- bzw Anfechtungssituation maßgeblich?* **1328 f**

5. *Für welche bauaufsichtlichen Verfügungen genügt die formelle Illegalität und was unterscheidet Letztere von der materiellen Illegalität?* **Rn 1333–1340**

6. *Gelten bauaufsichtsbehördliche Verfügungen auch gegenüber dem Rechtsnachfolger des ursprünglichen Adressaten?* **Rn 1346**

§ 32 Nachbarschutz im öffentlichen Baurecht

Fall 30: „Ruhe für die Alten"   **1352**

Der Unternehmer K beabsichtigt, im Rahmen eines Tourismusprojektes ein mittelalterliches Dorf mit zahlreichen, größtenteils im Freien liegenden Handwerkseinrichtungen wie Sägewerk, Tischlerei und Schmiede auf einem ihm gehörenden Grundstück im unbeplanten Innenbereich zu errichten. Während der geplanten Betriebszeiten von 10 bis 22 Uhr ist mit nicht unerheblichen Lärmemissionen zu rechnen, die noch in einiger Entfernung vom Grundstück wahrnehmbar sein werden. Angrenzend an das Grundstück des K befindet sich die Seniorenresidenz des A mit 65 altengerechten Wohnungen. K erhält für sein Vorhaben eine auf § 34 I BauGB gestützte Baugenehmigung. A befürchtet, dass die zu erwartenden Lärmimmissionen die Nutzung seiner Seniorenresidenz erheblich beeinträchtigen werden und klagt nach erfolglosem Widerspruchsverfahren vor dem Verwaltungsgericht gegen die Baugenehmigung. Ist A klagebefugt? **Rn 1388**

Fall 31: „Einstweiliger Rechtsschutz"   **1353**

P bekommt eine Baugenehmigung für die Errichtung eines Lagerhauses erteilt. Nachbar N hält das Vorhaben für rechtswidrig und möchte gegen die Baugenehmigung vorgehen, bevor P mit dem Bau beginnt. Welche Möglichkeiten einstweiligen Rechtsschutzes bestehen für N? Wie kann P ggf reagieren? **Rn 1394**

Von besonderer praktischer, aber auch rechtsdogmatischer Relevanz ist der Rechts-   **1354**
schutz im dreipoligen Verwaltungsrechtsverhältnis Baugenehmigungsbehörde – Eigentümer – Nachbar, und zwar bereits dessen Eröffnung zugunsten des Nachbarn gegen die ihn mittelbar belastende, dem Eigentümer erteilte Baugenehmigung. Es handelt sich um die Rechtsfigur des **Verwaltungsakts mit** – drittbelastender – **Doppelwirkung**, verwaltungsprozessual um das Problem des subjektiv-öffentlichen Rechts zur Begründung der Klagebefugnis (§ 42 II VwGO)[1].

Das spielt ebenfalls eine, wenngleich weniger problembehaftete[2] Rolle bei der zweiten Variante der Nachbarklage, in der es um behördliches Einschreiten gegen rechtswidriges Bauen geht; soweit dazu Anlass besteht, werden Fragen des § 42 II VwGO in dieser Fallgestaltung nachfolgend mit angesprochen. Im Vordergrund steht aber die Behandlung der Nachbarklage im erstgenannten „engeren" Sinne.

---

1 Zu den Grundlagen *Scherzberg*, DVBl. 1988, 129; auch *Grosse Hündfeld*, FS Gelzer, 1991, S. 303; *Otto*, ZfBR 2005, 21; *Scherzberg*, JA 2006, 839; allg. *Erbguth/Guckelberger*, Allgemeines Verwaltungsrecht, § 9.

2 Anders mit Blick auf den Kontrollumfang, vgl Rn 1386.

1355 Neben den damit angesprochenen Fragen des öffentlich-rechtlichen Nachbarschutzes bzw Nachbarrechts bleiben die (rechtlichen) Gegebenheiten des **privaten (Bau-) Nachbarrechts**[3] beachtlich, weil beide Rechtsmaterien sich – bei allem Harmonisierungsbedarf[4] – notwendigerweise ergänzen[5]: Anfechtungsklage bereits vor Beeinträchtigungseintritt; unmittelbarer Rechtsschutz gegen „Störer" im Zivilprozess; Untersuchungsgrundsatz vor den Verwaltungsgerichten im Gegensatz zum zivilgerichtlichen Beibringungsgrundsatz; geringeres Kostenrisiko im verwaltungsgerichtlichen Verfahren[6].[7] In Anbetracht dessen besteht eine Doppelspurigkeit des Rechtsschutzes, soweit es um Emissionen geht – und ein Wahlrecht des Nachbarn, ob er im dreipoligen Verwaltungsrechtsverhältnis gegen die Baugenehmigung klagt, im zweipoligen Nachbarschaftsverhältnis bürgerlich-rechtlich[8] direkt gegen den Bauherrn vorgeht oder beides betreibt[9].

I. Hauptsacheverfahren

1. Zulässigkeit der Nachbarklage

a) Statthafte Klageart

1356 Die Klage des Nachbarn auf **Aufhebung** einer dem Eigentümer erteilten **Baugenehmigung** (oder Vorbescheid, Teilbaugenehmigung uä[10]) ist als **Anfechtungsklage**, nicht als Verpflichtungsklage zu verfolgen (Nachbarklage).

1357 Gegenteiliges kann nur dann angenommen werden, wenn die Anfechtungsklage – ausnahmsweise – keinen angemessenen Rechtsschutz gewährleistet, zB bei Verstoß gegen eine dem Nachbarn gegebene Zusage, für das angrenzende Grundstück keine Baugenehmigung zu erteilen, nicht nachbarschützende Normen[11] einzuhalten oder von einer bestimmten Norm nicht abzuweichen[12].

1358 Durchsetzbar im Wege der **Verpflichtungsklage** ist das Begehren des Nachbarn auf **behördliches Einschreiten** gegen baurechtswidriges Bauen des Eigentümers, dies zum einen bei genehmigungsbedürftigen Vorhaben wegen fehlender Genehmigung und/oder materieller Baurechtsverstöße, zum anderen bei nicht genehmigungsbedürf-

---

3 Dazu etwa *Peine*, JuS 1987, 169; *Schmidt-Aßmann*, DVBl. 1987, 216 (220 f); *Gaentzsch*, NVwZ 1986, 601 (602).

4 *Bönker*, in: Hoppe/Bönker/Grotefels, ÖffBauR, § 18 Rn 33; anhand § 906 BGB *Seibel*, BauR 2005, 1409.

5 *Brohm*, ÖffBauR, § 31 Rn 16; so mit Recht auch *Bock*, DVBl. 2006, 12 (16 f), gegen Tendenzen, den öffentlich-rechtlichen Nachbarschutz zugunsten des zivilrechtlichen zu verdrängen.

6 *Brohm*, ÖffBauR, § 31 Rn 16.

7 Beim Anspruch auf Einschreiten gegen unberechtigtes Bauen steht dieses grds im Ermessen der Bauaufsichtsbehörde, was im zivilgerichtlichen Verfahren keine Rolle spielt; auch *Brohm*, ÖffBauR, § 31 Rn 16.

8 Quasi-negatorischer Abwehranspruch analog § 1004 BGB iVm § 823 II BGB und einer im Einzelfall verletzten Schutznorm des Bauplanungs- oder Bauordnungsrechts; zu für ein solches Vorgehen vorteilhaften Konstellationen *Seidel*, NVwZ 2004, 139.

9 *Brohm*, ÖffBauR, § 31 Rn 16.

10 Dazu Rn 1316 ff.

11 Auch Rn 1378.

12 Dann ist das Klagebegehren als Verpflichtungsklage auf Rücknahme der Baugenehmigung zu verfolgen, vgl BVerwGE 49, 244 (251).

tigen Vorhaben wegen Nichteinhaltung des (materiellen) Baurechts[13]. Letztere Variante hat angesichts bauordnungsrechtlich zunehmend genehmigungsfrei gestellter oder dem Freistellungsverfahren überantworteter Vorhaben (uä) erheblich an praktischer Bedeutung gewonnen[14].[15]

Vorbeugender Rechtsschutz kann ggf mit der **Unterlassungsklage** als Leistungsklage verfolgt werden,[16] etwa dann, wenn sich der Inhaber eines emittierenden Gewerbebetriebs im Außenbereich gegen die zu erwartende bzw bereits angekündigte Baugenehmigung für – heranrückende – Wohnbauten wehrt[17].

b) Klagebefugnis

aa) Allgemeines. Der baurechtliche Nachbarschutz **im öffentlichen Recht**[18] steht referenzartig für eine Besonderheit des öffentlichen Rechts, die es vom bürgerlichen Recht unterscheidet: Es enthält eine Vielzahl staatlicher Pflichten und Handlungsaufträge, auf deren Einhaltung der Einzelne nicht gleichsam spiegelbildlich, sondern nur dann einen Anspruch hat, wenn die fragliche Norm über ihre objektiv-rechtliche Qualität hinaus **subjektiv-öffentlichen Gehalt** aufweist, sie mithin ein subjektives öffentliches Recht zuordnet. Verwaltungsprozessual verdeutlicht sich dies in den Anforderungen der Klagebefugnis (§ 42 II VwGO) und Antragsbefugnis (§ 47 II 1 VwGO), die Popularklagen, dh Klagen unter Berufung auf lediglich objektive Rechtsverletzungen ausschließen wollen, und von deren Erfüllung die Zulässigkeit der Anfechtungs- und Verpflichtungsklage (sowie – in entsprechender Anwendung – der Leistungs- und ggf Feststellungsklage[19]), ferner des Normenkontrollverfahrens abhängt.

1359

In den hier interessierenden Fällen der Nachbarklage ergibt sich angesichts dessen grds folgender Prüfungsablauf im Rahmen des § 42 II VwGO:[20]

Ein subjektives Recht iSd Vorschrift ist nach herrschender **Schutznormtheorie**[21] gegeben, wenn die in Frage stehende Norm nicht nur dem öffentlichen Interesse, sondern auch dem Schutz des Einzelnen dient. Der Schutzcharakter muss sich folglich

1360

13 Näher *Reidt*, in: Battis/Krautzberger/Löhr, BauGB, Vor. §§ 29-38 Rn 80; bei rechtswidriger Bautätigkeit öffentlicher Bauherrn fehlt der Bauaufsichtsbehörde allerdings die Befugnis, gegen den Hoheitsträger mit bauordnungsrechtlichen Mitteln einzuschreiten (anderenfalls käme es zu einer unzulässigen Einwirkung auf die Kompetenzordnung, vgl nur *Brohm*, ÖffBauR, § 31 Rn 11).

14 Vgl etwa *Battis*, ÖffBauR, Rn 659; Rn 1284, 806; näher dazu *Otto*, ZfBR 2012, 15 ff.

15 Fehlende Kompensation für die Rechtseinbuße des Nachbarn, *Mehde/Hansen*, NVwZ 2010, 14.

16 *Bönker*, in: Hoppe/Bönker/Grotefels, ÖffBauR, 3. Aufl. 2004, § 18 Rn 91 mwN; allg. dazu *Erbguth/Guckelberger*, Allgemeines Verwaltungsrecht, § 23 Rn 8 ff.

17 Vgl BVerwG, BRS 24 Nr 257; BVerwG, NVwZ 1986, 469; noch Rn 1370; ist dem Bauherrn bereits eine Baugenehmigung (oder Vorbescheid, Teilbaugenehmigung uä) erteilt worden, ist wiederum die Anfechtungsklage die statthafte Klageart, OVG Lüneburg, BauR 2010, 195.

18 Eingehend etwa *Oldiges/Brinktrine*, Baurecht, Rn 347 ff; im Überblick *Stollmann*, VR 2005, 397; Anstöße zur Fortentwicklung bei *Wolf*, NVwZ 2013, 247.

19 Dazu *Erbguth/Schubert*, ÖffBauR, § 15 Rn 31; allg. *Erbguth/Guckelberger*, Allgemeines Verwaltungsrecht, § 23 Rn 10, § 10 Rn 14.

20 BVerwGE 107, 215 (220 f).

21 BVerwG, BRS 46 Nr 173 und ständige Rspr; eingehend *Schlichter*, NVwZ 1983, 641; ders., FS Hoppe, S. 1031; *Jäde*, ZfBR 2007, 751 (751 f), dort, aaO, 752 ff zu Auflösungstendenzen hinsichtlich der Schutznormtheorie im Gefolge der jüngeren Entscheidungspraxis des BVerwG zum Planungsbedürfnis im Außenbereich (dazu Rn 1199, 957); zu europarechtlich bedingten Fortentwicklungen (Feinstaub, Aktionspläne etc) und deren Rückwirkungen auf die Schutznormtheorie Rn 1376.

aus der Norm selbst entwickeln lassen. Allerdings verfährt die überwiegende Auffassung im Ansatz recht großzügig, wie die regelmäßig verwendete Negativformulierung der Rspr verdeutlicht; hiernach entfällt eine subjektive Schutzfunktion – nur – dann, wenn „offensichtlich und eindeutig nach keiner Betrachtungsweise die vom Kläger behaupteten Rechte bestehen oder ihm zustehen können"[22].

1361 Vor diesem Hintergrund ist zunächst die im Streit stehende **Rechtsnorm zu bestimmen**; das ist die Vorschrift, deren Verletzung der Kläger rügt. Neben ihrem objektiv-rechtlichen Charakter muss die Vorschrift zumindest **auch subjektiv-öffentlichen Gehalt** im zuvor beschriebenen Sinne haben, also den privaten Dritten insoweit schützen wollen[23].[24] Da dies in aller Regel den Bestimmungen des öffentlichen Rechts nicht expressis verbis entnommen werden kann, ist die Frage nach dem subjektiven Gehalt im Wege der **Auslegung**, dh unter Heranziehung der Interpretationsmethodik (grammatikalisch[25], systematisch, historisch, teleologisch) zu klären. Allg. vorausgesetzt ist ferner das Überschreiten einer gewissen **Beeinträchtigungsschwelle**[26].

1362 Kann solcherart die subjektiv-öffentliche Schutzrichtung bejaht werden, muss sich aus jenen individualisierenden Tatbestandsmerkmalen ein **Personenkreis** entnehmen lassen, der sich von der Allgemeinheit abhebt[27]. Letztere Maßgabe bestimmt mithin nicht die subjektive Schutzrichtung der Vorschrift als solche, sondern dient der Austarierung der beidseitig schutzbedürftigen, aber eben konfligierenden Interessen auf Nachbarseite und derjenigen des Bauherrn[28].

1363 Im öffentlichen Baurecht werden des Näheren abstrakt bzw **generell** nachbarschützende Normen von solchen konkret resp. **partiell** dem Nachbarschutz dienender Art unterschieden[29]. Gemeint ist, dass bei abstrakt/generell nachbarschützenden Vorschriften der Interessenkonflikt zwischen Bauherren und Nachbarn bereits durch das Gesetz entschieden ist[30]. Weicht die Baugenehmigung hiervon ab, eröffnet dies Nachbarschutz, ohne dass es bei dem Nachbarn im Einzelfall auf eine Beeinträchtigung ankommen soll[31]. Hingegen hat der Gesetzgeber in Fällen konkret/partiell drittschützen-

---

22 BVerwG, DVBl. 1964, 191; dass., NVwZ 2015, 1223 Rn 14.
23 BVerwG, DVBl. 1984, 145; dazu anhand des Städtebaurechts *Reidt*, in: Battis/Krautzberger/Löhr, BauGB, Vor. §§ 29-38 Rn 14 ff.
24 Darum kommt es bspw auf die Wirksamkeit eines Bebauungsplans dann nicht an, wenn sich aus seinen Festsetzungen für den Kläger keine Abwehransprüche ergeben können, vgl OVG Münster, UPR 2012, 37.
25 Vom Wortlaut der Bestimmung(en) können indizielle Wirkungen für die Annahme einer drittschützenden Ausrichtung ausgehen, zB „Würdigung nachbarlicher Interessen", § 31 II BauGB; Rn 1371.
26 OVG Münster, BRS 32 Nr 273, 274; BVerwG, DVBl. 1987, 476 (477).
27 BVerwG, NVwZ 1987, 409; BVerwGE 67, 334 (339); BVerwG, NJW 1994, 1546 (1547) unter Aufgabe seiner früheren Rspr, die für die nachbarschützende Funktion einer Norm verlangte, dass sie eine überschaubare Abgrenzung des zu schützenden Personenkreises ermöglichte, also einen fest abgrenzbaren Kreis der Betroffenen benannte („abgegrenzter und individualisierter Personenkreis"), etwa BVerwGE 27, 29; dazu auch *Couzinet*, DVBl. 2008, 754 (760); die schärferen Anforderungen gelten aber noch für die individuelle Seite des Rücksichtnahmegebots, vgl Rn 1363.
28 IdS *Battis*, ÖffBauR, Rn 643.
29 Oder: unmittelbarer und mittelbarer Nachbarschutz, *Schiller* in: Bracher/Reidt/Schiller, Bauplanungsrecht, Rn 1996; dazu und zum Nachfolgenden auch *Schoch*, Jura 2004, 317; *Muckel/Ogorek*, ÖffBauR, § 10 Rn 12a ff.
30 Vgl *Finkelnburg/Ortloff/Otto*, ÖffBauR Bd. 2, § 17 Rn 33 ff.
31 Es sei denn, die Norm stellt selbst darauf ab, vgl *Battis*, ÖffBauR, Rn 646, unter Hinweis auf § 51 VII BauO NRW.

der Normen die Konfliktentscheidung nicht selbst vorgenommen, sondern sie dem Einzelfall, etwa dem kommunalen Planungszweck, überlassen. Hier wird, vorbehaltlich besagten Planungswillens, eine mögliche (Klagebefugnis!) tatsächliche Beeinträchtigung des Nachbarn relevant[32].

Erstgenannte (abstrakte/generelle) Schutzvorschriften sind vornehmlich im Recht der Gefahrenabwehr zu finden; als Paradebeispiel werden die Regelungen über **Abstandsflächen** genannt[33]. Daneben lässt sich im Bauplanungsrecht als bauleitplanerische Festsetzung die **Art der baulichen Nutzung** anführen[34]. Nach Maßgabe des Einzelfalls, dh konkret/partiell nachbarschützend sollen bspw § 34 I BauGB[35] und § 15 I 2 BauNVO[36] sein, sofern das in ihnen nach der Rspr enthaltene **Gebot der Rücksichtnahme**[37] neben seiner objektiv-rechtlichen Qualität (verträglicher Ausgleich unterschiedlicher Grundstücksnutzungen, der auf die jeweils andere Nutzung Rücksicht nimmt, also nicht „rücksichtslos" ist[38]) subjektiv-öffentliche Kraft entfaltet[39]. Das ist nach dem BVerwG „ausnahmsweise" gegeben, „soweit in qualifizierter und zugleich individualisierter Weise auf schutzwürdige Interessen eines erkennbar abgegrenzten Kreises Rücksicht zu nehmen ist"[40]: handgreifliche, sich geradezu aufdrängende Betroffenheit[41]; diese muss unter Abwägung der widerstreitenden Belange für den oder die Betroffenen unzumutbar sein[42].

Ist nach alldem ein subjektiv-öffentliches Recht und damit dem Grunde nach Nachbarschutz zu bejahen, kann sich der Kläger iSd § 42 II VwGO hierauf nur berufen, wenn sein Begehren in den persönlichen und sachlichen **Schutzbereich** der Vorschrift fällt; der Nachbar muss mithin zum geschützten Personenkreis zählen und die streitige Konstellation der Reichweite des Schutzes zugehören[43].

1364

---

32 *Battis*, ÖffBauR, Rn 646; Letzteres gilt vornehmlich für das Rücksichtnahmegebot, vgl nachfolgend im Text.
33 Etwa *Bönker*, in: Hoppe/Bönker/Grotefels, ÖffBauR, § 18 Rn 63.
34 So wohl auch *Battis*, ÖffBauR, Rn 650.
35 *Bönker*, in: Hoppe/Bönker/Grotefels, ÖffBauR, § 18 Rn 57.
36 Etwa *Brohm*, ÖffBauR, § 18 Rn 32; zur systematischen Stellung der Vorschrift in ihrem objektiv-rechtlichen Gehalt Rn 1121.
37 BVerwGE 29, 286 (288 f); 45, 309 (327); grundlegend *Weyreuther*, BauR 1975, 1; zur Fortentwicklung *Krebs*, FS Hoppe, S. 1055.
38 Vgl BVerwGE 52, 122; aus dem Schrifttum etwa *Brohm*, ÖffBauR, § 18 Rn 36; die Frage, ob eine bauliche Maßnahme resp Nutzung „geboten" oder „erforderlich" ist, ist allerdings für die Prüfung des im Rahmen des § 34 Abs. 1 BauGB zu beachtenden Rücksichtnahmegebots unerheblich, denn das „Ob" und „Wie" des Bauens liegt in der Bestimmung der Bauherren und der baurechtlichen Vorgaben, OVG Schleswig, NordÖR 2011, 87.
39 Zur Frage, ob die für den Nachbarschutz notwendigen Regelungen auch dann einheitlich und abschließend in der Baugenehmigung getroffen werden müssen, wenn sichergestellt ist, dass das Rücksichtnahmegebot in einem nachfolgenden Genehmigungsverfahren nochmals überprüft wird, BVerwG, ZfBR 2011, 774.
40 BVerwG, NVwZ 2014, 370 Rn 21; BVerwGE 67, 334; BVerwG, NJW 1994, 1546; Nachw. bei *Jäde*, ZfBR 2007, 751 (753 mit Fn 24).
41 BVerwGE 52, 122 (130 f); auch *Schlichter*, NVwZ 1983, 641 (644); krit *Jäde*, ZfBR 2007, 751 (758) zu BVerwGE 128, 118; vgl noch Rn 1367.
42 BVerwG, NVwZ 1985, 37 (38); *Reidt*, in: Battis/Krautzberger/Löhr, BauGB, Vor. §§ 29–38 Rn 69 mwN; auch OVG Lüneburg, DVBl. 2011, 1105: Maß der gebotenen Rücksichtnahme erhöht sich nicht wegen der besonderen Empfindlichkeit eines Betriebs gegenüber Umwelteinwirkungen.
43 *Battis*, ÖffBauR, Rn 647.

Dies gilt bei abstrakt/generell drittschützenden Vorschriften zwar nicht in dem Sinne, dass eine tatsächliche Betroffenheit erforderlich wäre[44]. Wohl aber geht der Nachbarschutz nicht weiter als die wechselseitige Prägung der Grundstücke reicht; das muss keineswegs das gesamte Baugebiet erfassen. Es kommt also bei Abweichungen von der Gebietsart ggf auf den Auswirkungsbereich des neu zugelassenen Vorhabens an (bspw Immissionen); ferner steht bei einer Nichteinhaltung der Abstandsflächen lediglich dem Angrenzer der fraglichen Grundstücksseite die Klagebefugnis zu[45].

1365   Sollte sich auf diesem Wege einfachgesetzlich kein Nachbarschutz herleiten lassen, kann nach Rspr und Lit. nur ausnahmsweise auf **Grundrechtspositionen** (Art. 14, 2 II GG) zur Begründung der Klagebefugnis zurückgegriffen werden.

Anzumerken bleibt gegenüber dem Vorstehenden, dass der Unterscheidung zwischen abstrakt/generell und konkret/partiell dem Nachbarschutz dienenden Vorschriften heuristische Funktion iSe Abgrenzung der **Kompetenz** zur Konfliktentscheidung im Nachbarschaftsverhältnis zukommt; Trennschärfe hinsichtlich der Frage, inwieweit es auf den Einzelfall zur Bestimmung der Klagebefugnis ankommt, besitzt sie nicht, wie das Bsp. der baugebietswidrigen Baugenehmigung gezeigt hat. Bei dem **Rücksichtnahmegebot** handelt es sich um reines Richterrecht, als Auslegungstopos[46] wird im Grunde auf Selbstverständliches verwiesen. IÜ bestehen (auch hier) gegenüber dem Gedanken der personalen Individualisierbarkeit Bedenken[47] – zudem verschärft dadurch, dass die diesbzgl Formulierung noch Elemente der strengeren, zunächst im Zusammenhang mit der Schutznormtheorie verfolgten Anforderungen in sich tragen dürfte.

1366   **Nachbar** iSd baurechtlichen Nachbarklage ist nicht nur der Angrenzer, sondern jeder, der sich im Einwirkungsbereich der fraglichen Anlage ständig oder langfristig aufhält (sog. materieller Nachbarbegriff[48]). Eine Beschränkung des klagebefugten Personenkreises auf dinglich Berechtigte, wie es die noch hM unter Hinweis auf den Grundstücksbezug der baurechtlichen Bodennutzungsregelungen verfolgt, dh der Ausschluss von Mietern, Pächtern, ferner Arbeitnehmern[49], ist nicht – mehr – haltbar, nachdem das BVerfG die Rechte des Mieters weitgehend denen des Eigentümers gleichgestellt hat und mittlerweile anerkannt ist, dass neben Art. 14 GG auch Art. 2 II GG die Klagebefugnis prinzipiell zu begründen vermag[50].

Auf einfachgesetzlicher Ebene streitet hierfür die weiter zunehmende Einbeziehung des Umweltschutzes in das öffentliche Baurecht mit seinen weniger objekt-, sondern stärker personengerichteten Schutznormen[51]. So kommt denn auch die überwiegende Auffassung um gewisse Durchbrechungen ihres Standpunkts nicht herum (obligatorisch Berechtigte als Nachbarn bei

---

44   Rn 1363.
45   Vgl *Schiller*, in: Bracher/Reidt/Schiller, Bauplanungsrecht, Rn 2018 ff.
46   Des einfachen Rechts, der dann in seiner Reichweite den direkten Rückgriff auf Grundrechtspositionen verwehrt; nicht recht entschieden insoweit *Brohm*, ÖffBauR, § 18 Rn 29, 36.
47   Vgl zu alldem näher *Erbguth*, Grundfragen d. UmweltR, S. 310 ff mwN; auch *Martens*, NJW 1985, 2302; Kritik am Rücksichtnahmegebot insbes. bei *Breuer*, DVBl. 1983, 431; *Redeker*, DVBl. 1984, 870; *Alexy*, DÖV 1984, 953; *Wahl*, JuS 1984, 577; *König*, Drittschutz, 1993, S. 23 ff.
48   Im Gegensatz zum regelmäßig „formellen" bauordnungsrechtlichen Nachbarbegriff („Angrenzer") vgl BVerwGE 28, 131 (134); *Muckel/Ogorek*, ÖffBauR, § 10 Rn 5.
49   BVerwG, NJW 1989, 2766; BVerwG, DVBl. 1998, 899; OVG Berlin, NJW 1979, 282; anders im Normenkontrollverfahren wegen § 1 VII BauGB, VGH Mannheim, VBlBW 1998, 307; Rn 1322.
50   OVG Münster, UPR 1984, 131; OVG Berlin, NVwZ 1986, 848; allg. BVerfG, NJW 1993 (2035 ff); aA im Hinblick auf die Auslegung dieses Beschlusses aber *Schmidt-Preuß*, NJW 1995, 27 (29); s. auch *Muckel/Ogorek*, ÖffBauR, § 10 Rn 9.
51   Zu Recht *Brohm*, ÖffBauR, § 30 Rn 9.

Inanspruchnahme des fraglichen Grundstücks für Straßenbau oder naturschutzrechtliche Ausgleichsmaßnahmen[52] sowie im Fall möglicher Verletzung personenbezogener Schutznormen, etwa §§ 22, 3 BImSchG[53]).

bb) Zum nachbarschützenden Charakter von Baurechtsvorschriften. Aus der **1367** reichhaltigen Kasuistik der Rspr zu **nachbarschützenden Vorschriften des öffentlichen Baurechts**[54] sei Folgendes herausgestellt:

§ 30 BauGB selbst kommt keine derartige Wirkung zu, wohl aber ggf **Festsetzungen des Bebauungsplans**[55]. Deren Schutzcharakter hängt im Wesentlichen vom Willen der Gemeinde ab, der sich insbes. aus der Planbegründung erschließt.

Allerdings ist beachtlich, dass planungsrechtlich eine Wechselbezüglichkeit von Vor- und Nachteilen der im Baugebiet gelegenen Grundstücke angesichts der Planausweisungen bestehen kann[56]. Vor diesem Hintergrund ist Nachbarschutz grds, dh unabhängig von der hierauf gerichteten Intention der Gemeinde, zu bejahen, wenn hinsichtlich der fraglichen Festsetzung zwischen den Nachbarn ein aus dem Bebauungsplan erkennbares Austauschverhältnis besteht. Das wird bei Festsetzungen über die **Art der baulichen Nutzung** und hierauf bezogenen Ausweisungen nach §§ 2–14 BauNVO[57] angenommen[58]: **genereller** Nachbarschutz kraft Bundesrechts[59]. Denn die diesbzgl Beschränkung des einzelnen Grundstückseigentümers wird dadurch kompensiert, dass die anderen Eigentümer ihr ebenfalls unterworfen sind[60]. Im Baugebiet Ansässige haben daher ein subjektiv-öffentliches Recht auf Einhaltung der Nutzungsart bei der innergebietlichen Zulassung von Vorhaben (Anspruch auf **Wahrung des Gebietscharakters oder Gebietserhaltungsanspruch**)[61], genauer: Nachbarn können sich gegen Nutzungen, die nicht allg. (§ 30 I, III BauGB) oder ausnahmsweise (§ 31 I BauGB) zulässig sind, zur Wehr setzen[62].[63] Die Geltendmachung einer tatsächlichen Beeinträchtigung ist nicht erforderlich[64]; der „gebietsinterne" Nachbar

---

52 BVerwGE 105, 178 (183).

53 Vgl dazu *Brohm*, ÖffBauR, § 30 Rn 9, § 18 Rn 24; *Muckel/Ogorek*, ÖffBauR, § 10 Rn 11.

54 Eingehend dazu *Finkelnburg/Ortloff/Otto*, ÖffBauR Bd. 2, §§ 18 f.

55 Vgl nur *Bönker*, in: Hoppe/Bönker/Grotefels, ÖffBauR, § 18 Rn 42; *Muckel/Ogorek*, ÖffBauR, § 10 Rn 27 ff.

56 Wechselseitige Opfer- und Schicksalsgemeinschaft, BVerwGE 27, 29 (33); OVG Münster, BauR 1977, 389; *Sendler*, BauR 1970, 4.

57 Dazu näher anhand der Rspr *Ortloff*, NVwZ 2004, 934 (941); BVerwG, BauR 1996, 219: abstrakt/generell nachbarschützend.

58 BVerwG, BauR 2008, 793 (793) mwN.

59 BVerwGE 94, 151; *Finkelnburg/Ortloff/Otto*, ÖffBauR Bd. 2, § 18 Rn 6; Rn 1363.

60 Etwa VGH München, BauR 2008, 649 (650).

61 BVerwG, ZfBR 2000, 423; BVerwG, BauR 2000, 1019; VGH München, BauR 2008, 649 (649 f): Gebietsbewahrungsanspruch.

62 *Schiller*, in: Bracher/Reidt/Schiller, Bauplanungsrecht, Rn 2016; dies unabhängig davon, ob es sich um störende oder störungsempfindliche Vorhaben handelt, BVerwG, DÖV 2000, 1057.

63 Zur Schutzwirkung und Reichweite des Gebietserhaltungsanspruchs insgesamt *Möller/Knickmeier*, NordÖR 2010, 138; ungeklärt ist, ob sich ein Gebietserhaltungsanspruch auch dann geltend machen lässt, wenn keine Gebietsausweisungen nach §§ 2 ff BauNVO getroffen worden sind, sondern (nur) solche nach § 9 I (etwa nach Nr 5, 25) BauGB; dazu VGH Kassel, BauR 2007, 1006 ff. Das alles gilt nicht für die Nachbargemeinde, weil der Gebietserhaltungsanspruch Ausfluss des Art 14 I GG ist; *Gerhard/Würtenberger*, BauR 2010, 550 (551 ff).

64 VGH München, BauR 2008, 649 (650); BVerwGE 94, 151; *Gerhard/Würtenberger*, BauR 2010, 550 (551).

muss indes von den Auswirkungen des beanstandeten Vorhabens überhaupt betroffen sein[65].

Soweit weder abstrakt/generell noch im Gefolge des kommunalen Planungswillens Nachbarschutz eröffnet ist, besteht immer noch die allerdings weniger weit gehende[66] Möglichkeit, dass sich Gegenteiliges aus **§ 15 I 2 BauNVO** ergibt (konkret/partiell nachbarschützende Bestimmung[67]).[68] Hiernach kann ein den Festsetzungen des Bebauungsplans entsprechendes Vorhaben[69] im Einzelfall unzulässig sein, wenn es der Eigenart des Baugebiets widerspricht, von ihm unzumutbare Belästigungen oder Störungen ausgehen können oder es solchen ausgesetzt ist. Das hierin nach hM zum Ausdruck kommende (objektiv-rechtliche) **Rücksichtnahmegebot** erstarkt in subjektiv-öffentlicher Hinsicht, wenn die genannten besonderen Voraussetzungen[70] gegeben sind.

1368 Dem **Maß der baulichen Nutzung** selbst kommt regelmäßig kein nachbarschützender Charakter zu[71]. Begründet liegt dies einerseits in dem Umstand, dass jene Festsetzungen die Grundstücksnutzung nur unvollkommen bestimmen, weil die nachteiligen Folgen für den Nachbarn auf Grund anderer Vorschriften, vor allem über Abstandsflächen, verhindert werden; das gilt indes nicht mit Blick auf die optisch erdrückende Wirkung eines dergestalt „übermäßigen" Vorhabens, weil dieses Merkmal den bauordnungsrechtlichen Abstandsflächentiefen nicht unterfällt[72].[73] Zum anderen dienen derartige Ausweisungen genuin städtebaulichen Zwecken, nämlich einer Auflockerung der Bebauung und der Verbesserung des Stadtklimas.

Abweichendes ist aber dann anzunehmen, wenn die Festsetzung des Nutzungsmaßes nach dem im Bebauungsplan (oder in seiner Begründung) zum Ausdruck kommenden Willen der Gemeinde gerade eine für die Umgebung verträgliche Nutzung gewährleisten[74] bzw den Gebietscharakter mit beeinflussen soll (Begrenzung der Zahl der Vollgeschosse zwecks Schaffung von hellen und sonnigen Balkonen/Terrassen[75]/Villenviertel mit nur zweigeschossigen Einfamili-

---

65 Rn 1364.

66 *Gerhard/Würtenberger*, BauR 2010, 550 (551).

67 Rn 1363.

68 BVerwG, BauR 2008, 793 (794); weder durch Bebauungsplan (*Schiller*, in: Bracher/Reidt/Schiller, Bauplanungsrecht, Rn 2042) noch durch Landesrecht – Bauordnungsrecht – (BVerwG, DÖV 2001, 471) abdingbar; zu Letzterem *Erbguth/Schubert*, ÖffBauR, § 15 Rn 53.

69 Und nur auf diesen (Ausgangs-)Fall ist die Vorschrift anwendbar, vgl *Schiller*, in: Bracher/Reidt/Schiller, Bauplanungsrecht, Rn 2042.

70 Vgl Rn 1363; auch VGH München, BayVBl. 2003, 599: konkret rücksichtslos; abweichend – abstrakter/genereller Abwehranspruch – OVG Münster, DVBl. 2003, 810 in einem Sonderfall.

71 Anders andeutungsweise anhand einer Abweichung von der maximal zulässigen Wohnungszahl nach § 9 I Nr 6 BauGB OVG Saarlouis, BauR 2006, 2015 (2019 mwN); näher und krit zu dieser Differenzierung *Faßbender*, NJW 2019, 2132.

72 Wie Belichtung, Belüftung, Besonnung, Einsichtnahme, BVerwG, NVwZ-RR 1997, 516; Rn 1262.

73 VGH Mannheim, VBlBW 2008, 147 (149) mwN.

74 BVerwG, NVwZ 2018, 1808 Rn 14 ff, nach dieser Entscheidung („Wannsee-Urteil") sollen Festsetzungen über das Maß der baulichen Nutzung selbst dann drittschützend sein, wenn der historische Plangeber die nachbarschützende Wirkung im Zeitpunkt der Planaufstellung nicht in seinen Willen aufgenommen hatte, aber die Planbetroffenen mit besagten Festsetzungen in ein wechselseitiges nachbarliches Austauschverhältnis einbinden wollte; das BVerwG spricht insoweit von einer „nachträglichen subjektiv-rechtlichen Aufladung" der Festsetzungen, aaO, Rn 15; krit zu der Entscheidung *Heinemann*, NVwZ 2018, 1811; *Schröer/Kümmel*, NVwZ 2018, 1775; mit guten Gründen für eine Erweiterung des Nachbarschutzes *Faßbender*, NJW 2019, 2132 (2134 f).

75 *Schiller*, in: Bracher/Reidt/Schiller, Bauplanungsrecht, Rn 2036.

enhäusern[76]).[77] Ansonsten soll es beim Gebot der Rücksichtnahme in entsprechender Anwendung des § 15 I 2 BauNVO[78] bleiben[79].

Festsetzungen im Bebauungsplan über die **Bauweise** und die **überbaubare Grundstücksfläche** (§ 9 I Nr 2 BauGB iVm §§ 22, 23 BauNVO) dienen regelmäßig städtebaurechtlichen Zielen; Nachbarschutz verleihen sie nur, wenn die Gemeinde hiermit die nachbarschaftlichen Verhältnisse beeinflussen will oder den bauordnungsrechtlichen Abstandsflächen vergleichbare Intentionen verfolgt[80].   **1369**

Umweltschützende Festsetzungen nach § 9 I Nr 23, 24 BauGB bewirken im Einzelfall Nachbarschutz; wegen der Bezugnahme in den Vorschriften auf den Begriff der schädlichen Umwelteinwirkungen nach dem BImSchG (§§ 3, 22 BImSchG) handelt es sich um spezielle bundesrechtliche Ausprägungen des Rücksichtnahmegebots[81].   **1370**

Was **Ausnahmen** und **Befreiungen** von Festsetzungen des Bebauungsplans anbelangt, so vermittelt § 31 BauGB ebenso wenig wie § 30 BauGB aus sich heraus Nachbarschutz[82]. Wird eine Ausnahme von einer ihrerseits nachbarschützenden Festsetzung[83] erteilt oder davon dispensiert, leitet sich hieraus die Klagebefugnis ab[84]. Handelt es sich um keine den Nachbarn schützende Ausweisung, eröffnet sich nach der Rspr sowohl im Rahmen von § 31 I BauGB (Ausnahmen) als auch in demjenigen des § 31 II BauGB (Befreiungen) Drittschutz auf Grund des Rücksichtnahmegebots[85], sofern dessen subjektiv-rechtliche Qualität gegeben ist[86].   **1371**

Im Fall einer derartigen Ausnahme soll sich dies aus einem Erst-Recht-Schluss ableiten: Wenn schon über das in § 15 I BauNVO verankerte Rücksichtnahmegebot Nachbarschutz gegenüber einem eigentlich plankonformen, lediglich akzidentell unzulässigen Vorhaben gewährt werde, müsse das umso mehr bei einer zu Unrecht nach § 31 I BauGB, mithin im Widerspruch zum Bebauungsplan erteilten Baugenehmigung gelten[87]. Bei § 31 II BauGB folgt Drittschutz im Grunde schon aus dessen Nr 3, weil danach jeglicher Dispens von der Würdigung nachbarlicher Interessen abhängig gemacht ist. Das BVerwG rekurriert gleichwohl auf das Gebot der Rücksichtnahme. Für die „Rücksichtslosigkeit" selbst kommt es nach der Rspr auf eine Gewichtung anhand der maßgeblichen tatsächlichen und rechtlichen Gegebenheiten des Einzelfalls an, vornehmlich der Vorbelastung der Grundstücke und des Gebiets, der Schutzwürdigkeit und Schutzbedürftigkeit des Bauherrn und des Nachbarn sowie der Art und Intensität aller in Betracht kommenden städtebaulich relevanten Nachteile; bei dieser relativen Bewertung kön-

---

76 *Brohm*, ÖffBauR, § 19 Rn 19.
77 Instruktiv OVG Saarlouis, BauR 2006, 2015 (2019 f); allg. auch VGH Mannheim, VBlBW 2008, 147 (148).
78 Vgl BVerwGE 67, 334 (338 f); VGH Mannheim, VBlBW 2008, 147 (148) mwN; bereits Rn 1363, 1367.
79 *Brohm*, ÖffBauR, § 19 Rn 19.
80 Vgl OVG Hamburg, DVBl. 1994, 1155.
81 BVerwG, NJW 1989, 467; *Muckel/Ogorek*, ÖffBauR, § 10 Rn 34.
82 *Reidt*, in: Battis/Krautzberger/Löhr, BauGB, Vor. §§ 29–38 Rn 62 ff.
83 Was – wie allg. – grds durch Auslegung des Bebauungsplans zu ermitteln ist; Rn 1361.
84 *Finkelnburg/Ortloff/Otto*, ÖffBauR Bd. 2, § 18 Rn 13. Anders, wenn Ausnahmen iSd jeweiligen Abs. 3 der §§ 2–9 BauNVO erteilt werden: Wegen deren expliziter rechtlicher Zulassung müssen Nachbarn sie grds hinnehmen und können sich nur auf das Rücksichtnahmegebot (dazu nachfolgend im Text) berufen, BVerwGE 67, 334.
85 *Brohm*, ÖffBauR, § 19 Rn 21 f.
86 Vgl Rn 1363.
87 BVerwGE 82, 343 (346).

nen auch die objektive Rechtmäßigkeit des Vorhabens und seine regelmäßige oder nur ausnahmsweise Zulässigkeit Bedeutung gewinnen[88]. Das Vorstehende muss entsprechend – genauer: erst recht – gelten, wenn ein sog. versteckter Dispens beanstandet wird, dh die Erteilung einer Baugenehmigung unter Abweichung vom Bebauungsplan unter Nichteinhaltung von § 31 I oder II BauGB und ohne Kennzeichnung als Ausnahme oder Befreiung[89].

1372 Im Zusammenhang mit den **Planersatzvorschriften** wird Nachbarschutz, sofern ein einfacher Bebauungsplan besteht, anhand seiner Ausweisungen wie bei bebauungsplanerischen Festsetzungen gewährt[90]. Ansonsten findet sich das Rücksichtnahmegebot herangezogen. Dies gilt zunächst für **§ 34 I BauGB** auf Grund seiner rechtsprechungsbedingten Verankerung im „Sich-Einfügen"[91].[92]

1373 Bei **§ 35 BauGB** wird trotz dessen Ausrichtung auf öffentliche Zwecke (Verankerung in den öffentlichen Belangen) neben § 35 III 1 Nr 3 BauGB iVm dem drittschützenden § 3 BImSchG[93] ebenfalls auf das Rücksichtnahmegebot abgestellt, und zwar vornehmlich zugunsten privilegierter Vorhaben nach § 35 I BauGB (gegen heranrückende Wohnbebauung[94] oder Windenergieanlagen[95]), aber iSv Rücksichtnahmepflichten auch gegenüber sonstigen Vorhaben nach § 35 II BauGB[96] – wobei diesen eine schwächere Stellung zukommt als privilegierten Vorhaben[97].

Die neuere Rspr des BVerwG zum **subjektivierten Planungserfordernis** in Fällen des § 35 BauGB[98] dürfte auch bei anderen als interkommunalen Belangen ein qualifiziertes Abstimmungserfordernis nach sich ziehen, wenn entsprechende Auswirkungen auf (etwa) private Interessen anzunehmen sind; dann lässt sich hierauf Rechtsschutz gegen eine ohne Planung erteilte

---

88 Je-desto-Formel: eher „rücksichtslos", wenn befreiungsbedürftiges Vorhaben/eher nicht, wenn Vorhaben mit Regelfestsetzungen des Bebauungsplans übereinstimmt, VGH Mannheim, VBlBW 2008, 147 (148); BVerwG, NJW 1990, 1192; bereits Rn 1363.
89 Vgl etwa *Bönker*, in: Hoppe/Bönker/Grotefels, ÖffBauR, § 18 Rn 55; ob das Rücksichtnahmegebot in diesen Fällen auf § 31 BauGB oder der entsprechenden Heranziehung des § 15 I BauNVO fußt, ist auf Grund identischer Prüfungsmaßstäbe offen gelassen worden, BVerwGE 89, 69.
90 Vgl nur *Bracher*, in: Bracher/Reidt/Schiller, Bauplanungsrecht, Rn 2256 f (zu § 34 BauGB), Rn 2459 (zu § 35 BauGB).
91 BVerwG, NVwZ 1999, 879; BVerwGE 89, 69 (76); OVG Berlin, BauR 2010, 441 (442); *Battis*, FS Weyreuther, S. 305; krit und weiterführend *Mampel*, BauR 1999, 854; näher auch *Erbguth/Schubert*, ÖffBauR, § 15 Rn 51; *Rauber*, VR 2005, 379 (380); *Hoppe*, NVwZ 2004, 282 (287).
92 Feinabstimmung, *Bracher*, in: Bracher/Reidt/Schiller, Bauplanungsrecht, Rn 2263; *Mampel*, BauR 1999, 854; mit w. Bsp. *Erbguth/Schubert*, ÖffBauR, § 15 Rn 51.
93 BVerwG, NVwZ 1983, 609; BVerwGE 52, 122 (125 f).
94 Störungspräventive Nachbarklage, vgl *Battis*, ÖffBauR, Rn 652; natürlich nur, wenn der Privilegierung eine Beeinträchtigung droht, einen Anspruch auf Erhaltung des (unbebauten) Außenbereichs gibt es nicht, BVerwG, NVwZ 2000, 552 (553); OVG Schleswig, NordÖR 2005, 465 (466); *Muckel/Ogorek*, ÖffBauR, § 10 Rn 46 ff.
95 Optisch bedrängende Wirkung auf Wohnbebauung: regelmäßig nicht bei Abstand von mindestens der dreifachen Gesamthöhe der Windkraftanlage, OVG Münster, DVBl. 2006, 1532 – aber einzelfallabhängig; bestätigt durch BVerwG, BauR 2007, 674; auch OVG Münster, NWVBl. 2008, 183; *Wurzel*, BayVBl. 2007, 537 mwN. S. in diesem Kontext zur neuen Länderöffnungsklausel in § 249 III BauGB Rn 1178.
96 BVerwGE 52, 122: bei „handgreiflicher Betroffenheit"; BVerwG, ZfBR 2005, 275 (276): Abwägung/ Je-desto-Formel; (ausnahmsweise) bei unzureichender Stellplatzzahl eines geplanten Fußballstadions, OVG Münster, DÖV 2006, 305 (306).
97 Wie vor; *Muckel/Ogorek*, ÖffBauR, § 10 Rn 53 mwN.
98 Näher Rn 957, 1199; bei lediglich objektiv-rechtlicher Planungspflicht ist ein Zurückbleiben des Nachbarschutzes im Verhältnis zu demjenigen im Fall der Bebauungsplanung hinzunehmen, OVG Münster, BauR 2007, 1550 (1551) mwN.

Baugenehmigung im Außenbereich stützen[99]. Eine darüber hinausgehende, § 34 I BauGB erfassende Heranziehung des subjektiven Abwägungsgebots[100] zur Eröffnung von Nachbarschutz auf Baugenehmigungsebene lässt sich hieraus indes nicht, wohl aber ggf aus dem Europarecht[101] ableiten[102].

Hinsichtlich **§ 34 II BauGB** hat sich zu Recht die Sichtweise durchgesetzt, dass für den Nachbarschutz die dort angeordnete Parallele zu entsprechenden Ausweisungen im Bebauungsplan maßgeblich ist[103]: Gegen artfremde Nutzungen steht mithin in gleicher Weise die Klagebefugnis zur Verfügung, wie es im beplanten Bereich der Fall ist (abstrakter/genereller Drittschutz[104]); dies hat weiter zur Konsequenz, dass bei Ausnahmen und Befreiungen, § 34 II HS 2, § 31 BauGB, das Rücksichtnahmegebot gilt[105].

Nichts anderes wird im Gefolge der Rspr für die Abweichung von den Anforderungen des „Sich-Einfügens" in § 34 I 1 BauGB zu gelten haben, die § 34 IIIa BauGB eröffnet[106]. Denn in § 34 IIIa 1 Nr 3 BauGB wird diese wie nach § 31 II HS 3 BauGB unter den Vorbehalt der Würdigung nachbarlicher Interessen gestellt. Entsprechendes lässt sich bei § 34 III BauGB allenfalls für die Nachbargemeinde,[107] nicht aber für (gewerbliche) Konkurrenten[108] annehmen.

Im Anwendungsbereich des **§ 33 BauGB** muss die Festsetzung des künftigen Bebauungsplans, deren Missachtung der Nachbar rügt, nachbarschützenden Gehalt haben, um die Klagebefugnis zu begründen[109]. **1374**

Aus dem **Bauordnungsrecht**[110] zielen die Generalklausel[111] und, wenn sie – wie regelmäßig – durch Spezialregelungen verdrängt wird, diese besonderen Ermächtigungen auf die Abwehr von Gefahren für die öffentliche Sicherheit und Ordnung; da unter den Begriff der Sicherheit auch Individualrechtsgüter fallen, kann auf sie gestützt Nachbarschutz durch behördliches Einschreiten gegen ungenehmigtes oder sonstwie rechtswidriges Bauen begehrt werden[112]. Es muss also eine hierdurch bedingte Verletzung eigener Rechtsgüter möglich sein, um die Klagebefugnis zu begründen[113]; der **1375**

---

99 *Jäde*, ZfBR 2007, 751 (756); vgl auch *Ortloff*, NVwZ 2004, 934 (939).
100 Dazu Rn 1323; anders wohl OVG Münster, DÖV 2006, 305 (305 f): nicht aber allein wegen unterbliebener Bauleitplanung.
101 Vgl Rn 1376.
102 *Jäde*, BayVBl. 2003, 449 (453 f); Rn 958.
103 BVerwG, DVBl. 1994, 284 (286) mit Anm. *Schmidt-Preuß*.
104 Etwa OVG Berlin, UPR 2004, 236 (237).
105 *Bracher*, in: Bracher/Reidt/Schiller, Bauplanungsrecht, Rn 2258.
106 So auch *Schidlowski/Bauluch*, BauR 2006, 784 (792).
107 „Andere Gemeinde", *Rauber*, VR 2005, 379 (380); *Vietmeier*, BauR 2005, 480 (487); anders *Hoppe*, NVwZ 2004, 282 (287); zur gemeindlichen Nachbarklage auch VGH Mannheim, DÖV 2008, 781.
108 Was nach hM schon aus der Wettbewerbsneutralität des Städtebaurechts folgt, vgl OVG Münster, BauR 2007, 1550 (1550 f) mwN: allenfalls Rechtsreflex; zu besagter Annahme der Wettbewerbsneutralität aber auch Rn 837.
109 Vgl *Uechtritz/Buchner*, BauR 2003, 813; *Jäde*, BayVBl. 2003, 449; zur „Normenkontrollfähigkeit" planreifer Bebauungspläne vgl Rn 1069.
110 Hierzu *Kaiser*, Bauordnungsrecht, Rn 163 ff; *Finkelnburg/Ortloff/Otto*, ÖffBauR Bd. 2, § 18 Rn 22 ff.
111 Rn 1257 ff.
112 Anhand der Generalklausel *Finkelnburg/Ortloff/Otto*, ÖffBauR Bd. 2, § 18 Rn 24; zu zurückhaltenderen Sichtweisen *Bönker*, in: Hoppe/Bönker/Grotefels, ÖffBauR, § 18 Rn 61 f.
113 BVerwGE 11, 95 (97); näher *Erbguth/Schubert*, ÖffBauR, § 15 Rn 53.

daraus folgende Anspruch auf ermessensfehlerfreie Entscheidung über das bauordnungsrechtliche Einschreiten genügt den Anforderungen des § 42 II VwGO[114].

1376 Die (Rüge einer) Verletzung von Beteiligungsrechten, also eigener **Verfahrenspositionen** in der Planaufstellung, aber auch im Fall bloßer Genehmigung eines Großvorhabens trotz Planungserfordernisses[115] oder der Umgehung einer förmlichen Planänderung im Wege der generellen Erteilung von Befreiungen, vermittelt trotz der verfassungsgerichtlichen Rspr zum Grundrechtsschutz durch Verfahren[116] nach überwiegender Auffassung allein keine Klagebefugnis; hinzutreten muss vielmehr, dass der Kläger/Nachbar die – mögliche – Verletzung materieller subjektiv-öffentlicher Rechtspositionen geltend machen kann (sog. **relative** Verfahrenspositionen)[117]. Anderes gilt ausnahmsweise im Fall sog. **absoluter** Verfahrensrechte, bei denen sich der betreffenden Bestimmung entnehmen lässt, dass bereits der isolierte Verfahrensverstoß die Aufhebung der Entscheidung nach sich ziehen soll, wie es mit Blick auf § 36 BauGB anerkannt ist[118].

Diese Auffassung ist, auch soweit sie sich Abweichungen bei Entscheidungen mit Ermessenszuweisungen vorbehält[119], dem Grundsätzlichen nach kritikwürdig[120], angesichts der Entwicklung zum subjektiv-rechtlichen Abwägungsgebot wohl auch überholt[121]. Soweit der Streit um die (Nicht-)Einhaltung von **Verfahrensrecht unionsrechtlichen Ursprungs** geht, stellen sich die Dinge im Gefolge der Rspr des EuGH,[122] insbesondere aber neueren Richtlinienrechts[123] ohnehin abweichend dar; das stellt zwar die **Schutznormtheorie** nicht grundsätzlich in Frage, zieht aber deren anhaltende unionsrechtliche Überformung nach sich[124].

Nationales Recht zur Umsetzung europarechtlicher Vorgaben, insbes. von Richtlinien, unterliegt dem aus Art. 4 III EUV folgenden **Effektivitätsgrundsatz**, der es verbietet, dem Einzelnen die Ausübung der ihm durch die Rechtsordnung der EU verliehenen Rechte praktisch unmöglich zu machen oder übermäßig zu erschweren[125]. Das verlangt insbes. danach, dass die betreffende unionsrechtliche Vorgabe vor Gericht durchsetzbar sein muss, wenn der Einzelne insoweit ein **ausreichendes Interesse** oder eine Rechtsverletzung geltend machen kann; (selbst)

---

114 Vgl allg. *Kopp/Schenke*, VwGO, § 42 Rn 91; näher Rn 1344.

115 § 15 Rn 51; näher § 5 Rn 75, 171; § 8 Rn 91 ff.

116 BVerfGE 53, 30; 63, 131 (143); *Redeker*, NJW 1980, 1593; eingehend etwa *Kahl*, VerwArch 95 (2004), 1.

117 BVerwG, DVBl. 1982, 1096; deutlich(st) VGH Mannheim, NVwZ-RR 2007, 82 (83); OVG Saarlouis, BauR 2006, 2015 (2016); OVG Lüneburg, NVwZ-RR 2012, 836 (838); näher etwa *Erbguth*, Grundfragen d. UmweltR, S. 338 f; s. auch *Gärditz*, NVwZ 2014, 1 (2).

118 *Schlacke*, Umweltrecht, § 6 Rn 13; *Ziekow*, NuR 2014, 229 (230).

119 VGH Mannheim, NVwZ-RR 2007, 82 (83) mwN.

120 *Gärditz*, NVwZ 2014, 1 (2 f); *Battis*, ÖffBauR, Rn 653: § 3 BauGB als nachbarschützende Norm; allerdings dürfte allein auf Grund der Durchführung eines Baugenehmigungsverfahrens anstelle eines an sich gebotenen Verfahrens nach § 19 BImSchG noch keine Rechtsverletzung des Nachbarn anzunehmen sein, so BVerwGE 131, 352.

121 Vgl *Ortloff*, NVwZ 2004, 934 (939); auch Rn 1072, 1373; näher *Erbguth*, NVwZ 2005, 241 (242 ff); bereits *ders.*, VVDStRL 61 (2002), S. 221 (246 ff).

122 EuGH, NVwZ 2004, 593 mwN.

123 Insbes. Richtlinie 2003/35/EG, vgl Rn 843.

124 *Nolte*, in: Kluth/Smeddinck, Umweltrecht, § 7 Rn 36 ff; *Couzinet*, DVBl. 2008, 754 (760 f) mwN; *Leidinger*, NVwZ 2011, 1345; *Schlacke*, NVwZ 2014, 11; *Gärditz*, NVwZ 2014, 1 (3 ff); *Kokott/Sobotta*, DVBl. 2014, 132.

125 S. nur EuGH, NVwZ 2014, 49 Rn 45.

Letzteres erfordert nicht zwingend eine Verletzung drittschützender Normen iSd nationalen Rechts[126]. Vielmehr ist bspw. ausreichend, dass es dem Richtlinienrecht um Gesundheitsschutz der Bevölkerung geht: So kann etwa der Rspr des EuGH zufolge ein unmittelbar betroffener Einzelner bei drohender (bzw bereits eingetretener) Überschreitung von Immissionsgrenzwerten die Erstellung eines Aktionsplans iSv § 47 II BImSchG[127] beanspruchen; daran ändert die Möglichkeit der Behörde, die Einhaltung der Grenzwerte mittels planunabhängiger Maßnahmen sicherzustellen, nichts[128]. Unionsrecht ist demzufolge gerichtlich durchsetzbar, wenn seine Zielrichtung ein Allgemeininteresse (wie Umweltschutz) bildet, sofern dadurch zugleich der Rechtskreis des Einzelnen berührt ist[129]. In Fällen solcher Betroffenheit können natürliche wie juristische Personen die Verletzung von staatenverbindlichem Unionsrecht, und zwar auch von „bloßem" Verfahrensrecht[130], einklagen. Die(se) unionsrechtlichen Besonderheiten teilen sich dem **Baunachbarrecht** mit, freilich konkretisiert (vornehmlich) über das UmwRG und die UVP- sowie SUP-RL bzw deren Umsetzung im Bauplanungsrecht. Das richtet sich zwar primär auf die Antragsbefugnis (bzw Begründetheit) im Normenkontrollverfahren nach § 47 VwGO[131]. Nachbarschutz wird aber insoweit erfasst, als es um unzulässig ohne Planung erteilte Baugenehmigungen geht. Dann vermag das Europarecht nach vorstehenden Maßgaben auch Verfahrensrecht (etwa der SUP)[132] zu „versubjektivieren" – dies zudem in Fällen des § 34 BauGB, dem nach (überwiegender) nationaler Sicht keine individuell abgesicherte Planungspflicht erwachsen kann[133].

Subjektiv-öffentliche Rechtspositionen können sich schließlich aus **außerbaurechtlichen** Vorschriften des einfachen öffentlichen Rechts ableiten[134] oder aus einer **Zusicherung** der Bauaufsichtsbehörde[135] folgen.   **1377**

Soweit hiernach ein einfachgesetzlich gewährter Nachbarschutz ausscheidet, bleibt jedenfalls im Fall erheblicher Beeinträchtigungen die Frage, ob sich der Nachbar neben der unbestrittenen norminternen Wirkung von Verfassungsrecht[136] direkt auf **Grundrechte** als subjektiv-öffentliche Rechte iSd § 42 II VwGO berufen kann.

Das BVerwG lehnt – entsprechend seiner Kehrtwendung bei der (Nicht-)Gewährung von Bestandsschutz[137] – inzwischen einen unmittelbar auf **Art. 14 GG** gestützten Abwehranspruch des Nachbarn[138] im Bauplanungsrecht ab, und zwar zum einen wegen der in Art. 14 I 2 GG angeordneten gesetzlichen Ausprägung des Eigentums, zum anderen, weil wegen des Rücksichtnahmegebots keine Rechtsschutzlücke bestehe[139].   **1378**

---

126 Dazu *Schlacke*, Umweltrecht, § 6 Rn 13 mwN.
127 Dazu Rn 858.
128 Das folgt aus einer entsprechenden Auslegung des Art. 7 III RL 96/62/EG, EuGH, NVwZ 2008, 984 auf Vorlage des BVerwG (BVerwGE 128, 278); näher zum Ganzen *Schlacke*, Umweltrecht, § 9 Rn 33 mwN; s. auch *Couzinet*, DVBl. 2008, 754; *Seibert*, DVBl. 2013, 605.
129 Zum Vorstehenden *Couzinet*, DVBl. 2008, 754 (761); allg. *Erbguth/Guckelberger*, Allgemeines Verwaltungsrecht, § 9 Rn 12.
130 Dazu allg. *Ziekow*, NVwZ 2005, 263; *ders.*, NuR 2014, 229.
131 Vgl Rn 1071.
132 Hierzu *Bunge*, NuR 2014, 1 (3 f).
133 Vgl *Erbguth/Schubert*, ÖffBauR, § 5 Rn 76.
134 Bspw §§ 3, 22 BImSchG, Rn 1341; VGH Kassel, UPR 1993, 350; OVG Münster, BauR 2003, 1361.
135 *Bönker*, in: Hoppe/Bönker/Grotefels, ÖffBauR, § 18 Rn 73.
136 Dazu iS grundrechtlicher Schutzpflichten, *Couzinet*, DVBl. 2008, 754 (760) mwN.
137 Rn 834.
138 Vgl noch BVerwGE 32, 173; 50, 282 (286).
139 BVerwGE 89, 69; der Eigentümer eines Grundstücks muss sich gegen die seinem Mieter erteilte Baugenehmigung zivilrechtlich wehren, VGH München, UPR 2005, 393 (394); allg. bereits Rn 1365; auch Rn 1366.

Ein auf Art. 14 GG gestützter Anspruch des Nachbarn muss daher durch einfachgesetzliche Normen konkretisiert sein[140].

Anders soll es nur im Fall „unmittelbarer Rechtsverschlechterung" aussehen, etwa wenn der Nachbar ein Notwegerecht nach § 917 BGB auf Grund der bestandskräftigen Baugenehmigung dulden müsste, weil eine anderweitige Erschließung des Baugrundstücks fehlt[141].

1379 Eine entsprechende Rechtsentwicklung hat sich – trotz des normstrukturellen Unterschieds zu Art. 14 I 2 GG – mit Blick auf Eingriffe in die **körperliche Unversehrtheit** nach Art. 2 II GG vollzogen[142], wobei allerdings die erforderliche Tragweite der Beeinträchtigung in der Rspr erst gar nicht näher präzisiert worden war[143]. Auch hier ist Nachbarschutz im einfachen Recht zu suchen.

1380 Nachbarschutz wegen Verletzung von **Art. 2 I GG** wird seitens der Rspr von vornherein ausgeschlossen – freilich mit der wenig überzeugenden Begründung, die Vorschrift schaffe nicht die für jegliche gerichtliche Kontrolle erforderliche Beziehung zwischen dem Kläger und der von ihm begehrten Kontrolle, sondern setze voraus, dass sich eine solche Beziehung aus der sonstigen Rechtsordnung ergebe[144].

1381 Im **Bauordnungsrecht** kann sich hingegen bei Fehlen nachbarschützender Normen einfachgesetzlicher Art aus den Grundrechtspositionen der Art. 14 und Art. 2 II GG ein Anspruch auf behördliches Einschreiten gegen rechtswidriges Bauen des Eigentümers ableiten[145].

1382 Nachbarrechte können schließlich **verloren** gehen, und zwar durch Verzicht, wegen unzulässiger Rechtsausübung oder durch Verwirkung[146].

Neben einem verfahrensrechtlichen Rechtsmittel**verzicht** kann der Nachbar gegenüber dem Eigentümer auch materiell-rechtlich auf Nachbarschutz verzichten (bspw durch Unterschrift unter dessen Baupläne[147], schriftliche Zustimmungserklärung[148], Nachbarvereinbarung[149]), dies bereits vor Erteilung der Baugenehmigung. Eine **unzulässige Rechtsausübung** und damit einen Verstoß gegen Treu und Glauben stellt es dar, wenn der Nachbar Abwehransprüche geltend macht, obwohl die gerügte Rechtsverletzung gerade auf einer unzulässigen Nutzung seines eigenen Grundstücks beruht[150], oder er selbst in vergleichbarer Weise derartige nachbarschützende Vorschriften verletzt[151]. **Verwirkt** können Nachbaransprüche in zweierlei Hinsicht sein: Zum einen tritt eine Verwirkung der verfahrensrechtlichen Abwehrmöglichkeiten (Widerspruch, Klage) ein, wenn der Nachbar, dem die Baugenehmigung nicht bekannt gegeben wor-

---

140 Hierzu *Bönker*, in: Hoppe/Bönker/Grotefels, ÖffBauR, § 18 Rn 70.
141 BVerwGE 89, 69; vgl auch VGH München, BayVBl. 2003, 370; OVG Münster, BauR 2010, 1213; zu Letzterem *Ibler*, FS Schenke, S. 837.
142 BVerwGE 54, 211 (221 ff).
143 Untauglicher Versuch bei VGH Mannheim, NVwZ-RR 1995, 561 f; allg. krit *Battis*, ÖffBauR, Rn 656; das Eigentumsrecht als zugleich betroffen betonend VGH München, ZfBR 2007, 487 (489).
144 BVerwGE 54, 211; anders OVG Berlin, DVBl. 1977, 901: Art. 2 I GG iVm § 1 BNatSchG bei schwerwiegendem und nachhaltigem Eingriff.
145 Vgl Rn 1375.
146 Mit Fallbezug *Stollmann/Beaucamp*, ÖffBauR, § 21 Rn 37; zur Verwirkung näher *Troidl*, NVwZ 2004, 315.
147 OVG Münster, BauR 2001, 89.
148 OVG Münster, BauR 2000, 866; OVG Lüneburg, NdsVBl. 2003, 212; Widerruf der Nachbarunterschrift nur bis zu ihrem Zugang bei der Behörde, VGH München, UPR 2006, 239; bereits Rn 1297.
149 Dazu näher *Schröer/Dziallas*, NVwZ 2004, 134.
150 OVG Koblenz, BRS 29 Nr 185; etwa bei (eigener) Nichteinhaltung brandschützender Vorgaben.
151 Etwa OVG Lüneburg, BRS 42 Nr 196; anders OVG Koblenz, BRS 39 Nr 185.

den ist, es versäumt, binnen eines Jahres ab sichtbarem Baubeginn Widerspruch einzulegen; § 58 II VwGO gilt entsprechend[152]. Anhand der Gegebenheiten des Einzelfalls beurteilt sich – zum anderen –, ob die materiellen Abwehransprüche des Nachbarn selbst verwirkt sind. Das setzt ein schützenswertes Vertrauen auf Seiten des Bauherrn voraus[153].

c) Vorverfahren

Widerspruch – soweit in den Ländern noch vorgehalten[154] – und Anfechtungsklage haben keine aufschiebende Wirkung, **§ 212a I BauGB**, § 80 II 1 Nr 3 VwGO[155]. Das Vorverfahren (§ 68 I VwGO) darf nicht **verfristet** sein: Der Widerspruch muss bei fehlender behördlicher Bekanntgabe gegenüber dem Nachbarn in angemessener Frist, dh regelmäßig in derjenigen nach §§ 70 II, 58 II VwGO (ein Jahr), eingelegt worden sein, nachdem der Nachbar von der Baugenehmigung Kenntnis erlangt hat oder hätte erlangen müssen[156].[157]

1383

Der Bauherr ist notwendig **beizuladen** (§ 65 II VwGO); andere durch die Baugenehmigung in ihren Rechten ggf verletzte Nachbarn können nach § 65 I VwGO beigeladen werden[158].

1384

2. Zur Begründetheit der Nachbarklage

Ein Verstoß gegen das **Rücksichtnahmegebot** in seiner subjektiv-rechtlichen Ausgestaltung und damit eine Rechtsverletzung des Nachbarn nach § 113 I 1, V 1 VwGO bedingen, dass über die diesbzgl Rüge, welche die Klagebefugnis zu begründen vermag, hinaus tatsächlich eine besondere Schutzbedürftigkeit[159] vorliegt. Das ist der Fall, wenn der Nachbar durch das angegriffene Vorhaben unzumutbar beeinträchtigt wird[160] – wobei die „Schutzwürdigkeit des Betroffenen, die Intensität der Beeinträchtigung, die Interessen des Bauherrn und das, was beiden Seiten billigerweise zumutbar oder unzumutbar ist," gegeneinander abzuwägen sind[161].

1385

Was den Nachbarschutz durch **behördliches Einschreiten** gegen nicht genehmigte oder von der Genehmigung freigestellte Vorhaben[162] anbelangt, so kann regelmäßig

1386

---

152 Rn 1316; vgl näher und zusammenfassend OVG Greifswald, NordÖR 2005, 424 (425); zum so genannten Zeitmoment vgl OVG Koblenz, DVBl. 2011, 1107 (1108); allg. etwa *Erbguth/Guckelberger*, Allgemeines Verwaltungsrecht, § 20 Rn 30.

153 Näher dazu *Erbguth/Schubert*, ÖffBauR, § 15 Rn 62. Zum sog. Umstandsmoment vgl OVG Koblenz, DVBl. 2011, 1107 (1108).

154 Zur landesrechtlichen Tendenz der Abschaffung des Widerspruchsverfahrens mit berechtigt krit Bewertung *Beaucamp/Ringermuth*, DVBl. 2008, 426; *Härtel*, VerwArch 98 (2007), 54; dazu *Erbguth/Guckelberger*, Allgemeines Verwaltungsrecht, § 20 Rn 7.

155 Das kann allerdings nicht gelten, wenn für ein Vorhaben, das einer immissionsschutzrechtlichen Genehmigung bedarf, lediglich eine Baugenehmigung erteilt worden ist, OVG Lüneburg, UPR 2011, 154 (156 f).

156 Grundsatz von Treu und Glauben, BVerwGE 44, 294 (299 ff).

157 Ansonsten tritt auch insoweit Verwirkung ein, vgl Rn 1382.

158 BVerwG, NJW 1993, 79; *Muckel/Ogorek*, ÖffBauR, § 11 Rn 12.

159 Vgl nur *Brohm*, ÖffBauR, § 18 Rn 29.

160 Dazu *Bönker*, in: Hoppe/Bönker/Grotefels, ÖffBauR, § 18 Rn 39.

161 BVerwGE 82, 343 (347); BVerwG, NJW 1994, 1546; bzgl Abständen für Windenergieanlagen von Segelflugplätzen ohne Bauschutzbereich instruktiv anhand der Rspr *Maslaton*, NVwZ 2006, 777 (779 f); auch (unter Zulässigkeitsgesichtspunkten) Rn 1363.

162 Dazu näher *Otto*, ZfBR 2012, 15.

lediglich ein Bescheidungsurteil nach § 113 V 2 VwGO ergehen, weil die Entscheidung im Ermessen der Behörde steht. Zunehmend – und zu Recht – wird allerdings gerade beim Rechtsschutz gegen der Genehmigungsfreistellung unterliegendes Bauen von einer Ermessensreduzierung auf Null ausgegangen, wenn infolge der Verletzung nachbarschützender Vorschriften eine mehr als nur geringfügige Beeinträchtigung (oä) auf Seiten des Nachbarn eingetreten ist[163].

1387 Hinsichtlich des im Anfechtungs- oder Verpflichtungsprozess des Nachbarn maßgeblichen Zeitpunkts der **Rechtslage** wird das zur Klage des Bauherrn Behandelte[164] zugrunde gelegt. Bei der Anfechtungsklage führt dies dazu, dass nachträgliche, also nach Abschluss des Widerspruchsverfahrens eingetretene Änderungen der Sach- oder Rechtslage zugunsten des Bauherrn für die gerichtliche Entscheidung relevant sind – indes nur, wenn sie zu einer günstigeren Beurteilung des Vorhabens insgesamt führen[165] (bspw Wirksamwerden einer Änderung des Bebauungsplans nach Widerspruchsbescheid, die nunmehr die Baugenehmigung rechtmäßig macht[166]); im umgekehrten Fall, bei nachträglicher Rechtswidrigkeit der ursprünglich rechtmäßig erteilten Baugenehmigung, verbleibt es hingegen dabei, dass eine solche Änderung nach materiellem Recht keinen Einfluss auf die seitens des Gerichts zu beurteilende Rechtslage hat[167]. Begründet wird die prozessrechtliche Besserstellung des Bauherrn mit dem besonderen Schutz der Eigentumsgarantie aus Art. 14 GG[168].

Dem lässt sich indes entgegenhalten, dass der eigentumsrechtliche Schutz im Verhältnis Eigentümer – Nachbar wegen Art. 14 I 2 GG nicht a priori unterschiedlich gewichtet werden kann – zumal der Nachbar in aller Regel bereits etwas „ins Werk" gesetzt, nämlich gebaut haben wird. Damit zeigt sich, dass die im bipolaren Verhältnis Bauherr – Behörde geltenden Grundsätze zur maßgeblichen Rechtslage nicht ohne weiteres auf das Dreiecksverhältnis Bauherr – Nachbar – Behörde übertragbar sind.

Übersicht 27 (mit Problemhinweisen): Nachbarklage

Klage des Nachbarn gegen eine dem Bauherrn erteilte Baugenehmigung (oder Vorbescheid, Teilbaugenehmigung uä)

I.   **Zulässigkeit der Nachbarklage**
    1. Statthafte Klageart, § 42 I VwGO
    2. Klagebefugnis, § 42 II VwGO
       a) Schutznormtheorie
          aa) Nachbarschützende Vorschriften
             Im Geltungsbereich eines Bebauungsplans, §§ 30 f BauGB
             – §§ 30 I, 9 I, 9a I Nr 1 lit. a BauGB iVm den Festsetzungen über die Art der baulichen Nutzung (Anspruch auf Erhaltung des Gebietscharakters: generell nachbarschützend)

---

163 Näher Rn 1344.
164 Rn 1327 f; BVerwG, NVwZ 1998, 1179; VGH Mannheim, VBlBW 1989, 343.
165 VGH München, BayVBl. 2008, 728 (729).
166 *Bönker*, in: Hoppe/Bönker/Grotefels, ÖffBauR, § 18 Rn 83.
167 BVerwG, BRS 22 Nr 174; dass., ZfBR 2011, 164 (165).
168 *Bönker*, in: Hoppe/Bönker/Grotefels, ÖffBauR, § 18 Rn 83 mwN; OVG Münster, BauR 2008, 799 (799 f); auch OVG Münster, BauR 2001, 1234.

- **Probleme:**
  - Festsetzungen über das Maß der baulichen Nutzung, §§ 16 ff BauNVO (grds nicht nachbarschützend)
  - Festsetzungen über Bauweise und über überbaubare Grundstücksflächen, §§ 22 f BauNVO (grds nicht nachbarschützend)
- Festsetzungen zum Schutz vor schädlichen Umwelteinwirkungen, § 9 I Nr 24 BauGB (partiell nachbarschützend)
- §§ 30 I, 9 I, 9a I Nr 1 lit. a BauGB iVm § 15 I 2 BauNVO (Rücksichtnahmegebot)
  - § 31 BauGB (hM: Rücksichtnahmegebot)

Künftiges Bebauungsplangebiet, § 33 BauGB
- § 33 BauGB vermittelt Drittschutz nach Maßgabe der künftigen planerischen Festsetzungen

Im Innenbereich, § 34 BauGB
- generell nachbarschützende Wirkung hat § 34 II BauGB iVm §§ 2 ff BauNVO (Art der baulichen Nutzung)
- mittelbar nachbarschützende Wirkung besteht über das Merkmal des „Einfügens" iSd § 34 I BauGB

Problem:
- Rücksichtnahmegebot

Im Außenbereich, § 35 BauGB
- Rücksichtnahmegebot

Im Bauordnungsrecht
- Vorschriften über Abstandsflächen (generell nachbarschützend)
- Vorschriften über die Standsicherheit benachbarter baulicher Anlagen (generell nachbarschützend)
- Brandschutzvorschriften (generell nachbarschützend)
- Vorschriften über die Befreiung/Abweichung von nachbarschützenden Vorschriften (generell nachbarschützend)
- die bauordnungsrechtliche Generalklausel, soweit Individualinteressen gefährdet werden können (partiell nachbarschützend)
- ggf Vorschriften über die Gestaltung der baulichen Anlage (Rücksichtnahmegebot, wenn Nachbar durch Verunstaltungen in besonderer Weise betroffen ist)

Sonstige öffentlich-rechtliche Vorschriften
- § 5 I 1 Nr 1 BImSchG (teilw partiell nachbarschützend)

bb) Nachbarbegriff

Problem:
- Reichweite

3. Vorverfahren
4. Klagefrist
5. Verwirkung
   - bei Widerspruch/Klage erst später als ein Jahr nach Kenntnisnahme vom Bauvorgang

II. **Begründetheit der Nachbarklage**
1. Begründetheit der Nachbarklage im Geltungsbereich eines qualifizierten Bebauungsplans
2. Begründetheit der Nachbarklage im unbeplanten Innenbereich
3. Begründetheit der Nachbarklage im Außenbereich

1388   **Lösungshinweis zu Fall 30 (Rn 1352):** Da A einen an K gerichteten Verwaltungsakt angreift und die VwGO grds nur den Individualrechtsschutz gewährleisten will, muss A die
Verletzung einer drittschützenden Norm geltend machen. Ob und welches drittschützende
Recht dem A hier zusteht, hängt von der Qualifizierung des jeweiligen Gebietes ab. Der
Nachbarschutz beurteilt sich stets nach der planungsrechtlichen Situation des Baugrundstücks, nicht aber der des Nachbargrundstücks[169]. Da sich das Vorhaben des K in einem unbeplanten, im Zusammenhang bebauten Ortsteil befindet, könnte sich Nachbarschutz aus
§ 34 I 1 BauGB ergeben. Insoweit lässt sich aus dem Merkmal des „Einfügens" das Gebot
der Rücksichtnahme ableiten, wonach die verschiedenen Bodennutzungen einander so zuzuordnen sind, dass wechselseitig Rücksicht genommen wird und dergestalt nebeneinander
verträgliche Nutzungen sichergestellt werden. Dem an sich objektiv-rechtlichen Gebot
kommt ausnahmsweise nachbarschützende Wirkung zu, soweit in qualifizierter und zugleich individualisierter Weise auf schutzwürdige Interessen eines erkennbar abgegrenzten
Kreises Dritter Rücksicht zu nehmen ist. IdS dürften A und die Bewohner der Seniorenresidenz einen erkennbar abgegrenzten Personenkreis darstellen. Ferner ist nicht auszuschließen, dass die mittelalterlichen Handwerksvorführungen des K zu derart unzumutbaren
Lärmbelästigungen der Senioren führen, dass die bisherige Grundstücksnutzung des A in
Frage gestellt wird. Daher besteht die Möglichkeit einer Verletzung des subjektiven Rechts
des A aus dem Rücksichtnahmegebot; die Klagebefugnis ist folglich gegeben.

II.   Einstweiliger Rechtsschutz

1389   Da (wie erwähnt) ein Widerspruch gegen die Baugenehmigung des Eigentümers wegen § 212a BauGB, § 80 II 1 Nr 3 VwGO keine aufschiebende Wirkung hat, stellt der
einstweilige Rechtsschutz die alleinige Möglichkeit des Nachbarn dar, das Vorhaben
zu stoppen und vollendete Tatsachen zu verhindern. Insoweit besteht die Möglichkeit
einer Antragstellung sowohl bei der Bauaufsichtsbehörde bzw – wenn Widerspruch
eingelegt worden ist – bei der Widerspruchsbehörde[170] als auch bei Gericht.

1390   Der Antrag an die **Behörde** richtet sich nach §§ 80a I Nr 2, 80 IV VwGO auf Aussetzung der Vollziehung. Im Rahmen der behördlicherseits vorzunehmenden Interessenabwägung (zwischen dem Interesse des Bauherrn an der Vollziehung der Baugenehmigung und demjenigen des Nachbarn auf Aussetzung) soll wegen der gesetzgeberischen Wertung des § 212a BauGB zugunsten des Bauherrn grds von einem Vorrang
des Vollziehungsinteresses auszugehen sein[171]; auf Seiten des Nachbarn müssen hiernach für eine Aussetzung besondere, über das „normale" Interesse an einer Vermeidung vollendeter Tatsachen hinausgehende Umstände vorliegen[172].

Dieser Auffassung, die gerade im praktisch bedeutsameren Rahmen von § 80 V 1 VwGO zunehmende Verbreitung findet[173], steht entgegen, dass aus der Ausnahmeregelung keine legislative Einwirkung auf die Interessenabwägung in conkreto abgeleitet werden kann, wie sie im
Rahmen des § 80 IV VwGO – und auch des 80 V VwGO – erfolgt. Alles andere hätte quasi

---

169   BVerwG, NVwZ 1994, 686.
170   Vgl dazu *Kopp/Schenke*, VwGO, § 80 Rn 110.
171   VGH Mannheim, VBlBW 1995, 237 (238); VGH Kassel, NVwZ-RR 1996, 361 (362); OVG Ham-
        burg, DVBl. 1997, 1446; OVG Lüneburg, BauR 2007, 1394.
172   Vgl etwa *Bönker*, in: Hoppe/Bönker/Grotefels, ÖffBauR, § 18 Rn 86.
173   Etwa *Huber*, NVwZ 2004, 915 (916 ff); zustimmend *Muckel/Ogorek*, ÖffBauR, § 11 Rn 46.

eine Verdoppelung der Abwertung des Nachbarschutzes zur Folge, was jedenfalls ohne Änderung des Wortlauts von § 80 IV VwGO und § 80 V VwGO nicht mit Art. 19 IV GG in Einklang zu bringen sein dürfte – zumal die Annahme besagter gesetzlicher Wertung entsprechende Konsequenzen für § 80 II 1 Nr 1, 2 VwGO nach sich ziehen müsste[174].

Das BVerwG leitet aus dem gesetzgeberischen Ausschluss der aufschiebenden Wirkung kein Präjudiz zugunsten des Vollzugsinteresses her, sondern lediglich eine Vorstrukturierung, die einzelfallabhängig ist, insbes. bei schweren Belastungen des Einzelnen[175].

Anstelle eines Antrags nach § 80 IV VwGO oder neben diesem kann der Nachbar unmittelbar **bei Gericht** die Anordnung der aufschiebenden Wirkung seines gegen die Baugenehmigung eingelegten Widerspruchs beantragen, §§ 80a III 2, 80 V VwGO[176]. Nach zutreffender Ansicht[177] ist ein vorheriger Antrag nach §§ 80a I Nr 2, 80 IV VwGO trotz der sprachlich missglückten Verweisung in § 80a III 2 VwGO auf § 80 VI VwGO nicht erforderlich (Rechtsgrundverweis). **1391**

Indessen wird auch die Gegenmeinung regelmäßig zu keinem anderen Ergebnis kommen, weil im Fall unmittelbar bevorstehenden Baubeginns das Verfahren nach § 80 IV VwGO auf Grund des in § 80 VI 2 Nr 2 VwGO zum Ausdruck kommenden Rechtsgedankens entbehrlich ist[178].

Das **Rechtsschutzbedürfnis** entfällt bei weitgehender Fertigstellung der Anlage dann nicht, wenn diese ohne wesentlichen Substanzverlust einstweilen wieder abgebaut werden kann[179]. Im Rahmen der Begründetheit prüft das Verwaltungsgericht auf Grund der „Fernwirkung" des § 80 IV 3 VwGO nach § 80 V VwGO summarisch in erster Linie die Erfolgsaussichten im Hauptsacheverfahren[180]. Ergibt sich danach eindeutig die Rechtmäßigkeit des Verwaltungsakts, wird der Antrag abgewiesen; im umgekehrten Fall ordnet das Gericht die aufschiebende Wirkung an. Können die Erfolgsaussichten im Klageverfahren nicht eindeutig festgestellt werden, sind aber tendenzielle Bewertungen im Sinn dessen möglich, dass ein Erfolg oder Misserfolg naheliegend erscheint, erfolgt unter deren Berücksichtigung eine Interessenabwägung. Lässt sich keine Prognose über den Verfahrensausgang treffen, kommt es zu einer reinen Abwägung zwischen dem Anordnungsinteresse und dem Vollziehungsinteresse. Im Rahmen der Interessenabwägung gilt das zur „gesetzgeberischen Wertung" (§ 212a BauGB, § 80 II 1 Nr 3 VwGO) zuvor Dargestellte.

In Fällen **faktischer Vollziehung**, wenn also der Bauherr sich über eine Anordnung nach § 80 IV oder V VwGO hinwegsetzt und die Bautätigkeit aufnimmt oder fortsetzt, kann die Behörde oder das Gericht nach § 80a I Nr 2, III 1 VwGO einstweilige **Sicherungsanordnungen** zugunsten des Nachbarn treffen (etwa: Stilllegungsverfü-

---

174 Vgl auch *Debus*, NVwZ 2006, 49 (50): keine materiell-rechtliche Änderung.
175 BVerwG, NVwZ 2005, 689; auch *Debus*, NVwZ 2006, 49 (50 f).
176 Nach hM geht es auch ohne Widerspruch (bzw Anfechtungsklage), vgl (mit Kritik) etwa *Erbguth/ Guckelberger*, Allgemeines Verwaltungsrecht, § 21 Rn 10.
177 Etwa *Schoch*, NVwZ 1991, 1121 (1125 f); *Kopp/Schenke*, VwGO, § 80a Rn 21.
178 Vgl nur *Bönker*, in: Hoppe/Bönker/Grotefels, ÖffBauR, § 18 Rn 87.
179 Erst recht nicht, wenn zugleich gegen deren Nutzung vorgegangen wird, OVG Lüneburg, BauR 2005, 975 (976) anhand einer streitbefangenen Funk-Basisstation.
180 Dazu und zum Nachfolgenden allg. auch *Erbguth/Guckelberger*, Allgemeines Verwaltungsrecht, § 21 Rn 14 f.

gung). Im Gegensatz zur Anordnung der aufschiebenden Wirkung sind derartige Maßnahmen vollstreckungsfähig (Zwangsgeld)[181].

1392 Der Nachbar kann ein **genehmigungsfreies Vorhaben**, mit dessen Ausführung der Bauherr bereits begonnen hat, im Wege des einstweiligen Rechtsschutzes nach § 123 I VwGO vorläufig stoppen[182]. Ein Anordnungsanspruch und damit ein Anspruch auf den Erlass der einstweiligen Anordnung bestehen jedoch nur, wenn sich das an sich gegebene (Verwaltungs-)Ermessen wegen der drohenden Verletzung materieller Nachbarrechte zu einem Recht auf Einschreiten der Bauaufsichtsbehörde verdichtet[183].

1393 Im Rahmen **vorbeugenden Rechtsschutzes** gegen die drohende Erteilung einer Baugenehmigung kommt eine einstweilige Anordnung nach § 123 I VwGO in Betracht. Das setzt voraus, dass der Nachbar bereits in diesem Stadium in seinen Rechten gefährdet ist[184].

In entsprechender Weise, wie es für das Hauptsacheverfahren gilt, folgt auch der einstweilige Rechtsschutz der Gemeinde den Grundsätzen des **nachbarrechtlichen** Rechtsschutzes, soweit ein vergleichbares Begehren verfolgt wird. Ansonsten bleibt es dabei, dass die Frage, ob § 80 VwGO (ggf iVm § 80a VwGO) oder § 123 VwGO einschlägig ist, vom statthaften Rechtsmittel im Klageverfahren abhängig ist; es ergeben sich insoweit keine Besonderheiten.

1394 **Lösungshinweis zu Fall 31 (Rn 1353):** Nachbar N muss zunächst Widerspruch gegen die Baugenehmigung einlegen. Jedoch hat der Widerspruch gem. § 212a BauGB, § 80 II 1 Nr 3 VwGO keine aufschiebende Wirkung. Dem N stehen nun zwei Wege offen:

a) Zum einen hat er gem. §§ 80a I Nr 2, 80 IV VwGO die Möglichkeit, bei der Behörde die Aussetzung der Vollziehung der Baugenehmigung zu beantragen.

Folgt die Behörde seinem Begehren nicht, kann er gem. §§ 80a III 1 Alt. 3, 80 V VwGO bei Gericht die Anordnung der aufschiebenden Wirkung beantragen.

Wenn die Behörde entsprechend dem Antrag die Vollziehung aussetzt, besteht für P die Möglichkeit, bei Gericht Antrag auf Aufhebung der Aussetzung zu stellen; §§ 80a III 1 2. Alt., 80 V VwGO.

b) Zum anderen kann N gem. §§ 80a III 2, 80 V VwGO unmittelbar bei Gericht die Anordnung der aufschiebenden Wirkung beantragen. Da es sich bei § 80a III 2 VwGO nach herrschender Ansicht um einen Rechtsgrundverweis handelt, greift § 80 VI VwGO im vorliegenden Fall nicht ein, so dass ein vorheriger erfolgloser Antrag des N bei der Behörde (gem. §§ 80a I Nr 2, 80 IV VwGO) nicht erforderlich ist.

Wiederholungs- und Verständnisfragen

1. *Welche Besonderheiten weist die Nachbarklage auf?* **Rn 1359 ff**
2. *Nennen Sie Beispiele für nachbarschützende Normen im Bauordnungs- und Bauplanungsrecht!* **Rn 1367 ff**

---

181 Vgl OVG Lüneburg, UPR 2000, 156.
182 Dazu etwa *Muckel/Ogorek*, ÖffBauR, § 11 Rn 47 ff.
183 Vgl OVG Greifswald, NordÖR 2006, 456 (457 f): Für Glaubhaftmachung des Anordnungsanspruchs ausreichend, wenn absehbar ist, dass das Vorhaben gegen nachbarschützende öffentlich-rechtliche Vorschriften verstößt; auch *Bock*, DVBl. 2006, 12 (15 f).
184 Dazu VGH Kassel, BRS 24 Nr 186.

Sachverzeichnis

Die Angaben beziehen sich auf die Randnummern.